| 大转型 | 世界近代经济史译丛
孟郁聪 主编

［英］戴维·凯纳斯顿－著
孟郁聪－译
David Kynaston

源远流长

英格兰银行史（1694—2013）

A History of the Bank of England 1694–2013

当代中国出版社
Contemporary China Publishing House

版权合同登记号　图字：01-2025-3379

图书在版编目（CIP）数据

源远流长：英格兰银行史：1694—2013 /（英）戴维·凯纳斯顿著；孟郁聪译．-- 北京：当代中国出版社，2025. 8. -- ISBN 978-7-5154-1572-7

Ⅰ．F835.619

中国国家版本馆 CIP 数据核字第 20254YK920 号

出 版 人　蔡继辉
责任编辑　沈秋彤
印刷监制　刘艳平
装帧设计　鲁　娟
出版发行　当代中国出版社
地　　址　北京市地安门西大街旌勇里 8 号
网　　址　http://www.ddzg.net
邮政编码　100009
编 辑 部　（010）66572156
市 场 部　（010）66572281　66572157
印　　刷　北京盛通印刷股份有限公司
开　　本　880 毫米 ×1230 毫米　1/32
印　　张　25.25 印张　843 千字
版　　次　2025 年 8 月第 1 版
印　　次　2025 年 8 月第 1 次印刷
定　　价　168.00 元

大转型

——“世界近代经济史译丛”序

我们对“经济学”的理解出了问题。一方面，经济学教育培养的精英，有时会出现迷信经济学的倾向，进而用脱胎于外国实践的经济理论、制度、惯例僵化地开展工作；另一方面，经济从业者发现经济学不能精准地指导实践，精通理论不如精通人性，有时会转用本土文化的人情世故开展工作。由于这两种现象的普遍存在，对“经济学”的不同理解已经在经济界撕开了一个大口子，引发了遍布经济体系的大小角力，阻碍了经济的顺畅运行。

追根溯源、探求本质是弥合思想分歧的最好办法。因此，回溯西方经济学、政治经济学共同起源的欧洲近代，就具有重要意义。在这样的背景下，我们开展了大转型——“世界近代经济史译丛”的相关工作。世界上最早的近代化，一般被认为发生在 19 世纪之前的欧洲西部，尤其是在英格兰和低地国家。相对而言，中国的近代化开始时间较晚、过程更为曲折。一个多世纪以来，中国面对率先近代化的西方，经历了自我怀疑、自我否定、以受害者思维加以批判等阶段，最终有选择地接纳了西方成果，成功实现了近代化。大体而言，我们对西方科学采取全方位学习的态度，对社会规范则更为坚持传统。然而，这种简单的二分态度，在处理经济问题时遇到了困难。这是因为，“经济”恰恰兼具科学和社会规范的特点。一方面，基于“市场”的经济活动具有实证性、逻辑性、规律性等科学的关键特征；另一方面，处于“社会”之中的经济活动又在很大程度上被人的直觉、权威、观点等影响，与自然科学有很大区别。因此，我们对西方经济理论、制度、惯例需要更细致地甄别，既不能拒绝学习，也不能全盘接收，而是需要充分了解其形成和发展的过程，用当代中国的视角深入研究它们形成的历史。

在此过程中，世界近代文献可能比当代研究更具参考价值。以往，我们对世界近代经济史持有两种极具影响力的态度。第一，将欧洲经济史视作“经济学”这门“科学”的来源，强调其规律性、必然性；第二，将世界经济史放在国家、民族、宗教、文化、资源禀赋、政治制度等与“社会”关系更为密切视角下，强调经济与这些概念的紧密联系。前者自亚当·斯密（Adam Smith）以来历经无数经济学者，在两百余年里推动将经济学更严密地纳入科学范畴。后者如道格拉斯·诺斯（Douglass C. North）、彭慕兰（Kenneth Pomeranz）和达龙·阿西莫格鲁（Daron Acemoglu），分别强调了法律和产权制度、资源禀赋、政治制度对经济的决定性作用。针对这两个方向，我们需要从世界近代文献中探究两个问题。第一，西方经济近代化的史实进程，究竟哪些是偶然因素导致，哪些又具有必然逻辑？这事关如何客观对待西方经济制度及如何立足国情优化发展自己的经济制度。第二，当代西方学者对自身近代化的经验总结，究竟哪些是可供借鉴的“法宝”，哪些又是夹带意识形态的“私货”？这事关正确看待西方经济领先的原因，更好地维护自身利益。

首先，西方近代构建经济制度的过程并非必然，而是由诸多偶然因素促成。数十年前卡尔·波兰尼（Karl Polanyi）提出，在欧洲近代化“大转型”过程中，发生了市场扩张和社会保护的双向运动，导致了一系列严重的问题。事实上，中国在近代也经历了类似的痛苦。明清以降，西方在海洋上对中国步步紧逼，最终于 1840 年以武力打开中国国门。此后中国所见的西方人，几乎都是贸易商、金融家和军人。对具有长久大一统历史的中国人来说，这些形象曾被视作西方政府、社会与文明的全部。事实上，无论是第一次工业革命时期的英国，还是第二次工业革命时期的美国，其国内均存在激烈博弈的两派力量：一派依赖跨国贸易与金融运作，偏向国际主义；另一派则依托大规模生产体系，倾向孤立主义。这两派斗争的历史记录，使诸多偶然因素得以具象化。如果西方在近代化进程中构建的制度体系并非完全必然，而是部分由偶然因素促成，那么建立于其上的现代经济制度，便不全是真理或定律。后发国家以己为主、实事求是的做法，在效果上将远胜过因循惯例、盲目追随。本丛书之一《英格兰银行史》的作者戴维·凯纳斯顿（David Kynaston）对相关历史的记述，可以让我们观察到近代中央银行制度建立过程中两派博弈的情况。本丛书还计划引入学者对工业革命、伦敦金融城的研究，以便我们了解西欧近代经济金融发展中的偶然和必然。

其次，西方近代化过程中大规模生产能力的重要性被低估，前述民族、宗教、政治制度等因素的作用则被过分强调。在清末民国时期，全球扩张的西方贸易商、金融家在中国推广了一套当时更为先进的经济制度，并助力培养了一批适应与继承这套制度的中国人。客观而言，这对中国开启近代化进程有极大的促进作用。然而在这套扩张体系之外，英国当时独霸世界的核心动力，更多源于工业革命后工厂制度与大规模生产能力的形成。后者使其物美价廉的商品得以批量产出，同时也是英国区别于此前奉行掠夺式发展的西班牙、葡萄牙帝国的根本。有学者指出，被动纳入西方贸易与金融体系的国家，往往发展速度相对落后甚至停滞；主动依托比较优势构建工厂制度与大规模生产能力的国家，更易取得良好发展成效；取得生产能力优势的国家，又可用贸易和金融放大这种优势。从拉美、非洲等地的例子来看，民族、宗教、政治制度等似乎是良好发展成效的先决条件。但东亚的崛起又能把这些先决条件逐一推翻。本丛书计划引入学者对英国近代工厂制度、对东亚近代生产和贸易以及对世界近代贸易竞争的研究，以便我们了解以往较被忽视的英国工业革命时期大生产的重要意义，了解东亚形成大规模生产能力的优势，以及经济竞争泛化到民族、政治等所产生的严重问题。

毫无疑问，以上表述具有争议性。但本丛书的目的并非得出结论，而是引发对上述问题的关注与思考。事实上，社会科学有别于自然科学，个人的意识、立场乃至尚处模糊状态的所看、所学、所想，都会对研究和观点产生影响。如果仅仅引入和学习理论化的西方经济学和政治经济学，就会让一些人误将建立在大量假设和置信区间下的理论视为不可挑战的真理，也可能误将暗藏偶然和利益的惯例视为不可推翻的定律。

当一个聪明人和邻居争先寻找宝藏时，哪怕邻居已经借给他附带导航功能的精良汽车，他也会优先参考从旧纸堆里翻找出的泛黄地图。同样的道理，当我们试图更深入地理解“经济学”、更优先地发展自己的经济时，对世界近代经济史追根溯源的研究也更能帮助我们接近答案。

孟郁聪

2025 年 7 月于北京金融街丰侨公寓

就这样，那黄金的舵柄，那短暂的骄傲，
从此不再有比你更能干、更可靠的舵手来指引：
那美丽的皇家基石，
（如果我这卑微的预言者敢于如此高声地赞颂）
她将屹立不倒，超越你过于短暂的生命；
她坚定的头颅将挺立，直到时光的最后一颗沙粒流逝；
她的温暖将流动不息，化作战争的经络以及和平的血脉。
商业、艺术、武器，属于她的财富不断增长，
与她相伴的宝藏随着矿脉延展。
我们的土地将肥沃，我们的王座将辉煌。

——摘自埃尔卡纳·塞特尔（Elkanah Settle）《奥古斯塔之泪：致悼值得尊敬的迈克尔·戈弗雷》（1695）

我曾冒昧地向一位央行行长请教他的工作秘诀是什么。他说："这完全取决于，如何在合适的时间发出合适的声音。"然后他就突然改变话题，开始兴致勃勃地谈论起苏塞克斯在郡级板球锦标赛的前景。

——《笨趣》（*Punch*）、《伦巴第巷》（*Lombard Lane*），1963 年 8 月 14 日

目　录

第三部分　1914—1946

第四部分　1946—1997

前　言

2009年，时任英国央行行长的默文·金（Mervyn King）邀请我撰写一部关于英格兰银行的单卷本历史书，我深感荣幸。虽然有一些其他的任务和难以忽略的事项延误了这本书的准备工作，但这项工作本身既具有挑战性又令人愉快。从一开始我们双方就同意，我将保持完全独立的判断；英格兰银行也极好地信守了诺言。我们还一致认为，这将是一本面向普通读者而非专家学者的书。我非常清楚，尽管篇幅很长，但这本书对英格兰银行多年来活动的记述还远远不够全面。希望深入了解的读者首先可以参考关于英格兰银行特定历史时期的一系列著名书籍：约翰·克拉珀姆爵士（Sir John Clapham, 1944年）关于其1694年到1914年历史的著作；理查德·塞耶斯（Richard Sayers, 1976年）关于其1891年到1944年的著作；约翰·福德（John Fforde, 1992年）关于其1941年到1958年的著作；以及福雷斯特·卡皮（Forrest Capie, 2010年）关于其20世纪50年代到1979年的著作。此外，希望了解更多英格兰银行内部事务的读者，可以参考W. 马斯顿·阿克斯（W. Marston Acres, 1931年）关于其最初两个世纪左右的著作，以及伊丽莎白·亨尼西（Elizabeth Hennessy, 1992年）关于其1930年到1960年的著作。我在撰写这本书时大量借鉴了这些历史学家的开创性工作，也借鉴了我自己的四卷本《伦敦金融城史》，每卷我都曾在英格兰银行进行了大量的档案研究工作。在快要完成这本书的写作时，我又一次想到了理查德·塞耶斯完成其历史著作时写下的那句令人难忘的话："我非常清楚它的不完美和不充分，可我只能以希波克拉底（Hippocrates）和乔叟（Chaucer）的话来辩解，'生命如此短暂，可是精进学习的过程却如此漫长'。"

2017年3月

序

它现在势必会成为一家真正的银行

1694 年 6 月 21 日（星期一）*，笔耕不辍的编年史作者纳西苏斯·卢特雷尔（Narcissus Luttrell）写道："今天早上，新银行的委员们来到了默瑟斯（Mercers）教堂，账簿则在那里被打开。"他补充说："据说，认购金额已达 30 万英镑。"卢特雷尔的描述准确无误，英格兰银行的融资有个极好的开头。除了威廉国王（King William）和玛丽王后（Queen Mary）共同认购 1 万英镑（这也是允许认购的最高金额），其他首日认购者还包括第一财政大臣[①]［戈多尔芬伯爵[②]（Godolphin），4000 英镑］、一位钟表匠［约翰·埃布斯沃斯（John Ebsworth），1000 英镑］、一位腌制商［约翰·英格利什（John English），500 英镑］、一位药剂师［尼古拉斯·甘比尔（Nicholas Gambier），600 英镑］、众多其他商人，以及来自"赫特福德郡圣奥尔本斯镇"的一位"绅士"［约翰·盖普（John Gape），500 英镑］。接下来一周的周二,一位朋友告诉政治哲学家约翰·洛克（John Locke），他认购了 300 英镑。洛克随后又告诉另一位朋友"这促使我也认购了 500 英镑"。而在那之前的 25 日，甚至新银行的一位反对者也不得不面对痛苦的现实。利兹公爵在他的约克郡城堡写信给伦敦的银行家们："我被告知，英格兰银行的认购进展非常快，到今天为止已经有接近 70 万英镑的认购了。所以它现在势必会成为一家真正

---

* 编者注：因本书涉及的英格兰银行百年历史，存在多次历法改变，故本书部分资料涉及的时间以原始资料记载的历法时间为准。

① 第一财政大臣（First Lord of the Treasury）是行使英国历史上财务大臣（Lord High Treasurer）职位的长官，不等于政府中的财政部长。在英国实际行使财政部长职责的是"第二财政大臣兼国库卿"（Second Lord of the Treasury，Chancellor of the Exchequer）。其中国库卿通常译作英国财政大臣。相关概念在下文中有提及，望读者注意。——译者注

② 戈多尔芬伯爵曾作为第一财政大臣实际掌握财政大权。戈多尔芬伯爵译自"Lord Godolphin"。其中"Lord"一词翻译为"伯爵"参考了相关史料。本书中"Lord"经常出现，一般会直译为"勋爵"。在英国爵位制度中，勋爵可泛指公爵以下的侯爵、伯爵、子爵和男爵。——译者注

的银行。因此，我希望你为我认购 4000 英镑……”总融资目标 120 万英镑（25% 以现金支付）于第 10 天，即当年 7 月 2 日，在契普赛德的水手大厅达成。最后一位认购者是来自苏塞克斯普雷斯顿的朱迪斯·雪莉（Judith Shirley），认购了 75 英镑。[1]①

有三位最重要的人物对英格兰银行（即后来广为人知的英国央行）的光明前景起到了极大的推动作用。威廉·帕特森（William Paterson），一位杰出且坚韧的苏格兰人。对他最恰当的描述是一个“计划者”。或者用他的一位传记作者的话来说：“他更擅长推动计划而非执行项目，并且更关注自我提升而非贯彻自己的想法。”无论动机如何，正是帕特森的毅力和天赋将英格兰信用银行的想法——发行钞票并向国家贷款②（不同于荷兰模式）——坚定地摆上台面。在他的重要宣传册《拟建英格兰银行简述》中，他坚持认为：“这样一家银行将为大额支付提供便利和安全保障，并更好地促进货币在这座伟大而富饶城市及其周边地区的流通。”1694 年，甚至可能更早些时候，他的两位关键盟友加入。查尔斯·蒙塔古③（Charles Montagu），一位难以相处但极有能力的财政大臣，负责争取政治支持；以及迈克尔·戈弗雷（Michael Godfrey），一位在伦敦城发挥关键作用的重要商人。4 月 25 日，备受争议的《吨税法案》在议会两院获得通过。除其他事项外，该法案宣称，如果到 8 月初将承诺的 120 万英镑的一半以 8% 的利率贷给国家，认购者将被国玺④确认为“英格兰银行的总裁⑤及股东”。[2]

随之而来的 6 月底 7 月初的成功认购，进一步确保了英格兰银行的成立。7 月 5 日，即认购结束三天后，《伦敦公报》发布了一则通告，召

---

① 作者在正文中标注了 597 处参考资料来源，涵盖了大量与英格兰银行历史有关的档案、论文、专著等，每章以上标“1、2、3 ……”单独排序，列在本书“参考资料”部分，请参阅。——译者注

② “贷款”一词译自“Loan”（或译作借款）。该词在英格兰银行前期常有“无抵押”“无担保”的隐含意义，望读者注意。——译者注

③ 查尔斯·蒙塔古，曾任英格兰财政大臣（1694 年 5 月 10 日至 1699 年 6 月 2 日）。为方便读者理解，本书译者在附录中列出了历任英格兰银行总裁、英国国王（女王）、首相、财政大臣的示意表，请参阅。——译者注

④ 国玺（Great Seal）指国家或政府用来认可和认证重要文件或法律文件的印章，亦译作大印章。——译者注

⑤ 英格兰银行“总裁”（Governor）现在多译为“行长”。但参考之前的翻译资料，在涉及英格兰银行前中期历史时译为“总裁”较多。考虑到本书所涉时间占比，前后统一译为“总裁”，望读者注意。——译者注

集所有500英镑及以上金额的认购者于10日上午8点在水手大厅集合。在那里，他们需要宣誓认购款是他们“自己的合法财产”，然后以书面形式提名两位他们认可的人选——一位新银行的总裁和一位副总裁。选举如期进行，戈弗雷（Godfrey，认购了8000英镑）被任命为副总裁，另一位著名的伦敦商人侯布伦爵士（Sir John Houblon，认购了10000英镑）成为总裁。第二天选举再次进行，共有24名认购者被选为银行的第一批董事。总裁、副总裁和大部分董事在两周后的7月27日星期五下午，在水手大厅举行了首次“董事会议”。会议召开的几个小时前，银行章程由执掌国玺的约翰·索默斯爵士（Sir John Somers）在林肯法院广场的一座建筑中正式盖章确认。这个新机构面临的第一个问题是确定“为现金流提供收据”的适当方式：

> 经过长时间的辩论和投票，会议最终决定提供收据有且仅有以下三种方式：
>
> （1）发行流通现金钞票[①]，并在钞票上注明部分支付情况；
>
> （2）与债权人保持账目往来，将收据记录在债权人的账簿或纸上；
>
> （3）债权人接受由本银行开具的票据。
>
> 并规定，任何债权人不得同时使用两种及以上方式。

第二种方式实际上是银行的存折业务，第三种方式则是银行的支票业务；但几乎可以肯定，首选方式是第一种。正如德里克·拜特（Derrick Byatt）在1994年所说的，这是由于人们对金匠银行家（指自17世纪30年代以来在伦敦出现的由金匠起家后从事金银相关银行业务的人）钞票商业优势的普遍认可。该票据可以支付给任何署名的存款人、指令人甚至持票人。他补充道：“由此，随后几个世纪中钞票发行的基石奠定。”[3]

在1944年的英格兰银行成立250周年纪念活动上，一位更为著名的

① 流通现金钞票（Running Cash Notes）中的钞票（note）可翻译为票据、纸币，有时是钞票（banknote）的缩写。翻译时将并非“见票即付”、基于商品贸易的“note”翻译为票据。将“见票即付”、基于银行信用（贵金属储备）或国家（法律）信用的“note”翻译为钞票或纸币，以符合中文阅读习惯。该情况在后文中常有出现，望读者注意。——译者注

银行史学家约翰·克拉珀姆爵士（Sir John Clapham）以一句后来被广泛引用的话开篇："英格兰银行的建立与众多大大小小的历史事件一样，既可以说是意外的巧合，也可以说是注定发生的。"他继续说："如果1694年国家没有处于战争状态，政府几乎不可能向一个提议借钱给它的公司颁发皇家特许。查尔斯·蒙塔古自1694年5月担任财政大臣。如果他没有在几十个财政提案中选中这个方案，那么皇家特许也可能不会发生或者被其他特许方式替代。"事件发生的时代背景往往起到了关键作用，也许在百年屹立的英格兰银行因机缘巧合而成立的案例中更是如此。

关键的时代背景确实是战争。具体来说，是英国反抗法国的九年战争①。这场战争是在威廉和玛丽1688年登上王位之后开始的，导致英国17世纪90年代的公共开支是17世纪80年代的两倍多。虽然税收随之增加，到17世纪90年代中期达到每年约400万英镑，但财政仍然有每年约200万英镑的缺口。英国国王当时认为和平谈判为时尚早，而当时的政治经济学家查尔斯·达文南特（Charles Davenant）观察到的基本事实是："战争的全部艺术，归根到底就在于金钱。最有能力为军队提供食物、衣服和金钱的王子，而不是拥有最勇敢部队的王子，才是最有把握取得成功和完成征服的人。"因此，填补这一财政缺口的需求极为紧迫。怎么办呢？当时国王已经用尽了手头的筹资手段，也尝试了各种短期权宜之计，最终显而易见地拥抱了新的长期借款。实际上，这就是国家债务型融资（又称国债）的开始。最初人们尝试过彩票和类似彩票的集体年金方式，但效果乏善可陈。之后"特别债券"方案才被推出。这笔120万英镑的债券，用金融史学家拉里·尼尔（Larry Neal）的话说，不但"保证有8%利率收益且由议会分配的特定税源支付利息"，而且"只向尚在提议中的英格兰银行认购者出售"。虽然这笔钱并没有完全弥补财政缺口，但关键是它意味着国王的意愿可以实现——战争可以继续。

但这并不意味着国王的意愿总能实现，因为1694年距离英格兰的"光荣革命"刚刚过去了6年。光荣革命标志着英国建立君主立宪制、逐渐呈现议会民主的决定性转变。威廉国王不得不接受这一变化，这是他获得王位的代价。毫无疑问，英格兰银行本身就是革命最直接的结果之一。此外，正是因为这一新机构及其可能带来的金融力量，1694年7

① 九年战争（1688—1697年），又称大同盟战争、奥格斯堡同盟战争。战争双方起初为法王路易十四以及荷兰、神圣罗马帝国哈布斯堡王朝、瑞典等国组成的同盟。光荣革命后荷兰执政威廉三世成为英国国王使英国也加入反法阵营。战争以双方妥协休战结束。——译者注

月 8 日即认购结束 6 天后，未来的钱多斯公爵（Duke of Chandos）詹姆斯·布里奇斯（James Brydges）直言不讳地告诉其倾向于詹姆斯二世党（Jacobite）① 的父亲，“这里的大多数人以及国外的陌生人”的看法是，现在“没有可能”使现任政府“再度变更以支持詹姆斯国王”。在当时的政治环境下，党派的影响也显而易见。托利党（Tories）坚定支持土地至上，本能地敌视金融城及其所有的金融手段，因为这些手段在他们看来是不可理解的、危险的，甚至是共和主义的。相反，越来越强大的辉格党（Whigs）则发展出了一种政治经济学，历史学家史蒂夫·平克斯（Steve Pincus）称为“拥抱城市文化、制造业和经济帝国主义”的政治经济学。简而言之，英格兰银行是“辉格党在托利党反对下的产物”，标志着以商业为导向、理性务实的新兴力量的胜利。[4]

其中最为重要的力量，可以说是 17 世纪末迅速崛起的一场深刻的金融革命，它与政治革命并行发展。关键要素包括：（1）迅速增长的证券市场，即将发行的长期政府债务将在其中交易；（2）劳埃德保险公司，爱德华·劳埃德（Edward Lloyd）于 1691 年将他的咖啡馆从河边搬到了伦巴第街（Lombard Street），以便更加靠近负责提供航运情报的邮政总局；（3）银行家和商人之间的关系越来越紧密，他们有着互惠互利的关系。显然，国家银行即英格兰银行生逢其时。然而在 1694 年 7 月英格兰银行刚成立时，人们对于其究竟是一个怎样的机构，仍没有明确的概念。

部分通过立法、部分通过皇家特许、部分通过人们默契的理解，最初的英格兰银行概念似乎如下（简略总结）：作为对其 120 万英镑贷款的回报，英格兰银行不仅获得了每年 8% 的利息和 4000 英镑的年度管理费，还享有一系列特权，包括：（a）稀有的股份有限公司地位；（b）实际上仅负有限责任；（c）有权通过发行钞票、接受存款、抵押贷款以及进行票据和金银交易等一般银行业务来最大化其利润；（d）有权选择自己的高级管理人员。这项交易还不是彻底的“大道通途”。皇家特许只赋予了英格兰银行 11 年的权利，它尚未正式成为政府银行，也没有垄断股份银行和钞票发行。但这仍然是一个相当有吸引力的方案。[5]

从更大的视角以及仅从英格兰银行的角度来看，往往会觉得整个过程是顺利的、辉格式的和必然的，所有因素都汇聚在一起形成一个良性循

① 詹姆斯二世党，又称雅各布党、詹姆斯党。英国光荣革命（1688 年）中詹姆斯二世被推翻，但仍在天主教徒以及爱尔兰、苏格兰（尤其是高地地区）拥有广泛支持。许多詹姆斯二世党人认为英国议会废黜詹姆斯二世是不合法的，支持詹姆斯二世再次执政。——译者注

环。菲利克斯·马丁（Felix Martin）在评论这一“公私合营”行为时说道：“国家的支持为英格兰银行钞票的普遍流通提供了保障。英格兰银行的商业化管理和私人所有权提高了国家的信用度。”[6]然而最终，正如经济学家甚至经济史学家有时会忘记的那样，任何事物的成功运作都需要人来推动。幸运的是，人既不可能一致也不可预测。

最初的1268名认购者是谁呢？我们了解到很多新信息。[7]190名“绅士”共认购了120万英镑总额的25%；201名贸易商人贡献了21%；63名有爵位的贵族认购了15%；近70%的认购者贡献的金额不足1000英镑；12%的认购者是女性，占总资本的6%；大约123名认购者是胡格诺派①（Huguenots，认购了10.4万英镑），但只有大约6名是犹太人（认购了4100英镑）。虽然名单中确实有一些普通商人和工匠，包括搬运工、纺织工、刺绣工、农民、水手和码头工，但用安妮·墨菲（Anne Murphy）的话来说，“尽管律师、公职人员和英国教会的神职人员也有重要的补充认购”，但认购者一般“属于伦敦的商业中产阶级”。将近2%的资本来自国外；超过87%的认购者住在伦敦、米德尔塞克斯（Middlesex）、萨里（Surrey）和赫特福德郡（Hertfordshire）。近55%的认购者来自拥有悠久历史的面积仅为1平方英里的金融城。至于认购动机，正如乔纳森·斯威夫特（Jonathan Swift）回忆的那样，“高额利息的诱惑”几乎可以肯定是主要的原因。在战争和动荡的时期，它吸引了“大量因为贸易的危险和困难而闲置手头资金的人”。或者，如匿名作者在1706年《对英格兰银行的评论》中所回忆的那样：“仅仅8%的利息（当时的法定利率只有6%，土地的净收益很少达到4%）本身就足够激励这项事业的发展，特别是这笔资金还是免税的，而其他资金、股票、债券和土地都需缴税。”尽管如此，对于许多认购者来说，其动机不仅仅包含8%的利息，也包含在起步阶段就进入一个潜力巨大的股份有限公司的机会。阿尔伯特·费弗耶尔爵士（Sir Albert Feavearyear）多年后这样写道：“他们被英格兰第一家股份制银行成立而产生的参与银行业务的机会所吸引，而银行业务在过去50年里使很多的小职员和文员成为富有的市议员，这比任何其他行业在3倍时间内做到的都多。简而言之，大多数认购者是投机者、‘有身份’的人和贸易商人，他们看到了大额红利的机会。”[8]

① 胡格诺派，是基督教新教的一个教派，又称加尔文教派。——译者注

最渴望享受这些股息的人几乎可以肯定是最初的董事们。关于他们，我们也有相当多的背景了解。[9]这些人绝大多数是实力雄厚的金融城贸易商人；有大约 1/3 是与葡萄牙进行贸易的商人，主要集中在葡萄酒贸易上；有 6 位是胡格诺派，并且还有显著的荷兰背景；大约一半来自不属于英国国教的教派；大多数都与辉格党有着密切的关系。一个例外是托利党市议员威廉·戈尔爵士（William Gore）。得益于和宫廷的关系，他获得了为军队供应物资的利润丰厚的合同，次年他的营业额估计就高达 64000 英镑。但政治上更具代表性的是托马斯·阿布尼爵士（Sir Thomas Abney），一位未来的辉格党议员。他最初是一名亚麻布商人，之后在商界崭露头角，并最终以他的名字命名了北伦敦的一座公墓。所有新董事中甚至可能是整个金融城中最杰出的商业巨头，则是吉尔伯特·希思科特（Gilbert Heathcote）。他是切斯特菲尔德（Chesterfield）的一位五金商人的长子，到 17 世纪 90 年代已经是一位拥有巨额财富的西印度和波罗的海商人。他的传记作者将其描述为推动英格兰银行获得皇家特许和发行股票[①]的"核心小组"成员之一。根据亚历山大·波普（Alexander Pope）流传后世的两句诗来判断，他不会纯粹出于情感或为了公共利益而花费宝贵的时间去从事这项活动："严肃的吉尔伯特把这一条当作人生准则：任何需要别人帮助的人都是骗子或傻瓜……"

在 1694 年 7 月，谁是伦敦金融城的主要人物乃至主要家族？答案是毋庸置疑的。塞缪尔·佩皮斯（Samuel Pepys）在 17 世纪 60 年代记录道："当我看到之前从未见过的老侯布伦（Houblon）先生被其所有儿子围绕在身边时，那真是一幅美丽的景象——他们都是优秀的贸易商人。"确实如此，侯布伦家族主要从事地中海贸易（尤其是伊比利亚地区）。其中两位兄弟，詹姆斯爵士（Sir James）和亚伯拉罕（Abraham），都成为英格兰银行最初的董事之一。而另一位兄弟约翰·侯布伦爵士（Sir John Houblon），在 62 岁时成为银行的第一任总裁。这些兄弟是第四代的瓦隆（Walloon）移民，他们的曾祖父是一位来自里尔（Lille）的商人的儿子，在 16 世纪 60 年代因为天主教的迫害来到英格兰寻求庇护。他们的

---

① 英格兰银行的"Stock"在本书中翻译为股票，后文中的南海公司"Stock"亦然。实际上，这一翻译值得商榷，当时的"Stock"很难说清到底是现代意义的"股"还是"债"。从收息角度（固定利息）它是债，但从持有人权益（投票权）、发行人身份（股份公司）、涨跌幅度（相对较大）等角度它又像是股。后文有时结合上下文将其翻译为"公债"，并附有译者注释。早期英国股票、公债之间的模糊关系，在翻译时无法完全精确地表达，需要读者特别注意。——译者注

政治倾向是温和的辉格党，其中约翰本人曾担任博德明（Bodmin）的议员。这三位兄弟都是英格兰银行的主要认购者。佩皮斯是詹姆斯爵士特别亲近的朋友。据其记录，詹姆斯在双方第一次见面时被认为是“相当严肃的人”，但很快“成为我非常喜爱的人”。毫无疑问，三兄弟都是非常富有的人。在与詹姆斯共进晚餐后，佩皮斯注意到，食物和酒都来源于遥远的波斯、中国和好望角等地方。另一位日记作者约翰·伊夫林（John Evelyn）在类似场合观察到，这位商人生活得“像一位王子”。然而，所有的证据都表明，这个家族也有着强烈的公共责任感，或许是因为他们独特的新教传统。1712 年约翰爵士被发现以祈祷的姿势（至少根据家族传记），在他居住和工作的纽德尔街房子里（现英格兰银行所在地）去世。

坚定、缺乏想象力、局限于一个很小圈子，并且很少质疑自身价值或目的的商人，在未来两个多世纪中持续主持英格兰银行的领导和治理。然而，人们很容易对这些商人进行居高临下地批评。1711 年，散文家理查德·斯蒂尔（Richard Steele）在介绍《观察家俱乐部》文章中的虚构成员时，描述了其中一位安德鲁·弗里波特爵士（Sir Andrew Freeport）。他是“伦敦金融城中一位极有名望的商人”，对商业的各个方面了如指掌，开玩笑称“大海是英国治下的公共场所”。斯蒂尔在描绘安德鲁爵士时表明了一个观点：“明智的商人，比聪明的学者更令人愉快。”又称赞他具有“自然而不造作的口才”，因此他清晰明了的表达带来的愉悦不亚于其他行业人员的机智幽默。[10] 然而，我们并不总能像人们希望的那样理解商人所说的话，更多的评判依据是他们的行动，包括他们在当时还不是中央银行的英格兰银行的所作所为。因此，我们应该更大程度地通过实际行为来评判这些务实的人们。

序：它现在势必会成为一家真正的银行

1 T. A. Stephens, A Contribution to the Bibliography of the Bank of England (1979), p. 86; M1/1; E. S. de Beer (ed), The Correspondence of John Locke, Volume Five (Oxford, 1979), p. 81; Bruce G. Carruthers, City of Capital (Princeton, New Jersey, 1996), p. 246; Acres, Vol. 1, pp. 12-13; M1/1.

2 ODNB, David Armitage, Paterson, William (1658-1719); William Paterson, A Brief Account of the Intended Bank of England (1694), p. 1; ODNB, Stuart Handley, 'Montagu, Charles, Earl of Halifax', 'Godfrey, Michael'; James E. Thorold Rogers, The First Nine Years of the Bank

of England (Oxford, 1887), pp. 9-12; P. G. M. Dickson, The Financial Revolution in England (Aldershot, 1993 edn), p. 54.

3 London Gazette, 5 July 1694; Acres, p. 14; M1/1; ADM30/15; G4/1, 27 July 1694; Byatt, pp. 11.

4 Clapham, Vol. 1, p. 1; Dickson, p. 47; Felix Martin, Money (2013), p. 116; Anne L. Murphy, 'Demanding "credible commitment"', Economic History Review, Feb 2013, p. 178; Larry Neal, 'How it all began', Financial History Review, Oct 2000; pp. 123-124; Steve Pincus, 1688 (New Haven, 2009), pp. 277, 484, 368.

5 Anne L. Murphy, The Origins of Financial Markets (Cambridge, 2009); Larry Neal and Stephen Quinn, 'Networks of information, markets, and institutions in the rise of London as a financial centre, 1660-1720', Financial History Review, April 2001, pp. 7-14; J. Lawrence Broz and Richard S. Grossman, 'Paying for privilege', Explorations in Economic History, 2004, pp. 50, 56-57; Michael Collins and Mae Baker, 'Bank of England Autonomy', in Carl-L. Holtfrerich et al (eds), The Emergence of Modern Central Banking from 1918 to the Present (Aldershot, 1999), pp. 23.

6 Martin, p. 119. More generally, for a stimulating treatment of the Bank's beginnings and early history, bringing out the high degree of provisionality and improvisation as well as putting the Bank in a larger social and literary context, see: Valerie Hamilton and Martin Parker, Daniel Defoe and the Bank of England (Winchester, 2016).

7 J. A. Giuseppi, 'Sephardi Jews and the early years of the Bank of England', in Jewish Historical Society of England, Transactions: Sessions 1955-1959 (1960), pp. 56-57; Dickson, pp. 254-258; Murphy, Origins, pp. 148-152.

8 J. Alan Downie, '"Gulliver's Travels, the Contemporary Debate on the Financial Revolution, and the Bourgeois Public Spheres', in Charles Ivar McGrath and Chris Fauske (eds), Money, Power and Print (Cranbury, New Jersey, 2008), p. 125; Feavearyear, p. 125.

9 W. Marston Acres, 'Directors of the Bank of England', Notes and Queries, 20 July 1940; Pedro de Brito, 'The Portugal Merchants as Founders of the Bank of England in 1694', in British Historical Society of Portugal, Annual Report and Review 2008, pp. 72-74; FE. M. Crouzet, 'Walloons, Huguenots and the Bank of England', Proceedings of the Huguenot. Society of Great Britain & Ireland, Summer 1990, pp. 167-169; Murphy, Origins, p. 81; Gary Stuart de Krey, A Fractured Society (Oxford, 1985), pp. 109-110, 151, 154.

10 de Krey, p. 146; ODNB, Gary S. de Krey, 'Abney, Sir Thomas', Jacob M. Price, 'Heathcote Gilbert, first baronet'; de Brito, p. 75; ODNB, H. G. Roseveare, 'Houblon, Sir John'; Crouzet, p. 168; OL, March 1935, p. 8; Claire Tomalin, Samuel Pepys (2002), pp. 291-292; OL, Dec 1922, pp. 292-293; Donald F. Bond (ed.), The Spectator, Volume 1 (1965), pp. 10-11.

第一部分

1694—1815

第一章

为国家服务

真正的业务始于1694年7月30日的那一周。当天，董事们决定英格兰银行的印章要体现出“坐着的不列颠女神注视着一大笔金钱”的形象。这一决定意味着不列颠女神将从此出现在英格兰银行印刷的所有钞票上。同时，董事们任命了最初的19名“英格兰银行雇员”，包括“秘书兼律师”约翰·英斯（John Ince）、“首席会计”托马斯·默瑟（Thomas Mercer）和“首席出纳”约翰·肯德里克（John Kendrick）。这3个重要的员工任命（尽管肯德里克仅任职了几周）预示着直到20世纪中期，英格兰银行的日常管理基本上是由秘书、首席会计和首席出纳三方共同管理。在接下来的几个月里，这家新机构的大部分业务都与政府融资有关，主要是处理初始认购款项。至关重要的是，承诺给财政部的120万英镑贷款不是以贵金属货币支付，而是以纸质票据支付的。最初是以所谓的“密封短期票据”（sealed bills）形式，然后是由银行发行的“流通现金钞票”形式。因此，英格兰银行从一开始就是一个创造信用的引擎，尽管这个引擎不可避免地受到伦敦金匠银行家的抵触。当然，即便是金匠银行家也通常觉得在新银行开设账户很方便，毫无疑问他们能够明白开设新银行是大势所趋。就这样，虽然偶有挫折，英格兰银行的股票价格在当年秋季以及1695年期间稳步上涨。同样具有象征意义的是，英格兰银行在当年12月搬到了更大的办公场所。它租下了杂货商公会大厅，即总裁侯布伦的同业公会所在地。尽管出于谨慎，最初的租期与皇家特许期限一样仅有11年。丹尼尔·笛福（Daniel Defoe）在18世纪20年代注意到：“这座封闭的建筑大致位于家禽街和洛斯伯里之间，距离皇家交易所非常近，是一个非常宽敞、方便的地方。”[1]

1695年，英格兰银行因新址带来的快乐可能被一连串的反银行传单和小册子破坏。其中一本小册子的标题是《由伦敦城杰出的商人和市民撰写，向尊贵的下议院谦恭提出的合理理由：说明英格兰银行可能带来的问题》。这个标题相当克制。据称，这本小册子的共同作者是著名的托利党金匠银行家理查德·霍尔（Richard Hoare），他指责英格兰银行："准备垄断伦敦金融城及其周边地区的大部分现金，而伦敦金融城是贸易的心脏，因此实际上会形成更大垄断。"另一位匿名的小册子作者声称英格兰银行的钞票发行"几乎是对公众的欺诈"。而《英格兰的保护：即英格兰的安全》一书的匿名作者则声称："英格兰银行已经产生了巨额分红，并且正准备继续……用最简单的英文向全世界表明，国家的一部分人正在掠夺另一部分人。"该作者还补充了更开放的想法："如果我们能从外国人那里获取利润，那倒是好事。但从我们国家内部彼此之间获取利润，这一点也不会让公众财富受益。"

即便是约翰·洛克也对此表示怀疑。他在 2 月告诉辉格党的朋友们："英格兰银行里的钱，现在会由，我断言也永远会由伦敦商人管理。"因此他认为结果将是："我们大部分的贸易很快会通过秘密合谋集中到少数人手中。而资金原本可以更好地分配到乡村、其他港口和英格兰的其他贸易地区。"在这一切反对声中，英格兰银行的主要辩护者是其副总裁迈克尔·戈弗雷，他负责撰写《英格兰银行简述》。他在详细阐述后坚持认为，英格兰银行已经并将继续提供一系列"为国家服务"的措施，包括降低利率、提高土地价格以及加强君主制的财政力量。戈弗雷还挑战了金匠银行家们的观点："如果全国的流动资金有利可图，那么英格兰银行更适合拥有这些资金。因为它由一千三百人组成，通过降低货币利率，用这些资金来服务整个国家，而不是让这些资金为少数人所用。这少数人已经利用它对国家造成了巨大损害。"简而言之，他总结道："英格兰银行将会而且必须被保留和维护，因为它对整个国家有巨大的用处。"[2]

英格兰银行在 1695 年继续向政府提供贷款，从而使其存在进一步正当化。它要么直接贷款给国库并获得财政部的"财政欠条"（tallies，当时是一种木制欠款凭证），要么更间接地通过贴现（即购买）这些"欠条"和海军票据（以英国海军担保为基础）。与此同时，两场戏剧正在上演。第一场戏剧涉及英格兰银行的原始"发起人"、最初的银行董事之一威廉·帕特森。1695 年初他就对新银行失去耐心，并且计划再创建一家"孤儿银行"。当年 2 月 12 日，英格兰银行的同僚们明确声明："他当初明确告知董事会哪些人是银行的敌人，现在却与这些人共同处理孤儿银行事务，这违背了大家对他的信任，也不符合英格兰银行董事的身份。"几天后，帕特森辩称孤儿银行经营的是土地而非贸易业务，不会对英格兰银行构成威胁。但到月底，他就离开了英格兰银行。另一场戏剧源于当年 5 月英格兰银行决定在安特卫普设立一个代理机构，以支付佛兰德的军队费用。一个包括迈克尔·戈弗雷、詹姆斯·侯布伦和威廉·斯考恩爵士（Sir William Scawen）在内的小型委员会被"授权前往安特卫普"。两个月后的7月17日，副总裁已经和国王一起身处战壕，以非常近的距离观看了那慕尔①（Namur）围攻战：

> 威廉国王："戈弗雷先生，你不应该在此冒险。你不是士兵，你在这里对我们一点用处也没有。"
>
> 戈弗雷："陛下，我冒的风险不比您多！"
>
> 威廉国王："我和你不一样，我是在我应该在的地方，我可以毫不怀疑地将我的生命托付给上帝来保护；但是你——"

麦考利在他流传至今的记述中提到，就在此时，一颗从城墙上射来的炮弹将戈弗雷的头砍落在威廉的脚边。消息传到伦敦后，英格兰银行的股票立即下跌了2%。而当时只站在两码远的斯考恩被选为新的副总裁。[3]

1696年，斯考恩和他的同事们面临异常艰难的情况——有人对银行存在本身，或者至少是对其信誉进行了两轮攻击。第一轮攻击源自当年1月的《重铸货币法案》②。尽管为了应对英格兰银币严重贬值的丑闻，该法案的颁布是必要的。但是其解决方案——召回并重新铸造所有银币，不可避免地导致银行严重缺乏金银货币。英格兰银行很快发现自己难以满足现金需求。虽然金匠银行家霍尔否认了相关指责，但他的一些同行毫不犹豫地试图对英格兰银行造成最大损害。攻击最终在当年5月6日达到了高潮。据麦考利记载，金匠银行家们蜂拥至杂货商公会大厅，坚持要求立即兑付。这是他们一直在精心策划的行动。他们储存了大量的英格兰银行钞票，就是为了此时要求银行用金银立即支付。在这种情况下，董事们"拒绝满足恶意的钞票兑付要求"，而只兑付了其他"以良好信用前来要求"的债权人钞票。换句话说，英格兰银行发生了挤兑，并不得不暂停了部分支付。一周后的5月13日，斯考恩严肃地通知了银行股东大会："目前提出的兑付要求超出银行能力。如果有人因为缺少现金而感到不安，银行愿意为其提供优质的欠款凭证。"因此，董事们不仅决定"要求每个银行股东将其持有的一切金匠钞票交给银行换成银行钞票"，还建议"所有股东

---

① 那慕尔是一座位于布鲁塞尔东南的比利时城市，战略位置重要。——译者注

② 正式名称为《整治王国货币混乱状况法案》（An Act for the Better Preverntry the Conterfeiting the Cument Coin of This Kingdom）。——译者注

都将一切现金和转账业务交由英格兰银行处理”。[4]

第二轮攻击则源自土地银行的威胁。土地银行是专门作为英格兰银行的竞争对手而设立的，主要由“乡村”利益集团（反辉格党、反伦敦金融城）支持，其核心理念是以土地作为担保发行钞票。“我不明白土地银行如何能为国王提供资金”洛克在当年2月14日写道。当时下议院委员会刚刚同意设立国家土地银行，并（用纳西苏斯·卢特雷尔的话说）“命令任何与英格兰银行有关的人都不得参与其中”。对此，英格兰银行积极回应，提议以更低的利率向政府提供土地银行承诺的同等金额（256万英镑）贷款。然而，这一提议被拒绝了。3月10日下议院通过了委员会的土地银行设立提案。4月29日，英格兰银行股东大会的会议记录详细记载了该行的回应：“总裁向股东大会报告，虽然上议院也于4月27日通过了土地银行的提案，但英格兰银行仍会保持良好的信用。董事会将尽一切可能维护英格兰银行的利益。”这番战斗性的言论表明局势不妙。5月4日，就在《重铸货币法案》引发银行挤兑的前两天，出现了一份名为《审判和谴责：在埃克塞特交易所的土地银行试图谋杀在杂货商公会大厅的英格兰银行》的预言性宣传册。即使按当时的标准，这种人身攻击的水平也是非常高的——文中指责约翰·霍布伦爵士的“固执和错误”、威廉－戈尔爵士的“狡诈伎俩”和吉尔伯特·希思科特爵士的“愤世嫉俗和自负”。在宣传册出现的那个时点，杂货商公会大厅（英格兰银行）的倒闭似乎还远不是完全不可能发生的。[5]

最终，这家原本有潜力成为竞争对手的机构却成为金融史上最为失败的案例之一。土地银行的认购于当年6月4日开放不久，第一财政大臣戈多尔芬伯爵就观察到：“人们普遍对土地银行感到绝望，认为它将一事无成。”几周内，这一项目便彻底失败，认购金额仅有不到7000英镑。尽管如此，鉴于全国形势，英格兰银行仍处于极其艰难的境地。一位历史学家指出：“1696年7月和8月是战争最令人绝望的时期。”8月1日，英格兰银行总裁通过一场精彩的演讲，成功说服股东大会投票通过向政府提供20万英镑的贷款。尽管他完全承认，英格兰银行仍然遭受着“现金短缺这一全国普遍面临的困境”。但他继续说道：“重要的事实是，政府现在承认国家不能没有英格兰银行。财政大臣们已经告知董事会，无论是政府还是英格兰的贸易都确确实实无法在没有信贷的情况下进行。他们知道如果英格兰银行的信贷不能维持，其他任何信贷都无法支撑。”

尽管如此，这笔所谓的“爱国”贷款进一步加剧了英格兰银行的现金（金币或银币）短缺。到10月，银行的股票价格已经跌至60（年初时价格是票面价值 100），银行不得不采取合理的拖延策略。董事们决定："所有五英镑及以下的钞票将按字母顺序全部偿付，从 10 月 28 日开始首先偿付以 A 和 B 开头的钞票，之后每周三按字母顺序偿付两个字母。"与此同时，政府迫切需要现金来拨给军队。到了 12 月初，在发行了第一期国库券的几个月后，财政大臣查尔斯·蒙塔古决定再冒一次险，提出所谓的"转换"计划，即未偿付的"财政欠条"及其利息将通过新增银行认购，而被转换为银行股票。12 月 5 日，辉格党律师约翰·弗雷克（John Freke）向洛克报告："他（蒙塔古）对自己的计划非常有信心。昨晚他去找银行的董事们，向他们提出这个计划。"弗雷克并不知道蒙塔古能否如愿，但他"毫不怀疑"如果"董事们不同意"，蒙塔古将"威胁他们"。也许他确实这样做了，但侯布伦家族（除三兄弟外，侯布伦的侄子、妹夫和堂兄也是董事）极为坚决地反对。他们显然担心"转换"不仅会加重银行的负担，还会稀释他们的个人持股份额。最终在 12 月 7 日的股东大会上，该计划被否决。[6]

在 1697 年的早些时候，英格兰银行通过一项冒险的决策，抓住机会大幅增加了杠杆，并且巩固了自身的长期地位。年初，银行直接拒绝了大约 250 万英镑的政府贷款。随后，银行同意通过资本扩充"转换"的方式，从政府手中接管 100 万英镑的短期债务，但要求政府以四个关键条件作为交换：第一，原皇家特许应延长至 1711 年。第二，银行应免税。第三，政府要采取措施打击伪造英格兰银行钞票的行为。该问题正变得越来越严重（后来伪造钞票被定为死罪）。第四，也是最重要的是，在英格兰银行的存续期间，按照银行自己的话来说，"国内不得建立或允许建立任何其他银行或任何性质类似于银行的机构"。不过英格兰银行并没能完全按照自己的意愿得到一切——下议院坚持增加一个条件："在未来的选举中，谋求连任的成员不能超过前一年董事会成员的 2/3。"但总体而言，当年春天包含以上条件的特许协议法案通过，标志着这个新生机构在与政府的关系博弈中取得了决定性的胜利。

随之而来的是资本扩充，包括政府债权人将其短期债务（"财政欠条"）换成银行股票，导致银行股东的社会基础显著扩大。首次成为股东的人包括普莱斯托（Plaistow）的一个船夫［约翰·威尔斯（John Wells），625 英镑］和霍斯利唐（Horsley Down）的一个女粮食商［玛莎·汤姆森（Martha Thomson），250 英镑］。与此同时，在地位得到巩固后，英格兰银行股票价格迅速回升至面值附近。新法案通过后的首次选举于当年 7 月举行，斯考恩被选为总裁，内森尼尔·坦奇（Nathaniel

Tench）被选为副总裁。两个月后，《里斯维克条约》（*the Treaty of Ryswick*）标志着九年战争的结束。[7] 这场具有特殊意义的冲突结束了，但它最重要的副产品之一却将永存。

和平的喜悦并没有持续很久。乔纳森·斯威夫特在 1711 年回忆起九年战争后英国人民的情景时写道："即使仍在背负战争导致的沉重债务，他们也没有给自己喘息的时间，就再次进入了一场更危险、更昂贵的战争。"这场新的战争是西班牙王位继承战争①。战争从 1702 年持续到 1714 年，为英格兰银行展示其战争融资能力，特别是向财政紧张的国家提供贷款的能力提供了另一个机会。"政府主要依赖他们的支持，未来也几乎不可能在没有他们的情况下得到支持"，1706 年马尔堡公爵（Duke of Marlborough）的牧师约翰·布劳顿在一篇小册子中如是写道。他指出政府对银行管理人员似乎越来越依赖。这种依赖在 1707 年进一步加强，当时英格兰银行实际上承担了发行以税收为担保的国库券的责任。这项服务不仅让银行获得了丰厚的未付票据，而且票据利息完全由银行自行决定。半个多世纪后，政治经济学家詹姆斯·斯图尔特爵士带着不情愿的钦佩指出："每个人都能意识到，通过这一操作，英格兰银行必定获得了非凡的利润，（政府）支付的几乎所有累计利息都成为银行的纯利润，同时也大大增加了国债规模。"

此外，1707 年也是属于《联合法案》②的年份。该法令使英格兰银行不得不因为相关协议，向国家提供几乎无利可图的服务。这项在苏格兰并不受欢迎的协议，包括苏格兰人应为偿还英格兰国债做出贡献，并为此得到约 10 万英镑的现金和 30 万英镑的国库券作为"等值"回报。当年夏天，由 3 名银行官员陪同的 12 辆受到严密保护的货运马车队从伦敦驶往爱丁堡。他们在那里遇到了 4 名英国专员，包括詹姆斯·侯布伦，他是前银行董事詹姆斯爵士的儿子。侯布伦在马车队到达后的 8 月 5 日向他的兄弟报告说："一大群人非常愤怒，并向银行官员和马车夫投掷石块。"显然，人们认为马车里装着弹药。国库券的地位如此不稳固，以至于专员们

---

① 西班牙王位继承战争是因西班牙哈布斯堡王朝绝嗣，法国波旁王朝与奥地利哈布斯堡王朝争夺西班牙王位，进而引发的一场欧洲大部分国家参与的大战。英国支持奥地利对抗法国。——译者注

② 《联合法案》（*Acts of Union*）英格兰议会和苏格兰议会分别通过的两份议会法案。使当时由同一个君主统治的英格兰王国和苏格兰王国正式合并为大不列颠王国。——译者注

不得不请求银行再发送 5 万英镑的金属货币。因此，当年夏末银行派出了第二支车队（同样由 3 名银行官员陪同）。事情最后以一场不体面的争吵作为收尾。回到伦敦后，马车夫要求银行向每人额外支付 22 英镑。银行提出可以额外补贴 10 英镑，但被拒绝。秘书约翰·英斯（John Ince）向财政部抱怨马车夫“非常粗鲁和麻烦”。尽管有关这件事情的记录就此结束，但毫无疑问双方最终达成了某种妥协。

与此同时，西班牙王位继承战争继续拖延，产生了一系列著名战役。如 1704 年的布伦海姆（Blenheim）战役、1706 年的拉米利斯（Ramillies）战役、1708 年的奥德纳德（Oudenarde）战役、1709 年的马尔普拉凯（Malplaquet）战役等。就像十年前一样，英格兰银行利用辉格政府迫切需要现金的需求，为自己争取到了一个新的、更好的特许协议。从银行的角度来看 1708 年至 1709 年的立法有三个关键方面：第一，它的特许经营权被延长至 1733 年，几乎是延续到了 25 年后。第二，它对合资股份银行的排他垄断得到加强，同时将私人银行[①]局限于 6 名合伙人或更少的组织。第三，它的授权资本翻倍至 440 万英镑，并立即在杂货商公会大厅完成了一次高度成功的认购。所有这些并不意味着英格兰银行会突然成为一个被普遍接受的机构，更不用说受到欢迎。1708 年，一位匿名作者在一封致议员的公开信《反对延长银行期限：论证它对我们宪法和贸易的危险后果》中宣称：“英格兰银行的恶毒已经达到了我不知应该从何处开始叙述的程度。”然而在公众情绪方面，至少在金融城中，同一年马德拉斯（Madras）托马斯·皮特（Thomas Pitt）的伦敦通讯员肯定是正确的。他写道：“不仅我自己，还有我所有的熟人，都认为英格兰银行是最可靠的财产。几乎每个有钱人都有一份英格兰银行股份，并将其视为自己的‘风险储备金’。”[8]

新特许协议达成时的英格兰银行状况如何？约瑟夫·艾迪生（Joseph Addison）一两年后在《观察家》（*Spectator*）上写道：“我看了看大厅，看到董事、秘书和职员以及这个富裕公司的其他成员，按照他们在这个公正有序的经济体中扮演的角色，分别站在各自的岗位上。我对此非常高

① 此处所称“私人银行”是指由私人（合伙人）向特定人（而非所有公众）提供银行服务的机构，与现代意义上为私人（尤其是高净值客户）提供服务的银行有所不同。此概念在下文中多有提及，望读者注意。——译者注

兴。”董事们仍然主要是贸易商人，以弗朗西斯·埃尔斯（Francis Eyles）为代表，他是一位威尔特郡（Wiltshire）纺织工的儿子，后来成为一名著名的黎凡特和殖民地商人，在1697年当选为董事，在1707年至1709年担任了两年常规任期的总裁。但就银行日常业务的开展而言，关键时期真正重要的人并不是后来被大家熟称的“董事会”，而是银行的第一代终身全职员工。

他们的人数不可避免地增加（到1700年已超过60人），尽管要达到三位数还需要很长时间。以他们的职能划分，主要分为工作在会计办公室、出纳办公室、秘书办公室、贴现办公室的文员和出纳员。其中出纳员承担了很大一部分工作量。到了18世纪初，银行出纳员人数已超过20人，他们在杂货商工会那座漂亮的银行大厅工作，是银行的公开面孔，负责对外接受存款、支付贷款、兑现票据和账单。从1704年起，他们必须遵循一份详细的共4页的《英格兰银行出纳员行为规则》。他们的工作非常繁重，大部分源于质量差的铸币和纸质交换工具易于伪造带来的风险。其中一条规则明确要求：“出纳员应该在支付给指令人的‘可转让票据’上背书姓名，如果不知道指令人的姓名则须注明其住所。”1704年时，银行还拥有了非文职人员，包括2名信使和门卫、1名大门看守、两名大楼看守、1名清洁工、1名园丁和6名守卫。那时，大门看守穿着“一件朱红色的长袍，里面是橙色的衬里，手持一支银头大竹手杖”。银行的纪律通常很严格，无论是文职人员还是非文职人员，都面临着违反银行规定就会被立即解雇的威胁。而且他们必须向银行报告任何职员存在的“亵渎、不道德、放荡或丑闻的生活”行为，否则将面临停职处分。尽管薪资相对不错（普通出纳员年薪约为55英镑，略高于一名学校教师的薪水），但安妮·墨菲（Anne Murphy）的结论是正确的：“总的来说，大多数员工可能会认为银行的管理实践更注重惩罚而非奖励。”然而他们总能在自己家中得到慰藉。1704年，一份详细生动的名单显示，尽管一些高级员工住在银行里，其他人比如托马斯·琼斯（Thomas Jones）可以回到“他母亲在布雷德街（Breadstreete）的星之法院的一家咖啡馆”，威廉·迪尔兹（William Deards）可以回到“他在交易所旁的巴尔托洛缪巷（Bartholomew Lane）内的纳格斯黑德庭院住宅”，罗伯特·劳埃德（Robert Lloyde）可以到“中殿庭院的埃塞克斯法院内，斯克鲁普先生办公室四楼的楼梯口”，托马斯·考威尔（Thomas Cowell）可以居住在“汉尼巷（Hony Lane）市场，贝尔客栈”。[9]

那么，在最初的大约15年，英格兰银行的日常业务究竟是什么性质的呢？尽管仍然有一些神秘，但基本上作为一家私人（而非公共）银行，除与政府的联系日益紧密之外，它还为伦敦商业社区提供一系列不可或缺的服务。这些服务包括发行银行钞票和其他纸质信用工具；提供存款、账户和支付转账设施；开展优选贷款；以及贴现汇票。至于为政府提供的服务，除定期提供贷款、垫付款项以及在与国库券相关的方面发挥促进作用外，银行尚未管理过长期国债。但它越来越多地充当了克拉珀姆所称的“大国账户”的银行角色，例如，“在马尔伯勒战争期间，它是军队的财务主管、卫队和守备队的财务主管、军械办公室的财务主管以及海军财务主管”。总的来说，无论是为商业社区服务还是为政府服务都有利可图，而为后者服务的利润更高。在 1697 年至 1709 年，英格兰银行股东的年度股息率不低于 7%，并且通常会更高。

人们不应该夸大早期英格兰银行的影响力。毕竟，在 18 世纪的大部分时间里，它经常被称为“伦敦银行”。此外，与阿姆斯特丹银行这样历史悠久的银行相比，正如历史学家拉里·尼尔（Larry Neal）和斯蒂芬·奎因（Stephen Quinn）所说的：“它并没有主导当地票据市场，没有作为一个大规模的清算所，也不需要所有票据都通过它经手。”相反，尽管它为商业社区提供了其他服务，但它是一家“发行钞票的银行，致力于为英国财政服务”。毫无疑问，这种服务的一个核心作用是银行帮助政府发展了历史学家所称的“可信承诺”——这是 1688 年（指光荣革命）之后制度结构演变的关键，这种演变使得人们更加相信，新的议会政府制度比皇权主导的公共财政更值得广泛信任。或者更具体地说，银行很快在几乎所有新近对政府的贷款中扮演了核心角色，以至于它实际上充当了这些责任行为的担保人，尤其是与及时支付利息相关的事项。然而在那个时代，必须再次强调，并非所有人都从如此有利于公众利益的角度看待英格兰银行。即使在 1709 年特许协议再度加强之后，安妮·墨菲的忠告仍然适用：“它的地位受到争议，它的垄断地位受到威胁，而且它仍然极易受到议会‘一时兴起’的影响。”[10] 实际上，此时的英格兰银行仍然面临着巨大的生存威胁。

最终导致英格兰银行面临巨大威胁的一系列事件始于 1710 年。那一年的政治动荡剧烈。在吉尔伯特·希思科特爵士（自 1709 年起任总裁）铁面无私领导之下的英格兰银行，正处于这场政治剧变的中心。这种紧张氛围可以从以下诸多历史背景中得到更好的解释。当年，英国公共财政

压力与日俱增，农业歉收，战争似乎无休无止。希思科特向重新担任第一财政大臣的戈多尔芬伯爵坚称，任何不能实现西班牙王位战争目标的和平都将是“一场腐朽的和平”。同时，安妮女王在其统治的第九年认为时机终于成熟，可以摆脱可恶的辉格党以及亨利·萨切维尔博士①（Dr Henry Sacheverell）。2 月 27 日，这位能言善辩的高级牧师和激烈的反辉格党人因煽动性诽谤而开始受审。几天内，萨切维尔案引发的骚乱开始了。围攻并洗劫杂货商公会大厅的暴徒们被赶来的近卫军击退。据说近卫军指挥官奥雷尔（Orrell）上尉曾当场宣称：“先生们，与其让银行被毁，不如摧毁所有（非国教派）会堂。”萨切维尔本人基本上被无罪释放。当年初夏，托利党人已经牢牢掌握了主动权，这让金融界感到担忧。

在接下来的几个月里，英格兰银行两次试图阻止政治变革，但都失败了。第一次干预发生在 6 月 15 日，希思科特和 3 位同事亲自向女王表达了他们的“愿望”，继桑德兰伯爵（the Earl of Sunderland）被政府解职之后，希望“她不会再进一步变革政府”，因为“这将严重影响公共信用”。大约 7 周后，银行的另一个代表团前往财政部，试图支持戈多尔芬（一个亲银行的温和托利党人，与辉格党人越来越近），结果反而激怒了安妮女王，导致戈多尔芬遭到罢免。这个代表团还请求安妮女王保证不提前解散下议院，但这一愿望遭到无视。当年 10 月，托利党在选举中以压倒性优势获胜。希思科特是否对英格兰银行试图干预政治感到后悔？可能没有。他事后向一位杰出的辉格党人吐露：“如果我们犯了错误，那就是我们判断失误，上帝保佑这是事实，但我依然无法改变我的想法。”[11]

当年秋天，伦敦金融城的政治氛围紧张到了极点，希思科特深陷其中。9 月下旬，选举计票在市长公共大厅进行。在争议和暴动中，希思科特被选为下一任金融城市长。次月，在金融城的议会选举中，他是 4 位辉格党候选人之一。所有辉格党候选人都是现任或前任银行董事，其中 3 人，包括希思科特在内，都是现任议员。但在一次为期五天的投票中，他们被四位托利党候选人（包括理查德·霍尔爵士）击败。一位金融城历史学家在描述这次选举时说，当时的“争吵和肢体暴力是自光荣革命以来未有的”。英格兰银行继续坚持自己的立场，尽可能为难罗伯特·哈

---

① 又译作亨利·萨谢弗雷尔，是一名拥护高教会和托利党的牧师，因激烈谴责当局的宗教宽容政策及“信仰划一法案”于 1710 年 2 月受审，引发伦敦人对辉格党政府的不满，成为托利党人上台的导火索。——译者注

利（Robert Harley）的新托利党政府。它不仅坚持拒绝为拿军饷的官员贴现汇票，还拒绝贴现海外汇票。“这只是希思科特及其党派的怨恨和报复，他们现在完全控制了银行”，一位银行家盟友在 11 月这样告知哈利。当时的情况的确如此。

游戏规则改变的消息在圣诞节前夕传来。斯坦霍普伯爵（Lord Stanhope）的军队在布里韦加（Brihuega）投降。这实际上意味着得到西班牙的希望完全破灭，也就无法避免希思科特所说的“腐朽的和平”。到 1711 年初，托利党政府和支持辉格党的英格兰银行之间显然进入了一种妥协与合作的状态，这在很大程度上得益于希思科特总裁任期最后几个月期间发生的一场成功的内部叛乱。这场叛乱显然是由两位前总裁约翰·沃德（John Ward）和詹姆斯·贝特曼爵士（Sir James Bateman）领导的。即便如此，在 4 月的新董事年度选举中，伦敦城的托利党人仍试图发动政变，导致股东的出席率比一般情况下要高得多。政变失败了——用克拉珀姆的话说：“众多股东投票给了他们熟悉的人。”因此，实际上还是那些老的辉格党支持者重新当选，包括由纳撒尼尔·古尔德（Nathaniel Goulde）担任总裁和约翰·鲁奇（John Rudge）担任副总裁。他们两人在 17 世纪 90 年代就已经加入了董事会。相对而言，托利党更成功的一个举措，是于 1711 年末成立了南海公司。南海公司从一开始就被设计为制衡英格兰银行的力量，本质上是一个将政府的大量流动债务转换为永久年金的工具，而其标榜的南海贸易不过是幌子。值得注意的是，凭借其务实行事的声誉，罗伯特·哈利尽了最大的努力确保英格兰银行不会因这一新机构的创立而感到过度威胁。他非常清楚，托利党与金融利益集团的和解是非常重要的，即使该利益集团仍然顽固地支持辉格党。[12]

在接下来的 10 年里，英格兰银行基本上巩固了自己的地位。1713 年 5 月，《乌得勒支和约》①（*Treaty of Utrecht*）终于结束了一场使国家债务增加 3 倍达到 5200 万英镑的战争。条约签订 3 个月后的 1713 年 7 月，一项新的法案将英格兰银行的特许经营权延长至 1743 年，以换取银行同意为新增的 120 万英镑国库券提供流动性。在政治方面，日益紧迫的情况是女王健康状况不佳，以及法国人为支持詹姆斯二世党而即将入侵的流言甚嚣

① 《乌得勒支和约》是西班牙王位之战的停战和约，大致内容包括：（1）哈布斯堡王室的力量得到恢复，奥地利继续保持大国地位；（2）菲力浦五世保留了西班牙王位，但放弃对法国王位的继承，法西两国永远不合并；（3）英国从西班牙取得直布罗陀，并获得西班牙在美洲殖民地专卖黑奴的权利，从法国取得纽芬兰、阿卡迪亚和哈得逊湾等北美属地；（4）法国保住了大陆强国地位，但海上势力被大大削弱了；（5）肯定了普鲁士的存在。——译者注

尘上，这导致了至少两次重大挤兑。但当安妮女王于1714年8月去世时，汉诺威（Hanoverian）王朝得以顺利继承英国王位①。这让英格兰银行终于松了一口气。不过在1715年5月，詹姆斯二世党曾计划在斯密斯菲尔德（Smithfield）集结三伙暴民，宣布乔治一世的伪君主身份，占领并放火烧毁英格兰银行，暗杀一些首席官员（包括吉尔伯特·希思科特爵士），并进一步发动全面叛乱。但这一戏剧性的情景并未发生。同年晚些时候，在詹姆斯二世党叛乱失败期间，英格兰银行并没有感受到沉重的压力。事实上在1715年，它的职能得到了至关重要的扩大。政府要求其处理一笔91万英镑的供货贷款，这是英格兰银行建立对政府长期借款控制的第一步。那么南海公司呢？英格兰银行与其关系总体上是和谐的，甚至实际上成为这个新兴公司的银行。但到1719年秋，正如克拉珀姆所言，南海公司的董事们开始“策划伟大且勇敢的冒险”。[13]

南海公司（SSC）的计划在1719年冬天逐步实施。它提议接管国家债务（不包括欠英格兰银行和东印度公司的部分），同时向国库一次性支付一笔巨额款项，以帮助财政紧张的政府赎回包括英格兰银行持有债务在内的其他长期公共债务。这一提议对于南海公司来说有什么好处呢？为什么将大部分国家债务转换为公司新发行股票有利可图？后人关于臭名昭著的南海泡沫事件的描述往往只是强调了其想在股票市场投机和操纵的动机，但历史学家理查德·克里尔（Richard Kleer）认为，1720年野心勃勃的债务转换计划有一个同样强大的动机。他论证道：“南海公司试图引导大量新的公共资金进入它的资金池，同时剥夺英格兰银行大部分的公共现金流，从而最终由其取代英格兰银行，承担后者作为国家主要贷款人的长期地位。”“长期地位”这个词或许有些夸大，因为英格兰银行当时还不到25年历史。但这种论证非常具有说服力，说明英格兰银行本身无疑将南海公司视作一个非常现实且迫在眉睫的威胁。“现在他们已经准备好了”，当时丹尼尔·笛福在谈到该计划的策划者时说：“随着机会和利润的涌现，开始股票投机、欺骗议会、扰乱银行、操纵股价，并把整个城市当作赌注。”[14]

英格兰银行与南海公司之间的斗争在1720年1月末和2月初展开。双方竞相出价争夺转换政府债务的权利——实际上他们出价已经过高了。

---

① 安妮女王去世时无嗣。英国议会为了确保新教徒国王即位，拥立了安娜的表兄、母系祖先来自英国王室斯图亚特家族的德国汉诺威选帝侯之子乔治·路德维希·冯·汉诺威，称乔治一世。英国的汉诺威王朝开始，斯图亚特王朝结束。——译者注

那是几天忙碌的时光。1 月 27 日下午，南海公司在下议院提出了 350 万英镑的报价。同日下午，英格兰银行［当天早些时候，其董事们在瓦格霍恩（Waghorn's）咖啡馆开会］则出价高达 550 万英镑，以获得将长期政府债务转换为银行股票的特权。约翰·卡斯韦尔（John Carswell）在他的权威性叙述《南海泡沫》中评论说，这种报价操作难以用传统意义上的经济理论解释，但"对于英格兰银行来说实施这一对策似乎是事关生死的战略性问题"。接下来在 2 月 1 日，南海公司不仅重新提出一个高达 750 万英镑的报价，还承诺（直接针对英格兰银行）在不收取利息和管理费的情况下发行流通 100 万英镑的国库券。这样一来，英格兰银行坚持的 550 万英镑报价已经远远不够了。次日即 2 月 2 日，下议院不顾地位不断提升的辉格党政治家罗伯特·沃波尔①（Robert Walpole）的反对，接受了南海公司的提议，导致其股票价格立即从 129 英镑上升到 160 英镑。杂货商公会大厅士气低落。商人兼议员詹姆斯·米尔纳（James Milner）可能恰好在不久后访问了英格兰银行。他报告说："我能听到的只是一些零碎的言语，诸如购买长期年金、冻结我们的现金、困境、新贵、复仇和毁灭，等等。"

但在其他地方，随着冬天过去、春天和初夏来临，南海公司及一大批在其成功变革影响下成立的公司，正热火朝天地走向泡沫。到 6 月初，一位观察者注意到："交易所巷的场景令人震惊。早上南海公司的股票超过 900 英镑……各行各业的人都忘记了日常运营和工作，全部奔向那里，就像奔向波托西（Potosi）矿区②一样。贵族、女士、经纪人和仆人在此刻都平等了起来。奢华的装备被追求，物价飞涨。这种对自然秩序的颠覆，后世无法想象。"至于南海公司，则毫无意外地在与英格兰银行的斗争中继续占据上风。部分是通过强行进入银行传统的国库券流通领域，部分是通过大量发行自己公司的债券，或者用克里尔的话说，为推动其取代英格兰银行钞票作为国家主要信用货币铺平道路。事实上，英格兰银行感到非常不安，以至于在当年 5 月犯下了克拉珀姆所说的"严重错误"。它开始效仿南海公司接受自身股票为抵押进行贷款。因此在接下来的几个月里，英格兰银行向其股东贷款超过 100 万英镑，这很大程度上加剧了当时

---

① 罗伯特·沃波尔被认为是英格兰实际上的第一任首相，曾长期担任财政大臣，任职时间可参见附录。——译者注

② 波托西矿区位于玻利维亚西南部，曾经是世界上最著名的银矿，16—17 世纪鼎盛时期白银产量占全世界白银产量的一半。——译者注

的信贷通胀。而对南海公司来说，当年 7 月它进一步取代英格兰银行成为可赎回国债的持有者之一。这些价值 30 万英镑的债券对英格兰银行来说也许金额并不算大，但极具象征意义。[15]

但事实上，形势已经开始转变。1720 年 6 月，议会对其他泡沫化公司采取的行动也影响到了南海公司，导致其股价在月底达到略高于 1000 的峰值后逐渐回落，在 9 月初降至 775，两周后继续降至 520。当月，一位观察者指出："一切都在漂浮，一切都在下跌，董事们被诅咒，顶级冒险家破产了。"对于有才华的年轻艺术家威廉·霍加斯（William Hogarth）来说，一个伟大题材就在眼前。随后他创作的《南海计划》版画展示了这样一幅画面：利己主义的车轮碾破诚信，恶棍鞭打荣耀，贸易被遗弃后变得衣衫褴褛。

1720 年秋天南海公司股价继续下跌，在 10 月初降至 290，又在 10 月中旬进一步降至 170，随后略有回升。我们很难确定英格兰银行在开始解决这场公共信贷危机时所扮演的角色。经过 9 月 15 日至 23 日的谈判，各方最终在沃波尔的总体主持下达成了所谓的"英格兰银行合同"。英格兰银行（以不屈不挠的希思科特为首）同意发行流通 300 万英镑的南海公司债券，但提出了两个关键条件：首先，南海公司今后必须将其现金存放在英格兰银行。正如希思科特所说："如果南海公司与英格兰银行结婚，就不能允许他养情妇。"其次，允许英格兰银行将其 380 万英镑的可赎回债券兑换为南海股票。克里尔评论道："实际上，这不仅意味着英格兰银行将保留其现有的现金流，还能获得与债务转换项目相关的全部新现金流。"这反过来又意味着"银行仍将保持其作为政府主要信贷提供者的地位"。接下来的几周非常艰难。由于市场在泡沫破灭后的低迷状态，新创建的"英格兰银行合同"股票的认购量远低于预期的 300 万英镑。即便英格兰银行召回了贷款并增加了黄金储备，也依然面临严重的挤兑压力。同时许多商人和其他人士也因"南海泡沫"日渐衰落，包括皇家交易所的首席董事、前银行董事贾斯图斯·贝克爵士（Sir Justus Beck）。"南海股票的暴跌在短短几天内造成了多么可怕的灾难"，约瑟夫·莫伊尔（Joseph Moyle）在 10 月 12 日写信给他的表兄亨弗里·莫里斯（Humphry Morice）时感叹。莫里斯是英格兰银行董事和辉格党议员，在非洲贸易（黄金、象牙、奴隶）中举足轻重，且与沃波尔关系密切。莫伊尔随后补充的话可能有一定道理："即便如此，我非常高兴英格兰银行在如此动荡的时期依然高尚地坚守信用，并且展现了他们作为信用的唯一支柱和国家利益的真正平衡者的本质。"[16]

接下来处置“南海泡沫”是一个持久的过程。1720 年 11 月，英格兰银行以“情况有变”这种具有争议性的理由拒绝继续履行“英格兰银行合同”，造成不小的波折。最终，在 1722 年 10 月，所谓的“英格兰银行条约”达成。银行同意通过发行新股支付 420 万英镑，并换取南海公司的 20 万英镑“国库年金”，最终使南海公司恢复盈利并开始偿还其债务。南海公司虽然“起死回生”，但再也不是一个重要的金融力量。至于更普遍存在的公共信用问题，英格兰银行在当年早些时候与财政部签署了一份关于流通国库券的重要新合约。尽管南海公司本身经历了一场惨败，但有利的事实是，它将大量非流动的年金转换为可流动、可交易的南海公司年金，留下了一个政府债务流动性极大改善的二级市场。当然，泡沫破灭的后果也需要责任人承担。在 1721 年被下议院认定对该事件负有部分责任的人中，有一位是西奥多·詹森爵士（Sir Theodore Janssen）。他是英格兰银行的创始董事，直到 1719 年还在董事会中。他向议员们抗议道：“我没有参与策划这个计划。”尽管他的大部分财产被没收，但还是被允许保留 5 万英镑的巨额财富。他在此后 27 年里安度余生，直到 1748 年才去世，是 1694 年英格兰银行创始者中最后离世的一位。[17]

1724 年，丹尼尔·笛福将英格兰银行的杂货商工会大厅描述为“一个非常宽敞、方便的地方”。他进一步赞赏道：“这里的业务处理得非常精确、迅速，而且数量众多，实在令人惊讶。没有混乱，没有人被拒绝或延迟付款，在这里存款的商人可以确保他们的票据总能得到支付，甚至在有需要时也能以宽松的条件获得贷款。简而言之，世界上没有谁的账目比这里更准确，没有哪个地方能如此轻松地完成如此多的业务。”这是对一个组织的高度赞扬。在泡沫破灭后的 10 年里，这个组织变得越来越不可或缺，尤其是对政府而言。英格兰银行管理大部分国债，负责承销和支付国库券的年度税后利息，提供短期贷款，充当陆军和海军的财务总管［尤其是在沃波尔任财政大臣的“罗宾统治”（Robinocracy）时期］，管理一系列政府证券（继 1717 年建立偿债基金之后），应对 1725 年的麦克尔斯菲尔德丑闻（涉及弹劾一位大法官），接管所有大法官法庭的钱款和证券。通过这些事项以及包括私人商业银行业务在内的其他许多方面，英格兰银行证明了它在国民生活中的地位。用历史学家保罗·兰福德（Paul Langford）的话来说，它是“一个享有特殊地位的机构”。

不出所料，从 1721 年到 1733 年，英格兰银行股息始终稳定在 5.5%

到 6% 之间。这让在泡沫期间担任总裁并且仍然是董事的约翰·哈格（John Hanger）在 1731 年回忆说，“银行的繁荣”对我来说“非常令人愉快”。此时，哈格本人是英格兰银行多达 8000 余名股东中的一员。在这些股东中，外国人（特别是荷兰人）可能拥有大约 17% 的股份，但绝大多数股东仍然是居住在伦敦或周边郡的个人——尤其是金融城繁荣商业社区的成员们，包括许多商人、银行家和经纪人。至于董事，如果在 18 世纪 20 年代中期到 18 世纪 30 年代初有一个主导人物，可能不再是希思科特（尽管他的第二任总裁任期是从 1723 年到 1725 年），而是塞缪尔·霍尔顿（Samuel Holden）。他从 1720 年开始就是董事，并在 1729 年到 1731 年担任总裁。霍尔顿还是一位出色的贸易商人，从 1728 年起连续 12 年担任俄罗斯公司的理事，是康沃尔郡（Cornwall）东卢（East Looe）选区的议员，与沃波尔关系友好，同时是一位杰出的非国教徒，担任“不同信仰代表委员会”的主席。尽管（用一位传记作家的话来说），他明显不愿参与要求废除《宗教测试法和公司法》的声势浩大的公开运动。霍尔顿的一生极为体面，当他在 1740 年去世时，仍然是银行的董事。他留下了 8 万英镑，并要求：“我的财产中超过 6 万英镑的部分（不包括土地）应由我的妻子和子女（两个未婚女儿）决定，用于慈善用途，发扬真正的宗教、节制、公义和虔诚等精神。”[18]

实际上，在杂货商公会大厅的最后阶段，并非所有事情都像看上去那样井然有序。从 1721 年开始，一系列内部和外部的丑闻接踵而至。在罹患一场最终致命的疾病期间，最受信任的出纳之一威廉·斯塔布斯（William Stubbs）通过他在银行工作的儿子约翰，开具了虚假的票据。一位名叫摩西·瓦格（Moses Waag）的犹太经纪人涉嫌 350 英镑银行股票的欺诈转让，最终导致 2 名员工徒劳地穿越大半个欧洲追捕他。还有一位名叫乔治·尼古拉斯（George Nicholas）的剑桥教育医学生加入犯罪团伙，篡改了一张手写银行钞票的面值，被判死刑后减刑为终身流放。伪造钞票也出现在 1724 年至 1725 年的菲利普·洛奇（Philip Lodgeing）和弗朗西斯·凯特（Francis Kyte）的案件中，他们受到的惩罚是戴着枷锁在小塔山（Little Tower Hill）上示众。由于这类案件的发生，银行与汉普郡（Hampshire）惠特彻奇（Whitchurch）的造纸商亨利·波特（Henry Portal）达成了协议，要求其供应“与现在使用的纸张质量一致或更适应其需求的银行钞票用纸”。然而在钞票印刷方法上进行升级还需要相当长的时间。出于安全考虑，银行于 1728 年决定开始发行“见票 3 天即付”的本票。事实证明，3 天对于票据的合法持有者来说还是太短，没有足够时间在发现伪造或盗窃后及时通知银行。因此，10 年后窗口期延长至“见票 7 天即付”。

1731 年，在“见票 7 天即付”政策执行前，英格兰银行已经发生了两起丑闻。第一起丑闻足以引起震撼，涉及会计办公室的一名职员威廉·梅尼（William Maynee）。他被发现多年来“在应收账款业务中实施欺诈行为”，导致银行损失了 4420 英镑。梅尼在泰伯恩（Tyburn）被处以绞刑，在行刑前“请求董事会的原谅，祈祷银行繁荣”“在悔恨中去世”。第二起丑闻更糟。“我觉得今年你的工作比以往任何时候都更多地占据了你的时间，这让我有些难过。自从我有幸成为你的妻子以来，我很少能见到你，因为你每周只能抽出时间来一次。但既然事实如此，我只能接受，并怀揣着对美好时光的期待。”凯瑟琳·莫里斯（Mrs Katherine Morice）在 1728 年 9 月从她在旺兹沃斯（Wandsworth）的父母家给她的丈夫写信，然后补充说：“我已经在这个话题上说过太多了。”她是英格兰银行时任董事亨弗里·莫里斯的第二任妻子。3 年后的 1731 年 11 月，莫里斯突然去世。当时他被发现用一系列虚假的票据向银行贴现，以获得近 29000 英镑的预付款。这一款项很可能被用于从沃波尔那里购买爵位。这位商人的遗孀决定不将这笔因“不当行为”获得的钱还给银行。在她于 1743 年去世的多年后，银行才设法收回了至少 12000 英镑。[19]

如果不是因为莫里斯去世，他本应在 1731 年 12 月 16 日出席董事会。当时董事会已经意识到银行正在经历快速发展，未来的增长潜力和稳固地位令人十分确信。于是他们做出了一项重大决定，结束与杂货商公会新一轮租约谈判，转而为银行建造一个新的、量身定制的新总部。4 位年长的董事（包括希思科特在内，他在 1 年后去世）表示反对，但这个计划并未受到影响。1732 年 1 月，股东大会一致投票通过在“在针线街（Threadneedle Street）的银行地产上建造一个新的公共办公大楼”。这是一个非常恰当的选址。这块地皮是从银行首任总裁约翰·霍布伦的遗孀那里购得，地皮上的原有宅邸不久后被拆除。通过激烈竞争，乔治·桑普森（George Sampson）被选为这项工程的建筑师。他的设计遵循了古典建筑的构图原则［或者正如丹尼尔·阿布拉姆森（Daniel Abramson）在他对银行建筑历史的权威著作中所说的“古典人类比例标准”］。施工进程比预定计划慢了 8 个月。尽管如此，在距离那个影响深远的夏天将近 40 年后，英格兰银行于 1734 年 6 月 5 日在新址正式开业。[20]

第一章　为国家服务

1　Hewitt and Keyworth, pp. 21-22; Giuseppi, p. 19; Henry Roseveare, The Financial Revolution, 1660-1760 (Harlow, 1991), p. 37; Clapham, Vol. 1, p. 22; Nicholas Lane, 'The Foundation of the Bank of England', History Today, Oct 1957, p. 689; James E. Thorold Rogers, The First Nine Years of the Bank of England (Oxford, 1887), pp. 25-26; OL, Dec 1965, p. 203; Abramson, p. 9.

2　H. P. R. Hoare, Hoare's Bank (1955 edn), opp p. 27; Hewitt and KSnBAR p. 24; Anne L. Murphy, The Origins of English Financial Markets (Cambridge, 2009), p. 82; E. S. de Beer (ed), The Correspondence of John Locke, Volume Five (Oxford, 1979), pp. 271-272; Bruce G. Carruthers, City of Capital (Princeton, New Jersey, 1996), p. 141; Michael Godfrey, A Short Account of the Bank of England (Pulborough, 1999, Dragonwheel edn), pp. 10, 15, 19.

3　D. W. Jones, War and Economy (Oxford, 1988), p. 14; Andrew Forrester, The Man Who Sold the Future (New York, 2004), pp. 73-75 G7/1, 16 May 1695; ADM30/6, Godfrey Family file; Acres, Vol. 1, p. 54.

4　OL, March 2005 (Anne L. Murphy), p. 17; Victoria Hutchings, Messrs Hoare Bankers (2005), p. 28; Acres, Vol. 1, p. 68; G7/1, 13 May 1696.

5　Dennis Rubini, 'Politics and the Battle for the Banks, 1688-1697', English Historical Review, Oct 1970, pp. 702-703; Locke, p. 540; Acres, Vol. 1, p. 63; Carruthers, pp. 141-142; G7/1, 29 April 1696; John Francis, History of the Bank of England, its Times and Traditions (1848), Vol. 1, p. 69.

6　Acres, Vol. 1, p. 71; Jones, p. 24; Clapham, Vol. 1, pp. 40-41; Acres, Vol. 1, pp. 61, 73; Elisa Newby, 'Macroeconomic Implications of Gold Reserve Policy of the Bank of England during the Eighteenth Century' (Centre for Dynamic Macroeconomic Analysis, University of St Andrews, 2007), p. 12; Acres, Vol. 1, p. 73; Henry Horwitz, Parliament, Policy and Politics in the Reign of William III (Manchester, 1977), p. 188; Locke, p. 731; Lady Alice Archer Houblon, The Houblon Family (1907), Vol. 1, pp. 281-282; Horwitz, p. 188.

7　OL, March 2005 (Anne L. Murphy), p. 17; Anne L. Murphy, 'Demanding "credible commitment"', Economic History Review, Feb 2013, p. 193; Acres, Vol. 1, pp. 79-80; Murphy, Origins, pp. 152-154; Acres, Vol. 1, p. 81; G7/1, 16 July 1697.

8　David Scott, Leviathan (2013), p. 253; H. V. Bowen, 'The Bank of England during the Long Eighteenth Century, 1694-1820', in Roberts and Kynaston, pp. 5, 10; P. G. M. Dickson, The Financial Revolution in England (1967), p. 373; Andrew S. Skinner (ed), Sir James Stuart, An Inquiry into the Principles of Political Economy (Edinburgh, 1966), Volume Two, p. 618; Acres,

Vol. 1, pp. 98-99; ADM30/15, Houblon Family file; Acres, Vol. 1, pp. 99-102; T. A. Stephens, A Contribution to the Bibliography of the Bank of England (1897), p. 15; D. W. Jones, 'London merchants and the crisis of the 1690s', in Peter Clark and Paul Slack (eds), Crisis and Order in English Towns, 1500-1700 (1972), p. 340. For a full treatment of the Bank and Exchequer bills during the War of the Spanish Succession, see: Richard A. Kleer, 'A new Species of Mony', Financial History Review, Aug 2015, pp. 179-203.

9　Abramson, p. 11; Gary Stuart de Krey, A Fractured Society (Oxford, 1985), pp. 143, 231; Giuseppi, p. 34; Anne L. Murphy, 'Learning the business of banking', Business History, Feb 2010, pp. 154-156, 168; OL, June 1928, pp. 272-273; Acres, Vol. 1, pp. 144, 151; Murphy, 'Learning', pp. 161-162; OL, June 1928, pp. 271-272.

10　Abramson, p. 6; Clapham, Vol. 1, pp. 151, 292; Bowen, p. 15; Larry Neal and Stephen Quinn, 'Networks of information', Financial History Review, April 2001, p. 25; Douglass C. North and Barry R. Weingast, 'Constitutions and Commitment', Journal of Economic History, Dec 1989, p. 821; Murphy, 'Demanding', p. 183.

11　B. W. Hill, 'The Change of Government and the "Loss of the City", 1710-1711', Economic History Review, Aug 1971, pp. 398-399; Geoffrey Holmes, 'The Sacheverell Riots', Past and Present, Aug 1976, p. 66; Hill, PP. 400-404.

12　De Krey, pp. 223-228; Carruthers, pp. 143, 247-248; Hill, pp. 407-408; Clapham, Vol. 1, pp. 75-76; James Macdonald, 'The importance of not defaulting', in D'Maris Coffman et al (eds), Questioning Credible Commitment (Cambridge, 2013), p. 130; Hill, pp. 408-411.

13　Acres, Vol. 1, pp. 107-110; Dickson, pp. 81-82; Clapham, Vol. 1, pp. 81-83.

14　Richard Kleer, 'The folly of particulars', Financial History Review, Aug 2012, pp. 175, 183-185; John Carswell, The South Sea Bubble (Stroud, 1993 edn), p. 76.

15　Richard Dale, The First Crash (Princeton, New Jersey, 2004), p. 92; Carswell, pp. 92-94; Dickson, p. 100; Carswell, p. 94; Julian Hoppit, A Land of Liberty? (Oxford, 2000), p. 335; Kleer, pp. 186-188; Clapham, Vol. 1, p. 84; Dickson, pp. 145, 192-193; Carswell, p. 135.

16　Hoppit, p. 335; Dickson, p. 139; Hoppit, p. 3353; Jenny Uglow, Hogarth (1997), p. 89; Dickson, p. 139; Carswell, pp. 150-151; Kleer, p. 185; Dickson, pp. 165-166; Carswell, pp. 164, 168; 1rA/107/1, 12 Oct 1720; Giuseppi, p. 48.

17　Carswell, pp. 169-170; Dickson, pp. 179-180, 380; Larry Neal, 'How it all began', Financial History Review, Oct 2000, p. 128; 10A/61/6, fo 497; Giuseppi, p. 45.

18　Daniel Defoe, A Tour Thro' the Whole Island of Great Britain (1927 edn), Vol. 1, p. 342; Dickson, p. 378; Clapham, Vol. 1, p. 92; Acres, Vol. 1, p. 162; Julia Rudolph, 'Jurisdictional controversy and the credibility of common law', in Coffman, Questioning, p. 106; Paul Langford, A Polite and Commercial People (Oxford, 1989), p. 179; Clapham, Vol. 1, pp. 230-231; 11A/107/2, 19 Aug 1731; Ann M. Carlos and Larry Neal, 'The MicroFoundations of the Early London Capital

Market', Economic History Review, Aug 2006, pp. 498, 500; Dickson, pp. 276, 279-280; Norman Hunt, 'The Russia Company and the Bank of England', Listener, 3 Nov 1960; OL, June 2006, p. 52 (Kenneth J. Cozens).

19 Acres, Vol. 1, pp. 152-153; OL, Spring 1991, p. 21 (Derrick Byatt), June 1933, pp. 95-98 (W. Marston Acres); Acres, Vol. 1, pp. 123-124; Hewitt and Keyworth, p. 26; Acres, Vol. 1, pp. 158-159, 153-154; 11A/107/2, 25 Sept 1728; OL, Sept 1937, pp. 216-218 (Acres).

20 Abramson, pp. 29-32, 48-49; Acres, Vol. 1, p. 130.

第二章

重要的国家引擎

“银行运作得很顺利”，约翰·克拉珀姆爵士在谈到18世纪30年代时写道。和平已经持续了10年，罗伯特·沃波尔爵士在大多数时候仍然设法让潜伏的矛盾不要爆发。但有一位来自金融城、热心的议员和海上保险承保人约翰·巴纳德爵士（Sir John Barnard），却试图制造一些冲突。他在1737年3月14日提出了一项计划，认为国家繁荣和减税的关键在于降低国债利息，并计划将包括政府欠英格兰银行债务在内的国债利率从4%降低到3%。他告诉下议院，英格兰银行是一个“强大而富有的公司”，其股东“近年来”已经在某种程度上成为“国家公共信贷的主人”。他合理地预测：“他们肯定会竭尽全力反对这个旨在破坏他们公司的计划，因为这将使他们每个人至少损失50%的财富。”

在接下来的大约6周时间里，一场短暂而激烈的风暴上演了。埃格蒙特伯爵（Earl of Egmont）在3月30日的日记中写道：“下议院今天确认，国债利率将降至3%，这引起了金融界人士的极度不满，导致银行在今天发生了挤兑，黄金开始从银行流失。”第二天晚上，他从兄弟那里听到了最新消息：“金融城的挤兑还在继续，每个人都显得惊慌失措。股票持续下跌。银行董事今天早上召开会议，同意由一个委员会负责与罗伯特·沃波尔爵士沟通……”一周后情况几乎没有改善，另一位观察者托马斯·罗宾逊爵士（Sir Thomas Robinson）在4月7日记录道：“股票又开始上涨，但对银行的挤兑仍在继续。他们用银币支付所有超过50英镑的兑付需求。”现在一切都取决于沃波尔。尽管他私下对巴纳德的计划表示理解，但他认为包括英格兰银行在内的伦敦金融界反对声势过于强大。到了4月21日，报道称他“决定放弃”。仅一周多后的4月29日，他力促下议院彻底否决巴纳德的提案。埃格蒙特在第二天写道：“金融城举行了盛大的庆祝活动，人们焚烧巴纳德的画像，并且高呼‘永远支持罗伯特·沃波尔爵士’。”[1]

5 年后，国家再次陷入战争（奥地利帝位继承战争①）。沃波尔失去了权力，国家需要资金，英格兰银行的皇家特许协议则即将到期。1742 年 3 月的董事会会议记录写道：

> 决议：本董事会认为，银行可以为公共服务提供 120 万英镑的贷款，以目前的年金 10 万英镑为条件。该年金应在 1743 年 8 月 1 日支付，以便从该时点起将英格兰银行的存续期限延长 21 年，并同时延长其独家银行业务特权，确认其特许或现行议会法案所授予的所有条款和其他特权，并获得今后商定的其他利益……

最终，财政部成功坚持以 160 万英镑的贷款作为续签的条件。这样一来，政府对英格兰银行的债务总额达到了 1070 万英镑，而银行则增加了 84 万英镑的资本，使资本总额达到 980 万英镑。“独家银行业务”（exclusive banking）这一标志性短语也被正式纳入 1742 年的法案。这也是该短语首次出现在英国法规中。然而，让 1742 年在英格兰银行历史上更为重要的是，在战争背景下，从这一年开始一系列由公众认购的长期政府借款，将在银行的特殊认购账簿中登记，并且总体上完全由银行管理。[2] 换句话说，战争融资的需求开始变得太大了，以至于英格兰银行无法通过向政府直接提供贷款来满足其需求。相反，英格兰银行的未来在于促进、组织和支持。因此，它迅速成为国家金融战争机器中不可或缺的一部分。很快，这个金融战争机器就成为所有竞争对手羡慕的对象。

战争的整个过程，尤其是联军在丰特努瓦（Fontenoy）的失败②，导致了 1745 年“年轻觊觎者”（Young Pretender）查尔斯·爱德华·斯图亚特王子（Prince Charles Edward Stuart）领导的詹姆斯二世党叛乱爆发。9 月 21 日，查尔斯王子的高地人部队在普雷斯顿潘斯（Prestonpans）击败了汉诺威王朝军队。这一消息在伦敦引发了严重恐慌，几乎无法避免地导致了银行挤兑。《绅士杂志》随后试图解释说：“据说这是由天主教徒和詹姆斯二世党引起的，目的是尽可能地破坏信用，并获取黄金以送给叛军。然而，银行董事们明智地通过下令用银币支付来挫败了他们的企图。”用

---

① 因哈布斯堡王朝继承问题，普鲁士、巴伐利亚、萨克森、法国、西班牙、那不勒斯、撒丁和瑞典等国结盟，英国、荷兰、俄国和西里西亚等国结盟，双方交战争夺奥地利所属领地，称为奥地利帝位继承战争。——译者注

② 法军在丰特努瓦击败英国和荷兰联军，随后几乎占领整个尼德兰。——译者注

银先令和银六便士①硬币满足现金提取需求是1720年策略的再现。但在9月26日，董事们还是命令“不得贴现超过一个月期限的汇票，并且只对那些在银行存有现金的人贴现”。然而，关键的干预措施是在当天晚些时候出现的。

据《绅士杂志》报道，伦敦几位非常杰出的商人、大宗贸易商和公共基金所有者在正午时分聚集在加勒威（Garraway's）咖啡馆，怀着极大的热情达成了支持公共信用的协议。“我们这些签名的商人及其他人士，意识到在当前情况下维持公共信用的必要性。我们特此声明，不会拒绝接受以银行钞票支付的任何款项，并将尽最大努力以同样方式支付所有款项。”到次日下午5点，已有1140人签署了该协议。

这一在交易所巷开展的签名活动使民众对英格兰银行的信心在秋季大大恢复，但事情并未就此结束。1745年12月4日，“年轻觊觎者”已经到达德比（Derby），在伦敦城中引发了新一轮的恐慌。仅一周多后，为了恢复银行即将枯竭的金银储备，董事们要求那些认购了上次流通国库券的人士提供20%的资金。次月，即1746年1月，政府获得了100万英镑的贷款，这实际上表明了英格兰银行需要为镇压苏格兰叛军尽一份力。2月，股东们投票决定向“金融城基金”捐赠1000英镑，用于“救济、支持和鼓励陛下的军队”。两个月后，叛乱在库洛登（Culloden）被血腥镇压。[3]汉诺威王朝的安定，以及由此带来的所有商业繁荣，终于得以保全。

1748年的《亚琛和约》②（*The Treaty of Aix-la-Chapelle*）终于结束了战争，这时国家债务已上升至约7700万英镑，与战前的4600万英镑相比大幅增加，随之而来的是相应的债务服务成本。时任财政大臣是能力被大

① 英国早期六便士硬币均为银质，19世纪20年代以后逐渐被铜（或铜镍合金）材质取代。——译者注

② 《亚琛和约》是奥地利王位继承战争的停战条约。条约大致内容如下：1. 法属北美路易斯堡以及附近的新斯科舍省地区归还法国。2. 法属印度的马德拉斯割让给英国。3. 法国将荷兰部分边境城镇割让给荷兰。4. 有条件地承认神圣罗马帝国皇帝弗朗茨一世、皇后玛丽亚－特里萨及其后裔对哈布斯堡家族领地的继承权。5. 哈布斯堡领地帕尔马、皮亚琴察和瓜斯塔拉等公国割让给西班牙的菲利浦王子。6. 恢复摩德纳公国和热那亚共和国的独立和疆域。7. 重申1713年英国与西班牙签订关于黑奴贸易的协定，重申英国的奴隶贸易优先权，和向西属殖民地运送奴隶的义务。8. 普鲁士获得西里西亚公国和格拉茨伯国。——译者注

为低估的亨利 · 佩勒姆（Henry Pelham）。他在 1749 年期间成功发起了减少基金利息的议案。该议案规定自 1750 年起利率从 4% 降至 3.5%，然后自 1757 年起降至 3%。土地利益集团自然拥护这一降低税收的议案，而货币利益集团则暂时保持观望。显然没有人征询英格兰银行的意见，但基金持有人需要在 1750 年 2 月底之前表态是否同意佩勒姆的议案。所有人都知道，关键在于三大货币公司的立场（南海公司、东印度公司以及英格兰银行），尽管欠他们的债务仅占总体基金债务的 1/4，但可以合理推测，个人基金持有者会紧盯这些公司的行动，并几乎肯定会效仿它们的做法。

到 1750 年 1 月 31 日上午，英格兰银行股东大会在针线街的商人裁缝工会大厅（Merchant Taylors'Hall）召开时，另外两家公司已经表明了相当程度的抵制态度。总裁威廉 · 亨特（William Hunt）在开场白中建议说："我们应该以冷静的态度和相互尊重的方式进行提议，这符合绅士的身份，因为我们只有一个观点或目标，那就是我们公司的繁荣和安全。"董事们本身似乎并未参与接下来的讨论，而一则当时的新闻报道透露，在银行的股东中，主张接受该议案的是伟大的犹太金融家萨姆森 · 吉迪恩（Samson Gideon），他是佩勒姆的重要盟友。报道还透露了结果："经过一番讨论，多数人（至少是五比一）反对该提案。"考虑到较低的利率会导致当时仍是私人组织的英格兰银行利润减少，这个结果看上去并不令人意外。

佩勒姆能否扭转局面？他的另一位关键盟友是不屈不挠的巴纳德。他在英格兰银行压倒性反对投票的一周后发表了一本小册子《关于降低国债利息提议的思考》，其中既有道德和政治上的论点（违抗议会权威的负面影响），也有财务上的论点（3% 的利率是现在正常的市场利率水平，使政府在必要时能够筹集款项，偿还给那些不接受提案的人）。自称"银行股东"的"汤姆 · 特鲁思"在 2 月 19 日给《广告时报》（*General Advertiser*）写信抱怨道："迄今为止，立法机构与英格兰银行之间签订的公共合同大多损害了银行股东的利益。"但当全体股东大会于 2 月 27 日再次在商人裁缝公会大厅召开时，反对声音已经开始减弱。在这次会议上，亨特明确表示董事会的意见是接受佩勒姆的提议。吉迪恩再次在辩论中扮演了重要角色。根据《广告时报》的报道："提案以压倒性的优势通过了。"

我们无从得知英格兰银行改变立场的内幕。一位历史学家感叹道："真想知道吉迪恩用了什么手段，把一月的狮子变成了二月的羔羊。"但无论如何，佩勒姆的议案现在可以确认成功了。在 1752 年，大部分国债被整合成一个被称为“统一公债”（Consols）的基金，其全部管理权被委托给了英格兰银行。不论出于什么动机，股东们都做了一件好事。当然，股东中有相当一部分是外国人（主要是荷兰人），除非前往伦敦，否则他们一般不参与投票。[4]

佩勒姆的议案实在是再及时不过了，因为不久之后长笛和鼓声就再次响起。七年战争[①]（1756—1763 年）对于英国当然具有辉煌的爱国主义和帝国建设意义。霍雷斯·沃波尔（Horace Walpole）曾在某个时候评论说：“我们的钟因为庆祝胜利而磨损得只剩下钟上的挂线了。”在许多方面，这场战争致敬了 17 世纪 90 年代以来国家财政力量的发展，而这种发展主要是通过英格兰银行的职能发挥。然而，有些人仍然担心国债的急剧上升。战争结束时国债已达到 1.39 亿英镑，不可避免地大大增加了银行的日常工作量。战争给英格兰银行的金银储备也带来了压力。因此在 1759 年，英格兰银行首次发行了 10 英镑和 15 英镑的钞票（之前的最低面额为 20 英镑），以试图缓解压力。事实上，许多人一直担心的金融危机并没有在战争期间发生，而是在战争结束后随即而至。

1763 年危机在 2 月的《巴黎和约》（*Peace of Paris*）签署后几个月内开始显现。这场危机主要源于欧洲大陆，特别是阿姆斯特丹的二十多家主要商业公司的倒闭。这引发了伦敦的一系列破产事件。如果没有英格兰银行，后果肯定会更糟。大卫·麦克弗森（David Macpherson）在 1805 年的《商业年鉴》（*Annals of Commerce*）中宣称：“英国商人以最光荣的慷慨态度，给予他们的（欧洲大陆）客户大量信贷，甚至寄送大笔汇款。而他们之所以能够这样做，得益于英格兰银行以及银行家们同样慷慨的决定，支持他们自己签发票据用于支付（这使得英国商人有能力提供信贷和汇款，帮助他们的欧洲商业伙伴渡过难关）。”而据乔治·查尔默斯（George Chalmers）在 1812 年的《大不列颠和爱尔兰的比较实力》（*Comparative Strength of Great Britain and Ireland*）一书所述，英格兰银行在危机期间大量贴现汇票，提供了紧急信贷。历史学家迈克尔·洛弗尔（Michael Lovell）的定量分析支持了这些说法：“尽管到 1763 年 8 月，英格兰银行的储备比率（储备金银与流通中钞票的比率）下降到令人

---

① 七年战争是英国—普鲁士联盟与法国—奥地利联盟之间发生的一场战争。以法国、西班牙与英国签订的《巴黎和约》，以及萨克森、奥地利与普鲁士签订的《胡贝尔图斯堡和约》为停战条约。法国将其在北美、西印度群岛、非洲和印度的大片属地割归英国。——译者注

担忧的 6.9%，而一年前这一比率约为 52%，但银行在危机期间的高水平贴现操作表明，它愿意提供大量援助。”实际上这可能是英格兰银行第一次充当“最后贷款人”的角色。这是否代表着一种有意的政策转变？董事会的会议记录中没有任何内容能够证实这一点。而且洛弗尔很可能是对的，他认为这种慷慨的做法反映了一个机构在本能上对其地位感到安全，并且对其保证钞票兑换（成黄金或白银）的能力不再担忧。不管怎样，充当最后贷款人的角色是一个重要时刻。无论是有意识的还是无意识的，这都是英格兰银行（再次引用洛弗尔的话）“迈向接受中央银行的权力和责任的第一步”。[5]

同一时代的观察家偶尔也会放下挖苦讽刺的习惯。《伦敦纪事报》（*London Chronicle*）在 1765 年宣称，英格兰银行是“欧洲乃至全世界最宏伟和最方便的财富和商业宝库”。然而，从财务角度来说，这种宏伟在很大程度上必须以信任为基础。因为在 18 世纪 90 年代之前，当涉及向外界解释和详细说明其活动和抱负时，英格兰银行几乎总是保持沉默。将近两个世纪后，经济学家约瑟夫·熊彼特（Joseph Schumpeter）反思道：“官方发言人习惯缄默，即使他们被迫说些什么，也会尽力将话题限制在无伤大雅的琐事上，尽可能不给带有敌意的批评留下空间。”在指出商业人士很少能够正确表述自己的行为之后，他接着说：

> 英格兰银行几乎没有朋友。现在（指 1950 年左右），控制是一个流行的词。在彻底的资本主义时代，控制完全不受欢迎。公开说英格兰银行试图控制银行系统，会引发嘲笑甚至愤怒，更不用说管理整体商业状况。应该说英格兰银行只是谦逊地照看自己的业务。它只是跟随市场，并且不抱有控制任何事物或人的妄想。此外，在其政策的形成阶段，直接承担归属于中央银行的责任是疯狂的（当然现在英格兰银行承担了这些责任）。这将意味一种银行无法确定能否履行的承诺。而且，任何引人注目的政策声明都会引来大量自认为比银行更清楚该怎么做的不请自来的顾问，以及公众呼吁立法要求降低银行采取或避免采取特定行动的风险。

亚当·安德森（Adam Anderson）对这种沉默表示同情。在他 1764 年的开创性著作《商业起源的历史和年代学推演》关于英格兰银行的部分中，他写下了这段具有警示性的文字：

> 有些人可能会非常好奇，并对英格兰银行或任何其他公共或私人银行需要始终保留的现金比例做出猜测（因为他们只可能在这方面提出疑问）。我们看不到这种过分细致的调查对大多数人有什么好处。我们认为，如果没有合理的欺诈嫌疑，这些调查根本就不适合进行。因为，正如长期以来的政治观察所指出，即使是伟大而强盛的君主和国家，其声誉往往也更多地依赖于公众的传闻或看法，而不是真正的力量或能力。这种判断声誉的方法，可能更严格、更恰当地适用于银行和银行家……[6]

出于种种难以避免的原因，我们对英格兰银行在 18 世纪的历史了解最少。但我们仍然可以总结其在针线街前半个世纪里的主要日常职能。

当时英格兰银行业务的一个基础是其管理的将近 3/4 的国债。这是一项牵涉面相当复杂的、需要关注细节的行政任务。作为回报，银行每年会收到管理费。到 1774 年，除管理国家作为法人欠银行的债务（总计 1170 万英镑）之外，银行还负责五类无担保公债①。本质上，银行作为政府的代理，一方面登记公债的所有权和转让，另一方面分配利息（通常是每半年一次）。正如宾尼（J. E. D. Binney）在其关于 18 世纪末英国公共财政的宝贵研究中所列举的，这五类借款公债是：1726 年的 3% 王室年俸②公债；3% 无期有息公债（统一公债），其市场价格“通常被用作衡量政府信用的标准”；3% 减资公债；1758 年的 3.5% 公债（其利率将在 1782 年降低至 3%）；以及 1760—1762 年的 4% 公债（同样将在 1782 年降低至 3%）。1774 年，英格兰银行还管理着所谓的“长期年金”。这些年金源于 1761 年的 99 年年金，将于 1860 年到期。重要的是，从 18 世纪 60 年代后期开始，英格兰银行还提供了一个定制的市场——新建的经纪人交易所（也称为圆形大厅），用以刺激国债交易，形成一个拥有足够流动性的二级市场。这反过来又有助于发行新债。值得注意的是，银行

---

① 无担保公债译自“Loan Stocks”。“Stock”一词在前后原文中经常出现，有时译作“股票”，有时译作“公债”，前文涉及英格兰银行和南海公司时均译为“股票”，本处及后文涉及英国政府或殖民地政府时均译为“公债”。在英格兰银行前期，“股票”和“公债”是一对很容易混淆的近似概念，望读者注意。——译者注

② 王室年俸（Civil List）原指英国政府记录和管理皇室成员公务开支的财务文件，也指当时英国议会每年向皇室提供的费用。——译者注

的过户和股息办公室，即公众进行公债交易登记和领取股息的地方，靠近圆形大厅。历史学家安妮·墨菲无疑是正确的，她认为这种公众可接触到的、高度可见的市场流动性和“一站式服务”，对于高效处理“所有与公共债务相关的业务”做出了关键贡献，提升了公共信用的可信度。简而言之，“英格兰银行无疑是一个展示公共信用和国家金融诚信的空间”。[7]

即便如此，在英格兰银行与政府相关业务中真正占据主导地位的是短期贷款。在这个领域中，毫无疑问是英格兰银行享有更大的利益。1754年一位政府消息人士抱怨说：“每年7月签署的国库券合同对英格兰银行是有利的。因为他们是国库的出纳员，手里通常至少有一百万英镑的国库现金。他们将自己的钱借给政府，并得到相应金额的国库券作为担保。这些国库券也存放在出纳员手中。”诚然，因为银行同意接收并流通一定额度的国库券，政府每年都会稳定地得到100万至300万英镑。但鉴于英格兰银行作为政府银行的核心地位日益增强（到18世纪中叶英格兰银行拥有包括陆军、海军、军械库以及许多征税部门的账户），指责银行实际上是在用政府自己的钱借给政府是有一定道理的。此外，每年更新“流通认购”的过程本身，对银行内部人士来说无疑是一笔可观的额外收入。荷兰金融家尼古拉斯·马根斯（Nicholas Magens）在1753年指出：“认购大多由管理层和他们的亲信完成。那些有能力获得认购份额的人通常在还没缴纳认购款之前，就以相当大的溢价将其转让出去……但这被认为是没有风险的。”英格兰银行向政府提供现款的其他方式包括接受海军和军械部门的票据，同时也愿意对两项最可靠的税收——土地税和麦芽税，提供大量预付款（1777年几乎达500万英镑）。政府将在税款收取后偿还这些预付款。[8] 总之，英格兰银行开展短期金融业务在一定程度上可能是出于自身利益，但从国家的角度来看，银行履行职责离不开政府的帮助。

到了18世纪后半叶，英格兰银行的另一项业务——货币供应，也越来越多地具有了“公共”含义。在伦敦以外，作为交换媒介的主要是乡村银行钞票，这与地方私人银行的迅速增长（到18世纪90年代时接近400家）相一致。但在伦敦，重要的支付通常使用英格兰银行钞票，尽管偶尔也会使用伦敦私人银行的钞票。重要的是，后者的钞票都可以兑换成英格兰银行的钞票，而英格兰银行的钞票又可以根据要求兑换成黄金。这被称为“前古典金本位制”。这种本位制始于1717年［当时皇家铸币局局长艾萨克·牛顿爵士（Sir Isaac Newton）调整了金银比价，使英国进入了

“事实上的金本位制①]，并一直持续到20世纪末。从英格兰银行的角度来看，这远不是一个简单的操作制度。尽管出口黄金可能是非法的，但实际上正如伊丽莎·纽比（Elisa Newby）在她对这一时期银行黄金储备政策的开创性研究中指出的：“当汇率不利，国外黄金价格高于国内时，英国的货币黄金被从英格兰银行提取并走私到欧洲大陆。黄金供应和航运的中断，特别是在海上战争期间，执行黄金兑换规则会成为一项具有挑战性的任务。银行挤兑和金融恐慌相对常见，政治动荡期间对黄金的需求最高。如果同时存在黄金供应封锁，英格兰银行就有耗尽其黄金储备的危险。”[9]

那么，英格兰银行当时发行的钞票和它持有的“现金”（即黄金）之间究竟有何关系？18世纪90年代的英国议会曾质询英格兰银行股东、知名伦敦银行家塞缪尔·霍尔（Samuel Hoare）：“现在或者曾经，您是否理解或认为英格兰银行持有的现金等于或几乎等于所有流通中的银行纸币所代表的金额？”霍尔回答说：“不，我的看法是，他们通常保持一定的比例，比如3比5。也就是说，如果他们有300万英镑，就可能在安全时期发行500万英镑的纸币。”在回应同一质询时，英格兰银行的董事和前总裁塞缪尔·博萨克（Samuel Bosanquet）反映了压力下的情况：“当公共事务繁荣时，银行即使持有较少的实物货币（即黄金和白银），也可能处于更安全的状况。相比之下，（如果经济不景气）银行即使持有更多的实物货币，也会担忧货币正在大量流失（银行的安全状况可能反而更差）。每当国家有贵金属流入时，英格兰银行就没有什么可担心的。当贵金属从国家流出时，他们就会感到警惕。”这种担忧是显而易见的。克拉珀姆认为在18世纪末，当英格兰银行的黄金储备显著低于500万英镑时，通常就会引发焦虑。而这时全国的黄金储备可能约为1500万至2000万英镑。因此，当议会质询时任总裁丹尼尔·贾尔斯（Daniel Giles），银行是否有“任何获取贵金属的系统措施”时，他本应给予肯定的回答。然而，贾尔斯仅回答道：“当有利可图时，普通民众就会带来贵金属。”或者，正如克拉珀姆评论的那样，这句话体现了“任由外部力量影响银行，而不是试图引导它们的既定政策”。[10]毫无疑问，偶尔也会有例外，比如英格兰银行对1763年危机的积极回应。但更普遍的事实说明这一既定政策确实存在。

---

① 1717年以前，英国实行的是金银复本位制，即金、银均可以作为货币，并且可以自由兑换。1717年牛顿制定了一项法令提高英国的金银比价，促使投机者把欧洲大陆黄金运到英国兑换白银，从而使英国积累黄金、流失白银。因此在18世纪中叶以后，英国逐渐形成了以黄金为主要货币的单一本位制，即所谓的“事实上的金本位制”（de facto gold standard）。——译者注

1763 年危机，英格兰银行采取了大量贴现（购买）票据的方式应对。实际上从 18 世纪 60 年代开始，贴现已真正成为英格兰银行一个核心且日益盈利的业务，同时也对金融城的运作至关重要。克拉珀姆指出："作为一般性原则，银行感到有义务满足任何人（任何商人）经银行董事介绍，并提供有'两个可靠的伦敦名字'的票据。它可能由于特定原因不愿与某些公司做生意，也从未处理过期限很长的票据。但除此之外，它是非常慷慨的……对于风雨飘摇的商人来说，英格兰银行是最大且最易接近的避风港。在最危急的时刻，对银行家们来说也是如此。"因此，这个以 5% 的利率（在 18 世纪大部分时间内这是法定的最高利率）提供短期信贷（通常为 30 天或 60 天）的避风港受到了高度赞赏，甚至被认为是不可或缺的。即便如此，克拉珀姆关于"由于特定原因不愿与某些公司做生意"的说法也具有暗示性。这一说法的关键见证人是弗朗西斯·巴林爵士（Sir Francis Baring），即后来享有盛誉的商人银行①巴林兄弟公司的创始人。他在 1763 年还是个年轻人，但在 1810 年去世时被称为"无可争议的欧洲第一商人"。他在晚年回忆道："在革命（1789 年的法国大革命）之前，我们的银行（英格兰银行）是所有信用和流通的中心，当时银行有能力通过拒绝某些人的票据来极大地影响他们的信用。"究竟是谁的票据被拒绝？各种可能性似乎都存在。但历史学家斯坦利·查普曼（Stanley Chapman）毫不犹豫地进行了关键判断。在关于拉斐尔（Raphael）银行兼股票经纪家族历史的成功研究中，他指出："在整个 18 世纪，英格兰银行位于英国商业信用和世界贸易的顶峰，银行的董事们被认为是反犹太主义者。这不是秘密，而是其政策的一个公认特征。"[11] 几乎可以肯定他的判断是正确的。也许从未是恶性的，但也几乎从未完全缺席的某种程度反犹太主义，是英格兰银行前两个半世纪文化的一部分，并有可能再持续更长时间。

英格兰银行还有哪些业务，或者说未开展哪些业务呢？当时银行的另一个主要业务是私人贷款。在 18 世纪 60 年代之前，这类贷款的收入通常高于贴现业务。重要的是，这类贷款既不是给小企业，也不是资助尚在初期的工业革命。正如克拉珀姆所解释的那样："虽然被称为私人贷款，但大部分此类贷款实际上具有半公共性质。在正常情况下，法院记录中很少有个人借款人的名字。主要的借款人一直是东印度公司……"其他常规贷款，有时甚至是循环贷款，是给南海公司、哈得逊湾公司和苏格兰皇家

① 商人银行（Merchants Bank）指贸易商出身、主要从事贸易融资业务的银行。后期部分商人银行业务扩展，但仍经常沿用这一习惯性称呼。——译者注

银行的。相比之下，在另一个潜在的业务领域，直到 18 世纪末英格兰银行似乎仍没有成为银行家们的首选银行。克拉珀姆指出："在 1774 年只有相当少的伦敦银行家确实在针线街有支票账户。在 1794 年也只有不到一半的伦敦银行家有这样的账户。"

这一时期的英格兰银行尚在发展中。然而，回顾英格兰银行在针线街前几十年的整体业务，苏格兰经济学家亚当·斯密（Adam Smith）在 1776 年得出的著名结论无疑是有道理的。这个结论清晰地指出了该机构的未来最终是在公共领域而非私人领域。斯密在他的奠基之作《国民财富的性质和原因的研究》中，称英格兰银行为"欧洲最大的流通银行"。他写道：

> 英格兰银行的稳定性等同于英国政府的稳定性。在它向公众提供的所有资金损失殆尽之前，它的债权人都不会遭受任何损失。在英国没有其他银行公司，可以通过议会法案设立或者由超过六名成员组成。它不仅像一家普通银行那样运作，更是国家的重要引擎。[12]

这一时期英格兰银行的董事情况如何？多亏了马斯顿·阿克斯的勤勉研究，尽管并不详尽，但可以让我们对 1735 年至 1792 年期间的 133 名英格兰银行董事有一些了解。阿克斯的研究成果在第二次世界大战最黑暗的时期发表于《评论与询问》（*Notes and Queries*）。这些董事首次任职的平均年龄是 43.9 岁，最年轻的是 25 岁，最年长的是 77 岁。担任总裁时的平均年龄是 56.7 岁，最年轻的是 40 岁，最年长的是 71 岁。担任董事的平均时间是 19.7 年，最短的不到 1 年，最长的则有 56 年。至于职业，阿克斯确认了其中一半多的人的职业。其确认的 67 人中，有 56 人是贸易商人，有 3 人是银行家，1 人是铁器商，1 人是律师，1 人是批发杂货商，还有 1 人是布莱克沃尔霍尔（Blackwall Hall）的代理商。到目前为止，这些数据只是大致符合预期。但幸运的是，基于阿克斯和其他学者的研究，我们可以进一步充实董事们的画像。

不可避免地，家族的关联关系和影响力依然强大。尽管在英格兰银行的开创时代，没有一个家族能与霍布伦家族相匹敌。以三个家族为例：雷珀（Raper）家族、特卢森（Thellusson）家族和桑顿（Thornton）家族。马修·雷珀（Matthew）和摩西·雷珀（Moses）是铁器商雷珀的两个儿子。雷珀本人在 18 世纪 10 年代短暂担任过英格兰银行董事。小儿子摩西是一位丝绸商人，他在 1716 年 30 多岁时成为银行董事，后于

1742年离任。离任6年后去世时是盖伊（Guy's）医院的院长。他的兄弟马修在1730年50多岁时成为董事，并于1748年在任上去世。马修公共影响最大的职务，可能是纽因顿格林（Newington Green）唯一神教教堂（Unitarian Chapel）的财务主管。特卢森家族则不仅仅在家族内部，还以家族为核心形成了一个错综复杂的关系网。18世纪60年代初，年轻的彼得·特卢森（Peter Thellusson）从巴黎来到伦敦，创立了非常成功的商行，并与他的同胞兼胡格诺派教徒马丁·丰尼罗（Martyn Fonnereau）在直布罗陀守军的补给方面有密切联系。马丁·丰尼罗本人也是一位董事的孙子，且于1771—1783年担任董事。彼得的长子彼得·艾萨克（Peter Isaac）在父亲的商行中长大，并于1787年20多岁时当选为董事。当选董事4年前的1783年，他娶了前银行董事（约翰·康沃尔）的女儿伊丽莎白·康沃尔（Elizabeth Cornwall），同时与桑顿家族成员成为表亲。桑顿家族几乎无处不在。罗伯特·桑顿（Robert Thornton），"一位伦敦和克拉珀姆的商人"（阿克斯称），是赫尔一位商人的长子，从1732年起担任董事，直到1747年底去世。罗伯特去世后他的弟弟（同样是一位商人）戈弗雷（Godfrey）成为董事，然后在1752年去世。戈弗雷的第三个儿子也叫戈弗雷，在1772年当选为董事，并最终成为总裁。从1780年开始，戈弗雷的表亲，也是另一位桑顿家族成员塞缪尔（Samuel）成为董事（和未来的总裁）。塞缪尔1754年出生，是杰出商人约翰·桑顿（John Thornton）的长子，并且从1776年起成为家族企业的合伙人，分到了父亲财产的1/3。父亲约翰·桑顿则是福音运动的创始人，据说在1790年去世时是欧洲第二富有的人。

当然，家族对董事会的影响力意味着一个更大的问题亟待解答。在整个18世纪，英格兰银行董事会大体上是一个"开放"的还是"封闭"的团体？毫无疑问，它对萨姆森·吉迪恩这样的犹太人来说是封闭的，尽管这些犹太人在伦敦金融城的重要性日益增加。更普遍地说，丹尼尔·阿布拉姆森提供了一幅不太光彩的图景，其描述18世纪末的董事会"已经不再由雄心勃勃、敢于冒险的新伦敦金融城人士组成"，而是"代表了金融城的寡头统治阶层"，因为"他们通过婚姻关系将财富和地位保留在有限的家族圈子内"。[13]这个判断可能有些苛刻，低估了某些董事的素质和责任感。但仅就董事会逐渐僵化的构成来说，这可能是相当公正的评价。

那么，这些银行家和整个社会之间的关系如何呢？在这一点上，阿布拉姆森声称："英格兰银行的董事会从充满活力的资本主义创新，逐渐变成了一潭几乎都是准贵族的死水。"这一说法显然有些夸大，但至少对18世纪90年代之前的时期来说并不离谱。毫无疑问在18世纪，尽管“金钱”和“土地”之间的关系伴随着波折和破碎，但两者之间无疑越来越紧密。但对133位董事的分析表明，在英格兰银行层面，这两者之间仍然有一定的距离。以董事们的婚姻状况为例，在我们拥有相对准确信息的23人中，有11人娶了伦敦商界的女儿（如伦敦贸易商的女儿、伦敦饰品商的女儿、伦敦市民兼酒商的女儿等）。相比之下，只有6人娶了看似是乡绅或贵族家庭的女儿［如第一代斯卡布罗伯爵（Earl of Scarborough）的女儿、约克郡基尔比庄园（Kirby Hall）的亨利·汤普森（Henry Thompson）的女儿等］。此外，缺失信息的大多数人更可能娶的是前一类人而非后一类人。再看董事们的居住地。不可否认，有时他们会住在带有乡村庄园和大片土地的地方［如约克郡的利灵庄园（Lilling Hall）、伯克郡（Berkshire）的沃尔瑟姆庄园（Waltham Place）、德比郡（Derbyshire）的斯庞登（Spondon）或诺福克（Norfolk）的索普（Thorpe）］。但更常见的是繁荣的郊区或准郊区［如斯托克纽因顿（Stoke Newington）的弗利特伍德宅邸（Fleetwood House）、哈克尼（Hackney）的沃尔街（Wall Street）、李（Lee）的戴克雷宅邸（Dacre House），或未明确的住所的地点如克拉珀姆（Clapham）、东希恩（East Sheen）、里士满（Richmond）、海格特（Highgate）和亨登（Hendon）等］。[14]

从更广泛的影响力来看，成为下议院议员的董事并不多。在上述133名董事中，只有15人成为下议院议员。然而有时政府，或更具体地说财政部，急需一名来自银行的人，以增强其财务权威和专业知识。1759年4月，财政部高级秘书詹姆斯·韦斯特（James West）给他的上司纽卡斯尔公爵（Duke of Newcastle）发出了一份关于金融城候选人的简报，以填补康沃尔郡卡梅尔福德（Camelford）的空缺议员席位，其中包括2位英格兰银行董事，即前任总裁查尔斯·萨维奇（Charles Savage）和现任副总裁巴塞洛缪·伯顿（Bartholomew Burton）。遗憾的是，萨维奇“没有进入议会的意愿，虽然他是一位优秀的辉格党人并且非常富有，但在许多事情上却极度任性和古怪”。于是，议员席位落在了伯顿身上。伯顿是一个“非常明智的人”，尽管“我不认为他在金融城有很大的影响力”。可能更具分量的银行家议员是威廉·埃维尔（William Ewer）。埃维尔是一位土耳其贸易商人，于1763年成为英格兰银行董事，于1781年成为总裁，同时于1765年至1789年代表多切斯特（Dorchester）出任议员。据记录，他在18世纪70年代为政府提供了非常大额的贷款资金。在1788年5月的最后一次下议院发言中，他提交了一份由伦敦商人提出的关于奴隶贸易国家利益的请愿书。[15]

那些有着丰富经历的董事们则是一些更令人愉快的记忆。例如，詹姆斯·西奥博尔德（James Theobald）是一位实力雄厚的木材商人，从1743年到1756年担任董事。但他的热情更多地投入到了他作为自然历史学家的各种活动，以及他在皇家学会的领导角色中。用一位传记作者的话来说，他“慷慨地贡献知识和活动超过33年”。古斯塔夫斯·布兰德（Gustavus Brander）一生大部分时间都是在康希尔（Cornhill）的白狮广场经商，这在他1787年的《绅士杂志》讣告中得到了体现。讣告称他是“一位非常重要的银行股东，曾多年（1761—1779年）担任银行董事。但是，在继承了叔叔斯宾克（Speaker）先生积累的财富后，他就沉迷于文学和美术追求”。讣告特别提到他的一件著名收藏品为“德国第一位皇帝加冕时所用的华丽宝座”。然而，真正成体系的收藏家是莱德·布朗（Lyde Browne）。他是一位富有的福斯特巷（Foster Lane）贸易商和银商，从1768年到1787年去世一直担任董事。他是那个时代最勤勉的古董雕塑收藏家之一。在他位于温布尔顿（Wimbledon）的卡尼扎罗家中收藏了大约200件精品。他最终将大部分收藏品卖给了叶卡捷琳娜大帝（Catherine the Great）。然而，对于露丝·吉尔丁（Ruth Guilding）这位最近对古董雕塑收藏家进行了权威研究的作者来说，布朗远非一个令人钦佩的人物。吉尔丁称布朗是“穿着古董商服装的商人加入了鉴赏家的行列，夸耀他温布尔登博物馆收藏的古董雕塑，但又像一个商人一样进行交易”。她认为这种“轻率、唯利是图的态度亵渎了鉴赏家的身份”。她还引用了布朗的自我谴责：“今后所有古董都会因为当下的享受而被购买，再因为拥有后不再渴望而被出售。”

历史的记忆中时不时有典型金融城人的声音清晰而响亮地传达出来。它们通透、怀疑、谦逊、平淡、实际。查尔斯·帕尔默（Charles Palmer）是一位商人，于1739年成为董事，然后在1754年成为总裁，并在1763年离开董事会。他退休后去了皮纳（Pinner），但仍与银行保持着密切的联系，并在退休后的几年里定期给一位受其信任的高级职员托马斯·哈利（Thomas Hulley）写信。以下是这些信件的一些摘录。它展现出了一种超越时代的敏感性。关于罗金汉（Rockingham）政府的组成：

> 关于内阁的这次大改组和可能发生的进一步变化，我并不过多关心。之前下台的人现在成了上台的人，必定会尽其所能保住自己的位置，而被他们排挤出去的人则会竭尽全力以牙还牙。因此我们

的政治事务很可能会继续这样下去，正如它在我一生中一直都是这样。我看不到任何改变的可能性。

关于罗金汉一年后的下台：

感谢你提供新政府的消息。我认为事情还没有完全定下来，但应该快了。无论是公共事务还是私人事务，不确定的状态在各方面都是不好的。

关于媒体：

我渴望听到一些可靠的消息，因为我最近只能从报纸上得到信息，而那些信息对我来说并不十分可信。

关于在坦布里奇韦尔斯（Tunbridge Wells）度过夏天时的雨水：

我们已经经历了几场阵雨，而今天似乎要一直下雨。但我希望雨不要再持续太久，因为这个地方在持续下雨时是非常糟糕的。这里有很多伙伴，但不像去年那么多，而且几乎没有什么显赫人物。

再一次提到天气：

在如今的好天气和一匹好马的帮助下，我可以到外面去骑马。再加上我在这里遇到的一些老朋友，以及我的家人（更不用说我作为一个悠闲的旁观者欣赏这个花花世界的乐趣），这段时光过得相当愉快。

最后，同样是那个越来越热的 8 月，他在对哈利被“关在、闷在”伦敦的公共办公室里表示同情之后写道：

但我们确实应该，也确实必须，尽力去追求哲学家的境界。尽可能使我们在这个世界上所分到的使命变得轻松和简单，其余的就交给时间和命运吧。[16]

1765 年帕尔默写下上述这些话不久，英格兰银行的皇家特许又迎来了新的 21 年续期。总体来看，续期过程并没有引起特别的争议。财政部在双方交易中似乎占了上风。英格兰银行同意以 3% 的利息率预付 100 万英镑国库券，还同意向国库不附带任何利息地赠送 11 万英镑。曾帮助起草该法案的财政部联合秘书查尔斯·詹金森（Charles Jenkinson）随后透露，一位著名的商人兼英格兰银行股东威廉·贝克爵士（Sir William Baker）当时曾"强烈反对"这笔"交易"。贝克的理由是这笔交易对英格兰银行来说条件太苛刻了。但他只敢在私下反对。从英格兰银行的角度来看，立法中的一个重要收获是关于欺诈性股票转让的措辞更加严厉。当时这一问题因一位名叫约翰·赖斯（John Rice）的经纪人的系统性欺诈行为而受到关注。赖斯最终逃往欧洲大陆，被英格兰银行和南海公司的代表追捕，并于 1763 年 1 月在康布雷（Cambrai）被捕，在老贝利法庭受审并被判处极刑。[17]

接下来的 18 世纪 60 年代相对平静。但像过去一样，下一次金融危机并不遥远。1772 年的危机可能是自南海泡沫以来最令人紧张的危机。在其最严重的阶段，《伦敦纪事报》给出了一种非常可信的分析。该报在 6 月底宣称："目前的灾难是由于几种情形相互作用而引起的，但其中最主要的是为筹集资金而以虚假信用在伦敦开立汇票。近几年这种有害的做法日益严重，并在最近达到爆发的临界点。"事实上，当年年初，英格兰银行曾试图限制贴现以遏制投机。但这一政策让银行受到一些匿名公众的抨击。他们指责银行家们自称"董事"，却仅在一天中抽出几个小时来处理业务，还恶意压制正直的交易商。但当年 6 月 10 日，随着伦敦的银行公司尼尔公司（Neale & Co）破产，恐慌和空虚几乎每小时都在增加。尼尔公司的主要合伙人亚历山大·福特斯（Alexander Fordyce）与苏格兰的银行和商界有着特别密切的联系。于是，1763 年的危机应对政策又开始重演。随着爱丁堡的大型商号威廉·亚历山大父子公司（William Alexander and Sons，持有向法国出口烟草的合同）倒闭，英格兰银行开始更为宽松地贴现。最糟糕的一天是 6 月 22 日，当时金融城最受尊敬的私人银行之一格林和哈利法克斯银行（Glyn and Hallifax）被迫暂停兑付。幸运的是，兑付随后得以恢复。第二天的《晚邮报》（*Evening Post*）报道说："用言语无法形容昨天首都的普遍恐慌。过去三十年来没有任何事件能像这样给我们的贸易和国家信用带来致命打击。我们预计会出现大规模的破产。伦敦各银行家的停业也在预料之中。整个城市都处于骚乱和泪水之中。”为此，英格兰银行大幅加快了贴现速度。它在当年 1 月到 5 月只有 9 天的业务超过了 20 万英镑，但 6 月 23 日当天的业务却达到了 387756 英镑，而在 6 月 25 日又达到了 529265 英镑。克拉珀姆指出：“这几乎与 1763 年最繁忙一周的总业务量相当。”就在 6 月 25 日当天，苏格兰的道格拉斯 · 赫伦公司（Douglas, Heron & Co），即通常所称的艾尔（Ayr）银行①，因野心膨胀导致的扩张过度而被迫暂停兑付。一位历史学家称这是苏格兰的重大灾难。因为苏格兰许多有影响力的人物，无论是地主还是商人，都是该银行的股东或客户。

得益于英格兰银行的贴现政策，危机在 7 月初已经度过最严重的时刻。尽管在那一年的剩余时间里破产事件还在继续发生。至于这场危机的两个主角，艾尔银行愚蠢地拒绝了英格兰银行提出的恢复其信用的条件，并最终在 1773 年停止运营；而亚历山大银行接受了英格兰银行给予的 16 万英镑信贷，并在 7 月中旬恢复了兑付。一位匿名但消息灵通的观察者在《伦敦纪事报》上发表公开信警告艾尔银行：“你会发现，不依靠英格兰银行而独立运营银行业务是不可能的。因为英格兰银行是英国资金和信用的巨大源泉。没有它的支持和偶尔援助，即使是在伦敦的银行家或商人，也无法安全且有利润地开展业务。”[18]

危机过后不久，英格兰银行不可或缺的地位得到了进一步证明。70 余年前的 1696 年大规模重铸货币主要涉及的是银币，而这次涉及的是金币。到了 18 世纪 70 年代，克拉珀姆恰当地指出，金币已经“严重磨损”。因此，在 1773 —1774 年的立法中，英格兰银行理所当然地作出了新的贡献。其金条办公室需要接收并替换那些被切割和损毁的几尼②金币（guinea）、半几尼金币和 1/4 几尼金币。这些金币要么重量不足，要么是伪造的。最终，至少有 650 万枚这样的金币被接收。用克拉珀姆的话说：“当时实际上英国标准货币的秩序已经形成。”18 世纪 70 年代中期，英格兰银行见证了另一场战争的开始——美国独立战争。该战争的直接原因（在美国市场上倾销了数吨茶叶）被一位美国历史学家描述为“东印度公司严重不负责任行为的直接后果”。所以或许从长远视角来看，如果英格兰银行在 1773 年能够抵制政府的要求，不向其提供 140 万英镑的国库券贷款以拯救过度扩张的东印度公司，事情的发展可能会更好。最初，这

---

① 艾尔银行钞票量一度占苏格兰钞票流通量的 2/3。——译者注

② 几尼是英国旧时金币或货币单位。——译者注

场新战争对财政的影响相对较小。但从 1778 年开始，随着法国、西班牙和荷兰的相继卷入，情况发生了变化。到了 1780 年初，3% 国债的价格长期低于 60，英格兰银行股票价格则勉强高于面值，国家债务迅速上升。所有这些情况都可能会让乔治 · 华盛顿（George Washington）感到担忧。因为即使在战争期间，他也一直是英格兰银行的股东。[19]

乔治 · 华盛顿可能会对 1780 年 6 月的事件感兴趣。当年 6 月 2 日星期五，由乔治 · 戈登勋爵（Lord George Gordon）带领的 6 万人队伍前往议会，递交了一份由新教协会发起的请愿书，要求废除针对罗马天主教徒的新立刑法。在接下来的几天里，伦敦陷入恐慌，多次发生骚乱、人身威胁和监狱暴动。"戈登暴乱"在"黑色星期三"即 6 月 7 日晚上达到高潮。暴民企图占领英格兰银行。而当时负责保护银行的，是驻扎在附近皇家交易所的卫队。托马斯 · 霍尔克罗夫特（Thomas Holcroft）在他的同时代作品中有以下记录：

> 他们对英格兰银行发动了两次袭击，但由于银行的防卫力量强大，这些袭击显得非常无力。第一次袭击是由一名酿酒工人带领的，他骑在装饰有纽盖特（Newgate）链条的马上。纽盖特是一座 6 月 6 日被毁的监狱，其所有囚犯都被释放。但他们在军队的第一次开火中被击退，第二次冲击也没有成功。他们还试图闯入支付办公室，结果也未能成功。在这些小规模冲突中，几名暴徒被打倒，而更多人受伤。由于这些地方的重要性，防卫方不得不采取严格的防御措施。

第一次袭击可能发生在晚上 11 点左右。第二次袭击则发生在凌晨。参与击退第一次袭击的是激进的金融城政治家约翰 · 威尔克斯（John Wilkes）。他当时是伦敦民兵。他记录道："在银行的大门正对面击毙了两名暴徒。"而《伦敦纪事报》描述了第二次袭击：

> 一大群暴徒沿着契普赛德街前进，准备攻击英格兰银行。其中有几个人携带了火枪。当他们到达家禽街时，骑兵和步兵卫队已经列好阵势挡住他们。暴徒向士兵开火。士兵也进行了数分钟的还击，导致大约八人死亡，许多人受伤。暴徒数量众多，击退了骑兵卫队，但步兵卫队通过持续开火将他们驱散。

当天晚上伦敦街头总共有超过 200 名暴徒被射杀，可能还有同样多的人因伤势过重而死亡。历史学家杰里·怀特（Jerry White）并不夸张地称："这是伦敦现代史上最可怕的危机，直到 160 年后'二战'时伦敦大轰炸才被超越。"不足为奇的是，在那令人难忘的夜晚后不到两周，英格兰银行的财务委员会就"考虑建立一些防御和安全措施"。结果便是银行警卫队（Bank Picquet）的设立。这是一个由卫队旅（Brigade of Guards）分遣队组成的军事卫队，几乎在此后的约 70000 个夜晚（除了第二次世界大战期间）都在银行驻守，直到 1973 年才最终撤离。为表达感谢，英格兰银行于 1780 年 8 月"在圣保罗教堂的女王武器酒馆（Queen's Arms Tavern）为所有在银行或金融城值班的军官举办了一场盛宴"。《伦敦纪事报》称，这顿晚宴包括一只价值 23 几尼的海龟、一打鹿腿和其他时令美味，以及各种葡萄酒。[20]

如果说暴动只是偶尔发生并最终会被平息，那么战争带来的影响则是长期且难以摆脱的。1781 年夏天，由于持续的美国独立战争对国家财政造成的沉重负担，政府和英格兰银行比原计划提前 5 年达成了新的协议，同意将特许经营权再延续 26 年（比银行最初要求的减少了 4 年），以换取一笔年利率 3%、以国库券为抵押的 200 万英镑贷款。不同寻常的是，在下议院就此展开全面辩论时，首相诺斯（North）勋爵不仅坚决捍卫这笔交易，还坚决捍卫续约。他说："在英格兰银行成立的近九十年里，其运作不仅极为明智，极大提升了自身信誉，还对国家有很大好处。我无法想象在英格兰银行发挥了这么长时间的效用后，还会有人否认议会有责任尽可能巩固和加强银行与公众之间的联系和团结。"对于那些对新特许条款不满，甚至想要取代英格兰银行的人，他表示：

> 他们不了解与现有公司合作所带来的实实在在的公共利益，也看不到现在尝试组建新公司的困难。目前，由于长期的习惯和多年的积累，英格兰银行已经成为宪法的一部分。或者即便不是宪法的一部分，也至少在所有重要目的上作为公共国库。所有的、巨额的国库事务都在英格兰银行处理，并且正如经验所证明的那样，比过去由政府处理对公众更有利。

将英格兰银行视作英国宪法一部分的提法，并不吸引约克郡议员乔治·萨维尔爵士（Sir George Savile）。萨维尔是第八代男爵，也是一个思想独立的辉格党人。他嘲笑诺斯："热情地谈论公众与英格兰银行之间的联系，就像在描述婚姻一样。”他坚持认为：“英格兰银行的业务对我来说就像魔法。在这个公共信用瘫痪的时刻进行续约为时过早。”其他下议院发言者也有自己的看法，但大多数对实际情况不够了解。唯一的例外是多切斯特（Dorchester）的议员威廉·埃维尔。埃维尔刚刚成为英格兰银行的总裁。他宣称英格兰银行在续约条款谈判中“公平且慷慨”，并坚称银行的利润“来自银行董事的勤劳、风险承担和管理”。他宣称：“公众对英格兰银行的利润没有更多的权利过问，就像对任何个人或任何私人银行公司的利润一样。”针对萨维尔的“魔法”指控，埃维尔大声抗议：“天啊，公共事务的开展能够如此鲜为人知，以至于在今天的这个时代，人们还认为银行可以随意造币吗？”随后，他更加圆滑地试图缓解人们对于长期续约可能使英格兰银行独立于政府危险运作的担忧：

> 公众无疑是英格兰银行最好的客户。银行的信用以及帮助政府的能力，完全因为他们是公众的出纳员……如果董事们在任何时候表现得非常糟糕、不明智或鲁莽，以至于拒绝在国家需要援助时尽其所能，政府将有能力不再让英格兰银行继续担任公众的出纳员……

诺斯和埃维尔最终赢得了胜利。下议院以 109 票对 30 票的压倒性结果通过了续约条款，延续英格兰银行的经营至 1812 年。[21]

战争实际上在 1783 年初就已经结束了。但 1783 年仍然是危机四伏的一年。英格兰银行的金库储备从 1780 年 8 月的 420 万英镑下降到 1782 年 8 月的 200 万英镑，并继续恶化到 1783 年 2 月的 130 万英镑。相比之下，纸币流通量则上升到 770 万英镑。为此，英格兰银行决定在大约 6 个月的时间里不再向政府提供贷款或财务支持。15 年后，银行董事塞缪尔·博萨克（Samuel Bosanquet）对这一决定做出了详细解释：

> 随着和平到来之后商业的大幅扩张，现金的流失也随之而来。这导致了本国商品的大量出口，以至于现金流通量难以支撑。显然，如果这种流失能够在短时间内得到支持，那么出口商品带来的财富回流将充分补偿之前的流失。事实也正是如此。因此，英格兰银行董事们在没有向政府公开事务状态的情况下，采取了大胆的

举措，凭借自己的权力拒绝为当年的政府贷款提供资金支持。这一举措实现了暂时中止现金流失的目的。董事们最担心的时候并不是现金最少的时候，而是4月或5月左右拒绝为政府贷款提供资金支持时。尽管到了10月他们的现金比之前更少（8月已降至59万英镑），但董事们有充足的理由相信，由于汇率的有利变化，情况会朝着对他们有利的方向发展，因此反而并不担忧。

“看起来，英格兰银行在处理困难局面时表现得相当熟练。”

这是阿尔伯特·费弗耶尔爵士在他的《英镑史》中对英格兰银行暂时拒绝为政府提供大部分贷款资金的解读。他解释说：“因此，那笔本应投放贷款的剩余部分被立即投入市场中。投放现金回收纸币抑制了过度投机的倾向，使汇率转而有利于国家，并且阻止了现金继续向国外流失。同年晚些时候，尽管英格兰银行的储备金进一步下降，但董事们对形势却更有信心，因此他们开始不受限制地提供资金（纸币），以缓解那些受到市场下跌影响的公司的压力。”费弗耶尔爵士合理地认为，这是英格兰银行首次明确尝试对货币市场进行某种控制。他阐释道：“它发现了一个自此之后在许多场合都发挥了巨大作用的原则，即当投机达到危险水平时，信贷应该逐步收紧，直到市场出现明显下跌。但当下跌开始时就没有必要再担心了，因为可以自由提供资金来缓和下跌的影响。”[22]

从18世纪80年代中期开始，占据主导地位的政治人物是非凡且异常坚定的威廉·皮特①（William Pitt，小皮特）。1786年，他不仅引入了一个改进的偿债基金（私下里他自称“因为一项对减少债务有魔术般效果的项目感到近乎疯狂”），还成功说服英格兰银行大幅降低管理国债的费用（每百万英镑从562英镑10先令降低到450英镑）。在接下来的几年里，他与英格兰银行之间的关系非常紧张，包括1790年7月的一个激烈时刻。当时，负责财政委员会的“主席们”（即总裁、副总裁和前总裁）勉强接受了一大批国库票据，但同时声明：“希望人们充分理解，这笔贷款被视为对政府的临时援助，绝不应该以任何理由续借。”在此之后，双方对峙进一步加剧。1790年末皮特提出，英格兰银行手中总计约为547000英镑的未认领股息余额，按理来说并不属于银行，而是属于“公

---

① 威廉·皮特，英国政治家，托利党人，第16、18任英国首相（1783年12月19日至1801年3月14日，1804年5月10日至1806年1月23日）。三次出任财政大臣（1782年7月10日至1783年3月31日，1783年12月19日至1801年3月14日，1804年5月10日至1806年1月23日）。——译者注

众的临时代表方”即属于政府。但银行坚决不同意。银行的一位议员董事塞缪尔·桑顿在下议院强烈抗议，称皮特的主张是“对公共信用的一次打击”。1791年初双方僵持不下时，银行获得了一系列令人印象深刻的支持性文件，来自“国际公共基金所有者以及对这些基金有广泛兴趣的受尊敬的许多外国代理人”。当年3月，银行进一步采取行动，于15日向下议院递交请愿书，称皮特的提议是“在未经认领人同意情况下对其个人财产的掠夺”。随后银行又在3月24日打出王牌，公布了一份1780年9月之前的未领取股息清单，不出所料地引发了股息持有者为避免让政府拿走他们的钱，蜂拥领取款项的热潮。最终结果是双方妥协，并于1791年5月正式决定，由英格兰银行提供一笔50万英镑的不收息“永久性贷款”。作为回报，皮特放弃其有关未认领股息的法案。这位托利党奇才或许有着“该死的顽固”性格（用乔治三世的话来说），并且通常在争斗关系中占上风。但在这次事件中，英格兰银行还是设法遏制住了他的进攻。[23]

此时，法国大革命的各方面影响已经开始显现。尽管三年来英吉利海峡对岸不断传来骇人听闻的报道，但英国经济情绪大体上依然乐观，这很大程度上得益于蓬勃发展的棉纺织业。但到1792年秋天，情况明显开始改变，尤其是在伦敦金融城。小麦收成不佳、乡村银行发行难以置信的大量纸币、战争的威胁，破产率的上升——这些因素交织在一起，在当年11月引发了一场短暂但剧烈的恐慌，影响了在交易巷内熙熙攘攘的经纪人、交易商和投机者们。那年冬天，英格兰银行自身的状况也不尽如人意。所谓“财富”的黄金储备下降，再次跌破500万英镑。同时，法国革命激进主义引发的焦虑（以伦敦通信协会为中心）导致英格兰银行的专属军事护卫力量加倍。这一点颇受伦敦政府当局的反感，或许也引发了他们的嫉妒。[24]然后，1793年1月21日，路易十六被处决。11天后即2月1日，法国向英国宣战。对这家即将进入第二个百年时光的银行来说，一大批完全未知的挑战正摆在眼前。

第二章　重要的国家引擎

1　Clapham, Vol. 1, p. 232; Cobbett's Parliamentary History of England, Vol. X (1812), col 62; Historical Manuscripts Commission, Manuscripts of the Earl of Egmont: Diary of the First Earl of Egmont (Viscount Percival), Vol. If (1923), pp. 380-381; Historical Manuscripts Commission, The Manuscripts of the Earl of Carlisle (1897), pp. 182-183; Egmont, p. 396.

2 G4/17, 5 March 1742; R. D. Richards, 'The First Fifty Years of the Bank of England', in J. G. van Dillen (ed), History of the Principal Public Banks (The Hague, 1934), pp. 216-217; P. G. M. Dickson, The Financial Revolution in England (1967), p. 217.

3 Gentleman's Magazine, Sept 1745, p. 500; G4/17, 26 Sept 1745; Gentleman's Magazine, Sept 1745, pp. 499-500; Acres, Vol. 1, p. 181.

4 E. L. Hargreaves, The National Debt (1930), pp. 52-53; G7/3, 31 Jan 1750; Old England, 3 Feb 1750; L. S. Sutherland, 'Samson Gideon and the Reduction on Interest, 1749-1750', Economic History Review, Feb 1946, p. 27; General Advertiser, 19 Feb 1750; G7/3, 27 Feb 1750; General Advertiser, 28 Feb 1750; Dickson, p. 236; Acres, Vol. 1, p. 184; Dickson, pp. 322-323. In general, the two key accounts of Pelham's scheme and how it played out are those by Sutherland and Dickson.

5 J. A. S. L. Leighton-Boyce, Smiths the Bankers, 1658-1958 (1958), p. 753 Guuseppi, p. 56; Acres, Vol. 1, p. 186; Julian Hoppit, 'Financial Crises in Eighteenth-Century England', Economic History Review, Feb 1986, pp. 49-50; Michael C. Lovell, 'The Role of the Bank of England as Lender of Last Resort in the Crises of the Eighteenth Century', Explorations in Entrepreneurial History, Oct 1957, pp. 9-17.

6 Abramson, p. 60; Joseph A. Schumpeter, History of Economic Analysis (1954), p. 696; A. Anderson, An Historical and Chronological Deduction of the Origin of Commerce (1764), Vol. II, p. 375.

7 Clapham, Vol. 1, pp. 102-103; J. E. D. Binney, British Public Finance and Administration, 1774-1792 (1958), pp. 97-100; Abramson, p. 70; Anne L. Murphy, 'Making the Market: Trading Debt at the Eighteenth-Century Bank of England', Ewropean Association for Banking and Financial History (EABH) Papers, 2014, pp. 16-17, 30.

8 Dickson, pp. 382-388; Clapham, Vol. 1, pp. 70-71, 174.

9 Elisa Newby, 'Macroeconomic Implications of Gold Reserve Policy of the Bank of England during the Eighteenth Century', Centre for Dynamic Macroeconomic Analysis working paper, University of St Andrews, Feb 2007.

10 J. K. Horsefield, 'The Bank and Its Treasure', Economica, May 1940, pp. 162-163; Sheila Lambert (ed), House of Commons Papers: George III, Vol. 105, Third Report from the Committee of Secrecy appointed to examine and state the total amount of outstanding demands on the Bank of England …, pp. 26-27; Clapham, Vol. 1, pp. 171, 173.

11 J. H. Clapham, 'The Private Business of the Bank of England, 1744-1800', Economic History Review, Oct 1941, pp. 80-82; Lovell, p. 12; Philip Ziegler, The Sixth Great Power (1988), p. 51; Stanley D. Chapman, Raphael Bicentenary, 1787-1987 (1987), pp. 7-8.

12 Clapham, 'Private Business', pp. 83-87; Adam Smith, An Inquiry into the Nature and Causes of the Wealth of Nations (1976 OUP edn), pp. 318-320.

13 W. Marston Acres, 'Directors of the Bank of England', in Notes and Queries, 27 July 1940 to 24 August 1940, plus 3 Feb 1951; ADM30/11; OL, Dec 2005, p. 144 (Kenneth J. Cozens and Suzanne J. Davis), March 1935, pp. 13-14 (Acres); ADM30/12; John Thornton (ed), The Book of Yearly Recollections of Samuel Thornton, Esq. (Ewell, 1891), p. 9; Abramson, p. 95.

14 Abramson, p. 95; Acres, 'Directors'.

15 Sir Lewis Namier, The Structure of Politics at the Accession of George III (1957 edn), pp. 341-342; Sir Lewis Namier and John Brooke, The House of Commons, 1754-1790 (1964), Vol. II, pp. 408-409.

16 John H. Appleby, 'James Theobald, ER.S. (1688-1759), Merchant and Natural Historian', Notes and Records of the Royal Society of London, July 1996, pp. 179-189; Gentleman's Magazine, Jan 1787, p. 94; OL, March, 1947, pp. 4-9, Dec 1947, pp. 234-235 (Reginald Saw); Ruth Guilding, Owning the Past (New Haven, 2014), pp. 165-166, 335; OL, Dec 1935, pp. 241-244 (Acres).

17 Clapham, Vol. 1, pp. 100-101; The Parliamentary History of England, Vol. XXII (1814), Commons debate 13 June 1781, cols 523-524; Acres, Vol. 1, pp. 186-187.

18 London Chronicle, 30 June 1772; Acres, Vol. 1, p. 200; Clapham, Vol. 1, pp. 245-246; Roger Fulford, Glyn's, 1753-1953 (1953), P 273 Clapham, Vol. 1, p. 247; Henry Hamilton, 'The Failure of the Ayr Bank, 1772', Economic History Review, April 1956, pp. 412-415. See also: Paul Kosmetatos, 'The winding-up of the Ayr Bank, 1772-1827', Financial History Review, Aug 2014.

19 Clapham, Vol. 1, p. 175; Acres, Vol. 1, pp. 204-207; Clapham, Vol. 1, p. 176; Times Literary Supplement, 29 May 2015 (T. H. Breen); Acres, Vol. 1, p. 202; Clapham, Vol. 1, pp. 251-252; Acres, Vol. 1, p. 208; Larry Neal, The Rise of Financial Capitalism (Cambridge, 1990), p. 211.

20 Garland Garvey Smith (ed), Thomas Holcroft's A Plain and Succinct Narrative of the Gordon Riots, London, 1780 (Atlanta, Georgia, 1944), pp. 27-28; Abramson, pp. 83-84; Jerry White, London in the Eighteenth Century (2012), pp. 540-541; G8/1, 20 June 1780; Bank of England (John Keyworth), 'As Safe as the Bank of England' (1993); Acres, Vol. 1, p. 210.

21 Clapham, Vol. 1, pp. 177-178; Parliamentary History Vol XXII, cols 517, 519, 522-523, 528-529; Clapham, Vol. 1, p. 182.

22 Feavearyear, p. 176; Clapham, Vol. 1, p. 255; J. K. Horsefield, 'The Duties of the Banker', Economica, Feb 1941, p. 45; Clapham, Vol. 1, p. 256; Feavearyear, pp. 176-177.

23 Boyd Hilton, A Mad, Bad, and Dangerous People? (Oxford, 2006), p. 114; Clapham, Vol. 1, pp. 186-187; Lawrence Taylor and R. G. Thorne, 'Thornton, Samuel', in R. G. Thorne (ed), Fhe History of Parliament: The House of Commons, 1790-1820 (1986), p. 376; Clapham, Vol. 1, pp. 188-191.

24 Hoppit, 'Financial Crises', pp. 54-55; Clapham, Vol. 1, pp. 258-259; White, London, p. 548.

第三章

稳定而持续地关注

1793 年英格兰银行的建筑样式和工作环境，都与近 60 年前在针线街初建时有很大不同。这在很大程度上反映了银行不断增长的工作量及随之而来越来越多的员工数量。尽管当时的员工数量尚未达到惊人的程度：[1]

1734 年：110 人
1763 年：246 人
1783 年：345 人
1793 年：418 人

然而，银行建筑特征的变化不仅仅是由于员工数量的增加，它还受到两位杰出建筑师罗伯特·泰勒（Robert Taylor）和约翰·索恩（John Soane）的影响。

最早的英格兰银行建筑是由乔治·桑普森（George Sampson）设计。那是一座相对简朴的建筑，周围环绕着 2 座教堂、3 家酒馆和多达 20 栋私人住宅。马斯顿·阿克斯指出："新址的正面宽度不超过 80 英尺，从西边的圣克里斯托弗教堂（St. Christopher's Church）延伸到东边的皇冠酒馆（Crown Tavern），场地的深度沿着洛斯伯里（Lothbury）的方向不超过 300 英尺。极少的对外窗户位于针线街主入口的上方，以及大厅西端可以俯瞰圣克里斯托弗教堂墓地的地方。"在建筑内部，有一些致敬银行起源的装饰物。比如在 1735 年 1 月 1 日竖立的威廉三世国王（King William Ⅲ）真人大小的白色大理石雕像。宏伟的支付大厅在每周六个工作日都挤满了商人和其他将金属货币兑换成纸币（或反之）、进行存款或取款（较少时候）和领取股息的人。高大的带栅栏的柜台将这些顾客与出纳员和文员隔开。丹尼尔·阿布拉姆森观察到："支付大厅在桑普森设计的银行建筑中占据最大空间，这是其首要地位的体现。这象征着英格兰银行对其商业银行业务的至高重视。"当然，新建筑的其他地方也值得一提，尤其是董事们的休息室和会议室。阿布拉姆森指出："它们装修豪华，拥有精美的木质饰板和大理石壁炉台。"会计处则是负责账务后勤的核心区域，在设计上有意与公共访问区域分开。"从空间规划的层面看，桑普森设计的英格兰银行建筑有助于体现银行的信誉可靠性"，阿布拉姆森写道："在建筑风格的层面上，这样经典规划和比例协调的具有美感的建筑，也意味着英格兰银行具有强大的权威性。"[2]

尽管在18世纪40年代末英格兰银行已经新建了一定数量的建筑，但当罗伯特·泰勒在1764年接替桑普森成为建筑师时，银行的扩建需求又十分紧迫了。泰勒早年曾是一名雕塑家，曾为支付大厅创作不列颠女神雕像。但在18世纪50年代，他成为一名建筑师，专门为伦敦城最富有的人设计独栋和联排别墅。在他去世时，人们回忆起他的特点包括"勤奋、无畏、自我克制、节约金钱和时间"。除了智慧和文化修养（包括强烈的欧陆影响），他还因严格对待下属、控制质量而闻名。作为银行的建筑师，在18世纪60年代中期到18世纪70年代中期，他设计并实施了一项重大的扩建工程。泰勒主持的工程主要由四个主要的几乎同时进行的部分组成。在针线街对面皇家交易所主入口前，他在一块三角形场地上建造了两栋四层建筑。这两栋名为"银行大楼"的办公室被租借给其他企业使用，实际上是英格兰银行的一项投机性开发。在地块北部会计办公室的后方，他建造了一座四层楼的资料馆，主要用于存放记录文件。在地块西北部靠近支付大厅的地方，他建造了一套优雅的新房间供董事们使用，其中心是装饰华丽的董事会议室，是之前会议室的三倍大小。最重要的是，在原有建筑的东侧，他扩展出一个独立建筑，几乎将银行建筑的总体规模翻了一番，包括用于政府公债交易的巨大圆形大厅，以及四个宽敞的、相同的转让办公室（其中两个专门用于3%的统一公债）。无论以何种标准衡量，泰勒的成就都是非凡的。法国财政大臣卡隆（Calonne）作为艺术赞助人而闻名于世。在参观英格兰银行的这些新建筑时，他宣称这些建筑是除雷恩（Wren）的圣保罗大教堂（St Paul's）以外的"伦敦第一建筑"。[3]

泰勒在1783年被封为爵士，直到1788年去世前一直担任英格兰银行的建筑师。18世纪80年代初发生的戈登暴动，给银行管理层带来了极大冲击。在暴动平息之后，他们得出结论，认为位于针线街西侧靠近银行的13世纪圣克里斯托弗·雷·斯托克斯教堂的塔楼很可能是未来暴民攻击银行的最佳地点。因此，在令人惊讶的少有争议的情况下，银行于1781年以4462英镑4先令的价格购买了该教堂，然后在1782年至1784

年将其拆除并改建成一组新建筑物，即银行一直延伸到王子（Princes）街角落的西侧楼。这个侧楼包括股息凭证办公室和在付年金办公室。泰勒也在这栋楼中继续任职直到去世。由于英格兰银行曾承诺不会在圣克里斯托弗墓地上新建建筑，这个地块变成了花园庭院。尽管曾有一段时间，埋葬的尸骨未被迁走，但它树木繁茂、空间宽敞，打破了"建筑线条的正式性"。托马斯·马尔顿（Thomas Malton）在他1792年的《城市风景游》中提到，这个花园"为繁忙的商业景象带来了意想不到的乐趣"。

西侧楼可能并不是泰勒最出色的作品。正如阿布拉姆森失望地称："它是一个笨重、松散的部件集合，是整体建筑中不和谐的音符。"然而，用阿布拉姆森的话说，泰勒近25年的工作对于"用基础制度和建筑转型，将英格兰银行变成一个大规模的、公共的、纪念性的工作场所"发挥了不可或缺的作用。在他去世前一年，《绅士杂志》的一位通讯记者对这个机构"惊人迅速地扩张"，以及对"金融利益和商业世界扩张的适应"表示惊叹。在泰勒去世的5年多前即1782年，《英格兰银行手册：或明确指南》（*The Bank of England's Vade Mecum: or Sure Guide*）透露出建筑对于日常公共交易重要性的隐含意义。这是一本由"银行的一位绅士"写的小书。书名清楚地表明了它的写作目的："让那些即使对银行一无所知的人，都可以确切而得体地了解和完成他们想做的一切，而不必向任何人提问"。书中包含两幅有助于理解银行布局的铜版纸平面图，其主要关注点是"大厅部门"即支付大厅，将其描述为人们对银行"尤其不够了解"的部分，强调其"确实是所有货币事务、票据、汇票等交易的主要场所"。书中的大部分内容是有用的、实际的办事指南。举例如下：

> 如果您想用现金换取银行钞票，请将您的钱支付给在本书中被标记为（3）的桌子旁边的出纳员，并告诉他您需要什么钞票。然后他会给您一张单据。您通过小栏杆将其递给在圆盘右侧字母A下方坐着的职员之一，他们会为您提供帮助。但如果您需要一沓钞票，就在标记为（1）的桌子上取一张纸条，写下您需要的内容，然后将它与单据一起交给字母A处的职员……字母A处的职员将会根据您的要求制作出钞票。您务必特别注意在将钞票带走之前，必须由其中一位如前所述的出纳员签字。而且您收到的每一张新钞票都必须这样做。

该书附录回答了“如何向股票经纪人①提供业务申请”“分别在哪里领取不同类型的股息”等问题。这些业务都集中在泰勒新建的东侧建筑内。“一旦从针线街进入银行院内，您会看到右手边有四级石阶之上的一扇门，门上有‘转让办公室’字样……”但是，这本书最重要的部分是这位匿名银行绅士的“总体评论”：

> 请大家注意，当您向出纳员支付款项并收到一张相关单据时，请务必不要将该单据带走，而是将其带到指定的地方。我们诚挚地请求公众注意上述事项，因为经常有人因不了解情况而带走这些单据，并给自己带来很多麻烦。如果单据被带走，那么他们前来办理的业务就无法完成。

这本自行出版的书，由包括皇家交易所的理查森（Richardson）先生和厄夸特（Urquhart）先生在内的书商销售，售价为 1 先令，并且在一年内就发行了第二版。[4]

泰勒于 1788 年 9 月 27 日去世。仅 3 天后，英格兰银行的财政委员会就注意到有 11 人“申请接替他的建筑师职位”。10 月 1 日，建筑委员会做出了“一致”的选择：约翰·索恩。索恩当时 35 岁，是一名普通砖匠的 7 个孩子中年纪最小的一个。他曾在乔治·丹斯（George Dance，市政厅建筑师）的指导下接受培训，在前十年参与了戈登暴动后纽盖特监狱重建工作，并逐渐以他的乡村别墅设计闻名。他娶了一位富有建筑师的侄女，但也许最重要的是，他与银行中最具影响力的董事之一塞缪尔·博萨克交好。[5] 阿布拉姆森指出：“这是一个大胆但又具有启发性的选择。索恩职业生涯的基本动力是试图将所受建筑早期教育中的两种不同倾向结合起来，一种倾向是传统的古典主义，另一种倾向是诗意的风景画。索恩最佳设计的力量来自他不愿意让一种倾向压倒另一种。”这位新任建筑师很快开始了一系列项目。早在 1788 年 12 月，他就成功地向建筑委员会提出一个计划：“将原有支票办公室的一部分改建为存放 3% 国债转让账簿的安全场所。”但毫无疑问，他最重要的早期成就之一是银行股票办公室。该办公室的修建得到了丹斯的一些协助，位于巴赛洛缪巷（Bartholomew Lane）的北部，建成于 1793 年。“这是索恩最引人注目的内部装饰建筑之

① 考虑到英国早期股票和公债（均为 stock）的模糊边界，股票经纪人（stockbroker）也可翻译为公债经纪人。下文此概念多有出现，望读者注意。——译者注

一，也是他建造其他银行大厅和内部装饰建筑的原型”。吉尔斯·沃特菲尔德（Giles Waterfield）在 1989 年的重建庆典上对其进行了赞美：“它运用了一种细长的、高度拉伸的古典元素，避免了臃肿感，并巧妙地运用了新材料，体现了建筑师独特的创新思维。”该建筑宏伟、严肃的罗马风格，十分契合英格兰银行当时正在自豪庆祝的百年庆典。[6]

成为 18 世纪英格兰银行的一名职员，只有职员父子相继或董事提名两种方式，总的来说并不是一条通往财富之路。职员的工资起薪是每年 50 英镑，只勉强够生活。但在繁忙时期或参与公共彩票管理等分外工作时有额外报酬。对于老职员来说，薪水也是合理的。退休金往往是银行的额外恩惠（尽管通常会获得），而且没有固定的退休年龄。至于假期，当时强制性年假的概念尚未出现。然而，银行提供的是工作保障，对于资深职员来说，相对较短的工作时间（通常是上午 9 点到下午 3 点）使他们能够在下班后在金融城的商店或企业找到额外的付费工作。他们在针线街工作时有多努力呢？一位名叫托马斯·奥姆斯（Thomas Ormes）的职员在 1762 年曾写信给另一位职员托马斯·哈利（Thomas Hulley），当时他正在沃尔瑟姆修道院疗养。“很抱歉得知你在完成前一天的工作时遇到困难。实际上我对此并不奇怪，因为人们期望每个人都要兼顾两份职责。我倾向于认为我们命中注定要为银行卖命。我们的处境只比奴隶稍微好一点。我们曾无数次抱怨艰难的命运，但仍然没有得到任何救济。”虽然有一些证据表明奥姆斯可能是一个在生活中颇爱抱怨的人，但很有可能银行在有意让职员兼顾职责，以便在面临压力或危机时刻总能有经验足够的职员可用，尽管这在当时还不是常规做法。

职员的不当行为或明显懈怠行为是难以避免的。例如，一个名叫爱德华·斯通（Edward Stone）的职员在 1736 年因经常光顾酒馆并“在那里赌博”而被解雇。另一个名叫托马斯·道德斯韦尔（Thomas Dowdeswell）的职员在 1747 年因“醉酒”后前往银行而被停职。1782 年 7 名统一公债办公室的职员在莱姆街花天酒地，未能及时返回银行，还谎称是因为下雨，最后很幸运只受到了斥责。与此同时，从相对轻微到极其严重的违规行为也时有发生，后者包括 18 世纪中期的两起严重案件。1741 年 5 月，有人发现一个名叫约翰·韦特（John Waite）的出纳员（他已经在银行工作了将近 20 年）携带着 133 张每张价值 100 英镑的东印度公司债券潜逃了。《伦敦公报》立即发布了对他的通缉：“身高约五英尺八英寸，体格健壮，圆脸，小灰眼睛，眉毛和睫毛非常浅，面色特别红润。”银行很快将抓获韦特的赏金从 200 英镑提高到 500 英镑。最终，韦特于 1 年半后在都柏林被捕。尽管在随后的老贝利法庭审判中他因法律上的技术性问题被判无罪，但他无情的前雇主设法以 13300 英镑的债务让他再次被捕，并使他最终在弗利特监狱度过余生。另一个案件的主人公是威廉·盖斯特（William Guest）。这位伍斯特郡牧师的儿子于 1763 年通过董事彼得·杜凯恩（Peter Du Cane）的推荐获得了职员职位，并很快成为支付大厅的出纳员。不幸的是，另一位出纳员约翰·里奇（John Leach）注意到他无缘无故地把新铸造的金属货币与旧货币分开。很快，盖斯特就被发现一直在系统地从新几尼（Guine）金币中获取黄金，并用他自己发明的巧妙机器在这些金币上重新制作出带齿的边缘。1767 年 7 月，他因“涉嫌减损王国流通硬币”而被拘留，并在报告给董事会后被立即解雇。3 个月后，他被老贝利法庭审判后，在泰伯恩处以绞刑。《伦敦杂志》记录了他被当众处刑的场景：“他穿着体面的丧服，戴着假发，并且一举一动都非常虔诚、肃穆、安稳和庄严，既像绅士又像基督徒，以至于让大多数旁观者流下了眼泪。”[7]

过多关注这些不法之徒是不正确的，因为很可能在任何时候，英格兰银行的绝大多数员工都是诚实并且或多或少尽职尽责的。其中有两个职员尤其值得称道，他们通过长期服务和奉献精神，成为银行的核心人物。第一个是丹尼尔·雷斯（Daniel Race）。他于 1719 年进入英格兰银行，于 1739 年成为联合首席出纳，又于 1759 年成为唯一的首席出纳，直到 1775 年 10 月在克拉普顿（Clapton）的家中去世。他被安葬在老街的圣卢克教堂（St Luke’s），纪念碑铭文由银行董事托马斯·普鲁默（Thomas Plumer）撰写。普鲁默热情赞扬了这位“外表朴素”的人，称他“在各方面都是商人、绅士、哲学家和基督徒”。普鲁默接着说：“他有最清晰的思维和最正确的判断，拥有无瑕的正直、独特的勤奋，关注并端正了部门的每一个细枝末节。他性格极其冷静，态度和蔼，不因时因势动摇本心。他总是镇定自若，并且用坦诚之道平息最棘手的问题。他极其严谨，几乎无可挑剔，但又能在自己的职责范围内对他人保持宽容……”或者用雷斯退休前董事会委托制作的一幅他的肖像雕刻上的一行诗句来说，他拥有“最冷静的理智与最敏锐的智慧”。另一位模范人物是亚伯拉罕·纽兰德（Abraham Newland）。他是南华克（Southwark）一位磨坊主兼面包师的 25 个孩子之一。他于 1748 年 17 岁时进入英格兰银行，于 1778 年成为首席出纳，并像雷斯一样直到 1807 年 11 月去世前不久一直担任这一职位。他在将近30年的任期中每晚都在银行过夜。尽管在营业时间结束后，他有时会回到位于乡村的海布里（Highbury）小屋喝茶，或者拉拉小提琴，然后晚上再返回银行。在纽兰德去世后，一位记者这样描述他的生活："与其说是充满创业精神，不如说是充满持久的耐心和脚踏实地的毅力。就像马在磨坊里前进，正是他人生的淡淡缩影。"但纽兰德的亲友认为他是一个开朗的伙伴，不拒绝与朋友喝杯酒，也从未对自己无休止日常工作的崇高和严肃有过丝毫怀疑。[8]

雷斯退休的那一年，1775年，在英格兰银行的历史上并不特别引人注目。但在这一年我们第一次有机会真正感受到银行高层视角下的工作情况。那一年成为行长的塞缪尔·比奇克罗夫特（Samuel Beachcroft）是一位贸易商人。他的父亲马修斯·比奇克罗夫特（Matthews Beachcroft，也是一位贸易商人）曾在18世纪50年代担任过银行总裁。塞缪尔有写工作日志的习惯。幸运的是这本日志的字迹至今依然清晰可读。下文列出他在1775年4月至11月之间的一些记录，以说明他花费大量时间关注的各种不同问题：

> 4月13日。阅读了小夏普（Jno Sharp）和吉尔斯·柯林斯（Giles Collins）关于提前支付奖金的申请并拒绝了申请。
>
> 4月14日。同意勒格罗斯（Le Gros）为银行提供一半的煤炭。
>
> 5月2日。谴责史密斯［Smith，即赖特和格雷（Smith Wright & Gray）公司的合伙人麦克·史密斯］的不当行为，因为他们送来了劣质银币，并给我们的职员造成其他麻烦。他承诺会改进工作方式，争取更好的表现。
>
> 5月11日。与家具商帕尔默就黄金办公室的一对绿色摩林窗帘和拉绳事项达成协议，价格为9英镑15先令。
>
> 6月15日。因为特德曼（Tudman）收取了一张伪造的银行钞票，对他进行了警告，并提醒出纳员今后要检查所有钞票。
>
> 6月30日。拜访了诺斯勋爵（首相）。他通知我和副总裁1775年供应的汇票金额为25万英镑，需要相比往年提前发行，并要求我们征求董事会的意见，看是否以3%的利率提前支付这笔款项。
>
> 7月12日。命令纽兰德先生通知所有出纳员和其他文员，在

收到任何被盗银行钞票、伪造钞票等时，必须立即标记它们，以便在必要时宣誓做证。

因维克里（Vickery）对托马斯·鲍恩（Thomas Bowen）行为不端，对他进行了警告，并命令他做出适当的道歉，并带来一封表明歉意的信。

8月4日。皮尔逊（Pearson）先生和诺威尔（Nowell）先生代表本杰明·诺威尔（Benj Nowell）会面。诺威尔于6月2日被停职。他解释说自己的事务陷入困境，加上丧妻之痛使他沉迷于酒精，已将所有事务安排妥当，计划在三年内还清债务。代表人表示将继续作为他的担保人，并请求恢复他的职位。我告诉他们将会在下周四将此事提交给董事会，诺威尔承诺他会好好表现。

9月7日。命令泰勒先生（Taylor）给天窗上色，以防转让办公室内书籍产生强烈的眩光。

11月14日。责备几名参与赌博的官员。他们承诺从此以后不再参与，因此被赦免，但告知如有再犯必遭解雇。

11月17日。命令朱森先生（Jewson）告知出纳员不要只凭重量接收袋装钱款，而是要清点清楚。如果有人取走未清点清楚的钱款，相关风险要自行承担，银行不会弥补任何缺失。

比奇克罗夫特在接下来的两年任期内继续写日志。1776年的几条记录很好地传达了银行生活中永恒的“低潮”和“高潮”的对比：

5月21日。命令朱森先生允许称量亮白几尼金币的工人，在下午一点时享用一些啤酒、面包和奶酪，但绝不允许任何酒馆侍者出现。

11月22日。我和副总裁拜访了诺斯勋爵，询问是否有任何关于美国独立战争期间北美舰队指挥官霍维勋爵（Lord Howe）资金需求的事项，并表明了我们的立场，以及采取措施应对类似迫切需求的愿望。勋爵回答说，他会调查此事，相信霍维勋爵直到明年二月左右都不会有相关动作，但也无法保证。不过他会尽力防止存在资金需求却未通知我们的情况发生。[9]

比奇克罗夫特的日志引人遐想，但更具启示性的是1783年董事们发

起的用以调查银行内部运作的监督委员会。这个行动的触发因素，可能是美国独立战争结束背景下成立的审查公共账户委员会，但也可能与内部欺诈特别是查尔斯·克拉特巴克（Charles Clutterbuck）的案件有关。克拉特巴克是一名银行职员，于1782年7月被发现因个人缘由非法填写备用于银行钞票的空白表格。[10] 不管是哪种原因，翌年春天，尽管暂时未能将逃往国外的克拉特巴克绳之以法，董事会成立监督委员会“检查并调查银行各部门目前的业务模式和执行情况”。[11] 该委员会由三名董事组成：塞缪尔·博萨克（Samuel Bosanquet，索恩未来的支持者）、托马斯·迪亚（Thomas Dea）和本杰明·温思罗普（Benjamin Winthrop）。监督委员会于1783年3月至1784年3月间定期（除了一个夏季长假，因为一些委员会成员要出城）召开会议，收集证据并撰写了六份报告。

这三人中资历最深，可能也是主要推动力量的是博萨克。他为自己保留了一份涉及三人发现和讨论内容的备忘录。早期，他记录了三个主要问题：一是整个大厅内“极度缺乏下属的服从”。二是会计办公室“非常需要对提款办公室中负责登记的职员进行适当的检查，以发现可能因错误账户登记而产生的过错”。三是“缺少对现金账簿职员发放银行钞票的检查”。至于对个别文员，他的评价毫不留情。他认为鲍尔特（Boult）是“一位几乎已被生活耗尽的不太敏锐的老绅士”。加德纳（Gardner）是“一个能力低下、固执、守旧的人”。布里奇斯（Bridges）是“一个爱说话的人”。威尔德（Wilde）“才华横溢但喝酒后就糊涂不清”。赫顿（Hutton）“有能力但不愿接受指导”。芬宁（Fenning）“固执”。甘登（Gandon）则是“一个阴沉的年轻人”。他偶尔也会给予单纯的赞美，比如丰顿（Fonton）是“一个非常优秀、守规矩的文员”。但更典型的是他对亚伯拉罕·维克里（Abraham Vickery）的简短评价：“没有尽职尽责”且“生活过于奢侈”。维克里是3%统一公债办公室的负责人，也是上文中1775年受比奇克罗夫特训斥的人。

提交给博萨克委员会的许多证据基本上都是描述性语句。例如，纽兰德说：“银行购买并从黄金办公室接收的所有黄金，第二天都会被带到首席出纳办公室称重。经过账目检查后，这些黄金被放置在临时仓库里，直到最终存入金库。”又如库珀（负责出纳的主要职员）关于“他们支付银行钞票的方式”的描述：“一名职员负责钞票，另一名职员保管一本账簿。账簿按顺序记录了钞票的编号和其他详细信息，按十、二十、五十直至一千的分类记录。负责钞票的职员查找所需的钞票，然后向保管账簿的职员报出它们的编号和面值。保管账簿的职员核对信息与账簿详情一致后，就会标记出来，并写上收款人的名字。”再如威廉·沃特金斯（William Watkins，主要门卫）解释他指挥下的15名守卫如何“在冬天的傍晚六点和夏天的傍晚七点集合”。沃特金斯描述说：

> 守卫立即被安排夜间执勤，通常分配在以下岗位：
> 1. 前院；
> 2. 黄金办公室旁通往中院的通道；
> 3. 资料馆附近的后院及通道；
> 4. 大客厅窗户下的旧教堂院子。
>
> 他们每两小时轮换一次，未执勤的10人则在银行内以最佳方式休息或补充体力。

监督委员会经常亲自去现场查看，留下了类似下文的现场记录：

> 他们两次进入会计办公室。在第二次进入时，委员会成员们看到了录入、记账贴现票据和钞票的整个过程，以及在到期时注销的方式。由于工作量非常大，这项工作通常要进行到很晚才能完成，因为记账人员要到接近下午两点才能开始将票据记账。每日记账后，每张贴现的票据或纸币都会被过账到贴现分类账中应付票据者的账户上。同时，从贴现办公室发出的单据也在另一份日记账中记入，并随后过账到相同分类账中贴现人的账户上。这些账簿每天早上都会被带进来，放在会议室的桌子上。
>
> 为了从这些分类账的账户中扣除每天到期的金额，大厅中清算员保存的项目账簿记录了每天发出的所有贴现票据和纸币的情况。这本账簿在清算员处理完毕后会被送到会计办公室。当天发出的所有票据和钞票都会从这本账簿中被整理出来，按每个贴现人的名字汇总到另一本账簿中。这是一项非常繁重的工作……

偶尔会有人抱怨。首席会计约翰·佩恩（John Payne）借机表示：“由于所有转账办公室没有任何烟囱或其他通风口，新鲜空气无法进入，环境非常不健康，严重影响了工作人员的健康。”3%贴现办公室的主管沃尔顿（Walton）则指出：“办公室空间狭小，无法容纳业务运作，文员们不得不将账本堆叠在一起，因为办公室没有足够的空间单独放置它们。”资料馆的帕德曼（Padman）抱怨说那里“非常寒冷和潮湿”，“很快将没有足够的空间来存放更多的书籍”，而且“有大量的货币票据和其他看似无用的文件”。次日，委员会检查了资料馆，他们“检查了每一层书籍的状况，发现这些书籍并没有处于损坏状态，纸张也非常干燥”。同时他们“注意到尽管是晴天，但所有窗户都紧闭着……”

在1年的高强度工作中，博萨克及其同事们心中有许多疑问。可能有三个方面引起他们的特别重视：银行钞票、“小金库”以及职员兼任股票经纪人的行为。

银行钞票是不久前克拉特巴克丑闻的核心问题之一。监督委员会的首要举措之一是召见几乎已经筋疲力尽的出纳员博尔特，征求他对于一个计划的看法，即“向公众提供预先填写好的银行钞票”。通过这种方式，“在大厅发行银行钞票的业务将比现在更加安全和便利”。遗憾的是，“博尔特先生似乎并不清楚如何执行这样的计划”。第二天，委员会在另一位经验丰富的出纳员，固执的加德纳身上尝试了他们的计划。加德纳“起初提出了一些异议”，但“没有提出任何一个看似有道理的反对意见，他的异议主要源于担心如何承担如此重大的责任”。与之形成鲜明对比的是，委员会得到了真正重要的官员——首席出纳的支持。几周后，纽兰德重申了他的看法，认为该计划非常好且可行。他非常推荐使用预制钞票，同时他强烈建议所有钞票都应在银行内部印刷。这一建议自1791年起得以实现。

至于“小金库”，似乎在大多数部门都很常见。例如，贵金属办公室的埃瑟里奇（Etheridge）解释说，大多数年份“小金库”在40英镑到130英镑之间。他补充说，“收到的款项是这样分配的：3/4平均分给两位负责人，其余的分给初级职员。”而在一些部门，每年的“小金库”可能总计达到几百英镑。佩恩则采取了高尚的道德立场。“他总是拒绝接受这笔钱，认为他的职位不应该如此。毫无疑问，他的职责是为公众处理银行业务，而不是因此获得任何额外的报酬”。但总体来看很明显，来自客户的小费通常是受欢迎的。委员会合理地得出结论，不但这些小费在某些办公室内部分配不均导致了“职员之间的不满和怨恨”，而且“更为严重的是”，这种行为模式导致了员工“对公众的偏袒和不公正的优待”。换句话说，员工自然倾向于那些给出大额小费的客户。

在转让办公室担任职员同时在附近的圆形大厅（或称证券交易所）兼职担任股票经纪人的问题，自18世纪70年代初以来一直十分棘手。当时这种做法就被明确禁止，但似乎这一做法仍未绝尽。监督委员会决心弄清楚现有的事实。罗伯特·布朗宁（Robert Browning），一个易怒的多塞特郡（Dorsetshire）人，是银行股票办公室的二把手，也是一位诗人的祖父。他坚决否认办公室内的任何职员“以个人身份担任经纪人”，但确实承认他们“通过经纪人为朋友买卖股票，并从经纪人那里获得 2/3 甚至更大比例的佣金”。同一个办公室的比宾斯（Bibbins）表示，职员雇佣经纪人来为他们的朋友买卖股票，并解释说：“大多数职员与经纪人的关系很好，因此经纪人很少甚至从不向他们收取任何经纪费。”而 3% 减息公债办公室的负责人特纳（Turner）承认他的职员中：“有些人确实担任经纪人，也可能参与交易甚至可能涉及投机交易。”下一个关键证人是那位生活奢侈的亚伯拉罕·维克里。博萨克私下记录道：“普遍的谣言说，维克里先生和萨蒙先生（Salmon，一位证券交易所经纪人）是合伙人。维克里自己填写了许多钞票，而萨蒙手下的一个小男孩总是站在维克里的座位前，带着他的钞票。”博萨克补充道：“他对待职员行为不当且粗暴。”的确，维克里在 1783 年新年前夕做证时非常粗暴，他宣称：“已经通知了手下的所有职员，他将在被委员会传唤时公开坦诚地陈述所有他掌握的职员行为情况。”他随后履行了这一威胁并告诉委员会：“在职员充当经纪人方面，他相信他们中的几个人确实做了相当大金额的交易。”至于他自己，维克里坚决表示：“与萨蒙先生或任何其他经纪人没有任何形式的合伙关系。”他还否认自己曾经充当过经纪人或投机者。监督委员会的调查一直持续到 1784 年。弗朗西斯·丰顿（Francis Fonton）在 3% 统一公债办公室中声明自己的行为无可挑剔：“总是待在自己的书桌前，不充当经纪人，从不去市场，也不从事投机交易。”他的同事波普尔顿（Poppleton）“承认他充当经纪人，但表示他不经常去市场”，并承诺他将来不会这样做。来自 4% 统一公债办公室的几名职员承认他们有时充当经纪人，尽管通常只是“小打小闹”。最终，1784 年 8 月，董事会通过了一项决议：“银行的任何职员都不得充当股票经纪人，违者将立即被解雇。如果任何职员仍然与股票经纪人保持合伙关系，则必须立即终止这种联系。”相应地，这一决议被用大字张贴在圆形大厅和各个转账办公室。

以上这三个领域并不是监督委员会唯一工作重点。委员会还要求当前的银行账簿不应再整夜散放在办公桌上。存放银行账簿的储物柜不应再如此简陋。进入存放票据和钞票的金库的通道应更加严格控制。最重要的是，高级职员应该提高自己的工作表现。委员会对部门主管和办公室负责人每天通常最早离开银行，并且令人不安地主动坦诚“将一切事务的责任留给低级职员的警觉性和诚实度”，表示“非常惊讶”。委员会坚持，今后高级职员应对他们直接下属的行为负责。总的来说，博萨克和他的两位董事同僚在 1783 年至 1784 年进行的这次彻底调查是值得称赞的。他们的第六份也是最后一份报告以庄重的语气结束：

> 当我们思考英格兰银行对伦敦金融城的重要性时，不仅能想到其对商业的促进和发展，还能想到对整个国家而言，英格兰银行是公共信用的伟大保护神。我们深信，一个本身如此伟大、对社会各界都具有吸引力的机构，必然应当在每个职员心中唤起关心和担忧，特别是对那些被赋予直接管理责任的人来说，应该对它的明智运营表现出特别的关心和直接的责任感。

他们总结道："因此，我们认为，没有必要再向董事会强调我们对这座辉煌建筑的宗教式崇敬和对这神圣保护的坚定不懈追求，因为这些都是不言而喻的。"

然而，不久之后，英格兰银行又发生了另一起丑闻。这促使了另一个委员会的成立。塞缪尔·博萨克或许曾评价弗朗西斯·丰顿为"一个非常优秀且守规矩的职员"。但在 1790 年 9 月，丰顿因伪造股票收据以谋取个人经济利益而被判有罪，并在同年 11 月被处以绞刑。同样是在 11 月，英格兰银行成立了一个特别委员会。该委员会于 1791 年 3 月颁布了十七条与每个职员日常行为有关的"规则和命令"。这些规则包括更加严格的考勤要求；要求每个职员应以"热情和活力"来完成分配给他的业务，并对上级的指示"绝对服从"；同样敦促以最大的礼貌和勤勉对待公众，不偏袒任何人，并按适当的顺序为每个人服务；以及一系列具体要求，如不得在办公室之间随意走动，不得"以任何理由"让非银行人员参与银行业务，未经许可"不得允许任何人接触银行的账簿或文件或供其摘录，不得提供与银行业务有关的任何信息"，不得在银行账簿（分类账）中进行未经授权的涂改，不仅要向首席出纳或首席会计报告任何"不忠、欺诈、错误或任何对银行利益有损害的不正当行为"，而且要"尽一切努力防止或发现这些行为"。同样严厉的命令也适用于银行的高级职员。此外，特别委员会成功建议招聘至少 8 名日间门卫，以增强内部安全性，并开始整理资料馆。该资料馆仍然"堆满了无用的杂物"，如作废的银行钞票和多余的旧书籍。特别委员会明智地补充说："这项任务应由'一些年轻活跃的人'承担，因为 3 名现有资料馆管理员都年事已高，很少愿意花费大部分时间在一个某些季节可能会变冷潮湿的建筑物里。"[12]

罗马不是一天建成的。这些举措发挥作用可能尚待时日。1792 年 1

月英格兰银行又发生了令人不快的事件。2 名职员理查德·汉兹（Richard Hands）和沙德拉克·肖（Shadrach Shaw）被发现一直在通过伪造股票转让进行系统性欺诈，并通过暂时用自己的钱支付股息给真正的所有者来掩盖犯罪行为。尽管汉兹逃脱了，但肖被判处七年流放。而且，英格兰银行以一个可能出人意料的慷慨举动，向皇家海军上将号的船长送去了 50 英镑，“用于支付一些额外费用，以便给该船上的犯人沙德拉克·肖前往植物学湾（Botany Bay）时提供一些舒适和便利设施”。在他们身败名裂之前，汉兹和肖可能正好有机会看到新招募的 11 名日间门卫身着华丽的制服。据英格兰银行在 1791 年 5 月的会议记录，“日间门卫将配备上衣和徽章”。如今为人熟知的制服（三文鱼粉燕尾服、红色马甲、黑色长裤和丝绸礼帽）很可能就是从那时开始制作的。关于制服设计的选择，至少有一位银行历史学家推测约翰·索恩很可能起了主导作用。考虑到多年来这套制服与索恩伟大的银行大厅相得益彰，只有事事挑剔或者脾气古怪的人，才会希望找到相左的证据。[13]

第三章　稳定而持续的关注

1 ADM30/17.

2 John Francis, History of the Bank of England (1848), Vol. 1, pp. 168-169; Acres, Vol. 1, p. 169; John Keyworth, ‘William and the Bank of England’ (1989, supplement to official programme book marking tercentenary of William and Mary’s Coronation); Abramson, pp. 50-53.

3 Acres, Vol. 1, pp. 188-189; Abramson, pp. 61-79.

4 OL, Sept 2004, pp. 92-93 (Graham Kentfield), Summer 1982, pp. 76-78 (John Deacon); Abramson, pp. 88-90, 92; A Gentleman of the Bank, &c., The Bank of England’s Vade Mecum; or Sure Guide (1782), pp. 3, 11, 22-23; Acres, Vol. 1, pp. 216-217.

5 Ms5/471, 30 Sept 1788; Ms/748, 15 Oct 1788; OL, March 2004, p. 25 (John Keyworth), Spring 1982, p. 18 (Kenneth Ireland); Abramson, pp. 96-99.

6 Abramson, p. 99; Ms/748, 11 Dec 1788; Giles Waterfield, ‘Soane’s Stock Rises Again’, Country Life, 15 June 1989, p. 162; Abramson, pp. 102-106.

7 Acres, Vol. 1, pp. 228-232; OL, Dec 1935, p. 244 (Acres); Acres, Vol. 1, pp. 226, 234-235; OL, Dec 1932, pp. 232-236 (Acres), Sept 1933, pp. 179-181 (Acres).

8 Acres, Vol. 1, pp. 254-257; ODNB, Anita McConnell, ‘Abraham Newland’.

9 M5/451.

10 Acres, Vol. 1, p. 234.

11 The sources for these paragraphs on the 1783-1784 Committee of Inspection are: Ms/212-213; Ms/471; Acres, Vol. 1, pp. 238-243; Anne Murphy, 'Georgian Banking Blunders', BBC History Magazine, Jan 2013, pp. 42-43, 'Clock-watching: work and working-time at the late-eighteenth-century Bank of England', Past and Present, 2017.

12 Acres, Vol. 1, pp. 243-250.

13 Acres, Vol. 1, pp. 251-252; OL, June 1958, pp. 74-75 (J. A. Giikeon) June 1996, p. 51 (John Keyworth).

第四章

金融城的一位老妇人

1797 年，一位名叫亚历山大・阿勒代斯（Alexander Allardyce）的苏格兰议员写了一封《给英格兰银行股东的致辞》。他提到自己“几年前”成为一名股东，并讲述了当时如何试图了解自己财产在英格兰银行的管理情况。“至于英格兰银行的业务状况，这完全是个谜，据说只有董事会才知道。每个人都说，英格兰银行一定拥有巨大的财富，并且这个财富还在不断增长。但是，当被问到这个财富及其累积的目的是什么时，没有人能说得清楚，也只有董事们知道，不过他们习惯于不回答这类问题”。正如多年来英格兰银行的大多数批评者认同的那样，阿勒代斯很愿意承认“现任董事是正直和荣耀的人”，但挫败感是显而易见的。实际上，即使在阿勒代斯撰写这篇致辞的时候，基本情况也在发生变化。从 1793 年 2 月开始且持续了一代人时间的法国战争①不仅引发了货币动荡，还将英格兰银行及其事务前所未有地置于公众注视之下。

战争的头几个月确实充满了动荡。1794 年 1 月，英格兰银行董事塞缪尔・桑顿在其上年度个人总结中指出：“贸易和制造业都受到了阻碍，且对公共信用产生了令人担忧的影响。如果不是议会通过发行一种新型国库券成功干预，这一影响对商界来说将是致命的。”尽管如此，他补充说：“去年的破产案例数量超过了以往的总和。”桑顿本人曾是 11 人临时金融城委员会的成员。该委员会在 1793 年 4 月紧急向皮特施压，敦促大规模发行国库券，这些国库券可以由财务状况稳固但流动性压力巨大的商人和交易者立即在银行贴现。在那之前，1792 年末至 1793 年初酝酿着的金融和商业危机，是 18 世纪最严重的危机之一。英格兰银行在 1793 年 3 月曾用信贷拯救了一些金融城的重要商人。根据弗朗西斯・巴林爵士对危机的回顾，这些信贷涉及政策的重大变化。他解释说：“在 1793 年的困境

---

① 指 1793 年至 1815 年大革命之后的法国和反法同盟之间的一系列战争，其中后半部分也被称为拿破仑战争。这一系列战争实际上从 1792 年 4 月法国和奥地利交战开始。1793 年 2 月英国参战。——译者注

中，他们（银行）犯了一个致命错误，决定令所有商人都有权享有作为公共机构的英格兰银行才能享有的‘适当比例配额’，且不得对个人进行歧视。”换句话说，现在接受“配额”的公司也开始包括犹太公司。这让巴林爵士难以接受。但这是伦敦金融城发展为国际金融中心的一个标志性时刻。受到战争的影响，一批才华横溢的外来者（其中许多是犹太人）从德国和低地国家来到伦敦，其中就包括内森·罗斯柴尔德（Nathan Rothschild）。

然而，尽管危机很严重，从纯粹的金融角度来看，英格兰银行的政策是否过于宽松呢？在危机前后都担任英格兰银行董事的本杰明·温斯罗普（Benjamin Winthrop），在5月初财政部委员会决定实施新型国库券计划之前曾写信暗示：“居住在大不列颠王国的商人、银行家和贸易商，即使不是全部也至少绝大部分，得到了来自英格兰银行金库的支持（顺便说一句，这个描述相当全面）。这种支持甚至无需向董事会申请，因为董事会将以最慷慨的态度主动提供全部资金。”即便议会中的批评者大声宣称英格兰银行做得不够，温斯罗普依旧坚持立场：“请相信我动机的纯洁性。”尽管不一定能得到安慰，但温斯罗普从历史故事中得到了启示：“阿尔弗雷德大帝（King Alfred）把他的面包分给朝圣者，但他并没有把整条面包都给朝圣者。”事实上，这项计划取得了很好的效果。依据该计划引入的5英镑纸币，尽管在当时是一项临时措施，但后来得以持续发行。温斯罗普的担忧是没有根据的，然而这场危机再次提醒了人们，要让所有人满意是多么困难。[1]

战争不可避免地加剧了英格兰银行与不断施压的皮特之间本已紧张的关系。尽管在必要时皮特最终会为银行辩护。他有一次甚至告诉下议院，英格兰银行是一家“私营贸易公司”，任何企图让其总裁和副总裁接受下议院质询的行为都是“极不公正和暴力的”。但一般而言，他对英格兰银行的态度都是相当无情且狡猾的。1795年是双方关系最糟糕的一年。当时战争正在给财政带来不断增加的压力。当年1月，银行总裁戈弗雷·桑顿（Godfrey Thornton）和副总裁丹尼尔·贾尔斯（Daniel Giles）分别“拜访了皮特先生”（用贾尔斯的话来说）。他们向皮特先生提出，希望其考虑当年度财政安排时，除银行已经同意的400万英镑外，不再依赖银行的进一步援助，并且国库券预付款不得超过50万英镑。到了6月，英格兰银行威胁要停止新增国库券预付款。7月，英格兰银行严肃警告其负债已危险地超过货币储备。8月，英格兰银行再次拒绝了新增国库券预付款的请求。新任总裁贾尔斯提醒皮特：“对银行机构的谨慎关照必须优先于所有其他目标。”贾尔斯显然有令人解气的好斗性格，他甚至在10月直接质问皮特是否知道国家的黄金储备状况。根据财政委员会严谨的会议纪要，这位伟人（指皮特）“确实为自己从未考虑过这一问题以至于无法准确判断而感到羞愧”。

事实上，此时英格兰银行的财富正在迅速缩水，尤其是在法国政府决心恢复金本位制的背景下。该怎么办呢？再次担任董事的温斯罗普，在12月初给贾尔斯的一封极具个人风格的信件中表达了自己的看法。他认为：“过去六个月银行的货币和黄金流出是前所未有的”，并且可能会持续甚至加剧。他宣称银行自身的“安全”是“在我心中远远优于其他一切因素的”。他紧急呼吁银行“尽力在这个时候减少对政府的贷款”。在一场爱国战争中，这总是说起来容易做起来难的。但在四周后的新年前夜，英格兰银行确实试图紧缩开支。董事们决定“采取一些有效措施使董事会能够将贴现限制在一个可以调整的额度之内”，并实际上对贴现实施了每周限额。[2] 当时他们面临两难局面。一方面收紧商业信贷很容易引发恐慌，进而引发另一场金融危机；另一方面不采取任何措施阻止黄金的流失，也会产生极大的问题。

1796年无疑是压力重重的一年。黄金在国内的流失取代了向国外的流失，导致英格兰银行的财富从1794年的约700万英镑减少到当年秋季的不到200万英镑。然而，对于整个金融界来说，更大的争论焦点是英格兰银行新的贴现限制政策。当年2月，一部分银行股东投诉这一政策，却被财政委员会傲慢地告知：“在经过深思熟虑后采取措施时，公告原因的做法是非常不寻常的（意思是通常不会对外公开解释具体的原因）。”4月，一个金融城委员会试图成立一个由议会授权的25人董事会。这个委员会的成员，包括与皮特关系密切但与银行不友好的，八面玲珑的金融家沃尔特·博伊德（Walter Boyd）。该委员会还试图发行一种期票，“专门提供贸易所需的临时援助，以满足英格兰银行目前认为不方便或在其当前权力下不足以提供的援助需求”。英格兰银行对此坚决反对，并成功说服皮特不要鼓励这一做法。不过，皮特与银行的关系并未因此变得和谐。7月底银行董事们在极不情愿的情况下同意了皮特最新的巨额贷款请求。为此他们向皮特提交了请愿书：

> 他们声明，在目前情况下，没有什么能够促使他们同意现有要求。只有对拒绝要求可能导致更大灾难的担心，以及当前形势的极端压力和迫切性，才能在任何形式上证明他们同意这一要求的合理

性。他们担心，同意要求会使他们在今年剩余时间内完全无法再向政府提供任何进一步的援助，甚至无法在来年提供正常的土地抵押贷款……

不是金融城人士但消息灵通的日记作者约瑟夫·法林顿（Joseph Farington）在随后的一周写道："金钱在金融城非常紧缺。银行董事们对皮特很不满。"到了秋天，金融城已经弥漫着焦虑和抱怨。《泰晤士报》在9月报道说，对国家遭受入侵的担忧似乎已经深入人心，以至于在每个社交场合都成为谈论的话题。这种担忧自然极大地导致了黄金的囤积，使得几尼币被迅速从乡村银行以及英格兰银行取出。公众的抱怨则进一步加剧了焦虑。法林顿在10月初接待了来访的贝里克（Berwick）先生，他既是毛织品商也是康希尔银行家。法林顿在日记中写道：

因为资金短缺，伦敦城面临巨大困难。贝里克先生认为这些困难在某种程度上要归咎于一些被认为对政府不友好的银行董事，他们可能（出于自身利益）有意无意地制造困难。贝里克先生认为银行的资本与所做的业务不成比例，这是贴现业务有所保留的原因之一。如果入侵的恐慌导致局势不稳定，可能会出现银行无法应对的挤兑情况，因为它没有足够的货币来满足贴现额度，或者没有足够比例的货币保障紧急情况下的安全。

皮特在1796年12月成功获得了所谓的"忠诚贷款"。英格兰银行带头出资了100万英镑，而各位董事个人出资了50万英镑。然而，无论是政府、民众、金融城还是英格兰银行，都没有以乐观的心态迎接1797年。[3]

塞缪尔·索顿在1797年1月进行上年度总结时说："我发现我的健康状况因焦虑和过度工作而下降。我在英格兰银行的职责，以及我即将就任的副总裁职位（他将在当年春天就职），确实需要我全神贯注。"事实上，这些职责确实要求他全力以赴，并且将越来越多地消耗他的精力。1797年最初几周情况基本上没有变化。即将遭受入侵的流言、黄金外流、资金紧张等问题依然存在。但在2月的最后一周，情况突然恶化。多家乡村银行接二连三地停止兑付。英格兰银行的黄金以每天大约10万英镑的速度流失。谣传在比奇角（Beachy Head）出现了一支庞大的敌军舰队，这引发进一步恐慌。统一公债的价格暴跌。为此，英格兰银行的几位主要人物，包括总裁丹尼尔·贾尔斯、副总裁托马斯·雷克斯（Thomas

Raikes）、资深董事塞缪尔·博萨克和桑顿本人，似乎都在不断地与皮特会谈，并定期向他汇报黄金流失情况。当时英格兰银行的财富很快就要降至 100 万英镑以下了。在 2 月 21 日星期二，英格兰银行的代表们在向皮特“详细地解释了现金（黄金）情况”后，敦促“想出一些缓解公众恐慌的办法，打断人们在家中存放大量现金的趋势”。3 天后，英格兰银行的代表再次拜访皮特，不仅告知了最新的令人震惊的黄金数据（仅当天就被提取了 13 万英镑），还“询问皮特银行可以冒险继续兑付现金到什么程度，以及何时才有必要在现金减少到损害银行服务能力之前采取干预措施”。换句话说，英格兰银行将皮球踢给了皮特。第二天即 2 月 25 日星期六的早晨，当法国军队在菲什加德（Fishguard）登陆①的消息传到伦敦时，皮特决定采取果断行动，这可能让英格兰银行松了一口气。[4]

接下来的整个周末，行动有条不紊地开展。星期六晚些时候，皮特派人给在温莎的乔治三世国王送去一封紧急信件，请他第二天早上返回伦敦。星期天（2 月 26 日）中午，枢密院举行一次会议，邀请贾尔斯和他的 3 位同事出席，并在会议上决定暂停现金兑付。星期天晚上，11 位董事［包括市长布鲁克·沃森（Brook Watson）］聚集在银行内等待枢密院的正式通知。7 点半，通知如期送达，包含一份枢密院命令，声明该机构一致认为，为了维持必要的公共服务，英格兰银行董事们应当停止任何现金兑付以维持纸币流通，并在这个重要时刻支持国家的公共和商业信用，直到议会就此问题进行讨论并采取适当措施。因此，银行随即召来亚伯拉罕·纽兰德并指示新规，并请市长“将枢密院的命令副本今晚分发给全市的所有银行家”。一夜之间，准备张贴在银行门口的通告就印刷好了，其中不仅包括枢密院的命令，还包括英格兰银行根据该命令发布的一条坚决而令人安心的信息：

> 英格兰银行的总裁、副总裁和董事们认为，他们有责任告知银行的股东以及公众，银行的整体业务状况非常稳健和繁荣，足以消除对其钞票安全性的所有疑虑。
>
> 董事们计划继续为商业利益提供日常的贴现服务，以银行钞票的形式进行支付。股息凭证也将以同样的方式支付。

---

① 菲什加德位于英国本岛西南部的威尔士境内。法军在菲什加德的登陆战持续三天后以失败告终。实际上，菲什加德是法军登陆战的目标之一，其他登陆目标因为天气等原因未能实现。——译者注

一个全新的纸币时代正在拉开序幕，尽管伴随着巨大的不确定性。没有人知道，甚至没有人可以合理猜测，这个时代将持续多久。

周日晚上，市长被要求在周一早上 11 点召集金融城的银行家们在市政厅开会。在那里，银行家们几乎立即通过了一项大约有 1000 人签名的决议。该决议在措辞上刻意呼应了 1745 年的文本。决议郑重声明，为了“避免公共信用的困境”以及“在当前的重要时刻以最大努力支持公共信用”，签署人“绝不会拒绝接受以银行钞票支付的任何款项，并将尽最大努力以同样方式进行所有支付”。其他类似的会议和声明，几乎都充满了浓厚的爱国情感，并很快在许多城市和小镇上传开。当时的一些证据强烈表明，在随后几周里，即使英格兰银行的钞票不再由黄金支持，人们也普遍接受这些钞票，使包括 1 英镑和 2 英镑面额的钞票得以广泛流通。这一情况不可避免地让钞票供应压力陡增。法林顿在 3 月 16 日早些时候记录到：“在此之前，有 5 台印刷机用于印刷银行钞票。而在当下的紧急情况下，已有 16 台印刷机昼夜不停地工作，并且还要再增加 14 台。”与此同时，立法对银行的新举措给予了充分支持。3 月 9 日的“银行限制法案”（the Bank Restriction Bill，于 5 月 3 日成为法律）使英格兰银行在法律上解决了暂停现金兑付的问题。当然，可以预见的是，还是有许多人继续囤积黄金。在暂停现金兑付不到三周后，塞缪尔·桑顿向他的姐夫巴尔戈尼勋爵（Lord Balgonie）坦白：“我希望我能满足你的要求并送你一袋金子，但我也根本得不到这样的东西……”[5]

在这几周里，英格兰银行还要忙于为调查暂停现金兑付事件的“秘密”议会委员会提供证人证言。3 月 4 日，距暂停兑付不到一周时间，下议院委员会询问其第一位证人托马斯·雷克斯：“您第一次察觉到流通中的银行钞票数量减少是什么时候？”副总裁回答道：“我不记得了。”他接下来的几个回答也并没有提供太多有用的信息：

> 钞票数量减少在银行开始减少贴现之前，是否已经在相当程度上发生？——我想没有。
>
> 贴现数量和流通中银行钞票的减少数量是否一致？——是的，除了可能因支付股息而发行的银行钞票的影响外。
>
> 银行减少贴现，是否对私人银行家和其他常规贴现票据人士的贴现业务产生影响？——我认为有。
>
> 产生了什么影响？——这不在我的认知范围之内，我只知道银行提供给公众的便利越少，银行家手中的银行钞票也就越少。

下一个证人是皮特本人。当被问及英格兰银行董事们对暂停现金兑付的态度时，他回答说："从所发生的一切来看，我确实认为他们出于公共利益，感到了采取这一措施的必要性。"但他谨慎地补充道："但我当然不打算附和他们的建议或支持他们的措施。"总裁丹尼尔·贾尔斯也被问道："根据你当时对所有影响银行利益的情况作出最佳判断，你认为这种措施有必要吗？"贾尔斯回答："我认为这是审慎的做法。"其他证人还包括沃尔特·博伊德，他对银行在1795年12月改变贴现政策发起了全面攻击，认为"这削弱了商业公司的权力，降低了公共证券的价值"。在针线街，托马斯·雷克斯再次被质询，但他坚持认为"入侵带来的恐慌"是造成"当前资金紧缺"的主要原因。同时被质询的还有三位证人：本杰明·温思罗普、戈弗雷·桑顿和塞缪尔·博萨克。温思罗普在记录中指出："我一直担心，如此大规模地向政府提供贷款可能在某个时候对银行非常不利。因此在许多情况下，作为个人董事，我一直反对这种贷款。"桑顿在被问及导致金属货币异常需求的原因时，无力地回答说："我不知道原因。"博萨克则有力地概述了从银行角度看到国家面临的局面：

> 银行董事们是否总是有能力限制向政府的贷款额度，并强制减少这些贷款？毫无疑问是有的。但银行也不可能不采取措施，即使这些措施可能产生非常不利的后果。我不记得有任何重要的贷款是最近一段时间内同意提供给政府使用的，除非拒绝提供该贷款在董事们看来会导致公共恐慌的致命后果，从而损害国家信用。

博萨克解释说："而且，他们认为这些时候拒绝贷款可能比提供贷款给银行造成更致命的后果。"[6]

下议院自然也讨论了事态的发展，特别是针对"银行限制法案"。最有影响力的发言（事后看来无疑如此）出现在3月24日，由辉格党政治家、爱尔兰剧作家理查德·布林斯利·谢里丹（Richard Brinsley Sheridan）作出。他总是乐于将皮特的保守党政府描绘得不堪一击：

> 他做了一个奇特的比喻，把英格兰银行比作金融城里的一位德高望重的老妇人。但这位老妇人最近犯了一个并非完全不可原谅的错误。他说，这位老妇人不幸结交了坏朋友，并与城西圣詹姆斯区（St James's）的某些人建立了过于亲密的联系。然而，那位年轻人用尽各种温柔的手段引诱这位老妇人，让他的意图显露无遗。如果

及时断绝这种关系，或许还能让这位老妇人恢复她的信用和名誉。

下议院中英格兰银行的主要发言人是塞缪尔·桑顿，他在 3 天后无视了谢里丹的玩笑，但坚称："没有任何内阁成员或地球上的任何权威，曾经或应该控制银行董事们通过贴现为个别商人提供便利的行为。"他还补充说："董事们是最好的裁决者，他们发行纸币的多少必须以审慎原则来调节……"他的言论对什鲁斯伯里（Shrewsbury）议员、据说是英国最富有的人——威廉·普尔特尼爵士（Sir William Pulteney）毫无影响。在 4 月 7 日的激烈演讲中，普尔特尼主张"结束英格兰银行的垄断"。他认为，仅仅是英格兰银行的悠久历史就已经产生了巨大的影响，使得银行在迄今为止的业务处理中保持了庄严的神秘感，创造了一种令人敬畏和崇敬的魅力。而这种情感在人类心中一时难以摆脱。他继续说道：

> 但最近的事件在很大程度上消除了这种魅力。英格兰银行不得不披露其业务状况，导致面纱被揭开，让迄今为止人们幻想中的虚幻华丽一朝破灭。我相信，它再也无法在公众的想象中占据类似的地位了。

当天的辩论以桑顿简短而痛苦的演讲结束，他明确反驳了普尔特尼的观点。他表示："限制并非来自英格兰银行自身的运作，而是由于其他原因，且这些原因我无权描述。至于政府与英格兰银行之间存在的协议，在我与银行有联系的这些年里，我并不知道有任何偏袒行为……"[7]

暂停黄金兑付毫无疑问是一次重大的国家事件，而伟大的政治漫画家詹姆斯·吉尔雷（James Gillray）很快就站了出来。3 月 9 日，一幅名为"MIDAS①，将一切转化为黄金纸"的漫画在汉娜·亨弗里（Hannah Humphrey）夫人位于圣詹姆斯的印刷品店上架销售，而吉尔雷则在楼上的房间里工作。这幅作品引人注目，画中展示了皮特在钞票上呕吐，并将钱财拉进英格兰银行的场景。两周后，谢里丹在下议院也发挥了他的想象，在辩论中以一种夸张或戏剧化的方式，对英格兰银行和当时的政治情况发表评论。而在 5 月 22 日，正值皮特因寻求从银行再次获得巨额贷款而受到批评之际，吉尔雷的著名漫画《政治强奸，针线街的老妇人危险

---

① MIDAS 是希腊神话中的一个国王，能够将触摸到的任何东西变成金子。但食物和水在他手中也变成了金子，以致他不能吃喝。——译者注

了！》应运而生。漫画描绘了满脸雀斑的高瘦皮特试图强行侵犯一位衣着钞票的枯槁老妇人。老妇人坐在装有银行财宝的上锁箱子上，在皮特行凶时呼喊："谋杀！谋杀！强奸！谋杀！哦，你这个恶棍！我的声誉保持得如此长久，最后竟被你破坏？哦，谋杀！强奸！掠夺！毁灭！毁灭！毁灭！！！"[8]吉尔雷让谢里丹创造的这个昵称（指老妇人）至少持续了两个世纪，并赋予了英格兰银行一种亲切的熟悉感，这是任何公关活动都难以达到的效果。

英国在接下来的18年里与法国基本上持续不断地交战，直到惠灵顿在滑铁卢取得了艰苦胜利。尽管简·奥斯汀（Jane Austen）在这个问题上的近乎沉默可能暗示了相反的情况，但实际上整个英国在这些年里动荡不安，甚至充满恐惧。珍妮·厄格洛（Jenny Uglow）在她的全景式调查《在这些岁月里》（*In These Times*，2014年）出色地捕捉到了这种氛围。1803年圣诞节前不久，英格兰银行在1个月前任命的特别委员会向董事会保证："我们已经制定了一项计划，不仅银行一直保管的许多有价值的物品，而且那些被认为最需要保存的原始书籍和文件，都能在入侵可能带来的混乱中得到保存。"个人遭遇的变故也很多，即使是那些习惯于银行威严的人也不例外。1812年初，塞缪尔·桑顿在被迫出售位于萨里郡（Surrey）的奥尔伯里公园（Albury Park）庄园时沉思道："在财富减少了2/3的情况下，我仍然希望能够富足地生活，虽然不奢华，但至少是舒适的。"总的来说，英格兰银行在经常被低估的英国战争机器中发挥了关键作用。这一作用在1800年几乎毫无争议地得到了承认，并使得其皇家特许又延长了21年，即从1812年延续到1833年，代价是向政府提供六年期的300万英镑免息贷款。[9]

那么具体来说，英格兰银行对战争的贡献是什么呢？可以说主要有六个方面：第一，在英镑继续不可兑换的情况下，大规模发行纸币，让面额为1英镑和2英镑的纸币首次进入普通民众的手中。第二，管理大幅增加的国债，从战争开始时的2.45亿英镑增长到战争结束时的8.34亿英镑。第三，管理政府的日常资金，这是一个日益复杂的任务。第四，履行其历史悠久的职能，即毫无怨言地给政府提供临时贷款，金额在战争的大部分时间里保持在每年大约600万到700万英镑的合理可控范围内。第五，管理政府贷款运作，这对于战争融资至关重要，通常涉及承销商的竞争性投标，实际上财政部在很大程度上依赖当时英格兰银行总裁和副总裁的无私指导。第六，刺激商业信贷（主要通过其贴现活动），特别是在充满不确定性的贸易世界中，让商人可以通过囤积商品来防范未来的短缺。

第六个方面无疑是最具争议的，尤其是在1808—1810年的商业繁荣失控后，其结果也是可以预见的。英格兰银行是否滥用了不可兑换（指公众不能将纸币兑换成黄金）的自由？三个当代评价提供了有益的见解。对限制时期（即现金兑付暂停时期）银行贴现政策，进行了最深入研究的经济史学家伊恩·达菲（Ian Duffy）承认，英格兰银行在1810年初拒绝减少政府资金占用是错误的。但他同时认为，这种拒绝反映了英格兰银行默认（或体面承认）1795年12月实施的严格贴现限额政策，在当时确实导致了严重的商业和金融困难，甚至可能导致了暂停兑付。伊丽莎·纽比从更广泛的角度，有价值地强调了这18年毫无疑问是艰难时期，因为“战争、高额政府开支、贸易封锁和歉收使得制定货币政策成为一项艰难的任务”。尽管如此，她指出英格兰银行的钞票在整个时期仍被大众接受作为支付手段，而长期和短期借贷利率保持在6%以下，这清楚地表明了货币政策的市场信誉。最后一位既是政治家又是历史学家的夸西·夸滕（Kwasi Kwarteng）表示：“尽管（政府）借款大幅增加，但纸币英镑基本保持了价值（在1797年至1815年间仅贬值了30%），这对于任何中央银行来说都是一项非凡的金融管理成就。英格兰银行运作了政府借款，但并没有把钱投入流通。用现代术语来说，银行严格控制了货币供应，这与法国和美国的革命政权形成了鲜明对比。”[10]

纸币时代一个重要且耗费时间的副作用，产生于大规模的伪造货币行为以及相关的“流通”（故意持有和使用）假币犯罪，尤其是在使用纸币成为越来越多人的习惯时。一位普利茅斯（Plymouth）的通讯员在暂停兑付仅仅4年后就警告英格兰银行：“如果不采取措施来应对这些令人震惊、不断增加的假币流通行为，我们担心这可能会完全阻碍您的钞票交易。”正如英格兰银行的律师事务合伙人［不久后成为知名的弗雷什菲尔德（Freshfields）律师事务所］在1809年所说：“伪造和流通假银行钞票最近已成为一种系统化的商业行为，这严重威胁了国家流通媒介的安全。如果不采取迅速和积极的措施来侦查和惩罚犯罪者，可能会导致最严重的后果。”英格兰银行对这一问题的反应是强烈的，在1800年至1815年的多数年份中，他们至少发起了30起伪造罪诉讼，并为此丝毫不吝惜相关花费。虽然相当大比例的诉讼以死刑判决告终，但1801年的立法允许判处仅流通假币且认罪的人相对较轻的14年流放刑罚。

不可避免地，被判刑的罪犯或者其他人会为其请求宽恕或经济援助，相关信件纷至沓来。英格兰银行的诉讼委员会自1802年起定期开会，并负责处理这些请求。迪尔德丽·帕尔克（Deirdre Palk）在其开创性分析中，对这些常常令人痛苦的往来信件及其后续处理给出了“冷静而理性”的评价。对于那些被判死刑的男女罪犯，银行通常只会冷冰冰地回应称其他人无权干预。银行同样反对其他人向内政大臣或君主请愿。银行认为在经过昂贵且艰难的起诉过程后，对于那些被起诉的严重威胁到国家和自身安全的人，其采取的行动是正当且不容插手的。另外，银行对那些将被流放出国的人表现出宽容。帕尔克指出：“对于监狱中以及即将登上船只的女性囚犯，银行会慷慨地满足她们的请求。”总的来说，“银行对女性的请求反应积极，对男性的请求则较为消极”。大多数女性的请求是经济援助，根据帕尔克的说法，“这正是女性获得大量援助”的原因。这些援助通常是在银行派调查员前往纽盖特监狱核实真实性后，以每周支付的形式提供。“（女性罪犯）给出的理由包括困苦、饥饿、抚养小孩、缺乏衣物、没有丈夫或朋友支持、无人探访等。银行的绅士们认为男性不太可能面临这些情况”。[11]

纸币时代的到来以及伪造行为的蔓延，也让人们将注意力集中到钞票本身。1797年，风景雕刻师约翰·兰西尔（John Landseer）指出：“在发现完全防止银行钞票伪造的方法之前，银行董事有责任尽可能使伪造变得困难。”也许英格兰银行本应该自己提出解决方案，但他们反而向公众征集所谓的“不可仿造”钞票设计。在整个征集期间，银行共收到大约400个建议。遗憾的是，这些建议都不成熟。19世纪30年代的一位总裁在回忆这一事件时说：“众多荒谬、无效的建议不仅未能提供有用的信息，反而使解决问题变得更加复杂和拖沓。”即使是那些乍看起来似乎可行的提议，也能被银行雕刻师轻松复制。当时的银行钞票通常被称为“纽兰兹（Newlands）纸币”，因为纽兰兹的名字作为收款人出现在所有钞票上。作为英格兰银行首席出纳，纽兰兹直到1807年才退休。在这些年份里，除了传统的白色水印纸，英格兰银行确实采取了一些新的安全措施。但微缩画家J. T. 巴伯·博蒙特（J. T. Barber Beaumont）的批评也不无道理。他在对法战争结束后不久，对银行钞票做出了负面的评价，称其“工艺水平低于普通的商店账单”“任何会使用驼毛笔的人都可以伪造它们”。[12]

众所周知，纸币时代在经济学家和银行家中引发了大量争论。第一次争论发生在19世纪初。当时食品价格急剧上涨，外汇市场也出现了不利变化。沃尔特·博伊德在1801年初出版了一本具有攻击性的书，题为

《致尊敬的威廉·皮特先生的信：论英格兰银行停止金银兑付的影响》。博伊德在书中指出："有充分的证据表明，银行钞票的增加是商品价格和各种可交换价值大幅上涨的主要原因。"他宣称："国家的真正资源一直以来都非常坚实和普遍，根本不需要强制发行纸币这种危险的江湖郎中解药。"他自称"深信"恢复银行金银兑付将"完全符合"银行自身的"真正利益"。他描绘自1797年以来，银行董事们面临着一种"几乎不可抗拒的诱惑"，因为他们心中认为每次增发流通中纸币都是对国家的新贡献，这与"他们更加坚定的信念即这样做同时也能增加银行利润"相吻合。

当年晚些时候，弗朗西斯·巴林爵士发表了一篇文章，对此进行了直接的反驳。早在1797年，即暂停兑付后不久，他就公开指出英格兰银行是最后的贷款人。1802年，亨利·桑顿作出了重要贡献。他是下议院议员、经济学家、伦敦银行家，也是塞缪尔·桑顿的弟弟。顺便提一句，塞缪尔·桑顿在前一年乐观地指出："一旦卸下银行总裁的职责，我的力量和活力就会恢复。"亨利·桑顿《对大不列颠纸币信贷性质及影响的探讨》一书的核心是一个悖论。一方面，该书坚定地为英格兰银行辩护，不仅突出了其独立于政府的地位，还找到了"额外的信心基础"，即：

> 众多的股东选举出董事，并且拥有控制董事们的能力（他们明智地没有经常使用这种权力）。这些人在国家的整体利益中所占的份额，远远超过了他们在公司股票中的那部分特定利益。因此，这些人不仅关心股息的增加和英格兰银行的信誉，更关心其对商业信用和公共信用的支持。实际上，他们以及整个商业世界（这些人在这个国家中占有很大比例）都表现出显而易见的决心，来维持信用，尤其是银行的信用……

另一方面，桑顿书中的冷酷逻辑更倾向于后来被称为"金银通货主义"的立场。该主义的核心信念（对于某些人来说几乎是一种救世信念）是货币数量决定价格。多年后经济学家J.基思·霍斯菲尔德（J. Keith Horsefield）反映道："他对英格兰银行的忠诚使他过于轻易地接受了这样一种观点，即金价溢价是由于贸易衰退和歉收所致。他也没有认识到，他关于暂停现金兑付必要性的解释，即国内对黄金的恐慌性需求叠加上不利的贸易收支，本身就难以证明不恢复现金兑付的合理性。他的理论论证非常清晰，但他对银行的倾向性判断使他没有将理论应用到实际情况中。”[13]

争论在此后六七年暂时平息，而英格兰银行在此期间继续施行纸币不可兑换政策。此后争论再次兴起，原因主要是经济方面的，特别是汇率的再一次不利转向，引发了人们对纸币制度下货币实力的新疑虑。但这也部分归因于从杰出股票经纪人转型为经济学家的大卫·李嘉图（David Ricardo）。1809 年 8 月，他在《晨间纪事报》（*Morning Chronicle*）上发表的一篇立场尖锐的文章中声称：“我们货币中的所有罪恶，都归咎于银行的过度发行，以及自 1797 年以来其被赋予的危险权力，使其可以随意减少每个纸币持有人的财产价值，并通过提高粮食和生活必需品的价格，损害公共年金领取者和所有固定收入人群的利益。这些人无法将价格提高的负担转嫁出去。”李嘉图无疑对英格兰银行持有悲观看法，并乐于将其蔑称为“商人公司”。虽然这确实是事实，但李嘉图还是低估了如果该机构将彻头彻尾的银行家选入董事会，人们对于利益冲突的真实忧虑。总之，不久之后下议院同意成立一个后来被称为“金银委员会”（Bullion Committee）的机构，其 3 位活跃成员包括主席弗朗西斯·霍纳（Francis Horner）、崛起中的托利党政治家威廉·赫斯克森（William Huskisson）和广受尊敬的亨利·桑顿。[14]

1810 年 2 月至 5 月，该委员会多次与英格兰银行总裁约翰·惠特莫尔（John Whitmore）和副总裁约翰·皮尔斯（John Pearse）进行会谈。可以说，这两人都不太享受会谈过程，但他们坚持自己的立场。用总裁的话来说，“银行从不强制任何钞票流通，而且流通中的钞票数量不会超过公众的即时需求”。他们解释说，在做出贴现决定时，三大关键考虑因素是“已经向个人发放的金额”“钞票的稳健性”和“发行是否可视为商业目的”。确实，惠特莫尔坚持认为“银行不会满足所有的贴现需求，他们绝不会为了自身利益而推动发行超出他们认为符合公众利益的范围”。两人不止一次地被迫搪塞：“我需要时间考虑这个问题……我希望有时间考虑这个问题……由于缺乏信息，我无法回答……”惠特莫尔有时甚至坚决表示，“我拒绝回答有关问题”。或许不可避免的是，委员会提出的问题涉及未来可能恢复的现金兑付，因此两人都表现得极其谨慎。李嘉图特别密切地关注着这次会议。当惠特莫尔被问及关于金条（黄金）价格的一个假设性问题时，曾回答说他之前没有考虑过这个问题，因此没有准备好对商人的行为给出自己的意见或预测。对此，李嘉图私下记录道：“他恰好承认了，他没有考虑过政治经济学中一个极为重要的问题（预测黄金价格），而且这个问题是银行董事特别需要理解的。”

对英格兰银行最强有力的批评来自弗朗西斯·巴林爵士。在经历了一波投机浪潮以及货币政策的明显放松之后，他不再支持暂停现金兑付以及由此赋予英格兰银行的广泛自由裁量权：

> 有很多案例显示，那些身家不超过 100 英镑的职员将自己视作商人，并且自兑付限制措施实施以来，通过贴现所谓的优质票据从银行那里获得了（可能）高达 5000 英镑或 10000 英镑的利益。我倾向于认为这种所谓需求是由英格兰银行创造的，而不是正常贸易过程中自然产生的。如果限制被取消，正常贸易的贴现需求才能存在。我认为只有取消限制，国家的流通才能完全安全。如果这一观点是正确的话，上述有关贴现需求的论述将尤为重要。

巴林补充说："我认为，如果取消限制，英格兰银行的发行量将缩减至目前数量的 3/4。"对于这类指控，自 1794 年以来一直担任董事的杰里迈亚·哈曼（Jeremiah Harman）不愿意有丝毫退让：

> 您是否认为在英格兰银行开设账户的人有意愿申请的贴现额度，会比银行整体上批准的适宜额度更大呢？——有很多人会这么做，我们也会恰当地处理他们的申请。
>
> 难道您不认为，如果提供的贴现便利是以优质票据和可靠人士为担保，所申请的总金额可能会导致银行发行量的过剩吗？——我认为，如果我们只为可靠的人和真实合法的交易贴现，就不会发生实质性的错误。

最后一位银行证人是约翰·汉布尔（John Humble）。他是黄金办公室（根据他的说法"以前这个办公室被称为仓库"）的主要职员。"您能不能向委员会说明，去年存放在你办公室的进口金条的数量，或者大致数量？""我完全没有概念。"他回答道。"您能不能根据账本说明去年所有种类的黄金销售额？"对此，他提供了更有帮助的回答："我们大概可以。"

霍纳、赫斯基森和桑顿（此时已明确支持金银通货主义）于 6 月发表了他们的报告。关键建议是于 1812 年恢复现金兑付。他们对英格兰银行的处理是坚定但审慎的。报告一开始就指出，1797 年的暂停兑付措施"不是银行争取的，而是立法机构出于国家政策和公共利益的紧迫原因强加给银行的"。其基本论点很简单：

> 暂停现金兑付的必要前提，是使英格兰银行免受当时因不利的外汇交易和黄金高价而肯定会出现的黄金流失。虽然黄金外流的担忧不复存在，但由于目前并未感受到暂停状态带来的任何不便，英格兰银行的董事们没有动力通过减少贷款和发行来恢复汇率和黄金价格至适当水平。

报告不无遗憾地指出，英格兰银行过于固守其传统做法，未能根据1797年后的新形势调整其基于惯例的“健全且调整良好”政策（指暂停兑付）。这三个充满智慧的人对这一政策进行了很好的总结：

> 英格兰银行董事以及一些接受审查的商人向委员会极力表达了一种信念，即只要英格兰银行纸币的发行是基于目前的指导原则，将商业票据贴现限于稳固、真实的商业交易，并且在短期或固定期限内支付，就不可能存在银行纸币发行过量的问题。

此外，报告继续指出：

> 银行董事们自然地认为，随着向商人提供的融资增长，银行利润也会同步增加，这只会给广大公众带来好处。很难指望银行的董事们充分意识到，他们在暂停现金兑付后继续沿用之前被认为安全的制度可能带来的后果。监督这项新法律的运作，并预防其可能对公共利益造成的损害，更多是立法机构的职责，而不是银行的职责。

报告因此认为，暂停现金兑付后托付英格兰银行的自由裁量责任，是“不合理期望银行董事们能够承担的”，因为即便是“对国家真实贸易有最详尽的了解，并且精通货币和流通的所有原则，也无法要求任何人或任何一群人能够正确调整并持续保持国家流通媒介的恰当比例，以满足贸易的需求”。作者随后进行了权威性的总结：

> 在本委员会的评估中，英格兰银行的董事们自1797年以来，诚信地行使了赋予他们的新的、非凡的自由裁量权，以他们对公共利益的理解为依据，在某种程度上克制自己，没有将这种自由裁量权过多地用于获取银行利润，这保证了公众对其业务指导诚信以及

对这家伟大机构的稳定性和充裕资金的信心。然而，本委员会深信，他们近期的政策涉及一些严重的实操错误，且这些错误对于公共利益至关重要，需要纠正。但是，这些错误更多地应被视为新发行体系的结果，而不应归咎于银行董事们。无论这个体系是如何产生的，也无论其是否被视为一种临时应急措施，如果议会能够更早地全面考虑其后果，情况可能会更好。

英格兰银行在某种意义上可能仍然是一个私营实体。实际上正因为如此，金银委员会屈服于银行的坚持，未要求其公开私人贴现的总额。但是，鉴于英格兰银行随着年份的增长，越来越被视为一个公共机构，自由裁量权问题正在成为未来争论的焦点。[15]

更为紧迫的问题是，议会是会支持经济学家还是实务派。塞缪尔·桑顿在 1811 年初观察到："我们的纸币引起了强烈的政治争论。各方势力几乎势均力敌。"最后，在当年 5 月，下议院进行了为期 4 天的辩论以解决问题。来自英格兰银行的亚历山大·巴林（自 1805 年起担任董事）断言"问题的根源在于国债，而不是流通媒介"。与此同时，塞缪尔·桑顿否认了英格兰银行将无限发行纸币的观点，并指出"银行发行纸币的方式不仅仅是贴现票据，还包括承销政府证券。在当前情况下恢复现金兑付也将导致无穷无尽的烦扰和困难"。作为金银通货主义者，威廉·威尔伯福斯（William Wilberforce）对银行董事的证词感到失望，称"他们没有意识到自己所承担的职责的重要性"。政治家一方的决定性贡献，来自斯潘塞·帕西瓦尔①（Spencer Perceval），他当时与之前的皮特一样既是首相又是财政大臣。他认为"采纳金银报告（Bullion Report）相当于宣布放弃那些迄今为止被认为对国家安全至关重要的外交努力"。换句话说，战争仍在继续，其结果仍然非常不确定。恢复现金兑付无论在理论上是多么理想，都将不可避免地严重危及政府获取货币以支付军队和舰队的费用、补贴盟友以及在拿破仑大陆封锁背景下进口食品。实际上，如果霍纳在报告中的建议，即"从现在开始两年内结束银行限制政策"获得通过，那么恢复现金兑付的 1813 年，恰好是（根据克拉珀姆的说法）"拿破仑在吕岑（Lützen）和包岑（Bautzen）击败俄国人和普鲁士人的时候"。然而，霍纳的建议被否决了。下议院转而决定暂时允许英格兰银行继续行使自由裁

① 斯潘塞·帕西瓦尔曾任英国首相（1783 年、1809—1812 年）、财政大臣（1807—1812 年）。——译者注

量权，暂不判断这项权力的好坏，且在战争结束后的6个月内恢复现金兑付。与此同时，李嘉图只能愤怒地抱怨："我相信这一天不远了。"金银委员会的报告发布后，他在《晨间纪事报》上写道："当回首我们长期以来屈从的谬见时，我们会惊讶地发现，我们竟然允许一家连政治经济学最基本的原理都未掌握的商人公司，任意调节社会的大部分财产价值。"[16]

幸运的是，这位伟大的经济学家没有机会看到1811年10月英格兰银行记录中的情况。该记录显示银行董事会难以维持法定人数，并且有7位董事［包括亚历山大·巴林、斯蒂芬·桑顿和未来的总裁科尼利厄斯·布勒（Cornelius Buller）］被相当尖锐地问到"能否保证出席"。即便如此，在战争的最后几年，政府对英格兰银行的依赖仍然是一项沉重负担。政府一次又一次地发送请求信，恳求英格兰银行购买剩余的国库券。珀西瓦尔的继任者是被称为"范"的财政大臣尼古拉斯·范西塔特①（Nicholas Vansittart）。在赫斯基森（Huskisson）领导的所谓"先进金融学派"中，他有些不公正地被戏称为"老霉"②。就在滑铁卢战役③的几周前，范于1815年5月16日写信请求英格兰银行总裁和副总裁促成购买200万英镑的国库券。信中充满了陈词滥调："利物浦伯爵（首相）和我曾希望……但是，我很抱歉发现自己不得不请求……我认为我有责任强烈推荐此项申请，希望贵行能够考虑支持。"像往常一样，这个申请成功了。关于英格兰银行对当时财政大臣"不情愿但又顽固"的支持，克拉珀姆有着生动的描述："忠实地支持他，尽管有时带着抱怨。"这几乎准确地捕捉到了二者之间的关系。[17]

战争并未限制约翰·索恩对英格兰银行大楼的改造。这项工作在战争期间继续进行。在18世纪90年代中期，两个关键决策被采纳并实施：一是向北收购土地，将地址推进到洛斯伯里的边缘。二是将整个银行改建为一个围墙中类似岛屿的场所，带来一种安全、稳固和永恒的特质，这在激进动荡的时期显得尤为宝贵。这两项决策的实施进展非常顺利。1797年，索恩开始建造家属院，供重要职员及其家人居住。1798—1799年，在重新建造4%的办公室后，他又建造了统一公债转让办公室，比股票办

① 尼古拉斯·范西塔特曾任英国财政大臣（1812年5月12日至1823年1月31日）。——译者注

② "老霉"（old Mouldy）形容乏味迂腐，与"老钱"（old money）音近。——译者注

③ 滑铁卢战役发生于1815年6月18日。——译者注

公室更具正统的古典风格。接下来的几年，他又建造了新的资料馆、会计和出纳办公室，以及洛斯伯里庭院。该庭院展示了索恩将风景与雄伟充分结合的才华，尽管其大部分藏在访客的视线之外。然而，索恩的古典杰作是蒂沃利角（Tivoli Corner）。该处景观建于 1805 年至 1807 年间，位于英格兰银行西北角，完全处于公众视野中，并以其独特性被丹尼尔·阿布拉莫森作了如下权威描述：

> 通过几何艺术，奇迹般地调和了复杂的场地形状。蒂沃利角的金字塔形立面和复杂交替的凸出与凹进，承载了两个世纪欧洲巴洛克建筑的遗风。从范布鲁格（Vanbrugh）开始的一个世纪的英国古典风景画，也在蒂沃利角富有活力的天际线和丰富阴影的空间层次中达到了顶峰。蒂沃利角罗马科林斯式的庄重且丰满的复杂装饰（包括完整的花环和牛头骨装饰带），与希腊式顶楼的尖锐朴素形成了鲜明对比，仿佛提出了一种现代与古典相融合的构想。

索恩在 19 世纪还抓住机会扩建和改造了董事们的会客厅，包括增加总裁庭院，并建造长达 130 英尺的长廊，将银行南侧的公共空间与北侧更私密的区域连接起来。总的来说，这是由一个人完成的非凡成就。所以，当索恩在 1803 年肯定地说“银行的事务是我的首要考虑”时，既不是空洞的自夸，也不是额外的辩护。

至于董事们，值得称赞的是他们给予索恩的支持，特别是考虑到当初索恩的方案并非得到广泛支持。1796 年 5 月，在建筑师俱乐部的一次会议上，有人在索恩不在场的情况下高声朗读了讽刺诗句，除其他指控外，还指责索恩破坏了泰勒的圆形大厅。这些诗句后来被印刷出来，最终被定性为诽谤案件。而在 1796 年晚些时候，日记作者约瑟夫·法林顿的三位聚餐的朋友，批评索恩在银行的作品是“做作和可鄙的”。毫无疑问，一些董事心中有些顾虑，部分原因是费用（有时每年超过 4 万英镑），部分原因是审美观念。建筑委员会可能在 1797 年或多或少有些紧张地向索恩表达了他们的想法，希望有“一些装饰，但不要太多”。有两件事帮助了索恩。一是他多年来与许多董事日益密切的关系。他们聘请索恩作为他们的私人建筑师。二是他所做工程的规模及其带来的深刻印象，逐渐使人们普遍认同了这种审美。索恩的巅峰时刻出现在 1814 年 6 月。当时沙皇亚历山大一世在访问伦敦期间，抽出时间在索恩陪同下视察了银行。据报道，沙皇在结束视察时“特别称赞了索恩的宏伟杰作，并非常热情地与他握手”。在那个时代，很少有人否认这种宏伟。正如四年后《利的伦敦新画》（*Leigh's New Picture of London*）所说，“这座宏伟的建筑群在办公空间的规模上比伦敦任何单一公共办公室都要宽广，在建筑装饰和内部布局上比伦敦任何单一公共办公室都要显赫”。[18]

即使没有战争，索恩的才华也不会被埋没，但如果没有这场战争，肯定就不会有银行志愿军团（Bank Volunteer Corps）。该军团成立于1798年，负责加强警卫队保卫英格兰银行的力量，并在1799年9月的第一个星期一，迎来了它的光辉时刻。如法林顿所记录的那样：

> 在劳德斯（Lords）板球场［当时位于多塞特（Dorset）广场］，银行总裁的妻子塞缪尔·桑顿夫人将银行志愿军团的旗帜交给军团指挥官惠特莫尔中校。上尉们都是银行董事，而中尉和少尉则是银行的主要职员。军团有超过400人。大约在1点前，由牧师布道后，旗帜被交付。随后，军团出色地进行了多次精彩的演练，直到3点多。参与者在看台旁的18个帐篷内享用了准备好的茶点后，活动在下午4点左右结束。

军团军需官不是别人，正是索恩。法林顿参加活动也是通过他的邀请。法林顿“看到银行董事和整个军团在晚餐后举行爱国祝酒会。圆厅里有几张桌子，每张桌子都坐满了一个连队以及他们的军官。其他成员则在股息办公室里”。显然，这个军团在遵守等级制度方面与银行日常如出一辙，并且有着强烈的家长式作风。仅仅一个多星期后，这位日记作者又获得了进一步的信息：

> 银行的一位职员今天告诉我，每天早上8点志愿军连队操练之后，董事们都为他们在咖啡店提供早餐，然后志愿军在9点前往办公室。在国王生日那天，董事会赠送每位志愿军参与者6几尼币，以便他们购置衣物，共计500人。

实际上，直到1814年7月解散之前，银行志愿军几乎没有遇到重大行动。但在1803年到1805年的大部分时间里，他们都准备好了在入侵发生时保卫银行黄金，并将财产送往其他地方。[19]

正如表4-1所示，由于战争时期英格兰银行的工作量大幅增加，其员工人数急剧上升。这并不令人意外。

表 4-1　战争时期英格兰银行员工人数变化统计

年份	文员	搬运工等
1793	394	24
1796	430	28
1797	542	28
1805	752	49
1810	829	73
1815	933	77

这些日益增多的职员大致情况如何呢？安妮·墨菲根据英格兰银行1800年至1815年的招聘资料，在深入研究后有一系列发现。这些职员绝大多数与银行没有亲属联系；入职时需要一位董事推荐；工作稳定性和职位安全性是他们申请的主要动机；申请人通常20岁左右；没有一个天主教徒；社会阶层通常介于较高的工匠阶层与一般的中产阶级之间。墨菲对于包括这些人在内的同时代同业群体，提出了一个令人印象深刻且有说服力的评价。她将这个群体称为“世界上最大的集中的白领劳动力群体”，且强调了他们对国家的重大贡献。她指出，只有相对较少的新员工在书写、会计或货币处理等方面拥有高级技能，这表明他们主要是在工作中学习并掌握这些技能。

> 与公务人员一样，英格兰银行职员组成了一个富有知识和经验的团体。虽然银行的董事和总裁在不断更换，职员团体却保持了一定的稳定性。每个职员在由高级同事监督的专业职能办公室中工作，彼此密切协调，使得银行像大型工厂一样运作。单个职员的工作是平凡且重复的，但他们集体达成的成就却非同寻常，即管理国家债务并为伦敦的商业和金融社区提供银行和贴现服务。他们每个月处理成千上万笔交易，管理庞大资产负债表，掌握公共债务系统，与财政部保持高效的联系，管理伦敦大部分的金银流动，并监督纸币的制造和流通过程。此外，直到自动化记账机和打字机的出现，甚至可以说直到计算机的出现之前，他们的工作都无法被技术替代或辅助。他们的工作完全依靠手工完成，包括在分类账簿中不断地逐条记录，并进行检查、反复核对，以确保记录的完整性。

这种不懈的工作可能并不总是会得到适当的赞赏，尽管这些工作实际上比墨菲所认为的得到了更多的技术协助。但在 1815 年 5 月即战争的最后几周，检查委员会建议："考虑到他们在业务上承受着很大压力、在不当支付票据时承担着重大风险、在工资之外没有获得不当收入，建议将邮政账单办公室职员的工资提高 30 英镑。"[20]

如同 18 世纪末期一样，英格兰银行职员在这个时代的主要的瑕疵是，尽管监管越来越严格，但偶尔会发生令人不安的严重欺诈案件。罗伯特·阿斯莱特（Robert Aslett）于 1778 年加入了银行，并很快成为亚伯拉罕·纽兰德的门徒，以至于当他在 1799 年被任命为第二出纳员时，人们普遍认为他最终会接替纽兰德成为首席出纳。事实上，由于纽兰德的身体每况愈下，到了 19 世纪 00 年代初阿斯莱特几乎已经在负责出纳办公室的业务。这导致他在 1802 —1803 年没能抵住大规模挪用资金（主要是国库券）的诱惑。一名记者在他被送上老贝利法庭时记录道："他脸色苍白，忧郁而消瘦。"尽管阿斯莱特逃过了绞刑，却仍被判处长达 17 年的监禁。直到 1820 年，英格兰银行才赦免了他，前提是离开英国。菲利普·怀特黑德（Philip Whitehead）则曾是出纳办公室的一名职员，因伪造罪在 1812 年被处以绞刑。他在因奢侈生活和股票投机被银行开除后，仍向受害者谎称在银行工作。他的妹妹莎拉因为这宗案件受到强烈刺激，在接下来的 25 年里每天都会来到银行，询问她兄弟的情况。由于她总是身着黑色服装，怀有善意的银行职员称她为"银行修女"。

另外一位值得一提的职员是塞缪尔·哈里森（Samuel Harrison）。1805 年，20 岁出头的他作为一个有抱负的新人，曾经被委员会审查。委员会询问了他的宗教信仰，以及是否参加了任何政治俱乐部。随后又命令他计数 100 英镑的银币，并对一列数字进行算术运算。他不是卢梭，但他在多年后以年度日记形式写成的自传笔记，确实有卢梭独特的风格：

> 1806 年 7 月 26 日是我在银行的第一天。我被安排在银行钞票办公室，负责录入和填写 1 英镑和 2 英镑的纸币。早上的工作量是 200 张。我还不得不加入银行志愿军团。
>
> 1809 年，在几轮新职员录用之后，我在银行有了许多初级职员下属，并晋升到了提款办公室。在年底，为银行钞票手工书写编号和日期的工作被手动打印机取代。虽然这项工作并不被所有人喜爱，但我愿意接手，并最终在编号办公室稳定地工作。我们每天下午 3 点下班，但有时候为了满足 1 英镑纸币的需求即使周日也要加班，因为大量黄金要被送到西班牙，以供应在那里的英国军队。

1810 年，我同意成为我朋友费尔德威克（Feldwick）的第一个孩子（一个男孩和继承人）的教父之一。在那次人数众多的聚会上，我第一次见到了凯瑟琳・哈普利（Catherine Harpley）和她的未婚姐妹贝茜（Bessie）和简（Jane）。我亲爱的凯瑟琳很快就给我留下了深刻的印象。她活泼且温柔，漂亮又精力充沛，正是我想要的妻子……我的求爱方式是由我的性格决定的，有点冷淡和理智。不知是因为我的这种性格，还是她家人的敌意，我被直接且迅速地拒绝了。

1811 年，一些银行职员常常在圣迈尔德里德（St Mildred）庭院的乌尔帕克（Woolpack）餐厅用餐。我们每个人付 1/6 便士就可以得到一份特质套餐，而且每周还可以从银行得到额外的 1 小时休息时间，以便大家聚在一起喝一品脱葡萄酒。我们大约有 12 个人常聚在一起，其中有几个人非常风趣，所以聊天总是充满笑话和双关语。我们的欢乐是如此喧闹，以至于店主会请求小点声。5 月 25 日的节假日，我们还会每人带一个朋友在布莱克希思（Blackheath）聚餐。我们每周众筹 6 便士，直到每个人都攒够 15 便士。我们自称为“邦尼・维万特”（Bonny Vivants）①。我是大家的“财务主管”和“主席”，有权利弥补餐费差额。

终于，在 1813 年，塞缪尔・哈里森再次见到了凯瑟琳・哈普利，并且得到了她父亲的同意。“在约定的日子（4 月 3 日），我在未通知办公室任何人的情况下，悄悄溜出去和婚礼队伍见面，举办婚礼，然后返回银行，留下其他人继续在公园游玩。之后我们在怀特・康都馆（White Conduit House）共进晚餐。那天下午下了一场大雪，人们都说这是个好兆头”。事实证明确实如此。哈里森有些自嘲地写道：“第二年 2 月 12 日凌晨一点钟，我们的女儿出生了。第一个孩子带给父母的喜悦是无法形容的，但这让我必须更多留在家里，而且经常有无眠的夜晚。食物价格高涨，面包 15 先令 1 夸特，黄油 1 先令 11 便士 1 磅，煤 65 先令 1 吨，同时加班收入很可能在对法战争结束后减少，这使我在看到孩子们出生时的快乐都显得有些克制。”[21]

① “Bonny Vivants”源自法语“Bon Vivant”，意为“好生活”。此处理解为，塞缪尔・哈里森和朋友们戏称自己为“一伙享受美食、美酒且有精致品位的人”。——译者注

第四章 金融城的一位老妇人

1 A. Allardyce, An Address to the Proprietors of the Bank of England (1797), pp. 8, 10, 30; John Thornton (ed), The Book of Yearly Recollections of Samuel Thornton, Esq. (Ewell, 1891), p. 82; Frank Whitson Fetter, Development of British Monetary Orthodoxy, 1797-1875 (Cambridge, Massachusetts, 1965), pp. 13-15; Clapham, Vol. 1, pp. 263-265; Stanley D. Chapman, Raphael Bicentenary 1787-1987 (1987), p. 8; ADM30/6, Daniel Giles file, 4 May 1793; OL, March 2003, p. 11 (John Keyworth).

2 S. R. Cope, Walter Boyd (Gloucester, 1983), p. 63; ADM30/6, Giles file, 30 July 1795; John Ehrman, The Younger Pitt: The Reluctant Transition (1983), p. 525; Clapham, Vol. 1, pp. 195, 267; Feavearyear, pp. 179-180; Mis/4722 2) Dec 1795531, Dec 1795.

3 Clapham, Vol. 1, pp. 265-266, 269-270; Walter Boyd, A Letter to the Right Honourable William Pitt (1801), Appendix B; Reports from the Committees of Secrecy (1797) on the Outstanding Demands of the Bank of England (1826), p. 98; Kenneth Garlick and Angus Macintyre (eds), The Diary of Joseph Farington, Volume II (1978), p. 629; Jagjit S. Chadha and Elisa Newby, 'Midas, transmuting all, into paper' (School of Economics, University of Kent, Discussion Paper, Sept 2013), p. 5; Farington, Volume III (1979), p. 668; Acres, Vol. 1, pp. 270-271; Ehrman, p. 639.

4 Yearly Recollections, pp. 93-94; Feavearyear, pp. 181-182; Clapham, Vol. 1, p. 266; Reports from the Committees of Secrecy, pp. 103-104; Hiroki Shin, 'Paper Money, the Nation, and the Suspension of Cash Payments in 1797', Historical Journal, June 2015, p. 423; Feavearyear, p. 182.

5 Feavearyear, p. 182; Ms/472, 26 Feb 1797; Acres, Vol. 1, opp p. 276; Shin, 'Paper Money', pp. 432-434; Farington, Volume III, p. 798; Feavearyear, pp. 184-185; Hiroki Shin, 'The Culture of Paper Money in Britain: The Bank of England Note during the Bank Restriction Period, 1797-1821' (University of Cambridge PhD, 2008), p. 71.

6 Reports from the Committees of Secrecy, pp. 12, 14, 17, 37, 22-23, 33, 48, 73.

7 The Parliamentary History of England, Vol XXXIII (1818), cols 351, 358, 372-373, 394.

8 Martin Rowson, 'Poisoned pen', Guardian, 21 March 2015; OL, Tand 1989, front cover, summer 1983, p. 83 (John Keyworth); Shin, 'Culture', p. 178; OL, March 1927, pp. 5-7 (Acres).

9 M5/472, 22 Dec 1803; Yearly Recollections, p. 151; Clapham, Vol. 2, p. 44.

10 E. L. Hargreaves, The National Debt (1930), p. 291; Feavearyear, p. 193; Roger Knight, Britain against Napoleon (2013), pp. 390, 392; lan P. H. Duffy, 'The Discount Policy of the Bank of England during the Suspension of Cash Payments, 1797-1821', Economic History Review, Feb 1982, pp. 76-77; Elisa Newby, 'Sustainable Monetary Policy: Lessons and Evidence from the Bank

Suspension Period, 1797-1821' (University of St Andrews PhD, 2008), p. 5; Kwasi Kwarteng, War and Gold (2014), p. 50.

11　Randall McGowen, 'The Bank of England and the Policing of Forgery, 1797-1821', Past and Present, Feb 2005, pp. 87-89; Deirdre Palk, Gender, Crime and Judicial Discretion, 1780-1830 (Woodbridge, 2006), pp. 148-151.

12　Virginia Hewitt, 'Beware of Imitations', Numismatic Chronicle, 1998, p. 200; OL, March 1997, p. 6 (John Keyworth); Hewitt and Keyworth, pp. 53, 67.

13　Feavearyear, pp. 191-192; Boyd, Letter, pp. 7, 57, 65-66; J. K. Horsefield, 'The Duties of a Banker — II', Economica, May 1944, pp. 77, 83; Yearly Recollections, p. 112; Henry Thornton, An Enquiry into the Nature of Effects of the Paper Credit of Great Britain (1939 edn), pp. 109-110; Horsefield, 'Duties', pp. 78-81.

14　Fetter, Development, pp. 39-40; Piero Sraffa (ed), The Works and Correspondence of David Ricardo, Volume III (Cambridge, 1951), pp. 131-133; R. S. Sayers, 'Ricardo's Views on Monetary Questions', in T. S. Ashton and R. S. Sayers (eds), Papers in English Monetary History (1953), p. 82; F. W. Fetter, 'The Bullion Report Re-examined', in Ashton and Sayers, Papers, p. 67.

15　Report, together with Minutes of Evidence, and Accounts, from the Select Committee on the High Price of Gold Bullion (House of Commons, 8 June 1810), pp. 79, 89, 128, 89-90, 95-96; Ricardo, p. 369; Report, pp. 132-133, 143, 146-147, 20-24; Fetter, Development, p. 61.

16　Yearly Recollections, p. 150; T. C. Hansard (ed), Parliamentary Debates, Vol. XIX (1812), cols 1061, 1163, 1161; Fetter, Development, pp. 53-45 Boyd Hilton, A Mad, Bad, and Dangerous People? (Oxford, 2006), p. 258; Clapham, Vol. 2, p. 28; Hilton, p. 258; Ricardo, Vol. III, p. 133.

17　Clapham, Vol. 2, pp. 31, 33; David Kynaston, The Chancellor of the Exchequer (Lavenham, 1980), pp. 20-21; G6/184, 16 May 1815; Clapham, Vol. 1, pp. 37, 39.

18　Abramson, chaps 4 and 5; Abramson, pp. 108-110; Farington, Volume II, p. 638; Abramson, pp. 162, 133, 196; Leigh's New Picture of London (1818), pp. 294.

19　Farington, Volume IV (1979), pp. 1274, 1277; Acres, Vol. 1, pp. 294-298.

20　ADM30/1730/17; Anne L. Murphy, '"Writes a fair hand and appears to be well qualified": the recruitment of Bank of England clerks; 1800-1815', Financial History Review, April 2015, pp. 19-44; G6/184, 3 May 1815.

21　Acres, Vol. 2, pp. 364-368; OL, June 1924, pp. 230-234 (B. T. K. Smith), March 1929, pp. 12-17, June 1929, pp. 75-81.

第二部分

1815—1914

第五章

所有的非议

1815 年是英国现代历史上一个令人愉悦、明白无误的标志性转折点：战争结束了。接下来近一个世纪，英国获得了大体上的和平。这是英国崛起为“世界工厂”的开端。伦敦作为国际金融中心的地位不断增强，开始向世界各地输出资本。这些情况在现在看来都是十分清楚的事实。然而，对于当时的人们来说，在接下来直到 19 世纪 50 年代的至少 30 年里，这一历程都比后人想象的更加波折、紧张和不确定。对于英格兰银行来说，这几十年肯定是艰难的，因为一种独特的维多利亚时期的货币体系正在缓慢而痛苦地形成，它也因此受到持续而广泛的批评。

在经济严重萧条和失业率高涨的大背景下，人们对英格兰银行在战争期间获得难以否认的丰厚利润积怨已久，批评声在滑铁卢战役后几个月内就开始出现了。1815 年 12 月，一位股东要求“应该在股东大会上公布这家公司的盈余利润数额”，这一要求得到了大卫·李嘉图的强烈支持。然而，当时的总裁威廉·梅利什（William Mellish）粗暴地告知股东：“公司一直对其董事会充满信心，如果有任何理由希望公司收回对董事会的信任，请直言不讳地说出来。”结果，该项要求在随后的举手表决中以约 1:2 的比例被否决。次日，政治经济学家詹姆斯·穆勒（James Mill）致信李嘉图，明确表达了他的观点：“我认为所有超出其公共服务合理报酬的利润都是通过虚假借口而获得的，法律上将这种行为视为诈骗。”李嘉图本人完全同意这一观点。他在不久前写给另一位著名经济学家托马斯·马尔萨斯（Thomas Malthus）的信中曾表示：“我认为英格兰银行是一个没必要存在的机构，（它只是）通过那些本应属于公众的利润发财。”但可能没有人比辉格党议员兼商人帕斯科·格伦费尔（Pascoe Grenfell）更热衷于这个话题。1816 年 2 月，他向下议院提出成立一个专门委员会调查英格兰银行与政府之间的交易。在此过程中，格伦费尔表示，将公共资金存放在英格兰银行“对公众毫无收益，却给银行带来了利润和好处”。此外，他还认为英格兰银行管理公共债务收取的费用过高，以及纸币时代导致“银行利润的巨额增加”。他一方面坚称：“我并不是建议成立第二个大型国家银行”，另一方面又毫不犹豫地声称，过去二十年来“在税收重压下呻吟的，因琐碎的、无价值的、烦人的税收而焦虑、困扰和折磨的”国家，竟然“把如此庞大、如此畸高、如此奢侈的报酬浪费在这个富得流油的公司上”，这种不公平“激起了我们内心的厌恶和愤怒”。在政府议员席位上的卡斯尔雷勋爵（Lord Castlereagh）显然意识到战后废除所得税将使部长们特别依赖于英格兰银行的贷款。他辩称，对英格兰银行事务进行任何不必要的调查都会“对其造成损害，并且会因影响公共信用而对国家造成损害”。直接代表银行发言的亚历山大·巴林则表示：“反对提案的主要原因，是该提案开头处的夸张文字表述及其代表的夸大其词态度。”这些观点得到了时任总裁威廉·曼宁（William Manning）的呼应：“包括所有责任和费用在内，银行仅在每100英镑中向公众收取8便士的基金管理费。”最终，格伦费尔的提案以44票对81票未获通过。1年后他再次尝试，结果仍以40票对90票未获通过。尽管在第二次尝试时，他声称有充分证据表明：“在过去20年中，除了常规的7%红利，英格兰银行额外获得了高达2700万英镑的利润。”当然，他“并不打算对银行获得这些利润进行指责，只对容忍（银行赚取）这些利润的政府进行指责”。[1]

从英格兰银行的角度来看，所有这些“美妙的音乐”（指对银行的指责）对于其面临的重大问题毫无帮助。最重大的问题依然是：是否恢复现金兑付？如果恢复，何时恢复？

1816年初，塞缪尔·桑顿指出：“我们在货币方面遇到了很大的困难。人们普遍希望英格兰银行尽快恢复现金兑付。”当年5月，议会进行了一场全面的辩论和投票，巴林和曼宁再次成为焦点。巴林声称：“我是所有限制法案反对者的最大敌人。我希望下议院将全部决定权交给英格兰银行，信赖银行的热情以及它满足国家需求的愿望。为国家服务符合银行的自身利益。但银行需要两年时间才能提供足够数量的铸币用于国家流通。”曼宁持类似立场，同时强调必须以“审慎”作为所有决定的前提。议会最终投票将限制法案延长至1818年7月。但投票前，辉格党议员乔治·蒂尔尼（George Tierney）曾发起猛烈的抨击：

> 无论英格兰银行董事们看起来多么矜持，也无论他们作出何种表态，他们似乎决心采取与这些表象相反的行动。在过去的19年里，他们的脸上总是带着人畜无害的天真，总是假装准备好以黄金

兑付。但到了该兑付的时候，他们又总能找到理由将现金留在手中。每位董事都非常值得尊重。但不得不说，他们作为一个整体，似乎过于希望保住这笔每年 80 万英镑的收益。

不过，两年时间在英格兰银行的久远历史中可能并不算长。1817 年 2 月，威廉·赫斯基森已经在下议院表示，他很高兴很快就能看到恢复现金兑付时代的到来。

然而事情并非如此。在当年秋天，汇率已经明显对英国不利。黄金开始不可阻挡地流失，在 1818 年更是持续加速。同时，连续歉收导致英国需要大量进口小麦。于是在 1818 年 5 月，保守党政府强行通过了将恢复现金兑付再推迟一年的决定。和之前一样，英格兰银行再次受到了批评，这促使桑顿在下议院抗议称情况已然失控。他以惯常的委屈语调解释说，无论是在决策还是在行动上，恢复现金兑付将使他们变得相对更加独立，因为他们将不再担心每天的追问，以及每时每刻的尖刻批评。与此同时，赫斯基森依然坚定地追求他的长期目标，这与他日益增长的声誉相称。作为利物浦伯爵内阁背后的智囊，他事实上代表了一代新兴的、具有商业意识的中产阶级自由经济主义者。对他以及持有相同想法的人来说，恢复金本位制的决定性优势在于，它天然能得到妥善的监管，根本不可能出现桑顿等人所说的管理不善，更不用说（使这些人）变得贪婪了。1818 年 7 月，他颇富远见地向利物浦伯爵保证："英格兰银行将成为国家的伟大引擎，使流通渠道始终保持充足动力。其随时以每盎司 78 先令将纸币兑换成黄金的能力，将成为引擎的调节器和指示灯，用以确定和验证操作的规范性和供应的充足性。"[2]

如果赫斯基森的说法本质上是一种功利主义的观点，那么同一时间一种质疑银行的彻底的人道主义观点也出现了。这种观点在很大程度上受到一种因素的推动：持续徒劳地寻找"无法伪造的"纸币，使得英格兰银行对伪造行为的起诉案件数量急剧增加（从 1815 年的 63 起增加到 1818 年的 260 起），并由此导致大量绞刑（1818 年有 20 多人被绞死）。这成为艺术家们丰富灵感的源泉。1818 年 9 月，一幅匿名版画《针线街旧布店一瞥》出版，画中展示了一个不幸的、衣衫褴褛的伪钞持有者跪地求饶，而 4 名富有的银行董事们则在一张桌子后面坐堂审判。一名董事命令下属："把他带出去，托马斯！！！他一副该死的要被施以绞刑的样子。"另一名董事说道："把这流浪汉带走！你以为我们坐在这里是为了什么？"第三名董事在打盹。第四名董事则亲自查看着那张伪钞并声称："我发誓，我有疑问……我们最好宣布它是假币。”不久之后的 1819 年 1 月，伟大的乔治·克鲁克香克［George Cruikshank，后来为狄更斯（Dickens）插画］创作了他毫无顾忌的作品《银行限制纸币》。画上装饰有骷髅、囚船和绞刑架，还有吃掉赤裸婴儿的不列颠女神。同样，激进的记者们，尤其是才华横溢、不知疲倦且毫不掩饰、夸大其词的威廉·科贝特（William Cobbett）也参与其中。他在克鲁克香克骇人的讽刺画发表几个月后，在《政治记录》（*Political Register*）中咆哮道：“这个邪恶银行屠杀的人比一个国家的人口还要多！”

> 利用绳索、监狱、囚船和流放船，这家银行可能已经摧毁了五万人，包括受害者及其遗孀和孤儿。在这个由资不抵债的诈骗犯们经营的店铺里，有一个委员会决定哪些受害者可以活命，哪些要被绞死！他们已经篡夺了铸币和发行纸币的皇家特权，要进一步篡夺赦免或处决的权力也不过是顺理成章！

合乎情理地，英格兰银行希望在不失去保护纸币能力的前提下，安然度过这场风暴。毫无疑问，他们也意识到小人物的正义有时是残暴的。1819 年 1 月，约瑟夫·法林顿在与一位伦敦市议员的儿子共进晚餐后记录道：“我们谈论了伪造银行纸币的事。普利斯（Price）说，众所周知，伪造者大多居住在伯明翰，银行董事很了解他们，但还没有取得足够的证据来对付他们。”[3]

至于恢复现金兑付这一更大的问题，接下来的几个月将会发生一系列引人注目的事件。在英格兰银行的敦促下，政府在下议院和上议院分别设立了秘密调查委员会，并将调查基调定为“公众不应被一种不太可能实现的期望所迷惑”。该委员会在 1819 年 2 月中旬至 5 月初期间举行了听证会。经验丰富的英格兰银行出庭人继续拒绝做出承诺。他们包括杰里迈亚·哈曼（Jeremiah Harman）、塞缪尔·桑顿、总裁乔治·多里安（George Dorrien）和副总裁查尔斯·波尔（Charles Pole）。多里安在由罗伯特·皮尔（Robert Peel）主持的下议院委员会上表示：“很难说银行何时才能适当地恢复现金兑付，这必须通过经验来判断。”哈曼补充说：“如果设定一个期限但没有遵守，反而会在公众心中引起极大的不满和失望。外汇市场状况是恢复兑付的决定性因素，而这一因素不受我们控制。即使我们对外汇市场向好一直抱有乐观期待。”相比之下，两位较年轻的、最近当选的董事威廉·哈尔迪曼（William Haldimand）和威廉·沃德（William Ward，他在闲暇时间是一位成绩很好的板球击球手）显然对早日恢复现金兑付态度更加开放。沃德认为，恢复金本位制将导致商业“习惯”发生变化，尤其是与限制时期相比将减少“过度投机”。委员会建议在4年内完全恢复金本位制，但最终结论仍取决于政府和议会的意见。

“只有奋起和果决的努力才能挽回我们的声誉和信用”，利物浦伯爵坚定地对怀疑者说道。他的同僚托利党人皮尔和赫斯基森尤其决心要抓住这个机会。5月20日，英格兰银行向下议院正式陈述：我们身陷“不公正的诽谤”“限制政策要求银行对整个社会承担起责任，尤其是在金融和商业关系方面，使得银行的判断很大程度上影响了社会的利益”。4天后，下议院开始了为期两天的辩论。在历史学家博伊德·希尔顿（Boyd Hilton）描述的“奇怪的虚幻的”气氛中，皮尔警告说：“如果货币流通由仅考虑自身利润的银行董事自行判断，那么可能造成的危害将无法估计。”他明确表示：“现在议会是时候从银行手中收回其长期放弃的权力了。”曼宁则反驳说：“如果议会在当前这样的时刻对银行失去信心，那么银行将无法对可能产生的后果负责。”李嘉图则进行了有些戏谑的抨击，指责英格兰银行是一个“谨慎、胆小的机构”，对“政治经济学原理一无所知”。辩论以戏剧式的吵闹结尾，伴随着响亮而杂乱的呼喊：“听我说！听我说！”尽管曼宁声明“将保留……在未来某个场合继续陈述反对意见的权利”，托利党的乔治·坎宁（George Canning）还是成功呼吁议会一致投票支持在四年内恢复金本位制的决定，以“向公众表明议会真心实意地努力恢复古老标准（指金本位制）”。[4]

政治家们取得了胜利，这不仅违背了英格兰银行的意愿，也违背了整个金融城的意愿。毕竟，作为金融城新巨头的内森·罗斯柴尔德在向下议院秘密委员会做证时，曾非常直接地预见到过早恢复金本位制将会造成“很多麻烦”：“金钱会非常稀缺，国内每件商品都会大幅贬值，很多人会因此破产。”在关键的下议院辩论之前，有400名到500名金融城商人、银行家和交易员也签署了一份类似内容的请愿书。正如希尔顿所言，“他们都惧怕货币紧缩的压力，而很少有人能看到通货紧缩之后恢复‘健全’货币的最终商业利益”。他们（甚至银行的领导层）到底在多大程度上是为更长久的现实经济考虑？还是出于对自身商业安全的担忧？抑或仅仅因为习惯了纸币制度而天然地持保守态度？或许我们只能说，这三者毫无疑问是混在一起难以区分的。

对于政治家们来说，或许也有三个恢复兑付的主要动机。首先，金银通货主义理论家在1810年的报告中为恢复金本位制做了大量的研究性工作。按照他们的观点，黄金相较于纸币具有更高的商业道德，尤其是在反投机方面。其次，舆论普遍认为，通过将黄金置于货币系统的中心自动调节和稳定运作，可以大大削弱银行不受欢迎的自由裁量权；最后，可能只有少数人察觉到，恢复金本位制对伦敦在全球大格局中的地位具有巨大影响。关于最后一个动机，赫斯基森在前一年7月给利物浦伯爵的眼光长远的备忘录中，阐述了他的想法：

> 我毫不怀疑，我们商业交易和汇兑业务的规模，已经使这个国家成为欧洲的商业中心，同时也是北美和南美的商业中心。英格兰银行将使伦敦成为世界上主要的黄金市场……它将为贸易提供便利，使商人能够调整与任何特定国家的汇兑方式，甚至使商人能够将任何特定国家的货币转换为黄金进行汇款。这种便利无疑会使伦敦成为世界货币交易结算中心。

当然，随着时间的推移，英格兰银行和金融城最终的确会让这一愿景成为令人自豪的事实。他们也肯定会将这一愿景，描绘成是自己的构思。但在1819年，这个愿景还未能成为现实。

接下来的一两年对几乎所有相关人士来说都是困难的。经济由1818年的繁荣急剧转向低谷，引发民众的强烈不满。一些不满的民众策划了1820年的卡托街（Cato Street）阴谋，计划暗杀托利党内阁并夺取英格兰银行。在下议院就恢复现金兑付投票之后的几个月里，英格兰银行仍然十分不满，拒绝了利物浦伯爵预付贷款的请求，并对政府表现出冷淡的态度，直到范西塔特感到必须要与3位重要的董事（哈曼、桑顿和霍尔迪曼）展开和谈。推迟恢复现金兑付并不是和谈的议题，因为利物浦伯爵认定再一次推迟就相当于“永久限制”。但范西塔特确实在和谈中承诺偿还500万英镑。到1819年11月，赫斯金森告诉他的妻子：“与英格兰银行的所有矛盾都已解决。”在1820年，得益于有利的汇率形势，英格兰银行大规模购入金银。到1821年2月，其金库已有高达1190万英镑的储备，比以往任何时候都要多。这促使英格兰银行决定，如果恢复金本位制势必在1823年前进行，那么当下就是最佳时机。因此，英格兰银行现金兑付于1821年5月恢复，同时撤回小额纸币（1英镑和2英镑）。此时距1797年影响深远的停兑事件已近1/4个世纪。虽然英格兰银行并未选择成为“国家的伟大引擎”，但现在却到了证明自己可以承担这一角色的时刻。[5]

就在恢复金本位不久前，27 岁的乔治·沃德·诺曼（George Warde Norman）被选为英格兰银行董事，当时他尚未成为家族木材商行的合伙人。在上任的最初一段时间里，他所做的无非是环视会议室、聆听议事，总体上对银行并无特殊印象。他在 19 世纪 50 年代末回忆说，当时不仅总裁查尔斯·波尔和副总裁约翰·鲍登“完全不具有当今董事被期望拥有的科学知识”，大多数其他名列财政委员会的高级董事更是“智力低下”。诺曼认为长期专制统治银行的杰里迈亚·哈曼，是无知的、自负的、有偏见的、专横跋扈的。如果属下意见与其相左，他几乎不会回答，只会表现出傲慢和蔑视。诺曼还认为曼宁和梅利什和蔼但软弱，多里安是既不和蔼又软弱的无名小卒，皮尔斯则有些理智但学识太少。对于 1780 年就担任董事直到 1836 年的塞缪尔·桑顿，诺曼则回忆说是一个思维敏捷的全才。“他所说的每一句话都显示出非凡的能力。不幸的是，他天性狡猾，是个彻底的阴谋家。他喜欢使用隐秘和不正当的手段来达到目的。人们极难了解到他真正的愿望和观点。”

在这个能力显然参差不齐的团体中，仍然有一些杰出的人物。板球手威廉·沃德在 19 世纪 20 年代中期拯救了如今的洛德板球场，使其免于地产投机开发。除此之外，他在银行高层中一直是一个突出的存在，直到 1836 年因人生逆境被迫退休。诺曼本人是一个严肃的经济学家，曾因为青年时期写下的木材关税问题小册子被桑顿赏识。威廉·科顿（William Cotton，1822 年当选）则是一个严谨的社会改革者和多面手。他在 19 世纪 40 年代发明了一种“自动天平”，能通过称重将劣质金币与标准重量金币分开，对保护银行称重员的视力作出了很大贡献。然而，最引人注意的董事可能是约翰·霍斯利·帕尔默（John Horsley Palmer）。他 1779 年出生在一个伦敦商人家庭，于 1811 年成为董事。随后他成为重要的东印度贸易商人，并于 19 世纪 20 年代逐渐成为银行的主导人物。诺曼称帕尔默：“热爱商业并拥有处理大量业务的能力，拥有我从未见过的超强意志力，下定决心后就不会改变想法，秉承压倒了一切反对意见的坚定观点，有很多明智的见解。”

和许多大商人一样，帕尔默也积极参与奴隶贸易。这在当时的英格兰银行董事中并不少见。1834 年 7 月 31 日，标志着大英帝国奴隶制结束的《奴隶制度废除法》① 即将生效一周年，出席董事会的 21 位董事中有 5 人获得了赔偿。帕尔默本人和蒂莫西·柯蒂斯（Timothy Curtis，19 世纪 30 年代末的总裁）获得了相对较小的金额（不到 7000 英镑）。约翰·雷·雷德爵士（Sir John Rae Reid，柯蒂斯之后的总裁）和汉弗莱·圣约翰·米尔德梅（Humphrey St John Mildmay，巴林家族在董事会的代表）各获得了约 50000 英镑。而罗兰·米切尔（Rowland Mitchell）获得了约 100000 英镑。这位 1832 年加入董事会的莱姆街（Lime Street）商人，于 1841 年因生意失败离开董事会。不过，与此相关的最终结论还需要进行更全面的研究。[6]

除了奴隶制问题，安东尼·豪（Anthony Howe）具有启发性的研究也使人们能够窥视第二个 1/4 世纪（1826 —1850 年）期间的董事会成员。当时，董事会仍在泰勒建造的会议室里举行。该建筑在 1805 年新增了一个风速计（与屋顶上的风向标相连），为航船时代的商人们提供重要的风力信息。与以往一样，商人仍占超过 4/5 的成员，而银行家则因可能存在的利益冲突被严格排除在外。许多商人成员特别偏好俄罗斯和西印度贸易。少数董事则与英国工业尤其是金属、采矿部门联系紧密，他们在董事会中扮演着重要角色。新董事的选拔仍然倾向于有影响力的金融城家族。豪对此评论道："总而言之，这里不是迪克·惠廷顿 ②（Dick Whittingtons）的世界。"新任董事通常在 30 岁到 35 岁之间，一般都没有接受过大学教育。总裁职位开始严格轮换，以任职年限为唯一的硬性标准。这种严格轮换制度刚刚在当时的改革浪潮中被采用。对于一个能力强、不安分、雄心勃勃的商人来说，加入英格兰银行董事会几乎没有任何好处。至于董事们的社会地位，豪有着令人信服的描述："夸大董事会内的贵族生活方式是错误的。董事会中有很多人的社交圈仅限大都市范围内，以城市上流资产阶级而非贵族的方式进行社交。他们拥有伦敦住宅，偶尔在乡村和海边度假。"塞缪尔·桑顿在 1825 年 8 月写给约翰·索恩的一封信，也说明了董事们远离贵族的情况。这位年长的银行董事有些紧张地在巴格肖特（BagshotBagshot）的乔布汉姆广场（Chobham Place）写道："我现在和一些来自北方的朋友在一起，他们很想看看温莎城堡的改建情况。如果方便

① 《奴隶制度废除法》在整个英属殖民地废除奴隶制度，并对奴隶主给予总计 2000 万英镑的补偿。——译者注

② 迪克·惠廷顿是英国民间故事中的人物。他通过自己的勤劳和智慧，从一个贫穷的孤儿变成富有的伦敦市长。用以指代出身底层的逆袭者。——译者注

的话，不知能否请您帮我引荐梅·威亚特维尔（M' Wyatville，负责改建工程的建筑师），我将不胜感激。当然，如果有任何王室成员访问该处，我将尽力遵守所有规则并避免前往。"

索恩此时已经处于职业生涯的最后阶段。1818 年至 1823 年，他翻新了泰勒的 4% 公债和 5% 公债办公室。用 19 世纪评论家理查德·布朗（Richard Brown）热情洋溢的话来说，索恩将"希腊、罗马式的经典细腻与哥特式的趣味融合起来"。在 1824 年至 1828 年，索恩成功获得了董事们的批准，修复了整段 370 英尺长的南立面。在未获通过的初始计划中，索恩建议董事们选择更昂贵的重建而非修复方案，并认为这将使"这座在各个时间和方式建造的庞大建筑群的外观显得统一、简洁且有特色"。索恩的工程包含 1825 年修复的正门入口。但完工不久后，一位"银行股东"就向索恩提出了批评：

> 您为银行重新设计的正面外观是这个国家和这个时代的荣耀。但我怀着最友善的心请您注意，入口道路的状态极其糟糕。一半铺着非常普通的石板，另一半则是表面非常不平整的花岗岩。请您务必重新修葺，以与这壮丽的建筑相匹配。

最终，年近 80 且视力逐渐衰退的索恩，在获得迟来的爵位两年后，不得不结束了他那令人惊叹且具有变革精神的任期。在 1833 年 10 月，他致信董事们，辞去了"长期以来始终是我生命中骄傲和自豪的工作"。他在信中写道："在这 45 年里，我一直不懈努力，忠实履行委托给我的重要职责。"尽管多年来董事们时常会对成本提出异议，但他们的回复是真诚的，感谢他"为银行付出的不懈热情"。正是这种热情为英格兰银行树立了稳健和传承的形象，令批评者和调查者望而却步。[7]

塞缪尔·哈里森在回忆 19 世纪 20 年代初的重大变化时写道："由于恢复现金兑付，银行的工作量大幅减少。许多职员因年老和不胜任而离开了，总计近 200 人。有些人则是主动申请离职，其中包括盖尔达德（Geldald）。他为银行服务了 16 年，年薪 200 英镑，获得了每年 100 英镑的退休金。他将这笔退休金一次性兑换为 1000 英镑。"在更高层面上，英格兰银行进行了两次成功的政府债务转换，将 1.5 亿英镑的 5% 公债转换为 4%，将 7000 万英镑的 4% 公债转换为 3.5%。银行还完成了一个更

为棘手的“沉重负担”计划。这个为期四十五年的年金计划旨在支付陆军和海军的养老金，但资金方对投资收益并不买账，最终迫使银行承担了一部分责任。总体而言，按照克拉珀姆的说法，恢复现金兑付后的早期阶段是“高黄金储备和低利润”的时期。这一时期出现了两个有趣的变化：一是给地主阶层提供了许多大额抵押贷款。如给拉特兰公爵（Duke of Rutland）贷款 30 万英镑，给巴斯侯爵（Marquis of Bath）贷款 20 万英镑，给德文郡公爵（Duke of Devonshire）贷款 13 万英镑。二是开始与黄金操作大师内森·罗斯柴尔德建立严肃的业务关系。同时，纸币时代的结束带来的一个巨大好处是，随着小额纸币被撤回，伪造和相关案件数量急剧下降。1824 年，一种新样式的银行钞票得以发行，显著增强了安全性。据《伦敦公报》报道，其“金额数值会以波纹线条的罗马字母形式呈现在纸张表面”。然而，欺诈并没有突然消失。西区私人银行马什 – 斯特雷西公司（Marsh, Stracey & Co）的合伙人亨利·福特勒罗伊（Henry Fauntleroy），于当年秋天因大规模欺诈性转移政府公债而被捕。他的欺诈行为可以追溯到 1815 年。他的主要动机是报复，因为英格兰银行开始拒绝其公司开具的承兑票据。他在审判中声称“银行必须付出代价”，并最终被绞死。英格兰银行为此支付了约 26.5 万英镑以替换被欺诈转移的公债。[8]

福特勒罗伊于 1824 年 11 月的最后一天走上了人生的终点。几乎正好在 1 年后，伦敦金融城遭遇了该世纪上半叶最严重的金融危机之一。1825 年的这场重大危机是由以下多个因素引发的：对外国贷款和公司扩张的错误判断，导致过度膨胀的繁荣最终崩溃；对进口商品的过度投机性交易；乡村银行的冒险行为；英格兰银行信贷政策在过度扩张和过度紧缩之间摇摆不定。其中英格兰银行过度扩张的政策在某种程度上是由弥补纸币收入损失的需求推动的。早在当年元旦，桑顿就反思道：“资金的充裕导致了英国各种各样的投机，几乎每周都有一些新的公司成立，去进行一项疯狂的冒险计划。只有时间才能治愈这场狂热。”1825 年的部分问题还在于政府与银行之间缺乏协调。当时英格兰银行的黄金储备在不断减少，从前一年 8 月的近 1200 万英镑下降到 360 万英镑。然而，当 1825 年秋天银行终于开始减少纸币发行并限制纸币贴现时，竟然导致了信贷突然的、几乎全面的崩溃。当年 11 月中旬访问伦敦时，大诺福克（Norfolk）银行家族成员 J. J. 古尔尼（J. J. Gurney）这样说道：“这个城市面临着巨大的压力，我想几乎所有的银行家或多或少都处于困境中。困境的根源在于英格兰银行。他们极力限制贴现，希望能对汇率产生积极影响，以防止他们黄金储备的流失。”他语气阴沉地补充道：“整个国家的金融设施竟然依赖于一个小型专制委员会的管理，这真是奇怪。”[9]

从 1825 年 12 月初开始，形势加速恶化。乡村银行出现挤兑。英格兰银行则完全改变政策，开始大规模贴现。一场特别引人注目的戏剧在伦敦私人银行上演。该银行年长的高级合伙人彼得·波尔爵士（Sir Peter Pole）与英格兰银行总裁科尼利厄斯·布勒有联姻关系。当时，该银行经营状况不佳，又被大量的乡村银行代理业务拖累，自 12 月 1 日起一直遭受挤兑。12 月 4 日（星期日），布勒说服他的同僚们借给该银行 40 万英镑。对于该银行年轻合伙人亨利的妹妹、塞缪尔的侄女玛丽安·桑顿（Marianne Thornton）来说，这一消息令她异常宽慰，声称“我们从深深的悲痛中一下子变成了最幸福的人”。但这只是一个转瞬即逝的光明。12 月 8 日，约克郡最重要的银行温特沃斯公司（Wentworth & Co）破产，引发了对乡村银行的严重挤兑。受此影响，波尔的银行于 12 日（星期一）停止兑付，这进一步加剧了伦敦金融城危机感的蔓延。那一周，英格兰银行董事会几乎每天都在开会。几年后，资深董事杰里迈亚·哈曼就银行在这绝望的日子里如何寻求恢复信用，提出了一个著名的声明：

> 我们通过一切可能的方式放贷，并且采用以前从未有过的方式。我们接受公债作为担保物，购入国库券，为国库券提供了预付款。我们不仅直接贴现，还对汇票提供巨额预付款。简而言之，在确保银行安全的前提下，我们采取了一切可能的手段。在某些情况下，我们完全不挑剔。考虑到公众陷入的可怕处境，我们尽力提供了一切可能的帮助。

也许这个声明有一定程度的夸张。例如，直到 14 日（星期三），英格兰银行才突然放弃拒绝贴现超过 95 天的汇票的政策。但它大体上可能是正确的。在同一城市的另一端，内阁于 15 日授权发行 1 英镑纸币，条件是这种发行要“被理解为严格的临时性措施”。

12 月 16 日（星期五），局势依然十分紧张。当天早晨，日记作者阿布斯诺特夫人（Mrs Arbuthnot）和她的丈夫（时任财政部部长）被最了解金融城情况的政府成员告知了形势。他们对此感到震惊和不安：

> 赫里斯（Herries）先生告诉我们，鉴于乡村银行家对黄金异常

> 之高的需求，以及他们面临的普遍挤兑，英格兰银行的黄金储备只剩下 10 万英镑，即将完全耗尽。银行预计明天将被迫暂停现金兑付，并希望政府出面援助并下令暂停兑付。但利物浦伯爵不愿这样做。他希望银行自行承担责任。根据赫里斯先生的说法，政府与银行总裁之间似乎有相当大的摩擦。罗斯柴尔德为协助银行做出了巨大努力。他告诉赫里斯先生，如果早些找他就能避免所有困难。如果英格兰银行能撑到周一或周二，他将从巴黎调来大量英镑（现金），直到压力完全解除。

罗斯柴尔德在这个事件中作出的贡献多年来一直存在争议。但有证据表明，在那个星期五，他确实设法在英格兰银行存入了一笔数目可观的黄金，可能高达 30 万英镑。当天晚上内阁开会。经过 5 个小时的讨论，内阁就银行的要求达成了政治妥协。内阁关键人物是惠灵顿公爵，他一方面勉强同意了赫斯基森的要求，即不允许银行利用危机摆脱金本位；另一方面又说服同事们否决了另一项要求，即利用银行此次被迫停止现金兑付，剥夺银行的特许权。阿布斯诺特夫人在描述这位坚定的公爵时写道："他告诉利物浦伯爵，只要活着就有希望。只要英格兰银行站稳脚跟的机会还在，他就不会绝望。政府有责任尽全力支持英格兰银行……因为英格兰银行的利益就是国家的利益。"

到了周末，英格兰银行设法避免了暂停现金兑付。根据一个流传甚广但真伪不明的故事，这可能得益于偶然发现的一大箱未发行的 1 英镑钞票。但可以肯定的是，银行得到了印刷厂提供的新一批 5 英镑和 10 英镑钞票的帮助。到星期一或最迟星期二，罗斯柴尔德已经从法国调来了大量黄金。到平安夜时，银行储备金的挤兑风潮已经彻底结束。塞缪尔·哈里森回忆起"老妇人"这段最艰难的日子时说："职员们因为这段时间的辛劳付出，每人获得了 10 英镑或 20 英镑的小费。我由于服务年限还差半年，没能拿到这笔小费，尽管我工作的时间和其他任何人一样多。"[10] 这场危机的代价十分惨重，并带来长期损失，其中包括众多乡村银行的倒闭。英格兰银行本身勉强完好，但不需要诺查丹玛斯[①]（Nostradamus）也能预测出，一次针对英格兰银行以及银行系统的重大改革，很快就会到来。

利物浦伯爵本人在 1826 年 1 月就主动采取行动。他告知英格兰银行

---

① 诺查丹玛斯是 16 世纪法国著名的预言家。——译者注

总裁布勒，现有的银行系统是“不健全和具有欺骗性的”“现行法律只允许不稳固和不安全的银行存在”。因此，他提出了两项主要的结构性变革：第一，英格兰银行必须放弃其在合资股份（joint-stock）银行业务上的历史垄断地位，以便允许建立更富财力和稳定性的股份银行，且这些银行不再有最多六个合伙人的限制。第二，英格兰银行本身应该在各郡设立分行，从而进一步削弱乡村银行的影响力。英格兰银行基本同意这两项变革，但坚持要求新的合资股份银行只能开设于伦敦以外 65 英里或更远的地区。设立分行的要求则在英格兰银行内部引起了一些争论。诺曼在 30 年后回忆道：“我的观点是，分行将普遍增强货币的稳定性。当时英格兰银行处于低谷，设立分行将增强公众的需求，提高其重要性，且将为股东带来大量利润。尽管财政委员会和大多数高层反对，我还是坚持了这一立场。”[11]

这两项结构性变革在一开始可能是强加给英格兰银行的，但很快银行自己就变得更积极主动，甚至前所未有地开始争取在金融理论和实践方面的领导和权威地位。根据威廉·沃德（William Ward）的提议，议会委员会于 1827 年撤销了银行董事们在 1819 年提出的决议。该决议顽固地否认纸币发行会对外汇产生任何影响。随后在接下来的几年里，约翰·霍斯利·帕尔默开始真正崭露头角。他于 1828 年成为副总裁，1830 年成为总裁。他的贡献有三个方面：第一是成功抵制了赫斯基森提出的引入金银复本位制的计划（即货币体系由金和银共同支撑），有效地论证了银行已经拥有足够的银条来克服恐慌和“联合敌对行动”。第二是尽可能在政治环境允许的情况下，强力推动纸币发行权集中于英格兰银行。最重要的第三方面，是开始实施后来被称为“帕尔默规则”的货币原则，即英格兰银行的存款和纸币流通量将随其金属货币持有量而波动。这实际上进一步增强了英格兰银行的运营独立性，同时完全符合帕尔默将银行视作公共机构而非私人机构的理念。虽然乔治·沃德·诺曼作为经济学家，对这一原则的具体内容感到不安，但他并没有低估帕尔默的成就。他在之后回忆道：“过去哈曼等人关于管理英格兰银行时无视外汇状况的荒谬言论让理智的人感到厌恶，将银行变成了人们眼中庞大而无序的机构。这种荒谬言论应该被抛弃和遗忘。相比之下，帕尔默放弃了仅依靠经验的管理方式，不再因循守旧。他制定的一项原则，虽然并不健全，但至少有一些理智思考和合理依据。他因此为我们赢得了许多强大的支持者。”

1830 年，惠灵顿政府试图在经济形势恶化的背景下取消新设股份银行的 65 英里限制。帕尔默在随后的博弈中充分展现了坚强意志。惠灵顿的财政大臣是能干的亨利·古尔本（Henry Goulburn）。他的传记作者描述帕尔默：“证明自己是一位强大、成熟、坚定的立场捍卫者，就像惠灵顿在许多战场上表现的那样。”最终，在经过两个月的书信和会谈拉扯后，谈判于当年4月中止。古尔本在会谈中当面告诉帕尔默：“他认为完全可以成立一个新银行，在不收取任何代理费的情况下承担政府业务的管理工作，因为新银行从政府的支持和帮助中获得的附带利益已足够作为补偿。”但这一威胁被帕尔默无视了。9月，在惠灵顿政府倒台前不久，两人再次会谈。帕尔默问道，政府是否愿意在建立更多的合资股份银行之前，允许英格兰银行就扩大纸币流通做出“公平的尝试”？政府是否愿意禁止新银行发行纸币？古尔本对这两个问题都予以否定，这使得会谈不欢而散。[12] 尽管如此，双方都很清楚，英格兰银行的特许权在3年后就要续签，这些问题不可避免地会被再次讨论。

在此之前，还有一个关于扩大选举权的重大政治危机。1831年10月，上议院否决了辉格党政府的“改革法案”，导致大范围的暴乱发生。其中有人在布里斯托尔（Bristol）试图炸毁英格兰银行新设分行，并造成人员伤亡。紧接着在次年春天出现了戏剧性的“五月日”（May Days），反对改革的惠灵顿公爵试图再次组建内阁。到5月13日星期日，由著名激进分子弗朗西斯·普莱斯（Francis Place）设计的标语出现在伦敦的大街小巷。标语写道：“要想阻止公爵，就要拿回黄金。”因此接下来的两天里，混乱场面再次发生。

《泰晤士报》的“货币市场和城市情报”专栏在5月14日周一晚间报道：“英格兰银行挤满了需要黄金的人，出纳办公室兑换金币的柜台整天都被申请者围住。”在第二天再次出现“对黄金的持续稳定需求”之后，“每一个有常识的人都相信，如果在民众坚决反对的情况下任命托利党内阁，银行的黄金将在一周内被耗尽”。英格兰银行除了大量购入黄金，还在16日星期三采取行动。正如帕尔默在次日向董事会解释的那样，在“当前特殊情况下”，银行发布了一则通知，声明银行“准备接受以汇票、国库券、东印度公司债券或其他被批准的证券作为抵押物的贷款申请”。这是一项防止恐慌的重要举措。到周末时，很明显惠灵顿将无法组建内阁。到6月初，《大改革法》正式通过并生效。

普莱斯的激进举措造成了多大的影响？人们对此说法不一，尤其是银行在19世纪30年代依旧不愿披露数据。但是根据相关估计，英格兰大约在一周的时间里流失了多达160万英镑的黄金。迈克尔·布罗克（Michael Brock）在他关于这次危机的权威历史记录中反思道，主要的政治家们“很可能知道，公众普遍高估了银行的黄金储备”。[13]

“拿回黄金”这一戏剧性事件结束后不久的 1832 年 5 月 29 日，一个包括皮尔、古尔本和财政大臣奥尔索普子爵（Lord Althorp）在内的议会委员会开始就续签英格兰银行皇家特许协议搜集证据。前 4 天的唯一证人是进入第 3 年总裁任期的帕尔默。他阐述了自己的原则：

> 英格兰银行在正常情况下发行货币时遵循的原则是什么？在货币流通充足且汇率平稳的时期，英格兰银行在发行货币时遵循的原则是将存款和流通纸币所获得的价值按照一定比例投资并保留在有息证券中，其余部分则以金属铸币和黄金形式持有。在现有情况下，理想的比例约为 2/3 投资于证券，1/3 持有黄金。至于国家的货币流通，在英格兰银行处理和决定流通量的情况下，是由外汇交易行为来调节的。

不过，最具说服力的一系列观点或许来自帕尔默与一位提问者的对话，这段对话发生在帕尔默提出英格兰银行应“仅在紧急情况下成为贴现银行”之后：

> 难道为国家商业提供贴现便利，不一直是英格兰银行及所有银行设立的主要目的之一吗？——作为首都的独家发行银行，我认为英格兰银行不能大规模直接参与个人贴现交易，除非在信用危机时期。当流通货币充足时，与其他银行的竞争很可能导致过度扩张……
>
> 那么，您认为这不再是英格兰银行的首要职责，因为还有其他机构如私人银行，能够提供这种服务？——是的，他们利用和参与了货币流通。
>
> 您认为英格兰银行的主要职责是什么？——提供公众日常交易所需的纸币，作为公共资金的安全存放地点，或为那些更愿意选择英格兰银行这种公共机构而非私人银行作为安全保管个人资金的人提供选择。
>
> 这些难道不是更像政府的职责而非私人公司的职责吗？——这由政府来决定。

英格兰银行的其他证人包括前总裁哈曼。他在允许合资股份银行的立法通过 6 年后，仍然抱怨“对这项措施始终心存疑虑”。以及约翰·理查兹（John Richards），他不顾人们对英格兰银行缺乏透明度的担忧，宣称“你们能拥有的最佳安全保障就是找到诚信的个人来管理它”。在非英格兰银行证人的证词中，可以感受到金融城重要人物围绕着这个不可或缺但有时又不受欢迎的机构团结起来。金融城的主要票据经纪人塞缪尔·格尼（Samuel Gurney）坚称：“总的来说，它管理得非常好。我对管理层有信心，知道他们值得相信。”内森·罗斯柴尔德表达了同样的观点。而乔治·格罗特（George Grote）则解释说：“当一个人在困难时期需要资金或其他银行服务时，他只需要直接去英格兰银行就可以，不会受限于与主要银行家或银行的特殊、长期和固定的独家关系。”格罗特是私人银行家和政治危机期间金融城主要的改革倡导者，后来还成为一名希腊历史学家。特别值得关注的是塞缪尔·琼斯·劳埃德（Samuel Jones Loyd）的证词，当时他在城市的私人银行家中已经成为货币问题上的知识权威：

> 英格兰银行不是政府的一个引擎，一个执行政府职能的机构吗？就像它同时也是一个执行私营业务职能并与私人利益相关的引擎？——英格兰银行是发行国家公共货币的机构，并同时从事私人银行业务……
>
> 作为一个与大量股东利益相关的公司，英格兰银行可能会有与国家整体利益不同的独立利益吗？——我认为这种情况是可能的……
>
> 如果政府对英格兰银行的货币发行进行更直接的控制，你是否预期国家货币流通管理会更好？——我倾向于认为不会。

最后一位证人是同样立场坚定的私人银行家乔治·卡尔·格林（George Carr Glyn）。他被问道：“您每天都会与英格兰银行有往来吗？”格林回答道：“可以说是每时每刻。”他又被问道：“在您与英格兰银行的交易中，您是否发现其提供了任何便利？”格林回答道：“非常便利。”

仅 1 年多以后的 1833 年 8 月，英格兰银行的特许协议正式续签，将有效期再次延长了至少 11 年。从英格兰银行的角度来看，这次续签有一个明显的不利条款，一个有争议的不利条款和两个明确的有利条款。英格兰银行在议会通过该协议的法案前，曾徒劳地向上议院请愿，指出允许伦敦成立合资股份银行（从而取消 65 英里的限制）将会改变英格兰银行的性质，将其变成一个竞争性银行。但从政治的角度来看，在《1832 年改革法》之后，进一步减少英格兰银行的垄断在所难免。有争议的不利条款是，此后英格兰银行必须向财政部提供其黄金、证券、流通货币和存款的每周统计数据，并在伦敦公报上发布每月平均数据。尽管诺曼已经向议会委员会承认，银行董事会在是否公布所持黄金数量问题上“分歧很大”。与之相对的，有两个明确的有利条款。第一，允许英格兰银行的贴现利率超过 1713 年反高利贷法案规定的 5% 限制。这开启了英格兰银行使用利率控制信用规模的时代。第二，将所有英格兰银行发行的 5 英镑以上面值钞票确定为法定货币①（除在英格兰银行及其分行内部的可兑换票据外）。这将降低英格兰银行在未来遭受黄金被国内居民挤兑的可能性。总之，自 1825 年危机恐慌过后的 8 年时间里，英格兰银行的状况比预想的更好。至于持续存在的复杂的英格兰银行私人 / 公共性质问题，奥尔索普在特许协议立法时的表述也让问题解决初现曙光：“我确信，作为银行董事会的重要人物，他们将完全受到公众舆论的控制，就像他们受到法律责任的控制一样。”[14]

到这个时候，英格兰银行的分行已经成为郡级银行业务的一个成熟部分。回到 1826 年，在政府对银行体系进行改革之后，英格兰银行迅速采取行动，年底就在格洛斯特（那里的乡村银行普遍倒闭）、曼彻斯特和斯旺西开设了分行。1827 年，在伯明翰、利物浦、布里斯托尔、利兹和埃克塞特开设分行。1828 年在纽卡斯尔，1829 年又在赫尔和诺里奇开设分行。在接下来的 15 年中，普利茅斯和朴茨茅斯分行在 1834 年开设，莱斯特分行在 1844 年开设，而亏损的埃克塞特和斯旺西分行分别于 1834 年和 1839 年关闭。最终格洛斯特（1849 年）、诺里奇（1852 年）、莱斯特（1872 年）和朴茨茅斯（1913 年）分行也相继关闭。到第一次世界大战开始时，英格兰银行仅保留了 8 个分行。这些新设分行在其所在地并未受到普遍欢迎。1827 年 12 月《埃克塞特飞行邮报》（*Exeter Flying Post*）抱怨道：“在所有因英格兰银行无端干预而受到不公正对待的人中，没有人比我们当地的银行家更无辜。”当时，英格兰银行分行的代表和副代表除获

① 此处所称法定货币（legal tender）是指由法律强制流通并保证偿债能力的货币，与金属货币和可兑换金属的货币相区别。后者的流通和偿债能力主要是由金属本身的价值所决定的。——译者注

得固定薪水外，还能得到分行净利润的分成，作为其应对困难局面的补偿。最重要的分行也许是伯明翰分行，在成立的前 8 年由乔治·尼科尔斯（George Nicholls）领导。他任职时已经 40 多岁，此前曾长期担任东印度公司职员，同时也是贫困法改革者和运河工程师。有证据表明，他对分行的管理效率尚可，但这项工作本身未能满足他的不安分和探索精神。他在自传中反思道："纯粹的银行业务即收支款项和贴现票据，是我曾经参与的所有工作中最无趣和最不需动脑子的。我想我还可以补充，它对个性有着最为狭隘和抑制的影响。"[15]

对于政府和英格兰银行来说，分行的首要目的是扩大银行在各郡的钞票发行量，主要是以牺牲乡村银行的钞票发行量为代价，并总体上使英格兰银行对整个货币流通有更大的控制力。银行分行史方面的杰出历史学家迪特尔·齐格勒（Dieter Ziegler）解释说："为了实现这一点，分行的主要手段是引入所谓的'流通账户'或'3% 账户'，这是一种特权贴现账户，适用于那些放弃发行权并仅流通英格兰银行钞票的乡村银行。签约乡村银行有权在英格兰银行分行以 3% 的利率再贴现，最高限额为其原有钞票流通金额，最低限额为原流通金额的 86%。"另一位历史学家大卫·莫斯（David Moss）补充说："从签约乡村银行的角度来看，由英格兰银行黄金储备支持的钞票来保障供应，可以在人们对银行系统缺乏信心、乡村银行钞票不受重视时，降低其在货币危机中倒闭的风险。"理论上，这是对双方都有吸引力的安排。但在实践中，由于一直存在的地方保护，这一安排的运作在各分行中有好有坏。利物浦在这种特权流通账户方面取得了最大的成功，以至于到 1840 年当地的郡级银行钞票已经被完全替代。伯明翰也至少在一段时间内做得相当不错。而其他地方则是喜忧参半。到了 19 世纪 40 年代初，通过这些账户和其他方式（包括向郡级银行提供英格兰银行普通开放账户作为激励措施），英格兰银行取得了一定的进展，但还远远没有达到目标。在 1841 年上半年，仍有 281 家私人银行和 91 家股份制银行在发行自己的银行钞票。在各郡流通的钞票总额中，大约有 630 万英镑是由乡村银行发行的，约 370 万英镑是由股份制银行发行的，而英格兰银行本身只有大约 400 万英镑，不到总额的 1/3。[16]

这些分行本应该为英格兰银行赚钱。帕尔默在他 1832 年的证词中声称，英格兰银行设立这些分行"是为了增强整个国家流通的稳固性和力量，并不是为了给英格兰银行带来任何利润"。但在六年前，英格兰银行的分行委员会曾明确表示："在各郡开设分行对英格兰银行有利可图，同时也符合公众和政府的利益。"诺曼甚至曾大胆地预期"它们将为股东提供丰厚的利润”。现实情况是，诺曼承认这是“一个过于乐观的观点”。然而，在19世纪30年代和40年代，分行的贴现业务收入往往超过了针线街总行的贴现业务收入，尽管分行代表经常对总行强加的严格管控感到不满，且几个分行（包括纽卡斯尔、格洛斯特、布里斯托尔、赫尔和普利茅斯）长时间以来难以盈利。1843年9月，分行委员会对董事会建议在迅速工业化的莱斯特开设分行，持审慎乐观的态度。总体而言，这种态度可能是合理的：“委员会并不指望分行一开始就有大量利润，但他们有理由相信，分行将有望逐步覆盖运营成本并实现一定盈利。”[17]

在英格兰银行的特许协议续签仅仅一年之后的1834年3月，伴随着其在伦敦合资股份银行业务中失去垄断地位，伦敦和威斯敏斯特银行[London and Westminster Bank，现代英国国民威斯敏斯特银行（NatWest）的直接前身]在索格莫顿街开业，并从事存款业务。然而它没有受到伦敦金融界的热烈欢迎。英格兰银行不但通过一场漫长的法律斗争试图削弱其权力，直到1842年还拒绝为其开立支票账户，并且有一段时间甚至不愿对该银行的应付票据进行贴现。英格兰银行的态度并未获得多少认同，早在1834年《泰晤士报》就指出（英格兰银行）有一种“非常嫉妒和小气”的情绪，认为这种情绪“不仅不符合其担任重要公共职能的标准，也不符合高尚道德的准则”。相比之下，同一时期英格兰银行对爱尔兰银行更像是严格的导师，以早期形态中央银行的身份尽其所能地指导这家成立于1783年的银行。1836年12月，英格兰银行的总裁詹姆斯·帕特森（James Pattison）提醒爱尔兰银行：“你行作为贵国特许银行，无疑希望维持崇高地位。这要求你行不仅关心自身信用，还要保护爱尔兰银行业和商业安全。因此，你行必须具有更广阔的视野，应该在爱尔兰占据一个与我行在英格兰相似的重要地位，以保障国家的金融稳定和安全。”[18]

帕特森本人作为伦敦城勉为其难上任的自由党议员，被金融记者大卫·莫里尔·埃文斯（David Morier Evans）描述为：“看起来不像银行董事而更像一位体面的乡村地主。表情直率坦然，穿着长长的翻领黑色外套，淡褐色的短裤和装饰着小亮扣的绑腿。”这段话被写下时经济正处在焦虑时期。一直繁荣发展的美国贸易和融资，从1836年初开始令人震惊地急剧下滑，导致一场持续近一年的“美国贸易危机”。这场危机在伦敦主要表现为三个阶段，深深影响了英格兰银行和主要的“美国”公司。后者主要包括巴林银行（Barings）、莫里森·克莱德公司（Morrison Cryder）、位于利物浦的布朗公司（Browns）和“三 W”[威金斯、威尔逊和威尔德公司（Wiggins, Wilsons and Wildes）]。

“英格兰银行总裁假装（或真的）对黄金流向美国以及庞大的美国流通票据数量感到非常恐慌”，一位严肃的波士顿人乔舒亚·贝茨（Joshua Bates）在 1836 年 7 月报告道。贝茨是巴林银行（位于毕晓普门街 8 号）的主要负责人，且担任该职位多年。两个月后，英格兰银行决定对美国公司采取公开行动，暂时拒绝贴现其票据。这一举动被贝茨谴责为“卑鄙”。直到 10 月底，英格兰银行总裁召集各家公司的合伙人，正式告知他们：“英格兰银行反对给美国银行家和其他美国人提供大量信贷，无论是以公开信贷还是在英国出售（美国）州证券的方式……”贝茨可以理解英格兰银行对黄金储备减少的担忧，但他认为英格兰银行做错了。他抱怨说：“英格兰银行发动票据战争是徒劳的。”但在 1836 年底的英格兰银行内部，关注焦点却是内部纪律问题。12 月 14 日，检查委员会针对票据办公室出具了一份报告，题目是“有关乔治 - 怀尔德公司（House of George Wildes & Co）事件的起源、进展及其通报情况”。此前六天，有关怀尔德公司的谣言被媒体迅速传播，内容是指责过度扩张的怀尔德公司已经破产。检查委员会报告发现：

> 票据办公室的史密斯先生是第一个提到该公司破产的人。票据办公室的主任惠特福德（Whitford）先生从沃辛顿（Worthington）先生那里听说此事，而沃辛顿又是从一名对外出纳员那里听说该公司已倒闭。于是惠特福德在指示职员加快业务处理时，未慎重考虑就将该公司倒闭作为理由，并未对事实进行充分调查。票据办公室初级职员奥莫斯（Ormes）在听说该公司已经停止支付后，20 分钟内就将消息传给了一名叫詹姆斯·伍利（James Woolley）的证券经纪人。虽然奥莫斯表示他是出于信任才告知这一消息并要求后者严格保密，但显然他知道自己无权公开这一信息。

对于奥莫斯来说，他最大的错误就是信任伍利。在审问中他透露，伍利是“我的校友”。他和史密斯被迫辞职，后者绝望地向董事会写信道：

> 我已经在这个机构工作了26年，其中有24年都在票据办公室工作。每天早上七点半（有时甚至是七点）我就到公司（周日除外）。我会尽我所能以热情和忠诚履行我的职责。现在我已经50岁了，健康严重受损，视力也变差了。

因此，他请求董事会“为我的余生提供一些保障”。尽管给得不多，但董事会确实做了一些安排。[19]

伴随着大西洋彼岸不断传来的坏消息，危机在1837年3月进入第二阶段。乔治·卡尔·格林写下了一段非常尖锐的金融城评论，很担心英格兰银行的董事们被“政治经济学教条”所影响。他将这种“教条”与霍斯利·帕尔默的“实用知识”进行对比。幸运的是，帕尔默仍然是董事。格林向利物浦银行的一位通信者透露：“如果没有霍斯利·帕尔默和副总裁蒂莫西·柯蒂斯的坚定立场，总裁及其在董事会中的追随者会让所有美国公司都倒闭。我真的认为总裁在这个问题上是疯了。我和他发生了不愉快的冲突。”3月21日，利物浦银行的两位董事来到伦敦，住在圣保罗咖啡馆，并写信给总裁警告说：“兰开夏郡的商业和制造业因美国票据的信用危机而陷入极大困境。如果不立即采取措施恢复信心和商业信用，我们很快就会目睹本国甚至世界范围内有史以来最严重的危机。”在这封给即将卸任总裁的帕蒂森的信中，他们满怀希望地总结道：“在您即将结束对这个世界上最重要机构的管理之际，若能够挽救国家于当前的危难之中，肯定会令您特别欣慰。”显然英格兰银行董事们此时的分歧非常严重。许多董事本能而又紧张地倾向于让那些更为冒险的美国公司自生自灭，诺曼便是其中之一。诺曼的密友塞缪尔·琼斯·劳埃德在25日两方意见陷入僵局时写信给他：“我发现英格兰银行提供援助会面临非常大的困难，甚至在这个意见基础上的任何措施都会面临非常激烈的反对。”最终，在4月政府拒绝介入后，英格兰董事会终于下定决心同意拯救“三W”中最为困难的威尔德公司，但该公司无法提供任何抵押。作出这一决定无疑与新任总裁的柯蒂斯有关。和他一同上任的还有同样务实的副总裁约翰·雷·雷德爵士（Sir John Rae Read）。[20]

危机的最后时刻没多久就到来了。5月来自美国的汇款仍然远低于预期，许多票据到达后只能被拒付，即使是那些可被接受的票据也出现了问题。詹姆斯·莫里森在21日与贝茨交谈后指出：“他一生都在处理美国业务并已经在伦敦待了16年，但从未见过这样的情况。”随后，格林明确反映伦敦金融界强烈希望英格兰银行进一步帮助仍在苦苦挣扎的“三W”。

他告诉利物浦银行："我们都强烈希望英格兰银行采取决定性措施来支持这些公司。"关键时刻出现在5月底和6月初。"三W"中的威尔逊公司和威金斯公司正式请求英格兰银行救助，称"美国主要商业城市的信贷几乎全面暂停"。莫里森在日记中记录道："英格兰银行正在讨论'三W'公司。所有人都惊慌失措、悲观阴郁，整夜无法入睡。"格林说："从帕尔默先生告诉我的情况来看，我很担心最终的结果。"他的担忧是有道理的。董事会请求柯蒂斯和雷德向首相墨尔本子爵（Lord Melbourne）及其财政大臣托马斯·斯普林·赖斯（Thomas Spring Rice），提请对威尔逊公司和威金斯公司的救助，但同时又坚持要向政治家们说明"许多董事基于美国公司的账目情况对其最终偿付能力感到担忧"。政治家们拒绝介入。根据格林的信息，董事会以一票之差（可能来自帕尔默）决定不扩大救助。这意味着"三W"将永远关闭。实际上，虽然仍有一些小公司在"三W"之后倒闭，但不救助的决定戳破了危机的脓包。在6月晚些时候英格兰银行对莫里森·克莱德公司和布朗公司提供重要帮助之后，危机得到了缓解。不过，这次危机总体上严重损害了英格兰银行的声誉，激起了公众对其内部团结和一致的质疑。《泰晤士报》6月底的金融城板块对此做出了评价："在两种紧急措施之间摇摆不定，犹如一艘在海上没有舵或指南针的船，激起了业内人士的恐惧心理和旁观者的同情心。"虽然这一评价略显夸张，但确有几分正确。[21]

1838年1月，英格兰银行又陷入了另一个危险境地。在一个寒冷的夜晚，街道被大雪封锁而无法通行，几乎整个皇家交易所都被烧毁了。火灾是从交易所的西北角开始的，距离英格兰银行仅21英尺。幸运的是，那天晚上是东北风而不是东南风。再加上威廉·梅利什（他正处于46年董事任期的最后几个月）等人的积极行动，交易所西侧的银行大楼得以保全。不久之后的4月，柯蒂斯总裁决定将股票经纪人赶出圆形大厅，这可能与经纪人办公室因火灾被毁后圆形大厅过度拥挤有关，也可能与不幸的奥莫斯和伍利事件有关。不管怎样，这一决定使总裁在股票经纪人中变得不受欢迎。3年后，当柯蒂斯公司倒闭的消息传出时，附近卡佩尔庭院的证券交易所大厅发出了三声欢呼以示报复。很快，一个更大的、包括前广场的皇家交易所新建计划就在进行中。然而，这个计划拆除了英格兰银行的部分建筑，且拆除者很快就后悔了。与新的皇家交易所相辉映的，是惠灵顿骑马的雄伟雕像（至今仍然矗立）。英格兰银行财政委员会曾在1836年拒绝支付雕像费用，称"银行没有资助此类项目的习惯"。但两年后银行妥协了，提供了100几尼。[22]

在另一方面，蒂莫西·柯蒂斯在1839年夏天因为一个尴尬但具有启示性的事件而处于风口浪尖，尽管他已不再是总裁。由于包括监管不力和铸币支付小麦进口在内的种种原因，英格兰银行在当年7月的最后一周，黄金储备仅剩370万英镑，略多于流通钞票量的1/5，显然不足以支持钞票流通。英格兰银行可能在一开始求助了罗斯柴尔德家族，可当时内森已经去世3年，不再主导家族事务。到7月19日，英格兰银行转而向巴林银行求助，希望其能协助从法兰西银行获得200万英镑的信贷。巴林银行同意提供协助。不久后，柯蒂斯与汤姆·巴林（Tom Baring）一同前往巴黎，与代表法兰西银行的巴黎银行家财团进行谈判。协议最终在8月1日签署，为英格兰银行提供了200万英镑的票据，从而使其避免了被迫暂停现金兑付的危险。资深木材经纪人查尔斯·丘吉尔（Charles Churchill）的日记很好地捕捉了金融城对这事件的反应："英格兰银行提高贴现率至5%，并与法兰西银行达成协议获得200万英镑。这一金额是以外汇支票（而不是黄金）的形式支付的!! 英格兰银行竟然接受了空头支票!! 鬼知道未来还会发生什么？"

这种沮丧是毋庸置疑的，但相较于罗斯柴尔德家族的反应，这种情绪并不带有恶意或敌意。此前，罗斯柴尔德家族的巴黎子公司显然曾试图参与谈判，但为时已晚。内森的兄弟詹姆斯在协议签署当天在巴黎写信说："在1825年，是我们安排运进大量黄金挽救了英格兰银行。但现在巴林银行却成为这一切的受益者。"他认为英格兰银行"至少应该协调一下，以便业务得到适当的分配"。他对柯蒂斯的愤怒最为深重，称其为"一个两面派无赖"。之后，罗斯柴尔德家族和英格兰银行之间的关系继续恶化，以至于内森的儿子莱昂内尔（Lionel）在1843年决定关闭其在英格兰银行的账户。但对于柯蒂斯本人来说，他在谈判结束后向针线街发送了一份报告，称其从这次事件得到的经验是，应该在英格兰银行和法兰西银行之间建立"良好服务的直接交流和互换机制"。他接着说：

> 对于英格兰银行来说，这种机制具有极大优势：首先，可以使英格兰银行在需要外汇时不必求助于个人；其次，可以为英格兰银行实现既定目标提供更强有力的支付便利；最后，维持两家银行友好且互信的关系，有利于任何一方获得必要的援助。[23]

虽然当时还没有人谈论"中央银行"，但这确实是中央银行合作史中一个重要的时刻。

中央银行合作还只是遥远的未来。1839 年晚些时候，代表郡级工业而不是大都市金融的曼彻斯特商会，发布了一份报告（得到了有影响力的《晨间纪事报》的认可），明确指责英格兰银行通过货币紧缩在贸易状况基本健康时造成了不必要的商业困扰。英格兰银行董事诺曼对此做出了回应。他准备了一份长篇辩护报告，并在 1840 年初提交给银行股东们。他声称："作为股东利益的忠实管家和公众利益的重要责任人，董事们应该明确表达观点。从前那种保持沉默和隐藏信息的旧制度已经不再适用。如果继续坚持旧的做法，将会对银行和社会造成重大伤害。然而，令人不安且不可避免的事实是，英格兰银行似乎在所有场合都是被普遍敌视的对象。这些敌视在某些情况下是针对董事会个人的诚信，但更常见的是针对他们的极度无知和无能，以至于英格兰银行本身被描绘为有害或至少是无用的机构。银行的未来似乎是明显未受保护的和脆弱的。如果在去年年初就能预见到随后发生的一切，董事们会毫不犹豫地采取完全不同的措施。"对此，霍斯利・帕尔默在手稿上留下了"非常正确"的批注。尽管已有将近一个半世纪的历史，英格兰银行此时的前景充其量只是昏暗不明的。[24]

在 19 世纪 30 年代后半段，英格兰银行的困境使其不得不处于防御状态，同时对帕尔默及其著名规则产生了非常严重的影响。帕尔默理所当然地采取行动，在 1837 年出版了《对货币市场压力原因及其后果的论述》一书。在这本著作中，他将货币市场持续不稳定的责任几乎完全归咎于新成立的合资股份银行。这类银行当时已有约 100 家，仅在 1836 年 1 年内就成立了 42 家。帕尔默宣称："这些合资股份银行毫无必要。过度设立银行引发的激烈竞争，导致了纸币和信贷的大幅度、不稳健甚至鲁莽的扩张……就连最普通的观察者都发现了聚集的阴云，担忧其带来的后果。"至于帕尔默规则，是否还被遵守和尊重呢？没有。帕尔默坚称："在货币供应的正常时期，银行负债与储备黄金的比例为三比一。但这一规则主要针对正常经济情况，并未考虑适用于特殊事件。在非正常时期，银行有责任立即减少证券资产。"帕尔默的抗辩未能说服塞缪尔・琼斯・劳埃德。塞缪尔在几周后发表了一本针锋相对的小册子，不仅指责帕尔默为达到预设结果任意编制账目，还提出了一种引人注目的清晰论点：

> 必须指出，英格兰银行在扮演着两种角色：一方面是货币流通的管理者，另一方面是处理一般银行业务的机构。这两种角色虽然经常由同一方扮演，但它们本质上是完全不同的。在银行为自身制定的指导原则（即帕尔默规则）中，这两种角色的分离性和独立性并未得到足够重视。

因此，劳埃德提议道："如果英格兰银行的两种角色能完全分离，则每一种角色都将更简单高效地履行其职能，不再受到另一个角色反向拉扯的干扰。在这一新制度下，英格兰银行的发行职能和一般业务职能将严格分离。发行纸币的数量将以一个固定数量的证券作为支撑，而黄金储备则随着纸币流通量的变化而波动。"

在接下来的几年中，即19世纪30年代末至19世纪40年代初，两种明确的思想流派逐渐形成。一是支持帕尔默的"银行"学派，主张银行家对货币供应量拥有自主权力。二是支持劳埃德的"货币"学派，明确警告不要给予银行这种权力。英格兰银行那几年的业绩并没有帮助到前一个学派。到了1842年，丹尼尔·哈德卡斯尔（Daniel Hardcastle）在《银行和银行家》（*Banks and Bankers*）的调查中直言不讳地表示："帕尔默规则对发行银行有效，但对兼有存款业务的银行无效。"最终的决定性因素是政治家的意愿。自1841年以来，英国首相是坚决果断的罗伯特·皮尔爵士（Sir Robert Peel）。他是1819年决定恢复现金兑付的主要推动力量。这一举措本质上旨在限制英格兰银行的行动自由。自那以后，他目睹了一系列货币危机，以及与之相伴的狂热投机和金融危机。他决心将包括英格兰银行在内的银行体系引导到尽可能规范的道路上。1844年，一切准备就绪。英格兰银行特许协议到了需要续期的时候。同时许多董事对帕尔默规则的效力失去信心，甚至对自己的自由裁量能力也不再有信心。皮尔本人深信劳埃德"货币"学派的优点。他和财政大臣亨利·古尔本找到了一个可以合作的总裁——威廉·科顿（William Cotton），以及从旁协助的副总裁本杰明·希思（Benjamin Heath）。在1842年前几个月积极且大体和谐的谈判之后，皮尔公开且十分真诚地宣布："不得不说在与他们沟通的整个过程中，我见到了前所未见的无私和公共精神。"[25]

1842年5月6日，皮尔在下议院发表了热情洋溢的长篇演讲，阐述他的提案。[26]这一提案大体上包含六个部分：第一，将英格兰银行的纸币发行业务与一般银行业务分开；第二，限制其他发行银行；第三，确定1400万英镑的固定信用发行额（即可以用证券作为抵押发行的纸币金额）；第四，在固定信用发行额之外，纸币和黄金将保持固定比例；第五，将英格兰银行每年管理国债的报酬降低 18 万英镑；第六，要求英格兰银行每周公布账目。这一提案得到了普遍积极的反响。刚刚创办的《经济学人》杂志在几天后断言道："（我们）对该提案的原则几乎没有异议。"木材经纪人丘吉尔指出提案是"明智、稳健且广受赞同的"。日记作者查尔斯·格雷维尔（Charles Greville）则称："皮尔关于英格兰银行的演讲大大增强了他的声誉。"

然而，在英格兰银行的股东中，却出现了意见分歧。在 5 月 7 日和 13 日召开的两场股东大会特别会议上，人们至少听到了四个强烈的反对声音。蒂姆佩隆（Timperon）用低沉的声音表示，如果由他决定，他会把内阁成员们的提案抛之脑后。费尔德（Fielder）痛苦地回忆道："政府没有为福特勒罗伊的欺诈案支付一分钱。英格兰银行承担了所有欺诈损失，它总是受到苛待，没有得到应有的公平。"库克（Cook）则"在很多打断声中"发言，声称董事们"受到政府约束从而完全不适合捍卫股东的利益"。扬格（Younger）同样称："希望管理层能够挺身而出，不要再听命于人，也不要像以前一样被当作替罪羊。"支持一方的重要发言来自哈蒙德（Hammond），也许不可避免的还有塞缪尔·琼斯·劳埃德。哈蒙德赞扬了银行职能分离带来的好处，提出了一个在财务上看起来很有吸引力的愿景，即董事们将有"更多的机会关注一般银行业务以提高盈利能力"。因此"他毫不怀疑，一般银行业务将在不受发行业务束缚的情况下扩张，为股东带来巨大利益"。劳埃德从一个更高尚、不那么功利的角度进行回应："许多人呼吁政府提案是'真正有政治家头脑的措施''体现了制定者坚定的政治智慧和对公共利益的广阔视野'。当然，在落实这一提案时我们可能会遇到一些困难。但那些银行引以为豪的人将做好工作，并以促进银行利益的方式来落实各项措施。"值得注意的是，劳埃德是在挥舞大棒之后再说出这些鼓舞人心的言辞的。他先前警告说："若拒绝政府的提案，将导致国家的'货币体系'以一种全新的、截然不同的方式运行。这种新方式虽然不会减少国家的利益，但是对本银行的好处却极其有限。"不论出于何种动机，股东们最终还是以压倒性多数投票接受了提案。"只有三个人举手反对。"[27]

之后的情况并非一帆风顺。霍斯利·帕尔默是最不愿轻易认输的人。5 月底，他写信给皮尔，请求将固定信用发行额增加到 1600 万英镑。一周后的 6 月 7 日，金融城私人银行的高级合伙人召开会议，讨论向皮尔提交一份请愿书，表达他们对固定信用发行额被绝对限制在 1400 万英镑的担忧。“无论这一金额本身是否合适，都会在全国范围内引起广泛的不安情绪，并最终导致合法贷款的全面撤回”。或者说，引发又一场金融和商业危机。科顿在10日给古尔本的信中写道：“我强烈怀疑帕尔默先生在这次请愿行动中起了很大作用。他一直试图影响董事会成员。如果他提出一项让我处于少数派的决议，我也不会惊讶。但我会尽我所能去争取，即使得不到董事会成员的支持，也会得到明智之人的支持。”事实上，尽管第二天大多数金融城银行家都签署并提交了给皮尔的请愿书，但科顿并没有试图动员站在自己一方的银行董事——也许是因为，尽管科顿很焦虑，但他也许并没有获得足够人数的支持。

然而，皮尔不为所动。不久之后的6月13日，在相当冷淡的气氛中，这项提案在下议院进行了决定性的二次宣读。辩论期间，辉格党政治家本杰明·霍斯（Benjamin Hawes）警告称，英格兰银行越来越近似于“唯一发行银行”，将导致其被“执政政府控制”并“卷入党派政治”中，从而产生“美国式弊端”[①]。古尔本提到1825年“国家几乎被逼回到以物易物的原始交易状态”，以及1839年的“不幸危机”。他解释说：“这项提案的目的是使（由一定比例的纸币和黄金组成）的货币供应量，在波动方面与金属货币的波动完全一致。如果这项提案有一个最重要的保护措施，那就是政府不应该控制英格兰银行。”私人银行家和保守党议员约翰·马斯特曼（John Masterman）认为：“很难确定1400万英镑这一确切金额是不是在任何特定时期或任何情况下都能满足需要。”而最热烈的掌声留给了林肯地区的著名极端保守议员西布索普上校（Colonel Sibthorp）。他宣称：“如果我有10万英镑，我宁愿将其托付给地方银行家，也不愿交给垄断性的英格兰银行。”尽管有这些反对声音，但该提案还是以185票对30票的优势通过。几周后，“银行特许法案”正式生效，几乎正好赶上英格兰银行成立150周年纪念日。

新制度的创立者无疑深谙历史，甚至可以追溯到18世纪90年代。古尔本后来回忆道：“1844年我和皮尔爵士（提出特许法案）的主要目标是确保英格兰银行钞票的可兑换性，并尽我们所能防止因暂停现金兑付导致灾难再次发生。我们当时年纪都很大了，都曾经目睹了停兑灾难的始终。”新制度的核心基础是对黄金优越性不可动摇的信念。他们认为如果

---

① 1835年，与美国第一银行共同承担“中央银行”职能的美国第二银行被关闭，因为其特许经营权延期协议在美国国会投票通过，却被时任总统杰克逊否决。有人认为杰克逊行使否决权与党派政治有关。这个事件使杰克逊险些被刺杀，并最终导致了1837年的经济危机。——译者注

始终坚持这种优越性，就能抑制投机行为并确保金融和商业的稳定。在内阁眼中这仅仅是让英格兰银行回到了最初的位置。英格兰银行从此以后将受到限制，在严格的非自由裁量权范围内管理金本位制。然而，未来的现实情况更加复杂。一方面，英格兰银行更狭小的职责范围使其有机会在货币事务上更趋精湛，使得外部人士越来越难以挑战；另一方面，信用发行额度的不灵活（这在某种程度上违背了科顿的愿望）增加了未来发生危机的可能性。正如霍斯利·帕尔默所预测的那样，这不可避免地将迫使政治家们向英格兰银行寻求专业指导。

即便如此，这项法案的“教父”仍然显得很轻松。1844 年 8 月，已是当时最富有银行家的塞缪尔·琼斯·劳埃德写信给仍在董事会任职的乔治·沃德·诺曼。或许诺曼私下对劳埃德或皮尔的观点并不反感。信中写道：“帕尔默给我寄了这封信①。如果这封信能证明什么，那只能是 1400 万英镑的信用发行额实在是太多了。关于这方面的合理决策，你们银行的先生们负有全责。如果你们出错了，就都要受到严厉的惩罚。”[28]

第五章 所有的非议

1 Piero Sraffa (ed), The Works and Correspondence of David Ricardo (Cambridge, 1952), Vol. V, pp. 463-464, Vol. VI, pp. 338, 268; T. C. Hansard (ed), Parliamentary Debates, Vol. XXXII (1816), 13 Feb 1816, cols 461, 463, 477-478, 502, 504, 506, Vol. XXXV (1817), 19 Feb 1817, col 449.

2 John Thornton (ed), The Book of Yearly Recollections of Samuel Thornton, Esq. (Ewell, 1891), p. 167; Hansard, Parliamentary Debates, Vol. XXXIV (1816), 1-3 May 1816, cols 160-163, 251, Vol. XXXV, 19 Feb 1817, col 464; Feavearyear, p. 216; Giuseppi, p. 80; Clapham, Vol. 2, pp. 64-65; Acres, Vol. 1, pp. 315-316; Huskisson Papers (British Library), Add Ms, 38,741, fos 251-252.

3 Randall McGowen, Bank of England and the Policing of Forgery, 1797-1821 Past and Present, Feb 2005, p. 87; OL, March 1959, p. 44 (C. A. West); Abramson, p. 123; Virginia Hewitt, of Imitations Numismatic Chronicle, 1998, p. 211; Frank Whitson Fetter, Development of British Monetary Orthodoxy, 1797-1875 (Cambridge, Massachusetts, 1965), p. 73; Kathryn Cave (ed), The Diary of Joseph Farington, Volume XV (1984), p. 5318.

---

① 即前文提到的要求将固定信用发行额提高到 1600 万英镑的信。——译者注

4 Fetter, Development, p. 85; Minutes of Evidence taken before the Secret Committee on the Expediency of The Bank resuming Cash Payments (House of Commons, 6 May 1819), pp. 26, 51-52, 79; Boyd Hilton, Corn, Cash, Commerce (Oxford, 1977), p. 46; Hansard, Parliamentary Debates, Vol. XL (1819), col 604; Boyd Hilton, A Mad, Bad, and Dangerous People? (Oxford, 2006), p. 325; Hilton, Corn, p. 46; Hansard, Parliamentary Debates, Vol. XL, cols 683, 689, 741, 744, 746, 800. For a close reading of the attitudes towards bullionism of individual Bank directors, see: J. K. Horsefield, 'The Bankers and the Bullionists in 1819', Journal of Political Economy, Oct 1949, pp. 442-448.

5 Minutes of Evidence taken before the Secret Committee, p. 1573 Hilton, Corn, pp. 56-57; Huskisson, fos 251-252; Abramson, p. 123; Hilton, Corn, pp. 87-88; Clapham, Vol. 2, p. 75; Hilton, Corn, p. 89.

6 D. P. Oand John Creedy, Darwin's Clever Neighbour (Cheltenham, 2010), pp. 244-246; Stephen Fay, 'Run in the Bank', MCC Magazine, Autumn/Winter 2014, p. 22; Darwin's, pp. 253-245 OL, March 1932, pp. 14-15 (Acres); ODNB, A. C. Howe, 'Palmer, (John) Horsley'; Darwin's, p. 352; UCL/Legacies of British Slave-ownership/database.

7 Acres, Vol. 2, pp. 399-400; Anthony Howe, 'From "Old Corruption" to "New Probity"', Financial History Review, April 1994, pp. 23-41; Sir John Soane's Museum, S.M. Private Correspondence, I I.T.7.1; Abramson, pp. 177-188; S.M. Private Correspondence, I.B.2.14; OL, March 2004, p. 25.

8 OL, Sept 1929, p. 167; Feavearyear, p. 233; Clapham, Vol. 2, pp. 81-89, 76; Acres, Vol. 2, p. 419-420; OL, Dec 1934, pp. 255-261 (Acres).

9 Yearly Recollections, p. 196; Hilton, Corn, pp. 202-215; Feavearyear, p. 235; K. F. Dixon, 'The Development of the London Money Market, 1780-1830' (University of London PhD, 1962), pp. 178-179.

10 Feavearyear, p. 236; E. M. Forster, Marianne Thornton, 1797-1887 (1956), pp. 106-114; Clapham, Vol. 2, p. 99; Walter Bagehot, Lombard Street (1873), pp. 51-52; John A. James, 'Panics payments disruptions and the Bank of England before 1826', Financial History Review, Dec 2012, pp. 301-302; Liverpool Papers (British Library), Add Ms, 38,371, fo 77; Francis Bamford and the Duke of Wellington (eds), The Journal of Mrs Arbuthnot (1950), Vol. 1, pp. 426-427; Kynaston, Vol. 1, p. 70; Arbuthnot, p. 428; Clapham, Vol. 2, pp. 100-102; OL, Sept 1929, p. 168.

11 Morgan, pp. 88-89; Darwin's, pp. 298-299.

12 Morgan, p. 100; Hilton, Corn, pp. 237-238; J. K. Horsefield, 'The Opinions of Horsley Palmer', Economica, May 1949, pp. 150-152; Feavearyear, pp. 245-250; Hilton, Corn, pp. 239-241; Darwin's, pp. 350-351; Brian Jenkins, Henry Goulburn, 1784-1856 (Liverpool, 1996), pp. 207-208; Ms/201, 23 April 1830; Jenkins, pp. 213-214.

13 Acres, Vol. 2, p. 456; OL, March 1984, pp. 26-29 (David J. Moss); Michael Brock,

The Great Reform Act (1973), p. 298; Times, 15-16 May 1832; G8/25, 16 May 1832; Fetter, Development, p. 135; Brock, p. 306.

14 Report from the Committee of Secrecy on the Bank of England Charter; with the Minutes of Evidence (1832), pp. 72, 178-182, 2341, 5127, 5130, 3689, 4946, 4773, 3395, 3402, 3415, 2878-2879; Clapham, Vol. 2, p. 129; Feavearyear, p. 252; Report from the Committee of Secrecy, pp. 2710-2711} Feavearyear, p. 251; Fetter, Development, pp. 156-157.

15 Acres, Vol. 2, p. 429; OL, June 1926, pp. 258-260 (Acres); Acres, Vol. 2, pp. 434, 428; OL, June 1935, pp. 109-112 (Acres).

16 Dieter Ziegler, 'Central Banking in the English Provinces in the Second Quarter of the Nineteenth Century', Business History, Oct 1989, p. 38; David J. Moss, 'Central banking and the provincial system', Hnancial History Review, April 1995, p. 7; Dieter Ziegler, Central Bank, Peripheral Industry (Leicester, 1990), pp. 9-31.

17 Ziegler, Central Bank, pp. 5-6; Darwin's, p. 299; Clapham, Vol. 2, pp. 138-139; Moss, 'Central Banking', p. 20; Ziegler, Central Bank, p. 9. In general on the branch banks in this period, see also: David J. Moss, 'The Bank of England and the country banks', Economic History Review, Nov 1981, 'The Bank of England and the establishment of a branch system, 1826-1829', Canadian Journal of History, 1992; R. O. Roberts, 'Bank of England Branch Discounting, 1826-1859', Economica, Aug 1958; Roy Clifford, The Birmingham Branch of the Bank of England, 1826-1834 (c 1998); M. Collins, 'The Bank of England at Liverpool, 1827-1844', Business History, 1972; Jean Welsh, 'A History of Banking and the Bank of England in Newcastle and the North East of England, 1815-1850' (undated dissertation at Bank of England Information Centre).

18 Edward Nevin and E. W. Davis, The London Clearing Banks (1970), p. 61; T. E. Gregory, The Westminster Bank (1936), Vol. 1, pp. 151, 164; J. K. Horsefield, 'The Bank of England as Mentor', Economic History Review, Aug 1949, p. 84.

19 ADM30/10, James Pattison file; Jessica M. Lepler, The Many Panics of 1937 (Cambridge, 2013), p. 53; The Baring Archive, DEP 74 Vol. 3, Diaries of Joshua Bates, 17 September 1836; G8/29, 26 Oct 1836; Lepler, p. 60; G6/286, items 52-54, 81; Lepler, chap. 4.

20 Barclays Archives, 25/265 (286, 278, 286); G4/59, 21 March 1837; D. P. O(ed), The Correspondence of Lord Overstone, Volume 1 (Cambridge, 1971), p. 221; Lepler, pp. 167-172.

21 Muriel Emmie Hidy, George Peabody (New York, 1978), p. 84; Morrison Cryder records (LMA), Ms 11,720, folder one, 21 May 1837; Barclays, 25/265 (289, 290); G4/60, 30 May 1937; Caroline Dakers, A Genius for Money (2011), p. 133; Barclays, 25/265 (293); G4/60, 1 June 1837; Barclays, 25/265 (293); Times, 27 June 1837.

22 OL, Dec 1923, pp. 136-137; Acres, Vol. 2, pp. 481-483; Abramson, p. 79; G8/29, 26 Oct 1836; Acres, Vol. 2, p. 479.

23 Clapham, Vol. 2, p. 162; The Baring Archive, DEP 74 Vol. 3, Diaries of Joshua Bates, 20

July 1839; Clapham, Vol. 2, pp. 168-169; Marc Flandreau, 'Central bank cooperation in historical perspective', Economic History Review, Nov 1997, p. 742; diary of Charles Churchill senior (LMA), Ms 5,762, Vol. 17; Niall Ferguson, The World's Banker (1998), pp. 398-399; Stanley Chapman, The Rise of Merchant Banking (1984), p. 165; Flandreau, p. 743.

24 Overstone, Vol. 1, pp. 250-274.

25 J. Horsley Palmer, The Causes and Consequences of the Pressure upon the Money-Market (1837), pp. 10, 33, 42; Samuel James Loyd, Reflections suggested by a Perusal of Mr J. Horsley PalmerPamphlet (1837), pp. 13, 10, 17; Overstone, Vol. 1, p. 93; Daniel Hardcastle, jnr, Banks and Bankers (1842), p. 164; Michael Collins, 'The Langton Papers', Economica, Feb 1972, p. 59; P. L. Cottrell, 'The Bank of England in transition, 1836-1860', in Franz Bosbach and Hans Pohl (eds), Das Kreditwesen in der Neuzeit (Munich, 1997), p. 105; Hansard's Parliamentary Debates, Vol. LXXIV (1844), 6 May 1844, col 750. See also: J. K. Horsefield, 'The Origins of the Bank Charter Act, 1844', T. S. Ashton and R. S. Sayers (eds.), Papers in English Monetary History (1953), pp. 109-125.

26 Helpful summaries of the Bank Charter Act include: Clapham, Vol. 2, pp. 183-184; Fetter, p. 185; Feavearyear, pp. 272-274; Morgan, pp. 115-116.

27 Economist, 11 May 1844; Churchill, Vol. 22; Lytton Strachey and Roger Fulford (eds.), The Greville Memoirs, 1814-1860 (1938), Vol. V, p. 173; Times, 8 May 1844, 14 May 1844; Economist, 18 May 1844.

28 Charles Stuart Parker (ed), Sir Robert Peel from his Private Papers (1899), Vol. II, p. 570; Circular to Bankers, 14 June 1844; M5/206 (item 65); Circular to Bankers, 14 June 1844; Hansard's Parliamentary Debates, Vol. LXXV (1844), 13 June 1844, cols 804, 809-811, 851, 869; Overstone, Vol. I, p. 359; Jenkins, p. 308; Clapham, Vol. 2, p. 270; Overstone, Vol. 1, p. 363; Darwin's, pp. xlvii-xlviii.

第六章

紧身束衣的影响

“我衷心祝贺您和罗伯特·皮尔爵士，因为议会通过的大胆而全面的措施已经产生了良好结果。”威廉·科顿在1845年1月卸任总裁前不久写信给亨利·古尔本。有许多证据表明，科顿是“银行特许法案”的共同缔造者。他补充说：“我认为大多数重要的货币交易商都承认，到目前为止该措施的效果非常有利。”这封信的大部分内容都是与银行法案执行有关的财务状况。但信的结尾却表达了一种难以想象出自维多利亚时期总裁笔下的多愁善感：

> 我相信您一定会和我一样感到高兴，因为监狱囚犯人数在今年降到了多年以来的最低点。在制造业地区，过去一年的盈利超过以往任何时候。据我所知，一些棉纺厂主已经赚取了10万英镑的利润。我希望他们能把利润的1/10用来改善员工的精神和物质状况。

回到英格兰银行内部。在“银行特许法案”建立的新世界中，科顿和他的继任者们的关注重点是后来被称为“银行利率”的问题。由于该法案意味着英格兰银行对其钞票发行的控制权大大减少，必然导致银行要将决策重点放在短期利率上。事实上，正是在1844年的晚些时候，英格兰银行决定每周确定一次贴现率。财政委员会指出这是“适当管理货币流通”的必要方式。在更宏观的层面上，到19世纪的第二个25年，英格兰银行与货币市场的关系进入一个新阶段。特别是从1830年开始，银行同意票据经纪人（贴现行的前身）开设贴现账户，正式确立了一种贴现安排，让这些票据交易的专业经纪人可以到银行用票据兑换钞票。伦敦贴现市场历史学家W. M. 斯卡梅尔（W. M. Scammell）回顾道：“英格兰银行意识到自己扮演了最终现金来源的角色，意识到在必要时应该将现金输送到经济中，以及意识到应选择贴现市场作为输送手段。这不仅是现代贴现市场的发展方向，也是现代银行系统整体发展的必经之路。”在接下来的 30 年间，即从 19 世纪 30 年代到 19 世纪 50 年代，贴现市场主要依靠“通知放款”（call loan）系统取得了很大发展。这种系统下快速增长的合资股份银行向票据经纪人提供大量贷款。而英格兰银行与这些票据经纪人的关系将变得非常复杂，因为现在这些经纪人拥有在英格兰银行再贴现的权利。[1]

这在 1844 年“银行特许法案”通过后的几年里尤为明显。因为英格兰银行在一般银行业务方面从此几乎拥有了完全的自由。它通过推出一项出乎意料的竞争性贴现政策，扰乱了货币市场。正如《银行家杂志》（*Bankers' Magazine*）在 1845 年 4 月评论的那样：“英格兰银行的董事们作为银行家，现在热衷于将他们的业务推进到前所未有的程度。”毫无疑问，这项政策在刺激宽松的货币增长和推动铁路建设狂潮方面发挥了作用。那年的铁路狂热达到了顶峰。到了 1846 年，乌云开始在地平线上聚集，因为狂热最终消散，再加上年底增加进口了越来越昂贵的小麦。当时，在《谷物法》废除的背景下，谷物供应迅速恶化。欧洲大陆和爱尔兰产量下降，英国则农作物歉收。这导致黄金因小麦进口而严重流失。随后英格兰银行因其似乎不负责任的贴现政策和同样激进的短期贷款政策而备受批评。贴现市场历史学家威尔弗雷德·金（Wilfred King）在 20 世纪 30 年代回顾说：“疯狂的铁路投机显然没有在英格兰银行董事们的心中，引发对自由政策便利性的丝毫怀疑。他们更不可能怀疑这种政策可能是导致普遍狂热行为的根本原因。”当然，这种批评可能并不完全公正。在对 1847 年危机原因的最全面分析中，H. M. 布特（H. M. Boot）不仅认为英格兰银行的“新”贴现政策实际上比普遍认为的要被动得多，还认为“1844 年至 1846 年间低市场贴现率并不是银行贴现活动的结果，而是那些年强劲的国际收支盈余导致大量金银流入的结果”。与以上二者相比，克拉珀姆的看法可能更为准确：“1847 年危机背后的原因，是谷物和铁路，以及英格兰银行的新竞争性政策和对自身市场影响力的估计不足。”他用符合商人董事们认知的航海做了比喻：“英格兰银行并未吹哨唤来暴风，但它太长时间没有收帆减速，仿佛亲身示范、鼓励其他人也这样做。”[2]

“太长时间”这个批评特别适用于 1847 年初的几个月。现在看来当时的选择是灾难性的。英格兰银行储备金在年初至 4 月初明显下降。其中金币储备从 820 万英镑下降到 370 万英镑，金条储备从 1430 万英镑下降到 960 万英镑。然而，英格兰银行并未释放明显的货币政策收紧信号。这促使《泰晤士报》在 4 月 7 日指出：“对于从 1 月至今的货币市场状况，英格兰银行态度极其冷漠。这引起了普遍的议论和广泛担忧。”乔治·沃德·诺曼在其自传中，对这一失败的政策选择进行了不太令人信服的自我辩护：

> 在 1847 年这一年里，我不遗余力地向董事会强调应该尽早通过提高贴现率而采取有效行动。特别是在这一年 3 月，我为此发起了一项正式提案。但正因为这项提案，董事会的某些成员对我进行了不少指责。他们在个人层面上过度交易，认为宽松的货币市场对他们至关重要。由于我已经退出商业活动，因此能够在不考虑个人利益的情况下冷静地看待周围肆虐的风暴。但这一事实并没有使我的建议更容易被接受。

诺曼补充道：“在对我最激烈的指责者中，有前任总裁詹姆斯·帕蒂森。我与他有过一次正面冲突。在经历了长时间的隐忍后，我认为是时候站出来为自己辩护了。”

当政策转向最终来临时，一切发生的极其突然。而且由于拖延太久，情况变得更为严重了。首先在 4 月 8 日，英格兰银行将最低贴现率提高到 5%。相比之下，1 月以来的贴现率为 4%，而前一年秋季的贴现率为历史低点的 2.5%。紧接着，英格兰银行采取了［用费弗耶尔（Feavearyear）的话说］“激烈的行动”：

> 在伦敦，仅有期限非常短期的票据按照 5% 的贴现率被受理，其他票据则按 5.5% 或 6% 的贴现率。在分行，英格兰银行恢复了旧式的限制贴现的方法，要求经纪人将接收的票据数量减少一半。一些贷款被强制收回。127.5 万英镑的统一公债被出售以回笼现金，然后又在账面上购回。

毫无疑问，这一切引发了对可用信贷短缺的广泛恐慌。像奥福伦·格尼（Overend Gurney）这样的票据经纪人面临着异常巨大的压力，贸易则几乎陷入停滞。当然，这种突然的转向也起到了作用。人们对英格兰银行维持可兑付能力的疑虑暂时消失了，因为其黄金储备占存款的比例从 4 月中旬的不到 20%，恢复到 6 月初的超过 30%。但与此同时，为了支付进口谷物的费用，大量黄金仍在流出，信贷成本依然高得惊人。以至于在 7 月初，一份名为“伦敦商人、银行家和贸易商反对‘银行特许法案'"的请愿书被交给政府，描述当时的"货币压力程度"是"即使最年长的商人也未曾经历的"。正如请愿书标题所示，这些人将金融城的困境归咎于1844年法案。据说在4月，金融城内只有3个人仍在捍卫这项法案。最坚定的捍卫者仍然是塞缪尔·琼斯·劳埃德，他在那年夏天毫不犹豫地将责任归咎于英格兰银行，因为银行未能在之前几个月黄金不可避免地流失时保护自身储备。他在6月写信给辉格党财政大臣查尔斯·伍德爵士（Sir Charles Wood）时声称："我随时都可以用严重的管理失职让曼彻斯特陷入混乱。而英格兰银行拥有比我更大的权力。它最近的管理不善使整个国家陷入混乱。至于法案，它从未声明能够为其提供保护。"[3]

到了夏季的后半段，大为改善的谷物状况成为新的影响因素。这得到了大多数人的欢迎，但同时造成了谷物贸易的混乱，因为小麦价格几乎减半。新当选的英格兰银行总裁威廉·罗宾逊（William Robinson）是W. R.罗宾逊商行（W. R. Robinson & Co）的高级合伙人。8月19日，为他的商行提供银行服务的普雷斯科特·格罗特公司（Prescott, Grote & Co），被提醒商行存在"谷物业务上的不谨慎操作"，从而花了几乎一整天来检查商行账簿。普雷斯科特·格罗特公司自然不希望这家"地位很高"的商行倒闭，但最终他们"被迫告知罗宾逊先生倒闭难以避免"。

> 看来我们对罗宾逊先生私人财产的数额有一种非常错误的印象。我们不知道从何得知他除生意之外的身价起码超过10万英镑。而事实上，他的私人财产，包括他的董事资格（持有的银行股票）和在格洛斯特郡（Gloucestershire）的一处地产，合计不超过2.5万英镑。他在生意中的资本也不超过2.2万英镑。我们认为他商行的倒闭是不可避免的。

事情的确如此，随着罗宾逊商行的倒闭，他的总裁职务也随之失去，并由他的副手詹姆斯·莫里斯（James Morris）接任。金融城对此大为震惊。一位目击者在8月24日声称："这引起了非同寻常的轰动。"而不友善的劳埃德则认为："总裁的倒台是由于他的儿子和合伙人进行了大规模的投机，且操作非常愚蠢，而他本人又未能适时制止。"诺曼则更宽厚地表示："他的官方职责使他在关键时刻无法顾及商行事务。"

情况在9月变得更糟，商业公司接连倒闭，其中两家与英格兰银行董事关系密切：高尔叔侄公司（Gower, Nephews & Co，在毛里求斯糖业庄园上过度投资）和雷德·欧文公司（Reid, Irving & Co，从事东印度和西印度贸易）。因此，阿贝尔·卢埃斯·高尔（Abel Lewes Gower）和约翰·雷·雷德爵士不得不效仿罗宾逊的做法，被迫离职。这导致董事会暂时出现3个空缺的职位。让危机气氛加剧的是票据经纪商桑德森公司（Sanderson & Co）的停业，其负债超过260万英镑。9月24日，一位知情的金融城人士约翰·阿贝尔·史密斯（John Abel Smith）宣称，他从未见过如此"普遍的恐慌、不和与不信任"。5天后，《笨趣》杂志发表了一幅极具尖锐讽刺意味的漫画——《紧身束衣对针线街老妇人的影响》。该漫画展示了英格兰银行（其黄金储备不足900万英镑）被"银行特许法案"束缚得即将崩溃的状态。[4]

到了10月，情况并没有好转。马尼亚克－贾丁公司（Magniac, Jardine & Co）在当月11日发往香港的信件中写道："自上次通信以来，货币困难逐渐加剧，越来越多的重要商业公司接连倒闭，情况令人震惊。"信件列出了倒闭公司名单，并指出了关键问题：

> 你可以想象这些灾难会多么严重地削弱其他公司的资金实力。虽然英格兰银行已经在安全范围内尽可能地提供资源，但压力如此之大，以至于该行董事们不得不时常暂停援助，而其他常规的融资渠道也不通畅。我们认为，除非政府放松"银行特许法案"，否则我们不知道如何阻止情况恶化。目前看来，这种放松似乎没有可能性。公众信心亟待重树。

10月18日，发生了首个大型银行倒闭事件（阿宾登老银行，Abingdon Old Bank）。而就在两天前，所有重要人物都聚集在财政大臣的办公室：首相约翰·罗素伯爵（Lord John Russell）、财政大臣伍德、殖民地大臣、银行总裁莫里斯、银行副总裁亨利·詹姆斯·普雷斯科特（Henry James Prescott）和他的兄弟——私人银行家W. G.普雷斯科特、银行董事诺曼和科顿，还有肯定要来的劳埃德。银行总裁表示："正如W.G.普雷斯科特提供数据所示，英格兰银行自身完全有能力执行'银行特许法案'（即维持兑付），但作为银行家却只能提供和自己地位相一致的援助，而无法提供更广泛的援助。"对此，总裁补充解释说，他们会尽其所能提供援助，但目前的援助能力实际上仅限于每天收入的金额。最终，劳埃德承认，任何不能恢复信心的援助都于事无补。随后，所有人都同意"在法案限制范围内没有解救办法"。因此，"经过大量讨论得出的结论是，政府可能会指示英格兰银行在不以高利率提供贷款的条件下，无限制发行钞票”。

然而，英格兰银行并未立即采取行动。在接下来的那一周，从 18 日星期一到 22 日星期五，多家地方银行（包括利物浦皇家银行）停止兑付。货币市场“遭受重创”，最优质的短期票据的贴现率也普遍高达 9% 和 10%。一位贸易商甚至告诉他的同行：“我不建议你接受巴林银行的票据。”股票交易所一直充斥着“持续的恐慌和亢奋”。来自全国各地的游说团不断涌入唐宁街。至于英格兰银行本身，自 9 月中旬以来已经贷出了超过 200 万英镑，到星期五时储备已下降到 230 万英镑，且其中实际上只有 160 万英镑是存放在伦敦的。[5]

23 日星期六一早，约翰·霍斯利·帕尔默从他位于赫林厄姆别墅的家中写了一封长信给罗伯特·皮尔爵士。尽管当时皮尔已不在任，但他仍然是一个有影响力的政治人物。帕尔默几乎没有抑制住“我早就告诉过你”的得意，提醒皮尔自己曾在 1844 年向他和古尔本指出过“当下信用危机早晚会发生”。帕尔默声称自命运多舛的 1844 年以来，“我们尽一切努力贯彻法案，但结果只是全社会的普遍恐慌”。还声称英格兰银行现在“处于一个临界点，一方面无法在不危及自身安全的情况下满足日益增长的货币需求，另一方面又无法拒绝向有偿付能力的商业公司提供必要贷款，最终导致了全面停摆”。这实际上是在暗示皮尔选择放松法案。最后，他严肃地总结道：“商界每天的巨大财产损失真是令人心碎。在我 50 年的人生经历中，从未见过国家处于如此危险的境地。今天来自北方的报告进一步加深了我的担忧。”

与此同时在唐宁街，一支高级别的金融城游说团也表达了类似的情绪。中午时分，莫里斯和诺曼拜访了内阁成员们：

> 总裁表示，在他看来，英格兰银行仍有能力在 1844 年法案的限制范围内维持自身运作。但他并不确信为此是否需要积极采取某些措施，如出售证券或限制贴现等融资便利。
>
> 约翰·罗素伯爵和财政大臣认为任何形式的贴现限制都极不明智，并强烈希望英格兰银行能够在今天慷慨行事。他们明确保证无论发生什么，星期一早晨都会向英格兰银行发送暂时放松 1844 年法案的授权。

这是英格兰银行对一次历史性会议的记录。莫里斯在会上用委婉的方式尽可能地请求暂停法案，但实际上并未明确提出。他后来回忆道：

“在那段时间与部长们的对话中，我一次又一次地被问到是否能够管理好银行。我总是回答说，银行本身没有困难。但是女王陛下政府的其他政治考量，比如担心工厂停工或国内暴动，就是政府要解决的问题了，我们无法回答。”总之，在经历各种暗示之后，财政部于 10 月 25 日正式发布了一封给英格兰银行的授权信。这封信暂停了“银行特许法案”。首相罗素和财政大臣伍德鼓励英格兰银行根据需要尽可能多地提供融资，无须担心信贷发行超过法定最大限额的问题。同时也无需担心财务损失，因为政府承诺会提供补偿。事实上，自从星期六得到口头保证以来，银行已经在自由发钞了。心有不甘的伍德在那个星期一写信给劳埃德说：“事已至此，我希望能有成效。但我平生从未做过如此不情愿的事情。我非常好奇金融城的反应。我担心我们让步太多了。”[6]

最终，暂停法案这一举措立即奏效了。布特评论道：“仅在政府暂停‘银行特许法案’第 2 条即允许银行无限量发行钞票后，形势就得到了控制。政府的行动有效地让货币市场相信英格兰银行的储备是无穷无尽的。一旦这一点得到确信，私人机构就会意识到自己储备了过多的流动性，并且几天内就会将资金投回货币市场。到了 11 月底，市场贴现率已降至 6%，甚至开始出现资金投回困难的抱怨。”总之，迪斯雷利（Disraeli）在一次让他成为保守党领袖的演讲中，以特有的方式评论这个过程，称其相当于圣雅纳略骑士团（St Januarius）血液液化疗法——“看似有效，但可能是一场骗局”。然而，在整体状况迅速改善后，暂停法案的举措仅仅持续一个月就被撤销了。一部分人对此表示遗憾。《经济学人》在 10 月底严肃地预测道：“毫无疑问，要消除多年来遍及公众内心的想法是不可能的。他们认为只要压力足够大，要求足够响亮，就可以使任何既有限制政策被暂停。”另一部分人则关注这场严重的商业危机是如何开始的。这场危机导致仅在伦敦就有超过 33 家重要贸易公司倒闭，合计负债超过 800 万英镑。下议院和上议院的调查委员会从 1848 年 2 月开始调查，英格兰银行因其过于竞争性的贴现政策和迟缓的策略转向而备受指责。然而，辉格党政府和银行本身依然认为“银行特许法案”必须保留。

如何理解英格兰银行在危机中承担的更大责任？危机又是否改变了它对这些责任的理解？根据莫里斯的说法，并没有。这位总裁在提供证词时宣称：“我认为，鉴于英格兰银行被赋予的权力，它没有义务支撑商业信贷，就像其他银行一样。除非能够作为一个更强大的机构，拥有更强大的手段，才能让它承担更多责任。”科顿也有同样的观点：“我认为英格兰银行应该按照与其他银行一样的原则来运营。”尽管如此，下议院委员会的最终报告清楚地表明，在 1847 年危机之后，法案的逻辑推论已经成为一种少数派观点：

> 确实，法案对英格兰银行在发行业务之外开展一般银行业务的权力并未施加任何限制。但是，英格兰银行作为一家公共机构，拥有特殊和独有的权力，与政府有着特殊的关系，并且由于庞大的资源规模，对国家的整体商业和货币交易具有重要影响力。这些情况使得英格兰银行承担了顾及公共利益的责任。虽然这种责任并非由法律规定或定义，但议会对银行的各种交易始终予以承认，且银行也从未否认。[7]

根据莫里斯和科顿的证词，报告最后的那几句话可能有些言过其实。但考虑到英格兰银行早在 18 世纪 60 年代就作为最后贷款人采取行动，这句“始终予以承认”揭示了一个更大的真相。尽管在危机爆发前偏离常规和有些固执的两年半时间里，这个真相被暂时掩盖住了。

1847 年危机直接将关于英格兰银行治理的问题提上了日程。早在当年 5 月，罗素就向伍德建议，英格兰银行总裁的任期应该超过常规的两年（偶尔 3 年）期限。但真正加速进程的是 8 月份罗宾逊总裁的破产和被迫辞职。当时劳埃德立即写信给伍德：“这必将激起关于银行未来管理的广泛讨论。无论如何这些讨论都不应被长时间拖延。一位颇有名望的兄弟银行家今天来找我，想知道现在是否可以在金融城就银行常任总裁问题进行公开提议。提议内容还包括总裁应获得更高的报酬，并且不从事个人层面的商业活动。我建议他暂勿冲动行事。”接着在 9 月 14 日，即股东大会半年会议的两天前，《泰晤士报》金融城板块的一位编辑发表文章，呼吁选出一位常任总裁。“一个广泛熟悉商业和金融实践和哲学的人，不兼任其他董事职务，不为地方性业务的狭隘观点和日常焦虑所限制，不受银行家职责与商人短期利益冲突的影响，也不被商业竞争中琐碎但又始终存在的嫉妒所污染。”他还谴责了当时的董事选拔方式：“是贵族计划，总是直接选择那些继承了商业名声和财富的银行年轻成员，却很少或从未考虑赢得名声和财富所需的精明和活力。这种选拔方式已经被尝试了足够长的时间，继续苟延令人无法忍受。如果银行愿意进行自我改革，将会受到欢迎。”

在股东大会起领导作用的股东是帕里·德·温顿（Parry de Winton）：

> 这位最近主持股东大会的绅士指出了一个广受指责的不幸情况。如果指出的情况只是偶尔发生，他会认为这纯粹是意外，因为每个人都有可能遭遇不幸。但是回顾过去的18年，他发现在担任总裁的9人中有6位破产。现在，他要问在场的每位股东，如果30年前这家机构的一位总裁被传唤到破产法庭面对债权人，那时的人们会怎么想？这是英格兰银行的耻辱，我们不应允许这种事情发生。对商界来说，这样的情况堪比伦敦主教站在堡街法官面前因小偷小摸而受审（笑声）。股东们必须努力阻止这种情况再次发生。因为如果他们不行动，这件事将不得不由外部力量介入处理。

温顿要求将总裁的任期延长到至少4年，并且希望未来总裁“思想稳健、举止庄重、才华横溢，且退出个人商业活动以免干扰”。他要求召开一次特别股东大会，讨论董事选拔的问题。莫里斯总裁断然拒绝了这一要求。劳埃德则发表了一场富有感染力的演讲，坚持认为管理层与股东之间任何显而易见的分歧都将深深损害英格兰银行乃至整个金融城的利益。因此，股东大会无果而终。但在几天之后，伍德就告知劳埃德，他已经写信给莫里斯和诺曼，敦促英格兰银行进行组织结构改革。“应将更好的人选引入董事会并成为总裁候选人，而不是仅仅依靠继承顺序进行选择”。[8]

接下来几周发生的事件几乎没有给治理问题留下多少讨论时间。但到了年底，财务委员会准备了一份报告，请董事会在1月讨论。报告提醒董事们：“股东大会知道，惯例是各位董事按顺序先担任副总裁，然后担任总裁。而不愿意这样做的董事，除了少数例外（包括诺曼），都退出了董事会。然而，这将导致许多重要成员退出董事会。因此财务委员会认为，应根据某种新原则而不是轮换原则，选拔绅士担任总裁和副总裁的职务。即应选拔那些被认为最有资格的人，而不应考虑其在董事会的资历。”尽管报告没有提及常任总裁的问题，但认为改革可以结束“中年以下”董事被选拔的倾向，因为不再需要考虑熬够年限才能成为总裁，从而“扩大了董事候选人的范围”。此外，同样为了扩大选择范围，报告还建议：“不再要求候选人必须实际从事商业，尽管他们仍然认为具有商业公司履历的人更有资格。”董事会适时地接受了所有这些提议，并在1848年3月得到股东大会的认可。即使这些提议算不上革命性变革，但总的来说，无疑使英格兰银行更有潜力应对19世纪下半叶的需求。

安东尼·豪（Anthony Howe）对英格兰银行董事会成员构成的研究，表明实际上变革的步伐相当缓慢。他将1833年至1847年选出的23名董事与1848年至1873年选出的27名董事进行比较，发现总裁的平均年龄确实有所增加（任职时年龄从53.2岁增加到59.5岁），但董事的平均年龄几乎没有变化（任职时年龄从34.8岁略微增加到35.2岁）。在职位世袭方面，前一个时期的董事中只有3人是前董事的儿子，而后一个时期则有5人。贸易商依旧是主要的职业群体，但在第一组中有18位贸易商和3位贸易商人银行家，在第二组中比例变为13∶9，这反映了贸易商人银行在整个城市中日益增加的重要性。9位银行家中的一位是阿尔弗雷德·德·罗斯柴尔德（Alfred de Rothschild），他在1868年被选为英格兰银行的首位犹太董事。尽管纯粹的商人银行家（无论是私人银行家还是股份银行家）显然具有专业知识，但他们仍然被排除在银行董事会之外。这似乎是出于传统的潜在利益冲突理由，尽管这一理由很少或从未被明确公布。至于银行的董事们的其他整体特征，他们并没有极其富有，1848年至1873年的董事中只有4人留下了超过50万英镑的财富，尽管比前一时期多了4人；他们的教育水平在提高，后一时期有一半董事毕业于牛津大学；他们的政治活跃度在增加，1863年的10名董事中有不少议员，主要仍是自由党而非保守党，这反映了金融城深厚的辉格党根基；他们的社会地位也在提升吗？某种程度上，是的。一位19世纪60年代的美国游客曾这样描述汤姆·巴林的汉普郡乡村别墅，这位贸易商人银行家在1848年至1867年任董事。"几乎接近完美的贵族理想，尽管人类是不完美的"。19世纪70年代初，估计有10位董事拥有2000英亩甚至更多的土地。然而，波纳米·多布里（Bonamy Dobree，1835年至1863年在董事会）的情况可能更具代表性。在19世纪50年代末成为副总裁和总裁后，这位来自托肯豪斯场的贸易商人继续坚守职责，担任查特豪斯学校和盖伊医院的理事。不久之后，一位同时代人士恰如其分地描述了多布里一家："非常有钱，似乎拥有很高的地位，不算名流，是大户人家但不时尚。"[9]

如果说1847年是商业和金融危机之年，那么1848年就是革命威胁之年。英格兰银行不敢冒任何风险。当年4月7日星期五，由于宪章派[①]

① "宪章派"是1836—1848年英国工人权利运动的支持者，因1837年伦敦工人协会向议会提交的请愿书——《人民宪章》而得名。1848年4月10日，英国各大城市的工人举行了大规模示威游行并向议会请愿。同年，政府拒绝接受请愿并下令解散全国宪章派协会。——译者注

（Chartist）的大型示威游行将在10日于肯宁顿公园举行，所有身体健壮的员工都被要求宣誓成为特别警员，随后在星期天迅速搭建了额外的防御工事。用《晨间纪事报》的话来说，在示威当天银行不仅有额外的驻军防守，还在其围墙上用沙袋架设了胸墙以掩护被围攻者，但又留有足够大的孔洞以便瞄准攻击者。那个周一的早晨，一名焦虑的股票交易委员会成员被告知“伦巴第街（该街已成为货币市场的代名词）的银行家们正在将他们的证券送往英格兰银行”。而在银行外，一大群围观者每当看到士兵进入大楼时就会热烈欢呼。最终，没有发生任何骚乱。无论是从毕晓普门街前往伦敦桥和肯宁顿的1.2万人宪章派队伍，还是后来的无组织示威者，都在向威斯敏斯特进军前悄然散去。这一标志性事件无疑是现代英国历史的一个转折点。《晨间纪事报》金融城板块的编辑在第二天自信地写道：“英格兰只需保持安静，因为世界的贸易必须以她为中心。”[10]

19世纪50年代确实成为变革的10年。巴林兄弟银行的乔舒亚·贝茨在1852年10月的生日当天回忆道：“加利福尼亚和澳大利亚黄金的发现，铁路的四处延伸以及蒸汽航运的发展，似乎让世界非常繁荣，并且正在使世界发生巨大变化。”他说得没错。英国的出口翻了一番，国际经济的三大要素——资本、商品和劳动力，以前所未有的数量流向已知世界的大部分地区。而伦敦金融城作为“世界车轮”上日益不可或缺的“轮毂”，提供了无与伦比的转运设施、信贷便利和资本获取途径。这确实是变革的时代，不可避免地带来了挑战和机遇，尤其是对这个领先世界的银行而言，在某些方面它仍然是一个在工作中不断学习的机构。[11]

可以说正是在19世纪50年代，英格兰银行开始不再试图满足所有人的需求。尽管在1855年在梅费尔的伯灵顿街开设了“西区分行”，但其郡级业务却日趋收缩。用齐格勒的话说，1848年后各分行“没有一家的银行间票据交易周转量超过1844年以前的水平”。更普遍地说，商界清楚地感觉到需要由英格兰银行提供更强的稳定性。这一点从1848年著名铁路所有者和实业家约瑟夫·皮斯（Joseph Pease）对议会委员会发自内心的证词中可以看出。他表达了银行“模糊”立场带来的挫败感：“它在某种程度上与政府有关联，在某些时候又表现得像一个私人独立体，但在其他时候又表现得像是要支持某些国家目标或解决国家困难。以至于像我这样的乡村商人根本不知道银行的政策是什么。”英格兰银行的回应是，它会开始与至关重要的货币市场保持距离。贴现市场历史学家威尔弗雷德·金指出：“自1847年危机之后，银行的公开市场活动绝对不再具有任何可以形容为‘激进’的特点……在很短的时间内，其贴现业务几乎没有竞争力。只有在贴现短缺时，它才具有竞争力。”换句话说，英格兰银行越来越像一家中央银行，站在纷争之外而不是一个商业竞争对手，同时始终努力确保银行利率不与市场利率相差太多。这个过程可能并非完全有意，但用威尔弗雷德·金的话来说，英格兰银行总体上“发展出了一种技巧，使其能够扮演一个市场的公正监管者和纪律维持者的角色，而这个市场正迅速走向高度的组织化、凝聚化和集中化”。[12]

19 世纪 50 年代还见证了英格兰银行未来一大长期困扰的出现。1852 年，威廉·格莱斯顿（William Gladstone）成为财政大臣时，他已经从导师皮尔那里学习了一种非常独特的历史视角。他在晚年为自己对英格兰银行的强烈批评态度进行辩护时，还将这种历史视角书写下来。他声称，在 17 世纪，国家的信用在伦敦金融城已经“理所当然地因为欺诈而破产”。在 1688 年光荣革命之后，为了“吸引有钱人借贷”，国家“在英格兰银行的支持下卷土重来”，造成了“英格兰银行和伦敦金融城希望延续的，国家对英格兰银行的依赖”。因此，根据格莱斯顿的说法，“作为对政府友好和迁就措施的回报……政府在财政事务中不再是实质性的权力机关，货币权力变得至高无上和无可争议”。在这个历史视角的指导下，皮尔本人在 1819 年和 1844 年与英格兰银行进行了英勇的斗争。而在 19 世纪 50 年代中期，格莱斯顿明确想要创建一个“大财政部”①，迫使英格兰银行屈服在它的权威之下。双方的第一次直接冲突发生在 1854 年，涉及一些长期存在的惯例。这些惯例允许英格兰银行在经手国家债务利息支付时获益。正如格莱斯顿的伟大首席传记作者约翰·莫利（John Morley）所言，他表现出“坚韧、固执和持久的愤怒”，让针线街大为震惊。格莱斯顿坚决认为（正如他对副总裁所说）：“公共资金在……支出之前仍然是公共资金。”尽管他赢得了这场特殊的战斗，但此后他从未原谅英格兰银行，因为他有理由认为银行存在抵制态度。

同时，在更远的地方，英格兰银行在法兰西银行那里也不是特别受欢迎。1855 年 10 月，法兰西银行经历了一次严重的黄金流失，于是向英格兰银行请求一笔介于 200 万英镑到 300 万英镑之间的贷款，且要求用黄金支付。然而，总裁托马斯·韦格林（Thomas Weguelin）在回信中遗憾地解释说，“银行特许法案”不允许英格兰银行动用其储备来支持外国货币。韦格林总结道：“请允许我补充一点，如果我有能力进行类似于 1839

---

① 此处大财政部原文为“Ministry of Finance”，本书其他部分提到的财政部原文为“Treasury”。——译者注

年法兰西银行对英格兰银行的援助，我将感到无比自豪。”[13]毋庸置疑，他是诚恳的。但对处在萌芽状态的中央银行合作来说，这仍然是一个明显的倒退。

此时英格兰银行本身也面临着持续的黄金储备压力，利率达到了7%。几乎所有董事都回复了韦格林的请求，表达了他们对1844年法案后续实施以及是否应予修订的看法。不出所料，霍斯利·帕尔默丝毫没有改变看法：“自从1844年法案通过以来，我一直都不看好。而它迄今为止的运作情况也支持了我的观点。”然而，他显然是少数派：

> “它带来了巨大的优势，完全达到了其设立时的主要目的。”（谢菲尔德·尼夫，Sheffield Neave，副总裁）
>
> “它运作得非常好，为公众带来了巨大的利益。”（约翰·汉森，John Hanson）
>
> “它的运作极其有益，通过维护银行钞票的可兑换性，防止了国家纸币流通的失信。”（托马斯·史密斯，Thomas Smith）
>
> “我强烈主张按现状继续运作数年。”（詹姆斯·柯里，James Currie）
>
> “在任何体系下，无论是金本位还是其他体系，危机和恐慌都会发生。根据我长期广泛从事商业事务的经验，我确信该法案在实施期间极大地减轻了发生的危机和恐慌，并且这些危机和恐慌并非由法案本身所引起的。”（詹姆斯·马尔科姆森，James Malcolmson）

韦格林本人将这些回复转交给财政大臣，并分析了英格兰银行储备的安全性与迅速增长的合资股份银行的安全性。此时的财政大臣是更为随和的乔治·康沃尔·刘易斯爵士（Sir George Cornewall Lewis）。韦格林提到伦敦合资股份银行有3000万英镑的存款和300万英镑的资本，将其中3100万英镑“投资于各种类型的证券”“只留下200万英镑的储备来应对所有负债！”。他断言：“很难预见这些大型机构倒闭将带来什么样的后果。这是一个比修订1844年法案更需要议会关注的问题。”

韦格林转移焦点的策略失败了。从1857年3月到7月，下议院的一个特别委员会就“银行特许法案”的实施情况进行了调查。韦格林和尼夫（自4月起新任总裁）是英格兰银行的两位主要证人。前者的口才更好，声称英格兰银行的一般银行业务部门是“整个国家银行系统的枢纽”，这与法案的字面解释相悖，因此应避免与其他金融机构的激烈竞争，更不用说任何形式的投机。格莱斯顿曾在某一时刻向他施压：

> 请您向委员会描述一下，您认为英格兰银行与私人银行在管理存款方面有何区别？——主要的区别，也许是唯一的区别在于，英格兰银行保留的储备金比私人银行认为有必要保留的储备金要多得多。
>
> 那么，英格兰银行必须将对公共秩序的审慎考虑，在某种程度上优先于单纯的利润追求吗？——是的。
>
> 因此，对董事会来说，在股东利益和公共利益之间取得平衡，必然会遇到很大的困难吗？——不，我在英格兰银行担任董事已有20年。我从未记得在银行董事会的讨论中，有哪次是只考虑股东利益而不顾公共利益的。
>
> 如果我理解正确的话，确实在某些情况下，股东利益必须让位于你们认为直接关系到国家福祉或整个商业福祉的审慎考虑？——我认为这些利益是一致的。我不认为银行董事会能在管理股东利益的同时，却把公共利益管理得很糟糕。英格兰银行应处于最高信用地位，在这一点上公共利益与股东利益是一致的。
>
> 那么委员会应该如何理解，这两者之间存在的是真实的利益冲突，还是表面冲突？——我认为这只是表面上的利益冲突。这也是银行董事会始终如一的看法。

在另一位提问者问及黄金储备时，韦格林回答道：“我认为结果是令人满意的。我们的储备从未低于300万英镑。总体而言，我认为公众对我们储备状况没有过多担忧。”这个回答并未令即将崭露头角的记者和评论家沃尔特·白芝浩（Walter Bagehot）满意，尽管他在6月写道，错误在于立法而非英格兰银行本身：

> 1844年法案对黄金储备的要求，夸张地形容，就像是用紧身束衣绑住了黄金。这些黄金似乎是为某种目的而被捆绑起来，但人们对它们能否被用于支付该机构的实际负债缺乏信心……我们已经看到，即使钞票的信誉良好，黄金储备也可能会减少到债务的1/7以下。一般而言，我认为英格兰银行不应该持有少于1/3负债的黄金储备，也许永远不应该少于1/4。在某些情况下，可能需要更多

黄金储备。

毕竟，正如白芝浩总结道："英国人民对货币和银行业务的最大期许是安全。"[14]

几个月后，英格兰银行面临10年来的第一次重大危机。这场危机主要是由美国银行和铁路公司的崩溃引发的。像往常一样，这场危机发生在秋季。1857年10月9日，总裁尼夫被困在汉普斯特德的家中，他写信给副手多布里："显然我们即将面临一场严重的风暴，我们必须尽量降低风险。"此时银行利率刚从5.5%上调到6%，但不久后又跳升至7%。从一开始，银行的关注重点是贴现行。一位高级董事汤姆森·汉基（Thomson Hankey）在10月20日，也就是银行利率上调至8%的第二天，向多布里透露了他的担忧："我几乎唯一担心的是，主要的票据经纪商能否承受资源的大量流失。"汉基的担忧是有道理的，尤其是在一周后利物浦市政银行（Borough Bank of Liverpool）倒闭后，合资股份银行从货币市场撤回其短期贷款，导致贴现行难以为其票据组合融资，不得不向英格兰银行寻求帮助。贴现行的领导者是奥福伦·格尼公司（Overend Gurney），其高级合伙人大卫·巴克莱·查普曼（David Barclay Chapman）刚刚在塞缪尔·格尼（Samuel Gurney）去世后继任。10月29日，查普曼来到了针线街。正如多布里在日记中所记载的那样："查普曼想知道在承受压力的情况下，他们是否可以从英格兰银行获得无限援助。"与前一次危机一样，诺曼（作为董事已经有40年之久）向劳埃德［现为奥弗斯通勋爵（Lord Overstone）］通报了情况。他在10月底报告称："票据经纪商现在发现自己被四处涌来的票据包围，期望'老妇人'能兑现所有钞票。"在盖伊·福克斯日①，银行利率已升至9%。诺曼表示："金融城的情况已经非常糟糕，接下来可能变得更糟。我们可能再次看到伦巴第街去敲唐宁街的门。"11月7日星期六，传来丹尼斯顿－克罗斯公司（Dennistoun, Cross & Co）停止兑付的消息。这是一家在利物浦、伦敦、格拉斯哥、纽约和新奥尔良都设有分支的重要美国银行和外汇经纪公司。那天下午晚些时候，银行总裁尼夫和多布里应外交大臣克拉伦登勋爵（Lord Clarendon）的要求前往外交部汇报，因为克拉伦登勋爵正在被拿破仑三世皇帝施压，要求其提供伦敦当前情况和未来展望。根据多布里的记录，总裁回答道：

① 盖伊·福克斯日（Guy Fawkes Day）即11月5日，是英国庆祝1605年火药阴谋事件主谋之一盖伊·福克斯被捕的纪念日。当天人们会点燃篝火、燃放烟花。——译者注

"英格兰银行目前相当焦虑。储备情况已几乎与 1847 年 10 月那段最困难时期一致，当时那封著名的授权信允许银行在证券担保下无限制发行钞票。美国信贷的全面暂停正在进一步加剧困难……"[15]

接下来就是那关键的一周。所有事情在连续第三次会议中被谈妥。11 月 9 日星期一下午晚些时候，银行利率上升至 10%，尼夫和多布里被刘易斯召到唐宁街。"财政大臣表示，明天将会有一个来自格拉斯哥的代表团与他会面。他询问英格兰银行是否对 1844 年法案的执行有任何建议。总裁回答说没有"。这是那一周的三次关键会议中的第一次，双方都没有退让。第二天，一项重大事件被简洁地记录在多布里的日记中："格尼公司有一个贴现请求：400 万英镑的票据，期限为 30 天。已批准。"然后在 11 月 11 日星期三，危机因两个戏剧性事件进一步升级。一是格拉斯哥城市银行（City of Glasgow Bank）停业，引起了该市的巨大恐慌。二是贴现行桑德森（Sandersons）公司倒闭，负债至少 350 万英镑。当天傍晚，总裁和副总裁带着韦格林再次来到唐宁街。刘易斯问道："是否已经到了再次采取 1847 年措施的时机？"他还提到当天早些时候格尼公司的查普曼曾恳请他这样做。对此，尼夫和他的同事们回答说："尚未到再次采取措施的时机。董事会强烈主张无论付出何种代价都要维护 1844 年法案。"在离开房间时，尼夫对他的副手表示，他感觉"政府已经准备好要发送 50 封授权信，只是希望能由总裁们主动提出请求"。决定性的第三次会议很快就到来了。11 月 12 日星期四，贴现几乎完全停滞，合资股份银行已不愿意或无法垫付任何款项，两大贴现行（格尼和亚历山大）承受着巨大的压力，英格兰银行储备下降到不足 100 万英镑。毫无意外，尼夫和多布里在下午 2 点到达唐宁街。在讨论中尼夫承认银行的某些董事开始动摇，但拒绝透露名字，也拒绝提出正式请求。最终是刘易斯主动拿出了财政部的授权信，再次暂时冻结了 1844 年法案。[16]

这一措施所带来的效果并没有 1847 年那样立竿见影。但即便如此，它大体上还是扭转了局面，尽管美国公司乔治·皮博迪公司［George Peabody & Co，商业银行摩根·格伦费尔（Morgan Grenfell）的前身］在一周后不得不从英格兰银行至少借款 25 万英镑以维持运营。危机之后紧接着发生了三件发人深省的事。第一件事是诺曼不情愿的立场转变。几乎可以肯定他就是那位动摇的匿名董事。正如尼夫在第三次会议上向刘易斯解释的那样："一个一贯且迄今为止坚定支持该法案的董事，在完全有能力判断业务状况的前提下，在当天早上非常遗憾地宣布，他认为唯一能保证银行和商业利益安全的方法就是放松限制条款。"第二件事是由劳埃德的一位线人透露的。授权信发布后不久查普曼就“向他的朋友们宣称，如果董事们不从政府那里得到法案的暂时冻结通知，他会威胁银行停止运营”。第三件事来自劳埃德本人。刘易斯曾相当天真地告诉他：“在暂时冻结之前，没有人对政府施加任何压力。即使被他人施加压力，政府也可以像推迟啤酒税申请一样轻易应对。实际上，只有危机发生这一事实给政府施加了压力。”两天后即 24 日，劳埃德写信回复说，这充分表明英格兰银行方面亟待改进：

> 票据经纪人通常持有大约 1500 万到 2000 万英镑的随时可取资金！他们将这笔资金全部用于票据贴现和对商品货物的预付款项。当出现普遍压力时，他们的所有存款人都会要求取款，而他们没有其他来源可以满足这些要求，除了在英格兰银行进行再贴现。因此，他们对英格兰银行有巨大需求。在票据经纪人停止贴现后，他们将大量票据送到银行。如果这个过程受到任何阻碍，他们就会立即大喊，要求整个世界都因资金供应不足而停止兑付。在授权信发布前的最后一天，格尼公司从英格兰银行提取了 800 万英镑！！然后他们去找政府，敦促冻结法案，理由是英格兰银行已经耗尽了货币，无法再支持任何贸易行为。这种方式必须被遏制，否则它将反过来破坏任何可能建立的货币系统……[17]

尽管危机不断，但只要时机合适、面孔合适，董事会的大门总是敞开的。1858 年新年那天，成功的法林 – 戈申商行（Frühling & Goschen）的年迈联合创始人之一 W. 戈申（W. Goschen）先生拜访多布里。多布里在日记中写下：“W. 戈申先生来询问他的儿子能否被考虑作为银行董事的候选人。”戈申的儿子乔治·乔阿希姆·戈申（George Joachim Goschen）当时只有 27 岁，但已经是家族企业的合伙人，并在那年春天如愿成为银行董事。他迅速被整个金融城贴上“幸运青年”的标签，并在 3 年后出版了《外汇理论》（*The Theory of the Foreign Exchanges*）。这本书一经问世便成为经典，部分原因是他向读者保证“本书的目的是绝不提出任何教条式的理论”。1863 年，他由两位银行董事提名，在没有竞争对手的情况下当选为金融城的自由党议员。两年后，他成为贸易委员会副主席，被迫退出商界，并辞去银行职务。

回到 1858 年 1 月，在戈申父亲试探拜访多布里后的一周，轮到霍斯利·帕尔默上场了。他在前一年春天刚刚结束了在董事会中的46年任期。他的任期充满了斗争和成功，但最终有些被边缘化了。帕尔默向多布里解释退休后他或许介于商人和商人银行家之间，创立丹特–帕尔默公司（Dent, Palmer & Co）。该公司高级合伙人是60岁的托马斯·丹特（Thomas Dent），而帕尔默45岁的儿子爱德华·豪利·帕尔默（Edward Howley Palmer）则担任重要角色，在公司的资本将不少于6万英镑。因此，老帕尔默（仅仅几周后就去世了）向副总裁提出了两个请求。第一，关于丹特。"他应该被选为英格兰银行的董事，而且丹特先生已宣布参选。如果他的年龄不被视为不合格并且得到财政委员会的推荐，那将非常理想"。第二，关于他的儿子。"如果丹特先生因年龄问题未能成为候选人，那么爱德华·豪利·帕尔默先生将成为候选人"。霍斯利·帕尔默的怀疑是正确的，丹特确实被认为太老了。因此，爱德华·豪利·帕尔默在当年春天与戈申一同成为新董事。[18]

在这个时刻，尼夫和多布里已经三次面对调查1844年法案运作情况的特别委员会。该委员会是在前一年秋季危机之后重新召集的。尼夫不可避免地被严厉质问了在关键一周的具体情况：

> 如果财政部的信件没有冻结1844年法案，将会对英格兰银行产生什么影响？——显然，英格兰银行的行为已经超出了一个普通合资股份银行家所能做的。如果银行确信政府绝不会提供任何救济，它就不会冒这样的风险。但作为一个公共机构，它有责任与商界共患难，所以它确实提供了更大的援助。如果只考虑自己，自私地保护自己，它早就拒绝所有贴现了……
>
> 那么，据我理解，英格兰银行是在确信财政部会在困难情况下冻结法案的前提下才采取行动的吗？——我认为在最后几天里，银行肯定考虑到，如果行动不成功，政府可能会干预。

同样，之后在1858年2月的同一听证会中，前财政大臣弗朗西斯·巴林爵士继续提问道：

> 在那封信发布的几天前，你是否代表英格兰银行向财政大臣阐述过发出这样一封信的必要性？——没有。我们没有主动建议他采取我们认为完全应由政府负责的措施，但我们向他提供了所有信息，使他能够做出正确的判断。

> 但我想你们有“尽最大限度”的影响，对吧？——不。我不使用“尽最大限度”这个表述，但我们向他提供了我们掌握的所有信息。
>
> 你们没有给他建议或意见，而只是提供了事实吗？——我们提供了所有的事实。

委员会主席爱德华·卡德威尔（Edward Cardwell）就冻结法案一事提问尼夫：“把权力留给你们也许不如把它交给政府。”对此，尼夫谨慎地回答说：“我会将权力主要交给政府。”接下来有最后一段对话。“如果把这个责任交给你们，你们认为责任会太重吗？”“我认为银行宁愿不要承担这个责任。”考虑到自1844年以来，英格兰银行在日常实践中能够行使比皮尔希望或预期的更大程度的货币控制权，尼夫的回答是明智的，并且在政治上也是现实的。

委员会在7月提交了报告，只有两名成员对保留现行法案的建议表示异议。该报告被下议院默认接受，并未就其展开辩论。埃尔默·伍德（Elmer Wood）在20世纪30年代评论说：“新一代（银行家）正在接手。他们认为在该法案下运作没有任何实际困难，尤其是他们意识到在必要时该法案会被冻结。随着黄金供应的增加，货币控制的问题变得不那么紧迫。”即便如此，1858年的报告还是提出了一个吊人胃口的“可能性”。报告附录中讨论了实施李嘉图提议（在其死后出版的小册子中）建立一个国家发行银行（National Bank of Issue，与英格兰银行区分开）能带来的好处。决定性的反对声音来自前财政大臣托马斯·斯普林·赖斯［现在的蒙特伊格尔勋爵（Lord Monteagle）］。他坚持认为，这样一家“还具有政府开户银行功能的机构”根本没有任何可供捍卫的原则。他还断然宣称，英格兰银行的荣誉和独立性，以及这个伟大机构在履行议会赋予其信任时表现出的责任感，提供了一种安全保障。这种保障不一定总能在只会服从上级指令的国家行政部门中找到。[19]

对于尼夫个人来说，和劳埃德一样，真正让他感到不快的是贴现行极其不负责任的行为。在1858年3月11日，英格兰银行董事会讨论是否要禁止票据经纪人在银行贴现任何票据，并让他们按照银行最严格标准获得贷款。在总裁的支持下，这一政策获得通过，但立即引发争议。《泰晤士报》表示赞同：“如果这些贴现行选择无限制地接受可随时支取的资金，他们必须自行承担随时准备履行义务的责任，不能在受到突然压力时再将所有责任推给英格兰银行。”然而，《经济学人》对此持更多的怀疑态度，认为新的做法不但未能考虑到“贴现行的性质或它可能提供的票据质量”，而且在货币紧张时可能会非常危险地导致灵活性缺乏。然而，尼夫本人毫不怀疑这一做法的公正性，他在政策公布几天后向特别委员会解释了这一点：

> 这一政策的目的是让英格兰银行的资源更多地掌握在自己手中，而不是给予手中已经积累了大量资金的票据经纪人，让他们完全依赖英格兰银行来兑现票据。当那些把钱存放在他们那里的人（主要是合资股份银行）需要用钱时，票据经纪人习惯于认为他们可以在仅仅一个小时内就完全满足这些人的需要，因为他们只需要到英格兰银行提取现金即可。在上次恐慌中，他们在英格兰银行的大量提现就显示出这种权力的不对等。

这是否真的意味着英格兰银行不一定会成为票据经纪人的最后贷款人？伍德认为并非如此：“这一政策的主要目的是隐晦地威胁经纪人，迫使他们在英格兰银行保持足够的储备。”同时，白芝浩在 4 月初的《经济学人》上撰文断言：“我承认，我怀疑在真正危机时，最近制定的政策是否会使英格兰银行显著减少其认为有义务提供的贷款。”即使票据经纪人不能再直接向英格兰银行申请贷款，也肯定会通过他们自己的银行家来获得融资。[20]

这并不意味着票据经纪人没有立即感到愤怒。随着 1860 年初货币市场开始出现紧缩迹象，这种情绪加深了，以奥福伦·格尼为甚。多布里（当时已经是总裁）在 1 月底记录：“格尼先生与总裁们会面，要求英格兰银行放宽对贴现行的排斥政策。”多布里并没有给他丝毫希望，让格尼相信即使向股东大会申诉也定遭失败。4 月上演了一场戏剧性的结局。从 9 日到 11 日，奥福伦·格尼利用在金融城的强大贵格会①（Quaker）人脉从英格兰银行提取了 160 万英镑（全部是 1000 英镑的纸币），并很快便公开吹嘘。证券交易所的消息人士告知多布里，经纪人们打算“将存放在英格兰银行的储备降至最低水平”。到了 16 日星期一，这场冲突进一步升级。消息通过中间人传达给多布里：“如果修改排斥贴现行的政策，那么从英格兰银行提取并被暂存在伦巴第街的纸币将在‘今晚’归还给银行。”总裁们拒绝“满足任何类似提议”。但第二天早晨，多布里的桌上

① 贵格会是兴起于 17 世纪中期英国及其美洲殖民地的一种教派。——译者注

出现了一条神秘的匿名消息："奥福伦家族可以从英格兰银行提光你们的所有纸币，致信人可以明确地告诉你，凭借各家族的支持，他们可以提取 700 多万英镑！"然而，这被证明是最后的挣扎。因为同一天晚些时候，多布里得知格尼公司告诉约翰·马斯特曼（John Masterman，金融城议员和银行家）："他们会立即将伦巴第街暂存的 155 万英镑纸币归还给银行。银行可以将这一举动视为和解的一步。他们对自己的所作所为感到抱歉。"周三，这些纸币确实被归还给银行，"但全部都被剪成了两半"。第二天，松了一口气的股东大会"批准了总裁们在这一尴尬事件中采取的做法"。

奥福伦·格尼真的悔改了吗？几个月后，谢菲尔德和哈拉姆郡银行的两位董事在金融城花了将近一周的时间拜访重要人物。他们此行最引人注意的举动是访问了位于伦巴第街和伯钦巷拐角的"角楼"。在那里他们发现"小格尼先生是我们到目前为止遇到的最聪明、最有商业头脑、最有绅士风度的人"。

> 小格尼先生谈到了他们与英格兰银行之间的不和，并表示他认为公众并不理解这个问题。公众认为这仅仅是英格兰银行与奥福伦家族之间的争议，而实际上是英格兰银行与商业大众之间的问题。后者将不得不承担当前的限制兑付带来的不便和高昂货币成本。
>
> 如果英格兰银行不放宽政策，皮尔法案将不得不被再次破坏。但不是由于商业大众，而是由于英格兰银行为了拯救自己而破坏。

亨利·埃德蒙德·格尼（Henry Edmund Gurney）补充道："我们现在的业务原则是众所周知和公认的，即优先考虑自己。"他反复向访客强调，令访客们印象深刻："在未来的任何恐慌中，所有人都必须自己照顾好自己。"[21]

此时，英格兰银行最不喜欢的政客已经又回到财政部。银行很快发现自己再次处于被动地位。约翰·哈伯德（John Hubbard）是 19 世纪 50 年代中期的总裁，被格莱斯顿严重打压，尽管这两位由于宗教关系是朋友。1860 年底，他写信给多布里，抱怨财政大臣持续地"挑衅"。他遗憾地称："银行堡垒的守卫者在现代约书亚吹响的第一声号角①时就迅速被

① 基督教《圣经》旧约中记载，约书亚带领以色列人进入应许之地，并在耶利哥城战役中按照上帝的指示，让祭司吹响号角。城墙随之倒塌，以色列人夺取了城池。——译者注

摧毁。”几周后，号角的声音比以往任何时候都要响亮。1861 年 1 月 31 日，格莱斯顿给多布里及其副手［阿尔弗雷德·拉瑟姆（Alfred Latham）］寄去一封长达十页的信，详细阐述了他对未来 25 年管理国债的提议，其中涉及大幅减少银行每年的报酬。“一个不折不扣的吝啬鬼”，尼夫在 2 月 5 日私下给多布里写信时这样形容格莱斯顿。但第二天，银行董事会就勉强同意了格莱斯顿的要求。总裁们回复说，他们这样做主要是因为国债发行管理可以与一般银行业务联合管理，从而节约了很多劳务费用和其他开支。鉴于这一提议仍待股东批准，全体股东大会很快就在 7 日召开了。普雷斯科特辩称，这一提议确实会牺牲银行的利润，但作为回报他们将获得全国的好感，以及 25 年的持久国债管理协议。他认为两相比较这个提议还是非常有价值的。而对于 R. 米尔斯（R. Mills）来说“这个提议是不公正的”。他在勉强同意提议时“显然没有表现出任何热情的态度”。格莱斯顿在 1861 年通过成功创建邮政储蓄银行（Post Office Savings Banks）进一步巩固了自己的胜利。邮政储蓄银行的存款可供财政部使用，在 1870 年就达到了 150 万英镑。格莱斯顿在 1898 年去世前不久心满意足地回顾道：“我有一个非常重要的目标，而这个目标已经实现了。那就是为财政大臣提供一个强大的财政支持，使其能够控制大量且可靠的货币，从而确保他不受金融城的控制。”[22] 格莱斯顿从未动摇过他对英格兰银行的看法，认为其属于既得利益集团，说到底也只能算改革集团中的半个成员。而他与银行的关系注定像他与维多利亚女王的关系一样，充满挑战和困难。

在接下来的几年，尤其是 1863 年和 1864 年，更广阔的金融世界却与格莱斯顿的精神大相径庭。持续肆虐的牛市让金融城充斥着各种投机泡沫，一系列新型金融公司参与其中。面对这场泡沫，奥福伦·格尼的反应是从英格兰银行的排斥中远离其核心业务，进行彻底地业务多样化改革，将触角延伸到造船商、船东、粮食交易商、制铁业主、铁路金融家，甚至其他更多领域。然而，许多新业务被证明是判断失误的长期投资。到 1865 年 7 月，或许是当作绝望的最后一搏，格尼公司转变成了有限责任，寻求再次聚焦于传统的贴现业务。私人银行家罗伯特·福勒（Robert Fowler）回忆道：“这是一个非同寻常的变化。他们损失了相当多的钱，但本质上他们仍然有一项辉煌的业务。”接下来的冬天，格尼公司试图以一个特别利率从格林·米尔斯（Glyn Mills）银行借款，但该银行的贝特兰·柯里（Bertram Currie）认为其给出的证券价值不确定。当他表达疑虑时，亨利·埃德蒙德·格尼愤然回答道：“你竟敢质疑奥福伦·格尼公司的信用？”[23] 但到了 1866 年春天，已经不止柯里在质疑这个问题了。

令人难忘的奥福伦·格尼危机在 1866 年 5 月的第二周上演。[24] 5 月 9 日周三，随着货币市场陷入混乱，每个人（至少是知情的每个人）最关心的问题都是奥福伦·格尼是否能得到英格兰银行的救助。银行提前任命了三位有智慧的人组成委员会来审查账目，包括前任[①]总裁柯克曼·霍奇森（Kirkman Hodgson）和两位私人银行家。他们在 5 月 10 日公布了结论，认为这家企业的业务已经彻底败坏，银行根本不可能给予帮助。当天下午晚些时候，格尼公司的停业公告就被正式发布了。柯里通知他的父亲：“今天是致命的日子，人们早已预知的一切已经到来，奥福伦·格尼关上了百叶窗。几周前我就敢于预测这个事件……这场恐慌相当严重，超过了 1847 年或 1857 年……我认为一些新银行将会有一段艰难岁月，金融公司和承销商肯定会左支右绌。”

这确实是 20 年来的第三次重大危机。在第二天即金融城黑色星期五的早晨，《泰晤士报》预见奥福伦·格尼的破产冲击“将在今晚结束之前传遍王国的每一个角落”。金融城的气氛确实非常糟糕，普雷斯科特的合伙人记录道：“这是极度兴奋和恐慌的一天。实际上，任何人都没有经历过这样的一天。”《泰晤士报》描述了中午时人潮的涌动和翻滚：“骚动已经演变成了溃败。最体面的银行大厦的门被围攻。”严肃的格莱斯顿当时仍是财政大臣和皮尔派的核心成员。他在早晨收到白芝浩（当时已是《经济学人》资深编辑）匆匆写下的一张纸条：“伦敦伦巴第街的信用已经完全崩溃，我从未见过如此严重的焦虑。”格莱斯顿不得不重视起来，因为这种焦虑很快就因几次严重的停业事件而加剧。英格兰银行本身对严重的信贷紧缩做出了坚决回应，当天就向其他银行、贴现行和商人们借出相当大的金额——400 万英镑。但格莱斯顿面临的压力依然迫使他再次授权冻结 1844 年法案。这些压力与其说是来自英格兰银行总裁兰斯洛特·霍兰德（Lancelot Holland，一位亚麻纱线制造商），不如说是来自一连串紧急代表团，包括乡村银行家以及格莱斯顿日记中所称的“一群金融城巨头”。与 1847 年和 1857 年一样，人们本质上是在寻求心理安慰，因此财政部的一封信再次起到了应有作用。年轻的银行家理查德·比德尔夫·马丁（Richard Biddulph Martin）在 5 月 12 日星期六晚间记录道：“政府允

① 原文为“recent”。经查阅资料和对照上下文，柯克曼·霍奇森应为前任总裁，时任总裁为兰斯洛特·霍兰德。——译者注

许英格兰银行以 10% 的利率贴现票据、发行钞票，这释放了压力。恐慌在很大程度上得到了缓解。”此后直到 8 月，英格兰银行利率一直维持在 10%。虽然其间还发生了几次重大的银行停业事件，但危机本身已经结束。

英格兰银行让奥福伦·格尼破产纯粹是出于客观的财务原因吗？毫无疑问，他们的理由足够有说服力。威尔弗雷德·金在对贴现市场历史的回顾中写道：“总裁的观点是，银行不能只援助一个问题企业，除非它愿意援助其他众多处于类似困境的企业。”[25] 然而，在回顾双方自 1857 年起就极度紧张的关系，尤其是 1860 年银行被强制提取 160 万英镑的臭名昭著事件时，人们很容易想到银行可能受到了主观好恶的影响——无论是有意识的还是无意识的。毕竟，维多利亚时期中期的金融城在许多方面就像是一个俱乐部，严格按照等级制度运作。如果这个俱乐部的名义主席容许如此公然不敬的行为逃脱惩罚，那将是不可接受的。

第六章　紧身束衣的影响

1　Ms5/206, item 79; Acres, Vol. 2, p. 501; Richard Roberts, 'The Bank of England and the City', in Roberts and Kynaston, pp. 156-157; W. M. Scammell, The London Discount Market (1968), p. 147.

2　Bankers' Magazine, April 1845, p. 53; King, p. 134; H. M. Boot, 'The Commercial Crisis of 1847' (University of Hull PhD, 1979), p. 369; Clapham, Vol. 2, pp. 199, 213.

3　Rudiger Dornbusch and Jacob A. Frenkel, 'The Gold Standard and the Bank of England in the Crisis of 1847', in Michael D. Bordo and Anna J. Schwartz (eds), A Retrospective on the Classical Gold Standard, 1821- 1931 (Chicago, 1984), pp. 245-246; Gareth Campbell, 'Government Policy during the British Railway Mania and the 1847 Commercial Crisis', in Nicholas Dimsdale and Anthony Hotson (eds), British Financial Crises since 1825 (Oxford, 2014), p. 71; D. P. O'Brien and John Creedy, Darwin's Clever Neighbour (Cheltenham, 2010), pp. 417-418; Feavearyear, p. 282; Kynaston, Vol. 1, p. 154; Dornbusch and Frenkel, pp. 249-250; Anthony Howe, Free Trade and Liberal England, 1846-1946 (Oxford, 1997), pp. 55-56; D. P. O'Brien (ed), The Correspondence of Lord Overstone (Cambridge, 1971), Vol. 1, p. 383.

4　Feavearyear, p. 283; Royal Bank of Scotland Archives PRE/1/2 Partners' meetings minute book of Prescott, Grote, Ames, Cave & Grote, 19 August 1847; Jardine Matheson & Co records (Cambridge University Library), Ⅱ. A. 1.10, reel 300, no 3, 128; Overstone, Vol. 1, p. 391;

Anthony Howe, 'From "Old Corruption" to "New Probity"', Financial History Review, April 1994, p. 32; Clapham, Vol. 2, pp. 198-204; King, p. 142; Jardine Matheson, Ⅱ. O.5, private letters from London, 1812-1882, reel 463, no p. 115; OL, Dec 1929, pp. 236-237 (Acres).

5 Jardine Matheson, Ⅱ. A.1.10, reel 300, no 3, 141; Boot, 'Commercial Crisis', p. 262; RBS Archives PRE/1/2 Partners' meetings minute book of Prescott, Grote, Ames, Cave & Grote, 21 October 1847; Feavearyear, p. 284; Economist, 23 Oct 1847; Clapham, Vol. 2, pp. 207-208; Feavearyear, p. 284; King, p. 146.

6 Ms5/208, 23 Oct 1847; Clapham, Vol. 2, pp. 208-209; Ms/527; Dornbusch and Frenkel, p. 252; Feavearyear, p. 285; Overstone, Vol. 1, p. 397.

7 Boot, 'Commercial Crisis', p. 280; Robert Blake, Disraeli (1966), p. 263; Economist, 30 Oct 1847; Feavearyear, p. 286; Catherine Molyneux, 'Reform and Process', in Michael J. Turner (ed), Reform and Reformers in Nineteenth Century Britain (Sunderland, 2004), p. 73; Frank Whitson Fetter, Development of British Monetary Orthodoxy, 1797-1875 (Cambridge, Massachusetts, 1965), pp. 260-261; Feavearyear, pp. 286-287.

8 Howe, Free Trade, p. 56; Overstone, Vol. 1, p. 391; Times, 14 Sept 1847, 17 Sept 1847; Overstone, Vol. 1, p. 395.

9 G4/70, 20 Jan 1848, 3 Feb 1848, 10 Feb 1848; Howe, 'From "Old Corruption"', pp. 23-41; J. C. Levenson et al (eds), The Letters of Henry Adams, Volume 1 (1982), p. 465.

10 Giuseppi, p. 110; Morning Chronicle, 11 April 1848; Records of the London Stock Exchange (Guildhall Library), Ms 14,600, Vol. 20, 10 April 1848; Morning Chronicle, 11-12 April 1848.

11 The Baring Archive, DEP 74 Vol. 4, Diaries of Joshua Bates, 10 October 1852; Feavearyear, p. 288; E. J. Hobsbawm, Industry and Empire (1969 Pelican edn), pp. 139-140.

12 Acres, Vol. 2, pp. 512-514; Dieter Ziegler, 'Central Banking in the English Provinces in the Second Quarter of the Nineteenth Century', Business History, Oct 1989, p. 44; Feavearyear, p. 287; King, pp. 161-169.

13 John Brooke and Mary Sorensen (eds), The Prime Minister's Papers: W. E. Gladstone, Volume II, Autobiographica (1971), pp. 128-129; Richard Shannon, Gladstone, Volume 1, 1809-1865 (1982), p. 289; John Morley, The Life of William Ewart Gladstone (1905 two-vol edn), Vol. 1, p. 518; Clapham, Vol. 2, p. 253; Marc Flandreau, 'Central bank cooperation', Economic History Review, Nov 1997, pp. 747-748.

14 M5/209; Feavearyear, p. 290; Report from the Select Committee on the Bank Acts (July 1857), pp. 328-332; Feavearyear, pp. 290-291; Norman St John Stevas (ed), The Collected Works of Walter Bagehot, Volume Nine (1978), P 360.

15 14A185/8, item 71; Clapham, Vol. 2, p. 227; 14A185/8, item 95; Nicholas Dimsdale and

Anthony Hotson, 'Financial Crises and Economic Activity in the UK since 1825', in Dimsdale and Hotson, p. 39; Ms/454, 29 Oct 1857; Overstone, Vol. 2, pp. 758, 764-765; Clapham, Vol. 2, p. 229; Ms5/454, 7 Nov 1857.

16　King, p. 198; Ms/454, 9-10 Nov 1857; Feavearyear, pp. 293-294; 14A185/9, item 140; Overstone, Vol. 2, p. 786; Walter Bagehot, Lombard Street (1873), p. 179; M6/65.

17　Kathleen Burk, Morgan Grenfell, 1838-1988 (Oxford, 1989), pp. 21-22; Kynaston, Vol. 1, p. 197; 14A185/9, item 144; Overstone, Vol. 2, pp. 811, 819, 822-823.

18　Ms/455, 1 Jan 1858; George J. Goschen, The Theory of the Foreign Exchanges (1879 edn of the third edn), p xii;M5/455, 8 Jan 1858.

19　Report from the Select Committee on the Bank Acts (July 1858), pp. 86-87, 189-191, 394-395; Elmer Wood, English Theories of Central Banking Control, 1819-1858 (Cambridge, Massachusetts, 1939), p. 171; Acres, Vol. 2, pp. 520-521.

20　Ms5/455, 11 March 1858; Times, 15 March 1858; Clapham, Vol. 2, p. 240; Report from the Select Committee (1858), p. 399; Wood, p. 134; Bagehot, Volume 9, p. 382.

21　Ms5/457, 31 Jan 1860, 12 April 1860, 14 April 1860, 16 April 1860; 14A185/37, item 418; Ms/457, 17 April 1860; Clapham, Vol. 2, p. 244; Ms/457, 19 April 1860; HSBC Group Archives, UK M 0005, General board minute book.

22　Howe, 'From "Old Corruption"', pp. 39-40; Clapham, Vol. 2, pp. 255-256; Howe, 'From "Old Corruption"', p. 39; Ms/202; Daily News, 8 Feb 1861; Giuseppi, p. 117; Morley, Vol. 1, p. 686; Howe, 'From "Old Corruption"', P 40.

23　Geoffrey Elliott, The Mystery of Overend and Gurney (2006); John Stephen Flynn, Sir Robert N. Fowler (1893), p. 150; Bertram Wodehouse Currie, Recollections, Letters and Journals (Roehampton, 1901), Vol. 1, p. 61.

24　See generally: Forrest Capie, 'The emergence of the Bank of England as a mature central bank', in Donald Winch and Patrick K. O'Brien (eds), The Political Economy of British Historical Experience, 1688-1914 (Oxford, 2002), pp. 303-305; Marc Flandreau and Stefano Ugolini, 'The Crisis of 1866', in Dimsdale and Hotson, pp. 76-93.

25　Philip Ziegler, The Sixth Great Power (1988), p. 182; RBS Archives GM/1118, letter from Bertram Wodehouse Currie to his father Raikes Currie, 11 May 1866; Times, 11 May 1866; RBS Archives PRE/1/6 Partners' meetings minute book of Prescott, Grote, Cave & Cave, 11 May 1866; Times, 12 May 1866; Bagehot, Vol. 13 (1986), p. 608; Clapham, Vol. 2, p. 264; H. C. G. Mathew (ed), The Gladstone Diaries, Volume VI (Oxford, 1978), p. 436; diary of Sir Richard Biddulph Martin (Holland- Martin family archives), 12 May 1866; King, p. 242.

第七章

行为和操守问题

“伦敦还是那个伦敦”，多年后，美国作家亨利·亚当斯（Henry Adams）回忆起 1858 年他年轻时遇到的那个世界之都时说道：“一种特有风格为它的肮脏赋予了尊严。厚重、笨拙、傲慢，散发着铜臭气但不显得廉价。浑然自成却又庞大臃肿。绝对自信，几乎无法容忍外部世界……每个人似乎都很傲慢，而这样一个世界里最傲慢的就是皇家交易所和英格兰银行。”

在那四面围墙内，维多利亚时代的英格兰银行在物理上仍然是索恩创造的。不过他的继任者 C. R. 科克雷尔（C. R. Cockerell）建造了新的股息凭证和支付办公室，并在 1849—1850 年间建造了新的私人和公共提款办公室。后者为银行的商业客户提供了一个漂亮且现代化的大厅，与新兴的合资股份银行大厅相媲美。尽管并不是所有员工都喜欢这个地方，但有一个人却深深爱上了这里。这个人就是赫伯特·德·弗莱恩（Herbert de Fraine），19 世纪 80 年代他作为职员来到大厅：

> 这是一个壮丽的组合建筑，由零星获得的地块拼凑形成。与今天（20 世纪 50 年代）流线型的办公大楼相比，风格大为不同。在这里，你很少能直接从一个地方到达另一个地方，死胡同几乎成了常态……银行的大部分建筑都只有一层高，许多办公室都装饰有穹顶或天窗，坚固的屋顶由柱子或女性雕像支撑。建筑物之间被花园和各种庭院分割开来，包括金库庭院（Bullion Yard）和井院（Well Yard）。
>
> 抬头仰望，圆形大厅屋顶上布满了穹顶、天窗和提灯，围绕着矗立其中的大圆顶。四面走廊上都没有窗户……

支付大厅（德·弗莱恩称其为“大礼堂”）的一端仍保留着原始的身穿罗马服饰的威廉三世雕像。索恩的转账办公室“比例优美，光线充足”，每个办公室都各有其“优雅的特点”。科克雷尔的提款办公室“庄严雄伟”，会客室的天花板“极其精美”，三个壁炉配有“打磨光亮的炉架”，两端各有一个“由木制科林斯柱支撑的三重拱廊”。总的来说，英格兰银行众多办公室给人的整体印象是“宽敞、明亮以及和谐”，所以“作为一个年轻人，我被它们静谧的庄重所震撼，而这种庄重感更因细节的完美而增强”。

然而，那种静谧的庄重感并不能被永远视为理所当然。1867 年 5 月，一个有启示性的时刻到来了。当时，海德公园举行了一场大型示威，呼吁扩大选举权，这使得银行总裁和负责指挥塔楼内掷弹兵卫队的伯纳比上校（Colonel Burnaby）进行了一次紧急且鲜为人知的会议：

> 银行当时拥有大约 120 把毛瑟枪和刺刀、同样数量的手枪、各种长矛和弯刀等武器和弹药，全部存放在门房的军械库中。此外，志愿军团的军械库还存有大约 150 支恩菲尔德前膛步枪和刺刀。然而，弹药库中只有 1000 发毛瑟枪的实弹弹药和同样数量的手枪弹药，没有恩菲尔德步枪的弹药。根据伯纳比上校的建议和总裁的指示，秘书当天写信给塔楼的掷弹兵卫队指挥官，请求供应 1 万发后膛装填的实弹弹药和 1 万发前膛装填实弹弹药及撞击式雷帽，作为银行仓库的储备。很快，这些弹药以及 1.1 万个撞击式雷帽，都由伍尔维奇皇家兵工厂（the Royal Arsenal at Woolwich）如期供应……

英格兰银行很少动摇对安全和尊贵的合理关注。1883 年“户外门房和街道保卫员”从副总裁那里接受了相关命令：

> 他们应在大门开放期间值班，保持银行入口的道路畅通，防止出租汽车和公共马车在大门附近停靠揽客。更一般地说，要防止和消除任何对银行客户的阻碍或干扰。
>
> 应有一个人始终驻守在前门，另一个人在王子街的门口，第三个人将在银行周围巡逻，特别关注洛斯伯里街和巴尔托洛缪巷的大门……
>
> 如果有人群队伍经过或者街上有任何异常集合的人群，街道保卫员将立即关闭外铁门，警告内部的值班门房准备关闭内门，并通过电铃通知主管门房，或者在紧急情况下立刻就近获得援助。

然而，英格兰银行四周大部分时间都相当宁静和有序，尤其是晚上。某一个晚上，年轻的西班牙哲学家乔治·桑塔亚那（George Santayana）受到一位熟人——卫队指挥官的邀请，在银行共进晚餐。尽管那是在1901年，但相关情景却让人感觉与19世纪80年代别无二致：

> 我被带入一间看起来有些古雅又稍显破旧的房间，带有狄更斯式的沉稳外观。房间里有一个胡桃木壁炉架，上面放着一个小钟和两个没有蜡烛的烛台。沉重的黑色胡桃木椅子，底部铺着马毛，桌子上摆放着简朴的白色厚盘子和厚玻璃杯。壁炉里燃烧着惬意的火焰，而那位相当老迈的男管家为我们奉上了一顿非常地道的英式晚餐：假龟汤（用牛头和牛脑制成）、蛋汁煮比目鱼、烤羊肉、醋栗挞和奶油，以及涂有鱼酱的烤面包，还有一瓶红葡萄酒和一瓶波特酒。[1]

在19世纪中后期，从商业银行业务的角度看，英格兰银行可能被愿意支付存款利息的大型合资股份银行所超越。这一业务方式与英格兰银行以及许多历史悠久的私人银行不同。即便如此，英格兰银行自身的经营和责任范围，无论是为了其“私人”目的还是更大的“公共”利益，仍在持续扩张。1864年，英格兰银行加入了银行票据清算所（Bankers' Clearing House）。3年后有关私人提款办公室的报告指出，这意味着英格兰银行能够“向客户提供与其他清算银行相同的优惠”。同时，在充当“银行家的银行”方面，19世纪60年代末的典型数据显示，伦敦银行家在英格兰银行的存款余额超过700万英镑，达到英格兰银行私人存款的1/3。不久之后的1871年，英格兰银行勤奋的秘书哈蒙德·查布（Hammond Chubb）详细列举了自1853年以来的一些重要指标：银行纸币发行量从每年900万英镑增加到1300万英镑；称重办公室称重的金币数量大幅增加，在出纳办公室计算的银币数量增加，提款办公室的账户数量增加了600多个，平均余额几乎翻了一番；客户存入的证券名义价值从490万英镑增加到1990万英镑，“大部分是半年一次付息的票息债券”；“承接了所有印度公债和本票放款，以及大部分曾经由东印度公司管理的印度办公室银行业务”；印刷部门增加了印刷印度货币、公债凭证等工作。实际上从19世纪60年代末开始，正如克拉珀姆所指出的，“殖民地、市政和其他法人团体安全、确定的业务稳步增长”，这正是英格兰银行“完全有能

力处理”的业务类型。[2]

尽管业务总量有所增加，但英格兰银行的员工规模（包括分行在内）却出人意料地几乎保持不变：1832 年为 908 人，1854 年为 883 人，1880 年为 899 人。查布在 1871 年写道，他毫不怀疑“机械的引入和使用”起到了关键作用。举例来说包括“钞票的‘凸版印刷’系统、银行票据和凭证上的印刷签名、会计部门钞票办公室的机械使用、特殊表格和印刷支票的扩大使用，以及最近将印刷应用到了股息簿和凭证上”。他详细研究的案例涉及会计部门的钞票办公室，他对此明显感到自豪：

> 1860 年首次引入了机械操作的“张贴员”，随后在 1861 年引入机械“分类账目审查员”。它们在工作中使用了简单的“印章戳”，上面有可调整的日期。1862 年开始雇用非签约（实际上是学徒）职员作为钞票的分类员。后来这一做法又逐步发展，在 1863 年开始使用盖章和编号机器，最终在 1868 年取消了一些重复性工作。但这还不是全部。尽管钞票的数量增多了，但钞票检查员仍然保持在 1853 年设定的数量。这一成果的实现，一方面是由于检查员部门更好的组织，但更主要的原因是近年来所做的流程安排。根据这些流程安排，几个银行办公室的职员都要负责检查经手的钞票。这一安排最初应用于私人提款办公室，并最终扩展到支付大厅。这些办公室的职员会得到少量报酬，以弥补其增加的责任。
>
> 由此，在情况允许的前提下，类似业务和流程改进措施被相继采取。“查布在向总裁报告有关‘银行费用’时总结说，钞票办公室‘已经达到了上佳状态’，在这种状态下流程安排更简单、工作执行更高效、成本达到历史最低。”[3]

在整个 19 世纪的后半段，钞票本身的重要性在相对下降。它被日益增加的支票使用、几尼金币和半几尼金币的流行所取代。但钞票仍然非常重要，并且在整个世界范围内仍是英格兰银行最为显著的象征。正如“银行特许法案”所预期的那样，英格兰银行的钞票在英格兰和威尔士几乎垄断了钞票发行。从 19 世纪 70 年代末开始，由于大型不发钞合资股份银行对乡村银行的无情接管，这一趋势加速了。以至于到该世纪末，郡级钞票仅占英格兰钞票流通量的 7%，其余全都是英格兰银行的钞票。从 1855 年起，这些钞票采用了一种新型样式：凸版印刷且带有阴影水印；使用特别薄而脆的纸张；仅对“持有人按需兑付”；票面印有持矛的不列颠女神形象，这种形象有些前拉斐尔派（Pre-Raphaelite）的风格，由艺术家丹尼尔·麦克利斯（Daniel Maclise）描绘。现在，伪造变得更加困难了。不过在 1862 年，人们发现在汉普郡波塔尔（Portal）先生的拉弗斯托克工厂中，大量英格兰银行钞票纸张（以及印刷印度卢比的纸张）被盗，这引发了一场大恐慌。这些被盗纸张导致各种伪造的 5 英镑纸币出现在银行，所有这些伪造纸币都是在真正的钞票纸上印刷的。主要的罪犯最终被确认了身份，并于 1863 年在老贝利法庭被判处重刑。但有一名总是穿着黑色衣服的女嫌疑人从未被找到，她在滑铁卢车站等待装有被盗纸张的包裹，然后带着它们消失在滑铁卢桥上的马车中。英格兰银行的律师亨利·弗雷斯菲尔德（Henry Freshfield）评论道："我们需要写一部小说。就叫它《黑衣女人》吧。"书名似乎是向当时的威尔基·柯林斯①（Wilkie Collins）畅销书致敬。[4]

10 年后，又发生了一起造成相当大尴尬的欺诈案。[5]一个名叫乔治·比德威尔（George Bidwell）的美国人，在其兄弟奥斯汀（Austin）和两个同伙的帮助下，于 1873 年初成功地向英格兰银行位于伯灵顿花园的西区分行兜售了价值超过 10 万英镑的伪造票据。该分行经理是佩雷格林·马德吉克·弗朗西斯上校（Colonel Peregrine Madgwick Francis），曾管理过赫尔分行。但他却被一些技艺高超的骗子所蒙骗了。毫无疑问，他存在相当程度的疏忽。乔治·比德威尔事后回忆说："英格兰银行经理们就像在街上堆起一座金山，挂上'请勿触摸此物'的告示，然后就天真地信任他人，让金山无人看守。"这起欺诈案最终败露。随后在当年夏天的中央刑事法庭审判中，四名被告都在 1887 年到 1891 年之间被陆续释放。英格兰银行几乎收回了所有损失的资金，但据《泰晤士报》估计，追究、抓捕和起诉罪犯的成本高达 4.6 万英镑。正如另一份报纸评论的那样："如果英格兰银行都能如此轻易上当，那么毫无疑问，更小的机构可能就更容易受害了。"

希克斯（G. E. Hicks）细致入微、充满个性的画作《英格兰银行分红日》呈现了一幅更为天真的场景。尽管不太受评论家们的推崇，该画作却是 1859 年皇家艺术学院展览的热门作品。直到 1869 年，英格兰银行迫于政治压力终于不情愿地同意邮寄分红；在此之前，银行一直保持着一种似乎不可侵犯的习惯，无论是政府公债还是银行自己的股票，只要是在银行账簿上登记的公债和股票，其股息凭证都必须在股息办公室亲手交给

① 威尔基·柯林斯是 19 世纪英国侦探小说作家，主要作品有《白衣女人》等。——译者注

个人股东或其授权代表，然后再由他们在圆形大厅领取分红或股息。即使在1869年之后，这种亲自领取股息的做法直到1910年被完全废除之前，都仍然在相当数量的人群中继续存在。正如20世纪20年代资深职员亚瑟·罗莱特（Arthur Rowlett）回忆的那样：

> 股息支付时间就是主要公共基金到期支付的时间。从上午9点到下午4点，大部分公众会在1月、4月、7月和10月的第5天及随后的两天内前来领取。当你8点45分到达银行时，就会发现已经有一小群人在等待了。这群形形色色、身份各异的男男女女，从开门到关门都络绎不绝地挤满柜台。股息办公室内一切准备就绪，新鲜的削尖羽毛笔和新的吸墨纸已经摆放好，迎接不久就会挤满办公室的各色人群。两名苏格兰场（即伦敦警察厅）警察全天候待命，以防发生扒窃或其他违法行为。人们大多穿着最精致的节日盛装，在人群中可以明显地看到许多古老而庄重的海狸帽。还有许多有趣的人让人印象深刻。在这里，我们看到了一位健谈的股东，滔滔不绝地讲述他所有的家庭过往和疾病。有一位神秘人，在付款员耳边悄声地说着自己的姓名和股票金额。有的人有些健忘，只能记住自己要"一张五镑的粉色纸币"。还有一位有点蠢笨，当被问及姓名时说"两百份统一公债"，当被要求说出股票名称时却是"约翰·琼斯"。还有一家人是带着午餐篮子来的，显然是要在伦敦享受快乐的一天。我们还看到了那些合资股份银行的股东，他们相互猜忌，聚在一起，从不让彼此离开视线。最不受欢迎的是那个签名要花费五分钟的人，总是在差五分钟就四点的时候到达，来领取拖欠十年的股息，这通常是要花费将近一个小时……

在希克斯画下《英格兰银行分红日》那只在拥挤人群中无人注意的、嚼着债券的狗的20年前，《漫画年鉴》在1841年对同一场景做了这样的描述：

> 多么拥挤！水泄不通！
> 多么喧哗！匆匆忙忙！
> 尖叫、撕扯和嘈杂——
> 来自马车夫、仆人、警察和公共（马）车司机，
> 还有可怜的小男孩们被车碾过……

哦！这是分红日！
哦！这是分红日！
各种怪异的不协调场景：
老人和年轻姑娘、听力不好的人和好奇的年轻人
都来领取他们的年金……
这就是银行的股息日。[6]

英格兰银行绝大多数员工担任的都是文书职位，其中多达 1/6 的空缺职位留给那些在银行担任文员超过 15 年的人的儿子们。尽管需要找到一位董事行使提名权，但竞聘文书职位的主要标准还是品行和能力，以及必须是男性。“候选人的总体行为、推荐信及对习惯和职业问题的回答”在 1844 年被董事会确定为必不可少的考量因素。至于能力，从 19 世纪 50 年代初开始实施的考试程序包括听写约 30 行《泰晤士报》文章段落，完成两道相当简单的利息计算题，以及在文书考试委员会面前解答另一道利息计算题。查布在 1865 年的备忘录中肯定地写道：“尽管这个制度无疑倾向于要提高文书的水平，但另一方面它却未能将一些事后被证明极不适合银行服务的人员拒之门外。”因此，之后的文书职位候选人还需进行一项测试，模拟初级文书最普通的工作，即“在分红账簿中录入凭证，或在现金和票据账簿中录入支票”。

3 年后即 1868 年，一份关于职员及其所在部门的内部报告为我们提供了一些名字和更具体的描述。从会计的钞票办公室开始，负责人丹尼尔·希尔（Daniel Hill）对职员们的个人评价显示，相比于查布后来描述的现代化高效模式，职员们更是一个个活生生的人而不是冷冰冰的机械：

一位有价值的职员，但有跛足。（乔治·雷诺兹，George Reynolds）

不屈不挠，热情，尽职尽责。（乔治·贝茨，George Betts）

坚持不懈，聪明，会说德语。但想法有些狭隘。（理查德·贝利，Richard Baily）

聪明，有能力，易激动，擅长计算。（查尔斯·厄尔斯，Charles Earles）

一个优秀且认真的文员，不过形象有些邋遢。（阿尔弗雷德·阿普尔顿，Alfred Appleton）

道德品质优秀，是贫民学校的推动者。（爱德华·格里布尔，Edward Gribble）

有绅士风度，聪明，相当有能力。（埃德蒙·吉尔，Edmund Gill）

尽责，堪称模范，擅长培训年轻文员，但过于胆怯，不适合处理超出常规的业务。（刘易斯·迈耶，Lewis Mayer）

《兰恩商业理论》（*Laing's Theory of Business*）的作者。可能还有更大的潜力未被有效利用。（约翰·朗，John Laing）

勤奋，专注，但文化程度低。（爱德华·奥利弗，Edward Oliver）

是个好文员，但不算杰出。（查尔斯·威廉姆斯，Charles Williams）

品行端正，但非常虚弱且易紧张。（威廉·巴特里，William Bawtree）

有绅士风度，不过缺乏活力。（丹尼尔·里德，Daniel Reid）

一般。（亨利·霍尔西，Henry Halsey）

有绅士风度，专注。（弗朗西斯·兰福德，Francis Langford）

有很好的能力，但容易粗心和不稳定。（查尔斯·伊迪斯，Charles Edis）

能力一般，自负。（理查德·梅，Richard May）

好意，但异常轻率。（托马斯·克里奇特，Thomas Critchett）

能力一般，无精打采。（弗雷德里克·斯特顿，Frederic Stretton）

在其他办公室也可以随机挑选几位职员作为例子。例如，在统一公债办公室的小亨利·迪克森（Henry Dixon junior）是"反应快、活跃、聪明"，但"因过于迅速地履行职责而容易出错"。在新3%办公室的亨利·雷内尔（Henry Rennell）是"稳重、专注、守规矩的"。在授权办公室的约翰·博特里（John Bawtree）非常"细心和勤奋"。在司法和财政办公室的托马斯·希尔（Thomas Hill）"受教育程度比其他人好，但在记账方面非常不准确"。在分行办公室的赫伯特·克里克迈（Herbert Crickmay）"干练，能力强，但有些冷漠"。在私人提款办公室的乔治·格雷（George Grey）是"一名中等水平的文员"，但"未能保持其品行"。在公共支票办公室的塞昆杜斯·普赖斯·琼斯（Secundus

Pryce Jones）能力“平平”“有些紧张”。在票据办公室的亚历山大·高吉（Alexander Goudge）是“勤奋刻苦、品行端正的文员”。在总现金账簿办公室的吉尔伯特·阿勒姆（Gilbert Allum）“比以前反应慢，且自我感觉不能胜任繁重的工作”等。[7] 当然，这些职员们的脑子里在想些什么，又在多大程度上履行职责，我们将永远无法知晓。

有两个稍微有些例外的文员，因为他们儿子的缘故让我们获得了更多信息。其中一位是罗伯特·布朗宁（Robert Browning）。他是一位诗人的父亲，也是一位长期任职、脾气暴躁的银行职员的儿子。这位银行职员最终晋升为部门负责人。不巧的是，这祖孙三人有着相同的名字，难以区分。1782 年出生的中间这位布朗宁，可能还在青少年时期就被派往圣基茨（St Kitts），目的是协助管理他已故母亲家族的种植园资产，并有机会获得一笔可观的遗产。接下来发生的事情是他儿子在 1846 年写信给未来的妻子伊丽莎白·巴雷特·布朗宁（Elizabeth Barrett Browning）时讲述的：

> 如果我们贫穷，那反而是我父亲的无尽荣耀。正如我母亲昨晚与我促膝而谈时告诉我的那样，我的父亲“对西印度群岛的奴隶制度怀有如此深的憎恶，以至于放弃了所有的前途”。他在那儿以其他身份维持生计，并在还是一个孩子的时候就返回家中，令他的父亲感到极度的震惊和愤怒……我的父亲回来后，打算全身心投入艺术。他在那方面具有天资和无尽的热爱。但他与父亲的争吵，以及他父亲在去世前几年仍怀有对他的憎恨，促使他立刻以一种一直厌恶的方式消磨自己的生命。你可能能够理解，我并不为他感到羞耻。

于是中间这位布朗宁选择了英格兰银行。他于 1803 年进入银行，并在那里待了整整半个世纪，主要任职于统一公债办公室的分红室。但他将大部分精力投入素描本和庞大的图书馆藏中，还成为了一位有影响力的布道者。在他去世约 20 年，即 19 世纪 80 年代，当时的首席会计如此评价他：“不是一位非常能干的银行职员，但聪明且很受欢迎。”

另一位著名的父亲是威廉·马歇尔（William Marshall）。他的儿子阿尔弗雷德（Alfred）成为一位重要的经济学家，并且启发了约翰·梅纳德·凯恩斯（John Maynard Keynes）。威廉·马歇尔出生于 1812 年。尽管他的父亲在金融上遭遇失败，他还是在 1830 年成功进入英格兰银行。

他在伯蒙德赛的制革厂附近开始自己的家庭生活，后来又搬到郊区的克拉珀姆。在银行里，他最终在 1870 年升任出纳，但从未担任过首席出纳，最终于 1877 年退休。凯恩斯回忆说，他是一个非常坚韧、决心坚定且目光敏锐的人，严格的福音派教义深深地塑造了他，给了他骨瘦如柴的脖子和突出的下巴。凯恩斯并不十分亲切地回忆说："他的专横本能最直接的影响对象是他的家庭，其中最容易受到伤害的是他的妻子。但从理论上讲，他的权利范围延伸到了所有女性。因为这位老人于 1901 年去世前还写了一本名为《男人的权利和女人的职责》的小册子。"[8]

在任何一个时期，除了总裁、副总裁和董事，没有人会怀疑最重要的两个关键人物是：首席出纳和首席会计，并且这两者的前后顺序通常不变。赫伯特·德·弗莱恩在他对维多利亚时代晚期银行（但基本上适用于整个 19 世纪）的回忆中解释说，首席出纳"控制着所有现金办公室及其相关业务"：

> 它负责慈善委员会、教会委员会、国债委员会等，还处理国库券和公共贷款的发行。首席出纳手下的办公室有贴现办公室，为公众贴现票据；票据办公室，收取到期票据，并负责"票据清算"和出纳相关的工作；私人提取办公室，负责私人公司和个人的账户；公共提取办公室，负责所有政府部门的账户，如军需部门、邮政局等。
>
> 首席出纳还控制着银行的金库。在严格的保管条件以及双重控制下，银行用于日常交易的纸币和金属货币库存都存放在这里。首席出纳下辖的部门还有黄金办公室、称重办公室和大厅的一部分。大厅的一端是发行办公室，公众可以在这里将纸币兑换成黄金。另一端是进账部门，处理银行家送来的大量银币，"筛选"出假币、残缺或磨损的银币，并进行核对。

德·弗莱恩补充道，排名第二的首席是首席会计，控制着所有股票和公债办公室并负责相关业务。其麾下最重要的办公室有三个：统一公债办公室、银行股票办公室和印度公债办公室。这些办公室记录着每个公债和股票的详细信息，负责进行转让，然后记录在"账簿"中。

在 19 世纪，没有哪位首席出纳像亚伯拉罕·纽兰德（Abraham Newland）那样具有主导地位。他一直任职到 1807 年退休，但除他以外该职位仍有一些著名人物。托马斯·里彭（Thomas Rippon，1829—1835

年在任）在他的住所——也就是银行内工作了 53 年，据说只度过了一次三天的假期。他去世时的讣告解释道："他认为绿色田野和乡村风景没有吸引力。"威廉·米勒（William Miller，1864—1866 年在任）是十进制系统的热心倡导者，成功地将其引入金库部门。他向一个议会委员会报告称："十进制算术的使用，不仅能提供更高的准确性，还能使英格兰银行减少 1/10 的职员。"乔治·福布斯（George Forbes，1866—1873 年在任）是一个非常有能力的阿伯丁人。他在晋升前不久写信给《经济学人》，清晰地解释了银行进出黄金的年度循环周期，认为其主要取决于农业因素。任期最长的是马修·马歇尔（Matthew Marshall，1835—1864 年在任），和威廉·马歇尔没有亲属关系。在他的任期内，英格兰银行根据"银行特许法案"，以会计为基础对组织或基础设施进行了业务划分，分为一般银行业务部门和发行业务部门。他是阿默舍姆一位律师的儿子，在 1810 年 19 岁时进入银行，并于 1873 年在贝肯汉姆的阿默舍姆庄园去世。

大部分时间与马修·马歇尔共事担任首席会计的是威廉·斯米（William Smee，1831—1858 年在任）。这两人很可能有过密切合作，因为他们都是格雷沙姆人寿保险公司（Gresham Life Assurance Society）的创始人和受托人。斯米本人在服务了 57 年后，在 81 岁时于任上去世。他有三个儿子中，长子小威廉·斯米（William Smee junior）住在银行内与父亲一起工作，后来成为财政委员会的秘书。但在 1852 年布莱顿线的一次铁路事故中受重伤后，威廉就辞职并移民到澳大利亚了。最小的儿子弗雷德里克·斯米（Frederick Smee）从 1842 年到 1876 年一直在银行任职，主要在首席会计办公室工作。次子阿尔弗雷德·斯米（Alfred Smee）是一名医生，于 1840 年成为银行的第一位医疗官。他发明了一种新墨水（被称为"银行黑"），在接下来的一个世纪里一直用于书写董事会的会议记录。他在电冶金领域的工作也广为人知，几乎可以肯定的是他还为 1855 年的纸币作出了贡献。"银行黑"或许是一项毁誉参半的贡献，因为约翰·朱塞皮（John Giuseppi）在 20 世纪 60 年代根据个人经验评价它："几乎像汤一样浓，闻起来像醋，写起字来就像在用泥浆比划。"然而，毫无疑问的是，斯米一家是众多银行家庭中最出色的家族之一。[9]

在维多利亚时代，英格兰银行职员的生活是什么样的呢？1949 年朱塞皮在族谱学会演讲时，提供了一种令人安心的视角：

> 虽然时不时会有一些不满的迹象，例如，抱怨薪水没有跟上物价上涨的步伐，但银行员工从未真正有过不满的情绪。事实上，按现代标准来看，那些有15年到20年服务经验稳重、清醒的职员，生活得相当不错。他们有自己的房子，地租通常相对较低，家里有两名到三名训练有素的佣人。他们的孩子可以在水平很高的"精英"学校接受教育。这些学校氛围高雅，通常能给他们的孩子扎实的三大基础技能（阅读、协作和算术）。如果升任为负责人，他们甚至可以拥有自己的马车。"英格兰银行绅士"在伦敦金融城中享有很高的地位。

即便如此，正如朱塞皮所暗示的，生活并非全然甜蜜美好。1842年的《笨趣》杂志或许有些夸张地认为，英格兰银行职员是"全伦敦工作最辛苦"并且"薪水最低"。两年后，年轻职员的薪水有了显著增加，但这并没有增加银行的整体成本，因为服务35年后可获得额外30英镑补贴的政策被同时废除。长期以来，生活成本的上升一直是员工不断抱怨的问题。1865年，558名员工在给董事会的请愿书中宣称，他们"因物价极高、房租上涨以及固定收入持续贬值，难以支付必要开支并维持社会地位"。这次请愿成功了，双方达成的"职员备忘录"使薪资水平大幅提高，涨薪幅度从18岁职员的每年70英镑到45岁及以上职员的每年280英镑。然而在1872年，董事会对类似的请愿却并不那么动容。一位显然居住在肯辛顿的董事为此提交了一份详细报告。他发现："土豆的确比1865年和1866年贵了，但或许明年就会像以前一样便宜。"他对洗衣的费用则显得宽容些："我发现洗衣费并没有增加。我现在支付的费用和1865年完全一样。普通肥皂的批发价反而低了些。但由于仆人薪水有所提高，我允许这一项增加10%。"肉类则是另一个问题："自1865年以来，从澳大利亚进口的优质牛肉、羊肉、牛舌和羊舌，去骨零售，每磅售价为6便士至7便士，偶尔食用就已经再好不过了。"[10]

然而整体而言，到19世纪70年代，薪资和工作条件已经相当不错了。经历了19世纪30年代中期至40年代中期的萧条时期，英格兰银行的传统"宗教节日"几乎全被废除，而年假制度逐渐确立并普及，假期天数因工龄而异，通常在15—21天之间。同时，自19世纪30年代起，固定养老金制度已经建立，大致与政府部门的养老金制度相当。到1870年，退休年龄正式被定为65岁。总体而言，在1850—1875年，人们越来越认识到，为了让银行高效运作“需要给那些承担更高责任的职员涨薪”。查布在1871年报告中补充道：“这项政策可以解释为什么现在许多银行员工能够获得更高的薪酬，尤其是提款办公室、票据办公室的安全职员以及钞票和其他办公室的某些职位。”

查布在1871年报告中还重点提到了英格兰银行日常工作方法在19世纪中期发生的重要变化：

> 1850年以前，大量几乎机械性的工作都是由职员完成的。当时的系统通过复式记账方式尽可能地保证了业务的准确性。在现金办公室注销钞票的旧方法就是执行机械性职责的一个典型例子。提款办公室的分类账簿也展示了这种检查方法。一个分类账簿由出纳员保管，另一个由会计师保管，从而通过定期对账相互纠错。不用多说，这种系统允许职员以最低限度的智力工作（几乎不用动脑子）……

简而言之，这是“一种笨拙的检查系统”“依赖于银行办公室中工作的程序正确性，而不是像现在这样依靠聪明和精心挑选的职员有效履行职责”。1898年，退休职员威廉·尚德（William Shand）写道，英格兰银行在19世纪中期的“改革”确实“早该进行”。他同样以私人和公共提款办公室的状况举例。他在1842年被调到纽卡斯尔分行之前在公共提款办公室，了解到“非常奇怪”和“管理不善”的记账系统：

> 现金账簿管理不善。大量账簿被堆在一起，依次录入汇总到分类账簿中，并附上“P.S.”字母表示部分账目。数字的改动很多，导致累加和总计也频繁更改。总计的数字铺满了页面，有时变得难以辨认。为了使其可读，必须将它们写得很大。吸墨纸不够用，沙子倒是很多。账簿里面有很多沙子，导致背脊缝合处和内部常常由于沙子而裂开，使封面脱落。
>
> 这些账本唯一的用途是显示账户的信用余额，以避免透支。但这是公共账户中少有的情况。事实上，我们可以按自己喜欢的方式记账。负责人也从不干涉。
>
> 银行真正供永久使用的账簿，被保存在楼上一个阴暗的地方，每天交易结束后才会更新。这就导致每天早晨都会有一个信使来找我们，带着我们的账簿上楼对账。我们让信使背着账簿。我清楚地

记得，我跟着一个穿着制服的老人沿着花园小路走向楼梯。楼梯通向屋顶的阁楼，那里被称为“后台提款办公室”。这些信使属于会计部门。他们是一群奇怪的人，衣衫褴褛，有时袖子卷到肘部，在一个可怕的气氛中工作……[11]

不可避免的是，1850 年以后的方法使某些人不太舒服，特别是在英格兰银行于 1864 年进入票据清算所之后的某些业务领域。1867 年关于私人提款办公室的报告中提到：“毫无疑问，提款办公室的工作在性质和范围上发生了根本性变化，需要职员们更聪明、更活跃。许多人在旧系统下心满意足地履行职责，现在却显然无法应对日益严格的要求……”因此，该报告建议将 11 名职员调到“更安静的办公室，担任更轻松的职位”。然而，对于大多数职员尤其是年轻职员来说，这无疑是一项好的改革。丹尼尔·希尔在次年的报告中对会计部门钞票办公室的职员更加直接地承担个人责任感到满意。他表示：“职员们对自己的职责有了更大的兴趣，因为他们确信所有被要求做的工作都是重要的。”尽管如此，我们也不应夸大这一改革的进展或普及。在这一阶段，查布所推崇的机械化仍有严格的限制。巨大的、不便操作的账簿多年来仍然是银行交易永久记录的主要部分。这些账簿通常超过一千页，封面用半英寸厚的硬纸板并装饰着绿色帆布。1874 年有一个著名的事件，当时的提款办公室展开了一项持续四周到五周的调查，以寻找私人账户部门三便士差额的原因。1886 年德·弗雷恩进入银行时，他的首要任务是处理退出流通的钞票，每天高达约 6 万张。相关职员需要站在桌前手工先将它们一一归类为两个部分，即“五元”和“十元及以上”，然后再根据日期和编号逐一分类。[12]

此外，无论是在 1850 年之前还是之后，事实上维多利亚时期的英格兰银行都未能如管理层所愿的那样井然有序和目标明确。仅在 1837 年至 1845 年之间，董事会的会议记录中就至少提到了三起职员间的激烈争执。一起是因食品质量问题引发的饭后争执和流鼻血事件。另一起是因有人拒绝交出墨水瓶，就被人扔了一个大账单箱子，并伴随“非常粗鲁和低俗的辱骂”。还有一起是因抢夺办公室凳子导致的面部重击，使受害者“当天无法继续工作”。或者我们可以参考下考托普·福尔曼（W. Courthope Forman）和 C. H. 古德曼（C. H. Goodman）的回忆。他们两人都在 1866 年开始在私人提款办公室工作。福尔曼发现那里确实是个“忙碌的蜂巢”，但里面也有“很多奇特的昆虫”：

有一个年轻的绅士在账簿上用钢笔和墨水创作出了非常巧妙的

> 漫画和素描，有时甚至在神圣的书籍封面上作画。有一个矮胖老先生，脾气暴躁，头颅巨大，常常用一种真正令人愉悦的方式破坏女王的英语（指经常犯语法错误或者发音不标准，却能逗人开心）。还有一位中年绅士，在郊区经营一个农场，带着一丝乡村气息来到提款办公室出售他的农产品。另一位职员，据说与袜子行业相关，带来的是领带、手帕和花哨的袜子，并将其拍卖给出价最高的人。还有一个可爱的、脸色红润、秃顶的老先生，显然仍在做初级工作。夏日的下午他会在书上打盹，然后我们中的一个会轻轻地用羽毛笔的羽毛挠他的秃顶，直到他醒来后愤怒地拍打那“巨大的圆脑袋”，并喊道：“啊！该死的苍蝇！”我们完成任务后，就会像红印第安人一样悄悄溜走。还有一个沉浸在废账簿中的愤怒先生，我们认为他疯了，最终他也确实疯了。站在他身后，听他大声快速地计算账簿上的数字，并在数字间夹杂着最粗鲁的咒骂，简直是一种娱乐。最后，我不能忘记那个好像从狄更斯书中走出来的奇怪人物。那人面色阴郁，穿着紧扣的、不合身的亮黑色礼服，配上皱巴巴的裤子，负责通行簿。他戴着一顶一看就知道没有好好保养的破旧高顶礼帽，据说从不摘下它。事实上，有传言说他睡觉也戴着，甚至像胎膜一样与生俱来。

古德曼则对他的新同事们缺乏礼貌以及办公场所里普遍饮酒感到震惊。“他们当中有些人相当粗鲁，而且很多人的谈话内容非常粗俗”“至少有一个办公桌上有一个酒箱，你可以随时取用”。似乎到了 19 世纪 80 年代初，这种气氛也没有变得更为严肃和适宜，这从艾伦·费亚（Allan Fea）的经历中可以看出。他是一个年轻职员，后来成为一名全职作家：

> （他在将近半个世纪后回忆道）在那些日子里，我被安排到了私人提款办公室。与其说是办公室，那里更像是一个大型学校的操场。从那些老到掉渣的出纳员到稚嫩的单身“未定岗人员”，似乎所有人都全心全意地投入到了使办公气氛更活跃的游戏中。到处是调侃和欢笑，对厚重账簿的繁复内容或“废账簿”账目配平的复杂性几乎毫不关心。然而，当那些可怕的卷册被当作肌肉健身的便利测试或炫耀肌肉力量的证明时，这种更具杂技性质的平衡技巧就需要一定程度的思考和专注了。其他的轻松娱乐方式则是即兴创作的“投椰子”游戏。因为没有真的椰子，某人的高顶礼帽就被拿来作

为牺牲品。摔跤比赛也很受欢迎，参赛者通常会给办公家具和设备造成相当大的损坏，包括煤气灯的玻璃罩、墨水瓶等各种配件。有表演天赋的人还会即兴表演，从庄重的讲坛布道到阿德尔菲①英雄独白，各种节目甚至比当时空中传送的无线电广播还要生动。对牛津音乐厅主席的模仿表演通常也会引来热烈的掌声……

可以推测，在整个英格兰银行中，所以超龄男孩尽情嬉戏的情况并非一直存在，他们也会干点正事。然而，考虑到维多利亚时代的金融城其他大部分地方（尤其是证券交易所）往往是内敛的和墨守成规的，英格兰银行尽管从表面上看有些古怪和“个性”，但确实如费亚所说：“任何明显的怪癖或学究气倾向都会很快被发现，并且成为别人用来对付他的手段。”换句话说，尽管职员们有时候会有一些轻松的活动，但如果有人的行为超出了可接受的范围，就会受到批评。[13]

通常情况下，上级也会制定规则和提出劝诫，但都只是为了规范行为。1847 年，任何“醉酒出现在办公室的职员”都将被“开除”。1850 年，“任何今后被发现参与博彩、抽奖或任何形式赌博交易的职员”都将被立即解雇。1851 年，“部门主管”明确禁止“职员在整个银行范围内携带或饮用啤酒、葡萄酒或任何烈性酒”，但门房和“领取周薪的机械工”除外。1853 年，总裁下令“今后所有在银行内签署姓名或首字母的职员，签名必须清晰、工整、易读且不带任何花哨的装饰”。同年，“管理层”表示“他们强烈反对某些银行职员的蓄须倾向，如有必要将采取一些惩罚措施”。或者可以看看 1884 年版《英格兰银行职员须遵守的规则和命令》中“明确规定”之后的补充说明：

虽然不能具体规定，但有一些行为举止和操守问题同样重要。因此，银行中的每个人都必须在所有私人和社会关系中行为端正，并且在银行内外，其整体行为都要符合绅士和有原则的人的标准……整个银行的纪律要被严格执行，任何不服从的行为都将受到严厉处罚。每个职员必须准时履行职责，并且有聪明的工作表现。同时，他还应在着装和一般习惯上保持得体。

总裁们常常遇到年轻职员由于早婚或草率婚姻而陷入严重困境的情况，因此他们认为有必要郑重警告他们不要出现类似问题。他

① 阿德尔菲（Adelphi）是伦敦的一座剧场。——译者注

> 们将此问题留给相关人员自行判断：但如果由于在这方面的不谨慎行为导致困窘（几乎肯定会这样），董事会不会提供任何经济救助。职员必须牢记，任何原因导致的无法挽回的困窘都将导致丢掉工作。

此外，职员们在加入英格兰银行时还会收到所谓的“总裁训诫”（可能是在1812年引入）：

> 如果你严格节俭和适度克己，你的薪水足以让你过上体面的生活……
>
> 告诫你不要养成放荡的习惯，要谨慎选择你的同伴，并保持在所有关系中的体面形象。
>
> 图书馆是为职员使用而设立的，该设施以较低成本提供了阅读的便利，并为闲暇时光提供了一种资源。

总裁们不断更替，但其中的威廉·利德代尔（William Lidderdale）具有特别高的道德标准。1890年7月，首席会计代表他发布了一份通知：“显然，总裁认为，大多数信使和门房所遭遇的麻烦，以及他们中许多人所遭受的健康问题，大部分源于现在或过去的不良嗜好。因此，为了信使和门房的利益，总裁明确警告任何因不守纪律行为而被带到他面前的人将受到严厉处理。”[14]

不过实际上，当涉及纪律处分时，英格兰银行给人留下的总体印象是尽量对违规者仁慈，总会给他们一次机会。19世纪50年代后期，欧内斯特·史蒂芬斯（Ernest Stephens）的命运是有教育意义的。这位年轻职员在1858年2月首次被检查委员会发现在实际未核对钞票的情况下认证了钞票。但他在表示“对自己的疏忽感到羞耻和惭愧”之后，仅被总裁“严厉训诫”。然而不到一年后，他再次站上被告席：

> 5月7日，史蒂芬斯的职责是审阅当天已分类并登记的约1800张100英镑纸币的相关文件。他本应该要求其他职员拿着登记这些纸币的账簿，在他审阅纸币时核对登记内容，然后各自在核对簿和文件上签字，一个作为审阅人，一个作为复核人。但史蒂芬斯未选择任何搭档，只是简单地将一堆纸币捆绑起来，就好像已经审阅并复核过一样，然后在文件外标签和每本核对簿的末尾签上了自己和

其他两名职员的名字，表示已审阅并复核了这些纸币。

这次，他不可避免地被“要求提交辞呈”。这至少意味着，他不是被直接解雇，还可以在金融城其他地方找到职位。两年多后的 1861 年 7 月，发生了“非常棘手”的理查德·丹尼森（Richard Denison）案件。这位 26 岁的职员向英格兰银行申请了 200 英镑贷款，这引发了银行对他的调查。调查发现，他在银行的四年半时间里，不仅在工作上“常常粗心大意，缺乏热情和专注力”（尽管最近有“一些轻微的改善”），而且（在生活上）也陷入了困境：

> 去年 11 月，他娶了一位寡妇。之前他住在她的房子里，而她的丈夫在大约一年半之前去世。在结婚前，他得到她和她母亲的明确保证，她没有任何债务，房子里的家具大部分也是她的。然而婚后不久，他发现她的前夫在去世时破产了，她现在负债累累，家具也是她小舅子的财产。小舅子立即提起诉讼要求追回家具。另一个小舅子，据说是职业放贷人，随后支付了家具的贷款，但要求丹尼森分期偿还。现在这笔欠款被催缴，导致丹尼森面临监禁的威胁……他的妻子还有一个和前夫的孩子，以及一个刚出生的他们两人的孩子。

怎么办？“这位年轻人没有可以帮助他的朋友。如果不提供资助，他别无选择，只有坐牢或躲起来。银行调查委员会相信他是受那些恶毒之人的迫害。如果可以的话，他也想摆脱他们”。最终的结论是，“如果丹尼森以前的品格值得称赞”，并且如果能更清楚地确定“他的债务金额”，委员会“强烈倾向于向其提供贷款”。但在这种情况下，委员会还是不得不建议丹尼森“立即提交辞呈”。[15]

大部分员工关系的工作由秘书负责。长期负责这项工作的哈蒙德·查布，对员工们来说似乎是一个既严格又富有同情心的上司。福尔曼在回忆 19 世纪 60 年代后期时生动地描述了他：

> 我被派去“股票部门”工作，在那里经历了所谓的“封闭期”。那段时间不对公众开放，而职员们专心准备股东名单，一式两份或三份；我忘记了具体是几份……早上，每个职员都会得到一包纸条，上面写有股东的名字和地址，以及他们持有的股票数量。

> 在这方面，有时你会幸运，有时则不然。一张纸条上可能会写着：约翰·史密斯，佩克汉姆，莱巷 12 号，200 英镑；也可能会列出十几个受托人的名字，他们的地址很长，而且他们在受洗时“教父和教母”可能非常慷慨（讽刺受托人的财产丰厚）。但是，不管幸运与否，完成了你那部分的纸条，那天你就可以自由了。这就导致了人们在书写上的极度马虎，为了速度牺牲一切。更糟糕的是，我们自己之间还有每张纸条 6 便士或 1 先令的赌注……在 18 岁时，我的笔迹还很青涩，但很快就越写越难看。我的“纸条”毫无疑问是令人震惊的。然而“封闭期”结束后，我就不再去想它们，直到一周左右后的一天，我被秘书召见。这位小个子绅士面带忧郁，言辞柔和。当他与我谈话时，“与其说是愤怒，不如说是悲伤”。他看起来很像一位站在彩绘玻璃窗里的中世纪圣人。当然，他穿的是黑色礼服和灰色裤子而不是长袍和“光环”。“他用看不见的肥皂洗手”（讽刺他的习惯性手势），并温柔地训斥了我。然后，我的脸似乎被按在那些在“封闭期”里写得非常糟糕的“纸条”上摩擦。这些“纸条”被萨默塞特府（Somerset House）退回，因为它们无法辨认。我承认，它们看起来就像是一只不负责任的蜘蛛把腿蘸上墨水，然后欢快地在纸上跳舞。

福尔曼补充道：“总之，我之后再也没有被请去秘书办公室。几乎可以肯定的是，在查布的许可下，银行留下了我，但很快将我调到西区分行。”

不久之后，在 1870 年末，查布报告了罗伯特·杰拉德（Robert Gerard）的“特别痛苦”的案例。杰拉德在 1866 年 7 月被选聘为职员，时年近 24 岁，是布里斯托分行一名 1862 年去世职员的儿子。“在杰拉德为银行服务的早期，他很少缺勤。他是一个良好的、品行端正的职员，在整个银行中赢得了极好的声誉。”1867 年，他得了猩红热。1868 年，他的出勤率还非常高。然而自 1869 年初开始，他却明显无精打采，对银行感到恐惧，基本上整个年度都在缺勤。阿尔弗雷德·斯米（Alfred Smee）在 1870 年 5 月让杰拉德尝试做一些简单的任务，但他“很快就崩溃了”。8 月至 10 月间，他只是间歇性地出勤，但在银行时他“表现得非常好，能够完成办公室的所有日常工作”。最后，在 11 月初，他给查布写了一封信，“表达出他以前的精神状态将要回归的迹象”。这位仁慈的秘书总结了这个悲惨的案例：

> 他的父亲早逝，留给他的母亲六个孩子和非常有限的财产……众所周知，杰拉德与母亲感情很深，并认为作为长子应肩负重大责任。有人认为他的状态源于1867年的猩红热病，或者说他在身体还没有真正强壮到可以工作时就开始工作了。但无论疾病是否真的影响了他的大脑，那些了解他的家庭并有机会接触他的人，都认为他在努力帮助母亲和家庭的过程中，精神上始终承受着巨大压力，并最终崩溃了。

因此，查布建议将杰拉德的名字从职员名单中删除，但同时给予他母亲100英镑的捐款。[16]

从更广泛的角度来看，可以将维多利亚时期的英格兰银行恰如其分地描绘成越来越充满父爱的组织。它试图为员工创造一个安全、稳定和在道德上有所改善的工作环境。以三个标志性的进展为例，第一个是1850年5月《伦敦新闻画报》（*Illustrated London News*）描述的情景：

> 星期三下午，英格兰银行“图书馆和文学协会”刚刚创建的漂亮阅览室，由银行副总裁小汤姆森·汉基先生（Thomson Hankey, junior Esq）主持开放。这个阅览室由董事会为职员设立。当天，会员们齐聚一堂，举办了一次盛大的会议。首席出纳作为协会会长兼财务主管，主动对董事会表示了感谢，感谢他们为协会配备了漂亮高雅的阅览室，并为协会提供了许多慷慨的支持。

很快，数百名员工成为协会会员，年费为10先令。当时公共图书馆的概念还在慢慢普及。会员们被允许借两本书，小说的借阅期限尤其严格（只有8天）。不久之后，1854年银行福利协会成立。该协会本质上是一个储蓄组织，同时也从事人寿保险业务，其4%的保费年金由董事会担保。最后，关于员工午餐问题，一份1881年的详细备忘录（可能是由查布撰写）有所记载。在银行的650名职员中，有110到130人在大楼内只是草草地对付一顿饭，大约100人则留在办公室让门房从外面买来东西吃，其余的人则外出吃午饭。备忘录继续说道：

> 所有人都承认，目前的安排在各方面都是不令人满意的。许多职员迫切希望能有一些简单但体面的方式来满足他们的需求。提款办公室的地下厨房是人们最不想去的一个房间。它靠近烹饪场所、

洗手间等。那里的食物可能很好，但服务一般，环境也令人不快，对于每一个有品位的人来说都是令人厌恶的。对于那些留在办公室的人，偷偷在桌子后面吃饭也是不合适的。尽管许多人希望在半小时的时间内外出就餐，但众所周知能够吃到便宜美食的地方每年都在减少，特别是对于年轻职员来说。在银行大楼内获得所需的食物对他们的健康更有利，并且可以让他们远离酒吧和酒馆的诱惑。

至于门房，目前的做法同样不令人满意。上午的大部分时间里，他们虽然都在执行在某种程度上被认可的工作，但这些工作又完全没有任何定义并且无法监督。这导致他们可以离开银行去购买所需物品，还导致了他们借机从职员那里赚钱的不良行为，因为这使得某些门房和职员之间产生了不当的亲密关系。门房在这方面花费的时间无法估计，但无疑是非常多的。当然，门房即使不做这些事情，也不太可能会被缩编。

总之，备忘录总结道，如果设立“一个公共午餐室”，并且“餐厅光线明亮、服务周到”“可能会在许多情况下提高职员们的整体素质”。查布随后发布了一份通告，大力支持在银行内设置餐厅的提议。通告称在这个公共午餐室，“仅需支付成本费用，先生们就可以享用午餐或简餐”。到 1884 年，一个完全成熟的员工食堂已经建好。当然，它有一个更加庄重的名字——午宴俱乐部（Luncheon Club）。[17]

维多利亚时期的英格兰银行并不是一个精英管理的机构。1869 年，董事会下达禁令：“针对现已变得普遍的，通过私人朋友私下游说董事，以谋求空缺职位的做法。”但几乎可以肯定的是，这没有起到任何效果。20 多年后，像德·弗莱恩这样年轻、有抱负且有能力的职员发现，“没有人相信努力能帮助职员们晋升”。

“晋升”的唯一途径就是通过攀关系。正如一位尖刻的同事对我说：“你是什么并不重要，重要的是你能让别人认为你是什么。”我几次看到现实中攀关系的过程，那些有门路的人对他们的关系进展完全坦诚。其中一人告诉我，他向攀附上的董事请示时得到一个建议。这个建议实际上是命令他对银行工作表现出浓厚的兴趣——例如，加入志愿军团，或者竞选加入午宴俱乐部或职员图书馆的委员会。他遵循了这一建议，并在几周后就被调任为另一办公室的“助理”（一个此前不存在的职位）。从那一刻起，他就在这条路上一去不回头，并最终成为一个重要人物。

然而，一个机构不需要由精英管理，也能对自己的价值有非常清晰的认识，并对外界有非常明确的态度。1845 年 11 月肯特郡霍克赫斯特的约瑟夫·哈特内尔（Joseph Hartnell）曾冒昧地直接写信给前任总裁，而给约瑟夫的回信有可能是在接下来的半个世纪中的任何时候发出（意思是这种回复风格和内容很典型，也适用于之后的几十年）。正是典型的亨利·亚当斯想象中那些从“傲慢的”（英格兰银行）墙后发出的信件：

> 我谨回复您于 27 日写给帕尔默先生的信。目前您的账户余额为 920 英镑 14 先令 0 便士，请您将您的存折通过邮寄方式寄回以便结算。
>
> 请您今后将寄往我处的官方收件人修改为“英格兰银行首席出纳”。[18]

第七章 行为和操守问题

1 The Education of Henry Adams (1918 edn), p. 73; Abramson, pp. 200-201; de Fraine, pp. 26-28; M5/592, fo 250; E30/r1, fo 29; George Santayana, The Middle Span (1947), p. 37.

2 Clapham, Vol. 2, p. 247; G4/89, 7 Feb 1867; Clapham, Vol. 2, pp. 282-283; Ms5/489, Hammond Chubb, 'Report of the Expenses of the Bank from 1853', p. 5; Clapham, Vol. 2, p. 301.

3 ADM30/17, larger file, immediately after fo 21; M5/489, Chubb, 'Report', pp. 10, 3, 12-13.

4 R. S. Sayers, Lloyds Bank in the History of English Banking (1957), p. 151; Dieter Ziegler, Central Bank, Peripheral Industry (Leicester, 1990), pp. 37-38; Hewitt and Keyworth, pp. 111-112; OL, Dec 1995, pp. 142-144 (Diana Moore).

5 This account is based on: Judy Slinn, A History of Freshfields (1984), pp. 122-123; David C. Hanrahan, The Great Fraud on the Bank of England (2014); Nicholas Booth, The Thieves of Threadneedle Street (Stroud, 2015).

6 OL, Dec 1985, p. 181 (Derrick Byatt); Hennessy, pp. 47-48; Acres, Vol. 2, pp. 538-540; OL, June 1921, pp. 55-56 (A. G. Rowlett), Dec 1985, p. 181 (Byatt).

7 OL, Dec 1927, p. 165 (Acres); de Fraine, p. 7; Acres, Vol. 2, p. 550; Ms/593, fos 6-7; E4/15.

8 Philip Kelley and Ronald Hudson (eds), The Brownings' Correspondence: Volume

3 (Winfield, Kansas, 1985), pp. 307-309; Philip Kelley and Scott Lewis (eds), The Brownings' Correspondence: Volume 13 (Winfield, Kansas, 1995), p. 299; ADM30/20, Browning Family file ODNB, Rita McWilliams Tullbelg, 'Marshall, Alfred'; J. M. Keynes, 'Alfred Marshall, 1842-1924', in A. C. Pigou (ed), Memorials of Alfred Marshall (1925), pp. 1-2.

9 de Fraine, pp. 14-15; Byatt, p. 80; OL, March 1967, p. 5; Byatt, pp. 102-135 ADM30/26, Matthew Marshall file ADM30/30, Smee Family file; Byatt, p. 96; Giuseppl, p. 105.

10 ADM 30/17-18; Giuseppi, p. 101; ADM30/17, fo 17; Acres, Vol. 2, p. 557; E30/r1, fo 8; ADM30/17, fo 27.

11 Acres, Vol. 2, pp. 484-486; ADM30/17, fo 58A; Acres, Vol. 2, p. 5595 Elizabeth Hennessy, 'The Governors, Directors and Management of the Bank of England', in Roberts and Kynaston, p. 202; Ms/489, Chubb, 'Report', pp. 12, 13; OL, Dec 1921, pp. 150-151 (William Shand).

12 G4/89, 7 Feb 1867; E4/15; OL, Sept 1969, p. 152, March 1965, p. 28 (Wilbur C. Fish); de Fraine, pp. 4-5.

13 Acres, Vol. 2, pp. 486-487; OL, Sept 1922, p. 255 (W. Courthope Forman), Dec 1935, p. 263 (C. H. Goodman), March 1930, pp. 9-10 (Allan Fea); Allan Fea, Recollections of Sixty Years (1927), p. 149.

14 Acres, Vol. 2, pp. 551-552; Ms/654; E30/1, fo 37.

15 Ms/235, 15 Feb 1858, 23 May 1859; M5/289, 5 July 1861.

16 OL, Sept 1922, pp. 256-257 (W. Courthope Forman); M5/604, fos 107-111.

17 OL, March 1950, opp p. 313; Giuseppi, p. 104; ADM30/17, fo 31; OL, June 1950, p. 407 (Giuseppi).

18 E30/1, fo 16; de Fraine, p. 79; C82/6, fo 103.

第八章

金钱不会自我管理

1866 年 9 月 22 日，《经济学人》以《近期英格兰银行股东会议的重要性》为醒目标题，刊登了银行总裁兰斯洛特·霍兰德的演讲，回顾了 4 个月前的奥福伦·格尼危机的情况：

> 本行竭尽全力应对危机，并且取得了成功。我们没有退缩。当风暴来临，也就是奥福伦公司倒闭消息传来的那个早上，我们的财务状况和其他任何银行机构一样稳健。在那天和接下来的一周里，我们对外提供了几乎难以置信的贷款……
>
> 支持银行系统是加在我们肩上的责任，我们不能逃避。我不知道我们曾拒绝过任何正当的援助请求。

该杂志的主编沃尔特·白芝浩明确指出了英格兰银行承担“最后贷款人”这一责任的重要性。“如果除英格兰银行储备之外没有其他储备，并且该行在危机时有责任向任何人提供具有良好担保的贷款，那么这个储备应当有多大？英格兰银行又应当如何谨慎地管理？”最后他还祝贺霍兰德及其同事：“顺利度过了一个充满巨大焦虑和责任的时期。这样的时期很少有人会遇到，更很少有人会愿意面对，尤其是其中的个人利益微不足道时。”

霍兰德的两位同事汤姆森·汉基和乔治·沃德·诺曼分别自 1835 年和 1821 年起担任董事。他们都不是喜欢阿谀奉承的人。汉基正准备撰写《银行业原则》一书。他在 1866 年秋天撰写该书序言时毫不客气地指出：

> 《经济学人》提出了一个在我看来是英国货币或银行界有史以来最有害的理论，即认为英格兰银行应随时保持资金可用，以满足那些使自身资产不可用银行的需求。除非银行界摒弃这样的理论，否则在伦敦实施任何健全的银行业原则都会非常困难。但我不相信

> 伦敦的银行家们会普遍认为，依靠英格兰银行随时提供帮助是合理的。

尽管汉基的书直到第二年才正式出版，但《经济学人》在当年12月初就做出了回应。白芝浩引用最新数据，显示英格兰银行储备为1050万英镑，对应2510万英镑的存款。白芝浩问道："谁能想到，如果他们开始大规模囤积金条或现金，合资股份银行的股息会突然且无理由地减少，私人银行的收入也会遭受同样的灾难性损失？"因此白芝浩认为："英格兰银行是唯一有能力应对突发紧急情况的机构，它必须使用种种手段，否则就会在普遍的破产事件中倒闭。"诺曼在圣诞节前夕发表了声明："认为英格兰银行应保留全国所有闲置储备的想法，在我看来既不切合实际，也不符合原则。"他在给《经济学人》的一封信中为汉基辩护道："董事们怎么可能在任何给定时间都能知道对其资源的潜在总需求，并据此做出安排？"这位老人的信充满了悲观情绪，他提到最近的两次危机（1857年和1866年）时说道："随着金融摆锤的每一次摆动，压力似乎变得更加突然和强烈。"他将黑暗的前景归咎于除英格兰银行之外的所有人，尤其是那些他无需指名的、在他任职期间变得非常庞大的合资股份银行："如果继续坚持在伦敦持有大量的即期支付票据而没有相应储备体系，那么在极端压力时将没有任何银行能够解决这个难题。结果会是显而易见且不可避免的，我确信比我年轻的人将目睹我们从未见过也无法想象的金融灾难。"[1]

关于英格兰银行职责的问题再次被明确地摆到台面上。在接下来的几年中，英格兰银行整体意见似乎在白芝浩和汉基的两极观点之间达成了某种妥协。至少在1869年议会干预双方争执时可以这么认为。维多利亚时代最节俭的财政大臣罗伯特·洛（Robert Lowe）起到了催化作用。他在当年5月的一次下议院辩论中公开问道："货币市场与我何干？"随后他公开声明："货币市场必须自己照顾自己。"他明确拒绝了《经济学人》的要求。该要求认为他有责任"使英格兰银行保持大量储备以便有能力控制市场"。

> 财政大臣的职责是照顾纳税人和受托管理的收入，而不是仅仅为了英格兰银行股东利益将资金存入银行（毕竟英格兰银行是一家私人银行机构），也不是为了使银行能够帮助商人，或在恐慌到来之时发出风暴预警信号……
>
> 没有任何其他商业部门会树立权威并警告从业人员即将到来的

> 危险。从业人员必须自己小心。我不认为政府应该特意去加强像英格兰银行这样大机构的力量。

罗伯特·克劳福德（Robert Crawford）立即做出回应。他不仅是自由党议员，也是新当选的总裁。他指出："罗伯特·洛关于货币市场'自己照顾自己'的言论在伦敦金融城引起了'相当大的恐慌'。伦敦金融城是'国家商业利益的中心'，政府在这个中心的行动会或多或少地影响全国的公共利益。"然后他转向了银行本身：

> 英格兰银行的业务不是为商业社区提供资金，事实上它也从未有过此项业务。英格兰银行的业务是照顾受托管理的资金，并为了股东的利益而使用这些资金。至于财政大臣大人提到的"风暴预警信号"，英格兰银行不仅确实发出了信号，还利用其权力减少了"风暴"带来的不幸。

克劳福德以一段充满真诚的演说结束了他的讲话。"英格兰银行在过去的时代行使了巨大的权力，并给公众带来了极大的利益。只要我继续担任这个职位，就将尽一切努力不去贬低，而去有效地提供英格兰银行一直以来提供的服务"。伴随着这段演说，议会里传来了喝彩声。[2]

汉基和白芝浩都没有放弃。1872 年 11 月，这位资深董事（指前任总裁汉基）写信给《泰晤士报》表示："最近有一位编辑认为，英格兰银行不保留更多可用储备以应对国家任何非常规的黄金需求是一个错误。现在针对这种观点，我冒昧地说，英格兰银行的董事们既没有也不应该比任何其他银行家或任何英国的货币交易商对本国的黄金储备有更多的控制。没有理由让英格兰银行增加闲置资金的数量，以便其他银行机构和伦敦大型商人能够不严格谨慎地使用他们自己的现金，并相信在需要时他们可以随时利用英格兰银行的资源。英格兰银行的资源并不是为此目的而储备的。"白芝浩在下一期的《经济学人》中给予了反驳，其标题不出所料为《一位银行董事的危险观点》。在文章中白芝浩指出：第一，"在黄金流向国外时，指望其他伦敦银行家的资源是根本不可能的"；第二，"存在黄金需求时，唯一可以大规模获得黄金的真正来源应是英格兰银行的储备"；第三，1870 年的普法战争导致巴黎失去其作为欧洲主要交易中心的地位，使伦敦成为"唯一的中心"。为此他重申了自己的观点，即英格兰银行是银行的银行。其储备是最终的保障，应对外汇支付的手段取决于其储备的规模。即使伦敦的银行家和英格兰银行之间关于谁应该持有储备金存在争议，国家也不能因此没有储备。此外，他坚持认为，英格兰银行维持约 1/3 存款规模的现金，这一规则或惯例现在已不合时宜。“对英格兰银行的需求性质已经改变。现在伦敦的外国资金数量，英格兰的外债数量，以及随时可能从银行部门提取的资金数量，都已大幅增加”。

到这个时候，白芝浩几乎已经完成了关于伦敦金融城的伟大著作之一《伦巴第街》。该书副标题为《货币市场的描述》，于 1873 年夏季出版。这几乎与汉基的新版本《银行业原则》同步出版。汉基在新版书的前言中继续与白芝浩针锋相对。《伦巴第街》以极其生动和具有说服力的风格，详细阐述了白芝浩在至少 7 年以来一直论述的关于银行政策的两个关键论点。当然，其中一个关键论点是英格兰银行应该尽一切努力保护其储备。正如白芝浩解释的那样：

> 如果储备由于任何原因而变得极低，必然会引发恐慌。（因此）每时每刻都要有一个最低储备限度，我称之为“恐慌底线”。储备不能低于这个最低限度，否则就会有造成普遍恐慌的极大风险。我指的不是绝对的恐慌，而是一种模糊的恐惧和胆怯，它会立即像魔法一样蔓延到公众心中。这样的恐慌在初期是极其危险的，因为它会引发人们所害怕的灾难。在这种敏感时刻，最令人担心的是信用的崩溃。如果在这种时刻发生任何严重的破产或不幸事件，公众的想象就会集中在这些事件上，导致普遍的挤兑，以及信用体系的中断。

那么，“恐慌底限”应该是多少呢？在当时的背景下，白芝浩认为没有其他选择，只能选择历史上最高的储备需求数额 1000 万英镑作为底限。只要储备低于这个数额，“关注英格兰银行储备的重要和聪明的公众就会变得焦虑和不满”。他继续说道，但理想情况下储备应该更高，即不应低于 1150 万英镑，最好在 1400 万到 1500 万英镑。白芝浩的另一个关键论点是，尽管英格兰银行尽了最大努力，但如果未来再次发生金融恐慌应该怎么做。他的答案很简单：“在恐慌时期，英格兰银行必须利用储备自由且有力地向公众放款。”随后他提出了两条规则：“这些贷款应只能以非常高的利率发放。并且在这种利率下，这些贷款应接受所有良好的银行证券作为抵押，尽可能大地满足公众的需求。”对于那些认为英格兰银行储备可能不足以应对所有此类贷款的人，白芝浩的回答非常明确：“对英格兰银行来说，唯一安全的计划就是这个冒险的计划，即在恐慌时期对各种市面上的证券放贷，或者以通常和习惯上放贷的所有类型放贷。这一政策可能无法拯救银行，但如果连英格兰银行都不行，那就没有什么能拯救银行了。”[3]

《伦巴第街》的影响有多大？在 20 世纪中期，当历史学家和个别实践工作者反思现代中央银行的演变时，普遍认为它确实在相当程度上产生了影响。R. S. 塞耶斯（R. S. Sayers）认为，“在白芝浩之后没有人能再赤裸裸地提出所谓 1844 年理论”，相反英格兰银行的“特殊地位”被“视为理所当然”。换句话说，英格兰银行作为“唯一的储备持有者，成为困难时期国家金融体系终极支撑的来源”。另一位经济史学家 E. 维克多·摩根（E. Victor Morgan）认为，白芝浩在公众舆论中击败汉基“可以说标志着英格兰银行承担最后贷款人责任的另一个阶段，同时也是最后一个阶段”。然而，现实可能更为复杂。首先，正如休·罗克夫（Hugh Rockoff）在 20 世纪 80 年代所强调的，一个引人注目的事实是，在《伦巴第街》出版后的 15 年里，英格兰银行的储备显然并没有增加。在其中一半的时间里，平均水平甚至低于 19 世纪 70 年代初。这至少部分反映出了英格兰银行不愿损害其盈利能力的倾向。其次，英格兰银行实际上完全不愿意接受白芝浩的建议，不愿意公开承诺在恐慌或危机时期充当最后贷款人。这也许是因为它不愿向道德风险妥协。

实际上，一个错误的假设可能普遍存在。这个假设认为大多数新任银行董事在本能地或心照不宣地支持白芝浩的论点，或者至少认同白芝浩对宏观金融形势的近乎狂热的紧迫感。这一点可以从威廉·利德戴尔的相关证据中看出。利德戴尔自 1870 年起担任董事，在《伦巴第街》出版几个月后写信给利物浦的合伙人：

> 我们这个国家的银行和货币系统是一个过于复杂的、相互依赖的体系，这使得任何重要领域的困难都会给每个人带来严重问题。对于这个事实，我们可能没有分歧。在这种体系中，巨额资金以即期存款或短期存款的方式存入且必须支付利息，随后这些资金几乎必须被贷出收息才能避免严重损失。这种体系本身就带有风险。白芝浩先生认为情况就是这样，试图改变这个体系是徒劳的。然后他将提供足够储备以满足所有竞争对手以及常规客户需求的责任推给了英格兰银行。

然而最重要的是，利德戴尔坚持认为这个体系能够承受住压力。他断言："大型合资股份银行无疑已经吸取了教训，并在过去 6 年中大大改进了他们的做法。"考虑到利德戴尔与他的许多同事相比明显不那么自满，且更具独立思考精神，他的这种态度更具意义。对此，白芝浩本人并不会感到惊讶。1866 年危机的记忆在他脑海中可能依然非常清晰。而 19 世纪 70 年代初的巴黎则可能已经从他的脑海中消失，不再是伦敦的有力对手。金融城的资产和负债总量可能每天都在增加，然而白芝浩认为：

> 要激发商人们承担这一重任并不容易。他们跟随商业潮流顺势而动。当潮流经过时，他们一心赚钱而不愿思考它的去向。即使是像奥福伦这样的巨大崩溃，虽然引发了恐慌，但也逐渐被人们遗忘。大多数商人认为，"无论如何，这个体系可能会持续到我退休。它已经持续了很长时间，很可能还会继续下去"。但关键是，这个体系并没有持续那么长时间。在一个地方集中如此巨额的资金，并且只掌握在少数人手中，这完全是从未有过的现象。

总之，"金钱不会自我管理"。[4]

除了政策问题，白芝浩还提出了另一个主要改革方向：改善英格兰银行的治理。他提出："银行董事不是训练有素的银行家。他们不是这一行业出身，通常也不会把主要精力投入进来。他们是商人，大部分时间和心思都要花在自己的业务上，为自己赚钱。"因此，他接着说道：

> 我们把整个英格兰银行储备的独家保管权交给了一个没有受过特别训练的董事会。可以说他们是"业余爱好者"。他们对于维持储备并没有超出常人的特别兴趣。他们没有承诺过要担起责任来维持储备。他们从未被任何伟大的政治家或公共权威告知应该维持储备或承担相关职责。他们是由股东指定并为股东服务的代理人。如果储备减少，他们的收入可能反而会增加。他们不害怕，也不需要害怕，因为即使储备全部被浪费，他们也不会破产。

因此，白芝浩认为："我们应该减少英格兰银行中的'业余'成分。我们应该增加训练有素的银行业成分，并且应该确保管理的持续性。"具体而言，他提出了两点建议。一是设立一名终身副总裁，由没有其他业务、专门负责银行业务的"训练有素的银行家"担任。二是在整个董事会中，“伦敦银行家”不应再被“完全排除在外”。

> 旧的观念是，伦敦银行家是英格兰银行的竞争对手，会尽可能地伤害它。但现在伦敦银行家与英格兰银行有了另一种关系。这种关系在英格兰银行成立之初并不存在，也未被人提前设想。从私人业务角度，他们是银行的主要存款人，因此特别关心银行的稳定。他们特别关心维持良好的银行储备，因为他们自己的信用和大量存款的安全都依赖于此。他们可以为董事会带来在英格兰银行之外的银行业经验，这是现任董事所不具备的，因为现任董事所了解的银行业务都是在英格兰银行内部学到的。还有一种旧的观念，认为如果英格兰银行的秘密被透露给伦敦银行家，就会被泄露出来。但可能伦敦银行家比大多数人更擅长保持沉默和保守秘密。而现在伦敦银行家和英格兰银行的秘密之间只有一层薄薄的窗户纸。最近有一家公司倒闭了，它的合伙人之一是伦敦和威斯敏斯特银行的董事，另一位是英格兰银行的董事。在这种情况下，谁能确定这些人之间的交流是严守秘密的呢？

这两个建议似乎都没有被英格兰银行讨论过，更不用说被认可了。尽管自 19 世纪 40 年代末以来，董事会因选入各类商人银行家而有所扩张，但这些人远非白芝浩所设想的“训练有素的”银行家。同样，利德戴尔也提供了个人的评论。他在 1873 年 10 月给他的利物浦通信者写信。该通信者在美国和欧洲传来不利消息，且英格兰银行将利率提升至 7% 的背景下，敢于提出道德层面的质疑。

> 你对那些在英格兰银行董事会上占有席位的商人们的行为有一个非常奇特的看法：利率变动对他们的业务影响通常比银行业务相关方要小得多，而与银行进行大规模业务往来的人则需要更加经常面对利率与自身利益的关系问题……许多董事，包括像莫里斯（Morris）、拉瑟姆（Latham）、汉基、哈伯德（Hubbard）、胡斯（Huth）、坎贝尔（Campbell）以及现任总裁格林（Greene）和吉布斯（Gibbs）这样的人，他们的个人利益和立场几乎不受英格兰银行发生的任何事情影响，以至于利率如何对他们而言并不是一个重大利益问题。当然，没有任何一群人有权声称自己超越了自身利益，甚至不再下意识地追逐自身利益，但我必须声明我从未见过比

> 他们更诚实的努力，去做出真正符合银行利益的行动。即使我与多数人意见不同。[5]

在政治上，在板球运动中，在针线街，对这些“无私的业余爱好者”的崇拜才刚刚达到顶峰。

即便如此，人们也可能过度诠释了白芝浩的恼怒，以至于将其视为轻蔑。在19世纪最后1/3的时间里，管理英格兰银行的人大多数都是严肃、认真、聪明的，有着高超的实践技巧。举几个例子。罗伯特·克劳福德在1869年成为总裁的几个月后，拒绝了封爵的建议。他告诉罗斯柴尔德：“一个商人不应该成为罗伯特爵士。”1873年至1875年的总裁本杰明·巴克·格林（Benjamin Buck Greene）自己的公司主营业务是毛里求斯糖贸易。他本人是一个完全可靠的经营者，长期以来都是银行内部委员会的成员，并因其私人收藏的与银行账户有关的统计数据而闻名。1879年至1881年的总裁J. W. 伯奇（J. W. Birch）是一家主营西班牙与英国间贸易的米尔德里德－戈伊内舍切公司（Mildred, Goyenesche & Co）的高级合伙人。他在一篇同时代个人简介中被描述为：“一个精明的商人，对理论家的细节很不耐烦，注重事实，因此在危机中总能够保持明智。”1887年至1889年的总裁马克·科莱特爵士（Sir Mark Collet）是一家稳步发展的商人银行布朗·希普利公司（Brown, Shipley & Co）的高级合伙人。他是一个有能力且经验丰富的人，是乔治·沃德·诺曼的连襟，还是对年轻的蒙塔古·诺曼（Montagu Norman，多年后的总裁）十分慈爱和关怀的祖父。

自成一派的是1875—1877年的总裁亨利·哈克斯·吉布斯（Henry Hucks Gibbs）。他来自商人银行安东尼·吉布斯父子公司（Antony Gibbs & Sons），是一个精力充沛且多才多艺的人，尽管他对自己公司逐渐下滑的经营情况并非总是给予足够的关注。他是一位活跃的书信作者，尽管在一次枪支事故中失去了右手。他对建筑、书籍、画作和家谱有浓厚的兴趣，更不用说教会政治了。他是纸牌游戏（特别是奥米勒牌）以及货币问题的权威。作为一位致力于语言学的学者，他为《牛津英语词典》贡献了大量字母“C”词条内容。他在1877年最后几个月卸任总裁，但一直担任董事直到1900年。他与牛津教授波纳米·普莱斯（Bonamy Price）就银行储备问题展开了一系列典型且直接的通信交流。普莱斯一度抨击“金融城权威”的无知和狭隘，但他们无疑是注重实践的人，这促使吉布斯为之辩护。“一个知晓理论并亲眼见过实践过程的人，不仅知道理论的力量，还能考虑对这种理论力量有影响的外部环境中的摩擦因素”。他还直接告诉教授："你的理论是正确的，但你的实践是有缺陷的。"他在这封马拉松式的长信中宣称："请您不要将别人的愚蠢、半吊子专家的一知半解以及报纸的胡言乱语都归咎于英格兰银行……"最后，他以一个响亮且难以反驳的肯定句结尾，表明谁才是最了解情况的人：

> 当需要纠正现有或者可以预见的储备和存款之间的比例失调时，我们不能等到灾难来临再行动。而你和其他任何人从未给出任何理由，告诉我们为什么要等待。
>
> 对于这种失调和行动必要性，唯一能够做出最有限判断的人是那些掌握不断变化的存款特性和不断变化的储备状况的人，也就是英格兰银行的董事们。他们唯一可以依赖的手段，唯一可以有效影响储备的力量，就是贴现率。相信我！因为我亲身经历过！[6]

"贸易没有复苏；信用受到动摇；我们的财政状况不佳；我们的对外关系笼罩着乌云，预示着即将到来的雷雨……"这番阴郁的评论来自劳埃德（奥弗斯通勋爵），他在 1878 年 10 月 19 日写信给他的老朋友乔治·沃德·诺曼（当时已不再是董事）时表达了这一观点。就在这封信的两个多星期前，格拉斯哥银行的惊人倒闭事件被克拉珀姆称为"也许是本世纪最不光彩的英国银行灾难"，因为它不仅涉及过度的风险承担，还包括系统性欺诈和随后的董事被监禁。接下来的几个月里，这场 19 世纪 70 年代和 80 年代唯一的重大金融危机让许多郡级银行面临巨大压力。而金融城的气氛也十分紧张，以至于在圣诞节前不久，罗斯柴尔德家族的一员（很可能是阿尔弗雷德，他同时也是英格兰银行董事）去找财政大臣斯塔福德·诺斯科特爵士（Sir Stafford Northcote），询问其是否会在离开伦敦前留下签署信件，以便在有必要时立即冻结"银行特许法案"。自 1844 年以来，这可能是第四次需要冻结法案，不过最终法案并未被冻结。英格兰银行在缓解这次危机过程中扮演什么角色呢？历史学家一致认为，英格兰银行总体上起到正向作用，这得益于良好的储备状况。即便已故的白芝浩（前一年去世）都会对英格兰银行的作用表示赞同。但关于英格兰银行此次在多大程度上充当最后贷款人的问题，历史学家们仍有争议。迈克尔·柯林斯（Michael Collins）主张英格兰银行实际上起到了很大作用，因为在危机期间银行"基本上满足了对现金和准现金资产的增量需求"。迪特尔·齐格勒则表示怀疑，指出"英格兰银行几乎完全与郡级银行脱

节”，以至于“即使在危机那一周，英格兰银行在郡级分行持有的汇票和汇票贷款也没有显著增加”。[7]

更一般意义上的，1878年的危机被一些人视为英国银行业乃至经济史上的一个关键转折点。受其影响，银行业资产从工业贷款转移到更具流动性的证券上。[8]评论家威尔·赫顿（Will Hutton）在2011年写到，当时的英国银行正处在分裂的金融城与工业关系的历史关键点上：

> 在19世纪70年代，英国面临着与德国相同的决策，即如何让银行增加对工业的贷款，因为工业化正在加速。俾斯麦（Bismarck）在1876年成立了德意志帝国银行，授权其为德国的银行提供融资，以增加工业贷款。新的德国中央银行不仅会向银行提供必要的资金，还会在这些贷款出现问题，或银行由于各种原因需要快速获得现金时，准备回购各类商业贷款。
>
> 英格兰银行的历任总裁都拒绝这样做。争论点在于这样做在财务上是不合理的，并且会使中央银行政治化。英格兰银行只会以现金交换金本位政府债务，而不是公司债务。而且它永远不会创造信贷。在19世纪70年代，英国的银行开始破产。为了自救，超过1000家银行合并，形成了今天高度集中的银行系统。同时英国的银行脱离了工业贷款。没有理解英格兰银行对工业融资的态度，就无法完整解释英国工业的衰落和德国工业的崛起。

这是一个引人入胜且富有启示性的批评，但需要进一步的详细研究才能成为权威性论述。此外，事实上以李嘉图为代表的贸易商一直以来都是国际导向而非国家导向的，因为他们代表的金融城最强大的商业利益几乎总是与海外贸易和业务有关。当然，有少数例外。例如，詹姆斯·柯里，19世纪80年代中期的总裁，是布罗姆利的一位本地酿酒商。但那些继续主导董事会的贸易商和贸易商人银行家，自然倾向于向西、向南和向东看，而不是向北看①。[9]

从19世纪70年代开始的这一切转折，在金融城国际化新阶段开启

① 站在伦敦视角，向西、向南、向东大体上都是贸易方向，而向北则意味着与当时英格兰中北部各工业重镇的联系。——译者注

后变得更为明显。关键节点是在这个十年刚开始就爆发的普法战争[①]。普法战争的多重后果包括：法郎长达八年的不可兑付，确认了英镑不可替代的结算媒介地位；法国银行暂停支付金银，使伦敦成为唯一的世界金银市场；更广泛的来自其他国家的“热钱”流向伦敦，寻求短期更高的回报，这让白芝浩非常不安。在整个十年中，随着欧洲大部分地区转向金本位制，流经伦敦的资金越来越多，又不可避免地累积和关联出一系列结果：由于英格兰银行坚持金本位制，英镑成为国际货币；伦敦金融城成为世界贸易的融资和结算中心；伦巴第街成为具有无可匹敌的流动性和安全性的短期货币市场。杰出记者 T. H. S. 艾斯科特（T. H. S. Escott）在他 1879 年的《英格兰：它的人民、政治和追求》中宣称：“如果说英国是国际贸易和世界金融的心脏，伦敦是英国的心脏，那么金融城就是伦敦的心脏。”在一段精彩的描写中，他生动地描绘了这位“老妇人”又是金融城这一无与伦比金融机器的心脏：

> 英格兰银行除了必须履行的特别国家职能，比如作为政府的银行，发行在特定条件下成为法定货币的国家纸币，管理政府证券并向持有人支付股息，以及履行其他各种为公众服务的银行职责以外，还因其地位不得不履行其他各种职能。来自世界各地的汇票都可在伦敦兑付，就像在其他首都一样，因为在公认地点结算国际贸易净额，以及不同国家的市场和交易者的净额是最方便的。由于纯粹的地理环境的影响，伦敦成为世界的国际清算中心，其相关的银行职能很大程度上（尽管不是全部）由英格兰银行来履行，因此它在国内被称为银行的银行。然而，这还不是全部。当国家间的结算在经过复杂的汇票机制对冲后仍有净额需要结清时，这些净额必须以黄金支付。国际贸易的大量交易最终只能通过贵金属，即黄金和白银来结算，没有其他的方式。而白银主要用于东方，黄金主要用于西方。因此，伦敦作为可以被世界上各方银行家利用的便利中心，成为这些财富的保管者。它成为一个黄金仓库，所有到达我们海岸的贵金属都要流入这里。由于这些情况，英格兰银行不仅仅是一个银行，还是一个金银交易商。实际上，英格兰银行履行的职能

---

① 普法战争是普鲁士王国与法兰西第二帝国为争夺欧洲大陆霸权而爆发的战争，于 1870 年 7 月开始，1871 年 2 月停战。战争由法国发动，以普鲁士大获全胜统一德国并建立德意志帝国而告终。——译者注

> 比国家银行的职能更广泛。它与周围的合资股份银行和私人银行关系密切，代表了伦敦的银行业务。作为中央机构，它不仅保管着其他银行的储备，也保管着自己的储备。因此，它最终也代表了整个英国的银行业。由于英国的全球商业网络，这一银行系统及其支撑的附属机构，成为全世界的国际清算总中心。考虑到伦敦作为重要的金银中心而被赋予了进一步的职责，我们可以对其业务的多样性和复杂性，以及围绕整个商业和金融系统的中心枢纽所承受的巨大压力有一个初步的了解。

不过需要有所警告。尽管英格兰银行非常重视确保英镑的可兑换性，尽管这种重视有时因需要为银行股东创造可接受的利润而受到损害，但若说英格兰银行在实际日常操作中积极管理国际金本位制，又未免有些夸大。此外，直到19世纪末，英格兰银行与其他国家银行（尚未成为“中央银行”）的接触似乎仍然只是断断续续。即便如此，在国际交往方面，值得引用1887年伯奇接受采访时的一段话，那时距离他卸任总裁已有6年，但他仍是董事：

> 我在1860年进入英格兰银行。我记得当时我们讨论提高或降低银行利率时，总是在谈论贸易平衡和贸易回报。我们现在知道，贸易平衡对我们的国际结算几乎没有影响。真正影响我们的，是在法国、德国和美国的股票交易所上的巨额交易。这些是我们必须最最仔细关注的操作。我们必须观察外汇的走势，现在我们比过去更仔细地观察它们。我们还必须跟踪黄金的流动。在银行内部，我们不仅仅是日复一日地工作，还试图预测公共贷款谈判可能带来的结果；不仅仅考虑本国的影响，还考虑欧洲大陆的影响。例如，如果德国为阿根廷共和国发放贷款，很可能所需黄金不会从德国提取，而是从英格兰提取。

在这种新的安排下，为维持可兑换性而进行的银行利率变动对国内贸易和工业的影响又如何呢？来自《银行家学会杂志》（*Journal of the Institute of Bankers*）的采访者没有问这个问题。但是，如果他问了，伯奇可能也只会将其视为一种可取的，但并非至关重要的考虑因素。[10]

相反，在19世纪70年代和19世纪80年代的20年间，主要的货币争论都围绕着金银复本位制这个晦涩的主题展开。换句话说，越来越多的声音认为，在 1873 年后的世界经济萧条和普遍物价水平下降（包括白银价格）的背景下，唯一现实的解决方案是主要国家，尤其是英国，回归金银复本位制。这意味着放弃金本位制的单一金属制，并允许自由铸造银币和金币。到 1881 年，金银复本位制同盟（Bimetallic League）成立，其最著名的两位成员均是英格兰银行董事。一位是前英格兰银行总裁亨利·哈克斯·吉布斯，一位是亨利·里弗斯代尔·格伦费尔（Henry Riversdale Grenfell），一个与威尔士矿业有密切联系的铜商。5 年后，随着贸易萧条的加剧，政府同意成立金银委员会予以调查。英格兰银行总裁柯里询问了董事们的个人意见，他们在 1886 年至 1887 年冬季给出了自己的看法。少数人（吉布斯和格伦费尔不可避免地最为积极）看到了复本位制的优点。但绝大多数人，无论是商人还是商人银行家，都更愿意保持现状和确定性：

> 我非常坚决地认为，对我们的货币法律进行任何修改都是非常不明智的。我相信这些法律确保了黄金在英格兰以及所有殖民地都有一个固定的标准和质量，并且多年来一直存在。（汤姆森·汉基）
>
> 我的观点从未倾向于金银复本位制。在我看来，这是一个不切实际且危险的经济谬论。（R. W. 克劳福德）
>
> 我不认为金银复本位制对英格兰有任何好处。即使有好处，英格兰也绝不能依赖任何国际协议。（本杰明·巴克·格林）
>
> 我宁愿在现有条件下尽力而为，也不愿放弃我们拥有优势的单一标准。（威廉·利德戴尔）
>
> 坚持我们现行的货币系统比“盲目冒险”和进行任何无人能预见结果的试验要明智得多。[查尔斯·戈申（Charles Goschen）]
>
> 简而言之，伦敦是金融世界的中心，我们必须更加小心地保护我们的黄金储备。（阿尔弗雷德·德·罗斯柴尔德）
>
> 我很高兴将自己列入坚定的单一金属主义者行列。[里维斯托克勋爵（Lord Revelstoke）]
>
> 我不相信金银复本位制会成为贸易萧条的所谓解药。[埃弗拉德·汉布罗（Everard Hambro）]

显然，两位与工业关系密切的董事也站在了这一边。他们是亚麻纱制造商、前任总裁兰斯洛特·霍兰德，以及伯明翰詹姆斯－瓦特公司（James Watt & Co）的伦敦合伙人、土木工程师亨利·布莱克（Henry

Blake）：

> 我认为在全世界范围内固定黄金和白银的永久比率是不可能的。我猜想任何这样的尝试都会失败。即使存在国家间的协议，也不可能被普遍遵守……
>
> 基于金本位的英国单一金属货币，即使不能比其他国家更完美，也被普遍认为是和其他国家一样完美。正是这一点，再加上英国拥有的全球贸易和其他原因，使伦敦成为商业交易结算的主要中心……

英格兰银行没有正式提出集体意见。但在1887年5月，当吉布斯被皇家的金银委员会问及“董事们的主流观点”时，他不得不承认金银复本位制观点“是少数派”。但吉布斯并没有放弃这场斗争。他在次年4月的金银复本位制会议上宣称：“我认为，英格兰的繁荣来自单一金本位制的观念只是自负的想象，将英格兰的伟大商业归结于这样虚无和悲惨的基础是多么荒谬！”[11] 最终，在1888年晚些时候皇家的金银委员会报告并未明确支持任何一方。到了1889年，显然金银复本位制还是没有获得议会多数支持。只要以英格兰银行领导的金融城在总体上持反对态度，这种情况肯定难以改变。

在不断增长的殖民地贷款领域中，英格兰银行无疑主导了大部分业务。澳大拉西亚①就是一个典型例子。1875年，新西兰驻伦敦代表朱利叶斯·沃格尔爵士（Sir Julius Vogel）指出：“如果新西兰公债要发行成功，就几乎必须通过英格兰银行完成。”次年，他回顾道：“由英格兰银行管理借款这一事实将提升公债信用。雇用英格兰银行这样一家机构所带来的附带利益是很难被高估的。”1877年的“殖民地公债法案”（*The Colonial Stock Act*）使殖民地无抵押借款成为可能。翌年英格兰银行首次为殖民地政府（新西兰）发行了公债，随后在1884年为昆士兰和新南威尔士发行公债。就英格兰银行而言，承担借款代理职责并非单纯出于对殖民帝国情感。昆士兰驻伦敦代表在该州借款前不久报告说：“英格兰银行认为，如果他们通过提供公债登记设施来给殖民地提高声望，他们就有权获得与发行公债有关的利润。”此外，在19世纪80年代剩余的时间里，英格兰银

① 澳大拉西亚（Australasia）指包括澳大利亚、新西兰和邻近太平洋岛屿在内的大洋洲地区。——译者注

行的做法往往带有明显的高傲态度。例如，在 1888 年，时任总裁科莱特不仅坚持要求新西兰将借款延期 3 年，还要求新西兰在 3 年中实现“必须的紧缩和收入增加”，因为他认为这“对殖民地的福祉和其信用的完全恢复至关重要”。同时，在与昆士兰代表会面时，科莱特也表现得同样严厉。昆士兰代表在经历了一次不愉快的伦敦金融城之行后向布里斯班①报告：“那位先生（科莱特）非常激烈地强调昆士兰债务的迅速增加，以及英格兰银行因短时间内多次发行昆士兰公债而处于的微妙境地。他要求我向政府转达停止这种制度的必要性，并强烈暗示如果继续这样做，银行董事会将不得不采取措施来摆脱这种责任。”不出所料，这种态度引发了一定程度的不满。或许具有讽刺意味的是，当时新南威尔士和昆士兰用来指代英格兰银行的密码代号是不太受尊重的“狗杂种”（bastard）。即便如此，正如伯纳德·阿塔德（Bernard Attard）在其对殖民地借款过程的研究中所指出的那样：“直接舍弃英格兰银行信用的助益只能带来灾难性后果。英格兰银行拒绝发行公债的后果始终萦绕在殖民地财政部部长的脑海中。”[12]

在对待政客方面，维多利亚晚期的英格兰银行也显得相当强势。财政部的爱德华·汉密尔顿（Edward Hamilton）是一个重要的见证人，他陪同历任财政大臣访问过英格兰银行，同时也是一位非常细心的日记作者。在 1886 年 9 月，财政大臣伦道夫·丘吉尔勋爵（Lord Randolph Churchill）访问英格兰银行。丘吉尔在前一年曾对印度事务部总督表示，罗斯柴尔德家族的“金融知识”与英格兰银行的“有限知识”一样伟大②。但丘吉尔在访问时的情绪却大不相同。汉密尔顿记录道：“国库券的招标（不久前的创新，此后在政府短期融资中推广开来）为他（指丘吉尔）提供了一个很好的机会，让他能与银行总裁和副总裁见面。财政大臣应该与他们保持良好关系。他似乎对出现在那里感到非常紧张……”几乎可以肯定丘吉尔勋爵的儿子也描述了这个小插曲：“他在外面徘徊了半小时，因极度紧张而惊慌失措。”不过丘吉尔勋爵进入房间后，一切都进行得相当顺利：

> （汉密尔顿记录道）我们围坐在总裁的桌子旁。出纳员和其他两人带来了招标文件，打开并整理它们。然后总裁开始宣读招标文件。出纳员随后大致给出了（购买）3 个月期限和 6 个月期限国库

---

① 布里斯班是昆士兰首府。——译者注

② 意在讽刺英格兰银行金融知识有限。——译者注

券来满足我们需求的平均价格……今天我们大约需要 200 万英镑。由于近百万英镑的 6 个月期国库券将在 12 月到期，我们决定以大约 2.25% 的年利率价格（让投资者）购买 100 万英镑的 3 个月期国库券，再以 2.75% 年利率的价格（让投资者）购买另外 100 万英镑的 6 个月期国库券。大家当然都遵从总裁和副总裁的判断，但通常是针对简单明了的业务……伦道夫·丘吉尔爵士说他对这一仪式很有兴致，英格兰银行无疑是一家伟大的机构。完成业务后，我们共进午餐。银行法案的运作自然地成为我们讨论的主题。

"当然都遵从"这五个字包含了丰富的含义。正如汉密尔顿在一年前类似场合上所回顾的那样，"实际上人们必须遵从总裁和副总裁的建议"，即使"我对我所达成的交易并不满意"。政客们来来去去，英格兰银行则非常谨慎地避免被卷入党派争论之中。但有一位杰出的政客"G 先生"，银行对他的看法却始终都是负面的，这反映了金融城政治情绪的变化以及特定的制度记忆。汉密尔顿在 1888 年 1 月访问后记录道："在英格兰银行会客厅的午宴上，通常会听到人们对'G 先生'的抱怨，甚至是咒骂。""G 先生"当然是指格莱斯顿，当时这位自由党领袖已年近 70。汉密尔顿补充道："一位董事说，他打算给'G 先生'寄去一则直率的广告。广告内容是一位有进取心的殡葬从业者，惊讶于人们为何在经历麻烦时仍然选择活着而不是舒适地以 3 英镑的价格安葬入土……"[13]

人们对乔治·乔阿希姆·戈申（George Joachim Goschen）有着更温暖的情感。戈申是丘吉尔的继任者，也是唯一一个在担任过英格兰银行董事后再成为财政大臣（1887 年至 1892 年）的人。1888 年春天是他首次严重依赖英格兰银行的重大时刻。他试图将近 6 亿英镑的英国政府 3% 公债转换为 2.5% 公债。当时的环境是十分有利的，资金成本低廉，证券价值高企，以及戈申在金融城内的良好声誉。但仅仅在 4 年前，就有一项债务转换计划意外失败。3 月初，汉密尔顿写道："财政大臣很幸运，能与一位非常明智的银行总裁（科莱特）和一位精明的副总裁（利德戴尔）进行磋商。"不久之后，戈申公开宣布了他的计划。这项计划大获成功。利德戴尔随即向戈申表达了英格兰银行对参与如此前所未有的、大规模的、完全成功的金融操作的自豪感。这一操作为科莱特赢得了骑士头衔。然而，对于那些没有机会获得荣誉的银行职员来说，这项工作十分繁重且持续了数周甚至数月的时间，正如科莱特自己所说的"是前所未有的"。转账办公室的负责人艾伦·费亚在昼夜不停的压力下崩溃了。"我对这项工作并不热爱”。许多年后，艾伦·费亚承认：

> 我记得当时最重要的是尽可能多地给信封填写地址，而苏格兰人（指费亚自己）轻松打破了速度纪录。因为我相信这工作是“按件计酬”，即按工作量支付工资，完成的工作越多，得到的现金越多。我必须承认我在这份工作上赚不了多少钱。夜间书写（指晚上加班）的新鲜感很快就消失了……因此，我一有机会就找借口逃到户外去，就像霍加斯《好学徒与坏学徒》中的道德故事一样，让勤奋的人去赚取他的报酬。

另一位前银行职员亚瑟·罗莱特（Arthur Rowlett）也回忆起一件事。那是一位“彬彬有礼、白发苍苍、戴着格莱斯顿式衣领和白色领结的老绅士，他拒绝接受戈申的转换计划。他总是在每个付息日的同一时间出现，要求领取 3% 统一公债利息。当被告知现在是 2.5% 时，他摇摇头，走到办公室中间，看了看钟表，与他的金怀表比对时间，然后缓缓走出去。他每季度都会重复这一流程，直到他去世，大约持续了 15 年……”[14]

尽管在 19 世纪 70 年代和 19 世纪 80 年代英格兰银行依然不可或缺，甚至可能越来越重要，然而它也并非无所不能。特别是在货币市场上，大型商业合资股份银行的存款增速远超英格兰银行，享有相当大的影响力。1874 年 12 月，一位知情的金融城从业者写信给《经济学人》时指出：“各方都感受到，旧有的父权式管理制度正在消失，曾经遥遥领先于所有竞争者的英格兰银行现在仅仅是‘同侪中最优’。”关键问题在于如何使英格兰银行利率在市场上有效，尤其是在 19 世纪 70 年代中期随着所谓的格林 - 吉布斯政策（以那些年的前后两位总裁命名）的制定，即系统性地使用银行利率保护储备。1877 年，吉布斯向他的牛津通信者解释说：“英格兰银行只有一个武器，即利率，用以捍卫自身地位，并让需要借款的人支付更多的利息。通过提高利率，吸引外国人遵守 1844 年法案的规定，把更多的黄金存入我们的金库，并产生更多的银行钞票。”吉布斯坦诚地承认，英格兰银行不再有“指挥和控制市场”的权力，但即便如此，他继续说：

> 我们的利率是一种真正的力量。就黄金出口而言也是如此。只要银行家在我们这里的余额超过他们的工作需要，他们当然可以购买黄金并出口，无论银行的贴现率是多少。但我们也当然能够通过

实践了解他们能走多远。而当他们不能再进一步操作时，我们的利率就是一种全面控制的引擎。只要他们在我们这里有盈余余额，我们就不会没有影响力，因为我们可以通过及时出售一些统一公债或其他证券来吸收市场上多余的资金，从而确保“银行家的银行家［王中之王（Shah-in-Shah）］”成为真正的决策者。

在接下来10年左右的时间里，如何使利率在市场上有效发挥作用的问题继续困扰着英格兰银行的精英们，并逐渐形成了三种不同的方法：首先，如吉布斯所暗示的，越来越频繁地进行公开市场操作，出售证券（通常是统一公债）“现货”，立即交割并远期回购，从而有计划地影响商人银行的储备基础；其次，逐步撤回有争议的1858年规则（严格贴现），并与贴现行建立更紧密的关系，它们到目前为止比商人银行更自发地合作；最后，试图通过逐渐退出英格兰银行原本的商业业务来减轻与商人银行的对抗，但是这一政策有时难以向英格兰银行的股东解释和推广。这三种方法都有帮助，但到19世纪80年代末，问题远未解决。[15]

英格兰银行在其他领域也表现得相对弱势，最明显的是1875年的著名事件。当时的首相本杰明·迪斯雷利（Benjamin Disraeli）在唐宁街10号迫切希望英国政府购买苏伊士运河公司的一大笔股份，却冷落了英格兰银行，反而转向罗斯柴尔德家族筹集了400万英镑。[16]可能确实存在一个合理的法理疑问，即政府是否可以在没有议会授权（议会当时未开会）的情况下从英格兰银行筹集这笔资金。但几乎可以肯定的是，迪斯雷利认为罗斯柴尔德家族在紧急情况下是更具灵活性的机构。10年后，即1885年7月，英格兰银行再次被这家商人银行超越。这次是应索尔兹伯里侯爵①（Lord Salisbury）政府的请求，选择由罗斯柴尔德发行由英国、法国和德国政府担保的900万英镑埃及贷款的伦敦部分。[17]总裁柯里在回复索尔兹伯里的信中坚称：“我们已经准备好在担保国的中心（即金融城）发行，我们相信这将给埃及政府带来最大的好处。”此外，仅仅几周后，柯里再次写信。这次是写给财政大臣迈克尔·希克斯·比奇爵士（Sir Michael Hicks Beach）。因为在最近的一次会议上，用柯里的话说：“希克斯·比奇告诉我们（总裁和副总裁），暗示政府可能会接受来自其他来源而非英格兰银行的‘临时融通’贷款。”随之而来的是一段冗长的内心独白：

---

① 索尔兹伯里侯爵，即罗伯特·盖斯科因·塞西尔（Robert Gascoyne-Cecil），在维多利亚时期三任英国首相（1885年至1886年、1886年至1892年、1895年至1902年）。——译者注

政府接受除英格兰银行以外的其他银行贷款的可行性，不能仅依据当前或任何特定的货币市场状况来决定。

作为国家的银行，英格兰银行依法有权根据专门适用于它的条款向政府提供贷款。根据不同法规，英格兰银行在准备股息或在其他时期弥补财政赤字时，所能提供的贷款利率通常非常低。平均比任何其他银行在公开市场操作，或自愿向其提供的票据贴现时可能收取的利率要低得多。

英格兰银行以极优惠的条件向政府提供服务，因为它认为政府是其最大且从各方面看都是最重要的客户，并且迄今为止（除了国库券和财政票据），政府总是依赖英格兰银行来获得履行国家承诺所必需的财政支持。银行一直尽其所能在任何紧急情况下和任何货币市场条件下为财政部提供所需的支持。

基于这种责任感，英格兰银行有时为了满足政府的需求，会遭受严重的不便和损失。例如，以巨大的牺牲出售部分公共证券。

货币市场上有时确实有大量闲置资本，财政部从中获益是无可厚非的。国库券的设计目的就是让政府利用这些偶尔的过剩资金，今年的经验证明了这种工具在以前所未有的低利率向财政部提供大量资金方面运作得非常成功。

英格兰银行有时持有大量国库券。当货币市场状况导致投标数量不足以满足政府需求时，英格兰银行总是挺身而出，填补缺口，即使它可能认为当时不宜投标。

可以轻松地编制一份声明，展示多年来与市场贴现率或英格兰银行的普通客户收费相比，英格兰银行对政府贷款收取的利率是多么合适。

“总之，”柯里写道，“我想指出，英格兰银行迄今为止的做法使国家能够随时以最优惠的条件获取所需的任何贷款。而其他银行的报价可能仅在符合其利益的特殊情况下才会提出”。他以自认为显然是致命一击的观点结束了论述：“必须牢记，财政部与合资股份银行之间的任何交易肯定会被人知晓，而财政部与英格兰银行之间的交易则伴有对国家极为有利的保密性。”总裁的信函奏效了，英格兰银行得以继续垄断短期融通贷款[①]。

① 短期融通贷款（Ways and Means Advance）是由中央银行向政府提供的短期贷款，用以平衡政府的即时账目。——译者注

但信件本身的存在已足够令人不安。

“英格兰银行权力的衰退”是《金银主义者》在1890年初一篇主要文章的标题。该文章指出，官方贴现率已经在6%维持数周时间，“但这一高利率未能像过去那样吸引黄金，因为英格兰银行的权力已大大减弱”。文章认为，英格兰银行一方面失去了对“本国贴现市场”的控制，“部分由于其过时的操作流程和实践方法，部分由于其强大的竞争对手——大型合资股份银行的积极运作和更大的自由度”；另一方面其在“外国货币市场”方面的影响力也显著减弱，因为伦敦“不再是曾经的黄金垄断者”，越来越多的黄金流向德国和美国。作为结果，《金银主义者》宣称，英格兰银行“发现自己处于困境”。[18]

到目前为止，责任已经落在了柯里的继任者之一——威廉·利德戴尔身上。前一年，他在60多岁时成为总裁。他有着苏格兰和默西赛德郡的背景，自19世纪60年代以来一直是总部位于利物浦的拉斯本兄弟（Rathbone Brothers）公司在伦敦的合伙人。在此过程中，他对金融城广为宣扬的优点持明显的怀疑态度。他对英格兰银行的弱点有着清晰的认识，并在1890年前7个月左右在几个方面采取了重大行动，以便加强英格兰银行的控制力。这些措施包括：第一，提高从巴黎购买黄金的价格，不再让大金条进口商承担熔铸费用；第二，从新成立的郡议会获得存款；第三，更密切地关注和管理印度委员会的大量余额；第四，寻求协调银行和财政部的市场行动；第五，推动与郡级银行的更多业务合作；第六，彻底抛弃1858年规则，从而重新允许贴现行在英格兰银行进行常规借款和再贴现。这些积极的措施赢得了赞誉。1890年8月汉密尔顿注意到：“据说，金融城认为利德戴尔是英格兰银行有史以来（科莱特也不例外）最好的总裁。他总是清楚自己的想法，而且判断力很好。”但利德戴尔本人对整体局势并不满意，几周后他写信给财政部的雷金纳德·威尔比爵士（Sir Reginald Welby）：

> 我认为，任何一位在过去10年间没有担任满2年总裁职务的人都无法完全理解，英国银行系统对英格兰银行的依赖，以及这种依赖对我们的管理所造成的困难。银行负债大幅增加，但银行家的储备却没有增加，这使得我们的负担比以前更重，并导致利率波动与实际货币流动不成比例。

利德戴尔最为不满的是合资股份银行家，以及他们倾向于在没有预警的情况下从英格兰银行撤走本已不足的余额。对于银行家整体，他坦率地告诉威尔比："我不知道还有哪个阶层比他们更缺乏公共精神。"[19] 然而，最终将他推向终极考验的是一位商人银行家的傲慢自大。

"我去过英格兰银行，感觉情况很反常！"戈申 1890 年 10 月 10 日左右在日记中写道："人们提到了一些顶级的公司。阿根廷等地面临着极为复杂局面，让人普遍感到不安。"接下来的几周内，尽管公众仍不知情，但情况逐渐明朗。事实上，处于最严重困境之中的金融城公司是巴林银行。其声望仅次于罗斯柴尔德家族，但由于在阿根廷过度投资而陷入困境。当时的阿根廷是一个充满政治混乱和金融管理不善的致命混合体。巴林银行的负责人是爱德华·巴林［Edward Baring，昵称"内德"（Ned）］。他在 5 年前被封为里维斯托克勋爵。他是一位能力出众但高度自负且缺乏判断力的人，自 1879 年以来一直是英格兰银行的董事。据说在 1887 年，他曾与当时的总裁詹姆斯·柯里有过一番沟通，后者写信给他说："很遗憾你觉得董事会的初级成员（包括爱德华·巴林本人）实际上与英格兰银行业务的管理毫无关系。"[20]

所谓的巴林危机真正开始于 1890 年 11 月 8 日星期六。[21] 后来又被称为第一次巴林危机。那天早上，商人银行家埃弗拉德·汉布罗（Everard Hambro），作为里维斯托克勋爵在金融城最亲密的两位朋友之一，同时也是英格兰银行的董事，先是拜访了 1885 年与巴林同时受封的内森尼尔·罗斯柴尔德［（Nathaniel Rothschild，昵称"纳蒂"（Natty）］，以便向他全面介绍情况，然后又去见了里维斯托克勋爵本人，后者悲观地告诉他周一能否继续营业还不得而知。作为回应，汉布罗告诉里维斯托克勋爵，现在唯一能帮助他的人只有英格兰银行总裁。考虑到这场危机的处理过程几乎完全是私下进行的，他安排利德戴尔下午去汉布罗银行（Hambros），以便能低调地会见里维斯托克勋爵。利德戴尔在会前匆忙写了一张纸条给财政大臣戈申，请求他周一一早去银行。随后在那次会议上，里维斯托克勋爵和一位合伙人向银行总裁和汉布罗提交了他们的"初步财务状况说明"。用利德戴尔的话说，这个说明"表明该公司在偿还债务后不确定是否会有任何残值"。在一个毫不意外的紧张气氛中，银行总裁可能刚刚发现巴林银行原来处于如此绝望的生死关头，他没有急于作出决定，而是需要仔细考察更多细节，并将等到周一看巴林银行能否继续营业。然而，他必定已经开始意识到了巴林银行倒闭的后果几乎是难以想象的。巴林银行不仅是金融城中领先的承兑行和商人银行，也是贸易金融的世界领导者。它的倒闭必将会导致一系列其他公司（包括所有贴现行）的倒闭，而且伦敦的票据中心地位也将受到威胁，从而使金融城作为国际金融中心的主导地位岌岌可危。

利德戴尔在星期天带着他的小儿子去了伦敦动物园，但在第二天一早就准备好了迎接财政大臣。戈申记录道：

> （我）去见了英格兰银行总裁，发现他处于极度焦虑之中。巴林银行处于如此危险的境地，如果不提供援助，他们将不得不停业。（里维斯托克勋爵）在我们谈话时进来了，他几乎歇斯底里。总裁和他都坚持认为，只有政府援助才能挽回局面……（他们）陈述了各银行持有的承兑票据数量，表示若巴林银行停业，这些银行将不得不停业。所有的公司都会一个接一个地倒闭。所有的信用都将丧失。我完全理解他们的预测，但想到法国在 1889 年巴黎贴现银行（Comptoir d'Escompte）遇到困难时采取的行动，我认为伦敦的大公司和银行必须联合起来提供必要的担保。他们认为如果政府不提供帮助，这肯定是不可能的。

财政大臣随后拜访了另外两位（未透露姓名的）银行家，他们同样坚决认为政府援助是必要的。戈申写道："两人都非常沮丧。利德戴尔更加坚强，保持着冷静，尽管他确实给我施加了很大的压力。"那天晚上和第二天凌晨，在出席完金融城市长每年为银行家和商人举行的市政厅宴会后，戈申痛苦不堪。"如果我什么都不做，而崩溃发生了，我将永远不会被原谅。如果我采取行动，而灾难未发生，议会也将永远不会原谅我将国家信用押注于一家私营公司的行为。"最后，他的"深夜的苦思冥想"使他意识到在议会寻求直接援助是困难和不可取的。"如何为 50 万英镑的损失辩护？立即申请是否会引起更大的麻烦"？简而言之，金融城显然只能依靠自己了。[22]

接下来的三天，从周二到周四，危机主要有四个方面的发展。第一，戈申和利德戴尔都没有让步，总裁仍然坚持英格兰银行只能在政府提供更大保护的情况下行动。第二，英格兰银行成功说服俄国政府不要在 11 日从巴林银行提取 150 万英镑。第三，应利德戴尔周一对戈申的请求，纳蒂·罗斯柴尔德成为一个具有建设性的人物，他不仅施压法国银行借出 300 万英镑的黄金以增强英格兰银行紧张的储备，还私下里对他的好友——首相索尔兹伯里侯爵施加压力，以期政府采取更积极的态度应对危机。第四，也是最为关键的，利德戴尔决定任命一个二人委员会来确定巴林银行从长远来看是否有偿付能力，即是否值得救助。委员会由八旬老人、董事本杰明·巴克·格林和杰出的银行家贝特兰·柯里组成，后者恰好是里维斯托克勋爵在金融城最亲密的朋友之一，两人有着多年的交情。委任之后，情绪激动的里维斯托克勋爵写信给柯里说："我不喜欢去见你，也觉得我不应该写信，但我实在是太痛苦了，还是忍不住写下这行字，恳求你尽力而为。我知道你会的，我相信你能感受到我们所有人的梦魇。"[23]

11 月 14 日星期五是决定性的一天，分三个阶段展开。第一阶段在英格兰银行进行。格林和柯里认为，尽管巴林银行急需高达 900 万英镑的大额现金贷款，但"如果有足够的时间变现资产……公司在偿还债务后还是会有大量的盈余"。格林之后写信给利德戴尔回忆那天上午的情况时说："我必须坦率地说，由于所需金额如此之大……我觉得可能在我到达金融城后不久，（巴林银行）可能就倒闭了。但令人惊讶的是，当报告提交后，你立刻说'他们必须继续（营业）……'。"与此同时，在成功封锁消息近一周后，整个金融城也开始出现了明显的恐慌。大约在中午时分，政府经纪公司穆伦斯（Mullens）的高级合伙人约翰·丹尼尔（John Daniel）冲进英格兰银行，双臂高举恳求利德戴尔："你不能做点什么，或者说点什么来安抚人们的心情吗？他们已经认定出事了，而且他们提到了最高级别的名字——最高级别的！"在接下来的一个小时内，正如英格兰银行担心的那样，巴林银行的票据开始涌入，因为几乎没有其他人愿意购入这些票据，这些票据的价值暴跌，在转售时可能遭受重大损失。大约在两点钟，当整个金融城的信用处于危险之中时，利德戴尔悄悄从王子街的大门溜了出去。

他绕了一条曲折的路线，直到找到一辆马车带他去唐宁街。他没有见到戈申，因为戈申那天晚上在邓迪（Dundee）发表演讲并作了承诺，并且准备履行承诺以避免恐慌。代替戈申会见利德戴尔的是第一财政大臣 W. H. 史密斯，很快索尔兹伯里也来了。至少一个小时内，双方都没有让步。索尔兹伯里提出再次授权冻结"银行特许法案"，但利德戴尔（如他所回忆的那样）断然拒绝，声称"对授权信件的依赖是英国许多不良银行业务的根源"。最终，利德戴尔打出了他的王牌：

> 我告诉索尔兹伯里侯爵，我绝对不可能在英格兰银行独自承担

> 风险的情况下继续处理此事。英格兰银行一周以来一直在接受巴林银行的票据，等待着调查结果。现在恐慌已经开始，巴林银行的票据可能正在快速涌入，如果政府不为我们分担一些可能的损失，我将立即返回，拒绝接受与巴林有关的所有承兑。

这一威胁奏效了，索尔兹伯里和史密斯实际上给了利德戴尔不到24小时的时间来拯救巴林银行，承诺政府将承担英格兰银行在周六下午前接受巴林银行票据所造成的损失的一半。幸运的是，那天总裁没有遇到维多利亚时代晚期伦敦的交通堵塞，在5点钟前回到英格兰银行，进行了当天的最后一个阶段。

贝特兰·柯里是等待他的人之一。利德戴尔在自己的办公室里立即召集了一次会议，宣布他打算为巴林银行启动一只担保基金。实际上这是一艘“救生船”。英格兰银行将先期提供100万英镑。柯里迅速回应说，只要罗斯柴尔德家族也同意，他自己的银行格林·米尔斯（Glyn Mills）也将出资50万英镑。片刻后，纳蒂·罗斯柴尔德走进房间。他会同意吗？柯里回忆说：“他犹豫了一下，想要询问他的兄弟们的意见，但最终在一些压力下被说服加入，并出资50万英镑。”是什么压力呢？根据了解内幕的汉密尔顿的说法，利德戴尔直言不讳地对罗斯柴尔德说：“我们没有你也行。”如果罗斯柴尔德真的挑战了利德戴尔的虚张声势，很难判断究竟会发生什么，不过他没有那样做。担保基金成功得以保证。在接下来的半小时内，金融城的精英们纷纷赶来捐款。首批名单上的认购者包括拉斐尔斯家族（Raphaels，25万英镑），安东尼·吉布斯和布朗·希普利（Antony Gibbs and Brown Shipley，各20万英镑），以及史密斯·佩恩·史密斯公司（Smith Payne & Smiths）、巴克莱银行（Barclays，当时仍是一家私人银行）、摩根公司和汉布罗银行（各10万英镑）。那天晚上，利德戴尔又会见了五大合资股份银行的代表，他们承诺为这只基金出资325万英镑。基本上，这只基金使英格兰银行不会因巴林银行相关偿债贷款而产生任何损失。这也意味着巴林银行以及金融城，现在将被拯救。[24]

《泰晤士报》次日称赞道：“英格兰银行通过迅速和勇敢的行动避免了一场可悲的灾难，增加了它对国家和商业社会的历史性贡献。感谢银行积极作为的管理层，不仅为应对恐慌可能带来的特殊需求提供了大量黄金储备，还超越了常规业务流程，阻止了一家最伟大和最受尊敬的英国金融公司的倒闭……”实际上，接下来的一周并非一片祥和，利德戴尔对来自边境以北的反应明显不满。11 月 18 日星期二，他写信给苏格兰银行的伦敦经理说：

> “三家最重要的苏格兰银行，每家都要出资 25 万英镑，作为努力避免国家灾难的贡献！你们这些苏格兰银行家依赖英格兰银行来迅速回收在市场上投入的大量资金，并且依赖英格兰银行来保障你们持有的大部分资金的安全。如果英格兰银行未能拯救巴林银行，你们手中的任何票据都不会有任何保障。”

第二天即 11 月 19 日星期三，在金融城里，有几个小时好像担保基金从未存在过一样。有一位消息灵通的银行家约翰・比德尔夫・马丁（John Biddulph Martin）在他的回忆录中描述了一次充满火药味的冲突：

> 一个或多或少有根有据的谣言传出，说合资股份银行宣布将从证券交易所收回所有贷款，这在早晨几乎引发了恐慌。可以确定的是，英格兰银行的总裁召集了这些银行的经理们，告诉他们如果不为客户提供合理的贷款便利，那么今后他们有需要时也不能指望英格兰银行帮忙。随后，这些银行向外界宣布他们将像往常一样提供贷款。于是整个局势立即有了全方位的改善。这似乎是转折点，危机到此结束。

确实如此。年底时，利德戴尔接待了一个来自证券交易所委员会的正式代表团，他们在致辞中表示赞赏：“您和董事会在国内外谈判中所采取的措施展现出了高超的能力。尤其是您作为总裁在那种时刻展现出的伟大影响力，用如此明智和勇敢的方式行事，避免了一场前所未有的恐慌。”利德戴尔的回应一如既往：“在那紧急关头，我能够尽职尽责，这是我永远会感到骄傲和满意的事情。”

危机的成功解决并不能避免外界的批评，尤其是也许可以预料到的，来自《经济学人》的批评。首先，存在“道德风险”的问题；其次，是“大而不倒”的问题。虽然这些词汇在当时的词典中并不存在，但这是该杂志在 11 月 22 日发行的一期中的批评要点：该担保基金“本刊认为涉及面太广”；这个先例令人担忧，即一旦某个足够大的金融机构过度承诺（指过于冒险地投资）达到百万英镑的数量时，就会自动触发整个银行体系“帮助它们渡过难关”。[25] 当时的分析往往没有集中比较 1866 年和 1890 年的危机。特别是，为什么英格兰银行在不到 25 年后选择拯救巴林银行，而在此前却决定放任奥福伦·格尼听天由命，即使奥福伦最终偿还了债务。答案部分在于当时对这些公司倒闭所造成更大损害的客观和相对准确的评估；但也部分在于更主观的考虑。奥福伦·格尼在 1866 年之前的英格兰银行眼中是严重失信的，而 1890 年巴林银行则是政治、社会和金融机构的核心。利德戴尔可能是金融城里的半个外来者。然而，作为银行总裁，他很容易像巴林银行一样，处于一系列假设、影响和联系的核心。最终，危机带来的教训是，机构总会尽力照顾自己人，而在金融城这样的地方更是如此。这里在许多方面仍然像个亲密的小村庄，在这里拥有好朋友是幸运的。

第八章 金钱不会自我管理

1 Economist, 22 Sept 1866; Thomson Hankey, The Principles of Banking (1867), pp. 25-26; Economist, 8 Dec 1866, 22 Dec 1866.

2 Times, 28 May 1869.

3 Times, 12 Nov 1872; Economist, 16 Nov 1872; Hankey, Principles (1873 edn), pp. iii-ix; Walter Bagehot, Lombard Street (9th edn, 1888), pp. 322, 326-328, 196-199.

4 R. S. Sayers, Central Banking after Bagehot (1957), p. 9; Morgan, p. 181; Hugh Rockoff, ‘Walter Bagehot and the Theory of Central Banking’, in Forrest Capie and Geoffrey E. Wood (eds), Financial Crises and the World Banking System (Basingstoke, 1986), pp. 164, 172-173; John D. Turner, Banking in Crisis (Cambridge, 2014), p. 143; records of Rathbone Bros & Co (Liverpool University Library), files of general correspond- ence, 1851-1873, XXIV.1.24 (s1-113), 17 Oct 1873; Bagehot, Lombard Street, pp. 19-20. See also: John H. Wood, ‘Bagehot’s Lender of Last Resort’, Independent Review, Winter 2003, pp. 343-351; Vincent Bignon et al, ‘Bagehot for beginners’, Economic History Review, May 2012, pp. 580-608.

5 Bagehot, Lombard Street, pp. 41-42, 73, 230-240; Rathbone, files, 21 Oct 1873.

6 The Rothschild Archive (London), 000/84, 17 Sept 1869; Augustus Muir, Blyth, Greene, Jourdain & Company Limited, 1810-1960 (1961), pp. 20, 24; ADM30/6; Bankers’ Magazine, Feb 1888, pp. 147-150; Boyle, pp. 10-18; Anon (Wilfred Maude), Antony Gibbs and Sons Limited: Merchants and Bankers, 1808-1958 (1958), p. 27; Rachel Gibbs, Pedigree of the Family of Gibbs (1981 edn), p xix; DBB, William M. Mathew, ‘Henry Hucks Gibbs, rst Lord Aldenham’; M6/28, pp. 18, 23, 26, 33.

7　D. P. O'Brien (ed), The Correspondence of Lord Overstone (Cambridge, 1971), Vol. 3, p. 1315; Clapham, Vol. 2, p. 309; Turner, p. 85; L. S. Pressnell, 'Gold Reserves, Banking Reserves, and the Baring Crisis of 1890', in C. R. Whittlesey and J. S. G. Wilson (eds), Essays in Money and Banking in Honour of R. S. Sayers (1968), p. 189; Michael Collins, 'The Bank of England as lender of last resort, 1857-1878', Economic History Review, Feb 1992, p. 147; Dieter Ziegler, 'The Banking Crisis of 1878', Economic History Review, Feb 1992, p. 138.

8　Michael Collins, 'The Banking Crisis of 1878', Economic History Review, Nov 1989, p. 526; William P. Kennedy, Industrial Structure, Capital Markets and the Origins of British Economic Decline (Cambridge, 1987), pp. 120-134.

9　Observer, 9 Oct 2011; Anthony Howe, 'From "Old Corruption" to "New Probity"', Financial History Review, April 1994, p. 27.

10　Kynaston, Vol. 1, pp. 259-260; R. C. Michie, The London and New York Stock Exchanges, 1850-1914 (1987), pp. 145-147; T. H. S. Escott, England (1879), Vol. 1, pp. 190, 192-194; Jacob Viner, 'Clapham on the Bank of England', Economica, May 1945, pp. 63-64; Journal of the Institute of Bankers, 1887, pp. 509-510.

11　G15/145; Royal Commission appointed to Inquire into the recent Changes in the relative Values of the Precious Metals (First Report, P.P. 1887, Ⅹ-Ⅺ), p. 5880; Bimetallic League, The Proceedings of the Bimetallic Conference held at Manchester, 4th and 5th April, 1888 (Manchester, 1888), p. 22.

12　This paragraph is based on two papers by Bernard Attard: 'Marketing colonial debt in London' (unpublished); 'Imperial central banks?', in Olivier Feiertag and Michel Margairaz (eds), Les banques centrales et l'Etat-nation (Paris, 2016).

13　R. E Foster, Lord Randolph Churchill (1981), p. 194; diaries of Sir Edward Hamilton (British Library), Add Ms, 48,644, 3 Sept 1886; David Kynaston, The Chancellor of the Exchequer (Lavenham, 1980), p. 124; Hamilton, 3 Sept 1886, 3 Sept 1885, Add Ms, 48, 647, 31 Jan 1888.

14　Hamilton, Add Ms, 48,648, 4 March 1888; Clapham, Vol. 2, p. 320; Boyle, p. 27; Clapham, Vol. 2, p. 318; OL, Dec 1932, p. 238 (Allan Fea), June 1921, p. 56 (A. G. Rowlett).

15　G. A. Fletcher, The Discount Houses in London (1976), p. 30; Economist, 5 Dec 1874; Pressnell, pp. 186-189; M6/28, pp. 5, 7-8; Forrest Capie et al, 'The development of central banking', in Forrest Capie et al, The Future of Central Banking (Cambridge, 1994), pp. 13, 114-115.

16　Niall Ferguson, The World's Banker (1998), p. 821; Richard Aldous, The Lion and the Unicorn (2006), pp. 262-263.

17　Clapham, Vol. 2, p. 316; G23/67, fos 135-136, 141-144; Clapham, Vol. 2, pp. 317-318.

18　Bullionist, 1 Feb 1890.

19　DBB, Sheila Marriner, 'William Lidderdale'; Sayers, Vol. 1, pp. 50-51; Pressnell, pp.

191-192; Hamilton, Add Ms, 48,653, 9 Aug 1890; Pressnell, p. 191.

20 Arthur D. Elliot, The Life of George Joachim Goschen, First Viscount Goschen (1911), Vol. Il, p. 169; The Baring Archive, HC3.52.8, Currie to Revelstoke, 23 Feb 1887.

21 Instructive accounts of the crisis include: Clapham, Vol. 2, pp. 326-339; Pressnell, pp. 192-207; Philip Ziegler, The Sixth Great Power (1988), pp. 235-266; Ferguson, pp. 864-869; Turner, pp. 154-157; Marcello de Cecco, Money and Empire (Oxford, 1974), pp. 88-98; P. J. Cain and A. G. Hopkins, British Imperialism: Innovation and Expansion 1688-1914 (1993), pp. 153-158, 293-294.

22 G15/192, fo 176; G15/189, fo 15A; Elliot, pp. 170-172.

23 Ziegler, Sixth, pp. 247-248; G15/192, fo 183.

24 G15/189, fo 3; G15/192, fo 177; Clapham, Vol. 2, pp. 330-331; G15/192, fo 179; G15/189, fo 15 A; Bertram Wodehouse Currie, Recollections, Letters and Journals (Roehampton, 1901), Vol. 1, pp. 92-93; Hamilton, Add Ms, 48,654, 15 Nov 1890; G15/189, fo 15A.

25 Times, 15 Nov 1890; G23/85, fo 157; George Chandler, Four Centuries of Banking, Volume 1 (1964), pp. 333-334; G15/189, fo 29A; Clapham, Vol. 2, pp. 336-337.

第九章

在精神上非常年轻

巴林危机在诸多方面都使问题变得更加清晰，尤其是让人们深刻认识到英格兰银行黄金储备明显不足。危机爆发时，英格兰银行的黄金储备还不到 1100 万英镑。[1] 在各种“改进计划”传言四起之际，利德戴尔在 1891 年初的一次谈话中向汉密尔顿表达了他一贯坚定的看法，转述如下：

> 他准备尝试发行 1 英镑纸币，但他怀疑通过这种方式增加银行金库中的黄金储备是否会有很大收益……备用金不足才是我们真正的危险，唯一能增加我国备用金的方法，是采取措施使合资股份银行保有更多的余额。而实现这一目标的最不令人反感的方式可能就是要求他们经常公布自己的余额……利德戴尔准备再担任一年总裁，尽管这意味着他个人将遭受相当大的损失。他全身心投入到银行的工作中，并且深知这不仅仅是为了利益，更是因为这职位的重要性。我认为他并不太欣赏财政大臣，他抱怨其过于敏感且有时缺乏勇气。我承认戈申的确过于脸皮薄。利德戴尔说：“脸皮薄？他根本没有脸皮，只有神经和骨头。”

英格兰银行总裁随后在 1 月试图敦促财政大臣。他抱怨国家存在“极其不充分的银行业储备”，强调英格兰银行处境艰难。因为英格兰银行自己的储备越大，“银行家们就越不愿意让他们的钱闲置”。他甚至有些后悔在上一年秋天帮助银行家们，称那些人是“一个固执和叛逆的种族，每个人都只关心自己的公司”。结果是戈申于 1 月下旬在利兹发表了一次重要演讲，探讨这个棘手的问题。戈申提到英国的黄金储备相对于法国、德国和美国较小，并指出伦敦作为世界唯一的自由黄金市场，特别容易受到冲击。他宣称：“依赖英格兰银行在危机中提供援助是一个错误且危险的系统。”他提出了三个关键建议：第一，所有银行应保持更大的现金储备（尽管未明说，但显然是指存放在英格兰银行）；第二，各银行还应更频繁地公布其储备量；第三，通过重新引入 1 英镑纸币来取代人们口袋中的金币，从而增加英格兰银行的黄金储备。

接下来 1 年的故事是戈申的计划失败了。各银行仅同意每月公布资产负债表，而不是每周。其他两项建议也没有落地。虽然部分原因在于他自己缺乏决心，但主要原因还是来自本能保守且抗拒变革的金融城日益强硬的反对。反对的领导者是贝特兰・柯里。他始终认为各银行将更多储备交给英格兰银行只对一个机构有利，那就是英格兰银行本身。5 月，他在一封充满火药味的信件中告知总裁："英格兰银行希望增加其客户的储备余额是自然且值得称赞的，但是我看不出除了英格兰银行股东，公众如何从中受益。"利德戴尔（他确实连续第 3 年担任总裁）回应道："有个人在生病时曾想当修道士，但他在康复后就又改变了主意。同样，银行家们在利兹演讲后增加了他们的储备余额，但很快他们就不愿坚守美德了。"不幸的是，利德戴尔的强硬态度也是问题的一部分，汉密尔顿很快察觉到他又在"说教合资股份银行"。而且，总裁的同事也不是很支持该计划。"尽管该措施得到了总裁本人的热情支持，但董事会的大多数人对其态度冷淡，甚至敌视"。汉密尔顿在当年晚些时候在与几位"靠边站的"银行董事交谈后记录道："他们说的最多的话语是'别管那么多'①，以及'我们目前为止干得不错，为什么不能维持现状？'"实际上，利德戴尔自己的调查显示，董事会中有很大一部分（26 人中的 11 人）明确表示反对。未来的总裁、商人塞缪尔・格莱斯顿（Samuel Gladstone）宣称："戈申的提议对外汇市场的影响就像克努特国王（King Canute）对海浪的命令一样无效②。"而前总裁爱德华・豪利・帕尔默则严肃地警告小面额纸币的实际操作风险。他强调："小面额纸币上次流通时，伪造现象极为普遍，给劳动阶层增加了风险。"总裁向戈申报告调查结果时，语气显然充满了疲惫："您期望英格兰银行会满腔热忱地支持任何事情吗？我们的身体已经不再年轻，但鉴于（思想上的不成熟）在精神上非常年轻。"

到 1892 年初，该计划实际上已经完全失败。让它进一步走向失败的是影子财政大臣、咄咄逼人的威廉・哈考特爵士（Sir William Harcourt）

---

① 译自"laissez nous faire"。该词来自法语，字面意思是"让（人们）做（他们所选择的）"。该词代表的一种经济学理论，反对政府干预经济与商业活动，崇尚自由市场。该理论在 18 世纪晚期尤为流行。——译者注

② 克努特国王是 11 世纪英格兰、丹麦和挪威的国王。相传他为了向臣民展示即使是国王也没有无所不能的权力，在海滩上命令海浪停止前行，以免弄湿他的双脚和长袍，却显然未能如愿。——译者注

的不支持态度。“我发现金融城根本不赞同你对利德戴尔的高度评价”，他那年冬天写信给汉密尔顿：“我收到了一些你可能会认可的最高权威人士的信件，他们认为最近的计划只是英格兰银行增加利润的一个平庸项目……”即便如此，如果1英镑纸币的问题在未来一段时间内不再被讨论的话，那么关于中央储备的问题和争议仍将持续。19世纪80年代，几乎没有人愿意挑战白芝浩的结论，即单一储备系统没有可行的替代方案。然而，《银行家杂志》在1892年3月声称，与其让各银行将所有储备都集中在英格兰银行，不如“回归旧方法，让每个银行各自保持足够的现金储备”。这是一个重要的转变信号。或者如几个月后柯里私下回想的那样：“在英格兰银行庇护下生活的时代似乎正在结束，其他银行应该明智地认识到这一事实，并在问题到来之前做好准备。这才是明智之举。”在接下来的20年里，储备问题将顽固地——有时甚至是乏味地——持续存在。一方面，它象征着英格兰银行与迅速增长的合资股份清算银行之间的力量平衡变化。到1891年这些银行的资本超过5000万英镑，而10年前仅为3500万英镑，并且还多了近一千家分行。另一方面，它在某种程度上也象征着深深根植于金融城的既得利益集团与一群不受欢迎且通常具有强大郡级背景的新兴势力之间的力量对比。[2]

更广泛地讲，尽管英格兰银行在解决巴林危机中扮演的角色受到广泛赞誉，但19世纪90年代前半期对它来说并非愉快。1892年，英格兰银行在新的特许续期中发现，其日常服务费用明显被财政部压减。自那年起至1895年的总裁是大卫·鲍威尔（David Powell），其任期因为副手身患重疾而增加了一年。鲍威尔是一个相当缺乏想象力且顽固的商人，其总裁任期几乎与哈考特的财政大臣任期完全重合，处在格莱斯顿和随后的罗斯伯里伯爵（Lord Rosebery）的自由党政府领导下。1893年8月，汉密尔顿访问针线街后反思道：“我们需要小心处理英格兰银行相关事务，他们还没有从去年我们与其达成的（他们认为的）苛刻交易中恢复过来。没有一个董事在政治上对政府是友好的。”然而，谨慎处理从来不是财政大臣的长项，他总是准备与自己认为的最后一个未改革的既得利益团体对抗。在接下来的一周，汉密尔顿在度假时收到了哈考特的特别来信，内容让他大为震惊：

> 你不在的时候，我与英格兰银行会客厅的恶龙进行了伟大的

战斗。

我派人召见总裁。他带着那位勇敢的副总裁威格拉姆（Wigram）来见我。在一番客气的拐弯抹角之后，我们开始就短期融通贷款的利率问题进行密切的讨论。

我随口提出了一个比赤字贷款利率高 0.5% 的利率。根据当时的贴现率，就是 2.5%。

两位权威人士面面相觑，显然他们收到的指示是要求 3.5%。于是我对他们大发雷霆。我告诉他们，当英格兰银行的基准利率为 4% 时，我们从未支付过这样高的利率。我愤怒地质问他们，怎么敢这样对待保持平均余额为 500 万英镑的客户。我直言不讳地告诉他们，我绝不会听从这样的过分要求。我说我将有责任调查伦敦金融城中是否有其他愿意以合理利率为政府提供贷款的"第三者"。我宣称一直不愿意在英格兰银行以外开设政府账户，但你们现在这样的要求可能会迫使我在其他地方寻找合理的贷款。这足以暗示罗斯柴尔德家族的纽柯特（New Court）离针线街不远。他们对于财政大臣试图与要价较低的犹太人打交道感到恐惧。在提出了这个威胁后，我准备用一个问题来结束谈话。我问他们是否应该将他们的利率提议视为最终通牒。对此，凶猛的鲍威尔暗示我可以写信建议 3%。他们会认真考虑。

那两位先生看起来像是活脱脱的温莎放债人画像。他们随后离去。人高马大的威格拉姆怒目而视，但没有动手。

于是我写了一封礼貌的信，提出折中方案。他们欣然接受，并试图以"货币市场状况的变化"为理由掩饰他们的退让……

几天后，哈考特的情绪依旧没有平复。他告诉汉密尔顿，英格兰银行的"丑陋行为"是不会被忘记的。他指责英格兰银行"实际上抢走了公众 200 万英镑的 0.75% 利息"，发誓将"尽量减少与那些绅士的交往"，并再次提出从罗斯柴尔德家族借款的策略，以"向公众揭露那些银行绅士的真面目"。[3]

就在这个"微妙时刻"，英格兰银行的首席出纳办公室发现了"某些违规行为"。这个短语掩盖了可能是英格兰银行历史上最严重的内部丑闻。[4] 罪魁祸首是首席出纳弗兰克·梅（Frank May），一位自 1873 年起就担任这一强大职位的独裁者。19 世纪 80 年代后期，《银行家杂志》在一篇令人充满赞赏的报道中指出："据说梅先生鄙视所谓的名望之人，更鄙视那些人有时表现出来的言不由衷，认为那些人回避了对同事可能严格但不愉快的责任。”1893 年早些时候，他是银行内部管理报告的 3 位撰写者之一。报告强调：“银行工作节奏不规律，不仅在一年中，甚至在一天中都存在相当大的压力和松懈交替。”又强调：“银行某些职责的承担者并不总是非常适合履职。”利德戴尔、格林和詹姆斯·柯里在 1893 年 11 月向财政委员会提交的报告中指出，梅的违规行为已经持续了好几年，他在未经授权的情况下擅自提供了大量贷款。后来发现，那些贷款的接受者包括《泰晤士报》的金融城编辑和梅自己的儿子，后者是科尔曼 – 梅（Coleman & May）股票经纪公司的一员。该公司与投资信托公司密切相关，而这些投资信托公司在 19 世纪 80 年代末的繁荣中兴起，但在巴林危机的长期影响下倒闭。鲍威尔和他的同事们暂时掩盖了梅突然离职的原因。《金融时报》则温和地评论道，离职是一个“意外”，称梅是“稳定不变的中心点”“围绕在其周围的是一系列转瞬即逝的总裁们”。但对于当时的总裁鲍威尔来说，他无法避免与可怕的哈考特会面。汉密尔顿注意到，哈考特在听到相关情况时“非常强烈地表达了自己的意见”，语气“过于专横”。实际上，尽管银行本身已决定对梅的行为不予起诉，但哈考特甚至一度打算将此案交给公共检察官，直到他属下包括汉密尔顿在内的官员们，劝说他这可能会严重损害英格兰银行的声誉。[5]

然而，最终新闻媒体①还是发声了。1894 年初，在持续数周的流言蜚语后，A. J. 威尔逊（A.J. Wilson）在其《投资者评论》（*Investors' Review*）中发表了一篇长达 17 页的猛烈抨击文章，题为《中风瘫痪的英格兰银行》。“在其账目公开之前，很少有人能了解英格兰银行的真实状况。”他宣称：

> 英格兰银行没有公布任何资产负债表，除每周公布的简陋报表外什么也没有。没有外部审计账目。股东对管理层毫无控制权。根据特许法案，股东应该定期召开会议并选举董事和总裁，但这种权力已经沦为纯粹的例行公事甚至闹剧。所谓的“家族名单”成员总是理所当然地当选，因此董事会实际上是在自我选择和补充。在很大程度上，它是一个“家族聚会”。儿子继承父亲，侄子继承叔叔，或者一桩幸运的婚姻带来一个董事席位。传统在“皆大欢喜”

① 此处“新闻媒体”译自“fourth estate”，有一层隐含的“媒体政治和社会影响力”的意思。——译者注

> 的情况下占上风。新任董事从来不是银行家，也很少是在竞争激烈的商业环境中得到锻炼的人。

威尔逊强调了银行董事将弗兰克·梅当作替罪羊的危险，并详细列举了几位董事与各种投资信托公司的密切关系，指责他们“涉足了金融城的肮脏水域”。威尔逊进一步谴责英格兰银行：“其孤立的地位、商业上的无能以及惊人的缺乏一致性，甚至连基本的智慧指引都没有。”对于英格兰银行本身来说，这是一次极度不舒服的经历。《每日纪事报》（*Daily Chronicle*）在威尔逊的文章发表几天后报道了其影响：“伦敦充斥着关于针线街的故事。而且令人恐惧的是，报童们在银行门前兜售着耸人听闻的海报，并借此大做文章。”威尔逊在接受该报采访时情绪激动地说：

> 英格兰银行依靠其200年的底蕴和作为一个伟大国家机构的声望而受到保护。为什么它保持自己地位的既得权利，被视为一种不犯错误的保证。你能对这种制度有什么期待呢？任何与时代脱节的人类机构都会霉烂变质，直到世界的一缕生气拂过……
>
> 首先要做的是让光明进入。我敢说，十个银行经理中也没有一个能弄清楚银行发布的每周报表。全年从未呈现过一份资产负债表。没有外部审计，也没有代表银行主要客户（即全国的银行家）的人在管理机构中。任何有理智的人都不可能认为这是一个庞大的国家机构在当今时代应有的状态……
>
> 即使是最好的总裁，在对银行业务的管理方面也不会给人留下任何持久的印象。他们来来去去，如同轮子上的轮齿。例行公事占据着他们的大部分工作，而在例行公事掌控的地方，弊端丛生……政府应该立即介入，彻底检查英格兰银行的事务，让一切都公之于众。我看不出还有什么其他办法，除非国家准备袖手旁观，等待不可避免的灾难。

不久之后，《笨趣》杂志刊登了约翰·特尼尔（John Tenniel）的一幅经典漫画，题为《肮脏的十字路口》。漫画中，一位照例出场的老妇人低头看着裙子下面的“管理不善”说道：“哦，天啊，天啊！我真希望我能摆脱这个肮脏的麻烦！”这是在1894年1月8日。尽管《泰晤士报》在同一天试图提供一种观点：“银行董事们不是神，但他们也不是蟑螂。”但哈考特很快又对鲍威尔大加训斥，要求知道“英格兰银行管理系统正在进行什么变革计划”。

直接结果是一场权力斗争。汉密尔顿在1月晚些时候确认，埃弗拉德·汉布罗在查尔斯·戈申（Charles Goschen，前财政大臣的弟弟）和一些初级董事们的支持下，提出将财政委员会从一个由离任管理者组成的天然权力机构，改为由所有董事选举产生的机构。汉密尔顿注意到：“位列其中的离任管理者们对如此激进的举措持强烈反对态度，以至于不可能接受这种改革。”事实果然如此。鲍威尔小心翼翼地向所有董事分发了（前总裁）亨利·哈克斯·吉布斯的来信。信中坚持认为“董事会的尊严完全不允许任何来自新闻界无知评论的影响”。2月1日的董事会投票否决了汉布罗的提议。相反，董事会将重点放在另一项内部改革上，即在4月创建1个由副总裁和5名董事组成的审计委员会以及受其监督的审计部门。同样在4月，股东们在定期举行的半年度大会上对鲍威尔和他的同事们表示了信任。总裁提供了一些关于梅不法行为的具体信息，包括他在证券交易所的投机行为，并告知股东们银行已拨出25万英镑来应对可能的损失。鲍威尔承认：“系统可能存在一些缺陷，但董事们一直以银行的最佳利益为重。他们过去尝试过，将来也会尽力而为。”[6]

总的来说，这对于7月即将到来的200周年纪念并不是一个好时机。赫伯特·德·弗莱恩感伤地回忆道，员工们确信他们每人会收到相当于一整年薪水的周年礼物，但实际上什么都没有得到。对那些将所有财务希望寄托在这笔款项上的人来说，这是“绝对的打击”，而且连一句解释的话都没有。最高层也同样感到失望。1895年3月，哈考特的儿子记录了当时鲍威尔准备卸任时的情景：“英格兰银行总裁的妻子（看起来像摄政街的妓女）今天早上来见财政大臣，要求在她丈夫退休时给他一些‘荣誉’……”[7]遗憾的是，哈考特的回复没有记录下来。但毫无疑问，这次意外的拜访没有成功。

最终，纪念200周年的活动被一些完全不同的事情所代表。从1894年夏天开始，约20名女性被雇用，最初是为了给钞票进行分类和计数。其动机主要是出于财务原因，是1892年严苛协议和解之后的削减开支措施的一部分。银行明确规定所有新的女性雇员必须年龄在18—24岁，未婚或丧偶，并且“婚后必须辞职”。受过牛津大学教育的首位女性主管珍妮特·霍加斯［Janet Hogarth，后来改姓为考特尼（Courtney）］回忆道：“我们的路并非总是一帆风顺。”

> 那是女性进入商业领域的初期，她们并未受到广泛欢迎。这也不足为奇，但她们确实取代了男性……因此，我对那些曾试图表明我们效率低下的年长职员和主管感到同情，尽管我们用40名员工（到1896年的女性职员数量）完成了之前需要60人的工作，并且大多数时候按时在下午4点离开，而不是被迫留到下午6点以调整不平的账目。在我算完一天的总账时，很少听到“配平完成”的欢呼声。相反的是，传到高级官员耳朵里的消息，是我们从未搞砸过交给我们的工作，但也有健康记录以及心思不在工作上的问题，等等。我们多次面临被辞退的危险。但詹姆斯·柯里先生始终是我们坚定的朋友。免费的午餐解决了我们大部分健康问题。我记得他来问我，是午餐更好，还是额外的10英镑更好。我坚决地说：“午餐！如果给她们钱，她们会把钱花在帽子上，然后继续吃面包。”

1898年，霍加斯的部分下属获得了打字员资格。但总体而言，英格兰银行直到1914年仍然是男性的领域，整个金融城也是如此。而霍加斯自己在1906年离开时并没有感到不开心，转而成为泰晤士报图书俱乐部的图书管理员。“最后，我甚至对舒适和关怀感到厌倦。我们被过于严格地隔离，只能拥有一个狭窄的出口。雄心壮志几乎没有用武之地。性别障碍似乎总在阻碍晋升”。这无疑是事实，但女性职员的存在确实对维多利亚晚期的英格兰银行产生了重要影响。重要的见证人是十分冷静的德·弗莱恩。他指出，她们的“到来遭到了非常不合理的反感”，并认为这种“渗透”（指女性进入男性主导的职场）在效果上“比我或者任何其他人想象中的更具深远影响”。德弗兰补充道：“实际上，这意味着所有旧式的悠闲工作方式的终结。将来如果一个主管不知道自己在办公室里有怎样的员工，甚至不知道雇用了多少员工，将是绝对不被接受的。实际上，这种加强管理早就应该进行了，大家应该也都清楚这一点。”[8]

在金融城经济日益繁荣的19世纪90年代中期，以1895年南非金矿股票的狂热投机为缩影，包括其引发的股票交易所名场面——“卡菲尔马戏团”①。至此，英格兰银行职员无论性别，实际上都不再过多关注那些出了名深奥的金银复本位制问题。早在1892年，布鲁塞尔曾就此问题举行了一次没有结果的国际会议，没有正式的英格兰银行代表参加。1895

① 卡菲尔马戏团（Kaffir Circus）是指当时南非各金矿股票（Kaffirs）在伦敦股票交易所轮番上涨。19世纪后半叶南非发现了大批金矿，引发了大规模黄金开采和淘金热潮。——译者注

年，奥斯卡·王尔德的《不可儿戏》首演。剧中普里斯（Prism）小姐警告塞西莉（Cecily）说“即使是金属问题，也有其戏剧性的一面”。同年，金银复本位制联盟再次发力，促使新成立的“金本位守卫协会”（Gold Standard Defence Association）发出请愿书。但是很少有英格兰银行人士为其署名。最终在 1897 年，争论或多或少地达到了最后的高潮。

从英格兰银行的角度看，争论有两方面背景。一方面是全球经济活动的增加意味着黄金临时的丰盈结束了，而丰盈本身源自兰德[①]新黄金流入的极大刺激。另一方面是 1897 年 7 月一支由沃尔科特参议员（Senator Wolcott）率领的美国“亲银”代表团访问伦敦，重提国际金银复本位制协议的旧事。无论是财政大臣迈克尔·希克斯·比奇爵士，还是总裁休·科林·史密斯（Hugh Colin Smith），都不愿在单一本位制信仰上做出任何根本性的让步。但在 7 月底，史密斯确实告知比奇爵士，在他们对话之后，英格兰银行“准备执行银行特许法案中允许的事项”。具体而言，“将其用于钞票发行的黄金储备中的 1/5 替换为白银”“这当然要在法国造币厂重新开放，允许白银自由铸币，并且白银的购买和销售价格令人满意的前提下进行”。大约 7 周后，在一次股东大会上，史密斯实际上向全世界公布了这一“1/5”的让步，结果立即引发了一场金融城风暴。知名商人银行家罗伯特·本森（Robert Benson）立刻卖出了他的银行股票，同样这么做的还有格莱斯顿未来的传记作者、自由党政治家约翰·莫利（John Morley）。汉密尔顿回忆道：“这一公告被视为‘老妇人’与金银复本位主义间轻浮的调情，其反响表明金融城世界对任何篡改我们货币体系的嫌疑都极度敏感。”《金融时报》宣称：“英格兰银行在这个年龄段与金银复本位主义调情是不合适的。”而伦敦清算银行委员会（Committee of London Clearing Bankers）几乎一致通过了谴责英格兰银行的决议。关于这一让步的原因至今仍不清楚。本森当时认为许多董事“对总裁的行为完全不知情”，认为总裁表现得像“一个码头管理员而非银行家”。但无论如何，风暴最终被证明只是小题大做。政府在 10 月明确表示全面拒绝金银复本位制的相关议程。[9]

那几年也是资金成本较低的时期。从 1894 年 2 月到 1896 年 9 月，英格兰银行利率只有 2%，这进一步减少了银行本已紧缩的收入。如何增加收入呢？显而易见的答案是扩大银行在郡级分行的业务。这些郡级分行

---

① 兰德（Rand）指南非兰德金矿区。该矿区是世界最大的金矿区，自 1866 年发现以来已持续大规模开采至今。——译者注

有几家直到如今都设在壮丽的建筑中，如哈德威克（Hardwick）设计的意大利风格的利兹分行。这些分行至少还可以在一定程度上弥补英格兰银行与合资股份银行之间日益庞大的资源及潜在影响力的不平衡。这一政策引发了预期中的不满情绪。1896 年 5 月，贝克特公司（Beckett & Co）的郡级银行家贝克特·法伯（Beckett Faber）在银行家中央协会（Central Association of Bankers）上宣称："我们不抱怨公平竞争，但这种竞争是由完全没有成本的免费资金所带来的。我们这些支付高利率的乡村银行如何能应对这样的竞争？我们的贷款被抢走；我们的票据不复存在；我们的活期账户被'招揽'而去……"法伯以一种阴沉的警告结束了他的讲话："是时候作出选择了，如果这一选择还未被作出的话。英格兰银行必须选择是为政府服务还是成为商业银行。它不能两者兼顾……"接下来大约一年时间里，英格兰银行确实偶尔递出了一些橄榄枝，在某个时候承诺法伯会指示其代理人不要"过度"与邻近银行竞争。从 1897 年 3 月起，分行的总负责人是欧内斯特·艾迪（Ernest Edye），他是英格兰银行历史上最有干劲的人物之一。他半自主地管理各分行，并在任期的前 7 年中取得了约 14.5 万英镑的年均利润，几乎是前 9 年的二倍。"我从各方听到英格兰银行的分行采取了侵略性的、令人恼火的政策"，1899 年 5 月一位消息灵通的伦敦票据经纪人告诉一位来访的乡村银行家："我猜他们对伦敦各银行的力量过于重视，不敢在这里采取类似的行动。"这可能是真的，但当时更根本的现实是，大型合资股份银行不仅因英格兰银行在各郡的竞争政策而感到恼火，而且由于自己的巨大规模以及在伦敦货币市场上的主导地位，自然而然地希望进一步彰显自己的权力。还有什么比黄金储备更好的工具来对付英格兰银行呢？那年夏天晚些时候，银行家中央协会和伦敦清算银行委员会都投票成立了相关委员会来研究这个问题。8 月，《银行家杂志》提出了合资股份银行自行保管其在英格兰银行的黄金储备的想法，但"只有相关银行可以提取""使这部分储备独立于英格兰银行不受控制的自由裁量权"。[10]

当年秋天爆发了布尔战争①。J. A. 霍布森②（J. A. Hobson）随后对战争原因作出了著名评价，称其为"国际金融力量运作的最清晰和最具戏剧性

① 布尔战争（Boer War）指 1899 年 10 月至 1902 年 5 月英国同荷兰移民后代布尔人为争夺南非领土和资源而进行的一场战争。最终英国在战争带来的巨大损失与国际舆论压力下，与布尔人签订和约。——译者注

② J. A. 霍布森（1858 —1940 年）是英国经济学家和政治思想家，著有《贫穷问题》《社会问题》《帝国主义研究》《自由主义的危机》《战后的民主》《从资本主义到社会主义》等。——译者注

的实例”。多年来，历史学家们试图找到以下三者之间的关联：伦敦作为世界唯一自由黄金市场、黄金储备状况不佳以及确保南非黄金的长期供应，尽管历史证据基础往往很薄弱。然而，即使没有确凿的证据，同时也承认（人们也应当承认）政府政策有一个重要的非经济维度，我们仍然难以否认南非就代表着黄金，而黄金已经成为伦敦金融中心的核心这一事实。当然，在 1899 年 10 月的紧张日子里，金融城坚定地支持战争，最终在市政厅举行了一场大规模集会，高声支持保守党政府的强硬立场。发表演讲的人包括现任总裁塞缪尔·格莱斯顿，他的前任 A. G. 桑德曼（A. G. Sandeman）和威廉·利德戴尔。桑德曼高呼：“伦敦和英国的商人非常不愿意因战争而动荡，但在当前情况下，在必要性显现时，他们团结一致。”他在一篇更为细致的演讲中遗憾地认为没有其他选择，并呼吁“仁慈的胜利”。

与此同时，关于黄金储备问题的讨论也持续了一段时间。直到 1900 年初，伦敦联合银行（Union Bank of London）的菲利克斯·舒斯特（Felix Schuster）作为银行界的主导人物出现，宣布在战争结束前不能系统地考虑这一问题。但这并没有阻止他在几个月后于银行家协会发表演讲时提出了一些更一般性的看法：

> 我们需要的是合作，而不是立法。虽然我们彼此竞争，但更加和谐地共同努力，实现一个共同目标是绝对必要的。这不仅是各银行间的需要，而且是我们与英格兰银行间的需要。我相信在每个国家，国家银行的董事会中都有其他各大股份制银行的代表。国家银行实际上是由那些在银行业有特殊经验的人管理或监督。但我几乎认为这种方式在我们这里是不可行的。我其实一点也不主张。这根本不是我的想法。但我认为可以设计一些方法，使英格兰银行不要过于疏远其他银行，而是定期与我们会面，告诉我们他们对形势的看法。我们也应不时讨论共同的政策，并和谐地行动，而不是像现在这样在黑暗中摸索，完全不知道英格兰银行的想法……[11]

简而言之，尽管舒斯特没有明说，但“贸易公司们”最终认可他和他的股份制银行同行们，将他们同样视为“头等公民”的时刻正在快速到来。

总体而言，战争的融资并没有增强英格兰银行的权威。总裁格莱斯顿在 1900 年 2 月建议希克斯·比奇，“增发统一公债而不是专门发行新的公债”是政府筹集资金支付南非战争费用的最佳方式。但伟大的国际金融家欧内斯特·卡塞尔爵士（Sir Ernest Cassel）也提出了建议，使得希克斯·比奇认为专门发行新公债会吸引更多公众。作为东印度贸易商奥吉尔维·吉兰德斯公司（Ogilvy, Gillanders & Co）的高级合伙人，同时也是威廉·尤尔特·格莱斯顿的堂兄，总裁格莱斯顿被一位著名票据经纪人描述为“非常固执己见”。他对卡塞尔爵士的建议反应不佳。他在 3 月初回应汉密尔顿的 3000 万英镑借款募资说明书草案时写道：“总之，我感到遗憾的是借款不是通过增发统一公债来筹集的。我更倾向于按面值发行有期限的 3% 年金，而不是以大幅折扣发行的 2.75% 年金……”在募资说明书刚刚发布时，希克斯·比奇不仅召见了格莱斯顿，还召集了伦敦金融城的顶级银行家们。格莱斯顿对此也并不满意。他对汉密尔顿说：“依我之见，他们的爱国情怀只关乎价格。只要价格足够吸引人，就不会有借款认购不足的风险。”实际上，这一笔“咔叽布”①借款大获成功，首席出纳 H. G. 博文（H. G. Bowen，梅的继任者）报告说：“每天晚上都有数十名职员工作到 10 点、11 点、12 点，甚至凌晨 1 点半。”如果格莱斯顿没有成功抵制财政部的建议，允许公债申购人向伦敦主要清算银行申购，而不仅仅是向英格兰银行申购，这项工作本会轻松些，尽管利润也会减少些。格莱斯顿说：“我希望不要推进这个建议。这没有必要，因此也是不合适的。请不要修改这段内容，并且不要理会其他银行家的建议。”[12]

在夏末进行的第二次战争借款筹集了近 1000 万英镑，但仍伴有一些不满。格莱斯顿再次向希克斯·比奇强烈推荐统一公债，声称：“这将比任何其他形式更受金融城和公众欢迎。”但财政大臣再次受到卡塞尔影响，不过这次选择了国库券。借款的筹集显然一开始与英格兰银行总裁无关，但值得注意的是这次的新借款中有一半以上是在美国预先认购的，这就可以吸引大量黄金流入伦敦，而此时英格兰银行的储备为七年来同期最低。财政部认为这种预先认购应在募资说明书中说明，但汉密尔顿指出：“英格兰银行对此持反对意见，并认为我们可以在所需金额申购完毕后立即关闭认购名单来解决问题。”结果，这一举措遭到了金融城的强烈批评。英格兰银行不仅被指控隐瞒重要信息，还因突然关闭认购名单而激怒了一些重要人物。“英格兰银行！”一位优秀的商人银行家私下抱怨道：“如果这家古老的机构不进行优化重组，它迟早会给我们带来麻烦。”

在战争的剩余时间里，情况顺利了许多。在 1901 年 4 月和 1902 年

---

① 咔叽布（Khaki）是制作军装的材料，在此处指代布尔战争借款。——译者注

4月终于发起了以统一公债为主体的两次借款，共筹集了超过8600万英镑。这两次借款都是彻底的国际行动，涉及由摩根领导的纽约财团和罗斯柴尔德领导的伦敦财团。英格兰银行则帮助安排具体事务，并且每次都自己认购了数百万英镑。[13] 即便如此，对于那些在金融城密切关注此事的人来说，前两次借款的情况已经浮出表面，英格兰银行现在需要提升自己的水平。

“整个英格兰银行始终给人的印象是富有、优质和持久。”珍妮特·霍加斯回忆道：“坐在墙厚达两英尺的安静上层房间里，面对一个无声的内院无事可做，只能像玩纸牌接龙一样摆弄银行钞票，了解钞票上的各种标记。像搭纸牌屋一样的堆叠它们，按数字顺序排列，按六十张一组数数，最后将它们的号码记录在由上等纸张制成的美丽账簿中，仿佛这些账簿要流传千古。这真是难以置信的令人舒缓放松。”然而对她来说，由于对英格兰银行墙外生活的多姿多彩有着特别强烈的憧憬，岁月静好感觉是双面的：

> 英格兰银行里到处都是18世纪甚至更早的老物件。门房的装束，拿着盖伊·福克斯提灯的“夜间巡逻队”（有一次我在一个夏天的星期六下午4点遇到他们，问他们为什么这样做，他们似乎并不知道原因，只知道这是一种古老的习俗）；在日落时分进来的守卫队，他们的哨兵驻扎在院子里；银行的猫，由于一位吝啬的总裁削减了“津贴”而数量减少；像堡垒一样的金库里装满了从洛斯伯里街护送过来的巨大金银条，这些金银条通过一个看起来应该有吊桥的拱门运进来；较为人性化的称重机，将轻的金币侧向吐出，让其余的金币稳稳地落入像称煤盘一样的铜器中。所有这些都是英国财富和稳定的显著证据，如此生动、历史悠久、令人放心，最终却是如此令人难以忍受的乏味。我曾希望一颗炸弹爆炸从而摧毁银行，这是唯一能让我离开的办法……

但德·弗莱恩并不抱有同样的看法，他对英格兰银行的历史传统感到毫无保留的自豪。1898年，他已经在几个办公室工作过（包括1881年在法院附近开设的分行），后来被调到首席出纳办公室并工作到1907年。他发现首席出纳办公室的慢节奏与票据办公室的“纷扰和混乱”形成了令人愉快的对比。“在那里，最重要的是将支票送到清算所，而且总有一小部分员工在寻找‘差额’。这些差额是由于我们必须以疯狂的速度进行记录而不可避免造成的。”他还发现首席出纳办公室的职能丰富多样。他的工作是每周为财政委员会（周三开会）和董事会（周四开会）整理所有必要的数据。对他而言这项工作就像“账本上的咒语”：

> 这些详细显示一周工作数据的账本最终成了我的责任。它们数量庞大，以至于我需要一个信使帮我搬运。它们在会议开始前几分钟被放在会客厅里总裁的椅子旁，会议结束后要由我立即移走。我还负责每天早晨给总裁和副总裁各送一本账本，说明前一天的交易情况。我在“账本”上工作了两年，因此还算认识了一些董事。这对大多数“老妇人”的后代来说是难得的机会。

在这两年里，德·弗莱恩在英格兰银行里“可能有些落后于时代”地引入了第一张图表，以使时任总裁更容易理解收益的含义。“随着时间的推移，图表的数量增加了不少。他把它们放在椅子旁边的一个特殊立式箱子里，我每天都能看到”。[14]

这家由总裁管理的机构，在1914年之前是否是后世所称的“中央银行”？显然至少在四个方面，答案是否定的：

> 第一，一个公共机构？尽管肩负着许多重要而广泛的责任，并且大多数时候都愿意承担，但是英格兰银行在第一次世界大战前仍然是一个部分公共、部分私人的机构，完全自主地任命其高级职位，基本上不对政府或议会负责。“英格兰银行正在试图服务两个主人”，1893年5月《金融新闻》（*Financial News*）在弗兰克·梅丑闻爆发前不久有力地指出：
>
> 其中一个主人是英格兰银行自己的股东，他们的红利取决于银行的贴现业务量，他们不喜欢看到自己的收益前景因公开市场的竞争而受损；另一个主人是基于英国信用的巨大利益，在金融城看来是以银行金库中的黄金数量为代表。董事们的政策，如其最近将最低官方利率降至3 %的壮举所示，简直就是班扬（Bunyon）寓言中两面派先生所采取的政策的生动诠释。他们想要抢夺一些目前流向其他渠道的业务，又不想鼓励外国客户提取黄金。像其他尝试中的类似做法一样，他们选择了折中的路线。这条路线可能无法实现任

何预期的目标……

这篇文章强烈措辞呼吁更明确地定义英格兰银行的具体性质。然而，实际上，在接下来的 20 年里，在这个方向上几乎没有任何动作。至于那段时间内英格兰银行的日常运作，约翰·皮彭杰（John Pippenger）的详细分析显示，尽管银行最终坚定地致力于维持黄金兑换，但继续盈利和支付红利的必要性也显著影响了政策。他解释说："英格兰银行像普通商业银行一样，在利率上升时减少储备以及储备与存款的比例。但在利率上升时降低比例，与同一时间名义收入增加时提高比例，意味着银行在同一经济周期中采取了相互矛盾的政策。"[15]

第二，关注国家整体经济？实际上，这似乎完全取决于英格兰银行本身在多大程度上优先考虑英国经济。确实，政府对此干预很少。1929 年，财政部和银行的重要人物奥托·内默耶爵士（Sir Otto Niemeyer）回忆道："在战前的日子里，改变英格兰银行利率就像给银行前门涂颜色一样，不被视为财政部的事务。"然而到 20 世纪初，英国工商业也开始出现引人注目的批评。1907 年，商会协会（Association of Chambers of Commerce）的年度会议上出现了一项提案，宣称"英格兰银行贴现率的持续和剧烈的波动对贸易和商业有害"。在提案人同意将"持续和剧烈"改为更圆滑的"频繁"后，该提案获得通过。同年晚些时候，该协会推动将国家的三名代表增选进英格兰银行董事会，以评估银行政策是否"有利于国家的福利以及贸易和商业的利益"。当然，英格兰银行并非为了保护其储备或避免麻烦而完全忽视了提高利率对国内的影响。实际上，有时"出于对国内贸易的关爱"[引用 R. S. 塞耶斯（R. S. Sayers）的话]，银行采取了比调整银行利率冲击更小的手段，如干预黄金市场以提高货币市场利率。尽管如此，在迄今为止对这一问题最全面的研究中，另一位历史学家迪特尔·齐格勒发现，无论是在微观还是宏观层面，都很少有这样的"关爱"证据。特别是他强调，银行方面缺乏以一种有益的逆周期方式使用利率的意愿。[16]

第三，掌控金融城？尽管利德戴尔在 1890 年有过风光时刻，但由于总裁更替频繁，英格兰银行在金融城其他地方未能施加强大的道义影响，或是形成后来所谓总裁通过挑眉动作来表达不满的那种权威。事实上，可以公平地说，此时金融城仍普遍认为英格兰银行以明显落后、过时的方式运作。这种看法很难激发出人们对银行的尊重。“非常糟糕的一天”，票据经纪人史密斯·圣奥宾（Smith St Aubyn）在1900年3月的工作日记中记录道：

绝对无法获得资金。我们不得不向英格兰银行申请11.5万英镑的贷款。他们说将提前收取5%的利息，因为他们希望市场偿还贷款。他们还拒绝贴现短期票据。这明显是总裁格莱斯顿试图从市场上榨取高额利润。由于这个人的行为，我们拿了1500万短期票据到S, P & S（史密斯、佩恩和史密斯公司），他们以4%的利率为我们贴现。

日记最后总结道：“格莱斯顿最好赶紧回到他的石油罐去，因为这只是他滥用公共资金的又一例证。”[17]

第四，与其他国家银行合作？“乍一看，英格兰银行是一个非常孤立的机构”，塞耶斯在他对1890年至1914年间《英格兰银行及其世界》（*The Bank and its world*）的权威概述中写道：“总裁或其他官员从未因公务访问过其他国家，而其他国家的来访者通常也只是礼节性访问。在极少情况下，会有用法语写的‘高帽’信件从法兰西银行寄来，但外语知识不被视为银行员工的必要能力。”塞耶斯坚持认为，这是一种“虚假”的表象。因为英格兰银行很清楚，影响其“黄金标准守护”的是“世界大事的潮流”。然而，正如他完全承认的，那个时代几乎没有1914年之后所特有的连续对话和频繁合作。1900年12月，副总裁可能写信给新任意大利银行总裁，表示祝贺并保证“英格兰银行将不遗余力”保持与意大利银行的良好关系。但实际上英格兰银行与这家银行以及其他国家银行的关系要疏远得多。偶尔会有例外。1898年，英格兰银行同意与法兰西银行合作，帮助陷入困境的德国银行，从而缓解柏林货币市场的压力。在1907年的困难时期，英格兰银行感谢法兰西银行的援助。但仅此而已。相反，在日常工作以及理论上，“通过银行系统的行动，英格兰银行会感知世界事务的潮流，并且在需要个人知识的情况下，董事们可以凭借他们广泛的商业关系回答总裁提出的任何问题”。[18]

人们不应夸大其词。尽管有以上四个否定答案，事实上1914年前的英格兰银行认为自己不仅仅是一个纯粹的商业组织，还是一个在全球和国家层面都非常特殊的机构。这种看法是相当合理的。1900 年 9 月，义和团运动（Boxer Rebellion）在中国肆虐，但银行乐观地想象着最终会恢复“和平与安宁”。一位出人意料坦率的董事向金融界透露着这种乐观：“英格兰银行将成为向这个古老社会（指中国）输送西方文明的桥梁，他们将享有为 2/3 的人类担当银行家的荣誉。虽然股息是他们非常感兴趣和满意的东西，但这些国家间的联系和服务更是大大增加了股东股份的价值。”[19]

没有人比约翰·梅纳德·凯恩斯（John Maynard Keynes，回顾性地将英格兰银行称为世界金融乐团的指挥）或当时的温斯顿·丘吉尔更能雄辩地表达那些看似不变的金本位标准的真理。1908 年 4 月，新任商务大臣（指丘吉尔）在曼彻斯特对他的选民发表讲话时，描绘了一个即将消失的旧世界，一个经济广泛开放且相互平衡的新世界，而仁慈的、无所不在的英格兰银行是其永恒跳动的心脏：

> 在国家之间的贸易中，几乎没有货币流通。大国之间买卖的货物不是用钱支付的，而是相互交换的。如果英国从美国或德国购买的商品超出了考虑我们自己生产之后所打算购买的数量，立刻就会引发运输黄金的需求。黄金会被运送来弥补这一差异。然后银行利率被提高，以防止黄金的流动。而银行利率的提高会立即纠正并阻止导致这种不平衡的贸易。（对！对！）
>
> 这是众所周知的国际贸易理论，每个人都知道，每个商人都知道。它微妙、自动、普遍和即时。从 1906 年 1 月（自由党在大选中取得压倒性胜利）到 1908 年，这种情况都是一样的，到了 2000 年也将如此。只要人们进行从一个国家到另一个国家的贸易，并且遵循国际间的贸易公约，你会发现自由贸易的差异几乎可以通过黄金的运输和银行利率的调整立即得到解决。

可惜的是，在 1914 年之前的这 25 年间，只有在极少数情况下，有记录能让我们看到英格兰银行的全面运作，以便我们概述情况并权衡摘录。我们最接近事实的途径，可能是经验丰富且备受尊敬的董事本杰明·巴克·格林（Benjamin Buck Greene）在 19 世纪 90 年代中期写给同事的信件。这些信件是在日本政府在甲午战争后向英格兰银行存入巨额赔款[①]的特定背景下写的。1895 年 11 月，格林写信给财政委员会和董事会的双料成员马克·科莱特（Mark Collet）：

> 无疑我们将失去大部分控制权，尽管控制权仍在我们手中。如果持续地尝试使用资金，但资金却无处可去。那么在资金离开国家之前，必须有人无息持有它。
>
> 美国再次运送黄金。如果美国继续采取同样的货币政策，其可能会发行更多的黄金债券。这些债券最终将遭遇相同的命运，因为他们必须支付利息。但因为他们负担得起，所以对他们来说并不重要。
>
> 汇丰银行[②]支付的另一笔 200 万英镑在市场上引起了短暂的波动。但现在看起来我们将再次拥有所谓的“宽松”。下个月将用国内通货回收黄金。

次年秋天，即 1896 年 9 月，在英格兰银行利率上调后的第二天，格林因身体虚弱无法亲自前往金融城。他从雷丁附近的家中写信给总裁桑德曼：

> 如果我们自 7 月 22 日以来失去的 550 万英镑黄金是被日本人取走并出口[③]，从而相应减少了他们的存款，那么事情就不那么重要，我们也没有必要采取行动。我们不知道这些黄金会在我们手中或在这个国家停留多久，因此似乎差不多是时候考虑在日本撤资情况下我们的处境问题了。
>
> 我们的总存款在 7 月 9 日当天为 5736.5 万英镑，
> 储备为 3238 万英镑，
> 比例为 56.9%。

---

① 指 1895 年清政府因甲午战争失败向日本赔款白银 2.3 亿余两。为支付该笔款项，清政府向英、德、俄、法等国借款，赔款与利息合计支付约 6.6 亿两。日本以赔款来源为西方借款为理由，诱使清政府同意以英镑形式支付赔款。日本随后利用该笔赔款建立“黄金汇兑本位”。有人认为在甲午战争之前日本就获得了英国的偏袒，并暗中付出了一系列承诺。——译者注

② 汇丰银行（Hongkong & Shanghai Bank）是甲午战争及前后多项清政府战争赔款的主要经办行。——译者注

③ 日本取走该部分黄金用于铸造日元金币，弥补此前《神奈川条约》《安田条约》不平等条款造成的黄金大规模外流。具体情况可参见《日本货币史概说》（［日］久光重平著，孟郁聪译，法律出版社 2023 年版）。——译者注

如果扣除日本的存款 1252.3 万英镑[①]并且其他账户保持不变，我们将剩下 4484.2 万英镑。将我们的储备减少同样数额至 1985.7 万英镑，则（储备金）比例为 44.1%。我认为在现有情况下，这是我们在采取行动之前应设定的最低目标……

由于我们还不知道这些属于日本的资金将如何处理，假定它随时可能直接或间接地被出口，我们应该赶紧制定政策。虽然你昨天的行动（提高银行利率）可能并不紧急，但鉴于我们还不知道当前的流失可能延续到何种程度，这样做是安全的。特别是考虑到我们的储备通常在 9 月 22 日后下降的情况下。当然，还可能会有其他变化需要考虑。自 8 月 19 日以来，法兰西银行已经损失了近 200 万英镑的黄金。

> 我不认为你目前的行动（提高银行利率）会干扰贴现需求（尽管外部市场可能会好转），除非你私下提高非公开利率。但这可能会被市场察觉。
>
> 关于你的问题，我认为目前从市场上吸纳廉价资金是没有用或不可取的，银行家们的资金太充裕了。他们在我们这里仍有大量余额，并且他们的现金比以前多得多……

桑德曼本人 3 个月后写给财政大臣希克斯·比奇的信为这一事件画上句号。桑德曼询问比奇“能否为我们获取一些关于目前日本政府对在我处存放的大额存款未来处置意图的相关信息”，并补充说“最近日本政府已提取了一定数量的黄金用于出口”。桑德曼注意到：“日本政府的行动是非常谨慎进行的。但如果提取越来越多且广为人知，可能很容易在货币市场上引起恐慌。”财政部回应了，但可能只是做出了部分回应。我们可以从桑德曼随后在 1897 年 1 月写给汉密尔顿的信中判断：“非常感谢你关于从大使馆获取日本意图具体信息的建议，但我担心现在再次提出这个问题不合适，因为我们已经拒绝偏离我们的‘传统’了。”[20]

如果这个“传统”指的是与客户的传统关系，那么还有一个更不可侵犯的传统，那就是总裁的轮换。时不时地就会有人提出设立常任总裁的想法，例如，汉密尔顿在巴林危机后不久就曾对利德戴尔提出。汉密尔

① 这时清政府甲午战争赔款占英格兰银行存款比例为 21.83%，占储备比例为 38.68%。前后还有两次鸦片战争、辛丑条约赔款等，以及鸦片贸易的收入，这些造成大量中国白银流向英国以及英格兰银行。此项注释与原文关系不大，更多为译者感慨。——译者注

顿记录道："总而言之，他说'不'。现在已经很难找到优秀的人来担任董事，如果剥夺了董事担任总裁的机会，剥夺了这项许多人梦寐以求的荣誉，那么你可能会更难找到优秀的人进入银行。"很难确定这是否是对银行管理层素质的公正评估。但通过约瑟夫·卡西斯（Youssef Cassis）的研究，我们至少可以对 1890 年至 1914 年董事会的性质作出一些概括。卡西斯发现商人（与商人银行家相比）仍占据近一半的职位；它仍然非常英格兰化和英国国教化；它仍有很强的世袭元素，伊夫林·哈伯德（Evelyn Hubbard）甚至明确表示他从父亲那里"继承"了董事职位；其政治几乎总是倾向保守党或自由统一党；最受欢迎的俱乐部是卡尔顿俱乐部，其次是雅典娜俱乐部；就整个社会而言，一些董事享有相当大的声望，包括居住在豪宅中的罗汉普顿（Roehampton）集团，但其他人例如酒商阿尔伯特·桑德曼（Albert Sandeman）则远非社会名流。

或许没有所谓的"典型"董事。但在《名利场》（*Vanity Fair*）19 世纪 90 年代中期对亨利·科斯莫·邦索尔（Henry Cosmo Bonsor）的简介中，董事的某种风格被体现出来。邦索尔于 1885 年当选为董事会成员，并任职到 1929 年：

> 他是伊顿公学的学生（曾参加足球队和赛艇队）、英格兰银行董事、萨里郡郡议员、伦敦城的中尉、萨里郡的治安官和副郡长。自 1885 年 12 月以来，他一直在下议院代表萨里东北部或温布尔登选区……他是东南铁路公司和沃特尼（Watney）有限公司的董事长，也是康布公司（Combe & Co，酿酒商）的合伙人。但他最出名的可能是盖伊医院受欢迎且精力充沛的财务主管……他是一个非常大胆的人，甚至穿棕色靴子、戴宽边帽，而且性格开朗、善良……尽管有这么多事务，他仍然有时间成为一个运动员。据说他对赛马有所了解，曾在蒙特卡罗露面，会偶尔打打桥牌。尽管约克郡荒原上的松鸡不喜欢他，但（他打下的）松鸡在盖伊医院的病房里却备受欢迎。总之，他是一个完全的好人。
>
> 他仍然像个男孩，身高超过 6 英尺（183 厘米）。虽然是共济会会员，但他是典型的鄙视白手套（指不运动、不劳动的人）的英国人。

对总裁们的职业分类是具有启示性的，因为这反过来影响了财政委员会的组成。在 1890 年至 1914 年的 12 位总裁中除一两位例外，其他都来自“商业”公司，且很少明显具备银行专业知识。据说其中一位爱德华时代①的总裁在英格兰银行的房间里接待过带着样品的旅行推销商。而在 1902 年 10 月，当时的总裁是日渐衰微的商行莫里斯 – 普雷沃斯特公司（Morris, Prevost & Co）的奥古斯都·普雷沃斯特（Augustus Prevost）。他的副手和继任者是来自仓储商 I & R 莫利（I & R Morley）的塞缪尔·莫利（Samuel Morley）。莫利或许是其中一位可被称为商人银行家的总裁，但很难定论。“这些总裁是迷人的家伙”，赫伯特·吉布斯（Herbert Gibbs）写信给他的父亲奥尔德纳姆勋爵（Lord Aldenham，即以前的亨利·哈克斯·吉布斯，当时已不再是董事），“我会毫不怀疑地让他们负责烤栗子生意②，但这个世界商业中心的中心有一套与众不同的规则”。[21]

综上所述，到 20 世纪初，英格兰银行可能也幸运地出现了一批高素质的职员。毫无疑问，戈登·奈恩（Gordon Nairne）是其中的典范。他生于 1861 年，最初在苏格兰国家银行的柯库布里（Kirkcudbright）分行工作，1880 年在汤姆森·汉基的提名下进入英格兰银行工作。他迅速晋升，于 1902 年成为首席出纳。此时该职位已被公认为高于首席会计。从成为首席出纳起到第一次世界大战爆发，以 1914 年 6 月被封为爵士为顶峰，他几乎每年都是银行中最重要的人物，除了个别的总裁或副总裁。他因注重细节、对下属的密切监督和严格的纪律作风而闻名。正如塞耶斯所说：“他不是那种会支持他不认可的创新的人。”在战争前不久，当银行试验性地尝试招聘大学毕业生作为永久员工时，似乎是奈恩阻止了这一举措的深入推进，因为他对不符合银行标准的潦草书写感到不满。[22] 换句话说，在英格兰银行或更广泛的金融城中，一个人不会因为表现出自己的才智就得到额外的好处或优势，而且这种情况在很长一段时间内都不太可能改变。

布尔战争后第一个完整的和平年份，同时是英格兰银行里安装电话的第一年，发生了两个重要事件。1903 年 5 月，针对德兰士瓦③（Transvaal）的 3000 万英镑贷款引发了混乱场面。在英格兰银行发布募资

---

① 指爱德华七世在位时期（1901 年至 1910 年）。——译者注

② 意在讽刺当时的总裁们只适合做些小生意。——译者注

③ 德兰士瓦是布尔战争中与英国对抗的两个布尔人政权之一（另一为奥兰治自由邦）。布尔战争后德兰士瓦臣服，于 1910 年并入南非联邦（后成为南非共和国）。——译者注

说明书的当天，从针线街街门口到巴塞洛缪巷（Bartholomew Lane）入口排起了四排的长队。贷款被超额认购。在首席出纳办公室工作的李·古迪尔（Lee Goodier）回忆说："在这项工作持续的10天内，我的工作时间总计超过了158小时。"

> 我们从5月7日星期四早上9点工作到午夜，直到5月18日星期一当天连续工作14个小时才结束。我们工作最长的一天是12日星期二，从早上9点开始一直工作到第二天早上5点50分，总共20小时50分钟。第二天的工作又从早上9点开始。星期三那天，我们决定早点结束工作，仅仅是因为员工的体力透支。我们不得不在桌子底下互相踢对方来保持清醒。在这种情况下，我们觉得犯严重错误的风险太大了。

大约6个月后的11月24日，未来的《柳林风声》（*The Wind in the Willows*）作者肯尼斯·格雷厄姆（Kenneth Grahame）遭遇了枪击。格雷厄姆1859年出生于一个律师家庭，于1878年加入英格兰银行，并于1898年成为秘书，是查布的继任者之一。德·弗莱恩记得他"受欢迎但疏远人群"。1903年的戏剧性事件在《金融时报》的次日报道中被描述道：

> 一名着装体面的中等身高、普通外貌男子，大约30岁，自称乔治·弗雷德里克·罗宾逊（George Frederick Robinson）。他进入银行，前往贴现办公室，要求见前总裁奥古斯都·普雷沃斯特。此人被带到图书馆，秘书格雷厄姆询问他的来意。
>
> 罗宾逊递交了一份看起来和卷轴一样的请愿书，要求格雷厄姆阅读，但后者表示没有时间。罗宾逊说："哦，那你是不愿意看我的请愿书了！"然后拿出一把手枪向格雷厄姆连开三枪，还一边跳舞一边摆出各种姿势。幸运的是，格雷厄姆离门很近，这才得以逃脱并锁上了门，将袭击者困在里面。
>
> 警察被招来，但如何抓住这个危险的闯入者成为一个难题。一名职员巧妙地建议用消防水龙头对付他。这个建议被迅速采纳。当门被小心地打开以便探入水龙头时，罗宾逊再次开了一枪，幸运的是没有击中任何人。一股高压水流立即将他击倒。很快他就被制服并戴上了手铐，尽管在争斗中房间受到了损坏。手枪被扔过书柜，

一把椅子也在混战中被打碎了……

报道总结道，“我们很高兴，格雷厄姆先生没有受伤”“他完全不明白为什么会遭到袭击。有人认为罗宾逊处于精神错乱状态，完全无法解释自己的行为，尽管一些迹象表明他曾表达过无政府主义思想”。

不到5年后的1908年6月，格雷厄姆突然离开了英格兰银行。他的辞职信提到了“持续的压力”和“大脑和神经的恶化”，但银行的医疗官在检查后几乎找不到支持性证据，因此他只获得了每年400英镑的退休金。他为什么决定离开？有证据表明他与一名董事发生了冲突，最终格雷厄姆斥责说“你不是个绅士”。如果确实如此，那么这位董事很可能是臭名昭著的恶霸沃尔特·坎利夫（Walter Cunliffe）。无论如何，离开针线街4个月后，瑞缇①（Ratty）等人的冒险故事展现在世人面前，格雷厄姆因此成为文学界的不朽人物。[23]

他在银行工作期间已经出版了《黄金时代》（*The Golden Age*）。这是一本关于童年的回忆录，据说是凯撒②最喜欢的书之一。而在20世纪00年代中期，他几乎没有从黄金储备问题中获得喘息的机会。1904年2月，自1895年以来一直担任银行董事的坦率商人阿尔弗雷德·科尔（Alfred Cole）在银行家学会对与会者表示，为了增加国家的黄金储备，各银行“必须同意除临时收回贷款之外，必须在英格兰银行永久保留更多余额”。大约两年后，新任自由党财政大臣H. 阿斯奎斯（H. Asquith）③短暂地考虑过成立一个基础广泛的皇家委员会来审查整个问题。“我确实与两三个金融城人士谈过黄金调查的问题”，他告诉汉密尔顿：“我不知道还有什么其他方法能获得有价值的独立意见。事实上，这些人，包括银行董事在内，彼此间的嫉妒如同大教堂镇上的一群老姑娘。”1906年晚些时候，在7月的丽思（Ritz）酒店举行的一次大型金融城晚宴上，戈申子爵（Viscount Goschen）发表了主题演讲。在成为政治家的半个世纪之前，他就加入了董事会。在这一段经典的资深政治家讲话中，他清楚地概述了现有选项：

---

① 瑞缇是前述童话小说《柳林风声》的主人公之一水老鼠（Water rat）的名字。——译者注

② 结合上下文应指同时代的德意志帝国皇帝威廉二世。——译者注

③ H. 阿斯奎斯即赫伯特·亨利·阿斯奎斯，又称牛津伯爵。1908—1916年任英国首相。1905—1908年任英国财政大臣。——译者注

> 银行家们应该自己持有更多储备。英格兰银行应该持有更多黄金（对！对！）。我看到大多数人倾向于让英格兰银行的股东承担增加的成本。好吧，这就是问题。我不争论。晚饭后我永远都不会争论。但我想提出一些替代方案。在场的有英格兰银行或者银行家们，然后还有政府。也许在这里会有更广泛的一致意见，因为现在英格兰银行代表可以与银行家代表一起表示，应该由政府承担增加的成本。嗯，先生们，这些都是难题。但我确实认为，伦敦金融城应该值得，这个对国家金融负责的伟大社区值得，如果他们能够同意采取某种计划，或许通过相互成就、相互妥协，通过明智的建议，他们可能会找到某种方法来解决目前的状况。

“这具有重大意义，”《金融新闻》在其报道中指出，“当他谈到合资股份银行在这方面可能的责任时，主要由银行家组成的听众中出现了死一般的寂静。当他建议英格兰银行作为另一个可能的受损者时，响起了热烈的掌声。而当提到政府作为最后的解决者时，则爆发了热烈的欢呼”。

巧的是，接下来的一年半时间里发生的一些事件，包括一场较小危机和一场较严峻的危机，使得这一问题更加突出。1906 年秋天，纽约投机热潮和伦敦黄金流向美国日益令人担忧，导致了一场小危机。当银行利率从 4% 提高到 5% 后，《金融时报》在 10 月 19 日星期五注意到：“当然，针线街已经进入了外国黄金需求最强烈的季节，而下探至 1900 万英镑下方的储备使市场对任何可能的进一步提款传闻都非常敏感。”当天晚些时候，利率提高到 6%，这是由于埃及棉花大丰收导致对黄金的巨大需求。最终，危险过去了。但在 1907 年 1 月，作为当时伟大的合资股份银行家之一舒斯特的新兴竞争对手，来自“伦敦城—米德兰银行”（London City and Midland Bank）的好斗的爱德华·霍尔顿（Edward Holden）提出了一个复杂的计划，即由合资股份银行自己创设一个黄金储备。《经济学人》对此计划进行了严厉谴责：“合资股份银行一方面毫不犹豫地要求英格兰银行和公众为他们而牺牲，一方面又称他们自己的利润是神圣而不可侵犯的。”银行家们自己也远未达成一致。不久之后，伦敦合资股份银行的查尔斯·高（Charles Gow）表达了对现行安排的满意：“英格兰银行是我们系统中唯一的实物黄金储备持有者。也就是说，在需要时可以提取储备，并且可以通过银行利率影响汇率的行为来补充储备。”[24]

真正的危机出现在当年秋天。同样又是在美国非理性繁荣的背景下，10 月 22 日重要的尼克伯克（Knickerbocker）信托公司倒闭，几近引发了伦敦的恐慌。28 日起从伦敦流向美国的黄金严重加剧了这种情况。银行利率在 31 日从 4.5% 提高到 5.5%，但黄金流失依旧持续。然后在 11 月 4 日星期一，总裁威廉·坎贝尔走进银行，在检查数据后做了两件事：首先，他完全出于自己的意愿，将利率提高到 6%。这一“总裁的加息”让新任董事、马克·科莱特的孙子蒙塔古·诺曼印象深刻。其次，他请来了伦敦罗斯柴尔德家族的负责人纳蒂·罗斯柴尔德，要求通过巴黎的罗斯柴尔德家族从法兰西银行获得一大笔黄金。随着储备危险地降到 2000 万英镑以下，这一行动在星期二得到了实施。然而，随着纽约大规模的黄金提款继续，坎贝尔和他的同事们在 7 日星期四别无选择，只能将银行利率提高到 7%，这是自 1873 年以来的最高水平。不久之后，美国当局终于通过发行国库券控制了局势。在接下来的一年里，随着危机最严重的阶段过去，黄金流入伦敦。美国参议院的国家货币委员会随后询问英格兰银行：“提高银行利率是否总是能吸引黄金并改变汇率走向？”银行令人放心地回答：“经验似乎证明，只要将银行利率提高到足够高的水平，黄金必然会被吸引过来，前提是较高的利率保持有效性。”或者用当时货币市场的说法：“7% 的利率都能够从月亮上吸来黄金。”[25]

在危机这个永恒的问题上，尽管这段时间警报频频，但在接下来的几年里并没有什么大事发生。其间包括咖啡商人雷金纳德·约翰斯顿（Reginald Johnston）谨慎的总裁任期。他的孙子不是未来的总裁，而是一位著名的板球评论员。从 1911 年春天开始，他的继任者是一个更具影响力的人物——阿尔弗雷德·科尔。科尔决心打破黄金储备的僵局，看来银行家们也有同样的意愿。那年夏天似乎突然迎来了转机。7 月 21 日，在一段极其炎热天气中的某个最热日子，科尔在市长宴会上说：

> 各银行与中央机构之间没有利益冲突，我非常满意伦敦清算银行家代表们一致提出的建议，这将使英格兰银行总裁与清算银行的个人关系更加直接。决议是，伦敦清算银行的代表应在英格兰银行举行季度会议……

时机刚刚好，而事情开始迅速发展。科尔随后向董事会报告了如下事件：

> 7 月 22 日星期六，我在乡下收到了一封来自首席出纳的电报（科尔的乡间住所是位于纽伯里的西伍德海别墅），称爱德华·霍

> 尔顿爵士已经到银行去了，因为他希望与我讨论一些重要事务。当他听说我不在时，提出要开车来看我。我通过电报回复说，我可以在第二天即23日星期日的任何时间见他。但我的电报未能在星期六及时送到他那里。我安排星期一早上在银行见他。然后他告诉我，依他的看法，约克郡便士银行（Yorkshire Penny Bank）的情况很严重……霍尔顿爵士告诉我，他已经与伦敦—史密斯联合银行（Union of London and Smiths Bank）及国民郡级银行（National Provincial Bank）的主席进行了沟通。他还准备了一项计划，即如果那些银行家同意筹集200万英镑的资金，以确保约克郡便士银行在重组的基础上安全运行，那么约克郡便士银行的业务将由一群银行家接管。他要求我作为英格兰银行的总裁协助他筹集资本。

周一，在科尔、霍尔顿和舒斯特等人参加的一次银行会议上，大家"决定按照爱德华·霍尔顿爵士的方案进行"。在接下来的一周内，科尔和霍尔顿"日以继夜"地工作，以防止一场"会把整个约克郡和很大一部分兰开夏郡化为灰烬"的"灾难"。这是霍尔顿给财政大臣大卫·劳埃德·乔治（David Lloyd George）的报告中的话。最终，科尔和霍尔顿的共同努力成功拯救了便士银行，几家主要合资股份银行注入了200万英镑的运营资本，英格兰银行则牵头成立了一个100万英镑的担保基金。[26]总的来说，霍尔顿、舒斯特等人似乎终于成为公认的金融城精英，尤其是得到了英格兰银行的认可。

这种新的友好氛围只持续到1913年。当年2月，在任期结束前不久，科尔最后一次主持了英格兰银行与主要合资股份银行家之间的组建不久的季度会议。他在会上援引支持性统计数据，辩称虽然英格兰银行在维持现金与负债的合理比例方面作出了努力，但银行家们并没有效仿。会议结果是成立了一个新的清算银行家黄金储备委员会（CBGRC），由希克斯·比奇（即现在的阿尔德温勋爵）担任主席。到1914年1月，该委员会进展甚微。此时霍尔顿在年度股东大会上抛出了一个重磅消息：他的伦敦城—米德兰银行实质上将从此在自己的金库中增加黄金储备，而不再依赖英格兰银行。这一举动立即被广泛视为合资股份银行更大独立性的宣示。与此同时，舒斯特继续推进他加强中央储备的想法，试图建立一个二级黄金储备，由各家银行负债的一定比例组成，并由英格兰银行实际保管。因为他认为："如果我们各自都说要维持足够的黄金储备，那么我们就承担了本就不属于我们的社区责任，并且减轻了英格兰银行的责任。”在这个关键时刻，科尔的继任者坎利夫（Cunliffe）未能说服观望中的董事会允许他参加 CBGRC。显然，董事们很清楚他的不坚定立场可能会造成的损害。无论如何，受冷落的银行家们现在走到了一起。当年夏天，舒斯特、霍尔顿和巴克莱银行的赫伯特·特里顿（Herbert Tritton）向 CBGRC 提交了他们的联合计划，即各银行将寻求议会的同意，批准将其负债的 5% 以黄金形式持有。特里顿在简短讲话中解释道：“我强烈反对提出任何立法要求，但在英格兰银行拒绝参与讨论和制定计划后，我得出结论，阻碍最小的路径是……不给英格兰银行留有任何自由裁量权或善意……”[27]

在 1914 年 7 月 22 日这一天，对外界漠不关心的英格兰银行继续进行着日常工作，就像对外界漠不关心的整个金融城一样。英格兰银行在针线街的 700 名左右官员和职员中，绝大多数继续在首席出纳或首席会计的管理下工作。前者包括私人提款办公室的 90 人，票据办公室的 50 人，公共提款办公室的 27 人，股息支付办公室的 27 人，证券办公室的 18 人，发行办公室的 15 人，以及 10 位出纳员；后者包括股息办公室的 57 人，统一公债办公室的 45 人，钞票办公室的 32 人，殖民地与公司股票办公室的 31 人，银行股票办公室的 28 人……有时工作繁重，但多数情况并非如此。1910 年《金融家》对公债转让办公室的描述为我们提供了一个战前银行的最后一瞥：

> 每个“高台”上都坐着两位神情严肃的绅士，看起来非常像在监督一大群学生的学校老师。实际上，他们的工作正是如此，因为他们的唯一任务似乎是确保员工没有在玩牌、“井字游戏”或“盲人摸象”，而是在检查和录入账簿中的转账记录。漫长的 10 点到 4 点之间的时间一定非常难熬！但是在 3:55，主管和职员们一样非常忙碌，因为他们开始匆忙准备离开。时间表如下：3:55，刷外套；3:57，刷帽子；3:59，戴上手套；4 点，戴上帽子；大家一齐离开。[28]

在 1911 —1912 年的冬天，英格兰银行时任总裁和两位董事前往“帝国防卫委员会”作证。该委员会正在调查如果英德开战，将对金融和商业带来何种后果。第一位董事是活力充沛的商人银行弗雷德里克 – 赫思公司（Frederick Huth & Co）的弗雷德里克·赫思·杰克逊（Frederick Huth

Jackson）。他坚称："即使仅仅暂停黄金出口 24 小时也可能危及我们作为世界主要银行家的地位。"他大体上认为，只要伦敦能挺过战争的最初几天，一切都会好转，因为通过提高银行利率，它可以从世界各地吸引黄金。另一位董事是里维斯托克勋爵，他是 1890 年事件（指巴林危机）主要责任人的儿子，现在是起死回生的巴林银行的负责人。他预测："宣战会引发大的混乱，导致大部分甚至所有承兑行的破产，而唯一的补救方法是暂停兑付。"随后发生了以下对话：

> 您所说的暂停兑付，指的不是英格兰银行的范围内，而是指私人和本国银行之间的暂停兑付，对吗？——当然，任何暂停兑付都不可能影响英格兰银行。英格兰银行实际上是整个大英帝国信用的源泉。

当时的总裁是科尔，他和赫思·杰克逊一样强烈反对在战时禁止黄金出口的想法，因为"黄金自由市场"比其他任何因素更能使伦敦成为"国际银行中心"。在乐观地宣称"即使最坏的情况发生，整个城市也不会遭遇重大金融灾难"之后，他以一些令人安心的言辞结束了讲话，强调在捍卫金本位方面，"根据每一刻不断变化的情况调整贴现率"的机制"在过去从未失效过"，并且"只要我们掌握海上主导权，就几乎可以在任何情况下依赖它"。[29]

1914 年夏天，这一切都真实上演了。"大致的感觉是欧洲大陆不会爆发战争，但这并不确定"，另一位银行董事兼商人银行安东尼·吉布斯（Antony Gibbs）的合伙人布莱恩·科卡恩（Brien Cokayne）在 7 月 27 日星期一写信给一位记者，当时塞尔维亚刚刚拒绝了奥地利的最后通牒。但整个城市现在明显开始变得非常紧张，特别是由于合资股份银行的行为。他们不但惊慌失措地从贴现行和证券交易所收回贷款，而且开始大量从英格兰银行撤回黄金。之后他们会发现很难为这种行为辩护。至于英格兰银行本身，在那周的前半段（包括周二下午奥地利正式宣战时），它尽力为货币市场提供流动性。纳蒂·罗斯柴尔德在 7 月 29 日星期三有些勉强承认，英格兰银行一直在"根据从纽约运来的黄金发放贷款，这是他们长时间以来做过的最明智的事情"。同一天，财政部代表团前往英格兰银行会见坎利夫、科尔和三位资深商人银行家。"总裁的意见，得到了在场其他董事的确认"，财政部常务秘书约翰·布拉德伯里爵士（Sir John Bradbury）写道："即英格兰银行处于非常强势的地位，采取任何特别措施都是不必要的，实际上甚至是有害的，因为这会引起人们的担忧。”他补充道：“英格兰银行掌控着局势。总裁最好不要去拜访财政大臣，以免引发令人惊恐的推测。”简而言之，要保持稳定。或者正如另一位财政部官员巴兹尔·布莱克特（Basil Blackett）在日记中所写的：“英格兰银行传递的讯息是，一切都很稳定。不过作为预防措施，第二天银行利率将提高到 4%。”[30]

于是，7 月 30 日星期四这一天，伦敦金融城内部的严重不安变成了明确的对金融危机的认知。这种认知也开始更广泛地传播。“这真是非常糟糕的一天”，票据经纪公司史密斯·圣奥宾记录道：“人们真的开始变得惊慌，纷纷涌向英格兰银行兑换黄金。”他们确实这样做了，合资股份银行在此过程中的帮助并不明显（但也许可以理解）。劳埃德银行的总经理亨利·贝尔（Henry Bell）告诉著名金融记者乔治·佩什爵士（Sir George Paish）：“所有银行都出现了挤兑现象，客户要求提取黄金，但我们只能以纸币支付，并告诉他们去英格兰银行兑换。”佩什记录道：“听到这个消息，我急忙赶到英格兰银行，发现那里排着长队等待兑现纸币。他们挤满了银行的发行部门，四排队伍穿过庭院，沿着针线街，一直延伸到王子街的一半。成百上千的人耐心等待，想看看他们的钱是否还安全。”[31]

在英格兰银行内部，现在主要由沃尔特·坎利夫负责，他自上一年起担任总裁，并自 1895 年起担任董事。他与两位兄弟创办了坎利夫兄弟（Cunliffe Bros）公司，主要从事票据承兑业务。这位留着海象胡须的大个子，曾被问到如何知道应该批准哪些票据。他作为一个真正的金融城人回答道：“我能嗅到它们。”他粗鲁、傲慢、霸道，绝不是一个最受欢迎的人。1908 年，英格兰银行董事、摩根－格伦费尔公司的合伙人 E. C.“泰迪”格伦费尔（E. C. ‘Teddy’ Grenfell）曾评价道：“与坎利夫先生待上一小会儿，都能让我一整年都感到厌烦。”坎利夫在 1912 年 10 月担任副总裁期间从英格兰银行寄给肯辛顿宫①的一封简短而唐突的信，也透露出这种感觉。信中只有一句话：“如果您方便的话，请归还我四月份寄给您的银器目录。”然而，尽管格伦费尔天生厌恶坎利夫，但他也承认坎利夫有积极的一面。坎利夫对银行业务、票据经纪、证券交易、承兑等方面有着深刻理解。尽管他不是所有领域中最伟大的专家，但他能将这些金融领域知识独特地结合在一起。此外，他还有“惊人的体力，能够像少数年轻人

① 肯辛顿宫是英国皇室住处之一。——译者注

那样工作”。然而，他“没有公开演讲的天赋，总是找不到合适的词语，举止非常粗鲁，怀疑每一个与他意见不同的人都有着不可告人的动机”。当然，他似乎无法自我克制，“对同事、银行家和部长都非常粗鲁和唐突”。[32] 总而言之，这位总裁或许是也或许不是那个关键时刻的人，但他无疑对自己作为关键时刻之人的角色非常自信。

金融城最糟糕的两天即将到来。7 月 31 日星期五，随着奥地利对俄国战争动员，证券交易所无限期关闭直至另行通知，英格兰银行因内部和外部的压力而使黄金储备迅速流失，银行利率从 4% 翻倍至 8%。金融记者哈特利 · 威瑟斯（Hartley Withers）在 1915 年出版的《战争与伦巴第街》一书中将这一举措评价为：“对公众神经的极不合时宜的巨大冲击。”许多人之前从未听说过银行利率，现在意识到金融界发生了前所未有的可怕事件。同日，《泰晤士报》记者记录道：“英格兰银行的庭院和发行部门呈现出了一幅非凡的景象。”这一点得到了《金融时报》记者的确认，他发现“有 200 —250 人排着长队，无奈地等待着轮到他们来到那个神奇柜台的机会，那里现金（即金币）正以稳定的速度被分发”。

> 排队的人没有显露出任何惊慌。相反，这件事被当作一件幽默的插曲来看待……这种愉快的态度甚至蔓延到通常非常严肃的银行职员身上。他们被激发出前所未有的活力，与许多不知情的客户之间进行了一些愉快的打趣和玩笑。这些客户丝毫没意识到自己的处境，带着漫不经心和所有者的态度走进银行，却被不客气地引导到正确位置上排队。
>
> “黄金，黄金，黄金，黄金，
> 明亮而金黄；坚硬而冰冷。”
>
> 这无疑是人们所需要的。当一位穿着红色制服的官员讽刺地喊道：“银币！有人要银币吗？便宜的银币有很多。”随之而来的是一片死寂，许多人的脸上露出讥讽的笑容。不，没人想要便宜的银币，而珍贵黄金的流出仍在继续……

“我们压力非常大，”一位银行职员回忆道，“在发行部门柜台工作的所有同事都没有时间吃午餐。相反，我们只能靠从俱乐部送来的三明治和威士忌苏打水来充饥。”

那天下午，大多数人都不知道的是，坎利夫去财政部会见了劳埃德 · 乔治和他的高级官员。布莱克特记录道：“他对合资股份银行的行为感到非常愤怒，因为他们是在与英格兰银行对抗而不是合作。”他指责银行家们“造成了恐慌”，并呼吁财政大臣不仅要冻结“银行特许法案”，如果有必要还要发布冻结令暂停现金兑付。财政部对双重冻结表示犹豫，并决定先观察英格兰银行的黄金储备（已降至 1700 万英镑）在第二天会损失多少。如果损失达到 500 万英镑以上，就至少先冻结“银行特许法案”。至于更大的英国外交政策问题，坎利夫明确表达了英格兰银行和金融城的立场。劳埃德·乔治的密友里德尔勋爵（Lord Riddell）在当天的日记中记下："英格兰银行总裁眼含泪水对我说：'让我们置身事外。如果我们被卷入其中，我们都将破产！'"[33]

8 月 1 日星期六发生了众多事件，其中货币市场面临着前所未有的压力，清算银行仍然或多或少拒绝支付金币，比前一天更长的队伍从英格兰银行内部一直排到庭院。坎利夫再赴财政部，警告说英格兰银行的储备可能在当天结束时降至 1100 万英镑，并带回了一封允许在必要时冻结“银行特许法案”的“财政大臣信件”。银行利率再次上调 2 个百分点，达到传统的“危机利率”10%。最终，总裁成功让合资股份银行同意停止从贴现行收回贷款。坎利夫简直如鱼得水，充分展现了“那个好的坎利夫”。在财政部等待信件最终确定时的非正式时刻，布莱克特对他的描述恰如其分：

> 总裁一如既往的冷静，聊着银行事务，并提到了指挥警卫的军官。我问他是否拥有银行警卫，他说是。布拉德伯里［Bradbury，即财政部的约翰·布拉德伯里爵士（Sir John Bradbury）］笑称，几天后他就不需要警卫了（指银行的黄金储备可能要见底）。总裁的笑容与玩笑的趣味相得益彰。与我交谈时，他带着一丝笑意说，他今天早上运气不好，5 英镑纸币用完了。他的态度与我刚遇到的两位内阁成员的狂热兴奋形成了鲜明对比。
>
> 信件到手后，总裁回到银行，我则打电话给奈恩，说“总裁刚刚带着他想要的一切出发了”。这是他全天唯一一次告诉外人他拿到了那封决定性的信件，除了银行人称“波特酒人”的副总裁纽曼（R. L. Newman）（因为波特酒是他家的商业特产）。

然而，一位较年轻的董事记录了当天的重要事实。蒙塔古·诺曼在他简短的日记中平淡却意味深长地写道："德国 vs 俄国。"

那个星期六标志着理查德·罗伯茨（Richard Roberts）在他关于 1914

年金融危机的权威叙述中所称的“崩溃”阶段的结束。英格兰银行的表现如何？可以说，至少到那个周末为止，它的银行利率政策都是适得其反的。年轻的约翰·梅纳德·凯恩斯在一个多月后的回顾中指出，在“特殊情况下”，10% 的利率是最糟糕的选择，不仅未能吸引外国黄金，还严重削弱了信心。英格兰银行做得好的一点是为贴现行提供了流动性，从而间接地为各银行提供了支持。据罗伯茨计算，从 7 月 20 日起的两周内，英格兰银行的贴现和贷款总额几乎增加到 4 倍，从 1200 万英镑增至 4480 万英镑。《金融时报》7 月 31 日的货币市场报告指出：“英格兰银行在整个危机期间采取了出色的冷静政策，成为自由放款人。”罗伯茨总结说：“尽管与主要银行的关系恶化，但英格兰银行还是继续慷慨地为市场提供流动性，缓解了局势。”[34]

从银行的角度来看，8 月 2 日星期天是平静的一天，尽管没有人看到总裁在伦敦动物园放松。直到 8 月 3 日星期一清晨，当天恰巧是银行假日[①]，约有 150 名金融城的主要银行家和商人聚集在会议室，由坎利夫主持会议。尽管整个会议有着戏剧性的时刻——劳埃德银行的贝尔一度对总裁挥舞拳头，而且坎利夫本人也持怀疑态度，但会议还是同意银行再关闭 3 天，以便采取适当措施。这一请求被传达给劳埃德·乔治后，他同意了。劳埃德·乔治还安排实施汇票的冻结令，这立即缓解了商人银行的压力。问题解决后，当天的主要金融辩论是关于英格兰银行希望（被众银行支持）能够暂停现金兑付，即停止允许用纸币兑换黄金，以及冻结 1844 年法案。这时，31 岁的凯恩斯进行了决定性的干预。当时已在财政部地位稳固的他写信给劳埃德·乔治说：“很难看到这种极端和灾难性措施的合理性，因为它会损害我们作为自由黄金市场的声誉。”然而，所有这一切都被外交形势所掩盖。当天下午，在德国对比利时发出最后通牒并被拒绝的背景下，英国外交大臣格雷勋爵（Lord Grey）在下议院发表了历史性的声明，事实上承诺英国将采取军事行动。格伦费尔写信给前摩根合伙人时评论说：“战争似乎已经板上钉钉。”[35]

显然，凯恩斯说服了劳埃德·乔治。后者在 8 月 4 日星期二晚些时候出席了财政部一系列漫长“战争会议”的第一次会议，而银行仍处于关闭状态。出席会议的还有其他重要政治人物和“有代表性的银行家和商人”，包括坎利夫、纽曼和科尔。总裁参与了两次专题交流，首先是关

---

① 英国的银行假日往往指公共假日，但也有专门的银行假日（Bank day），分别为 5 月的春季银行假日和 8 月的夏季银行假日。——译者注

于银行利率的讨论。银行利率原定于星期五降至 6%，但在霍尔顿的坚持下，决定降至 5%。财政大臣问（合资股份银行家不在场时）："会不会有一两家银行试图利用这一点？"无情的里维斯托克解释道："也就是说，'跛脚鸭'[①]（lame duck）。"坎利夫断然回应："即使有'跛脚鸭'，我们也能泰然处之。我们必须帮助他们渡过难关。我们不能让任何一家银行倒闭，即使是全国最小的银行。"另一次专题交流或许涉及总裁在某种程度上回避的实际情况，是他与霍尔顿的一位未具名同事的对话：

> 一位银行家说："我明白，今天的一个难题是英格兰银行无法帮助我们，因为他们担心黄金储备会发生挤兑。这实际上是英格兰银行总裁需要考虑的问题，他是否愿意让前去兑换黄金的人们空手而归。"
>
> 总裁："并非如此。如果今天银行开门，我是能用黄金兑付的。"
>
> 银行家："我很高兴听到这个消息。"
>
> 总裁："如果你能看到财政大臣看过的银行账目，你就不会如此大惊小怪。"

换句话说，英格兰银行突然改变了策略。当然，坎利夫不想暂停现金兑付的愿望是诚挚且根深蒂固的。但与此同时，是否放弃金本位的问题已成为英格兰银行和银行家之间长期权力斗争的新象征。在劳埃德·乔治和财政部的支持下，总裁不会在这个时候低估自己的筹码。

当天晚上晚些时候，英国对德国的最后通牒已经到期。对于英格兰银行和整个金融城来说，8 月的炮火意味着未来生活再也不会和以前一样了。早在 1912 年 1 月，诺曼·安吉尔（Norman Angell）的那篇极具影响力的论著《大幻象》第六版刚刚出版，座无虚席的银行家协会聆听了作者关于"英格兰银行对国际关系的影响"主题报告。其核心论点是金融和商业现在如此紧密地交织，跨越所有国界，以至于国家间战争的代价必然如此之高，使得战争的前景难以想象。在讨论中一位发言者指出："很明显，诺曼·安吉尔先生几乎完全赢得了与会者的支持。"但最后，银行家协会会长兼英格兰银行董事赫思·杰克逊发出了警告："争取银行家们的支持很好，但这还不够。你需要争取全世界所有人民的支持。"他总结

---

① 跛脚鸭在此处指跟不上市场步伐，让英格兰银行政策作用受限的银行。——译者注

道："但是，先生们，请记住一件事，那就是在你得到全世界所有人民的支持之前，恐怕国际形势不会有任何改变。也就是说，战争仍然是可能爆发的。"[36] 两年半后，事实证明他的可怕预言是正确的。在焦虑的君主制（国家）、不安的群众以及民族主义的非理性包围下，即使是世界上最安全、最稳固的机构也无法免受侵害。

第九章　在精神上非常年轻

1　The best treatment remains L. S. Pressnell, 'Gold Reserves, Banking Reserves, and the Baring Crisis of 1890', in C. R. Whittlesey and J. S. G. Wilson (eds), Essays in Money and Banking in Honour of R. S. Sayers (1968).

2　Diaries of Sir Edward Hamilton (British Library), Add Ms, 48,654, 8 Jan 1891; G23/85, 22 Jan 1891; Times, 29 Jan 1891; Roger Fulford, Glyn's, 1753-1953 (1953), pp. 216-217; Hamilton, Add Mss, 48,655, 24 May 1891, 48,656, 19 Nov 1891; Welby Collection on Banking and Currency (LSE), Vol. VH, fos 374-397; Pressnell, p. 213; Hamilton, Add Ms, 48, 615A, 21 Dec 1891; Bankers' Magazine, March 1892, p. 378; RBS Archives GM/7, private letterbook containing copies of Bertram Wodehouse Currie's out-letters from Glyn, Mills, Currie & Co, January 1893; Marcello de Cecco, Money and Empire (Oxford, 1974), p. 95.

3　Sayers, Vol. 1, p. 17; Hamilton, Add Mss, 48,661, 11 Aug 1893, 48,615B, 19 Sept 1893, 23 Sept 1893.

4　For a reasonably full account, see OL, Summer/Autumn 1994, pp. 58-59 (Alison Cook).

5　Bankers' Magazine, Dec 1889, pp. 1490-1491; G4/116; G8/47, 8 Nov 1893; Harcourt Papers (Bodleian), Dep. 170, fo 55; FT, 10 Nov 1893; Hamilton, Add Ms, 58,661, 12 Nov 1893; Harcourt, Dep. 396, fos 76-78.

6　Investors' Review, Jan 1894, pp. 1-17; Daily Chronicle, 3 Jan 1894; Punch, 8 Jan 1894; Times, 8 Jan 1894; Harcourt, Dep. 170, fo 78; Hamilton, Add Ms, 48,662, 25 Jan 1894; G15/139; Bo Bramsen and Kathleen Wain, The Hambros (1979), pp. 334-335; OL, Summer/Autumn 1994, p. 59 (Alison Cook); Times, 16 March 1894.

7　de Fraine, pp. 81-83; Harcourt, Dep. 416, fos 85-86.

8　Acres, Vol. 2, pp. 560-561; E30/1, fo 45; OL, Dec 1936, pp. 306-308 (Mrs W. L. Courtney); de Fraine, pp. 121-122. See also: OL, March 2007, p. 11 (Hayley Whiting).

9　Oscar Wilde's Plays, Prose Writings, and Poems (1930 Everyman edn), p. 369; Bertram Wodehouse Currie, Recollections, Letters and Journals (Roehampton, 1901), pp. 104-108; Feavearyear, p. 331; C. A. E. Goodhart, The Business of Banking, 1891-1914 (Aldershot, 1986 edn), p. 106; Jehanne Wake, Kletnwort Benson (Oxford, 1997), pp. 201-202; Hamilton, Add Ms, 48,672, 16 Sept 1897; FT, 20 Sept 1897; RBS Archives PAB/1/3, Directors' meetings minute book of Parr's Banking Co & Alliance Bank Ltd, 23 September 1897; RBS Archives GM/180/22 File of correspond- ence from members of the Committee of the Gold Standard Defence Association, Sept 1897.

10　OL, March 1965, p. 25 (R. C. Balfour); Esther Madeleine Ogden, 'The Development of the Role of the Bank of England as a Lender of Last Resort, 1870-1914' (University of London PhD, 1988), pp. 376, 380-381; Gr5/39; HSBC Group Archives, UK M 0153-0062, Rowland Hughes' notes on National Provincial Bank: commission; Goodhart, p. 102; Bankers' Magazine, Aug 1899, pp. 148-151.

11　J. A. Hobson, Imperialism (1902), p. 359; Times, 17 Oct 1899; Bankers' Magazine, Feb 1900, p. 313; Journal of the Institute of Bankers, May 1900, pp. 258-259.

12　G23/87, fos 326-327; HSBC Group Archives, UK M 0153-0067-0002, Rowland Hughes' notes on discounts with brokers; NA, T168/87; Sayers, Vol. 1, p. 16; NA, T168/87.

13　G23/88, 23 July 1900; Jeremy Wormell, The Management of the National Debt of the United Kingdom, 1900-1932 (2000), p. 36; Hamilton, Add Ms, 2 Aug 1900; Wormell, p. 37; Papers of rst Viscount Milner (Bodleian), Dep. 177, fo 156, Wormell, p. 31; Sayers, Vol. 1, p. 17.

14　Janet E. Courtney, Recollected in Tranquillity (1926), pp. 155, 164-165; de Fraine, pp. 153-155.

15　Financial News, 6 Oct 1893; John Pippenger, 'Bank of England Operations, 1893-1913', in Michael D. Bordo and Anna J. Schwartz (eds), A Retrospective on the Classical Gold Standard, 1821-1931 (Chicago, 1984), p. 217.

16　NA, 1176/13; FT, 6 March 1907; Chamber of Commerce Journal, Oct 1907, supplement, pp. 11-13; R. S. Sayers, Bank of England Operations, 1890-1914 (1936), p. 69; Dieter Ziegler, Central Bank, Peripheral Industry (Leicester, 1990), pp. 88-95.

17　Records of Smith, St Aubyn & Co (LMA), Ms 14,894, Vol. 10, 27 March 1900.

18　Sayers, Vol. 1, pp. 8-9; G23/70, fos 157-158; Arthur I. Bloomfield, Monetary Policy under the International Gold Standard: 1880-1914 (New York, 1959), p. 57; Mare Flandreau, 'Central bank cooperation in historical perspective', Economic History Review, Nov 1997, pp. 757-793 Sayers, Vol. ERps0i.

19　Jonathan Schneer, London 1900 (New Haven, 1999), p. 71.

20　Economist, 3 Oct 2015; Peter Clarke, 'Churchill's Economic Ideas, 1900-1930', in Robert Blake and Wm Roger Louis (eds), Churchill (Oxford, 1993), p. 87; 13A84/7/19, 18 Nov 1895, 11 Sept 1896; G23/87, fos 167-169, 174-176.

21　Hamilton, Add Ms, 48,654, 8 Jan 1891; Youssef Cassis, City Bankers, 1890-1914 (Cambridge, 1994), pp. 87-89, 101-102, 259, 263-264; ADM30/3; G15/131, fo 56A; Clay, p. 272;

Records of Antony Gibbs & Sons (LMA), Ms 11,040, Vol. 4, 23 Oct 1902.

22 OL, Sept 1931, pp. 198-199 (Acres), March 1945, p. 2, June 1969, p. 96 (J. A. C. Osborne); Sayers, Vol. 2, pp. 609-610.

23 FT, 8 May 1903; OL, March 1936, p. 28 (L. Goodyear); de Fraine, p. 125; FT, 25 Nov 1903; OL, March 2007, pp. 121-113 (Lara Webb); FT, 3 March 1990 (John Keyworth).

24 OL, March 1984, p. 37 (Jeremy Boulton); Bankers' Magazine, July 1920, p. 43; Journal of the Institute of Bankers, March 1904, p. 154; Hamilton, Add Ms, 48,614, 25 May 1906; records of National Discount Company (LMA), Ms 18,211; Financial News, 12 July 1906; FT, 19 Oct 1906; Sayers, Vol. 1, p. 55; Economist, 19 Jan 1907; C40/314.

25 Sayers, Vol. 1, p. 59; Niall Ferguson, The World's Banker (1998), p. 928; FT, 8 Nov 1907; Sayers, Vol. 1, p. 59; Collin Brooks, Something in the City (1931), p. 62.

26 Bankers' Magazine, Sept 1911, p. 406; G4/134, 7 Sept 1911; Tessa Ogden, 'An analysis of Bank of England discount and advance behaviour, 1870-1914', in James Foreman-Peck (ed), New Perspectives on the Late Victorian Economy (Cambridge, 1990), p. 341; G4/134, 7 Sept 1911.

27 Records of London Chamber of Commerce (LMA), Ms 16,648, 7 May 1913; Times, 24 Jan 1914; LCC, Ms 16,648, 10 Feb 1914, 14 May 1914, 22 July 1914.

28 Clapham, Vol. 2, pp. 397-398; ADM30/17.

29 NA, CAB16/18A.

30 Gibbs, Ms 11,115, Vol. 2, 27 July 1914; Richard Roberts, Saving the City (Oxford, 2013), pp. 27, 36.

31 Smith St Aubyn, Ms 14,894, Vol. 24, 30 July 1914; Roberts, p. 48.

32 War Memoirs of David Lloyd George, Volume 1 (1933), p. 101; records of Morgan, Grenfell & Co (LMA), Ms 21,795, Vol. 14, 10 Nov 1908; G23/89, fo 102; Morgan, Grenfell, Ms 21,799, fo 122. See also: DBB, R. P. T. Davenport-Hines, 'Walter Cunliffe, rst Lord Cunliffe'.

33 Hartley Withers, War and Lombard Street (1915), pp. 10-11; Times, 1 Aug 1914; FT, 1 Aug 1914; OL, March 1939, p. 67 (C. Landon); Roberts, pp. 57-58, 95-96.

34 Roberts, pp. 58-62; Boyle, p. 97; Roberts, pp. 61, 51-52, 233.

35 Roberts, pp. 111-112; NA, T170-114; Morgan Grenfell, private letter books, no 12, 3 Aug 1914.

36 NA, T170/55; Roberts, pp. 123, 126; Journal of the Institute of Bankers, Feb 1912, pp. 50-83.

第三部分

1914—1946

第十章

吉卜林男人

“当我路过英格兰银行时，我遇到了亨迪（Hendy）和他的一位朋友。他们正打算去参观英格兰银行，所以邀请我一同前往。”一位年轻的澳大利亚人在 1914 年 8 月的最后一个星期五记录道：

> 我们进入称重室，每一枚曾在流通中的金币都会通过一台机器进行称重。轻的金币会掉到一边，而重量合适的则落到另一边。这些机器每分钟可以称重 60 枚金币，并且全天都有 100 多台机器在工作。一英镑（sovereign）和半英镑金币散落在地板上，工人们像走在尘土上一样在它们上面行走。银行向我们展示了一小桶满满的金币，并告诉我们如果能带走它们，它们就归我们了。但它们太重了，几乎无法搬动。
>
> 接着，我们参观了存储纸币和黄金的储藏室，黄金都装在帆布袋中，每个袋子里有 1000 英镑金币。它们都堆放得整整齐齐，以便能一目了然地数清金额。纸币则被捆成小捆，每捆大约 500 至 1000 张。我们还看到了地球上最富有的地方，一个约 2 英尺 6 英寸见方的小保险箱，里面存放着 1000 英镑面值的纸币，并且我们还得到了两捆，每捆有 500 张。因此在我生命中的半分钟里，我成了百万富翁。
>
> 在这次新奇的体验之后，我们非常幸运地获得特别许可，参观了金库。刚运来的金条被存放在这里，每根重约 80 磅，价值约 1700 英镑，都是纯金（24K），虽然体积小却非常沉重。这是一个很小的房间，墙壁很厚。金条被堆放在手推车上。目前这里存放的金条价值超过 400 万英镑。我从未期望能在如此小的空间里见到这么多财富。

这一切看起来似乎是永恒且令人安心的，但外面的世界大战已经爆发了将近 1 个月。事实上，在澳大利亚人访问的 10 天前即 8 月 18 日，银行秘书发布了一份有关银行警卫的通知："军方认为有必要使用不同的暗号代替目前的方式。从用脚踏两下开始，今后每晚都应使用不同的暗号。"[1]

在那个外部世界，1914 年的重大金融危机在 8 月 4 日宣战后的数天和数周内持续发酵。最关键的应对举措是劳埃德·乔治决定发行面值 1 英镑和 10 先令的国库纸币。在理查德·罗伯茨的描述中，这一决定不仅"使冻结'银行特许法案'的必要性变得可有可无"，而且"通过遏制可能的黄金外流，确保了金币的可兑换性"。为什么选择国库纸币而非英格兰银行纸币？因为这是不得已的选择，英格兰银行印刷部门已经在全力以赴地生产足够多的 5 英镑纸币，以便在 8 月 7 日星期五银行重新开门时使用。但银行难免对此感到遗憾。董事会随后很快表示，国库纸币发行应在时机成熟时由英格兰银行来进行。在战争初期那些紧张不安的日子里，另一个重要的举措是，财政部峰会于 8 月 5 日和 6 日继续召开，决定将周日针对汇票的冻结令延长为 1 个月的总体冻结令（最终延长至 3 个月），事实上为商业世界提供了保护，防止各家银行追回贷款。而各家银行则担心主要账户持有人可能会将存款转至英格兰银行。但坎利夫向他们保证，说他拒绝了一个 10 万英镑的账户，因为"我认为那不太合适"。[2]

金融危机的"遏制"阶段逐渐地过渡到了"复苏"阶段，最后在 1915 年 1 月证券交易所重新开放时结束。也许英格兰银行深入参与谋划对遏制危机起到了最为重要的作用，尤其是通过前总裁阿尔弗雷德·科尔的个人参与，恢复了贴现市场的活力并拯救了承兑行（即商人银行）。细节很复杂，但与前者相关的关键点是英格兰银行愿意在政府保证不亏损的情况下，放弃只购入"最优质"商业汇票的传统做法。相反，正如资深金融评论员 W-R- 劳森（W-R-Lawson）不久后所说："实际上英格兰银行将其标准从一流降低到了二流，甚至是三流汇票。"至于后者，即拯救那些在汇票到期时无力兑付的承兑行，英格兰银行可以用高于银行利率 2% 的利率放贷，并给出慷慨的承诺，即直到战后一年才寻求偿还。在危机早期，英格兰银行向政府预支了大量款项，到年底时约有 8300 万英镑。英格兰银行还在 11 月中旬首次发行的利率为 3.5% 的 3.5 亿英镑战争借款中发挥了重要作用。尽管坎利夫的票息更高的发行建议未被财政部认可，但事实证明他的判断是正确的。因为尽管政治和新闻宣传对战争借款的高接受度大加赞赏，但它实际上却失败了。战争借款比预想的少募集了 1.13 亿英镑。杰里米·沃梅尔（Jeremy Wormell）对这一失败的原因进行了仔细分析，除票息外还总结出了时机、结构以及定价上的错误。但不管怎样，坎利夫在这一关键时刻高瞻远瞩并果断行动，在英格兰银行已经认购4000万英镑的情况下，又秘密地申购了剩余的1.13亿英镑，并且像往常一样没有费心去询问同事们的意见。[3]

的确，在战争期间，总裁在自己的地盘上似乎表现得比平时更加霸道。从一位重要银行家、马丁银行的罗伯特·马丁·霍兰德（Robert Martin Holland）在8月19日写给他的信中就可以看出。马丁·霍兰德那天早上来到英格兰银行，向奈恩咨询即将发行的国库券的条件。“他（奈恩）把文件交给了你（指坎利夫）”，马丁·霍兰德写道：“你要求我前来，然后在戈登·奈恩爵士面前以一种就连主仆之间都不应该有的方式对我讲话。”随后的通信显示，坎利夫认为马丁·霍兰德试图诱使他“加入一些银行家的圈子，以迫使国库券的价格对政府不利”。但对于政府本身，特别是对财政大臣来说，坎利夫在战争的早期阶段是他们在金融城中必不可少的人物，特别是他能够强硬对付那些争吵不休的银行家们。劳埃德·乔治回忆说：“他那阴沉的、几乎乖戾的外表下隐藏着的幽默感，是那些艰难日子中的一种动力。”

> 他喜欢搞些小恶作剧，以减轻我们共同负担的沉重焦虑。他对我们发行1英镑国库纸币而不是英格兰银行纸币表达了深深的不满。他嘲笑我们发行的纸币在纸张质量和艺术性方面与他主持下的伟大英格兰银行清脆的5英镑纸币相比显得很低劣。我可以看到他那令人印象深刻的身影，迈着标志性的蹒跚步伐，在一个早晨走进了财政部会议室的大门。他脸上带着轻蔑的表情，含糊地打了个招呼就走到我的桌子前，庄严地打开了随身携带的文件夹，拿出一张破旧、脏污且几乎无法辨认的1英镑国库纸币。他说：“看看这个。它昨天就这样被送到了银行。我告诉过你这纸张质量不好。最好还是交给我们做。”他特意擦洗了这张纸币，让它变成这种破损状态，以此来取笑我。我告诉他我已经知道他对这张纸币做了什么，他笑了笑。他的态度对陌生人来说并不讨好，但当你了解他后，就会发现他是一个亲切、善良的人。我喜欢他，信任他的精明、常识和直觉。

“避免恐慌的最好办法就是像狮子一样面对形势”，坎利夫在战争爆发的第一天向财政部的布拉德伯里保证。大约3个月后，他获得了一项几位前任总裁都未获得的荣誉，更不用说他是在任时获得的了。11月初，唐宁街 10 号的阿斯奎斯在一次讨论战争借款问题的会议后，向一位密友吐露说："我喜欢这位总裁。他就像是一位具有农民个性的'约翰牛'①（John Bull），但非常精明且头脑清醒。当其他人走后，我告诉他（坎利夫），国王已经同意给他一个贵族头衔，我打算星期一在市政厅宣布此事。他一点也不激动，只是简单地说'嗯，我服从命令'。"[4]

战争期间，英格兰银行的整体氛围并不愉快和舒适。始终困扰人们的是如何保留足够数量的合格员工。1914 年 10 月，银行允许员工加入国家志愿预备队，"但前提是他们不需要签署任何入伍表格，该表格将使他们在未经银行同意的情况下可以被军事当局召唤服役"。次年 5 月，一项总裁命令指出，"许多员工勇敢地自愿参军，并且由于银行的国家职责增加，不可能再腾出更多人手"。自愿参军的趋势最终让位于征兵。随着战争的拖延，越来越多的退休人员返回岗位，越来越多的临时聘用也开始出现。同时，女性员工的招聘也大幅增加。随着男性赶赴前线，女性员工人数迅速超过了一千。战前，性别间有完全的物理隔离，但现在只剩下一个木制玻璃屏风将他们隔开。坎利夫对他看到的一些色彩鲜艳的服装感到不安，因此制定了一条新规则，规定员工只能穿深蓝色、黑色和深灰色的衣服。总体而言，到 1918 年，战争时期的士气似乎已经严重低落。4 月的一则通知谴责了"某些洗手间内盗窃卫生纸和肥皂的可耻行为"。10 月的另一则通知敦促节约用电："所有灯光将不定期地快速闪烁两次，以提醒人们熄灭那些不必要的灯光。"同年夏天，一个"代表委员会"不仅向总裁投诉工资未能跟上战争时期的通货膨胀，还警告说银行内部的整体情绪已是"极大的不安"。显然，这种失败源于缺乏人文关怀。"在这些黑暗的岁月里，领导层一直保持着可怕的沉默"，高级职员威尔弗雷德·布莱恩特（Wilfred Bryant）在战争结束后不久回忆道："我将永远遗憾的是，我们在战争爆发纪念日在洛斯伯里庭院齐唱国歌时，官方从未发表过任何共情、赞赏或鼓励的话语……遗憾的是，领导层似乎只把我们看作简单的机器。"他接着说道："我们的生活总是捉襟见肘。从来没有人关心我们的个人利益。周日值班的通知常常直到周六晚上才正式宣布……这些针刺般的小事却像刺骨一样痛。"[5]

① 约翰牛源于 1727 年的讽刺小说《约翰牛的生平》，是一个常用来代表典型英国人的绰号，尤其指那些具有传统英国价值观和特征的人。——译者注

在更高层次的金融领域，战争期间的英格兰银行或许面临着两大主要事实。第一，在国际金本位制全面崩溃的背景下，虽然英镑在原则上仍可兑换黄金，但实际上金本位制几乎被冻结，部分原因是极其困难的运输条件。第二，英格兰银行与财政部之间的权力平衡开始倾斜。布拉德伯里回忆说："我记得坎利夫勋爵在战争初期对我说过，战争期间的英格兰银行必须把自己视为财政部的一个部门。"在许多方面，包括新发行的批准，征用证券的权力，以及国库券成功取代银行利率成为短期利率的仲裁者，这一切都证明了权力向财政部转移的趋势。战时借款也是如此，虽然银行巧妙地在市场预热方面取得了一些成功，尤其是在1917年1月发行的巨额20亿英镑5%借款，但总体上仍被财政部所掩盖。甚至在美元汇率这一几乎持续存在问题的领域，也明显出现了这种趋势。当时，努力提供足够的美元供应对战争至关重要，因为用维克多·摩根（Victor Morgan）后来的话来说，"我们与盟友的整个庞大的食品、材料和军火采购计划，都取决于以合理汇价供应足够美元的能力"。尽管如此，英格兰银行确实在一个高度机密的领域作出了独特的贡献。事实上，这项工作如此机密，以至于坎利夫的继任者布莱恩·科卡恩在成为总裁后不久才得知其存在，即使他担任副总裁已有三年。向科卡恩透露此事的是海军情报局海军上将罗伯特·霍尔爵士（Admiral Sir Robert Hall）。根据科卡恩的记录，霍尔告诉他银行的印刷部门"长期以来一直在为海军部承担非常机密和重要的工作"。霍尔拒绝透露工作的确切性质，但新任总裁同意站在"国家和银行的立场"，让这项工作继续进行。大约四十年后，曾在战前三年成为印刷部门主管的赫伯特·德·弗莱恩透露了真相。本质上，这项工作是在高度安全的条件下伪造德国文件，并在每周日上午由专车送到霍尔本人手中。德·弗莱恩指出："最终霍尔告诉我们，我们的产品取得了令人满意的成功，尽管这些产品还需要经过他人的一些处理，使其不再显得'像刚从印刷机里出来的一样'。"[6]

对于坎利夫个人而言，只要他在唐宁街11号的亲密盟友（指财政大臣劳埃德·乔治）在位，战时的情况对他来说就是顺利的。1915年2月，他们在巴黎一起度过了和谐的一周，参加了一次关于盟国财务的重大会议。劳埃德·乔治回忆道："当谈到黄金转运问题时，法兰西银行的总裁非常流利地表达了自己的观点。我随后说：'英格兰银行总裁将阐述英国在此问题上的立场。'（坎利夫）慢慢起身，经过几次初步的酝酿后，他说：'我们不打算放弃我们的黄金'，然后又坐回座位。"财政大臣还记得总裁不愿陪他访问贝蒂讷[①]（Béthune）的情景，因为当时该地偶尔会遭到轰炸。“他说：我的一位前任在访问那慕尔的战壕时被打死了。他是去处理与国王有关的事务，所以伦敦金融城的人们会说：‘可怜的家伙！’但如果我在贝蒂讷被击中腹部，他们都会说：‘该死的傻瓜，他去那儿干什么？’”对坎利夫来说，最大的打击是1915年5月的政府改组。劳埃德·乔治的女仆在某个早晨打断了他的剃须，告诉他总裁在楼下等着见他。“我下楼了。这个老伙计笨拙地说：‘我听说他们想让你离开财政部。我们不能让你走！’然后他完全崩溃了，眼泪顺着脸颊流了下来”。不久后，坎利夫也同样恳求了阿斯奎斯，但无济于事。首相阿斯奎斯后来回忆道：“除了‘我们不想失去我们的人！不要把我们的人从我们身边带走！’之外，我什么也没从他那里得到。”

新任财政大臣是雷金纳德·麦肯纳（Reginald McKenna），他对自己的能力非常自信，不愿接受任何建议，并很快就与总裁坎利夫发生了矛盾。在坎利夫威胁辞职的背景下，阿斯奎斯在夏季试图进行调解。阿斯奎斯告诉麦肯纳，坎利夫“在过去一年中为我们提供了无价的服务”，尽管他“眼界有限且脾气不好”，但他的“深思熟虑的判断”仍然“值得重视”，而且他“非常正直”。坎利夫虽然留任，但和麦肯纳之间的关系却永久性地受到了损害。根据比弗布鲁克勋爵（Lord Beaverbrook）的回忆，麦肯纳会“经常敦促坎利夫为政府在美国提供更多资金”。对此，坎利夫总是回答说：“财政大臣先生，这是汇率问题，需要由我负责。”的确，当年秋天，坎利夫取得了一项重要胜利。他成功让新成立的伦敦外汇委员会不仅由他本人担任主席，还由英格兰银行直接管理。这个委员会是一个负责尽可能争取有利汇率并有权控制所有可用黄金和外汇的银行家联盟。到这个时候，坎利夫有了一位新副手科卡恩。科卡恩虽然不太引人注意，但比他那嗜酒的前任要高效得多。科卡恩从1916年1月开始聘用银行的一位董事（蒙塔古·诺曼）负责日常工作，而这位董事刚刚与自己的公司彻底断绝关系。坎利夫很快就因为在走廊上遇到诺曼大声说道：“又是那个留着姜黄色胡子的古怪家伙。你知道他是谁吗？我总是看到他像迷失的灵魂一样在这里徘徊，似乎没有更好的事可做。”

然而，正是诺曼在那个春天与新成立的纽约联邦储备银行总裁本杰明·斯特朗（Benjamin Strong）建立了特殊的友谊，而斯特朗访问伦敦的目的是建立更紧密的英美金融关系。斯特朗在旅行日记中记录了他与诺曼

---

① 贝蒂讷是法国北部靠近加来海峡的一个城市。——译者注

上司的首次会面："坎利夫勋爵给我留下了非常好的印象。他喜欢开玩笑，也喜欢逗趣。他开玩笑说我来的时候为什么没有提前通知他。"这位美国人随后解释了他关于在汇率问题上更密切合作的计划。他还小心翼翼地表示，尽管随着战争的推进纽约正在逐渐取代伦敦成为世界领先的国际金融中心，但他非常清楚纽约不应该逾规越矩。

> 我们（在联邦储备银行）意识到当前局势给英格兰银行带来了责任。可以说，英格兰银行是总部。我们的计划应当自然而然地考虑到伦敦的条件，顺应英格兰银行的要求。这不仅是出于礼节，也是为了我们的交易在未来能够更有效地与总部协调进行。

坎利夫对此作出了相当积极的回应。斯特朗回忆道："总的来说，我对他的态度非常满意。他表现得非常友好。"当斯特朗在回国前不久再次拜访时，坎利夫刚从巴黎回来。两人的再次会面也很愉快。斯特朗写道："他承认英格兰银行是一座陈旧博物馆，但他认为在必要时可以改变。而法兰西银行比英格兰银行更像一座博物馆，显然没有改变的能力或勇气。"在实际操作层面，最终的结果是英格兰银行和联邦储备银行之间达成了一项协议，包括互开账户、互相购买商业票据以及黄金的标记和运输。这是刚刚起步的央行合作故事中的一个标志性时刻，在很大程度上归功于斯特朗的个人倡议。[7]

1916 年的剩余时间里，英格兰银行和财政部之间的总体关系越来越紧张。失望的诺曼在 6 月反思道："尽管知道纽约威胁着我们，但与他们谈话简直就像对牛弹琴。"与此同时，坎利夫与麦肯纳的关系也降到了冰点。坎利夫在 8 月写信给阿斯奎斯，指责财政大臣试图推行可能"严重危及国家信用"的政策。坎利夫声称他得到了银行财政委员会的支持，但事实上到这个时候，他的几位高级同事已经对他的总裁职务（由于战争原因每年都会续任）感到越来越不耐烦。当年秋天，曾有人讨论过一次政变，但最终未能实现。前总裁米德尔顿·坎贝尔（Middleton Campbell，即威廉·坎贝尔）在 10 月 20 日写信给科卡恩："我觉得我们对他心存感激，因为他坚持工作，并在艰巨的任务中展示了他的能力。尽管他已不再是从前的他了。他变得易怒、刚愎自用。"坎贝尔补充说："当然，我们都对不再向财政委员会坦诚一切感到遗憾，但这是由于非常特殊的情况所致。"诺曼 4 天后在日记中记录了这一事件的直接结果，字里行间充满了深意：

> 财政委员会的大多数成员都同意让坎利夫勋爵再干一年，但作为条件他应当定期全面地披露银行事务以及他作为总裁的建议。这是他们作为财政委员会（根据长期惯例）应得的，也是从现在开始准备统一战线的必要条件，因为战后必定会进行调查，而且调查的主要目的将是用国家银行来取代（英格兰银行）。这样的银行（指国家银行）似乎是财政大臣麦肯纳、整个财政部、金融城里的抱怨者以及议会的忙碌分子们的脑海中的想法。

坎利夫在接下来的几周内坚持要求继续无条件任职，为此他与前任科尔之间几乎处于公开战争状态。但最终诺曼设法与坎利夫达成了某种协议。坎利夫不情愿地同意了一系列条件：今后财政委员会会议将有一名女性速记员参加，并提供完整的纪要；会议将更加频繁；所有当前事务都将纳入议程；委员会将“逐步引入年轻董事”；不久后“或许”会在董事会中引入来自银行家圈子的新董事。诺曼还记录了他作为调解人所得的回报，即坎利夫和科尔于 11 月 22 日正式握手言和。

不久之后，随着劳埃德·乔治接替阿斯奎斯成为战时联合政府的领导人，保守党领袖安德鲁·博纳·劳（Andrew Bonar Law）取代麦肯纳成为财政大臣。诺曼在 1917 年 1 月指出：“自博纳·劳担任财政大臣以来，英格兰银行与财政部之间的摩擦大大减少了。”[8] 然而大约 6 个月后，发生了一场高层之间的激烈冲突。这在英格兰银行和财政部的历史上是绝无仅有的。[9]

这场冲突的起因是坎利夫激烈反对财政部罗伯特·查尔默斯爵士（Sir Robert Chalmers）和约翰·梅纳德·凯恩斯对汇率问题的干涉。到 7 月初（战争的关键阶段），这场冲突演变为一种近乎疯狂的举动，即试图阻止政府查询储存在加拿大的英格兰银行黄金。总裁完全是擅自行动。博纳·劳对此异常愤怒。他告诉劳埃德·乔治，坎利夫发给加拿大政府的电报“是对英国政府的极大不尊重”“是对我的直接侮辱”。随后，曾经是总裁盟友的博纳·劳将坎利夫召到唐宁街 10 号，对他进行了严厉训斥，并威胁（根据坎利夫次日向财政委员会的报告）要“接管英格兰银行”。然后问题就变成了讨论坎利夫给财政大臣的书面道歉信的性质。这个讨论僵持了几乎一个月。科卡恩努力在这两个固执的人之间进行调解。总裁大部分时间都在苏格兰度假钓鱼，但科卡恩坦率地警告他说，除非放下架子并提出辞职，否则“局势将变得完全无法容忍”“势必会引发某种公众丑闻”。然而，对于坎利夫来说，这样的辞职无异于承认“我只是一个受财政大臣指挥的政府官员”。最终的道歉信于 8 月中旬发出。这封信由科卡恩起草，并被博纳·劳勉强接受。信中虽写道“为我所做的任何冒犯您的行为无条件道歉”，但显然未涉及辞职提议。之后不久，坎利夫回到伦敦。据巴林银行的加斯帕德·法勒（Gaspard Farrer）描述，他看上去“气色很好”，并承诺“会好好表现”。

然而，坎利夫作为总裁的日子已经屈指可数。董事塞西尔·拉伯克（Cecil Lubbock）在 9 月直言不讳地评价道：“他不再理智，如果他曾经理智过的话。”坎利夫的行为变得越来越不稳定，他的欺凌行为也变得越来越令人厌恶。最终在 11 月 8 日，董事会选举科卡恩和诺曼从次年春天起分别担任总裁和副总裁。这一决定是坎利夫无法接受的。他在 1917 年余下的时间里发起了一场徒劳的运动，试图说服银行家、媒体和财政部高级官员向博纳·劳施加压力，要求董事会推翻其投票结果。这场运动变成了对诺曼和银行其他人的系统性诋毁。诺曼本人记录了坎利夫在 1918 年初的最后挣扎。2 月，坎利夫在财政委员会上“表现得像个被宠坏的孩子”，显示出“明显的极端自大倾向”。次月，他在一次全体董事会会议上发表了一篇“歌颂银行家、阿谀媒体的长篇演讲”“但总裁和董事们事前并不知晓”，这引发了“非常激烈的反应”，甚至连科卡恩也对这种不友好的结局感到非常厌恶。诺曼的严厉描述与同为董事会成员的泰迪·格伦费尔完全一致。后者也参加了会议：“不得不同意，尽管坎利夫勋爵能力强、意志坚定，但他却是自私的，对同事和银行不忠诚。简而言之，他有严重的性格缺陷，根本算不上一个正直的人。”[10]

当然，坎利夫总裁任期最后阶段更惨烈的细节完全没有公开。然而，正如诺曼 1916 年 10 月的日记中已明确暗示的那样，人们开始谈论建立“国家银行”，这一概念在战争前几乎是难以想象的，而此时英格兰银行正感到自己处于围攻之中。《经济学人》在 1917 年 9 月强烈主张：“英格兰银行应该审视自己的位置，尽可能广泛地吸纳新成员加入董事会，并修改现行的将独裁权力赋予时任总裁的制度。”次月，由里维斯托克勋爵主持的内部委员会成立，负责审议“英格兰银行的方向和总体运作”。

议程之首是关于是否最终允许合资股份银行家进入董事会的棘手问题。当年秋天现任董事们提交的意见表明，他们对此看法不一。坎贝尔宣称，这将引发嫉妒。而副总裁科卡恩则坚定地认为：“只要我们的董事会中没有任何这些银行的直接代表，我们在与他们利益相关的问题上（例如向财政部提供建议）将更有分量。”另外，自 1912 年起担任施罗德商人银行（Schröders）董事的弗兰克·蒂阿克斯（Frank Tiarks）声称：“银行董事们责任重大，但多数人对许多重要事项知之甚少。因此我不反对来自其他银行的董事当选。”委员会内部也有分歧，最终可能是另一位商人银行家、来自拉扎德银行（Lazards）的罗伯特·金德斯利爵士（Sir Robert Kindersley）起到了决定性作用。金德斯利爵士身材高大、表情坚毅、眉毛浓密。其去世后《泰晤士报》的讣告中回忆他是“一个可以放心一起去猎虎的人”。他坚称：“合资股份制银行已经拥有了过多的权力。并且肩负如此重大责任的人自然会首先考虑自己银行的需求，因此不可能对整体局势作出公正无偏的判断。”里维斯托克的委员会最终决定不建议打破禁止清算银行家担任董事的传统原则，更不建议工业家担任董事。但它确实成功建议财政委员会在组成上更加年轻化，并通过自由的不记名投票每年选举产生。不过，问题在于合适的候选人并不总是当选。1918 年 3 月，随着坎利夫时代几乎无人反对的独裁统治似乎成为历史，诺曼写道：“包括 WMC（坎贝尔）在内，没有人比他更无用，更有偏见，更脱离现实。这表明我们的自由投票计划并无多少价值。”而在 4 月他又补充道：“LHH［莱昂内尔·亨利·汉伯里上校（Colonel Lionel Henry Hanbury）］被选入财政委员会……这是对资历的承认，而不是对智力的承认！LHH 也承认这一点，他并不希望当选。这表明民主，即董事会的自由投票，还是不够大胆，不足以提供最优秀的人选……”民主与银行的关系未来将是一项需要持续推进的工作。

里维斯托克报告的另一个重要方面是建议在英格兰银行设立一个类似于大型合资股份银行的“总经理”的职位，实际上作为员工与总裁之间的主要联系制度。1918 年 5 月，科卡恩接替坎利夫不久后，这一建议得以实施。能力出众的奈恩（自 1902 年起担任首席出纳）担任了新设立的“总审计师”一职，“负责管理银行的内部事务，协调现金、股票两个部门，并在总体上协助总裁”。科卡恩本人就任总裁后的首个重要时刻出现在同年 9 月。当时财政大臣试图说服他降低银行利率，这在 1914 年之前几乎是不可想象的。科卡恩拒绝了，并告知博纳·劳：“他‘强烈’认为除非战后我们拥有相对高的利率，否则我们的国际信用将无法维持。我们现在人为地降低利率，将使未来恢复正常条件更加困难。”[11]

政府任命的战后货币和外汇委员会①同样也在展望未来。从 1918 年 2 月开始，该委员会在坎利夫的主持下定期开会（按照惯例坎利夫卸任总裁后仍将担任银行董事）。委员会主要由银行家组成。尽管英国工业联合

---

① 即前文的伦敦外汇委员会。——译者注

会（Federation of British Industries，CBI 的前身）主张战后的关键优先事项应是实现贸易顺差，但其观点被忽视了。相反，坎利夫在 1918 年 11 月战争结束前两周左右发布的报告中坚持认为："真正'迫切'的是战后应立即恢复维持有效金本位所需的条件。因为除非长期实践证明的唯一有效补救措施再次发挥作用，并抑制了贸易逆差和信贷过度增长，否则将存在信贷扩张的严重风险，导致黄金储备的外流，进而威胁到我们纸币的可兑换性，并危及国家的国际贸易地位。"换句话说，关键在于尽快恢复全面运作的金本位制。这一令人放心的展望受到了金融界的广泛欢迎。《经济学人》以"回归理性"为标题，而《泰晤士报》毫不怀疑金融城会"坚决支持"以战后恢复无可挑剔的金本位作为核心目标。[12] 坎利夫本人可能已在英格兰银行中成为半个"贱民"。但几乎可以肯定，英格兰银行中的任何人都不会反对他委员会的结论。

1919 年 7 月，斯特朗回到伦敦，住在诺曼位于坎普顿山的家中，并在针线街受到了科卡恩和奈恩的"非常热情的欢迎"。斯特朗记录道："他们甚至好心地在桌子上放了一部电话，并在门上贴了我的名字。我毫不怀疑，这在英格兰银行的历史上是前所未有的。"尽管如此，这位美国人发现，与他共进午餐的董事们对和平的喜悦显然缺乏热情：

> 毫无疑问，这里对未来有一种非常悲观的情绪。这种情绪来自以下多个方面：巨额政府开支，这些开支仍然大大超过收入；短期政府债务的提前到期，这些债务在 18 个月内总额达到 90 亿至 100 亿美元；巨额外债的存在，主要是对美国的债务，使他们急切希望看到这些债务被减免并有更明确的条款；政府持续支付失业者工资的政策；更为重要的是，全国范围内劳动阶层的普遍不满和动荡……

几天后，科卡恩①对斯特朗说："你知道，英格兰随时都可能爆发革命。"斯特朗曾在其位于罗汉普顿的家中拜访过一夜。他发现科卡恩至少找到了一种缓解压力的方式。"我发现在他的家庭生活中，英格兰银行的事务和工作是禁忌话题。他似乎总是避免在家中提及银行或自己的业务，

① 原文是科尔（Cole），但结合上下文应该是科卡恩（Cokayne）。——译者注

使得科卡恩夫人对这些事情一无所知。这让他能够在一定程度上从工作的焦虑中获得解脱”。

科卡恩在次年春天卸任，由他的副手蒙塔古·诺曼接任。新总裁继续与斯特朗保持密切关系。1920 年晚些时候，诺曼向斯特朗保证：“无论何时你来伦敦，都请记住你的‘酒店’地址是‘W8，坎普顿山，索普洛奇’。订房员告诉我，只需提前 1 小时通知就能准备好你的房间。如果你赶时间，也可以在你到达后准备。”虽然不清楚是谁最早创造了“中央银行”这个术语，但到 1922 年初两人已在有意识地制定其原则。诺曼写道：“如果你感到沮丧，只需记住从经济学的角度来看，唯一的希望在于所有中央银行之间的共同利益和合作。”他们共同构想的核心不仅仅是中央银行之间的合作，以及认识到“在重建世界经济和贸易稳定方面，国际利益与国家利益同样重要”；还包括认识到对于各中央银行来说，“独立性和不受政治控制是值得拥有的”。

诺曼的雄心壮志继续增长。1921 年 9 月，他在访问美国后对斯特朗说：“我认为中央银行家注定要发挥自己的重要作用。”5 个月后，他向他的荷兰同行预测：“在中央银行家以统一姿态出现后，他们最终将有机会在世界事务中发挥作用。”换句话说，这种统一姿态就将发生在政治家们做了最坏的事①之后。不久后的 1922 年 3 月，他向斯特朗写信，坦率地谈到“过去的两年”是如何“将时间浪费在建造空中楼阁和再次拆除它们上”。他写道：“这似乎就是民主的代价。尽管所有国家的一些‘贵族’从一开始就意识到，仓促制定的对策必然会导致什么样的严重后果。”同年晚些时候，斯特朗抵制了诺曼召开中央银行家大会的想法。但不可否认的是，到 20 世纪 20 年代中期，中央银行的理念已经被非常坚定地确立。1925 年 1 月，诺曼对似乎有所动摇的奥地利国家银行总裁解释道：“政策必须优先于利润，公众利益必须优先于股东利益。”[13] 在特定的英国背景下，英格兰银行现在毫无疑问地、毫无保留地成为一个以公众为导向而不是面向私人的机构，在一个几乎完全改变的世界中具有越来越广泛的责任感。当然，在这一充满挑战的公共领域中，英格兰银行与公众选举出的代表②之间的确切关系尚未最终确定。但无论这一关系如何发展，诺曼都不太可能失去他的信念，即以无私的中央银行家自由联盟作为对抗肮脏的、追求选票的政治家的必要制衡力量。

---

① 意指政治家破坏中央银行独立性。——译者注

② 指政府官员。——译者注

在一开始传播中央银行理念的过程中，大英帝国的作用是至关重要的。这一点后来有时会被忽视，因为在美国金融实力逐渐取代英国的时期，人们自然更关注诺曼与斯特朗的关系。在这方面，关键人物是亨利·斯特拉科施（Henry Strakosch）。他出身于奥地利，担任总部位于伦敦的著名南非矿业联合公司的常务董事。1921 年，他推动成立了南非储备银行①。而诺曼在当年 2 月称他为“指导各国中央银行政策原则的最佳权威”。同月，英格兰银行的一份备忘录指出：“在我们各个自治地区建立中央银行并使它们相互合作，以及我们自己的中央机构与其他国家的中央机构合作，对世界金融体系的顺利运行至关重要。”不久之后诺曼告诉斯特朗，即将有一位务实的白手起家的加拿大人②爱德华·皮科克（Edward Peacock）被选入董事会，他在更大范围内的金融界，包括伦敦金融城，都享有很高的声誉。

> 我们选他是为了推动在所有自治地区中推广中央银行的理念。你会记得澳大利亚有一家国立银行，它在任何意义上都不算是中央银行，并且弊大于利。你还会记得，南非正在设立一家中央银行，我们为其贡献了一位总裁，以确保它在至关重要的起步阶段遵循正确的路线。你比我更清楚，加拿大目前完全没有中央银行。
>
> 我相信你会赞成我们希望在这些不同地区按照正确的路线建立中央银行的愿望。我也认为你会同意，我们通过吸收所能找到的最好的加拿大人，在尽可能不冒犯他们敏感神经的情况下影响加拿大的舆论。

加拿大的中央银行 10 年后才建立，但英格兰银行确实在向澳大利亚联邦银行施压，要求其成为一家真正的中央银行。这在 1924 年得以实现。至于 1921 年的南非，诺曼提到的“开路”总裁是威廉·克莱格（William Clegg）。

> 他在被任命前曾是英格兰银行的首席会计（一位南非储备银行的前董事在半个世纪后回忆道），并且在各个方面都延续了这种联系，树立了体面和着装的典范，不允许任何过分亲近。他在布林特

---

① 当时南非仍为大英帝国自治领地，尚未独立。——译者注

② 当时加拿大仍为大英帝国自治领地，尚未独立。——译者注

> 里恩的官邸被称为针线街之家，并且在与当地银行家讨论当地银行业务实践和新中央银行的可取政策时，我被告知这些讨论总是以“在英格兰银行我们是这样做的”作为结束，而这往往就是最终的定论。

毫不奇怪，这两家中央银行保持了尽可能紧密的联系。1923 年，当它们联手解决南非商业银行的流动性危机时，《晨报》（*Morning Post*）欣然记录了这一事件：“通过中央储备银行机构之间的合作，我们整个帝国银行体系被赋予了巨大的储备力量。”[14]

从诺曼的角度来看，这一切都很好，但他更高级别的优先事项是欧洲的金融重建。这是一个在战争后处于悲惨状态的大陆。有两个主要的相关问题——赔款和战争债务。关于赔款，坎利夫在死前几乎最后一次重要活动，即在凡尔赛和平会议上固执己见，将赔款定得过高，从而造成了伤害[①]。关于战争债务，诺曼在 1923 年初密切参与华盛顿谈判，最终达成了英美之间的债务和解。但对诺曼来说，关键还是在于重建本身。他没有低估这项任务的艰巨性。1922 年 8 月，他在给斯特朗的信中写道：“我从未认为中欧的近期前景会比现在看起来更加黑暗。我无法想象奥地利的某种分裂在年底之前如何能够避免。同样，我也看不到德国如何能够避免这种非常接近爆发内战的状况。”

诺曼为改善这种糟糕局面的具体贡献是他竭尽全力推动一系列大规模重建贷款的顺利进行，这是十分英勇的。在这个过程中，他往往不得不克服整个伦敦金融城的某些阻力。在他给斯特朗写信时，他已完成了一笔贷款（1922 年 4 月提供给捷克斯洛伐克）。随后是 1923 年给奥地利的贷款（由英格兰银行自己发放了 1400 万英镑的贷款）。接下来的一年，诺曼不得不对罗斯柴尔德家族和施罗德家族施压，促使他们向匈牙利提供贷款。最终，众所周知，没有哪个国家比德国更为重要。在德国未能继续支付赔款之后，协约国占领了鲁尔区。诺曼在此时对斯特朗说道：“欧洲和世界的黑点仍然在莱茵河畔。那里除了其中一方没有武装，所有的条件都如同战争一样。德国还能在这种状态下维持多久？”然而，1924 年迎来了重大突破。这始于年初德国央行新任总裁希亚尔马·沙赫特（Hjalmar Schacht）访问伦敦。诺曼私下对他表示赞赏，并告诉克莱格：“沙赫特是一位纯粹的银行家，没有任何公共职务，但在金融方面是一个全面且观点

① 德国赔款负担过重，被认为是第二次世界大战爆发的原因之一。——译者注

与时俱进的人。你会理解我的意思。”随后，关于德国赔款支付问题的道威斯计划①（Dawes Plan）出台，其中关键的一点是1924年10月的大规模“道威斯贷款”。伦敦市场在诺曼的劝说下承担了其中的1000万英镑。当然，诺曼的这些行为并非完全出于无私。毕竟，很明显，英格兰银行成为欧洲金融重建的主导者，将有助于重新确立伦敦金融城和英镑的国际地位。但如果认为这是诺曼的主要动机，那将不但是愤世嫉俗的，而且几乎肯定是错误的。[15]

在国内，这些年间英格兰银行开始对伦敦金融城实施前所未有的、更密切的、更持续的控制，尤其是通过诺曼本人。从1919年开始，主要清算银行的主席们不仅定期与总裁会面，还会留下来共进午餐，而总裁也常常召见他们或他们的总经理，讨论这些银行的最新资产负债表。和平时期对商人银行的密切关注也开始了。从1922年起，英格兰银行就感到有必要关注金融城的霍斯公司。甚至在诺曼成为总裁之前，英格兰银行就已经非常清楚金边债券市场（gilt-edged market，即政府债券市场②）的关键作用，尤其是在战时国债增加了十倍之后。科卡恩在1920年初指示作为政府经纪人公司的穆伦斯强化其合伙关系，并且增加资本。不久之后，诺曼担任总裁后关于货币市场的第一个举措，就是落实他日记中写下的“每周与贴现市场主席会面”。至于资本市场，在这一阶段从更广泛的经济角度来看，有一个特别重要的事实，即在战后7年中的大部分时间里，实际上存在着一个主要由诺曼总裁执行的，针对在伦敦发行的外国贷款（不包括殖民地和重建贷款）的非正式禁令。这种禁令以及随之而来的黄金出口禁运，在总裁看来是迫不得已的，主要是因为迫切需要重振英镑，从而加快回归金本位制。

总体而言，诺曼的方法主要依赖于他的个人魅力与性格力量的结合，本质上是一种道德劝导，但这种方法并不总是奏效。1921年12月，当他得知对暹罗③政府的长期贷款正在推进时，他无奈地向牛顿·斯塔布爵士

---

① 根据英国提议，协约国赔款委员会于1923年11月增设两个专门委员会，一个研究平衡德国预算和稳定德国金融，一个调查德国资本外流情况并设计引回。两个专门委员会以美国银行家C. G. 道威斯为主席 。1924年道威斯拟定一项解决赔款问题的计划，史称道威斯计划，于9月1日经协约各国同意并生效。该计划企图用恢复德国经济的办法来保证德国偿付赔款，对20世纪20年代后半期德国经济的恢复和发展起了重要作用 。1928年德国声称财政濒于破产，无力执行该计划。1930年该计划被扬格计划所取代。——译者注

② 金边债券的概念在现代有所泛化，包括了一部分高等级的公司债券。——译者注

③ 现为泰国。——译者注

（Sir Newton Stabb）抱怨道："我非常遗憾，你竟然卷入了香港银行（未来的汇丰银行）的一次发行，无论在精神上还是在字面上，这事实上都违背了财政大臣的意愿和英格兰银行的政策。"清算银行的主席们并不总是倾向于自动服从总裁的所有指令。他们本身就是极有权势的人物。诺曼与巴克莱银行的弗雷德里克·古德诺夫（Frederick Goodenough），以及（或许不可避免地）与米德兰银行的雷金纳德·麦肯纳的关系也较为复杂。诺曼对古德诺夫的看法是："我不喜欢那种总是急于表达个人观点的心态。"而麦肯纳则认为诺曼是"一个没有智力的知识分子"。[16] 英格兰银行与伦敦金融城的关系在 20 世纪 20 年代上半叶发生了显著变化，但人性因素仍然在起作用。

在诺曼与麦肯纳的关系方面，一个不利因素是麦肯纳作为前政客，成为公开批评英格兰银行紧缩货币政策的两位最著名人物之一（另一位是凯恩斯）。这种紧缩政策是必要的，因为英格兰银行完全接受了 1918 年坎利夫委员会的结论，即恢复英镑与美元之间的黄金平价是使英国重返战前金本位的唯一途径。①[17] 毫不奇怪，尤其是在战后出现的快速繁荣背景下，这需要采取高利率措施（此时凯恩斯也支持这一点）。但货币政策开始日益政治化。早在 1919 年秋季，利害关系和利益斗争就已经显现。科卡恩希望提高银行利率。他警告财政大臣奥斯丁·张伯伦（Austen Chamberlain）说："银行董事会认为恢复金本位制和尽早恢复黄金自由出口对国家整体至关重要，并认为实现这一目标的暂时牺牲是值得的。"但不久之后，当利率从 5% 上升到 6% 时，诺曼仍然不确定"重振货币的确定性"是否"得到了最终解决"。他向斯特朗表达了对"扩张和印钞的倡导者"的担忧，这在相当程度上是许多政治领袖的观点。战后这一阶段的结局出现在 1920 年。当年 4 月，诺曼在担任总裁两周后，成功将利率从 6% 提高到 7%。但随后在 7 月，当他推动利率提高到 8% 时，张伯伦告诉他进一步加息在政治上是不可能的。这是一个具有深远意义的时刻。9 月，诺曼对斯特朗的一位同事表示："利率现在不仅是一个金融问题，也是一个政治问题。"同年秋季，他对张伯伦抱怨道："我回想起你对我的前任所说的那句话，即'擅自提高银行利率将被视为不友好的行为'。我

① 事后许多研究表明，在经历"一战"元气大伤后，英国恢复英镑与美元之间的黄金平价（战前水平）使英镑汇率过高，导致过高的国内利率（紧缩政策），阻碍了英国（国内）经济的恢复，使英国成为战后恢复最缓慢的西方国家。也为后来英国不得不放弃金本位埋下伏笔。——译者注

记得自去年7月甚至更早之前，我们一直希望提高利率，而你由于政治原因一直不愿同意……我想知道‘政治压力’的真正含义是什么。”然而，从长远来看，无论诺曼多么希望情况有所不同，他都无法逃避这种政治化。货币价格现在越来越被视为直接影响失业率、住房政策和整体经济政策的因素。

随着时间的推移，银行利率的确下降了，最终在1922年7月降至3%。但在许多外界人士看来，这一过程过于缓慢和谨慎，尤其是考虑到繁荣之后的经济急剧衰退。然而，对诺曼及其最信任的同事们来说，如果要制定并遵循一条可信的重返金本位的路线，紧缩政策仍然是唯一的选择。这些同事之一是备受尊敬的国际银行家查尔斯·阿迪斯爵士（Sir Charles Addis）。他自1918年起一直担任董事。1921年11月，他在银行家协会发表的主席致辞中指出：“在价格进一步降低之前，本国中产阶级恢复旧有生活和舒适标准的希望渺茫。”他呼吁全国人民“团结一致、齐心协力”，驳斥了“修道院经济学（claustral economics）的巧妙而空洞的疗法”，还要求尽快恢复金本位。他恳求道：“让我们抛弃捷径和旁道，以不急不躁的态度，集中精力恢复旧有标准。”诺曼无疑会同意他的每一个字。但到了1923年，这一策略受到了凯恩斯流畅文笔的日益增加的攻击。7月，凯恩斯宣称：“只要失业问题仍具有普遍的政治重要性，就不可能像过去那样将银行利率视为金融城教皇和红衣主教的秘密特权。”同年晚些时候，他出版了《货币改革论》。讽刺的是，他将这本书献给了英格兰银行。书中将金本位制度斥为“野蛮的遗物”，并提倡一种由中央银行控制信贷供应的可控货币系统，从而用他一位传记作者的话说“来熨平商业活动的波动”。而诺曼仍然坚定地认为，英格兰银行的政策才是真正正确的道路。他在当年秋季向斯特朗近乎绝望地倾诉道：“在我们再次与黄金挂钩之前，我们只能承受并且也许应该承受无尽的麻烦。但我们该如何以及何时才能做到？”[18]

实际上，这个幸福的日子比预期来得要早一些。在1924年，工党首次担任财政大臣的菲利普·斯诺登（Philip Snowden）出人意料地表现出对伦敦金融城的友好态度。他后来回忆说，他在诺曼身上发现的完全不是社会主义者漫画中刻画的那种“面孔冷峻、吝啬、自高自大”的金融家形象，而是一个在国际事务中竭尽全力，“我有幸认识的最善良和最富有同情心的人之一”。当年夏天，在向一个议会委员会作证时，这位备受鼓舞的总裁冷静地谈到了“商人”（指商业和工业界而不是金融界的人）短期内要为“在最早的可行日期”恢复金本位作出的牺牲：

> 我认为，无论在哪个国家，无论在哪个行业，除非他能获得稳定，否则他就不会繁荣。而为了实现我认为唯一可行的方式获得稳定——即金本位制，他值得为自己的业务和未来的成功做出一次牺牲。如果他不这样做，他将处于不稳定状态，并受制于其他国家，直到他肯这样做为止。

此外，诺曼坚持认为："等待的危险比人们想象的要大得多。这种等待不仅危及货币，更是危及这个国家的贸易，危及这个国家的金融地位。"1924年至1925年的冬天，在斯坦利·鲍德温（Stanley Baldwin）赢得选举胜利后，不但出现了一位新任的、出人意料的财政大臣温斯顿·丘吉尔，而且斯特朗也终于完全支持诺曼，推动尽早以战前汇率恢复金本位。丘吉尔本人一直犹豫不决，几乎到最后一刻都不情愿。他在一次痛苦时刻写信给他的主要财政顾问奥托·内默耶："我宁愿看到金融界少一些骄傲，而工业界多一些满足。"但最终，他无法抵挡财政部和英格兰银行意见的强大合力。决定在3月底做出，并将在4月底的预算中公布。阿迪斯在正式确认之前对斯特朗表示祝贺："让我们感谢躲过了'管理货币'的人。"《泰晤士报》在丘吉尔向世界宣布这一决定的第二天宣称："对于那些控制和塑造我们货币政策的人，尤其是英格兰银行的总裁来说，这是一个标志性的胜利。"但大约10天后，诺曼在写给斯特朗的信中仍然是沉静的语气，而远非胜利的姿态：

> 许多金融界人士没有意识到这一举措的重要性，甚至可能出现的危险。他们已经在梦中度过了十年。他们没有动用他们的智慧……他们忽略了这样一个事实，即伦敦可能缺乏美元。印度几乎不受汇率的影响，始终是黄金的巨大吸收者。澳大拉西亚在伦敦的借款过多，可能需要调整这种状况。而像埃及这样的国家不但有能力从伦敦提取大量黄金，而且出于国家或政治原因，可能不会反对这样做。

尽管如此，正如他在决定宣布当天晚上写给丘吉尔的贺信中潦草写下的那样："请相信我会尽力贡献我的一份绵薄之力。"[19]

蒙塔古·诺曼在1920年春天成为英格兰银行总裁，当5年后英国恢

复金本位时他仍然在位，从而追平了坎利夫创造的任期纪录。在那个10年结束时，他仍然是总裁。事实上，他一直担任这一职务直到“二战”即将结束，总计长达24年。这是一个非凡的任期。英格兰银行的整个历史中，没有任何一个人比他更为重要。那么，他是怎样一个人？为什么在20世纪20年代没有其他人取代他呢？

在恢复金本位前不久，一篇在美国报纸上发表的文章描述了诺曼的形象：“修剪整齐的小胡子使他那张线条优美、表情丰富的脸看起来更加修长和独特。他的头发向后梳着，露出高高的额头，在他那双深邃、敏锐、沉思的眼睛上方尤为突出。”这位记者接着描绘了诺曼在针线街的英格兰银行办公室中的情景：

> 在银行的办公室里，他背靠壁炉，站着接待来访者。他特有的姿势是双腿分开，双手大拇指插在宽松背心的腰侧开口里。他不喜欢坐在办公桌前谈话。
>
> 与他交谈，你便能了解他的个性。他的身材或许不算强壮，但他的头脑却如同一个充满活力的发电机。他说话轻声细语，每一个字都很有意义。“你想要什么？”这是他常常对来访者提出的问题。他从不用客套话。

至于他在银行之外的生活：

> 他喜欢长时间散步，还喜欢在花园里干活。这是他唯一的运动，因为他对体育毫无兴趣。他既不打猎，也不打高尔夫球，不射击，也不骑马。
>
> 他阅读很多书籍，吉卜林①（Kipling）是他最爱的作家，而且他自己也是一个坚定的帝国理念信徒和吉卜林笔下的典型男人形象。他收藏蚀刻版画，并且是银尖画的鉴赏家。

尽管诺曼本人非常神秘，但在他漫长的总裁生涯中，没有哪位总裁像他一样成为报纸和杂志的焦点。上述文章是其中较为出色的一篇。

---

① 约瑟夫·鲁德亚德·吉卜林（Joseph Rudyard Kipling，1865—1936年在世），英国作家、诗人，诺贝尔文学奖获得者。代表作有《学生抒情诗》《丛林之书》《丛林之书续集》《基姆》《老虎！老虎！》等。——译者注

与诺曼接触过的同时代人几乎无一例外地对他充满了好奇。从他们的描述和评价中，我们可以得到一个三维立体的（虽然有时略显矛盾的）印象，一个结合了魅力与坚韧的非凡和神秘的人物：

他仿佛从凡·戴克[①]（Van Dyck）的画中走出来一般。修长的身影，尖锐的胡须，一顶大帽子。他有着斯图亚特时代[②]的贵族风范。据说他的血管中流淌着以色列人的血液。对此我一无所知，但诺曼先生似乎因此对犹太人充满轻蔑，言辞极其恶劣……他钟爱英格兰银行。他对我说："英格兰银行是我唯一的情人。我只想着她，我将我的生命献给了她。"[法兰西银行的艾米尔·莫罗（Emile Moreau）1926 年在巴黎会见诺曼时的描述]

尽管他的胡子和头发已经有些灰白，但大部分仍然是黑色的，或至少给人这种印象。他闪烁的眼睛可能是棕色的，但给人的感觉却像是黑色的。他的宽阔额头，犹如荷兰画家笔下的人物，但在现实生活中却很少见。他的动作优雅流畅，声音具有一种独特的吸引力……这个人能控制局面，能坚定而友善但极其有效地让来访者按照他的意愿行事。我怀疑这方面没有人能与他匹敌，更不用说超越他了。[曼彻斯特商会的雷蒙德·斯特里特（Raymond Streat）在 1931 年于银行见到诺曼后的评价]

他能够赢得真挚的友谊，并激发出最忠诚的服务，然而他也能严重扰乱一些最忠实合作者的神经。他不喜欢政客，但与鲍德温（吉卜林的表亲）意气相投。他是个神秘主义者，阅读广泛，但在一些最深奥的思想问题上没有明确的观点。尽管他不喜欢在多个场合解释自己，但他的书面表达却异常出色。他在电视上绝对不会成功，他会鄙视电视形象……[资深经济学家西奥多·格雷戈里爵士（Sir Theodore Gregory）在 20 世纪 60 年代的回忆]

他有一些滑稽的小把戏，他很虚荣，但并不是那种要紧的虚荣。而且他总是用一些奇怪的表达方式。我记得有一次他说到某人时说："你朋友脚后跟有点汗毛对吧？"蒙蒂（Monty，蒙塔

① 凡·戴克是 17 世纪著名法兰德斯（比利时西部、荷兰南部和法国西北部的低地地区）画家，最主要成就是肖像画，曾为英格兰国王查理一世作肖像画。——译者注

② 斯图亚特时代指 1603 年至 1714 年斯图亚特王朝统治英格兰的时代，即英格兰银行建立的时代。——译者注

古·诺曼的昵称）最不愿意被问到的就是他做任何事情的原因。他自己也不完全清楚，但他有非凡的直觉……他从不讲笑话或类似的东西。他只是很有趣，是一个机灵鬼。[乔治·布斯（George Booth），在诺曼担任总裁期间一直是英格兰银行的董事]

他是一个伟大的银行家，银行是他的生命。他创造了中央银行家的“神秘感”。但他看起来一点也不像银行家。他身上有演员的气质，但他并不是在扮演一个角色，而是完全真实的自我。他在应对局势和处理人际关系方面有艺术家的气质，可他并不是一个艺术家。直觉引导着他，但他在解决问题时却非常理性和有条理。他是一个传统主义者，但方法却完全不同寻常。他通过影响力行使权力。他在各个方面都是一个极其有趣的人。[荷兰银行家 J. W. 贝延（J. W. Beyen），他在 20 世纪 30 年代认识诺曼]

我们通过诺曼的办公日志（现在可以在线查阅）观察他的每日工作。他对众多来访者的判断总是简明扼要，有时带有隐晦之意。例如，1922 年 12 月的一则日志写道：“罗布·马丁（Rob Martin），轻佻。”次年秋天的日志：“杜福尔（Dufour），一个‘满腹悲伤’的可怜人。”当然，被要求去见总裁就几乎如同得到皇家命令一般。赫尔伯特·瓦格（Helbert Wagg）银行的劳伦斯·琼斯（Lawrence Jones）回忆说：“阿尔弗雷德·瓦格（Alfred Wagg）接到召见时，必须戴上一顶高礼帽以示遵从，因为挂在总裁办公室门外的那顶宽边软帽容不下任何随意着装。”这顶帽子成为伦敦金融城的传说，诺曼每天都乘地铁前往金融城，并将车票插在帽带里，下车时再低头让检票员取下车票。

在诺曼的大量信件中，不时会在字里行间流露出的真情，让我们感到他似乎离我们并不遥远。20 世纪 20 年代有这样的三个例子。1922 年，他在写给本杰明·斯特朗的信中谈及财政部高级官员 R. G. 霍特雷（R. G. Hawtrey）：“霍特雷头脑非常清晰且聪明，但在我看来，他似乎在将问题置于真空中处理。然而，正如我们越来越多地看到，货币和金融不断受到政治、心理、国际环境及不可预见的其他因素影响。”这种独特且可能非常英国式的思维方式，在 20 世纪 60 年代激起了一位心烦意乱的经济评论家安德鲁·肖菲尔德（Andrew Shonfield）的感慨。他回忆起诺曼：“他是英国崇拜的艺术家式的行政官员的集大成者——一位‘艺术家领袖’（Künstlerführerprinzip）的化身。”第二个例子出现在 1928 年 1 月，当时单身的总裁再次写信给他的美国朋友时，以轻松的口吻谈论到银行最近从财政部招募的一名员工在前往纽约出差时坚持要带上妻子："内默耶在我面前假装他在有妻子时和没妻子一样自由，告诉我她会坐在酒店里无所事事，且不提任何问题。我不信，我也可以假装在牙痛时和没牙痛一样。他就像在试图证明一个人可以同时侍奉上帝与玛门（Mammon，圣经里贪婪的财富邪神）。"这确实呼应了他说过的"英格兰银行是我唯一的情人"……最后，同样是写给斯特朗的信，但是是在前一年的夏天。在一次艰难的访问后，他在离开纽约时的船上写道："这到底是怎么回事？这一切的结局是什么？我们能做什么？我总是带着同样的想法离开，如同蜘蛛网中的苍蝇。抬起一只脚，但也只能抬起一只脚，努力保持稳定。人与人之间的接触在很大程度上被蛛网的力量限制。诸如此类。"[20]

毫无疑问，尽管有先例，并且偶尔有反对意见，但在20世纪20年代的诺曼决心尽可能长时间地担任总裁。总体而言，在战后金融世界发生重大变化的背景下，他的同事们基本上也都顺应了这一点，尽管过程中不乏波折。商人亨利·特洛特（Henry Trotter）作为他的副手，在诺曼担任总裁的第三年写信给他说："我真心希望你能被说服再服务至少一年。我确信这将有利于银行和国家。"不久之后，诺曼自己向斯特朗承认："人们更喜欢轮换制"，但又补充道："但现在这种情况怎么能把马换掉呢？"从1923年起，特洛特的继任者是塞西尔·拉伯克，一位惠特布雷德（Whitbread）酿酒公司的董事总经理，同时也是一位古典学者。但在新世界中他并不是当总裁的料。直到1925年，一位更加强硬的角色才成为副总裁，那就是雄心勃勃的船运商艾伦·安德森爵士（Sir Alan Anderson）。诺曼提前告诉斯特朗，他是一个"有能力且强大的人"。而到1925年10月，根据董事查尔斯·阿迪斯的记载，安德森坚决表示，除非"被保证在一年内任命为总裁"，否则他不会继续担任副总裁。诺曼坚持自己的立场。他告诉斯特朗："问题不在于他不聪明、不勇敢、不够优秀，而在于他的愿望与我们的理念、我们所有的传统背道而驰。虽然我们承认它们（指安德森的愿望）可能适合于一家航运公司，但我们确信它们不适合一家中央银行。"结果，特洛特同意在1926年春天回归副总裁一职，但前提是获得一个道义上的承诺，即他会在1927年成为总裁。1926年秋天是决定性的时刻，诺曼再次拒绝玩轮换游戏。爱德华·皮科克（Edward Peacock）告诉斯特朗："我们试图让诺曼接受特洛特任职一年，但诺曼坚持认为，如果他辞去总裁职务但继续留在特洛特领导下的银行，银行会在三个月内崩溃。"随着财政委员会对特洛特支持的瓦解，特洛特相当体面地接受了早已注定的结果。他向里维斯托克保证"我们必须保留主导之手”（意思是赞成继续保留诺曼的职位和领导力），并且表示“毫无被抛弃的感觉”。但他的表弟罗伯特·布斯比（Robert Boothby）后来提到，未能成为总裁“击垮了他”。[21] 至于副总裁一职，随着 1927 年春天拉伯克再次接替特洛特，副总裁轮换的局面仍在继续。

到 1926 年至 1927 年的冬天，由特洛特担任主席的一个委员会已经开始运作，试图后退一步，从更大的视角审视总裁职位问题。委员会收集的证据显示，尽管在 20 世纪 20 年代并未实际执行，但人们依然强烈赞同轮换制原则。尤其是前总裁科卡恩［现在是阿什伯恩的卡伦男爵（Cullen of Ashbourne, Baron）］的发言特别引人深思。他表示对同为董事的罗伯特·金德斯利爵士的观点“印象深刻”。金德斯利认为：“如果银行总裁职位成为终身或长期任命，那么不久之后将难以抵挡来自国家的压力。银行的主要权力来源于国家。国家会强行将自己的人选或候选人指定给银行。”他提议自 1928 年 3 月起恢复轮换制，并尖锐地指出，如果现任总裁反对这一做法，他可以做很多事情来与之对抗。他继续形容自己：“我被这样的想法所困扰。我们在这一根本问题上背离历任总裁的政策太久，到如今可能已失去了他们凭借谨慎和无私为银行争取到的宏伟遗产——独立性。”卡伦男爵最后以不太温和的言辞，对 1920 年以来的时期进行批判。他宣称：“如果我们的行动导致银行的独立性有所丧失，后人肯定会说这是因为董事会的懒惰，认为我们找到了一匹‘乐意且非常能干的马’来做所有的工作，而不是自己轮流掌舵。”

委员会的最终报告呼吁在 1930 年恢复轮换制。该报告于 1927 年 9 月提交给财政委员会，但从未递交至董事会。相反，真正的较量发生在 1928 年秋天。诺曼大力推动厄尼斯特·哈维爵士（Sir Ernest Harvey）在 1929 年担任永久副总裁。哈维爵士是继奈恩之后的首席出纳，后来成为总审计师。但鉴于他是从基层逐步晋升上来，所以基本上没有继任总裁的现实可能性。起初，董事会内部似乎有相当多的反对声音。卡伦男爵提出了一项恢复轮换制的议案，而安德森则（用里维斯托克的话说）“谴责”了“诺曼及其所有的工作”。然而，诺曼再次得偿所愿。他在接下来一周的董事会上发表了一次“极具和解意味的演讲”，最终卡伦男爵的议案以两票之差被否决。[22] 从此，诺曼职位的主要威胁变成了他自己的健康——心理和生理上的健康。

从许多董事的角度来看，在这些年里有三个主要问题。第一个问题当然是轮换制的缺失。这不仅直接违背了银行两个多世纪的传统，也直接损害了他们自己晋升到最高职位的机会。尽管他们可能接受了阿迪斯在

1926 年 9 月的一份清晰而有影响力的备忘录中的逻辑："旧有的金融方式已经被抛弃，认为我们可以回到过去只是幻想……我们已经到了一个关键阶段……我们有很多理由允许一个工匠完成自己的工作。"但他们接受这个逻辑的过程充满了极大的不情愿。第二个问题是诺曼几乎天生倾向于将所有重要的信息紧紧捂在自己胸前。"当然，他必须改变对信息保密的做法。"皮科克在特洛特的挑战被化解的 1926 年晚些时候写信给斯特朗说道，但几乎没有证据表明诺曼这样做了。最后一个问题是专家的崛起。总裁自己对这个趋势几乎没有怀疑。他在 1928 年私下承认："我们在从外部吸纳专业人才方面行动得很晚。"但实际上在 20 世纪 20 年代中期，他已经在积极采取补救措施，招聘的高级人才包括奥托·内默耶爵士和哈里·西普曼（Harry Siepmann）（两人都有财政部背景）以及美国经济学家沃尔特·斯图尔特（Walter Stewart）。只是当时他们都还未进入董事会。对诺曼的这一举措给予最强支持的董事是施罗德银行的弗兰克·蒂阿克斯。他在 1927 年对特洛特委员会表示："大约六七名'专家'应该每天开会。会议报告每周都应提供给所有董事会成员，这样可以增加所有董事对银行事务的兴趣，并让每周的董事会会议变得更加有趣。"阿迪斯和卡伦男爵则明显不那么热情。阿迪斯在次年向董事会表示："专家的正确位置只是辅助和建议，银行的政策还是应该由商人董事决定。正是这种由商人董事决定政策的信念为英格兰银行赢得了传统的权威和声望。"诺曼的前任（卡伦男爵）也在同一时间坦率地表示："我不相信国家的贸易会长期满足于看到中央银行由金融专家控制。与之相对的是，最终的内部控制权应由一个由健全且高素质的商业人士组成的董事会或股东大会掌握，而不是银行家或金融家。"考虑到在英格兰板球界，不让一个外行人担任郡队队长仍然是难以想象的，更不用说不让外行人当国家队队长了，因此英格兰银行对专业化有某种抵制情绪也就不足为奇了。

专家的到来并不意味着英格兰银行对外界态度的显著改变或更为开放。除了少数例外［如受信任的《晨报》金融版编辑 A. W. 基迪（A. W. Kiddy）］，诺曼对金融媒体的蔑视甚至超过了他对大多数政治家的蔑视。1927 年，他对斯特朗描述了金融城中的实际上相当稳重和体面的绝对媒体权威——《金融时报》，称其是："一个自命不凡于擅长挑刺、搅局和摇尾乞怜的二流报纸。"当然实际上，表面之下的态度要更复杂一些，不会这么直白，但一定程度的轻蔑感的确几乎总是存在。从一个本质上善意但仍然具有洞察力的角度来看，迈克尔·桑顿（Michael Thornton）在 20 世纪 70 年代评论诺曼时代的英格兰银行时说：

这是一个务实、特立独行、不善表达、情绪紧绷的机构。它比许多批评者更了解自己的优势和劣势，也因此经常错误地批评别人的无知，还会避免卷入批评与被批评。它一旦找到一个有力的论据，就绝不会放手。它可以跳过高深的辩论，凭直觉行事，且不会被事后的解释所羁绊。但最重要的是，它的适应性很强，因为它基本不受教条、原则甚至传统的束缚。[23]

再好的评论也比不上有效的措施。然而，到 20 世纪 20 年代后期，诺曼生活中的最大问题是恢复金本位带来的后果。可悲的是，这一渴望将世界带回 1914 年之前的决定，带有强烈的感情倾向，也超越了经验主义的范畴。

恢复金本位的后果如何评判自那时起一直备受争议，但有两个方面的后果却立刻且无可否认的显现出来。第一，煤炭成本因恢复金本位并按战前平价而增加 10%，加上当时外国对煤炭需求的灾难性暴跌，导致作为英国最重要产业的煤炭产业的困难进一步加剧。第二，更普遍地，高利率水平会对整个工业的影响。英镑能否维持金本位制在诺曼看来对伦敦金融城的国际业务至关重要，并且只有吸引到外国资金才可以有效地防止政客干预，但这实际上意味着国内利率必须保持在较高水平（至少不能太低），这必然会对整个工业产生影响。矛盾的爆发早在 1925 年 12 月就已显现。当时财政大臣丘吉尔得知，由于大量黄金流出伦敦且美国利率上升，英格兰银行打算将其利率从 4% 提高到 5%。丘吉尔立刻致电总裁，警告说如果事实如此，他将别无选择，只能向下议院说明他从未被知会，且这一举措违背了他的意愿。对此，诺曼揭穿了他的虚张声势，不但提高了利率，还告诉丘吉尔如果发表这样的声明，将是“史无前例的”。丘吉尔果然保持了沉默，但对诺曼来说这实际上是一场代价高昂的胜利。因为从此以后，在失业人数超过百万的背景下，英格兰银行的利率政策再也不可能像 1914 年以前那样在政治真空中运作。而在接下来的几年中，银行利率几乎没有变化。诺曼既无法降低利率，也不愿提高利率并再次对峙。然而，不仅凯恩斯继续批判金本位制度和他认为的英格兰银行货币政策恶劣影响，米德兰银行的麦肯纳等也越来越多地加入其中。至于丘吉尔，他在 1927 年 5 月给内默耶（即将从财政部转到英格兰银行）的一份备忘录中，发泄了他所有的挫败感，这发生在大罢工撕裂国家的一年后：

> 自战争以来，很大程度上是在英格兰银行的指导下，我们采取了通货紧缩、偿还债务、高税收、大规模偿债基金和金本位的政策。这一政策一方面提高了我们的信用，恢复了我们的汇率，降低了生活成本。另一方面，它带来了糟糕的贸易环境、艰难的经济周期、大规模增加的失业人口，这又导致了代价高昂且不明智的补救措施，比如试图通过与生活成本同比降低工资以提高竞争力，由此引发了激烈的劳资争议，给国家和社会造成了数亿英镑的损失……我们必须展望未来，作为英格兰银行政策的一个明确部分，我们将面临一个无限期的高税收、大规模偿债的情况，以及在名义或实际意义上都没有任何进展的偿债进度，只有债权人的要求在不断增加。这种债务和税收就像一块巨大的湿毯，压在通过新企业创造新财富的整个过程中。

事情甚至开始变得对人不对事。据丘吉尔的私人秘书回忆："他几乎习惯于一提到'那个叫斯金纳（Skinner）的人'的推定恶行，就会近乎愤怒地吐出评论。欧内斯特·斯金纳是总裁诺曼的私人秘书。诺曼常用他的名义预订横跨大西洋的船票。"丘吉尔在后来的岁月里也不愿原谅。1945 年，他的医生记录了他的言论："我一生中最大的错误就是恢复金本位。蒙塔古·诺曼在这一切发生之前用甜言蜜语迷惑了我，又在事情完成之后将我冷落在一旁。"[24]

银行利率政治化的一个重要副作用，是诺曼需要继续严格控制伦敦作为国际资本市场的地位。早在 1925 年 7 月，在恢复金本位后的蜜月期，财政委员会"讨论了对外国和殖民地的发行禁令"。安德森向缺席的总裁报告说："每个人都同意我们越早恢复自由越好。"因此 4 个月后，外国贷款禁令（过去一年一直存在）被正式取消。然而从一开始，伦敦在试图追回被纽约夺去的地盘时就像是有一只手被绑在背后。即使是在 12 月与丘吉尔的冲突之前，诺曼也非常清楚高银行利率是政治炸药。他对外国贷款激增可能导致的黄金输出感到担忧，尽管他非常希望帮助伦敦金融城重新确立自己的地位。结果正如他的日记所记录的那样，这是一项鼓励自我克制的长期实践。

> 两家罗斯柴尔德银行？关于贷款给波兰用于烟草垄断及汇率稳定。我私下说他们应该避免所有此类交易，目前甚至都不值得讨论。（1925 年 12 月 2 日）

> 来自商人银行塞利格曼兄弟公司（Seligman Brothers）的弗莱施曼（Fleischmann）说正在考虑为中美洲国家和意大利工业发放贷款。我说自由市场是可以的，但更多的外国发行意味着黄金出口、更高的银行利率以及此类业务的终止。（1926 年 10 月 8 日）
>
> 一位来自罗斯柴尔德家族的人……对继续禁止法国贷款表示强烈抗议……（1928 年 10 月 4 日）

诺曼对潜在的外国发行倾向于持更宽松的态度，如果这些发行符合诺曼对欧洲重建拼图的设想。这包括在 1925 年至 1926 年由施罗德银行安排的一系列德国贷款、1926 年 10 月的比利时重大贷款以及 1927 年底的意大利稳定贷款。诺曼最初拒绝批准 1927 年底的贷款。他告诉一位美国银行家："在墨索里尼（统治）的意大利任何形式的反对都消失了：言论自由、意见、批评和新闻自由——甚至我们理解的私人生活。"最终，他改变了主意，向斯特朗表示支持。尽管如此，他还是说道："意大利在通常意义上仍不是一个自由的国家。但事实是她在经济和金融方面取得了进步，而且可能也在社会方面取得进步。"[25]

在诺曼看来，很多事情仍然取决于他与纽约联邦储备银行总裁以及其他关键中央银行家之间的和谐关系。他在回归金本位制之后不久明确告诉德国央行的沙赫特："鼓励中央银行之间密切合作的主要目标，是为了确保利率和汇率的调节，从而调节黄金和商品的价格，并通过这些手段改善国际贸易。"诺曼确实为此投入了时间和精力。不久后，诺曼在 1925 年 7 月从柏林的阿德隆酒店给副总裁安德森发电报："我们在这里待的时间比我预期或希望的要长，但这是无法避免的。B. S.（指斯特朗）喜欢深入研究每件事，还要进行大量的讨论，这需要时间。他和沙赫特正在成为朋友，一种良好的氛围正在形成。或早或晚，这种氛围下会产生更多的结果。"随后，诺曼在回应安德森的询问时写下了一大段话，极具暗示性地表达了他令人困惑的关注点：

> 关于黄金，请看沙赫特 11 日的电报和我 13 日的电报。当我离开伦敦时，我认为沙赫特仍需购入 2 亿至 2.5 亿马克（即上月电报中提到的 3 亿马克减去我们后来的购入量），为此他将不得不以外汇形式支付。
>
> 在过去的两三周内，他们的黄金需求因两个原因发生了变化。第一，他们从瑞士和挪威购买了大约 5000 万马克的德国金

> 币，并可能再购买类似数量；第二，他们不得不偿还与施廷内斯（Stinnes）事件[①]直接或间接相关的德国银行家的短期外国贷款，约2亿马克。这减少了他们的外汇储备，并导致他们可能还需要找到资金偿还其他短期外国贷款（由纽约或伦敦发放的）。因此，他们无法承诺在几个月内购入克莱格（南非央行）的黄金，以防外汇短缺。（这些外汇当然属于德国中央银行。他们持有的无法处置的其他外汇则是贷款的收益。）
>
> 因此，沙赫特必须放慢速度，看看会发生什么。他仍需要像现在一样或更严格地限制货币发行，因为他必须持有相当于其所有纸币40%的黄金储备（其中10%可能是外汇），而现在他的储备刚刚够维持现有的货币发行量。
>
> 总体来看，沙赫特似乎将在纸币准备率不足的情况下度过一段困难时期。如果必要的话，斯特朗或者我们将不得不再借给他一些钱。

"我希望情况已经说清了，"他补充道，"但我对此表示怀疑！信件不适合讨论这种话题。"

诺曼最深切的希望，如他2个月后向西普曼解释的那样，是看到他所谓的"私人的、包容的中央银行'俱乐部'"的"创立"。这个俱乐部将有以下特征：虽然起始规模较小，但未来会不断扩大；一个以独享关系为特征的会员制俱乐部；与其他中央银行保持适当的余额比例；在每个市场中保持自由余额和盈利资产的适当比例；不过度关注利润；根据权利或习惯享有政治自由；在任何特定地区遇到不利情况时提供信贷支持，等等。到1927年夏天，中央银行制度化合作的梦想似乎步入了正轨。所谓的"长岛俱乐部"成立了，成员包括斯特朗、诺曼、沙赫特和代表埃米尔·莫罗（Emile Moreau）出席的法兰西银行的查尔斯·里斯特（Charles Rist）。但这一梦想又很快破灭，主要原因是莫罗对沙赫特的恐惧，以及他在自己那本极具可读性的日记中所称对"英格兰银行帝国主义"的不满。莫罗在1928年2月向法国总理波因卡雷（Poincaré）解释说："英国

① 施廷内斯是德国工业巨头，1918年德国雇主与工会达成合作协议（《施廷内斯—列金协议》）的雇主方代表。该协议是在德国十一月革命背景下签订的。十一月革命致使德意志帝国皇帝威廉二世政权被推翻、德国无条件投降并结束第一次世界大战以及魏玛共和国建立。此处作者用施廷内斯指代以上的一系列事件。——译者注

已经完全在奥地利、匈牙利、比利时、挪威和意大利站稳了脚跟。接下来它会在希腊和葡萄牙扎根。它试图在南斯拉夫立足，并在罗马尼亚暗中与我们斗争。我们应该让它继续前进吗？”答案显而易见。在接下来的几个月里，莫罗得到了斯特朗的支持。这位非常能干的法国人已经稳定了法郎，并为他的银行积累了大量的英镑储备，成功地将诺曼从向罗马尼亚提供的一项重大贷款中挤了出去。斯特朗此前一直是诺曼最坚定的盟友，他向新近加入英格兰银行的美国经济学家沃尔特·斯图尔特解释了改变立场的理由：“在过去几年里，欧洲的政界和银行界普遍认为诺曼总裁希望在欧洲的中央银行中建立某种独裁统治，而我在协助和支持他开展这一计划。”诺曼对斯特朗的改变表示宽容，在信中声称“不要再想罗马尼亚的事了”。但这封信是斯特朗去世前的秋天他们之间的最后一封信。斯特朗在一个关键时刻离开了。前一年，当美国经济需要坚定果断的货币紧缩措施时，斯特朗却推动了纽约利率的下调，以帮助英格兰银行在不必提高自身利率的情况下支持英镑。但在 1928 年末和 1929 年，华尔街经历了一场非同寻常的信贷繁荣。诺曼在 3 月写给一位通信者时说：“无论是从财务上还是政治上，前景在我看来都从未如此模糊不清。”他还暗示纽约的股市正在“用自己和别人的钱玩着危险的游戏”。[26]

然而，这并不是唯一让总裁烦恼的事情。他在同一封信中补充道：“再过几周，我们可能会被一场大选弄得左右摇摆。”正如他所料，大选结果是鲍德温的保守党政府下台。1929 年 6 月，拉姆齐·麦克唐纳（Ramsay MacDonald）领导的第二个少数派工党政府上台，斯诺登再次出任财政大臣。尽管当时的工党政策文件建议国有化英格兰银行，但这两位政治家都没有这个打算，也不打算偏离金融的正统路线。但斯诺登尤其意识到银行利率决策的政治敏锐性。几乎可以肯定，这种敏锐性比以往任何时候都更强烈。1927 年，诺曼坦率地告诉莫罗，他没办法在提高银行利率的同时“不引发骚乱”，因为利率的上升会“加重”工业的“负担”。次年，卡伦男爵在向法院承认：“我们听到不少抱怨，说我们的货币政策过多地为金融服务，而没有充分考虑到商业的利益。”而在 1929 年 2 月，诺曼成功推动了一次小幅利率上调（至 5.5%），唯一原因是他正确地猜到丘吉尔在大选前不太可能公开抗议。那年夏天，财政大臣和总裁之间进行了微妙的（关于持续的黄金外流）讨论。最终在 9 月初，双方在斯诺登位于萨里郡的乡村别墅达成了一项协议：

> 财政大臣坚持认为较高的利率不是解决办法。那会损害贸易，

会受到激烈批评，而且会导致其他地方甚至我们当地的利率进一步上升……总裁说他自己的职责在技术和财务方面，财政大臣的职责在政治和财政方面。基于此，财政大臣现在必须将银行利率交给总裁处理。财政大臣同意了，但要求下周与总裁再次会面。总裁承诺，除非在绝对必要的情况下，他不会在当年秋天随意提高银行利率……

最终，在斯诺登的勉强同意下，诺曼在当月底将利率提高到 6.5%。这一结果受到了来自左翼的强烈反对。《标准晚报》（*Evening Standard*）宣称："总裁也许了解银行贷款和贸易票据的数量，但他脱离了工业的血肉。"

到这个时候，进行一项重大货币调查的可能性已经被明确地摆到了桌面上。这一前景令诺曼极为不满，并促使他在银行利率上调后不久，通过财政部的理查德·霍普金斯爵士（Sir Richard Hopkins）试图吓唬斯诺登：

我非常担心本周将在布莱顿举行的大会（即工党会议）可能会形成对银行利率的全面攻击。涉及信贷政策以及货币成本高昂对失业和其他相关问题的影响。如果出现这种情况，届时在场的某位大臣可能会承诺，内阁将立即成立一个委员会来调查这些问题。我希望尽可能明确地向你强调，在目前的情况下，仅仅是承诺成立这样的委员会，就可能会危及我们在国内外的金融地位。实际上，这样的行动可能还会突然且危险地威胁到金本位制的维持。

这一举措是徒劳无功的。斯诺登在 10 月 3 日向党内忠实的支持者宣布，他将很快任命一个委员会来调查金融与工业之间的关系。他的演讲刻意保持低调，这促使诺曼祝贺他说"看来你已经让极端分子站到了你这边"。但更为关键的是斯诺登的私人秘书随后向其提出的问题："是否存在某种危险，可能给人留下总裁正被推上审判席的印象？"

然而，这可能并不是诺曼此刻最大的担忧。1929 年是杰出且高调的金融家克拉伦斯·哈特里（Clarence Hatry）走向破产的一年。尽管他个人恳求帮助，但诺曼拒绝提供，这使得哈特里最终没能抵住伪造股票凭证的诱惑。在 9 月，这一事件演变为众目睽睽下的倒台，一度使股市陷入自由落体般的下跌。诺曼在之后反思道："哈特里事件玷污了我们所有人。"[27]

随后在 10 月底，20 世纪的重大事件之一——华尔街股市崩盘——接踵而至。无论对诺曼还是其他人来说，所有的赌注都失效了。

在市场的起伏波动之外，英格兰银行事实上在 20 世纪 20 年代后期开始大力介入与英国工业有关的问题。[28]1928 年 11 月，诺曼在给外交部一位高级官员的信中写道："总的来说，我认为只有通过合理优化，才能令人满意地重建那些大产业。而这一点在纺织、钢铁，以及某种程度上在煤炭和造船业中逐渐获得了认可。"他还提到："我对阿姆斯特朗 – 惠特沃斯公司（Armstrong, Whitworth & Co）及其相关企业的重组特别感兴趣。"确实如此，诺曼、皮科克和被称为弗拉特·泰勒（Frater Taylor）的"公司医生"（一个从不感情用事的阿伯丁人），共同花费了很多时间对位于泰恩赛德（Tyneside）的这家陷入困境的军火公司进行财务重组，将其与海军造船业务合并，最终促成了维克斯·阿姆斯特朗（Vickers–Armstrong）公司的成立。但到 20 世纪 20 年代末，令总裁越来越担忧的是兰开夏纺织工业的糟糕状况。当时的普遍看法是，拯救经济的方法在于大规模合并，以提高效率并减少过剩产能。尽管米德兰银行和巴克莱银行都拒绝支持拟议中的、旨在实现优化的兰开夏棉花公司（Lancashire Cotton Corporation，LCC），但英格兰银行坚定地支持 LCC，并提供了一系列临时贷款。不可否认诺曼有所顾虑。他在 1928 年 12 月向银行家和其他人承认："我并不急于参与这一业务，因为这完全超出了英格兰银行的正常业务范围。"但与此同时，他解释说："纺织业并不是唯一需要优化的行业。我希望纺织业优化的任一计划都能引领方向，并为其他行业的优化树立榜样。"LCC 的相关细节在不久之后公布。凯恩斯罕见地公开称赞英格兰银行："尽管行动稍晚，但最终全身心地进入了优化领域。这本身就是一件非常值得关注的事情，并且在我看来也是值得祝贺的。"

诺曼在其工业倡议中的更广泛动机是什么？很难想象他不知道这一举措可能在更大范围的世界中产生良好的影响，因为当时对伦敦金融城忽视工业，以及英格兰银行不顾工业的货币政策的批评越来越多。还有证据表明，在整个 20 世纪 20 年代，诺曼受到来自财政部越来越大的压力，其要求英格兰银行在整个优化领域更加积极地参与其中。但同样，就像诺曼对国际金融重建的承诺一样，他确实相信所尝试事情的价值，尤其是在英国工业特别是传统出口行业面临深层次问题的背景下。他不希望英格兰银行行使管理控制权或长期参与经营。诺曼在 1929 年 8 月坦率地告诉皮科克，他的最终目标是将所有各种工业问题“排除在他的办公室之外”“并在工业自我造血和正常运营的基础上解决问题”。[29]

毫无疑问，赌注很高。1929 年 11 月，英格兰银行成立证券管理信托（Securities Management Trust，SMT）。这家信托本质上是一个由外部专家组成的小组，负责为总裁提供建议并实施优化计划。诺曼向董事会“详细解释了他目前对工业的总体看法以及他认为通过私人企业在没有政府干预的情况下恢复工业健康所需的步骤”。随后，诺曼又迅速采取了两项新措施。第一，他在 1930 年 1 月试图加强国家信贷机制，同时阻止政府进入货币市场，通过批准向总部位于金融城的联合领土信托（United Dominions Trust，UDT）注入大量资金，从而能够按照美国的方式提供分期付款融资。第二，他在 3 个月后成立了银行家工业发展公司（Bankers' Industrial Development Company，BIDC）。这是一家新的私人公司，为优化工业提供资金（正如他向财政部通报的那样），主要由商人银行家组成，但诺曼担任董事长。其 600 万英镑的资本部分来自英格兰银行（150 万英镑），但主要来自被诺曼说服的清算银行和商人银行。随着这一切的展开，并非所有工业家都相信诺曼及其同事可以解决问题。第二十七任克劳福德伯爵在那一年早些时候访问针线街后回忆道：“他们在自己的事务中，从未提供过比园丁、司机和贴身男仆更多的就业机会。”克劳福德伯爵的家族企业维甘铁煤公司（Wigan Iron and Coal Co）即将被“优化”，并成为兰开夏钢铁公司的一部分。他继续回忆道：“他们与生产的现实及其背后的大量问题脱节太远。他们只是放高利贷的人，别无其他……英格兰银行在工业困境的风暴之中泰然自若地航行。”

新制度安排在实施的第一年倾向于证实怀疑者而不是支持者的观点。随着 LCC 的挣扎，它获得了（用诺曼遗憾的话来说）“跛脚鸭协会”的名声。因此 BIDC 在 1930 年 8 月遭到一位地方保守党议员的公开抨击，指责它“故意不去了解兰开夏的现状和必须克服的实际困难”。在 BIDC 内部，商人银行家盖·格拉内爵士（Sir Guy Granet）的日常领导能力被证明是不足的，因此该公司很快在伦敦金融城被称为“注定死亡的公司”（Brought in Dead Company，缩写也是 BIDC）。1931 年春天，由英格兰银行发起的 LCC 期待已久的债券发行以失败告终。最终的问题在于，英格兰银行发现自己正深陷一个恶性循环之中。SMT 董事总经理、经验丰富的钢铁制造商查尔斯·布鲁斯·加德纳（Charles Bruce Gardner）在 BIDC 成立一周年之际指出：“如果我们要对基础工业的重组产生哪怕最微小的影响，就必须提供大量资金。经验表明，在大多数情况下，帮助这些行业制订能够向投资者保证利息和偿还债务的资金计划是不可能的……”[30]

1929 年 9 月，华尔街股市崩盘前的几周，诺曼第一次坐下来接受奥古斯都·约翰（Augustus John）为他绘制肖像。这幅肖像后来成为颇具争议的作品。这位画家注意到诺曼显得心事重重："仿佛他比其他人被更为严重地被问题困扰着。”而在接下来的一年半时间里，他的心事越来越多，因为世界大部分地区正滑入之后被称为 20 世纪 30 年代大萧条的深渊。诺曼难得的一丝安慰来自 1930 年 4 月国际清算银行（Bank for International Settlements，BIS）的成立，这使得各国中央银行家能够在他前年秋季向斯诺登推荐的“中立领土”（即巴塞尔）进行交流，从而提供了“欧洲摆脱金融混乱的唯一途径”。由于国际清算银行与整个“一战”赔款问题交织在一起，因此它的诞生过程并不容易。但诺曼在一开始还是充满希望的，他告诉国际清算银行的首任总经理皮埃尔·凯斯奈（Pierre Quesnay）：“新机构的目标应是通过协调中央银行的政策和贴现率，增加各自对本国市场的控制，将短期资本引向长期市场。”换句话说，这是一种本质上超越政治的方式。然而，困难仍在继续增加，包括澳大利亚在全球经济衰退加剧背景下尤其恶劣的经济状况。英格兰银行的应对措施（应堪培拉的请求）是派遣内默耶于 7 月抵达澳大利亚，准备向当地的工党政府推荐需要采取但并不受欢迎的全力通货紧缩措施，尤其是降低工资以便在英格兰银行的协助下履行其在伦敦越来越沉重的财政义务。几周后，诺曼对一位伦敦股票经纪人说道：“我希望我们优秀的内默耶能够成功地让那些偏远的澳大利亚人采纳经济上的合理做法，真正地回归理性。但他们还有很长的路要走。”确实，顽固且有些高高在上的内默耶在澳大利亚成为一个极具争议的人物，直到几个月后他才达成折中的解决方案并完成任务。至于诺曼本人，此时也许已经出现了某种可以理解的倦怠感。他在 1930 年 11 月向彼得·巴克（Peter Bark）抱怨。后者是沙俄最后的财政部部长，当时作为中欧问题专家，是诺曼最依赖的少数几个人之一。“关于塞尔维亚的谈判，塞尔维亚人和法国人都非常棘手。我越走下去，越觉得国际主义者的道路很艰难！”[31]

这一年半时间里，进一步令诺曼心生倦怠的是斯诺登设立的财政与工业委员会。该委员会的主席是苏格兰律师麦克米伦勋爵（Lord Macmillan），成员包括凯恩斯、麦肯纳、坚定的工会主义者欧内斯特·贝文（Ernest Bevin），以及代表英格兰银行的拉伯克。1929 年 12

月，在提供了 5 天非常有力的证词后（主要集中解释英格兰银行的运作机制，而不是试图阐明或证明高层政策的问题），副总裁欧内斯特·哈维爵士（Sir Ernest Harvey）向他的上司保证道："无论委员会的结果如何，我们至少无所畏惧。"但对诺曼本人来说，他在 1930 年 3 月上午提供了一次证词。此前他因身心俱疲还将证词推迟过一次，以至于提供证词之后他在地中海进行了一次康复巡航。提供证词的整个过程是一场相当大的考验。诺曼回忆道："我离开了一个月，修补了我的炉膛，因为它被炉火烧穿了。"

大部分委员会会议都围绕着一个日益存在争论的问题，即英格兰银行传统的三个优先事项，即保卫英镑、坚持金本位和维护伦敦作为国际金融中心的地位，是否对国内经济造成了损害。"我认为，与外部好处相比，内部坏处相对较小"，总裁坚称道。随后麦克米伦礼貌地进一步追问：

> 维护国际金融中心地位对工业有什么好处？——这是一个非常技术性的问题，我无法充分解释。但总体而言，国际金融中心地位整体上帮助我们保留了所继承的伟大国家地位，尽管这个地位可能一度面临危险，但在很大程度上（尽管并非在同等高度上）已经重新确立。我们在很大程度上仍然是国际银行家。我们拥有大规模的国际贸易和商业，我相信这为我们带来了相当大的利润。我们确实维护着庞大的国际市场、一个自由的黄金市场、一个几乎是世界上最自由的外汇市场。所有这些因素，以及与之相关的信心和信贷，从长远来看对工业、金融和商业都是极其有利的。
>
> 有人批评说，尽管采取的政策从伦敦金融城金融家的角度来看可能是极好的，但对本国的工业并无裨益。推动该政策的考量更多是针对金融方面，而不是针对与普通人关系更紧密的工业？——是的。当然，工业运气不好。可以说，工业的处境一直非常艰难，并且因一系列原因受到极大影响。我对你提出的批评表示赞同，我相信那是真的。
>
> 毫无疑问，这是一系列原因共同作用的结果？——是的，差不多就是这样。

此时，明显感到沮丧的贝文试图迫使诺曼承认，以战前同等价值回归金本位的决定是造成工业困境的主要原因。对此，诺曼回应道："我并不认为工业的主要问题应归因于这一变化。"这位工会主义者仍然不为所动，提出了一个建议：

> 鉴于国内工人阶级不得不承受失业和生活水平下降的最为重大的打击，您是否认为有可能将国家政策和国际政策分开，以便在某种程度上减轻恢复金本位对英国工业的影响？——我相信，要同时实行两种截然不同的政策是绝对不可能的……
>
> 假设，例如，您在不得不阻止黄金外流的同时，会造成信贷受限，那么是否有可能在这种情况下有意识地将信贷引导到国内市场？——在某种程度上维持两种不同利率的信贷供应？
>
> 可以吗？——我不这么认为。

总体而言，这次会议让诺曼感到沮丧。尽管他坚持了自己的立场，但未能令人满意地表达出他做决定时的本能直觉和假设前提。会议的某一时刻，委员会的秘书回忆道，当诺曼被问到是如何知道某件事时，他只是简单地连续敲了三下自己的鼻子（暗示自己使用了嗅觉）。

无论如何，这是诺曼的主要陈述机会。尽管在 1931 年 2 月，他还在格拉内和新任美国经济顾问 O. M. W. 斯普拉格（O. M. W. Sprague）的陪同下，进行了最后两天的听证，但这些证词相对不那么具有挑战性。同时，委员会在此期间还举行了闭门会议，其中凯恩斯不可避免地占据了主导地位，并同样不可避免地表示希望英格兰银行最终能够“更加公开地讨论”政策问题。凯恩斯说道：“如果在过去十年的每个阶段，英格兰银行总裁都能公开声明他的目标，以及他如何评估政策的利弊，也就是告诉我们他的目标是什么、方法是什么，以及他为了获得所追求的优势而将会付出什么代价，那么一个知情的公众舆论就可能达成一些共识，并判断他的政策是否明智和成功。”至于麦肯纳，他的表达更为简洁：“总裁犯有沉默且不负责任的专制主义罪。”在 1930 年 12 月的一次闭门会议上，发生了这样一段颇有趣味的对话：

> 凯恩斯：我希望看到我们的报告以英格兰银行职能的扩大和演变为中心而展开……这样，当她的新总部大楼准备好迎接她时（指英格兰银行大楼重建完成时），她不再是那个围着裙子的“针线街老妇人”。我们必须为这个新大楼的主人构思一个新的形象。
>
> 麦克米伦：一个闪亮而又年轻的形象？
>
> 凯恩斯：我不太清楚是什么。也许拉伯克先生能提出些建议？

拉伯克：可是，我也是一个老派人。[32]

诺曼确实是一个老派人。尽管这并没有阻止他在报告发布之前，在凯恩斯等人的围攻下，为英格兰银行悄悄进行一场有效的反击战。

这一切都发生在英国经济艰难挣扎的背景下。银行利率确实在稳步下降。从华尔街崩盘前的 6.5% 降至 1930 年 5 月的 3%，并在这一水平上保持了一年多。但在许多人看来，降息进展太慢且力度不足。1930 年 2 月，一位财政部内部人士观察道："英格兰银行的政策，在我看来除了是对廉价资金的无端恐惧，实在无法解释。"这是一个看似合理的评价。失业率在当年剩余时间内迅速攀升，失业人数在 1930 年底达到了 270 万人，而在 1929 年夏天还不到 100 万人。但与此同时，诺曼并没有改变他的信念，即维持英国在金本位方面的能力是最为重要的。1931 年初，他警告斯诺登，如果"黄金外流、预算前瞻、社会主义立法或任何其他原因"引发英镑抛售，那么他将别无选择，只能提高银行利率，以对他所谓的"令人不满的局势"施加压力。简而言之，工党政府必须削减开支，否则就得承担相应后果。几周后，斯诺登在 2 月接受了这一警告，同意成立一个经济委员会［由著名精算师乔治·梅爵士（Sir George May）担任主席］，以寻找能够削减开支的办法。与此同时，诺曼批准的，对于面向国际的伦敦金融城具有重要象征意义的外国贷款，在那个春天迎来了最后的辉煌。[33]

随着奥地利最大商业银行安斯塔特信贷（Credit Anstalt）在 5 月中旬倒闭，1931 年的金融危机真正开始了。[34]"奥地利的货币崩溃可能会迅速在其他几个国家导致类似的结果"，诺曼很快就警告了美联储主席乔治·哈里森（George Harrison）。尽管英格兰银行竭尽所能，包括向奥地利中央银行提供了 430 万英镑的信贷，但金融系统的不稳定迅速蔓延到了匈牙利和德国。伦敦金融城的一些大牌机构在德国有巨大的风险敞口。完全献身于国际经济的诺曼，在此时强烈要求他们继续提供信贷。6 月 10 日，在执掌家族银行的埃里克（Eric）和查尔斯·汉布罗（Charles Hambro）来访后，诺曼在日记中写道："如果德国像传言中的其他国家那样撤回信贷，那就太糟了。我认为从长远来看，德国是一个不错的赌注，它需要帮助和安慰，而不是担忧。"6 月底，德国的局势似乎暂时稳定了下来，这得益于英格兰银行及其他中央银行向德国央行提供的 1 亿美元信贷。但诺曼在 7 月初向克莱格提供的最新情况仍不乐观："你真的无法想象我们最近经历了什么。几乎无一例外的，奥地利、匈牙利和德国，实际上是整个东欧，都已经崩溃了。而我们还远未摆脱困境……”事实的确如此。7 月的同一天，一轮新的外国撤资开始了，德国银行出现了挤兑。一周后，从德国央行传来的消息是德国金融体系处于危机状态。

回到国内。6 月的关键任务是让政治家们面对现实。更具体地说，是在预计 5 月乔治·梅爵士领导的经济委员会调查结果公布之前，让他们有所准备。诺曼和麦克唐纳之间的一系列通信揭示了谁在掌控局势。当时的首相非常忧虑，不知所措。麦克唐纳在一封信中提到，在最近银行经济学家斯普拉格教授发表的一系列悲观演讲后，他不禁想知道各中央银行是否能通过更多的合作来稳定价格，从而防止严重的通货紧缩造成可怕的失业后果。麦克唐纳补充道：“我希望你不要介意我介入这些技术领域。然而，我几乎不敢想象，如果所有的价格和工资都必须被迫降低以应对商品价格的下跌，这对世界尤其是对我们的国家会意味着什么。”诺曼在回信中直截了当地表示，中央银行合作提高商品价格不过是一种幻想。至于斯普拉格的言论，诺曼表示：“如果他的话有时显得过于严厉、粗糙或无情，那可能是因为他自己已经确信，太久以来这个国家及其他国家并没有认清或面对实际情况和困难。因此他认为必须用浓重的笔墨来描绘这些事实，才能让那些不愿接受现实的人真正意识到问题所在。”麦克唐纳的道歉回信几乎卑微至极：“这个问题不断困扰着我。但这是一个我从未真正研究过的领域，因此我一无所知。”[35]

从 7 月中旬开始，事态发展迅速。7 月 13 日星期一，麦克米伦报告发布。该报告对英格兰银行几乎没有批评，主要以提出“麦克米伦缺口”而闻名，即中小企业融资难的问题。但这一消息很快被德国最大银行之一达姆施塔特银行（Darmstadter）暂停兑付的新闻所掩盖。次日，拉扎德商人银行因欺诈而陷入困境，并最终需要从英格兰银行获得 350 万英镑的贷款。与此同时，人们对伦敦的德国风险敞口越来越感到担忧，导致英格兰银行的黄金大量外流，一周内流失约 2200 万英镑。诺曼本人承受了巨大压力，最终崩溃。他在 7 月 29 日星期三的日记中写道：“12:30 左右，离开财政部。大约下午 3 点回家。感觉不对劲。”此后，他在这场危机的剩余时间里只扮演了次要角色。他能干的副手哈维（Harvey）挺身而出，并在 7 月 30 日确保将银行利率从 3.5% 上调至 4.5%，以试图遏制黄金流失。

次日，7 月 31 日星期五，是关键的一天。不但哈维通知麦克唐纳，英格兰银行的储备自当月中旬以来已减少了惊人的 5500 万英镑，而且人们期待已久的经济委员会报告也正式发布。该报告声称预算赤字可能达到

1.2 亿英镑，这在当时是一个令人震惊的数字。报告还强烈建议政府削减 6700 万英镑的失业救济金。在接下来的几周里，英格兰银行对这一建议始终保持支持态度，坚称国际社会对英镑的信心关系到英国金本位制的命运。8 月 6 日，哈维向斯诺登明确表示：

> 我想向您解释，在不到 4 周的时间里，我们已经损失了超过 6000 万英镑的黄金和外汇。除了（他国央行）授信，我们几乎没有任何外汇储备。如果资金外流的趋势得不到缓解，我们将难以维持……
>
> 我们正在尽最大努力，但我们采取行动的能力正在迅速减弱。正如我上周试图向您解释的那样，我们收到的所有报告都表明，外国人期待从这个国家看到的信号是预算状况的重新调整。今天从巴黎和纽约传来的信息再次强烈表达了他们的这一立场。我非常不愿越权行事。但如果我不说出这些，那就是我的失职了。鉴于目前面临的前景，政府就这一问题（作为维护英镑价值的一种手段）做出决策的时间，可能需要再次缩短。

紧迫感是显而易见的。8 月 11 日，在与财政委员会的会谈中哈维表示："首相和财政大臣尚未准备好面对现实。根据我收到的某些信息，我担心财政大臣可能正在思考放弃金本位制的可行性。"一两天后，即将前往加拿大休养的诺曼被问及国家是否能"渡过难关"。他回答说："是的，如果我们能让他们足够害怕的话。"这里的"他们"指的是谁，几乎没有疑问。正如哈维在 17 日对前财政大臣所表达的那样："我们正在进行一场绝望的斗争，希望政府能够在我们的强大压力下，在本周宣布一项能够充分恢复国外信心的财政改革计划……目前来看，这像是一场势均力敌的竞赛……"[36]

这场政治竞赛的结局将被载入史册。8 月 18 日星期二，哈维几乎确定地得知内阁经济委员会正在敲定其提议的预算削减方案。在给斯诺登的另一封措辞强硬的信中，哈维警告说："伦敦金融城的每个人都在焦急地等待政府计划的宣布。只要目前的紧张局势持续下去，就一定会存在某个地方突然崩溃的风险，并将扩散为全面恐慌。"两天后，他批准了伦敦的摩根·格伦费尔发往纽约摩根公司的电报，探讨英国政府是否能够从那里获得一笔 2.5 亿美元的贷款，但前提是政府必须先就平衡预算问题发布"令人满意的公告"。次日，哈维和皮科克坦率地告知麦克唐纳和斯诺登，内阁迄今为止同意的5600万英镑削减方案不足以从国外获得进一步的信贷，而且由于当前英镑的流失潮以及英格兰银行支撑汇率的绝望行动，其储备可能在仅仅4天内耗尽。

决定性时刻于8月23日星期日晚上到来了。哈维将来自纽约摩根合伙人的关键消息传递给了麦克唐纳，即一笔重大短期信贷将在几天内提供给英国政府，前提是“正在考虑的计划将得到英格兰银行和整个金融城真心实意的认可和支持”。[37] 首相将这一消息传达给内阁。大约一半的工党部长拒绝支持削减失业救济金的提议，而这正是实施该计划的必要条件。当天晚上，打算辞职的麦克唐纳（由哈维陪同）前往白金汉宫，而国王乔治五世正与他的财务顾问皮科克共进晚餐。首相被劝说推迟决定。当晚晚些时候，哈维和皮科克陪同他返回唐宁街，试图说服他仍然可以作为国民政府①首脑来为国家服务。当然，这个政府将完全致力于强化削减计划。次日，一切都顺理成章地发生了。工党政府倒台，国王要求麦克唐纳组建一个国民政府（不可避免地由保守党主导）。

这一切是否如当代流行的指责所言，是“银行家的阴谋”？从本质上说，不是。英格兰银行坚定不移的首要任务是拯救英镑，从而维持金本位制，并真诚地相信实现这一目标的唯一途径是大幅削减政府开支。它的目标并不是要迫使工党政府下台。事实上，人们普遍认为，如果削减措施由工党实施，相关措施会更容易地被大众接受。即便如此，对于任何思考民选政治家和未经选举的中央银行家之间权力平衡的人来说，这都是一个值得深思的问题，尤其是中央银行家能够设定讨论的框架并在很大程度上限制政治家的操作空间。

这场危机无论如何都还没有结束。即使斯诺登（继续担任财政大臣）在9月10日提交了紧急预算，大致遵循了工党政府未能达成一致的削减方案，但国际社会对英镑的信心仍在持续减弱。在9月上半月，英格兰银行的黄金储备逐渐减少，而一系列不利事件又接踵而至。来自因弗戈登（Invergordon）的报告提到海军士兵可能因减薪而发生哗变；大选在即，下议院的部长们却在困境之中表现不佳；同时又出现了新的严重的荷兰银行危机。这些事件导致了巨量的资金外流。16日损失了350万英镑，17

---

① 国民政府（National Government）在英国政治层面上可泛指由部分或所有主要党派联合组成的政府，但历史上主要指由拉姆齐·麦克唐纳、斯坦利·鲍德温和尼维尔·张伯伦在1931年至1940年筹组的联合政府。由阿斯奎斯和大卫·劳埃德·乔治在第一次世界大战期间筹组的跨党派联合政府，以及丘吉尔在第二次世界大战期间的跨党派联合政府，在当时也被称为国民政府，但后世则多称为联合政府（Coalition Government）。——译者注

日损失了1000万英镑，而18日星期五则是令人沮丧的1875万英镑。当天晚些时候，哈维和皮科克在唐宁街10号见到了麦克唐纳，实际上告诉他除了放弃金本位别无选择。首相表示："如果无法找到解决的办法，那么最好现在就承认这一点。"随后讨论转向了实际操作问题：

> 副总裁（哈维）表示，最好在周一早上就停止运作（金本位制），因为这样可以有时间通知媒体，并防止公众挤兑……首相问，这次动荡对总体形势，特别是对国内形势会有什么影响？皮科克先生回答说，这对每个人来说都是一次巨大的打击，但各银行都将忠诚地互相支持，尽力维持运作。如果媒体表现得好一点，国内的情况可能不会太糟……皮科克先生继续解释了这一事件对我们在世界各地的人民，包括爱尔兰、埃及、印度等地的冲击："在每个村庄，伦敦的钞票都被视为现金。但它将不再是现金了。"

会议结束时，皮科克指出："在放手让英镑贬值之前，这个国家已经尽其所能，因此没有人可以指责她没有尽力。"同时"有人指出"（是哈维、皮科克、还是麦克唐纳）："通过平衡预算，不管发生什么，这个国家至少表明了她不惜一切代价遵守游戏规则的决心。"

星期天，哈维向正在从蒙特利尔回国途中的诺曼发送了一封故意含糊其辞的电报："抱歉我们明天不得不退出金本位制，不能等你回来再做决定。"诺曼显然有些困惑。结果，9月21日星期一，尽管证券交易所被关闭，但伦敦金融城的情况并不像某些人担心的那样糟糕，这无疑得益于当天早上媒体坚定地保持乐观态度。《每日电讯报》（*Daily Telegraph*）在其头版宣称"无须惊慌"，并在下方补充道"保证迅速重返金本位制"。《泰晤士报》预测，待新政府完成"紧缩与改革"工作后，金本位制将会恢复。而从不同角度出发的《每日邮报》（*Daily Mail*）则认为，暂停金本位制对英国工业而言可以说是"一种福音"。它写道："1925年，这个国家被草率地拉入金本位制，尽管本报曾对此提出抗议。金本位制让我们损失了数千万英镑，几乎毁了我们。现在它已经消失了，我们可以更自由地呼吸了。"

不可否认，不论对错这都是一个重要的时刻。仍在英格兰银行董事会任职的泰迪·格伦费尔向海军中将奥布里·史密斯爵士（Sir Aubrey Smith）感叹道："你会从今天早上的报纸上看到，经过所有的努力，我们最终还是被迫放弃了金本位制。这场战斗一直都在失利，每天都在下滑一级，直到海军士兵事件把我们彻底从梯子上推了下来。英国对外的代表正是海军和英格兰银行。这一切都非常令人困惑和痛心。"一次试图回归 1914 年以前繁荣稳定的冒险尝试彻底失败了。本章最后的评论留给凯恩斯的朋友弗吉尼亚 · 伍尔夫①（Virginia Woolf）。她在日记中写道："我们放弃了金本位制，而我还在写关于多恩［Donne，指约翰 · 多恩（John-Donne）］的文章。是的，如果我们的经济崩溃了，如果每个人都把时间花在写多恩上，我们就不会放弃金本位制。这就是我对这场大危机和其他一切的看法。咕咕叫的鹅，无法下出金蛋。"[38]

第十章　吉卜林男人

1 Uncatalogued diary (at Bank of England archive); E30/2, fo 83.

2 Richard Roberts, Saving the City (Oxford, 2013), pp. 119-133.

3 Clay, p. 80; Roberts, p. 154; Sayers, Vol. 1, pp. 77-82; Roberts, p. 189; Jeremy Wormell, The Management of the National Debt of the United Kingdom, 1900-1932 (2000), pp. 85-87.

4 ADM30/4, Lord Cunliffe file; War Memoirs of David Lloyd George, Volume 1 (1933); pp. 113-114; NA, T170/56, 5 Aug 1914; Michael and Eleanor Brock (eds), H. H. Asquith, Letters to Venetia Stanley (Oxford, 1982), p. 312.

5 E30/2, fos 86, 95; Sayers, Vol. 2, pp. 611, 616; E30/2, TOS3L07, 111; savers: Vol. 2, p. 612; G1s/113, 15 Feb 1919.

6 Ian M. Drummond, The Gold Standard and the International Monetary System, 1900-1939 (Basingstoke, 1987), p. 29; Feavearyear, p. 347; NA, 1176/13, Part 1, 6 Dec 1925; G. C. Peden, 'Treasury and the City', in Ranald Michie and Philip Williamson (eds), The British Government and the City of London in the Twentieth Century (Cambridge, 2004), p. 1235 E. V. Morgan, Studies in British Financial Policy, 1914-1925 (1952), pp. 1873 Richard Roberts, 'The Bank and the City', in Roberts and Kynaston, p. 60; Wormell, chap. 3, 6, 11 (re war loans); Sayers, Vol. 1, pp. 84-85; Morgan, Studies, pp. 344, 356; Grs5/7, 23 April 1918; de Fraine, pp. 173-176.

7 Lloyd George, p. 114; Lord Riddell's War Diary, 1914-1918 (1933), P 94; A. J. P. Taylor (ed), Lloyd George: A Diary by Frances Stevenson (1971), p. 53; Stephen McKenna, Reginald McKenna, 1863-1943 (1948), p. 237; Lord Beaverbrook, Politicians and the War, 1914-1916,

---

① 弗吉尼亚 · 伍尔夫是同时期英国女作家，代表作包括《达洛维夫人》《列灯塔虫》《雅各的房间》等。约翰 · 邓恩是 17 世纪英国诗人、教士，代表作有《歌与十四行诗》等。弗吉尼亚 · 伍尔夫下面这段话暗示英国当时的民众对放弃金本位制并不十分在意。——译者注

Volume II (1928), p. 153; Sayers, Vol. 1, pp. 89-91; Boyle, pp. 103-105; Fed, 1000.2; Kenneth Mouré, 'The Limits to Central Bank Co-operation, 1916-1936', Contemporary European History, Nov 1992, pp. 261-262.

8 ADM34/4, 27 June 1916; Grs/7, 10 Aug 1916; ADM30/4, Lord Cunliffe file, 20 Oct 1916; ADM 34/4, 24 Oct 1916, 8 Nov 1916, 17/18 Nov 1916, 22 Nov 1916; ADM34/5, 12 Jan 1917.

9 The version of the episode given here is based on the Bank's records, as well as owing much to Sayers, Vol. 1, pp. 99-109. For an alternative version, claiming that Cunliffe had already given a resignation letter to Bonar Law (for the chancellor to use as and when he saw fit) before going fishing in Scotland, see Robert Rhodes James, Memoirs of a Conservative (1969), pp. 61-62, and R. J. Q. Adams, Bonar Law (1999), p. 252.

10 G15/31, fos 30/42; Private Letter Books of Gaspard Farrer, 15 August 1917 (The Baring Archive, DEP33.18 folio 28); ADM34/5, 12 Sept 1917; ADM34/6, 27 Feb 1818, 22 March 1818; Morgan, Grenfell records (LMA), Ms 21,799, fos 121, 123.

11 Economist, 8 Sept 1917; G15/111-112; ADM34/6, 28 March 1918, 25 April 1918; Sayers, Vol. 2, pp. 597, 628-631, 618-620; Clay, p. 113.

12 NA, T185/1; Sayers, Appendixes, Appendix 7; D. E. Moggridge, British Monetary Policy, 1924-1931 (Cambridge, 1972), pp. 17-22; Economist, 2 Nov 1918; Times, 30 Oct 1918.

13 Fed, 1000.3; G35/1, 3 Dec 1920; G35/2, 5 Jan 1921; Sayers, Appendixes, pp. 74-75; G35/2, 15 Sept 1921; G3/178, 7 Feb 1922, 22 March 1922; G3/183, 29 Jan 1925.

14 P. L. Cottrell, 'Norman, Strakosch and the development of central bank- ing', in Philip L. Cottrell (ed), Rebuilding the Financial System in Central and Eastern Europe, 1918-1994 (Aldershot, 1997), pp. 29-30; Eoin Drea, 'The Bank of England, Montagu Norman and the internationalisation of Ango-Irish monetary relations, 1922-1943', Financial History Review, April 2014, p. 61; G35/2, 14 March 1921; Sayers, Vol. 1, pp. 205-206; ADM30/4, W. H. Clegg file; Sayers, Vol. 1, p. 209.

15 Economic Journal, Dec 1953, p. 764; G3/179, 26 Feb 1923; G35/3, 9 Aug 1922; Anne Orde, 'Baring Brothers, the Bank of England, the British Government and the Czechoslovak State Loan of 1922', English Historical Review, Jan 1991, pp. 27-40; Sayers, Vol. 1, pp. 168-169, 171-173; G35/4, 9 April 1923; G3/180, 10 Jan 1924; Sayers, Vol. 1, pp. 181-182; Cottrell, 'Norman', pp. 61-62.

16 Sayers, Vol. 2, p. 554, Vol. 1, p. 269; David Wainwright, Government Broker (1990), pp. 64-65; ADM34/9, 1 April 1920; John Atkin, 'Official Regulation of British Overseas Investment, 1914-1931', Economic History Review, Aug 1970, pp. 324-335; G3/177, 28 Dec 1921; G35/4, 3 Dec 1923; J. A. Gere and John Sparrow (eds), Geoffrey Madan's Notebooks (Oxford, 1981), p. 14.

17 The fullest account probably remains Moggridge, pp. 37-97.

18 NA, CAB27/72, 25 Sept 1919; G35/1, 6 Nov 1919; Susan Howson, 'The Origins of Dear Money, 1919-1920', Economic History Review, Feb 1974, pp too ff; G3/176, 6 Sept 1920;

Clay, p. 292; Journal of the Institute of Bankers, Dec 1921, pp. 382-383; National and Athenaeum, 21 July 1923; Robert Skidelsky, John Maynard Keynes: Volume Two (1992), pp. 153-164; G35/4, 8 Oct 1923.

19 Philip Snowden, An Autobiography: Volume 1 (1934), pp. 613-615; NA, T160/197/F7528/02/1, 27 June 1924; papers of Sir Charles Addis (SOAS), 14/43, 8 Jan 1925; Martin Gilbert, Winston S. Churchill, Volume V (1976), pp. 97-98; Fed, 1112.2, 14 April 1925; Times, 29 April 1925; G35/5, 8 May 1925; Gilbert, Churchill, Volume V Companion, p. 472.

20 Star, 21 Jan 1925; Emile Moreau, The Golden Franc (Boulder, Colorado, 1991), p. 51; Marguerite Dupree (ed), Lancashire and Whitehall (1987), Vol. 1, p. 34; Lloyds Bank Review, April 1968, pp. 33-34; Duncan Crow, A Man of Push and Go (1965), p. 168; G15/241 (Bayen); ADM34/r11, 6 Dec 1922; ADM34/12, 9 Nov 1923; L. E. Jones, Georgian Afternoon (1958), pp. 122-123; Crow, p. 168; G35/3, 31 Oct 1922; Andrew Shonfield, 'The Plaintiff Treble', in Arthur Koestler (ed), Suicide of a Nation? (1963), p. 80; G35/7, 3 Jan 1928, 25 July 1927.

21 Gr5/24, 10 Aug 1922; G35/3, 31 Oct 1922; Charles Chadwyck-Healey, Cecil Lubbock (Royston, 2008); G35/4, 30 Nov 1924; Addis, 14/43, 7 Oct 1925; G35/5, 18 Oct 1925; Addis, 14/44, 8 July 1926; Fed, 1112.2, 8 Oct 1926; G15/24, 8 Oct 1926; ADM33/26 (Trotter).

22 G15/252-253; Clay, p. 310; The Baring Archive, 101961, 2nd Lord Revelstoke Private Copy Out Letter Book, 22 October & 25 October 1928; G1/204, 25 July 1931 (Newman memo).

23 Addis, 14/454, 28 Sept 1926; Fed, 1112.2, 25 Oct 1926; Clay, p. 3115 G15/252, 1 March 1927; Addis, 14/456, 17 May 1928; Gr5/24, 17 May 1928; G35/7, 13 Sept 1927; OL, Winter 1976, p. 241 (Michael Thornton).

24 Sidney Pollard, The Development of the British Economy, 1914-1980 (1983 edn), pp. 137-141; NA, T176/13, part 1, 3 Dec 1925; Grs/7, 4 Dec 1925; Sayers, Vol. 1, p. 216; Gilbert, Churchill, Vol V, pp. 237-238; P. J. Grigg, Prejudice and Judgement (1948), p. 193; Lord Moran, Winston Churchill (1966), pp. 303-304.

25 G1/515, 17 July 1925; ADM34/14, 2 Dec 1925; ADM34/15, 8 Oct 1926; ADM34/17, 4 Oct 1928; G3/182, 19 Nov 1926; G35/7, 26 Oct 1927. See also: Bernard Attard, 'Moral suasion, empire borrowers and the new issue market during the 1920s', in Michie and Williamson, pp. 195-214.

26 G3/183, 8 May 1925; G1/515, 15 July 1925; G3/184, 9 Sept 1925; Sayers, Vol. 1, pp. 337-341; Moreau, p. 430; Clay, pp. 265-266; Liaquat Ahamed, Lords of Finance (New York, 2009), pp. 298-299; G3/195, 28 March 1929.

27 G3/195, 28 March 1929; Moreau, p. 295; G15/24, 17 May 1928; G15/7, 4 Sept 1929; Evening Standard, 27 Sept 1929; G15/7, 30 Sept 1929; G3/195, 4 Oct 1929; Peter Clarke, The Keynesian Revolution in the Making, 1924-1936 (Oxford, 1988), p. 104; ADM34/18, 5 June 1929, 11 June 1929; G3/195, 27 Sept 1929.

28 For an account of the whole process, see: W. R. Garside and J. I. Greaves, 'The Bank of England and industrial intervention in interwar Britain', Financial History Review, April 1996.

29 G3/192, 1 Nov 1928; SMT2/240, 5 Dec 1928; Nation and Athenaeum, 2 Feb 1929; Valerio Cerretano, 'The Treasury, Britain's Postwar Reconstruction, and the Industrial Intervention of the Bank of England, 1921-1929', Economic History Review, Aug 2009, pp. 80-100; G3/195, 14 Aug 1929.

30 Sayers, Vol. 1, p. 326; Sue Bowden and Michael Collins, 'The Bank of England, Industrial Regeneration, and Hire Purchase between the Wars', Economic History Review, Feb 1992, p. 126; SMT2/53, 22 Feb 1930; John Vincent (ed), The Crawford Papers (Manchester, 1984), p. 5313 SMTo9/1, 11 April 1930; J. H. Bamberg, 'The government, the banks, and the Lancashire cotton industry, 1918-1939' (University of Cambridge PhD, 1984), pp. 195-196, 119; The Baring Archive, 200537, Charles Bruce Gardner to Barings, 17 April 1931.

31 ADM30/16, 24 Jan 1986 (Byatt memo); G15/7, 4 Sept 1929; Gianni Toniolo, Central Bank Co-operation at the Bank for International Settlements, 1930-1973 (Cambridge, 2005), p. 57; G3/197, 11 Sept 1930; G1/ro, 22 Nov 1930. In general on the Niemeyer mission, see: Peter Love, 'Niemeyer's Australian Diary and Other English Records of His Mission', Historical Studies, 1982; Bernard Attard, 'The Bank of England and the origins of the Niemeyer mission, 1921-1930', Australian Economic History Review, March 1992.

32 G1/426, 19 Dec 1929; G3/196, 7 Jan 1930; G1/425, pp. 3332-3335, 3344, 3403, 3405-3406; Sayers, Vol. 1, p. 369; papers of Lord Brand (Bodleian), file 31, 30/31 Oct 1930, 5 Dec 1930.

33 Roberta Allbert Dayer, Finance and Empire (1988), p. 211; Philip Williamson, National Crisis and National Government (Cambridge, 1992), p. 200; Atkin, p. 331.

34 The crisis has an extensive literature. Two particularly interesting interpretations are: Philip Williamson, 'A "Bankers Ramp"?', English Historical Review, Oct 1984; William H. Janeway, 'The 1931 sterling crisis and the independence of the Bank of England', Journal of Post Keynesian Economics, Winter 1995-1996.

35 Diane B. Kunz, The Battle for Britain's Gold Standard in 1931 (Beckenham, 1987), p. 48; ADM34/20, 10 June 1931; G3/198, 1 July 1931; G15/7, 18 June 1931, 25 June 1931, 29 June 1931.

36 ADM34/20, 29 July 1931; G3/210, 6 Aug 1931; G8/60, 11 Aug 1931; Thomas Jones, A Diary with Letters, 1931-1950 (Oxford, 1954), p. 11; G3/210, 17 Aug 1931.

37 G3/210, 18 Aug 1931; Kathleen Burk, Morgan Grenfell, 1838-1988 (Oxford, 1989), pp. 150, 153.

38 NA, PREM 1/97, 18 Sept 1931, fos 84-89; Daily Telegraph, 21 Sept 1931; Times, 21 Sept 1931; Daily Mail, 21 Sept 1931; Morgan, Grenfell, private letter books, no 44, 21 Sept 1931; Anne Olivier Bell (ed), The Diary of Virginia Woolf: Volume 4 (1982), p. 45.

第十一章

看起来很忙

两次世界大战之间，英格兰银行的规模比“一战”前大得多，性别比例也更为均衡。1914 年，英格兰银行约有 1000 名职员，其中只有约 60 名是女性。到 1927 年，职员人数增加到约 3400 人，其中约 1270 名是女性，主要从事速记打字或与办公室逐步机械化相关的工作。人员总数的增加主要是因为战争导致国债增加了十倍，尤其是在 1918 年后的几年里。这直接造成了所谓的“驼峰”现象。即大量匆忙招募的男性晋升前景有限，并在随后的几十年里阻碍了更有能力的新一代晋升。“驼峰”现象的产生一方面可能是由于突然膨胀的国债，另一方面据说（尽管没有文献记录）还有来自政府的非正式压力。当时政府急于减少失业人数，因为世界显然还没有为那些英雄们（指从战场回来的人）做好准备。

同一时期，男性招聘大多沿着传统的、非专业化的方式进行。一个想要成为新员工的人（通常不是大学毕业生）仍然需要获得一位董事的推荐。这实际上意味着绝大多数职员都来自中产阶级家庭，尽管往往是下层中产阶级。板球运动在其中起到了帮助作用。莱斯利·奥布莱恩（Leslie O’Brien）在 20 世纪 20 年代中期离开文法学校时，凭借他父亲曾与巴林家族成员一起打板球的关系，获得了里维斯托克勋爵的提名。大约十年后，银行最喜欢的运动对一位公学男生戴维·哈里斯（David Harris）的生活产生了重要影响。他回忆道：

> 我父亲是泰晤士治安法庭的法官，他从沃金乘坐蒸汽火车通勤到滑铁卢。经常和他一起乘车的有巴西尔·卡特恩斯（Basil Catterns）。卡特恩斯当时就是董事，直至最近还是首席出纳。有一天早晨，我父亲在埋头读《泰晤士报》时，注意到我在谢伯恩对阵威斯敏斯特的比赛中得了 126 分。他为此感到骄傲，便告诉了卡特恩斯。
>
> “干得好。”卡特恩斯说，“他毕业后打算做什么？”
>
> “他还没决定呢。”我父亲回答。

> “好吧。”卡特恩斯说，“银行的板球队最近表现不佳，需要一些新鲜的年轻血液。如果他对在银行工作感兴趣，我很愿意为他提供一个提名”。此时卡特恩斯从未见过我。

即便如此，戴维·哈里斯获得提名的方式也比许多人要直接得多。例如，奈杰尔·斯佩林（Nigel Spelling）在1939年夏天获得提名，“是通过一个叔叔，他认识一个人，这个人认识……认识……认识银行里的一位高级职员，这位高级职员又认识一位董事，大概就是这样……”但无论通过何种提名方式，应聘者接下来都要面对为期两天的拼写、算术、写作以及常识或外语考试。此外，还需要伦敦商会的书法证书，这通常会淘汰一些左撇子。考试本身并不特别难，似乎通过率很高，但仍有一些紧张时刻。特德·贝拉米（Ted Bellamy）回忆起20世纪20年代初期时写道：“拼写12个复杂单词差点把我害惨了。虽然其中的11个我毫无问题，但我愚蠢地把银行词汇中非常重要的‘Principal’拼错了。”[1]

尽管英格兰银行的人员增加了，但在两次世界大战之间，它的组织结构仍然和以前大体相同。在20世纪30年代，组织机构方面仅有的两个扩展领域：经济和统计学家以及外汇办公室。前一个领域有刚被招募的剑桥经济学家汉弗莱·米诺斯（Humphrey Mynors）崭露头角；后一个领域的新兴力量则是敏锐且精力充沛的乔治·博尔顿（George Bolton）。1932年，皮科克主持的组织特别委员会做了三方面工作：一是创建了新部门——海外与外汇部，这源于此前十年开创性的中央银行合作；二是成立了机构部，接管了秘书负责的国内组织工作；三是组建了一个精干的执行董事团队。这些都是重要的发展。但总体而言，直到第二次世界大战前，英格兰银行仍然是一个显而易见的联邦制机构。各部门的负责人往往遵循着毫不掩饰的等级制度统治自己的领域，尽管机构部和执行董事努力集中权力。关键的斗争点往往是晋升政策。皮科克委员会希望未来的晋升“由机构部负责人会同各部门负责人提交至员工委员会”。但毫无疑问，在那些部门负责人的非正式压力下，真正重要的高级职位提名很快就确定应“由各部门负责人会同机构部负责人提交”。这些部门负责人提拔自己人，阻止他们轮岗去其他地方，并在很大程度上决定本部门员工的规模。他们在伦敦针线街的地盘上，实际上就相当于那些控制着大英帝国的地方实权人物。[2]

不过有一个地方，在理论上是机构部都无法干预的。那就是印刷厂。从1920年起，印刷厂不再是银行内部的一个部门，而是搬到了离银行一英里远的老街，位于从前的圣卢克精神病院内。该院是在1782年由索恩的老师小乔治·丹斯（George Dance junior）设计建造的。在战时钞票流通量迅速增加的背景下，圣卢克印刷厂的主要任务是印刷钞票。这一点在1928年变得更加重要，因为英格兰银行终于实现了长久以来的愿望，完全承担了英格兰和威尔士的钞票发行责任。当年它合并了财政部的纸币发行业务，而早在7年前最后一家自己发行钞票的乡村银行也倒闭了。结果，英格兰银行在1928年11月推出了自己设计的新版1英镑和10先令钞票。两者均采用丹尼尔·麦克利斯（Daniel Maclise）在19世纪50年代描绘的稍显丰腴的不列颠女神形象，但1英镑钞票是绿色带有蓝色阴影，10先令钞票则是红色带有淡紫色阴影。这是英格兰银行首次发行彩色钞票。正如当时社会对许多事物的常见反应一样，公众对彩色钞票褒贬不一。《利物浦邮报》（*Liverpool Post*）抱怨称："一种奇怪的、略带外国风格的版式。"《格拉斯哥晚报》（*Glasgow Evening Times*）则认为："对美国的崇拜可能有些过头了。因为它们看起来像胆汁一样绿得太病态了。"在更商业化而不那么政治化的评论中，《金融时报》出于安全性考虑，将票面上首席出纳C. P. 马洪（C. P. Mahon）的签名放大20倍后提交给笔迹学家进行分析。后者表示："我十分确信这个签名人具有情绪稳定、坚实可靠和经验丰富的特征。"[3]

那些被视为"灰姑娘"的英格兰银行各分行在这一时期变化不大。曼彻斯特、伯明翰、利物浦、布里斯托尔、利兹、纽卡斯尔和普利茅斯的分行一直保持开放，位于伦敦法院的分行也如此。但西区分行于1930年被出售给苏格兰皇家银行，赫尔分行于1939年被关闭。一家位于南安普顿的新分行则开始建设，并最终于1940年开业。一位1920年加入普利茅斯分行的员工"森纳士"（Senex）回忆道，那段时间的工作大多是轻松的、无压力的、毫无前途的日常工作：

> 银行的工作时间通常是从10点到3点，而星期四（集市日）是10点到4点，星期六则是9点到1点。员工们需要在营业时间前15分钟签到，届时金库会被打开。员工包括代表（类似分行经理）、副代表、首席职员、大约6名男性员工、4名女性员工和信使C. E. 菲利普斯（C. E. Phillips）。代表、副代表和信使都住在分行内，其余员工住在步行可达的范围内，最多也不过是15到20分钟的电车车程。代表的住房与分行相邻，可由一扇内部的门直接通向办公室。而副代表则住在银行上方也有类似通道的公寓里。

> 所有的钱和物都通过手动操作的升降机进出金库。冬天时，办公室由一个大火炉供暖。在午餐时间代表回家时，员工们会争相靠近火炉。除了某些特定时期，例如，股息发放繁忙或造船厂、海关账户支取频繁时，工作时间通常很轻松。而且在淡季时，如果没有人经总裁批准而休长假的话，大家还可以轮流早退。这意味着只要审计员没有访问分行，就有一个人可以在上午10点离开，并在余下的时间都可以休息。
>
> 大面额的银行钞票由出纳员清点和检查，而本地银行每日存入的1英镑和10先令流通钞票则由女性员工处理。她们每发现一次假钞就会获得一次“休假”机会。回收的所有使用过的流通钞票都会被销毁，由初级员工操作切纸机剪去两个角。销毁的钞票每5000张被打包成一捆，并用封蜡封印。
>
> 根据分行办公室的安排，我们会不定期地将销毁后的钞票送往总行，并接收新钞票。那时我们没有金库庭院，英国大西部铁路的货车通常在早上8点半至9点停在前门。每次大约都有6个装有钞票的包装箱通过升降机搬运，并由信使和一名职员护送到米尔贝（Millbay）车站。
>
> 这些“运宝之旅”非常受欢迎，因为这意味着可以离开分行一天或两天，并获得一些小额津贴……

针线街（英格兰银行）在1936—1937年对分行的详细调查发现，到那时为止分行主要履行三项职能：一是为当地银行提供清算服务；二是归集政府收入；三是最重要的，作为银行钞票的接收和分发中心。其中排名第一的曼彻斯特分行每年处理价值9300万英镑的1英镑和10先令钞票。该调查得出的关键结论是，除了即将被关闭的赫尔分行和新开业的南安普顿分行外，各分行的维多利亚时期建筑已不再适合使用，必须考虑“一项重建计划”。[4]然而，由于重建计划过于庞大，该计划的最终实施实际上要等到1/4个世纪之后。

“除了圣保罗大教堂、伦敦塔和市政厅外，它可能比任何其他建筑更能代表伦敦。其外观为每个人所熟知。而且我相信，在某种未曾意识到的方式上，它更被所有人喜爱！”这是W. R. 莱瑟比（W.R. Lethaby）在1921年6月两次访问英格兰银行后，写给他的建筑师同行赫伯特·贝克

（Herbert Baker）的话，以表达他对银行总部的赞美。当时贝克正被任命负责对英格兰银行总部的建筑进行重建，这是自约翰·索恩爵士在19世纪30年代卸任以来的首次大规模重建。[5]为什么要进行重建？为什么选择贝克？

重建的原因显而易见。主要是战争后职员人数大幅增加，以及所有员工集中办公产生的需求。至于建筑师的选择，则反映了贝克自身的“帝国”资历，及其与银行重建特别委员会主席塞西尔·拉伯克的个人关系。贝克曾与埃德温·鲁琴斯爵士（Sir Edwin Lutyens）在新德里政府大楼项目上有过重要合作。鲁琴斯自己对未能获得这一任命感到沮丧，但据说他是因为对诺曼开玩笑说索恩的大厅是举办舞会的好地方而失去了机会。自一开始，拉伯克的委员会就向贝克强调：“需要在保留建筑整体外观和风格的前提下，令人满意地完成重建。”为顺应这一要求，贝克向委员会保证：“对我来说，没必要再强调保留旧建筑的重要性。因为从考古学、建筑学和历史联系的角度看，其重要性已经是被广泛认可和接受的，而且这样做不会对设计的其他方面造成太大影响。”据贝克记述，他还向拉伯克询问了“英格兰银行代表着什么”。“他告诉我，不是财富的积累，而是那种无形的东西——信任、信心，正是这些东西孕育了信用……”

随着1922年贝克计划的公布，重建工作加快了步伐。英格兰银行当时新近创刊的内部杂志《老妇人》在当年秋天向员工们告知：“有必要对整个内部结构进行全面重建。但为了尽可能地保留现有建筑的风格和特征，计划保留现有外墙及尽可能多的旧房间。继续在围墙内沿着四周建设与之前类似的顶部采光办公室，并在由此形成的外墙内将建筑物升高至四到五层。”员工的反应并未被记录，但索恩的受托人不可避免地表示了担忧，因为很明显圆形大厅将不得不被拆除。贝克在写给拉伯克的信中安抚道：“我们打算保留所有与外墙契合的索恩的银行大厅，包括三个大厅和入口前厅。”即便如此，他还是不得不补充道：“遗憾的是，如果采用我的方案，那些与外墙不契合的另外两个索恩的银行大厅将不得不重建。”另一个外部压力来自伦敦市政府，他们希望将西墙往后挪，以便拓宽王子街。此外还需要议会立法来移除圣克里斯托弗·雷·斯托克斯教堂的古老墓地（包括所有人骨）。该墓地长期以来为银行提供了一个迷人的花园庭院。到1925年4月，拆除工作已经开始，重建即将启动。几周后，拟议的新银行模型在皇家艺术学院公开展示。《建筑师杂志》（*The Architects' Journal*）发表了早期评价，称赞“翼楼、圆顶和门廊的奢华组合”，但也认为贝克的最终设计“因添加了标准的伦敦郡议会两层阁楼屋顶而受到破坏”“这种特征任何在世的建筑师都无法赋予其相当的个性”。尽管如此，总体评价是“有望成为一座相当有特色的建筑物”。[6]

工程很快全面展开。一位观察者这样回忆道：“每天都有一小群人聚集在巴塞洛缪巷观看股票办公室的拆除。这给人一种迦太基废墟、耶利哥城陷落和空袭残垣的混合错觉。”当时可能很少有人想到，整个重建银行的过程将持续 17 年，包括其间伦敦经历的新一轮空袭。对于那些在一线工作的人员来说，这项工作既艰苦又显得隐秘。约翰·奇蒂（John Chitty）在 20 世纪 40 年代回忆起他负责的泰勒金库重建时说道：“这是我接手过的最困难的工作。”

> 当时有很多成型和镶板的工作。这些工作都是在没有使用焊接或铜焊的情况下完成的。所有的部分都必须是镶板……当我参与的重建工作开始时，旧的外墙被保留下来。原因是如果破坏了外墙的地基，市议会可能会介入并要求拓宽街道……有关银行的新金库信息被严密封锁，参与其中的工人都被要求保密。

对于贝克本人来说，这些年虽然有时充满了焦虑，但总体上还是令人满意的。1931 年 1 月，查尔斯·惠勒（Charles Wheeler）雕刻的六尊扶壁雕像在贝克设计的新针线街大门正式揭幕。几小时后，贝克写信给乔治·布斯（拉伯克的继任者）：“我在前往印度的路上心情愉悦，因为我看到门廊已经完工。我只希望印度的音乐不会让人害怕！……我的妻子向你致以亲切的问候。她说她为贝克超越了索恩而感到骄傲。”次年，当乔治·博尔顿加入银行外汇办公室时，该办公室临时设在“首席出纳花园庭院中的两个承包商棚屋”。乔治·博尔顿并没有因为熟悉事物的消失而伤感。他在几十年后无情地回忆道：“索恩的老结构不但在内部服务、办公效率和灵活性方面是一个时代错误，而且正在变成一片废墟。例如，天花板之所以没掉落在员工和客户身上，是因为鸡笼铁丝网上覆盖着蛛网。这些蛛网看起来像是挂在废弃的卡罗来纳州种植园树上肮脏的西班牙苔藓。”

1933 年 4 月，新银行的前半部分完工，各部门在夜间和周末搬迁。贝克借此机会发布了一份全面的新闻声明。他指出：“几座老索恩银行大厅已经被重建，不再像以前那样是分隔的独立单元，而是用同一轴线相互连接的开放单元。此外，由于照明设计的改进，我们得以去除建在圆柱和女像柱上的丑陋铁丝网和玻璃天窗，并重新安装实心圆顶，从而恢复了大厅最美丽特征的原始设计。总之，可以毫不夸张地说，现在可以比以往更好地欣赏索恩的银行大厅。”贝克还有许多其他进展需要报告。他提到了“伟大的花园庭院现在已经建成了一半”“董事会议厅现在正在二楼建设，而不是像以前那样建在一楼”“新会客厅的处理已决定与旧厅保持相同的风格”；波里斯·安雷普（Boris Anrep）在一楼的马赛克具有显而易见的“技巧和工艺”；“内外大厅的墙壁和拱形天花板”都是用来自德比郡霍普顿伍德采石场的实心石材建造，这种像大理石一样坚硬的砌石质量“可能是前所未有的”“反映了当今英国石匠的最高水平”。

不久之后，《泰晤士报》也强调了积极的一面。“在围墙内发生的变化，忽略掉风格的转变，有点像中世纪堡垒在文艺复兴时期被改造的那样。大量重建工作都采用了简化和重新规划的形式，再加上改善了照明，对单元结构进行了改进。”从建筑角度来看，最后一个重要的发展是在1936年10月，当有争议的蒂沃利角重建工程正式揭幕时，为应对交通需求在新的拱门里建造了行人通道。但贝克决定拆除索恩顶层阁楼的决定却超出了必要的范围。他后来辩解称：“这个墓穴般的上层建筑，是索恩爵士在设计时的自由发挥，无论它在一层建筑的天际线上看起来有多么合适，都将在后面的高楼背景对比下失去其所有的特征和适当性，如果它曾经有过这些意义的话。”[7]

在所有工程即将完成之前，贝克的批评者们开始磨“笔”霍霍。尤其是C. H. 赖利（C. H. Reilly），一位经常在《银行家》杂志上撰文的建筑学教授。他在1937年宣称，一座“曾经雄伟的建筑”已被改造成“一座比洛克菲勒更富有的暴发户的私人住宅”。他尤其对蒂沃利角重建工程感到遗憾，认为它曾经是“在伦敦城中能够找到的完整、奇特且出乎意料的美”，现在却是“低矮圆顶上方的一个普通小圆顶”。他愤愤不平地总结道：“尽管如此，我看到在重建之后银行还是为索恩立了一座雕像。当你毁掉一个人的最佳作品时，我想这是出于绅士风度的表现。”八年后，贝克出版了带有自我辩白意味的回忆录，强调自己保留和融合了索恩设计的最佳特征。之后不久，审美敏锐的日记作家詹姆斯·利斯·米尔恩（James Lees · Milne）被带领参观新建筑：

> 令我惊讶的是，里面完全没有留下桑普森、泰勒或索恩的任何作品，外面则只剩下索恩的外墙。那里已经被赫伯特·贝克爵士破坏了。我对泰勒会议厅的重建感到厌恶。贝克为满足自己的设计需求而对其进行了改动。如果他拆除了整个建筑并从地基上重新建造，我会更尊重他。但他妥协了，在地下室再现了泰勒的拱顶和索

> 恩的装饰图案。然而，贝克是一位独特的建筑师和工匠。他在古典作品中加入的克拉尔（Kraal）细节显得很不庄重。

对贝克最有影响力的公开抨击出现在1957年，由尼古拉斯·佩夫斯纳（Nikolaus Pevsner）在《英格兰建筑》（*The Buildings of England*）中发表。他声称贝克的上层建筑不仅压抑，而且十分缺乏宏伟感。他对索恩设计被摧毁而深感遗憾："索恩那些拥有无限变化的穹顶，每一个都独特而有趣。其中一些室内设计拥有极为高贵和苛求的美感。"总体而言，即使考虑到"二战"，他都认为这是"伦敦建筑在整个20世纪上半叶遭受的最严重损失"。贝克诞辰一百周年时，这一敌对的共识仍未能改变。1962年《泰晤士报》庄重地表示："现在索恩被视为英国伟大且独具原创性的建筑师之一。我们发现很难原谅贝克对英格兰银行这一索恩杰作的处理。贝克的改造造成了远超必要的破坏。他将整个内部彻底清理，摧毁了索恩和罗伯特·泰勒爵士所有独特、原创的会议厅，并在索恩的外墙内建造了一座多层建筑，体现了一种过于自信且复杂的风格。而一个真正具有艺术家谦逊品格的建筑师本应该采用更为低调谨慎的风格。"[8]

近年来，观点有所分化。1997年西蒙·布拉德利（Simon Bradley）权威地更新和修订了佩夫斯纳的观点，他不愿意推翻这位伟大人物的严厉判决，称"佩夫斯纳的判断依然有效"。布拉德利认为："从外观上看贝克的设计语言通常并非像索恩不断努力的那样，是对特定情况的深思熟虑的回应，而是像一套零件套件，自信地在不考虑环境情况下的组合配置。并且贝克反复出现的主题是通过相当薄弱的小装饰或他偏爱的弧形的顶和底的形式，来突出奇特形状的窗户。这些都完全与索恩的风格不相符。就像那令人毛骨悚然的带斜坡的瓦顶一样。"至于内部，他遗憾地表示："贝克虽然几乎完全复制了旧的股息办公室，但在两端添加了旧殖民办公室版本的圆顶中央突出物，从而破坏了比例。"当然，他也承认"外围新的顶层采光银行大厅比通常所认为的要更忠于索恩的模型"，但总的来说"贝克的建筑个性与索恩之间的区别不是品位的问题，而是有才华的专业主义与天才的想象力之间的鸿沟"。

贝克声誉的真正恢复出现在2005年。丹尼尔·亚伯拉姆森（Daniel Abramson）的权威之作《建造英格兰银行》（*Building the Bank of England*）出版，其中包括对贝克工作的实际情况（通常是困难情况）的敏感的、基于档案的评价。亚伯拉姆森指出："在整个重建过程中，贝克面对的是在传统与现代化之间取得平衡的挑战。后者是一个明确且不可避免的竞争优先事项，无论人们对前者有多么合理的依恋。”

> 从功能上讲，旧的英格兰银行已经过时了。18世纪和19世纪初期的主要建筑工程在一个多世纪前达到了顶峰，形成了一个基本的公共建筑群，容纳了大约一千名员工，却没有电力、电话、管道和其他现代技术和便利设施。另一方面，新建筑不仅必须容纳一个规模大四倍的组织，其工作性质也发生了根本性变化。现在更多是文书工作，而非以往的面向公众（即每天都有客户前往银行），并由专业的管理团队领导。

亚伯拉姆森进一步强调，20世纪20年代和20世纪30年代，贝克与银行董事以及公众舆论大致保持一致。亚伯拉姆森认为：“他们接受了银行的实际需求，并且也认为贝克的设计工作和某些内部索恩空间的再创造是对古典传统、索恩美学以及银行建筑历史的足够尊重和延续。在最终建成的重建建筑中，包含了许多被保存、修改和再创造的‘瑰宝’。这些瑰宝被嵌入新建筑的结构中。”如泰勒雕刻的18世纪30年代不列颠女神的扭曲和顺滑的雕像，或索恩的各种大厅提灯柱，甚至是在三楼复制的多利克（Doric）门厅。同时在银行的其他地方引入了诸如发电站、机房和800英尺深的水井等彻底现代且实用的开发项目，更不用说在洛斯伯里前门后方建造了一个能够容纳机动车辆转向的高科技马蹄形金库庭院。

总而言之，虽然亚伯拉姆森不否认贝克对其前任工作“看似随意的修改”，以“其对复刻的泰勒会议厅的改动”为代表，并且对其“声称尊重索恩真实意图”的说法进行了合理的批评，但这是一个令人信服的辩护。亚伯拉姆森带着隐含的同情引用了贝克自己对新建的（1921年至1924年）纽约联邦储备银行的比较性评价：“那是一座名副其实的财富堡垒。但其内部没有丝毫传统的金融城商人之家那种令人惬意的外观，而这正是针线街的传统。”也许这是贝克银行建筑的延伸意义。它是一个有意被打造的强大、坚不可摧的象征，象征着仍然是大英帝国核心的金融力量。但随着时间的推移，建筑中一些以新花园庭院为代表的具有家庭气息的设计，甚至在其20世纪的外衣下，也能帮助这位“老妇人”成为一个能唤起人们情感而不仅仅是敬仰的机构。[9]

两次世界大战之间的银行生活是怎样的？可以肯定的是，它的开

端并不和谐。1919 年 2 月的一个周六下午，员工们在董事大厅举行了一次拥挤的会议，由分行办公室的一等职员威尔弗雷德 · G. 布莱恩特（Wilfred G. Bryant）发表演讲。他在一开始还感谢了总裁们“慷慨和仁慈地允许我们使用这个美丽的房间”，强调了“我们所有人都很感激在为总裁服务过程中享有的诸多特权和祝福”。但他的语调很快变得阴郁起来：“事情发展到因为我们为银行服务，银行便自认为有权在其认为合适的时候占用我们全部的清醒时间，并以其自己的方式来补偿我们为此牺牲的所有闲暇。人性当中本就反抗这种比奴隶制更糟糕的情况，有什么奇怪的吗？”他继续说道：“多年来，整个晋升系统都在引发批评和不满。我们在没有任何理由的情况下被忽视，合法的晋升因此被阻碍。”他又补充道：“在座的有多少人能够列出我们所有董事的完整名单？或者说出他们的性格特征？十个人中没有一个。可他们却是我们的主人……”这些言辞非常强烈，但布莱恩特（以“代表委员会”成员的身份发言）对他周围的人也同样严厉：

> 尽管我们一直在为你们的利益而战，但我们没有得到你们应有的共情。银行里充满了可怕的势利风气。人们有着一种坐视不理的非凡能力。你们对于可能损害你们尊严或自认为在权威机构中地位的行为，有着极大的畏缩；你们对在文件上署名有着最奇怪的反感；你们之间令人震惊地没有丝毫兄弟情谊；对任何形式的集体精神都表现出极端的冷漠。

会议受到这些言辞的刺激，决定发送一份备忘录。“谨致英格兰银行总裁和董事，由银行员工同仁提出。”该备忘录要求成立一个由董事和员工组成的常设委员会，理由是“没有其他办法可以揭示问题并公开表达所谓的委屈”。副总裁对此并不表示同情。诺曼在他的日记中称其为“抱怨者会议”。但整个董事会作为回应还是成立了一个处理投诉的特别委员会。

在接下来的几个月里，该委员会听到了许多抱怨。毫无疑问，那些发声的人中有一部分是自我代表的，并不一定具有普遍性。但综合来看，这些有力的证词显示出部分员工工作得并不幸福：

> 我认为去年 10 月在股票办公室获得晋升的人大多属于某个特定的小团体，并且行使了不正当的影响力。[股息账户办公室一等

职员威廉・查利斯（William Challis）]

我在四等职位上待了 11 年，这非常令人沮丧。我本以为一旦我脱离了那个职位，情况就不会更糟了。然而，我在二等职位上已经待了 13 年，直到现在依然如此。我都快 54 岁了……我觉得我的情况是银行里最糟糕的。[股息支付办公室二等职员亨利・奥尼恩（Henry Onyon）]

我可以说，很多人想要在你们面前出现，但他们不确定会得到怎样的对待。部分是因为他们担心自己会被打上黑标记，所以感到害怕。[股息支付办公室临时二等职员弗雷德里克・拉姆齐（Frederick Rumsey）]

自去年 12 月 12 日从部队复员以来，我在周六下班的平均时间是下午 3 点……我以前常常打橄榄球，但现在很多时候都是直到半场我才能到达赛场。[私人提款办公室四等职员阿瑟・J. F. 邦德（Arthur J. F. Bond）]

我不愿意被认为是一个喜欢抱怨的人……我认为等级制度不公平，因为人们在很大程度上要靠运气来获得晋升。如果一个办公室的晋升停滞不前，意味着该办公室的员工在自身没有任何过错的情况下被耽误了。[分行办公室一等职员，未来的银行历史学家威尔弗里德・M. 艾克斯（Wilfrid M. Acres）]

我可以说，自 1882 年进入银行以来，我从未与任何总裁或董事说过话。[股息支付办公室一等职员亨利・H. 莱姆普里尔（Henry H. Lempriere）]

在银行里，人们永远不知道自己的评价。如果一个人想知道自己的评价，他必须问他的上司。上司可能会告诉他，也可能不会。任何秘密系统都有可能被滥用，因为它使上司处于独裁地位……[会计部钞票办公室三等职员詹姆斯・R. 舒格斯（James R. Sugars）]

我必须在每一个可能的场合加班，以便能够为我的家人提供生活必需品……银行一向对他们选入的人的类型非常讲究。他们来自体面的家庭，有绅士的习惯和品位。我认为银行应该让他们能够满足这些品位。[股息账户办公室四等职员卡斯伯特・皮尔斯（Cuthbert Pearce），29 岁，已婚，有一对年幼的双胞胎，基本工资为 290 英镑]

我们不希望银行像工厂那样运营，我们充分理解在服务中享

> 有的利益。我们没有不合理的期望。我们不想做半份工作拿双倍工资之类的事情。但如果员工得到同情和体贴的对待，你们可以毫无疑问地相信，他们会对这种待遇作出积极的回应……如果管理者们在考虑与员工相关的问题时，设身处地为我们着想，想一想如果他们处在我们的位置会有什么感受，他们就无须对结果感到担忧，员工也不必担心。[私人提款办公室四等职员詹姆斯·哈里森（James Harrison）]

在布莱恩特自称“我们的人极其反感与工会有任何关系”的情况下，董事会于7月成立了“董事和员工咨询委员会”。[10]英格兰银行在很长一段时间内仍将是一个显然等级森严的组织，但似乎专制的旧时代已经一去不复返了。

专制的终结并不意味着家长式作风的终结——实际上远非如此。早在战争之前的1908年，英格兰银行就为员工提供了一块18英亩的场地，位于罗汉普顿的修道院巷附近，用于建立员工体育俱乐部。仅在“抱怨者会议”几个月之后的1919年7月，在全国范围工业紧张局势不断升级的背景下，来访的本·斯特朗在总裁科卡恩的罗汉普顿家中午餐后，前往附近的体育俱乐部参加了“野外日”活动：

> 他们有板球场、保龄球场、网球场等，所有设施都井然有序，成为银行的一大附属设施。大约有6000人参加，每个男性都带了一位女性朋友，每个在银行工作的女孩也都带了一位男性朋友。娱乐活动包括板球比赛、网球、保龄球、乐队音乐会和在一个大型露天帐篷内的舞会。我对这些人整体印象深刻，他们在很多方面都与我们在纽约雇用的类型相似。许多银行的董事与他们的家人都在场。就像在美国一样，舞会是一个极具吸引力的活动。

斯特朗补充道：“科卡恩告诉我，伦敦的银行员工，包括英格兰银行的员工，正在采取措施建立某种形式的一般性保护组织。虽然不完全按照工会的方式，但我认为最终可能会达到相同的效果。他对这一行动表示了一些担忧。”结果，新成立的银行职员协会未能在银行中获得有意义的立足点，但像威廉·杜罗·霍尔（William Douro Hoare）和塞西尔·拉伯克这样的董事现在开始花费大量时间在员工福利问题上。霍尔带领的银行主力队板球比赛成为每年夏季花园聚会的重头戏，直到他1928年去世，由总裁团队接手。那些比赛通常会有一两个板球明星参加。这一时期家长式作风增强的其他迹象包括：1921 年《老妇人》杂志的创办，尽管它很少成为发泄不满的论坛；1934 年设立的养老金基金，取代了旧有的“看董事会心情”授予养老金的制度；以及尤其受到员工高度评价的，1927 年在托肯豪斯庭院成立的英格兰银行俱乐部。该俱乐部内设有酒吧、咖啡室、会议室以及餐厅。《老妇人》杂志报道称：“每一根木头和每一块石头都由总裁和银行无私地提供。”[11]

托肯豪斯庭院的三楼为女性职员保留。而在罗汉普顿，女性自 1921 年起就有了自己的独立体育俱乐部。看起来在 20 世纪 20 年代早期以及整个两次世界大战之间，女性并没有享有同等的尊重。1920 年 1 月关于秘书办公室的一份备忘录宣称：“经验表明，虽然女性职员在完成简单工作时的表现非常令人满意，但她们在没有监督的情况下很难完成复杂的工作，且缺乏适应能力……女性职员不能参与银行公积金协会或所得税相关工作，因为员工不愿意向女性职员咨询这些涉及私人事务的事项。涉及刑事问题的柜台工作也不适合女性。”同年晚些时候，通信部门主管的备忘录则更为悲观：

> 我们认为，相同数量的男性会比女性完成更多的工作。一般而言，男性的工作质量也更高……女性职员的工作价值被降低，是因为她们频繁的缺勤、情绪化且容易激动，以及我们认为年轻女性没有以人生事业的态度对待工作。

关键报告出现在 1921 年 3 月，也就是在男性战后回归工作岗位的大背景下。当时房屋委员会向副总裁提交了关于“未来英格兰银行女性职员的雇用”的意见。报告指出：“在现有条件下，两性绝对效率的差异在我们看来显而易见，足以证明将女性群体重新分配到她们似乎特别适合的工作上是合理的。”报告继续写道：

> 我们不想对平等服务的抽象观点发表意见，但我们认为银行的服务并不适用平等原则。因为下级和行政职位对任职时间连续性有一定要求，但女性的任职资格会因服务期限的不确定性而受到限制。实际上，我们认为这种限制会在女性的职业生涯中从事特定类别的工作时显现出来，所以将她们与男性在职位上隔离可以使这种限制显得不那么令人反感。虽然可能有些女性的能力和普通男性职

> 员相当甚至超越他们，但我们认为在目前的情况下，雇用这些女性从事我们建议由男性专门从事的工作没有任何实际的好处。

“速记和打字；货币和银行票据工作；机器操作和分类股息凭证、息票的工作；一般卡片的索引工作。”这些是报告总结的女性未来应被限制从事的职位范围。当然，女性结婚后就要立即离职的规定仍然有效。女性在服装上也没有更多的自由。到达和离开时必须戴帽子和手套。银行还发布了一则禁止化妆的通知，特别提到了口红。在20世纪30年代，一位在股息办公室工作的女性职员在她规定穿着的深海军蓝外套之外，又穿了一件领口带蝴蝶结的衬衫，引起了战争公债办公室一位主管的反对和正式投诉。[12] 正如珍妮特·霍加斯的现实预见那样，这时的女性可能占了劳动力的1/3以上，但在所有重要事项和方向上，银行仍然几乎是一个像以往一样由男性主导的机构。

第一印象往往最为深刻。3位男性的回忆生动地描述了这一个在许多方面仍然传统的地方：

> 1921年加入银行的20名年轻人被带到董事会议厅，接受例行检查，然后被带到银行各处，最后以一两个人一组的方式被分配到各个办公室。我被分配到当时的私人提款办公室。那时它面朝北，俯瞰当时的银行花园……我工作的G–O部门主管是查理·巴特沃斯（Charlie Butterworth）。他身穿长袍外套，脚穿维多利亚时代的松紧靴，在我看来是个非常老的绅士……提款办公室当时是一个嘈杂、忙碌的地方。分类账、现金簿、存款凭证和废账簿都是手写的。大约在下午3点和4点之后，会有一阵疯狂的忙碌，录入“银行间汇划结算”并处理成捆的银行支票……与之后的年份相比，柜台工作人员更吵，语言更刺耳和粗俗。我特别记得有名叫特劳顿（Troughton）和奥利维尔（Olivier）的两个人，后者据说是一位主教的儿子。奥利维尔有个习惯，就是离开柜台，穿过办公室，在途中用手捏或骚扰某个女职员，路上还会嘲弄一个在银行柜台工作的无辜的同事格鲁吉翁（Grugeon）。[C. D. 加顿（C. D. Garton）]
>
> 1926年进入银行时，我的第一印象是一群留着胡子的老绅士和一位同样年老的信使站在主入口右侧财务处的大煤火堆前。这一切都很狄更斯式……向首席出纳的代表报到后，我被指示走到芬斯伯里广场的股票办公室。我很快发现自己在一楼的5%战争公债

办公室工作。负责人名叫德拉梅尔（Delamere）。他的第一句话是相当自大地说道："你享受过什么'特权'吗？"我完全不知所措。原来他想知道我是否休过假。这是他唯一一次注意到我。但在那些日子里，见习职员和三等职员并不指望会被负责人或主管注意到，更不用说与他们交谈了。他们似乎从不做任何工作，所以太忙根本不是个借口。一楼办公室的两位主管每天早晨通过交换报纸来叫醒彼此。另一位每天打电话给另一间办公室的朋友。他仅仅只是问道："是礼帽还是圆顶礼帽？"然后这个电话就决定了去酒馆时用哪种头饰更好。[F. R. 莱万德（F. R. Levander）]

当时（1936 年），银行受到严格规章制度和形象要求的约束。规定明确要求必须戴圆顶礼帽、穿硬领和马甲。我们还被要求始终看起来很忙。这在战争公债办公室成了一个问题。因为市场平静时，我们几乎没有工作。因此，为了制造忙碌工作的假象，我们直到 3:55 才开始工作。我们制定了一种制度，让每个人填写一批令人讨厌的税务局小小黄色表格，然后把这些表格传给下一个人。他再撕毁这些表格，然后重新开始！[贾斯珀·霍洛姆（Jasper Hollom）]

"但那时你是和一群令人愉快的年轻人一起工作。"后来的副总裁（指霍洛姆）补充说："那个时候娱乐活动非常有限，体育俱乐部因此非常重要。"[13]

整个英格兰银行中，大多数枯燥和重复的工作都在股票部门而不是现金部门。会计部门（主要位于芬斯伯里广场）中，曾经有些员工失去了生活的意志。R. B. 查斯利（R. B. Charsley）在 20 世纪 70 年代中期回忆道："回顾我的早期工作，我似乎记得股票办公室里有大量的笔头工作，包括录入、摘要、分类账、报表、放款函等，还要在没有机器的帮助下加总长长的数字列，然后下到保险库里核对签名，处理授权书、契约、股息申请等。"现金部门的工作也可能很乏味。同时代的另一位退休职员 M. H. 布朗宁（M. H. Browning）回顾了债息支付和贷款办公室的工作：

所有的无记名债券都按债券号码和面额记录在债券分类账中。分类账有一列表示附带的息票所代表的利息。息票在支付后，会被列在已编号的纸张上，然后带到分类账处，将纸张编号插入到债券号码旁边相应的股息列下。被登记到银行账簿中的债券首先要被分

> 类和检查，以确保那些还未到期的息票仍然附着在债券上。然后这些债券也需要被记录下来或列出清单。这些列表被送到分类账中，从下一个股息列开始在债券号码边画上红线，以确保不能再兑付更多息票。每一项登记和红线都要计数。你的月度登记总额将和你所犯的错误数量会一起报告给你，如果错误比例超过千分之一，就将受到惩罚。每月登记一万条会被认为是相当好的业绩。在6月和12月战争贷款支付时通常会超过这个数字，那时候我们都非常忙。其他时候，已经分类的债券会被拿走，重新分类，再分发出去，再次分类。如果没有其他工作，你也最好写点东西演给别人看，即使笔都拿反了！

让我们谈谈有时令人烦恼的“飞页”问题。《老妇人》从1932年起新增了一个名为“飞页”的专栏。这足以象征当时日常的文书工作是多么无休止的精确和无休止的无聊。正如弗兰克·丹卡斯特（Frank Dancaster）多年后解释的那样：

> 旧版手稿分类账的“飞页”比分类账的页面小一些，装在结实的口袋里，粘贴在主卷的封面内侧，以防止它丢失。当其中一页丢失的时候，大家都会陷入恐慌，直到找到为止，因为这是当时使用系统的必要附件。股票账户有时需要修改。例如，当地址更改时，股东在结婚后更改姓氏，或者指定了新的股息接收人。每次修改都必须加“飞页”。任何“忘记加飞页”的人都将受到惩罚。一页空白页被分为三个（或四个，我记不清了）主要列，每列又分为四个较小的列。第一个列用于记录修改账户的卷宗参考。第二个列用于记录进行修改的通信“标记”。第三和第四个较窄的子列则标记为“完成者”和“检查者”（这真是太难了）。在股息到期前几周，由两位职员进行一个被称为“飞页”的操作。其中一位从滑卡盒中提取需要修改的卡片，进行修改并在“完成者”列中对照相应的卷宗和参考标记条目进行签名。另一位则检查修改，并在“检查者”列中进行签名。这些滑卡是大卡片，由薄而坚韧的纸板做成，每张卡片上都有其对应股票账户的准确副本。由于手稿分类账中的账户按照开立日期的顺序排列，因此无法直接使用这些笨重的卷册来准备股息。这些滑卡实际上是分类账的副本，可以按股息账本的顺序进行分类。当“飞页”操作完成后，修改后的滑卡束被送到印刷厂，

以便对股息账本、邮政凭单以及信封进行必要的修改。返回后，它们可以很容易地被重新分类回到“滑卡”的主体中。

然而，机械化的进程正在进行中。到 20 世纪 30 年代中期，梅赛德斯会计机已经被广泛使用，连续纸张的特殊折叠打字机和霍勒里斯打孔卡系统也开始使用。纳丽·克雷克（Naree Craik）回忆道：“我和其他职员在 1934 年来到圣卢克印刷厂的股息准备办公室时，都已经接受了操作布罗加法机的培训。印有名字和地址的大型纸张被卷入机器中。本金、利息、税额和净额都从坚硬的滑卡上抄录下来。然后，纸张被手动加总并用各种表格进行核对。每个职员每天需完成不少于 750 条登记。每当工作空闲时，我们就读书或织毛衣。但如果有人来访，我们会从旧分类账中添加账目明细并核对它们。然后擦掉总数并重新开始。”

很有可能，许多人来到英格兰银行只是为了找到一份安全而充实的工作，尤其是在外部世界不安定和失业率高涨的时期。可以肯定的是，20 世纪 70 年代和 20 世纪 80 年代的《老妇人》杂志充满了对那段时光的愉快回忆。以 1982 年内维尔·古德曼（Neville Goodman）的《快乐回忆》为例。他在 17 岁时作为试用员工“进入银行服务”，至写下回忆文章时已有 60 年。

我们之中的有些人个性十分古怪。例如，在白银精炼工厂（位于老街的印刷厂内），曾经有一位年轻职员穿着一件“令人震撼的粉色”衬衫。这让他的同事们非常愤怒。他们把他带到“衣帽间”，脱下了那件令人讨厌的衣服，并在撕成碎片后随手处理掉了。他们还拿起一块现成的椭圆形木座椅套在他的脖子上，然后把他推到主任的办公室里。另一件涉及衬衫的插曲发生在股息支付办公室。我们中的一位早上到达时穿着常见的领带，但没有衬衫。他解释说他只有一件衬衫，现在正在洗衣店里。于是，他的同事们采取了行动，用红色和黑色墨水交替在他的胸前画条纹，让他从远处看起来还算体面。

还是在股息支付办公室，我们遭遇了一位名叫加丁（Gardiner）的主管。他被称为“山羊奶加丁”，因为他据说只靠这种产品为生。他有些严厉，有些人对他感到畏惧。但他也有温柔的一面。一次，我和另一个人正从侧门溜出去打算违规喝个茶，结果碰巧撞上了刚刚从类似地方回来的加丁。他用最威严的语气对我们说：“别以为我不知道你们在做这种秘密活动。但不要让我看到你们。而且，天啊，快戴上你们的帽子！”（那时，我们不允许在银行外面不戴帽子）。

在票据办公室，我们有一位名叫威廉姆斯（Williams）的主管。他是一个严格的纪律执行者。他注意到我们中有一个人经常迟到，于是决定与他对质。威廉姆斯说：“你对你的上司不尽职责。你对你的同事不尽职责。”犯错者回答：“我只承认一个上司，他在楼上。”威廉姆斯说：“是吗？那我很确定他是第一个不赞成你这种行为。”在票据办公室，还有一位相当邋遢的员工。有一天他想向主任投诉。当他进入主任办公室时，主任上下打量了他，给了他一先令，告诉他先去理发和刮胡子，然后才会愿意见他。这位主任名叫达尔林普尔－海（Dalrymple-Hay），被亲切地称作“温克尔老爹”（Daddy-Winkle）。

我不能保证以下故事的真实性，但当时被当作事实讲述。圆形大厅有一个顶层阁楼，有一些职员在那工作，包括两个养鸡爱好者。其中一人正在赞美他尝试养殖的新品种，并提议把一个品种样本带到银行给他的朋友看。第二天早上，他把一个篮子放在桌子上，打开盖子让同事查看。就在那时，有人砰地一声拍上了账本。那只鸡飞了起来，飞过阳台，掉进了下面的办公室，引起了大骚动。最后鸡被找回了。主任从午餐回来时，惊讶地发现他的桌子上躺着一只蛋……

我说的这些可能给人一种印象，认为我那个时候的年轻员工有些不负责任，但我们并没有造成真正的伤害。我们尊重（大多数）前辈，而且尽管我们没有工会，银行和员工之间却有一种相互信任的氛围。我们在需要的时候努力工作，甚至包括星期六。如果圣诞节那天恰逢星期天，那就是我们运气不好，因为我们只有圣诞节和节礼日额外放假。

古德曼反思说：“我记录下来的这些事情，帮助我们熬过了必须完成的单调任务。我手工记账了整整 8 年。当我问我的主任［怀廷（Whiting）］是否可以在这么长时间的工作后换个岗位时，他责备了我的急躁并安慰说：‘我记账了 11 年，看看我现在的样子吧！’”[14]

实际上，很少有人能晋升为主任。更普遍的情况是，两次世界大战之间的英格兰银行还有更阴暗的一面。莱斯利·博奈特（Leslie Bonnet）

回忆说："每一个战前职员都成为权威人物，戴着高顶礼帽坐在办公室里的高台上，能够随意决定每一个属下的命运。"关于 20 世纪 20 年代过于拥挤会计部门，他继续说："结果是荒谬的。这些老人中有些人智力低下。有些人数学能力强于读写能力，更多人只是单纯的愚蠢。为什么这些老人不行呢？因为他们当初入职并不是依靠工作主动性或智慧方面的优势，而是依靠良好的书法等。因此，面对一群雄心勃勃又聪明的年轻人，他们害怕并憎恨新员工也就不足为奇了。"当然，并非所有新员工都具有博奈特所说的那些品质。而且，拥有真正的才能和雄心却完全没有回报也是不正确的。肯尼斯·佩皮亚特（Kenneth Peppiatt）在战争前不久加入银行，经历了几乎如火箭般迅速晋升，到 1934 年不到 40 岁就成为首席出纳。莱斯利·奥布莱恩在 1927 年通过打板球被招聘后，仅用了 15 年就成为诺曼的最后一任私人秘书。然而，这些都是例外。最具启发性也在某种程度上令人不安的证据，来自雷伊·盖德斯（Reay Geddes）。他在通过橄榄球入读剑桥之后，于 1933 年 3 月加入银行。但在待了将近两年后，22 岁的盖德斯觉得银行并不是适合他的地方。作为商人兼政治家埃里克·盖德斯爵士（Sir Eric Geddes）的儿子，他自信满满，借机向机构部的负责人提交了所谓的"真诚但未经指导的最底层观察"。

盖德斯指出："英格兰银行招募的年轻人教育水平普遍较高，但除学校和假期的经历之外没有其他经验，也没有明确的兴趣倾向。并且，大多数人并不是自愿加入银行，而是由他们的父亲选择的。他们的父亲很高兴将这些'生涯起步较晚'的儿子的智力资本投入英格兰银行这样的优质项目中。"接着他解释说，由于银行故意过度招聘以应对偶尔的短暂（用人）高峰，新招聘的员工不仅很快就感到无聊，还被腐蚀了。

> 半天时间里，员工或多或少都有些无所事事。任何试图在书中（无论是小说还是教科书）寻找乐趣的行为，都和其他试图提出建议或了解其他部门工作的举动一样会受到冷落。类似"无论如何都要看起来很忙"的命令并不罕见。接下来的命令就是"否则他们可能会调走人，我们就得加班"……
>
> 新员工自然要先在外围办公室开始工作。在那里，他遇到并与那些"失望的男人"一起工作。这些人总是乐意讲述他们在上帝、疾病、战争和银行完全无视能力的折磨下所遭遇的可怕不幸。这些绅士有一种奇怪的忠诚。如果他们的上司对办公时间喝咖啡或茶的习惯睁一只眼闭一只眼，那每个人就都会心照不宣。只要没有

> 客户投诉，每个职员都可以自己享用这些饮品。然后，新员工会了解到，上司允许大家忽视规则，但否认他知晓有人存在这种违规行为。这不会增加新员工对上司的尊重。除了这种忠诚，失望者是没有其他忠诚的。他们对工作热情冷嘲热讽，以阻碍提出问题为乐，眼睛盯着时钟。这些对刚从学校毕业的年轻人产生了强烈的不良影响，尤其是在他们几乎不可避免会经历的充满疑虑和焦虑的时期。

不可避免地，失望会越来越强烈。根据盖德斯的说法，失望的加剧往往是由于年长的职员对新员工说："你是否意识到你有一天会变得像我一样？"因此，他估计大约有 2000 人即总员工数的一半，都在被迫从事工作。他们所受的教育只会使他们在工作时感到不适。他们要么公开表达自己的不满，要么被动地等待退休。盖德斯因此建议，这些工作应该交给更适合的人。

> 相较于英格兰银行目前所雇佣的劳动力，目前反对使用更低成本劳动力的理由包括行为举止、外表和语调。但参观清算银行时，人们会发现很难从中辨认出英格兰银行的工作人员。因为他们与清算银行所雇佣的员工相比没有太多差别。这并不是说英格兰银行的标准比过去有所降低，而是说大规模生产的服装和普及的知识，传播了一种"懂得如何做事"的气质，让更多的人拥有了自信和社交技巧。这种气质过去通常只能通过昂贵的教育才能获得。

盖德斯总结道："既然人们来到这里，就让他们工作。如果他们暂时过剩，不得不偷偷在'麦卡'（Mecca）咖啡馆打多米诺，那他们还不如在家打高尔夫球。"[15]

盖德斯认为自己的事业有着明朗的前景。但他的报告却被小心翼翼地归档起来，积满了灰尘。要过一段时间，英格兰银行才会拥有一个培育而非压制凯恩斯所称资本主义必需的"动物精神"的环境。

第十一章　看起来很忙

1　ADM30/17, larger file, after fo 21; Sayers, Vol. 2, p. 617; Hennessy, p. 12; OL, Autumn 1992, p. 130 (Tony Carlisle); Cathy Courtney and Paul Thompson, City Lives (1996), pp. 35-36;

OL, June 2003, p. 72 (David Harris), March 2007, p. 8 (Nigel J. W. Spelling); Hennessy, p. 329; OL, June 1971, p. 81 (Ted Bellamy).

2 OL, March 1964, p. 6 (J. V. Bailey); C160/179, Sir George Bolton, 'Memoirs'; Hennessy, pp. 325-327; OL, Summer 1982, p. 53 (Anthony Carlisle).

3 Hennessy, pp. 127-128, 167-168; Hewitt and Keyworth, pp. 120-121; Byatt, pp. 126-127.

4 Sayers, Appendixes, p. 335; OL, Spring 1975, pp. 33-34; Hennessy, pp. 258-265.

5 E28/143, 23 June 1921. The fullest account of Baker's rebuild is Abramson, chap. 7, but see also: Sayers, Appendix 34; Simon Bradley and Nikolaus Pevsner, The Buildings of England: London 1: The City of London (1997); pp. 274-289; Iain Black, 'Imperial visions', in Felix Driver and David Gilbert (eds), Imperial Cities (Manchester, 1999), pp. 96-113.

6 Charles Chadwyck-Healey, Cecil Lubbock (Royston, 2009), pp. 56-73 Telegraph Magazine, 2 July 1994 (Christopher Fildes); E28/127, 14 April 1921, 6 October 1921; Herbert Baker, Architecture and Personalities (1944), p. 124; OL, Sept 1922, p. 240; E28/143, 29 Dec 1922; Sayers, Appendixes, pp. 339-340; Architects' Journal, 6 May 1925.

7 OL, June 1925, p. 50; Hampshire Herald, 13 Oct 1944; Black, pp. 105-106; C160/179, Bolton, 'Memoirs'; E28/130, 27 April 1933; OL, Dec 1936, p. 280; Abramson, pp. 223-225.

8 Banker, Aug 1937, pp. 198-202; James Lees-Milne, Prophesying Peace (1984 pbk edn), p. 185; Nikolaus Pevsner, The Buildings of England: London 1: The Cities of London and Westminster (Harmondsworth, 1957), pp. 164-165; Times, 8 June 1962.

9 Bradley and Pevsner, pp. 274-280; Abramson, chap. 7.

10 G15/113; Sayers, Appendix 5, pp. 51-54; ADM34/8, 15 Feb 1919; G15/113.

11 OL, Sept 1958, p. 183; Fed, 1000.3, 26 July 1919; Chadwyck-Healey, pp. 61-62; OL, June 1928, p. 302, March 1996, pp. 14-17; Hennessy, p. 343; OL, Dec 1927, pp. 191-192.

12 OL, Dec 1970, pp. 223-227 (Cynthia Payne); E4/3, 30 Jan 1920; AC25/26, 15 Oct 1920; E4/3, March 1921; Hennessy, p. 13; OL, Autumn 1991, p. 125 (Carmen Birbeck), March 1985, p. 13 (Helen R. Herington).

13 OL, Summer 1975, p. 81 (C. D. Garton), Autumn 1975, p. 151 (F. R. Levander), June 1980, p. 53 (David Nye).

14 OL, Summer 1976, p. 83 (R. B. Charsley), Spring 1976, p. 13 (M. H. Browning), Winter 1978, p. 154 (Frank Dancaster); Hennessy, pp. 53-54; Bankers' Magazine, Dec 1981, p. 18 (Naree Craik); OL, Christmas 1982, pp. 162-163 (Neville Goodman).

15 OL, Spring 1981, p. 28 (Leslie Bonnet), Christmas 1979, p. 345 (Roger Woodley); City Lives, pp. 51-53; E1/5.

第十二章

群狗狺狺

尽管英国在 1931 年 9 月也就是回归金本位制仅仅 6 年之后，就备受耻辱地放弃金本位制，但蒙塔古·诺曼仍将在整个 20 世纪 30 年代甚至更长时间里继续担任总裁。1931 年晚些时候，他成功抵御了一次政变威胁。阿迪斯回忆道："我们中的一些人希望他退休，但我猜想最终他还是会得偿所愿。"诺曼口头承诺在 1933 年退休，然而这个承诺随后就烟消云散了。实际上早在 1932 年 7 月诺曼就被董事会正式告知，从此他的"服务期限"将"不受限制"。不过诺曼曾在 1936 年 7 月向财政委员会表达了希望在 1938 年卸任的意愿。这次的意愿可能更为真诚，促使人们在接下来的 12 到 15 个月内开始认真寻找继任者。他们考虑了 4 个可能的人选：第一位是威廉·克莱格，他 1932 年从南非回到英格兰银行，但又因健康原因在 1937 年决定再次离开英格兰银行；第二位是 1928 年成为董事的商业银行家查尔斯·汉布罗，但他遗憾地决定无法永久脱离家族企业；第三位是奥托·内默耶爵士，但被皮科克排除在外，理由是"这个名字在某些地方不太容易被接受"；最后一位是前摩根·格伦费尔备受推崇的合伙人卡托勋爵［Lord Catto，原名托马斯·卡托（Thomas Catto）］，但因摩根·格伦费尔的代表圣贾斯特勋爵（Lord St Just，即泰迪·格伦费尔）已经在董事会中占有一席之地，所以也暂时无法接受任命。汉布罗几乎成为看似不可替代的诺曼接班人。正如诺曼的第一位正式传记作者亨利·克莱（Henry Clay）所述："接触他是一次尝试，旨在找到一个既能满足总裁需要的'专业人士'，又能满足财政委员会旧派成员期望的传统类型商人银行家候选人。"然而，抛开汉布罗的家族责任不谈，他是否真的有勇气接任这一职务仍是个问题。汉布罗在 1937 年 9 月被列入候选人之前就坦率地告诉皮科克："我不适合做总裁，因为我讨厌争吵，也没有坚持到底的勇气。"[1]

诺曼本人依然是公众生活中最为独特的人物之一。杰弗里·马丹（Geoffrey Madan）描述了他在 1932 年乘坐伦敦地铁中央线时的情景。马丹勉强算是金融城人士，却是位著名的“金句大师”。“总裁在邦德街上车时处于高度紧张状态，仰躺着，像要窒息一样，看起来像是要从高处坠落。在前往银行的途中，他带着一种奇特的神情四处张望，好像内心充满渴望与他人分享的美事，又好像在痛苦地发出呻吟。到达银行站后，他停下来悠闲而悲伤地看了一会儿墙上的广告，然后独自一人跨上扶梯，像登上船桥一般，摆出一个胜利者的姿态，就像中国海域的海军上将肖像”。这让马丹想起了“财政部的说法”，即“英格兰银行做起事来就像总体战略思想出现之前的独断指挥官”。对诺曼本人而言，发生在这个十年的主要事件，是他在 1933 年 1 月与 33 岁的普莉西拉·沃斯索恩（Priscilla Worsthorne）结婚。当时他已经 61 岁了。伦敦一家晚报报道称：“他在切尔西区登记处举行的仪式上，漫不经心地围着一条格子围巾，戴着他那顶大家熟悉的黑色毡帽。”这似乎是一桩幸福的婚姻。不久后，他的同事们精心策划了一个感人的时刻：

> （他的遗孀在他去世后回忆道）在约定的日子，司机汤姆驾驶白顶福特林肯轿车把我送到银行，并带我进入总裁办公室。办公室有两扇门，一扇通向走廊，另一扇通向董事会会议室。我独自待了似乎很长一段时间。突然，我感到恐慌，觉得这次经历可能会毁掉我的婚姻。我正准备走向出口，另一扇门却开了。蒙塔古独自走了进来。他停下来说道：“你在这里干什么？”我的心猛地跳了一下！副总裁（欧内斯特·哈维爵士）紧跟着进来说：“总裁先生，这件事是我的责任。同事们希望能认识一下总裁夫人。”他友好地挽着我的胳膊，把我带到另一个房间，向站成一圈的董事们介绍。然后蒙塔古牵着我的手，依次将我介绍给每一个人，并简短而有趣地描述了每个人。我记得有一位上了年纪的董事突然哭了起来。显然这也让我泪流满面，而蒙塔古竟然也流下了眼泪！回顾起来，这是一个非常感人的场景，只有蒙塔古的个性才能唤起这样的场景。和我一样，董事们也都有点担心，不确定他们的这个秘密行动是否明智。然而，坚冰已被打破，我也走进了“老妇人”的客厅。他们给我倒了一杯雪利酒，然后礼貌地送我回家。我到家后一个人吃午餐，但心情非常愉快，尽管被这场经历压得有些喘不过气来……

婚姻只在一定程度上软化了诺曼。哈维在 20 世纪 30 年代中期对一位财政部的熟人坦白道：“我发现很难把思绪从工作中移开。即使在梦中，我也无法逃脱总裁那永无休止的训斥。”当时哈维正从精神崩溃中恢复过来。而在诺曼的桌面日记中，简明扼要地记录着他与每天不断涌入的访客的会面。日记语气仍然简练，有时甚至带有讽刺意味。他在1934年5月的某一天写下了这样一条典型记录：“P. A. 卡米纳（P. A. Carmine）：正如他在24号信中所提到的，1912年出生的瑞士人；贴现商及战后的证券交易所经纪人；生意失败，苦难来临，饥饿将至。”[2]

与此同时，围绕诺曼的重大制度变革和权力分配正在发生。如果说20世纪20年代中后期见证了专业顾问的兴起，那么20世纪30年代早中期则迎来了全职执行董事。直接的催化剂是1931年至1932年的皮科克委员会。在全职执行董事制度执行前的最后一次董事会上，旧势力最后一次充分地、无拘无束地表达了意见：

> 如果全职执行董事被任命，英格兰银行的管理将很大程度上落入他们手中，而董事会和财政委员会的权力将在很大程度上消失。［亚瑟·惠特沃斯（Arthur Whitworth）］
>
> 公众，至少是金融城的公众，更喜欢有经验的金融城商人或企业家，而不是金融专家或理论经济学家。他们对前者有更多的信心，我已经听到对最近任命的几次抱怨。［莱昂内尔·汉伯里上校（Colonel Lionel Hanbury）］
>
> 在我看来，英格兰银行的领导（即董事会的成员）都与金融城的历史联系息息相关。我认为维持这一联系是至关重要的。如果这一联系被削弱或割裂，英格兰银行将失去商人的信任，在某种程度上迅速成为一个政府机构，并将变得容易陷入惯性思维，失去它目前享有的声望和信任。这一问题对我来说如此重要，以至于我愿意牺牲一定程度抽象的（理论上的）技术效率，而不是削弱这一联系。［亚历山大·肖勋爵（The Hon Alexander Shaw）］
>
> 一个专家仅仅精通金融细节，并不意味着具备制定健全金融政策所需的广阔视野和多样化经验。实际上，恰恰相反的情况更为常见……在商人中往往可以发现一种天生的判断力，一种对事物的自然直觉，几乎是一种对市场状况的感官嗅觉。这些品质实际上并不因为它们一定程度上难以表达就显得没有价值，不应被（那些专家的）技术专长所掩盖。（查尔斯·阿迪斯爵士）

当然，弗兰克·蒂阿克斯持不同意见：“英格兰银行应按照国内外许多重要企业的类似模式进行重组，选出若干与现行情况一样的普通董事，再设立 6 名到 7 名常任全职董事。每个全职董事都负责一个特别部门，并直接对总裁负责。”更为重要的是，诺曼也持不同意见。他在口头证词中主张引入“执行董事”。他认为这些人将“全职从事高薪工作”；将是“专家”；其中“大多数”拥有“外部经验”；包括“至少一位处理工业问题的人员”“这些执行董事将承担许多目前由总裁处理的工作，这样总裁就可以腾出时间进行建设性思考”。

皮科克的最终报告谨慎地支持了诺曼的立场，成功地建议在开始时只任命两名执行董事，理由是：“相当数量的全职执行董事将导致董事会其他成员的影响力减弱，并减少英格兰银行与国家商业和贸易的实际联系。”即便如此，随着克莱格和汉布罗被任命为执行董事，关键性的原则已经确立。在接下来的十年里，英格兰银行又任命了几位执行董事。《标准晚报》在 1939 年 5 月对其中 3 位进行了报道：

> 奥托·内默耶爵士现年 56 岁，外表粗犷，仪容不整，看起来有不修边幅的少年感。他有着一种轻松态度，掩盖了冰冷清晰的洞察力和巴利奥尔[①]（Balliol）学者式的毫不费力的优越感。外国政客们常常在他直率的质问下感到畏缩。据说曾有一位著名的罗马尼亚人，在与他会面后痛哭流涕。
>
> 爱德华·霍兰德·马丁（Edward Holland-Martin）先生现年 39 岁，朋友们称他为“红宝石（Ruby）”。这个绰号是他从拥有红发的 G. E. 马丁先生那里继承来的，后者因其名字的首字母缩写为“宝石（Gem）”而得名。除了银行业务，他最大的兴趣是马。他是一位无所畏惧的骑手，多次在安特里的福克斯猎人障碍赛全国赛道中绕场骑行。
>
> 卡梅伦·科博尔德（Cameron Cobbold）先生，人称“金（Kim）”，面色红润，外表年轻。他娶了一位美丽的妻子赫米奥妮·科博尔德（Hermione Cobbold）夫人。她是利顿伯爵[②]（Lord Lytton）的女儿。

---

① 巴利奥尔是牛津大学的一个著名且历史悠久的学院，以活跃的氛围和辩论精神闻名。——译者注

② 此处利顿伯爵指第二代利顿伯爵（Victor Alexander George Robert Bulwer-Lytton，2nd earl of Lytton），曾任英属印度孟加拉总督和代理印度总督，曾任国际联盟九一八事变调查团团长。又译李顿伯爵。——译者注

报道中的最后一位科博尔德时年30余岁，是诺曼的门生。他主要在国际事务尤其是与意大利的关系方面崭露头角。乔治·博尔顿曾回顾说："科博尔德是一个坚定的传统主义者，以完全和不妥协的实用主义者姿态面对未来，决心尽可能多地保留传统。"乔治·博尔顿本人也是一位冉冉升起的新星，智力超群但出身不佳。在20世纪30年代后期，大概不难猜出这两人中谁会升得更高。

总体而言，在高层来看20世纪30年代的英格兰银行正逐渐成为一个更为复杂的机构。在这个机构中，董事会的重要性可能正在减弱，同时财政委员会的重要性也在减弱。关键决策和业务由所谓的"随行人员或内阁"进行。这一群体由大约15名到20名通常较为年轻、资质较高的人员组成，主要从事国际事务，并直接向诺曼汇报。我们不应过分夸大这一切的现代性。诺曼对直觉推崇之至的信念、对理论的不满，以及对金融城市场智慧几乎神圣般的信仰依然强烈。这不仅影响了他身边的团队，甚至影响了银行的后几代人。1935年，执行董事巴兹尔·卡特恩斯（Basil Catterns）告诉一位前同事："经济部告诉我他们非常高兴，因为（他们的工作成果）经常被我和亨利·克莱使用，更不用提西普曼和斯金纳了。但据说总裁还不知道它的存在！"或者，正如诺曼本人两年前广为人知地告诉他的传记作者那样："克莱先生，我们任命你为我们的经济顾问。让我告诉你，你在这里的职责不是告诉我们该做什么，而是解释我们为什么要这样做。"[3]

"放弃金本位制"是一个具有转折意义的时刻。在诺曼眼中，伦敦金融城（甚至可能包括英格兰银行本身）再也不可能完全回到从前。同时他也越来越意识到，这一时刻标志着英格兰银行与财政部关系的一个决定性转变，且这种转变已经对银行越来越不利。早在1926年，他曾对一个皇家委员会表示，尽管他认为英格兰银行在提供建议方面有独特权利，甚至可以坚持这种建议到"唠叨"的程度，但"当然这种建议始终受制于政府的最高权力"。然而在1937年，尽管他仍然坚持尽可能为英格兰银行争取最大的操作自主权，但他却明确向帝国各央行总裁表示"我是财政部的工具"。那么，1931年后的政策如何呢？1931年11月，在巴塞尔举行的国际清算银行董事会上，国际清算银行的佩尔·雅各布松（Per Jacobsson）问诺曼，在放弃金本位制2个月后，他是否有一个关于恢复英镑地位的"计划"：

诺曼：不，我没有计划。

雅各布松：但这不是很糟糕吗？不仅仅是英国，整个世界经济都受到英镑波动的影响。你现在却告诉我你不知道该怎么办！

诺曼：我并没有说我不知道该怎么办。实际上，我列出了一份有十二项内容的清单，并且在每一项上我都希望有所作为。但我只能希望，如果在每个方面都有一些改善的话，整体状况也会有相当大的改善。

然而，渐进主义无法走得太远。在这个困难时期，诺曼的情况通常就像"隔着昏暗的玻璃看世界"。1932 年 10 月，在金融城市长的年度市政厅宴会上，诺曼坦率地承认道："困难如此巨大，阻力如此无限，问题如此新颖，而前例又如此匮乏，以至于我只能以无知和谦卑的态度对待这一切。"他继续说道："这对我来说太宏大了。我承认此刻我的思路并不清晰。"[4]

事实上，这个秋天英国的经济和货币政策发生了重大调整，这并非完全符合诺曼的意愿。后世称为"1932 年协议"的内容主要有 4 个支柱。第一个支柱是贸易保护主义，新任财政大臣尼维尔·张伯伦（Neville Chamberlain）在 2 月宣布了一项 10% 的普遍关税，而 6 个月后在渥太华举行的帝国会议上正式达成了帝国特惠关税制度①。伦敦金融城对此大体满意，但诺曼本人仍然是一个毫不掩饰的自由贸易主义者。第二个支柱是 1932 年 4 月创建的外汇平衡账户。这是财政部管理英镑和避免货币价值过度波动的机制。实际上，这一机制不仅使英格兰银行成为财政部在外汇市场上的代理（以国库券换取英格兰银行的外币），还几乎扼杀了诺曼恢复金本位制的美好愿望。第三个支柱并不那么明确，是在这一年中逐渐形成的事实上的英镑区。这个英镑区以英镑进行跨境交易并以英镑形式持有外汇储备，包括大部分英联邦国家、波罗的海国家、埃及、伊拉克和阿根廷。诺曼起初不愿接受这个概念，认为它可能是金本位制的竞争对手，但最终他认识到英镑区具有恢复伦敦金融城国际地位的潜力。最后一个支柱是低利率政策，这是不再需要用高利率维持金本位制之后，才

---

① 帝国特惠关税制度是英国及英联邦成员国之间的一项特殊贸易安排。其核心内容是成员国间的优惠关税政策，即相互降低或取消进口商品的税率，旨在促进内部贸易和维护市场独立。相比之下，对非成员国的商品，则实施高关税，以防范外部竞争特别是来自美国的压力。——译者注

终于有可能实施的政策。英格兰银行利率在 1932 年初为 6%，但到 6 月底在财政部的推动下已降至 2%。从现有资料中难以准确判断，诺曼在实施这一政策时是否感到犹豫，但财政部认为这一政策对贸易复苏至关重要。[5]

更符合诺曼口味的是他直接参与早期谈判并促成的一项重大银行举措，即 7 月开始的庞大且具有挑战性的行动，通过将 1917 年发行的巨额战争贷款（占所有市面上政府证券的 40% 左右）从 5% 利率成功转换为 3.5%，从而产生了更低的长期利率，以匹配更低的英格兰银行利率。[6] 理查德·塞耶斯生动地描述了这一事件，揭示了英格兰银行坚定行使其在金融市场上所拥有的一切权力，在与伦敦金融城的非正式接触中展示出一定程度的说服力，以及在面对意外技术问题时的快速反应能力。同时，仅有少数几个人参与讨论这次行动并做出关键决定，这种情况也许是英格兰银行历史上最后一次。虽然媒体高声鼓吹爱国主义，但并非所有人都愿意合作。尽管诺曼设法施压贴现市场转换其所持份额的利率，但他还是因雷金纳德·麦肯纳在米德兰银行的顽固态度，被迫买下了其 3000 万英镑持仓中的 2500 万。对英格兰银行的基层员工来说，这是高度紧张和持续压力的日日夜夜，因为他们要面对大量的文书工作。接下来的《老妇人》杂志中刊登一份节选的“转换字母表”，其中写道：“L 代表加班工作，可怕而寒冷。”诺曼无疑对员工们的工作感到满意。他转发了张伯伦的感谢信：“所有级别的员工都被要求长时间工作，并且克服了许多个人困难。我很高兴地得知，所有相关人员都以无愧于银行最优传统的方式，愉快地承担了这些困难，全身心地投入工作之中。”[7]

总的来说，尽管主要是非正式的，伦敦金融城的“教皇”诺曼仍在一平方英里内占据主导地位。[8] 对于证券交易所，诺曼最关切的自然是金边债券市场。他在转换操作期间灵活应对主要金边债券做市商和经纪人的方式，展示和证明了他的这种非正式影响力是合理的。诺曼在 1932 年对政府经纪商穆伦斯的未来合伙人特德·克里普斯（Ted Cripps）进行了盘问后记录道：“长谈。各方面都令人满意，诸如态度、想法、国家服务能力等。但（有什么不满意）？健康状况。”他还密切关注整个体系，例如，在 1934 年引导其（指证券交易所）在周六开市。他为此宣称：“他们的垄断特权应该为公众利益服务，否则他们以往的自由就可能会丧失。”又如，继续特别留意外国贷款的发行，对此财政部基本上持反对态度。1934 年，诺曼简短地告诉查尔斯·汉布罗：“至于你关于土耳其的提议，我认为从你的角度来看几乎是愚蠢的。土耳其人没有任何值得称赞的地方。他们和你没有任何关系。如果他们需要为在这里下的订单融资，那是政府的事，而不是伦敦金融城的事。”

在20世纪30年代，英格兰银行的影响力还涉及其他领域。尽管并非总是成功，诺曼尽可能地抵制了外汇和黄金市场中投机性远期交易的扩散，尤其是博尔顿在清理外汇市场并使其得到更好监管方面做了很多工作。在贴现市场上，诺曼仍然通过每周四下午为市场代表举办的茶话会紧密关注市场，还在清算银行与贴现行之间促成了一系列绅士协议，以确保市场至少保持一定的利润。清算银行家们自己现在对诺曼的魅力与强硬态度明显更为顺从。甚至经过10年的磨合，连麦肯纳也放下了身段。这可能反映了他们自己觉得已经在伦敦金融界“站稳脚跟”。至于传统上对地方性清算银行怀有怨恨的商人银行，随着伦敦金融城的外国业务几乎枯竭，他们已经没有什么可以争论的对象了。诺曼坚持定期查阅他们的资产负债表，并将其作为1914年成立的承兑行委员会成员从英格兰银行获得最优再贴现条款的交换条件。诺曼甚至插手了商品市场。1935年的“胡椒丑闻”是一件复杂而生动的事件，涉及一次失败的囤积行动，因为黑胡椒可以加工成白胡椒这一事实被粗心地忽略了。这个事件给米德兰银行带来尴尬，并且可能会导致明辛巷（Mincing Lane）许多经纪人和交易员的破产。对此，诺曼果断出手，施压各银行向重要公司提供必要的借款，并促成了一个“胡椒池”的成立。这个“胡椒池”在接下来的6年中，处理了超过2万吨胡椒。整个事件的始作俑者是一个中年金融家约翰·霍森（John Howeson）。1936年，他因发布虚假募集说明书被判入狱。不久之后，关于他出狱后应该做什么的问题就已经开始被讨论了。诺曼回应道：“去远东，或远西，不要再在伦敦露面。他不可能也不应该再有任何道德层面的地位，这里永远不欢迎他。”[9]

英格兰银行在工业领域的影响力，或至少说支撑局面的能力，已经大大受限。1932年，诺曼观察道：“在我看来，兰开夏棉花公司（LCC）的发起和经营目的越来越被证明是正确的，同时被证明正确的还有它未来的艰难！”这是一个公正的评价。尽管那一年英格兰银行与巴林银行合作，成功对LCC的管理进行了整顿，使其财务表现随着时间的推移有所好转，但要淘汰超过一千万个纺锤的必要行动却没有取得很大进展。一方面各银行声称缺乏推动棉纺行业合并的手段，另一方面诺曼对法定强制措施感到反感，在他看来这是对私营企业根本利益的完全不可接受的打击。英格兰银行参与的另一个主要行业是钢铁业。在整个10年中，英格兰银行几次自掏腰包，向包括科比（Corby）、贾罗（Jarrow）、埃布韦尔

（Ebbw）和肖顿（Shotton）的新工厂注入大量资本，但总体上不愿承担协调重组的责任。这些年中还有一些其他工业举措，特别是1936年创建的特别地区重建协会（SARA）在向英国最萧条地区的工业提供中期信贷方面取得了一些（尽管不大的）进展。但到了1939年，财政委员会在讨论这段独特的英格兰银行历史阶段时几乎带有一种告别的语气：

> 沃尔特·惠厄姆（Walter Whigham）："英格兰银行不得不承担的控制地位是危险的，这使得他们更容易受到'左翼'的攻击。伦敦金融城会帮助稳健的公司。如果公司不稳健，最好让它们倒闭并进行重组。每个行业都应找到自己的出路。英格兰银行目前的态度是对糟糕管理的支持。"
>
> 皮科克："银行家工业发展公司（BIDC）在一段时间内的运作是有用的，但我担心它正在越来越成为一个'护理院'……任何状况良好的公司都能从伦敦金融城获得资金。"
>
> 诺曼："从广义上讲，英格兰银行过去几年的政策已经被证明是正确的。为了公众利益而必须存在的公司已经被拯救，免于消亡，政府的干预也得以避免。"[10]

确实如此。但可以说，这种成就在更宏大的经济背景下意义有限。

这个宏大的经济背景当然是复杂的。1933年12月，诺曼对暹罗的一位通信者写道："在这个国家，我们似乎看到了复苏的迹象。尽管这可能是不稳定的，但却是真实的。"实际上，在这个包括贾罗游行①的十年里，复苏是极不平衡的。在国家的某些地区，复苏是真实的，但在其他地区却无迹可循。大规模失业只是以令人痛苦的缓慢速度在缓解。毫无疑问，低利率政策确实产生了积极影响，特别是在刺激住房市场方面。从1932年6月到1939年8月，英格兰银行利率都维持在2%。但这在很大程度上仍然是财政部的政策。诺曼曾多次徒劳地警告过度宽松的货币政策可能带来的通胀和投机后果。然而，不论怎样，货币政策不再是经济辩论或政策制定的核心。相反，无论是赞成还是反对，焦点更多地转向了凯恩斯主义理论。1933年，在开创性的《就业、利息与货币通论》发表3年前，凯恩

① 贾罗游行（Jarrow March）是指1936年10月200余名抗议者因为严重的失业和贫困问题，从英格兰东北部的贾罗镇出发，徒步近300英里（约450公里）前往伦敦，要求得到工作机会。——译者注

斯在探讨他所谓的“商业周期调控”时坚持认为：“可能出现这样一种情况，并且最近已经出现了这种情况，即无论是调控短期利率还是调控长期利率都不会产生效果，结果是政府对投资的直接刺激成为必要的手段。”这时张伯伦领导下的国民政府，却在实行低利率政策的同时，仍然继续坚持本质上正统和通缩的宏观经济政策，其核心是预算平衡。诺曼自然对此表示赞赏，并对他影响范围内的异见者进行严厉打击。1934 年 1 月，他在斥责巴兹尔·布莱克特爵士（Sir Basil Blackett）后写道：“我们因为他反对财政大臣政策的文章和演讲而一次次陷入困境和尴尬。”布莱克特爵士是财政部官员，后来成为英格兰银行董事。他当时出版了一本名为《计划货币》（*Planned Money*）的专著。诺曼补充道：“英格兰银行及其董事会的所有成员都应该在公开场合支持财政大臣，尽管他们可能在私下敦促和唠叨。”最具代表性的问题是公共工程。尽管包括克莱在内的一些顾问持支持态度，诺曼还是在公共场合持保留意见。对于罗斯福新政及其设计者，诺曼表现出明显的敌意。他将罗斯福与劳埃德·乔治联系起来，从诺曼的角度来看这显然不是赞美。而罗斯福这位美国政治家则给诺曼起了一个不怎么好听的绰号——“浅粉色胡子”。[11]

在一个总体上令人沮丧且各国日益自给自足的背景下，诺曼在 20 世纪 30 年代仍然是一个坚定但悲观的国际主义者。1933 年，他写下的日志标题包括：“没有稳定”“没有国际贸易”“经济民族主义”等。至于未来，他写下了“团结一致还是各自倒下”这个明确的标题。几乎可以肯定，他最喜欢的工作是定期在巴塞尔的国际清算银行与各国央行总裁聚会。但正如国际清算银行历史学家吉安尼·托尼奥洛（Gianni Toniolo）所指出的，在这个央行独立性和权力迅速下降的艰难岁月里，国际清算银行实际上更多是作为“信息和意见交换的场所”，而非“实际合作的场所”。1933 年夏季在伦敦举行的失败的世界经济会议，生动地展示了中央银行家的世界已经发生了根本性变化。与会的银行家们可能希望达成一项临时协议来稳定主要货币，但这一希望被罗斯福的一封信无情地粉碎了。几个月前，罗斯福为了结束通货紧缩而将美元与黄金脱钩。罗斯福在信中宣称：“所谓国际银行家的旧式崇拜正在被有计划的国家货币努力所取代。这些努力的目标是使货币拥有持续的购买力。”实际上，这意味着每个货币都要各自为战，且绝对不可能回到 1914 年以前的国际金本位制。接下来的几年里，外汇和黄金市场变得越来越动荡，直到 1936 年 9 月伦敦、巴黎和华盛顿达成三方协议。这是一项稳定货币的协议。博尔顿回忆说，这是“货币健全的第一个迹象”“像窗户外的蜡烛一样在国际货币和政治动荡的昏暗场景中投射出微弱光芒”。但动荡远未消失，尤其是从英格兰银行的角度来看。尽管科博尔德在谈判中作出了重要贡献，但令人清醒的事实是，整个协议主要是由各国财政部代表完成的。

对英格兰银行来说最大的安慰来自英联邦及其关联的英镑区。即使英镑区偶尔也会带来一些麻烦。英镑区的联系是定期且持续的。在1936年，英格兰银行与五个“帝国中央银行”之间发送了约2230封例行业务电报。次年，正值乔治六世的加冕典礼，诺曼在一次帝国会议上召集了自治地区的主要中央银行总裁。印度是诺曼施加影响力的一个典型例子。印度储备银行在英格兰银行的主持下于1935年成立，此后双方关系紧密。中国当然不在英联邦内，但在1937年日本入侵之前，诺曼投入了大量精力，确保向中国提供一系列英镑贷款。他认为这将强化中国在英镑区的地位，从而减少美国金融影响力的扩散。在这些年里，加拿大选择不加入英镑区是诺曼特别失望的一件事。一位加拿大政治家问道：“我们会遇到一个诺曼征服加拿大的计划吗？”总体而言，加拿大仍然处于美国的金融轨道之内。

更广泛地说，在全球范围内，新成立的英格兰银行海外与外汇部开始涉足比以往更多的领域。以其年轻成员之一戈登·里奇代尔（Gordon Richdale）的经历为例。1934年，他被派往萨尔瓦多执行任务，解决该国的银行问题。在这次任务中，他和同事经历了一场毁灭性的飓风，以至于他们与外界失联了6周。2年后，就在西班牙内战前夕，他在马德里待了很长时间，帮助西班牙银行落实一项关于英国出口商的最新贸易和支付协议。随后他前往布加勒斯特，与罗马尼亚政府就一项类似协议开展谈判。1937年他又前往罗马，在阿比西尼亚战争①之后寻求恢复正常的贸易渠道。1938年，他与汉弗莱·米诺斯一起在索尔兹伯里起草了罗得西亚②货币委员会的章程，后来该委员会被改组为罗得西亚·尼亚萨兰银行。多年后，里奇代尔在伦敦回忆起罗马的那次任务时说：“银行为了表彰我的服务，给了我一笔特别奖金。据我所知，这是银行唯一一次做这样的事情。”[12]

---

① 阿比西尼亚（Abyssinian）即埃塞俄比亚。阿比西尼亚战争指第二次意大利、埃塞俄比亚战争，发生于1935年10月至1936年5月。——译者注

② 罗得西亚（Rhodesia）是英国政府1923年成立的自治领，南罗得西亚即今津巴布韦，北罗得西亚即今赞比亚。后文提到的尼亚萨兰（Nyasaland）即今马拉维。英国曾于1953年将南罗得西亚、北罗得西亚和尼亚萨兰合并为“中非联邦”。——译者注

一个国家主导了国际舞台：德国。1933 年 9 月，诺曼告诉一位央行同僚："我相信国际清算银行、德国国家银行和英格兰银行的利益是相同的。我认为他们中的任何一个都不应在没有其他人参与的情况下采取行动……" 就诺曼而言，德国这个他在担任总裁的早年期间，曾为之努力重建的国家，依然是经济国际主义的象征，并在很大程度上代表了这一信条的实质意义。这种看法使得诺曼在很长一段时间内对纳粹主义的现实视而不见。1934 年初，他声称："希特勒主义者是接受私人倡议的人，只是必须以公共利益为前提。" 同年晚些时候，他在访问纽约时坦率地对一位摩根公司的合伙人表达了自己的看法。这位合伙人总结道："蒙塔古说希特勒和沙赫特是德国文明的堡垒，是我们唯一的朋友。他们正在为我们的社会制度对抗共产主义而战。如果他们失败，德国将陷入共产主义，随后欧洲可能会陷入不可预知的混乱。" 一如既往，所有的希望都寄托在沙赫特身上。他自 1934 年起兼任德国经济部长和国家银行总裁。这一切的背后，是一种可以理解的希望或信念，即世界不可能如此愚蠢、如此在经济上不理性，不可能在上一次灾难性冲突之后不久就再次陷入另一场灾难性冲突。1935 年 4 月，巴塞尔国际清算银行会议期间，英、法（以及意大利）始终在对德国撕毁凡尔赛条约予以谴责。诺曼在回程中向阿迪斯透露："从布洛涅到加来的回程途中，只有一个话题充斥在每个人的脑海中——战争！战争！何时，何地，怎么打？今天几乎所有的问题都完全是源自紧张情绪。但至少我相信它（指'二战'）像千禧年一样遥远。沙赫特也是这么认为的……"

到 1936 年，即希特勒无视《凡尔赛条约》占领莱茵兰 ① 的那一年，诺曼的亲德立场受到了外部力量的压制。政治上的反对力量阻止了诺曼推动德国成为英镑区成员，以及他支持的向德国借款人提供超出现有协议的信贷。但诺曼的亲德立场并未因此改变。1937 年 3 月，《老妇人》在没有附带任何评论的情况下直接发表了一篇由德国国家银行内部杂志《国家银行》主编赫尔曼·威尔克博士（Dr Hermann Willke）撰写的 6 页文章。威尔克在这篇文章的结语中写道：

① 莱茵兰（Rhineland）也称"莱茵河左岸地区"，是德国领土，与法国接壤，在凡尔赛条约中被"非军事化"。希特勒占领莱茵兰后英、法的毫无作为，被认为是德国纳粹主义进一步抬头的原因之一。——译者注

> 德国官员闲暇时仍在为国家和人民工作。如果他希望配得上从这个国家领取的面包，他就不能被动地让事情自然发生。他必须积极参与国家建设。不仅雇主和雇员，还有所有的德国官员都接受了这种观点，每个部门都与其他部门竞相模范地履行自己的职责。决定个人行为的不是强制，而是他本人的自由意志。只有这样，才能产生德国物质和精神解放所需的伟大事业。只要我们还在为日常生计忧心忡忡，我们就不能幻想英格兰银行官员享受的那种轻松闲暇时光。我们坚信，我们的人民正在努力工作以实现这一目标。德国国家银行的官员们也终将达到海峡对岸同行所处的那种幸福状态。我们的领袖在议会会议上宣布的，开发德国资源和改善德国人民生活条件的计划是一项艰巨的任务，尤其是对于德国国家银行的官员们来说。

威尔克总结道："然而，正是这位领导人将德国从希望引向信仰。这种信仰也将使外国意识到，德国除了作为欧洲国家中的平等一员，平静地工作以服务于世界和平之外，别无他求。"

重要的是，诺曼对于英、德金融和经济合作的愿望是有其局限性的。他的愿望主要是通过沙赫特的斡旋，最终恢复到类似双方在 1914 年以前形成的世界信念。从 1936 年秋天开始，一项重大且极为秘密的工作正在进行。博尔顿提供了权威的内部报道：

> 总裁出于从未披露的原因，通知西普曼、卡特恩斯、科博尔德和爱德华·霍兰德－马丁准备一本战争手册，但他本人不应被正式告知或咨询（即他不希望留下官方记录）。这是一个非常明确的信号，即英格兰银行开始针对似乎不可能发生的紧急情况采取预防措施。此外，知情者的范围必须尽可能小，不得使用秘书，而且必须加倍确保不向媒体、白厅[①]，特别是向部长们泄露任何信息。我和西普曼就战略和战术进行了多次讨论，但西普曼始终认为没有人能够应对混乱。这种执念阻碍了我们得出结论……
>
> 因此，我和西里尔·霍克（Cyril Hawker）讨论了应对战争时期进口基本必需品的融资问题。霍克个人对任何可能带来甚至欢迎

① 白厅（WhiteHall）是英国伦敦市内的一条街，连接议会大厦和唐宁街，且附近政府机关众多，因此常被用作英国行政部门的代称。——译者注

第二次世界大战的想法感到厌恶，尤其是他在波恩大学的冰球运动朋友们可能支持战争。然而，我们还是克服厌恶情绪开始制定一系列应对策略。

经过几周的苦思冥想，我和霍克决定建议全面动员资源，不考虑个人权利，并实施全面的外汇管制，以尽可能长时间地保留我们微弱的外汇购买力。当然，对私人商业和金融生活的干预会引发严重的问题。尽管我们自我规定的职权范围表面上涉及外汇市场、海外金融、商品市场、黄金、投资组合等，但实施我们计划将需要对个人和机构活动的几乎每一个方面进行官方干预。但我们毫不动摇地继续推进……

到 1937 年 6 月，一份关于"战争措施"的详尽备忘录已准备就绪，年末时则完成了《外汇管制法》(*Exchange Control Act*) 的粗略草案[13]。诺曼本人虽然在日常工作中与这一秘密工作保持距离，但他对 1914 年 8 月的金融混乱记忆犹新，并决心避免重蹈覆辙，尤其是在最坏的情况下。

最坏的情况差点因 1938 年 9 月的"捷克危机"①而发生。诺曼错过了这场危机，因为他因夏季发作的严重带状疱疹而正在休养。那年夏天英格兰银行首次响起了空袭警报。但在危机爆发前不久，诺曼向南非政治家扬·斯马茨（Jan Smuts）将军保证支持尼维尔·张伯伦的绥靖政策。他称这位首相："并不像鸵鸟那样被愚弄，而是以智慧面对现实。并且，尽管可能对封闭自足的独裁统治者有不同看法，他还是勇敢地尝试与对方解决所有悬而未决的问题。"对英格兰银行的一线人员来说，这是一次难忘的危机。9 月 24 日，纽约联邦储备银行与博尔顿平级的官员记录下了相关情况："今天早上 9 点 30 分（美国时间），博尔顿先生打电话给我们。他们花了将近半小时才控制住市场，总共不得不抛出 3500 万美元。在某些时刻，对美元的需求极其巨大，各种汇率纷纷下跌。抛售具有恐慌性质，且几乎出现在所有地方，尤其是瑞士。"当然，最终慕尼黑会议和"我们时代的和平"②挽救了局面。到 11 月初，诺曼向驻柏林的英国大使通报他

---

① "捷克危机"是指 1938 年 9 月英、法两国政府在德国压力下推行绥靖政策，在慕尼黑会议上签订出卖捷克斯洛伐克的协定，迫使捷克斯洛伐克政府同意苏台德区日耳曼人拥有"自治"权利。1938 年 10 月 1 日，德国占领苏台德区。——译者注

② "我们时代的和平"（Peace in Our Time）是 1938 年 9 月慕尼黑会议后，英国首相张伯伦在机场发表的著名讲话的题目。——译者注

打算以教父身份前去参加沙赫特孙子的洗礼，并辩称“伦敦与柏林的交流越多越好”。1939 年初，尽管遭到英国外交部的反对，他还是按计划访问了柏林。而且，尽管他从卡农街而非维多利亚车站乘坐多佛列车，仍然未能避免引起新闻界的关注。回国后，他毫无悔意地向外交部报告：“虽然沙赫特对找到解决欧洲问题的办法并不乐观，但他不相信今年会发生战争。”像往常一样，他强调了沙赫特作为调解者的重要性。但在 1 月晚些时候，诺曼的朋友（指沙赫特）接到了纳粹政权的解职令。不久之后，总裁为沙赫特写了一篇私人致敬词：“一位优秀的德国人，但也是真正的国际主义者，希望发展世界贸易、偿还债务、解除外汇限制，对犹太人表现得体。”最后一点尤其值得注意，因为诺曼不可否认地存在反犹太主义倾向。诺曼还补充说，他将沙赫特视为“一群危险的极权主义者中的理智之人”。

诺曼本人继续固执地抱有希望。他在 1939 年 2 月告诉美国大使馆的约瑟夫·肯尼迪（Joseph Kennedy）“战争绝非不可避免”。但希特勒在下个月就吞并了捷克斯洛伐克的残余部分。这对诺曼来说是一个重大打击，但同时也使得张伯伦变得强硬。诺曼也许丢掉了幻想。6 月初，狂热支持希特勒的布克劳公爵（Duke of Buccleuch）要求总裁到格罗斯诺园拜访他。诺曼总结道：“我保留了与他相反的意见，我觉得希特勒及其同伙就是骗子。”在战争准备方面，英格兰银行在那个夏天已经全力以赴，包括将大量黄金储备及其他中央银行客户的黄金运往加拿大。博尔顿回忆道：“我们冒了巨大的风险。当战争真正开始时，我们有大约价值 5 亿英镑的超过 5000 吨的黄金在乘船漂洋过海。”战争准备的其他方面工作包括与清算银行密切合作，详细建立适当的外汇管制机制，以及确保清算系统转移到斯塔福德郡的特伦特汉姆公园且能够顺利运行。还有许许多多的其他工作。

8 月 26 日，诺曼写信给内政大臣，附上一封来自 H. 利普舒茨（H. Lipschutz）的信。利普舒茨在信中请求获得英国国籍。诺曼称：“我毫不怀疑利普舒茨先生是一个不同寻常的优秀眼科医生。他是由另一位非雅利安人医生介绍给我的，并可能挽救了我一只眼睛的视力。”但为时已晚。9 月 2 日，即德国入侵波兰的第二天，诺曼不得不亲自通知利普舒茨。他在遗憾且满是标点符号的信中写道：“我不得不承认，现在我无法做任何事来实现您的愿望。与此同时，我也一直在寻找解决方案，和平的时光已在流逝……所以我没有更多要说的……只希望您一切顺利。”次日，英国对德国的最后通牒到期，张伯伦在无线电中严肃地发表讲话。“从现在开始，我们将只是橡皮图章。”诺曼在那个美丽而又阳光明媚的星期天自嘲般地向他的秘书宣布。[14]

---

20 世纪 30 年代初期的严重经济萧条，特别是 1931 年金融危机带来的深远政治影响，使外界对英格兰银行的看法产生了重大且持久的影响。这种影响超越了战争与和平的问题。在 1933 年 2 月的下议院辩论中，辩论语气在 10 年前几乎是无法想象的。这次辩论的主题是奥地利贷款担保法案，实际上涉及英国政府对奥地利银行的紧急单方面贷款，使其能够偿还因信贷银行（Credit Anstalt）倒闭而产生的欠款。两党议员们都对此提出了强烈批评。里斯·戴维斯（Rhys Davies）谴责这是“肮脏的国际金融交易”。乔治·兰伯特（George Lambert）认为：“我的（谢菲尔德）选民中，许多人都在艰难度日。为什么他们要缴纳所得税来支付英格兰银行股东的股息。”斯塔福德·克里普斯爵士（Sir Stafford Cripps）对这笔流向奥地利的 450 万英镑贷款表示：“这个国家不会再得到这笔钱。除非英格兰银行国有化，这笔欠款才可能以这种方式被追回。”克里普斯爵士阴郁地补充说：“这笔欠款甚至可能都无法在账目中查询到。”布伦丹·布拉肯（Brendan Bracken），丘吉尔的朋友及《金融新闻》（*Financial News*）的主导人物，称该法案“实际上是英格兰银行救济法案”。他指出：“我们总是被政府告知他们无力拿出哪怕一分钱来解救我们破败的贫民窟或提供任何形式的社会服务，但他们完全愿意拿出 450 万英镑来帮助英格兰银行。”威廉·戴维森爵士（Sir William Davison）则希望“更换英格兰银行的某位总裁”。他声称：“现在是时候让银行停止举手遮挡批评镜头了。是时候让银行停止叫嚣‘我们是神圣不可侵犯的’‘你们不能问我们任何问题’。”其中最令人难忘的抨击来自未来的国民医疗保健署创始人安奈林·贝文（Aneurin Bevan）：

> 奥地利在 1931 年初夏面临违约的危险。英格兰银行与伦敦金融城紧密相关，与那些向奥地利贷款的人也有密切联系。那些人看到了困难，并且做了他们总是做的事。他们急忙去找金融城的朋友们，说：“我们不能让奥地利违约，否则所有向奥地利借钱的人都会遭受损失。”于是，英格兰银行介入并支持奥地利信贷银行，以支持他们在伦敦的朋友们。这件事完全适合由英格兰银行的“内阁”来做。他们一直这样做。他们就是一群国际海盗。

贝文针对担保法案质问英格兰银行财政秘书莱斯利·霍尔 - 贝利沙（Leslie Hore-Belisha）："下议院需要了解内情，为什么我们要筹集这笔钱来献给英格兰银行。"这位雄辩的威尔士人接着质问："这是否是给总裁的结婚礼物？"[15] 他得到的回应只有沉默。

这些议会批评与 J. R. 贾维（J. R. Jarvie）出版的《揭开面纱的老妇人》一书遥相呼应。这是一部对英格兰银行内部人员的严肃但充满敌意的研究。贾维认为："英格兰银行由一些主要利益并不集中在英国而是在国际的人所主导。他们的主要工作是给外国和遥远地方的企业融资，以及从货币交易中赚取利润。这些交易可能很容易（实际上也经常）对我们国家的经济健康不利。"他还对英格兰银行缺乏问责机制提出了批评：

> 关于英格兰银行的基本事实被严密地掩盖。比如说，英格兰银行档案无法像公共有限公司那样被检查……董事们甚至不愿意偶尔向公众解释英国在银行和金融方面的重要举措。蒙塔古·诺曼先生的逃避行为和与新闻业者的玩忽职守似乎被认为是正确姿态。

接下来的几年里，攻击不断升级。左翼的工党首席经济学家 G. D. H. 科尔（G. D. H. Cole）在 1934 年的无线电广播中指责英格兰银行："过于关注他们认为重要的金融，而对工业、商品生产的最大化以及失业问题的解决关注过少。"次年，工党的主要财政事务负责人休·道尔顿（Hugh Dalton）在《银行家》杂志中主张："必须在以下两者之间做出选择：一是私人政治，由一个不负责任的总裁玩弄；二是公共政治，由被授权的部长们指挥总裁。"1937 年，工党的"近期计划"明确承诺未来的工党政府将把英格兰银行转变为"一个公共机构"，由"务实和经验丰富的人在政府的总体指导下"管理，从而使"信贷"能够"依据贸易和就业的利益进行控制"。另一位批评者是坎利夫的老朋友、持中间派政治立场的劳埃德·乔治。他在 1935 年对诺丁汉的观众表示，英格兰银行犯了"不断积累的错误""过去十二年里耗费的资金足以实施一个巨大的工业、农业和社会重建计划"。保守党也没有完全免于提出批评。哈罗德·麦克米伦（Harold Macmillan）在 1938 年出版的《中间道路》中表示，英格兰银行应被改组为公共机构，以便能够"影响投资方向"，而不仅仅是影响投资规模。次年，一位受尊敬的议员和金融专家 J. W. 希尔斯少校（Major J. W. Hills）在其著作《管制通货》中，指责英格兰银行过于关注汇率而不是集中精力"判断贸易、工业和商业所需的货币量"。他还总结说，除非英格兰银行的“管理者”来自“更广泛的领域”，否则它没有机会成为一个合适的“货币权威”。[16]

英格兰银行对外界的批评基本上毫不在意。哈维在麦克米伦委员会的调查中向凯恩斯解释说：“英格兰银行的传统做法是用行动来解释政策。在一开始就给出理由是一件危险的事。”尽管放弃金本位制严重损害了英格兰银行的声誉，但诺曼依然没有改变看法。他在 1933 年 10 月的年终市政厅演讲中以“群狗狺狺，商旅自行”①安慰自己。所有听众都明白这句古老阿拉伯谚语的含义。狗是指英格兰银行的批评者，商队是指英格兰银行，而总裁的话则是一种礼貌的“竖中指”表现。尽管如此，各方持续的攻击最终还是产生了影响。由于这场公关灾难，执行董事爱德华·霍兰德·马丁被指定为对外发言人。不幸的是，“尽管他性格非常友好，但他对马术的了解比对公共关系还多”。这句评价来自未来的工党政治家道格拉斯·杰伊（Douglas Jay）。他当时在《每日先驱》(*Daily Herald*)的金融城办公室工作。因此，诺曼随后用新星卡梅伦·科博尔德代替了他。杰伊对此评价说：“他做得好多了。”

诺曼在担任总裁的第 20 年，同时是 BBC 开播的第 17 年，于 1939 年 3 月首次走上广播节目，发表了一次关于英格兰银行的广播讲话。讲话的第一部分是阐述历史，第二部分是概述银行的主要活动，第三部分是介绍银行的运作。诺曼在讲话中声称：“如今你会发现，超过一半的董事来自贸易、工业、商业和航运，只有不到 1/4 的董事是商业银行家。”然后在接近结尾时，他谈到了宏观环境：

> 在货币问题上，现任政府必须拥有像其他事务一样的最终决定权，这一点得到了完全的承认。这一管理系统的本质是，英格兰银行能够向政府提供独立的建议，而最终决定必须由政府来做。另外，英格兰银行并不是由银行家控制，也不再与他们竞争。这意味着我们在执行政策时得到了来自各银行和银行家们的真诚合作。这种合作也在大英帝国各领地和外国银行中得到了充分体现。就我而言，我会将英格兰银行的关键特点总结为：经验丰富、多方合作、独立判断。但是除非人们对你有信心，这三点即经验、合作、独立都将毫无意义。我愿意相信，英格兰银行凭借其悠久的历史和传

---

① “群狗狺狺，商旅自行”是一句阿拉伯谚语，译自“The dogs bark but the caravan moves on”，阿拉伯原文为“تنبح والكلاب تسير القافلة”，也可译作“说者自说，做者自做”。——译者注

> 统，在公众心目中占据着重要地位。但只有通过服务公众，这种声望才能在好年景和坏年景中都得到维持。

诺曼总结道："我希望你们相信并请记住，我们重视并始终努力证明我们确应获得信任和尊敬，也许实际上还有对'针线街老妇人'这一名称的亲近感。"[17]

这是一个能够产生共鸣的陈述，但此时人们认为诺曼过于亲德，所以它并未对英格兰银行的声誉有所帮助。在广播讲话前的两个月，总裁未经授权的柏林之行引发了主要工会活动家欧内斯特·贝文的公开警告，称这对"民主和自由的事业"造成了伤害。而《晚间标准报》则刊登了劳（Low）的一幅非常具有敌意的漫画。然后在1939年初夏，发生了"捷克黄金"事件，这主要归功于金融记者保罗·艾因齐格（Paul Einzig）坚持不懈的调查工作。艾因齐格从5月中旬开始揭露英格兰银行在国际清算银行的指示下，将约600万英镑的捷克斯洛伐克国家银行黄金储备移交给了德国国家银行。5月26日，在下议院有人指控这是对"捷克人民"的"背信弃义"。对于诺曼和内默耶这两位英格兰银行在国际清算银行董事会的董事，布拉肯讽刺道："他们来了，他们看到了，他们投降了。"① 布拉肯还指责他们实行了"非常肮脏的金融绥靖主义"。争议久久难以平息。到6月6日，《纽约时报》报道了英国各党派的普遍观点。首先在国际清算银行"清算"之前，"不能给德国提供更多的战争资源"；其次是应该"立即重新审视英国政府与英格兰银行之间的奇怪关系"。同一天在下议院，有一位议员直截了当地质问："我是否可以让首相回答，为什么他不让伟大的蒙塔古·诺曼担任财政大臣？"英格兰银行方面拒绝进行公开辩护。尽管诺曼私下告知事实上的财政大臣约翰·西蒙爵士（Sir John Simon）："英格兰银行不清楚是否曾经以国际清算银行的名义持有捷克斯洛伐克国家银行的黄金资产。"正如艾伦·安德森爵士（当时仍在董事会）在6月初对诺曼所说的："公众必须决定是否愿意在金融领域维持国际磋商机制，而不用武力来代替。如果他们愿意，那么磋商机制的裁判员必须被允许自由裁定。当然也必须容忍这个裁判员有时做出对我们不利的裁定……"然而事实是，游戏规则已经改变。正如艾因齐格多年后反思的那样，如果英格兰银行能放弃其坚定的"永不解释、永不道歉"政策，或许这一事件对它的伤害会小得多。[18]

---

① 该句模仿凯撒的名言"我来了，我看到了，我征服了"。——译者注

1939年9月的战争意味着撤离。大约1/3到一半的英格兰银行伦敦正式员工，包括几乎所有的股票和公债相关员工，都迁到了汉普郡的乡下。[19] J. A. 穆尔瓦尼（J. A. Mulvany）在9月9日写信给家人时，描述了他抵达惠特彻奇附近的赫斯特本公园（属于波塔尔勋爵的庄园）后的情景："离这儿200码有洗衣房。热水有限，洗澡也没有隔板。"穆尔瓦尼继续写道："女孩们更幸运一些。她们大多被安排在庄园里，因为她们的宿舍有虱子！主要负责人和较高职位的人也住在庄园里。"在接下来的6个月里，穆尔瓦尼的信件继续描绘出一个明显令人不满的画面：

> 工作从早上8点15分开始。整个股票和公债相关部门，包括首席会计办公室，都在一个90码见方的玻璃罩式憋闷厂房里。我最初被分配到交易部门，但贝里（Berry）很快把我调到其他地方，因此我发现自己又再次和我的机器操作员格雷厄姆（Graham）小姐一起工作。我们花了整整一天的时间来整理账户页面。我们还没有完全整理好。整体上积压的工作量非常庞大。他们说如果我们能赶上进度，至少需要几周甚至几个月的时间。（1939年9月10日）
>
> 霍兰德·马丁来过，传言他坚持要求每个人都有合适的床位！……（1939年9月14日）
>
> 关于周末我没有得到任何确切的消息。我们只能抱着最美好的希望。银行的政策似乎是尽可能让员工处于困难和不愉快的境地。如果我们真的被征召入伍，可能反而会得到更多的体贴对待……（1939年9月20日）
>
> 极权主义带来的最新的小麻烦是一套分时系统，员工被强制在特定的时间进餐，不论是否合适。我也用不着提建议，他们根本不会询问我们时间是否合适……（1939年10月4日）
>
> 奥弗顿（Overton）发生了骚乱和罢工，原因是津贴太少。大多数人只有大约3英镑或更少。他们拒绝接受！第二天，他们发起了一场真正的静坐罢工，直到霍兰德－马丁急匆匆地赶到并训斥了他们。霍兰德－马丁承诺如果他们签名接受这笔微薄的津贴，他们的其他诉求将会得到充分考虑。（1939年11月7日）
>
> 加班看起来会一直进行下去。女孩们越来越感到厌倦。（1940年2月27日）

> 总裁今天来进行了“非正式”访问。他带着一群随从在工厂里漫步，与一些经过精心挑选的（事先选定的）员工聊天。我只希望他必须吃和大家一样的午餐。不过那是不大可能的！（1940年3月19日）

穆尔瓦尼对被迫外迁流亡的不满情绪可能比大多数人更加强烈。与之相比，女性的经历可能更为愉快。纳丽·克雷克以前在圣卢克工作。她是几百名在战争开始时就被派往汉普郡的女职员之一。她很快就住进一个专门建造的小木屋里。每个小木屋可以容纳24名女性和一名高级职员。这些小木屋可以俯瞰奥弗顿镇，并且邻近惠特彻奇。她回忆道：“随着男性被征召去执行战争任务，女性们接管了机器的操作工作。”

> 地址刻写机将股东的姓名和地址刻在小金属板上。这些金属板被送入另一台大机器中，共同在大纸张上打印出信息。然后，这些纸张会经过检查，交给分类投递操作员。我学会了操作这三台机器。有一种机器用于打印空白凭证。每张凭证都必须通过一个小机器进行保护书写。这个小机器将净额写在凭证上。最后，印制完成的凭证被其他职员检查、折叠并放入信封中。这些信封随后被再次检查、计数，以确保地址和金额的正确性。我们每天需要处理1600张凭证。寄往外国的凭证标有星号，必须从每捆凭证中单独移除。这可能是因为跨境支付被迫暂停了。
>
> 当工作不忙时，任何愿意帮忙的女孩都可以去帮助那些人手不足的农民。我学会了扎捆和堆玉米垛、搭干草堆、压榨甜菜，拔野芥菜。这是一项艰苦的工作，但对像我这样的城里女孩来说很有趣。我觉得自己努力为战争作出了一份贡献……
>
> 我们安排了电影、乒乓球和舞会来进行娱乐。来自当地营地的飞行员和士兵会来参加舞会。我们也会应指挥官的邀请去营地联谊。女孩们会排在墙边等待被邀请跳舞。男人们则站成一群，打量我们，鼓起勇气接近我们。不知道为什么，许多人认为穿棕色鞋子的男人气质更佳……

女性职员的士气无疑也因为穿着规定的放宽而得到提升。1942年9月的一项命令指出：“汉普郡的女性职员现在可以在办公时间穿长裤。”然而，这些女性在当地可能并不总是受到欢迎。《每日邮报》在1942年8

月报道称："当时驻汉普郡的2000名银行员工中，女性已经成为大多数。成百上千的女职员在食堂领取一日四餐以及其他配给。当针线街的年轻女士们在周末排队领取糖、茶和黄油时，附近村庄的家庭主妇们对此感到愤怒，猛烈抨击她们的特权地位。"这位《每日邮报》"英格兰南部驻英格兰银行营地记者"补充道："有时，女孩们在商店柜台等待配给时，会遭受嘲笑和讽刺言语的攻击。"[20]

与此同时，英格兰银行的金融核心活动保持不变。当战争初期股票交易所当局寻求将交易大厅迁至白金汉郡时，黄金市场的交易商们成功抵制了这一计划，因为黄金市场与英格兰银行及其转账设施有着紧密的联系。虽然在针线街的时光对任何人来说都并不容易，但乔治·博尔顿很好地总结了当时的主要情绪。"我们会挺过来的。"他在1940年7月的一次跨大西洋电话中对美联储的人说。两个月后，闪电空袭战①开始了。

> 所有时钟以及几乎所有面向银行街口的窗户都被炸毁了。针线街和康希尔被封锁。我必须出示银行通行证，并在被允许通过之前熄灭香烟。我看到了造成损坏的原因，针线街有一个巨大弹坑，位于交易所西北角和银行高墙之间。弹坑的宽度覆盖了整个车道，深度约20英尺，边缘有巨大的混凝土块、银行墙壁和柱子的碎片，以及一些被炸毁的栏杆。银行对面的商店被完全摧毁了。
>
> 银行内部一片混乱。中央天井周围的所有大窗户都被炸毁，窗帘成了缕缕布条，巨大的铜制窗框扭曲变形，看起来像软化的铅一样。只有一部电梯仍在工作。每一层的窗户都是一样的废墟。我于6日抵达时，遇到了一个大惊喜。银行电话交换机被直接击中。炸弹穿透了屋顶在7层爆炸，炸出了一个大洞。我站在6层的董事厨房里，周围全是混凝土砌块和积水。我就站在天花板大洞和更上面一层的屋顶大洞的正下方。因此，可以说银行6层以下是难以被炸弹击穿的。炸弹爆炸地点距离我在6层的桌子仅约30码。玻璃碎片散落在我的篮子里。我们办公室中的木质和玻璃隔断被炸倒了。由于所有的窗户都被炸坏，我们被迫转移到地下金库的讲演厅里，至少在当天是这样。即使在地下，离屋顶有10层，玻璃和窗框也被震碎了。银行里的所有时钟都停在了今天早上3点46分。
>
> 午餐只有冷餐……（1940年9月9日）

① 闪电空袭战（blitz）指1940年德国对英国的空袭。——译者注

上述文字的作者是穆尔瓦尼。他在当年春天被调回总部，这让他松了一口气。在接下来的 1 年左右，他的日记提供了一份独特的、闪电空袭战期间英格兰银行生活的记录：

> 被指派在银行值夜班，白天先拿着公文包在地下金库占了个位置。下午 4 点在机构部签到。去霍尔本购物，然后再去多米尼恩电影院看电影……
>
> 晚上 8 点 30 分到达银行。领了 3 条毯子。在漆黑一片中摸索到 3 层找毛巾。然而没有提供毛巾，没有床单，也没有枕头。洗漱后 10 点 30 分上床睡觉。断断续续地打了个盹。窄小的行军床、其他 40 个人的鼾声以及空调设备的噪音使得安稳的睡眠变得不可能。（1940 年 9 月 23 日）
>
> 在如此深的银行地下忍受了 3 天 2 夜的乏味折磨。工作从晚 9 点到早 9 点，没有加班费！……我把床和毯子搬到地下金库，工作和睡觉在同一个地方。周三晚上很难入睡，多亏了那些穿着花哨衣服的女孩们在金库敞开的门前踱步。我第一次在凌晨 4 点至 5 点钟放哨。在寒冷的北风中，只有雨衣和钢盔用来抵御，没有走动锻炼的空间。我从未度过如此漫长和痛苦的时光。到 4 点 30 分时我已经被冻僵，只能凭借坚强的忍耐力和意志力坚持到早上。勉强从瞭望塔下楼，结果发现已经太晚了，无论是在银行还是外面，都已经没有热茶可以喝了！（1940 年 11 月 27 日至 29 日）
>
> 沉闷而寒冷。必须绕道很远才能接近银行。在橡树屋查看了被破坏的现场后，我花了整整一个小时的时间放哨，悲惨地凝视着世界上最大的人工弹坑。弹坑直径约 50 码，深度 15 至 20 英尺，由希特勒的一架“破坏天使”在周六晚上 8 点 30 分瞬间造成。真是令人震惊的景象。炸弹正中银行街口的中心，穿透了车道，并在银行车站售票大厅爆炸。爆炸毁掉了整个地铁环岛、商店和所有东西。由于爆炸发生在狭窄的空间内，效果非常强烈。但在地面上，除了出入口、井盖等地方的损坏，并没有对建筑物、雕像甚至窗户造成伤害……
>
> 海耶斯（Hayes）告诉我，星期天诺曼与其他人一起在橡树屋的阳台上查看了爆炸现场。诺曼的感慨是：“无法预测那个人会做什么！”当看到一具尸体被从废墟中拖出时，诺曼就退出了阳台。（1941 年 1 月 13 日）

> 消防值班……凌晨4点14分被叫醒。5点15分到达维多利亚站，5点45分到达银行。晚上7点吃晚餐。8点15分练习……11点上床睡觉。凌晨12点45分被突然的“集合”叫醒，紧接着是“就位！”我这辈子就没有这么快穿过衣服。所有24个人从熟睡到集合完毕只用了5分钟时间，包括副总裁卡特恩斯，结果被告知这只是一个“测试”！这是我经历过的最恶劣的恶作剧。给我带来的震惊，让我花了很长时间才重新入睡。（1941年6月2日）

在战争的大部分时间里，大多数员工白天都在地下工作。而到了晚上，则有多达500人睡在银行里。要么在办公桌旁的行军床上，要么在当时相对空荡的金库里或附近的金库走廊中。娱乐或消遣总体上是很稀缺的。30年后，一位《老妇人》撰稿人回忆起“那些空气稀薄的金库”时，并没有什么过度的怀旧情绪。他写道：“那是我们必须忍受的命运的一部分。夜晚仍然是工作时间，有时会被吃饭打断，偶尔会有危险的刺激，但大多数时间都是漫长而空洞的无聊时光。”[21]

一个关键的全新现实是外汇管制。这几乎从一开始就是英格兰银行新岗位的主要来源。莱斯利·奥布莱恩回忆道：“突然之间，每个人都带着令人困惑的复杂问题来到我们的门口。”

> 我们整理不断出现的问题和问询者可能遭受的不合理损失，再根据它们可能造成的威胁迅速地制定规则。对那些喜欢挑战的银行员工来说，外汇管制极具刺激性。我们中的许多人都表现得非常出色，甚至超越了以往。在这样一个充满活力的团队中，长时间的工作没有任何意义。我们在针线街工作和睡觉已有几年。随着工作量的不断增大，新办公室不断增加，晋升和任命也迅速增多。这引起了一些不安，甚至是嫉妒。

对比非常明显。奥布莱恩补充道：“在银行的其他地方，类似外汇管制团队的兴奋感几乎不存在。大量女性接管了以前由男性承担的工作，因为男性被征召去参加战争。”不可避免地，严格的战时外汇管制与伦敦外汇市场的持续运作并不兼容。英格兰银行通过招聘约75名外汇经纪人来协助外汇管制，并选择了四家公司作为自己的外派办公室，以防电话系统失灵。外汇管制工作以灵活性作为指导精神。外汇管制的日常负责人哈里·西普曼墙上的一则著名标语就是这种指导精神的体现：“自由岌岌可危，尽你全力去捍卫。”尽管如此，建立在战争前博尔顿的重要准备工作基础上，英格兰银行决心不允许任何漏洞的存在。一位令人印象深刻的外部观察者是凯恩斯。1940 年 5 月，凯恩斯提交了一份关于外汇管制的详细备忘录，随后访问了英格兰银行并与克莱、西普曼和博尔顿会面。凯恩斯告诉克莱：“接下来的对话是我长时间以来享受过的最令人振奋的对话之一。因为我发现执行岗位上的人们态度非常积极，完全胜任他们的工作，并且不再生活在永恒的黄昏中过着阴暗而又破碎的生活，这实在是非常令人愉快的事情。”凯恩斯的信件副本被送给诺曼，他在上面写下了过去 20 年里几乎无法想象的话：“他（指诺曼）必须重回舞台。他对外汇管制政策的支持对新内阁至关重要（丘吉尔刚刚接替了张伯伦任首相）。财政部既没有时间也没有知识来提供帮助，却感到有义务干涉！”[22]

实际上，在战争背景下，凯恩斯和诺曼已经开始逐渐和解。凯恩斯在 1940 年 2 月出版了《如何筹措战争费用》的小册子。他提倡强制储蓄政策（以延期支付的形式），并明确寻求“比我们最近所做的任何事情都要重要的经济平等发展”。这种做法在伦敦金融城遭到普遍反对，但诺曼在 3 月初邀请了他的老对手凯恩斯来到英格兰银行。谈话进行得很顺利。不久之后，凯恩斯高兴地注意到他们之间的“长期隔阂”已然消除。经济学家（在战争期间任职于财政部）和中央银行家在战争贷款相关问题上也达成了一致。尽管对高税收的影响有顾虑，诺曼还是接受了需要进行廉价货币战争的观点。在廉价货币战争中，与以往不同，债券持有者没有获得政治上不受欢迎的高回报。基于此，1940 年 3 月 3% 的战争贷款利率原则被建立起来。总裁做了很多工作来说服持怀疑态度的金融城，坚持认为没有现实的替代方案。所有这些事件都使得 1941 年秋季凯恩斯被选入英格兰银行董事会成为可能。这是一个意义重大的象征性时刻。凯恩斯评论道：“终于，正统观念追上了我。我不知道是因为我（变得随和了）还是因为‘老妇人’变得诚实了。”凯恩斯还反思说：“尽管‘那个老恶棍（指诺曼）’比任何理论上的情况都更爱他的机构，但英格兰银行在整体上已经大规模重新调整，感性共情和理性政策得到了平衡。”不久之后，凯恩斯就开始定期参加每周四的董事会，并且通常在会议后留下来吃午餐。在一次访问之后，他在与另一位董事共乘汽车时宣称：“我确实喜欢英格兰银行的午餐。”他一边倚靠在车上一边继续说：“蒙塔古 · 诺曼，总是非常迷人，也总是完全错误！”[23]

诺曼本人虽然不情愿，但也或多或少毫无怨言地接受了战争进一步将权力天平从银行倾斜向财政部的现实。诺曼发现自己需要对财政部保持顺从。在 1940 年 2 月即将发行战争贷款之前，他会见了一位令人生畏的情报部人员。诺曼做了如下记录："他在为下周的贷款细节做安排。我承诺遵守他的命令！"然而，在战争的第一个冬季，他似乎被新的局势重新激发了活力。塞耶斯描绘了这位 68 岁总裁的形象，称他："毫不疲倦地奔波，不断呼吁财政部和各部部长采取适当的经济政策。"

> 他远远超出了中央银行的正常工作范围。虽然有时他会将自己局限在外汇资源的配给方面，敦促部长给出适当的指导。但在其他时候，他会大肆提出对劳动力供应、失业救济、商品价格控制等方面的建议。在战争的头几个月，总裁和科博尔德希望推动更多出口，尽管从贸易委员会主席那里几乎得不到什么满意的答复。诺曼对新成立的供应部发展缓慢也感到不满，并向部长们推荐了一些重要职务的人选。最重要的是，他对财政大臣的软弱感到不满……

事实上，约翰·西蒙爵士在财政大臣位置上一直待到 1940 年 5 月政府更替。这一次政府更替无疑对诺曼是沉重打击。他在听到这个消息后准确地预测道："现在我知道我永远不会再次跨入唐宁街 10 号的门槛了。"他深知丘吉尔永远不会原谅他在 1925 年金本位回归失败过程中的所作所为。当然，这并没有减少诺曼在战争期间尽其所能的努力。1941 年初美国政治家温德尔·威尔基（Wendell Willkie）访问英格兰银行。当威尔基提到抵抗希特勒给英国带来的经济成本时，诺曼说道："毁灭？下地狱吧。我们必须赢。"而在英格兰银行内部，他仍然是一个警觉而重要的存在，尽管有时脾气暴躁。他通常每周在银行过两三次夜，并且经常穿着一件绣有龙的睡袍。[24]

比起和平时期，诺曼现在的角色更像是他自己所称的"桥梁"，用于连接白厅和金融城。战事开始后仅仅第四周，就出现了一个重要的政府干预时刻。当时财政大臣写信给总裁，要求他确保清算银行的贷款仅用于战争相关用途，如武器需求和出口贸易。诺曼将西蒙的信件转交给伦敦清算银行家委员会的主席。从此，白厅和金融城建立了一个不成文的规则，即财政部和清算银行之间的所有通信，都要由英格兰银行来居中协调。诺曼也增加了他在金融城中的影响力。例如，在 1940 年 3 月，他见到了股票交易所的副主席，并简洁地记录下"没有双周结算"。几个月后，他要求德裔商人银行家赫尔穆特·施罗德（Helmut Schroder）在战争期间"无论如何都不能被任何人以任何方式看到或听到"。他还不断关注疲软的贴现市场，以及苦苦挣扎、资金不足的商业银行部门。在1942年，他几乎就促成了罗斯柴尔德、巴林和施罗德之间的一个宏大但不太可能的合并。那年，诺曼甚至试图阻止一名犹太人担任金融城的市长。他在日记中给出的理由是“给希特勒的诱饵”和“黑市”。但他的尝试没有成功。尽管如此，在新任犹太市长塞缪尔·约瑟夫爵士（Sir Samuel Joseph）上任后不久的一次大型市政厅午宴上，根据坐在诺曼身边的保守党政治家利奥·艾默里（Leo Amery）的描述：“诺曼在一个典型的犹太老头对面，略显尴尬地大声表示对基督徒市长的偏好。”

即使在意见广泛一致的国家生存相关斗争中，英格兰银行面对的政治气候依然寒冷。尽管英格兰银行终于在1941年3月从路透社招聘了伯纳德·里卡森－哈特（Bernard Rickatson-Hatt）作为其首任新闻官。1941年9月，《星期日画报》（*Sunday Pictorial*）宣称：“无论我们喜欢与否，我们必须让蒙塔古·科莱特·诺曼继续掌管英国的钱袋子18个月。因为他刚刚平静地宣布，将在明年4月再次当选英格兰银行总裁。这意味着没有人能在1943年4月之前将他赶走。”周日版的《每日镜报》（*Daily Mirror*）则用大写字母略显愤怒地写道：“尽管他已经年过70，根据银行的规定应该退休，尽管他过去22年的金融独裁只给人民带来了痛苦。”西格蒙德·沃伯格（Siegmund Warburg）虽然不那么直白，但这位在战争前逃离纳粹德国的才华横溢的犹太商人，对英格兰银行也同样是批评。1942年10月，他向他的朋友、工党政治家曼尼·申韦尔（Manny Shinwell）发送了一份坦诚的备忘录：

> 总裁和英格兰银行的董事们……应该由财政部任命，而不应优先从金融城的代表中选择。英格兰银行的董事会当然应该包含一些经验丰富的银行家，但大多数成员应该是工业家、工会代表、会计师和经济学家。这样，英格兰银行将成为英国经济生活的中心，能够刺激商业和社会的进步，而不是像今天这样在相当程度上成为反动的堡垒……至于英格兰银行的实际政策，其主要目标应该是在繁荣时期防止通货膨胀，在萧条时期防止通货紧缩。不幸的是，在战争前的20年中，英格兰银行的行为正好相反，主要是在繁荣时期允许过度投资，在萧条时期限制信贷流动并加剧危机。

拥有宣传天赋的保守派激进分子罗伯特·布斯比（Robert Boothby）也发表了意见。在次年春天的《新政治家》（*New Statesman*）杂志中，他要求“打破通常所说的金融资本对经济系统的控制”。因此，英格兰银行“必须转变为一个由国家控制的公共公司”，并且要“任命工业、农业、工会和消费者的代表”进入其董事会。[25]

不可避免地，英格兰银行面临的重大问题是国有化。正如新闻官里卡森·哈特刚刚上任后不久起草的一份防御性内部备忘录所指出：“像这个国家主要支柱中的许多机构一样，英格兰银行是通过一个不断发展的过程达到了今天的位置。虽然在理论上它可能因某些原因受到批评，但就像英国普通法系①一样，它在实践中运作得很好。”1942年春，左翼陶器制造商乔赛亚·韦奇伍德五世（Josiah Wedgwood V）被选入董事会，可能是为了缓解外部的批评。那么诺曼自己怎么想？几乎在韦奇伍德当选的同时，他坦率地告诉高级别同事：“在他看来，不仅在战争结束后，甚至可能在战争期间，英格兰银行越来越有可能以某种形式被国有化，不论是哪个政党执政。而且国家和帝国利益、信用结构和宝贵传统，都将因为英格兰银行转变为一家公共事业公司而得到最好的维护……也许越快越好。”然而，1年半后，在《经济学家》百年午宴上，他做了一次“非常简短”的讲话。其中一位听众记录道：“他认为追溯过去100年中《经济学家》和英格兰银行之间的共同特点，那就是虽然二者都是私有的，但正因如此它们才能更好地服务于公众利益。”[26]总而言之，诺曼此时存在理智与感情的冲突。这对诺曼来说并不罕见。他也没有因此遭受太多的责备。

上述午宴讲话发生在1943年9月。当时诺曼仍是总裁，但他已经或多或少地接受了自己确实会在1945年退休的事实。然而在1944年初，他的健康状况急剧恶化，只有青霉素才能使他活下来。那时的青霉素还是仅供少数人使用的珍贵药品。诺曼在长时间的康复过程中于3月写信给皮科克：“唯一无法忍受的事情，就是重返工作岗位后再次崩溃。”不久之后，皮科克和霍兰德·马丁见到了诺曼的两位医生。他们被告知总裁即使在3个月后也无法恢复工作。诺曼极度勉强地接受了这一裁决。他告诉皮科克：“不能重返工作岗位会杀死我。”然而在4月6日，英格兰银行还是宣布诺曼终于退休，接任者将在下一周到位。《星期日画报》刻薄地宣称：“只要诺曼先生还在针线街，我们就永远无法重建新英国，因此这次离别不会勾起人民的眼泪。”《金融新闻》则较为宽容，认为诺曼：“留下了一种服务、效率和真诚的传统，将长久地激励后人。”没有人可以否认诺曼

① 普通法系（Common Law System）即英美法系或判例法系，以传统、判例和习惯为判案依据不断发展。——译者注

在英格兰银行历史上的主导地位。不久后，汉弗莱·米诺斯在空闲时统计发现，英格兰银行前250年的历史几乎可以仅由6名董事会成员覆盖：吉尔伯特·希思科特（1694—1733年）、威廉·亨特（1728—1763年）、理查德·尼夫（Richard Neave，1763—1811年）、约翰·霍斯利·帕尔默（1811-1857年）、詹姆斯·帕蒂森·柯里（James Pattison Currie，1855—1908年）和显而易见的诺曼（1907—1944年）。

这一切对诺曼本人或他96岁的母亲而言都是微不足道的安慰。这位母亲抱怨道："他们应该让他完成第二十五年任期。"1945年2月，封爵后的诺曼写信给曾在国际清算银行工作的前同事，提到自己"一年前被赶出了英格兰银行"，言语间带着一丝挥之不去的苦涩。最终，他在离开舞台时认为自己失败了，未能重建世界经济（和金融城）的黄金时代，被民族主义煽动者、捞取选票的政治家和受教育不足的民主制度选民所辜负。直到1950年去世，诺曼都对自己和同时代的中央银行家保持毫不宽容的态度。他在1948年反思道："回首过去，尽管我们付出了所有的思考、工作和好意，但我们几乎没有取得任何成果。总体而言，我做的一切几乎没有产生效果。老本（Ben，指本杰明·斯特朗）做得也很少，在国际上也没有产生任何好的效果，或者说根本没有效果。我们仅仅只是从许多可怜的家伙那里搜刮钱财，再将其分发到四面八方……"然而，他曾经的私人秘书欧内斯特·斯金纳在20年后写下的一段话，也许更接近事实：

> 当狗吠声停止后，我认为蒙塔古·诺曼的永久形象将被流传下来。
>
> （1）他显然是一个具有无可置疑诚信的伟大公仆；
>
> （2）在关键时刻（凭借他一贯的远见）为英格兰银行的发展和更高层次的管理搭建了新的框架；
>
> （3）通过他的主动作为，激发了全球中央银行的活动，并赋予其国际视野。我们现在正从中受益。

斯金纳带着并非毫无根据的乐观主义补充道："记录，提供了证明。"[27]

早在1941年，《经济学家》杂志就专门发表了一篇长篇社论，讨论应该由什么样的人接替诺曼。它提出了三个宽泛的标准：其一，由于轮换制度基本已经寿终正寝，任命应该是长期的；其二，在金本位制消亡和需要"节约黄金储备"的背景下，下一任总裁应该是"经济政治家"，最好对英国工业金融有强烈的兴趣，而不是单纯的“金融专家”；其三，他应该是个“年轻人”，特别是考虑到过去十年在货币“思想和实践”上的“革命”“对于任何在1931年以前形成观念的银行家或金融家，都几乎不可能跟上这些新理念。例如，老一辈的银行家普遍认为自由市场的汇率稳定是外汇的唯一自然状态，或者认为贵金属货币有比廉价货币更高的伦理正当性”。内默耶因丘吉尔对于1925年事件耿耿于怀而无法入选，科博尔德又太年轻（不到40岁）。因此，严格的遴选活动在1943年5月开始。财政大臣金斯利·伍德爵士（Sir Kingsley Wood）极力推荐加拿大银行的格雷厄姆·塔沃斯（Graham Towers）。这可能是受到了凯恩斯的影响。然而，那个秋天伍德爵士不幸去世，财政委员会随即决定加拿大人因多种原因不适合上任。第一，作为外国人，塔沃斯不具备成为“金融城密友和倾听忏悔者”的资格。第二，担心他的任命“将被视为政治任命，从而将英格兰银行彻底带入政治领域；或者被视为承认银行和金融城已经困顿到找不出合适候选人”。第三，担忧塔沃斯曾在加拿大银行国有化期间担任总裁，“他的任命可能被视为对类似变化的暗示”。第四，最令人不安的是他“本质上的‘美元’背景”，这使得他“可能公开致力于许多我们认为会损害英镑国际地位的战后计划”。正如诺曼在那天的日记中具有代表性地写道，塔沃斯“过于JMK & $”，意为过于凯恩斯化和美元化（JMK为约翰·梅纳德·凯恩斯的缩写）。之后，焦点转向托马斯·卡托（1936年受封为“凯恩卡托的卡托勋爵”）。1940年他终于接替了摩根·格伦费尔的同事圣贾斯特勋爵成为银行董事。在战争期间，他任职于财政部。虽然卡托与凯恩斯建立了紧密的联盟［被称为“卡托和多戈”（Catto & Doggo）］，但诺曼认为他会保护英格兰银行的利益。在诺曼的病情加速了接替的进程之后，实际上卡托唯一的竞争者是副总裁巴兹尔·卡特恩斯。但当皮科克在1944年3月咨询财政大臣约翰·安德森爵士（Sir John Anderson）时，后者明显倾向于卡托，因为卡托“对白厅相关事务更具世故”。

于是，卡托被任命了。他于1879年出生，是一名船匠的第七个孩子，15岁时离开学校，最终成为一名成功的商人。他最初在近东和中东，然后在印度取得成功，自1929年起在伦敦工作。这与他的几乎所有前任都有很大不同。一位日记作者在1945年记录道：“他是我遇到过的最矮小的人之一。衣着考究，警觉，眼神锐利，苏格兰口音。”毫无疑问，一些英格兰银行的常任官员可能会觉得卡托对财政部过于尊重，但几乎所有人都看重他商业经验的深度、判断力的可靠性。大家还看重他既不是政府的傀儡，也不是金融城的世袭成员。这一点在英格兰银行历史的这一敏感时刻尤为重要。这位自信、自强的男人在接任前对《每日快报》（*Daily Express*）承诺："我会爱上这份工作。我喜欢数字、经济学和金融。我只读涉及这些领域的书籍，即使是为了娱乐和消遣。"[28]

1944 年 7 月，英格兰银行简要回顾了 250 年的历史，低调地进行了周年庆祝。但在战争的最后阶段，整体气氛却是向前看的。除了英格兰银行自身地位的问题，现在还有两个政策问题尤为重要，它们在诺曼的总裁任期结束前就亟待解决。第一个问题涉及为中型企业提供资本，即填补所谓的麦克米伦缺口。诺曼在 1944 年初写信给一位具有同情心的银行家时，坦白了他寻求填补这一政治上备受关注的缺口的动机："我的目的是让白厅满意，从而让他们远离银行业务，避免其对银行家产生恶意。在这一刻，这些都是值得争取的筹码。"最终的结果是在 1945 年成立工业与商业金融公司（ICFC，即如今"3i 集团"的前身）。这一结果的实现，需要卡托将上任初期的大部分时间花在说服银行家们承认这个缺口的存在，并且告知他们在政治上别无选择，必须团结起来给拟议中的新组织提供财务支持。卡托向他们强调："没有任何商量余地，这件事本来就不应该在严格的商业基础上运作。"经过一系列不情愿的谈判，交易勉强达成了。"五大银行"（巴克莱、劳埃德、米德兰、国民郡级和威斯敏斯特）成为 ICFC 的主要股东。

另一个关键政策问题，曾在排除塔沃斯的过程中发挥作用，即国际金融秩序的重建。在这方面，无论个人关系如何改善，凯恩斯和英格兰银行之间仍然存在巨大分歧。凯恩斯与美国人一起制订了一个建立国际货币基金组织①计划。该组织将设在美国，并明显超越了现有的中央银行合作机制。而英格兰银行仍倾向于坚持以英镑区为核心的金融世界观。凯恩斯在 1944 年 2 月向财政大臣抱怨说："英格兰银行没有面对任何现实，他们未能考虑到战后国内政策离不开美国的援助，也未能考虑到庞大的债务和贫乏的储备并不能带来重建旧时国际银行业务的资格。"不久之后，凯恩斯向比弗布鲁克勋爵倾诉了长期以来积累的挫败感：

> 我一生中曾两次亲眼看到，英格兰银行盲目倡导了我预计将

---

① 国家货币基金组织（International Monetary Fund，IMF），后于 1945 年 12 月 27 日成立，总部位于美国华盛顿，旨在促进国际货币合作，维持稳定的国际货币体系与世界银行、世界贸易组织一并在全球经济治理中扮演重要角色。——译者注

> 导致巨大不幸和可怕崩溃的政策。我预言过两次，两次都没人相信，可两次我都正确预言了……我深信这是第三次。英格兰银行正在进行一场绝望的赌博，基于旧式的安排和过时的想法。这些安排和想法是不可能维持的。我坚信，他们的计划（如果他们有计划的话），将会把我们带入另一场崩溃中。

最终，他的担心变为多余。即便是英格兰银行的阻挠也无法阻止国际货币基金组织的创建。该组织旨在稳定汇率。正如历史学家福雷斯特·卡皮所说："让经历困难的国家获得足够的国际储备，以平稳短期局势。"同时，英格兰银行也无力阻止国际复兴开发银行的创建。该行是世界银行的前身，旨在提供长期贷款。关键的国际会议是在1944年7月召开的布雷顿森林会议。英格兰银行（由博尔顿代表）在会议过程中只是一个配角，但成功确保了被称为"卡托条款"的协议。该协议规定，即使在一个由美元主导的世界，其他国家也有权在关键时刻，在与国际货币基金组织协商后，调整自己的汇率。实际上美国接受这一协议时非常勉强。卡托本人无疑是一个现实主义者。第二年春天，在一份关于战后商业政策的备忘录中，他反思说："有些人认为大英帝国可以创造一个与世隔绝的洞穴水潭，让我们在里面互相搓洗，而忽视这个世界上的其他地方。这种想法简直是疯了。"[29] 换句话说，我们必须做出一个根本性判断，既涉及金融也涉及商业。整个世界是否应该像1914年以前甚至是1931年那样成为英国（尤其是金融城）的领地？还是应该在承认美元全球范围绝对主导地位的前提下，完全依靠并优先发展英镑区？后面这种看法难道不是更安全、更具感情吸引力的吗？无论如何，尽管有卡托的明确指引，这一问题仍需要英格兰银行和其他政策制定者至少花费20年的时间才能解决。

1945年10月，《银行家》杂志写道："9月6日，英格兰银行的卫队重新组建，这标志着正常秩序的回归。这是战争爆发以来的第一次。战争时期没有'前往银行的队列'，卫兵被改为昼夜值班，职责先后由荣誉炮兵团和宪兵接管。现在，每天黄昏时分，我们可以再次看到熟悉的场景。24名持刺刀的卫兵在一名军官的带领下，步行前往英格兰银行，保护它安全地度过夜晚。"此时，撤离到汉普郡的人员已经返回。新聘职员中有一人名叫帕特·贾雷特（Pat Jarrett），在胜利日之后不久被任命为"女文员"。虽然她在针线街的经历只有短短的16个月，却给她留下了深刻的印

象。她在1949年向西雅图第一国民金融的同事们解释道：“午餐俱乐部已成为我们所有人生活中的一部分。”

> 每年20便士，你就成为午餐俱乐部的正式会员。当然，每个人都加入了。你每天都可以享受到一顿丰盛的午餐和下午茶。如果你工作到下午6:30以后，还有一顿非常好的晚餐。
>
> 俱乐部房间建在我们办公楼的水平屋顶上，非常舒适。离开电梯后，你直接走进休息酒吧。在那里你可以花几分钟时间聊天和享用饮料，然后再去吃午餐。在酒吧之后就是性别隔板——男士在左，女士在右。
>
> 我们还有一个非常舒适的咖啡厅，以及一个阅读和写作室，用来打发午休时间的剩余部分。我认为男士们也有相同的设施。然而，没一个女性曾踏向那个隔板的另一端查明情况！
>
> 时间管理非常严格，分毫不差。我们在到达银行后必须在主管的桌子上签到。9点钟时，签到表会被迅速收走。任何迟到的人都必须去办公室主任那里签名承认“迟到”并说明原因。两次迟到是不被允许的！
>
> 到了晚上，你不能先行离开。直到一位高级职员站起来离开（总是在分秒不差的同一时刻），大家才会争先恐后地抢电梯。

她几乎多余地补充道：“没人愿意继续完成手头的工作或再花几分钟做任何其他事。因为大家的态度都是‘准时来准时走’。”[30]

在和平的初期，以上这些事项都不值得卡托关心。英格兰银行未来的法律地位在1945年选举期间几乎不曾成为头条新闻。在工党明确承诺将英格兰银行国有化的前提下，丘吉尔在那次臭名昭著的“盖世太保”广播讲话中，嘲讽般地警告说英格兰银行落入所谓“值得信任的社会主义政治家”手中将是危险的。然而，工党在克莱门特·艾德礼（Clement Attlee）的领导下大获全胜。几天之后的8月初，总裁向新任财政大臣休·道尔顿（Hugh Dalton）重申，他希望政府“选择对现有体制改变最小的方法”。在这一关键时刻，卡托得到了财政部常任官员的强力支持。威尔弗里德·伊迪爵士（Sir Wilfrid Eady）随后主张：“从所有角度来看，将英格兰银行视为公共公司，受政策控制但不被干涉运行，具有极大的优势。因为允许英格兰银行在非根本性问题上拥有越多独立性，英格兰银行就越容易维持与金融系统其他部分以及金融城利益的紧密关系。”从卡托的角度来看，显然没有必要抵制这一将英格兰银行视作公共公司的主张。不但当时政府拥有压倒性的议会席位，而且转而成为反对派领袖的丘吉尔也改变了立场。丘吉尔在 8 月中旬告诉下议院："英格兰银行的国有化在我看来不涉及任何原则问题。"这一声明引起了一些议员的惊讶。

此时，崛起中的、似乎自信满满的道尔顿和机智、顽固的苏格兰人卡托之间的严肃谈判正在进行中。这位政治家私下称卡托为"一个了不起的矮小而有用的人"。卡托随后自豪地向一位日记作者夸耀，"他如何成功地在日常操作中出人意料地保持了稳健。他如何拒绝向政府透露储备的秘密。他如何为股东争取补偿其收入的方案。他如何保留那种神秘和权力的'光环'"。他还可能补充说，在关于向清算银行发出指令的关键问题上，财政部还是只能通过英格兰银行来转发，而不能自行行动。为什么卡托能够胜过道尔顿？部分原因可能是财政大臣对有关的技术细节准备不足，但个人因素也许同样重要。科博尔德在分析总裁的决定性优势时认为："卡托让道尔顿感到害怕。道尔顿作为温莎神父之子的出身和伊顿公学的背景限制了他的发挥，卡托则起家于苏格兰的一个小办公室。尽管道尔顿因为自己的背景和'建制'官员的身份往往表现得更具攻击性和专断性，但这一背景和身份似乎也让他在与卡托的公开辩论中，难以自圆其说地攻击英格兰银行的特权问题。"

1945 年 10 月 10 日，新的法案公布了。除了实际的股票转让和相关机制，它还有三个关键条款。第一条涉及财政部对英格兰银行的指挥权："财政部在与英格兰银行总裁协商后，在他们认为对公众利益有必要时，可以不定期地向银行发出指示。"第二条涉及英格兰银行对银行家们的指挥权："英格兰银行在认为对公众利益有必要时，可以要求银行家们提供信息并向其提出建议。如果获得财政部授权，还可以向任何一个银行家发出指示，以确保这些建议的执行。"第三条明确"英格兰银行的事务应由其董事会管理"，而不是由政府或任何其他外部机构管理。

卡托在当天写信给美联储的同行，谈到了英格兰银行与财政部银行的关系："显然，随着所有制的改变，财政部必须拥有指挥权。实际上它在过去多年中已经实质拥有。我认为财政部在发出指示前与银行总裁协商的要求至关重要。虽然没有对银行可能收到的指示范围设限，但这一条款可以理解为，这些指示只涉及金融政策问题，不涉及内部组织和管理。"此外，他继续说道，英格兰银行获得对"银行家"的权力使得依赖于惯例和传统的地位变成了法定地位。简而言之，新的法案"在尽可能大的范围内保留了英格兰银行的持续性及其在一般事务处理中的独立性"。[31]

媒体对新法案的反应相对温和。《经济学人》写道："只有一个非常神经敏感的心脏才会因此有所波动。没有什么比这更波澜不惊的了。"确实，工党的整个法案只是"在党派原则立场的祭坛上象征性的献祭"。《金融时报》也持相似观点："就地位而言，除了所有制，英格兰银行独特和负责任的地位也得以维持。金融城对英格兰银行的世界声誉非常在意，他们将对此感到满意。"正如大家能够预料到的那样，《每日电讯报》的语气更为挑剔。在一篇标题为"镀金的药丸"的社论中，该报认为："法案完全依赖于过去关于私人独裁金融的社会党派（即工党）空谈，而与实际经验毫无关系。尽管法案可能只是合法化现有做法，但它赋予了这些做法强制执行力，而不是诉诸协商合作。"该报总结道："整体来看，新法案使得英格兰银行成为'财政部的代理人而非盟友'。因为理论上，英格兰银行甚至没有权利讨论财政部决定的金融措施，而它对股份银行的'建议'将在所有实际情况下都成为'命令'。"

10月29日，议会在决定性的第二次审阅中通过了该法案。在一场相对低调的辩论中，道尔顿称赞了"简化的社会党派法规"，认为其拥有"最少的法律程序"。他还为新法案提供了两个支持性理由："不仅将过时的特许法律形式转变为适应当前实际情况的形式，还确保了我们金融和银行系统的平稳高效增长，以应对未来的新需求。"前保守党财政大臣约翰·安德森爵士称其为"完全没必要的法案"。未来的工党财政大臣休·盖茨克（Hugh Gaitskell）提醒议会不要忘记捷克黄金事件，并争辩称"真正的问题"是"这个国家是否掌控本国金融权力的核心和源泉"。最令人难忘，也可能是最具启示性的辩词来自激进叛逆的保守党人罗伯特·布斯比：

> 你们提到了诺曼勋爵。我认为在某些方面，他才是真正的法案设计师。没有人否认他是为国家利益（或者他认为的国家利益）无私奉献的公仆之一。他只有一个缺点，那就是几乎总是错的。他担任总裁多年，以至于不仅在金融城，在其他地方也被视为只是权力而不是责任的化身。我记得多年前一位杰出的英格兰银行总裁曾告诉我，如果该机构要置身在政府控制之外，总裁人选必须不断更换。在诺曼勋爵担任总裁之前，这确实发生过。当时总是有一些前任总裁，拥有极大的权威和经验来监督现任总裁。这种制度运作得相当好，尤其是在上个世纪。我记得这位前总裁（科卡恩？）告诉我，如果总裁职位由一个人担任很长时间，那英格兰银行被国有化

就只是时间问题。他的这一观点被证明是正确的。

布斯比最后引用了亚伯拉罕·林肯的话：“创造和发行货币的特权不仅是政府的最高特权，也是政府的最大机会。货币将不再是主人，而是人类的仆人。民主力量将超越货币权力。”[32]

在和平年代的第一个秋天，英格兰银行还有另一个主要关注点，那就是英国令人震惊的经济困境，以及凯恩斯正在华盛顿谈判争取的来自美国的巨额贷款。[33] 就像在布雷顿森林会议一样，英格兰银行在整个谈判过程中被相当程度地边缘化。在代表团出发前的 8 月底伦敦关键决策会议上，英格兰银行没有人参加。当新任副总裁卡梅伦·科博尔德在 10 月中旬强烈要求召回凯恩斯时，与凯恩斯历来关系密切的卡托未能支持他。凯恩斯的同事詹姆斯·米德（James Meade）指责了科博尔德的态度：“显然，他不希望我们就与美国人商定的总体解决方案达成任何协议。他希望我们对美国人不屑一顾……他是个聪明的蠢货。”凯恩斯自己也在巨大的压力下表现得不太令人满意。他在 11 月初向财政部发电报时，谈到了财政部和英格兰银行对英镑区的担忧：“一些可能会被伦敦的老妇人接受的无花果树叶（遮羞布）看起来还过得去，但在更严酷的气候中会枯萎（被扯掉）。”

科博尔德当然以不同的角度看待这一切。他回忆道：“英格兰银行的立场是，尽管我们应准备稳步向‘可兑换性’过渡，并取消限制性的‘英镑区’和‘支付’协议，但接受任何限制我们在布雷顿森林协议下自由过渡的承诺，或接受处理英镑区余额的具体承诺都是疯狂的。”后者指的是战争期间在伦敦积累的非常可观的海外英镑余额，这些余额没有对应的美元外汇储备。科博尔德还认为，凯恩斯在那个命运多舛的秋天“基本同意”英格兰银行的立场，却“逐渐沉浸在华盛顿的氛围中”。至于最终负责的内阁部长们，他们“主要关心的是在与美国人没有过多争执的情况下获得资金”。无论如何，最终的结果是一项价值 37.5 亿美元的贷款。获得贷款的代价包括多边贸易安排（放弃英镑贸易区）、英镑可兑换性的提早实现（英镑以固定汇率挂钩美元）以及一种使美国人占据主导地位的布雷顿森林协议释义（美元挂钩黄金并成为新的国际储备货币）。尽管极不情愿，英国还是在圣诞节前不久接受了这一交易。《金融时报》的意见总结了英国人的态度：“目前拒绝美国援助的后果，将比随后未能履行条件的后果更为严重。”和其他许多人一样，诺曼对此不能接受。几个月后，利奥·艾默里在与诺曼谈话后记录道：“他完全反对布雷顿森林会议和整个华盛顿贷款的骗局。他用一种奇特的坦率的方式表达，说他搞不懂这件事背后的经济学原理，但强烈的直觉告诉他我们被宰了。他对此感到愤慨。”[34]

在这个时刻，英格兰银行已经在成立的第252年成为公共所有。资产转移日期为1946年3月。两天后，针线街为曾任和现任董事举办了“最后的晚餐”。本地生蚝、清海龟汤、羊排和水果沙拉配冰淇凌，佐以“旧三一院”的马德拉酒、斯坦伯格1935年白葡萄酒和1884年干邑白兰地。卡托对在场的人说：“我深表感激，在英格兰银行历史上这个危机时刻，所有董事会成员都坚定地支持我。”

> 我们队伍中的任何裂痕都会大大增加困难！我们采取的政策已经证明了它的价值。每个人都开始逐渐意识到，尽管必须承认公共所有的基本原则，但在其他所有问题上，特别是在涉及银行未来、管理和员工保护的问题上，我们在台下进行了一场斗争，并赢得了我们认为对这家伟大而古老机构的福祉至关重要的每一个要点。

卡托将祝酒词“英格兰银行万岁”放在前任总裁的名字前面，称诺曼“为兑现这一祝酒词奉献了他一生中最美好的岁月”。诺曼的回答显然带有“略显悲伤”的语气。几周后，当诺曼被问及英格兰银行的地位是否一如既往时，他伤感地回答：“他们试图假装地位如初。”

然而，事实上他们并不需要努力假装。国有化并没有涉及中央银行在更加计划经济的新时期中应如何运作；没有令人信服的政府、中央银行和商业银行三角关系的理想模型；也没有坚持要求英格兰银行摒弃其保密文化和刻意营造的神秘感。然而，可以说错失了历史性机会的不仅有英格兰银行，也有工党政府。银行史学家约翰·福德在一段富有启发性的文字中反思道：“在过去25年里，包括在20世纪20年代末期和20世纪30年代初期的极度困难时期，英格兰银行在私人所有制下没有尝试建立一个对自由货币政策负有公共责任的机制。相反，英格兰银行在私人所有期间热衷于建立作为政府（其最重要的客户）私密的货币和金融顾问的地位，在公众场合培养出了相当程度的保留态度。这一角色除适合诺曼的个性以外，对一个尽管在货币政策方面经验丰富但往往狭隘且技术性很强的机构而言，自然也是适合的。”[35]简而言之，英格兰银行在1945年谈判中获得的角色，拥有操作上的自主权和继续在幕后提供建议的权利，同时又不对最终政策后果负责。这一角色确实适合一个因不断被当作替罪羊（无论公正与否）而受到严重心理创伤的机构。因此，几乎没有人愿意以大胆、自信的方式明确英格兰银行现在应该承担什么责任。至少需要经历两届政治家的折腾，诺曼和卡托的继任者才能开始尝试面对挑战。

第十二章 群狗狺狺

1 Papers of Sir Charles Addis (SOAS), 14/49, 2 Nov 1931, 14/424, 2 Nov 1931; Gr5/24, 28 July 1932, 1 July 1936; Sayers, Vol. 2, pp. 652-653; G15/24, 27 Aug 1937; Sayers, Vol. 2, p. 653; G15/24, 5 Feb 1954, 27 Aug 1937.

2 J. A. Gere and John Sparrow (eds), Geoffrey Madan's Notebooks (Oxford, 1981), pp. 101-102; Star, 21 Jan 1933; OL, Spring 1983, p. 37; Boyle, p. 295; ADM34/23, 26 May 1934.

3 G15/204; G15/204-205; Evening Standard, 25 May 1939, 27 May 1939, 30 May 1939; C160/179, Sir George Bolton, 'Memoirs'; Fforde, pp. 1-2; ADM23/r1, 8 Nov 1935; Paul Bareau, 'The Financial Institutions of the City of London', in Institute of Bankers, The City of London as a Centre of International Trade and Finance (1961), p. 15.

4 Sir Theodore Gregory, 'The "Norman Conquest" Reconsidered', Lloyds Bank Review, Oct 1957, p. 4; G. C. Peden, The Treasury and British Public Policy, 1906-1959 (Oxford, 2000), p. 253; Erin E. Jacobsson, A Life for Sound Money (Oxford, 1979), p. 103; Banker, Dec 1932, p. 161; Liaquat Ahamed, Lords of Finance (New York, 2009), p. 463.

5 Robert Elgie and Helen Thompson, The Politics of Central Banks (1998), p. 49; Capie, pp. 141-142; Clay, pp. 409-412; Susan Howson, Domestic Monetary Management in Britain, 1919-1938 (Cambridge, 1975), pp. 86-88.

6 The definitive account is Jeremy Wormell, The Management of the National Debt of the United Kingdom, 1900-1932 (2000), chap. 19.

7 Sayers, Vol. 2, p. 431; ADM34/21, 6/7 July 1932; OL, Sept 1932, p. 164 (J. H. McNulty), p. 160.

8 For a fuller treatment of Norman and the City in the 1930s, see Sayers, II I2 Vol. 2, pp. 533-546, 552-560.

9 ADM34/21, 2 Feb 1932; ADM34/23, 21 Sept 1934; G3/201, 8 March 1934; Sayers, Vol. 2, p. 470; Richard Roberts, 'The Bank and the City', in Roberts and Kynaston, p. 172; ADM34/25, 1 April 1936.

10 G3/199, 29 June 1932; J. H. Bamberg, 'The Rationalization of the British Cotton Industry in the Interwar Years', Textile History (1988), pp. 95-96; Clay, pp. 345-349; Sayers, Vol. 2, pp. 547-550; Steven Tolliday, Business, Banking and Politics (Cambridge, Massachusetts,

1987), pp. 269-271; Carol E. Heim, 'Limits to Intervention: The Bank of England and Industrial Diversification in the Depressed Areas', Economic History Review, Nov 1984, pp. 533-550; G14/62, 1 March 1939.

11 G3/200, 5 Dec 1933; Howson, p. 95; Robert Skidelsky, John Maynard Keynes: Volume Two (1992), p. 501; ADM34/23, 4 Jan 1934; Sayers, Vol. 2, pp. 462-463; Boyle, p. 288.

12 G1/515, 27 April 1933; Gianni Toniolo, Central Bank Cooperation at the Bank for International Settlements, 1930-1973 (Cambridge, 2005), p. 167; Patricia Clavin, 'The Fetishes of So-Called International Bankers', Contemporary European History, Nov 1992, p. 306; C160/179, Bolton, 'Memoirs'; Kenneth Mouré, 'The Limits to Central Bank Co-operation, 1916-1936', Contemporary European History, Nov 1992, p. 278; Sayers, Vol. 2, pp. 526, 519; P. J. Cain and A. G. Hopkins, British Imperialism: Crisis and Deconstruction, 1914-1990 (Harlow, 1993), pp. 253-254; P. J. Cain, 'Gentlemanly Imperialism at Work: The Bank of England, Canada, and the Sterling Area, 1932-1936', Economic History Review, May 1996, p. 353; OL, June 2002, pp. 84-85.

13 G3/200, 30 Sept 1933; G3/201, 23 Jan 1934; Ron Chernow, The House of Morgan (New York, 1990), p. 394; Addis, 14/459, 14 April 1935; Kynaston, Vol. 3, p. 437; OL, March 1937, p. 18; C160/179, Bolton, 'Memoirs'.

14 OL, Sept 1938, p. 284; G3/205, 31 Aug 1938; Fed, box 616999, 24 Sept 1938; G3/205, 2 Nov 1938; Financial News, 4 Jan 1939; NA, fo 371/23000, fos 245-246; G3/206, 22 March 1939; ADM34/28, 28 Feb 1939, 7 June 1939; C160/179, Bolton, 'Memoirs'; Sayers, Vol. 2, pp. 567-571, 575-815 Hennessy, pp. 83-89; G3/206, 26 Aug 1939, 2 Sept 19393 Boyle, p. 309.

15 Parliamentary Debates: House of Commons, Fifth Series, Vol. 274 (1933), 7 Feb 1933, cols 134, 139, 155, 165, 167, 20 Feb 1933, cols 1503, 1511, 7 Feb 1933, col 142.

16 J.R. Jarvie, The Old Lady Unveiled (1933), pp. 11, 50-51; Listener, 4 April 1934; Banker, Feb 1935, p. 107; Labour's Immediate Programme (March 1937), p. 3; 1. W. Huskisson, The Bank of England and the Financial Impasse (1935), p. 3; E. H. H. Green, 'The Conservatives in the City', in Ranald Michie and Philip Williamson, The British Government and the City of London in the Twentieth Century (Cambridge, 2004), pp. 160-166.

17 Sayers, Vol. 1, p. 379; Ahamed, p. 487; Douglas Jay, Change and Fortune (1980), p. 68; Listener, 23 March 1939.

18 Evening Standard, 6 Jan 1939; Parliamentary Debates: House of Commons, Fifth Series, Vol. 347 (1939), 26 May 1939, cols 2726, 2732, 2734-2735; Adam LeBor, Tower of Basel (New York, 2013), p. 66; Parliamentary Debates: House of Commons, Fifth Series, Vol. 348 (1939), 6 June 1939, col 205; G3/206, 30 May 1939; G1/506, 3 June 1939; Paul Einzig, In the Centre of Things (1960), pp. 186-194.

19 For a full account of the domestic aspect of the war, see Hennessy, chap. 1.

20 OL, Autumn 1978, pp. 113-117; Bankers' Magazine, Dec 1981, pp. 19-20; OL, Sept

1988, p. 106 (Tony Carlisle); Daily Mail, 2 Aug 1942.

21 Records of the London Stock Exchange (Guildhall Library), Mss 14,600, Vol. 136, 2 Oct 1939 to Vol. 137, 20 Nov 1939; Fed, box 616999, 16 July 1940; OL, Spring 1978, pp. 21-24, Dec 2000, p. 169; Hennessy, pp. 15-16.

22 Hennessy, pp. 90, 87; Sayers, Vol. 2, p. 571; G1/15, 9 May 1940.

23 D. E. Moggridge, Maynard Keynes (1992), pp. 629-634; Peden, pp. 316-317; Moggridge, p. 664; Bareau, p. 16; Sayers, Vol. 2, p. 602.

24 DM20/29, 28 Feb 1940; Sayers, Vol. 2, pp. 591-592; Boyle, p. 311; Nigel Nicolson (ed), Harold Nicolson, Letters and Diaries, 1939-1945 (1967), p. 142; Hennessy, p. 15.

25 Clay, p. 469; Gr/69, 26 Sept 1939; ADM20/29, 1 March 1940, 31 May 1940; Roberts, pp. 165-166; ADM20/31, 8 Sept 1942, 10 Sept 1942, 2 Oct 1942, 22 May 1942; John Barnes and David Nicholson (eds), The Empire at Bay (1988), p. 842; OL, June 1958, p. 106; Sunday Pictorial, 21 Sept 1941; Niall Ferguson, High Financier (2010), pp. 99-100; New Statesman, 15 May 1943.

26 G15/7, 9 Oct 1941; ADM34/30, 22 Dec 1941; ADM20/31, 15 Jan 1942; G15/7, 18 March 1942; Marguerite Dupree (ed), Lancashire and Whitehall: The Diary of Sir Raymond Streat, Volume 2 (Manchester, 1987), p. 144.

27 Boyle, pp. 322-323; G15/24, 13 March 1944, 20 March 1944; Boyle, p. 324; Sunday Pictorial, 9 April 1944; Financial News, 11 April 1944; G15/45, 19 June 1944; G15/241, 30 April 1960 (Kershaw); 13A84/5/11, 3 Feb 1945; Boyle, p. 327; OL, March 1968, p. 44.

28 Economist, 29 March 1941; G15/24, 6 May 1943, 21 Oct 1943; ADM34/32, 21 Oct 1943; G15/24, 14 March 1944; DBB, R. P. T. Davenport-Hines, 'Thomas Sivewright Catto, 1st Lord Catto of Cairncatto'; Lancashire and Whitehall, p. 245; O'Brien, p. 23; Daily Express, 8 April 1944.

29 SMT 2/308, 7 Jan 1944; John Kinross and Alan Butt-Philip, CFC, 1945-1961 (1985), pp. 324-327; Moggridge, p. 734; Capie, p. 143; G18/3, 20 March 1945. For full accounts of filling the Macmillan gap and the new interna- tional financial order, see Fforde, pp. 31-73, 704-727.

30 Banker, Oct 1945, p. 38; Coast Bank (San Francisco), Aug 1949.

31 Times, 5 June 1945; G15/7, 1 Aug 1945; Fforde, p. 6; Parliamentary Debates (Hansard): House of Commons, Fifth Series, Vol. 413 (1945), col 94; Ben Pimlott (ed), The Political Diary of Hugh Dalton (1986), p. 362; Lancashire and Whitehall, p. 378; G15/19; Times, 11 Oct 1945; Fed, box 617031, C261, 10 Oct 1945.

32 Economist, 13 Oct 1945; FT, 11 Oct 1945; Daily Telegraph, 11 Oct 19453 Parliamentary Debates (Hansard): House of Commons, Fifth Series, Vol. 415, cols 43, 46, 57, 88, 113, 117.

33 For a full account, see Fforde, pp. 73-87.

34 Moggridge, p. 806; L. S. Pressnell, External Economic Policy since the War, Volume I (1986), p. 315; Gt5/19; Fforde, p. 37; FT, 14 Dec 1945; Empire at Bay, pp. 1052-1053.

35 G18/2, 27 Feb 1946; Fforde, pp. 30, 15-16.

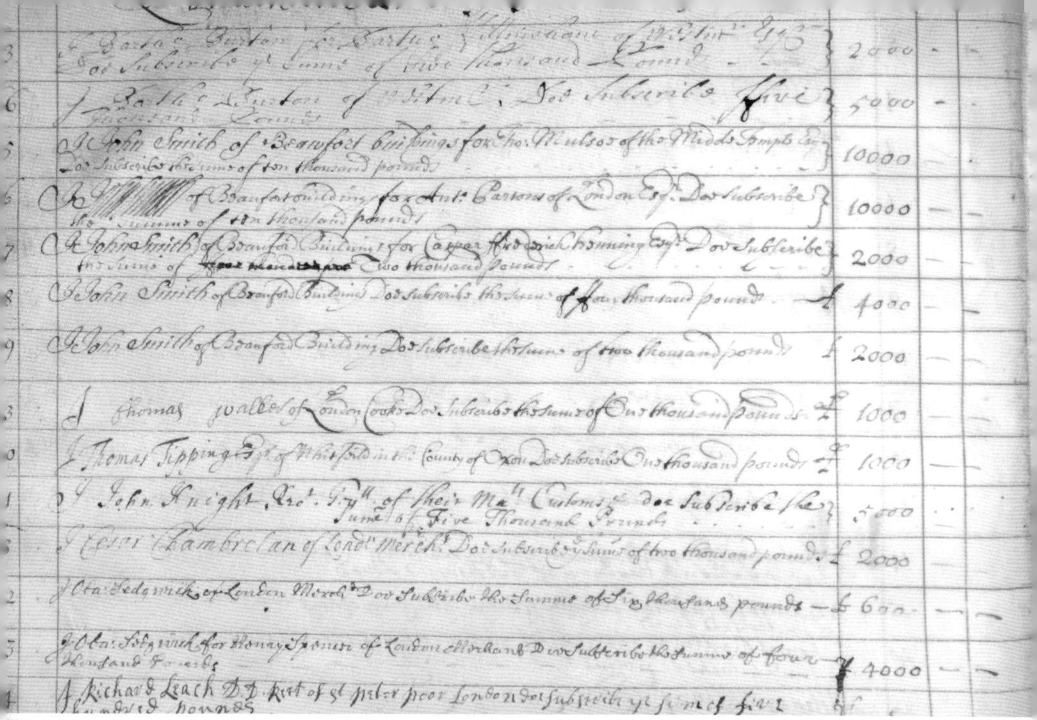

摘自认购账簿原件，1694 年 6—7 月

英格兰银行的第二个总部（1694 年 12 月—1734 年 6 月）：家禽街，杂货商公会大厅

早期主要人物：约翰·侯布伦爵士（右，首任总裁）；吉尔伯特·希思科特（下，唯一一位两次担任总裁的人）

最初的西侧楼，由罗伯特·泰勒在1783年至1786年建造，此前的圣克里斯托弗·雷·斯托克斯教堂被拆除

支付大厅，1808年：奥古斯特·普金（Auguste Pugin）和托马斯·罗兰森（Thomas Rowlandson）所作版画

两位要求高标准的人：塞缪尔·博萨克（右），查尔斯·特纳根据乔治·罗姆尼（George Romney）的画作所作的肖像；亚伯拉罕·纽兰德（下），亨利·斯派塞（Henry Spicer）大约在1800年左右所作肖像

詹姆斯·吉尔雷在 1797 年对英格兰银行屈服于小威廉·皮特的描绘

索恩设计的银行：圆形大厅

会计室(后来的五英镑纸币办公室)(下)

带有幕墙的针线街正面(上);银行股票办公室(下)

二人在董事会任职合计超过 90 年：塞缪尔·桑顿（右），安东·希克尔（Anton Hickel）于 1795 年左右所作肖像；约翰·霍斯利·帕尔默（下），詹姆斯·斯温顿（James Swinton）于 1851 年所作素描

两位杰出的管理者：威廉·科顿（左），19 世纪 50 年代；威廉·利德代尔（下），大约 1890 年

G.E. 希克斯,《英格兰银行分红日》,1859 年

前院，以及通往支付大厅和股票办公室的入口，1894 年

统一公债办公室，1894 年

为庆祝维多利亚女王的钻石禧年（登基 60 周年），1897 年银行举行庆典；门廊上方的字样为：“她为她的人民带来了持久的福祉”

有点玛丽·波平斯（Mary Poppins）的魔法奇幻故事风格，不过地点是在皇家交易所旁，而不是圣保罗大教堂：这是从位于皇家交易所的台阶看向对面的针线街南侧，在两次世界大战之间被拆除之前的景象

黄金专题讨论会：董事会，1903 年，左手第四位为总裁（塞缪尔·莫利）

1916年8月4日，第一次世界大战爆发两周年，员工们正在唱国歌

1917 年 12 月，乔治五世国王和玛丽王后在访问英格兰银行后离开。总裁坎利夫勋爵拿着他的高顶礼帽

20 世纪 20 年代，索恩设计的英格兰银行大楼被拆除。英格兰银行的股票办公室（上图），许多年后在博物馆重建；圆形大厅（下图 1），包括其半月形拱顶；1795 年制作的女像柱，正在从统一公债办公室被搬走（下图 2），尽管它们最终被修复并放置在博物馆

CONTRACTORS

20 世纪 20 年代，在圣卢克教堂印刷股息凭证

1928 年由 A.K. 劳伦斯绘制的“财政委员会”。右三为总裁蒙塔古·诺曼

1930年5月在巴黎：诺曼在中间；右边是英格兰银行的律师，来自弗雷什菲尔德的威廉·李斯爵士（Sir William Leese）

贝克设计的英格兰银行：正门（右图）；前厅（下图）

贝克设计的英格兰银行：董事会议室（上图）；庭院（下图）

1941 年 1 月，英格兰银行车站遭受炸弹破坏

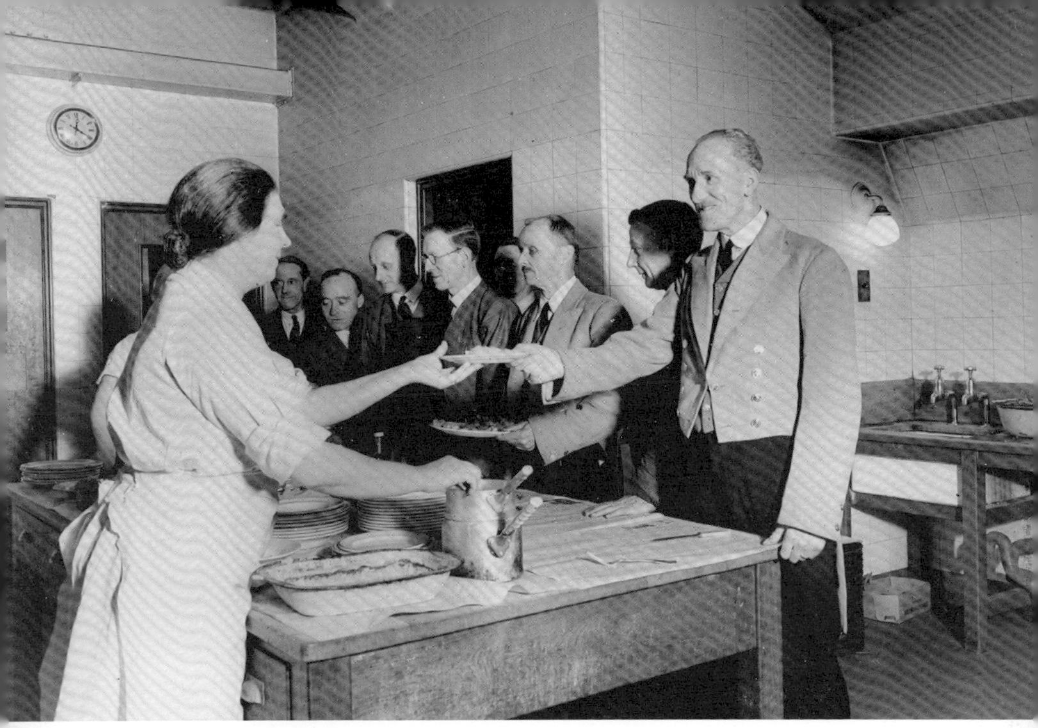

大约 1942 年，英格兰七楼的信使宿舍厨房

等待国有化：卡托勋爵，1944 年

英格兰银行票据办公室，1942 年：打孔机和盖章机

英格兰银行票据办公室，1961—1962 年：准备销毁的残损钞票

黄金办公室，20 世纪 60 年代：金库

新改变大楼的股息准备办公室，1962 年：英格兰银行的第一台计算机

即将上任的总裁莱斯利·奥布莱恩，高举着一本签名纪念册，赠给即将退休的总裁（“金”）科博尔德勋爵，1961年6月

克罗默勋爵与一直注视着“老妇人”的小皮特（雕像），1961年

贴现办公室的灵魂人物：希尔顿－克拉克，1967 年

大约 1960 年，德布顿的印刷厂

动荡时期的总裁们：戈登·理查森（右图），1973年7月；罗宾·利－彭伯顿（下图），大约1990年

英格兰银行南立面，20 世纪 90 年代

英格兰银行获得独立性后的前两位总裁：埃迪·乔治（右图），20世纪90年代；默文·金（下图），2013年4月

［乔治上方的画是约翰·佐凡尼（Johann Zoffany）为亚伯拉罕·维克里（Abraham Vickery）画的肖像画］

第四部分

1946—1997

第十三章

不是一个研究小组

1946 年 10 月，卡托总裁在对美国观众讲话时表示："我从不使用'国有化'一词，'公有制'听起来要好得多。"这段讲话发生在不可否认的英格兰银行"公有"事实 7 个月后。其他人并不像卡托一样愿意掩饰事实。1947 年初，巴林银行的阿瑟·维利尔斯（Arthur Villiers）对一位美国同行说："英格兰银行的声望已不如从前。"第二年，《金融城新闻》（*City Press*）发表了一篇激情洋溢的文章，将英格兰银行形容为"财政部的东区分部"，声称由于缺乏像诺曼那样"完全公正的建议"，银行"在金融城里没有信誉"，并称"老伙计们"在针线街非常不开心。到了 1949 年，道尔顿在唐宁街 11 号的继任者，财政大臣斯塔福德·克里普斯爵士，甚至宣称英格兰银行是他的"工具"。

当然，这一切都因人而异。维利尔斯详细分析了董事会组成变化（人数已从 24 人减少到 16 人），纯粹站在金融城角度总结了这一变化对英格兰银行地位的影响。这一分析无疑有一定道理："一些新董事因其政治观点被任命。有些董事很优秀，有些则只是普通。在过去，成为银行董事是一项很高的荣誉。今天情况却已不再如此。"维利尔斯文中所指的新董事无疑是乔治·吉布森（George Gibson）和乔治·万斯布鲁（George Wansbrough）。前者是一位著名的直言不讳的北方工会领袖。后者则是一位左翼工业金融专家。最终，这两人都因卷入黑市丑闻而辞职。几年后吉布森去世时，英格兰银行既没有送花也没有写慰问信。值得注意的是，1949 年的新董事中不仅包括工会领袖，还包括历史上首位担任董事的清算银行家，格林·米尔斯银行的迈克尔·巴宾顿·史密斯（Michael Babington Smith）。相比之下，英格兰银行在信息公开方面的变化就要小得多。银行现在被迫每年发布一份年报，作为每周账目报表的补充。但其第一份年报却在尽力保留信息。该年报仅有 15 页，如《经济学人》1947 年 5 月所言，"银行找到了舌头却几乎没有发声"。当然，在新体制下最重要的仍然是负责人本身的能力。在这方面，关键人物是科博尔德。尽管财政大臣道尔顿在 1946 年希望他辞职（认为他过于右翼），但在卡托的坚持下他仍然留任副总裁。在接下来的两年左右时间里，科博尔德在银行内逐渐掌握了越来越大的权力。1948 年 10 月，克里普斯爵士就新任总裁短暂考察了约翰·汉伯里·威廉姆斯（John Hanbury Williams）。他是考陶尔兹（Courtaulds）公司的主席，同时自 1936 年开始担任董事会成员。然而在次年 3 月，科博尔德还是被宣布接替卡托。[1] 实际上，唯一有资格与科博尔德竞争的人是乔治·博尔顿，但他比科博尔德更不认同左翼的经济管理理念。这一次，总裁的选择（首任任期为 5 年）完全由当时的政府决定。但在实际操作中，这个过程往往并没有那么简单。

在作为国有实体的最初几年，英格兰银行自然而然地竭尽全力采取额外措施，表明自己仍然是金融城里的一股重要建设力量。这一动机也因金融城本身的脆弱状态而得到强化。与这些措施相伴随的，还有对工党社会主义部长们尴尬处境的同情，以及战后国际和英国经济的极度紧缩。英格兰银行在重新开放的伦敦商品市场中尤其活跃，参与了咖啡、橡胶以及逐步恢复的各类金属市场。1947 年，它实际上促成了外资银行协会的成立。1949 年至 1950 年冬季，在金融城面临来自工党政治家的激烈竞选前攻击时，科博尔德安抚了证券交易所主席的情绪，并成功说服其他金融城的显要人物保持超脱于政党争斗之外的立场。下一个冬季，他完全充当调解者，成功地让 ICFC 的劳工支持者皮尔西勋爵（Lord Piercy）与 ICFC 主要股东即各清算银行之间保持和平。皮尔西勋爵在 1946 年加入董事会，并自信地认为自己会成为总裁。

当然，传统上英格兰银行与贴现市场以及商人银行（即承兑行）的联系最密切。对前者而言，英格兰银行确保了大量资本的注入，到 1947 年已超过 1000 万英镑；对后者而言，英格兰银行在当年 4 月帮助其避免了一场令人厌恶的严重内部冲突。当时金融城主要的承兑行聚在一起，为威尔士钢铁公司的债券和股票出售提供 1500 万英镑的巨额报价。这被认为是提振英国出口的关键之举。问题在于，拉扎德银行的 76 岁老将金德斯利勋爵（即罗伯特·金德斯利爵士，曾在董事会任职 32 年直到 1946 年退休的）行动太快，没有与财团的其他成员协商。一天下午，卡托以经典的老式金融城总裁的套路，给巴林的 76 岁老将爱德华·皮科克爵士（同样在 1946 年离开了董事会）打电话：

> 我说，好吧，让我们今天上午 11 点半在我的办公室开会。他说他会参加，并带上一位合伙人。我随后打电话给摩根·格伦菲

> 尔的比斯特勋爵（Lord Bicester），但他没有接到。不过 R. H. 维维安·史密斯（R. H. Vivian Smith）先生表示，他确信比斯特勋爵会乐意参加会议。他建议，既然其他一些将要参会的人都会带上另一位合伙人，或许他父亲（比斯特）也会带上他。我还给安东尼·德·罗斯柴尔德先生打电话请他参会，他也表示很乐意参加。（巴林银行、摩根·格伦菲尔银行和罗斯柴尔德银行尤其反对以金德斯利勋爵提出的形式进行合作）然后，我打电话给金德斯利勋爵，告诉他我已准备好开会，巴林银行、摩根·格伦菲尔银行和罗斯柴尔德银行都会派代表参加。我还告诉他，皮科克爵士会带一位合伙人，比斯特勋爵也会带合伙人。金德斯利勋爵问我是否介意他带上合伙人霍斯福尔（Horsfall）先生，我回答说很欢迎。后来，我打电话给金德斯利勋爵，建议他或许可以找一两位赫尔伯特·瓦格（Helbert Wagg）公司的合伙人。他感谢我，并表示那将非常有帮助，他会安排好。

在金德斯利说了一些和解的话之后，这一问题得到了解决。然而值得注意的是，三年后科博尔德再次觉得有必要与查尔斯·汉布罗（仍在董事会）和休·金德斯利（Hugh Kindersley，1947 年进入董事会的金德斯利勋爵之子）就英格兰银行与承兑行的关系“谈一谈”。科博尔德在记录这次行动时写道：“一段时间以来我一直觉得，他们有一点逐渐疏远的危险，特别是考虑到现在董事会中代表承兑行的成员越来越少，而且未来的总裁可能不会像以前那样与他们有很好的私人关系。”因此，科博尔德建议每年在英格兰银行举行两次承兑行午餐会，类似清算银行董事长定期举行的午餐会。承兑行的负责人们愉快地同意了这一建议。[2]

在那一平方英里范围内，几乎所有人都一致认为，强势的英镑意味着强势的金融城。不可避免的是，由于国际收支平衡岌岌可危，同时海外英镑余额问题继续悬而未决，尽管英格兰银行尽最大努力与英镑区国家达成双边结算，但是战后初期的几年里仍然充满挑战。英镑的第一次重大危机出现在 1947 年。“可兑换性以及所有相关问题”——科博尔德在 4 月底的一份备忘录以此为标题。大约两个半月后，根据美方强加的贷款协议条款，英镑即将相对美元完全可兑换。科博尔德写道：“这件事我越想越不喜欢。我觉得我们陷入了困境。我们在华盛顿谈判期间预见到了这一点并警告了财政部，但这无济于事……事情的发展比我们预想的还要快，我们正被逼入困境。”是否应该寻求延期？科博尔德认为不应如此。他在 6 月底坚持认为："既然我们已经接受了可兑换的原则，在任何情况下我们都不能取消可兑换，否则将毁掉英镑作为国际货币的地位。"

到了1947年7月15日的可兑换截止日，可怕的美元外流几乎立即出现了，并在几周内都几乎没有缓解。须知，美元是当时世界上最强劲且最难获取的货币。最终在8月20日，英国几乎耗尽了美元储备。道尔顿别无选择，只能宣布暂停可兑换。这个时候，科博尔德突然结束了他在法国南部的假期，从尼斯飞往克罗伊登，然后又很快飞往华盛顿，与陷入困境的财政部威尔弗里德·伊迪爵士会合。据《时代》杂志报道，科博尔德抵达美国时："没有刮胡子，裤子由他那条旧学校领带撑着。那是一条伊顿公学的黑色领带，上面有窄窄的浅蓝色条纹。"这家美国杂志的描述显然具有象征意义。即便这条老伊顿校友的腰带也无法掩盖这样一个事实："他的匆忙抵达偏离了英国财政部和英格兰银行的传统。用领带当腰带并非针线街的传统装束，而英国财政部的裤子在两个半世纪以前就已经换上了结实的背带。"科博尔德本人从未动摇过他的信念，即贷款协议必然会导致可兑换危机，就如同夜晚一定会跟随着白天出现一样。这无疑是正确的，尽管这次危机可能是英格兰银行有史以来少有的失误，它没有提前向政府发出足够严重的预警。然而，卡托却不愿承担任何责任。他在暂停可兑换后不久对佩尔·雅各布松说："可兑换几乎就要成功了。如果不是因为进出口危机，以及艾德礼的政府措施（即实质上的紧缩政策），它可能已经实现了。我们当然希望可兑换能够让人们更愿意持有英镑，但信心的缺乏导致人们抛售英镑。"[3] 正如历史上反复演绎的那样，以英镑和"信心"为主线的熟悉旋律再次奏响。

仅仅两年后危机再次出现。刚刚接替卡托任总裁3个月的科博尔德在1949年6月1日记录到："我单独请财政大臣（克里普斯）吃午餐。我们广泛交换了意见，特别是关于外部局势。他非常坚决地反对任何有关英镑的行动，但又担心事情久拖不决的影响。"在英国已经捉襟见肘的储备又开始遭受严重损失的背景下，那年夏天的首要问题是能否维持现有汇率，即在战争爆发时商定的4.03美元兑1英镑。简而言之，贬值是否正在成为一个不可避免的现实。关键时刻，内默耶表示："让英镑兑美元的汇率贬值对我们没有任何帮助。"在这一支持下，科博尔德在接下来的几周内采取了影响预期的立场，即发出政府正在控制公共支出的信号，这是英镑持有者真正关心的。科博尔德对外表态："在7月5日与克里普斯谈话后，我重申了我的观点。在国民医疗服务系统运行一周年之际，恢复信心的必要条件是政府控制支出的切实证据。贬值不是一个积极的政策，而是在承认令人不快的事实。”即便如此，总裁仍然小心翼翼，因为他非常清楚 1931 年金本位闹剧带来的政治幽灵仍未走远。8 月初，科博尔德向首相艾德礼强调“单靠贬值无法解决当前困难”。随后他小心翼翼地补充道：“我们绝不建议通过所谓的古典紧缩政策不惜一切代价维持当前汇率。”然而，这一补充意见不足以驱散幽灵。道尔顿私下里记录道：“关于蒙塔古·诺曼的糟糕回忆再次显现。在持续 3 个月的英镑危机期间，部长们一直都在试图大幅削弱英格兰银行的影响，并在很大程度上取得了成功。”

最终，科博尔德勉强同意贬值。财政部也认为别无选择，他们在削减开支方面几乎没有取得任何进展。9 月 18 日星期日晚上，克里普斯向全国广播宣布英镑币值将下降到仅为 2.8 美元，即下跌 30%。这一幅度足以让英镑看起来有些低估，从而为未来创造一些缓冲空间。在此之前，科博尔德在一个非正式的董事会议上发言：“我再三强调，唯一至关重要的事情是只能有一次贬值。除非在此期间发生世界大战这样的重大事件，否则第二次贬值绝无可能。”这是非常郑重的言辞，也是一个国家的耻辱时刻。但在不久的将来，这个国家还会继续踉跄前行。英格兰银行的副首席出纳、负责外汇管制的杰克·费舍尔（Jack Fisher）在月底写信给美联储的一位同行：“我们正在恢复步调，尝试解决眼前的诸多问题。天气很好，孩子们已经回到寄宿学校，我希望这个周末能打点高尔夫球，换换心情。”[4]

贬值前后的谈判，最终导致了欧洲支付联盟在 1950 年的成立。它是未来半个世纪乃至更长时间里的欧洲一体化“计划”的前身。尽管这是一个里程碑，但与英格兰银行关系不大。在漫长的相关讨论中，英格兰银行几乎始终持怀疑和消极态度。多年后，约翰·福德回忆道：“毫无疑问，在伦敦这个英镑世界的中心，接受由比利时这样的小国来主导一体化需要相当长时间的心理建设。”查尔斯·古德哈特（Charles Goodhart）针对从美国贷款到 20 世纪 50 年代初期的整体艰难时期，得出了一个更为严厉的回顾性判断：

> 可以说，英国寻求美国更大支持的正确方法，应该是把自己置于解决欧洲战后多边流动性和可兑换问题的前沿。然而，英格兰银行（和白厅）表现出灾难性的盲目。他们认为欧洲一体化行动成功的可能性不大。他们一再担心任何此类行动都会削弱或复杂化他们与英镑区的紧密联系。因此，尽管离欧洲大陆很近且地位很高，以

至于既无法将自己排除在欧洲谈判之外又无法被排除在外，但他们在欧洲相关提案上充其量只是三心二意，往往持否定态度，有时甚至公然破坏。

英格兰银行的设想是，大英帝国和英镑区的问题比欧洲的问题更为重要和优先，英镑和英镑区是英国在世界舞台上占据一席之地的金融门票。这实际上也是整个金融城和英国政界的设想。对这一设想质疑的人并不多，其中之一是西格蒙德·沃伯格（Siegmund Warburg）。他在1946年创立了自己的商业银行，但其仍然明显不被英格兰银行信任。沃伯格在大约30年后回忆说："二战后我对每个人都诉说，甚至公开书写下述观点。我们已经从债权国变成了债务国。对于一个债务国来说，保留储备货币地位毫无意义。坚持让其他中央银行和主要金融机构持有我们的货币并不现实。对我们来说，拥有这一地位是非常奢侈的。"当采访者问道："老妇人有没有理解这种打破常规的观点？"沃伯格回答说："没有，当时的英格兰银行总裁一点也不喜欢这种说法，因为它与当时的普遍观点相悖。"[5]

至于国内的货币政策，在工党执政的6年间基本上保持沉寂。英格兰银行利率一直保持在2%。道尔顿热情地支持廉价货币政策。但当他在1946年10月决定将3%的地方贷款转换为2.5%的不可赎回国库券时，英格兰银行只给予了冷淡的支持。在此期间，大家给道尔顿取了一个昵称"多变道尔顿①"。到来年春天，这些国库券就被打了折。国库券的这一命运进一步加深了英格兰银行对道尔顿的不信任，开始对道尔顿这样兼具学者和政治家身份的人涉足市场事务的实际操作能力表示怀疑。到20世纪40年代后期，随着克里普斯入主唐宁街11号并任命道格拉斯·杰伊为经济秘书，政策重点开始转向减少货币供应以遏制通货膨胀。1948年期间英格兰银行与财政部展开了一场旷日持久、态度恶劣的斗争。财政部向英格兰银行施压，要求英格兰银行进一步向商业银行施压，以便控制贷款。英格兰银行在大多数情况下成功抵制了这一压力。科博尔德在年底写信给病重的卡托时说："如果从信贷政策的角度看有必要尽量减少贷款，我仍然认为唯一令人满意的方法是旧式的提高借贷成本。"当然，这种方法因类似诺曼在两次世界大战之间的货币政策，在工党眼中存在致命问题。不久之后，卡托从病床上发给克里普斯一份措辞极为强烈的备忘录，表达了他对讨论中"不切实际"的存贷款上限政策的"极度担忧"。卡托指出：

---

① 多变道尔顿译自"Daltons"即道尔顿的英文复数形式。——译者注

“认为通过英格兰银行对商业银行施加压力就可以缓解因国家经济过度杠杆化而引发的通货膨胀压力，这是完全错误的。”卡托和科博尔德为什么对量化“上限”策略如此敌视？几乎可以肯定，他们提出的观点是真诚且正确的。但观点背后还隐藏着一种深刻且未被表露的焦虑：这一策略对英格兰银行通过道义劝告逐步积累起来的对银行系统的权力，构成了严重威胁。这种权力主要依赖于自由裁量权和判断力，而非指令和数据。

英格兰银行在工党执政的最后一年，最为认真地尝试以“旧式”方法实施货币政策。当时的财政大臣是虔诚的温彻斯特公学毕业生[①]休·盖茨克。盖茨克的个性绝对谈不上顺从。他刚一上台就对科博尔德及其同事发表了意见：“我不得不说，我对他（科博尔德）以及英格兰银行里的大多数人都没有什么好感。他只是个不太聪明的人。而他们特别不擅长陈述立场。”1951 年 1 月和 6 月，盖茨克面临英格兰银行方面的巨大压力。在朝鲜战争爆发的背景下，盖茨克被请求批准小幅提高英格兰银行利率，以此来加强英镑、遏制通货膨胀。盖茨克拒绝了两次，还反过来推动银行限制贷款。他甚至在 7 月告诉科博尔德，希望亲自与清算银行的主席们直接对话。总裁自然深感威胁，因为这个要求可能不仅仅威胁到了英格兰银行在金融城的权威。科博尔德在勉强同意安排的 9 月底的会议后记录道：“我相信我们银行体系的运行是基于自愿原则的。我相信一旦政府直接干预信贷系统，就会深陷其中无法自拔。”最终，盖茨克与银行家们的会面并未成功，因为那个秋天他和其他内阁成员忙于竞选活动。科博尔德对竞选活动的贡献是于选举日三周前，在市政厅晚宴上发表了谨慎中立的公开讲话：“我们都在同一条船上。资本家、管理者、职员、工业和农业工人。如果允许通货膨胀和货币贬值的力量真正控制我们的货币，我们将不仅失去我们所希望的东西，还会失去我们现有的东西。我们以前也经历过风暴。金融城与社会其他部分一样，已经准备好面对并度过这次风暴。”

当时的普遍预期是丘吉尔领导的保守党将重新执政。金融城对此预期尤其强烈。这可能也是英格兰银行的预期。10 月 22 日，也就是选举日的 3 天前，首席出纳肯尼斯·佩皮亚特给曾在联合贴现银行（Union Discount）任职的“格斯”·艾伦（‘Gus’ Ellen）写信，邀请他 24 日来访。佩皮亚特在信中写道：“或许我应该补充一点，我不希望你来看我的

---

① 温彻斯特公学毕业生（Wykehamist）。温彻斯特公学是一所贵族寄宿制学校，但也是英国第一所免费招收穷苦学生的大学预备学校。相较于英国公学的贵族传统，该校以不强调出身而闻名。——译者注

事让你在联合贴现银行的朋友们知道！”[6]潜台词显而易见。随着政府更迭可能导致1932年以前的旧式货币政策回归，英格兰银行需要一位经验丰富的金融市场人士进行指导，以润滑那个已经严重生锈的银行利率引导机制。简而言之，是时候用回归过去的方式面向未来了。

福雷斯特·卡皮在回顾国有化对英格兰银行的微弱影响时表示：“二战结束后，英格兰银行在许多方面仍然认为自己是独立的，并且经常呼吁这种独立性。在整个20世纪50年代和60年代，英格兰银行几乎独立地管理汇率和政府债务、执行外汇管制、主动采取货币政策、支持金融城等等。”这些无疑都是事实。卡皮引用了科博尔德自己在1962年的公开言论：“如果没有政府赋予的独立性，无论是在操作上还是政策上，中央银行家们（当然也包括英格兰银行）都将无法履行职责。”那么中央银行家们的职责是什么呢？不久之后，在国际清算银行的一本出版物中，英格兰银行的杰克·费舍尔在关于英格兰银行的一章中列出了八项关键任务或目标：监督钞票发行；担任公共债务的登记员；捍卫英镑价值；随时准备充当最后贷款人；为政府提供专家建议；维护“银行和金融系统的信用和声誉”；促进“有序的金融和外汇市场”；以及促进“资本市场中资金的有序流动”。费舍尔似乎认为这些是长期存在的、历史悠久的责任，是20世纪下半叶英格兰银行的“内在”职责。当然，他概述的这八项宏伟目标，完全适用于20世纪50年代和60年代。[7]

20世纪50年代是科博尔德的黄金十年。整个十年中他都在担任总裁。他后来回忆了自己的一些关键优先事项：

> （1）当前海外收支的疲软，以及随之而来的英镑疲软，主要源于战争遗留的债务。
>
> （2）汇率稳定以及对抗通货膨胀的需要。
>
> （3）从战时管制经济向更自由（并且希望更繁荣）的和平经济过渡。

这些优先事项出自一个非常有主见的人。科博尔德在某种程度上比他的一些同事对凯恩斯主义经济学持有更多怀疑，尤其是对凯恩斯的需求管理和管制经济理论。在更微观的层面上，科博尔德的风格特点在三段早期记录中表现得淋漓尽致。这些记录都是科博尔德本人在1949年写下的："在刚刚成为总裁几周后，我花了很多时间与博尔顿、威尔逊·史密斯（Wilson Smith）等人讨论美国对欧洲汇率、可兑换等问题的影响。每个人似乎都有点过于激动，急于坐飞机到处跑，急于奔波行动，而我鼓励他们先去度过复活节假期。"稍晚一些时候，科博尔德总结了他与米德兰银行董事长有关清算银行家季度会议的谈话："我感觉这些会议有时有点空泛。我心里想的是，不用试图搞一个辩论会，偶尔就当时特别感兴趣的事情交谈几句就行了。"而在 7 月初，科博尔德记录了财政部伊迪的话："贸易委员会的一名工作人员给财政部的某人写信，询问贸易委员会的一名初级官员是否可以在英格兰银行待上一周左右，以更好地了解银行所做的事情。"而科博尔德对此的反应则是："我坚决拒绝了这个建议。"

科博尔德并不是所有人的最爱。乔治·博尔顿对他的批评尤为严厉。这或许是因为博尔顿在最高职位的竞争中败下阵来。

> 科博尔德是一个充满强烈反差和令人费解矛盾的人。他试图在金融城朋友圈和银行同事中激发忠诚，而非亲情。但作为一个公众人物，他显得疏远而冷漠。他也可以非常无情，并且与金融记者们相处得一直都不融洽。他赢得了公务人员和金融城的尊重。在某种程度上，他也赢得了工业界的尊重。但他从未能够或愿意营造一种温暖的个人气场，因此也未能在与同时代人的关系中发挥最佳作用。

约翰·福德的评价则更为正面。他于 1957 年作为经济学家加入英格兰银行，并在之后撰写了科博尔德时代的详细历史。

> 他是一个细心的倾听者和深思熟虑的阅读者，但不是一个长篇大论的辩论者。他的会议倾向于简短而切中要害。他决心维护总裁作为英格兰银行董事长兼首席执行官的权威。他无疑是一个具有指挥能力的人，并且在接下来的 12 年里以几乎军事化的方式行使指挥权。然而，他对任何质疑其决定的行为都非常敏感。他做决定比较快，但他可能并不总是完全自信。一旦他坚定地表达了一个观点，通常就意味着他已经宣布了决定，或者至少是决定的大致轮廓。要说服他改变主意并非不可能，但这绝不是一件轻而易举的事。

最重要的是，科博尔德是一个对自己感到满意、晚上能够安然入睡的人。这是任何中央银行家都不可或缺的品质。他的阶级出身对此起到了一定作用。他娶了赫米奥妮·布尔沃·利顿（Hermione Bulwer-Lytton），第二代利顿伯爵的女儿，并从 1947 年起居住在她的祖宅克内布沃斯庄园（Knebworth House）。他无疑是一个典型的伊顿人。著名商业银行家、施罗德银行的迈克尔·维里（Michael Verey）回忆道："在我住在金融城的那段时间里，那些没有就读过伊顿的人都在努力追求伊顿的标准，而伊顿的精神从科博尔德开始主导了一切。良好的伊顿标准意味着绝对的信任。如果你说过会做某事，那你就一定会做到。"[8] 简洁、权威、务实，并不总是善于表达。科博尔德具备了担任总裁的风度和刚毅。

科博尔德同事们的情况如何？达拉斯·伯纳德（Dallas Bernard，1949 年至 1954 年在任）和汉弗莱·米诺斯（1954 年至 1964 年在任）是他的两位副总裁。前者曾在怡和洋行（Jardine Matheson）和远东工作，自 1939 年起成为英格兰银行执行董事。后者则是就英格兰银行而言具有开创性的经济学家，尽管他是一个对"经济学"和"研究"两个词有明显恐惧的经济学家。米诺斯在 1948 年向伊迪承认："我对后凯恩斯主义的术语运用得不太自如，尽管我相信那些术语只是重新表述了凯恩斯主义的旧真理。"同年，财政部经济部门负责人罗伯特·霍尔对他深感不满。他在与米诺斯会面后指出："很难不产生这样的印象，即英格兰银行根本不像经济学家那样思考信贷控制。而且他们似乎并不完全理解这件事的本质。"福德的说法则稍显温和。他坚持认为米诺斯："拥有一流的头脑，以及极大的个人魅力。但他常常给人的印象，要么就是把牌紧紧攥在手里不表达观点，要么就是极不愿意打破诺曼时代银行的传统和氛围。"[9]

与此同时，执行董事中还有哈里·西普曼（1947 年至 1954 年在任）。福德认为他在 1947 年可兑换危机后"兴趣范围变窄""态度变得强硬"。肯尼斯·佩皮亚特（1949 年至 1957 年在任）曾长期担任首席出纳，是金边证券和货币市场的专家。但用福德的话来说："他从未认为自己能够用分析术语与财政部受过大学教育的官员们讨论某一特定的货币政策。"西里尔·霍克（1954 年至 1962 年在任）在战时外汇管制期间成名，热爱板球并曾在英格兰银行竞争激烈的比赛中胜出。莫里斯·帕森斯（Maurice Parsons，1957 年至 1966 年在任）博学多才，是一位咄咄逼人的非职业传教士（"牧师"）。但根据福德的判断，这份工作"可能超出了他的潜在能力"。"他不愿意在没有精心挑选助手的情况下工作。"这一事实证实了福德的判断。毫无疑问，最具分量同时也是最具争议的执行董事是乔治·博尔顿（1948 年至 1957 年在任，1950 年被封为爵士）。福德指出："他身高超过六英尺（约 183 厘米），有着红头发、明亮的蓝眼睛、圆润而令人愉快的面容、低沉迷人的嗓音以及交易员的敏捷。要对抗他，必定需要技巧、勇气和一颗坚强的心。最后这一点（坚强的心）是考虑到博尔顿的判断有时不太稳定，并且受到他个人看法的过度影响。"诺曼得出的结论差不多："不够平衡，但常有奇特的见解。"而财政部的霍尔则认为他："本质上是个操盘手。凭直觉做出仓促的决策，然后用他想到的任何理由来为之辩护。"霍尔还在 1952 年注意到："在三年前的英镑贬值之后，博尔顿曾告诉我的几个朋友，英格兰银行长期以来一直支持贬值并倾向浮动汇率。这与实际情况恰恰相反。"[10] 总而言之，博尔顿是一位不可否认的远见者，比英格兰银行里的其他任何人都更清楚应该做什么样的事情，来恢复伦敦作为国际金融中心的地位。假设他在 1949 年成为总裁，将是一段有趣的旅程。

至少还有六个重要人物。其中两人是总裁的顾问：卢修斯·汤普森－麦考斯兰德（Lucius Thompson–McCausland，1949 年至 1965 年在任），一位拥有盎格鲁·爱尔兰血统的古典学者。福德带着明显的怀疑指出："他对自己的智力能力极为自信，自认为能够轻松应对高级政府官员和经济学家，甚至认为阐述和进一步创造货币经济学也在他的能力范围内。"莫里斯·艾伦（Maurice Allen，1954 年至 1964 年在任），一位受过更好系统训练的经济学家。福德认为，他那种高度重视预期和心理学的非量化货币经济学方法，以及对货币总量明显缺乏的兴趣，"并不能推动扩大英格兰银行的统计和经济服务"。还有两个重要人物依次担任过首席出纳。第一位是珀西·比尔（Percy Beale，1949 年至 1955 年在任）。福德认为他拥有"杰出的技术能力"，但性格傲慢，不受欢迎，最终被排挤出局。第二位是莱斯利·奥布莱恩（1955 年至 1962 年在任）。他自 20 世纪 20 年代起在英格兰银行步步高升，但可能被认为已经达到职业天花板。因为科博尔德在任命时告诉他："董事会期待他能（在这个位置上）长期任职，可能长达他银行职业生涯的所有剩余时间。而其他人可能会调往别处，甚至晋升到更高的职位。"

最后两个重要人物是罗伊·布里奇（Roy Bridge）和希尔顿·克拉克（Hilton Clarke）。两人都在某种意义上代表了英格兰银行的核心精神，并在十年间分别负责交易与账户办公室和贴现办公室。布里奇于 1929 年进入英格兰银行，是外汇市场的行家。但讽刺的是，他精通的外汇专长恰恰遇到了英镑长期且不可阻挡的衰退。美联储的查尔斯·库姆斯（Charles

Coombs）在布里奇 1969 年退休时撰文称：

> 当然，他在巴塞尔是个熟悉的身影。这位温文尔雅、镇定自若的谈判者，仿佛是一只经验丰富的老猫在静静地打量一只不知警惕的老鼠。然而，他的谈判任务往往并不容易完成。但他选择的风格，一种在分析市场发展和手头问题时的致命坦诚，节省了宝贵的时间，避免了危险的误解。更普遍地说，他与外国中央银行家的业务关系以一种坚定的诚信感和公平竞赛的原则为标志。我们信任他。
>
> 对于一些与他共事的外国中央银行家来说，布里奇在自家地盘上的表现最为出色，尤其是在外汇市场的危急时刻，而我们碰巧在他的办公室里。那时，我们可以亲眼看到一位真正的专业人士。他对市场的所有技术和心理力量都高度警觉，需要决定是坚持某一汇率水平并可能付出沉重代价，还是退却并面临进一步的损失风险。这些判断并不容易做出。但他可以在叮铃作响的电话铃声，和对事情陷入困境的咆哮声中，踱着步果断而勇敢地做出那些决定。

库姆斯补充说："他精通几种外语，但身上没有任何浪漫的国际主义者痕迹。除了一位强硬的爱国者，没有人会对布里奇产生任何其他判断。他严格从国家利益的角度看待国际合作。"至于希尔顿·克拉克，他在 1927 年刚满 18 岁时就加入了英格兰银行。一篇讣告捕捉到了这位银行人的一些显著特质：

> 作为贴现办公室的负责人，克拉克实际上是时任总裁的眼睛和耳朵。他扮演的角色充满智慧和幽默，是"总裁眉毛"的化身。克拉克广泛的人脉和收集金融城情报的能力已成传奇。他是精心预谋的失误大师，似乎不经意间泄露了机密信息，而实际上却是从毫无戒心的对话者那里获取情报。
>
> 高大、衣着考究，头戴丝质礼帽的克拉克以他的力量控制了贴现市场。他的坚定从未引起反感。一次，一位年轻的票据经纪人申请常规的七天贷款以弥补现金短缺。克拉克回答说，英格兰银行会以惩罚性利率提供九天贷款。当那人提出抗议时，克拉克急促地打断他说："你再不接受马上就会是十一天。"

克拉克意志坚定，幽默感强，显然不依赖思虑行事（更注重直觉）。安身立命的本领是被称为“没有窗户的墙上的一扇窗户”。意思是在信息不透明的领域，克拉克都能打探出消息。他使用极不正式但最为勤奋的方法来发现和评估金融城最敏感市场和公司的信用。[11]

如果把科博尔德及其高管团队当作一个整体来看，他们在整个20世纪50年代普遍存在一种不愿向外界开放的倾向。这种倾向表现为内容平淡无味的年度报告以及总裁对外的沉默寡言。著名经济学家莱昂内尔·罗宾斯（Lionel Robbins）在1957年5月的第三频道节目中评论了亨利·克莱为诺曼所作的传记，并提出了一个有力的观点。罗宾斯指出：“诺曼几乎是强势威压的沉默和掩饰，导致无知的人相信根本不存在的各种险恶谣言。我呼吁当代的银行记住，在一个民主的时代，保持价值观和创造公众知情的舆论不仅需要直觉和行动中的奉献精神，还需要系统的理性思考和对政策演变的坦率解释。”这种不愿开放倾向的另一个表现，是尽可能地保持与财政部的距离，甚至是进一步拉开距离。科博尔德还是会定期拜访常任财政部常务秘书的霍尔。但霍尔却对他十分恼怒。当然这种恼怒是可以理解的。霍尔在1956年表示：“过去几年中，我们和英格兰银行在经济政策方面的合作几乎少得令人难以置信。”

英格兰银行自身是否还有能力为更广泛的政策制定作出贡献？这不得不再次引用约翰·福德的看法：

> 据报道，诺曼曾经表示英格兰银行是一家银行，而不是一个研究小组。这一论断在20世纪40年代和50年代英格兰银行高层的那一批官员中常被引用和赞赏。对这一论断正确的理解，意味着英格兰银行不应把注意力从市场上移走，无论是外汇市场、货币市场、金边债券市场还是银行业务市场。同时，对这一论断错误的理解，意味着不需要系统的思考和详尽的辩论，从市场经验中获得的智慧就足以代替严谨的分析。将这些因素放入一个等级森严的管理体系中，再加上大部分员工缺乏大学教育背景，以及政策讨论仅限于少数高层官员的非正式交谈，结果必然是随着事情的发展而即兴采取行动。这种方式在管理市场或与承兑行打交道时是可取的，但在准备制定法律时却并不明智。

或者用查尔斯·古德哈特的话来说，根据他本人在20世纪60年代对英格兰银行的了解，以及福德对科博尔德时代的研究，一个不完全令人满意的形象浮现出来："一小群对正在出现的更广泛政治经济世界趋势没有明确战略把握的聪明官员，回避量化的专业经济建议，并在不利的环境中依靠市场技术的高超技巧应对压倒性的压力。"这是一种文化，既有优点也有缺点，而且根基深厚。1948 年 10 月，在外汇管制部门工作了一年之后，年轻的斯坦利·佩顿（Stanley Payton）进入了海外办公室。那里的工作内容是金融外交和国际经济情报的混合体。佩顿被分配到英联邦组，主管是 W. J. 杰克逊（W. J. Jackson）。杰克逊衣着整洁，身穿硬领白衬衫，一见面就向佩顿展示了如何以不被认为"粗俗"的方式拿烟。佩顿的第一项工作是撰写一份关于世界大米生产的备忘录：

> 我在档案图书馆中开展了几天的研究，完成了我自以为是的杰作。杰克逊将其分发给银行中的几位大人物，我以为我的声誉将要就此确立。几天后，备忘录被退回，只有一条评论："猴子是个祸害。"这是经济顾问 R. N. 克肖（R. N. Kershaw）在第一页上写的。他在第二页的页边空白处补充道："猴子在印度和缅甸是个祸害。它们对农作物造成了巨大的破坏。"[12]

1951 年 10 月丘吉尔政府的上台为科博尔德的总裁任期开启了一个新阶段。距离当年不幸的金本位制恢复闹剧已经过去了 1/4 个世纪，丘吉尔本人对英格兰银行依然没有什么特别的好感。但有一点帮助的是，科博尔德的岳母，正如他所说是"温斯顿·丘吉尔爵士的终生密友"，因此"我被视为亲密的家族朋友"。事实上，科博尔德后来认为，如果没有首相的支持，他们在重新引入灵活的货币政策方面将一事无成。在 11 月初，总裁"秘密"与清算银行的董事长们进行了会谈，前提是他所说的内容必须保密。他在简要总结中说道："英镑的处境非常艰难。正在与政府讨论整个货币政策问题……我特别希望摆脱货币政策僵化的局面。如果在这一方面采取行动，都将是试验性的。政策机制也许会运转不畅。我们需要清算银行的大力帮助……"一周后，英格兰银行利率从 2% 升至 2.5%，这是自国有化以来的第一次变化。新任财政大臣拉布·巴特勒（Rab Butler）很乐意接受科博尔德的建议。到 1952 年 2 月，随着国际收支和英镑处境的迅速恶化，科博尔德力推更大幅度的加息，提升至 4%。3 月巴特勒再次接受了这一建议。不过，第二天总裁就向他报告"金融城有很多人感到不满"，其中最不满的是贴现市场。上一年 11 月，英格兰银行的经纪人

（或者说特别买家）劳伦斯·塞科姆（Lawrence Seccombe）曾说服市场参与“强制融资”行动。这涉及在极大的道德压力下，要求市场承接大量新发行的分期融资债券。不幸的是，4 个月后的大幅加息直接导致所有持有者，包括塞科姆自己的公司，遭受了巨大的资本损失。[13] 长期以来被忽视的货币政策，这一英格兰银行的专属领域，随着时光的流逝不仅在金融城内部，也在外部难以避免地变得越来越具有争议性。

在金融城以外，1951 年 12 月外汇市场的重新开放是一个重要时刻。这象征着新政府领导下的金融城获得了更大自由，却引发了《新政治家》（*New Statesman*）中的化名“射手座”的诗人的质疑：

> 老妇人放松了限制，
> 打开了外汇市场。
> 经纪人满心欢喜地预测，
> 对这及时但迟来的变化充满信心。
> 即期现金用于远期交易，
> 英格兰银行将向银行家们提供。
> 但市民们在私人金融领域，
> 却看不到任何变化。
> 老妇人展现了她的能力，
> 足智多谋，果断决绝。
> 他们说市场会稳定下来，
> 尽管过程极其曲折。
> 重返我们银行业的传统，
> 将拯救我们的国际收支。
> 但对市民们来说，
> 个人收支的情况依然严峻。

在诗人和几乎所有人都不知情的情况下，一项更具戏剧性的行动正在那年冬天酝酿。行动是在英镑储备趋势性下滑的背景下展开的，尽管对下滑的担忧可能被夸大了。这就是“机器人行动”（Operation Robot）。它的名字来自三位最密切参与制定的官员姓名字母：财政部的莱斯利·罗文爵士（Sir Leslie Rowan）、英格兰银行的博尔顿和财政部的“奥托”（Otto）·克拉克。行动的核心内容是：让英镑在可兑换的同时浮动。博尔顿在 1952 年 2 月 16 日的关键备忘录中，以典型的大胆措辞提出了他的主张。他认为存在一个根本性选择："要么让英镑成为一种国内货币，从而导致国际英镑体系和英镑区的崩溃；要么接受非居民英镑的可兑换，从而保持英镑作为国际货币的地位。"鉴于此，他建议："目前部分可兑换和部分不可兑换的政策应立即被停止，代之以通过外汇市场机制实现所有国际英镑全面可兑换的政策。"然而，博尔顿并未讨论此类政策对国内的影响——那必然是紧缩性的。

简而言之，"机器人行动"似乎具备了政治上的可行性。博尔顿在2月20日兴奋地记录道，科博尔德向他转达了前一晚与丘吉尔和巴特勒共进晚餐的情况："C of E[①] 被提出，首相很感兴趣。有很大希望做出有利的决定。"不久之后的22日，丘吉尔接见了由科博尔德领导的英格兰银行代表团，正式推进这一计划。根据唐纳德·麦克道格尔（Donald MacDougall，财政大臣的经济顾问）的说法，丘吉尔随后说道："据报告他们是一群优秀的爱国者，渴望为国家做正确的事。"但切尔韦尔（Cherwell，丘吉尔的私人经济顾问）对英格兰银行评价不高，现在带头反对"机器人行动"。他在25日写信给巴特勒，贬低性地表示："英格兰银行的观点是，现在储备金正在大幅流失，现有政策无法维持，提出的这种措施是不可避免的，但我没有看到任何证据支持这一观点。"28日和29日进行了一次关键的内阁讨论。丘吉尔内心深处倾向于解放英镑，但决定性的反对来自他的继任者安东尼·艾登爵士（Sir Anthony Eden）。艾登对一位同僚表示："国家还未准备好，就这样抛弃多年努力而毫无抵抗地回到'蒙塔古—诺曼主义'时代。"尽管之后形势有短暂而具误导性的反弹，但切尔韦尔在3月中旬实际上为"机器人行动"的最终失败钉上了最后一根钉子。他在递交给丘吉尔的一份精彩备忘录中预测了可怕的后果："8%的英格兰银行利率、200万失业和3先令一个的面包。"他明确指出：

> 我们的根本问题是英镑区的支出超过了收入。我们必须通过增加出口和减少进口来解决这个问题。没有任何货币技巧可以绕过这个铁一般的事实……
>
> 乍一看，回到1914年之前那个英镑可兑换（黄金）且强势的美好时代，确实是一个吸引人的想法。但那时我们没有美元危机。银行家们无疑真心相信，如果英镑仅仅由市场力量来决定，英格兰

---

① "C of E"应该是指英镑的外汇可兑换性（Convertibility of the Exchange）。——译者注

银行可以在必要时通过调整银行利率自由干预，一切都会好起来。他们认为，国家的经济大权将从政治家和战略家手中转交给熟悉相关事务的金融家和银行家……

我再强调一遍，金融操控不能让英镑变得坚挺。真正重要的是实实在在的东西：更多的英国钢铁厂，更多的英国工业品跨越大西洋，更多的澳大利亚农民为英格兰种植小麦和生产肉类，更多的殖民地棉花种植园。这些才是让英镑强劲的东西。这条路虽然艰难且耗时，但这是唯一的途径。

切尔韦尔总结道："我希望我们不要被说服，相信有一种无痛的、神奇的办法，并且把一切交给英格兰银行。"

在针线街，不是所有知情人士都相信"机器人行动"。最后可能连科博尔德都不完全信服。但用福德的话说，这一事件仍然让英格兰银行"严重受挫"，被视为"在没有充分考虑或咨询白厅的情况下草率尝试操纵经济和货币战略"。未能实施"机器人行动"是否是战后经济史上错失的最大机会？相关辩论将持续多年。但在 1952 年，焦点转向了更为渐进地实现可兑换。不久后，一个新的、连贯的银行和财政计划在秋季到位。该计划名为"多边贸易和支付的集体应对方案"，涉及美国援助和欧洲合作。再之后，1954 年 3 月伦敦黄金市场重新开放，1955 年 2 月英镑对非居民实质上（虽然尚未正式）可兑换。科博尔德在 1954 年谈论这条可兑换实现路线时说："这是一场漫长的障碍赛，不时会出现一些需要跨越的障碍。有些障碍更难跨越，但这些障碍之间有较长的坦途。"显然，前方仍有一些不同寻常的障碍。[14]

当时，保守党政府已经成功推动将被工党国有化的钢铁行业重新私有化。科博尔德回忆道："我发现自己处在一个极其特殊的位置，要同时充当卖方（财政大臣和供应大臣）、中介代理（发行机构）以及买方（主要是保险公司）的顾问和'推动者'，还要与各银行、证券交易所以及许多公司进行谈判。"实际上，正是科博尔德在 1953 年 4 月组建了一个由主要商业银行组成的发行财团，由摩根·格伦费尔领导。"整个问题过于政治化。"商人银行家大卫·科尔维尔（David Colville，来自罗斯柴尔德银行）在英格兰银行的发行机构会议上直接对科博尔德抱怨道：

英格兰银行实际上是在利用其在金融城的影响力。作为一个

> 受政党控制的国有机构，前来争取私人企业的支持，以帮助该党实施竞选承诺。换句话说，私人企业被一个国有机构出于政治目的挟持。英格兰银行还试图将所有政治责任和可能的损失推给金融城，而不承担任何风险或责任。

科尔维尔这一番异常坦率的攻击几乎没有得到其他人的支持。但这再次提醒英格兰银行处在很危险的位置，正处在政府和金融城之间。尽管如此，科博尔德在接下来的14个月里并未气馁。在6家最大的钢铁公司依次向公众和机构出售的过程中，科博尔德仍然发挥了关键作用。他与苏格兰投资信托公司的卡莱尔·吉福德（Carlyle Gifford）等关键人物交谈，又同意“与保诚（Pru）公司的董事长谈谈”；他确保英格兰银行在承销过程中充当最后的保障；他说服巴特勒在兰开夏钢铁公司报价反应不佳后，“让子弹先飞一会儿”，并指出“急于解决问题并没有任何好处”。总的来说，科博尔德通过巧妙运用强大的个人魅力，在一线亲自领导。

第一次私有化就出现了有争议的要约收购。这在先前的企业界几乎是闻所未闻的，是一个令人不安的现象。1953年3月，“门口的野蛮人”查尔斯·克洛尔（Charles Clore）启动了对J. 西尔斯公司［J. Sears & Co，弗里曼、哈迪与威利斯公司（Freeman Hardy & Willis）的母公司］大张旗鼓的股权收购行动。在此背景下，英格兰银行制定了一份内部“关于真实和虚假股票收购要约的备忘录”，认为“这种操弄可能意味着那些对国家需求有重要贡献的企业将被解体拆分”。然而，尽管金融城的整个权势集团对此表示担忧，英格兰银行却感觉自己在阻止此类要约方面能力有限。摩根·格伦费尔的高级管理人员在那个夏天访问总裁办公室时发现了这一点。科博尔德为此记录道：

> 比斯特勋爵对我表示，他对克洛尔先生的进一步行动感到非常焦虑，想问我是否可以建议保险公司不要借钱给他。我说这非常困难。我从一开始就不愿干涉其他人的业务。尽管我对克洛尔先生的活动并无好感，但在这个领域我发现很难划清道德与不道德的界限，况且我确实没有克洛尔先生不当行为的证据。说到底，我认为如果我真的提出建议，可能会让听从建议的好人失去这笔业务，而让坏人趁机渔利……

在这次具有启示性的摩尼教式[①]（Manichean）袖手旁观后，萨伏伊（Savoy）酒店集团的争夺战在冬季打响了。该酒店集团旗下有克拉里奇（Claridge）酒店、伯克利（Berkeley）酒店以及萨伏伊酒店本身。进攻者是地产开发商哈罗德·塞缪尔（Harold Samuel），他与克洛尔非正式地联合行动。政府一度考虑站在萨伏伊的立场上进行干预，但科博尔德向部长雷金纳德·莫德林（Reginald Maudling）指出："任何救助措施都将比问题本身造成更多的麻烦。"因此，萨伏伊只能自己拯救自己。这一任务在巴克莱银行主席安东尼·图克（Anthony Tuke）的大力帮助下得以完成。科博尔德在 1954 年初写下："图克先生私下告诉我，他们已经解决了萨伏伊的问题。萨伏伊设法获得了一些相当好的担保，但这仍然意味着巴克莱银行以 40 先令每股的价格购买了股票，而不是他们最初设想的 30 先令每股。"科博尔德备忘录底部的注释风格和诺曼一样："我只向 HMT（财政部）转述了图克先生的第一句话。"[15]

英格兰银行利率在上一年秋天从 4% 降低到了 3.5%。这是战后首次按照传统方式宣布银行利率变动。在降息通知被贴在英格兰银行前厅的同时，政府经纪人德里克·穆伦斯出现在证券交易所大厅。他登上从前的那个讲台，脱下高帽，大声宣布新的利率。但人们越来越关心的问题是，长久以来被忽视的货币政策能否承担如此重任。科博尔德在 1953 年 7 月发给清算银行家的季度简报中提到："认为货币政策能够超越其实际能力做更多事情的想法很危险。主要问题仍然是政府支出、税收和工资呈上涨的趋势。"此外，他不安地意识到，如果英格兰银行要继续保持对货币政策相当程度的控制，削减财政部在这方面的巨大影响力，那么该政策必须被认为是有效的。然而，货币政策的有效性依赖于一系列因素，而大多数因素并不受英格兰银行控制。到 1955 年初，他发现自己处于一个特别不利的位置。夏季选举即将举行，股市繁荣。《金融时报》报道称"货币武器可用于应对通货膨胀"，但这一消息几乎不能安慰科博尔德。巴特勒在那个春天摆脱了预算的掣肘，可以专注于减税。[16]

1955 年是一个命运注定的年份。艾登在 4 月初成为首相。不久之后丘吉尔出席了英格兰银行举办的告别晚宴。这是他对英格兰银行的唯一一次访问。晚宴一开始的气氛有些紧张。丘吉尔一边想着喝香槟，一边担心内默耶会出席。但科博尔德回忆道："无论如何，他来了。我们礼貌地

---

① 摩尼教认为宇宙存在光明与黑暗、善与恶的二元对立，对应着上文中科博尔德对道德与不道德的判断。——译者注

进行了简短的对话，喝了很多香槟。大家都玩得很开心！”4 月 19 日，巴特勒公布了备受期待的预算案，不出所料将标准所得税率削减了六便士[①]。巴特勒还公开表示寄希望于“灵活的货币政策资源”平衡这一财政宽松。然而，严重麻烦的迹象已经在暗地里显现。英格兰银行方面，科博尔德在预算公布的前一天，试图提醒清算银行家们“刹车”。科博尔德告诉他们：“我听到很多传言，称各银行对贷款的态度几乎没有变化。这需要纠正。”财政部方面，罗伯特·霍尔对英格兰银行的批评比以往更为严厉。他在预算公布当天的日记中写道：“他们从未对各银行采取足够强硬的态度。现在，总裁告诉财政大臣他正在向各银行施压，但奥利弗·弗兰克斯（Oliver Franks，时任劳埃德银行主席）告诉我情况并非如此……”他未卜先知般地补充道：“总之我们正在向总裁澄清此事，但不知道财政大臣是否会支持我们。财政大臣一直认为总裁正在掌控局势，向总裁提出异议是一件非常严重的事情。”

艾登和巴特勒赢得选举大约 5 周后，出现了持续整个夏天的更为明显的通货膨胀和国际收支压力。第一次危机发生在 7 月。虽然巴特勒在 7 月 26 日宣布了一系列信贷紧缩措施，但科博尔德和财政部在措施宣布前后（持续到 8 月）就英格兰银行总裁处理清算银行事务的专有权力进行了激烈争夺。英格兰银行方面以一贯的立场成功反击，认为“信贷紧缩”只有在“削减公共支出”的情况下才会奏效。第二次危机发生在秋季，英镑汇率的严重压力导致了 10 月底的紧急预算和政府支出的显著削减，尽管这些削减对科博尔德来说还不够。他在不久后告诉巴特勒：“我仍然怀疑是否可以同时运行一个当前规模的防务计划和社会计划，而不使经济过载。”至于货币事务，财政部对英格兰银行与银行家之间的暗中谋划深感不满，认为这导致信贷政策未被充分执行。科博尔德强烈否认这一指控。他在 11 月声称：“在过去几个月里，英格兰银行已经做了比其他任何人更多的抗击通货膨胀工作。”[17] 伦敦西部的政府开始越来越多地告诉伦敦东部的银行应该如何处理事务，反之亦然。这并不是一个令人愉快的局面。

巴特勒的声誉严重受损，在 1 月被哈罗德·麦克米伦替换。新任财政大臣认为：“前一年混乱的根源并非巴特勒受到选举周期的影响，而是一系列因素。包括无知、缺乏适当的统计信息、不良的财政建议、一个软弱的英格兰银行总裁、清算银行家的抵制。”很快，麦克米伦与总裁之间

---

① 意为标准所得税率削减 6 便士 / 镑。1972 年以前，1 英镑 =20 先令，1 先令 =12 便士。因此相当于降低所得税率 2.5%。1972 年以后，1 英镑 =100 便士。——译者注

建立了友好的私人关系，但职务上的冲突仍在。在一个越来越难以调和的圈子里，英格兰银行和银行系统希望尽可能维持基于自愿的信贷控制系统。这种没有财政配合的系统充其量只有一半效果。英格兰银行和银行家自然希望将效果不佳的责任推给他人。2月，英镑再次出现问题。双方不得不达成一项临时协议。英格兰银行将利率提高到5.5%，麦克米伦则同意了科博尔德关于削减支出和投资的要求。但在3月底，显而易见的僵局再次出现。

> （麦克米伦写信给科博尔德）我在想，你是否能帮助我。不仅是通过你正在做的事，还要让大家充分了解你在做什么。因为“我们是什么”虽然重要，“我们看起来是什么”更重要……
>
> 从这个角度来看，流动性比率（银行持有的现金与存款的比率，即存款准备金率）的问题似乎值得重新考虑。我知道目前你依赖于各银行执行你的总体意图。但这个系统是否应该更加规范化？例如，我是否可以在预算中宣布，由英格兰银行对其他银行施加流动性比率要求？

总裁在回复中没有让步。他在像往常一样争辩，指出各银行已经受到了尽可能严厉的施压，而且真正需要财政大臣关注的是支出方面的问题。之后他加重了语气：

> 在活着的人的记忆中，没有发生过重大的银行破产或暂停营业情况；没有哪个政府有过拯救该国银行，使其摆脱流动性困境的承诺。英格兰银行在经历了两次大战和巨大的经济变革后没有给任何人造成损失，并且在战时和战后都为当时的政府提供了巨大的帮助。
>
> 我们的银行系统比世界上任何其他银行系统都要好，拥有更好的协调机制，更负责任、更愿意（一些批评者会说过于愿意）听取官方建议和请求……

麦克米伦暂时退让了。但到了5月初，在进一步讨论流动性比率的棘手问题后，他写下“我担心总裁在欺瞒我”。最终，他确实接受了规定流动性比率并不现实（除非在紧急情况下），但同时为这一接受开出了价码。他在7月初的日记中写道：“我想亲自见见清算银行家，和他们谈谈。但是总裁不喜欢这样，因为他认为自己是联系清算银行的合适人选。我们达成了妥协。他将会在本周召见他们，并转达我的意愿。我将在本月晚些时候见他们……”这次会议在 24 日如期举行。就在会议前一天，总裁日记中有这样一条记录：“我与罗巴特斯（Robarts）先生（伦敦清算银行家委员会主席）和奥利弗·弗兰克斯爵士讨论了与财政大臣会面的策略。”[18] 不过经常阅读特罗洛普①（Trollope）小说的财政大臣不会对此感到意外。然而在此时，1956 年 7 月底，埃及总统纳赛尔国有化了苏伊士运河公司。所有战术方面的调整突然显得不那么重要了。

3 个月后的 10 月底，军事行动开始了。10 月 31 日的美联储备忘录记录了博尔顿对苏伊士危机的电话评论要点。从针线街的角度来看：

> 真的不知道事情会如何发展。如果苏伊士问题很快被平息，也许市场的恐慌会随之消失。现在伦敦和华盛顿之间有了公开的分歧，这可能会产生一些难以准确预见的后果……我非常确信会发生一些事情，唯一让我感到惊讶的是事情发生的速度……我认为这种情况是不可避免的。遗憾的是，它发生得如此迅速，并且就发生在（美国总统）选举之前……

“英镑的压力很大。”科博尔德第二天告诉贴现市场，并补充说他“不希望这种情况全年 365 天持续下去”。11 月 6 日，在英国储备金枯竭和美国不愿提供美元贷款进行援助的情况下，艾登宣布停火。然而，这并没有阻止对英镑的挤兑。同一时期苏联入侵匈牙利的事件则火上浇油。15 日，美联储的约翰·埃克斯特（John Exter）描述了一个很不乐观的博尔顿：

> 乔治·博尔顿爵士看起来很疲惫和焦虑。他说欧洲存在一种真正的战争心理，巨大的压力使得资金从欧洲大陆各种货币转向北美的美元。他表示，就英国的情况而言，局势令人感到非常沮丧且不知所措。他在谈话中两次强调，局势的恶化已经超出了任何现有技术能够处理的范围。我询问他是否会使用直接的控制措施。他表示更严格的控制没有任何好处。

---

① 安东尼·特罗洛普是 19 世纪英国作家，代表作品有《巴彻斯特养老院》（又译《养老院长》）等。小说中有一些特权阶级为了维护利益相互勾连的情节。——译者注

情况稳定时已经是 12 月的第二周。英国自 10 月 30 日以来已经损失了 4.5 亿美元的储备。这一事件最终清晰地暴露和标志着英国作为世界大国的终结。

> 这一事件还促使科博尔德写了一封特别的信：
>
> （他在圣诞节前五天写信给麦克米伦）无论苏伊士危机对经济产生何种长期影响，它确实立即将我们长期以来意识到的一些弱点暴露在了国内外的公众视野中……
>
> 根本问题在于，经济和公共财政多年来被过度扩张，部分是因为战争，部分是因为战后我们承担的过多社会、军事和政治承诺。（大多数承诺的自身价值尚在正常范围之内，但加起来的总额超出了我们的承受能力）。
>
> 除了国内的承诺，我们还因银行负债中的海外英镑而面临沉重负担……

因此，科博尔德呼吁在 1957 年采取“令人印象深刻、意义深远且有说服力的措施”。他总结道：“我相信，我们正处在一个十字路口。英镑的整个未来以及一切相关事物的命运，将取决于接下来几个月的决策。”两周多之后，麦克米伦取代了艾登。美联储的托马斯·罗奇（Thomas Roche）随后与代替罗伊·布里奇负责外汇事务的理查德·哈雷特（Richard Hallett）通话。他在第二天记录道：“哈雷特先生打电话来说他们对英镑的表现感到满意，并且他们已经能够获得一些美元。哈雷特表示，英格兰银行的人认为艾登的辞职已经将障碍扫除，他们期待今年剩余时间内有更稳定的政治条件。”[19]

苏伊士危机并没有抹去 1955 年货币体系失败的尴尬记忆。该体系未能实现巴特勒选举前预算承诺所需的信贷紧缩。1957 年 4 月，新任财政大臣彼得·索尼克罗夫特①（Peter Thorneycroft）宣布，著名律师拉德克利夫勋爵（Lord Radcliffe）将主持对货币体系运作的正式调查。5 月中旬，一份调查委员会名单被成功汇集，上面写满了经过英格兰银行审定的德高望重的名字。之后，科博尔德向拉德克利夫发送了“一些随想”：

① 又译为“彼得·霍尼戈夫”。——译者注

> 我希望委员会不必深入探讨政府与英格兰银行之间的关系。这一关系的运作相当顺畅，大体上符合当初我们制定《1946年英格兰银行法》的期望。尽管时不时会有些小争吵，但双方关系总体上仍是平顺和明确的。我认为这不应成为公众争论的焦点。我希望这一点能被“默认为是理所当然的”。
>
> 我认为你也会发现，英格兰银行与银行系统之间的工作关系相当良好。银行不喜欢“指令”，并且对信贷紧缩感到厌烦。但即便如此，双方关系还是紧密和谐的。我预计你会在一些银行经济学家那里听到相反的观点，他们觉得自己的建议未被重视……
>
> 许多人（包括你委员会中的一些成员）会要求“当局”提供更多信息……我们不应走得过快或过远。愿上天保佑我们不要每月都发布“联邦储备公告”，不要提供反反复复的政府经济服务，不要持续不断地统计不可靠的数据并做出不可靠的预测……

尽管财政部在过去几年对英格兰银行不愿意指示清算银行削减贷款感到极度沮丧，科博尔德还是与财政部常务秘书保持了富有成效并先发制人的通信。时任常务秘书罗杰·麦金斯爵士（Sir Roger Makins）向总裁保证：“我们将在制定各自政策时保持联系。”总裁则回复说：“我们双方的意见完全一致。我预计实践中也不会有困难。”

在调查委员会7月的两次前期会议上，科博尔德提供了证词。在被问及英格兰银行的开放程度和保密程度时，他坚称英格兰银行需要在“严格的银行保密条款下”向政府提供建议。科博尔德补充说：“我们通常采取的政策有很多值得肯定的地方，即通过反复磋商解决政策或观点的所有分歧，并且大体上将最终决定的解释权留给政府。”尽管如此，他继续说：“总体上，英格兰银行的政策实际上比我曾经认为的要更开放一些。我有时会发表演讲，也许每年两次，来谈论银行对当前政策趋势的看法。总而言之，我们的观点是，我们应该能够选择对公众来说有用或有帮助的时刻发表意见，而不是被迫通过某种定期的每月或每周安排来发表意见，也不是在频繁的定期声明中吐露很少的信息。”科博尔德在几乎整个过程中都表现得把控得当且沉稳，但偶尔也流露出情感。鉴于英格兰银行已被国有化，拉德克利夫大胆地问道，他是否会将自己的职位等同于“高级公仆”？对此，总裁愤怒地回答：“完全不会。我只是银行董事会的仆人。”[20]

在这些会议后的几周内，英镑再次面临巨大压力，储备金急剧下降。科博尔德在8月22日警告索尼克罗夫特“我们面临一段困难时期”，并阴沉地补充道“德国人将会无所顾忌地随心行事”。焦点转向他的副手汉弗莱·米诺斯。“我们可能会经历一场真正的外汇战争”。米诺斯在9月初写信给一位缺席的董事阿尔弗雷德·罗伯茨爵士（Sir Alfred Roberts），以回应8月令人担忧的外汇数据。罗伯茨当时是董事会中半强制性选入的工会代表。米诺斯在信中坚称：“如果英镑再次贬值，即使日常生活所受影响不明显，我们的繁荣和生活水平也将会受到致命打击。”接下来的一星期左右，事情实际上发展成了一场政府与银行的立场危机。财政大臣坚持要求将银行贷款减少5%。清算银行则坚决认为这种政策不仅“不明智”，还“不可行”。如同往常一样，英格兰银行被夹在中间。米诺斯明确向索尼克罗夫特表示：第一，英格兰银行非常不希望抛弃基于自愿原则的银行信贷规则；第二，根据1946年的法律，如果政府想要不经过英格兰银行而限制银行贷款，就需要新的法律授权。索尼克罗夫特因此有可能向英格兰银行发出正式指令，敦促其要求各银行按照他的要求行事。这是一个略显极端的选择，并且最终被放弃了。实际上，不可避免的结果是英格兰银行大幅度提高利率。科博尔德说服了这位不情愿的政治家，如果要挽救英镑就没有其他选择，只能将利率提高两个百分点，也就是从5%到7%。索尼克罗夫特在9月19日正式宣布了这一消息。英格兰银行发言人以引人注目的强硬语气宣称：“最近英镑的投机压力非常大。人们一直在抛售英镑。加息会让投机者们知道‘该要收手了’。”[21]

加息起到了作用，英镑的压力很快就减轻了，却把烦恼留给了索尼克罗夫特。他坚信如果要控制逐渐上升的通货膨胀，就必须对货币供应进行适当限制。科博尔德对此持怀疑态度。他在10月初写信给索尼克罗夫特：“我不接受我们已经失去对货币供应控制的观点。如果这个国家变成唯一由财政部（而非中央银行）拥有直接指挥商业银行权力的主要民主国家，将是危险的。”在当月晚些时候，科博尔德又在一份与索尼克罗夫特的会谈记录中提到：“我希望财政大臣在辩论中不要过分拘泥于货币供应的论点。我认为无论如何，过于深入地讨论学术问题都是不明智的。正如他所知道的，我不认为总货币供应量是全部的问题。”这些观点与总裁不愿意将一切都归结于货币政策的态度完全一致。他在11月初向拉德克利夫的委员会解释，回顾了自货币政策重新启动以来充满争议的6年：

> 我认为，如果我审视我的良心，我很难认为我们真的希望通过银行利率的这些调整来逆转局势。在这一时期，我们一直感觉到，除非利率相关措施与更广泛的行动结合起来，局势才会好转。利率

> 相关措施的有效性，需要和总体政府支出协调一致、相互支持。单凭银行利率或私人部门的货币措施无法逆转局势。我们觉得过度使用或过分依赖货币工具的尝试不但无效，而且是错误的……

尽管如此，科博尔德的政治敏锐性告诉他，如果9月的对抗再次发生将是一个严重的错误。为了避免政府绕过英格兰银行获得直接向清算银行发号施令的权力，必须在货币方面做出让步。幸运的是从他的角度来看，在1957年至1958年的冬季，随着拉德克利夫的委员会考虑信贷控制的“替代技术”，英格兰银行和财政部达成了共识，共同拒绝了极端的强制措施。财政部明确接受了英格兰银行有关“银行实践的僵化和脱节风险”的声明。因此，让步相对较小。双方同意在适当的时候引入“特别存款”制度，即清算银行在英格兰银行的指示下，将额外资金存入英格兰银行，以限制各银行的货币信贷创造能力①。麦克米伦及其部长们可能倾向于更重大的措施。但他们始终有一个清醒的想法，那就是过于激进的措施可能会导致未来的工党政府直接控制银行系统资源。[22]

工党及其影子财政大臣哈罗德·威尔逊（Harold Wilson），在1957年至1958年的冬季也关注了英格兰银行。科博尔德在9月银行利率大幅上升后对一位同事发火：“我花了太多时间在这该死的泄密问题上。”传言金融城中一些有权势的人士提前得知了加息消息，并利用这一点在金边市场上大肆抛售。[23]威尔逊坚决要求进行调查。最终麦克米伦让步，由帕克大法官（Lord Justice Parker）组建一个特别法庭。[24]英格兰银行的两位非执行董事现在成为敌方的攻击目标。他们是来自拉扎德银行的第二代金德斯利勋爵（即休·金德斯利），以及来自马瑟森公司（Mathesons）的W. J.（托尼）·凯斯维克［W. J.（Tony）Keswick］。在圣诞节前的几周内，相关人员在威斯敏斯特的教堂大楼提供证词。对凯斯维克的指控如下：他于9月初在苏格兰沼地打猎时，听到米诺斯说“银行利率将大幅上升”；当月16日，他亲自来到英格兰银行时，被副总裁再次告知非常有可能加息；第二天，也就是实际加息的两天前，他给香港的怡和洋行②发电报，预测货币收紧并建议抛售国债，怡和洋行照做了。至于金德斯利，令人不安的事实是，他所主持的三大公司——拉扎德银行、皇家交易所保险公司和英国火柴公司，在银行利率公告前的一天半内总共抛售了近250

① 类似我们今天所说的“超额准备金”制度。——译者注

② 马瑟森公司（Mathesons）是怡和洋行（Jardine Matheson）股东。——译者注

万英镑的国债。

在被检察总长雷金纳德·曼宁汉－布勒爵士（Sir Reginald Manningham–Buller）问询时，两人都感到相当紧张，而科博尔德也感到不安。凯斯维克甚至没有很好地给自己开脱，他说“我很难记住在松鸡沼地上对话的确切时间”。财政部的霍尔指出：“金融城对财政大臣发起的调查感到愤怒，因为他们认为检察总长只攻击了总裁和银行董事会，却没有追究政治家。”确实，愤怒的情绪显而易见。金德斯利勋爵在圣诞节前写信给已离开银行的博尔顿：“我认为检察总长在他的总结陈词中故意对总裁进行攻击。如果他明天和我在一起，我肯定会把我的子弹射向某个地方，而不是射向松鸡!!! ”外界则在兴趣盎然地观望事态发展。莫莉·潘特－道恩斯（Mollie Panter–Downes）在《纽约客》上撰文道：“一个接一个身穿挺括西装、脸颊粉红的金融城绅士，带着公文包坐到证人席上，用完全不同的词句谈论着‘相对较小的’数百万英镑交易。这为我们揭示了一个特别的、被嫉妒环绕着的世界……”工党政治家迈克尔·富特（Michael Foot）评论道：“我预言这个令人震惊的关于金融城运作方式的完整故事，至少会触发对英格兰银行进行重组的计划。”[25]

当帕克大法官在假期中沉思他获得的证词时，英国战后政治历史上的一个重要篇章开始缓缓展开。科博尔德在 1957 年 12 月 27 日严肃地写信给索尼克罗夫特：“我必须表达这个观点：如果英国政府接受你今天早上提到的那个预算数字，国内外都将认为这与你 9 月 19 日的声明完全矛盾。”科博尔德的意思是，信中提到的 9 月 19 日声明不仅包括提高银行利率，还包括暂停两年公共部门投资。总裁接着警告说：“尽管那些措施公布以后气氛有了明显改善，储备略有增加。但任何政策的松动……都会立即受到关注并被强烈批评。”无法确定这种警告是否让已经下定决心的财政大臣更加坚定。但在接下来的十天里，内阁中爆发了一场激烈的斗争。最终在 1958 年 1 月 6 日，索尼克罗夫特和另外 2 位财政部官员［其中一位是伊诺克·鲍威尔（Enoch Powell）］辞职。他们三人无法接受 1958 年至 1959 年的公共支出预算草案较上一年增加了 5000 万英镑。他们认为这与限制政府支出的既有原则不符。科博尔德在当天写信给麦克米伦：“我认为索尼克罗夫特是对的。我非常遗憾，因为我认为得益于索尼克罗夫特的勇气和你在唐宁街 10 号的支持，从货币的角度来看我们拥有一个正在改善的局面。也许我有偏见！但我仍然觉得，未来两年的成功或失败更多地取决于货币，而不是其他任何东西。”但麦克米伦本能上倾向于凯恩斯主义，并且明白在 1960 年大选之前他需要相当程度的复苏，因此对他而言优先事项有所不同。他准备应对这场风暴，或者用他那轻松且“流芳百世”的名言来说——“一个小小的局部困难”。在总裁得到这个令人遗憾的结果时，金融城的态度如何？只能说金融城在一定程度上是支持总裁的。一位重要的金融城经纪人向负责评估各方反应的部长报告说：“我希望政府削减支出落实到每一分钱。但如果涉及政治判断，我宁愿相信麦克米伦而不是索尼克罗夫特。”[26] 换句话说，如果能排除社会主义者，那么一定程度上放弃自由市场的纯洁性是可以接受的。这种权衡将在接下来的近 20 年里继续主导金融城的立场，并且不可避免地影响“部落”风格渐少且更客观的中央银行。

此时，帕克大法官已准备好宣判。财政部的麦金斯在 1958 年 1 月 10 日告知新任财政大臣德瑞克·希思科特·艾默里（Derick Heathcoat Amory）：“我刚刚读了报告。从政府、英格兰银行和金融城的角度来看，它几乎不能再令人满意了。与政府和英格兰银行有关的所有人都被完全豁免了责任。”在 21 日发布的报告中证实了这一点。报告声明：“没有证据表明关于银行利率上调的信息被不恰当地透露给了任何人。”至于那些提前接到警告的人，“在所有情况下披露的信息都被接收者视为机密……没有人利用这些信息牟取私利”。当晚，金德斯利在德比参加完劳斯莱斯（Rolls-Royce）公司会议后回到伦敦，在圣潘克拉斯车站拿到了报告的副本。他对记者说：“我非常高兴。”随后他乘坐司机驾驶的劳斯莱斯前往外交招待会。次日，科博尔德向所有员工发送消息：“这确实很令人愉快。”他指出英格兰银行完全免责，但也承认这是“让我们所有人非常担忧的时期”。毫无疑问，这如实反映了针线街在报告发布前后的感觉。在 1987 年纪念科博尔德的仪式上，他的继任者之一莱斯利·奥布莱恩回忆起这起泄密和审判事件。奥布莱恩称：“那是一个损害声誉的事件，好人和忠实的人被公开处刑，却为一些低劣的人提供了罗马假日。”然而在舆论看来，凯斯维克和金德斯利似乎逃过了应有的惩罚。福雷斯特·卡皮在接续福德的史料著作中提出，英国火柴公司多年来一直忠实地持有约 25 万英镑的国债，直到在银行利率上调前一天突然抛售，这让金德斯利非常可疑。最后一位政府经纪人奈杰尔·奥尔索斯爵士（Sir Nigel Althaus）在事件发生近半个世纪后回忆：“他们卖掉了那部分公债，这对我来说就是决定性的证据。我认为金德斯利勋爵非常幸运。”[27]

当时，英格兰银行不可避免地在公众聚光灯下度过了紧张的两周。与报告有关的即时新闻充满了明显的批评色彩，纷纷指责这是掩盖真相。最终，工党在下议院发起了一场为期两天的辩论。左翼经济记者安德鲁·肖菲尔德则在广播中描述了"英格兰银行的未来"。他引用了法庭证据，描绘了一个"脚步缓慢"、缺乏"足够专业性"的机构，指出"对不那么有天赋的业余人士的国家崇拜已经失控"。展望未来，他不否认"中央银行不可避免地在某些政策领域具有一定程度的独立性"，但要求对"银行和财政部各自控制的领域"进行更明确的定义。至于英格兰银行与金融城的关系，他认为："由于英格兰银行依赖'基于声望的说服力'，其行为实际上更像一个班长，而今天中央银行的真正任务是要表现得像一个校长。"肖菲尔德最后呼吁英格兰银行"从现在开始坚定地站在白厅主人一边"，而不是受到"与金融城商业利益相关的特殊角色的过度影响"。

2 月初，英国下议院进行了辩论。哈罗德·威尔逊在辩论中进行了高水平的挑衅："银行系统将商人银行家视为绅士，而将清算银行家当成使用专业通道离开场馆的业余球员。我们不能为这样的系统辩护。"他不仅贬低了董事会，还更全面地批评了英格兰银行。他指出英格兰银行本应是国有企业，却像"一个主权国家"一样行事，用"完全过时的僵化套路和礼节"处理与财政部的关系。哈罗德·利弗（Harold Lever）则更加直接地批评了英格兰银行。他当时正在确立自己作为工党货币事务专家的声誉：

> 英格兰银行董事会的政策意味着，我们的美元被浪费在这块土地上的每一个二流货币交易商手中。每一个商品贸易商都比他们聪明。每一个美国股票和股份交易商似乎都能得到我们的美元。然而，英格兰银行的虚伪表演却被一直虔诚地维持着。简单、诚实、爱国而且非常有才华的人们，以极大的社会纪律，持续努力使国家重新站稳脚跟，而他们的努力却不断遭受挫败，因为这些盲目的教条主义者只用了一瞬间，就挥霍了我们的人民辛苦、爱国并有纪律地生产出来的财富。

"让他们回答这个问题！"工党的詹妮·李（Jennie Lee）在此时大声疾呼。但遗憾的是没有人回应。

不到两周后，总裁在市政厅对海外银行家俱乐部发表演讲，试图回应批评。在提到最近建议英格兰银行如何运营已经成为一种流行的国民消遣之后，他做出了一系列声明：第一，12 名非执行董事中，只有 3 名来自商业银行，而有 7 名"主要拥有工业和商业领域经验"。第二，"日常往来和高层接触”反映的英格兰银行与清算银行的关系，“仅次于英格兰银行与政府的关系”。第三，尽管“英格兰银行必须是一家银行而不是一个研究小组”（显然是向诺曼致敬），但“指责英格兰银行缺乏经济思考是经不起推敲的”。对此科博尔德提道：“我们的高级常务官员中有两位前牛津大学学者。”还有一位副总裁“可能记得他在剑桥的十年经历”。最后，英格兰银行仍然在“逐渐朝着向外界提供更多政策和业务说明的方向发展”。这是一个经过理性讨论的演讲，表现得还算不错。当然，还是有一位金融编辑评论说：“整个英格兰银行只有两位经济学家！”即便如此，英格兰银行显然还需要做更多工作。因此在 5 月，总裁开辟了一条全新的战线。他同意让电视摄像机进入办公室，拍摄他接受罗宾·戴（Robin Day）采访的过程，作为 ITN① 系列节目《告诉人民》的一部分。总裁的电视采访主要在阐述英格兰银行的职能，并详细解释了其与政府的关系。他指出：“英格兰银行就像一位‘非常尽责的妻子’，毫无顾忌地提供建议，甚至有时会有些唠叨。但这是一位好妻子应该做的。”他给公众留下了一个良好的印象。《曼彻斯特卫报》（*Manchester Guardian*）注意到：“他的话语中没有‘存款很少的人’可能预期的那种呆板。”终于，在经历了一段稍显艰难的时期后，这次公关取得了胜利。不管是小吏还是信使，甚至戴着高帽的绅士们，都完全被总裁营造的气氛所感染了。[28]

拉德克利夫及其团队在 1958 年全年继续进行调查。国民郡级银行的戴维·罗巴茨（David Robarts）在年初表示：“我个人认为，我们与英格兰银行的接触越多、越紧密就越好。这一点确实非常重要。我们确实有这样的接触。我对此非常满意。在有了这样的接触后，我认为我们不需要与财政部重复讨论相同的问题。”拉德克利夫的两位主要货币专家是经济学家亚历克·凯恩克罗斯（Alec Cairncross）和历史学家理查德·塞耶斯。那个夏天，塞耶斯私下告诉凯恩克罗斯：“英格兰银行参与了远期交易，在 1957 年 9 月在市场上非常活跃。他们不希望这一点被外界知道。”凯恩克罗斯在日记中写道：“他们一定赚取了巨额利润。”差不多同时，另一位经济学家、哈罗德·威尔逊的顾问托马斯·巴洛赫（Thomas Balogh）提交了一份证据备忘录，建议英格兰银行董事会主席应由一位高级财政部

① “ITN”全称是英国独立电视新闻社（Independent Television News）。——译者注

官员担任，总裁则应该降为一般董事会成员。

拉德克利夫的报告在当年 12 月发布。此时科博尔德已经被宣布将继续担任总裁。两位前财政大臣在报告发布后出席听证会。盖茨克（当时是工党领袖）在 18 日上午出席了听证，而巴特勒则在下午出席听证。盖茨克的主要论点是急需提高财政部与各银行之间联系的频率和深度，并希望财政部（包括财政大臣本人）能直接接触主要的清算银行家。凯恩克罗斯私下评论道："他没有试图为英格兰银行掩饰，也没有采取明显敌对的立场。"可以预见，盖茨克在唐宁街 11 号的继任者（指巴特勒）态度更加缓和。巴特勒巧妙地划定了两者之间的基本差异，认为财政部和英格兰银行都在以各自的方式服务于政府：

> 我认为英格兰银行可以做一些财政部不能做的事情。而财政部也可以做一些英格兰银行不能做的事情。至少在我看来，英格兰银行更具直觉，而财政部则更加审慎。因此这两个伙伴相互补充。英格兰银行的基本工作是日常市场管理。除了与政府债务、货币发行等相关的代理职能，英格兰银行和财政部在长期政策方面的工作属于不同领域。

巴特勒整体上的狡猾表现没有丝毫暗示迹象。要知道，英格兰银行在 3 年前未能提供显然承诺过的货币措施，这在很大程度上使他丢掉了快要到手的首相职位。或者，正如凯恩克罗斯尖锐指出的那样："他费尽心机地为英格兰银行辩护，似乎想告诉我们现在一切都已经好起来了。毫无疑问，他在私下会讲述完全不同的故事。"[29]

1958 年也是金融自由化的一年。这种自由化有时符合英格兰银行的意愿，但有时又并不如此。在可能恢复自 1939 年以来被禁止的期权交易的背景下，科博尔德在 5 月警告股票交易所主席称："将这种武器交给批评者是极不明智的。"但无济于事，期权交易在那个秋天恢复了。随着信贷控制的放松，监管几乎不存在，科博尔德成功地鼓励清算银行投资或分期购买公司，以此间接地让英格兰银行行使一定的控制权。与此同时，在麦克米伦发表那篇著名演讲"从未如此美好"一年后，各家商人银行首次努力地接触社会大众。这一努力是在英格兰银行的祝福下进行的。科博尔德开明地告诉财政大臣："他们能吸引新兴高收入阶层开设银行账户，越多越好。"金融自由化的另一个方面，尽管当时几乎没有人注意到，但最终对伦敦作为国际金融中心的未来具有重大意义。那就是 1957 年至 1958

年出现的（在 20 世纪 60 年代早期被熟知的）欧洲美元①市场。根据凯瑟琳·申克（Catherine Schenk）的后续分析，这项创新之所以“被英格兰银行容忍”，是因为“严格意义上它并未违法”。毫无疑问，站在市场背后的关键远见者是博尔顿，他在离开英格兰银行后成为伦敦和南美银行（BOLSA）的主席。1958 年自由化的最后一块拼图是英镑的正式可兑换（对非居民持有英镑）。12 月 29 日，英镑的可兑换与法国和西德货币的可兑换同时实现。这一成就的最终实现在很大程度上归功于科博尔德的坚持，他认为这对金融城的国际声望至关重要。同时，科博尔德还决心借此消除财政部的担忧。财政部担心如果世界再次失去对英镑的信心，可能会导致比以往更快的储备流失。对科博尔德立场最有力的批评者是安德鲁·肖菲尔德，他认为优先考虑英镑的坚挺会给英国工业和经济增长带来全面且不可接受的负担。当年早些时候，英格兰银行副总裁米诺斯在一份内部记录中，尖刻地将这位记者称作“安德鲁·希菲尔德”②。要知道肖菲尔德在对德战争期间曾是英国军队的炮手和情报官。尽管如此，媒体整体上还是履行了爱国职责，称赞了正式可兑换。《星期日快报》（*Sunday Express*）标题为“英镑高飞”。《每日快报》标题为“这骄傲、自由的英镑”。《标准晚报》标题为“英镑在自由日屹立”。这是英镑少有的辉煌时刻。[30]

在这整个过程中，科博尔德继续担任那个亲切、个性的旧时代金融城伟大仲裁者。以下是 1958 年 7 月的一些典型瞬间：

> 约翰·本爵士（Sir John Benn）前来为董事会提名一两个可能人选。应他的要求，我与金德斯利勋爵一起核查了亨利·沃纳爵士（Sir Henry Warner）的情况，并给出了良好的评价。约翰·本爵士询问我，对他们提名一位明智的工党议员进入董事会是否有任何反对意见。我回答说“恰恰相反”……
>
> 乔治·博尔顿爵士过来闲聊。他希望在纽约和巴哈马增加一些董事级别的人选。经过与同事们的详细讨论，他推荐了亨利·蒂阿克斯（Henry Tiarks）。我说，只要他了解自己支持的人，并且与赫尔穆特·施罗德（Helmut Schroder）协调好，我就没有意见……

---

① 欧洲美元（eurodollar）是指储蓄在美国境外银行（早期主要在欧洲）而不由美国境内金融机构监管、不受美联储相关银行法规和利率结构约束的美元。——译者注

② 将肖菲尔德（Shonfield）的英式发音改成了希菲尔德（Shönfeld）的德式发音，意在故意用肖菲尔德战场对手的语言嘲讽他。——译者注

然而此时，一个传奇性的金融城事件正在上演。该事件不仅是英国第一次真正意义上的完全争夺式收购①，还显著削弱了总裁的权威。历史学家尼尔·弗格森（Niall Ferguson）在提到这一收购时注释："现代意义上的争夺式收购，指的是在公开市场上收购上市公司控股权，目的是驱逐公司的管理层和董事会。"受到攻击的一方是英国铝业公司（BA）时任董事总经理乔弗里·坎利夫（Geoffrey Cunliffe），备受争议的前任总裁之子。有两个竞争性投标者。其中之一是被 BA 青睐的美国铝业公司（Alcoa）；另一个则是一家美国公司雷诺兹金属（Reynolds Metals）和一家英国公司管道投资（Tube Investments）的联合体。该联合体的主要财务顾问是商人银行家西格蒙德·沃伯格。此时，金融城权势集团对他的顾虑仍然远未消除。在年底前的最后几周，英格兰银行保持了谨慎中立的立场，但对"铝业战争"在金融城引发的争吵越来越担忧。在新年前夕，科博尔德几乎整天都在试图达成为期两个月的休战，但未能成功。科博尔德这么做的主要目的是遏制沃伯格，以及科博尔德口中沃伯格的"猴子生意"。1959 年初是决定性时期。尽管其他参战者因担心惹恼英格兰银行而按兵不动，但沃伯格和他的伙伴们依旧大量买入市场上的股票。虽然科博尔德多年后称铝业战争是"一点小麻烦"。但若是细究起来，即便是他的前任诺曼也未必能够遏制住沃伯格。[31]

与此同时，拉德克利夫在 1959 年继续保持稳定、坚韧的路线。科博尔德在 1 月 15 日提交了一份书面声明，其中有一段故意提高赌注的话：

> 在一个极权国家中，私人企业和市场或多或少被消除，中央银行的操作被直接置于财政部控制之下。无论是在政策还是操作方面，这都是可以理解的。但是对于一个在很大程度上依赖私人企业和市场，并与其他类似国家合作的国家，我认为允许财政部直接控制中央银行的操作是一个巨大的问题。对于像英国这样依赖国际贸易和信心的国家来说，这可能是一场灾难。

他补充道："我的这些观点是基于我在保守党、工党和党派联合政府 25 年来的英格兰银行与政府工作关系的经验。同时还基于在相同时期，

---

① 此处"争夺式收购"（contested takeover）主要含义是存在两个或两个以上有竞争关系的投标方。后文尼尔·弗格森提到的"争夺式收购"含义更类似于"敌意收购"（hostile takeover）。尼尔·弗格森的注释可能是为了强调此次收购的多重含义。——译者注

我对美国、英联邦和欧洲主要国家在这一领域问题相当深入地了解。”此外，总裁坚称：“英格兰银行的实力和独立思考很大程度上来源于按照现有方式构成的董事会。因此，如果董事会的性质发生变化，不再由活跃的实用主义商业人士组成，或者董事成为与银行实际事务脱离的象征性人物，那么英格兰银行在全球的地位以及履行公共职责的能力都将会受到严重损害。”当天，科博尔德在副手陪同下还提供了口头证词：

> （凯恩克罗斯注意到）总裁讲话比他的文字要明智得多……乔治·伍德科克（George Woodcock，委员会的工会代表）问了一个特别尖锐的问题，暗示英格兰银行与1911年之前的上议院有相似之处。总裁显然不喜欢我在最后阶段对问题的长篇回答，转而回到他通常的拖延战术：“这个问题请您问财政部。”米诺斯什么也没有说，但在总裁的要求下点头同意了一两次。

在漫长的拉德克利夫调查过程中，科博尔德坚决不愿放弃英格兰银行的运营独立性。第二周，他在一次双向通信交流中向拉德克利夫强调：“为了做好工作，英格兰银行必须是一个‘市场’动物，而不是像政府部门那样的‘行政’动物。”此外他还指出，支持中央银行一定程度的独立性有两个“更为根本的理由”。首先，有必要在财政部和英格兰银行之间进行“思想和批评的自由而密切的互动”；其次，英格兰银行可以帮助当时的“民主政府”，避免被“民主”推向可能损害纸币信心的方向，从而避免通货膨胀、汇率危机和由此产生的所有社会问题。不久之后，拉德克利夫和他的团队讨论了总裁的证词。凯恩克罗斯认为，科博尔德似乎“仍然幻想将货币政策从政治领域抽离”，并且“不明智地想对经济政策施加更多影响”。但他的同事们明显并不同意这些观点。凯恩克罗斯记录道：“拉德克利夫认为我‘不厚道’。”R. S. S.（理查德·塞耶斯）也不同意，认为科博尔德虽然看清了事情发展的未来方向，但不想改变得太快。[32]最终在4月底，委员会听取了最后的证词。之后委员会用了一个夏季的时间撰写报告，主要撰写人是塞耶斯。

那个炎热的夏季还有另一个政治方面的不确定性。保守党是否能够像金融城强烈希望的那样取得大选三连胜？麦克米伦在财政大臣的协助下，已经奠定了经济基础。他在年初告诉米德兰银行的董事长［前政治家蒙克顿勋爵（Lord Monckton）］：“如果允许部长们追求凯恩斯主义的消费刺激，那么保守党将再次当选，繁荣将得以延续，英格兰银行将得到保留，而1960年的融资将比以往任何时候都容易。”在4月预算案公布前的几周里，科博尔德成功地抵制了财政大臣降低银行利率的愿望，但实际上是以默许一个明显的通货再膨胀方案作为代价。4月7日，希思科特·艾默里宣布削减九便士①所得税，并将向经济中总计释放大约60亿英镑（按宣布时价值计算）。在此之前，总裁刚刚在纽卡斯尔的演讲中呼吁“普通公民”接受一些纪律约束并做出一些牺牲，以支持“稳定货币”。当时，首相麦克米伦在货币和财政方面既不向英格兰银行也不向财政部寻求建议，而是向凯恩斯经济学家罗伊·哈罗德爵士（Sir Roy Harrod）寻求帮助。由于这位意志坚定首相的要求以及选举的压力，科博尔德在接下来的几周甚至几个月里只能“警告”财政大臣，声明如果保守党在秋季选举中确实获胜，可能需要“迅速收紧缰绳”。这一切对科博尔德来说并不意外，尽管他本可以更加坚定地抵制麦克米伦。在他对希思科特·艾默里那次略带学术的警告前一年，他曾以历任总裁常有的担忧情绪对一位银行主席说：“当失业数据变得有些危险时，我们的政治朋友就会着急地跳出来，要求我们再次扮演一个超出我们能力的角色。”[33]

“拉德克利夫报告”最终于1959年8月19日公布。总裁在将近两周之前告知他的某位董事：“我已经拿到了一份私人副本。总体而言，报告基调还不错，但有一些非常恼人的建议……总之，我觉得这份报告并不是很有建设性，但它是协商一致的结果，这一点很重要。”[34]威廉·艾伦（William Allen）在其对20世纪50年代货币政策的调查中，称该报告“出了名的难以概述”。但从英格兰银行的角度来看，它大致有五个主要方面：第一，建议在1957年事件之后，将银行的兼职董事排除在银行利率讨论之外。第二，进一步建议银行利率的变化应由时任财政大臣明确指示。第三，经济政策需要协调一致，单独的货币政策是不够的。不应被允许追求自主目标，并且在货币政策中，利率变化比控制货币供应的尝试更为有效。第四，呼吁银行提供更多统计数据和信息。第五，建议成立一个货币政策常设委员会，成员包括英格兰银行、财政部和贸易委员会的代表。[35]科博尔德将其反馈整理成了一封信，在报告发布前两天发给财政部。虽然他对有关非执行董事、统计数据和政策协调的建议大体保持沉默，但他对其他建议明确表示不满：“无法接受将银行利率决策的全部责任转移给财政大臣。也无法接受在白厅任命一个常设委员会，审议财政大臣提交的所有货币政策决策。”相反，他坚称“银行利率是中央银行

① 相当于降低所得税率3.75%。——译者注

自身业务的一个组成部分”。尽管没有质疑财政大臣事实上的“最终决定权”，但总裁仍坚称“将本质上基于市场和操作的决策的直接责任交给财政大臣会模糊实际责任”。

媒体的反应几乎一致，他们认为这份报告是对英格兰银行的一个明确警告，确实可能会显著改变权力的分布。一位金融城评论员指出：“我对报告的主要印象是，英格兰银行的权力和权威应该被削减，使得‘老妇人’更明显地服从财政部的控制。”不可避免地，核心问题变成了财政部及其掌权者，是否有意愿和决心落实拉德克利夫报告中令总裁不安的部分。答案很快被揭晓。到 9 月中旬，财政部显然不愿设立一个涉及贸易委员会的货币政策常设委员会。到 10 月底，在大选中再次当选的希思科特·艾默里公开表示，不但不会设立新的常设委员会，而且只有在存在不可调和的分歧的情况下，财政部才会公开宣布由其代替英格兰银行对银行利率的变动负责。到 11 月底，下议院对该报告进行了一场平淡无奇的讨论，结果是只有报告中的少量措施会被实施。《金融时报》甚至声称英格兰银行已经“彻底战胜了拉德克利夫”。简而言之，货币政策将主要由英格兰银行负责；英格兰银行将继续拥有自主权，尽管财政部拥有最终决定权；英格兰银行将在更广泛的意义上继续享有操作自主权。当然，英格兰银行根据报告的要求设立了中央银行信息部，负责收集和发布统计数据。它于 1960 年开始出版“英格兰银行季度公报”，招聘了更多的经济学家，并逐步让非执行董事退出利率决策过程。相比之下，这些都只是小事。

11 月 26 日，财政大臣向下议院正式宣布政府对拉德克利夫报告的回应。第二天，科博尔德向全球中央银行家们保证：“我们认为这是一个令人满意的结果，实际上几乎没有改变现有的正常实践。”在圣诞节前一周，英格兰银行为麦金斯举行了一场盛大的晚宴，以表彰他在有关银行利率泄密以及拉德克利夫调查中提供的帮助。麦金斯在财政部的同事霍尔也在场。他做了如下记录：

> 正如总裁在讲话中所明确指出的那样，这场晚宴是为了表达对罗杰·麦金斯在两项调查的艰难时刻给予他们所有帮助的感激。几乎整个董事会都在场……我们受到了穿着华丽制服的高大仆人的热情迎接，在前厅喝了雪利酒，在董事会议室里用餐。舒适的房间坐满了人，但又保持了充足的空间感。一个大桌子上铺着白布，摆满了银器。这些银器几乎都是英格兰银行购买的，因为银器上有“1694 年”的印记……所有仆人都记住了在场每个人的名字，并在

递东西时以友好的方式低声细语。事实上，晚餐就像是在自己的学院里用餐那样自在。

总裁做了一番简短的讲话，称他们的安全存续多亏了罗杰。罗杰愉快地回应了。我坐在总裁和劳伦斯·卡德伯里（Laurence Cadbury，自 1936 年起担任非执行董事）之间。前者比我以往所见的任何时候都更健谈，并略带恶意地吐槽了他的同事们。之后我们留在餐桌旁，而东道主们则在轮流敬酒……大约 9:45，总裁开始催促敬酒的人，告知宴会将在 10 点左右结束。这次晚宴确实非常精致、非常令人愉快……[36]

第十三章　不是一个研究小组

1　American Banker, 5 Oct 1946; The Baring Archive, 200884 fo 15, American Papers Vol. 18, 5 February 1947; City Press, 1 Oct 1948; Philip Geddes, Inside the Bank of England (1987), p. 67; The Baring Archive, 200884 f 15, American Papers Vol. 18, 5 February 1947; ADM30/6, George Gibson file (note by John Keyworth, 8 Sept 1992); Banker, April 1949, p xxi; Economist, 3 May 1947; 16A48/1; Fforde, pp. 366-367.

2　J. F. A. Pullinger, 'The Bank and the Commodity Markets', in Fforde, pp. 788-792; Adrienne Gleeson, London Enriched (1997), chap. 3; G3/103, 6 Jan 1950, 11 Jan 1950; G3/4, 5 Jan 1951; Richard Roberts, 'The Bank of England and the City', in Roberts and Kynaston, p. 166; G3/99, 23 April 1947; G3/2, 18 May 1950.

3　Fforde, p. 147; P. L. Cottrell, 'The Bank of England in its International Setting, 1918-1972', in Roberts and Kynaston, p. 117; Time, 1 Sept 1947; Fforde, p. 162; Erin E. Jacobsson, A Life for Sound Money (Oxford, 1979), p. 196.

4　G3/1, 1 June 1949; Gr/7o, 21 June 1949, 5 July 1949, 3 Aug 1949; Alec Cairncross, Years of Recovery (1985), p. 176; Fforde, p. 300; Fed, box 617031, 30 Sept 1949.

5　Fforde, p. 213; Economica, May 1993, p. 243; Institutional Investor, March 1980, p. 210.

6　Ben Pimlott, Hugh Dalton (1985), pp. 463-464; G3/100, 8 Dec 1948; Fforde, pp. 367-368; Philip M. Williams (ed), The Diary of Hugh Gaitskell, 1945-1956 (1983), p. 227; Gr/71, 3 July 1951, 5 July 1951; FT, 4 Oct 1951; G1/71, 22 Oct 1951. The authoritative account of monetary policy during these years remains Susan Howson, British Monetary Policy, 1945-1951 (Oxford, 1993).

7　Capie, pp. 773, 758.

8 16A48/1; G3/1, 13 April 1949, 2 May 1949, 8 July 1949; papers of Sir George Bolton, 10 Sept 1962, draft obituary of Cobbold for The Times; Fforde, pp. 231-232; Capie, p. 44; Cathy Courtney and Paul Thompson, City Lives (1996), pp. 164-165.

9 Fforde, p. 218; Capie, p. 45; ADMr4/4, 12 Nov 1948; Alec Cairncross (ed), The Robert Hall Diaries, 1947-1953 (1989), p. 41; Fforde, p. 773.

10 Fforde, pp. 164, 317-318; OL, Spring 1980, pp. 9-11 (Roger Woodley); Fforde, pp. 546, 196, 548; Hall, 1947-1953, pp. 76, 231.

11 Fforde, pp. 322, 613, 373, 628; Capie, p. 52; OL, Dec 1969, p. 224; 'Hilton Clarke', Daily Telegraph, 18 Dec 1995.

12 William A. Allen, Monetary Policy and Financial Repression in Britain, 1951-1959 (Basingstoke, 2014), p. 205; Listener, 6 June 1957; G. C. Peden, The Treasury and British Public Policy, 1906-1959 (Oxford, 2000), p. 440; Alec Cairncross (ed), The Robert Hall Diaries, 1954-1961 (1991), p. 65; Fforde, p. 778; Economica, May 1993, p. 242; OL, June 1998, p. 77.

13 Gr5/19; G3/4, 1 Nov 1951; G3/107, 12 March 1952; DBB, Gordon A. Fletcher, 'Lawrence Henry Seccombe'.

14 New Statesman, 29 Dec 1951; NA, T236/3240, 16 Feb 1952; Cr60/24, 20 Feb 1952; Donald MacDougall, Don and Mandarin (1987), p. 88; NA, 1236/3240, 25 Feb 1952; Peter Caterall (ed), The Macmillan Diaries: The Cabinet Years, 1950-1957 (2003), p. 149; NA, T236/3242, 18 March 1952; Fforde, p. 448; Cottrell, p. 126; Peden, Treasury, p. 464; Daily Telegraph, 21 Oct 1954.

15 Gr5/19; Kathleen Burk, The First Privatisation (1988), p. 95; G3/111, 13 April 1954; G3/7, 25 Feb 1954; Richard Roberts, 'Regulatory Responses to the Rise of the Market for Corporate Control in Britain in the 1950s', Business History, Jan 1992, p. 187; G3/6, 23 June 1953; G3/110, 13 Nov 1953; G3/111, 13 Jan 1954.

16 Hennessy, p. 233; David Wainwright, Government Broker (1990), p. 83; G3/6, 30 July 1953; FT, 1 Jan 1955.

17 G15/19; FT, 20 April 1955; G1/73, 18-19 April 1955; Hall Diaries, 1954-1961, p. 333 G1/73, 3 Aug 19553; G3/8, 10 Nov 1955, 4 Nov 1955.

18 Diaries of Harold Macmillan (Bodleian), dep d.26, 21 July 1956, fo 123; G1/74, 23 March 1956, 26 March 1956; Macmillan, dep d.26, 4 May 1956, fos 24, 94-95; G3/9, 23 July 1965.

19 Fed, box 617015, 2 Nov 1956; LDMA1/10, 2 Nov 1956; Fed, box 617015, 15 Nov 1956; G1/74, 20 Dec 1956; Fed, box 617015, 11 Jan 1957.

20 G3/75, 13 May 1957; Alan Booth, 'New revisionists and the Keynesian era in British economic policy', Economic History Review, May 2001, pp. 356-357; NA, T233/1407, 17 May 1957; Committee on the Working of the Monetary System, Minutes of Evidence (1960), pp. 753, 762.

21 G1/75, 22 Aug 1957; G14/152, 3 Sept 1957; G1/75, 9 Sept 1957; Fforde, pp. 680-684; Capie, p. 93; Evening Standard, 19 Sept 1957.

22 Allen, pp. 133-134; G3/10, 28 Oct 1957; Monetary System, p. 2026; E. H. H. Green, 'The Influence of the City over British Economic Policy, c. 1880-1960', in Youssef Cassis (ed), Finance and Financiers in European Economic History (Cambridge, 1992), pp. 206-207; NA, T233/1410 (memo by Sir Edmund Compton, Dec 1957); Allen, p. 136; E. H. H. Green, 'The Conservatives and the City', in Ranald Michie and Philip Williamson (eds), The British Government and the City of London in the Twentieth Century (Cambridge, 2004), p. 171.

23 Fforde, p. 688.

24 Proceedings of the Tribunal appointed to Inquire into allegations that information about the raising of Bank Rate was improperly discussed (1958).

25 John Littlewood, The Stock Market (1998), p. 98; Hall Diaries, 1954-1961, p. 140; Cr60/149, 20 Dec 1957; New Yorker, 4 Jan 1958; Daily Herald, 13 Dec 1957.

26 G1/75, 27 Dec 1957; G3/78, 6 Jan 1958; FT, 3 Jan 1989.

27 NA, T233/1202, ro Jan 1958; Report of the Tribunal appointed to Inquire into Allegation of Improper Disclosure of Information relating to the Raising of the Bank Rate (1958), paras 115-116; Daily Express, 22 Jan 1958; G3/119, 22 Jan 1958; 16A48/1; Capie, p. 99.

28 Listener, 30 Jan 1958; Parliamentary Debates (Hansard): House of Commons, Fifth Series, Vol. 581 (1958), 3-4 Feb 1958, cols 859-861, 1087; Times, 18 Feb 1958; Manchester Guardian, 18 Feb 1958; OL, Sept 1958, p. 131; Manchester Guardian, 19 May 1958.

29 Monetary System, p. 3825; Sir Alec Cairncross, Diaries: The Radcliffe Committee and the Treasury, 1961-64 (1999), p. 10; Capie, p. 109; Times, 7 Nov 1958; Monetary System, pp. 123-124; Cairncross, Diaries, p. 153 Monetary System, g 12381; Cairncross, Diaries, p. 16.

30 G3/119, 12 May 1958; G3/11, 24 April 1958; G3/120, 24 Oct 1958; Catherine R. Schenk, 'The new City and the state in the 1960s', in Michie and Williamson, pp. 330, 335; G3/119, 9 May 1958; New Statesman, 3 Jan 1959 (Francis Williams).

31 G3/11, 2 July 1958, 11 July 1958; Niall Ferguson, High Financier (2010), p. 184; G1/179, 31 De 1958; Grs/19. For the fullest account of the Aluminium War, see Ferguson, pp. 183-199.

32 Monetary System, p. 12813; Cairncross, Diaries, p. 20; G3/82, 20 Jan 1959; Cairncross, Diaries, p. 21.

33 Keith Middlemas, Power, Competition and the State: Volume I (Basingstoke, 1986), p. 384; Journal (Newcastle), 7 April 1959; Allen, pp. 201-202; G3/12, 29 May 1959; Gr5/19, 29 May 1958.

34 G3/84, 6 Aug 1959.

35 Allen, p. 228. In addition to helpful summaries of the report by Allen, pp. 228-230, and

Capie, pp. 112-116, 134-137, see also: E. Victor Morgan, 'The Radcliffe Report in the Tradition of British Official Monetary Documents', in David R. Croome and Harry G. Johnson, Money in Britain, 1959-1969 (1970), pp. 3-21.

36 G3/84, 17 Aug 1959; Punch, 26 Aug 1959; Astrid Ringe and Neil Rollings, 'Domesticating the "Market Animal"? The Treasury and the Bank of England, 1955-1960', in R. A. W. Rhodes (ed), Transforming British Government, Volume 1 (Basingstoke, 2000), pp. 129-130; Capie, p. 127; G3/85, 27 Nov 1959; Hall Diaries, 1954-1961, pp. 223-224.

第十四章

诚实货币

科博尔德在英格兰银行的最后 18 个月，开启了一个传奇的十年，但却并不十分轻松。从 1960 年春季开始，大选后的经济紧缩措施如预期般逐步施行，英格兰银行不得不被迫实施与清算银行有关的特别存款计划①。这是科博尔德一直担心的迈向数量控制的一步，因为他认为这可能会削弱英格兰银行的权威。随后在 6 月，因为国际收支状况恶化，不仅清算银行的第二批特别存款被取消，银行利率也从 5% 上调至 6%。在与总裁的例行会议后，贴现市场的代表之一指出："没有危机。"当被问到科博尔德是否"一下子开了两枪"时，他回应道："再对撤退的敌人多打一发子弹也无妨。"然而国际收支状况的缓解只持续到 1961 年 3 月。当时德国马克意外升值，导致英国的黄金和外汇储备突然面临压力，进而促使科博尔德和罗伊·布里奇在国际清算银行谈判，达成了所谓的"巴塞尔协定"②，第一期信贷总额约为 9.1 亿美元，持续到 7 月。美联储的查尔斯·库姆斯不久后记录道："帕森斯（时任执行董事）觉得风向已经变了，暂时不利于投机者。"事实证明，他所判断的"暂时"是正确的，因为 6 月又有另一场英镑危机开始酝酿。正如科博尔德所言："市场再次流传关于英镑即将贬值的谣言。"他写信给美联储的比尔·马丁（Bill Martin）完全否认这一传言："我们决心维持当前的局势，并且非常希望不给公众舆论任何机会去察觉我们决心中的丝毫怯懦。"科博尔德在 1949 年担任总裁时，正值英镑贬值威胁阴云笼罩。如今他即将卸任，阴云依旧笼罩。尽管这一次的威胁略有减轻，但不可否认依然存在。他对一位重要的金

---

① 如上章注释，类似超额准备金。——译者注

② 巴塞尔协定（Basel Agreement）于 1961 年 3 月由欧洲八国中央银行总裁在国际清算银行会议上达成，其主要内容包括：（1）各国中央银行应在外汇市场上合作，维持彼此汇率的稳定；（2）如果一国的货币发生困难，应与能提供协助的国家协商，获取必要的支援措施，从该国取得黄金或外汇贷款，以维护汇率的稳定。该协定不同于巴塞尔银行监管委员会制定的一系列关于银行资本和风险监管的国际标准和准则，即巴塞尔协议（Basel Accord）。后者的重要版本分别发布于 1988 年、2004 年和 2010 年。——译者注

融城人士说：“我在这个职位上经历的一切都非常有趣。”值得称赞的是，这句话确实部分属实。[1]在这 12 年中，科博尔德逐渐适应了自己的职务，并且通过强大的个性力量，至少在某种程度上成为公认的、也许是最具代表性的国有化银行“总裁先生”。

新总裁的遴选绝非易事。虽然人选最终由政府拍板，但科博尔德和其他英格兰银行高管深度参与。根据董事会的建议，1960 年初的热门人选是摩根·格伦费尔的哈考特爵士，他在 20 世纪 50 年代中期曾在华盛顿担任过 3 年的英国经济外交使节。但财政部常务秘书弗兰克·李爵士（Sir Frank Lee）很快说服希思科特·艾默里，哈考特不适合担任此职，而奥利弗·弗兰克斯爵士（Sir Oliver Franks）更为合适。弗兰克斯爵士是一位出色的行政官员，曾任驻华盛顿大使，现为劳埃德银行的主席。最终在 1960 年 9 月，新任财政大臣塞尔温·劳埃德（Selwyn Lloyd）正式向弗兰克斯发出任命邀请。财政部的霍尔预测道：“总裁不会喜欢，副总裁可能也不满意。但 9 个月后，大家都会说这是件好事。”然而，霍尔的预言并不准确。英格兰银行内部实际上在 10 月发生了一场由科博尔德领导的反对弗兰克斯的“叛乱”。科博尔德派出董事会 3 名高级成员，明确向麦克米伦和劳埃德表示弗兰克斯不可接受。他们给出的理由似乎没有被记录下来。但可以合理猜测，科博尔德和其他人至少有三重动机：第一，他们认为弗兰克斯本质上是个公务人员，而不是金融城的人。第二，弗兰克斯可能过于拘谨，不适合承担总裁这一职位日益重要的公共关系角色。而且凭借他那令人敬畏的超强分析能力，他很可能会将英格兰银行变成一个研究小组，而不是一个银行。第三，假设工党在 1959 年的大选中获胜，弗兰克斯会是新政府组阁的不二人选，这也进一步损害了他的政治形象。几乎可以确定，弗兰克斯觉察到了英格兰银行内部的敌对情绪，于是他在 10 月 25 日告知劳埃德不再希望担任此职。麦克米伦在试图说服弗兰克斯改变主意未果后，带着些许苦涩记下：“金·科博尔德，当然是胜利了。”[2]

几天内，麦克米伦和劳埃德做出了最终决定——克罗默伯爵（Lord Cromer）。克罗默与巴林银行关系密切，是现任英国驻华盛顿的经济大臣。霍尔注意到，科博尔德和董事会自从知道无法让哈考特获得任命后，一直在“力推”克罗默。克罗默时年 42 岁，是 200 多年以来最年轻的总裁。根据《金融时报》的报道，他的背景对首相来说显然是不可抗拒的。据其描述：“克罗默有贵族俱乐部的成员资格［布鲁克斯俱乐部（Brooks's）和牛排俱乐部（Beefsteak）成员］，出自一个将商业才能、巨大财富以及总领事传统集于一身的家族，并且与 20 世纪最重要的报业家族之一［哈姆斯沃斯家族（Harmsworths）］联姻。”正如麦克米伦在克罗默成为总裁后所回顾的：“克罗默伯爵嗅觉灵敏。他出身的巴林家族绝非浪得虚名。那是一个拥有悠久商业和金融传统的家族。”

然而，克罗默的任期内给针线街留下了复杂的印象。对一些人来说，他是一位容易接近的领导，给这个职位带来了难得的，甚至是新颖的活力和想象力。而对另一些人来说，他显得有些自负，以不受欢迎的贵族方式行事，且缺乏对基层员工的同情。一位同僚回忆道：“他是个贵族。他并不经常费心为自己辩护。我的意思是，他更擅长陈述事情……”而另一位同僚则表示：“对我来说，科博尔德仍然是伟大的总裁。克罗默之所以声名显赫，是因为他非常擅长与媒体打交道。但对我们这些在英格兰银行工作的人来说，他是个外人……”更糟糕的是，相比前任他“太喜欢让自己的名字出现在报纸上”。[3] 然而，在这些判断之外还有一个更大的问题。在英国即将经历社会革命的时刻，是否真的适合由乔治·罗兰（罗利）·斯坦利·巴林（George Rowland'Rowley'Stanley Baring），第三代克罗默伯爵，成为英格兰银行的新公众形象？回顾这件事，或许令人惊讶的是，主要负责促成这一任命的科博尔德未能意识到其中的危险。

1961 年 7 月，新总裁刚上任，来访的雅各布松就指出：“他表现得非常自然。”然而，新总裁很快就遇到了严重的英镑危机。7 月 7 日，克罗默直言不讳地告诉财政大臣塞尔温·劳埃德，英镑正在承受巨大压力，近在咫尺的贬值危险只是靠其他中央银行提供的大规模短期支持才暂时得到缓解。他还补充说，当前的潜在危险在很多方面比战后的其他英镑危机更加严重。克罗默要求政府在月底前发布一份全面声明，并明确表达了自己的立场。第一，“与生产力提升无关的工资和薪酬增长”是对其他群体的“欺诈”；第二，加入组织的劳工对造成贬值的“限制性行动”负有责任，管理层则“过于自满”；第三，公共开支中非生产性投资过多；第四，现在是时候开始制定一项不再“追忆帝国辉煌时代”的国防政策了。在接下来的两个半星期里，克罗默继续施加压力。他尤其坚持认为，如果要实现捍卫现有英镑汇率的目标，必须采取强有力的财政措施来配合货币政策。这一点也是多年间科博尔德一直强调的。克罗默在 19 日再次重申了这一观点。

最终，财政大臣在 7 月 25 日宣布了一揽子措施：第一，限制个人信贷和政府支出；第二，将银行利率从 5% 提高到 7%；第三，呼吁“暂停加薪”。尽管《金融时报》称这些措施是“自斯塔福德·克里普斯时期以来最严厉的经济限制”，但英格兰银行原本希望措施更加严厉。到9月初，英镑虽然不再承受压力，但资金并没有因利率上调而流向伦敦。克罗默向劳埃德解释说，市场仍然“无疑是缺乏信心的”，并认为英国没有采取足够的措施提升竞争力。值得注意的是，克罗默开始在“寡头垄断”且大部分反应迟钝的清算银行上寻求更大的突破。1963年，他在马丁斯银行（Martins Bank）周年宴会上公开质疑：“英格兰银行利率在过去20多年中的调涨，因为各银行利率在相当程度上的刚性，是否真的起到了鼓励各银行存款增长的作用？”这一时刻被评论家称为“在一个不以戏剧性著称的行业中的戏剧性时刻”，也预示着该行业未来更加活跃但也更加不稳定的局面。[4]

1961年，布雷顿森林体系下稳定的货币世界开始明显受到投机者和外汇市场热钱的攻击，标志着现代中央银行合作的开始。这一合作首先表现为巴塞尔协定中的“互换安排”①，其次是当年秋天启动的所谓“黄金互助基金”②计划。虽然旧式的金本位制已经不复存在③，但黄金仍然是“美元的锚”。正如福雷斯特·卡皮所说的那样。布雷顿森林体系依赖于美国愿意以35美元每盎司的价格买卖黄金。在黄金互助基金正式成立之前，英格兰央行已与美联储密切合作，在美国支持下出手干预伦敦黄金市场以稳定美元黄金比价并分担成本。美联储的托马斯·罗奇在9月与英格兰银行的外汇资深专家罗伊·布里奇通话。随后罗奇记录道：“关于英格兰银行在黄金市场的活动，布里奇称如果价格超过35.20美元，不会有任何人因此歇斯底里。布里奇预计从现在开始到年底会有很多麻烦，因此英格兰银行将尽可能地运用所有技巧。布里奇认为必须让英格兰银行根据他们认为合适的方式自主开展实时市场交易，因为在他看来美联储无法在固定时间提供实质性帮助。例如，伦敦黄金市场开市时间是纽约的早上5点30分，美联储因此无法感受到市场的气息。”1962年2月，黄金互助基金的

---

① 互换安排（swap arrangements）指不同中央银行的不同币种互换相关协议，而非相同币种之间的掉期（同为swap）。该互换安排与下文黄金互助基金都是为了增加参与国中央银行流动性，弥补布雷顿森林体系缺陷。——译者注

② 黄金互助基金（gold pool）1961年10月开始运行，由美国出资50%，其他欧洲主要央行（德、英、法、意、瑞、比、荷）出资剩余50%，维持各国央行之间的官方黄金价格不变（35.20美元/盎司）。该基金由英格兰银行实际操盘并用自己金库垫支黄金，月末与其他央行按比例结算。后于1968年3月停止运行。——译者注

③ 指布雷顿森林体系下美元的黄金固定比价完全可兑换已经无法维持。——译者注

作用扩大。主要中央银行同意组建一个基金购买财团，在伦敦市场协调购买黄金。外界反应普遍积极。英格兰银行的一位执行董事约翰·史蒂文斯（John Stevens）向美联储表示："对伦敦媒体没有试图深入挖掘一些数字感到欣慰，特别是 4% 的买卖费用问题。"

所有这些行动都与克罗默强烈的、诺曼式的国际主义立场一致。尽管这可能不一定与他同样强烈的自由市场信仰相符。他与美国联邦储备系统有着特别牢固的关系，无论是在华盛顿的总部还是通过纽约联邦储备银行。他将比尔·马丁和艾尔·海耶斯（Al Hayes）视为密友。一位讣告作者回忆道："他同样与十国集团的中央银行总裁们建立了良好的关系，与他们定期在巴塞尔会面。"十国集团（G10）成立于 1962 年，可以协助提高国际货币基金组织的贷款能力。一个典型例子发生在 1963 年 7 月，就在总裁前往马略卡岛休假三周之前。当时美联储刚刚调整了贴现率。海耶斯在跨大西洋通话后记录道："我感谢克罗默总裁。他的银行在最近忙碌的一两天里与我们密切合作，帮助我们稳定了包括黄金市场在内的局势。"[5]

得益于克罗默的商人银行背景，他深刻意识到恢复伦敦作为国际金融中心地位的必要性。更重要的是，他激发并鼓励同事们也持有同样的想法。一个极具象征意义且本身也至关重要的事件，是欧洲美元市场的逐步发展。英格兰银行对迅速增长的欧洲美元市场大体上仍持宽容态度。它在 1961 年 10 月提交给财政部的一份报告中写道："无论我们多么不喜欢热钱，我们也不能既做国际银行家又拒绝接受资金。我们不能拥有国际化货币，却拒绝其国际化使用。"不可否认的是，疑虑确实存在。1962 年至 1963 年的冬季，查尔斯·汉布罗爵士告诉汉弗莱·米诺斯，他对该市场扩张的方式感到"相当担忧"。由于汉布罗银行在该市场中占有重要份额，因此急需米诺斯的指导。当时，汉布罗已经从第一任执行董事的职位离开了近 30 年，但仍然是英格兰银行董事会成员。经过两个月的内部讨论，英格兰银行最终的指导非常明确。副总裁米诺斯于 1963 年 1 月致函汉布罗时写道："欧洲美元业务无疑是伦敦既能做好又能获利的业务典范。这也是为什么英格兰银行从未阻碍伦敦获得其全部且日益增长的市场份额。如果我们在伦敦停止这一业务，它将转移到其他中心，而伦敦将因此失去收入。"同样地，当 1963 年下半年欧洲大陆的银行挤兑引发对欧洲美元存款稳定性的广泛担忧时，英格兰银行坚持了立场。布里奇（此时已是总裁顾问）强调："我们现在拥有的国际货币合作框架能够应对任何毫无根据的信心不足。"他在次年春天对纽约银行家信托的首席经济学家坦率地解释了自己的想法：

> 所谓的“欧洲美元市场”不过是一个自然形成的国际货币市场。我分析的重点是，虽然国内货币市场受到货币当局的监管，也确实受到相关国家银行法的约束，但在国际上并没有类似的货币当局来监督和（在必要时）调控国际货币市场。即使有这样的机构，也没有明确的证据表明它可以或将如何行使权力。

关键词是“自然形成”。至于监管的缺乏，这在当时对市场的许多参与者来说本身就是一种强大的吸引力。布里奇对此并不过分担心：“确实可能在某些地方存在不健全的银行业务。比如，过多地将短期借款用于长期贷款。但这正是国际银行家的经验和判断力应该发挥作用的地方……”[6]

欧洲美元市场本质上是一个银行间的货币批发市场。此后，它又得到了新创建的欧洲债券①市场的补充，后者本质上是一个长期资本市场。两个市场都位于伦敦，并且主要以美元计价。它们的主要设计者是乔治·博尔顿和西格蒙德·沃伯格。但毫无疑问，克罗默作为总裁也至关重要。1962 年 7 月，博尔顿向克罗默介绍了正在施行的各项举措，这些举措将有助于恢复伦敦在资本市场的地位。克罗默回复说：“我们赞同这些举措，并将给予力所能及的实际支持。”次年夏天，伦敦不仅见证了欧洲债券的首次发行，也见证了美国政府命运多舛的“利息平衡税”②。这两个新变化对纽约的国际金融中心地位造成了沉重打击。几周后的 1963 年 8 月，当商业银行摩根·格伦费尔的哈考特询问英格兰银行对可能在伦敦发行奥斯陆美元债券的态度时，莫里斯·帕森斯明确表示，我们不会阻止这类发行，因为这是伦敦正在开展的一类经纪业务，我们总体上倾向于支持这类业务。该执行董事继续说道：“当然，英格兰银行更愿意看到这类业务用英镑进行。但不幸的是，仅有少数几个国家用英镑发行债券……”[7]

总的来说，欧洲美元和欧洲债券市场在 20 世纪 60 年代成为伦敦重新崛起为顶级国际参与者的关键因素。伦敦开始恢复自 1914 年以来失去的一些地位。然而，克罗默无法实现外汇管制的废除。他在 1961 年 7 月

---

① 欧洲债券（Eurobond）是指发行人在国际市场上（早期通常是伦敦）以可以自由兑换的非本国货币（通常是美元）计价并还本付息的债券。——译者注

② 利息平衡税（Interest Equalisation Tax）是美国政府为抑制美元大量外流、改善国际收支状况，于 1963 年开始对美国居民购买外国债券以及银行对非本国居民贷款所实施的一种特别税。目的在于限制外国人在美国境内筹资以及美国银行向境外贷款的能力。最终于 1974 年 6 月废止。——译者注

成为总裁后不久，就开始对塞尔温·劳埃德提出持续抗议。他告诉劳埃德，外汇管制多年来一直制约着伦敦的外汇盈利能力。这种限制是潜移默化的，但绝非微不足道，其严重减少了伦敦金融城对“不可见”贸易顺差的贡献。1962 年 10 月，他在市政厅的演讲中呼吁复兴伦敦的“资本中转贸易业务”。次年春天，他写信给财政部常务秘书威廉·阿姆斯特朗爵士（Sir William Armstrong）坚定地表示，外汇管制是对公民个人和集体自由处置自己财产权利的侵犯，其持续存在（自战争开始已有近 1/4 世纪）向全世界展示了我们的疲弱，同时还让现在的英国政府产生了毫不合理的错觉，认为外汇管制让他们可以抵御不幸事件和不善管理带来的后果。幸运或者不幸，总裁没有取得多大进展。阿姆斯特朗在反思自己未能支持完全废除或在形式上废除外汇管制的时候，于 1963 年 7 月写道：“如果我们有足够的资源来进行海外投资，那么我们应该利用这些资源来进一步减少国内的失业。”[8] 简言之，政治时机尚未成熟。外汇管制的废除要再等 15 年才能实现。

克罗默在国内政策方面的努力也未能如愿。注重经济增长的雷金纳德·莫德林于 1962 年 7 月取代劳埃德成为财政大臣，此时距离下一次大选还有两年多。帕森斯在 9 月与新任财政大臣进行了初步沟通。他在对话后遗憾地告知上司：“莫德林显然痴迷于这样一个想法，即英镑的国际义务直接制约了经济增长。因此他对外部因素必须被考虑在内的观点有些不耐烦。我一直试图说服他，同时我也试图说服他手下的一些官员，没有哪个国家能忽视国内政策的外部影响。但他并没有被完全说服。”事实的确如此。在接下来的七个多月里，莫德林发起了他声名远播或者说声名狼藉的“增长冲刺”，主要依赖于财政手段，并辅以银行利率的下降。在预算公布之前，总裁于 1963 年 3 月发出信件，表达对公共支出增长的严重关切。但莫德林直接忽视了他。一个月后，一份大胆的减税预算案发布。这位保守党政客轻松地宣布：“我完全拒绝接受这个观点，即强劲的经济和坚挺的英镑是不可兼得的。”

为什么英格兰银行未能阻止它心目中的鲁莽扩张政策？经济评论家塞缪尔·布里坦（Samuel Brittan）多年后将其归咎于：“英格兰银行及其他地方的稳健货币鼓吹者提出了一个极其糟糕的方案，让莫德林这样的人暂时屈服于‘增长主义’的诱惑，即可以通过快速的需求扩张来刺激工业更有活力地运作。”这一说法是有说服力的。伦敦政治经济学院（LSE）经济学家罗杰·奥尔福德（Roger Alford）1962 年在英格兰银行两年借调期间的日记进一步提供了证据：

> 我与约翰·福德谈到了总裁。福德认为总裁是其环境的典型产物，拥有富裕贵族的道德观和偏见。他对“诚实货币”①的强调就是偏见之一。但在大量通胀主义者环绕的情况下，他执着于“诚实货币”可能是件好事。在伯明翰（克罗默最近发表演讲的地方），他强调将钱存入邮政储蓄银行的人应该能够在未来取回相同实际价值的钱。（克罗默的其他偏见是什么？伦敦作为金融中心的主导地位？商人银行和承兑行日益重要的角色？英格兰银行的独立性？当然还有抑制政府支出）然而，福德赞同我关于以上这些主张的道德基础不成熟、不牢固的看法。这些主张总是能被这样的问题击败：你愿意选择“诚实货币”和10%的失业率，还是每年膨胀1%的“不诚实货币”和2.5%的失业率？英格兰银行总裁至少应该具备这种程度的复杂思维，不是吗？福德同样赞同，由于很难准确计量通胀造成的个人困境，有关道德的想法可能很难量化应用。

克罗默还受阻于他与莫德林之间糟糕甚至是功能失调的关系。莫德林的传记作者称，莫德林对总裁“没有多少个人好感”，而总裁对这位财政大臣则接近于厌恶。克罗默对莫德林不友好的回忆性评价是：“他非常懒惰，固执己见，自负自大。”但根据财政部秘书汤姆·考尔科特（Tom Caulcott）的说法，总裁的厌恶源自莫德林明显的智力优势。此外，还应该考虑到当时的时代背景。1963年初，《金融时报》宣布：“为了国家的未来以及政府自己的利益，最好的做法是全力争取更快的经济增长。”到了那个秋天，距离大选最多只有一年，莫德林仍在全力推进经济增长。米诺斯讽刺地对贴现市场说：“这辆汽车现在下坡的速度相当快。用不了多久，它的刹车可能就不管用了。”[9]

1964年最关键的问题是，崩盘会发生在大选之前还是之后。大选最终在10月举行。整个大选过程中，英国的国际收支状况急剧恶化，随之而来的是英镑储备的压力。早在2月，反对党领袖哈罗德·威尔逊好不容易被劝说住不要公开指责英格兰银行“粉饰账目”，或者说故意模糊国家真实的外部状况。到了夏天，英格兰银行不仅大规模干预外汇市场以支

---

① “诚实货币”（Honest Money）在此处指购买力（实际价值）相对稳定，没有通货膨胀或通货膨胀率与银行基准利率一致，不收取“通货膨胀税”的货币。相反，下文中的“不诚实货币”就是引发通货膨胀、购买力不断下降的货币。一般而言，通货膨胀与失业率存在反向替代关系，低通货膨胀率意味着高失业率，反之亦然。——译者注

撑英镑，还系统地调整数据以避免破坏国际信心。与此同时，克罗默继续无效地警告莫德林，声明其对金融走向“有相当大的疑虑”。9月，英格兰银行大幅增加了与其他央行的互换安排。10月初，距离15日大选仅两周，克罗默发现自己尽管身处幕后，却处于政治风暴的中心。威尔逊在9月30日的一次演讲中声称，计划于10月2日下午发布的最新黄金和外汇储备数据将“主导此次大选”。总裁随即打电话给首相亚历克·道格拉斯－霍姆爵士（Sir Alec Douglas-Home），表达了自己的担忧。即英格兰银行9月的数据调整被认为是对现任政府的支持，这可能会成为政治问题。总裁进一步向首相阐明：“9月份数字粉饰的程度将因‘英格兰银行公报’和‘联邦储备银行评论’的陆续发布而被揭露，而我可能会被指责为政治操纵的同谋。”克罗默承认：“公开真实数字是不可能的，但我心中的折中方案是私下向反对党领袖透露这一数字。”这件事被留给莫德林处理。他当天晚些时候告诉克罗默，千万不要考虑主动向威尔逊“提供真实数字”。克罗默勉强同意了。第二天，一个看起来在政治上可以接受的数字公布了——黄金和外汇储备下降了1600万英镑。也许并不令人惊讶的是，当一周后克罗默向贴现市场简要介绍总体情况时，“总裁说他认为前景很难评估，即使评估也不是很有说服力”。

在这一切过程中，尽管越来越多的证据表明英国面临着根本性的外部失衡，英格兰银行还是只让一个关键问题偶尔出现在公众视野中。那就是，2.80美元兑换1英镑的汇率是否仍然是一个现实的可持续的汇率，而不会对生产性经济造成重大且持久的损害？英格兰银行的立场始终坚定不移。帕森斯在1964年4月直言不讳地向总裁及其他人宣称：“一个主要贸易国家的货币贬值可能存在必要性，但这种必要性只是承认无能和不负责任。”6月，亚历克·凯恩克罗斯（自1961年起担任政府经济顾问）进行了一项关于英镑贬值10%后果的假设性分析。莱斯利·奥布莱恩在他的第一版报告上冷漠地批注道：“不是一个很成功的尝试。”而在7月回应财政部关于“未来五年”的计划时，总裁本人坚决表示，无论哪一个党派赢得选举，英格兰银行的根本优先事项都不会改变。总裁称：“让我们明确一点，英镑的国际地位和广泛使用是我们外部经济关系中固有且必不可少的一部分，而不仅仅是‘伦敦金融城’独有的过时口号……”9月，年轻的澳大利亚牛津经济学家克里斯托弗·“基特”·麦克马洪（Christopher ‘Kit’ McMahon）加入英格兰银行。他在25年后回忆起当时的氛围：“那时的气氛颇为情绪化，提到贬值就像是在教堂里说脏话。”[10] 如果这种情绪是可以理解的，那么外界对英格兰银行未能提供维持汇率的充足理由缺乏耐心也是可以理解的。

工党在大选中险胜。微弱的差距促使英格兰银行的乔治·普雷斯顿（George Preston）在1964年10月16日下午向美联储保证“不会有根本性变化”。新政府第一个也是最重要的决定，是在越来越严重的国际收支问题和英镑汇率压力下，依然选择不贬值。毕竟，工党不希望在1949年之后再次被视为“贬值党”。哈罗德·威尔逊很快告诉美国总统林登·约翰逊（Lyndon Johnson），这是一个不仅仅为“现在”更是为“永远”做出的决定。尽管如此，工党政府与英格兰银行的关系几乎从一开始就不太融洽。10月底，英格兰银行总裁克罗默对新任财政大臣詹姆斯·卡拉汉（James Callaghan）表达了不满，因为外交大臣未经商议就单方面告知华盛顿近期不会提高银行利率。11月3日的事件则预示了未来的麻烦。当天，政府宣布计划取消医疗处方费用并增加养老金。当天晚上，在一年一度的市政厅银行家晚宴上，卡拉汉敦促金融城将其“利益”融入“整个国家的需要”，共同努力创建一个更加公平、更加富有成效和进步的社会。而总裁在同一晚宴上却提出了一个截然不同的观点：“我坚信，这个国家未来的繁荣及其在世界上的力量，首先是取决于英镑的坚挺。而英镑的坚挺，在今天如同过去一样，依赖于我们对资源明智和谨慎的管理，以便它们能够增长并带来成果。因此，我们必须减少国内支出，因为这些支出分散了资源，使其无法用于优先解决国际收支赤字的问题。”[11]

一周后的11月11日，卡拉汉的紧急预算案未被国际金融界认可。这导致了自1931年以来，甚至可能自坎利夫时代以来，英格兰银行和政府关系最具戏剧性的一段时间。11月13日星期五，英镑承受了巨大压力，英格兰银行储备损失达到1961年以来的最高水平。克罗默强烈敦促卡拉汉将银行利率从5%提高到6%，以“减轻信心进一步严重下降的危险”。11月16日，威尔逊公开宣布坚定不移地力挺英镑“高位运行”，并向市场发出了利率将在19日星期四上调的信号。但在18日星期三晚上，威尔逊当面对克罗默表示“目前的困难”源于中央银行家的“通货紧缩偏见”，推翻了卡拉汉的建议并拒绝批准加息（部分原因是担心美国的反应）。英镑在11月20日星期五面临巨大压力。博尔顿记录道：“罗利（即克罗默）正试图教导威尔逊等人理解‘人生哲理’。”的确，总裁在当天致信卡拉汉时措辞非常强硬：

> 英镑的状况正在令人不安地迅速恶化……我必须再次向您强调，财政大臣先生，我不认为我们仅靠借款就能度过当前英镑的压力期，无论我们借多少……事实证明，预算案没有树立起支持英镑所需的信心……在我看来，英镑的单方面贬值，即使是由于不可抗力，也可能轻易引发一场世界金融危机，而英国将因此承担责任。这场危机可能会产生广泛的政治和经济影响……

政府在那个周末让步，同意将利率提高到 7%。然而，这对市场来说还不够。11 月 24 日星期二，英镑遭遇了一次激烈、持续的挤兑，即使英格兰银行（永远站在前线的是烟鬼布里奇）大力支持，英镑的即期汇率还是跌至 2.786 美元。英格兰银行的现金储备已面临即将枯竭的危险。

当天傍晚，克罗默及其副手（莱斯利·奥布莱恩，稍早时候接替了米诺斯）前往财政部会见卡拉汉。卡拉汉问他们，如何才能恢复英镑持有者的信心。总裁毫不客气地提出：

> 第一，信贷紧缩；
>
> 第二，对收入政策采取切实行动，特别是解决工业双方（雇主和劳工）的相关限制性做法；
>
> 第三，明确进口税降低的起始日期；
>
> 第四，明确政府将在公共支出中减少的具体金额；
>
> 第五，推迟被外国舆论认为是政府立法计划中相对教条主义的部分；
>
> 第六，提供有关政府在公司税和资本利得税问题上意图的更多具体信息。

这场对峙的高潮发生在当晚 10 点 30 分。威尔逊、卡拉汉、克罗默和奥布莱恩出席了在唐宁街 10 号举行的会议。首相和总裁是关键角色。两人都正处于人生的黄金期，但背景迥异：

> 在得知中央银行难以施以援手时，首相评论道，如果中央银行和它的总裁要让民主选举产生的政府无法施行其竞选纲领，他将别无选择，只能诉诸选民。他预期会在以排外主义为核心议题的选战中以压倒性优势大获全胜，届时他将能够自由地做任何事情，包括贬值。总裁则表示，世界其他国家并不认为迄今为止的政策足以使

经济走上正轨，这才是真正的问题。

在会议后期，威尔逊再次提出“中央银行同意贬值”的可能性。克罗默回应称“这意味着中央银行将党派置于国家之上”。这是一次历史性的对峙。最终，或许不可避免的是，克罗默首先退让。引用威尔逊自己的说法，克罗默表示“怀疑”是否能够成功获得世界各国央行的帮助，除非他能够传达出政策发生重大变化的消息。但威尔逊坚决表示，他不会“牺牲新当选政府的宪法权利”。

事实上，克罗默已经开始四处“化缘”。11 月 25 日星期三晚上 7 点，在又一个对英镑不利的日子后，英格兰银行宣布从外国央行获得了 30 亿英镑的信贷。这是克罗默用大量的电话交涉取得的巨大成就。当时政府的经济顾问凯恩克罗斯在日记中巧妙描写道：“老牌企业发挥了作用。总裁交付了成果，让政府避免陷入贬值的困境。”事实确实如此。但正如凯恩克罗斯多年后所回忆的，尽管英格兰银行“将自己的脖子放在了断头台上”，但政府并未对其表示感谢。在接下来的几周内，关于英镑即将贬值的传言依然甚嚣尘上，英镑的艰难日子仍在继续。克罗默在圣诞节前警告威尔逊“我们已接近悬崖边缘”，并徒劳地要求威尔逊立即通过电视宣布大幅削减公共开支。但到 1965 年初，危机最严重的时刻已经过去。[12]

接下来的 15 个月中，随着经济逐步改善，工党在 1966 年 3 月底以更大优势赢得连任。但工党和英格兰银行的关系依旧紧张。1965 年 2 月，新成立的经济事务部的乔治 · 布朗（George Brown）致信卡拉汉，抱怨克罗默公开敦促政府效仿那些正在大举借款给英国的国家，实行审慎的财政政策。这些政策一般包括“推迟提升公共服务水平”，并因此被认为“令人不快”。凯恩克罗斯目睹了这种怨气。在 3 月的一次意大利大使馆晚宴上，他看见布朗“无情地戏弄克罗默”。布朗将纸条递给克罗默夫人，将她比作玛塔 · 哈丽（Mata Hari，荷兰籍交际花和女间谍）。这显然让总裁“非常生气”。克罗默指出：“英格兰银行被严厉禁止参加晚间在首相府举行的非正式讨论会，以便与会者自由发表对总裁的粗鲁评论。”

威尔逊和克罗默之间还有两次更直接的对抗。1965 年 8 月，英镑再次承受巨大压力，总裁要求立即冻结工资和物价，以换取其他央行继续支持英镑。威尔逊警告说：“如果政府被要求放弃正常的磋商方法，并采取其他民主政府从未采取过的单方面行动，那么他们可能不得不考虑贬值英镑，让汇率浮动，并向公众求助。”1966 年 3 月，在大选前三周，威尔逊断然拒绝了克罗默要求提高银行利率以保护英镑的请求。威尔逊在一次深夜的首相府会议上宣称："这是故意干涉（民主）政治。"并接着说道：

> 既然政府无论如何都会赢得大选，那么他们必然会在当选后采取措施，确保这种情况（提高利率）不再发生。总裁问如此行事于英镑有何益？首相回答说，就像英格兰银行必须应对金融市场中的不理智者一样，它也必须应对政治中的不理智者。事实很简单，政府的意志必须占上风。如果政府与英格兰银行董事会发生冲突，那么后者将不得不被推翻。总裁则表示，如果发生这种情况，这个国家将永远无法再获得任何国际信用。

在被指控"攻击民主"后，克罗默询问是否应该辞职以免违背良知。威尔逊巧妙地回答说："如果总裁辞职，英镑将成为牺牲品。"会谈结束前不久，克罗默坚称英格兰银行"有明确的法定责任独立行动并提供建议"。威尔逊则回应说，如果它试图在当前形势下这样做，"英格兰银行从侯布伦总裁开始的历史将终结于克罗默总裁时期"。第二天星期四，银行利率保持不变。凯恩克罗斯在接下来的一周反思道："克罗默高估了自己的筹码。尤其是其暗示的市场不利反应，实际上并未出现。"[13]

此时，克罗默的五年任期即将结束。前一年晚些时候，在巴塞尔的一次谈话中，有人针对他记述道："他会看看春天是否会（提前）举行大选。如果举行，其结果可能会对他的决定产生重大影响。"到 1966 年 3 月，随着工党取得连任，克罗默可能已经决定离开。他在 4 月通知了卡拉汉。克罗默会被再次任命吗？这当然是个疑问，而他的一些同事对此是否感到难过也同样存疑。正如其中的约翰·福德回忆："我们中的一些人认为他打错了牌。他几乎像一个保守党政客一样打牌，而不是作为英格兰银行总裁应该在工党政府领导下的行事风格。"贾斯珀·霍洛姆同意这一观点。霍洛姆在克罗默离任的 30 年前就加入了英格兰银行，并在大部分任期内担任首席出纳。他认为克罗默："越来越无法与白厅对话，因为他向白厅发射了大量弹药，往往在未清理炮管的情况下就再次发射。"[14] 这种情况可能正应了那句俗语："有些人是他自己最大的敌人。"

至少有 6 个人曾被认为是可能的继任者。第一位是 H. C."小金块"·库姆斯（H.C."Nugget" Coombs），一位有凯恩斯主义倾向的澳大利亚中央银行家，深受威尔逊的好评，并得到了《经济学家》的支持。第二位是董事会青睐的候选人约翰·史蒂文斯（John Stevens）。他曾任执行董事，现居华盛顿。第三位是乔治·布朗支持的，被高度评价的埃里克·罗尔爵士（Sir Eric Roll），目前在布朗的经济事务部工作。第四位是报业大亨塞西尔·金（Cecil King），至少他自己信心满满，自1965年起担任非执行董事。第五位是克罗默的副手奥布莱恩。最后一位是卡拉汉提起讨论的雷金纳德·莫德林。他最近在保守党领袖竞选中败北，且在竞选中得到了克罗默的秘密协助。最终，职位归属于奥布莱恩。卡拉汉后来称赞说："奥布莱恩从没有家族或学校背景的底层进入了英格兰银行。他谦逊、安静、从谏如流，但又坚定自己的信念。此外还有专精的技术。"奥布莱恩本人也认为他的平民背景吸引了威尔逊和卡拉汉。他不像克罗默那样属于伦敦金融城的既得利益者。这一任命在4月下旬宣布。传言哈考特勋爵（可能也是克罗默的潜在继任者）的反应是："挺好的一位普通厨师，不会对菜单挑三拣四。"《经济学家》则谨慎地表示欢迎："他之所以成为总裁，是因为他的敌人比对手的要少。同样的'比短板'在1945年①为工党带来了出人意料的结果。奥布莱恩就是针线街的艾德礼②，他找不到更好的榜样了。"美联储的威廉·麦克切斯尼·马丁（William McChesney Martin）则更简洁称奥布莱恩是"一个强硬的小斗士"。[15]

奥布莱恩于1966年7月初坐上了总裁办公室的位置。这是英格兰足球辉煌的一个月③，却伴随着一次严重的英镑危机。美联储7月14日的客观报告很好地总结了局势，认为英镑在外汇市场上承受的投机性压力，是多种因素共同作用的结果。诸如，海员罢工及其高昂和解成本，6月报告的巨大外汇储备损失，6月巨大的贸易逆差，以及媒体再次渲染贬值的可能性等。新总裁向卡拉汉发送了一份6页备忘录，呼吁采取紧缩性措施，但语气明显不如前任那般咄咄逼人。英格兰银行利率在7月15日星期五晚上从6%上调至7%，但仍未能阻止对英镑的攻击。英格兰银行全天活跃于外汇市场，损失了1.4亿美元。奥布莱恩不得不亲自向威尔逊和卡拉汉陈述立场。

> （据官方记录）奥布莱恩称，如果英国政府决定贬值，海外国家会认为这是社会主义（指工党）政府为了避免面对真正的决策而

---

① 原文为1935年，结合下文应为作者笔误。——译者注

② 工党的艾德礼曾被认为没有明显优点，但稳重务实。这一特点帮助他在1945年当选首相。——译者注

③ 当月英格兰男子足球队在本土举办的世界杯上夺冠。——译者注

采取的逃避手段。这些真正的决策对恢复我们的国际收支平衡至关重要。奥布莱恩在三个场合重申了这一观点，并用了一句形象的说法，即贬值将被视为社会主义政府在不得不实施国内严厉措施时的“秘密配方”。另外，如果社会主义政府能够采取强硬措施，在当前的压力下保持英镑汇率不变，就能彻底向全世界表明其决心在不依赖贬值的情况下解决问题。因此，他认为政府将从后一种情况中获得巨大好处。

7月19日星期二，在首相从莫斯科返回后，内阁以17票对6票决定不贬值。次日，威尔逊宣布了一项严厉的通货紧缩政策。《经济学家》认为：“这是自凯恩斯主义经济学创立以来，所有发达工业国强加于自身的最严紧缩政策之一。”英镑的压力开始缓解。威尔逊后来称赞说：“奥布莱恩在危机期间提出的冷静且理性的建议，给他和内阁同僚留下了深刻印象。”这时距离工党自1945年以来再次以压倒性优势赢得大选已有三年半。新任总裁的立场给人的感觉与他的前任大不相同，但在实质上不一定有太大区别。这一感觉上的不同很可能在促使内阁下定决心方面发挥了关键作用，使内阁优先考虑英镑需要而非经济扩张的需求。[16]

1966年至1967年的冬天，国际收支状况有所改善，利率下降，关于贬值的讨论也减少了。当然，奥布莱恩还是会偶尔陷入悲观情绪中。塞西尔·金在12月的日记中写道：“他一再强调政府开支的上升趋势。”接下来的1967年初夏，对针线街来说并不是一个充满爱的夏天。气氛发生了显著变化，原因包括急剧恶化的贸易数据，对英国申请加入欧洲经济共同体失败①的合理预期，以及导致苏伊士运河关闭的“六日战争”②。卡恩克罗斯在5月指出：“媒体公开讨论贬值。一些报纸强烈要求贬值。”不久之后，麦克马洪因其立场在英格兰银行内部遭受广泛质疑。他在巴黎参加“经合组织（OECD）”会议时，对执行董事杰里米·莫尔斯（Jeremy Morse）坦言：“你知道的，我认为我们现在应该贬值。”

对于英格兰银行的其他人来说，随着夏季的流逝，对政府捍卫英镑

① 1967年5月英国第二次申请加入欧洲经济共同体。同年11月，法国总统戴高乐表示，鉴于英国还未放弃追随美国的立场，因此不能恢复谈判。欧洲经济共同体与欧洲煤钢共同体、欧洲原子能共同体组成欧洲共同体（欧共体），于2009年12月被《里斯本条约》废止，其地位和职权由欧盟承接。——译者注

② 即第三次中东战争。战争共持续了6天，以色列占领了埃及的西奈半岛、叙利亚的戈兰高地、约旦河西岸地区、耶路撒冷及加沙地带等。——译者注

决心的质疑日益增加。英格兰银行内部可能存在三种观点：一是坚决反对贬值的人，如现任副总裁帕森斯和布里奇。他们的反对不仅出于经济考虑，更出于道德立场。二是认为应该在被迫贬值之前主动贬值的人。三是中间派，他们倾向于尽可能维持英镑的平稳。总裁本人在这几种立场之间摇摆不定。塞西尔·金在8月3日记录道："奥布莱恩在董事会会议后把我拉到一旁，谈论政治形势。他感到极度不安，每天都在艰难度日……他害怕贬值的想法已经积聚了太大的势头，最终可能无法阻挡。"到月底，尤其是在政府决定放松分期付款限制后，奥布莱恩的悲观情绪更加明显，甚至开始相信宿命论。金在与他"长谈"后记录道："我认为他已经放弃了维持英镑汇率的希望。他认为在压力下，部长们更多考虑的是充分就业，而不是我们的金融状况。"秋天的到来并没有带来太多缓解。糟糕的贸易数据、伦敦及其他地方的码头工人罢工以及一份质疑英镑作为储备货币长期前景的欧洲经济共同体报告。所有这些都表明，英镑现在正走上一条不可逆转的贬值之路。即便如此，11月1日奥布莱恩在英镑被大量抛售时拜见威尔逊，但仍不愿建议采取贬值这一关键措施。[17] 奥布莱恩基于对政治家的看法以及对他们缺乏意志力的认知，希望由政治家们来做出决定。

接下来的几周里，事态迅速发展。1965年春天以来英格兰银行和财政部以代号"FU"［"密切跟踪"（follow up）的缩写，准确反映了官方感受］为应对贬值准备了详细方案。但事态发展比方案更快、更出乎意料。奥布莱恩后来回忆说："经过三年的不断借贷和债务积累，'吉姆'·卡拉汉觉得他已经走到尽头。我同意了他的看法。"11月4日星期六，奥布莱恩与卡拉汉进行了关键会谈。接下来的周末，奥布莱恩在巴塞尔成功说服中央银行同行们接受英镑贬值15%，并且获知他们不会采取报复性贬值。16日星期四，在政府最终决定于18日星期六进行贬值后，奥布莱恩告诉董事会（转述金的记录）："自5月以来资金就一直在流失，我们已经用尽了现有资源。"工党议员罗伯特·谢尔登（Robert Sheldon）在下议院询问是否可能从国外获得10亿美元贷款，卡拉汉的回答含糊其词。这使得世界其他地方明白贬值即将发生，给了投机者在第二天轻松获利的机会。美联储的备忘录详细记录了其与英格兰银行内部最忙碌人们的电话交谈：

> 上午6:55（纽约时间）。罗布森（Robson）说他们一直在以2.7824的汇率支撑市场，全天都有大量卖出。他们在一定程度上参与了远期交易，但随着压力增大又开始退却。罗布森表示，到目前

为止他们已损失了接近 3 亿美元。

上午 8:45。桑斯特（Sangster）说资金仍在外流，现货交易总额已经达到 6 亿美元，远期交易 1 亿美元。

上午 8:55。布里奇说黄金交易又增加了 700 万美元，全天总额达到 4300 万美元。他说有大量英镑被卖出。他确信人们根本没有这些英镑（被卖空）。

上午 10:25。桑斯特说现货交易总额现在是 8 亿美元，黄金 4700 万美元。

根据福雷斯特·卡皮的说法，英格兰银行在这漫长而糟糕的星期五为最后一次捍卫汇率投入了约 14.5 亿美元。布里奇当天的市场报告只有一个词："受难"。《泰晤士报》头条次日用爱国语气报道说："昨天，英镑在世界外汇市场上遭受围攻。在伦敦，英格兰银行进行了英勇且不间断的战斗，试图击退有史以来最大规模的卖盘浪潮。"

星期六晚上，财政部宣布英镑贬值至 2.40 美元。星期天晚上，威尔逊发表了一次失败的讲话："贬值并不意味着英国的英镑，无论是在你的口袋里、钱包里还是在银行里，都已经贬值。"星期一下午，卡拉汉宣布了一系列政策应对措施，其开支削减的幅度远小于奥布莱恩的期望。英镑的这次贬值距离上一次贬值已经过去了 18 年多。副总裁莫里斯·帕森斯在一周后写信给一位美国同行时，表达了他的"深感尴尬"和"深深遗憾"。英格兰银行本可以采取更好的措施吗？英格兰银行将贬值建议提早至 1966 年 7 月甚至 1964 年 10 月或 11 月被一些人认为是更明智的决定（可能的确如此）。此外，卡皮在他关于贬值的权威纪事中反映道："即使抛开财政大臣对议会提问的混乱回应，贬值的时机安排依然不佳。贬值本可以在 10 月底以更有序的方式进行。到了 11 月中旬，继续坚持计划的成本变得越来越高昂。"他的总体评价更为严厉：

就英格兰银行而言，这次操作的主要失败之处在于他们痴迷于心理战术。他们对市场技巧的自豪感以及长期缺乏严肃的经济研究，导致他们过于专注于操控市场。英格兰银行在讨论贬值时没有采用任何经济模型，也没有提及货币对国际收支的影响。使用的分析方法依然是基于弹性理论和吸收理论的分析方法，这也是 1949 年贬值时就用过的分析方法。[18]

换句话说，如果说1949年的英格兰银行依然有诺曼时代的影子，那么1967年的英格兰银行则依然是科博尔德的银行。

在贬值后的那一年里，恐慌和变故不断。首先是1968年3月动荡的黄金危机。当时，由英格兰银行自1961年起代表大多数西方政府运营的黄金互助基金遭受了难以承受的压力，因为投机者认为美元不再足够强劲以维持每盎司35美元的黄金价格。[19] 在11日那周，英格兰银行不得不将大量黄金从福特诺克斯（Fort Knox）空运到伦敦，以至于英格兰银行称重室的地板最终坍塌。那一周的星期五，伦敦黄金市场按照美联储的要求被暂时关闭。该行动得到了奥布莱恩的支持（但布里奇并没有支持），经过了贬值后新任财政大臣罗伊·詹金斯（Roy Jenkins）的批准。但不久后，该市场就在华盛顿举行的中央银行家会议后于4月初重新开放。奥布莱恩参加了此次会议。会议达成了一个黄金两级市场制度，实际上人为区分了官方交易和私人交易。[20]

随后，作为一段小插曲，塞西尔·金在5月发动了“未遂政变”。金明显是政治任命的董事会成员，从一开始就受到克罗默和奥布莱恩的怨恨。到1968年春天，他已深信英格兰银行中存在一个阴谋，有人试图掩盖国家面临金融状况的严重性，特别是关于英格兰银行储备状况。1968年5月9日，他递交了银行董事辞呈。第二天，他就试图通过《每日镜报》揭露所谓的真实情况，以便推翻威尔逊政府。奥布莱恩事后回忆道：“他对每个人的轻蔑和高傲都是无尽的。他绝非温彻斯特公学最迷人的人才作品之一。”塞西尔·金公开披露报告给董事会的机密内容可能是严重罪行。然而，金的指控是正确的，储备数据确实是虚假的，尤其是可能有数额巨大的远期交易未被报告。事实上，在这一时期，人们说随时都至少存在五种储备数据版本：交易室中的状况；报告给首席出纳的状况；报告给总裁的状况；报告给财政大臣的状况；以及公开发布的状况。[21]

随着夏季的深入，奥布莱恩本人越来越关注如何尽可能有序和体面地处理英镑区的问题，尤其是在英镑贬值最终不可避免的情况下。澳大利亚被认为是关键国家。当时新近签订的“巴塞尔协定”项下新信贷，涉及世界其他中央银行向英国提供20亿美元的贷款，以便英国可以向所有官方英镑持有者提供汇率担保。凭借这一条件，总裁于8月底秘密出发进行谈判。他采用假名，经过伦敦机场的货物装载区偷偷登上了澳航航班。谈判取得了成果，澳大利亚当局同意不大规模抛售英镑，其他英镑区国家很快效仿。实际上，这些国家还承诺将其储备按约定比例持有英镑，从而使巴塞尔协定得以实施。至于英国经济，在1968年经历了詹金斯明显更严厉的经济政策后，逐渐开始显现出改善的迹象。詹金斯的政策受到了奥布莱恩的鼓励和赞扬。詹金斯在回忆中称，最终在1969年秋天，收支平衡的状况“相当稳固地好转了”。詹金斯还记得他与奥布莱恩的一次对话：“我认为因为国际收支平衡我们可能会被授予一个荣誉。我问莱斯利（奥布莱恩），你想做贵族还是枢密顾问？我一直非常重视他的意见。莱斯利说他宁愿做枢密顾问，因为他退休后迟早会获得贵族称号。”[22]

除去荣誉，奥布莱恩在这些年里也不仅仅关注英镑困境。他日益关注的是自1959年以来在理论上按照“金融城收购与兼并准则”进行的日益棘手的争夺式收购。这一准则是科博尔德在铝业战争后设立的工作组的成果。到1967年时，这套指导方针已显得十分陈旧，促使威尔逊在7月公开要求金融城制定关于收购战的“正式且明确的规则”，并确保这些规则得以执行。奥布莱恩迅速反应，要求商人银行家们听从命令。他告知商人银行家：“如果金融城无法自己整顿内部问题，我将有权建议英国政府引入类似美国模式的证券交易委员会。”结果是“金融城准则”变得更加严格。同时，被普遍称为“收购小组”的机构于1968年3月启动，由英格兰银行出资并配置人员，包括让米诺斯作为首任主席。

“起初就像是盲人引导盲人。”该机构的首任秘书，来自英格兰银行的彼得·库克（Peter Cooke）后来承认。那个夏天，在所谓的加拉赫事件（Gallaher Affair）中，该小组基本上没有起到作用。在这场针对总部位于阿尔斯特的烟草公司的激烈收购战中，摩根·格伦费尔及其经纪公司卡泽诺夫（Cazenove）无视准则的核心原则，即所有被收购公司股东应获得平等待遇。《每日电讯报》的肯尼斯·弗利特（Kenneth Fleet）在评估该事件对“收购小组”的影响时宣称：“最终，必须用具有法定权威的规则取而代之。”然而在这一点上，出于对独立管理事务的深厚且根深蒂固的依赖，奥布莱恩以及整个金融城拒绝接受。到1969年初，奥布莱恩准备建立一个更强大的小组，赋予其更多的权力。然而并非所有人都对此感到满意，包括施罗德银行的最高负责人戈登·理查森（Gordon Richardson）。他也是自1967年以来的英格兰银行非执行董事。

> 戈登·理查森先生打电话给总裁，表达对金融城中流传的关于支持收购小组制裁措施谣言的担忧。他个人对事态发展感到不安，并认为金融城中将有一些人，虽然支持小组的运作，但原则上会质

疑这些拟议制裁的模糊法律地位。总裁回应说，他理解这种感觉，但他找到的唯一能够领导小组的人坚持认为小组必须有一定的权力，否则就只能考虑成立证券交易委员会（SEC）。

奥布莱恩赢得了这场争论。到 1969 年春季，升级后的“收购小组”已经启动，吸收了一些坚定的非英格兰银行人士参与管理。尽管如此，《泰晤士报》的标题依然恰如其分：“终于有了牙齿，但它将如何咬人？”[23]

这一切恰逢清算银行领域的重大收购或潜在收购活动。半个世纪前，人们似乎已经确信将永远有巴克莱、米德兰、劳埃德、威斯敏斯特和国民郡级这“五大银行”。1968 年初，在奥布莱恩和政府的支持下，最后两家规模相似的银行宣布将合并成国民威斯敏斯特（National Westminster）银行。不久之后的 2 月，金融城震惊地得知巴克莱和劳埃德计划合并。合并后的银行预计将控制约 48% 的股份银行业务。总裁再次表示支持。他向垄断审查委员会解释了一系列原因：规模经济、更大现代化潜力、减少过度银行业务以及在国际银行业中增强规模和存在感。他几乎不需要补充的是，在欧洲美元市场背景下，美国的银行已开始展示肌肉。奥布莱恩无法否认的是，三个大型银行的创建最终可能导致双头垄断，即国民威斯敏斯特可能会收购米德兰以应对巴克莱和劳埃德巨头。或者更具破坏性的是，垄断审查委员会最终报告表示，双头垄断情况将使银行系统的国有化更容易实现。7 月，委员会反对合并。总裁告知詹金斯虽然他“总体上支持”，但“不觉得有必要为此而冒险”。政府最终接受了这一决定，反对合并。

相比之下，奥布莱恩对清算银行与商业银行之间的重大合作并不感到轻松。在 1967 年米德兰收购清算银行塞缪尔 · 蒙塔古 33% 的股份时，奥布莱恩几乎被完全忽视了。正如他告知米德兰负责人的那样，这让他对米德兰高层感到“极度不满”。两年后，即 1969 年 9 月，他对希尔 · 塞缪尔银行的扩张派人士肯尼斯 · 基思（Sir Kenneth Keith）直言不讳地表明：“我仍然认为私人商业银行与特定清算银行之间过于紧密的联系不符合金融城的最佳利益。部分原因是这种联系将使清算银行难以获取商业银行领域的大量金融城银行人才；部分原因是没有必要让商业银行人员变成清算银行类型的机构型人员。”[24] 简而言之，英格兰银行决心保持金融城的壁垒在可预见的未来不变，这实际上是一种旧式的行会制度。

在动荡的 20 世纪 60 年代晚期，越南战争加剧了布雷顿森林体系的压力，并引发了规模巨大的抗议示威。在其中一次抗议中，塔里克·阿里（Tariq Ali）告诉学生们："如果英格兰银行被占领了，不要惊讶。"不论是合并还是不合并，一平方英里金融城内最不满的市民仍然是清算银行家。流动性比率、特别存款计划、贷款"上限"等。不管何种方式，他们在这十年的大部分时间里都感到自己被绑住了一只手，很少能从某种量化贷款的限制中挣脱出来。因此，他们难免越来越感觉到英格兰银行未能保护自己，使自己免受那些过于懦弱而无法削减公共支出的政治家的影响。那些公共支出被视为永远关闭货币水龙头的替代方案。奥布莱恩在 1968 年 11 月警告财政部："我们长期以来严重依赖的与各家银行的合作关系正在遭受严峻考验。如果我们尝试对他们的贷款施加进一步限制，这种合作关系可能会破裂。"然而，警告仍然无济于事。新一轮的信贷紧缩继续推进。不久之后，首席出纳贾斯珀·霍洛姆记录了其与阿奇博尔德·福布斯爵士（Sir Archibald Forbes）的会面。这位米德兰银行的董事长提出了一些相当极端的言论："我们这个国家仍然维持着一个私人银行系统的假象。如果这个面具被立即撕下，情况可能会更好。"有没有更好的组织方式？到这一个十年的末期，查尔斯·古德哈特（当时是一位年轻经济学家，于 1968 年进入英格兰银行）回忆道："对于摆脱直接量化信贷上限的愿望，不仅存在于英格兰银行和其他银行内部，还广泛存在于财政部以及所有主要政党的政治家中。"他还回忆道，20 世纪 70 年代初的任务将是寻找一个令人满意的"折中方案"，在"直接信贷控制"和"完全依赖灵活的利率和公开市场机制"之间找到平衡。

此外，在重新强调如何实施货币政策的同时，货币政策本身也相应地被重新强调。"去年秋天货币政策突然变得时髦起来。"《金融时报》的塞缪尔·布里坦在 1969 年 2 月指出。同月，约翰·福德在内部备忘录中轻蔑地称货币主义是"源于现代社会某些难以解决经济问题的理想化原始主义"。这里的"货币主义"是芝加哥经济学家米尔顿·弗里德曼（Milton Friedman）及其追随者创立的。尽管如此，这一观点无论是否原始都不容忽视，它强调监控货币总量和设定货币目标。霍洛姆在 1970 年 4 月记录了奥布莱恩与詹金斯及财政部常务秘书道格拉斯·艾伦爵士（Sir Douglas Allen）的会谈："总裁认为尽管英格兰银行内部有一些不同意见，他还是倾向于在 6 月的公报中发布古德哈特的论文并亲自署名。他认为这有助于一种转变，即发布学术性质研究而不是英格兰银行立场判断。"艾伦批准了这一提议。古德哈特的文章《货币的重要性》如期出现在 6 月的英格兰银行"季度公报"中。福雷斯特·卡皮称其为"英格兰银行的一个分水岭”，标志着“一些货币经济学家在英格兰银行影响力的开启”。事实的确如此。然而，时隔近半个世纪再读此文，会发现其用词颇为谨慎。古德哈特在文末承认：“货币政策并不是一种易于使用的政策，过度反应和应用中的不连续性可能会影响其使用。”他的最后一段保持了中立：

> 弗里德曼教授曾主张，货币供应量的变化将比名义利率的变化更能反映货币政策的方向。若价格稳定不再被视为规范共识，且通货膨胀甚至加速通货膨胀的预期普遍存在，那么这一主张，即货币供应量的增长可能比利率水平更能指示政策方向，便显得具有一定的合理性。然而，由于政策目标总是多方面的，包括国际收支、就业水平、支出分配等，没有单一统计数据可以提供足够全面的政策指示。

因此他总结道：“基于一个简单指标的变化几乎自动地制定政策，将导致判断力的僵化。”[25]

令人遗憾的是，此时国有产业特别委员会（Select Committee on Nationalised Industries）尚未独立于政府，重大和具有挑战性的政策及相关判断问题超出了它的职权范围。在左翼工党议员伊恩·米卡多（Ian Mikardo）的积极推动下，该机构长期以来一直都渴望对英格兰银行进行审查。到1969年，他们得到了詹金斯的许可。当然，奥布莱恩进行了一场坚定且成功的抵制行动。他威胁不合作的举动，成功说服了犹豫不决的财政大臣，使该调查本质上成为对英格兰银行作为机构运作的一个狭义功能性审查。在保守党议员C.G.兰开斯特上校（Colonel C. G. Lancaster）主持下，该委员会于1969年4月开始质询听证。在此期间，总裁在1970年3月前总共被质询了9次，他始终强调保持英格兰银行操作独立性是至关重要的，特别是英格兰银行需要保持继续为时任政府提供有价值建议的能力。委员会的最终结果是一个相当严肃的报告，于1970年5月底发布。报告建议英格兰银行应像其他国有企业一样，每年公布完整的账目。《每日镜报》打趣般地宣称：“针线街的老妇人被告知脱去帽子和披肩，换上透视装。”但奥布莱恩在随后不久告诉财政部，他对报告及其反响“并没有过多不满”。或者正如他后来回忆的，奥布莱恩唯一的、最大的失望来自米卡多。米卡多利用报告的发布取代了兰开斯特上校，主持了一场新闻发布会。“他说了一些关于英格兰银行的相当粗鲁的话，这与他在长时间审查中的礼貌行为完全不符。再次，粗俗的政治动物赢得了胜利。”

巧合的是，该报告的发布正逢 1970 年大选的一系列粗俗政治事件。英格兰银行当然刻意远离、置身事外，但这时出现了一个具有象征意义的时刻。在 6 月 1 日，也就是投票日之前刚好两周，克罗默在电视系列节目《全景》（Panorama）中出现。他反驳了詹金斯关于英国现在拥有世界上最强国际收支状况的说法。他坚称：“毫无疑问，任何即将上台的政府都会发现现在的财务状况比当前政府在 1964 年发现的财务状况更为困难。”第二天，威尔逊在公开回应克罗默的评论时，自然地将当前盈余与他在 1964 年 10 月继承的 8 亿英镑赤字进行了比较。他表示：“我看不出，最坚定的政治家如何会把这种状况描述为恶化。”[26] 前总裁的干预是否对选举结果产生了重大影响？可能没有。但考虑到实际结果，当 6 月 18 日晚上他的老对手准备打包离开唐宁街时，他可能并未感到过分沮丧。

“我之前从未去过英格兰银行。去那里需要穿过大约五扇巨大的铁门，就像进入了监狱一样。”威尔逊的一位同僚托尼·本（Tony Benn）在那一年早些时候的日记中记下。随后，他与奥布莱恩一起在英格兰银行用午餐：

> 然后我们去了最漂亮的餐厅。他是个好人，非常友好，但完全脱离现实。因为他在银行工作了一辈子，不理解外界对他的攻击……他说了一些关于工会的蠢话，期望股东能在公司拥有更大话语权。他生活在一个梦想的世界里。我突然意识到，这就是金融城的问题，里面的人一点都不想拓宽他们的兴趣范围。

近十年前的 20 世纪 60 年代初，另一位日记作者罗杰·阿尔福德（Roger Alford）可能会大致同意上述观点。他当时曾被借调到英格兰银行。他对副总裁汉弗莱·米诺斯印象特别深刻：“他对家谱和温馨琐事很感兴趣，例如，乌特勒支大学神学教授持有英格兰银行股票，这都显示出他的眼光非常有限。但在特定范围内，他的能力很强。这种限制似乎排除了切实探索真相或可靠意见的意愿。只要事物是熟悉且不存在表象冲突的，就足够了。”此外还有换位思考的同理心问题。1966 年 11 月，金融记者威廉·戴维斯（William Davis）在《笨趣》上给奥布莱恩写了一封公开信。戴维斯指出，与英格兰银行的两位伊顿公学前任不同，新任总裁接受的是不起眼的郊区学校教育。他接着批评了奥布莱恩在首次担任总裁的市政厅晚宴演讲中提到的内容，即“持续保持一些备用资源直到我们找到如何在没有它的情况下也能保持经济平稳的办法”。戴维斯指出，“备用资源”实际上是英格兰银行对 50 万人失业的隐喻。他宣称：“郊区学校的毕业生应该能够理解高失业率下 50 多岁（奥布莱恩的年龄段）男性的生活状况，但我未从奥布莱恩的演讲中听出这一点。”戴维斯还补充道：“虽然英格兰银行已经变得不那么古板，而且奥布莱恩比过去少了一些遮遮掩掩。但在几个重大问题上，奥布莱恩的方法似乎依然没有进步。尤其是英格兰银行对‘英镑’一词及其在国际舞台上的角色仍然存在深厚的‘情感依恋’。”与之相比，最接近威尔逊的经济学家托马斯（现为巴洛赫勋爵）在兰开斯特和米卡多调查期间，曾经提交了一份题为“英格兰银行组织和运作中的一些缺陷”的备忘录。这份备忘录并未关注同理心问题。但其中一段文字或许让针线街感到特别冒犯：

> 在现任总裁（奥布莱恩）之前，决定性的（几乎是独裁式的）总裁职务一直由外部人士担任。这些人没有经过任何公认的经济管理培训。在美国、德国、法国、意大利、澳大利亚、加拿大和荷兰等国家，很难想象会有一个非专业人士被任命担任这一职务。现任总裁从英格兰银行内部晋升，同样没有受过中央银行家所需的常规培训。虽然他可能不像一些前任那样有明显的政治倾向，但他对经济管理有着强烈的偏见。

简而言之，巴洛赫对英格兰银行的总体印象是“缺乏智力能力且有政治偏见”。[27]

以上由本、阿尔福德、戴维斯和巴洛赫描绘的不大令人满意的画面有多公平或准确？或者说在 20 世纪 70 年代初，无论是内部还是与外界的关系上，英格兰银行高层进行根本性变革的时机有多成熟？

1962 年，米诺斯和经济顾问莫里斯·艾伦对英格兰银行的世界观做了经典阐述。在制定中央银行内部课程的背景下，他们列出了一个名为“中央银行家观点”的命题清单。他们显然认同这些命题：

> （1）中央银行家需要有嗅觉。分析仅是让决定理论化。但当分析让批评者困惑时，则可以鼓励这种做法。
>
> （2）没有公务人员能够理解市场。
>
> （3）政客们未能充分向选民解释生活的现实。

（4）中央银行家应始终做自己所说的事，但永远不要说自己所做的事。

（5）税负过高。

（6）银行家是主要按你们意愿做事的人。其余的都是边缘机构。它们根本就不存在。

（7）如果你喜欢，可以挥舞大棒，但永远不要使用它。它可能会在你的手中折断。最好还是试着摇摇手指。

（8）在银行业务中，稳健的本质就是流动性。

（9）不要迎着风吐口水。

（10）始终逆风而行。

至于具体的经济政策，当时的一些格言显示，在所谓的凯恩斯时代，英格兰银行的真理与诺曼时代相比变化极小：

（1）所有支出都是通货膨胀性质的，且政府支出尤为如此。

（2）外汇汇率是神圣的，只能在所有其他纠偏措施都失败后才能考虑调整。

（3）货币价值的稳定有助于经济增长。

（4）对货币的信心是其稳定的首要条件。被削弱的信心只能通过格莱斯顿式的政策①来恢复。

（5）其他国家对我们的生计并没有责任义务。

安东尼·桑普森（Anthony Sampson）对这一情况并不感到惊讶。他当时花了一些时间剖析英格兰银行。他震惊地发现英格兰银行里的大学毕业生稀少，“口齿不清却充满自信”的市场操作员却众多。同时该机构还有一种“公立学校无产阶级盲目的集体精神”。不久之后的20世纪60年代中期，金融记者克里斯托弗·费尔德斯（Christopher Fildes）写了一篇文章，声称伦敦很快会出现以美元计价的汇票市场。希尔顿·克拉克对他进行了严厉批评：“年轻人，我想提醒你记住，这个机构有自己品牌的产品（指英镑）。”[28]

当然，一切都是运动发展的。当英格兰银行从20世纪60年代的不

① 格莱斯顿即本书前文所述的威廉·尤尔特·格莱斯顿。格莱斯顿式政策一般指财政保守主义，倾向于平衡预算、减少公共支出以及严格控制货币供应。——译者注

确定性过渡到 20 世纪 70 年代的动荡时，其高层人员似乎可以分为守旧派和相对创新派两类。毫无疑问，前者包括奥布莱恩、权威但日益受困的莫里斯·帕森斯（1966 年至 1970 年任副总裁）以及极其勤奋的贾斯珀·霍洛姆（1966 年至 1970 年任执行董事，后来成为副总裁）。年轻一代的守旧派则团结在约翰·佩奇（John Page）周围。佩奇于 1970 年晋升为首席出纳，这使他实际上成为英格兰银行的首席执行官，承担广泛的管理和运营职责。一位同事在回忆起佩奇时并不完全友好地表示："他采取了非常老式的清算银行首席执行官方式，具有非常强硬、侵略性十足、脚踏实地、不容废话以及'干就完了'的作风。"可以说，在老派和新派之间的是经济学家约翰·福德，他自 1970 年起担任执行董事，是佩奇的前任首席出纳。他具备强大的知识理解能力，但也容易受到情感的强烈影响。最后，相对创新派有两位年轻且明显野心勃勃的人物，杰里米·莫尔斯和基特·麦克马洪。他们以各自的方式对英格兰银行明显缺乏精明世故而感到不耐烦。作为电视填字节目"写信"最高奖金 1000 英镑的首位获得者，莫尔斯被人熟知，是典型的智力型温彻斯特公学毕业生。他在 1965 年成为执行董事，主要从事海外业务，并在英镑贬值后解决了 56 个英镑区国家的索赔问题并因此获得声望。麦克马洪和福德一样自 1970 年起担任执行董事。他也是智力型人才，但更有锋芒，符合一个澳大利亚人的特点。他在 1964 年加入英格兰银行之前写过一本颇有挑战性的著作《60 年代的英镑》。《经济学家》在他首次担任顾问时的评价是："他的行事方式批判性强但又不过于教条。"这也是对他整个英格兰银行职业生涯的公正评价。[29]

与之前一样，英格兰银行董事会的执行董事数量仍远远少于非执行董事数量。通常非执行董事具有相当广泛的背景，在 1970 年包括工业界的皮尔金顿（Pilkingtons，玻璃制造商）、英国电气（English Electric），食品界的吉百利·史威士（Cadbury Schweppes），矿业界的力拓（Rio Tinto）以及工会。此外还有三个引人注目的新董事。一是来自巴克莱银行的理查德·桑顿爵士（Sir Richard Thornton），是"五大"银行首次有代表出现在董事会；二是经济学家埃里克·罗尔爵士，在两年后几乎成为总裁；三是战后英国的大人物之一，国家煤炭委员会主席罗本斯爵士（Lord Robens）。罗本斯比大多数非执行董事都更具影响力。根据塞西尔·金的内部记述，他在 1968 年 12 月表示："不明白为什么英格兰银行的董事应该被蒙在鼓里，而在巴塞尔聚会上的人们却能得到有关我们储备的真实数据。"这一表态导致"董事会的一次相当激烈的会议"。罗本斯通常强烈主张要将更多信息提供给董事会，并推动程序简化。在1977年他还告诉《老妇人》，他认为英格兰银行董事会最终变得更像一家工业公司的董事会。[30]

然而在更大的日常图景中，更重要的是执行董事角色的问题。根据1946年的立法，这一职位无论在何时都只有四位。尽管执行董事已经存在了近40年，但他们仍然有些处于边缘位置，没有完全融入英格兰银行的运作，尤其是在职责方面。直接的对比是有悠久岗位历史的首席出纳，每份给总裁的备忘录都需要他的签名；从理论上讲，英格兰银行员工在与外部人员交谈之前也需要获得他的许可。1969年9月是一个关键时刻，虽然是一个未能实现改变的转折点。当时的管理顾问麦肯锡公司最初建议大幅扩大执行董事的职责范围，但奥布莱恩说服他们暂时放弃这一建议。麦肯锡的阿尔康·科皮萨罗夫（Alcon Copisarow）在总结会议上指出，总裁担心这一建议可能会对部门负责人的士气产生不利影响，因为他们可能会感觉到被降职了。科皮萨罗夫提到："你们觉得让执行董事参与具体的部门活动，可能会给他们带来过重的负担。我们同意这确实会是不利的后果，而且我们还完全认识到部门负责人，特别是首席出纳，对银行政策和运作的重要贡献……因此我们调整了我们的组织架构建议。"那年秋天正式提交给英格兰银行的所有报告，虽然确实建议执行董事"应有效监督主要政策决策、部门预算、新项目启动和部分高级员工任命"，但同时也明确表示"我们不建议执行董事参与部门的具体管理"。报告提出了有关执行董事职责的目标，但也没有强烈要求立即实施：

> 明确执行董事的角色应成为重整英格兰银行组织架构的重要中期目标。我们认识到这种变化很难立即实施。此外，执行董事需要行使的权力应当因部门不同而有所区别。因此，目标应是逐步且灵活地朝着直接执行职责迈进。

奥布莱恩咨询麦肯锡公司本身就是大胆的，尤其因为麦肯锡是美国公司而涉及复杂的政治。但他想看到的正是这种安抚性的长远视角。正如他曾对莫尔斯语气强硬地说道："永远不要忘记首席出纳是英格兰银行中的第三号人物。"[31]

在英格兰银行经济分析的质量和深度方面，进展也相当有限。"这是任何不了解情况的人仅从阅读报纸就可以得出的分析"。1961年初，一位白厅官员对科博尔德发给麦克米伦及其财政大臣关于经济形势日益恶化的最新判断冷嘲热讽地评论道。造成这种不足的原因包括：第一，前经济顾问（1964 年至 1970 年在任）莫里斯・艾伦对现代经济思想的厌恶；第二，米诺斯对经济学更加厌恶（就经济学在英格兰银行中的学科地位而言），以至于直到他的副总裁任期结束后，英格兰银行才在 1965 年创建了量身定制的经济情报部门（EID）；第三，英格兰银行存在一种几乎是本能的对实践的忠诚，超过了对理论的忠诚，对市场感觉的重视超过了一切。艾伦曾自豪地以“心理战”来形容货币政策；第四，货币政策本身完全次于捍卫英镑这一首要甚至强制性优先事项，因此直到 1968 年英格兰银行甚至没有发布一项货币统计数据；第五，未能认识到随着高水平金融新闻业的崛起，英格兰银行不能再声称其独占知情权，而且需要付出更多的艰苦智力劳动。当然，偶尔聘用经济学家确实带来了显著的积极变化。值得一提的是 1964 年加入的麦克马洪（他曾说自己“感觉像是鱼离开了水”）、两年后加入的安德鲁・克罗凯特（Andrew Crockett）、1967 年的莱斯利・迪克斯 – 米罗（Leslie Dicks-Mireaux）以及之后不久加入的古德哈特。即便如此，直到 1975 年埃迪・乔治（1962 年加入英格兰银行）对 EID 的审查中，仍然可以看出某些不足。乔治指出，在日益专业化的经济学部门中，尽管越来越多的员工“有专业资格尤其是经济学方面的资格”，但他们主要是因为“对英格兰银行整体的全面适应性”而被招聘，通常在入职时并不专精任何特定领域或工作类型。因此他认为：“许多受访者认为，无论在部门内部还是外部，天平都过于倾向于通才。总体而言，审查的主要印象是，EID 处于从狭窄的统计信息角色向包括金融和经济评估及政策建议在内的更广泛角色过渡的一个不安阶段。”[32]

英格兰银行与金融城之间的关系是否也在发生变化？到 1970 年，答案是肯定的，但仅限于某种程度。“如果我想与英国银行业的代表，甚至整个金融界的人交谈，我们通常在半小时内就能聚在一个房间里”。科博尔德曾在 1957 年对拉德克利夫委员会如是说。在很大程度上，金融城仍然是一个公认的以英格兰银行为首的“村庄”。一位前代理副总裁布赖恩・奎因（Brian Quinn）曾在 2012 年有些怀旧地提到那个“稳定的、像俱乐部一样的环境”：

> 所有被认可的银行都要向英格兰银行报告，每年一次去贴现办公室讨论他们的回报。没有明确的法律定义什么是银行。银行是由英格兰银行定义的。任何潜在的新进入者必须在只使用自有资本运营一年以上时间的情况下才能被认定为合格的银行。

> 贴现办公室接受和监控各家银行的财务账户。更重要的是，它时刻保持着对金融城整体情况的了解。非正式信息，包括八卦，在这个过程中扮演了重要角色。任何异常活动或可疑行为的谈论都会被传递给英格兰银行。如果这些传闻有一定基础，英格兰银行会及时与相关管理层谈话，通常能够在早期就预见可能发生的问题。这在很大程度上取决于信任和信心，追求真实而非虚构的问题，不泄露消息来源，以及避免英格兰银行行动（虽然没有公开）可能对声誉产生的不利影响。这一点非常重要。

奎因补充说，那是一个银行寡头垄断的世界。信贷被严格控制，利率和汇率通常稳定，冒险行为很少，员工在金融城内的流动性有限（例如，从巴克莱银行跳槽到劳埃德银行是不可能发生的背叛行为），行为标准由“不成文的共识”来监督和执行，英格兰银行无疑是最终裁决者。但他也承认：“当然，偶尔会有一些违规行为，英格兰银行的观点也并不总是被接受。但挑战它作为金融城‘村长’的角色也有风险。”对于贴现办公室本身，希尔顿·克拉克的继任者是詹姆斯·（吉姆）·凯欧［James（Jim）Keogh］。有传闻说他在得知贴现行杰拉德·国民银行（Gerrard & National）正在收购一家殡仪馆时果断介入。“杰拉德－国民银行的肯尼斯·怀特克（Kenneth Whitaker）这么做显然是因为‘协同效应’，他认为‘我们可以用我们的帽子做其他事情’”①。凯欧冷冷地命令冒险的怀特克：“你们不能这样做。你们不能做任何类似的事。马上放弃！”

尽管如此，传统上相对封建的关系正在发生变化。这在一定程度上反映了金融城本身的变化，特别是欧洲美元市场的快速崛起和美国银行的到来。这些新进入的银行大多数没有受到英格兰银行的监管。但是，更大的原因是金融城对英格兰银行是否能有效代表和促进其利益的日益怀疑。特别是自1946年以来，英格兰银行基本上就是财政部的一个部门。《金融时报》的M.H.（弗雷迪）·费舍尔［M. H.（Fredy）Fisher］在1970年2月对国有产业特别委员会说：“最近一个涉及金融城机构与英格兰银行之间冲突的例子是，清算银行与英格兰银行在贷款上限方面的冲突。在金融城所有人都知道，英格兰银行知道，清算银行知道，他们面临的不是英格兰银行而是财政大臣。这一点贯穿始终，一旦问题被公开说出来就立刻变得显而易见。”另一位记者，《卫报》的安东尼·哈里斯（Anthony Harris）

① 这是在反讽金融的无序扩张。——译者注

进一步阐述了这一观点：

> 当前这种模糊局面显然在某些方面不令人满意。英格兰银行试图以双重身份行事。最冲突的地方不是与政府的争论，而是在于其对政府债券市场的管理。因为英格兰银行变得不再只是关注市场的稳定，而是更关心如何最大化公共借贷的数量。在这种情况下，身份模糊的问题显得尤为突出。英格兰银行到底是在作为政府债券市场的守护者，还是作为政府的销售代理？这两个领域在某种程度上是有冲突的。我看不到解决办法，但目前这确实造成了很多不安。

当月稍晚，奥布莱恩在做证时坚称："我们的首要责任是作为政府的代理，尽可能高效地执行各种职能，以符合政府政策。因此，我不是金融城的代表，但我确实在我认为合适和适当的地方代表金融城的利益。简而言之，对金融城'选择性支持'。"[33] 考虑到英格兰银行持续坚持调解金融城代表对政府的意见，而不是允许其直接接触政府，不难预测未来会有进一步的紧张局面。

那么英格兰银行与政府（即与财政部）之间的关系呢？1969 年 6 月国有产业特别委员会赴纽约查明相关事实时，奥布莱恩向美联储的艾尔·海耶斯传达的信息是："对我们来说你们的言辞将非常有帮助。如果你能强调你们的立场和我们的区别，那将是非常有用的。我们没有你们那种独立的权威，因此没有独立的行动权。"在他自己的证词中，奥布莱恩自然地强调了当时总裁相较于公务人员，在"独立程度"上保持"优越性"的必要性。对他来说，英格兰银行作为一个整体也同样需要操作上的自主性，以便有效地履行对政府的"独立建议职能"。这实际上是在遵循科博尔德对拉德克利夫的观点。当然，这还涉及一定的自尊。在被问及前往巴塞尔会议之前是否咨询过部长时，奥布莱恩表示："中央银行家们是有自己权利的人。他们对宇宙的未来有自己的看法，特别是在货币和经济事务方面。没有任何中央银行总裁会愿意仅仅作为别人的傀儡去参加这样的会议。他是以自己的名义参加的。毕竟，他是中央银行总裁。"英格兰银行确实继续享有相当大的日常独立性，这种独立性主要建立在其对货币市场（主要通过与贴现行的关系）、政府债券市场和外汇市场的技术管理上。当然也包括其在银行系统中的关键监督及宏观调控角色。实际上，尽管在 1966 年 3 月的大选过程中克罗默一度被冷落，但英格兰银行在利率决策方面仍是主导方。1968 年 4 月，凯恩克罗斯记录了与英格兰银行杰里米·莫斯的谈话："我说财政大臣曾几乎要推翻总裁关于降低银行利率的决定。杰里米指出这是英格兰银行的利率，因此在没有他们同意的情况下不能更改。我说这太过分了。他随后表示双方都有对变动的否决权，而通常是英格兰银行希望变动。我不得不同意，我想不起英格兰银行曾有被迫降低利率的具体案例（或者在它不接受的情况下提高利率）。"

然而，从更宏观的层面来看，在凯恩斯主义和企业主义日益兴盛的 20 世纪 60 年代，英格兰银行在人们心目中有些被边缘化是很难避免的。因为需求管理的蓬勃发展，新的政策制定影响力中心开始浮现。后者包括工会、英国工业联合会（CBI）和国家经济发展委员会（National Economic Development Council，"Neddy"）。克罗默在 1963 年几乎绝望地写信给劳工部长约翰·哈雷（John Hare）："我听说你们不久将为雇主和英国劳工联合会（Trades Union Congress，TUC）组织一次鸡尾酒会。我冒昧地写信请问，我是否有可能收到邀请。我提出这个相当奇怪要求的原因是，在正常情况下，我几乎没有机会见到 TUC 成员，而这次我有特别的理由希望能与一两个人会面。"这其实也说明了另一个问题，即奥布莱恩一生都在英格兰银行中一步步往上爬，这或许不可避免地意味着他倾向于将财政部常务秘书视为对手，而科博尔德和克罗默（但不是卡托）则本能地培养了与部长们更直接的关系。无论如何，在 20 世纪 60 年代向 20 世纪 70 年代跨越时，英格兰银行似乎有一些挫败感。这种挫败感最终在 1971 年 7 月通过麦克马洪写给奥布莱恩的一个报告表达出来。这显然不仅适用于 1971 年本身，也适用于前后几年的情况：

> 我们中的一些人已对财政政策与货币政策之间的关系担忧了一段时间。例如，在预算准备阶段，以下情况基本上不是夸张的描述。预算委员会就财政行动的大致规模达成一致，而经济预测却仍在进行中。在这一阶段，英格兰银行代表可以提及货币政策可能发挥的作用，但只能以最笼统的方式进行，而且通常不会被认真对待。然后，当国民收入和国际收支预测完成后，财政部会继续进行具体工作，确定具体的税收变动，而我们则无权参与。到了后期，当预算演讲已经进入第三或第四稿时，财务预测完成了，提出了一些关于货币供应、未来一年向公众适当净售出或购入政府债券等的影响。随后，预算在财政部与英格兰银行的会议上决定。由于让当局试图实施与财政政策目标不一致的货币政策是荒谬的，因此货币政策只能是大致宽松的。

简而言之，麦克马洪在接近结尾提到财政部时带着一些苦涩："目前的情况是非常不令人满意的，货币政策实际上成为总体政策中的剩余部分。他们在制定一揽子政策计划时与我们保持距离。"[34]

最令国有产业特别委员会担忧的领域可能是问责制。"这是否意味着你们可以通过秘密的方式做出好的决策？"当奥布莱恩试图为英格兰银行不公开账目辩解，提出这样有时能让英格兰银行谨慎地确保银行系统的稳定时，米卡多如是问道。总裁回答道："是的，确实如此。"但来自波普拉（Poplar）的议员仍然坚持追问：

> 但是，这样是否也意味着它同样会以秘密的方式犯错误，或者换句话说，这种秘密地做出好决策的能力是否必然会造成一种后果，即不论英格兰银行犯了什么错，错误规模有多大，都将无法被公开揭露？——是的，确实如此。但英格兰银行并不追求犯错。

可以预见，1970年的委员会报告在这一方面自然持批评态度。报告指出："英格兰银行可以在外界不知情的情况下低效运营多年。事实上所有人都知道，英格兰银行已经低效运营多年了。"报告接着写道：

> 委员会没有理由认为这是真实的情况。但事实是，任何一个受到保密掩护、免于审查的机构都有可能变得不自觉和自满。英格兰银行在许多工作领域中，往往不愿意采用其他大型企业（无论是公共还是私营部门）使用的客观标准来衡量其绩效和方法。这种情况使得英格兰银行更容易依赖于这样一种广泛存在的观点：一个拥有近300年历史的机构不需要使用别人的计量和控制工具，因为它的长寿就已经表明了它不会有太多问题。这是委员会无法接受的观点。必须指出的是，几乎存在一种这个机构一贯正确的假设，这种假设渗透到了委员会收到的大部分证据当中，就连总裁本人也未能免于这种假设。

随后报告提出了各种建议，包括要求英格兰银行公开账目，还包括在资本支出方面应遵循与其他公共企业相同的标准。但报告中更重要的是全面批评。这种批评符合安东尼·桑普森（Anthony Sampson）在8年前的《剖析英国》（*Anatomy of Britain*）中提出的指控："英格兰银行从未接受公众问责制的概念。在过去的一百年里，其活动变得更加隐秘。"他在解释为什么英格兰银行的“季度公报”如此（用桑普森的话说）“巧妙晦涩”时，引用了一位匿名银行家的话：“问题不在于他们不想告诉你发生了什么，而在于他们不知道如何解释。他们就像一个诺森伯兰郡的农民。”也许实际上这两个原因都有。但无论如何，不管是在英格兰银行内部还是外部，缺乏透明度都对辩论质量没有任何帮助。

最终，像许多其他问题一样，这被归结于文化，即英格兰银行传统的、根深蒂固的、相当内向的文化。特别具有揭示性的证据来自彭·肯特（Pen Kent），暗示了一种英格兰银行的整体心态。肯特于 1961 年以大学毕业生的身份加入英格兰银行，并在接下来的十年里经历了“相当令人紧张的信息获取”。换句话说，正如他在 40 年后回忆的那样，为总裁会议室准备日常早会数据。这个会议由总裁和包括首席出纳在内的一小部分高级同僚参加，被称为“账本”会议。重要的是，这本至关重要的皮革封面账本“正好有足够的页面数来罗列一个财政年度的每周回报数据”：

> 这本账本需要使用印刷厂制造的特殊墨水手写而成，可以保证 200 年不褪色。这是一种昂贵的配方。你不允许出现任何错误。现在很难想象你能填好，因为这不但需要数据总是正确，还需要总是正确地转录它们。因此，人们开发出了一些技术，用刮刀在这种相当光滑的羊皮纸般的纸上刮擦，以便修改错误。刮刀只是工具包中一部分配件，其中甚至还有一个象牙手柄。之后你必须抛光纸张，因为如果你试图在被磨损的纸上用墨水写字……你可以想象得到。这对你的工作效率和能力是一种完全人为的束缚。很长时间内，这种做法被故意保持在古老状态中。我认为这是对你的勇气和耐力的一种测试。它成了一种笑话。但它也发展出了一种神秘感。还有一本书，里面保存着每一位曾单独亲手成功管理过英格兰银行账本的人的照片，这些照片可以追溯到 19 世纪……

“那是英格兰银行的所有伟人。”肯特补充说，“他们经历了一种所有渴望高位的人都必须掌握的仪式。就像名人堂一样……”[35]

第十四章　诚实的钱

1 Samuel Brittan, The Treasury under the Tories (1964), p. 206; LDMA1/12, 23 June 1960;

John Singleton, Central Banking in the Twentieth Century (Cambridge, 2011), p. 160; Fed, box 617015, 14 March 1961; G1/252, 6 June 1961; G3/91, 7 June 1961, 22 June 1961.

2 Alec Cairncross (ed), The Robert Hall Diaries, 1954-1961 (1991), pp. 225-252; diaries of Harold Macmillan (Bodleian), dep d. 40, 31 Oct 1960, fo 86.

3 Hall, p. 252; FT, 11 Nov 1960; Harold Macmillan, At the End of the Day (1973), p. 381; OHC, Sir Jeremy Morse, 15 Dec 1994; OHC, Sir George Blunden, 11 July 2005.

4 Erin E. Jacobsson, A Life for Sound Money (Oxford, 1979), p. 369; G1/252, 7 July 1961; Capie, p. 176; FT, 26 July 1961; G1/252, 6 Sept 1961; Richard Spiegelberg, The City (1973), p. 117.

5 Capie, p. 175; R. A. O. Bridge, contribution to International Central. Banking (Federal Reserve Bank of Boston, 1965), pp. 21-22; Capie, pp. 157-158; Fed, box 617015, 18 Sept 1961, 23 March 1962; OL, Summer 1991, p. 100 (Rodney D. Galpin); Fed, box 617015, C261, 23 July 1963.

6 Catherine R. Schenk, 'The new City and the state in the 1960s', in Ranald Michie and Philip Williamson (eds), The British Government and the City of London in the Twentieth Century (Cambridge, 2004), pp. 332-333; G3/128, 22 Nov 1962; EID10/22, 29 Jan 1963, 5 Dec 1963; C20/5, 16 Marh 1964.

7 G3/96, 23 July 1962; ADM13/6, 23 Aug 1963.

8 G1/252, 7 July 1961; FT, 4 Oct 1962; NA, T295/10, 30 April 1963, T295/11, 18 July 1963.

9 ADM13/5, 25 Sept 1962; Lewis Baston, Reggie (Stroud, 2004), p. 184; Milton Gilbert, Quest for World Monetary Order (New York, 1980), p. 65; FT, 5 March 1992; Roger Alford, Life and LSE (Brighton, 2009), p. 288; Baston, p. 185; FT, 19 Jan 1963; LDMA1/13, 1 Nov 1963.

10 Sir Alec Cairncross, Diaries: The Radcliffe Committee and the Treasury, 1961-1964 (1999), p. 91; Baston, p. 230; Kenneth O. Morgan, Callaghan (Oxford, 1997), pp. 193-194; NA, PREM 11/4777, 1-2 Oct 1964; LDMA1/14, 9 Oct 1964; Capie, pp. 196-197; NA, PREM 11/4771, 24 July 1964; Fay, p. 100.

11 Fed, box 617015, C261, 16 Oct 1964; Capie, pp. 199-200; Times, 4 Nov1964; FT, 4 Nov 1964.

12 Michael J. Oliver, 'The two sterling crises of 1964', Economic History Review, Feb 2012, p. 318; G1/260, 13 Nov 1964; NA, PREM 13/261, 18 Nov 1964; C160/36, 20 Nov 1964; G1/260, 20 Nov 1964; Capie, p. 202; Oliver, '1964', p. 319; NA, PREM 13/261, 24 Nov 1964; Harold Wilson, The Labour Government, 1964-1970 (1971), p. 36; Capie, p. 203; Alec Cairncross, The Wilson Years (1997), p. 18; OHC, Sir Alec Cairncross, 16 June 1994 [1995?]; Capie, p. 205.

13 NA, PREM 13/275, 15-16 Feb 1965; Cairncross, Wilson Years, pp. 47, 54; OV44/125, 5 Aug 1965; NA, PREM 13/851, 9 March 1966; Cairncross,Wilson Years, p. 121.

14 Fed, box 615848, 27 Dec 1965; OL, June 1966, p. 67; OHC, John Fforde, 1995, Sir

Jasper Hollom, 11 Jan 1995.

15 Guardian, 4 Nov 1997 (Christopher Zinn); O'Brien, p. 60; King (1), p. 56; O'Brien, pp. 60, 62; Baston, pp. 272, 260; James Callaghan, Time and Chance (1987), p. 195; information from Christopher Fildes ('good plain cook'); Economist, 30 April 1966; Times, 18 Oct 1976 (Frank Vogl).

16 Fed, box 617031, C261, 14 July 1966; NA, PREM 13/853, 12 July 1966; Fed, box 617031, C261, 15 July 1966; NA, PREM 13/853, 15 July 1966; Morgan, pp. 245-246; Wilson, p. 251.

17 King (1), p. 99; Cairncross, Wilson Years, p. 213; OHC, Sir Jeremy Morse, 1 June 2005; King (1), pp. 137, 141-142; Contemporary Record, Winter 1988, p. 51 (Kathleen Burk).

18 Capie, pp. 217-218; O'Brien, p. 72; King (1), p. 156; Morgan, pp. 272-273; Fed, box 617031, C261, 21 Nov 1967; Capie, pp. 242-243, 248; Times, 18 Nov 1967; OHC, Sir Alec Cairncross, 16 June 1994 [1995?]; G3/262, 30 Nov1967; Capie, p. 243.

19 Timothy Green, The New World of Gold (1985 edn), p. 130. For a full account of the gold crisis, see: Arran Hamilton, 'Beyond the Sterling Devaluation: The Gold Crisis of March 1968', Contemporary European History, Feb 2008, pp. 73-95.

20 NA, PREM 13/2051, 15 March 1968; Cairncross, Wilson Years, p. 289.

21 NA, PREM 13/2017, 9 May 1968; O'Brien, pp. 58-59; information from John Footman.

22 P. L. Cottrell, 'The Bank of England in its International Setting, 1918-1972', in Roberts and Kynaston, pp. 136-137; O'Brien, pp. 79-80; OHC, Lord Jenkins of Hillhead, 7 Feb 1995.

23 Capie, p. 531; Times, 18 July 1967; G3/266, 24 July 1967; Capie, pp. 331-332; Dominic Hobson, The Pride of Lucifer (1990), pp. 114-123; Daily Telegraph, 14 Aug 1968; G3/269, 25 Feb 1969; Spiegelberg, p. 183.

24 G3/267, 23 Jan 1968, 26 Jan 1968; NA, PREM 13/2248, 5 Feb 1968; William Davis, Merger Mania (1970), pp. 124-125; Guardian, 18 July 1968; G3/268, 10 July 1968; G3/266, 19 Sept 1967; G3/270, 10 Sept 1969.

25 Daily Mail, 31 May 1968; Rob Stones, 'Government-finance relations in Britain, 1964-1967', Economy and Society, Feb 1990, pp. 174-176; G3/291, 15 Nov 1968; Duncan Needham, UK Monetary Policy from Devaluation to Thatcher, 1967-1982 (Basingstoke, 2014), p. 196; Charles A. E. Goodhart, 'Competition and credit control', Financial History Review, Aug 201, p. 240; FT, 1 Feb 1969; Needham, p. 34; G3/271, 29 April 1970; Capie, p. 452; BEQB, June 1970, p. 180 (C. A. E. Goodhart, assisted by A. D. Crockett).

26 G3/268, 10 July 1968, 9 Oct 1968; G3/269, 3 Jan 1969; Capie, pp. 358-359; G3/271, 4 June 1970; O'Brien, p. 97; Times, 3-4 June 1970.

27 Tony Benn, Office without Power (1988), pp. 233-234; Alford, p. 277; Punch, 30 Nov 1966; Select Committee on Nationalised Industries, Bank of England: First Report (1969-1970, vi),

pp. 388-389.

28 ADM 12/9, 8 May 1962; Anthony Sampson, Anatomy of Britain (1962), p. 366; OHC, Christopher Fildes, 28 Jan 1997.

29 Capie, pp. 403-404; OHC, Pen Kent, 12 June 2005; CB, 2004/5 (4), p. 89 (Elizabeth Hennessy); OHC, Sir Kit McMahon, 8 Oct 1996; Kit McMahon, 'John Fforde', Independent, 19 April 2000; Daily Express, 14 Dec 1964; 'Sir Jeremy Morse', Daily Telegraph, 5 Feb 2016; OL, Dec 1985, p. 189 (Gordon Richardson).

30 Capie, pp. 367-368; King (1), p. 222; OL, Autumn 1977, p. 97 (David Nye).

31 Capie, p. 823; CB, 2004/5 (4), p. 90 (Elizabeth Hennessy); G39/4, 31 July 1969; GT39/2, 1 Oct 1969; G39/5, 30 Sept 1969; OHC, Sir Jeremy Morse, 1 Dec 1994.

32 NA, PREM 11/3285, 11 Jan 1961; OL, Sept 1988, p. 135 (Tony Carlisle); Guy de Moubray, City of Human Memories (Weardale, 2005), p. 209; Alford, p. 285; OL, Sept 1985, p. 143 (Eddie George); OHC, Sir Kit McMahon, 6 July 2005; Capie, pp. 130-131; 6A106/1, 29 Sept 1975.

33 Michael Moran, The Politics of Banking (1984), p. 15; Financial World, Sept 2012, p 14; OHC, Christopher Fildes, Dec 1996; Nationalised Industries, pp. 1819, 1986, 1989.

34 Fed, box 615845, 5 June 1969; Nationalised Industries, p. 1037; Moran, p. 25; Nationalised Industries, p. 141; Douglas Wass, Decline to Fall (Oxford, 2008), pp. 30-31; Cairncross, Wilson Years, p. 297; G3/135, 15 Jan 1963; OHC, Sir George Blunden, 11 July 2005; 6A50/5, 19 July 1971.

35 Nationalised Industries, pp. 184-185, pp. lxxxi-lxxxii, lxxvii; Sampson, p. 356; OHC, Pen Kent, 12 June 2005.

第十五章

从舞台右侧登场

20世纪70年代初期，英格兰银行与托利党（即保守党）政府的关系并不和谐。爱德华·希思（Edward Heath）在1970年6月赢得大选后的经济战略核心是自由市场信念，即减税和其他促进增长的措施，以阻止工会提出通胀性加薪的要求。然而，莱斯利·奥布莱恩对此持怀疑态度，他曾积极支持工党政府过去3年的价格与收入政策。他在10月的市政厅演讲中直言："我不认为我们能在一个充分就业、信息透明且日益富裕的民主社会中，期望仅依靠市场的力量就决定工资和物价的走势。因为谈判桌两边的力量，无论是公共部门还是私营部门、工会还是雇主，都过于强大。这一过程不太可能带来有利于我们整体福利和繁荣的结果。"他预见性地补充道："如果我们试图依赖市场以及严格的财政和货币政策，我认为我们只有在大规模失业的代价下才能实现价格稳定。"

那年秋天，希思拒绝了总裁提高英格兰银行利率以应对通胀和快速增长的货币供应的请求，这加深了双方的分歧。接下来的几个月里，市场普遍猜测新政府将不会让奥布莱恩再续任总裁职位（任期将于1971年6月届满）。塞西尔·金忠实地记录了关于继任者的八卦。最初的传言候选人包括：戈登·理查森，尽管"因健康原因被克罗默否决"；摩根·格伦费尔的约翰·史蒂文斯，他自1968年起任非执行董事；还有克罗默本人，不管是否可信。随后，希思的朋友奥尔丁顿勋爵（Lord Aldington）出场了。他从政客转为银行家，被认为将成为继任者。理查森则在最后阶段表现抢眼，他"积极地争取这份工作""可能还真的会得到它"。最后，还出现了关于年轻的、精力充沛的商业银行家大卫·蒙塔古的讨论。在这种情况下，显然职位不可能空缺。奥布莱恩明显地表示出对无法连任的深深遗憾，声称这将是对英格兰银行的公开羞辱。最终，奥布莱恩勉强同意在1971年初达成妥协。他退让一步，再任职两年，直到65岁才退休。[1]

1971年也是所谓"巴伯繁荣"（Barber boom）的开始。这一繁荣以财政大臣安东尼·巴伯（Anthony Barber）命名，但实际上更应归功于希思。这无疑是唐宁街凭空造出的繁荣。贾斯珀·霍洛姆早在1月就把道格拉斯·艾伦爵士在财政部的观点告诉了奥布莱恩："在他看来，一切都指向1962年至1964年情况的重演。财政部和英格兰银行的谨慎将与部长们格格不入，他们将强烈倾向于追求增长。"或者正如英格兰银行总裁本人随后不久向清算银行家解释的那样："通货再膨胀的压力越来越明显。"他明确表示，目前通胀的迹象还不算明显，但失业数据对部长们的想法产生了影响。巴伯在3月提出的税收改革预算，包括取消短期资本利得税，如期引发了牛市。房地产和股票市场持续上升，尽管失业率也在顽固地持续上升。随后的7月，政府出台了一个明确追求通货再膨胀的小型预算案，为"巴伯繁荣"真正开了绿灯。金在当月晚些时候拜访奥布莱恩后说："他当然像往常一样谨慎。谈话中的一些信号是：第一，只字未提巴伯；第二，希思被形容为'难以接近的'。总的来说，很明显，他认为最新的预算没有经济上的理由，而是出于政治需要被强加给政府的。民意调查显示，政府非常不受欢迎，因此必须采取一些措施，这也是为英国即将加入共同市场营造一个良好开端。"[2]

欧洲问题与英国工业的停滞甚至衰退密切相关，尤其在劳斯莱斯公司危机后变得更加明显。1970年9月，这家极具象征意义的公司陷入了严重的财务困境。在接下来的两个月里，这引发了高层之间的激烈谈判。奥布莱恩在10月底告诉拉扎德银行的波尔勋爵（Lord Poole）："劳斯莱斯的主动权现在很大程度上掌握在白厅手中，因为金融城不愿意出资。"这位总裁发现自己陷入了两难局面，既试图从政府获得支持，又试图从各家银行获得支持，却没有得到任何人的感谢。金在11月初记录了乔治·博尔顿的锐利评价。此时博尔顿已不在董事会任职，但仍然直言不讳。他说："奥布莱恩剩余的威望已经因为替劳斯莱斯筹集资金的笨拙尝试而消耗殆尽。现在英格兰银行里没有一个人在金融城被认真对待……"最终，他们得到了承诺。政府出资4200万英镑，英格兰银行出资800万英镑，米德兰银行和劳埃德银行各出资500万英镑，外加其他商业银行的2000万英镑循环信贷。但这并未阻止公司在1971年2月初破产，进而被国有化。几乎与此同时，希思站在了更高的视角解决问题，开始推动英格兰银行重新扮演其在两次世界大战之间对工业建设性作用的角色。奥布莱恩也以一贯的风格做出了回应：

> 我对那位告知首相指导意见的英格兰银行人士说，这种渴望回到20世纪30年代的愿望是不现实的。尽管如此，我们正在考虑可

以采取哪些措施来动员金融城的出谋划策和投资力量，以改善工业管理，并在适当的情况下筹集资金……

然而，这在很大程度上是总裁的事情，任何可能采取的行动都会与他个人密切相关。我并不准备被任何人从任何方面推动实施我认为不恰当的举措。我个人感觉，在劳斯莱斯的问题上，我几乎损害了我在金融城的影响力。

这一切都需要时间。希思的计划遭到了一些大型保险公司和养老基金公司的强烈抵制。但到了 1972 年，由英格兰银行发起的“机构股东委员会”还是成立了。然而，实际上它在集体干预以提高工业管理质量方面，发挥的作用远远低于预期。《泰晤士报》在次年认为它“基本上是失败的”。而约翰·普兰德（John Plender）在他 1982 年关于机构投资者崛起的研究中，坦率地称其为“一个被阉割的组织”。[3]

在国际货币秩序方面，继续假装一切都在照常运转是行不通的。因为 20 世纪 70 年代初，战后布雷顿森林体系的固定汇率制度崩溃了，这一制度曾将整个世界与美元捆绑在一起。1971 年 5 月，德国马克和荷兰盾开始浮动。8 月，美国暂停了美元与黄金的兑换。尽管圣诞节前夕，世界各国的财政部部长们试图建立一个新的大致固定的汇率体系，即史密森协议（the Smithsonian Agreement）。但到 1972 年，很明显固定汇率已不再适合这个日益不确定的世界，特别是在越南战争带来通胀后果的情况下。具有象征性的是，首个金融期货市场于 1972 年 5 月在芝加哥成立，允许对货币波动风险进行对冲。仅仅一个多月后，其创始人、芝加哥商品交易所的里奥·梅拉梅德（Leo Melamed）来到伦敦，试图鼓动英国参与其中。在访问英格兰银行期间，他建议英格兰银行如果真想帮助这个新市场，就应该善意地让英镑浮动。与梅拉梅德会谈的可能是霍洛姆，因为此时奥布莱恩正在法国南部度假。梅拉梅德半开玩笑的话，得到的回应是一个勉强的微笑。但在第二天即 6 月 23 日，报纸头条确实宣布英国当局（包括奥布莱恩在内）决定暂时让英镑浮动，尽管并不是出于梅拉梅德的建议。当时的英国贸易平衡迅速恶化，似乎即将到来的码头工人大罢工也给英镑带来了巨大压力，政府认为主动浮动最起码比再次屈辱地被迫贬值要好。《泰晤士报》在次日的主要社论中自信地宣称：“浮动英镑是正确的决定。”英格兰银行中一些人认为这一举措是软弱的选择，是在政治上逃避固定汇率制度带来的金融结果。但此时，总裁并不支持这些人的意见。[4]1973 年 2 月，日元浮动，不久后美元再次贬值。在 3 月 19 日，主要中央银行正式放弃了将汇率维持在与美元挂钩的预定区间内的承诺。灵活汇率时代伴随着强大的金融市场的崛起，终于到来了。

然而，真正定义奥布莱恩最后几年总裁工作的，莫过于宿命性词汇"竞争与信贷控制"（简写为 CCC）。这个银行体系的新框架源自 1970 年圣诞节前夜执行董事约翰·福德写给奥布莱恩和霍洛姆的一份自认为"奇特又充满情感"的备忘录。福德在其中声明："我们对确保或未能确保银行业的正确发展所承担的责任，比英国财政部的责任更为直接。我们的工作是在这一领域取得进展，积极寻求将来决定货币控制形式所必需的政治决策。在经历了 6 年的信贷上限以及新政府的上台后，这是我们不能置之不理的责任。"英格兰银行在接下来的几个月里逐步确立提案，不仅刻意在较晚阶段才让财政部参与进来，还努力避免引发恐慌。基特·麦克马洪在 1971 年 3 月将细节传递给财政部时，十分安心地预测道："引入新方法后，理论上可能出现的信贷大规模膨胀就不太可能发生了。"

总体而言，英格兰银行似乎有四个主要动机。第一，建立更健全的制度安排。奥布莱恩回忆道："对银行体系施加的信贷额度限制使优秀的银行家变成了非银行家。出于公共政策的原因，他们不得不拒绝非常想做的业务。自 1957 年以来，反复而长期的严厉信贷限制对银行体系产生了不良影响。"第二，鼓励被束缚的四大银行与其竞争对手展开公平竞争，尤其是那些活跃且几乎未受监管的"边缘"银行（次级银行）。英格兰银行很可能希望新框架下巴克莱等银行可以将这些讨厌的次级银行赶出市场。第三，希望单一、不可分割的信贷市场能够鼓励值得信任的四大银行，进入批发英镑市场等重要的、几乎未受监管的领域；第四，也是最重要的一点，是人们相信为了维持严格的货币供应控制，利率工具在各方面都优于信贷上限控制，而货币供应本身也已成为日益重要的优先事项。然而，金融历史学家邓肯·尼德姆（Duncan Needham）在其分析中指出，关于这一新制度安排的最后一个动机，真实的、令人尴尬的政治事实是希思"坚决反对提高英格兰银行利率"。因此，他在令人信服的分析中补充道："英格兰银行不得不用'竞争'这一词语伪装提案，以'哄骗'当时反复强调这一词语的希思政府，令其相信这一切都与建立一个更具竞争力的银行部门有关。"[5]

英格兰银行于 1971 年 5 月 15 日发布了一份 4 页的《竞争与信贷控制》征求意见稿。该文件建议，取消清算银行的贷款数量上限和利率卡特尔；同时，所有银行都应保持相同的最低流动性比率即 12.5%，这一比率还不到之前清算银行审慎比率的一半。本质上清算银行得到的交易是，放弃他们舒适且熟悉的卡特尔，以换取与次级银行及其他银行平等的竞争条件。该文件受到了普遍且热烈的欢迎。《泰晤士报》欢呼道：“银行业的锋芒更锐利了。没有什么比现行的控制和协议制度更能扼杀企业活力。”《经济学人》则兴奋地以“是的，终于，伦敦金融城的革命来了”为标题报道此事。而《银行家》则期待“过去十年的习惯”将“彻底被埋葬”。在接下来的 3 个月里，清算银行家们表示愿意接受这一提案的主旨。他们还成功说服英格兰银行，使其不再坚持保护房屋互助协会和储蓄银行免受存款竞争。夏季会议结束时，希思向其党内的 1922 委员会①解释了新政策。作为金融城人士兼保守党重要政治人物的爱德华·杜·坎恩（Edward du Cann）回忆道：“我环顾四周，想知道在场的议员中有多少人真正理解他在说什么。我怀疑是否能有超过 6 个人能听明白。”[6]9 月 16 日，就在巴伯大力推动通胀政策的几周后，新制度安排正式生效。

可以说，这是一个极其不幸的巧合。在“CCC”被引入后，发生了或多或少不受控制的信贷爆炸。“1971 年强加的自由政策极大地刺激了银行间市场。”副首席出纳乔治·布伦登（George Blunden）回忆道：

> 许多机构认为，他们始终可以以大规模批发的方式获得存款。这变成了一种债务管理情况。而随着银行体系流动性的快速增长，资金转向了房地产。而房地产价格总是上涨的，至少自战争结束以来一直如此。最终，在 20 世纪 70 年代初存在着两大谬论：一是总能获得批发存款，二是投资房地产不会出错……

那几年可谓极其特别。一位资深清算银行家记得：“几乎是整个银行业历史上的首次，大家在找到贷款业务后，才四处寻找存款。”在 1971 年 9 月至 1973 年底，英镑银行向英国居民提供的贷款总额增长了 148%。[7] 至关重要的是，大部分信贷并未流向制造业，而是进入了房地产和金融领域，助长了这两个领域的狂热。不可否认的是，虽然主要驱动因素是希思政府不计代价追求经济增长的鲁莽行为，但“CCC”也起到了推波助澜的作用，尽管动机是良好的。对英格兰银行来说，这一切都意味着对货币供应失去掌控。此外还有很多其他问题，导致它付出了高昂的声誉代价。它是否本可以做更多来改变事态发展?

---

① “1922 委员会”可以理解为英国保守党内的一个政治派别，由其议会下院后排（普通）议员组成。——译者注

奥布莱恩后来因为未能在利率政策等方面更有力地捍卫英格兰银行的利益而受到批评。但在许多方面，他其实无能为力。尤其是在财政大臣软弱无力、首相异常固执和坚定的背景下。1972 年第一周，他向财政部的道格拉斯·艾伦爵士询问政府对于“进一步通货再膨胀刺激”的意图。艾伦告诉他：“巴伯和希思的想法似乎存在分歧，财政大臣目前对失业问题的关切要少得多。”同年 1 月底艾伦告知他：“目前降低银行利率的想法已被搁置。”这明确表明究竟是谁握有主导权。到了春天，约翰·史蒂文斯告诉金：“总裁无法从财政大臣那里得到任何答复，而且发现很难与特德（Ted，指希思）见面。”希思在 6 月勉强同意提高英格兰银行利率（从 5% 升至 6%）。官方记录显示，此举是“为了遏制货币供应增长率从而抑制通胀压力”。但几天后，奥布莱恩在回应一位抱怨通货膨胀的民众时，承认货币政策的作用明显缺失。他的语气几乎是无奈的：“通货膨胀确实是一个非常严重的问题。但遗憾的是，这是一个非常难以解决的问题。我同意您的看法，我们需要新的举措和方法。然而，正如您所知，政府正在与英国工业联合会和工会大会进行讨论。我们只能希望这些讨论取得成果。”

同一天，在英镑价格浮动后，奥布莱恩见到了希思。后者抛出了一个问题：“银行信贷问题以及其中不成比例的份额疑似流向房地产公司值得关注。”奥布莱恩对希思做了以下回答：

> 我向他解释了与政府经济通货再膨胀计划相一致的宽松信贷政策的逻辑。我说，通胀是个木堆里的黑鬼[①]。一方面，它阻碍了工业家信心的恢复；另一方面，它鼓励所有人都涌向房地产，以对抗通胀。他显然渴望我恢复使用劝说之类的定性控制。我告诉他，我已看到一些迹象，表明各家银行认为向房地产公司提供的资金已经达到了他们认为审慎的最高限度。不过，我将抓住机会告诉银行董事长们，如果他们能尽量减少房地产贷款，那将是有益的。

然而，英格兰银行在 8 月对各银行发出的正式传统劝告被证明是徒劳无功的。1972 年 9 月在“CCC”实施一周年之际，《银行家》杂志刊登了一篇批判性极强的社论，标题为“失控的货币”。杂志尖锐地指出：“金融城一段时间以来已默认英格兰银行在违背自身判断的情况下，温顺

---

① 奥布莱恩的原话是“nigger in the wood-pile”，意思是潜在的危险。——译者注

地执行了财政部的增长政策。”联想到奥布莱恩与希思谈话中对“宽松信贷政策”轻松自如的态度，这种批判并不是空穴来风。[8]

1972 年秋天，施行了 270 年的英格兰银行利率被一种截然不同的机制所取代。新机制是与国库券市场利率挂钩的最低贷款利率（MLR）。首席出纳约翰·佩奇不久后解释说：“采用这种机制的原因主要是它比被部长们完全冻结的英格兰银行利率要好，而不是因为我们认为它在技术上是一个更优安排。”在日益加深的工业和经济困境背景下，政府与英格兰银行的关系不可避免地变得紧张。这在 11 月的一个事件中表现得尤为明显：

> 总裁提到了首相对上期英格兰银行“公告”的恼怒……艾伦说，部长们，尤其是首相，对表达方式的敏感程度再怎么强调都不为过。“公告”中的表述内容与政府的官方表述不完全一致，造成了很严重的后果，导致了部长们对英格兰银行所有建议的排斥……总裁明确表示，他不愿意发表一份需要财政部或其他部长们批准的公告。

至于“CCC”本身，它让奥布莱恩在 1973 年 2 月陷入困境。面对仍然失控的货币供应和狂热的通货膨胀，奥布莱恩别无选择，只能告诉清算银行的董事长们：“我们必须面对这样一个事实，那就是‘CCC’正在遭受广泛的批评。”[9] 他在事后反思时一定会意识到，他可能从一开始就抓了一手烂牌。

然而，这一切无助于奥布莱恩或英格兰银行在金融城的声誉。情况可能在 1972 年那个艰难的夏天达到了最糟糕的地步。7 月下旬，《泰晤士报》以“英格兰银行抵制修订金边债券政策的呼吁，尽管做市商在撤出”为标题，记录了金边债券市场对“CCC”部分政策的不满。该政策导致政府经纪人（传统上为穆伦公司高级合伙人）不再为市场提供支持。随后，《银行家》8 月刊指出，在 6 月英镑被大规模抛售及浮动及其引发的货币市场紧张局势中，英格兰银行“没有特别高效地处理”，尤其是在关键时刻“传达了不止一种声音”。8 月 9 日，针对奥布莱恩要求银行体系“减少对房地产公司以及与工业维系和扩张无关的金融交易的信贷供应”，《每日电讯报》的金融城编辑肯尼斯·弗利特（Kenneth Fleet）形容英格兰银行是在“把裙子夹在老迈的膝盖间尝试倒立”，明确指出了这一要求与“CCC”原则之间的矛盾，是将“CCC”的“信誉”置于“严重的压力”之下。

一周后，奥布莱恩向几位高级同僚分发了一份可能是英格兰银行历史上最为发自肺腑的总裁备忘录：

> 我对英格兰银行遭受来自日报、周报以及其他权威刊物的不断增长的批评感到极度不安。例如，理查德·弗莱（Richard Fry）在本月《银行家》的撰文。此外，我们从各种渠道了解到的市场不满情绪也是不容忽视的。包括贴现市场、承兑行以及金边市场。
>
> 我不希望在座任何人将这些问题视为英格兰银行被政府的失败政策不可避免地牵连，尤其是在通货膨胀领域。当然，通胀是我们不得不面对的主要敌人。但在这种背景下，我们在各个方面，尤其是在市场看来，未能提供他们所期望的那种坚定领导和指导。事实上，没有这种指导，他们就像失去了权威父母的孩子一样感到迷茫。
>
> “CCC”是部分原因。它最初受到了媒体的欢迎，银行界也欣然接受。但之后在某些情况下，银行界开始有些得意忘形。其市场后果并非完全令人满意。此外，货币当局似乎失去了对局势的控制，通过允许货币供应的过度扩张，助长了让我们所有人都感到恐惧的通货膨胀。

奥布莱恩总结道：“总的来说，有人认为英格兰银行在金融城的整个权威正处于某种危险之中，我认为这并不算危言耸听……我们以没有银行法律和具体法规为傲，也为总裁的眉毛具有优越的威慑力而自豪。但这只有在眉毛坚定地发出明确无误的信息，并且被‘所有相关方’公正接受的情况下，才是合理的。”

而“所有相关方”一词引出了一个重要的问题。长久以来，英格兰银行一直对清算银行拥有相当大的权威。但对于次级银行，它的态度主要是保持距离，主要交由贸易与工业部负责监管。在巴伯繁荣时期，该部门甚至在这些“边缘”银行贷款增速远超清算银行时，仍然像撒纸片一样发放证书。也许唯一的例外是斯莱特·沃克（Slater Walker）公司，掌管它的著名金融天才吉姆·斯莱特（Jim Slater）引起了奥布莱恩的兴趣，甚至一度想邀请他加入英格兰银行的董事会（但被劝阻）。保持距离的后果肯定会在某个时候显现出来，但在奥布莱恩担任总裁的最后阶段，大家更多关注的还是英格兰银行与传统金融城的复杂关系。1973 年 2 月，《每日电讯报》的弗利特注意到金融城“对 CCC 明显不满且不满还在加剧”。在提到贴现市场就是一个主要例子后，他继续说道：

> 真正的问题在于，尽管英格兰银行表面上转向了现代“科学”信贷管理，但它依然钟情于传统方式。它紧抓着“点头示意”和“眨眼暗示”这些古老的仪式不放。然而，和过去不同的是，现在点头可能是眨眼，眨眼可能是点头。点头可能意味着“早上好”，而眨眼不过是“你好亲爱的”。更糟的是，你根本学不会这种表情语言，因为它可能每周都在变化。

总的来说：“英格兰银行面临的困境是要么彻底现代化，但它还没有这个意愿；要么倒退，但它又不能这么做。它应该尽快直面这个问题。”[10]

当月晚些时候，奥布莱恩被宣布将于6月底卸任。尽管此前已经达成协议，但他可能希望再留任一段时间，直到国际货币基金组织二十国委员会的工作完成。该委员会于前一年成立，旨在重新调整国际金融框架，主席是杰里米·莫尔斯。莫尔斯为了这个职务离开了英格兰银行。奥布莱恩的想法得到了巴伯的支持，但首相坚持认为总裁必须离开。随后约翰·史蒂文斯和乔治·博尔顿告诉金，奥布莱恩是被希思“炒鱿鱼”的。奥布莱恩自己倾向于让莫尔斯接任。莫尔斯是英格兰银行的“内部”候选人，从1965年到1972年担任执行董事。但希思最终选择了自1967年以来担任非执行董事的戈登·理查森。据说希思是在做出决定后才咨询的奥布莱恩和董事会。根据《泰晤士报》在奥布莱恩宣布卸任之后的报道，理查森的广泛经验（包括在国家经济发展委员会的经验）使他“与政府高度契合”。但《观察家》杂志标题为“吝啬鬼金融城日记”的文章则表达了更多质疑，称理查森“不是经济复兴的曙光”。对于理查森来说，这个期待已久的职位不过只需要再等几个月。早在4月初，总裁办公室就向理查森转发了一条信息：“赛科姆·马歇尔·坎皮恩有限公司的休·赛科姆（Hugh Seccombe）先生今天给我打电话，询问您是否愿意在成为总裁之前与他们共进午餐。如您所知，他们是英格兰银行的票据经纪商。赛科姆先生说，在您成为总裁后，他们就不能邀请您了。”[11]

奥布莱恩在任职的最后一天，在皇家交易所的杰弗里理发店理了发。不久之后，他登上了《经济学人》的封面，配着颇为夸张的标题：“一位伟大的总裁”。其中有一段值得注意的历史性评论主要是赞美性的：

> 奥布莱恩勋爵（他刚刚被封爵）将英格兰银行引入了正确的角

色，成为一个备选的智囊团，而不是情绪化的右翼报丧女妖①。报丧女妖是各国中央银行非常渴望的一个角色。不到50年前，在第一次世界大战后，各国央行对可能受制于政府摇摆不定的金融政策感到愤怒，以至于在一次国际会议上鼓吹了它们的私有性质。如今，政府对中央银行的最终政治主权已经不容置疑。即便是理论上最不受约束的德国中央银行（German Bundesbank），也知道自己不能在自主的道路上走得太远。但中央银行作为政策备选智囊团的概念正变得日益重要和有影响力……

1973年的英格兰银行是否拥有足够的脑力和独立思维来胜任这个要求苛刻的角色？《经济学人》是这样认为的："英格兰银行的高级管理人员首次在经济智慧和活力上超过了财政部。它的执行董事团队是一支非凡的队伍，思想十分原创、常常打破传统、喜欢兼收并蓄、总是令人振奋。"但这种说法可能有些夸张。克里斯托弗·道（Christopher Dow）在奥布莱恩离任前不久就任首席经济学家。他回忆道："我对英格兰银行内部经济学知识的匮乏感到惊讶。"而博尔顿在给理查森的祝贺信件中提供了一段分析，可能并不完全公平，但本质上大体正确：

你在一个很少有人愿意迎接挑战的时刻接任英格兰银行总裁的职务，你的艰难处境将暴露得更加直接。因为近年来，英格兰银行在金融城失去了很多权力和影响力。原因是多种多样的。在克罗默担任总裁之后，莱斯利·奥布莱恩在帮助恢复银行内部士气方面做了极其出色的工作。但他从未有过经验或想象力在自己周围培养一批能够在政府和外部世界产生影响的独立思考者。

博尔顿还带着善意补充道："现在的趋势是从内部提拔人员，从外部引进已经成熟的学术型思想。"[12]

"在金融城，人们认为戈登·理查森并不是一个优秀的管理者，也不

① 报丧女妖（Banshee）是爱尔兰和苏格兰民间传说角色，她的哀嚎通常预示着家族成员的死亡。值得注意的是，"奥布莱恩"家族被认为是报丧女妖最针对的几个家族之一。当然，此处报丧女妖也暗喻中央银行在某些情况下发出强烈警告，反对政府政策。——译者注

是真正的银行家，而是一个非常聪明的律师和出色的法律起草人。”理查森的任命被宣布后，金写道：这种“不是真正银行家”的评价顶多算是对了一半。理查森于 1915 年出生于诺丁汉，父亲是当地一位富有的杂货商。理查森在剑桥大学攻读法律，后来成为伦敦一名成功的公司法律师。1955 年，他决定前往金融城碰碰运气，于两年后加入施罗德银行，并在 1962 年成为该行负责人。在接下来的十年里，他将该行经营得十分成功。根据金融城客户和密切观察者查尔斯·戈登（Charles Gordon）的说法：“他把这家银行变成了金融城运作最顺畅、最优秀的投资银行之一。其总体基调是‘全面扩张、低调运营、少有吹嘘’，但成绩斐然。”作为一个本质上出身一般、努力打拼的人，理查森对金融城的伊顿做派没什么兴趣。他喜欢说诸如“今天让我见到摩根·格伦费尔的客户，明天他们就会成为我的客户”之类的话。他刻意追求卓越，尤其是追求高素质人才，并与政界和工业界的领袖们建立广泛联系。他渐渐被视为金融城未来的领导者，因为他恰好符合精英领导阶层的标准。安东尼·桑普森在 1965 年曾钦佩地写道：“理查森是一位非常专业的银行家。虽然冷酷但很公正，反对裙带关系。他治下董事的身份遍布众多领域，从皇家芭蕾舞团到劳埃德银行。”毫无疑问，理查森是一位优秀人物。得益于英俊的外貌和威严的气质，他看起来比实际身高要高得多。

理查森被所有同事一致认为的主要缺点，是作为一名律师不愿在没有充分信息和充分讨论的基础上做出决定。一位英格兰银行的同事甚至将他比作托马斯·哈代（Thomas Hardy）笔下的芭思希芭（Bathsheba）①：“她向牧师咨询财务问题，向律师咨询医疗问题，向医生咨询商业问题，以此类推。而戈登通常会就各种问题大量咨询英格兰银行高级人员。”然而和诺曼一样，理查森最大的优点在于那种充满魅力的权威感。克里斯托弗·道在理查森担任总裁期间，曾私下撰文巧妙地描述了这一点：

> 每天早上第一次见到他时，无论他多么忙碌或心事重重，他几乎总是微笑着对我说：“早上好，克里斯托弗。”这似乎是一件小事，但我们大多数人只是点头致意，然后继续自己的思绪。我相信

① 芭思希芭（Bathsheba）是托马斯·哈代小说《远离尘嚣》中的人物。作为女农场主的芭思希芭在三个男人之间周旋，迷恋于他们的不同特质。值得注意的是，芭思希芭其实与拔示巴同名（翻译习惯不同），而拔示巴在《圣经》中与大卫王通奸生下所罗门王。托马斯·哈代是 19 世纪至 20 世纪的英国诗人、小说家，其他代表作有《德伯家的苔丝》《无名的裘德》《还乡》和《列王》等。——译者注

> 这种持续的礼貌不是无意识的，而是经过有意识的努力和训练的。我记得总裁曾对我说："我经常发现 X 和 Y 让我很恼火。然后打断自己说'如果我允许自己感到愤怒，这将使我非常愤怒'。"无论他要发表的讲话多么简短，如在有重要客人的午餐或晚餐，他的措辞总是经过仔细推敲，发音抑扬顿挫。在工作时间里，他从未放弃这种优雅的举止。当他在会议上提出讨论某个话题，或总结刚刚进行的讨论时，他的语言总是平稳而优雅，不像我们大多数人那样结结巴巴。这种优雅给他带来对事件的掌控感，提升了他的权威，就像一个骑术高超的骑手一样。

尽管如此，克里斯托弗·道补充道："正因为他对我们始终彬彬有礼，他也希望我们对他时刻保持关注，却并不在乎我们是否忠诚，就像法王路易十四①一样。"实际上，还是和诺曼一样，理查森内心的钢铁意志从未消失。根据保守党政治家乔克·布鲁斯－加迪恩（Jock Bruce-Gardyne）的记录，巴克莱银行董事长曾有一次对理查森说："你知道吗，英格兰银行并不总是对的。"理查森的蓝眼睛中闪过一丝光亮后问道："哦？什么时候不对了？"董事长回答："当你们还未认可我们的文件时。"理查森则用无懈可击的用双关语回应："那（些文件）还有待观察（审查）②。"[13]

无可争议的是，理查森就任总裁的 1973 年 7 月是一个极其艰难的时刻。在任职的前 3 个月里，他两次向清算银行发出"指导意见"："如果不加以控制，个人贷款可能成为'竞争与信贷控制'的阿喀琉斯之踵③"。然而，经济政策基本现实是希思、彼得·沃克（Peter Walker）及其他几位部长依然抱着一丝希望。希思的传记作者后来写道："尽管大宗商品价格暴涨、贸易赤字令人担忧、英镑汇率一再下跌，政府似乎仍在做出决定

---

① 法王路易十四（the Grand Monarch，1643 年至 1715 年在位）无论言行起居还是穿着服饰都极其优雅庄严。据说他要求贵族们每天衣着华贵地聚在凡尔赛宫，他会关注每一个人并要求得到回应，从而使他们远离地方并逐渐失去地方权力。当然，很难说英国人克里斯托弗·道在此处提到路易十四是否公正。实际上，路易十四空前加强了中央专制王权，使法国一度称霸欧洲。——译者注

② "那还有待观察"（That remains to be seen）同样还有"那些文件还有待审查"的意思。理查森用这句话同时回应了巴克莱董事长的两句话，回击了对方似乎存在的唐突。——译者注

③ 阿喀琉斯之踵（Achilles heel）即致命弱点、薄弱环节。阿喀琉斯是希腊神话英雄，其母亲抓着他的脚后跟将其沉入冥河，使其获得不死之身。因为脚后跟没有浸过冥河水，后来阿喀琉斯在特洛伊战争中因被射中脚后跟身亡。——译者注

的边缘。”然而，从10月起一切都变了。首先是埃及入侵以色列①，接着是油价的惊人上涨。终于，巴伯在11月15日通知理查森，是时候收紧货币供应了。但政府还有一个关键条件，即首相坚持要求必须在不提高利率的情况下进行。命令就是命令。但第二天，总裁在财政部的一次会议上指出：“货币政策几乎已经使尽了浑身解数。部长们对这一领域的问题严重缺乏理解。要实现系统潜在流动性的大幅减少非常困难。”。当月晚些时候，沃克强调了“油价进一步上涨对世界经济的威胁”。理查森不得不访问沙特阿拉伯，但收效甚微。石油输出国组织（欧佩克，OPEC）在圣诞节前夕宣布原油价格将从每桶5.10美元涨至11.65美元。这一价格是阿拉伯－以色列战争前的4倍。

到了这个时候，英格兰银行不情愿地提出了一个解决方案，以满足政客们的愿望。这个主要由查尔斯·古德哈特设计的方案，由巴伯在12月17日的紧急小型预算中公布。就在此前不久，希思在电视上宣布为了节约电力供应，将实施每周工作3天的政策。根据古德哈特的回忆，这个解决方案被英格兰银行的吉尔伯特·伍德（Gilbert Wood）称为“紧身衣”，即用外部限制掩盖内部松懈。解决方案的官方名称为“补充特别存款安排”，它标志着为期两年的全面“CCC”时期结束。该安排要求各家银行在有息存款增长超过特定速度时，就必须向英格兰银行存入无息存款。巴伯的继任者丹尼斯·希利（Denis Healey）曾轻蔑地评价这一方案是“太过原始的想法”。但古德哈特或许有理由认为这是对一个棘手且无法回避问题的“最佳解决方案”。多年后他依然坚持这一观点。[14]

1973年底前的最后几周，“紧身衣”并不是理查森或其副手贾斯珀·霍洛姆的主要关注点。相反，他们关注的是次级银行日益紧张的状态。自20世纪60年代末以来，次级银行蓬勃发展，但现在由于不谨慎的贷款和对快速增长银行同业批发市场的高度依赖，突然变得脆弱。“伦敦和郡级证券公司”是第一个“矿井中的金丝雀”②。该公司由自吹自擂的杰拉尔德·卡普兰（Gerald Caplan）经营，自由党领袖杰里米·索普（Jeremy Thorpe）也在其董事会中。12月初，该公司陷入严重困境。在英格兰银行的帮助下，国民威斯敏斯特银行进行了主要救助，声誉更好的次

---

① 即第四次中东战争。发生于1973年10月6日至10月26日。——译者注

② 矿井中的金丝雀（The canary in the coal mine），比喻早期预警信号、危险的先兆。19世纪末，人们把对有毒气体非常敏感的金丝雀带进矿井充当“哨兵”，金丝雀状态不好时工人就会撤离。——译者注

级银行第一国民金融（First National Finance）也参与其中。紧接着，另一家次级银行也陷入困境，那就是雪松控股（Cedar Holdings）。该公司专门从事次级抵押贷款业务，自 1971 年上市后业务质量急剧下降。更重要的是，巴伯 12 月 17 日的紧急措施，即通过立即生效的信贷管制和开征开发增值税遏制房地产投机者，对于曾大量借款给地产投机者的次级银行而言，立刻被认为是潜在致命打击。在圣诞节前的一周，次级银行危机全面爆发。按照当时的传统惯例，这场危机并未暴露在公众面前。[15]

12 月 19 日星期三，贴现办公室的詹姆斯·基奥（James Keogh）于 14 日成立的"边缘银行常务委员会"召开了第四次会议，成员包括英格兰银行、四大清算银行和威廉姆斯 – 格林银行（Williams & Glyn's）的代表。由于基奥缺席，其副手罗德尼·加尔平（Rodney Galpin）主持了会议。经过对一些次级银行困境的讨论（包括第一国民金融和雪松控股），会议开始讨论关键议题。国民威斯敏斯特银行的西德尼·怀尔德（Sidney Wild）提到："我们建议设立一个支持基金，以便为可能需要的联合救援行动提供潜在的大规模援助。援助数额可能远超 10 亿英镑，这绝非夸张。"这一建议很可能是在其勇敢而又精力充沛的总经理亚历克斯·迪布斯（Alex Dibbs）指示下进行的。这就是后来"救生艇"（Lifeboat）的起源。此时距离上一次使用类似"船只"的工具拯救巴林银行已过去 83 年。当天下午，理查森在与清算银行董事长的秘密会议上提到了一项全面支持行动的可能性。与此同时，在那个令人难忘的星期三从白天到黑夜，英格兰银行召开了一系列会议，专门寻求方法阻止雪松控股立即倒闭。休·詹金斯（Hugh Jenkins）作为国家煤炭委员会养老基金的投资经理和雪松控股的四大机构持有者之一参加了会议。他回忆道："理查森和霍洛姆的表现都极为出色。他们非常清楚问题的本质。他们的冷静令人印象深刻。他们冷静而坚定。"特别是霍洛姆警告雪松倒闭将产生的多米诺效应，起到了关键效果。唯一破坏英格兰银行整体表现的是，当雪松的主要犹太裔董事们在楼下等了几个小时后才被叫上来参加讨论时，英格兰银行不合时宜地给他们提供了火腿三明治①。周四早晨，雪松控股的援助方案公布。但这并没有安抚到金融城，反而加剧了人们对这样一家大公司倒闭的恐惧，导致许多次级银行股价大幅下跌。

不过，援助已在路上。12 月 21 日和 27 日，英格兰银行召开会议。总裁利用他强大的说服力，成功地让清算银行董事长们接受了联合支持行

---

① 犹太教禁止食用火腿。——译者注

动的原则。“救生艇”正式启动。英格兰银行同意提供 10% 的资金（最初建议为 7.5%），其余部分由清算银行分担。由霍洛姆主持的第一次控制委员会会议于 28 日举行，会议讨论了 20 家次级银行的处置措施。“救生艇”可能并非英格兰银行的主意，但英格兰银行迅速采纳了它，并深深打上了自己的烙印。事实上，霍洛姆在 12 月 20 日关于“救援行动”的备忘录中仍在考虑替代方案。“我们不得不支持一些本身并不值得支持的机构。事实上，这些机构超出了英格兰银行的监管职责范围。”5 年后，理查森公开解释道：

> 但我觉得，当看到危机来临时，英格兰银行有必要将支持范围扩展到其负责的严格意义的银行体系之外，扩大到存款机构，因为那里发生的崩溃可能波及整个银行体系。事实上，我们不得不将支持范围扩展到更大，包括一些声誉良好的银行业机构，这表明我们当时觉得自己身处危险的判断是正确的……我毫不犹豫地说，如果再次令人遗憾地面对同样的情况，我会采取相同的战略立场，并以同样的方式行事……

这是一份合乎逻辑且在许多方面令人信服的解释，但不可避免地存在反对意见。“救生艇”启动几个月后，金记录道：“博尔顿认为次级银行应该被允许破产。”1974 年 10 月，《银行家》杂志指出，一些银行家认为这一行动从一开始就是错误的，更多的“烂苹果”应该被允许掉到地上。一年后，工党议员弗兰克·胡利（Frank Hooley）写信给理查森，宣称整个援助行动似乎向英国的金融“聪明人”表明，他们不必太担心未来的不当或可疑交易，因为最终英格兰银行将介入并拯救任何彻底公开的丑闻。[16]

到 1974 年 8 月，由活跃的霍洛姆主持的控制委员会已经召开了 50 多次会议。到 1975 年 6 月，会议次数达到了 100 次（有时也值得喝一杯）。正如预料中的那样，“救生艇”行动是一个复杂的故事，充满了怨恨、冲突，以及更高尚的动机。例如，仅仅几周后，劳埃德银行的埃里克·福克纳（Eric Faulkner）告诉霍洛姆：“劳埃德的同事们对英格兰银行的动机存在相当程度的不理解，对英格兰银行支持第一国民金融的帕特·马修斯（Pat Matthews）感到惊讶，毕竟马修斯是他们相当大的竞争对手，并且不是所有人都喜欢马修斯。从马修斯的记录来看，他也不值得被喜欢。”事实上，福克纳甚至怀疑英格兰银行试图通过支持第一国民金融“打造伦敦的第六家清算银行”。霍洛姆的回应颇具典型性：“虽然我并不是马修斯的狂热崇拜者，但我认为他并不像有时被描绘得那么黑暗。更重要的是，由于我们觉得不能让第一国民金融倒下或被援助者扼杀。而清算银行不愿开展一项更温和的援助行动，这实际上迫使我们介入。”他还强调：“虽然我们觉得有必要自己主导这次救援行动并打算让它成功，但我们会在主要目标达成后就尽快退出。”

超越这些担忧的是继续维持“救生艇”的运作。这一运作被霍洛姆大力推动且被广泛认同，尤其是在 1974 年房地产行业严重危机的背景下。巴克莱银行的约翰·昆顿（John Quinton）回忆道：“这实际上是为房地产市场复苏争取时间。”他还记得霍洛姆曾对清算银行家们说过：“如果我们不拯救这家银行，那么肯定会波及你们这些人。”这句话让会议气氛顿时降温 10 度，我们都应承：“好的。”在霍洛姆于 8 月同意为总承诺额设定 12 亿英镑的上限后，抱怨的声音有所减弱。这一数字与怀尔德最初的估算相差不大。到 11 月联合援助行动就已经几乎达到这一上限。最终，次级银行危机逐渐消退，一些边缘问题机构被允许倒闭。“救生艇”在 1975 年 3 月达到了 12.85 亿英镑的峰值，英格兰银行不得不承担超过既定上限的部分，之后这一数字缓慢但稳定地下降。英格兰银行所遭受的财务损失无法追溯计算，但肯定是可控的。尽管有一次（1974 年末）危机几乎波及国民威斯敏斯特银行，但卷起的风潮被遏制住了。[17]

为 20 世纪 70 年代初的金融狂热买单也涉及“救生艇”职责范围外的一些问题。值得一提的有两个问题。第一个问题是反映了那个时代典型的资产剥离和股票操纵手法的斯莱特·沃克公司。这家公司既如火箭般蹿升，又如火箭般坠落。应斯莱特的要求，基奥在 1973 年 12 月 21 日的一次会议结束后向总裁传递了信息：“斯莱特声称他拥有大量流动资金，但他显然很担心，并直言不讳地谈到了拯救‘边缘’公司以免影响到他的银行的必要性。”在接下来的一年多时间里，斯莱特公开强调“紧缩”的好处。但当他在 1974 年 12 月请求将斯莱特·沃克公司列入英格兰银行的合格机构名单时，遭到了拒绝。霍洛姆宣称：“在我们看来，资格认证需要经过相当长时间的积累。只有当一家公司的承兑业务被贴现市场认为质量足够高时，才能考虑给予资格。”1975 年成为关键的一年。3 月，斯莱特拜访理查森，告诉他自己已经收到了泰尼·罗兰（Tiny Rowland）的朗豪公司（Lonrho）关于收购斯莱特·沃克的接洽请求。英格兰银行的会议记录中写道：“他认为我们不会同意。我们确认了这一点。”两个月后，斯莱特仍然很受欢迎。副首席出纳罗德尼·加尔平接受了他的邀请，参加了斯莱特·沃克公司在多切斯特酒店举行的鸡尾酒会。而到 10 月，斯莱特突然经英格兰银行同意宣布从伦敦金融城退休，由詹姆斯·戈德史密斯（James Goldsmith）接管公司。由英格兰银行支持的斯莱特·沃克公司又勉强支撑了两年，直到1977年进行了一次重大重组。英格兰银行在承担被广泛批评的巨大开支后，接管了其银行业务部门，并逐步缩减规模。其他业务部分则以另一个名字重组。到了这个时候，这位小股东们口中曾经的"大师"似乎已经很久没有被提起当年可能加入董事会的事了。

第二个问题同样带有争议性，那就是皇家代理人公司（Crown Agents）的管理不善和建议不当。这家公司在1974年突然向陷入困境的房地产公司提供巨额贷款，尤其是匈牙利裔威利·斯特恩（Willie Stern）领导的斯特恩集团。皇家代理人在随后不久倒闭，需要政府援助。这不可避免地引发了有关追究责任的争论。1977年，由法官埃德加·费（Edgar Fay）主持的调查委员会在报告中指出："我们理解英格兰银行独立于政府，但它是政府与金融城的主要联系人。我们认为英格兰银行在这件事上应该扮演了更重要的角色。"然而，霍洛姆对此丝毫没有悔意。他称该报告是"一部讲述皇家代理人如何不知深浅地涉足各类投机冒险的恐怖故事"。他还在这份打字机书写的备忘录的最后直言："对我们来说，皇家代理人公司自始至终都是政府体系的一部分，应当由财政部和政府管理和监督。"在这份情绪明显激动的备忘录中，副总裁还亲笔补充了一句话："英格兰银行不应像委员会有时似乎认为的那样，被仅仅视为政府机器的附属部分。"[18]

1973年至1974年的事件必然对监管带来了重大影响。1974年6月，总裁向财政部常务秘书道格拉斯·瓦斯（Douglas Wass）解释说，他的目标是"稳步前进""因为急躁和戏剧化会对信心产生不利影响"。接下来的一个月，历史悠久的贴现办公室被关闭。基奥因试图从许多方面监控边缘银行而未能获得支持，成了替罪羊。新成立的银行监管部门取代了贴现办公室。该部门由粗鲁务实的乔治·布伦登领导，人员配备大大增加。几周之内，英格兰银行就逐步从信任、非正式和依赖个人判断等传统方式转变，开始要求所有银行定期提交审慎报表。布伦登回忆说："这对他们来说是个巨大的解脱。他们都很高兴。除了一个银行……最古老的霍尔银行（Hoares Bank）。"霍尔银行的董事长在收到将被监管的信件后打电话给我："这太荒谬了，我们不想填表格，你们也不想浪费时间看表格，我们也不想去英格兰银行接受面谈。为什么你们不同意每季度来和我们共进午餐呢？"在新的规定下，这样的提议是不可能被接受的。况且，此时国际监管形势也发生了变化。1974年6月，德国一家主要私人银行赫斯塔特（Herstatt）的倒闭促使理查森主动出击，在下一个月的国际清算银行巴塞尔会议上，劝说其他中央银行接受“父母责任”原则。即每个中央银行负责监督其国内银行设立的外国分支机构。最终，财政部主导了新监管的最后一块拼图——《1979 年银行法》。尽管制定该法花费了相当长的时间，但它正式确立了英格兰银行领导下的双层监管体系，实际上有效区分了“严格意义上的银行”和获得许可的存款机构。几乎可以肯定，理查森希望将老牌银行排除在外。但当时的财政大臣希利务实地告诉他：“听着，我做不到。我也很想那么做，但你们不能有这个要求。”[19]

在 1974 年这样一个充满危机管理和政治经济戏剧的年份里，1979 年看起来还很遥远。猖獗的通货膨胀、残酷的熊市、工党赢得两轮大选[①]。1974 年的短短 12 个月中发生了一系列事件，最终因为新年夜一项声明而达到高潮。在阿斯顿・马丁（Aston Martin）破产后的第二天，伯马石油（Burmah Oil）将不得不由英格兰银行代表政府进行援助。这一举动可能是出于维持英镑及伦敦作为国际金融中心地位的考虑，但也使英格兰银行受到了严厉但也许不公正的批评。部分公众认为英格兰银行购买了近 7800 万英镑伯马石油持有的英国石油（BP）股票，这对现有的伯马股东是不公平的。影子能源部长帕特里克・詹金（Patrick Jenkin）甚至在下议院宣称，这对英格兰银行作为最后贷款人的“信誉和独立性”造成了“持久的伤害”。然而，在 20 世纪 70 年代中期，大多数政治批评都集中在工党身上。其对金融城的敌意达到了甚至可能超出了金融城对工党的敌意。英格兰银行试图平息激动情绪。1974 年 7 月，证券交易所主席向霍洛姆展示了他对工党的公司法改革征求意见稿的回应草本。霍洛姆对此记录道：“当然，文件的基调要由他们决定。但我表达了我的想法。我认为冷静地回应可能更有效。”

理查森与好斗的财政大臣丹尼斯・希利之间的关系如何？1974 年 6 月，距离第一轮大选仅 3 个月，希利在访问英格兰银行前要求：“与金边市场和日常市场一线交易员、首席出纳，以及贴现办公室负责人讨论他们对贴现市场和银行的一般性职责。”还希望：“和直接接触工业的英格兰银行人员会面。”当然，英格兰银行在财政部的内线向总裁保证，这些会议“可能不过是财政大臣想要展示友好姿态”。总裁没有反对希利的要求，仅在内部会议上表示：“不介意让银行系统表现得更出色一些，以获得财政大臣的好感。”总体而言，这被证明是一种非常可行的相处方式。

① 指 1974 年哈罗德・威尔逊的工党战胜保守党并选举获胜。——译者注

虽然一开始希利对英格兰银行坚守诺曼时代的所谓“秘密”感到不满，理查森也对希利坚持与金融城关键人物建立个人联系感到困扰，但双方逐渐发展出了强烈的相互尊重。这种尊重可能在早期阶段就得到了加强，因为彼此很快都认识到对方也是在边工作边学习。无论如何，不用说希利面临如此多的左翼敌人，更不用说他还面临极其困难的宏观经济形势，他几乎不会寻找不必要的对手。财政部的道格拉斯·瓦斯回忆道：“尽管他可以相当粗暴，出拳猛烈，但在处理涉及总裁的重大问题时，他是非常谨慎的。他一次又一次地倾向于接受总裁在货币问题、资本市场问题或金边债券问题上的意见，而不是财政部的意见。我觉得这不是因为他认为总裁拥有更大的智慧，而是因为他认为这不值得一争。”[20]

虽然文件记录有些不完整，但可以感觉到理查森在担任总裁的第二年变得越来越自信和果断。转折点可能出现在 1974 年 12 月中旬。当英镑遭遇困境并迫使英格兰银行在外汇市场上投入约 10 亿英镑时，他坦率地告诉希利，时机已到，需要新的经济战略。这实际上意味着减少公共部门借款需求（PSBR）并实施法定收入政策。希利从财政部顾问那里得到了相同的信息，很快就基本接受了这一建议，尽管他的同事们大约用了 6 个月时间才基本同意。这对希利而言意味着他有意识地否定了自己的凯恩斯主义假设。在通货膨胀仍在飞速上涨的情况下，总裁在 1975 年 3 月对财政大臣希利的副手埃德蒙·戴尔（Edmund Dell）说：“现在每个人都承认你们是我们目前能够拥有的最佳政府。可是你们为什么要做那么多愚蠢的事情？国家企业委员会（NEB）根本没有一点用处……”接下来的一个月左右，连续的高通胀工资协议表明，被大肆吹嘘的政府与工会社会契约（关于自愿限制工资）最终破裂。但到了 6 月初，欧洲共同体公投顺利通过①，使得首相哈罗德·威尔逊终于愿意挑战自己党内的左翼。

几周后爆发了一场严重的英镑危机。这对威尔逊来说、对希利来说，甚至可能对英格兰银行来说，都是最好时机。在 12 日，来自博尔顿的消息称：“最近对英镑的攻击中心是法兰克福的德累斯顿银行（Dresdner Bank）。”该银行的发言人声明“英国正在崩溃”。接下来的一个星期，理查森告诉财政部：“外界观察者感到困惑的是政府为何反应如此迟钝。”不久之后，在唐宁街的“啤酒和三明治”②会议上，铁路工人赢得了 30%

① 1975 年 6 月英国举行第一次“脱欧”公投，67.2% 的民众选择“留欧”。——译者注

② 当时威尔逊尝试用“啤酒和三明治”这种工人常见的午餐作为与工会领袖套近乎的手段。——译者注

的工资和解。在6月最后一天，英镑暴跌，英格兰银行却几乎没有做出任何干预。希利简洁地记录道："理查森与瓦斯在一起。英镑崩溃了。我告诉他去见首相。"理查森确实去了唐宁街10号。就在不久之前，威尔逊向顾问伯纳德·多诺霍（Bernard Donoughue）预言："我们正处于剧本的关键时刻。英格兰银行总裁将从舞台右侧登场（意思是总裁将扮演关键角色）。"多诺霍记录下了这位"傲慢和具有贵族气质"的来访者的话："这个政府的全部信誉都没了……我们必须结束这种寻求他人、工会、工党合作和赞许的胡闹行为。我们必须立即行动。"威尔逊脑海中无疑闪现出了克罗默的影子。但1975年与1964年不同，政府确实按照理查森的愿望采取了行动。它于7月11日发布了一份"反通胀白皮书"，其中包括一项收入政策。

未来会怎样？福德在白皮书发布前不久写给总裁的备忘录中反思道："过去两三年的可怕经历应该给我们提供了一个独特的机会，不仅可以更清楚地看到复苏阶段即将面临的货币问题，还可以获得并保持政府和公众对必须采取的货币和财政政策的支持，以克服这些问题。"他补充道："尽管如此，虽然机会可能是独特的，但实际上可能并不容易把握住。"[21]

在政治和经济动荡的背景下，贯穿整个20世纪70年代中后期的是伦敦金融城与英国工业之间的紧张关系。理查森由于结识了许多工业家并保持着私人联系，因此做出了建设性的回应。[22]与两次世界大战之间的诺曼一样，他竭尽所能使政府不介入其中。这种建设性的回应主要包含三个方面。第一，他向通常不情愿且有时左右为难的清算银行施加压力，寻求扩大工业金融集团（FFI）的作用。FFI是工商业金融公司（ICFC）和工业金融公司（FCI）最近合并的产物。第二，他在1975年聘请了具有传奇色彩的会计师亨利·本森爵士（Sir Henry Benson）担任英格兰银行的工业顾问，并成立了一个工业金融部。其初期的主要目标是通过主要机构投资者的影响来改善公司治理。第三，他同样通过本森，于1976年启动了"工业股权资本"项目（ECI）。这个英格兰银行孵化的项目，却很难获得伦敦金融城的略微支持。总体而言，有证据表明这三项举措取得了一定成果，但远未能带来根本性改变。英格兰银行对工业金融的贡献属于威尔逊委员会的职责范围。该委员会由前首相担任主席，于1980年最终提交了关于金融机构相关运作的报告。该报告对英格兰银行持部分肯定态度，主要批评之处在于质疑英格兰银行是否具备足够的"员工经验和资质

以应对其日益增加的责任”。[23]

对于英格兰银行、金融城和工业界来说，高通胀带来的灾难是一个无所不在且占主导性的难题。这一时期的高通胀虽然未达到魏玛①（Weimar）的水平，但在英国民众记忆中也是前所未有的。到 1975 年 9 月，通货膨胀的年增长率接近 25%，英格兰银行内部围绕通过货币总量目标来控制通胀的激烈讨论已经全面展开。克里斯托弗 · 道指出："普遍的感觉是我们缺乏关于货币政策的哲学。如果我们能达成共识，知道我们真正相信什么，我们就可以开始向公众传达这些理念。"约翰 · 福德、基特 · 麦克马洪和道都发表了意见，尽管他们的出发点都不是坚定的货币主义者，但他们的同事查尔斯 · 古德哈特却是。

其中最主要的、有些令人痛苦的发言来自福德。他指出："毫无疑问，在经济政策领域有一些相当有名望的人士会因为货币增长加速而采取一些行动，而这些行动正是每一个开明的需求管理者（即凯恩斯主义经济学家）完全拒绝的。"他指出，近年来的高通胀使得货币主义者站在了与需求管理者不同的宏观立场，并指责和攻击后者未能认识通胀问题的本质并予以解决。他将凯恩斯主义者与货币主义者之间的争论形容为"聋人的对话"。他认为最终的"经济目标"是"防止通胀摧毁我们的整个政治经济结构"。他承认无法评估继续实施"物价与收入的需求管理战略"在反通胀方面的可行性。最后，他还承认自己越来越"认同"货币主义的立场，至少在某种程度上认为银行可以部分采用这种立场，作为在物价、收入和公共部门借款要求方面满足大多数人愿望的一种手段。道的回应则更为务实。他提出了一个"非货币主义的货币主义立场"。至于麦克马洪，他指出"货币政策将有可能成为一个脆弱的工具"，但他仍然主张"深吸一口气后从现在起尽可能严格控制货币供应"。这场内部辩论远未结束。它在 1975 年至 1976 年的冬季以及之后继续进行，但显然局势也在发生变化。虽然理查森暂时拒绝完全采取某一立场，但非常重要的是，他在 1976 年 3 月特别请求希利在即将发布的预算中加入"货币政策的明确声明"。[24]

这一请求是在 3 月 30 日发出的。这是英镑跌宕起伏历史中的一个非同寻常的月份。当时的情况是，财政部与英格兰银行之间至少从前一年的 12 月起就一直存在争论。财政部希望通过大幅贬值英镑来提高英国的出

---

① 魏玛共和国，是指 1918 年至 1933 年采用共和宪政政治体制的德国。当时德国发生了历史上著名的恶性通货膨胀。——译者注

口竞争力，而英格兰银行则本能地反对这种做法。道在几个月后回忆起这一紧张局势时私下写道：

> 在一段时间里，汇率似乎停留在一个高位。财政部的观点日益明确，极为激烈地认为汇率过高，而贬值会有利于经济。财政部认为我们（英格兰银行）应该在汇率坚挺时从市场中获得更多美元，或者在汇率疲软时不那么积极支撑。或者我们不应过于急切地维持与国外利率的有利利差。英格兰银行的对外部门最讨厌财政部的不断催促："快点，把汇率降下来。"如果我们尝试降低汇率，那么我们很难不让市场发现（从而被认为操纵市场）。对交易员来说，外部事件导致汇率下跌是一回事，但故意贬低自己的汇率则完全违背了常理。对总裁和英格兰银行的其他人来说，这也近乎背叛了大家的信任……

事情在 3 月初达到高潮。3 月 2 日星期二，继前一天与希利在英格兰银行共进午餐后，理查森勉强同意了财政部制定的一项贬值策略。该策略结合了汇市干预和利率政策，以压低汇率。但在政策实施之前，市场自行接管了局面。3 月 4 日星期四下午，英镑大幅下跌，一度跌至历史低点 2.0125 美元。《泰晤士报》报道称，当时出现了"突如其来的抛售浪潮……据说主要来自伦敦"。货币交易员将这一突然的变动描述为"无法解释"。英格兰银行随后受到了希利和其他人的指责，认为它在市场下跌时抛售英镑，不必要地引发了英镑危机。英格兰银行只得为自己辩护，但很少有人倾听。英格兰银行提出 4 日的抛售是因为得知商业银行的大量买单正在推高英镑，而英镑走高会令财政部不悦。第二天，英镑交易价格首次跌破 2 美元。在接下来的两周内，贬值继续加剧。美联储在 15 日记录了一次电话交流，对象是英格兰银行的外汇顾问德里克·拜特（Derrick Byatt）。拜特后来成为专注于英格兰银行钞票发行研究的历史学家。美联储记载道："拜特说英格兰银行今天已尽其所能稳定、干预和延缓英镑汇率的下跌。但无论英格兰银行做了什么，市场都不信任它……今天的跌幅在各方面都创下了纪录。这次汇率下跌是有史以来幅度最深的，下探到了 1.92 美元……总体而言，市场对于英格兰银行缺乏有关是否采取坚定立场的表态而感到极为不安。"不过，财政部得到了它想要的，即英镑大幅贬值。正如瓦斯的回忆："他们几乎不敢相信自己的运气。"至于希利，他一直对故意让英镑贬值持保留态度。但他从更宏观的角度出发，私下承认自己“心情复杂”“就跟一个看到自己的新车被岳母开着从比奇角冲下去的家伙一样”①。然而，英格兰银行的心情并不复杂。它明显感到自己在外汇市场的声誉，以及维持市场秩序的能力，已经受到严重损害。[25]

1976年4月初，詹姆斯·卡拉汉成为唐宁街10号的新主人。他曾经回忆了与理查森的首次会面：

> 那就像是回到了12年前，听到了我与当时总裁克罗默的谈话录音一样②。英镑汇率的下跌是对前所未有的不确定性和信心丧失的直接回应。美国对英镑的前景持悲观看法。而工业家们则表示，眼下的情况似乎是在抛售一个破产国家的资产。政府的借款需求过高，最终将挤出私营部门的投资……

眼下，卡拉汉试图将此视为“总裁的忧虑”。但事实上，外汇市场因英镑在3月初的崩盘而彻底动摇。在接下来的两个月里，英格兰银行不仅与财政部之间未能有效沟通，其内部也开始弥漫一种克里斯托弗·道所描述的“集体恐慌”。英镑汇率持续下跌，到6月3日星期四几乎跌至历史新低的1.70美元。随后，国际清算银行立即发起了一笔53亿美元的备用信贷，以帮助英格兰银行支持英镑。在接下来的那个周末，英格兰银行通过电话安排，让部分央行、国际清算银行和美国财政部参与了这项计划。值得注意的是，理查森原本更倾向于直接向国际货币基金组织寻求援助，因为这是对政府政策施加更大纪律约束的最可靠方式。希利在6月7日星期一下午正式宣布了这项计划。颇具讽刺意味的是，自1975年2月起担任反对党领袖的玛格丽特·撒切尔（Margaret Thatcher）在同一天首次访问了英格兰银行。她参加了英格兰银行的午餐会。结果正如道回忆的那样，这次午餐会是一次“灾难性”交锋。道写道：“我们当然很有礼貌，但并不喜欢她，因为她的发言总使用非常宽泛笼统的术语，几乎不给我们机会说话。我们本可以提供一些对她有用的信息。她感觉到我们不喜欢她。她事后对总裁说‘我看见他们在笑’……”当天晚些时候，她才发现英格兰银行并没有告诉她即将宣布的备用信贷计划，很明显这让她当天的心情变得更糟了。

---

① 形容既开心又难过。——译者注

② 如前文所述，詹姆斯·卡拉汉在1964年克罗默任英格兰银行总裁期间，曾任财政大臣。——译者注

这一计划勉强完成了稳定英镑的任务。随着夏季的深入，英镑兑美元逐渐升至 1.70 上方。然而，在这笔巨额贷款的背后，贷款方以及整个国际金融界都认为英国政府会利用这段喘息时间，大幅削减希利最近在预算中提出的 120 亿英镑 1976 年至 1977 年预期公共部门借款需求（PSBR）。理查森毫不留情地率先强调了这一期待。他在 6 月下旬至少两次造访财政部，要求立即削减 30 亿英镑的公共支出。在理查森造访财政部的同一时期，董事会罕见地就一项高级别政策展开了实质性讨论，虽然并没有得出结论。这一讨论是理所应当的，因为理查森的要求与整个二战后社会民主"福利"协议存在巨大分歧。道本质上是一个不加掩饰的凯恩斯主义者，他记录了这个小插曲：

> 总裁错过了那次会议。因为他当时正与财政大臣讨论削减支出的问题。作为当时在场的资深董事，莫里斯·莱恩（Maurice Laing，实业家）要求董事会对理查森的成绩给予正式肯定。西德尼·格林（Sidney Greene，工会成员）看起来对此不太高兴，提出了一个含糊的问题。由于有人表达了不同意见，我觉得自己不能置身事外。虽然通常情况下，执行董事公开批评总裁是不合适的，但我还是举手发言："正如副总裁（当时主持会议）所知，我难以完全认同莫里斯·莱恩刚刚提出的意见。"副总裁出乎意料地邀请我继续谈谈看法。埃里克·罗尔（Eric Roll）随后发言。他在一开始同意我的观点，快结束时又显得有点模棱两可。接下来的阿德里安·卡德伯里（Adrian Cadbury，另一位实业家）似乎部分赞同我的观点，又或者是同意每个人的意见？最后贾斯珀·霍洛姆感谢了大家的发言。

最终，在部长们之间漫长的讨价还价之后，希利于 7 月 22 日宣布削减近 10 亿英镑的公共支出，这远低于总裁的期望，但仍然是工党在金融市场力量面前的历史性让步。财政大臣在演讲中还提到了控制货币供应的问题。英格兰银行在 3 天前递交给他的文件中明确表示，"根据我们的判断，公开宣布一个目标将有助于缓解人们对货币过度扩张的普遍担忧。因为这将使公众更清楚地了解政策承诺，并对采取必要行动以实现政策意图充满信心"。这代表着针线街内部凯恩斯主义的又一次失败。结果，希利表示，在整个财年内"货币供应量增长应控制在 12% 左右"。这是一个目标或者仅仅是一个预测？又或者介于两者之间？关于这个问题的激烈辩论持续不断。但无论它究竟是什么，无疑代表着英格兰银行朝着货币主义方向又迈出了一步。[26]

接下来的几周，英格兰银行暂时松了一口气，尽管这个国家的“园丁”和“赛场管理者”并不满意①。“拜特说，英国现在缺水意味着英镑在外汇市场上不太稳定。”他在美联储的同行在 8 月下旬旱灾暴发前不久记录道。但在 1976 年剩下的大部分时间里，很难再听到这样的笑话。

9 月初，英镑稳定在 1.77 美元左右。这主要依赖英格兰银行的大力支持，这也导致外汇储备日益持续地流失。到 10 日，工党提议将所有银行国有化，再加上即将到来的海员罢工（与 1966 年有相似之处），导致英镑下跌了约 3 美分。政府指示英格兰银行暂时停止支撑英镑的资金消耗，因为卡拉汉仍希望用储备金偿还备用贷款。希利则将最低贷款利率提高至前所未有的 13%，以试图重新启动因夏季的所谓“金边债券市场罢工”而停滞的金边债券销售。英镑继续下滑，到 24 日星期五时几乎跌至 1.70 美元。当天，英格兰银行的罗杰·巴恩斯（Roger Barnes）向美联储抱怨：“市场似乎陷入了对英国事态发展的过度悲观反应陷阱中。”他认为这是外汇交易商的非理性行为。接下来的那一周让人难忘。9 月 27 日星期一，当工党在布莱克浦举行的大会上通过了一项反对进一步削减公共支出的决议时，英镑跌至 1.68 美元。次日，希利在日记中简洁地记录了当天的戏剧性事件：“上午我打包了行李。英镑继续大幅下跌。戈登在我离开唐宁街前赶到。整个上午英镑都在下跌。我到达了机场，却又决定留下，返回了伦敦。一连串的会议，3% 的损失。”希利和理查森本计划当天从希思罗机场飞往马尼拉参加国际货币基金组织的会议。财政大臣的行程还包括途经香港出席英联邦财政部长会议。总裁则计划途经东京。然而，二人都没有离开希思罗机场。理查森在机场劝说希利一起返回财政部。他认为财政大臣离开市场长达 17 小时的风险太大。市场将英镑价格定在略低于 1.64 美元，在 4 天的交易中下跌了 8 美分，并似乎正在不可阻挡地朝着 1.50 英镑前进。[27] 再下一日，即 29 日，希利不情愿地宣布向国际货币基金组织申请 39 亿美元的援助。这是当时有史以来最大的一笔申请，必然会比 6 月的备用信贷附带更多、更严格的“条件”。

10 月是一个紧张而混乱的月份，人们在等待国际货币基金组织谈

---

① 这是一个笑话。人们通常把货币流动性比喻为“水”。政府缩减开支一般会降低社会的货币流动性，下文的“缺水”“旱灾”就是指代这一事实。同样，依赖浇灌用水的“园丁”和“赛场管理者”不会喜欢“缺水”。“园丁”和“赛场管理者”又在暗喻政府。——译者注

判小组抵达伦敦。7 日，财政大臣接受了理查森的建议，将最低贷款利率（MLR）提高到在政治上具有灾难性的 15%。根据希利的回忆，理查森认为这是“出售足够的金边债券以控制货币供应”的唯一途径。这一策略颇具争议。怀疑论者开始将英格兰银行戏称为“约克老公爵”①。福雷斯特・卡皮对此评论说：“这种策略通过提高最低贷款利率来提振金边债券的低迷销售，希望随之而来的收益率上升会吸引买家。然后英格兰银行通过人为操纵短期利率的趋势性下滑来维持金边债券投资者的兴趣。”然而，最持怀疑态度的观察者莫过于工党的后座议员杰夫・鲁克（Jeff Rooker）。他在 MLR 上调后不久提出了一项禁止投机法案，主要针对货币和商品投机。他指控英格兰银行“是在叛国式地管理货币市场”。相比之下，10 月 21 日的市政厅演讲中，工党的财政大臣和英格兰银行总裁表现得完全一致。前者明确坚持对货币目标的承诺，即对广义货币 M3② 的控制。后者对此表示强烈支持。这是一场精心策划的表演，目的是安抚市场。《金融时报》的塞缪尔・布里坦对此嗤之以鼻，称其为“无法让人信任的货币主义”。布里坦宣称：“他们只是受海外舆论的影响才效率低下地采取了姗姗来迟的货币供应政策。他们并不是真心支持，因此执行得很糟糕。”无论如何，这场表演很快就被所谓的“安息日雷鸣”③所掩盖。10 月 24 日星期日，《泰晤士报》报道国际货币基金组织计划将英镑汇率设定为 1.50 美元，导致次日英镑大跌 7 美分，至 1.55 美元。到 28 日星期四，英镑跌至 1.53 美元的历史新低。巴林银行在 10 月底的报告中毫不夸张地指出：“动荡无处不在，讨论变得混乱。汇率在越来越大的区间内波动，似乎随时可能被吹向任何方向。”

11 月 1 日，国际货币基金组织代表团抵达伦敦。代表团由一位英国人艾伦・威特姆（Alan Whittome）率领。他曾于 1951 年至 1965 年在英格兰银行工作，担任副首席出纳，之后转投国际货币基金组织。他的讣告将他描述为：“优雅、礼貌但坚定，冷幽默。”在接下来的 6 周中，威特姆的团队与政府进行谈判，然后再由政府内部继续磋商。在此期间，英镑

① “约克老公爵”（Grand Old Duke of York）是一首英国儿歌，歌词描述了约克老公爵带领军队反复上山、下山，最后停在半山腰。怀疑论者可能是在形容英格兰银行操纵市场。——译者注

② M3 是中央银行以金融资产流动性的大小为标准确定的货币供给统计口径之一。对于英格兰银行大体而言，M0= 流通中的现金，包括纸币和硬币；M1=M0+ 金融机构活期存款；M2=M1+ 商业银行定期存款和储蓄存款；M3=M2+ 其他金融机构定期存款和储蓄存款；M4=M3+ 其他短期流动资产。——译者注

③ 基督教的安息日即星期日。“安息日雷鸣”指后文《泰晤士报》引发动荡的报道。——译者注

基本保持稳定，主要在 1.62 美元至 1.67 美元之间波动。随着一系列削减支出以换取国际货币基金组织巨额贷款的协议逐渐明朗，英镑价格略有上涨。英格兰银行在这一过程中似乎处于边缘地位。道回忆说："总的来说，在这个关键时刻部长们没有受到英格兰银行和财政部官员们的丝毫影响。曾经有传言说，这些官员们与国际货币基金组织官员聚在一起，共同讨论制定一个一揽子计划并向部长们推销。这些传言并非毫无根据，于是首相决定将官员们完全排除在外。"英格兰银行的主要贡献来自麦克马洪。尽管他支持凯恩斯主义，但他坚决认为政府别无选择，必须接受国际货币基金组织的"药方"以平复市场情绪。他在 11 月底反思道："如果市场认为我们做得不够，导致汇率开始下滑，那么我们就没有任何其他选择了。"因此，他向希利提交了一份文件，建议削减 20 亿英镑的支出并增加 10 亿英镑的税收。[28] 最终，希利在 12 月 15 日向下议院宣布了一揽子削减支出方案，其中 1977 年至 1978 年削减 10 亿英镑，1978 年至 1979 年削减 15 亿英镑。媒体评论普遍持批评态度，但市场反应还算积极。最终英镑以 1.70 美元的汇价结束了这一年。对于英格兰银行而言，在经历了过去漫长的 10 个月后，这算是一个尚可接受的结局。

---

20 世纪 70 年代中期，从 1973 年底的次级银行危机到 1976 年的一连串英镑危机，这段短暂的时期堪称英格兰银行历史上最动荡的时期之一，结果不可避免地是声誉受损。1977 年 3 月，美国《商业周刊》（*Business Week*）发表了一篇长文，标题为《英格兰银行的堕落》，大意是英格兰银行变得越来越高傲、冷漠、笨拙又无关紧要。文中引用了货币主义经济学家布赖恩·格里菲斯（Brian Griffiths）和欧洲债券市场的重要人物斯坦尼斯拉斯·亚苏科维奇（Stanislas Yassukovich）的言论。前者表示："如果你审视过去五年英格兰银行在技术专业方面的表现，你不得不说它是不称职的。"后者则指出："英格兰银行的独立性明显减弱。过去，财政部负责制定政策，英格兰银行负责制订战术。但现在财政部甚至已经在制定战术。"文章还指出："这是人们记忆中第一次，各银行开始无视这位老妇人（英格兰银行），直接与白厅的政府部门对话。"文章最终预言性地总结道："英格兰银行作为西方最重要中央银行的堕落为伦敦金融城的未来蒙上了阴影。"3 个月后，《商业周刊》欧洲分社的负责人在一个周六于巴塞尔向理查森道歉。理查森接受了道歉，仅评论说他认为这篇文章"愚蠢且无知"。

然而第二天，《观察家报》（*Observer*）刊登了一篇题为《松懈的针线街老妇人》的重要抨击文章。作者罗伯特·赫勒（Robert Heller）和诺里斯·威拉特（Norris Willatt）试图描绘一个“在太多马匹已经逃跑之后才关上马厩门”的机构。文章将导致次级银行危机的监管松懈、货币供应的通胀扩张以及英镑在外汇市场上的不幸经历都归咎于英格兰银行，因为它缺乏问责机制。“没有任何重要人物在公众面前被问责”。10月，《卫报》有影响力的政治评论员彼得·詹金斯（Peter Jenkins）进一步批评了理查森在市政厅发表的带有货币主义色彩的演讲：“在实际影响上不可接受，在精神上也过于自负，还突显了英格兰银行不令人满意的宪法地位。”他宣称：“货币供应的自主权是不切实际的想法，在精神上也是反民主的。”他提到了诺曼时期的通货紧缩幽灵。他还补充说：“英格兰银行过多地为金融城利益游说，无法履行保守党设想的更独立角色，或无法有效地作为政府的代理人。”詹金斯在文章中没有明确提及理查森第二个五年任期的续任问题。但在那个秋天的某个时候，用道的话说：“他进行了一场针对理查森连任的非常猛烈的个人攻击，持续了一到两周。”希利和卡拉汉可能有所犹豫，但在1978年初，总裁还是最终被正式宣布连任。[29]

实际上，有证据表明，即使在20世纪70年代中后期，尽管管理浮动汇率而不是捍卫固定汇率让英格兰银行更容易受到各方干预和政治影响，但包括理查森本人在内的英格兰银行仍然保留了相当大的权威。1976年初的奥瑞恩事件（Orion episode）就是总裁经典的“扬起眉毛”态度的好例子。当时英国电力委员会的一笔大规模债券发行，由奥瑞恩银行牵头的承销团负责。奥瑞恩银行严重依赖阿拉伯资金，并试图将罗斯柴尔德家族和沃伯格家族排除在承销团之外。这两家犹太银行愤怒地向理查森投诉。理查森立即召见了奥瑞恩银行的威廉·德·盖尔西（William de Gelsey），要求他停止发行。后者抗议说已经太晚了。理查森反驳道：“我认为你会发现还不算太晚。”奥瑞恩别无选择，只能迅速改变安排，寻找其他贷款人，并让罗斯柴尔德家族和沃伯格家族加入承销团。还有1977年6月出售英国石油公司（BP）股票的事件。这些股票是在伯马石油受到援助后进入公众手中的。当时，这是全球有史以来最大的一笔股票发行（5.64亿英镑）。但在6月13日星期一下午，发行在最后时刻遇到了一个严重阻碍。845便士的承销价已经确定，但仍需要政府的最终批准。此时，理查森被要求前往唐宁街10号，并被告知部分内阁成员反对这笔交易。面对这一情况，理查森打电话给政府经纪人汤米·戈尔·布朗（Tommy Gore Browne），询问不继续发行的后果。戈尔·布朗强硬地回答说，即使是 24 小时的延迟也可能会导致发行推迟数月。当天晚上，随着伦敦上空雷雨开始聚集，负责 BP 股票发行的金融城关键人物们都在等待理查森的一个电话，而理查森也在等待电话响起。最后，正如理查森的私人秘书所记录的那样："财政大臣在晚上 8:30 打电话给总裁，报告说首相极不情愿地同意按建议价格 845 便士进行出售。"理查森随即打电话给戈尔・布朗，告诉他可以继续。第二天，782 家机构成功承销了此次发行。此外，英格兰银行还成功抵制了与指数挂钩的国债和招标销售。这导致多诺霍在唐宁街 10 号的政策小组评论称："显然，英格兰银行认为自己的工作模式是完美的，与别人无关。"[30]

尽管发生了上述事件，但英格兰银行的权威可能还是有所削弱。在金融城内，所谓的"萨拉贝克斯事件"（Sarabex affair）是一个重要信号。1977 年秋，一家总部设在伦敦、主要为中东银行提供服务的外汇和货币经纪商向欧洲经济共同体[①]正式投诉，指控伦敦实行的限制性做法，尤其是英格兰银行强加的无法履行的规定。即某个人除非已经为英国银行家协会（BBA）的银行提供了全面服务，否则无法成为"外汇和货币存款经纪人协会"（FECDBA）的成员。这显然和"第二十二条军规"里的两难困境一样，尤其是考虑到英格兰银行坚持要求 BBA 的成员和伦敦的其他授权银行只能通过 FECDBA 的成员进行外汇业务。1977 年 11 月，英格兰银行在致欧洲经济共同体的公开信中强烈捍卫现有安排，主要理由是这些安排对维护市场的有效性和秩序至关重要。然而，虽然英格兰银行希望能得到主要外汇市场用户即清算银行的支持，但结果令其失望。时任 BBA 外汇小组委员会代理负责人、国民威斯敏斯特银行的比尔・巴特（Bill Batt）与英格兰银行的约翰・佩奇进行了一次艰难的会议。英格兰银行的首席出纳冷淡地表示："我原本希望清算银行能支持英格兰银行。"但这未能改变现状。英格兰银行在次年放弃了立场，萨拉贝克斯最终成为 FECDBA 成员。[31]

在证券交易所也存在类似的限制性做法。尽管英格兰银行为证券交易所的游说活动提供了支持，试图避免其规则手册被提交至限制性做法法庭审理，但仍无济于事。1979 年 2 月，工党部长罗伊・哈特斯利（Roy Hattersley）正式提请法庭审理，这是最终通往 1986 年"金融大爆炸"改革的重要一步。当然，也少不了吵闹的希利：

---

① 1973 年 1 月 1 日，英国正式成为欧洲共同体的成员国。——译者注

> （希利在20世纪90年代对一个特别委员会回忆说）我在担任财政大臣时，确实引入了一项创新。在我成为财政大臣之前，英格兰银行不允许财政大臣与金融城的人交谈，因为它自视为上帝指定的金融城与财政部之间的大使。这是我与戈登·理查森发生争论的少数几件事之一……我对理查森说我不想只听各家银行董事长们的意见，他们通常只是例行公事。我想要听那些非常有能力的首席执行官们的意见，如当时在国民威斯敏斯特银行的亚历克斯·迪布斯。我说我要亲自见他们，听听他们的意见。“哦，不，以前从未发生过。”但最后他们让步了，但条件是必须有一个来自英格兰银行的间谍查尔斯·古德哈特在场。我真希望他最后能成为一个双面间谍，在代表英格兰银行监督的同时也能为财政部提供一些信息。

在荣誉方面，英格兰银行的影响力可能也在减弱。1976年4月初，理查森在与瓦斯讨论哈罗德·威尔逊辞职后荣誉名单中的爵士封号提议时记录道：“我表示我们对戈德史密斯（Goldsmith）先生在斯莱特·沃克的贡献表示感谢。但我非常明确地认为，此时以这种方式表彰他是极不合适的，甚至让我们感到尴尬。”然而，沃克仍然被授予了詹姆斯爵士的封号。

在更高的层次上，这些年还见证了1977年初各国央行在巴塞尔达成的旨在削减英镑余额的协议。希利回忆称，首相对理查森为达成该协议所作的贡献：“不情愿地表示了感谢，甚至让人觉得有些不公正。”实际上，这意味着英镑逐渐退出储备货币行列。就在两个月前，英格兰银行发布通知，禁止将英镑用于与英国无关的（即第三国）贸易融资。[32] 英镑国际地位的衰落会影响伦敦作为国际金融中心的地位吗？事实证明，之前二十年间发生了如此多的变化，以至于包括英格兰银行在内的大多数知情人士都确信这一影响不会发生。

与此同时，货币主义也越来越受到关注。1978年2月，理查森在梅斯发表了题为“对货币政策执行的思考”的开年演讲。他在演讲中引用了保罗·沃尔克（Paul Volcker，不久后将成为美联储主席）关于“实用货币主义”的说法，强调了“制定实际政策并努力坚持”，以及“在日常事务的不确定性中保持适度的灵活性”。他指出，这完全不同于在与外界隔绝的书房里设计理想解决方案。毫无疑问，确实如此。但在这个时候，不信任货币主义的福德已经做了大量工作，来改善货币数据的质量，并定期监测和评估。理查森强调货币主义的背后是否有隐藏的目的？可以肯定的是，他认为凯恩斯主义和可接受的通胀率不再兼容。同时他在演讲中还使用了一个重要的词汇，将货币目标描述为“对当局自我施加的限制或纪律”。所谓“当局”，显然是指政界人士，而他们背后则有大众选民的通胀需求。雷金纳德·莫德林在这场演讲后写信给理查森，表达了对货币主义教条的怀疑。理查森特意打电话给他，做了如下解释：

> 总裁借机提及了演讲中的几点问题。他表示，关于货币政策的讨论总是集中在约束上，但他认为每年都应该有计划地扩张货币供应。因此，货币政策并非仅仅指向通缩。他还谈到了货币存量增长与通胀之间的关系：这种关系并不是机械的，但长期来看货币总量的高增长率与高通胀率显然是等价的。他强调了英格兰银行对抑制通胀的重视，但同时指出，英格兰银行与纯粹的货币主义者不同，认为应动用所有可能手段来应对通胀——包括收入政策。

此时，经过 1976 年以后的经济复苏和稳定回升，工党政府的处境有所好转，逐渐接近其“终局”。这一终局包括了 1978 年至 1979 年的“不满之冬”①。针线街的气氛也并没有比其他地方更好。“我记得总裁在 2 月初时感到疲惫和烦躁”。几个月后，道作了如下记述：

> 他发表了太多演讲，这对他的精力是一个巨大消耗。我们之间对经济状况也存在很大的分歧。一天下午我们在总裁办公室讨论了这个问题。对于不得不在经济已经萧条的情况下进一步压抑经济，我感到非常沮丧，因为这仅仅是为了将公共借款维持在去年的水平。总裁咄咄逼人地表示他根本不在乎经济状况。首席出纳也表示他不在乎。大卫·沃克（David Walker，1977 年被从财政部招来，现在负责经济情报部门）也在场。后来我得知，约翰·佩奇的这种愚蠢言论激起了他沉默的愤怒。而约翰·福德在桌子另一侧又紧张又绝望地说着总裁想要回到 20 世纪 30 年代的衰退，而福德自己完全不想再次见到衰退。我确实感到自己不被重视和支持了……

大选最终在 1979 年 5 月 3 日星期四举行。这是现代英国历史上的转

① 当时英国工党卡拉汉政府企图用遏制工资增长的方式来降低通货膨胀，结果引发了全国范围的罢工潮，最终导致工党被撒切尔领导的保守党击败。——译者注

折点之一。在投票前两天，理查森从别人那里听到了前一个周末在桑宁代尔举行的公务人员与工业代表会议的见闻。他照例记下来：

> 道格拉斯·瓦斯说了句引人注目的话。他认为过去几年政治焦点已经发生了重大转变，通胀成了关注重点，而失业水平的重要性相对减弱了。因此，即使失业率从当前水平继续上升，也不再是核心议题。他接着说，财政部的一些人现在正在思考这个转变是否正确，或者说失业水平是否应该重新引起更大的关注。[33]

我们无法确定理查森的观点。不过尽管几个月前总裁曾对此发表过“暴躁、愤怒”的言论，但很可能他会同意瓦斯的观点。

第十五章　从舞台右侧登场

1　O’Brien, p. 105; Duncan Needham, UK Monetary Policy from Devaluation to Thatcher, 1967-1982 (Basingstoke, 2014), pp. 37-38; King(2), pp. 51, 54, 68, 81; Fay, p. 55; O’Brien, p. 101.

2　G3/273, 13 Jan 1971, 4 Feb 1971; King (2), pp. 126-127.

3　G3/272, 21 Oct 1970; King (2), p S4; G3/273, 17 Feb 1971; O’Brien, pp. 110-111; Times, 9 Feb 1973; John Plender, That’s the Way the Money Goes (1982), p. 65. Fuller accounts of the Rolls-Royce episode are in Capie, pp. 785-790 and O’Brien, pp. 106-108.

4　Capie, p. 422; David Kynaston, LIFFE (Cambridge, 1997), p. 9; Keith Middlemas, Power, Competition and the State: Volume 2 (Basingstoke, 1990), p. 334; Times, 24 June 1972; O’Brien, p. 124.

5　Capie, p. 486; Charles A. E. Goodhart, ‘Competition and credit control’, Financial History Review, Aug 2015, p. 241; Capie, p. 490; O’Brien, p. 114; Charles Gordon, The Cedar Story (1993), p. 146; Needham, p. 45.

6　Times, 17 May 1971; Economist, 22 May 1971; Banker, June 1971; Edward du Cann, Two Lives (Upton-upon-Severn, 1995), p. 130.

7　Peter Kirwin (ed), A Tribute to the Bank of England (1994), p. 90; Margaret Reid, The Secondary Banking Crisis, 1973-1975 (1982), pp. 59-60.

8　G3/275, 5 Jan 1972, 26 Jan 1972; King (2), p. 206; Needham, p. 56; G3/312, 26 June 1972; G3/275, 26 June 1972; Banker, Sept 1972, pp. 1131-1133.

9　Capie, pp. 509-511; Needham, p. 59; G3/276, 22 Nov 1972; HSBC Group Archives, UK o346, Records of chairman (Forbes, Archibald): departmental files.

10　Times, 28 July 1972; Banker, Aug 1972, pp. 1019-1022 (Richard Fry); Daily Telegraph,

9 Aug 1972; G3/276, 16 Aug 1972; Reid, pp. 48-52; information from John Plender; Daily Telegraph, 5 Feb 1973.

11 OHC, John Fforde, 1995; Fay, p. 55; King (2), pp. 271, 279; OHC, Lord Jenkins of Hillhead, 7 Feb 1995; Middlemas, p. 379; Times, 9 Feb 1973; Spectator, 17 Feb 1973; G3/277, 5 April 1973.

12 O'Brien, p. 138; Economist, 6 July 1973; Dow, p. 35; C160, 7 March 1973.

13 King (2), p. 263; Charles Gordon, The Two Tycoons (1984), p. 143; information from Colin Leach; Anthony Sampson, Anatomy of Britain Today (1965), p. 443; OHC, Sir George Blunden, 20 March 1997; Dow, pp. 108-109; OHC, Christopher Fildes, 5 Dec 1996. See also: William Keegan, 'Lord Richardson of Duntisbourne', Independent, 9 Feb 2010.

14 Capie, p. 519; John Campbell, Edward Heath (1993), p. 530; Capie, pp. 520-521; G3/278, 16 Nov 1973, 21 Nov 1973; Goodhart, 'Competition', p. 245; John Grady and Martin Weale, British Banking, 1960-1985 (1986), p. 58; OHC, Lord Healey, 11 Nov 1997; Goodhart, 'Competition', p. 245.

15 The fullest account of the secondary banking crisis remains Reid, but see also Gordon, Cedar and Capie, chap. 11.

16 HSBC Group Archives, UK 0141-0019, Records of assistant chief general manager (Graham Stuart): working papers; Reid, pp. 12, 10; Capie, pp. 538-541; G3/278, 20 Dec 1973; Fay, p. 62; King (2), p. 374; Capie, pp. 575, 577.

17 Capie, p. 542; G3/279, 5 Feb 1974; National Life Story Collection (National Sound Archive, British Library), C409/001, pp. 72, 74-75; Reid, p. 126; Capie, pp. 581-583.

18 6A70/3, 21 Dec 1973, 30 Dec 1974; 6A70/4, 14 March 1975, 16 May 1975; Reid, pp. 138-143, 183-189; Capie, pp. 553-554, 636; G3/363, 1 Oct 1977.

19 G3/279, 28 June 1974; Capie, pp. 578-580; Michael Moran, The Politics of Banking (Basingstoke, 1984), pp. 114-117; OHC, Sir George Blunden, p. 9; Richard Roberts, Take Your Partners (Basingstoke, 2001), pp. 78-79; Moran, pp. 118-130; OHC, John Fforde, 4 Dec 1986.

20 Capie, pp. 791-801; G3/280, 8 July 1974; G3/279, 6 June 1974, 10 June 1974; Denis Healey, The Time of My Life (1989), pp. 374-375; OHC, Sir Douglas Wass, 13 Aug 1996.

21 Needham, p. 86; Edmund Dell, A Hard Pounding (Oxford, 1991), p. 135; G3/281, 12 June 1975, 20 June 1975; Dell, pp. 162-163; Edward Pearce, Denis Healey (2002), p. 435; Bernard Donoughue, The Heat of the Kitchen (2004 Politico's edn), pp. 187-188; EID4/200, 8 July 1975.

22 For a detailed account from a Bank perspective, see Roger Lomax, 'The Bank of England and UK Business, 1930-2003', chaps 3-6.

23 This paragraph is based on: Capie, pp. 802-8; Kynaston, Vol. 4, pp. 508-510, 537-541.

24 EID4/200, 19 Sept 1975, 24-26 Sept 1975; Capie, p. 657.

25 Douglas Wass, Decline to Fall (Oxford, 2008), pp. 150-152; Dow, pp. 45-46; Wass, p.

178; Times, 5 March 1976; Healey, p. 427; Fed, box 617010, 15 March 1976; Wass, p. 179; Pearce, pp. 456-457; Capie, p. 746.

26 James Callaghan, Time and Chance (1987), p. 415; Capie, pp. 747-748; Dow, P 53; Pearce, p. 463; Dow, pp. 110-111; OHC, John Fforde, 22 May 1996; Capie, p. 750; Needham, p. 97; Pearce, p. 465; Dow, p. 60; G3/284, 19 July1976; Capie, pp. 658-659.

27 Fed, box 617010, 25 Aug 1976; Richard Roberts, When Britain Went Bust (2016), p. 9; Capie, p. 750; Fed, C261 England, 30 Sept 1976; Pearce, p. 469; G3/285, 7 Sept 1976; NLSC, C409/037, Sir David Walker, pp. 93-94; Capie, p. 751.

28 Institutional Investor, June 1987, p. 68; Capie, pp. 669-670; International Insider, 18 Oct 1976; Dow, p. 69; Capie, pp. 751-752; The Baring Archive, 202445, Foreign Exchange Advisers Papers Volume 3, October 1976; 'Sir Alan Whittome', Times, 23 Jan 2001; Dow, p. 70; Capie, pp. 754-755; Dow, p. 69.

29 Business Week, 14 March 1977; G3/361, 13 June 1977; Observer, 12 June 1977; Guardian, 28 Oct 1977; Dow, p. 110; Times, 27 Jan 1978.

30 Roberts, Partners, pp. 106-107; Institutional Investor, Dec 1977, pp. 40-44; David Wainwright, Government Broker (1990), pp. 102-103; G3/361, 13 June 1977.

31 Bernard Donoughue, Prime Ministers (1987), pp. 143-144; Adrienne Gleeson, London Enriched (1997), p. 160; International Insider, 5 Sept 1977, 12 Sept 1977, 26 Sept 1977; FT, 16 Nov 1977; interview with William Batt, 1999.

32 Records of London Stock Exchange, Liaison Committee, 28 Feb 1979; Treasury and Civil Service Committee, The Role of the Bank of England: Volume II: Minutes of Evidence and Appendices (1993), p. 275; G3/283, 5 April 1976; Healey, p. 449; Euromoney, Aug 1977, p. 78 (Peter Hambro); Morgan, p. 553.

33 BEQB, March 1978, p. 33; Times, 18 April 2000 (obituary of Fforde); Frank Longstreth, 'The City, Industry and the State', in Colin Crouch (ed), State and Economy in Contemporary Capitalism (1979), p. 189; G3/365, 7 April 1978; Dow, pp. 120-121; G3/372, 1 May 1979.

第十六章

暖阳半日假

> 电影以典型的戏剧性开场：一艘船正在卸货，一辆英国铁路（BR）货车飞速驶过伦敦，最后被戴着高礼帽、穿着驼色长外套的威严门房接应进了“老妇人”家的后门。通常这位门房负责接待劳斯莱斯的客人。接着，我们看到小木箱沿着传送带滑下来，一把斧头被高高举起——“啪”的一声，每个箱子里都闪烁着几块金条。我们欣赏着金条，惊叹于地下室里堆满的货物，甚至不由自主地咽了咽口水。但电影才刚开始。镜头展示了阳光下熠熠生辉的英格兰银行，拥挤的人流涌过伦敦桥，科博尔德先生对着雅各布森先生微笑，委员会在开会，董事们正在商讨，科博尔德先生与米诺斯先生无言地交流，成群的活泼姑娘在管理着国家债务，成群的年轻男孩在打曲棍球，身着粉色制服的服务员忙碌着，夜间守卫队也在岗位上，而全世界则为一个维持银行利率不变的消息而激动不已。然而，35 分钟的电影实在是太长了。

1960 年 7 月，《新政治家》疲惫但又敏锐地批评了这部在银行利率董事会有意开放市场时，英格兰银行为自己制作的新彩色电影：“每当人们以为电影终于要结束时，它却又突然重新振作起来，带着人们回忆风向标、诺曼总裁的雕像，以及我们从未见过的那张乔治·华盛顿的股票证书。然后再迫不及待地展示一张彗星或超市的照片，并再次暗示这一切的富足都是‘老妇人’的功劳。”

一位纪录片的制作人有很多拍摄对象可以选择。在战后约 25 年的时间里，在任何一个典型的工作日内，英格兰银行可能会涉及的活动有（无特定顺序）：监控英镑在外汇市场的表现并按要求交易；研究某个较大拉丁美洲国家的宏观经济问题；解决违反外汇管制条例的复杂问题；管理国家债务；“过户转账”，即为政府公债登记处更新账目；为政府公债持有人计算利息；为政府和其他中央银行保管并调动金库中的黄金；检查、销毁和发行钞票；“记录”和“盖戳”（即在钞票登记簿上盖章并核查）；培训来自海外的中央银行家；编制国际收支预算；在货币市场上借贷以满足政府短期资金需求；不仅为政府服务，还为商业银行、贴现行、承兑行、其他中央银行以及一些私人客户提供银行服务；通过在货币和金边债券市场上的运作来执行政府的货币政策；为客户执行外汇和黄金买卖订单；为金边债券市场中的交易商提供特别认证服务；为贴现行贴现票据或借款；代表财政部的外汇平衡账户进行黄金、外汇和外国证券操作；以及，往往以一种表面上非正式的方式，试图监控伦敦金融城的其他部分。每天的工作都以银行哨兵结束，这是任何电影制片人都无法忽视的。他们负责夜间守卫银行。值班军官可以享用一个套间，并且有晚餐供应，配有红葡萄酒和波特酒。

在这 25 年间，英格兰银行的总人数大致保持不变。1949 年银行有 8263 名员工，其中 7000 多人在办公室工作，其余的在印刷厂。到 20 世纪 60 年代末，在办公室经历了约十年的大规模机械化改革后，总人数降至约 7400 人，其中有将近 2000 人在印刷厂工作。[1] 他们都是英格兰银行这个充满活力但有时沉睡的有机体的一部分。这是一个在许多方面都相对独立的世界。

这些年里，英格兰银行面对客户最为直接的工作是代表政府开展外汇管制。或者用斯蒂芬·费伊（Stephen Fay）的贴切话语来说，“监控英国的货币出口”。到 1950 年，英格兰银行有多达 1600 名员工参与此项工作，两年后，英格兰银行的一位非执行董事、拉扎德银行的休·金德斯利写了一封长信给执行董事哈里·西普曼，表达了对“伦敦金融城的公司及其工业客户”在跨过英格兰银行门槛后遇到的“无休止拖延”的担忧。他认为后果是严重的：

> 金融城无法理解或不欣赏英格兰银行所面临的技术性问题和困难，这导致对英格兰银行作为金融城的领袖和“家长”的信任被逐渐动摇。换句话说，我认为银行的声誉岌岌可危，除非我们能有所改进，让事务处理得更加商业化，并指导金融城知晓其应履行的职责。否则英格兰银行一直以来所享有的崇高地位将逐渐衰落。它会被看作是另一个政府部门，和任何其他政府部门一样运转缓慢。这就是早年很多人所预言的国有化结果……

西普曼则给出了坚决的辩护。他指出，80% 的信件在收到后的 8

天内得到回复，20% 的表格在 24 小时内处理完毕，并且例行事务已被委托给授权交易商，英格兰银行处理的都是“棘手的案件”。他继续说道：

> 考虑到外汇管制对于那些受其影响的人来说，注定显得十分专横、压制，甚至冒犯和粗鲁，令我感到惊讶的是，我们没有被进一步憎恨。部分原因可能是我们在某些领域的财务影响力有限，个人的痛苦往往可以通过规避行动得以避免。但我相信，另一个原因是我们从一开始就意识到，很多时候做什么事的影响不如如何做事来得重要。我们可能会拖延，尤其在我们没有权力快速果断处理时。但如果你告诉我，我们不体贴、不礼貌、粗鲁甚至傲慢，并且我们站在诺丁汉郡警长而非罗宾汉一边，我会感到深深的痛心……

在接下来的 20 世纪 50 年代后续几年，外汇管制工作有所减少，员工人数也随之下降，甚至有人称外汇管制是“银行枯槁的手臂”。但 1961 年的英镑危机再次赋予了外汇管制的重要性。到 1969 年又有近 500 名员工从事这项工作。当时的总裁奥布莱恩向国有产业特别委员会（SCNI）形容外汇管制为“令人遗憾的必需品”。他声称：“我们仍然在维持它，因为我们不得不这样做。如果我们能实现改革，像战后一些邻近国家那样取得国家实力上的成功，那么毫无疑问我们就能像他们一样不再需要外汇管制。”

这项工作不可否认具有一定难度，需要经验、知识和判断力的结合。在奥布莱恩作出上述表述的同时，机构部主管肯·安德鲁斯（Ken Andrews）记录了 1968 年 10 月外汇管制部门发生的一件事。该部门有权签字的主管们要求恢复 1964 年取消的额外薪酬，理由是他们“职位特殊”。总裁同意了这一请求，认为这有助于解决潜在冲突和不满并“为银行创造良好氛围”。当时大部分外汇管制问题的决策实际上就是由这些行政人员做出的。外汇管制于 1979 年被废除。许多年后，英格兰银行的“老员工”埃迪·乔治（Eddie George）回忆说：“这项工作是以灵活、明智的方式执行的，总体上很少有人质疑我们为何不能做别人能做的事。”最后一位负责这项工作的管理者是极为务实的道格拉斯·道金斯（Douglas Dawkins）。当时，仅在伦敦就有超过 20 万件进行中的案件，此外，还有英格兰银行分行代表处理的案件。道金斯在外汇管制废除后不久写道：“如果要让管制被接受，那些执行规则的人必须保持开放。”他继续解释道："多年来，各级管理者进行了无数次面谈，回答了无数电话咨询。对于管理者来说，与申请人面对面的接触是一次很好的体验。没有什么比一个愤怒的申请人在桌子对面针对一项规则进行猛烈攻击更能让人专注于规则的不足之处了。另外，成功捍卫规则并看到愤怒的一方崩溃（尽管情况并不总是如此）能极大地增强自信。实际上，大多数面谈都在轻松友好的氛围中进行……"

道金斯列举了外汇管制可能涉及的众多领域，包括"外贸、绿地投资、收购、证券投资、石油、保险、航运、钻石、电影、马匹、商品交易、商品经销、跟单信用证、保理、欧洲债券发行、循环信贷、支票卡、外币兑换、信托法"等。其中有一个具体但很小的例子也许很有启示意义和代表性。罗杰·阿尔福德（Roger Alford）在 1962 年离开英格兰银行并回到学术界后，曾遇到一名研究生。"他神色忧虑，带着刚从英格兰银行收到的一封信。信中威胁他因违反《外汇管制条例》将面临严厉处罚"。

> 这名学生是瑞士人。他注意到在伦敦及其周边，18 世纪和 19 世纪早期的表冠尺寸大陆银币并不受英国收藏家的欢迎，价格远低于欧洲大陆。为了支付在伦敦政治经济学院的费用，他开始做一些套利生意，购买这些硬币再带回瑞士并高价出售。他随后将所得款项汇入英国账户。正是在这个过程中，他没有申报外汇收入，违反了《外汇管制条例》。我建议他采取一个常识性的解决方案：写一封悔过信，甚至带点卑微，解释他只是一名瑞士学生，对这些规定一无所知，对无意中违反规定深感抱歉。他应该继续请求英格兰银行告诉他如何做才能改正自己的错误，因为他非常希望遵守法律。我解释道，英格兰银行的外汇管制专家们会乐于运用他们对复杂规则的深刻理解来告诉他该怎么做。最终，他收到了英格兰银行的一封回信，友好地告诉他应该如何解决问题。

关键在于一定程度的灵活性。道金斯沉思道："现实生活固执地不肯将自己的可能性局限在任何特定时刻规则体系所涵盖的范围内，因此规则需要不断进行审查和调整。这往往是一件棘手的事情，因为成熟的外汇管制是由一个复杂的规则网络组成的。这些规则相互依赖或通过类比衍生出来。制定新规则或引入放宽政策的艺术在于确保整体框架保持平衡，不会造成无法容忍的矛盾或内部冲突。"他补充道："喜欢玩传统游戏'挑棍子'①的人会认同这一看法。"[2]

发行纸币当然仍是英格兰银行最引人关注的职责。这些年中，新发行的以蓝色调为主的 5 英镑纸币，取代了旧的、面积更大的白色 5 英镑纸币。1957 年 3 月，《笨趣》杂志对此进行了评论："这张新版 5 镑纸币并不美观，看起来像工业设计委员会在噩梦中看到的维多利亚时代刺绣。两面都是杂乱无章的图案，隐约让人联想到花边、纪念碑、墙纸和老式练习本的封面。上面有无头的不列颠女神、圣乔治屠龙、一只可爱的啃咬着链子上钥匙的老狮子，以及那个神奇的签名'L.K. 奥布莱恩'。"并非所有人都同意这一观点。一位银行纸币设计史学家约翰·基沃斯（John Keyworth）称这张由斯蒂芬·古登（Stephen Gooden）设计的纸币是"展现了非凡绘图技巧的一个强大且自信的设计"。但由于纸币尺寸缩小了，正如 1959 年报纸上刊载的一封信所指出的，爱德华·李尔（Lear）笔下的"猫头鹰和小猫咪"可能会发现"很难用它包裹蜂蜜、钱币或其他任何东西"②。无论如何，与 1960 年 3 月发行的新版 1 英镑纸币相比，它的反响还算温和。1960 年版 1 英镑是英格兰银行首次发行带有在位君主肖像的纸币。直言不讳的批评者包括哈罗德·威尔逊和奥斯伯特·兰开斯特（他们俩难得意见一致）。《每日电讯报》的艺术评论家特伦斯·穆莱利（Terence Mullaly）则说道，这张纸币"严肃但不庄重""不是我们所熟悉的女王形象"。这位不幸的设计师是罗伯特·奥斯汀（Robert Austin）。奥布莱恩作为时任首席出纳，对这张新纸币负有最终责任。他感叹道："奥斯汀之前没有任何纸币设计经验，却被英格兰银行印刷厂的专家们限制住。这些专家致力于将他们能想到的所有防伪措施都纳入设计。结果就是一张外观平平的纸币。多年来这张纸币一直困扰着我。"

1963 年，由雷诺兹·斯通（Reynolds Stone）设计的新版蓝色 5 英镑纸币上，出现了一幅更容易被接受的君主肖像。但大多数人的注意力都集中在背面出人意料的年轻且充满活力的不列颠女神身上。《银行家杂志》对此评论道："我们可以习惯任何东西。"随后，英格兰银行转向著名艺

---

① "挑棍子"（spillikins）基本玩法是一名参与者手持一束 20—50 根的细棍，然后突然放手让这些细棍散落在一起。接下来，各参与者依次尝试拾取棍子，但必须小心翼翼，因为一旦有任何一根棍子被意外碰动就轮到下一个人拾取。最后，谁拾取的棍子数量最多，谁就赢得了比赛。——译者注

② 爱德华·李尔有一首名为"猫头鹰和小猫咪"的诗："猫头鹰和小猫咪出海玩儿，坐的是豆绿色的漂亮船儿。他们带了点蜂蜜儿，还有不少钱币儿，外边包着一张五块钱的钞票儿。"爱德华·李尔是 19 世纪英国著名幽默漫画家，主要以打油诗闻名。——译者注

术家哈里·埃克莱斯顿（Harry Eccleston），聘请他作为全职的纸币设计师。结果“D 系列”纸币应运而生。这是英格兰银行首批全图案纸币，正面印有女王肖像，背面则印有著名历史人物肖像。按面额不同分别是威廉·莎士比亚（20 英镑）、威灵顿公爵（5 英镑）、弗洛伦斯·南丁格尔（10 英镑）、艾萨克·牛顿（1 英镑）和克里斯托弗·雷恩（Christopher Wren，50 英镑）。这些纸币在 1970 年至 1981 年依次发行。从艺术角度来看，这一系列取得了巨大成功。但 1978 年 2 月发行的新版 1 英镑纸币却因为显著缩小的尺寸引起了皇家艺术学院院长休·卡森爵士（Sir Hugh Casson）的评论。他认为：“它看起来廉价，摸起来廉价，面值确实也很廉价。”[3] 至于“D 系列”纸币中“四男一女”的人物性别问题，当时并未引起太多争议。

自 1956 年以来，这些纸币在位于德布顿的全新建造的、专门设计的印刷厂生产。位于老街圣卢克的旧印刷厂日益面临产能及其他问题。而选择埃塞克斯的德布顿作为新址，部分原因是其未开发的土地潜力，部分原因是许多印刷工人已经住在伦敦东北地区。这个当时伦敦市议会的外围郊区，迅速被离开贝斯纳格林和东区其他地方破旧住房的年轻伦敦家庭挤满。“与圣卢克相比，这里似乎是个天堂，可以眺望开阔的乡村”。前非执行董事亚瑟·惠特沃斯在 1956 年 6 月搬迁后不久参观德布顿时表示。但他也大度地补充说：“简陋且肮脏的圣卢克也发挥了它的作用。”由著名建筑师霍华德·罗伯逊爵士（Sir Howard Robertson）设计的巨大主生产大厅没有中央梁柱支撑，能够无障碍地利用其整个面积。英格兰银行解释说：“内部看起来确实非常大，事实确实如此。尽管参观者们可能会惊讶地发现，这个屋顶下的面积并没有比圣卢克大很多。无梁柱的空间设计使得机器可以用更节约空间的方式排列。”

在印刷厂从圣卢克搬迁的同时，英格兰银行还决定将检查、核对和销毁回笼纸币的任务从出纳部门转移到德布顿。这项工作极其枯燥重复，英格兰银行发现越来越难以为其招募到有足够资历的女性职员。1961 年，德布顿的“回笼纸币大楼”正式启用，配备了一些设施，减少了必须的检验员人数。1969 年 7 月，在参观了德布顿后，兰开斯特上校对总裁说：“你们那儿有一群非常出色的女性……她们看起来都极为诚实……你们的系统看起来如此完美，让人感觉根本不可能（偷盗）得手。我自己试了很多次，发现根本无法做到。”印刷厂的安保工作无疑是严格的。但正如奥布莱恩所说：“这始终是一个需要判断的问题，判断到底何为足够严格的程度。”此外，他继续说道：“委员会在参观时可能也注意到，在理论上本应该由几百人把守和控制的走廊，实际上并没有那么多人。这其中有一种心理学的作用。”[4]

在这些年间，除了印刷厂，英格兰银行最庞大的部门是会计部门，特别是负责公债和股票事务的部分。战后不久，随着工党政府实施国有化计划，原本已经相当繁重的日常工作量再次大幅增加。在两次世界大战之间，该部门大部分位于芬斯伯里广场。然而在国有化计划全面展开之前，已经明显需要更多的办公空间。这促使 1948 年部分办公室迁至西区的摄政街大厦，并很快被昵称为“奸商之家”。1951 年，英格兰银行决定购买位于圣保罗大教堂以东的一片大型炸弹废墟，计划将几乎整个会计部门安置于此。最终，这里建成了英格兰银行的“新变化”大楼，由资深建筑师维克多·希尔（Victor Heal）设计（他曾负责战前的南安普顿分行）。该楼位于从契普赛德延伸至维多利亚女王街的新建道路的之后。从某种意义上来说，这栋高度在 8—11 层的雄心勃勃的建筑，标志着英格兰银行现代化的到来：

> （英格兰银行 1958 年 6 月部门迁入后三个月记载道）办公室由专门设计的荧光灯管照明，目前有三组按键电梯，第二期完成后将增加到五组。每组电梯都由独立的电子“大脑”控制，负责处理相关需求，并安排每部电梯的行程，以在最短时间内提供最多服务。起初，员工对“大脑”的能力有所怀疑，但很快就放心了，尽管在一开始电子系统确实发过几次脾气。一些年长的员工习惯轻声对不存在的电梯员说“谢谢”，这让他们稍显尴尬。

然而，从建筑学的角度来看，现代化却不是一个恰当的描述。《金融时报》感激地指出：“设计师本可以推动建设摩天大楼，那样他会赢得现代主义者的赞誉。但相比勒·柯布西耶（Le Corbusier）①，他对雷恩的设计原则更加尊重。”然而，批评也随之而来。考陶尔德学院（Courtauld Institute）的安东尼·布朗特（Anthony Blunt）教授率先抨击这一设计“缺乏想象力的、倒退的”。尼古拉斯·佩夫斯纳博士（Dr Nikolaus Pevsner）则称这座“庞大的建筑”是“令人震惊的毫无生气和保守反动”，甚至“几乎无法令人理解”。显然，当激烈争论平息后，没人声

---

① 勒·柯布西耶是 20 世纪现代建筑派或国际风格建筑派的主要代表，是现代主义建筑的主要倡导者。——译者注

称这是一座伟大的建筑。大约 40 年后，即使是慎重的西蒙·布拉德利（Simon Bradley）在更新佩夫斯纳的评论时仍提到“总体感觉沉闷”。他提到“愚蠢的仿古阳台”，以及“所谓的乔治六世风格雕塑”。他还形容：“一个结构混乱的公共庭院，尽管有简单喷泉和铅制蓄水池散落其中，却依然令人感到荒凉。那些蓄水池尽管是 18 世纪风格，但标注制造于 1960 年。”也许事实如此，但 1958 年《老妇人》一位不知名的撰稿人同样有理由喜欢这种风格。他写道：“在‘新变化’大楼，办公室明亮多彩的外观对员工的福祉作出了贡献。尽管这无法衡量，但确实存在。”[5]

如果说德布顿是一个前哨站，“新变化”大楼也是一个前哨站，那么英格兰银行的各分行也曾经是前哨站。“它们在 19 世纪 20 年代为纸币流通的分发而设立。”奥布莱恩在 1969 年向兰开斯特上校及其部队解释道：

> 在这些年间，英格兰银行共有八家分行（普利茅斯分行于 1949 年关闭）。它们的主要功能确实是将钞票分发给当地银行，再从当地银行回笼残损钞，裁碎后送至印刷厂销毁。这些分行还负责管理当地银行账户、地方政府账户、海关和税务账户等。尽管还有一些留存的私人业务，但并不多。自上次世界大战以来，它们还承担了一个新职能，即作为与当地工业联系的中心。我们的代表通过这些分行与当地工业界建立联系，了解工业家，参观工厂，并帮助我们更好地掌握工业动态。

在回答另一个问题时奥布莱恩承认，对于这 8 个城市来说，英格兰银行的本地存在是一种重要的“声望象征”。“确实，最近加的夫市政委员会强烈要求我们在当地设立分行。我们非常共情地仔细考虑，但得出了没有必要的结论。尤其是在修建了塞文大桥后，布里斯托尔分行可以更方便地辐射整个威尔士。”到这个时候，八家分行总共拥有 334 名员工。用人政策基本是当地招聘女性、总行派遣男性，而且没有大学毕业生。至于分行的日常工作节奏，B.M. 拉希（B.M.Lahee）的回忆大体上适用于 20 世纪 50 年代，甚至在一定程度上适用于 20 世纪 60 年代。拉希年轻时于 1947 年从伦敦调至纽卡斯尔分行。

> 这是一家小分行。代表、副代表和秘书，以及银行大厅里的大约十个人。费尔曼纳（Fairmaner）和弗里奥特（Folliot）通常在柜台工作，霍姆弗雷（Homfray）忙碌于后台，处理大量支

票或查账寻找差错，菲利普·史密斯（Philip Smith）和其他几个人在外汇室工作。处理支票的工作在英格兰银行术语中被称为“Burroughsing”，意思是用“Burroughs”牌的机器进行处理。楼上则有一群年轻女士，她们整天在迪克小姐（Miss Dick）的监督下，数钞票、入账钞票并销毁使用过的钞票。如果这些钞票来自靠近鱼市的分理处，会让这项工作变得相当令人不快的。

当然，没有电脑，只有加法机。客户的账户由我们这些初级员工手写在账簿里。下午会有一位年轻女士从楼上下来，将当天的借记和贷记打在客户的账单上。分行为政府机构、其他银行和少数私人客户提供账户服务。其中一位客户是一位独身女士，她曾常年给多个慈善机构捐款。其中一个机构名为“传教士参加开西大会[①]补助基金”，另一个则是“日本福音乐队”。鬼知道这是些什么组织。

我们的职责之一是每天“步行”前往纽卡斯尔的两个税务征收办公室和英国国内印花税务署。我们两个职员，或一名职员和一名信使，会带着一个小型格拉德斯通式旅行提包走在纽卡斯尔街头，包上系着一条链子。我们本应将链子拴在腰上，但通常我们只是将其缠绕在手腕上。在我们停留的港口，我们会点算和检查支票，然后将它们装进包里继续前行。

每天早上，纽卡斯尔市中心所有银行的代表都会来到分行，在当地清算所交换一捆捆支票。我们其中一人会监督这一过程，确保应收款项和应付款项的总额相等。我们总是很高兴地宣布“各方确认无误”。周六早上最后一项工作是将一周的清算总额写在明信片上，寄往伦敦清算所。

当然，和战前一样，分行还有一个每月举行的仪式。“一小队人会到中央火车站迎接一批‘宝藏’。那是用专用车皮从伦敦火车站运来的大量新钞票。在一位警察的严密护卫下，这些钞票被转移到一辆公路货车上，送到分行的安全院内。我们会一起动手，通过一台呼哧作响的液压升降机把它们送进金库”。

在战后的几十年里，分行的整体感觉还是维多利亚时代风格。1970

---

① 开西大会（Keswick Convention）是一年一度在英格兰开西举行的福音派基督徒聚会。——译者注

年《伯明翰邮报》（*Birmingham Post*）如此形容坦普尔街的当地分行："银行大厅里的家具阴沉厚重、年代久远，用与生俱来的庄重无可奈何地接纳着来访者。有着复杂精致檐口和韦奇伍德蓝的天花板，隐约营造出一种似是而非的修道院氛围。工作中的低声细语无意打破那笔尖划过纸面般的宁静。"然而，根本的物理改造也在这一时期开始。1969 年总裁向国有产业特别委员会（SCNI）表示："几乎所有分行建筑都有大约 125 年的历史，是为与现在截然不同的时代而建。由于钞票流通量的增长，它们的金库空间早已大为不足，而需要容纳运钞车的金库院子非常狭小。"他可能还提到了 1963 年的火车大劫案带来的重大变化。当时 350 万英镑的清算银行钞票正用火车从格拉斯哥运往伦敦。英格兰银行的乔治·布伦登在 20 世纪 70 年代写道："在抢劫案之前，公众使用的钞票中超过一半是由清算银行从伦敦的英格兰银行提取的。抢劫案后，我们不得不进一步调拨，因为各银行都希望从我们的分行提取现金。但调拨操作意味着需要更大的安全金库……"

布里斯托分行此时已经建成了一座位于葡萄酒街的新建筑，却因比例不佳备受争议。它在 1963 年落成后，被《建筑师杂志》形容为"第一等的建筑灾难"。在利物浦，C.R. 科克雷尔于 1848 年建造的备受推崇的建筑，于 1961 年至 1965 年进行了大规模内部现代化改造。在 1967 年，针线街的橡木厅展示了利兹、纽卡斯尔、曼彻斯特和伯明翰分行的全新现代主义风格建筑设计。这些建筑都在 20 世纪 70 年代初期如期建成并投入使用。在纽卡斯尔分行的格雷街旧楼关闭、皮尔格里姆街新楼开放后，D.J. 贝克（D. J. Baker）在 1971 年带着些许遗憾地回忆道："毫无疑问，新旧两个办公室的氛围差别巨大。"奥布莱恩曾指出新楼"相当沉闷且嘈杂"。贝克继续说道："我认为，许多人没有意识到那些高耸的天花板、光滑的地板和红木家具对在分行工作或来访的人有多大的影响。那种氛围至少保证了，即使我们在一座为少量金币交易设计的旧建筑中处理当今的大量钞票业务，不便之处也能被较早年代的礼貌所掩盖。新建筑的设计十分注重安全，以至于我们与处理现金的客户几乎没有面对面的交流机会……"[6]

在英格兰银行的各个角落，现代化的一个必然部分是计算机化。彼得·埃德格利（Peter Edgley）在半个世纪后对《老妇人》回忆道："我还记得它是怎么开始的。那是在 1955 年，我和罗恩·米德尔顿（Ron Middleton）都在首席出纳办公室工作。罗恩被叫去见首席职员，出来时脸上带着困惑的表情。他告诉我们：'下周一我要和副首席会计一起去美国，学习计算机知识。’于是，在场的所有人——据说是英格兰银行的精英代表——都转过身来，异口同声地问：‘什么是计算机？’”直到20世纪80年代中期，米德尔顿一直是英格兰银行的计算机专家。在那些先锋年代，会计部门处于领先地位。1959年，位于“新变化”大楼五楼的“帕瓦斯-萨马斯（Powers-Samas）实验”开始。该实验以一家英国公司命名。这家公司在同年与英国制表公司合并成立ICT，后来又改组为ICL。实验的核心是将每一项公债和股票持有情况存储在系统的160列打孔卡上。次年7月，第一次“真实”股息（而非实验用的“虚拟”股息）被发放给2%统一公债持有人。到1962年10月，已有一百万个账户被打卡登记（占总数的1/3）。随着两台强大且体积巨大的1301型计算机购入，公债和股票登记册的数据也在那个十年内逐步录入磁盘。1969年，奥布莱恩在向国有产业特别委员会（SCNI）汇报时提到：“英格兰银行的计算机化是自主开展的，完全由自己控制。我认为我们可以说在这个领域走在了前列。”

英格兰银行整体的计算机化进程呢？奥布莱恩回忆起他在20世纪60年代中期担任副总裁时的情景：“当时已经开始逐步将员工记录和薪酬、统计数据的处理计算机化，甚至包括我们的银行业务。有些人建议，下一步应该建立一个所有部门共享的集中式计算机服务，但首席会计‘比利’·巴尔多（‘Billy’ Bardo）持反对意见。他长期以来一直拥有一个庞大且高效的计算机操作系统，这对管理庞大的政府债务（主要是金边债券）至关重要。他不想失去对该系统的控制，也不愿意卷入其他部门可能需要的更复杂的计算机导入期问题。我认为这很有道理……”尽管如此，1968年3月，中央银行总部计算机中心被英国王太后正式启用。她按下一台ICT 1904E型计算机的按钮，打印出了一份带有不列颠女神图像的文件。总体而言，计算机化带来的成本节约是显著的。然而，并非所有人都对学习使用计算机感到兴奋。大卫·哈里斯（David Harris）回忆起担任提款办公室主管的那段时光时讽刺地说：“一切都很好，直到计算机的出现。一些人被选去参加课程，但回来后就自视为精英，拒绝将新获得的电子知识传授给老员工，只是告诉他们‘你们只能边做边学。’”[7]

在战后和国有化后的这些年里，最后一个值得关注的问题是关于英格兰银行自身不甚清晰的财务状况。1950年，财政部询问是否可以引入一种程序，调整英格兰银行根据《1946年英格兰银行法》向财政部支付的每半年873180英镑固定款项。科博尔德对此坚决反对：“我完全反对。在不全面审查账目的情况下，无法进行这样的讨论。”至于英格兰银行当时必须发布的年度报告，令人欣慰的是它并不需要包含损益表。这使得首席出纳珀西·比尔（Percy Beale）在1953年表示："报告和以往一样枯燥无味，也没有争议。在我看来这是对的。"福雷斯特·卡皮的回顾性研究表明，英格兰银行享有所谓"非常舒适的利润水平"。这主要来源于银行家余额（即其他银行在英格兰银行的存款）产生的利息收入。年毛利润从20世纪50年代初的不到500万英镑稳步上升到20世纪60年代后半期的1300万至1400万英镑。1969年，奥布莱恩在回应SCNI的一个问题时解释了英格兰银行如何平衡利润：

> （SCNI提问）作为政府的银行家，英格兰银行的工作远不如作为其他客户的银行家那样有利可图。因为政府在英格兰银行的存款余额较低。但实际上，作为政府的银行家，我们并没有让你们亏钱，对吧？——（奥布莱恩回答）不，事实上我们会亏钱。根据与财政部的协议，我们将财政部在英格兰银行的余额维持在与高效运营这些巨额流动账户相符的最低水平。当然，这一余额并不足以支付服务成本。另外，各银行的余额非常可观，而我们为这些银行提供的服务相对于我们为政府提供的服务来说非常少。因此可以说，我们为政府提供服务的部分费用来自其他银行的余额。

次年，国有产业特别委员会在其报告中成功建议，英格兰银行不仅要发布完整的年度账目，还要对政府收取所提供服务的全部费用。而且，英格兰银行还应向财政部支付可变红利，该红利对应扣除批准留存的储备金和运营资本之外的全部利润。[8] 尽管英格兰银行对即将到来的"透明时代"并不感到兴奋，但也只能默默接受这一变化。

自1940年起，女性在英格兰银行的数量超过了男性。执行董事达拉斯·伯纳德（Dallas Bernard）在战争末期反思道："我们必须做好准备，迎接那些有能力并且希望从事比以往更重要工作的女性。英格兰银行的组织现状发人深省，因为除了行政工作，实际上没有任何职位能为真正聪明的女性提供发展空间。"然而，战后进展非常有限。部分原因是女员工经常被迫在发行部门花费长达五年的时间来检查和清点旧钞。这是一项枯燥乏味且不受欢迎的工作。1946年4月，负责英格兰银行格拉斯哥办公室

外汇管制业务的汤姆·库提斯（Tom Courtis）在给伦敦机构部主管的信中提到一个更大的问题：

> （库提斯提出）通过总结各种意见和不时听到的谈话，我感觉许多女孩只是把英格兰银行工作当作一种介于学校与婚姻之间的过渡期（愉快还是不愉快取决于个人喜好）。这种心态的产生，原因在于与雇佣的数量相比，英格兰银行中对女性开放的好职位相对较少。
>
> （机构部问道）你是否认为在某种程度上实行男女机会平等的原则，是最符合英格兰银行利益的？

库提斯具体建议道："如果有更多的好职位开放给女性，那么大多数在银行工作的女性会表现得更好。"

事实上，在战后不久采取的最积极的一项改革，是 1949 年废除女性职位的婚姻限制。那时所谓的"驼峰"现象（指一大批中年员工）已严重阻碍了其他人的晋升。虽然这一改革比大部分清算银行要早，但比公务员系统晚了 3 年。这一改革受到了广泛欢迎，至少在女性中如此。当时的一次内部投票显示，英格兰银行中有 75% 至 80% 的女性职员支持废除这一限制，因为她们认为"个人应该有权选择婚后是否继续工作"。然而，主要的反对声音来自米德兰银行职员协会的秘书 L.J. 菲尔伍德（L.J.Filewood）。他的女儿当时是英格兰银行的一名见习职员。他在给《曼彻斯特卫报》的信中声称："英格兰银行采取了一项仅对少数例外情况有利的措施，可能是基于当前关于性别平等的理论。然而这些理论在心理和生理上都是有害的。"毫无疑问，他会从 1952 年公布的统计数据中得到些许安慰：在废除婚姻限制的 3 年里有 723 名女性员工结婚，其中 252 人立即离职；在继续留任的 471 人中，有 279 人在一年内离职；除 6 人外，其余的人都在三年内离职。[9]

"当时男人显然是被偏爱的，女人则做文件整理、打字或点钞的工作。"安妮·斯金纳（Anne Skinner）回忆道。她在 1955 年以三等文员身份加入银行，40 年后她表示："我当时觉得这很正常。"不过，同一年也发生了重要的变化。负责人事任命的董事乔治·阿贝尔爵士（Sir George Abell）主持了一个女性工作特别委员会。该委员会得出结论："英格兰银行中男女员工的逐步融合是可行且有必要的。应该确保女性有机会从（女性的）工作过渡到男性的工作，并在竞争中得到晋升。女性在其服务的最初五年内，通常要从事例行工作，直到21岁或22岁。”阿贝尔强调，这将是渐进式改革，而不是突然的变革。他在不久后男性主导的“董事会和职员会议”上表示（或许是安抚了男性？）：“大部分困难的技术和行政工作可能永远会由男性来完成。但女性会找到自己的位置，不需要在晋升资格上设定任何形式的上限。”事实上，“直到‘驼峰’最终消退的时候，取得的进展很可能还是会令人失望”。

事实上，至少在书面上，进展相当迅速。1957年，当时只有约1/4的女性员工已婚。一份详细的评估报告对3880个行政级别较低文职人员（不包括速记打字员）的职位进行了详细分类：500个职位专属于男性，1900个职位适合女性，而1400个职位男性或女性都能胜任。关键是，在这1400个“通用职位”中，79%当时由男性担任。最终结果是1958年的“分类方案”。伊丽莎白·亨尼西在她对1930年至1960年英格兰银行的权威性内部历史著作中将其描述为“实现性别完全融合的第一步”。这意味着最高级别的分类员工（与另外两类“女性文员”和“速记打字员”不同），将“由男性和女性在相似的工作条件下并肩工作”。然而，对于一些女性员工来说，这一方案也带来了痛苦的分类降级。在薪酬方面，唯一的承诺是女性的薪酬将不低于同龄和同级别男性的75%。

然而，1962年欧洲经济共同体（当时英国正申请加入①）成员国同意在1964年底前实施男女同工同酬政策。据报道，阿贝尔在听闻此消息时表示：“让我们低头躲过风暴，然后再审视局面！”但同工同酬问题显然不会轻易消失。当然，英国暂时被戴高乐将军的“否决”挡在了欧洲经济共同体的门外。但在1964年，一个新的职位“分类方案”迈出了实现同工同酬的第一步，并决定从1968年起在接下来的四年内逐步实施。在那个时候，阿芙拉·蒙塞尔（Aphra Maunsell）已经成为所有女性的榜样。她在1967年2月被任命为机构部副主管，此时距离她以一个18岁爱尔兰女孩的身份进入银行已有31年。这是当时女性在英格兰银行中获得的最高职位，这一消息登上了《泰晤士报》的头版。[10] 然而，实际上20世纪60年代末在英格兰银行工作的大约2700名女性中，几乎没有人能真正期望获得类似的晋升机会。英格兰银行，像所有英国企业一样，仍然是一个根本上属于男性的世界。女性成为董事，甚至总裁或首席出纳的想法，仍然被视为不切实际的幻想。

---

① 1961年8月至1963年1月，英国第一次申请加入欧洲经济共同体。但由于英国不愿意从根本上放弃与美国的特殊关系等原因，申请遭到了否决。——译者注

更一般地说，在战后这些年里，招聘一直是一个重要问题。这一问题并没有因为外部世界较高就业率和对周六早晨工作的日益厌恶而得到缓解。当时英格兰银行仍有法定义务要在周六早晨开放。此外，阿贝尔在 20 世纪 50 年代中期指出，英格兰银行的一个基本现实是："员工基本上都被要求做相对乏味的工作，女性几乎没有机会承担真正的责任，男性机会也不多。因此，我们希望招聘到的男性不要冒着在这里做例行事务文员的风险，如果他在其他地方有更确定和直接的机会可以晋升到有趣且报酬丰厚的职位。"虽然优雅漂亮的职业手册有所帮助，但 1958 年经过内部激烈的辩论后英格兰银行还是推出了新闻广告，并起到了更大的宣传作用。但在各个层面上，招聘问题远未消失。1969 年的一份报告建议从手动打字机转向电动打字机："打字机制造商已经成功地给电动打字机赋予了现代形象，并且有迹象表明各家公司正在利用它来吸引打字员，尤其是在求职者短缺的今天。"此外，还有求职者多样性，或者说是缺乏多样性的问题。在截至 1963 年 8 月的一年中，从圣保罗到奇格威尔，英格兰银行为招聘而访问了 15 所男校，全部都是私立学校（除了两所银行直接资助的学校）。直到 1966 年 6 月，也就是帝国疾风号①在战后开始大规模引入非白人移民的整整 18 年后，才有一份记录提到："B.Z. 阿拉丁（B.Z.Alladin）小姐，第一位有色人种职员，将开始在股息支付和贷款办公室工作。"[11]

那么，大学毕业生的情况如何？从战后不久开始，在 1914 年以前失败的招聘实验 40 年后，英格兰银行引入了系统化招聘和培训方法。到 20 世纪 50 年代末，英格兰银行中几乎有 100 名大学毕业生，主要来自牛津和剑桥。这些人基本都是通才，主要来自古典文学专业。但他们所接受的培训往往令人失望。1961 年入行的彭·肯特（Pen Kent）回忆道：

> 这个培训实际上就是相对快速地经历英格兰银行一直以来的入职流程。大约花费 6 个月时间在国债登记部门处理转让合同，然

---

① 帝国疾风号（Empire Windrush）在 1948 年 6 月 22 日运载大量牙买加等加勒比地区的劳工及其子女来到英国，来英国帮助战后重建工作。他们是英国 1948 年新《国籍法》后的首批英联邦和地区移民（除加勒比裔以外，还有南亚裔、非裔和华裔等）。之后，一批批外来移民迁入英国，这些人和他们的后裔被称为"疾风一代"。——译者注

> 后进入所谓的首席出纳学校，学习以普通银行方式进行机械性的现金管理。只有在此之后，你才能被派到一个部门，开始使用智力技能。而这要等整整一年才能实现，与当时毕业生的培训期望完全不同，相当令人失望和不安。许多人因此沮丧地离开了。而银行的高级管理层对新员工的需求并不敏感。我记得曾与克罗默讨论过这个问题，当时我们碰巧在巴塞尔的咖啡桌旁相遇。让我感到惊讶的是他竟然说："我职业生涯的前 6 个月都在巴林银行数图钉。这对我来说并没有什么坏处。"

然而在 20 世纪 60 年代，情况确实开始发生变化。部分原因是时代的改变，部分原因是拉德克利夫报告的影响。报告要求英格兰银行具有更高的经济分析能力，催生了"一系列所谓'政策相关'的分析岗位和相关的'中层管理'机会"。到 1966 年，英格兰银行已制定了高级培训计划，大约总招聘人数的 1/4 是大学毕业生。到 20 世纪 60 年代末，英格兰银行每年接收 25 名到 30 名男性毕业生和 5 名到 10 名女性毕业生。此外，还有 50 名到 55 名男孩和 20 名到 25 名女孩直接从普通学校以"A"级资质进入银行。SCNI 在 1970 年 3 月问奥布莱恩："你未来会不会招聘成熟的专业人士，而不是尝试从银行内部培养？"奥布莱恩回答道："在某些领域毫无疑问是的。事实上，我们近年来越来越多地招聘成熟的专业人士，特别是在经济学领域。现在银行中的经济学家数量众多，他们处于不同的成熟阶段。我认为在计算机领域和财务控制方面，我们也将不得不这样做……"[12]

多年来，在"驼峰"问题以及为应对紧急情况和季节性波动而过度用工的政策背景下，升职机会相对有限。J.D.W. 雷姆巴赫（J. D. W. Raimbach）主要在战后的会计部门工作。他回忆道："我们有一个叫作'黑色星期四'的固定表演，也被称为'逾越节盛宴'①。在每月的第一个星期四董事会都会开会。届时会宣布晋升。这肯定会令那些感到美梦破碎的人去酒吧借酒消愁，或者请病假，甚至崩溃痛哭……而且这只是男性员工的反应！"20 世纪 40 年代到 20 世纪 60 年代，英格兰银行是一个精英管理的地方吗？撇开董事会不谈，也不论性别，福里斯特·卡皮认为是的。他引用了奥布莱恩和霍洛姆的例子，证明"任何男性职员都有可能升

---

① "逾越节盛宴"（The Feast of the Passover）中的"逾越节"是犹太教重要节日。据《新约圣经》记载，耶稣与十二信徒的最后晚餐，即为共度逾越节。——译者注

到顶层”。约翰·泰勒（John Taylor）的回忆也为此提供了一些支持，他说大多数员工每年至少会在人事主管办公室面谈一次，以了解他们的考核情况（在与签署考核的部门主管协商后）。“他们有时会被问及对英格兰银行中哪个部门最感兴趣。不过他们不一定会真正被派去那个部门。”然而，另一位见证人托尼·卡莱尔（Tony Carlisle）则认为现实情况有所不同，主要原因是人事部门和各个业务部门之间的责任划分问题。如果他们合作就还好。但如果不合作，那问题就很严重了。“在这种情况下，通过拒绝人员流动，一个部门可以阻碍本部门员工的发展，同时也可能影响其他部门员工的发展”。更广泛地来说，卡莱尔认为：“直到 20 世纪 70 年代，员工才第一次被坦率告知他们的表现如何，未来可能会面临什么，并被问及他们的职业发展规划，而不仅仅是被告知周一要去新办公室报到。”至于考核是否客观（无论考核是秘密的还是公开的），我们无从得知。1963 年 9 月，4 名试用期的年轻女孩被考虑转为正式员工。第一位“机敏且聪慧”“不会让自己被困难的工作所吓倒”“文件整理非常细心”；第二位“对更高级的工作感兴趣”“积极且表现出了非凡的理智”；第三位“在压力下容易慌乱”；第四位从事“证书和折页打印”的小姑娘优点是“积极热情”，并且是“非常快的打字员”，但缺点是“准确性有时会受到影响”。不过，作为金德斯利勋爵司机的女儿，她或许有些优势。[13]

同年，随着披头士成为全国性现象，一位未来的首席出纳到来了。格雷厄姆·肯特菲尔德（Graham Kentfield）回忆道：“回顾起来，1963 年的英格兰银行真是个奇怪的地方。在某些方面，那就像是回到了我想象中的战前世界：刻板、等级森严，当然还有非常依赖职员的劳动。但与此同时，生活却非常轻松。办公室配备了足够的人手来应对极少发生的高峰。”与此相关的是，美国社会心理学家道格拉斯·麦格雷戈（Douglas McGregor）在当时提出了两种不同的管理风格，X 理论和 Y 理论：前者是专制的，假设人们天生厌恶工作，需要“胡萝卜加大棒”的管理；后者假设人们有工作的心理需求，倡导参与式管理。没有人会怀疑英格兰银行传统上采取的是哪种管理风格。1946 年，库提斯在给人事主管埃里克·道尔顿（Eric Dalton）的信后附上了后记，谈及他对女员工缺乏工作动力的看法：“我把这个寄给你，是因为我认为作为主管的职责不仅是执行上级的命令，还应该向他们传达自己下属的思想动向。”道尔顿的回复直截了当：“我非常感谢你一直想提供帮助的愿望。我希望你不会在行善中感到厌倦，但这次你并没有给本部门的知识带来任何补充……”[14]

如果有一个人体现了英格兰银行对 X 理论的持续坚持，尤其是“大棒”的管理风格，那大概就是20世纪50年代前期的首席出纳珀西·比尔。“一个相当令人讨厌且专制的人。他可以在瞬间决定一个人的职业成败”。盖伊·德·穆布雷（Guy de Moubray）回忆道：

> 那件事发生时我正在他的办公室。每周五都有一个奇怪的仪式，即国库券投标。承兑公司，或任何有5000英镑现金在手的人，均可申购国库券。如果有人出价5000英镑购买一张面值5000英镑的国库券，显然在91天国库券到期时是不会收到任何利息的。所以投标邀请发布后，出价最高者将获得全部申购份额。投标文件必须在周五下午1点之前送达首席出纳办公室，首席办事员会打电话核对时间。当听到电话中报时说：“在第三个嘀嗒声后，将正好是一点。”他会向站在门口的职员挥手；这个职员再向站在办公室门口的另一个职员挥手，后者则会做出一个夸张的动作关上并锁上门。然而那一次，汉布罗银行的一名信使还没到门口时门就已经锁上了。因此，汉布罗银行在那一周的投标中没有获得任何国库券。汉布罗银行的主席查尔斯·汉布罗爵士是英格兰银行的高级非执行董事，他立即怒气冲冲地打电话给珀西·比尔。比尔不仅让步并接受了他们的申购，还立刻解雇了那名关门的职员。这名可怜的职员原本有一个光明的职业前景，但如今他的职业生涯已经终结了。

约翰·希尔回忆起20世纪60年代初加入英格兰银行时的情景说：“与直接上司说话时称呼‘先生’是当时的日常用语，对‘任何更高职位的人如副首席出纳’则更是如此。”他接着说：“着装至关重要。没穿外套就接近上司是不可想象的。鞋子必须符合严格的标准，头发的长度和样式也受到控制。这有点像军队……”这种军事化的元素甚至有时是明确的。德·穆布雷回忆起20世纪60年代担任新成立的中央银行信息部的副主任时说：“在我获得新职位时，我发现自己成为高级官员餐厅的候补成员，可以在沃森（Guy Watson）或希斯曼（Roy Heasman）外出午餐时去那里用餐。”

> 我第一次去的时候非常正式。一位高级官员把我介绍给其他人……餐厅的规定是自己先去拿一杯喝的（无论是金汤力、血腥玛丽或其他酒），然后去三张桌子中的一张坐下。餐厅的主席、首席出纳莱斯利·奥布莱恩规定，人们必须按照到达的顺序坐下，这无

疑是为了避免某些人过于亲密。我很快发现推迟一些去吃午餐更为明智。早到的话，我常常发现自己坐在远处桌子的上座，旁边是道格拉斯·约翰斯（Douglas Johns）。他是法院分行的代表，常常步行到英格兰银行，所以总是第一个到。他当时快要退休了。奥布莱恩和其他一些年长的绅士也经常坐在那里，他们的谈话似乎完全围绕着高尔夫和养老金！午餐时总会有酒喝，还可以咖啡配雪茄。后来我每天都会取一根雪茄。但在1960年，只有首席出纳邀请你时，你才能拿到一根。

当然，就像针线街以外的世界一样，事情正在缓慢改变，或者即将改变。卡莱尔认为："1964年职责已经下放，所以不再像之前那样，办公室的每一封信、每一个备忘录甚至每一个电话，都必须由最资深的人严格监管。"即便如此，20世纪60年代后半期，职员之间仍然互称首字母。而作为传统威权和严格上下级方式的标志，总裁的训示仪式仍然存在。在仪式上，试用期的员工会列队站在董事会面前，聆听训示。尽管训示的内容已经相对于维多利亚时代严厉的道德说教（如"警惕养成放纵的习惯"）有所缓和，但正如约翰·富特曼（John Footman）所说，这种"列队、彩排、统一服装和严苛纪律的正式仪式"在英国的平民社会中显得越来越格格不入。[15]

在制度层面，战后英格兰银行劳资关系仍通过"董事与员工委员会"进行管理（1950年前为"董事和员工咨询委员会"）。卡托和科博尔德成功抵制了银行职员公会①争取立足的尝试。一些著名人物曾参与其中，包括20世纪60年代的职工董事杰克·戴维斯（Jack Davies）、人事主管肯·安德鲁斯以及工会领袖、董事会中的非执行董事卡伦勋爵（比尔·卡伦，Lord Bill Carron）。其中戴维斯曾以剑桥大学学生身份在板球比赛中让唐·布拉德曼（Don Bradman）出局，因而一举成名。尽管有这些人的参与，但双方交手的局面并非一片和谐。1957年，员工普遍批评委员会"过于烦琐和秘密"，没有"与时俱进"。而到了1968年这个街头抗争之年，八位当选的员工代表向委员会提交了一份雄辩的备忘录：

我们现在面临来自所有员工部门对现行制度的批评。某些选区

① 银行职员公会（Bank Officers' Guild）后来改组为全国银行员工工会（National Union of Bank Employees，NUBE）。——译者注

> 已明确表示，除非进行调查，否则他们不愿在未来的任何选举中推举代表他们的候选人加入委员会。
>
> 除其他事项外，备忘录中提到的批评还包括——
>
> （1）现行制度过于烦琐和秘密，似乎缺乏真正的谈判；
>
> （2）现行制度应该对员工生活水平的相对下降负主要责任；
>
> （3）承担代表职责会对员工个人的职业生涯造成不利影响。

第三项指控尤其严重。但委员会一个小组在第二年春天的详细报告中指出："在委员会任职并不会损害个人的职业生涯。而且我们确信，长期来看，任何决定竞选委员会委员的人都不会因此受到影响。"然而，谁才是最终的掌权者呢？1970 年 8 月的一份名为"委员会代表的一些看法"的备忘录（可能是发给戴维斯的）写道："前几天你邀请我们对特别养老金方案发表评论。我们在会议结束时感觉这是英格兰银行第一次尝试'协商管理'。这是第一次在正式提案交给我们之前，有意征求我们的意见。"在提到委员会之前两次提案时，备忘录写道："我们面临一个'既成事实'，显然英格兰银行不会在他们的提案上做出太大让步。"备忘录还表达了希望，即"这一首次协商的曙光预示着员工关系新时代的到来"。[16]

当然，除了大棒政策（以及有限的协商），另一面是家长式的胡萝卜政策。不久之前，国有产业特别委员会的一位工党议员罗素·克尔（Russell Kerr）询问过奥布莱恩：

> 根据您的说法，尽管没有全国银行员工工会（NUBE）的协助，英格兰银行多年来似乎一直保持着相对和谐的劳动关系。这在多大程度上归因于英格兰银行相对慷慨的工资和薪酬政策？慷慨的部分原因可能是银行有很多闲置资金？——我不认同最后一句话。
>
> 从字面上讲，我相信您不认同，对吧？——的确，银行支付的薪水较高……这正是我们维持比伦敦其他大多数金融机构更高效率和表现标准的基础。我这么说并无不敬之意。

总裁还承认，在工党政府收入政策的背景下，"目前英格兰银行员工认为这种收入差距正在快速缩小"。但总体而言，在过去 25 年中差距确实存在。尽管与清算银行相比，差距也确实有所波动。此外，英格兰银行的养老金安排也在很大程度上免受通货膨胀的侵蚀，尤其是在 1966 年决定将退休后生活成本上涨的补偿比例从原来的 2/3 提高到 3/4 之后。然而，英格兰银行真正的亮点是附加福利。这些福利包括：第一，1945 年推出的住房贷款计划。到 1969 年为止，每位银行员工在其职业生涯中有至多三次增加贷款的机会（以鼓励在购房前慎重考虑）。第二，1957 年推出的教育贷款计划。该计划在接下来的 15 年里发放了近 70 万英镑的贷款，使约 800 名银行员工的子女能够接受私立教育。第三，罗汉普顿是设备齐全、维护良好的体育俱乐部。第四，对一系列官方鼓励的业余活动的积极支持。[17]

《晚间新闻》在 1956 年 2 月报道："针线街的女士们脚步轻快。"

> 每周三晚上英格兰银行下班后，20 名年轻女孩会在托肯豪斯庭院的英格兰银行俱乐部集合。她们乘电梯到三楼，进入一个临时更衣室换装。当她们出来时，个个宛如芭蕾舞剧团的成员。这是她们的舞蹈之夜。英格兰银行会为她们提供专业的舞蹈指导。
>
> 她们参加英格兰银行的音乐会演出，并为 4 月的一个演出排练。她们中的资深成员是来自哈罗的 24 岁女孩帕迪·索尔特（Paddy Salter）。她说："要不是因为战争，我本会认真从事舞蹈事业。后来我加入英格兰银行，既享受着跳舞的乐趣，又有一份好工作。"

在托肯豪斯庭院拐角处附近的国王武装庭院，在 1962 年建起了一个全新的、专门的员工俱乐部，包括比托肯豪斯庭院更现代化的场地，可以提供每天超过 2200 份的补贴午餐以及其他设施。威利·奥斯本（Willie Osborn）在 2000 年回忆道："每天上午 11 点左右，在首席出纳办公室里会有一个仪式。"

> 我指的是大约 11 点的分发茶票。一位柜台后的"小姑娘"，同时也负责员工邮件收发工作，会拿着一个夹满蓝色茶票的最大号长尾夹走进办公室。"您要多少？"她会问。那些天真的人会低声说一张就够了，但内行人会要六张或更多。然后她会毫不迟疑地递过来一把茶票，不一定是数过的。
>
> 茶票是一种午餐券，持票者可以在英格兰银行俱乐部的茶歇时间享用各种美食。相应的零食包括雅各布俱乐部饼干、企鹅饼干、一些较为无趣的易消化饼干和富茶饼干，甚至还有终极美食体验荷包蛋配吐司。茶票的价值随着时间的推移可能有所变化，但我记得

大约是一先令六便士。每次茶歇最多可以使用两张茶票，但当时俱乐部有三层楼提供茶点，那些大胆的人会走遍三层楼，一天使用六张茶票。既然可以在俱乐部补充（家里的）饼干罐，何必去森斯伯瑞超市呢？

家长式管理有多种形式，包括“暖阳半日假”。这是在一个室内寒冷的漫长夏天结束时，时任总裁奥布莱恩引入的。多萝西·宾斯（Dorothy Binns）回忆道：“他决定，只要有阳光，且仅在有阳光的情况下，可以轮流给一些暂时无事的员工一个下午的假期。这大概是为了让我们为即将到来的冬天积蓄力量。大约在中午 12 点，主管会亲自决定阳光是否充足，然后传话给大家，告知被选中的少数人是否能够享受假期。毫不意外地，从上午 11 点半开始，人们便会时不时地瞥向窗外，心里抱有比以往更多的期待和关注。”

家长式管理的本质在于，只有极少数员工拥有重大决策权。也许是总计 4000 多名银行职员中的二三十人。这意味着，绝大多数人的日常工作基本上是例行的、重复的，甚至往往是枯燥乏味的。德·穆布雷在 20 世纪 50 年代早期认为在提款办公室的工作“极其无聊”，而当他转到证券控制办公室后，工作也并不令人兴奋（“死气沉沉地处理外汇管制申请”）。[18] 然而，尽管大部分工作枯燥乏味，但有意表现出来的仁慈但严格的家长式管理有助于确保较强的团队精神，此外，存在许多老式的英格兰银行“人物”帮助活跃气氛。这是在计算机取代文书工作、管理顾问以及“研究小组”大量出现之前，最后一代“人物”。

三段回忆为我们提供了 1970 年以前英格兰银行的最后一瞥。那时的英格兰银行对一个世纪甚至两个世纪前的打字员来说并不陌生。1947 年加入英格兰银行的迈克尔·皮克林（Michael Pickering）在 20 世纪 50 年代早期被安排在统一公债办公室，也就是所谓的余额部门，负责将股东信息的变更记录在“余额单”上。

温斯坦利（Winstanley，一位主管）主要靠杜松子酒和巧克力面包维持生命，这两样东西他都放在办公室。他有个习惯，就是站在人们身后看着他们工作，并发出哼哼声。这导致至少一个人因工作压力而崩溃。事实上，直到遇见他我才意识到人们真的会说“啧”！有时他会大声发表评论。他曾大喊“那个证明人不合格！”并愤怒地用手指戳正在被检查的转账文件。有一次，他手里拿着的

> 巧克力面包弄脏了账单，而可怜的工作人员花了35分钟才把账单清理干净，以便将其送回原处纠正错误。
>
> 还有两名一等职员，分别是多克（Doak）和彭德尔顿（Pendleton）。两人都非常高且瘦，脸色沉郁，易受风寒，而且非常厌恶彼此。一个下午，他们因为挡风屏的位置问题大吵了一架。温斯坦利从办公桌上抬起头，看到他们正在进行一场疯狂的拔河比赛。他立即采取行动。“好吧，彭德尔顿”，他大喊道，“如果你想要挡风屏，那就给你！”于是他抓住那个柔软的挡风屏，将其缠绕在彭德尔顿身上，并用胶带固定。彭德尔顿被迫整个下午都像个茫然的雨伞架一样笔直地站着。
>
> 文件传递部门的主管是克鲁克尚克（Cruickshank）。他头发花白，一脸暴躁的神情，不喜欢与人打交道。他对一位无辜的一等职员布金（Budgin）怀有特别的恶意，经常说布金有异味。虽然我们其他人都没有察觉到任何气味，但克鲁克尚克依旧我行我素。如果心情特别糟糕，他甚至会让布金坐在窗台上，把腿悬在芬斯伯里广场的上空……

20世纪50年代末，克里斯托弗·贝尔（Christopher Bell）也在余额部门工作。那时这个部门已经搬到“新变化”大楼。在那里，他遇到了“许多在中央银行业务之外颇具天赋的人”。

> 其中一个非常讲究穿着的老哈罗公学毕业生热衷于赛马。我特别记得有一位安静且学识渊博的先生，他的日常工作是令人头脑麻木的例行事务，但他的所有时间，甚至是工作时间的一部分，都在试图证明弗朗西斯·培根是莎士比亚戏剧的真正作者……当然，也有些人沉迷于更现实的追求，比如醉心于崇拜酒神巴克斯。在我附近的一个部门，有个人每天上午11点半都会从办公桌旁站起来，声如洪钟地宣布：“去欢乐厅了！”我花了一些时间才弄明白，所谓的“欢乐厅”就是“老沃特尼”。那是一家离办公室不到一百码的著名酒馆，是他每天早上的“咖啡”休息站。
>
> 当时余额部门还有一位年迈的一等职员，午饭后常常在办公桌旁打瞌睡。他的眼镜总是不小心从鼻子上滑落，挂在一只耳朵上。过了一会，主管吃完午饭回来，就会看到这样一幅景象。当时余额单被存放在金属盒子里，每个盒子大约有两个鞋盒的长度，带有沉

重的金属盖。不幸的是，这位打瞌睡职员的办公桌恰好靠近这些盒子。因此，主管回来后总会掀起最近的一个金属盖，然后重重地盖上。对于打瞌睡的职员来说，效果当然是非常震撼的。这一幕经常上演，对那些年轻且易受影响的旁观者来说，非常有趣……

至于针线街本身，回忆来自保罗·坦佩斯特（Paul Tempest）。他在1962年已经是海外部门的一员。该部门由大约十几个小组组成，每组有4—8名成员，其中有一名顾问和一名助理。他们的办公室位于俯瞰巴塞洛缪巷的三楼，是一间“狭长低矮且侧面采光的房间”。

办公室由一位年长的主管监督。他坐在一个玻璃隔间里，阴沉地盯着长长的地毯，寻找任何混乱的迹象。他的两侧通常有一两个因为有潜力或有抱负，从楼上的档案室或楼下的打字员中被定期挑选出来的年轻女孩……然而，办公室的女性非常稀缺，以至于大家仍然普遍使用“墨菲（或米切尔）的余额”这种古老的银行传统暗号。这种暗号比用纸飞机吸引注意力要微妙得多，用来不冒犯地指向路过者的一双美腿或身体的其他部分。在海外部门，这个暗号还有其他变体。当一位访客走过长长的地毯时，德语组会喊出“两百万”（Zwei millionen，德语），法语组则较为含蓄地回应“三十八,二十二……”（Trente-huit，vingt-deux，法语），克里姆林宫组会提醒说“不是，不是，不是”（Niet，niet，niet，俄语），而阿拉伯组或西班牙组也会呼应……

海外部门的大型开放式办公室里，上演的幽默往往像是纯粹的戏剧表演。对于这群被困在办公室的“观众”来说，表演会沿着那条长长的中央地毯不断展开。迎接新人入职的恶作剧有多种形式。大家最喜欢的一种，是在事先约好后，从几个桌子的距离外给新人打电话。声音会被刻意伪装得非常苍老、权威，像总裁一样。“是琼斯（Jones）吗？欢迎加入海外部门。你能来一下吗？”话筒会被迅速放下，发出清脆的响声。此时，琼斯通常会立刻站起来，却意识到他根本不知道要去哪儿，也不知道是谁在跟他说话……[19]

20世纪60年代末，詹姆斯·塞尔温（James Selwy）大概是对英格兰银行内部组织最严厉的批评者之一。他在1965年未能如愿成为新成立

的经济情报部门的负责人，因此感到十分失望，而当时他已经是总裁顾问了。1968 年 1 月，他为奥布莱恩撰写了一份题为“英格兰银行劳动力”的备忘录，指出英格兰银行在人力资源使用方面有四个主要问题，导致了“低效”：

> （1）由于频繁的休息时间（咖啡、午餐和茶歇）以及工作时的悠闲态度，工作产出少。
>
> （2）许多简单工作被分配给较高水平的人完成，浪费了人力资源。
>
> （3）许多工作没有太大实际意义，对英格兰银行业务的贡献甚微。
>
> （4）由于组织不当（例如，权力下放不足），导致无效工作增加及工作流程受阻。

受这些问题的影响，以及对来自国有产业特别委员会潜在批评的担忧，英格兰银行在 1968 年晚些时候聘请了美国管理咨询公司麦肯锡。麦肯锡的调查工作从 1969 年 2 月开始。当月早些时候福德告知同事，麦肯锡六人团队中的两名合伙人将在英格兰银行工作。福德提出：“应该为他们提供四楼的一些午餐设施，并礼貌地告诉他们，我们很乐意偶尔与他们共进午餐，但并不希望他们每天都与我们一起用餐。”

麦肯锡的核心建议是大幅增加执行董事的职权，从而削弱首席出纳和部门负责人的权力。虽然这一建议被奥布莱恩否决，但其他一些建议却得到了很好的落实。这些建议推动了 20 世纪 70 年代初期的多项变革，其中最重要的包括：设立一个管理服务部门，负责提供计算机和一般管理服务；任命一位财务主管以确保预算控制；在经济情报部门（EID）设立一个单独的研究部门，即经济组；启动一个管理发展部门，以提高绩效评估、职业规划和管理培训的水平。不过，总的来说，这并不是一场彻底的变革。正如英格兰银行在 1970 年 1 月所总结的：“麦肯锡的总体结论是，英格兰银行的工作质量和员工素质都很高。”不久之后，媒体评论表示：“麦肯锡发现了一些陈旧或过时的机制，但没有发现‘院子里埋着的尸体’。”[20] 即便如此，管理学术语已经进入了英格兰银行，而且不可能回头。

不可否认的是，英格兰银行在整个 20 世纪 70 年代逐渐成为一个现代化的机构。1971 年初的长时间邮政罢工曾暂时导致公债和股票持有者或其代理人再次亲自领取股息凭证。但英格兰银行的总体发展方向肯定是面向未来，而非回到过去。就在那一年，英格兰银行不仅见证了奥布莱恩总裁的妥协（同意明确退休时点），还见证了位于地下三层的漂亮图书档案馆的开放。1973 年，历史悠久的英格兰银行警卫队也最终解散。大学毕业生招聘人数从 20 世纪 70 年代初期到中期翻了一番。正如约翰·希尔（John Hill）略带不满地指出，英格兰银行开始“招聘那些学过新式数学和计算机科学的员工”，意味着“这个地方永远不会再像以前那样了”。英格兰银行的大部分部门安装了所谓的职员工作量测量系统（CWM）。带着秒表和记录板的系统工作人员被半开玩笑地称为“格里与领跑者”①。然而这种变化速度可能被夸大了。总体上，管理仍然不够成熟。1975 年，埃迪·乔治在审查 EID 时提到“矩阵管理”在外界“显然相当普遍”（潜台词是英格兰银行也应该采用这种管理方式）。安妮·斯金纳（Anne Skinner）自 1974 年起担任会计部门的初级经理，她曾回忆起当时男性对在女性领导下工作的抗拒（“试图排挤你，不告诉你工作内容”）。整个 20 世纪 70 年代，管理权的争夺在人事部门与其他部门之间持续进行。1977 年，来自财政部的大卫·沃克（David Walker）被破例直接任命为高级管理人员。首席出纳和部分部门负责人提出强烈且直接的反对意见，但任命最终还是在总裁的坚持下得以成功。约翰·佩奇直到最后都坚称：“英格兰银行不应该是那种地方。”[21]

20 世纪 70 年代，英格兰银行的财务工作进入了一个新纪元。年度账目公开，财政部对英格兰银行效率的审查，以及利润大部分上缴财政部——这些都直接源于 SCNI 的 1970 年报告。而麦肯锡报告带来的是更严格的预算控制。新的财务工作安排的副作用之一，是英格兰银行与财政部之间时起时伏的紧张关系。其中一次紧张关系持续了七八个月，其间时任总裁理查森干脆直接无视财政部的瓦斯发出的正式请求，拒绝告知英格兰银行在“救生艇”计划和其他支持措施中的具体操作和规模。这促使克里斯托弗·道反思道：“毫无疑问，中央银行必须保留较大的自主权。但如果我们向财政部透露一些基本情况，可能并不会给我们带来任何损失。”另一个紧张关系的诱因发作得更为频繁。英格兰银行作为公共部门的一部分，经常被政府要求在薪资问题上保持克制，但英格兰银行希望其

① “格里与领跑者”（Gerry and the Pacemakers）是 20 世纪 60 年代英国一支摇滚乐组合，代表作是现在的利物浦足球俱乐部队歌“你永远不会独行”（You’ll Never Walk Alone）。“Pacemakers”在马拉松长跑中有“定速员”的意思，用来比喻文中测量员工工作速度的工作人员。——译者注

薪资水平可以与清算银行保持竞争力。1971 年 3 月，奥布莱恩在一次与财政部高级官员的会谈中坦率地表明了立场："我们一直充分尊重官方政策，并将继续这样做。但我们的根本立场是，我们根据'银行法'拥有自主经营的权力。财政部的收入政策官员似乎认为他们可以全盘掌控我们与员工薪资谈判的细节，但我们绝不会接受这种做法。"[22]

总体而言，20 世纪 70 年代对于英格兰银行员工来说是一个相对收缩的时期。1979 年，英格兰银行员工总数为 7200 人，其中 4600 人为银行业务员工。而在 1970 年，银行有 7400 名员工，其中 4450 人从事银行业务。随着工资水平逐渐低于清算银行员工，英格兰银行员工的处境略显艰难。理查森在员工薪资方面可能没有奥布莱恩那么坚持运营自主权。即便如此，附带的福利依旧令人羡慕。这些福利在 1978 年之前基本未受影响：除了补贴午餐和住房、教育贷款计划，英格兰银行还为员工提供无息贷款以支付通勤费用，并提供无担保的个人贷款用于"经批准的目的"。简而言之，家长式的管理方式仍然在英格兰银行中广泛存在。在某个危机之秋有消息传出："总裁对司机坦南特（Tennant）非常满意。特别表扬了他在长时间的等待和驾驶中表现出的耐心和毅力。总裁非常赞同为坦南特的付出给予额外奖励的想法。"[23]

在更广阔的社会背景下，20 世纪 70 年代无疑是劳资关系急剧恶化的年代。英格兰银行也难以避免此类影响，尤其是由于与清算银行之间不断缩小的薪资差距。1973 年 2 月，在多年来对"董事与员工委员会"日益不满之后，银行业务员工以压倒性多数投票决定成立自己的内部代表机构，直接与管理层进行谈判。年底，英格兰银行员工组织（BESO）成立。董事会对员工没有寻求加入全国性工会明显感到欣慰。然而，BESO 的定期通讯很快就展现出了尖锐的态度。1974 年 4 月，BESO 的秘书长约翰·沃德曾直接反问道："那又怎样？"当时 BESO 谈及英格兰银行自 1972 年起全面实施男女同工同酬，但仍然拒绝为已婚女性提供住房贷款。英格兰银行的解释是（部分原因）："尽管当前的社会情况有所改变，但提供家庭住房的责任仍主要在于丈夫。另外，如果所有已婚女性都申请贷款，英格兰银行在 1986 年的新增资金授信将达到约 450 万英镑。"沃德坚定地认为："英格兰银行负担得起。有些公司可能负担不起，但英格兰银行不是其中之一。"两年后，作为象征性行动，BESO 将办公室搬出了英格兰银行。在 1978 年 12 月的英国"不满之冬"中，由于薪资要求被拒绝，员工们暂时拒绝执行"效率和生产力计划"。新任人事主管罗德尼·加尔平对当时的情况相当悲观。他向乔治·布伦登（时任主管员工事务的执行董事）表示："当前的争端表明我们与员工的关系处于破损状态。尽管我仍然相信员工对英格兰银行依然保有基本的忠诚。"加尔平继续说道：

> 我认为，现在英格兰银行的各级员工不同程度上都出现了以下问题：
>
> （1）对自己的处境感到失望且失去了动力，同时将其归咎于英格兰银行；
>
> （2）担心英格兰银行对员工的承诺，因此对英格兰银行的员工政策持批评态度；
>
> （3）渴望更高的工作参与度。

更严重的情况并没有发生。但在1979年春天，资深员工代表保罗·克莱顿（Paul Clayton）表示，员工内部出现了"一个规模小但强大且声音响亮的群体"，他们试图让BESO与全国银行员工工会联合。克莱顿在《老妇人》中警告道："尽管这些人真诚地持有自己的观点，但他们是在自取灭亡。在一个大型工会中，我们人数不多，最终会被淹没。这会使我们对自己未来的影响力变得微乎其微。"因此，他建议在处理"带着礼物的工会"时"要极其谨慎"。[24]但不久之后，全国银行员工工会更名为银行、保险和金融工会（BIFU），并在几年后成功吸收了BESO。

各部门的人员情况不可避免地存在差异。在克莱顿写上述文章时，外汇管制部门的员工从20世纪70年代初的大约500人增加到大约700人，而会计部门的员工从大约1300人减少到不到1000人。这一变化几乎可以完全归因于持续的计算机化。计算机在1971年曾导致了一个棘手问题，尤其是在银行办公室推广使用计算机之前。这个棘手问题的本质，是一场在政治上受青睐的ICL（英国公司）和在技术上占优势的IBM（美国公司）的较量和选择。1971年7月，贾斯珀·霍洛姆在与非执行董事埃里克·罗尔爵士讨论后写道："罗尔爵士认为，在共同市场的背景下，选择美国供应商在时机上非常不合适，并且建议我们推迟两三个月再做决定。当我提出只有推迟两年或更长时间才能帮助ICL成为有效的竞争者时，他似乎半开玩笑地想要同意这一建议。"接下来的一个月，英格兰银行作出了一个精妙的折中决定。奥布莱恩向ICL的约翰·沃尔爵士解释："IBM更能满足我们下一阶段的计算机需求。英格兰银行'遗憾地'未能改变这一观点。"奥布莱恩接着说道：

然而，我们还必须考虑政府在这一领域的政策，以及发展英国公司或未来可能发展欧洲公司作为 IBM 真正竞争对手的国家利益。总裁和董事会对这一问题进行了最为慎重的考虑，最终决定采用双中心解决方案，将会计部门交给 ICL 负责，其他需求则交给 IBM。我们希望这种大致对半的分配，能激励 ICL 全力以赴证明自己真正具有竞争力。如果 ICL 成功了，没有人会比英格兰银行更感到高兴。

约翰爵士对英格兰银行所采取的立场表示了感谢……

至于 IBM 的反应，霍洛姆在 IBM 的代表拜访总裁后进一步记录道："他们对我们决定将更复杂的部分程序交给他们处理表示感谢。"在更大的范围内，技术变得越来越重要。据报道，约翰·福德在 1974 年 2 月访问黄金和外汇办公室后承认："交易区的电话出了问题，这带来了严重的困扰。此外，在安装新的直通电话（无须总机转接）之前，通话还存在相当大的延误。据说邮局的工程师曾暗示，支付 200 英镑的贿赂可以加快工程进度。"这位极为严谨和正直的人回应道："如果这是真的，那绝对是一个严重的问题。"[25]

在 20 世纪 70 年代末期，福德为《老妇人》定期专栏"依我之见"撰稿。他用一些引人深思但也有些曲折的反思，探讨了这个社会在他一生中发生的巨大变化。他问道："英格兰银行是否是这样一个机构：能够容忍不同意见、鼓励有效自我约束下的自由尝试、倾向于通过共识来进行有说服力的领导？"对此，他自问自答道："我认为是的。"在此前一期的专栏中，即 1977 年早些时候，托尼·卡莱尔撰写了文章。他几乎全篇都在集中讨论英格兰银行本身，将其与 20 世纪 60 年代中期的英格兰银行进行比较，并倾向于强调积极的一面：更多的授权（部分反映了整体工作量的增长）和更多的个人参与；不同类型员工之间的隔阂降低了（"十五年前高层人员与最基层员工一起在酒吧庆祝生日、婚礼或工作变动是非常罕见的，而现在已是常见做法"）；歧视女性的现象已经渐渐消失。同时，卡莱尔对着装要求的变化持宽松态度（"曾经是必需品的白领衬衫现在变得很罕见了，背心、吊裤带和有鞋带的鞋子也是如此"），对发型要求的变化则较为欢迎（"看到个人选择得到了充分展示是一件令人愉快的事情"）。不过他还是有一些抱怨："拼写上的怪癖""几年前还闻所未闻的敲门习惯"。他还抱怨说："与有志成为中央银行家的人相比，外聘的专业人员有时在培养集体精神方面进展缓慢，而这种集体精神一直是英格兰银行的巨大优势之一。”以上是《老妇人》对当时情况的两个评价。第三个评价同样出现在该杂志上，但直到 1985 年才发表，更具回顾性：

> ［自 1965 年起就在英格兰银行工作的编辑大卫·波拉德（David Pollard）写道］我一直觉得，英格兰银行员工队伍变化越来越快、社会背景越来越多样化、越来越受到技术发展的威胁。但英格兰银行对员工需求的反应过于缓慢，尤其是在 20 世纪 60 年代末和 70 年代。我的印象是，考虑到英格兰银行在“员工管理”方面投入的巨大资源，它在这方面令人惊讶的不专业。主管对员工的选拔和专门培训，通常并不是基于员工的工作天赋（只有少数人有这种天赋），而似乎是更偏向有一技之长却不得不“做基础工作”的员工，或者一个平平无奇的“好好先生”……[26]

在《老妇人》的版面之外，20 世纪 70 年代后期一项根本性制度变革开始提上英格兰银行的议程，或有意或无意地回应了当时广泛存在于这个国家的情绪。

克里斯托弗·道在 1976 年 4 月以一篇题为“英格兰银行未来可能的发展方向”的论文拉开了变革的序幕。实质上，他希望英格兰银行能够获得“与财政部平行的、独立于财政大臣的顾问角色”，也就是“与财政部享有平等和相互尊重的地位”。这不仅涉及建立更强的经济专业智库，还包括塑造更现代化的公共形象。道坚持认为：“即使是小小的表面文章也很重要。值得探讨的是，董事会议室是否适合用于商务会议；董事会是否应该不再被称为‘董事庭’①；信使是否应该穿粉色外套。现代化改造可能会让英格兰银行从中获益。”道还建议了其他有益的改造方向：“第一，英格兰银行应与金融城保持一定距离。第二，应建立一个更平衡的董事会，一个可能的架构应包括三位来自金融城和商界的成员；三位其他‘右派’成员；三位 TUC 和‘左派’成员；以及三位‘独立’成员。第三，董事会应被更明确地定位成‘咨询委员会’。第四，与工业家的会面应更频繁、更广泛、更正式。甚至应该设立一个正式的‘工业咨询委员会’。”

---

① “董事庭”译自“Court”，也即“Court of directors”。现在一般表示董事会的是“Board of directors”。“Court”有法庭、宫廷的意思，本书之前表示董事会的英文均使用这个词，只是翻译时便于理解译为“董事会。”——译者注

随着时间的推移，道的愿景在多年后被证明确实预示了许多将会发生的变化。然而在 1976 年，尽管理查森明确表示他对这篇论文“有很多共鸣”，但事情的发展并未与这种表态相符。道本人也意识到他的凯恩斯主义观点在英格兰银行内部逐渐式微。他曾表露过前往财政部工作的意愿，但由于没有当面向总裁汇报而惹恼了总裁。因此，虽然事后他留在了英格兰银行，但他的论文却逐渐石沉大海。[27]

接下来的变革倡议来自基特·麦克马洪。他在 1977 年 6 月撰写了一篇题为“将英格兰银行外向化”的论文。当时英格兰银行内部正在进行一场辩论，主题是 1976 年危机后应如何改善其迄今并不出色的对外沟通技巧。麦克马洪以一贯坚定的风格提出了英格兰银行近年来“受到伤害、误解、轻视”的七个主要原因：

> （1）对我们的目标、活动、智力水平以及我们是什么样的人等存在误解。
>
> （2）真正的错误、糟糕的决策、不当的处理等。
>
> （3）实施的决策或政策可能在总体上是适当的，甚至是非常恰当的，但却对有声望的个人或机构产生了不利影响。
>
> （4）一种具有尖锐声音和固执己见的极端货币主义思潮的兴起。
>
> （5）如今普遍存在的观点是，任何明显的建制派表现都有荒谬、僵化、专横和为富不仁的倾向。
>
> （6）左翼对英格兰银行的直接敌意。左翼基于上一条的观点，以及对蒙塔古·诺曼的历史记忆，不能包容金融城乃至几乎所有与金融相关的事务，且具有敌意。
>
> （7）英国失败的经济表现，无论是真实表现还是公众感知，以及当局（包含英格兰银行在内的整个政府）应对经济失败的能力不足。

麦克马洪对如何解决这些问题提出了一个建议：

> 我们往往倾向于非常简单化地管理舆论。当然，有很多很好的理由继续这样做，但这个世界很残酷。一个绅士在众多球员中很容易显得软弱和迂腐。没错，我们当然可以继续忍受这一切。然而，如果我们愿意更加精明一点，在不被记录的评述中更加“政治

化”，让记者知道我们的目标是什么，在哪里遇到了阻碍，那么我们就可以改变自己的形象，获得更多的媒体报道和更多的尊重，并将良好的舆论作为政策的推进力量，增强我们实际影响政策的能力。

简而言之，也许是时候开始使用“黑魔法”了。这确实是世界的趋势。事实上不久之后，英格兰银行的新闻办公室就开始变得更加专业和系统。

第三项变革倡议在内部意义上是最重要的。它始于1978年8月乔治·布伦登向理查森发送的一份关于“组织”的备忘录。几乎可以肯定的是，两人在此之前已经讨论过内部重大重组的必要性。布伦登的备忘录核心是找出一系列缺陷。他认为：第一，在许多问题上，总裁和执行董事不得不依赖“小道消息”来保持信息的畅通。第二，预算控制已经高度集中在副总裁手中，部门主管参与不足。第三，首席出纳的职责范围过于宽广，已经无法有效适应20世纪70年代的英格兰银行。人们不切实际地期望首席出纳一方面深度参与信用和货币政策的具体制定以及相关操作的具体实施，另一方面作为英格兰银行的首席行政官承担行政运营职责。与之相对的是，至少有三名执行董事没有明确的具体职责。权力架构正在形成一个总裁之下执行董事平行于首席出纳、其他部门主管的小型金字塔。为了解决这些问题，布伦登提出了一个从根本上双管齐下的建议：一方面，明确响应麦肯锡十年前的建议，给执行董事提供适当且有意义的具体职位描述；另一方面，大幅减少首席出纳的职责。考虑到首席出纳（当时是约翰·佩奇）这一职位在此前长达近三个世纪的英格兰银行历史中至少是第三号人物，布伦登也不得不承认这一建议有可能掀起巨浪。

理查森的下一个举措，是委托克罗汉姆勋爵（Lord Croham）对英格兰银行的组织架构提供更详细的报告。克罗汉姆勋爵就是之前的道格拉斯·艾伦爵士，担任过公务系统（财政部）的高级负责人，并于1978年作为特别顾问加入英格兰银行。1979年4月初，克罗汉姆勋爵提交了初步报告。与麦肯锡和布伦登类似，克罗汉姆也指出了长期未能将执行董事纳入英格兰银行管理架构的问题。克罗汉姆写道：“他们就像没有管理责任的‘政策协调员’。英格兰银行内部普遍察觉到当前的管理架构不清晰，常常导致决策延误和高层管理的错位。”他为此呼吁：“建立一个新的组织架构，使指挥条线能够从执行董事直达他们负责的政策和行政管理领域。”两周多后，克罗汉姆在与总裁讨论了可能的选项后，在修改后的报告中提出了一个与布伦登的双管齐下非常相似的解决方案。然而，这还不是定局。在这一时刻，英格兰银行还将成为即将到来的政治和经济革命的掌舵者之一。[28]

第十六章 暖阳半日假

1 New Statesman, 30 July 1960 (Taurus'); Roger Alford, Life and LSE (Brighton, 2009), pp. 254-255; BEQB, Sept 1966, pp. 233-245; Hennessy, p. 136; Capie, p. 38; Guy de Moubray, City of Human Memories (Weardale, 2005), p. 202; Capie, p. 40; information from Michael Anson.

2 Fay, p. 105; Hennessy, pp. 118-123; Select Committee on Nationalised Industries [SCNI], Bank of England: First Report (1969-1970, vi), p. 948; E4/5, fo 94, Sept 1969; OHC, Lord George, 8 Feb 2006; OL, Spring 1980, p. 5; Alford, p. 264; OL, Spring 1980, p. 6.

3 Punch, 13 March 1957; OL, March 2003, p. 12 (John Keyworth); Byatt, pp. 167, 173-174; O'Brien, p. 34; Byatt, pp. 178-179; Hannah Hawksworth, 'Harry Ecclestone', Guardian, 7 July 2010; Byatt, p. 197.

4 OL, March 1996, p. 22 (Teri Brown); Hennessy, p. 187; OL, June 1956, p. 69 (A. E J. Davies); Hennessy, pp. 189-191; SCNI, p. 922.

5 Hennessy, pp. 63-5,70-71; OL, June 1958, p. 64; FT, 3 July 1958; Hennessy, p. 73; Nikolaus Pevsner, The Buildings of England: London 1: The Cities of London and Westminster (Harmondsworth, 1957), p. 199; Simon Bradley and Nikolaus Pevsner, The Buildings of England: London 1: The City of London (1997), p. 456; OL, June 1958, p. 67.

6 SCNI, pp. 150, 2127, 1183, 1168; Capie, p. 41; OL, Sept 2001, p. 128 (B. M. Lahee); Birmingham Post, 21 Sept 1970; SCNI, p. 1174; Fay, p. 41; Hennessy, pp. 284-290; Architects' Journal, 21 Sept 1962; Hennessy, pp. 279-280; OL, Dec 1967, p. 207 (Roger Woodley), Sept 1971, p. 187 (D. J. Baker); O'Brien, p. 55.

7 OL, Dec 2004, p. 125 (Peter Edgley); OL, March 2000, pp. 8-12 (Ron Middleton); SCNI, p. 799; O'Brien, p. 55; OL, June 1968, p. 67; OHC, Sir George Blunden, 1994; OL, June 2003, p. 73 (David Harris).

8 Hennessy, pp. 218, 214; Capie, pp. 67-70, 348-349; SCNI, p. 1154; OL, March 1996, pp. 25-26 (John Rumins).

9 Hennessy, pp. 333, 352-353; E31/3, 29 Aug 1946, 12 May 1948, 18 Nov 1948, 29 March 1949; E15/10, fo 19A, 21 July 1949; Manchester Guardian, 2 Aug 1949; E31/3, 15 May 1952.

10 OL, Spring 1992, p. 20; Hennessy, pp. 354-S; AC25/26, 1 Dec 1955; E31/3, 26 April 1957; Hennessy, pp. 355-356; E31/4, 21 Feb 1962; OL, March 1969, pp. 12-13 (V. K. Bloomfield),

Spring 1992, p. 21 (Jane Collier); OL, March 1967, p. 3; Times, 3 Feb 1967.

11 Hennessy, pp. 354, 357-358; E4/56, fo 69E, 6 May 1969; G9/48, Nov 1963; E4/56, fo 22, 2 June 1966.

12 Capie, p. 53; OL, Spring 1993, p. 4 John Hill); OHC, Pen Kent, 12 June 2005; OL, Sept 1985, p. 99 (Roger Barnes); de Moubray, City, p. 212; BEQB, Sept 1966, p. 244; SCNI, pp. 2131, 2138.

13 OL, Sept 1998, p. 120 (J. D. W. Raimbach); Capie, p. 52; OL, Winter 1977, p. 156, Spring 1978, pp. 13-14 (J. E. Taylor), Summer 1982, p. 53, Autumn 1977, p. 95 (Anthony Carlisle); G9/48, 17 Sept 1963.

14 OL, Sept 1999, p. 100 (Graham Kentfield); Elizabeth Hennessy, 'The Governors, Directors and Management of the Bank of England', in Roberts and Kynaston, p. 215; E31/3, 29 Aug 1946, 30 Aug 1946.

15 de Moubray, City, p. 112; OL, Spring 1993, p. 5 (John Hill); de Moubray, City, pp. 182-183; OL, Autumn 1977, p. 95 (Anthony Carlisle), Sept 2005, p. 112 (Tim Kidd), Dec 2003, p. 147 (John Footman).

16 Hennessy, pp. 340-341; OL, Spring 1979, p. 195 (Paul Clayton); Hennessy, p. 342; E15/7, fo 102, April 1969; E15/22, Aug 1970.

17 SCNI, pp. 1972-1974; Capie, p S5; E4/56, fo 15, April 1966; O'Brien, p. 55; Hennessy, pp. 344-345; E30/76, fo 17, 27 Nov 1969; G9/11, 30 June 1972; Hennessy, pp. 363-364.

18 Evening News, 20 Feb 1956; Hennessy, pp. 361-363; OL, Sept 2000, p. 103 (Willie Osborn), Spring 1993, p. 3 (Dorothy Binns); Capie, pp. 52-53; de Moubray, City, pp. 111, 113.

19 OL, June 1984, p. 60 (Michael Pickering), Dec 2006, p. 138 (Christopher Bell), Sept 1987, p. 126 (Paul Tempest).

20 de Moubray, City, p. 209; G39/1, 26 Feb 1968; ADM10/1, 21 Feb 1969; Capie, pp. 356-358; ADM10/1, Jan 1970 (file 30 Jan 1970); Birmingham Post, 3 Feb 1970.

21 OL, June 2005, p. 38 (R. C. D. Lowry), Dec 2003, p. 147 (John Footman), June 1971, p. 75; John Keyworth, 'As Safe as the Bank of England' (1993); Capie, p. 363; OL, Spring 1993, p. 4 (John Hill), June 2003, p. 83 (Rick Salmon); 6A106/1, 7 Oct 1975; OL, Spring 1992, p. 21, Autumn 1992, p. 130 (Tony Carlisle); Dow, pp. 78-79.

22 Hennessy, 'The Governors', p. 209; Dow, pp ros-6; G3/273, 26 March1971.

23 Information from Michael Anson; Fay, p. 104; FT, 26 Jan 1978; Capie, p. 365; G3/278, 15 Nov 1973.

24 E15/7, fo 156, March 1973, fo 172, 4 Oct 1973, fo 181, 11 Oct 1973; E30/92, April 1974; Fay, p. 104; Daily Telegraph, 12 Dec 1978; G1/567, 14 Dec 1978; Fay, p. 104; OL, Spring 1979, p. 195 (Paul Clayton).

25　Information from Michael Anson; G3/274, 9 July 1971, Aug 1971; G9/12, 21 Feb 1974.

26　OL, Winter 1977, pp. 147-148 (John Fforde), Autumn 1977, pp. 95-96 (Tony Carlisle), Dec 1985, p. 145 (David Pollard).

27　7A127/1, 6 April 1976; Dow, pp. 58-59.

28　7A127/1, 24 June 1977; G1/567, 8 Aug 1978; Capie, pp. 823-824; 7A127/1, 2 April 1979; Capie, pp. 824-825.

第十七章

深深的忧虑

“对货币供应量的适当控制不太可能变得简单。”1979 年 4 月底，正值大选前夕，英格兰银行向下一任财政大臣发出警告：“只有拥有正确的判断和好运，政府才可以采取措施使货币供应量在可控范围内增长，而不会伴随不可预见、不受欢迎或不可接受的汇率或利率变化。”不幸的是，对于双方的和谐关系来说，玛格丽特·撒切尔夫人（Margaret Thatcher）领导的保守党政府在货币方面采取了积极且顽固的立场，与英格兰银行极为谨慎的立场截然不同。

对于撒切尔夫人来说，政府的立场不仅包括高度重视紧缩货币目标（尤其是 M3 货币供应量），还包括重视最终被证明是虚无缥缈的基础货币控制理论（MBC）。撒切尔夫人的首任财政大臣杰弗里·豪爵士（Sir Geoffrey Howe）曾对 MBC 理论进行了回顾性描述：“英格兰银行可以通过操纵和盯住清算银行在英格兰银行的小额存款，直接控制货币供应量。”英格兰银行从一开始就不热衷此事。查尔斯·古德哈特等人在 6 月的“季度公报”上刊载论文指出：“MBC 将导致利率频繁和大规模的波动，甚至可能导致整个金融系统的不稳定，更不用说导致现有安排被严重干扰和错位了。”然而，撒切尔夫人不为所动。她在不久后委托财政部和英格兰银行联合研究 MBC。这项研究在接下来半年左右的时间里进展缓慢。11 月，因为货币供应量的快速上升引发了资金危机，MLR（最低贷款利率）从 14% 跃升至 17%。撒切尔夫人对此感到不安，并且逐渐失去了耐心。英格兰银行在理查森于圣诞节前访问财政部后记录道：“瓦斯指出，首相和财政大臣不断施压，要求取得研究进展。他们明确表示，英格兰银行应该为进展不够迅速负责，因为货币问题是英格兰银行的职责所在。”

尽管如此，针线街内部依然保持着难以撼动的怀疑态度。总裁在 1980 年 1 月中旬对豪和瓦斯说：“精准的定量控制已被证明是行不通的。MBC 无法将货币价格调整到抑制需求的水平。”当月晚些时候，总裁对苏格兰的清算银行吐露了更加负面的评价："MBC 的某些支持者以过度简化且表面上吸引人的方式提出了他们的主张。"次月，古德哈特在一份内部备忘录中坦率地指出："我们正在摧毁财政部部长对控制基础货币的期望。"3 月初，新任副总裁基特·麦克马洪在姗姗来迟的 MBC 绿皮书发布前夕，告诫一位外国访客不要指望它能"带来什么惊喜"，因为高度自动化的系统总是困难重重。事实证明了这一点。下一任财政大臣奈杰尔·劳森（Nigel Lawson）后来回忆说，英格兰银行"对 MBC 明显冷淡"。虽然劳森怀疑英格兰银行对 MBC 的"完全反对"部分源于一种原始意愿，即保持贴现市场的存在，但他并不否认"MBC 极有可能因为英格兰银行的深刻反感而成为一场灾难"。[1]

劳森自己热衷的项目是"中期金融策略"（MTFS）。这实际上是一个严格的货币主义规则体系，由英格兰银行监管，但不由其决定。1979 年至 1980 年的冬天，还未接任的劳森在豪的支持下制定了新的反通胀战略。尽管 20 世纪 70 年代英格兰银行在控制货币供应量方面积累了相当多的经验，但在制定战略时它还是基本被排除在外。2 月 22 日，理查森向豪表示："英格兰银行渴望有机会发表自己的看法和评论。"

> 中期金融策略对英格兰银行至关重要，他惊讶于首相在英格兰银行未被充分咨询之前就看到了草案。就个人而言，他对这份文件的可信性和可执行性持严重保留意见。政府不应在年度货币目标上采取完全僵化的立场。他对此尤其担心。

在此之后，英格兰银行开始更多地参与其中。但理查森在 3 月 3 日时仍不太满意。他告诉豪："该策略过于教条化、机械化、僵化。"4 天后，撒切尔夫人和豪一起听取了理查森的质疑。

> 总裁说，他和他的员工在过去 10 天里与财政部展开了富有成效的讨论，草案因此变得柔和，目标也不那么僵化了。但他对整个策略仍有深深的疑虑……货币政策必须是可供辩论的。设定 1 年后的货币目标就已经很难了，要设定 4 年的目标则难上加难。即使设定了目标范围，他仍然认为存在过多僵化数据。他担心工资可能无法适应逐渐下降的货币趋势。如果工资确实不能适应，利率和经济活动的压力可能会变得无法承受……政府已经明确承诺将坚决致力于降低货币扩张速度，发布中期目标对此承诺意义不大。

会议结束时，首相总结称“理解总裁的疑虑”，但表示她和豪“都确信公布中期目标是正确的”，并希望理查森“能够接受这一决定”。3月14日，豪最终还是在当月的预算案中正式宣布了中期金融策略。豪向理查森解释说：“中期金融策略在内阁中引发了非常有效的讨论。所有的担忧，包括英格兰银行的顾虑，都被充分讨论了。最终，大家总体上都同意继续向前推进。”[2]

豪和撒切尔夫人在此时还做出了一个让英格兰银行相对满意的重要决定。理查森在1979年6月向清算银行的主席们通报：“毫无疑问，政府承诺在条件允许时会逐步放宽外汇管制。”两周之前，豪的第一次预算案就已经宣布小幅放松外汇管制。“总裁强调，分阶段放松外汇管制是明智的，特别是在外汇交易自由化可能导致大规模资金流动时”。进一步的放松措施在7月接踵而至，导致英格兰银行不得不撤销约200个新员工聘用通知，因为他们意识到现有员工可能需要重新分配。在那个夏天接下来的时间里，英格兰银行内部最强烈支持完全废除外汇管制的声音来自道格拉斯·道金斯（Douglas Dawkins），他负责在该领域领导一个英格兰银行和财政部联合小组。这个小组是由强烈支持废除的劳森创立的。道金斯在8月写道：“如果过去四十年的经验教会了我们什么，那就是外汇管制并不能解决问题。经验也表明，限制性系统通常有向更严格的方向发展的倾向。”最后他总结道：“因此，我非常赞成完全取消管制及其相关措施。”

当年秋天，英格兰银行的经济学家们才迟缓的意识到废除外汇管制可能会影响货币政策的有效性。但到了10月12日，麦克马洪已经坚定地认为：“如果我们相信能够依赖外汇管制来为货币政策提供持久的帮助，那将是错误的，甚至是自欺欺人的。”接下来的一周，理查森参加了撒切尔夫人及其部长的关键会议。根据一位英格兰银行内部人士的说法：“最终由总裁提出了一个全面而连贯的观点，即没有哪个时刻是毫无风险的，也没有哪个时刻是比现在更好的时机。即使在有外汇管制的情况下，我们也暴露在极大的风险中。部分废除外汇管制后，我们并没有为此花费太多资金。”另一位内部人士则回忆道：“会议结束时，撒切尔夫人转向戈登说道：‘现在，你是这个问题上最重要的人，你怎么看？我们是不是应该废除它？’戈登回答‘是的’。然后撒切尔夫人说‘好的’。仅仅5天后，废除外汇管制的决定就被宣布了。”这一宣布发生在10月23日，令许多人震惊。《卫报》报道：“整个晚上，英格兰银行都在被电话轰炸，人们根本不敢相信杰弗里·豪爵士的宣告。”

> 在废除外汇管制时，英格兰银行雇用了大约750名员工（包括分支机构的100人）负责该项业务。撒切尔夫人在上述关键会议结束时私下对理查森说道："你们那些可怜的人……距离圣诞节只有两个月了。"也许能提供一丝安慰的是，英格兰银行在圣诞节前为大约170名外汇管制部门员工举行了"告别派对"。总裁办公室记录道："派对将提供全套酒吧服务以及每人五份简单的鸡尾酒小吃……无疑，格鲁姆布里奇（Groombridge）先生会采取必要措施，确保董事会议室在晚上7点30分后就被很快清理完毕。"然而更为重要的是，通过一个精心策划的自愿离职计划，英格兰银行避免了强制裁员。该计划巧妙地利用了英格兰银行与其他金融机构的密切联系。此外，几年后诺顿·沃伯格（Norton Warburg）的倒闭给部分外汇管制员带来了损失。这是一家原本负责管理部分外汇管制员离职补偿金的投资顾问和资金管理公司。英格兰银行补偿了这些外汇管制员的损失。本书关于外汇管制（1939年至1979年）的最后一句话来自道金斯。他在管制废除后不久写道："现在一切都结束了。我不禁好奇，未来的历史学家会如何看待'匹配利益''115%保证金'或'换汇和交割'这些概念？他能理解这些到底是怎么回事吗？他会在那些已经消失争论的灰烬中看到曾经燃烧的火焰甚至是激情吗？大概不会。"[3]

在结束外汇管制的几个月内，英格兰银行经历了一次更具深远影响的内部改革。1978年夏至1979年春期间，乔治·布伦登（承担主要工作）和克罗汉姆勋爵完成了机构改革的相关建议工作。随后，总裁在1980年1月16日给全体员工的通告中宣布，从当年3月起英格兰银行将重组为3个部门：金融机构与监管（依据1979年"银行法案"）；政策与市场；运营与服务。总裁说道："未来，首席出纳官将只负责银行业务，不再参与货币政策及其执行工作，也不再对整个英格兰银行行使更广泛的行政职责。"事实上，尽管公告并未明确说明，但这种对首席出纳官职权的严重削弱，实际上是为了让四位执行董事（包括前首席出纳官约翰·佩奇）能够切实履行职责。新设的副董事［仅一位，安东尼·勒尼斯（Anthony Loehnis）］和助理董事（六位，代替原先的部门主管）将协助执行董事的工作。当月晚些时候，两位银行董事长（包括劳埃德银行的杰里米·莫尔斯爵士）拜访了理查森，想要了解在首席出纳的角色发生变动后，他们的首席执行官应该主要联系哪些人。理查森解释说，新任助理董事之一的埃迪·乔治将成为他们的“最佳朋友”。总体而言，1980年的重组可能是英格兰银行历史上最大的一次内部调整。克里斯托弗·道后来反思道：“在我看来，这些变化现在使英格兰银行成为一个现代化机构成为可能。英格兰银行过去一直由‘毒瘤’（即首席出纳官）掌控。毫无疑问，那是我接触过的最顽固守旧的机制。”然而，即便身为首席经济学家，他也表达了一丝担忧：“重组为经济学家们提供了一个大展拳脚的机会，但我不禁觉得有过度提升之嫌。当时似乎过于强调智力建议，而忽视了直觉、实践和经验，有分裂英格兰银行的风险。”[4]这是一个重要的转折点，距离科博尔德公开警告英格兰银行不是一个研究小组已过去了将近1/4个世纪。

20世纪80年代初，英格兰银行与政府的关系糟糕程度堪比克罗默时代，而这次的执政党甚至不是工党。豪后来写道，他“相当依赖”理查森“令人印象深刻的冷静智慧”。但撒切尔的回忆录中却没有这样的赞美之词。撒切尔是“像犬一样”的政治家，理查森则是“像猫一样”的中央银行家。那些有幸看到两人之间不和谐互动的人都被毫无化学反应的场景所震惊，在最初的“准蜜月”阶段之后更是如此。理查森觉得撒切尔咄咄逼人、急躁，对于货币政策的运作应由实际问题而非意识形态决定的观点，几乎完全不愿接受。撒切尔则认为理查森居高临下、虚荣自负，并且令人沮丧地不愿采取强硬且易于理解的立场，是旧的集体主义秩序的幸存者。“你对戈登怎么看？”撒切尔曾经问她的首席科学家。“哪个戈登？”首席科学家问。“哦，你知道的，那个掌管英格兰银行的傻瓜。”撒切尔回答。另外两件事对两人之间的关系也毫无益处。一件事是撒切尔曾试图阻止麦克马洪（一位毫不掩饰的凯恩斯主义者）在1980年3月成为副总裁；另一件事是撒切尔同意由财政事务助理劳森作为英格兰银行与财政部之间的部长级桥梁。用劳森的话来说：“这大大惹恼了理查森。他认为总裁应当仅限于和财政大臣来往，除非他希望见首相。”

到1981年初，总裁已经在和同事讨论辞职（“你能给我一个继续干下去的理由吗？”），但他最终决定留下（“我留下是为了维护我的机构”）。事实上，在接下来的几年中，双方的关系逐渐稳定。英格兰银行与财政部之间的紧张关系甚至可能比总裁和首相、部长之间的更为严重。理查森和财政部常务秘书道格拉斯·瓦斯爵士虽然都毕业于诺丁汉中学，但两人之间的摩擦持续不断。在这些年里，财政部毫无疑问想要为自己争取应得的一份利益。瓦斯在 1982 年 4 月给麦克马洪的信中写道："我不得不要求你再次努力，在批准的资金限额内维持生活（即限制英格兰银行向财政部收取的业务费用）。我很难相信这无法做到。"麦克马洪评论道："这种做法隐含了一个完全不可接受的类比，就是将英格兰银行比作一个依赖拨款的非政府机构。"不久之后，围绕财政部是否应该提前知晓或同时知晓英格兰银行的每一项支持行动，双方爆发了一场引人注目的对峙。道回忆了理查森对这一要求的反应："总裁愤怒不已。这直接触及了英格兰银行自主处理自身事务的权利，而且似乎不切实际，因为这类决策可能需要很迅速地做出。"理查森在长达数月的时间里拒绝回复，甚至不理会瓦斯的信，这让瓦斯勃然大怒。最终，在麦克马洪和布伦登的劝说下，理查森回复了信件。道对这封信的内容进行了总结："我们所有的支持行动（事实上最近并不多）都是从我们的储备中支出的。我们的账户已经过审计，相关结果已呈交给了议会。"[5]

1980 年无疑是英格兰银行最艰难的一年。当年 3 月，政府的中期金融策略刚刚被世界所了解，英格兰银行就开始考虑将部分焦点从货币政策转向汇率。尽管撒切尔最喜欢的经济学家、坚定的货币主义者米尔顿·弗里德曼在前一个月的一次唐宁街 10 号会议上警告理查森，同时追求货币供应和汇率目标是不相容的。对英格兰银行来说，欧洲货币体系（EMS）的存在使得转移焦点变得更加容易。该体系自 1979 年 3 月起连接了欧共体国家的汇率，但英国没有参与。一年后，麦克马洪认为该体系"证明了它的灵活性"，并且"可能继续如此"。他接着解释了这一体系的特别吸引力：

> 我认为可以公平地说，许多人担心随着时间的推移，现任政府将 M3 目标作为反通胀的首要引擎，将会因为令人失望的经济、社会和政治而削弱。如果这种情况发生，至少我们可以通过将汇率与通胀较低的一组国家挂钩来抑制通胀。一些人会认为这种汇率限制对工资谈判会像货币目标一样产生类似的积极影响。需要强调的是，我们中的任何人都不会将这种汇率限制视为一种"更软"的约束。这种汇率限制可能更有效。

几天后，理查森告诉豪："英格兰银行一直比财政部更倾向于支持 EMS。英国迟早不得不加入。"而到了 5 月，在英国产业面临惩罚性高汇率的背景下，政府的宏观政策"显然承受着巨大压力"。麦克马洪提出："英格兰银行应该放弃不干预政策，进行大规模干预，至少应尝试阻止汇率进一步上升，尤其是考虑到这样做的一个附带优势是可以顺势加入EMS。我认为这在不远的将来就可能对我们有用。"[6] 所有这一切实际上都预示着未来十多年英格兰银行将要开展的事情。但眼下，在唐宁街 10 号，货币主义已成为一切的核心。

这是一个备受关注、时而引发激烈哲学辩论的议题。同时，1980 年夏天的核心事实是，随着外汇管制不可避免（尽管滞后）地取消，英格兰银行自 1973 年 12 月那段最艰难日子里不情愿推出的货币控制工具——补充特别存款安排（俗称"束身衣"）从 7 月起停止运行，这立即导致了以 M3 衡量的货币供应量的剧烈且不受欢迎的飙升。在 7 月的 M3 数据于当月 29 日初步揭晓后，埃迪·乔治警告理查森和麦克马洪，一旦数据公开将"给市场带来严重冲击""迅速熄灭未来 2—3 个月内进一步降低最低贷款利率 MLR 的希望"。即便如此，从大局来看，埃迪·乔治仍认为"现在就考虑更具战略性的政策反应"是否为时尚早，无论是采取财政修正还是更直接的信贷控制。他随后总结道："根据现有信息，我认为我们应该按兵不动。"撒切尔本人在 31 日意识到问题的严重性。她从中央统计局收到的简报称："'束身衣'的取消将在一两个月内提高 M3 的增长率。其潜在趋势可能难以估计。"撒切尔在简报旁边简单地写下了三个叹号"!!!"。到了 8 月 5 日，首相秘书与理查森的电话沟通传递了令人不安的信息："首相希望能更经常地见到总裁。"

更不巧的是，撒切尔在瑞士度假时，碰巧遇到了货币主义经济学家卡尔·布鲁纳（Karl Brunner）和瑞士央行行长弗里茨·勒特维勒（Fritz Leutwiler）。她向他们倾诉心声。两人都告诉她，M3 严重超调的原因一定是英格兰银行管理不善。之后，M3 在 8 月快速增长，在 9 月似乎失控。随着当月数据即将在 9 月 9 日公布，事情达到了高潮。9 月 3 日星期三是理查森最漫长的一天。在早上 9 点半的唐宁街 11 号会议上，他在约翰·福德和查尔斯·古德哈特的陪同下与豪会面。豪告诉理查森："撒切尔显然对货币形势失控感到不满，希望得到财政部和英格兰银行对局势掌控能力的保证。"对此，理查森回应称："市场显然没搞清楚自己在货币地图上的位置，并因此受到抑制。同时，货币统计数据无疑处于混乱状态。"古德哈特则评论说："M3 的变化与实体经济的波动并没有可靠的联系。近年来 M3 受金融部门结构变化的影响很大。"晚上 6 点，总裁又出现在唐宁街 10 号。这次他是单独与撒切尔会面。"她的策略是对的……操作不当……英格兰银行成了首选贷款人，而不是最后贷款人……清算银行在大肆放贷……”理查森听了这些内容，并终于挨到会议结束。两天后的周五，财政大臣办公室打电话给总裁办公室，称首相希望在 8 日下午 3 点继续“前几天的会议”，却被告知理查森将前往巴塞尔参加国际清算银行会议。因此，在麦克马洪也外出的情况下，8 日下午由福德和乔治前往唐宁街 10 号与撒切尔和豪会面。撒切尔刚进入会议室就问道：“这些人是谁？”随后，她发表了一番（如果用科博尔德的话来说）毫不留情的猛烈抨击。她的办公室做了如下记录：

> 首相表示，她了解到当前的基础货币增长率估计为 15 %或更高。考虑到 7 %至 11 %的目标是政府经济战略的核心，这令人非常不安。在她看来，英格兰银行一直在执行利率政策，而非控制货币供应政策……只要清算银行可以依赖英格兰银行缓解其流动性压力，它们肯定非常愿意维持较大的贷款规模……在货币控制方面，她对启用基础货币系统的相关提议耗时如此之久才得出结论感到失望。最后，她想知道是否可以对清算银行董事长施加更多压力，让他们减少放贷。

豪像往常一样试图缓和气氛。他表示：“事后诸葛亮很容易。不仅是财政部和英格兰银行，几乎所有外部评论员都低估了货币增长的潜在速度。”两位英格兰银行官员在这种艰难的情况下仍在尝试自我辩护。乔治做了主要发言，指出货币控制方法在大多数人看来“极为复杂”。会议以撒切尔再次声明“控制货币供应是关键”结束。毫无疑问，这是一场令人难忘的会面。道当然也提到了这一事件：“我没有听到关于会面如何进行的连贯叙述。显然会面期间充满了愤怒的打断，财政大臣似乎低下了头。事实上，约翰 · 福德也低下了头，我们可以想象他内心的愤怒。财政部首席经济顾问特里 · 伯恩斯（Terry Burns）会后表示，很遗憾没有人反驳首相的长篇大论。在首相不断重复自己的话之后，留给与会者的只有沮丧。”道补充说，福德显然受到了极大的震动，以至于回到英格兰银行后就表示拒绝再见撒切尔。不久后，关于首相对英格兰银行持有极度负面看法的消息传了出来。费迪南德 · 芒特（Ferdinand Mount）在《旗帜晚报》上写道：“现在，撒切尔夫人到处对所有人说‘都是英格兰银行的错’。任何路过的瑞士银行家或内阁小组委员会都会听到她讲述现任总裁戈登 · 理查森的无能。她声称，理查森完全搞砸了货币供应；理查森从不告诉她任何事情；一个中央银行连最基本的东西都搞不清楚，国家怎么能这样运转，诸如此类。”[7]

1980年末和1981年初对所有相关方来说都是极为困难的时期。制造业产量急剧下降，大规模失业成为现实。这种严峻的局面在很大程度上源于金融历史学家邓肯·尼德姆（Duncan Needham）所谓的“误判的货币政策”。事实上，在尼德姆对20世纪60年代末至80年代初英国货币政策的权威调查的最后一页中，有这样一段引人注目的文字，谈及撒切尔本人：

> 如果她没有一味斥责英格兰银行官员，而是听取他们的建议，她可能会了解到，在英国控制广义货币供应是不可行的。即使可行，M3与实现诸如价格稳定和经济增长等实际经济目标之间也没有牢固的关系。如果她和她的财经团队在1979年听从了英格兰银行的建议，英国经济可能不会萎缩近6%。

对于这种带有事后诸葛性质的判断，尤其值得关注的是麦克马洪在9月18日发给理查森的备忘录，题为“英格兰银行在货币政策中的立场”。当时距离9月8日令人震惊的会议刚刚过去十天，而麦克马洪在当天早上又经历了另一场唐宁街10号的艰难会议。麦克马洪首先说明了古德哈特和道提出的建议，即英格兰银行“应该就货币政策向首相做出某种形式的辩解”：

> 确实有必要澄清对我们的不公指责。我们可以辩解的论点包括：我们对“束身衣”影响的怀疑和担忧；所谓的利率政策其实是政府的决定；英格兰银行在迅速降低利率方面面临的困难；我们在相关方面与美国的经验不同，等等。然而，经过今天早上的会议，我的感觉是，最好不要花时间为自己辩解。辩解带来的危险在于，在敌意或怀疑的眼光中，这些论点确实会显得顽固不化。

与两人的建议相反，麦克马洪认为，英格兰银行应当更具建设性并着眼于未来，尽力帮助撒切尔。他说道：“我理解她的意思是，她非常清楚我们所有人正处于一个真正的（不仅仅是表面的）困境中，非常希望能够被指引一条可能的出路。”但如何做到呢？麦克马洪指出，撒切尔在会议上回应理查森疑问时表示：“她希望汇率比当前水平更低，只要汇率符合现有货币政策的要求，并且不是大幅下跌。而且，（无疑非常正确的）

她没有附和劳森强烈反对加入欧洲货币体系的观点。”然而，仅仅关注汇率问题是不够的，还迫切需要降低利率。对此，麦克马洪主张英格兰银行应该推动削减公共支出，即推动公共部门借款需求（PSBR）的减少，而不是通过货币政策来实现较低的利率。政府接下来的动作确实类似麦克马洪的主张，但不清楚两者之间是否存在因果关系。整个秋季，中期金融策略实际上越来越像是一种财政策略而非金融策略。随着该项政策的放松，政府的货币主义教条开始逐渐淡化。豪在 1981 年 3 月著名的（对一些人是臭名昭著的）预算案中大幅削减了 PSBR。对此，明显具有凯恩斯主义倾向的麦克马洪产生了严重的疑虑。他在 2 月预测：“我相信历史会认为，当前的财政紧缩政策是极其错误的。”但矛盾的是，政府的核心方针基本上与他在前一年秋天提出的解决方案一致。[8]

在接下来的一年半里，针线街对政府经济政策的总体方向只有零星的赞同。1981 年 5 月，在首次召开的专门面向政策的副总裁委员会（DGC）会议上，麦克马洪带着些许伤感推测道：“如果到秋季仍无复苏迹象，政府可能会更愿意接受一些刺激性措施的建议，前提是这些建议能够以不显得与其总体战略严重冲突的方式呈现出来。”当年夏天晚些时候，麦克马洪支持了道提出的所谓“替代政策”，本质上是通过减少间接税来实现通货再膨胀，而不是扩大公共投资。尽管麦克马洪的想法其实更为激进。他想要推行“12 个月的冻结”（或他戏称的“终极异端”）。而在 9 月中旬，道坦率地表示“政府的核心经济战略处于一定程度的混乱之中”。道补充说：“到 10 月中旬，政府政策可能会被视为处于危急状态。”理查森很可能与这些观点保持了一定的距离。而财政大臣特别对总裁在当年秋季英镑继续从 1979 年至 1980 年的高点大幅下跌所做出的贡献表示了敬意。豪回忆道：“戈登 · 理查森的建议总是经过深思熟虑的。他在长期一线工作的磨炼下，十分清楚需要更果断地行动，尤其是在面对汇率市场发出明确信号时，宜早不宜迟。”到第二年夏天，大多数冷静的观察者认为，英国经济终于开始复苏。然而，麦克马洪在 1982 年 7 月的一次 DGC 会议上宣称：“事实越来越清楚，英国正走在一条错误的道路上。我们需要看到怎样的预测，才会主张采取补救措施？”此时，英格兰银行的两位后起之秀都不愿支持他。埃迪 · 乔治认为“很难说”“但当然不认为目前的预测足够”。而大卫 · 沃克则“警告会议不要过早呼吁金融再通胀”。当月晚些时候，一些满腹牢骚的工业家来见理查森。但他们并没有获得多少安慰。英国工业联合会（CBI）的坎贝尔 · 弗雷泽爵士（Sir Campbell Fraser）和特伦斯 · 贝克特爵士（Sir Terence Beckett）“心情沉重”地到来。在他们对仍然处于历史高位的最低贷款利率吐露不满后，“总裁评论道，工业界对利率的关注实际上反映了利润的疲软。真相是，工业界的盈利能力差，改善必须来自企业内部。降低利率不是实现可持续盈利增长的方式”。[9]

在这一年半时间里，货币政策变得更加灵活。撒切尔偏爱的基础货币控制政策实际上已经不在考虑之中。尽管在 1981 年 8 月，英格兰银行在货币市场的操作策略有所改变。古德哈特在事后尖刻地形容这些变化为“基础货币控制主义者的安慰奖（因为他们并没有实现 MBC）”。他指出：“英格兰银行允许操作可以在某种程度上变得更加市场化，减少对贴现窗口贷款的依赖。”古德哈特进一步解释道：

> 英格兰银行仍将设定利率（以实现其货币目标），但他们建议将利率目标（以非公开利率区间形式）隐藏起来，并假装这是市场的结果。坦率地说，这既混乱又愚蠢。实际上，这几乎没有产生什么影响，除了给英格兰银行一个借口，引入了一些它本来就想进行的改革，并扩大了英国票据市场的范围。非公开利率区间从未实现。英格兰银行继续宣布最低贷款利率的调整，而所谓“新方法”中的货币主义色彩迅速变成了一纸空文并被遗忘。

最低贷款利率（MLR）很快被废弃，取而代之的是英格兰银行的回购利率。至于中期金融策略本身，到 1982 年春天已经明显失去连贯性，被各种竞争性的货币总量所稀释：狭义货币（M1）、广义货币（M3）、更广义的货币（PSL2）。事实上，早在 1981 年 12 月，理查森和瓦斯之间就有过一次颇具意味的对话。总裁非常和善地对其副手说：“现在很明显，你两年前对中期金融策略所表达的保留意见被证明是正确的。”此时，英格兰银行正在越来越强力地推动加入欧洲货币体系（EMS），并对其抱有乐观态度。早在 1981 年 8 月，麦克马洪就注意到：“我认为局势现在开始转向有利于我们了。”他提到劳森（此时非常支持 EMS）以及豪对“现有货币目标框架”的“日益失望”。在这一问题上，麦克马洪并不是英格兰银行中的异类。道在差不多同一时间指出：“汇率标准再次成为国内政策一个可能的替代锚，这一点对于货币领域的约翰·福德和查尔斯·古德哈特等人，以及像我这样更加超然的人，都激起了强烈且明确的感受。”关键时刻出现在 1982 年 1 月，局势突然紧张起来。麦克马洪在 1 月 18 日承认：“加入 EMS 的阻力仍然非常大，尤其是来自首相的阻力。我认为我们不得不同意，目前并不是加入 EMS 特别合适的时机。在下午 4:30 左右，英镑兑德国马克汇率看起来过于强劲。然而我仍然希望最终（或许在春天某个时候）进行这一冒险。”4 天后的 22 日，撒切尔主持了一次部长会议。豪反对加入欧洲货币体系。他尤其担心万一欧洲货币体系导致英国高利率，可能会使英国人反对整合欧洲的构想。撒切尔同意加入欧洲货币体系，但出于完全不同的原因，她的主要担忧是失去“行动自由”。因此，令英格兰银行（包括理查森）失望的是，会议没有做出决策，决定继续等待“时机成熟”。[10] 这件事颇像撒切尔的首相任期一样，将会持续很长时间。

---

20 世纪 80 年代初是英国工业极其动荡的时期。这不仅意味着英格兰银行内部就高层政策展开激烈辩论，还意味着其工业金融部门在充满活力的大卫 · 沃克（David Walker）的领导下扮演了异常积极的角色。[11]1984 年初，沃克记录道：“在过去的四年里，英格兰银行关注了 150 多家主要上市公司，其中一些跟踪得非常密切。这些公司的贷款银行不愿增加资金支持，甚至打算撤回现有贷款。”1981 年 11 月，麦克马洪向刚刚回到岗位的理查森发出了一份补充报告，谈到弗雷迪 · 莱克爵士（Sir Freddie Laker）及其航空公司的一场危机。他写道：“我们在相关问题上一直从一个危机跳到另一个危机。正如我一直在某种程度上预料到的那样，首相在一开始采取了无情的立场，但当情况突然看起来需要她亲自出马时，她却立刻改变了态度。然而，即使在政府没有做出重大支持的情况下，D.A.W.（沃克）的坚定工作可能也让眼前的危机得以度过。当然，根本性的问题依然严重。”最终，该公司在 1982 年初破产。总体上，其他公司的命运也喜忧参半。理查森在当年夏天对清算银行表示：“过去两个月中，三家重要公司的融资安排取得了显著进展，尽管其他公司状况变得更糟。”他还补充说，英格兰银行正在持续参与一些小型公司的问题处理，而其中许多问题可能会长期存在。那些年英格兰银行处理成功的公司包括特纳 & 纽厄尔（Turner & Newall）、约翰 · 布朗（John Brown）和维尔集团（Weir Group）。而失败的则有纺织机械集团斯通 – 普 – 拉特工业公司（Stone-Platt Industries）以及莱克（Laker）公司。贯穿整个过程，英格兰银行的行动原则基本保持一致：将困境公司债权银行和机构股东集合起来，在必要时引入新管理层，同时明确表示不会有政府或英格兰银行的救助。展望未来，英格兰银行越来越相信，如果工业有更好的公司治理模式，其基础将更加牢固。这促使英格兰银行在 1982 年初发起了由其主

导的非执行董事提升项目（Pro Ned）。该项目旨在提升非执行董事的职权。在从公务员系统中招募的人际关系专家乔纳森·查克汉姆（Jonathan Charkham）的领导下，该项目取得了显著进展。两年后，沃克向一群西米德兰工业家直截了当地说道："商业中最重要的是方向和管理的力量，这超越了所有其他因素。"但他也不忘强调，非执行董事本身（偶尔也有女性非执行董事）"既不是魔法师也不是灵丹妙药"。[12]

20世纪80年代初的一个小插曲远远超出了英格兰银行的日常经营范围。它在1981年1月美国与伊朗的人质协议中扮演关键角色。该协议通过大约80亿美元的现金、黄金和证券确保52名被扣押美国人员在伊朗的释放。外交部自然欢迎英格兰银行帮助执行这一复杂计划，而财政秘书却不这么认为。"你打算从这笔交易中赚多少钱？"劳森咄咄逼人地问麦克马洪。不久之后，麦克马洪和首席出纳大卫·萨默塞特（David Somerset）飞往阿尔及尔，会见两国相关人员和充当中间人的阿尔及利亚政府人员。在一个漫长的周末里，经过艰难的谈判，他们开始筹措资金并等待释放美国人质的消息。麦克马洪回忆道："实际上还有许多问题需要解决。"

> 这次行动的规模令人望而生畏。（即使只是短时间内）我们的资产负债表增加了三倍。我们的主要目标是尽可能减少英格兰银行面临的各种风险。一个重要目标是确保资金在我们手中的时间尽可能短；另一个目标是尽量减少我们自身的自由裁量空间。如果我们有任何机会判断是否、何时或如何进行该项支付，那么我们可能在出现任何问题时面临批评或法律诉讼。此外，即使我们在法律上完全保全了自己，这么大数额的资金也不可避免地存在商业风险，以及所谓的政治风险。例如，如果在我们向伊朗支付法律规定的款项时，人质在飞行中出现意外，我们可能会遭受猛烈的批评……

与此同时，伦敦的关键人物是外汇部总经理德里克·拜亚特（Derrick Byatt）。他提供了技术支持，使英格兰银行能够担任此次交易的托管代理。他的讣告中有如下记载："在行动的最后关键几天，他昼夜待在办公室，只能瞅准间隙在办公室旁会议室里的行军床小睡。"不可否认，这次行动为英格兰银行增添了荣誉——或许感受到冷遇的英格兰银行急需这种荣誉。[13]

理查森担任总裁期间真正的国际挑战即将到来。查尔斯·古德哈特曾评价道："几乎可以肯定，20世纪下半叶最危险的金融事件是1982年下半年爆发的欠发达国家（LDC）债务危机。”当时，墨西哥、阿根廷和巴西相继无法再融资借款。“如果这些国家的贷款按照市值计价，那么一部分或者大多数世界主要货币中心的国际银行，尤其是那些纽约的银行，将（技术上）破产，全球金融体系将面临重大危机”。这一局面激发了理查森的强大调解能力。他在两位强大但性格不合的央行行长——美联储的保罗·沃尔克和德国联邦银行的卡尔·奥托·佩尔（Karl Otto Pöhl）之间来回游走。

在这极其复杂的情境中，总裁有几次重要行动尤为亮眼。9 月初，在多伦多举行的国际货币基金组织年度会议上，发达国家中央银行通过国际清算银行为墨西哥安排了一笔 18.5 亿美元的过桥贷款。理查森与沃尔克、瑞士国家银行的勒特维勒和国际货币基金组织的雅克·德拉罗西埃（Jacques de Larosière）一道，不仅帮助墨西哥（进而维持了纽约清算体系的运转），还开始对商业银行施加道德压力，要求它们降低还款要求。几天后，理查森在回到伦敦后电话告诉沃尔克：“我担心如果没有人愿意积极带头，那什么都不会发生。现在可能需要我们双方与各家银行一起采取行动。”同年 9 月下旬，阿根廷的局势迅速恶化。但由于英国政府在福克兰战争[①]后无法采取建设性立场，于是理查森便致力于英国和阿根廷解冻彼此资产，从而为处理阿根廷债务问题铺平了道路。到了 10 月，理查森与英国清算银行之间的对话已经展开，重点讨论它们的拨备问题，其中一些清算银行（尤其是劳埃德银行）在拉丁美洲过度扩张。10 月下旬，理查森在位于圣安瑟姆广场的家中举行晚宴。他和沃尔克、勒特维勒共同讨论了如何协调沃尔克的债务计划，包括如何让商业银行执行该计划，以免让央行提供长期贷款（而不是过桥贷款）。11 月 22 日，理查森又在位于新变化大厦的公寓里举办了一次晚宴。他与德拉罗西埃、勒特维勒以及英格兰银行海外事务主管安东尼·勒尼斯（Anthony Loehnis）会见了来自全球的六大商业银行家（包括劳埃德银行的莫尔斯），成功解释了除了形成债权人卡特尔联盟并采取一致行动以外别无他法。接下来还有许多事情要做，包括成立主要贷款机构的协调小组，以及“矩阵”的创设。这一工具至关重要，它帮助防止银行因害怕竞争劣势而不必要地中断资金。然而，此时已经不再有全面崩溃的迹象。沃尔克在十年后回忆道：“我非常钦佩理查森的耐心，以及他为让欧洲人参与进来的深思熟虑。我习惯于走进房间说‘这是问题，这是解决方案’，然后期待每个人都能在两分钟内同

---

① 福克兰（Falklands）战争即英国与阿根廷的马岛战争，发生于 1982 年 4 月至 6 月。

意。但他明白需要在晚餐时花两小时解释才能让每个人同意。”[14]

到了1982年底，国际债务危机依旧牵动理查森的心，尽管他已67岁了，但他还是希望在1983年6月第二个任期结束后再担任一两年总裁。然而，最终决定权在撒切尔手中，她浇灭了理查森的希望。同样，麦克马洪接任总裁也不现实。根据撒切尔传记作者查尔斯·摩尔（Charles Moore）的说法，撒切尔曾告诉一位亲信：“只要我当首相一天，他就永远不会成为英格兰银行总裁。”或者正如麦克马洪的反对者代表道所言：“基特（麦克马洪）很显然是个善良诚实的自由主义者。他不喜欢撒切尔，也不喜欢她的行事风格。”那么，作为第二轮候选人，莫尔斯又如何？豪强烈推荐了他的这位老同学，称莫尔斯是“我那杰出的怀克姆校友”。但这并没有提供太多帮助。道解释了撒切尔否决莫尔斯的原因是：“他很聪明，急于表现得聪明，但从来不是讨女士喜欢的类型。”尽管莫尔斯拥有智慧和丰富的国际经验，但他不热衷于明确立场的性格给他减分。商业银行家推出的候选人是金融城明星之一、正在经营沃伯格银行的戴维·斯科利（David Scholey）。但财政部似乎认为他还稍显年轻，或许下一个总裁任期结束后才是合适人选。

那么最终人选是谁？这个几乎让所有人都感到意外的结果在圣诞节前两天公布：国民威斯敏斯特银行的罗宾·利－彭伯顿（Robin Leigh-Pemberton）。道评论道：“五十多岁的他似乎过于绅士，专业性略显不足。”

> 他的履历甚至可以完全匹配一幅富裕、传统保守主义者的讽刺漫画：伊顿公学毕业，然后在牛津大学三一学院修读古典学，之后加入了英国掷弹兵卫队、获得了律师资格；在肯特郡西丁伯恩附近拥有两千英亩家族土地，曾担任保守党的郡议会议员（“但那是很久以前的事了”），现任该郡郡长；布鲁克斯俱乐部和骑兵卫队俱乐部的成员；一家名为夸尔卡斯特的割草机公司主席，并在各种政府委员会任职；先后担任国民威斯敏斯特银行的地区董事、全国董事，之后（自1977年起）成为该行的董事长。这在当时也是一个令人惊讶的任命。

外界反应大多是负面的。《金融时报》评论说这是“担忧的来源”。而《经济学人》则直言不讳地表示，他“并不具备胜任该职位的能力”，这一任命是“带有挑衅性的政治决定”。为什么撒切尔选择了他？显而易见的解释是，由于过去几年政府和英格兰银行关系的不愉快，撒切尔选择了一个她认为可以信赖并执行命令的人。克里斯托弗·费尔德斯后来推测，撒切尔希望即使下一次大选“出了问题”，也能有一个人在英格兰银行里“为正义而奋斗”。而道在当时提出了任命的两点理由：

> 首先，他与撒切尔相处融洽。用撒切尔女性化的方式看，这似乎是必不可少的。他能够与撒切尔相处的原因，在于他是一个保守主义者。这种保守是完全自然、坚定且并非后天训练的。他具有男子气概，并且打动了她。其次，他来自一家普通商业银行。这一任命的不同寻常之处在于，他是第一个来自清算银行系统的人……她不在乎细节，只在乎最终结果，即清算银行的基准利率是否上调或下调。她渴望对这些银行有直接的控制权。那么，为什么不找一个来自保守世界的人呢？他或许甚至是保守世界的权威，并且可以听命于她。

无论撒切尔的动机是什么，利－彭伯顿最终被任命了。他在消息传出后的公开声明无助于提升他的形象。他称通货膨胀“对民主的危害远大于共产主义”；关于国际债务问题，他说：“如果曾有过危机，那么危机也已经结束了”；他还曾问道：“这些凌晨 2 点的紧急会议真的有必要吗？”毫不意外，英格兰银行内部的态度充其量是谨慎的。几个月内，麦克马洪重组了副总裁委员会。他声称：“这一变动是由英格兰银行高层管理团队发起的，旨在不让（下一任总裁）卷入需要繁杂讨论的决策或建议。”[15]

然而，在理查森担任总裁的最后一段时间，仍有一个重要的待处理事项，那就是英格兰银行与伦敦金融城的关系。正如在 20 世纪 70 年代一样，英格兰银行昔日被视为理所当然的权威在 80 年代初开始动摇。尤其是 1981 年发生了两起质疑这一权威的事件。第一个事件是理查森未能劝阻豪（尽管他尽力了）在当年 3 月的预算中宣布对清算银行征收一次性税收，金额约为 4 亿英镑。预算公布的第二天，理查森就在会见清算银行时“对未能取得成功表示遗憾”。随后劳埃德银行的莫尔斯插话说：“主席们确实意识到了总裁所做的努力，并对此表示感激。”这是一次礼貌的交流。但 12 年后，财政部的瑞切尔·洛马克斯（Rachel Lomax）在英格兰银行与财政部的会议上提到：“当清算银行被征收暴利税时，奈杰尔·劳森曾担心那会削弱‘总裁眉毛’的威力。”

第二个事件涉及苏格兰皇家银行（RBS）的所有权问题。理查森在 1981 年春季很乐意看到它被渣打银行接管，但对一个不受欢迎的竞争投标者——汇丰银行（HSBC）感到非常不安。关键是，在理查森与汇丰银行的迈克尔·桑德伯格（Michael Sandberg）的会谈中，理查森扬起眉毛的动作只会加强竞争投标者的决心。英格兰银行的负面态度有其合理的依据，包括担心当时总部仍设在香港的汇丰银行接管 RBS，可能会使自己在监管和履行“最后贷款人”职责方面处于“只有责任而无权力”的地位。同时，理查森和桑德伯格这两位强硬人物之间的糟糕化学反应也起到了一定作用。最终，关于 RBS 的两个投标被提交给垄断与并购委员会（MMC）。在当年夏天，理查森惊讶地发现，不但英国的清算银行打算在此事上保持中立，而且当他试图推动立法以加强英格兰银行对英国金融机构所有权的控制时，财政部和伦敦金融城都没有给予支持。莫尔斯事后向他解释说，四家重要清算银行保持中立的共同原因是它们将来都不得不与汇丰银行合作。到了年底，随着 MMC 的裁决即将出台，英格兰银行遭受了相当多的媒体批评。《星期日电讯报》称：“这是一个可能引发理查森辞职的问题。”该报还暗示首相可能不会对英格兰银行受挫感到不悦。费尔德斯在《观察家》杂志上说这场争斗的赌注无疑很高：“如果英格兰银行输了这场战斗，它的权威将永远无法恢复。英格兰银行的很多事情都依赖于这种权威。无论是在各家银行之中还是之外，这种权威在整个伦敦金融城中都能被感受到。它是伦敦金融城自我监管体系的支柱。”最终在 1982 年 1 月，MMC 宣布两个投标均被否决，政府也支持这一决定。苏格兰皇家银行活了下来。对理查森来说，这或许是一个平局：既不是他最初想要的结果，也不是他强烈反对的结果。最终，桑德伯格在飞回香港前最后一次拜访了英格兰银行。麦克马洪记录道：“他一见面就表明此行目的是‘脱帽致意’。”在一场“相对轻松的对话”结束后，来访者解释说，他的银行仍希望获准进入英国的存款业务。“总裁说，如果他有任何提议或想法，他（总裁）将乐于听取并与他讨论……”[16]

在 20 世纪 80 年代初，英格兰银行在与金融城关系的其他方面都展现了自身的强大。尤其是在 1981 年时，英格兰银行决定放开“最佳利率”票据再贴现，不再将其视作承兑行委员会成员（即领先的商人银行）的专有权利。正如理查森向清算行所解释的那样：“英格兰银行感受到一种拉扯，既希望支持英国银行的利益，又需要保持伦敦作为具有吸引力的国际金融中心地位。”抱怨是可以预见的，包括来自巴林银行的投诉。但除了商业存款业务，拉扯关系将由哪个方向胜出逐渐变得清晰。同样，在英格兰银行经过最初的犹豫后最终坚定支持金融期货交易所的建立事项上，伦敦作为国际金融中心的重要性也发挥了作用。理查森在 1982 年 9 月“伦敦国际金融期货和期权交易所”（LIFFE）于皇家交易所开业时，举行了隆重的开幕仪式。但是，该交易所在20世纪的大部分时间里都处于萧条状态。另一个棘手的问题是此时深陷丑闻的劳埃德保险。该领域传统上不属于英格兰银行的监管范围，更不用说主动干预。但是，英格兰银行越来越觉得劳埃德管理不善，需要更多的独立意见。在1982年圣诞节前不久，理查森邀请外部顾问伊恩·海·戴维森（Ian Hay Davison）担任劳埃德保险首任首席执行官，并从一开始就施压劳埃德执行此项任命。戴维森虽然有些不情愿，但最终同意了。他表示：“最重要的是，我很欣赏戈登·理查森。正是他邀请我（我才接受）。我不会因为其他人接受这份工作。”这意味着劳埃德保险这一金融城标志性历史机构开始接受整顿。[17]

虽然发生了以上事件，但这一阶段英格兰银行在金融城的核心关注点还是回到了更为熟悉的领域：证券交易所。相关情况可以追溯到20世纪70年代末，工党政府决定将交易所的规则手册提交至“限制贸易惯例法庭”（Restrictive Practices Court）审理。人们希望1979年5月保守党政府上台能带来转机，但事与愿违。理查森在当年7月向瓦斯强调了“限制贸易惯例法庭的缺点”“特别是其得出结论所需的漫长时间以及证券交易所为此付出的高成本”。他得到的回复是新任贸易部长约翰·诺特（John Nott）对此“非常强硬”。果然，在接下来的几年中，证券交易所几乎完全被善意但不适当的公平贸易办公室（OFT）束缚，相关案件预计最早也要在1983年开庭，而且其预计将输掉这个官司。到1981年，英格兰银行开始认真思考该机构的未来。麦克马洪在5月开始内部征询取消独占资格（即会员公司必须是经纪人或做市商）和取消最低佣金的建议，理由是“经纪界提供的服务（研究、分析等）可能会因为必然发生的行业集中而得到改善”。然后在1982年，在新任执行董事大卫·沃克的影响下，英格兰银行加快了步伐。那个夏天，理查森向财政部发送了一份关键文件，主张放弃惯例并对独占资格问题进行独立（不依赖OFT）的紧急调查，同时，尽可能对固定佣金结构进行调查：

> 全球证券交易正在迅速变化，特别是美国公司如美林证券和所罗门兄弟公司正大力进入新领域。如果伦敦市场想要避免在世界市场中降到第二或第三梯队，并被削弱隐性收益，那么伦敦的证券交易所就需要灵活、迅速地面对新挑战。变化迅速、时间紧迫。在限制贸易惯例法庭做出裁决之前的三年内，全球证券市场很可能已经发生了重大变化。风险在于，到那时证券交易所将在一定程度上不

可逆转地失去竞争力。

随后，在证券交易所理事会不情愿地将会员公司外部股权上限提高至29.9%的背景下，沃克强调了许多会员公司资本实力薄弱的事实。他写道："在当前案件缠身的困境下，包括商业银行、人寿保险公司以及其他国外机构在内的潜在资金方，都不太可能向证券市场投入大量资金。"简而言之，在未来的无国界资本流动新时代，对于伦敦的国际金融中心地位来说，至关重要的是证券交易所必须设法摆脱其孤立且力量日衰的困境。

然而，政府并没有进行任何独立的、不依赖OFT的调查。但在1982年至1983年的冬季，英格兰银行还是对问题很努力地开展了研究。特别是，安德鲁·斯雷德戈尔德（Andrew Threadgold，经济部）和约翰·富特曼（John Footman，工业融资部）的一系列文章详细研究了交易所。他们的工作最终在1983年2月汇集成了英格兰银行绿皮书"股票交易所的未来"。该书由沃克和道格拉斯·道金斯主编，对"全面放松限制"可能产生的后果发出了严肃警告。"全面放松限制"的定义为"取消所有限制市场准入、最低佣金和独占资格的规定"。产生的后果可能包括：由于做市商作用的减弱，市场流动性降低、价格波动性增大；在取消独占资格后"交易不再统一"（因为交易不在交易大厅进行意味着交易不再被集中）；而且，如果市场准入放松，"破产和违约可能会增加"。即便如此，绿皮书仍主张，与现状相比，有必要搭建一个替代结构，涉及显著的放松限制。在向另一位新任执行董事埃迪·乔治推荐该绿皮书时，沃克表达了乐观的态度："将证券交易所带入我认为美国人所称的更具活力的模式，将是非常重要的。我相信这是可以做到的。"然而，巨大的不确定性依然存在，尤其与取消外汇管制后迅速变化的商业环境有关。富特曼在当月晚些时候告知沃克："我正在努力寻找更多关于外部公司在放宽证券交易所规则后想做什么的公开材料。到目前为止，我没有看到任何相关资料。获得进一步了解的方法之一，是私下与主要商业银行的高级官员交谈，可能还包括与在伦敦的主要美国证券公司交谈。我们通过黄金和外汇与他们有相当紧密的联系。但即便如此，我们仍将不得不依靠大量的猜测。"当然，仍然悬而未决的是法庭案件的问题。理查森此时已全力投入，并开始与贸易大臣科克菲尔德勋爵（Lord Cockfield）以及试探性与豪进行一系列建设性对话。因此，在1983年6月9日大选时，理查森和沃克（根据道的说法）几乎说服了他们"撤回该案""以换取证券交易所的改革承诺"。[18]

就在撒切尔赢得压倒性连任胜利的三周后，理查森任期到了最后一天。英格兰银行在董事会议室为董事及夫人们举办了晚宴。根据道的记录："晚宴结束时，一位戴着巨大毛皮帽子的身形高大的风笛手走了进来。他缓慢地绕着桌子走，庄重地演奏，缓慢地踱回，然后再次缓慢地绕了一圈，最后在总裁面前行礼。他的身形让总裁显得很渺小。"与理查森在任期间的其他一些正式宴会不同，这是一次轻松的体验。例如，乔克·布鲁斯－加丁（Jock Bruce-Gardyne）记录了其在1981年成为财政部官员一周后被"邀请参加午宴"的紧张情景：

> 我刚一到那里，就被带到基特·麦克马洪面前。在简单地聊了聊天气后，他带我进入总裁的私人办公室。总裁对我再次简单地表示欢迎，然后我们进入一个宽敞的餐厅。大约有16位银行高层，都在默默无声地等待我们的到来。有人递给我一杯雪利酒，随后总裁带着我开始一一介绍。其他人都没有说话。之后我们坐下来，我坐在总裁的右手边，克罗汉姆勋爵坐在他的左边，基特·麦克马洪坐在他的对面。除了这三位，以及市场运营部负责人埃迪·乔治的偶尔插话，在整个用餐过程中，桌子上的其他人除吃饭外没有说过任何话。所有人都像被催眠一样盯着总裁。之后我满身大汗地走到了等待我的车前。

在诺曼、科博尔德和克罗默建立的传统中，如果不考虑卡托或奥布莱恩，理查森是最后一位被视为受到类似于东方君主待遇的总裁。有时这种待遇甚至是他自己要求的。但在英格兰银行历史上最具挑战的十年中，他在许多方面证明了自己是伟大的总裁之一。也许他有些自负，也许他有些傲慢。而且不可否认的是，他可能需要花费很长时间来决定做什么，导致一位助手所称的"由于过度分析造成的瘫痪"。然而，他有卓越的头脑，对职责有强烈的奉献精神，以及无穷的解决困难的能力。如果没有这些品质，20世纪70年代中期的次级银行危机和20世纪80年代初的国际债务危机不可能得到如此成功的解决。关于理查森的最后一段话回到了餐桌上。1981年3月，总裁办公室的一位成员写信给BE服务有限公司的穆斯先生（Mounce），关于"董事会议室宴会菜单"：

> （1）总裁不同意为太多人提供烟熏三文鱼，因为如今价格实在太高。

（2）总裁强烈认为，应提供时令食物。例如，雏鸡在4月底肯定不是时令食物。而芦笋、草莓尤其是覆盆子，在那个季节不会出错，但也仅在那个季节。

（3）关于时令食物的原则同样适用于新鲜土豆。但总裁坚持认为应该用非常小的土豆。实际上，他喜欢蔬菜清淡且简单。他特别不喜欢西蓝花和西葫芦。[19]

“现任总裁在处理事务方面反应迅速，这值得称赞。”麦克马洪在1984年3月对副总裁委员会（DGC）的其他成员说道。的确，与他的前任相比，新任总裁的反应显然更快。但这一说法引出了一个问题，即罗宾·利-彭伯顿在办公桌上究竟处理了什么事务，尤其是考虑到重组后DGC的合理性。在这种潜在的令人不快的情况下，随着他逐渐适应这个意外到来的职位，新总裁展现出了一些令人印象深刻的人格特质。福雷斯特·卡皮写道：“他是一个非常有魅力和体面的人。他为人刚正不阿，做事通常放松自如。他证明了自己比许多人想象得要精明得多。他在需要时也能表现得很强硬。他知道自己的局限性，不仅乐于倾听建议，还乐于在需要时放权。他不会在货币技术事务上用自己的判断替代他人的判断。他激励人们发挥出最好的表现……”以下是三位为他工作过的高级英格兰银行官员的简短回忆，有助于补充他的形象：

一个可爱的人……最好的“非执行”主席。（迈克尔·富特）

他让人们自由发挥，信任并支持他们。如果有人请求他做某件事以帮助实现目标，他会非常耐心地去做。（彭·肯特）

他始终与下属站在一起。他从未与他们脱离过联系。（罗杰·巴恩斯）

“我很享受我所做的每一件事。如果你足够努力去了解你所关注事物的细节、问题和目的，生活就会变得有趣。这几乎总是会引起热情的反应。”利-彭伯顿在就职前不久告诉《老妇人》：“我发现自己很容易与人相处，因此也很容易回应他们，无论他们的职责是什么。”他当然不是作为现代技术官僚中央银行家而被选中的。道在他到来后不久叹息说：“午餐时的谈话不再那么有趣了。前几天，新总裁与查尔斯·古德哈特讨论了关于羊的话题。”但在任何机构的顶层，有人情味的接触总是重要的。[20]

那么，不同机构间的关系如何呢？利－彭伯顿的任命很明显是政治性的，以至于在 1983 年 7 月布鲁斯·加丁（已不再是财政部官员）自信地预测这位总裁在 10 号首相府的时光将“少一些紧张”。但他也警告说“总裁与新任财政大臣的关系可能会更加僵硬”。加丁对奈杰尔·劳森了解得很清楚，他几年后写道：“劳森是一位不寻常的财政大臣。他曾在舰队街担任《金融时报》‘Lex’专栏作家，随后又成为《星期日电讯报》的金融城版编辑。因此，他对金融城及其行事方式有着深深的钦佩，但远没有达到偶像崇拜的程度。作为一位决心坚定的政治家，他将是任何总裁都必须忍受的负担。”在罗伯特·埃尔吉（Robert Elgie）和海伦·汤普森（Helen Thompson）1998 年的重要论文《中央银行的政治》中，他们恰如其分地总结道：

> 劳森在中期金融策略失败后显然没有受到影响，他对自己的判断充满了压倒性的信心，无论是针对重大战略问题，还是日常政策操作。在随后的几年中，他从未给予英格兰银行在货币政策方面的主动权，也不听从英格兰银行关于利率变动和政府债券发行时机等技术建议。在某些时候，劳森甚至会违反以往的协议，直接给英格兰银行的外汇市场操作员打电话发出指示。总之，劳森相信他能够自行决定。正如他在下议院财政与公务员遴选委员会所说的那样：“我们做决定，而他们做工作。”

撒切尔对英格兰银行则保持着敏锐和怀疑的态度。1984 年 5 月，财政大臣劳森打电话告知总裁，撒切尔强烈反对“提高非执行董事的费用”。但真正使生活变得困难的是财政部。麦克马洪在 1985 年 12 月反思道：“当然，双方关系一直是起伏不定的。但我担心的是，我们从友好记者那里不断收到的证据显示，财政部官员发起了真正恶毒的攻击……”不久之后的 1986 年 5 月，双方发生了一次严重的冲突，表明彼此缺乏信任。冲突起因是一篇引发金融城激烈争论的报纸刊文，内容是关于劳森提议对 ADR（美国存托凭证）股份转换为本地股份征收费用。

> 总裁明确表示，他不能对事件保持沉默。对英格兰银行或他个人来说，被指责向财政部提供错误或不准确的建议是完全不可接受的，因为这并不是事实……

> 财政大臣表示，金融城非但没有反对5%的费率，据大卫·沃克说还对此表示欢迎。总裁表示这根本不属实，英格兰银行从未同意任何超过3%的费率。财政大臣说，他清晰地记得大卫·沃克在一次有财政部其他官员出席的会议上有此表述。相关官员的记忆与他的记忆一致。财政大臣说，如果英格兰银行没有建议他施加5%的费率，他就不会这么做。总裁明确表示，他手中所有的信息都表明英格兰银行并没有给财政大臣提供任何类似的建议，至多是迫于当时的压力才同意了5%的费率。

几乎可以肯定，最初的几年是劳森与利－彭伯顿关系最糟糕的时期。后者在多年后回忆说："那位政治家一开始相当专横，但我们逐渐变得亲近，并成为真正的朋友。"[21] 尽管如此，最初几年的岁月在针线街留下了痕迹，作为国有的英格兰银行运营自主权的低点被人们长久铭记。

劳森本人在1983年7月政府与伦敦证券交易所达成和解的过程中发挥了重要作用。前者让法院撤回案件，后者则承诺进行改革。达成和解协议的直接当事人是贸易大臣塞西尔·帕金森（Cecil Parkinson）和证券交易所的尼古拉斯·古迪森爵士（Sir Nicholas Goodison）。这最终导致了三年后金融城的"大爆炸"。英格兰银行当然也在此过程中做了很多准备，自然欢迎这一和解。在随后三年里，它同样自然地继续在政府与交易所之间进行调解。几周后的1983年9月，总裁向塞西尔·帕金森报告了市场对"证券行业未来结构"的"日益增长的不确定性和紧张气氛"，伴随着"在提前宣布的日期一次性废除所有最低佣金"的日益渴望。次日，在越来越强烈的市场反应中，不但最低佣金被宣布取消，而且独占资格也将不复存在。约翰·福德反思了英格兰银行面对证券行业未来的宏观策略。他辩称："英格兰银行从未有权选择、决定或实施某个特定的折中方案来应对结构革命。市场的印象是错误的。相反，强调现在预期的是一场革命而不是一场演变会更好。英格兰银行能通过正确应对正在发生的事情，以及在局势似乎趋于稳定时巩固监管机制等方式来提供最恰当的帮助。"此时，"大爆炸"一词（由英格兰银行的道格拉斯·道金斯首次使用）即将进入金融城的词汇库。在1983年10月初的一次会议上，财政部的劳森、帕金森与英格兰银行的利－彭伯顿、沃克达成一致，认为"大爆炸"在实践中可能比分阶段方案更有意义。因此，所有相关方将结构革命的最后日期定在了1986年10月27日。麦克马洪在1984年12月记录了其与美联储沃尔克的谈话："他对伦敦的变化速度目瞪口呆。"确实，这是一场高速的金融城革命。在许多方面，英格兰银行都在这场革命中发挥了先锋作用。

最关键的无疑是所有权问题。在帕金森与古迪森协议达成后的几个月中，英格兰银行内部对所有权问题进行了激烈辩论。很明显，允许外资100% 拥有证券交易公司的局面已经不可避免。约翰·富特曼早在 1983 年 8 月就辩称："无论是整体接管，还是通过制定主导业务进行的条款，进入伦敦市场的外国公司都会淹没英国证券业。这显然是人们不希望看到的。然而，英国证券行业从表面上看似乎很容易受到这两种可能性的影响……"这无疑是事实。在 1983 年 9 月中旬，富特曼进一步阐述了他认为即将到来的现实：

> 我们可能不得不在如下两个方面做出相当艰难的抉择：一是看到证券交易所失去市场份额和主导地位；二是看到其大部分份额落入非会员公司之手，即可能是外国人的手中。权衡两者的不利因素将是一件困难的事情。有一篇关于"英国证券行业所有权"的文章的初步结论是，外资对证券交易所的重大投资将带来的后果远没有普遍认为的那样不可接受……

富特曼的同事莱斯利·劳埃德（Leslie Lloyd）持不同意见。他对富特曼说："你说你看不到有什么理由认为外国公司不能进行有效的自我监管，但我对此并不认同。"劳埃德专门强调了美国公司的问题："我认为我们不能指望他们适应集体自我监管，或者以英国大多数机构习惯的方式观察人们的反应。外国公司参与的后果可能会是更严格的法定监管。"劳埃德还提出了其他反对意见，包括英国政府、英格兰银行与外国公司的总部之间可能存在利益冲突。他总结道：

> 虽然在当前情况下可以自信地预期外国人会遵守游戏规则，但我们谈论的是一项长期方案的蓝图……
>
> 尽管有些轻微排外，但我倾向于支持那些在欢迎外国参与的同时，保留英国证券行业核心控制力的行动方案。

几天前，沃克和道金斯接待了摩根·格伦菲尔的克里斯托弗·里夫斯（Christopher Reeves）。此时这家英国商人银行已经与几家证券交易公司展开讨论，并希望了解英格兰银行是否认为双方合作可能存在"障碍”。作为回应，沃克指出完全的外资所有权会使证券交易所向摩根士丹利和摩根·格伦菲尔开放。沃克认为尽管英格兰银行本能地更希望看到英国公司为本国证券交易提供资本并拥有所有权，但保护的逻辑依据并不完全令人信服。从实际操作角度看，明确的保护可能在任何情况下都是不可接受的。沃克向里夫斯传递的其他信息显示出一种微妙的平衡。沃克说：“一方面，鉴于我们显然需要扭转英国证券交易能力的下降，英国的证券公司可能无法获得优惠待遇，以及优惠待遇带来的更大竞争力；另一方面，在业界普遍关注下，我们希望尽可能对英国公司或团体提供帮助。”[22] 实际上，在接下来的几年中，随着证券交易公司联姻的顺利推进，英格兰银行并没有为外国所有权设置障碍。但关于英国银行的所有权问题，则将会有一场更大、更长时间的辩论。

对于负责英格兰银行国债和货币市场运营的执行董事埃迪·乔治来说，以他自己形象化的词汇来形容，1983 年秋季的主要担忧是放松证券交易所限制的过程可能会“搞砸国债市场”。因此，他开始着手设计对该市场的全面重组，以使其准备好适应即将到来的“大爆炸”。美联储的彼得·斯特恩莱特（Peter Sternlight）在 1984 年 10 月通过一系列谈话，准确捕捉到了英格兰银行内外对该项准备工作的情绪。在英格兰银行内部，比尔·阿伦（Bill Allen）承认：“我们面临着巨大的不确定性。我们希望在 1986 年某个时候推出一个相对成熟的系统，而不是看到系统逐步演变和调整。”彼得·库克则表示：“我认为放松限制带来新的、迅速的变化，将使英格兰银行承担额外的义务和风险。我对此表示担忧。”而在英格兰银行外，联合贴现银行的主席格雷厄姆·吉尔克里斯特（Graham Gilchrist）对“利润前景感到相当担忧”“因为预计可能会有许多公司争夺有限市场的份额”。但高盛的戴维·琼斯（David Jones）则表示：“我们对英格兰银行的保证感到放心，认为会有一个公平的竞争环境。”

那位设计重组的“建筑师”本身情绪如何呢？斯特恩莱特称：“乔治先生的态度与许多市场参与者一样，充满了期待与忧虑。”

> 这种忧虑反映了他对市场安全和稳定的担忧，并因此希望变革不要冒进，且在某种程度上保持功能的风险隔离（在这种情况下是不可能的）。与此同时，他认为这些变革从长远来看对英国金融市场是有利的。他并不盲目固守国债发行的惯有方式，即英格兰银行保留部分国债发行以便在市场条件有利时释放。尽管他希望在国债发行转向拍卖之前，看到新的交易商市场启动……他喜欢这种连续

> 发行制度的灵活性，并不认为这对交易商构成威胁。英格兰银行过去的试探表明连续发行制度是合理的，不会打击市场……
>
> 关于另一个话题——有人提议公开证券交易所交易记录，他很高兴听到我的报告，即市场参与者一致反对公开记录。他与英国财政部代表讨论这一话题已经有一段时间了。财政部代表认为股票市场是否需要公开交易记录尚待研究，但国债市场肯定不需要公开。他们认为公开记录会使国债“变成次等证券”。在乔治先生看来，“中央流动性”是国债市场的本质，所有交易的公开可能会抑制交易商建立多头头寸和空头头寸的意愿。

这一切都涉及重要的技术性细节，而乔治无疑是这一领域的专家。多年之后，阿伦回忆起当时的情况：“即使在国债市场内，也没有多少人真正理解那个市场的所有部分是如何结合在一起的。”

这一过程并非没有争议。次年夏天，英格兰银行的希拉里·斯通弗罗斯特（Hilary Stonefrost）作为观察员参加了《金融时报》关于“金融城革命”的会议。她记录道：“气氛并不是很轻松。”她注意到格林韦尔经纪公司坚定而自信的高级合伙人两次打断了乔治的发言：

> 埃迪·乔治先生阐述了国债市场做市商单独资本化的论点。戈登·佩珀（Gordon T. Pepper）先生则表示，专门为此投入资本与整个金融部门的宏观利益相悖。在他看来，虽然高流动性和充足资本使监管者得以安然入睡，但这阻碍了金融部门资源的有效配置……
>
> 乔治先生提到将会请求主要股东向其国债子公司提供流动性支持函，这也引发了佩珀先生的不满。佩珀先生认为，如果流动性支持函的目的是防止同一集团下子公司之间财务困难的蔓延，那么这样的函件“应该被英格兰银行禁止而不是被请求”。

会议末端乔治发表了全面审视“大爆炸”的主题演讲。“他评论了普遍认为的竞争对贷款者、借款者和中介有利的观点，并指出现在举证责任落到那些希望阻止变革的人身上”。斯通弗罗斯特记录道：“没有人站出来反对变革，但演讲者和与会者的担忧似乎表明，对金融部门来说反对变革并不是最优选择，他们需要以最小的损失来协商变革。”[23]

这种担忧不仅能在金融城中感受到。两个月后的1985年9月，利－彭伯顿与撒切尔进行了颇具意味的对话。此时距离“大爆炸”的预定日期还有一年多，而后者刚与英国名誉领事、一位当地木材商从奥地利度假归来。总裁提到："很明显，首相非常关心'处于低谷时期的金融城声誉'。实际上，有人在奥地利告诉首相金融城的声誉相当于遭遇丑闻的奥地利葡萄酒。"不出所料，总裁在对话后有一些反思：

> 竞争的自由很大程度上是政府哲学的一部分。因此，政府必须准备好接受市场的重大变化。特别是国际运营商、金融企业集团、高薪挖走关键人员以及新市场中某些风险的出现，这些都是我认为需要放在一个大背景下看待的时代特征，因为首相将所有这一切都与金融城声誉的低下联系在一起。

此时，在英格兰银行的大力推动下，一项"金融服务法案"正在议会接受审议。这标志着传统自我监管的重大转变，因为它涉及证券与投资委员会（SIB）的创建。该委员会将密切监控金融城少数几个主要的自我监管组织。利－彭伯顿在1986年2月对海外银行家俱乐部表示："我相信，现在正在准备的监管改革非常适合我们持续变化中的伟大金融中心。这些变革将有助于营造一个环境，使高标准企业得以蓬勃发展。而伦敦金融城也能得以继续繁荣。"当然，现在回过头来看，当时的这一改革引发了一些问题。对自我监管的改变是否足够？保留一定的自我监管是否正确？是否应该更进一步，朝向类似纽约证券交易委员会（SEC）的方向发展？在20世纪80年代中期，英格兰银行的本能看法并非如此，政府（尽管撒切尔存在担忧）以及金融城整体也与之类似。在1984年，沃克告诉贸易与工业部（DTI）常务秘书："普遍认为，自我监管应继续在未来的监管结构中发挥主要作用。这也是英格兰银行强烈赞同的观点……"

重要的是，利－彭伯顿在对海外银行家的讲话中不仅提到了"金融服务法案"，还提到了"财政大臣打算在下一次议会会议中提出修订1979年'银行法案'"。[24]法案修订的基本背景可以用一个词概括：庄信万丰银行（Johnson Matthey Bankers，JMB）。这个词代表着英格兰银行在那个10年中最棘手的事件。[25]

自1979年"银行法案"实施以来，英国银行体系存在一种双层授权体系：获得认可的银行和持牌存款机构。前者受到较少的法定约束。自然，获得认可的银行希望英格兰银行不要忽视他们的优越地位。早在1980年4月，在总裁与清算银行董事长们的会议上，劳埃德银行的莫尔斯发出了"关于给予资本充足率和外汇风险敞口灵活性的请求"。对此，理查森保证在新的法定框架下，英格兰银行“打算保持灵活”。JMB 也是获得认可的银行之一。几乎可以肯定的是，这一地位使得英格兰银行未能在 1984 年 9 月之前意识到其经营状况的糟糕程度。JMB 管理不善、控制不足，还深陷对第三世界借款者的两笔极具争议的贷款，金额相当于其资本的 115%。关键问题是，JMB 是获准在伦敦黄金市场进行交易的五家银行之一。这一事实决定了随后发生的许多事情。

相关档案记录始于 1984 年 9 月 26 日星期三。当时麦克马洪在利 - 彭伯顿赴外参加国际货币基金组织年会的情况下，拜访了财政部常务秘书彼得 · 米德尔顿爵士（Sir Peter Middleton），报告了“庄信万丰事件的发展情况”。具体而言，“该银行的大部分（但并非全部）资本已经损失”，英格兰银行正在“寻找在消息公布和挤兑发生之前扭转局势的方法”。副总裁的记录中包含了一句值得留意的注释：“我觉得应该向米德尔顿报告这些情况，因为庄信万丰是一家获得认可的银行，并且事情可能会发展到需要英格兰银行担保的地步。然而幸运的是，米德尔顿并没有深究事件背后的制度问题。我也没有主动提出。”第二天，麦克马洪在参加清算银行高级总经理会议后，再次与财政部常务秘书会面：

> 我告诉他，尽管我们仍在努力寻求一个一劳永逸的解决方案，但我们可能会从集团（母公司庄信万丰）购买该银行以保证黄金市场平稳运行，且我们无法确保在周末之前（或者更晚）达成这一目标。如果消息泄露，我们需要阻止对该银行的挤兑。为此，我们正在与清算银行共同制定一项备用资金安排，并由母公司提供某种形式的赔偿。该备用安排的条款是仿照次级银行危机时期的“救生艇”确定的。即清算银行将按合格负债比例出资 90%，而英格兰银行将按总额 2 亿英镑出资 10%。

麦克马洪记录了米德尔顿对此的回应：“他认为英格兰银行做得很对。”[26]

接下来的几天里，随着流言不可避免地开始传播，焦点转向了谁会成为 JMB 的新主人。人们希望是加拿大丰业银行（Bank of Nova Scotia）提出投标，前提是其他银行提供某些赔偿。在 9 月 29 日星期六的早晨，罗斯柴尔德和克莱因瓦斯（Kleinworts），即另外四家获准在伦敦黄金市场进行交易银行中的两家［后者通过皮克斯利公司（Sharps Pixley）转述］向麦克马洪明确表示，如果让 JMB 倒闭，伦敦黄金市场甚至可能是伦敦同业市场将面临真正的危险。而且，这还不是全部的危险。第四家在黄金市场交易的银行是米德兰（通过收购塞缪尔·蒙塔古）。麦克马洪清楚意识到该银行因3年前不明智地收购美国银行克罗克（Crocker）而使财务状况受损，这使他担心JMB的倒闭可能会导致连锁反应。在9月30日周日晚上，英格兰银行召集了所有可能的相关方代表（包括伦敦的清算银行）。最终有消息称丰业银行不愿意接管JMB，因为其未能从其他银行获得足够的补偿以应对潜在的诉讼。在午夜到来之前的某个时刻，麦克马洪做出了决定。他认为由于存在系统性风险，没有其他选择，只能由英格兰银行亲自收购JMB。

总裁本人在午夜时分到达，此前他在肯特度过了一个周末。大约凌晨3点，他打电话给清算银行的董事长，要求他们同意对英格兰银行的一部分JMB簿记损失进行赔偿，并希望得到7000万英镑的支持。如果他期待着那艘著名的"救生艇"能够顺利重新启动，那么他将会对得到的回复感到非常震惊：

> 博德曼勋爵（Lord Boardman，国民威斯敏斯特银行）：非常不愿意参与，因为很难向股东解释。但如果其他清算银行都承担了应有的份额，那么他也愿意加入。
>
> 唐纳德·巴伦爵士（Sir Donald Barron，米德兰银行）：对庄信万丰知之甚少。但只要在黄金市场上没有无限承诺，他将勉强参与。同样，前提是其他人也这样做。
>
> 杰里米·莫尔斯爵士（劳埃德银行）：应该有更多银行参与，例如，渣打银行和苏格兰清算银行。劳埃德银行处境不佳，但出于公共责任的考虑，愿意最多承担500万英镑，不过前提是扩大参与者名单。同时，英格兰银行也应承担更多份额。
>
> 蒂莫西·贝文爵士（Sir Timothy Bevan，巴克莱银行）：最初拒绝出资，认为无法向股东解释。经过反复劝说，同意出资500万英镑。

不久之后，大约在凌晨4点，"总裁和执行董事们在英格兰银行里联系了所有可以联系到的其他董事会成员"。他们向其他董事会成员解释了自前一天晚上董事会会议以来的最新情况：第一，没有外部买家接手JMB；第二，英格兰银行将以"名义金额"收购JMB；第三，母公司庄信万丰将"向JMB投入5000万英镑"；第四，谨慎地指出他们正在向黄金市场和清算银行寻求补偿，以覆盖剩余簿记损失的一部分。[27]“为什么这些银行如此顽固不愿配合”？也许因为，尽管莫尔斯当时言辞恳切，但他们对 3 年前理查森未能阻止严厉的一次性征税感到失望。但更多的是个人和机构的诸多原因，实际上英格兰银行在迅速形成的新金融城中，已经无法再像以往那样行使其熟悉的道义劝说权力。

天亮后，那个星期一的早晨有三个重要时刻。第一个是利－彭伯顿和麦克马洪在 7:30 前往唐宁街 11 号，并让劳森（他上周也在华盛顿）了解 JMB 的情况。正如劳森感觉的那样，这已经太晚了。尽管他在后来的回忆中并没有谈及他的常务秘书是否已经汇报了此事。财政大臣还被告知，必须在伦敦市场 8 点开盘之前发布公告。劳森回忆道："结果，我只有几分钟的时间来决定是否对使用纳税人的资金进行开放式担保，以支持一项我担心是否明智的救助。我当时向罗宾和基特表明了这一点，并在随后给玛格丽特的备忘录中再次提及。在这种情况下我别无选择，只能依赖英格兰银行的判断。"第二个时刻是公告本身。那是一份平淡的新闻稿，内容是英格兰银行因 JMB 的商业贷款"问题"而"收购"JMB。这一消息被相对平静地接受。第三个时刻则是莫尔斯给利－彭伯顿打来的一个尴尬电话：

> 他看到了英格兰银行发布的新闻通告，想知道补偿和备用安排情况如何。
>
> 总裁解释说，清算银行承诺提供总额为 2000 万英镑的补偿。其中巴克莱银行和劳埃德银行各提供 500 万英镑；黄金市场提供了 3000 万英镑；庄信万丰母公司提供了 5000 万英镑……
>
> 杰里米爵士（莫尔斯）的回应是，他原以为会有更多银行参与提供补偿，而现在的情况并非如此，因此他暂时无法承诺出资 500 万英镑，但他也并没有撤回报价。总裁明确表示，他认为劳埃德银行已经完全承诺出资 500 万英镑，因为其他清算银行都同意做出贡献。

即便如此，客观来说来自清算银行的 2000 万英镑远远低于英格兰银行所期望的 7000 万英镑。

"所有障碍都已经克服了，"疲惫的麦克马洪在 10 月 2 日星期二向总裁和高级同事们长叹一口气地说："我们现在已经收购了这家银行（用的是来自 IFD 的小额现金！）。"IFD 是英格兰银行的工业金融部门，其小额现金恰好由沃克保管。沃克戏剧性地从中拿出了一笔钱。几天之内，英格兰银行的罗德尼·加尔平就任 JMB 执行董事长。他的讣告中提到："他迅速解雇了三位高管，然后招聘了接替他们的人，稳住了局面。"接管的效果非常明显，以至于英格兰银行最终只因收购而损失了约 3000 万英镑。这部分损失主要缘于那些固执而不愿合作的清算银行。总裁和他的副手在 11 日召集贝文和博德曼。利－彭伯顿表示他希望清算银行将其提议的 2000 万英镑补偿份额翻倍。麦克马洪解释说，英格兰银行已从商人银行获得了 1000 万英镑，而且"很可能"从苏格兰银行和渣打银行获得 1000 万英镑。"麦克马洪向他们阐明了英格兰银行最终遭受巨额损失的后果，即无法在未来的银行危机中扮演可信的角色；或是被迫要求追溯性的财政援助，这将使财政部在今后的银行援助中掌握主导地位；或是以上两种后果同时发生"。不幸的是，麦克马洪的备忘录提到："这一切似乎并未给他们留下深刻印象。"这次会议当然没有引起公众的注意，但一周后总裁在市长为金融城银行家们举办的晚宴上展现出了截然不同的和谐形象。他强调这是"一次集体行动"，其中"许多银行迅速将其直接和即时的利益置于更广泛的系统利益之下"，简而言之"这次援助行动体现了伦敦金融城的团结特征"。[28]

不久之后，政治层面开始发挥作用。《金融时报》在 10 月 22 日报道称："财政部官员们已表达了对英格兰银行在 JMB 倒闭事件及其援助过程中的不满意见。"当天的午餐会上，劳森告诉利－彭伯顿，他"担心"总裁在最近演讲中的一些言论"可能被解读为英格兰银行援助政策过于宽松"。次日，一个不太可能的联盟开始合作。左翼工党议员丹尼斯·斯金纳（Dennis Skinner）认为公共资金被用于援助亏损的银行而没有用于亏损的煤矿是一种虚伪，并在下议院就此质询劳森；而社会民主党领袖大卫·欧文（David Owe）则在给财政大臣的信中不仅追问了这一问题，还认为倒闭事件对黄金市场的威胁被严重夸大了，因此英格兰银行决定收购 JMB 是错误的，尤其是"近年来其他更大规模的工业和商业公司倒闭时并未得到这种待遇"。劳森因在 9 月底事件发展时未获及时汇报而感到恼火，尽可能地回避问题。但在接下来的几周里，欧文持续追问，其间对执政党掩盖行为的讨论愈演愈烈。此外，到 12 月中旬，《金融时报》的彼得·里德尔（Peter Riddell）向麦克马洪办公室的一位成员传达了不利的消息，称部长们认为英格兰银行"过于独立行事"，仅仅向他们呈现了一个既成事实。劳森本人试图通过在 12 月 17 日向下议院宣布成立一个联合（英格兰银行和财政部）调查委员会来缓解政治压力。然而，对于英格兰银行来说，这是一次沉重的打击。工党后座议员罗伯特·谢尔登（17 年前向卡拉汉提出的问题曾让英格兰银行付出高昂代价）质询英格兰银行在事件中的具体责任是什么。劳森错误地认为，英格兰银行在 JMB 问题上唯一的重大责任是那笔 1.5 亿英镑补偿款的约一半份额，却没有被告知在 11 月 22 日英格兰银行又向 JMB 转移了 1 亿英镑的流动储备作为其运营资金。因而，他无意中给了下议院错误的回答。当真实情况浮出水面时，他显然感到"被严重背叛了"。他在得知真相时明确对外宣称，尽管英格兰银行并非真的存在背叛行为。在圣诞节到来之际，节日的欢乐与善意并不多。正如克里斯托弗·费尔德斯在证券交易所的圣诞午餐上注意到的那样："财政大臣对尼古拉斯·古迪森爵士大加赞扬，却丝毫不理会旁边坐着的英格兰银行总裁。然后他就离开了，借口在威斯敏斯特有个约会。"[29]

6 个月后的 1985 年 6 月，由利－彭伯顿亲自主持的联合调查报告发布了。报告的建议包括：结束《1979 年银行法》的双层体系；以单一授权取代该体系接受存款，从而赋予英格兰银行对所有银行更广泛的权力；英格兰银行与各银行审计师之间定期对话；英格兰银行监管人员不仅要增加数量，还须具备商业银行经验。当时，英格兰银行监管人员正饱受批评。例如，《欧洲货币》在其调查报告"英格兰银行为何没能通过 JMB 测试"就归咎于此。劳森本人向下议院提交的声明中并没有否认英格兰银行的责任："在这次事件中，英格兰银行没有像本应该的那样及时采取行动，在某种程度上未能履行职责。"这些话措辞谨慎，但已经有人质疑英格兰银行是否还应保留其监管角色。利－彭伯顿在下一个月记录了他与劳森的一次典型对话：

> 他一上来就希望与我私下交谈，说他在银行监管问题上与首相进行了艰难的交流。首相认为这一职能应从英格兰银行剥离，但他成功劝阻了首相，主要因为这会损害英格兰银行的地位。我接过话头说，无论这一职能是否归英格兰银行负责，对执行这一职能的人而言，实际上并没有太大区别，因为显然合格的人选有限。他打断了我，表示没有必要争论这个问题的利弊，因为他已经劝阻了首相，但他想强调监管职能亟待"加强"。

利－彭伯顿事后回想起来，对劳森的话有些怀疑。他写道："我倾向于怀疑首相的攻击究竟有多严重。来自唐宁街 10 号的消息表明，英格兰银行在那里的声望仍然相对不错。我想我必须决定财政大臣在多大程度上可能利用和夸大这一威胁。”这种怀疑对劳森来说可能是不公平的。因为两个月后，首相在前文提到的奥地利之行后，情绪激动地与总裁会谈。她不仅要求提供一份“关于银行监管的文件”，而且“似乎觉得英格兰银行没有足够的能力来监管金融城”。她提到：“我们应该需要‘某种监察制度’。”[30]无论如何，劳森的“银行监督白皮书”于1985年12月发布，涵盖了6月报告的大部分实质内容，并直接为《1987年银行法》的出台铺平了道路。

在成功处理完JMB问题后，英格兰银行监管部门新的负责人加尔平上任。他在1986年1月上任两个月后写道：“JMB留下了它的印记，特别是在部门的年轻成员中。他们希望强化监管制度、提高比率要求。这会导致灵活性的降低，并且有一定危险会削弱监管系统的固有优势。”监管部门还有一系列亟待解决的问题，具体包括：“寻求共识导致政策决策所需时间过长”；“在整个部门中对银行监管发展的方向没有明确的认识”；“虽然审慎访谈的记录通常质量很高，但并不总是关注那些理应重点关注的问题，比如流动性、资本充足率和资产质量等”；“尽管员工数量增加受到欢迎，但（相对去年9月）25%的增幅在工作层面上并不足够”。加尔平希望监管部门员工数能够达到160人，而当时的预算为125人。就像在次级银行危机后那样，或许不可避免的是，JMB事件的替罪羊出现了。彼得·库克被解除现职，调去专职协调国际银行监管，常驻巴塞尔。库克本人因其客观态度而闻名。他在随后的几年回忆起自己在20世纪80年代早期所面临的艰难处境：“一个大问题是我们根本没有足够的资源来完成工作，而我们显然知道需要完成这些工作才能堵住所有漏洞……我们总是面临资源短缺，总是捉襟见肘……我认为当时‘让我们信任管理层’与‘让我们严格监管’两种态度并存，有时会让人略感不安……”这确实是一种不稳定的结构。事实上在JMB灾难发生之前，再次用库克的话说：“在英格兰银行内部以及银行监管人员中仍然存在一种相当强的信念，源自70年代的环境。这种信念认为监管者应关注的核心问题是对管理层的良好判断。”[31]判断管理层？还是仔细审查所有数据？无论孰是孰非，从此以后监管都将更倾向于后者。

20世纪80年代中期还有另一个完全不同但对英格兰银行同样关键的领域，那就是英国是否加入欧洲汇率机制［ERM，即欧洲货币体系（EMS）的运作方式］。该问题已经变得比货币政策的晦涩术语更为重要。利－彭伯顿在1984年10月肯特大学的一次重要演讲中回忆道：“货币目标的选择是基于变量关系相对稳定且可预测的信念。前述变量关系涉及货币总量与名义收入、货币流通速度。那些希望找到一种简单、紧密和可靠变量关系的人，会发现哪怕在短期内也很难实现。”那么，作为“替代货币国内目标”的选项是什么呢？利－彭伯顿指出“通过与外币或早期与黄金的固定关系来选择汇率目标”有“传统”在背后支撑。作为强烈支持欧洲一体化的总裁，他开始思考“对于与欧洲邻国有密切政治和经济联系的英国来说加入 EMS 汇率机制可能有较强吸引力”。在英格兰银行内部，他得到了麦克马洪和勒尼斯的支持。从 1985 年初开始，因为 1 月出现的英镑危机，之前持怀疑态度的乔治也短暂支持过这一观点。当时市场预期要形成 1 美元兑 1 英镑的汇率，导致英国利率严重抬升。这或许是一个信号，表明英格兰银行需要团结努力驯服金融市场。2 月 6 日，麦克马洪将该案例记录在纸上，作为接下来闭门“讨论会”的参考。他承认：“加入 ERM 是一个复杂的问题，英格兰银行内部已经争论了 5 年多，而且双方可以提出更多考虑因素。”然而他仍然明确主张“现在应该加入”。他指出：“很难相信在加入 ERM 之后，我们的汇率变化会比案例载明的情况更不受欢迎。”他提到的积极因素包括“我们将与一个明显反通胀的集团建立联系”，以及“公众更能理解维持汇率的反通胀约束而不是维持货币目标。”他还提到：“浮动汇率显然正在失控，并为世界主要经济体带来了经济失衡和监管困难。这些困难已经超过了布雷顿森林体系在其晚期的有害阶段所带来的扭曲和困难。”[32] 简而言之，可以理解的是，大家都希望回归到曾经熟悉的更有序的框架之中。

在 2 月 15 日的闭门“讨论会”上，劳森和利－彭伯顿都主张加入 ERM，尽管不一定是立即加入。这是 1985 年与 ERM 有关的三场政治活动中的第一次。根据劳森的回忆：“撒切尔夫人选择强调普遍共识，认为现在不是加入的适当时机。她并未赞同大多数人的感觉，即合适的时机即将到来。”具有讽刺意味的是，在接下来的几周里，利－彭伯顿在 ERM 问题搁置的情况下，开始担心劳森在中期金融策略中过早地淡化广义货币作为货币指标的重要性。他在 3 月写信给劳森：“尽管我们完全理解当前对广义货币的不安，但我们认为广义货币不能被简单搁置。”他警告说，任何可能被视为对货币行为准则相关承诺的重大削弱，都可能在我们需要尽一切努力重建信誉的时刻带来潜在的重大不利市场后果。4 个月后，麦克马洪在 7 月表达了类似的担忧。他在英格兰银行的一次简报会上告诉与会者：“财政大臣希望放弃以 M3 作为目标，因此他担心货币总量目标将会在没有替代货币行为准则（例如，加入 ERM）的情况下失效。”然而，货币总量目标还是失效了。在10月的市政厅的演讲中，劳森宣布放弃M3目标，并声明从此通货膨胀率是"法官和陪审团"。这实际上是放弃了货币主义。利－彭伯顿在同一天的晚宴上委婉地表达了惋惜之情："现实生活远比绝对规则复杂。"但没有提到ERM作为可能的替代锚点。

事实上在此时，第二次ERM讨论会已经在唐宁街10号举行。9月30日，总裁在麦克马洪、勒尼斯和乔治陪同下出席。劳森阐述了支持加入的理由。他在提到强化政府反通胀战略的理由时说道："罗宾（利－彭伯顿）坚决支持我。他认为当前对货币指标的解释需要主观判断，以及我们抵制市场要求披露汇率'目标'日益增长的压力，这些都在削弱政策的可信度。"然而，撒切尔仍然不相信，尽管她同意对此问题展开进一步讨论。总裁在与劳森的餐后总结中反思道："看起来我们（英格兰银行和财政部）在上次会议上可能过于强硬了，似乎是在对首相'联合施压'。"最后一次ERM讨论会被安排在11月13日举行，邀请了更多的部长参加。利－彭伯顿再次出席，由乔治单独陪同。像之前一样，劳森提出了支持加入ERM的论据。其他部长纷纷发表意见，大体上都赞成加入。利－彭伯顿断言（用劳森的话说）"英镑在ERM之外面临的困难大于加入后的困难"。关键时刻终于到来了。副首相怀特劳勋爵（Lord Whitelaw）宣布："如果财政大臣、总裁和外交大臣一致认为我们应该加入EMS，那么这就应该具有决定性。这确实让我下了决心。"对此，撒切尔立即回应："相反，我不同意。如果你们决定加入（EMS）汇率机制，我将不会参与。"会议就此结束。根据劳森后来的回忆，那是一个"历史性机遇"的终结，"当时时机实际上是成熟的"。[33]

所有这些经历，随着JMB事件的逐渐淡去，可能使财政大臣和总裁的关系更加亲近。在1986年1月的又一次英镑危机中，两人作为盟友努力说服撒切尔，使其认为没有其他选择，只能加息：

> （劳森回忆）我告诉她，英镑正面临巨大压力。我担心如果我们当天不采取行动，市场可能会彻底崩溃。她坚持认为这完全没有必要，称那将是一个有积极意义的灾难。她又说了很多类似的说法。最终，在一次特别令人不愉快的长篇大论之后，她总结道："如果你坚持，就去做吧，但后果自负。"我们离开她的房间后，罗宾对我说："我不知道你如何应对这种事情。"我解释说她心里有很多事情要考虑。

然而，事实证明这一切都是徒劳的。利 – 彭伯顿回到英格兰银行，发现英镑的压力已经减轻。他打电话告诉劳森，让其通知“颇为高兴”的首相，他们将不再提高利率。[34]

此时，新的副总裁已经上任。1985 年 9 月，麦克马洪宣布将在年底离职，前往米德兰银行，实际上是为了帮助其走出困境。他的继任者将是乔治 · 布伦登。布伦登在 1984 年从执行董事的岗位上退休，但仍在董事会中任职。为什么选择布伦登？或许有三个主要原因。第一，无法在大卫 · 沃克和埃迪 · 乔治之间做出选择。前者是英格兰银行金融城革命的主要策划者，精力充沛、能力强、雄心勃勃，而后者因其技术专长和冷静判断逐渐受到财政部的器重，劳森此时已要求总裁带他参加讨论利率和货币市场的会议。第二，一位与撒切尔关系密切、颇具影响力的非执行董事赫克托 · 莱因爵士（Sir Hector Laing）积极推动这一任命。第三，最重要的是，在 JMB 创伤之后，布伦登普遍被视为能够“加强纪律和恢复士气”。此外还有一点是斯蒂芬 · 费伊在 1987 年关于英格兰银行的研究著作《老妇人肖像》中的结论。毫无疑问，布伦登的品质相当突出：一头银发、看似和蔼的外表下隐藏着一个坚韧、严酷的实践者，带有干巴巴的幽默感；他是一位厉行纪律约束的人；具备优秀的务实头脑；是彻底的英格兰银行内部人士。费尔德斯在他被任命时评论道：“他将带来权威、复杂的幽默（他是一个更喜欢使用渔网和三叉戟的“角斗士”），以及长期以来在银行界（无论是中央银行还是商业银行）赢得尊重的银行技能和经验。”[35]事实也的确如此。布伦登重返针线街对利 – 彭伯顿来说尤其是个好消息，后者对性格更外露的知识分子麦克马洪并没有好感。在接下来的几年中，他们（指彭伯顿和布伦登）逐渐形成了越来越默契的双人搭档，开始着手恢复英格兰银行相当破败（无论是公平还是不公平）的声誉。

1986 年的大部分时间都被即将到来的“大爆炸”所主导。在国债方面，一切都进展得相当顺利。有二十多家做市商（其中许多是非英国的）为竞争激烈（甚至可能是血腥）的市场做好了准备。而在英格兰银行内部，最先进的交易室成功落成。自 3 月起，英格兰银行开始自行开展国债交易，从而在 200 年后接手了政府经纪人穆伦斯的官方业务。此外，英格兰银行还继续进行着智力上的准备，以应对新世界。尤其是在是否愿意新世界中外国拥有英国银行所有权这一重要且敏感的问题上，开展深入研究。关于清算银行的问题，利 – 彭伯顿在 1 月的一次内部会议上提醒说，英格兰银行已经公开承诺反对任何外国收购。而劳森似乎对此不那么谨慎。布伦登认为：“财政大臣的观点可能并不会被选民广泛认同。对‘街头的普通人’来说，工业集团的所有权通常是无关紧要的，但如果清算银行被外国控制，可能会有完全不同的感觉。”沃克同样“不同意财政大臣认为银行不应与工业公司区别对待的论点”“因为一家主要银行在经济中的系统性影响要大得多”。但乔治“表示他并不完全相信在任何情况下都排斥外国所有权”。那么商人银行呢？布伦登表示：“如果五大商人银行都变成外国拥有，那将是令人遗憾的。”但乔治再次采取了相对不那么保护主义的立场：“大一些的承兑行正面临困境。它们既没有小到只能成为某一特定领域的专业机构，也没有大到可以在全球范围内竞争……因此可以说，它们最迫切的需求是更多的资本……所以‘仅限英国’的政策可能不符合各家承兑行的最佳利益。”

关于所有权的辩论仍在继续，但更紧迫的是要安抚政治家的情绪。撒切尔在6月初要求在唐宁街10号举行一次关于“大爆炸”的预备讨论会。总裁在讨论会一周前询问劳森，撒切尔的目的是什么：

> 他很简单地说：“关于大爆炸和大选，可能会出什么问题？”我告诉他，我主要担心的是由于竞争压力、缺乏交易量以及我最不希望出现的原因，即糟糕判断，导致做市商退出市场。财政大臣说，重要的是输家不应是寡妇和孤儿……我表示，我还担心来自海外的大型运营商可能采取亏损领先策略，这可能对英国做市商产生严重影响，但我没有想到任何可以防范这一策略的办法。歧视性限制与我们的理念不符，且操作起来极其困难。

这次由利－彭伯顿和沃克参加的讨论会，其鲜明特点是劳森的坦率。在与首相达成共识“‘大爆炸’带来了风险”之后，他接着说：“总会有一些事情出错。但如果金融城要保持其竞争力，这些变化是不可避免的。”[36]

“大爆炸”最后的准备阶段也有其精彩瞬间。布伦登在8月底向利－彭伯顿汇报：“《泰晤士报》刊登了一篇非常愚蠢且完全错误的文章，谈及国债市场对大爆炸的准备不足。我们正在努力向《金融时报》和《电讯报》提供材料，由它们发布纠正性报道。”一个月后，英格兰银行发生了毁灭性火灾。起火点在承包商的临时建筑，严重损坏了东侧的大部分区域，包括三楼的国际部。10月16日，总裁在他的市政厅演讲中郑重声明：“所有市场参与者都必须保持一定的克制。”随后的一个星期，他在内部传达的信息也充满真情实感：

经过英格兰银行多个部门和众多员工3年多的紧张工作，我们在周六成功完成了新国债市场安排的第二次全面演练。"大爆炸"现在只有几天的时间了。无论现在发生什么，我都认为我们已经为这种变化尽了最大努力，不可能比现在准备得更充分了。

这是英格兰银行全员合作的最佳体现，无疑是辉煌的。它再次向所有相关人员强调了英格兰银行各个部分之间的完全相互依赖，以及在所有层面上展现出的奉献精神。这是我们的宝贵财富。

当然，除了将于10月27日生效的制度性变革，新世界已然成为现实。从政治家、中央银行家和评论家的角度来看，这是一个令人不安的现实。在7月，沃克在一份仅供总裁参考的备忘录中提到，他于前一天接到了摩根担保公司弗雷德·温顿（Fred Vinton）的电话，告知他有人向"两位年轻的资本市场交易员"提出了"一个建议""希望他们离开摩根担保，作为一个新团队加入，并为他们提供40万英镑年薪，合同至少两年，附带奖金条款"。沃克备忘录的其余部分反映了英格兰银行开始痛苦地与一个日益流动、贪婪的世界搏斗。在这个世界中，金融城不再是一个俱乐部。俱乐部规则不再适用，更别提科博尔德式的伊顿标准了：

温顿说他并不是要求英格兰银行出面干预并阻止这一建议。但他觉得我们应该知晓……我感谢温顿，并表示我完全理解他的担忧。这种规模的薪酬标志着一个空前的待遇升级，超出了我的认知。

温顿今天下午告诉我，那家提出建议的公司是克莱因瓦斯，交易也已经达成了……

所有这些在我看来都代表着一种非常令人不满的状态。我毫不犹豫地建议您或副手约见克莱因瓦斯的迈克尔·霍克斯（Michael Hawkes），并进行一次严肃的交谈。我们当然现实地接受，在国际竞争性业务中，金融城的薪酬必须提高。您也费尽心思向怀疑论者和金融城的众多批评者解释过这一点。但对于两个不到30岁的年轻人来说，这种与业绩挂钩的薪酬水平将通胀推高到了从未有过的水平。这表明克莱因瓦斯对相关业务的周转速度期待很高，这需要引起监管者的担忧。它给年轻人提供了一个非常不健康的诱惑，让他们认为自己无所不能。这对任何行业的高管来说都是一个危险状态。而且在这项交易的条款被公开时（这几乎是肯定的），它很可能会对克莱因瓦斯在金融城的声誉产生不利影响。[37]

11月7日，在“大爆炸”时代开始两周后，英格兰银行的伊恩·邦德（Ian Bond）向布伦登作了简短汇报。“显然，变革的目标已经实现。股票市场更具流动性，交易价格更加合理。国债市场在首次考验（招标）中表现得非常出色”。国债市场当然是英格兰银行的关注重点。国债部负责人伊恩·普伦德莱思（Ian Plenderleith）描述了10月27日到来前的情形，以及这令人畏惧的日期终于到来后令人安心的现实：

> 我向各家银行承诺，如果世界真的毁灭，“大爆炸”出现严重问题，我们将有一个被称为“世界末日按钮”的东西。他们可以要求我们按下，这将使整个事情戛然而止。这虽然可怕，但对他们来说是某种安慰。当“大爆炸”开始时，所有银行都友好地聚在一起，给我赠送了一块木制牌匾，上面有一个黄铜门铃，上面写着“世界末日按钮”。我曾经把它放在我的办公室里。

如果这让人感到满意，那么1987年6月的选举之夜也同样如此。撒切尔赢得了她的第三次决定性胜利。市场飙升，英格兰银行的国债交易员们在交易室度过了整个夜晚。英格兰银行在凌晨2点发行了公债。“它马上就卖光了”，普伦德莱思回忆道，“我们大约在早上7点再次发行了一些，也立刻卖光了。到我们去吃早餐时，那晚已经售出了约50亿英镑的国债，完成了全年借款需求的10%左右。我认为这是一项伟大的成就”。更普遍地说，英格兰银行在1989年初发布了一份关于大爆炸以来国债市场运行两年多的情况报告，评价积极。具体包括：流动性有所改善；交易成本下降；尽管竞争激烈，但仍有二三十家做市商（相比于大爆炸前几乎是双头垄断）；中央国债办事处作为英格兰银行与现在被称为国际证券交易所的合资企业，提供计算机化账簿条目转账设施和有保证的支付安排，并以“高度的可靠性”运营；在最关键的政府操作方面，新结构“使当局能够扩大其融资技术的范围”“例如通过使用拍卖方式”。[38]

在英格兰银行看来，这些年金融城的声誉则远不如人意：高关注度但低评价。早在1986年12月，吉尼斯事件（Guinness affair，涉及年初的股价支持操作）就已成为头条。接下来的一个月，可能在政府的推动下，布伦登成功要求摩根·格伦费尔（受牵连最深的商人银行）两位高管辞职。不久之后的 1987 年 2 月，利－彭伯顿在一次采访中承认，金融行为标准正在“承受巨大压力”，而且“我们将不可避免地被迫拥有更多的人员、更多的规则和更多的法律”。其中最重要的，是新机构银行监督委员会的设立。根据《1987 年银行法》，它是英格兰银行的一部分（类似于货币政策委员会）。其声明是顾问性质的，只审查决定而不是作出决定。实际上，各家银行仍然主要依赖英格兰银行的熟悉监管面孔。莫尔斯在同年 2 月以英国银行家协会主席的身份拜访了总裁。他强调：“秘密和机密信息的问题，以及监管者与被监管者之间的密切关系问题，意味着我们没有其他选择。”那证券与投资委员会（SIB）呢？利－彭伯顿在 1987 年 9 月写给贸易与工业部（DTI）的杨勋爵（Lord Young）：“我越来越觉得，肯尼斯·贝里尔（Kenneth Berrill，SIB 首任主席）应该在我们找到继任者后尽快离任。我感觉在这个问题上，金融城的看法明显变得强硬，不仅是那些一直持怀疑态度或反对 SIB 的人。”总裁很快开始进行考察继任者。他随后告知杨部长：“我被告知，最重要的是新主席应该倾听从业者的建议，而不是把时间都花在向公司内部律师寻求建议上。”最终，被选中的是英格兰银行内部的大卫·沃克。他于 1988 年成为 SIB 的新主席。这无疑是金融城的一次胜利，尽管沃克并非一个喜欢轻松生活或被轻松应对的人。与此同时，丑闻仍在继续。一个丑闻是关于投资公司巴洛·克劳斯（Barlow Clowes）。它于 1988 年 5 月倒闭。布伦登曾提前发出了书面警告，但 DTI 却未予理会。另一个蓝箭（Blue Arrow）丑闻与英格兰银行更加紧密相关，涉及 1987 年 9 月由威斯敏斯特商业银行部门策划的股价支持操作。DTI 直到 1988 年 12 月才发起调查。两个月后，布伦登从财政部获知：“DTI 内部有人并不反对把这当作一个机会，将英格兰银行置于与巴洛·克劳斯丑闻类似的尴尬境地。”调查报告于 1989 年 7 月 20 日发布。随后劳森对利－彭伯顿表示，维护英格兰银行的声望，尤其是维护总裁的声望非常重要，如果人们知道英格兰银行在此事件中采取了果断行动，那么他们的声望将得到加强。英格兰银行确实采取了行动。第二天，国民威斯敏斯特银行的董事长博德曼勋爵辞职。一周后，他来到总裁的办公室，向利－彭伯顿抱怨英格兰银行在“新闻处理”上的行为，声称在整个蓝箭事件中他在公共关系方面“始终被英格兰银行牵着鼻子走”。[39]

总裁在 1987 年 10 月于贝尔法斯特谈及英格兰银行对“所有权和控制权”的态度，引起了国民威斯敏斯特和其他主要清算银行的关注。他告诉当地的商人：“我们现在看到伦敦作为全球金融市场的中心地位正在显现，而这在很大程度上归功于我们愿意看到外国公司来到英国开展银行业务，并且在某些情况下接管英国机构。在我看来，这一政策振兴了伦敦市场及其参与者。”然而，他随后坚定地表达了自己的信念：“在英国银行体系中，保持强大且持续的英国存在是至关重要的。有些人主张伦敦市场的开放必须延伸到核心金融体系的控制权（支付机制、信贷供应），使其可能转移到那些商业目标和国家利益在英国之外的机构手中。这显然是不合常理的。”

这将成为英格兰银行的正式立场。但两年后，英格兰银行内部对此展开了进一步讨论。在第一次讨论会上，与会者普遍认为英国银行业存在一个由 10 —12 家最大银行和行业协会组成的“核心”，而商人银行则在这个核心之外，不一定会获得给予核心机构的保护。在随后的讨论会上，争议开始出现。负责日常银行监管的英格兰银行经济学家布赖恩·奎因宣称，除了“传统意义上的审慎考量或经济依据”，他“感到在信贷和支付系统中心的银行有一些特殊之处”；利 - 彭伯顿表示“大体同意”；但乔治则反驳说，他不仅“很难想象英国国家利益会因外资核心银行而受到损害”，而且“认为重要的是不要阻止愿意支付最高价格的外资机构收购从而损害股东利益”；而安德鲁·克罗凯特（在国际货币基金组织工作 16 年后刚回到英格兰银行并负责国际事务）认为“外资要收购一家核心英国银行只有在非常罕见的情况下才可能损害英国利益”，并提出“担心我们的政策可能与历史潮流相悖”，宣称“趋势是向着更少、更大的跨国机构发展”，并总结说“文化之间的竞争可能对英国有益”。[40] 此时正值全球化风起云涌的十年。这些观点都引人深思。

回到 1987 年，利 - 彭伯顿在贝尔法斯特的演讲有其特定背景。7 月底，总裁接见了米德兰银行的唐纳德·巴伦爵士。巴伦告诉总裁，米德兰银行（曾是世界最大的银行）收到了来自广告公司萨奇（Saatchi & Saatchi）的一个不受欢迎的收购要约。巴伦报告说，莫里斯·萨奇（Maurice Saatchi）曾表示：“我感觉自己有能力处理米德兰银行的管理和财务事务，但承认自己对监管要求不太了解。”第二天，总裁将这一消息传达给劳森。后者表示：“粗看起来，很难认真对待这一出价。”一个月后，布伦登告知总裁，罗德尼·加尔平对萨奇“提出了一些尖锐的问题”。即使是已离开英格兰银行 7 年的资深人士贾斯珀·霍洛姆，也被卷入了这一场纯粹的顶级企业泡沫。布伦登在 9 月中旬指出，这位前副总裁显然以“莫里斯·萨奇的金融领域顾问”角色拜访了他。但布伦登补充道，霍洛姆被明确告知“我们将坚决抵制对米德兰的此类威胁举动”。不出所料，萨奇兄弟俩并未在这一大胆举动中走得太远。但利－彭伯顿在不久后的贝尔法斯特演讲中仍强调，他“需要达到很好的条件才能允许一家工业或商业公司控制一家银行”。[41]

贝尔法斯特演讲发生在10月13日星期二。两天后的星期四，超强风暴在英格兰南部造成了严重破坏，包括毁坏了总裁肯特庄园的许多上好树木。那个星期五，伦敦几乎处于瘫痪状态。布伦登被看到在四处徘徊，询问有没有年轻人知道应该如何宣布一个临时银行假期。结果没有人知道。接下来是一个看似平静的周末。直到19日的星期一和20日的星期二，全球股市发生了半个多世纪以来的最大崩盘。这是一场早该到来的对高估股票的调整，由于纽约一波波计算机程序化交易者的自动抛售而加剧。那一周，利－彭伯顿主要待在巴尔干，决定不提前结束他事先安排的旅行。因此，布伦登负责指挥。他和同事们与财政部紧密合作。同时副总裁本人也与纽约联邦储备银行的杰拉尔德·科里根（Gerald Corrigan）保持着密切联系。在美联储的艾伦·格林斯潘（Alan Greenspan）领导下，这一代中央银行家们普遍得到了政治家的支持。他们有意识地寻求不重蹈1929年华尔街崩盘的覆辙，及时放松货币政策，并向金融系统注入大量流动性。恐慌因此得以避免，但这仍然是一条分水岭。罗伯特·普林尔（Robert Pringle，《中央银行》杂志的创始编辑）在5年后写道：“1987年是中央银行和政府第一次因担忧证券市场而感到慌张。总有一天，他们将不得不站出来与市场斗争……”[42]

然而，英格兰银行与财政部在1987年10月的和谐局面并未持续到月底。导致新一轮摩擦的原因是，市场崩盘后政府处理巨额私有化项目［价值72.5亿美元的英国石油公司（BP）股份发行］引发了争议。该项目在崩盘前一周已经被完全承销。在承销过程中，固执的约翰·诺特爵士（已由贸易部长转任拉扎德银行董事长）曾抵制利－彭伯顿的个人请求，坚决要求这家商人银行参与该发行计划。随着市场的暴跌，劳森几乎立即开始承受压力，尤其是来自北美承销商的压力。他们要求撤回发行计划。在20日的会议上，劳森本能地决定不撤回，布伦登表示支持。然而根据承销协议条款，英格兰银行理应在财政部与主承销商罗斯柴尔德之间扮演中立裁判的角色。罗斯柴尔德能言善辩的迈克尔·理查森（Michael Richardson）是承销团的代表。新股票的交易定在30日开始，在此期间劳森为了挽救英国承销商的“面子”承受着不间断的压力。27日，一个令人心动的“转折”出现了。布伦登接到罗伯特·麦克斯韦（Robert Maxwell）的电话，后者提议组成一个“五六个人”的财团来负责该发行。他表示，这个财团将是“最后的买家”，会被获得利润和服务的双重机会所驱动。副总裁感谢了麦克斯韦的提议，并补充说他不会阻止其采取行动。关键时刻出现在29日星期四。英格兰银行在当天下午6点后通过传真发送了主要由乔治撰写的五页建议，比约定时间足足晚了约6个小时。这让劳森相当恼火，因为他计划在当天晚上通知下议院如何解决这个极其尴尬的问题。财政大臣的愤怒在阅读建议书时加剧了。英格兰银行的首选方案是撤回发行；备选方案是建议劳森启动一项回购（或“最低价格”）安排，为承销商避免约3/4的10亿英镑损失。对于这两个解决方案，劳森坚决拒绝。他宣布了一个更加强硬的解决方案，即发行继续进行，附以一个金额大幅减少的回购安排。在这一点上，他得到了撒切尔的强力支持。撒切尔与她的财政大臣一样，对英格兰银行感到失望。英格兰银行似乎受到了迈克尔·理查森的影响，对合同的神圣性和伦敦的国际声誉重视不足。最终，劳森的方案取得了巨大成功。然而，英格兰银行的新闻办公室却采取了不明智的举动，试图声称这一成就归功于英格兰银行。这使得财政大臣十分不满。他拨打了总裁肯特家中的电话。劳森事后回忆道：“他（利－彭伯顿）对此非常震惊。我相信他完全是无辜的。”[43]

在经历这一令人尴尬的戏剧性事件后，利－彭伯顿或许从一个重要但不那么引人注目的国际进展中得到了安慰。[44]英格兰银行的彼得·库克自20世纪70年代中期以来主持巴塞尔银行监管委员会。该委员会从20世纪80年代中期开始关注资本充足率的问题，并日益强调标准的统一，以确保全球银行的公平竞争环境。1986年美联储与英格兰银行的双边倡议为这一问题提供了关键推动力。那年初秋，利－彭伯顿与沃尔克在新交易巷共进晚餐并着手开展工作。最初的提议来自美国，因其非常关注全球经济失衡。总裁给予了积极回应，尤其是在即将来临的“大爆炸”背景下。突然之间，一条通向银行资本充足率共同监管框架的道路被开辟出来，并将促进更广泛的国际协议。史蒂文·所罗门（Steven Solomon）在他1995年的著作中这样描述这一突破：“一项被伪装成技术性监管事务的大胆政治选择。这相当于两个主要国际金融中心的结盟。其隐含的威胁是，其他国家要么接受美国—英国的资本定义和标准，要么面临其银行被排除在伦敦和纽约之外的局面。他们一下子绕过了彼得·库克的巴塞尔银行监管委员会内部多边谈判，以及欧洲共同体的谈判……”关键是这一举措奏效了。在1987年1月，美联储和英格兰银行公开了他们的协议。一年半后的1988年6月，经过美联储对日本的极力劝说和英格兰银行对欧洲的游说，《巴塞尔协议》（Basel Accord，后来被称为《巴塞尔协议Ⅰ》）经全球主要中央银行正式同意而达成。该协议实际上是一种承诺，即国际上活跃商业银行的最低资本必须至少达到风险加权资产的8%，且其中至少一半资本是一级（“纯粹”）资本。不可避免的是，《巴塞尔协议Ⅰ》的不足之处随后显现。比如不精确的风险加权方法、对监管资本套利的不敏感，以及强调信用风险而对市场和利率风险的关注不足。但这仍然是一个重要的、具有开创性的协议，极大地提升了中央银行的总体权威。自20世纪60年代以来，随着布雷顿森林体系的缓慢消亡，这种权威正日益受到挑战。而在国内，英格兰银行将把《巴塞尔协议》作为监管制度的基石。

此时，利－彭伯顿即将开始他的第二个五年任期。或许在1983年他就任总裁时曾被预期只任一届，但在困难的庄信万丰时期遭受的各种攻击使他决心再连任一届。显然，他的连任问题成为一个热议话题。媒体对其进行了大量猜测，促使财政部在1987年7月底，距离第一任期结束还有近一年时，就发布了一份新闻通告。劳森在其中表达了对总裁的完全信心。就在当晚，唐宁街10号的一个接待室里发生了一次重要且非常私密的交流。利－彭伯顿事后告诉布伦登，财政大臣“很随意地”对他说：“无论如何，如果你想连任，我完全同意让你连任。”整整6个月后，利－彭伯顿被公开宣布连任。此后总裁在心理和政治上都变得更加强大。恰好这一变化与英格兰银行内部的一次重大变革大致重合。1987年6月关键会议的议题是——“经济学家的可用性和配置”。布伦登在会上断言：“也许是时候对英格兰银行招聘经济学家的态度进行一次重大转变了。长期以来，我们在人员配置方面坚持过于偏向非专业和通才的招聘，对专业人士配置不足。这与许多其他中央银行的政策形成了鲜明对比。那些央行认为经济学背景是必不可少的。”[45] 这确实将是未来的方向。特别值得注意的是，布伦登本能地赞同了科博尔德的论断，即英格兰银行是一家银行，而不是一个研究小组。

利－彭伯顿第一任期的最后一年也是劳森财政大臣任期的巅峰。布伦登在1987年5月向他的上司汇报最新情况时提到：“最后一项情况最为重要。财政大臣这周以一种新的蓬松发型亮相，额头上的一圈波浪使他看起来像是戴上了光环！”不久之后，劳森对经济的成功管理成为撒切尔第三次选举胜利的主要原因。而到了第二年春天，在他的大胆减税预算时期，他的声誉比几乎所有战后财政大臣都要高。表面上他与前任们不同，似乎成功解决了同时实现高增长与低通胀的问题。然而，现实却是一场不可持续的繁荣。到1989年，这种繁荣显然开始被一场残酷而痛苦的经济崩溃所取代。

究竟哪里出了问题？不可避免地，后来的回顾性分析将责任归咎于不同的因素：金融过度自由化；1986 年英镑的过度贬值；1987 年初盯住德国马克的汇率政策；过于宽松的货币政策（尤其是在 1987 年 10 月股市崩盘后）；1988 年的预算。劳森本人在 1992 年详细叙述其财政大臣任期的报告中，慷慨地分摊了责任。当然，英格兰银行也分到了它的那一份。劳森写道："在我担任财政大臣的所有岁月中，只有一次英格兰银行希望采取比我更紧缩的政策，那就是在股市崩盘后的'困难时期'。当时'埃迪·乔治主张允许英镑升值'。"劳森接着说：

> 自我辞职以来（1989 年 10 月），从英格兰银行某些部门传出的信息，都在试图以事后诸葛亮的方式重写历史。这种行为可以理解，但没办法获得称赞。我认为，理论上英格兰银行有时可能认为货币政策应该更为紧缩，但没有告诉我。即使在我定期与总裁及其高级官员举行的市场会议上。但是，那样的行为就相当于严重到不可想象的失职行为。

劳森的总体判断可能是准确的。尽管有证据表明，英格兰银行在 1988 年初曾警告称信贷扩张（尤其是在崩盘后）已经过度，并且存在严重的过热风险。具体而言，该年的第一份英格兰银行"季度公报"指出：崩盘前国内需求的增长"显著强于许多人的认知且确实是不可持续的快速增长"；崩盘的影响被夸大；货币政策应采取"不宽松的立场"。但无论如何，劳森还有一个更不满的地方，即英格兰银行在 1988 年夏季不愿向清算银行施压，以求他们在抵押贷款放款方面更加谨慎。根据劳森的说法，英格兰银行拒绝根据他的要求采取行动，且提供了三点理由：第一，贷款不会给银行存款人带来风险；第二，贷款同样对银行体系没有系统性威胁；第三，抵押贷款（涉及"砖瓦与水泥"）本质上是安全的。劳森指出："尽管这些论点无疑有凭有据，但我相信从中央银行应有的更深入层面来看，英格兰银行既缺乏想象力又具有误导性。正是 20 世纪 80 年代末以信贷为基础的房价泡沫，通过创造个人财富和经济繁荣的夸张印象，导致了大量不安全的借贷。"劳森的最后一个观点或许也有道理："英格兰银行对不采取行动的最强有力论据，可能是其未曾明言的理由。那就是，商业银行出于维持并尽可能增加其在抵押贷款市场份额的愿望，根本不会听取英格兰银行对谨慎和小心的呼吁。"然而，事实真的是这样吗？劳森并不认可："尽管英格兰银行的权威多年来确实有所削弱，但我不认为它已经完全消失。如果最糟糕的情况发生，尝试并失败总比根本没有真正尝试要好得多。”[46]

财政大臣在1987年春季到1988年春季期间盯住德国马克的政策广受争议，且进一步加剧了其与英格兰银行的紧张关系。乔治在20世纪90年代中期以非常坦诚的语气公开回忆道：“我不得不说，那段经历是灾难性的。1986年，汇率从3.56德国马克兑换1英镑急剧下跌至2.82德国马克兑换1英镑。这种夸张的跌幅导致我们开始让英镑盯住德国马克。这种贬值产生了通货膨胀的压力。我们通过拒绝让汇率回升至3.00德国马克以上，将这种压力锁定在了国内经济之中，即便这意味着过度宽松的货币政策。最终的结果是引发了剧烈的通货膨胀繁荣。”乔治在1987年全面负责外汇、国债和货币市场。他对至少三个方面有所不满。第一，他认为这是一个糟糕的政策，与市场现实相悖，并可能威胁到国内通货膨胀目标的优先性。第二，劳森在该政策上缺乏与英格兰银行的协商。乔治曾告诉同事：“尼格尔·劳森从未告诉我们将实施盯住德国马克的政策。”第三，劳森对政策执行的过度干预：乔治曾在某个时刻强硬回复：“财政大臣，我认为这一决定可以留给我们。”无论政策明智与否，劳森干预的规模和频率使得那几个月的压力不小。由于外汇交易全天候进行，时任外汇部负责人迈克尔·富特有时不得不在深夜给乔治打电话，因为与财政部谈判获得的汇率支持资金（“总是太少”）已经用光了。富特回忆道：“他（乔治）最了不起的一点就是从不抱怨。他知道如果你打电话，就一定有充分的理由。在深夜给他打电话绝不是个难题。他还会在必要时与财政部沟通……”

政府干预的外汇政策最终在1988年3月取消了英镑的汇率限制。这一决定由撒切尔夫人坚持作出，得到了英格兰银行的支持。撒切尔在下议院留下了一句著名的话：“你不可能对抗市场。”那么，旧有的战马ERM是否还可以披挂上阵？虽然撒切尔在1985年否决了英国加入ERM的提议，但劳森依然抱有希望。然而，随着唐宁街10号和11号之间关于该问题的矛盾日益加剧，利－彭伯顿在1989年5月指示布伦登，英格兰银行在这一问题上的“立场”应暂时保持“中立”。两个月后，总裁在经济事务研究所发表讲话时，有些疲惫地提到：“关于我们加入ERM的时机，不仅是个特别棘手的问题，也是个老生常谈的话题。我们无法确保以一个大致合适的汇率加入，因为需要记住的是，过低的汇率会对通胀产生不利影响，而过高的汇率可能对经济活动和投资造成严重阻碍。并且，英国经济相对于主要ERM成员国的周期位置仍存在差异。”总之，“这个问题不容易解决”。[47]

另一个不那么直接的货币问题也同样棘手。那就是欧洲经济和货币联盟（EMU），在英国怀疑论者眼中常与ERM混为一谈。撒切尔在1988年7月亲自对利－彭伯顿表示：“德洛尔（Delors）委员会[①]的任务范围刻意避免提及中央银行或单一货币。”前一个月的汉诺威峰会同意成立一个由欧洲共同体委员会强烈的联邦主义主席雅克·德洛尔（Jacques Delors）主持的“经济和货币联盟研究委员会”，成员主要包括欧洲共同体十二个中央银行的总裁。撒切尔继续说道：“因此，德洛尔委员会不应感到有义务就货币问题给出结论……现在谈论单一货币或（欧洲）中央银行为时尚早。”接着，她进一步补充道（据英格兰银行记载）：

> 首相认为，总裁对德洛尔委员会的态度应该是：“如果我们真的要有欧洲货币联盟，那么应该满足以下条件，并且容忍以下后果……”
>
> 她还私下警告总裁要极其小心德洛尔，称其“具有双重人格”。他在会议上显得非常合作，并同意将讨论限制在务实步骤上，但随后就会发表公开演讲或在幕后推动截然不同的目标。而且“别忘了德洛尔是个社会主义者”。

据利－彭伯顿回忆，撒切尔对他的谈判指示可以简化为一句话：“嗯，只要我们与卡尔·奥托·佩尔（仍然是德国联邦银行行长）步调一致，就一定是正确的方向。”

德洛尔委员会的讨论于9月开始。从利－彭伯顿的角度看，当时的政治背景十分不妙。撒切尔在她著名的布鲁日演讲中警告说“不能有一个欧洲超级大国”。到了11月初，总裁提前向财政部的米德尔顿发出警告：“随着报告起草阶段的临近，越来越明显的是，委员会中的‘理想主义者’可能会施加压力，提出超出‘实用主义者’接受范围的更大幅度早期变革建议。”一个月后，报告的早期草案开始流传。劳森在阅读完草案后告诉利－彭伯顿：“我们应该明确表明我们的目标。这份报告可能看起来很极端，却反而有助于我们，因为它给了我们更好的机会去争取少

---

① 1988年6月，汉诺威峰会同意成立以欧共体委员会主席雅克·德洛尔为首的委员会（下文提及）。1989年6月，该委员会向马德里峰会提交了德诺尔计划。该计划规定从1990年起用20年时间，分三阶段实现货币一体化，完成欧洲经济货币同盟的组建。——译者注

数派或表达保留意见。同时，拙劣的草拟工作和德洛尔的影响可能会给我们提供机会，让我们彻底与整个货币一体化过程脱钩。”总裁暂时保持沉默，但不久后告诉米德尔顿，官员们不应假设他一定会提出反对报告。当时 12 月 14 日的关键会议即将来临，撒切尔和劳森都告诉利 – 彭伯顿要振作精神，紧跟佩尔的步伐。正如首相后来说的那样：“我们认为佩尔对德意志联邦银行可能遭受的任何严重货币主权丧失都持强烈敌对态度。他将确保最终报告明确指出，EMU 绝不是完成单一市场（计划在 1992 年底之前完成①）的必要条件，并将详细阐述 EMU 对权力和权威从国家机构转移到中央官僚机构的全部影响。”

在撒切尔和劳森眼中，这两位中央银行家都让他们失望了。利 – 彭伯顿在 2 月 16 日记录了此前一天在唐宁街 10 号与劳森、新任外交大臣约翰 · 梅杰（John Major）以及撒切尔的一次非常艰难的会议。撒切尔读过最新草案后不满地表示，她当初同意成立德洛尔委员会“是基于它不会涉及欧洲中央银行或单一货币的前提”。对此，总裁在笔记中遗憾地补充道：“不知何故，这一点在发表的版本中并未体现出来。撒切尔现在正寻求委员会，或者至少是其中一名成员，来纠正这一遗漏！”利 – 彭伯顿还指出：“在会议上三位内阁成员都认为这份草案的基调过于偏激，以至于起草修正案也无法挽回。”总裁感到有些压力，虽然他已经适当地与佩尔保持了紧密联系。佩尔写信给撒切尔：“虽然我将尽最大努力按照要求行事，并避免让英国政府尴尬，但我在这个由各位同事组成的团体中必须以个人身份行事，保留适当的个人诚信。”最终，在 1989 年 4 月报告正式发布时，正如撒切尔所说，它“证实了我们最担忧的事情”。而且，总裁并没有发表异议报告。英格兰银行的官方态度仍然是 EMU 问题是政治家的事情，正如利 – 彭伯顿在下一个月告诉布伦登的那样。但撒切尔夫人从此再也没有原谅他。在她的余下任期内，利 – 彭伯顿始终被排除在外。[48] 撒切尔的继任者也没有原谅这位总裁。梅杰后来因此阻止利 – 彭伯顿担任 G10 集团总裁（理查森曾担任这一职位）。这对利 – 彭伯顿来说几乎是一种毁灭性的打击。

然而，从更宏观的视角来看，与英格兰银行在利 – 彭伯顿第二任期中意外开始隐约出现的奖赏相比，政府的排斥和不信任并不那么重要。这

① 1986 年欧共体各成员国签署了“单一欧洲法案”，明确提出要在 1992 年 12 月 31 日前建成“没有内部边界内部市场”，保证区域内商品、人员、服务和资本的自由流通。1993 年 1 月 1 日，欧共体单一市场正式启动。——译者注

个奖赏就是英格兰银行的独立性，尽管从一开始就会有关于“独立性”到底意味着什么的争论。这个奖赏之所以出人意料，是因为英格兰银行在撒切尔十年执政期间总体上经历了一段艰难时光。《金融时报》在1988年1月利－彭伯顿连任时评论道：“英格兰银行作为政府顾问和发出警告者的传统角色已经被削弱。它现在更多地在幕后发表言论，而非舞台中央。英格兰银行的职能已被限制在管理市场政策的这一技术性更强的工作。其影响战略的能力进一步被总裁的个性削弱……”那么，为什么是独立性呢？一个早期的重要声音来自敏锐、主张稳健货币政策的金融城经济学家蒂姆·康登（Tim Congdon）。他在1987年6月的《观察家》杂志上宣称：“英国应该效仿西德，给予英格兰银行与德国联邦银行相当的政府独立性。”当时英国正经历着所谓的有史以来最大信贷繁荣以及伴随的严重通胀威胁。康登继续写道：“这一论点是基于对过去四十年英国政府是否能够并愿意以稳定、连贯且不引发通胀的方式执行金融政策的能力和意愿的强烈怀疑。”接下来，他描绘了一幅吸引人的、严谨而又清教徒式的理想愿景：

> 在一个治理有序的国家，货币政策的决定不应受选举周期变化的影响，信贷增长的波动不应反映出基于房价上涨和房主投票倾向的政治动机计算。
>
> 英格兰银行应该被私有化，其独立性应通过法律得到保障，并且货币政策的策略和战术应由英格兰银行总裁与董事会协商后决定。财政大臣应处理那些单调但必要的任务，即保持政府财务状况良好。

康登最后以更长远的视角总结道：“在1946年之前，英国拥有独立的中央银行，那是被誉为黄金时代的时期。英国的货币是一个主要国际贸易区的核心。英国的通胀记录长期以来比任何其他欧洲国家都要好。”

蒙塔古·诺曼的幽灵可能已经在隐隐颤动。而当看到劳森在1988年11月递交给撒切尔的那份备忘录时，它肯定会再度颤动。劳森在备忘录中建议：“效仿目前已被证明有效的美国联邦储备系统、瑞士国家银行和德国联邦银行的模式，赋予英格兰银行法定独立性，并赋予其维持货币价值的法定职责。”他接着写道：

> 此举将增强我们反通胀立场的市场信誉，无论是在国内还是

> 国际上。这将使反通胀作为我们首要任务的立场更加明确。它将有助于利率变动的去政治化，尽管这一点永远不可能完全实现。最重要的是，长远来看，我们会被视为将一个永久的反通胀力量嵌入系统，以对抗始终潜伏的强大通胀压力。

劳森随后强调，他并没有“幻想英格兰银行拥有任何机构更高的智慧”。相反，优势在于“这一制度变革本身的逻辑”。通过该制度，一个独立的中央银行必然会比政府拥有更大的市场信誉。“正是这种额外的市场信誉，将使货币政策的成功实施变得不那么困难”。撒切尔夫人对他的建议十分震惊：

> 我的反应是不屑一顾的……我不认为该制度会像奈杰尔所相信的那样，提高反通胀斗争的信誉……事实上，正如我在备忘录中所写的那样，“这将被视为财政大臣的弃权……”我还补充说，“这等于承认我们没有下定决心”。此外，我还怀疑我们是否拥有具备足够能力的人来管理这样一个机构。

撒切尔夫人坚持认为通胀控制最终是一个政治问题，不可以通过制度解决。劳森被迫放弃了他的私下提议。

然而还不到一年，这个想法就再度浮出水面。当时的背景是，劳森于 1989 年 10 月辞职。除了独立性问题，这次辞职还在另外两方面与英格兰银行有关：在他辞职的前一天，撒切尔曾试图挽留他，暗示他可能成为下一任总裁；在他确定离职但无处居住时，现任总裁慷慨地提供了新交易巷的公寓暂用。10 月 31 日，劳森辞职 5 天后在下议院发表辞职演讲，简要提及了他向首相提出的、被拒绝的英格兰银行独立性建议，将其作为增强市场对反通胀政策信心的一种方式。各界对此的反应褒贬不一。瑞士信贷第一波士顿银行有影响力的经济学家贾尔斯·基廷（Giles Keating）称其为“一个极好的主意”“唯一的遗憾是没早点想到它。”影子财政大臣约翰·史密斯则持完全相反的意见。他明确表示：“工党不会接受任何独立于政治控制的中央银行制度，正如我们强烈反对英格兰银行的独立地位一样。”而立场中立偏积极的《泰晤士报》则发表了一篇题为《一个更自由的英格兰银行？》的评论：

> 没有理由认为英格兰银行无法应对这一挑战。不能根据它在当

前授权的角色下、在不同情况下所提供的建议来判断其能力。它的责任性质需要经过仔细思考，但几乎可以肯定的是，它需要对货币的价值承担总体责任，而不是对某个更具体的中间目标（如货币供应量）负责。

然而，这项建议的核心存在一个悖论。如果货币政策如此重要，为什么要把它从民选代表手中夺走？换句话说，如果货币政策对政客来说太重要了，那么为什么财政政策及经济事务的许多其他方面就不重要了呢？

答案可能在于，货币政策是现代经济中所有经济交易的基础。不健全的货币将破坏其他所有经济政策的方方面面。提升我们实现健全货币能力的方法，不应没有经过最为慎重的考虑就被轻易否定。[49]

第十七章　深深的忧虑

1 Duncan Needham, UK Monetary Policy from Devaluation to Thatcher, 1967-1982 (Basingstoke, 2014), p. 138; Geoffrey Howe, Conflict of Loyalty (1994), p. 152; BEQB, June 1979, pp. 153, 156; Capie, p. 699; G3/375, 14 Dec 1979; 7A133/2, 17 Jan 1980; G3/376, 28 Jan 1980; 10A114/1, 27 Feb 1980; G3/377, 5 March 1980; Nigel Lawson, The View from No. 11 (1992), pp. 80-81.

2 Needham, p. 167; 7A133/2, 25 Feb 1980; Needham, p. 149; 7A133/2, 10 March 1980; G3/377, 14 March 1980.

3 G3/372, 26 June 1979; OL, Spring 1980, p. 7; Capie, pp. 768-769; Dow, p. 143; Capie, p. 769; Dow, p. 143; OHC, Sir George Blunden, 20 March 1997; Guardian, 24 Oct 1979; OL, Spring 1980, p. 5 (Douglas Dawkins); Dow, pp. 143-144; G3/375, 3 Dec 1979; OL, Spring 1980, pp. 7-8; Spectator, 2 Feb 1985 (Christopher Fildes); OL, Spring 1980, p. 6 (Douglas Dawkins).

4 CB, 2004/s (4), p. 90 (Elizabeth Hennessy); G3/376, 25 Jan 1980; Dow, pp. 149,151.

5 Howe, p. 139; Jock Bruce-Gardyne, Ministers and Mandarins (1986), p. 94; Charles Moore, Margaret Thatcher, Volume One (2013), p. 462; Dow, p. 147; Lawson, p. 84; Dow, pp. 165, 184; G3/390, 1 April 1982, 4 May 1982; Dow, pp. 228-229.

6 Moore (1), p. 523; G3/377, 11 March 1980, 14 March 1980; G3/378, 30 May 1980.

7 Lawson, p. 82; 7A133/2, 29 July 1980; Moore (1), p. 525; 7A133/2, 6 Aug 1980; Moore (1), p. 530; 7A133/2, 3 Sept 1980; Needham, p. 152; G3/380, s Sept 1980; William Keegan, Mrs

Thatcher's Economic Experiment (1984), p. 153; 7A133/2, 8 Sept 1980; Dow, p. 168.

8 Needham, pp. 155, 174; G3/380, 18 Sept 1980; Needham, pp. 155-159; G3/382, 10 Feb 1981.

9 G3/384, 27 May 1981; G3/385, 25 Aug 1981; G3/386, 14 Sept 1981; Howe, pp. 226-227; G3/391, 14 July 1982, 27 July 1982.

10 C. A. E. Goodhart, 'The Bank of England 1970-2000', in Ranald Michie and Philip Williamson (eds), The British Government and the City of London in the Twentieth Century (Cambridge, 2004), pp. 364-365; Dow, p. 192; G3/387, 10 Dec 1981; G3/385, 25 Aug 1981; Dow, p. 187; G3/388, 18 Jan 1982; Lawson, pp. 112-113.

11 See in general: Roger Lomax, 'The Bank of England and UK Business, 1930-2003', chaps 6-8.

12 BEQB, March 1984, p. 74; G3/387, 30 Nov 1981; G3/390, 16 June 1982; Philip Geddes, Inside the Bank of England (1987), p. 117; OHC, Sir David Walker, 29 March 2011; OL, Sept 2006, p. 120; BEQB, March 1984, pp. 75-76.

13 OL, Dec 1986, p. 182; 13A231/16, 15 June 1983; OL, Spring 1981, pp. 5-6, June 2007, p. 72 (Terry Smeeton); G3/382, 22 Jan 1981.

14 Goodhart, 'Bank', p. 347; Steven Solomon, The Confidence Game (New York, 1995), pp. 204-205, 207-211; G3/392, 9 Sept 1982; Solomon, p. 218; G3/392, 20 Oct 1982; Solomon, pp. 225-226, 233-236; OHC, Roger Barnes, 8 Dec 2009; Solomon, p. 233.

15 Dow, p. 223; Moore (1), p. 531; Dow, pp. 223-224; Times, 10 Feb 2016 (Lord Lexden); Dow, pp. 222-223; FT, 29 Dec 1982; Economist, 8 Jan 1983; Spectator, 26 June 1993 (Christopher Fildes); Dow, pp. 222-223; 13A231/1, 6 May 1983.

16 G3/383, 11 March 1981; 13A231/20, 20 Dec 1993; Richard Roberts and David Kynaston, The Lion Wakes (2015), pp. 68-73, 78-79; G3/387, 25 Nov 1981; Spectator, 28 Nov 1981; G3/388, 19 Jan 1982.

17 G3/383, 11 March 1981; David Kynaston, LIFFE (Cambridge, 1997), chaps 1-3; Godfrey Hodgson, Lloyd's of London (1986 Penguin edn), p. 363; Ian Hay Davison, Lloyd's (1987), p. 6.

18 G3/373, 25 July 1979; G3/384, 22 May 1981; 15A91/1, 21 June 1982, Feb 1983; Margaret Reid, All-Change in the City (1988), pp. 46-47; Dow, p. 227.

19 Dow, p. 232; Bruce-Gardyne, pp. 94-95; Capie, pp. 829-830; G3/383, 25 March 1981.

20 13A231/2, 23 March 1984; ODNB, Forrest Capie, 'Lord Kingsdown'; OHC, Michael Foot, 10 Jan 2011, Pen Kent, 11 Jan 2011, Roger Barnes, 8 Dec 2009; OL, Summer 1983, p. 57; Dow, p. 233.

21 Spectator, 2 July 1983; Bruce-Gardyne, pp. 111-112; Robert Elgie and Helen Thompson,

The Politics of Central Banks (1998), p. 63; 13A231/2, 30 May 1984; 13A231/3, 16 Dec 1985; 13A231/4, 1 May 1986; OHC, Lord Kingsdown, 29 June 2011.

22 15A91/3, 8-9 Sept 1983; OHC, Sir David Walker, 29 March 2011; 15A91/4, 6 Oct 1983; 13A231/2, 13 Dec 1984; 158A91/3, 17 Aug 1983,12-13 Sept 1983, 9 Sept 1983.

23 OHC, Sir David Walker, 29 March 2011; Fed, box 615845, 19 Oct 1984; Capie, p. 107; OHC, William (Bill) Allen, 16 Dec 2009; 15A91/6, 17 July 1985.

24 Charles Moore, Margaret Thatcher: Volume Two (2015), p. 429; 13A231/3, 9 Sept 1985; BEQB, March 1986, p. 50; 13A224/2, 14 Feb 1984; BEQB, March 1986, p. 48.

25 Helpful accounts of the episode include: Fay, pp. 141-172; Reid, All-Change, pp. 224-233; Will Ollard and Nick Routledge, 'How the Bank of England failed the JMB Test', Euromoney, Feb 1985, pp. 49-56.

26 G3/377, 9 April 1980; John Plender and Paul Wallace, The Square Mile (1985), p. 238; 13A231/2, 26-27 Sept 1984.

27 Fay, pp. 151-152; Plender and Wallace, p. 239; 4A69/5, 2 Oct 1984.

28 Lawson, pp. 403-404; Fay, pp. 153-154; 4A69/5, 1 Oct 1984; 13A231/2, 2 Oct 1984; email from John Footman, 22 July 2016; 'Rodney Galpin', Daily Telegraph, 14 Nov 2011; Fay, p. 171; 4A69/5, 11 Oct 1984; BEQB, Dec 1984, p.473.

29 Reid, All-Change, pp. 228-229; 13A231/2, 22 Oct 1984; Fay, pp. 158-161; 13A231/2, 17 Dec 1984; Lawson, pp. 405-406; Spectator, 19 Jan 1985.

30 FT, 21 June 1985; 13A231/3, 22 July 1985, 9 Sept 1985.

31 13A231/4, 23 Jan 1986; Fay, p. 172; OHC, Peter Cooke, 18 Feb 1997.

32 BEQB, Dec 1984, pp. 475, 478; Philip Stephens, Politics and the Pound (1996), p. 32; Lawson, p. 486; 13A231/3, 6 Feb 1985.

33 Lawon, pp. 488-489; 13A224/3, 12 March 1985; 13A231/3, 19 July 1985; Moore (2), p. 418; BEQB, Dec 1985, pp. 534-536; Lawson, pp. 494-497; 13A231/3, 23 Oct 1985; Lawson, pp. 497-500.

34 Lawson, pp. 649-650.

35 William Keegan, Mr Lawson's Gamble (1989), p. 155; Fay, pp. 184-185; 'Sir George Blunden', Daily Telegraph, 28 March 2012; Spectator, 28 Sept 1985.

36 Reid, All-Change, p. 65; OL, Dec 1986, pp. 144-146 (Ian Plenderleith); David Wainwright, Government Broker (East Molesey, 1990), p. 14; 13A231/4, 28 Jan 1986, 30 May 1986; 15A91/7, 5 June 1986.

37 13A231/4, 28 Aug 1986; OL, Dec 1986, p. 148; BEQB, Dec 1986, p. 509; 15A91/8, c 22 Oct 1986; 158A91/7, 1 July 1986.

38 13A231/4,7 Nov 1986; OHC, Ian Plenderleith, 26 Jan 2011; BEQB, Feb 1989, pp.

49-57.

39 Roger Cowe, ‘Sir George Blunden’, Guardian, 15 March 2012; Independent, 11 Feb 1987; Richard Roberts, The City (2004), p. 260; 13A231/5, 26 Feb 1987; 13A224/5, 25 Sept 1987, 2 Oct 1987; Sir George Blunden’, Daily Telegraph, 28 March 2012; 13A231/7, 14 Feb 1989; 13A231/8, 24 July 1989, 2 Aug 1989.

40 BEQB, Nov 1987, p. 526; 13A231/9, 12 Oct 1989, 16 Oct 1989.

41 13A231/S, 29-30 July 1987, 28 Aug 1987, 18 Sept 1987; BEQB, Nov 1987, p. 526.

42 Lawson, p. 746; Spectator, 7 Nov 1987; Lawson, p. 750; Robert Pringle, ‘Central Bank Co-operation since 1970’, in Roberts and Kynaston, p. 148; CB, Winter 1992/3, p. 56 (Robert Pringle).

43 John Nott, Here Today, Gone Tomorrow (2002), p. 336; Lawson, pp. 757-768; 13A231/5, 27 Oct 1987; Lawson, pp. 769-775.

44 This paragraph is largely derived from: Solomon, pp. 413-435; John D. Turner, Banking in Crisis (Cambridge, 2014), pp. 195-197.

45 13A231/5, 28 July 1987, 18 June 1987.

46 13A231/5, 6 May 1987; Lawson, p. 639; CB, Winter 1992/3, p. 56 (Robert Pringle); David Cobham, ‘The Lawson Boom’, Financial History Review, April 1997, pp. 86, 77; Lawson, pp. 840-841.

47 CB, Spring 1996, p. 111; Stephens, pp. 77-84; OHC, Michael Foot, 10 Jan 2011; Stephens, pp. 91-93; 13A231/7, 26 May 1989; BEQB, Aug 1989, pp. 373-374.

48 13A231/6, 22 July 1988; OHC, Lord Kingsdown, 29 June 2011; 13A231/6, 2 Nov 1988, 7 Dec 1988, 12 Dec 1988; Margaret Thatcher, The Downing Street Years (1993), p. 708; 13A231/7, 15 Feb 1989; Thatcher, p. 708; 13A231/7, 26 May 1989.

49 FT, 29 Jan 1988; Spectator, 27 June 1987; Lawson, pp. 789-791, 1059-1560, 868-869; Thatcher, p. 706; Stephens, pp. 135-136; Lawson, p. 1063; Euroweek, 3 Nov 1989; Michael King, ‘New Lady of Threadneedle Street’, CB, 2000/1 (4), p. 83; Times, 2 Nov 1989.

第十八章

受人欢迎且期待已久

20 世纪 90 年代初，对中央银行的崇拜正在全球范围内迅速兴起。史蒂文 · 所罗门在回顾 1987 年崩盘后不断增长的经济趋势时，提出了一个极具说服力的观点："中央银行独立性最有力的论据，莫过于无国界货币的崛起和全球金融市场的一体化。"他认为："简而言之，在一个全球金融体系相互交织的环境中，任何地方的裂痕或国际资本流动方向和规模的突然变化，都可能跨境破坏繁荣。因此，通过赋予各国央行更大的独立性来集中货币主权，符合世界各地公民和资本家的长远利益。"这种新趋势的例子包括：为最终成立的欧洲中央银行所做的准备工作；柏林墙倒塌后东欧国家建立了真正的中央银行；以及 1990 年新西兰广为人知的完全透明的政策制定和执行过程，当时该国中央银行行长被赋予了一个通胀目标，并需要根据这一目标调整货币政策。1990 年 9 月，保罗 · 沃尔克在华盛顿发表的佩尔 · 雅各布松演讲[①]中，大胆但短暂地提出了"中央银行的胜利？"这一主题。这位因成功打击通货膨胀而声名鹊起、刚刚退休不久的美联储主席宣称："我确信在我的印象中，中央银行如今的声誉非常好。"他还充满信心地预见："在不久的将来，一个有效的中央银行必须是一个强大的中央银行，具有实质性的自主权，且能够免受党派和短期政治压力的影响。这一观点将被广泛接受。"

但至少有两位英国知名政治家对此并不完全认同。撒切尔夫人在她执政的最后一年，不仅没有改变对英格兰银行独立性的看法，还在 1990 年 10 月推动了一个与英格兰银行明确建议相悖的降息决策，并继续牢牢掌控着英格兰银行的人事任命。利 – 彭伯顿在 1990 年 2 月与奈杰尔 · 劳森的继任者约翰 · 梅杰共进午餐后写道："我认为财政大臣已经付出了极

① 佩尔 · 雅各布松演讲（Per Jacobsson Lecture）是国际货币基金组织的年度演讲。以瑞典银行家、国际货币基金组织前任主席（1956 年 12 月至 1963 年 5 月）佩尔 · 雅各布松命名。该演讲旨在邀请国际金融和货币政策合作方面的卓越专家学者，分享独到见解以推动国际货币问题的研究讨论，促进相关领域的基础研究。——译者注

大的努力，为我们争取了一位实业家的提名。然而，首相决定在董事会任命一位经济学家。默文·金是她的选择。我表示接受……”此外，尽管梅杰在这一次选择支持英格兰银行，但在涉及更重大的问题时，他却持相反立场。总裁在与财政大臣会晤后记录：“他说，他怀疑下议院是否有很多人支持一个独立的中央银行。”梅杰在自传中直言不讳地表示：“我曾考虑赋予英格兰银行在利率政策上的独立性，正如奈杰尔所希望的那样……但我否决了这个想法，因为我认为货币政策的责任人应该对下议院负责。”当他于 1990 年 11 月接替撒切尔出任首相后，似乎也没有迹象表明他的这一立场会发生改变。然而到了 1991 年下半年，他在新任财政大臣诺曼·拉蒙特（Norman Lamont）的推动下，开始尝试参考新西兰模式讨论独立性问题。[1]

在英格兰银行内部，自劳森辞职演讲透露其建议失败后，独立性问题引发了大量讨论。自始至终，有一些令人困惑、棘手的问题需要考虑，而不仅仅是关于职责和问责制等显而易见的问题。总裁的私人秘书保罗·塔克（Paul Tucker）在 1990 年 2 月代表总裁提出：“如果在货币政策上拥有更大的自主权，是否会导致英格兰银行失去一些职能？具体来说，我们是否会失去债务管理职能、工业金融或银行监管，以及任何其他职能？”除此之外，他还深入地探讨了更为基础性的问题：“我们是否认为更大的自主权是一件好事？”在接下来的半年里，英格兰银行至少举行了三次激烈的会议，试图理解所涉及的各个问题。

在第一次非正式的董事会讨论中，主要发言人是乔治·布伦登。他大体上提出了一个警告。他认为英格兰银行实际上已经享有了相当大的操作自主权。“它几乎是独一无二的，因为它的职能并没有通过法律规定”。此外，他继续指出：“不能想当然地假定，赋予中央银行追求价格稳定的使命就能确保更好的通胀表现。而且关键在于，英国公众尚未像德国和瑞士那样对通胀抱有强烈的厌恶感。这两个国家显然在成功抑制通胀与独立性之间取得了平衡。事实上，公众舆论可能反而认为适度的通胀并非坏事。尤其是低于 5% 的工资增长提议往往被视为一种侮辱。”巧合的是，布伦登即将卸任副总裁，而即将上任的副总裁埃迪·乔治在那次会议上表现出强烈支持独立的立场，尤其是在明确目标和责任方面。他问道：“过去几年的政策失误是谁的责任？是英格兰银行的官员、财政大臣、首相还是内阁？”他还表示：“赋予中央银行追求价格稳定的任务将解决这些难题。”

两个月后的 1990 年 4 月，第二次会议继续以董事会非正式讨论形式进行。“当时一位高级非执行董事戴维·斯科利爵士倾向于认为，英格兰银行最好接受比独立和货币政策法定问责制更低的要求，继续在幕后工作。”利－彭伯顿和乔治一样，反思了“对英国货币政策决策责任不明确的不满局面”。两位非执行董事，工会领袖加文·莱尔德（Gavin Laird）和实业家布莱恩·科尔比（Brian Corby），倾向于赞同斯科利的观点。后者警告称：“如果英格兰银行被赋予降低通胀的责任，却由于公众态度而无法成功，就会面临最糟糕的局面。”大卫·沃克（不再是执行董事但仍在董事会任职）认为：“重要的是，英格兰银行不应被限制继续发挥其目前相对广泛的职能。因此在推动变革之前，必须仔细考虑任何潜在的取舍问题。况且，任何政府都不可能放弃对货币政策的最终责任。”新成员默文·金表示：“毫无疑问，英格兰银行在货币政策方面发挥更大作用的议题已经纳入议程。”他还指出：“《卫报》经济编辑和自由市场经济事务研究所（IEA）的经济政策目标一致，这是一件非同寻常的事情[①]。”乔治同意这一观点并进一步提出：“我对让英格兰银行在货币政策上承担法定责任的支持程度感到相当惊讶，无论是在金融城还是在议会层面。最近的一项调查显示，7/10 的保守党议员支持这一改变。”

最后在 7 月，几位高层聚集在一起。他们首先讨论了利－彭伯顿和乔治的意见，承认不满局面在短期内不太可能发生根本性改变。但乔治表示：“我仍然相信，英格兰银行可以通过继续强调价格稳定是长期增长和经济正常运作的绝对前提，来改善英格兰银行宪法地位的处境。”随后，讨论转向了英格兰银行与财政部关系的各种可能模式，以及货币责任增强是否会导致英格兰银行失去其他职能，包括银行监管。与会的两位成员安德鲁·克罗凯特（Andrew Crockett）和经济学家约翰·弗莱明（John Flemming）承认上述情况很可能发生。但乔治则“认为剥离英格兰银行的职能是没有任何逻辑依据的”。利－彭伯顿大体上表示同意，并补充说英格兰银行应当“抵制”任何剥夺职能的企图。简而言之，一切都还未尘埃落定。

当然在公开场合，英格兰银行在整个问题上表现得相当坦率。那年夏天，总裁在一次采访中表示：“独立的中央银行可能不是一个最佳的描述方式。”

① 一般认为，《卫报》在英国的政治光谱中偏左翼，IEA 则偏右翼。意思是说，英国当时的左右翼政治势力在经济政策目标方面并无明显分歧。——译者注

> 我们需要考虑的问题是，是否应该让中央银行作为一个独立的机构，在货币政策上承担某种法定的问责制。货币政策的运作是否与其他经济政策或政府政策其他部分有显著的不同？如果你相信这是事实，那么这就是一个高度政治化的问题。政客们将必须作出决定。

事实上在这一阶段，他似乎非常努力地确保英格兰银行不会过于明显地寻求独立，不论这个词的含义究竟是什么。特别是在 1991 年从大体上支持英格兰银行的拉蒙特那里得到指示之后，他非常清楚唐宁街 10 号对此事的敏感性。尽管如此，对总裁和副总裁来说，这是一个现实的目标。“在某种意义上”，在梅杰意外赢得对工党的尼尔·金诺克（Neil Kinnock）的选举胜利两周前，利－彭伯顿在 1992 年 3 月意味深长地向乔治透露：“最令人不满意的结果将是议会悬峙。但在狭义上我认为它实际上可能创造一个重要的局面，甚至是一个机会，因为政治家们可能需要在这种情况下宣布货币控制权已经交到了我们手中……”[2]

在这些年里，埃迪·乔治日益成为英格兰银行中举足轻重的人物。他自 1990 年 3 月起担任副总裁。据称，财政部对他的任命并不在意，认为这并不意味着他将担任总裁。利－彭伯顿本来更倾向于克罗凯特，但很可能是撒切尔和她的经济顾问艾伦·沃尔特斯爵士（Sir Alan Walters）推行了这一任命。这还得益于撒切尔在英格兰银行的亲信、非执行董事赫克托·莱因爵士对乔治的支持。此外，布伦登早已通过将大卫·沃克安全地送往证券与投资委员会（SIB）为乔治铺平了道路。毫无疑问，老副总裁在新副总裁身上不仅看到了一个极其能干的操作者，还看到了像他自己一样的核心“英格兰银行人”。乔治在发给员工的第一封信中，真诚地表达了“为一个具有悠久的坚实价值观和辉煌成就传统的机构工作”感到自豪。他继续写道：

> 这些价值观不能改变。我们最为至关重要的信任是基于多年来的诚信和谨慎建立起来的。离开了传统价值观，这种信任可能迅速被破坏。我们享有的、有时需要坚决行使的权威，只有在至少得到相关方的默许时才会有效。我们只有通过协商、倾听和理解，以及以说服而非命令的方式行事，才能保持这一权威。而我们的风格是通过隐秘沟通而非自我宣传来增进公众利益。

英格兰银行的新秩序恰逢20世纪90年代初漫长而痛苦的经济衰退。乔治并不支持当时政府的经济政策，认为那是软弱的、出于政治动机的选择。他在1990年9月对清算银行家们表示："没有其他方式可以遏制成本推动型通胀，除了对利润空间施加巨大压力从而提高失业率。这是一种艰难的方式，但同时也是已经被证明的唯一方式。"将近两年后，他在与财政部的艾伦·巴德（Alan Budd）讨论财政刺激行动时指出："虽然迄今为止，公共辩论的大部分重点都是针对房地产市场的具体措施，但我认为房地产市场的困境是问题的症状而不是原因。将救助重点放在房主身上没有经济意义。"和以往一样，当政府陷入经济困境时，时任首相（梅杰）试图将责任归咎于英格兰银行。拉蒙特在他的回忆录中记录了1991年唐宁街10号要求他向利-彭伯顿施压，再由后者向清算银行施压，敦促其改变贷款政策。"我不得不说，总裁对我非常不满，因为他认为不应该让英格兰银行成为经济衰退的替罪羊。他不知道我其实非常赞同他的观点"。[3]

20世纪90年代初，各家银行都参与了后来被称为"伦敦方案"的一项英格兰银行重要倡议，虽然大部分情况并未公开。这一倡议主要由彭-肯特推动，不可避免地呼应了英格兰银行在20世纪70年代中期和20世纪80年代初对待工业金融活动的做法。在经济不断恶化（包括英国企业问题日益严重）的情况下，肯特于1990年7月提出，英格兰银行需要正式颁布一些协同原则，以便救助那些暂时困难但基本健康的公司。乔治对倡议表示一定程度的怀疑："不得不说，我对此持极为谨慎的态度。"但在当年秋天，利-彭伯顿在设备租赁协会年度晚宴的演讲中，还是提出了三项关键的协同原则：

> 首先，当出现困难时，应考虑暂停贷款，以便对是否继续支持，特别是追加融资的合理性进行适当分析。其次，应尽可能全面地收集信息，以支持分析和后续判断。最后，牵头银行发挥着非常重要的作用。无论其规模或总部所在地如何，牵头银行需要确保所有相关银行债权人在最早的阶段就了解公司的状况，并随时了解情况。这对所有债权人，特别是小型银行很有帮助。没有人应当由于缺乏信息而处于不利地位。

总裁补充说，虽然英格兰银行在原则上愿意根据具体情况充当"中立主席"，但不会"试图保护或偏袒任何特定的银行或其他债权人群体"，也不会"强制达成救助协议"，因为"最终面对风险的是债权人的资金”。即便如此，英格兰银行也发现自己已经开始积极参与各种融资支持和并购重组案例。从 1991 年 1 月到 1992 年 3 月，新增了多达五十个案例，涉及尼桑英国（Nissan UK）、维斯特集团（Vestey Group）和麦克斯韦通信（Maxwell Communications）等知名公司。到 1992 年 11 月，肯特在回顾过去 3 年持续的企业重组时总结道：“伦敦方案在银行界受到广泛、持续的欢迎，因为它被认为是公平且灵活的。大量公司因为银行的支持而得以存续，因此也要间接归功于伦敦方案。”[4]

在同时期发生的一系列事件中，略早于“伦敦方案”倡议的欧洲隧道（Eurotunnel）的冗长故事成为占用英格兰银行时间最多的公司问题。早在 1986 年 2 月“英法协定”确立该项目时，沃克便是推动这一项目的关键人物。他不仅掌握了股权融资，还试图加强欧洲隧道董事会和管理层。更为重要的是，他建议引入坚定但有时颇为强硬的阿拉斯泰尔·莫顿（Alastair Morton）。然而，进展并不顺利，尤其是在公司与银行、承包商的关系上。1990 年 1 月，在一次与莫顿的艰难会谈后，利 – 彭伯顿写道：“我们的讨论持续了 1 个小时，有时变得相当尖锐。我告诉他，虽然我不认为自己有权对此事做出判断，但我认为他应该认真考虑我与其他各方讨论后所形成的印象。”次月，总裁主持了一次“头脑风暴”会议，会议一度变成轻松的闲聊。英国钢铁公司董事长兼欧洲隧道董事罗伯特·斯科利爵士（Sir Robert Scholey）评论道，在英格兰银行讨论管理和组织架构是件很奇怪的事情。总裁回应道，他完全理解这一点，但遗憾的是这并非琐事。“各方的意图和相互理解至关重要”。最终，各方签署了一份协议。总裁的私人秘书记录道：“协议目前仅有一份文本（即无复印件），保存在 GPS（可能指的是政府与公共事务秘书处）保险箱内。”但不久之后，莫顿又与承包商展开了强硬对抗。利 – 彭伯顿感慨道：“但愿两个阵营都遭殃。我不应该有这样的想法，但这种想法真是太诱人了。”他对肯特说：“我同意你的看法，这个问题不归我们管。但我们如何才能在这些人中产生善意或信任！”接下来的戏剧性事件还包括 1990 年晚些时候对日本银行的决定性干预、1993 年由肯特主持的一系列棘手的仲裁行动、1994 年总裁与所罗门兄弟公司及时的私下交涉以确保完成承销。最终这些事件都获得了圆满的结果。[5]

在这个充满挑战的 20 世纪 90 年代初期，另一件增加挑战难度的事是小型银行危机。人们普遍认为，这是乔治展示其危机管理才能的机会。最终，许多银行得以安全清算，或通过并购得到处置。1993 年末，乔治公开披露了这一危机的大致轮廓。应对过程在很大程度上是秘密展开的：

20 世纪 90 年代，我们意识到一大批小型银行承受着越来越大的压力。它们拥有一些零售存款，但总体上严重依赖大型批发资金提供者：房屋互助协会、地方政府、大型工业公司以及其他银行。这些提供者都面临某种压力，纷纷从批发市场撤出资金。与此同时，英国小型银行的资产因经济衰退正变得越来越脆弱，尤其是因为支撑其贷款的房地产价值开始波动。

1991 年初，三家小银行——大法官银行（Chancery）、爱丁顿银行（Eddington）和权威银行（Authority）由于重大贷款损失以及随后的存款减少，关闭了它们的业务。此时，我们并未发现明显的系统性脆弱证据，因此没有介入。

批发市场继续紧缩。这一进程在当年晚些时候国际商业信贷银行（BCCI）关闭后加速，导致一些地方政府的大额存款无法提取。同时，我们发现银行业问题总是蜂拥而至。巧合的是，一家房屋互助协会此时发生了挤兑，海外银行陷入困境的传闻也越来越多。

我们已经开展预防性监管有一段时间了。之后，整体形势变得更具威胁性，特别是有一家机构（国家住房按揭银行，国家住房贷款局的下属公司）确实遇到了紧急流动性危机，其审计师无法证明它拥有足够的流动性以确保继续经营。于是，我们决定为这家银行和其他少数几家银行提供支持。

当然，我们无法确定如果没有提供支持会发生什么。人们很容易陷入一个误区，认为就像开往布莱顿火车上的那个人一样，不断把手伸出窗外打响指就可以赶走大象。他的技巧显然很有效，因为他确实没看到大象。但在 20 世纪 90 年代初我们非常清楚，如果我们没有进行干预，压力将会蔓延，直到我们发现阻止局面恶化变得更为困难。这是自 1973 年至 1974 年以来英格兰银行首次提供如此广泛的融资支持……

乔治后来对整个危机作了总结："总的来说，我们监控了 60 多家机构，向大约七八家银行提供了贷款。"以国民抵押贷款银行为例，英格兰银行最终以 1 亿英镑的价格收购了该行，从而承担了其资产负债表上大约 1 亿英镑的亏损，并在之后逐渐解决了这些损失。[6] 在整个应对过程中，始终让英格兰银行最为担忧的是风险蔓延，包括在更大金融机构中引发担忧的商人银行克莱恩沃特·本森（Kleinwort Benson）。但正如这种情况下常见的那样，财政部倾向于怀疑英格兰银行行动过于草率。这种怀疑仿佛是财政部挥之不去的记忆。

然而在 20 世纪 90 年代初，真正令“老妇人”担忧的却是另一家银行。《泰晤士报》在 1990 年 12 月称：“这是一家正在不断萎缩的银行。未来还会继续萎缩。”在此之前，日渐疲弱的米德兰银行刚刚经历了一场羞辱。它的主要小股东汇丰银行在临门一脚时放弃了与其长时间酝酿的合并提议。正如《投资者纪事报》所说：“米德兰银行现在完全暴露了它的真实面貌：一家陷入困境、财务脆弱的二流清算银行。”次月即 1991 年 1 月，总裁和其高级同事召开会议讨论米德兰银行的未来。这次会议并不轻松，最终决定事实上撤回了支持，任由其董事长兼首席执行官麦克马洪陷入困境。几周内，英格兰安排了两个人接替了他，分别是来自英国石油的彼得·沃尔特斯爵士（Sir Peter Walters）和来自巴克莱的布赖恩·皮尔斯（Brian Pearse）。总裁与麦克马洪这位前任副手的一次谈话记录显示：“基特爵士表示他并不完全同意进行如此激进的改革，但似乎也接受了英格兰银行有权实施这些举措。”事实上，麦克马洪当时已经无路可走。市场反应是积极的。实际上，在采取行动之前，利 - 彭伯顿曾仔细向卡泽诺夫的高级合伙人核实了市场的反应。

米德兰银行的新管理团队在极其困难的情况下作了很大努力。但到了 1991 年底，显然汇丰银行和劳埃德银行都对收购这家陷入困境、深受经济衰退打击的银行产生了浓厚兴趣。在针线街，人们的偏好十分明确。乔治在 11 月下旬坦率地告诉皮尔斯，与汇丰银行的合并不会像其他清算银行那样产生成本节约效应，同时汇丰银行“无法提供与其他清算银行相同程度的信用评级提升”。相反，他继续说道，英格兰银行将“非常支持”劳埃德的收购，尤其因为随之而来的合并将是“内部整合”。圣诞节前不久，两人再次会面。乔治向皮尔斯强调，关于汇丰的最高负责人威廉（“威利”）· 普尔维斯［William（“Willie”）Purves］，英格兰银行“决心让他退出竞争”。10 年前，汇丰在 RBS（苏格兰皇家银行）事件中公然无视理查森的意愿，至今仍未被遗忘。然而，一切在 1992 年初发生了变化。英格兰银行不情愿地接受了劳埃德的收购提案几乎肯定会被政府提交给“垄断与兼并委员会”审查的事实，而米德兰银行本身也开始对劳埃德的收购失去兴趣。考虑到香港将在 5 年后移交给中国[①]，汇丰的“香港

① 1984 年 12 月 19 日正式签署的《中英联合声明》决定香港于 1997 年 7 月 1 日回归中国。——译者注

注册地风险”①是一个棘手的监管问题。奎因在3月初向利－彭伯顿和乔治报告，他和监管人员仔细研究了香港局势，考虑到香港注册地与中国东南部的融合等因素，对“香港注册地风险”的担忧程度已经有所降低。不久之后，米德兰的董事会最终支持了汇丰的收购提案。随后，英格兰银行与汇丰之间开始了一系列越来越和谐的讨论。英格兰银行提出了若干条件：所有非香港的主要附属公司（包括米德兰）都要成为汇丰在英国控股公司的附属公司；汇丰控股的“核心决策和管理”要在伦敦进行，这意味着普尔维斯和他的高管团队必须离开香港定居英国；香港业务必须完全由当地资金支持；英格兰银行将成为汇丰集团的总体监管机构。汇丰很高兴地接受了这些条件。4月13日，英格兰银行非正式地为其收购计划开了绿灯。此后，收购计划顺利推进，金融城的机构投资者也发表了意见。劳埃德在6月初退出。其董事长杰里米·莫尔斯爵士坚决表示，劳埃德没有因此事承受英格兰银行的压力。[7]不论英格兰银行最初的怀疑态度正确与否，这次合并无疑加强了英国的银行系统。而且，重要的是，英国的四大主要清算银行最终得以保留，而不是减少到三家。

20世纪90年代初的另一个重大银行事件，当然与国际商业信贷银行（BCCI）有关，不过问题要追溯到很久以前。BCCI于1972年由具有魅力的巴基斯坦人阿迦·哈桑·阿贝迪（Agha Hasan Abedi）创立，并迅速在全球扩张（主要为穆斯林和第三世界客户服务）。尽管其注册地在卢森堡，但其国际业务总部设在伦敦。英格兰银行对其保持了密切关注。1979年，希望成为BCCI顾问的保守党政治家朱利安·阿默里（Julian Amery）拜访了英格兰银行。贾斯珀·霍洛姆记录道：“我向他坦诚地说明了我们对BCCI持非常谨慎态度的原因，并强调他们需要暂停扩张、巩固业务。我毫不怀疑，尽管阿贝迪会对我们的建议有所关注，但这与他的本性背道而驰。因此我们必须继续对其进行约束。”基于这样的理由，BCCI未被允许在伦敦金融城的核心区域立足。第二年，当皇家保险公司寻求将康希尔街1号的一块空地开发成威严的银行大厅时，唯一的严肃报价来自BCCI。但英格兰银行断然表示，BCCI不是一个合适的租户。在20世纪80年代剩下的时间里，BCCI因为判断失误的自营交易而损失了大量资

① 汇丰银行于1865年在香港注册成立。1991年汇丰集团为收购米德兰银行在伦敦成立汇丰控股公司，并持有汇丰银行股份。但汇丰银行（全称香港上海汇丰银行有限公司）注册地并未改变。此时英格兰银行主要担心香港“回归”后汇丰银行注册地可能导致的监管问题。技术上这一问题主要是通过成立汇丰控股来解决。——译者注。

金，开始越来越多地为拉丁美洲的毒枭提供洗钱服务，同时其结构变得越来越错综复杂。英格兰银行继续对其在英国的活动持怀疑态度。1991 年 7 月，一份内部备忘录回顾道：“英格兰银行的职权范围在技术上仅限于这家卢森堡银行在英国的分行。其目标是保护英国的存款人。”

> 英格兰银行急于避免被迫成为这家全球集团的监管机构，因为该集团的复杂性和不透明性可能会给存款人和市场带来虚假的安全感。
>
> 尽管如此，英格兰银行对 BCCI 英国分行的监管一直比一般情况更加严格。在过去 10 年中，英格兰银行的团队进行了 6 次特别访问，并根据银行法案委托会计师出具了 6 份审计报告。这些监管措施没有发现重大问题，所有小差错的补救措施都很快得到了实施。自 1988 年 10 月以来，英格兰银行要求其每周报告一次数据，并每月举行一次会谈。

承担全球监管责任的焦虑感在很长一段时间内都是真实存在的。1989 年 5 月，利 – 彭伯顿告诉布伦登：“我们在 BCCI 的问题上遇到了困难。卡拉汉勋爵（前工党首相）亲自前来，试图说服我和布赖恩·奎因允许 BCCI 在伦敦注册并接受英格兰银行的监管。我俩都认为必须拒绝这一请求，但来自这个特殊人物的特殊请求可能需要小心处理。”[8]

结局到来得相当迅速。再次引用 1991 年 7 月英格兰银行的内部备忘录：

> 1988 —1989 年坦帕市的毒品洗钱案审判，以及 1990 年以欺诈手段控制华盛顿一家银行的证据，终于让 BCCI 集团不诚实行为的确凿证据浮出水面。在第一起案件中，没有发现其与英国分行管理层或集团高级管理层的联系，证据表明问题仅限于迈阿密地区。在第二起案件中，美国的调查仍在进行，尚未提出任何指控。我们一直在与美国相关部门合作。
>
> 年初，我们第一次接到 BCCI 英国业务涉及金融不当行为和欺诈的证据，随即聘请普华永道进行调查，并在 3 月根据《1987 年银行法》第 41 条委托其起草一份报告。报告在 10 天前收到。主要相关监管机构基于此份报告采取了紧急协调行动。

1991 年 7 月 BCCI 在全球范围内关闭是一个重大事件，尽管该银行的 15 万名储户中只有 6500 人在英国，且对英国银行体系没有系统性威胁。英国政府或英格兰银行实际上并不需要展开援助。利 – 彭伯顿的私人秘书在提到向英国储户提供金融援助的可能性时记录道："总裁认为，这样做是不合适的。在这一方面，BCCI 与其他存款机构并无显著区别，因此提供援助在原则上是没有根据的，还可能会树立一个不幸的先例，甚至可能会让评论员猜测英格兰银行是不是感到自己有一定的过错。"英格兰银行是否真的有责任？《观察者》杂志的克里斯托弗 · 费尔德斯在当月晚些时候写道："政府的部长们与此事保持了相当大的距离，没人为英格兰银行说过一句话。利 – 彭伯顿看起来形单影只。他飞往海湾地区安抚酋长（BCCI 于 1990 年将总部迁至阿布扎比），并且每周都被要求前往威斯敏斯特接受后排议员的盘问。"然而，正如财政大臣拉蒙特早已告诉总裁的那样，首相梅杰坚决要求对 BCCI 的倒闭开展正式调查。不久之后，宾厄姆大法官（Lord Justice Bingham）被委派撰写一份报告。[9] 最终，关于 BCCI 的调查报告不止三份。除了宾厄姆的报告，英国下议院财政特别委员会和美国国会也都撰写了报告。在所有报告中，英格兰银行都占据了重要位置。

正如费尔德斯所暗示的那样，英国议会在 BCCI 倒闭后的几周内就开始行动。在媒体日益增多的批评声中，他们对总裁、乔治和奎因进行了长达两小时的质询。最典型的媒体批评来自《星期日泰晤士报》。该报称："即使手里拿着一叠剪报，英格兰银行也应该做得更好。"毫不意外地，最尖锐的质问来自两位工党议员。戴安 · 阿博特（Diane Abbott）在总结了普华永道一年前关于 BCCI 的两份审计报告后，向英格兰银行团队提出了质问："如果 BCCI 的资本有 10% 被以无担保、无文件记录和可疑贷款的方式转移出去，这难道不是存在大规模欺诈行为的证据，并且应该吊销其执照吗？究竟要有多少资本需要以这种方式流失，英格兰银行才会稍微皱下眉头（有所留意）？"乔治回答道："我认为对阿博特女士的回答是，这类复杂的欺诈行为确实有可能在相当长的一段时间内都未被察觉。"另一位议员布莱恩 · 塞奇莫尔（Brian Sedgemore）多次提到，几年前利 – 彭伯顿就曾出现在财政特别委员会（他与布伦登和罗德尼 · 加尔平一起出席），当时塞奇莫尔就称 BCCI 的西非部门是一个"金融污水坑"。对此，总裁回应道："您的这个评论理应被记录下来，但这不是我们可以吊销银行执照的证据。"塞奇莫尔之前在庄信万丰事件上对英格兰银行也提出过尖锐批评。他对总裁的回应相当不满：

> 当一个身居要职、接受过全面英国教育且显然不是彻底疯了的人，向你发出这样的警告时，英格兰银行的人有没有想过要问（因为他们并没有问）：“他的证据是什么？”我的评论不是凭空想象出来的，显然我有消息来源。但没有人给我写信。

总裁回答道：“恐怕是因为我们当时没想到要这样说。部分问题在于，英格兰银行在英国的管辖权对于一个在卢森堡注册银行的西非分行来说相当遥远。”双方接下来继续交流。最终塞奇莫尔指责英格兰银行在“掩盖事实”。至此英格兰银行完成了主要证词。但 7 个月后的 1992 年 2 月，英格兰银行的两位最高监管者奎因和罗杰·巴恩斯出现在委员会面前。奎因承认针对 BCCI 的行动至少可以追溯到 20 世纪 80 年代中期：“我们并不缺少关于 BCCI 的指控和指责，如果这两个词准确描述了我们的行动。然而，指控和指责是一回事，提供我们可以采取进一步行动的证据是完全不同的另一回事。”随后，奎因进一步阐述：

> 普华永道基于第 41 条的报告彻底改变了我们对 BCCI 的看法。此前，我们只看到了一些迹象以及审计师的怀疑和担忧。但在 1991 年 6 月，我们第一次看到了确凿的欺诈证据，并且该证据有相关信息作为支持。这些信息追踪了资金流向，展示了如何使用某个机构的账户甚至如何设立账户，以维持其他机构的账户运作。这是一幅完整的图画，展示了长时间内普遍存在的欺诈行为……

然而，财政特别委员会并不信服。次月的委员会报告指责英格兰银行在 1991 年 7 月之前采取的小差错补救措施既“不够充分”也“不够迅速”。报告集中批评了英格兰银行未能对 1990 年 4 月普华永道审计报告做出令人满意的回应。该报告指出 BCCI 的交易主要在离岸进行，且这些交易是“虚假或欺诈的”。

另外两份有关 BCCI 的报告于 1992 年 10 月发布。美国国会的调查报告对英格兰银行提出了令人不快的批评：英格兰银行“参与隐瞒有关 BCCI 财务状况和欺诈行为真实情况”；英格兰银行并非“共犯”，而是“掩盖者”，因为它在很长时间里忽视了欺诈证据，并且未对阿布扎比注入 BCCI 的资本提出异议；它试图给自己的行为“蒙上神秘的面纱”；总的来说，它对 BCCI 的监管“完全不足以保护储户和债权人”。至于宾厄姆大法官的调查结果，最清晰的总结可能来自奎因。他在发布前几周就看到了报告。

> 宾厄姆的报告批评了英格兰银行未能及时察觉BCCI的欺诈迹象；未能跟进他人的警告；在与其他机构的沟通方面存在不足，无论是在国内还是国外，而这些机构了解BCCI的活动或对其感兴趣，同时这些活动与机构的法定责任有关；在与BCCI打交道时缺乏足够的怀疑态度。

另外，奎因感激地指出："报告承认了BCCI事件的复杂性，认为它在许多方面都是独一无二的。"在报告发布前的几天，英格兰的内部讨论转向媒体沟通。大家一致认为，《电讯报》"需要特别处理"，而"试图影响《卫报》没有多大意义"。媒体果然没有让人们失望，《星期日泰晤士报》再度发表了一篇尖刻的文章，讽刺利－彭伯顿"贵族式的业余主义"，并声称宾厄姆迫使英格兰银行在一周内"从20世纪50年代跳到20世纪90年代从而彻底放下了传统的傲慢"。影子财政大臣戈登·布朗（Gordon Brown）呼吁总裁辞职，但财政大臣拉蒙特坚称"对总裁依然充满信心"，并且强调报告没有显示英格兰银行存在欺骗或恶意行为。尽管如此，这仍然是一个至暗时刻。

也许不出所料，考虑到所有因素，BCCI作为一段插曲并没有无声无息地悄然结束。2004年1月，距离BCCI倒闭已过去12年，但这家银行仍留下了70亿英镑的未偿债务，给约8万名储户造成了损失。负责BCCI清算的德勤会计师事务所在高等法院提起诉讼，试图证明英格兰银行在监管BCCI时存在"渎职行为"。英格兰银行对此指控进行了激烈抗辩。多位退休官员提供了详尽的证据。最终，在2005年11月，德勤撤回了这起代价高昂的案件，并支付了英格兰银行的诉讼费用。不过，与1991年至1992年英格兰银行因BCCI遭受的重大声誉损失相比，这不过是一个微不足道的脚注。回顾过去，在海量的相关文件中，或许某一段对话尤为突出。1987年初，英格兰银行的一位监管人员在一份关于BCCI管理层的备忘录中写道："通常应用于英国银行的监管方式，主要基于信任。但对这种银行（指BCCI）却完全不适用。"对此，利－彭伯顿批注道："我们难道不应该赶快对这家银行做出决定吗？"然而4年后，英格兰银行仍未做出决定。当然，一直犹豫不决有很多可以理解的原因。尤其到最后，国际监管方面取得的真正进展是试图将BCCI拆分成资金独立且相互隔离的分别注册和运行于英国、香港和阿布扎比的银行。但这种犹豫不决，归根结底是总裁的责任。这是一个致命的错误。[10]我们不禁要猜测，若是在一个更具诺曼风格的早期时代，在银行监管不涉及法律时，当时的总裁可能会凭直觉，寻求一劳永逸地清除这股污水坑的恶臭。

还有一个关键因素在充满挑战且复杂多变的20世纪90年代初期显得尤为重要。《星期日电讯报》欢呼道："感谢上帝，终于开始追求强有力的货币行为准则了。"这是因为英国在1990年10月终于加入了欧洲汇率机制（ERM）。这一决定由时任财政大臣梅杰做出。撒切尔夫人不情愿地勉强同意。据查尔斯·古德哈特估计，英格兰银行在其中发挥的作用"非常有限"。英格兰银行本身的意见也存在分歧，一方面，它意识到了固定但可调整汇率的风险；另一方面，政策确实需要一个名义上的锚。乔治是本能上持怀疑态度的人之一。虽然他勉强接受了这一决定，但认为也许没有其他选择。总裁在加入ERM 10天后的市政厅演讲中真诚地表示："固定汇率机制的成员资格是使我们回到正轨的必要条件。通过为政策制定者、贷款人、借款人和工资谈判者提供货币准则，来为可持续的非通胀性增长创造条件。"[11]

然而，情况并未按预期发展。乔治在1996年的一次讲座中回顾了这个决定性事件：

> 我们加入ERM时的政策需求似乎与我们合作伙伴们的需求一致。经济对较高但正在下降的利率做出了反应，通胀也在下降。原则上，随着ERM成员身份带来的政策信誉增强，我们似乎有希望用相比其他方式更低的利率实现国内经济的稳定，从而争取到更小的产出损失……
>
> 然而，德国的统一意味着在一段时间内，它需要保持紧缩的货币政策，而包括英国在内的其他几个ERM成员国的国内形势则需要放宽货币政策……
>
> 毫无疑问，这些ERM内部的问题，以及我们自身的问题，本可以通过及时调整相关汇率来避免。从理论上讲，这确实可能。但实际上并没有那么容易。当紧张的局势逐渐显现时，德国马克的锚定汇率机制已经成为其他成员国货币政策框架的绝对关键因素，它们的反通胀信誉在很大程度上依赖于此。如果不经过真正的斗争就放弃这一机制，将会带来真正的经济成本。如果能够就单方面重估德国马克的价值达成一致，并明确问题的根源在于德国统一这一特殊情况，那么成本可能会减少。但大家未能达成一致。

> 当时我们面临的局面是，基于国内经济状况，加息毫无经济意义。因此我们试图通过干预来维持汇率平价，寄希望于来自德国的压力能够缓解。不幸的是，我们在1990年10月设定了一个高位汇率，即1英镑兑2.95德国马克……

在1992年夏末前，形势大体稳定。6月，丹麦公投否决了《马斯特里赫特条约》①，这加剧了ERM内部的紧张局势。7月和8月期间，英镑面临着巨大压力，人们越来越担心法国在即将于9月20日举行的公投中也会拒绝该条约。英格兰银行8月的“季度公报”冷静地承认了ERM的“压力”，但试图通过强调当局宏观经济政策的信誉来安抚市场。

艰难时刻不可避免地到来了。8月7日，利－彭伯顿在与乔治沟通时指出，英格兰银行的安东尼·科尔比（Anthony Coleby）最近参加了财政部的一次会议。“会议讨论的结果是，除维持目前的政策外，唯一的替代方案是退出ERM。单方面贬值和重新调整汇率平价已经不在考虑范围中。”显然总裁对此非常不安。他继续说道：“科尔比说话的语气仿佛告诉我，财政部官员认为作为一种预防措施，准备面对如此剧烈的政策反转是明智的。也许财政部比我们更了解部长们的紧张情绪，但我实在无法相信首相会容忍这样的政策反转。”两周多后的8月24日，乔治与财政部常务秘书特里·伯恩斯爵士（Sir Terry Burns）讨论了市场形势。三天前，十八家中央银行的联合干预既未能提振美元，也未能削弱德国马克。副总裁指出，他在现阶段不愿意主动进行公开干预来支持英镑，部分原因是“将英镑推升至1.9725美元是极为困难的”。当天下午，副总裁与财政大臣进行了电话沟通。拉蒙特问乔治：“如果联合干预始终无法奏效，你打算怎么做？”乔治答复说：“我打算继续进行非公开的限幅干预，将汇率保持在2.81德国马克附近。但如果汇率接近2.805德国马克，就准备进行公开干预。”拉蒙特表示，他愿意在“非公开干预阶段”花费至多15亿美元。三天后，乔治与伯恩斯通话。“他们讨论了即将公布的外汇储备数据，并最终同意公布12.8亿英镑这一数字”。

9月上旬，事态加速发展。月初，英镑兑德国马克的汇率跌至1990年5月以来的最低点。不到一周后，梅杰公开宣称，加入ERM是“软弱

① 《马斯特里赫特条约》（Maastricht Treaty）又称欧洲联盟条约，于1991年12月在欧洲共同体首脑会议上通过，以建立欧洲经济货币联盟和政治联盟为目标，1993年11月正式生效。——译者注

的选择、贬值者的选择、通胀的选择”“将是对我们未来的背叛”，因此“不是政府的政策”。9月12日至13日的那个周末，意大利政府决定将里拉兑所有其他ERM货币贬值7%。9月15日星期二下午，英国当局震惊地得知，德国联邦银行总裁赫尔穆特·施莱辛格（Helmut Schlesinger）在接受一家德国报纸采访时表示，“ERM内部的紧张局势尚未结束”“不排除会有进一步的贬值”。梅杰后来回忆道，施莱辛格没有夸大事实。“因为这位世界上最具影响力的中央银行家之一的这些观点向市场传递的唯一信息是：‘卖掉英镑’。”同一天，乔治向一位记者挑衅般地更新了上一周的情况：“这段时间我们受到了些许打击，但我们的军队依然完好无损！”然而，局势已经被这一切彻底改变。[12]

接下来的一天就是著名的“黑色星期三”。英镑遭受了非常猛烈、集中的打击（损失约33亿英镑），以至于英国政府别无选择，只能暂停其ERM成员资格。对于英格兰银行来说，处于风暴眼中的它度过了一个由三个主要部分——市场、其他央行、政治家们——构成的日子。

当天一大早发生的第一件事，就是英镑被大量抛售。参与者既有乔治·索罗斯（George Soros）这样的投机者，也有银行和养老基金这样的机构。英格兰银行随即进行了大规模且代价极高的干预。这是前一天晚上在施莱辛格的爆炸性言论后英格兰银行与拉蒙特商定的措施。负责市场操作的副主管伊恩·普伦德莱思回忆道：“我们很早就进入市场，进行了大量的买入英镑操作。当时汇率从底部短暂上升了几秒钟，然后又下滑了。我记得我向利－彭伯顿描述的是，这就像开车时突然意识到方向盘从转向柱上掉了下来一样。”11点，利率才迟迟提升，从10%上升到12%。拉蒙特在财政部观看路透社新闻，随后说了这样一段话：“英镑丝毫没有动静。从那一刻起，我就知道游戏结束了……我感觉自己像是电视剧《急诊室》中的外科医生，眼睁睁看着心电监护仪，意识到病人已经死亡。”接下来的几个小时里，在伦敦西区（政府）尚未做出最后决定之前，英格兰银行别无选择，只能继续以惊人的速度消耗英国的外汇储备。梅杰则进一步推迟了决定，试图孤注一掷，在下午2点15分宣布次日利率将从12%升至15%。然而，这一举措被外汇市场视为软弱而非强势的表现（乔治正是因为这个原因而反对它）。在英镑出现短暂回升之后，英格兰银行很快又不得不开始购入更多英镑。索罗斯事后回忆道：“那天下午，英镑的抛售造成了一场真正的雪崩。”英格兰银行的迈克尔·富特回忆了那天下午交易室的情景：“那是最奇特的经历，因为那里有一排电话，每个电话灯都在闪烁，而每个灯都是一个以最低汇率卖出英镑的卖单。交易员们别无选择，只能接受这些订单。他们只能稍微慢点接起电话，但除此之外，他们什么都做不了。”最终在下午 4 点，英国当天的 ERM 义务终于结束了。大家同意由攻转守，让英镑自由浮动。美国银行的马克 · 克拉克（Mark Clarke）从交易员的角度回忆说：“突然之间，英格兰银行不再支持英镑了……各种电话铃音停止；交易室周围一下子没了噪声。每个人都坐在那里，安静了两三秒。突然，市场爆发了，英镑自由下跌。那是一种令人敬畏的感觉。市场居然能够对抗央行并取得胜利。我简直不敢相信……”三个半小时后，拉蒙特在财政部外对电视镜头宣布：“经过极其艰难和动荡的一天，英国暂停了 ERM 成员资格。”实际上这是一次贬值。[13]

随着 ERM 相关剧情的展开，其他欧洲央行又做了什么呢？那天下午，利 - 彭伯顿、乔治和 7 位高级同事与欧洲大陆的各大中央银行家进行了 3 次电话会议。从官方记录来看，英格兰银行并没有得到太多支持。在下午 2 点 15 分的第一次会议上，利 - 彭伯顿解释说“我们的外汇储备几乎耗尽了”。他补充说：“如果第二次加息未能阻止资金外流，我们将需要其他央行通过大规模干预来提供帮助，否则英国政府将不得不考虑暂停其 ERM 义务，并且可能不得不在下午就宣布这一决定。”各国央行的整体反应是：“英国应该考虑在 ERM 内部重新调整，而不是在规则之外暂停义务。”不久后，在下午 3 点 15 分的第二次会议上，各方对英国重新调整的可能性提出了不同看法。总裁注意到：“如果英镑能够在周末后重新加入，那么暂停义务很可能伴随着重新调整。”最后，在下午 6 点，总裁通知其他央行行长，英国政府已得出结论，认为外汇市场的动荡如此严重以至于应该全面暂停 ERM 义务。他补充说：“即使全面暂停不被接受，英国也决定无论如何必须先暂停自己的 ERM 义务。”对此，法国央行的雅克 · 德拉罗西埃表示：“法国不可能接受全面暂停 ERM 义务。因为这将对市场和法国周末公投前的总体气氛产生严重且负面的影响。”之后，维姆 · 德伊森贝赫（Wim Duisenberg，荷兰央行）、汉斯 · 蒂特马耶尔（Hans Tietmeyer，德国联邦银行）和莫里斯 · 多伊尔（Maurice Doyle，爱尔兰央行）赞同了德拉罗西埃的看法。卡洛奥 · 奇安皮（Carlo Ciampi，意大利央行）和葡萄牙央行的代表则主张对市场动荡作出普遍回应，暗示全面暂停 ERM 义务。总体来看，各国央行的意见倾向于英国单方面暂停。几周后，拉蒙特在党代会上发表了一次欧洲怀疑论的演讲。他讽刺地说道：“没有人会为欧洲献身。”

德国联邦银行首当其冲。它是否本可以提供更多帮助？英格兰银行的首席交易员吉姆 · 特罗特（Jim Trott）为英格兰银行在那一天的行动描写了一个引人入胜的结尾。他回忆了当天英格兰银行处理危机时的情景。那几个小时英格兰银行疯狂买入英镑，但德国联邦银行却显然不愿意卖出德国马克。“德国联邦银行本应该是骑兵援军。我们始终翘首以盼，但没有尘土飞扬，没有军帽，也没有军刀。后来在电话会议中，他们突然不说英语了，这很不对劲。所以那一天我们真的感到很困难”。[14]

在那个漫长的星期三，最终决定权落在了财政大臣及其内阁同僚的肩上。在初始阶段，乔治试图推动拉蒙特加息 4%，但拉蒙特认为：“市场会认为 4% 过高，反而会失去信誉。”最终，他们决定加息 2%。而拉蒙特由于要说服梅杰，导致这一决定的宣布被大大推迟。解决英国 ERM 成员国资格问题的整个过程也被午餐时的一次漫长部长会议进一步拖延。利 – 彭伯顿和乔治都出席了该会议。当时，英格兰银行和拉蒙特都希望立即退出 ERM。但令人沮丧的是，大多数与会者支持继续坚持到下午 4 点，同时在 2 点 15 分宣布第二次加息。拉蒙特肯定会对这一决定感到失望。英格兰银行也是如此。那种挫败感使得拉蒙特在回忆录中写下了一段深刻的叙述：

> 肯尼斯·克拉克（Kenneth Clarke）、迈克尔·赫塞尔廷（Michael Heseltine）和道格拉斯·赫德（Douglas Hurd）拒绝立即退出汇率机制。克拉克声称：“整件事都是由技术官员主导。我们这些政治家只是签字而已。”事实正好相反。恰恰是政治家干涉了技术官员的工作，结果他们的业余干预把事情搞得更糟。事后克拉克还声称会议过程中他没有得到任何外界信息，认为财政部、英格兰银行当时与市场完全隔绝。事实上，埃迪·乔治随身携带着一个路透社的监视器，每分钟都能看到英镑的价格。我们根本没有与市场隔绝。然而，你根本不需要看电视就能知道发生了什么。英镑本已在自由下跌，现在却卡在了 2.7780 马克的水平。我们不得不向所有卖空英镑的投机者支付这个价钱。我们就快失血而死了，而我们所能做的却只是讨论。我们显然已经输掉了这场战斗，但将军们拒绝承认这一点。

2 点 45 分左右，乔治和利 – 彭伯顿回到英格兰银行，并与拉蒙特进行了一次长时间的电话交流。乔治指出，外汇储备业已形成的损失“可能在接下来的 15 分钟内变得更为严重”。他在回答拉蒙特的一系列具体问题时，估计当天晚上“很难实现汇率的重新调整”。他安慰拉蒙特说，在下午4点之前，英格兰银行“能够筹集到足够多的流动性以应对资金外流”“尽管这将是极为痛苦的”。他还承诺，如果在正式退出ERM前，英国在继续履行ERM义务时出现了他认为的不利情况，他会“建议财政大臣停止履行义务”。最终在3点45分左右，利－彭伯顿和乔治回到市中心，参加了一次部长会议。会上最终决定当晚暂停英镑的汇率机制义务，并宣布撤销第二次加息。当时至少有两位部长，克拉克和赫塞尔廷，希望同时取消第一次加息。但迫于部分来自英格兰银行的压力，担心英镑价值会再次自由下坠，该决定被推迟到第二天再做出。[15]

星期四早上，在全国普遍感到的羞耻和对政府无能的指责中，“黑色星期三”迎来了一个生动的尾声。早在7点50分，乔治就打电话给伯恩斯，得知梅杰和拉蒙特前一天晚上已经同意在内阁会议开始前，将利率调回至10%。乔治解释说：“这样做将是灾难性的，会让市场觉得当局完全混乱。我原则上并不反对将利率降回10%，但必须以有序的方式进行。”半小时后，伯恩斯回电告诉他：“财政大臣同意将下调利率的宣告推迟到星期五，但首相办公室的亚历克斯·艾伦（Alex Allan）出于公众形象考虑，非常抗拒推迟宣布。”乔治立即给艾伦打电话，再次强调在当天早上降息到10%在总裁和他本人看来“会给市场传递出恐慌和严重无能的信息”“可能导致汇率出现大幅超调”。但艾伦要求乔治不要向拉蒙特重申他的意见。他告诉副总裁：“出于政治原因，首相坚决主张在当天早上内阁会议前宣布降息。如果财政大臣在内阁会议前宣布降息，首相可以重新掌控局面。但如果等到之后再宣布，就会显得首相是被内阁逼迫做出的决定。”通话以乔治可能略显生气的要求结束：“不管是财政大臣还是首相，都必须给英格兰银行下达直接指令，才能降低利率。”这场室内闹剧随后的剧情是另外三次电话交谈。

> 8点35分。特里·伯恩斯爵士打电话给副总裁，告知他刚刚收到唐宁街10号下达的信息。如果在上午9点15分之前没有宣布当天或次日将利率降至10%的消息，财政大臣将“死”在内阁会议上。副总裁询问这是不是向英格兰银行发出的降息指令。特里爵士回答不清楚。财政大臣并不知道这个新信息，他之前还曾表示愿意等到星期五再宣布。双方同意，特里爵士会考虑如何向财政大臣传递这个信息，同时副总裁会思考如何执行降息指令。
>
> 8点45分。副总裁打电话给特里爵士，告知他在征求意见后英格兰银行得出结论，如果当天要宣布降息，最好立即实施，而不

是宣布降息将在次日生效。这样对市场的干扰才能最小。

9点07分。特里爵士打电话给副总裁，告知财政大臣已同意于当天上午9点30分，也就是内阁会议开始前宣布降息。[16]

1992年秋天，9月的“黑色星期三”和10月的“宾厄姆报告”都不是欢乐时刻，以至于英格兰银行不知道如何庆祝即将到来的三百周年纪念。斯蒂芬·费伊在《观察家》上的一篇激烈批评文章认为，ERM的灾难至少部分归因于英格兰银行的“保密文化”。这种文化抵制向外界解释其动机、论点和原因。至于宾厄姆报告，则揭示了英格兰银行作为一个内向型组织，不愿信任外部人士，尤其是国外人士，也不愿接受建议。财政特别委员会的一名成员吉尔斯·拉迪斯（Giles Radice）同样持批评态度。他在日记中记录道：“我们对埃迪·乔治的自满态度感到震惊。”这篇日记写于副总裁就英格兰银行对BCCI的处理情况作证后：“最后，经过反复询问，他终于承认可能犯了错误。他本应在一开始就这么说。”然而，即便是在那个秋天，也有一些发展势头正在酝酿，并将在英格兰银行进入第四个世纪时彻底改变它的性质。几周后，一些内部人士私下称9月16日的动荡事件不是“黑色星期三”，而是“灰色星期三”甚至“白色星期三”。

新的发展势头在9月17日（星期四）开始逐渐明朗，尽管不确定性依旧存在。乔治在给高级同事的备忘录中写道：“昨天，从明面上看是政策上的惨败。但这也给我们提供了一个机会，让我们摆脱在德国统一的特殊情况下，ERM成员国身份所涉及的国内外目标的激烈冲突。因此，货币政策不再仅仅为了维持汇率而制定，也不再需要将利率维持在相对于国内通胀压力和国内经济活动过高的水平，可以反过来使政府将财政政策放松到原本不合适的程度，甚至使英格兰银行‘反常’地建议财政大臣进一步财政扩张。”乔治期待的是一个后ERM时代的环境，在这样的环境中“将有机会可以回归更适当的政策组合”。另一份备忘录来自1991年以来担任首席经济学家和执行董事的默文·金。他总结道：“如果我们继续远离ERM，并且没有给予英格兰银行独立性，那么在我看来，就必须建立一个清晰而连贯的货币政策制定框架，以恢复我们的政策立场和信誉。否则，我们只能寄希望于追求和实现价格稳定并以此建立信誉。”

当天下午，英格兰银行的高层领导齐聚一堂，讨论暂停ERM成员国身份后英国经济和货币政策的框架何去何从。首位发言者是默文·金：

> 仅仅将政策表述为当局会做出正确判断是不够的，因为最终这些判断将落在政治家身上，并不可避免地受到他们必然面临的政治压力。独立性将是理想的结果，但在缺乏独立性的情况下，需要一个新的框架。作为对副总裁乔治的回应，金表示货币总量是一个可能的候选指标，并表示反复强调“相信我们”的方法将没有任何信誉。如果找不到替代框架，在他看来就应该回归 ERM。

其他与会者也表达了看法。克罗凯特认为英格兰银行不应该轻易放弃将汇率作为某种货币政策的指导目标。普伦德莱思认为，如果“框架”被定义为“公开定义且当局不能轻易偏离的政策”，那么“框架”的选择就应该在坚持 ERM 与“一项旨在实现稳定非通胀性增长的政策声明”之间。他同样认为：“现实是无论哪种方式都需要享有广泛的信誉和合法性，但显然公众并没有被说服 ERM 是实现增长的正确方式。”利 - 彭伯顿在提到短期内“通货膨胀的威胁并不大”后赞同了前述观点：“我们显然需要一个框架，仅依靠‘凭感觉’的判断鼓励市场‘信任我们’是不够的。”但他不愿意改变策略。他告诉同事们：“我仍然发现汇率是一个潜在有吸引力的标准，因为它向市场和国际社会清晰明了地表达了我们的立场和政策。”最后，总裁将其观点总结为：“在条件改善后，汇率机制仍然是一个有潜在吸引力的框架。”

那个秋天的那一周，时间对央行来说是漫长的。整整 7 天的持续政策真空后，英格兰银行和财政部日益意识并接受了英国的 ERM 时代已经结束。金向董事会传递了一个重要信息：

> 我们当前的首要问题是需要一个名义上的锚。这使我们回到货币政策实施中的如何平衡规则与自由裁量权的古老辩论。直到上周，我们还有一个规则即 ERM 评价，而现在我们有完全的自由裁量权。但正因为如此，我们失去了信誉。“信任我们，我们很聪明”。这种政策与劳森先生有关。看看我们因此遭遇了什么。但我不想假装存在任何简单的、能让人信服的新规则，例如，货币或其他总量。显而易见的替代方案，也是大多数学术界和新闻界人士讨论过的，是英格兰银行的独立性。
>
> 与此同时，直接关注与中央银行最相关的目标——通货膨胀率是合理的。我们有一个旨在实现价格稳定的通货膨胀率目标路径，我们也有一系列通货膨胀趋势指标。这些指标可以根据各种信息进

行加权，经济部正在进行必要的统计分析。然后，政策可以将预期通胀率与目标路径进行比较。如果预期通胀超过理想目标区间，则收紧货币政策。从某种意义上说，这正是我们在进入 ERM 之前就已经遵循过一段时间的常规自由裁量政策。但它有更精确的聚焦，因为它明确针对通货膨胀，也就是央行应负的主要责任。然而，当前问题是找到一种恢复英国经济政策信誉的方法。[17]

简而言之，通货膨胀目标制正在逐渐成为政策的中心。但它尚未完全落实。

金在这个诱人或者诱惑的“空白画布”阶段，正逐渐成为英格兰银行的关键人物。在 1991 年 3 月全职加入英格兰银行之前，他的大部分职业生涯都是学术型经济学家。他与英格兰银行最初只签订了两年合同，但他比任何人都能抓住机遇。在这两年内，他极大地提升了英格兰银行内部经济学部门的地位。但这并不是一件毫无争议的事情。早在 1983 年，前首席经济学家克里斯托弗·道曾倾听过乔治“一个小时的安静独白”。乔治认为针线街的经济学家是“对他没有用处”的一个群体，“他无论如何都不会信任经济学家提供的信息”。金本人在重组部门时已经引起了一些不满。按照他后来的说法，重组目的是“让那些处理金融市场分析和经济分析的人一起工作”，以确保“分析与操作相匹配”，而不仅仅是“一大群经济学家在研究一个大型计量经济模型”。而在 1992 年 6 月的年度“目标与资源”评审中，利 – 彭伯顿坚称：“英格兰银行需要招聘经济学家，但英格兰银行不应仅招聘经济学家，因为那样我们将失去一些最优秀的通才。我怀疑专注于招聘经济学家的政策是否短视。”对此，金反驳说：“我认为即使非经济学毕业生也应愿意成为经济学家，并且在招聘前就应向他们说明这一点。”[18] 当然，英格兰银行在传统上一直重视通才。讽刺的是，金本人作为经济专家的领导者，拥有的知识背景在某种程度上比一些通才更为广泛。

9 月下旬和 10 月初，无论是在英格兰银行还是在财政部，都不可避免地进行了大量关于政策未来方向的讨论。金前往财政部，并向伯恩斯提出将重点放在通胀目标上的想法。伯恩斯对此反应相当积极。不久后，他和财政部首席经济顾问艾伦·巴德就试图说服财政大臣沿着这条路前进。即便如此，英格兰银行内部仍然有一些明显的疑虑。10 月 6 日，就在拉蒙特即将公布政府新的后 ERM 时代经济战略的两天前，乔治给伯恩斯打电话表示，他和总裁“非常担心未来货币政策在英格兰银行有机会发表意见之前可能就会被固定下来”。他补充说：“英格兰银行希望能够与政府并肩支持所有新的政策声明，但如果这涉及具体的通胀或货币总量目标，英格兰银行将很难支持。”可以理解的是，乔治由于在20世纪80年代初的各种经历，对无论是货币目标还是汇率目标都没有太大的好感。而且与自身的技术才能相比，他本能地更倾向于以自由裁量权而非规则作为政策基础。然而即便如此，潮流正势不可挡地向着新的正统观念流动。这一观念不再基于货币供应量，也不再基于英镑的强度，而是基于通胀目标。10月8日，财政大臣在布莱顿的保守党大会上发表演讲阐明立场，并在给财政委员会①主席的信中重申立场。该立场的核心是设定一个1%至4%的通胀目标，并预计在当届议会结束前（大概是1997年）将其降低至1%至2.5%的区间。拉蒙特向支持者保证，这个做法将恢复市场信心。如果政府未能实现其通胀目标怎么办？他承诺：“政府将有责任解释为何发生这种情况，它打算多快回到这一区间范围内，以及它可以通过什么手段实现这一目标。”

对于怀疑论者来说，拉蒙特的保证不可否认地散发出某种所罗门·邦丁先生②（Mr. Solomon Binding）的气息。然而，就在近两周后的10月19日，伯恩斯拜访了利－彭伯顿并提出一个提议。总裁的私人秘书对该提议进行了总结：

> 财政部官员们隐晦地，尽管不是非常明确地，得到了财政大臣的支持，正在非常认真地考虑“开放性”的问题，以及如何制定和实施货币政策的总体安排。特别是，伯恩斯设想由财政大臣和总裁每月举行一次货币政策会议，并在双方官员的支持下，根据一份将被公布的（财政部）纲领审查经济和货币形势……
>
> 其目标是让唐宁街10号干预利率决策变得更加困难，也同样使得一位非正统的财政大臣在进行利率调整时，其决策或至少是决策的时机免受政治考量的影响……

第二天，乔治在一次内部会议上支持了财政大臣和总裁每月讨论货

① 此处及之后的“财政委员会”是指英国下议院财政委员会（Treasury Committee），之前的“财政委员会”是指英格兰银行内设的财政委员会（Committee of Treasury），望读者注意区分。——译者注

② 所罗门·邦丁先生是小说人物，以自信满满地说出并不靠谱的事而闻名。——译者注

币政策的想法，并建议英格兰银行定期发布季度“通胀报告”供公众使用。金坚决表示，这份报告“必须完全不受财政部的影响”。一周后的10月27日，在财政大臣将在市政厅发表演讲的两天前，拉蒙特、伯恩斯、利－彭伯顿和乔治聚在一起讨论关于“增强货币政策透明度和问责制”的预期提案。在提到从英格兰银行角度来看这些提案“非常受欢迎”之后，总裁还建议将英格兰银行自己的季度通胀报告作为该一揽子计划的一部分。财政大臣对此“表示欢迎”。双方一致同意，按照利－彭伯顿的意见：“通胀报告的有效性在一定程度上将取决于市场的接受程度，即最终通胀报告代表的是英格兰银行而不是财政部的意见。”29日，拉蒙特向金融城的大亨们详细阐述了这一切，还增加了几处小细节：一是英格兰银行作为政府达成通胀目标进展的监督机构，将发布季度通胀报告，“全面而公开”地评估通胀前景；二是财政部将提前看到该报告，但没有权力更改其内容；三是财政大臣与总裁之间每月都将举行会议，日期将提前公布；四是财政部将发布每次会议的报告；五是将建立一个由7位独立经济预测师组成的小组，定期发布经济形势评估。[19]“更强的信誉”“更高的透明度”如今成为政府的流行词。几乎不可避免地暗示着英格兰银行的角色得到了增强。

11月11日，总裁在伦敦政治经济学院（LSE）进行了首场英格兰银行讲座。演讲内容由金为他撰写，实际上为重新强调价格稳定提供了长期经济理由：

> 这个国家的通胀问题在第二次世界大战后才变得严重。20世纪50年代和20世纪60年代，年均增长约3%的温和通胀引起了关注，但在官方圈子里“通胀是一种货币现象”的传统观点并没有得到复兴。20世纪70年代，通胀迅速上升，物价涨幅超过三倍。20世纪80年代，坚定的反通胀政策取得了一定进展。尽管如此，我们不应忘记1970年至1990年，物价上涨的幅度超过了之前200年的总和。今晚在座的你们中有些人属于一代人——我们称之为“通胀一代”。这代人在成长过程中相信物价的快速上涨是经济增长不可避免的特征。我想告诉你们，通胀并不是一种自然状态，远远不是。它是过时的经济理论与错误的政策实施相结合而产生的状态。现在，理论和实践都有了不可估量的改善，通胀现象应当再次被抛进故纸堆中。

随后，演讲回顾了一些严肃的经济学历史，提及了诸如欧文·费雪（Irving Fisher）、比尔·菲利普斯（Bill Phillips）和梅纳德·凯恩斯等名字，还对通胀的显性与隐性成本进行了长篇论述。总裁宣称："由于货币政策不稳定引起的可变却不可预测的通胀率，以及能够实现价格稳定的更稳健货币政策框架，在两者之间做出选择十分简单。"他的偏好当然是后者。在演讲接近尾声时，他以铿锵有力的语气承诺，英格兰银行将不懈努力，推动政策朝着价格稳定前进。几乎一个月后，财政大臣与总裁之间的第一次"月度货币会议"于12月10日上午8:30在财政部举行。利－彭伯顿、克罗凯特、科尔比、金和普伦德莱思参会。两个月后的1993年2月，英格兰银行的第一份通胀报告公开发布，在最初阶段作为定期季度公报的一部分。[20]这无疑是金的杰作。他举行了新闻发布会，并私下对报告中的大量图表和数据感到满意，因为这在很大程度上挫败了财政部的潜在文字干预。

那么，独立性问题又如何呢?《金融时报》针对拉蒙特市政厅演讲中宣布的机构改革，发表了题为"为财政大臣欢呼一次"的评论。文章指出："需要全面重新考虑财政部和英格兰银行的角色。拉蒙特先生希望说服世人，大乔治街的堡垒（财政部）仍然知道什么是最好的。但事实并非如此。这一点如今已被全世界看清楚。"此时，英格兰银行自身并不倾向于宣传此事，尤其因为BCCI事件和黑色星期三言犹在耳。一份圣诞节前的内部备忘录记录了乔治的态度："我们已得出结论，认为取得进展的唯一途径是采用一种渐进的（即非法律裁定的）方式。"相反，尽管常务秘书（伯恩斯）反对，拉蒙特在这一阶段暗中支持独立性。他向外提交了两份文件。第一份是在1992年11月，第二份是在1993年1月。他效仿劳森的做法，呼吁实现货币政策的法定独立，且主要是基于反通胀的考虑。与1991年9月拉蒙特采取类似行动时的态度一样，梅杰拒绝让步。首相坚持认为负责货币政策的人应该直接对下议院负责，而且据他后来承认："我还担心独立的英格兰银行文化会导致利率可以迅速升高，却缓慢降低。"他或许还可以补充说，自己同样没有心情去惹恼那些议会后排的欧洲怀疑论者。那些人认为英格兰银行独立是实现马斯特里赫特标准货币联盟的阴险一招。此外，在当时充满敌意的政治气氛下，梅杰极力想将货币政策掌握在自己手中，甚至不愿将其交给财政大臣。在1992年10月和1993年1月，他两次单方面实施降息。第二次降息与英格兰银行试图进行重要的金边债券拍卖相冲突。利－彭伯顿在2月初的月度会议上以谨慎的语言记录了他对拉蒙特（无辜的一方）的指责："未来的利率调整应该更紧密地与决定它们的经济事件相关联，调整行动与事件之间的任何细微差距都会导致市场的怀疑。”[21]

总裁本人正在接近第二任期的最后时刻。谁将接替他？关于这个棘手而又令人嫉妒的过程，拉蒙特的回忆录提供了最全面的描述。他提到尽管他本人和英格兰银行董事会希望乔治能够从副总裁晋升，但梅杰“不断重复他想要一个‘有分量的人’”。和1983年的情况一样，候选人之一是戴维·斯科利。《星期日泰晤士报》推崇他“显然是具有地位、沉稳个性、才能和能恢复银行信誉的候选人”，但斯科利本人内心深处确信乔治才是合适人选。梅杰本人则倾向于摩根大通的丹尼斯·威瑟斯通爵士（Sir Dennis Weatherstone），认为这位英国精英正合心意。最终，拉蒙特成功说服首相，认为除了埃迪·乔治没有其他现实的替代人选。这一消息在1月底发布，受到了普遍的欢迎。尽管如此，梅杰坚持要求乔治的副总裁继任者必须是外部人士。拉蒙特和萨拉·霍格（Sarah Hogg，唐宁街10号办公室负责人）最终选择了鲁珀特·佩纳特－雷亚（Rupert Pennant-Rea）。雷亚在20世纪70年代曾在英格兰银行的经济学部门工作，现在45岁是《经济学人》的主编。作为出版界同行的克里斯托弗·费尔德斯评论道：“他可能是个很棒的家伙，是创意的源泉，是一股清新、热烈的空气，但这并不能使他有资格成为副总裁。就像驾驶波音747一样，光有创意和热情是不够的。”《银行世界》则指出：“英格兰银行内部有些人曾私下对此怀疑。”《中央银行》的罗伯特·普林尔（Robert Pringle）则更为宽容。他反问道：“为什么不能选个出版界人士呢？”他还给佩纳特－雷亚写了一封公开信，解释新任副总裁不仅能帮助英格兰银行应对20世纪90年代作为中央银行日益增长的公众关注，还能“帮助他们与正在继承世界的婴儿潮一代打交道”。普林尔指出“婴儿潮一代”包括克林顿（the Clinton）、拉里·萨默斯（Larry Summers）和迈克尔·波蒂洛（Michael Portillo）①等当时的年轻领袖。普林尔形容他们：“是一个不同的物种，一个对大多数来自另一个世代的中央银行家而言非常陌生的物种。”佩纳特－雷亚只有四个小时来决定是否接受这份工作。显然他很乐意接受。[22]

在1993年春夏之际，独立性问题继续占据主导。在3月英格兰银行内部的一次会议上，就如何更好地推动独立进程，金声明总裁在论证“英格兰银行操作自主性是实现价格稳定的最佳方式”时不应有所保留。利－

---

① 克林顿、萨默斯、波蒂洛曾分别在20世纪90年代任美国总统、美国财政部长、英国国防大臣，共同点是均生于“二战”后，上任时年龄均只有四十多岁。——译者注

彭伯顿则注意到一系列与利率相关的政治举措，包括最近一次调至 6% 的降息、在市政选举期间的降息、在煤矿争议期间的降息、在保守党会议和预算呈报时的降息。乔治说道："我认为没有必要为争取独立性而发起一场公共行动。但如果被问及，英格兰银行应该继续解释其观点。目标是说服首相，在马斯特里赫特协议结束后、下次大选之前尽早认真考虑这个问题。"

在 5 月底，首相和总裁就这个问题进行了面对面的讨论。梅杰声明，尽管他"认识到基于反通胀理由的独立性论点"，但他"完全不确定议会是否会同意这种改变"。他还指出："议会即使同意，也一定会要求对英格兰银行进行更多的监督。"他提到："利率在英国特别敏感，因为其与抵押贷款紧密相关。"他还提出一个相对遥远的诱惑："如果能够保持低通胀和经济增长，政府在政治上处于更强的地位，那么可能会考虑进行变革。"利 - 彭伯顿指出："英国有可能成为唯一一个主要国家，被市场认为存在短期政治干预货币政策的风险，并相应要求风险溢价。"之后，首相"重申只有在政府处于强势地位时才能考虑更大的独立性"。

> （首相指出）首先需要让政界和市场相信，政府的经济政策本身是可信的，并且经济复苏是由这些政策促成，而不是被这些政策阻碍的。需要明确复苏是在英国退出 ERM 之前开始的。事实上，衰退在我们加入 ERM 之前就已开始。总裁和副总裁越在演讲和英格兰银行"季度公报"中强化这一信息，前景就会越好。

不久之后，肯尼斯 · 克拉克接替拉蒙特担任财政大臣。6 月 3 日，总裁约见了新任财政大臣，进行了"非常轻松、非正式和开放的讨论"。特别是在独立性问题上，克拉克表示他"并不特别反对这一可能性"，但"感觉这不是他在近期内要向首相提出的问题"。6 天后，在下议院的一次著名且直言不讳的离任演讲中，拉蒙特效仿劳森，公开透露他试图说服首相支持独立但未能成功。对此，梅杰几乎立即在议会中予以回应，强调他非常担忧，因为"货币政策决策需要向议会负责"。回到闭门会议，利 - 彭伯顿和克拉克于 6 月 17 日再次讨论了该问题。财政大臣表示，他倾向于支持诺曼 · 拉蒙特和奈杰尔 · 劳森的立场。然而，他认为党内意见严重分歧，因此在相当长一段时间内无法实现法律变更。两人一致认为，"独立进程的下一步"很可能是财政特别委员会对该问题的报告，预计在年底之前发布。[23]

罗宾·利－彭伯顿在女王生日的荣誉名单中获得了终身贵族称号，并于 6 月底退休。《中央银行》随后指出："人们普遍认为，他将英格兰银行以良好的状态交给了继任者。它现在有了反通胀的授权，并且与财政部的关系比历史上任何时候都更加开放。"对他总裁任期的后续评价褒贬不一。根据一位曾为他工作的人士所言，他绅士般的做法和非执行角色使他类似于戴维斯杯①中不上场的队长。另一位与他更亲近的同事则表示，他在"诚信、尊严、韧性、坚强、体面、良好判断和领导力"等方面品质突出，使他成为一位"对稳定有着深切承诺"和"具备战略思维"（这一特质常常被忽视）的中央银行家，同时也是"一个非凡的团队建设者"和"国际主义者"。介于两者之间，2013 年《泰晤士报》在他讣告中的评价也许是最准确的："在他十年任期结束时，人们普遍认为他不仅轻松超出了专家们对他的较低预期，而且在面对一系列严峻挑战时表现得很优雅。"[24]

他的继任者埃迪·乔治当然是一位更为专业的操盘手。在加入英格兰银行近 31 年后成为总裁。与莱斯利·奥布莱恩一样，他是一个从基层爬到顶层的终身员工。但乔治与奥布莱恩又有所不同，他是一名剑桥大学经济学毕业生，职业起点并不是一个很卑微的职位。他对宏观经济学、市场、金融机构和金融基础设施等领域在技术上都很精通，具备强大的政策智力和专注力。他是一位优秀的会议主席，原则性强但在情况变化时也具备一定的灵活性。他不怕对人作出严苛的判断，在英格兰银行外部通常表现得很有魅力，却很少在内部展现。总之，乔治在许多方面都是中央银行家的典范。福雷斯特·卡皮认为："他的成功部分归功于他与银行家、中央银行家和公务人员建立的良好私人关系。从担任助理主任时开始，他会在晚上去财政部拜访同行，喝威士忌，抽香烟，谈论各自的做法。"[25]也许最重要的是，没有人会怀疑他对这家机构的深厚感情。他曾在下班时（相对而言）对一位记者说："你知道吗，我真的很喜欢这个地方。"在历史上的一个关键时刻，英格兰银行无疑掌握在最有能力的人手中。

"您是否支持英格兰银行发挥了更强大、更独立的作用，并获得议会明确的反通胀授权？"在担任总裁后的首次采访中，乔治被问道。"是的，我支持，"他回答说。接下来的回答则谨慎地阐明了英格兰银行精心制定的官方立场。这一立场贯穿了整个 20 世纪 90 年代中期：

① 戴维斯杯（Davis Cup）是国际网球协会（ITF）组织的国家之间的男子网球团体赛事。——译者注

> 我曾多次公开表示，真正重要的是稳定性。这是一个大问题，如果现行安排能够实现这一点，我将对此完全满意。制度性问题是从属于稳定性的问题，因为如果没有公众和议会对稳定理念以及独立授权的广泛支持，那么制度性问题就无从谈起。即使真的有了独立性，它也可能变成一杯毒酒，因为一旦采取了必要措施就将面临广泛的反对。
>
> 关键在于，制度安排的变化是否会使你在总体上和长期内更成功地控制通胀，从而拥有一个更成功的经济。有一种假设是，如果人们拥有议会的明确授权来实现和维持价格稳定，并且直接或间接地对议会负责，那么成功的可能性就会更高。这并不是因为我们拥有其他地方没有的特殊专业知识，而是因为政策制定与平衡各方风险有关。
>
> 拥有议会明确授权来实现价格稳定，人们就将始终倾向于可以为了稳定稍微承担一些风险。这一点会随着时间的推移和稳定的持续而得到加强。还有一点是，有了明确可衡量的授权和完全的问责制，那么如果我们做错了就无法逃避。这会极大集中我们的注意力。尽管这对英格兰银行来说并不舒服，但实际上是有益的。

乔治在担任总裁的第一个月写信给他的一位前任时说：“我并不认为中央银行家的智慧是独有的。然而我确实相信，随着时间推移综合来看，一个自主中央银行的连续决策比当今政府的偶然决策更有可能带来稳定，因为政府的决策更有可能倾向于利用通胀与增长之间的短期利弊。”虽然奥布莱恩并不反对这个说法，但他的怀疑是可以理解的。他回复道：“我怀疑，当关键时刻来临时，部长们能否放弃对这项重要经济政策的控制。”另一位持怀疑态度的人是汉布罗银行主席约翰·“奇普斯”·凯斯维克爵士（Sir John “Chips” Keswick），他最近刚刚被任命为董事会成员。“我想就独立性辩论提出一个难以表达的请求”。他在 7 月底给新总裁的信中写道：

> 我担心英格兰银行的执行部门用一种非常文明的方式低估了自身的凝聚力和多元成就。我认为放弃英格兰银行的一些部门，例如，监管、国际和工业部门，作为确保独立一揽子计划的一部分是非常愚蠢的。在我看来，经济分析的质量与其接触的真实活动的质量密切相关。请不要被说服丢掉那些看似多余的支撑结构。离开了

它们，整体效能就会降低。

这是一个能引起共鸣的请求。但 3 个月后，当佩纳特－雷亚向执行委员会汇报董事会对独立性问题的讨论时，他注意到："相当广泛的共识认为，一个对货币政策负有完全责任的英格兰银行可能会发现被当前的一些职能分散了注意力，可能想放弃它们以集中精力完成英格兰银行被赋予的关键任务。"

在 1993 年的大部分时间里，约翰·瓦茨（John Watts）主持的财政委员会举行了关于"英格兰银行作用"的听证会。议员戴安·阿博特在乔治成为总裁的前一天对他提出："你必须明白，人们对待英格兰银行偏谨慎的原因之一是它完全没有民主控制。你们过着相对封闭的生活，确实赚了很多钱，但似乎并不了解你们的政策对年收入不到 25 万的人影响如何？"乔治回答说："我会尽可能以谦卑尊重的姿态对各项事宜提出不同看法。从董事会到我们的代理机构，再到我们在伦敦的关系人，我们与工商界的各个层级都联系非常紧密。我们同其他人一样，理解这些政策对失去住房和工作人们的影响。事实上，我认为我们中的许多人也受到了影响。他们也是社会的一部分，家庭和个人生活也不能免俗。所以我对你的暗示非常反感。凭什么仅仅因为在英格兰银行工作，就认为我们对政策影响不敏感？"接下来，他强调了英格兰银行对"法定问责制"这一概念的重视。他提出："法定问责制是为了消除一种观点，即独立性就是任由一群被任命（而非选举）的官僚行使权力。"他补充说，如果法律赋予现任财政大臣最终否决权，他不会有任何疑问，只要这一规定是"公开和明确的"。奥布莱恩没有提供证词，但他的继任者提供了。略带恼怒的吉尔斯·拉迪斯一度声称："我并不十分确定你们目前的证词是否支持更独立的中央银行。"随着时间的推移，理查森勋爵表态支持英格兰银行在货币政策运作中拥有更大自主权："如果能够建立相关制度并获得声誉，且真正通过时间建立起对通货膨胀更深、更强的共识，那么我认为独立性将是至关重要的。"相比之下，已经正式退休的乔治·布伦登勋爵坚持自己早已确立的观点，即英格兰银行已经享有相当程度的自主权，如果用严格的法律定义英格兰银行的角色，可能会使它失去更广泛的影响力和行动自由。

两位前财政大臣也提供了证言。劳森勋爵宣称："我认为市场会感觉到，任何没有赋予中央银行独立性的政府都是有些阴暗的。在现行体制下，英格兰银行过得太轻松了，享有相当大的影响力，但实际上基本不会被问责。此外，有人说我们对通货膨胀没有德国那样抵触，所以央行独立性的作用并不大，这种话完全没有意义。你必须知道，我们能拥有的最好制度安排是什么……你无法在一夜之间创造出一个像德国联邦银行那样拥有信誉和公众尊重的英格兰银行，但你必须从某个地方开始行动。”他的前任在这个问题上的观点与他截然相反。希利勋爵以他一贯的犀利风格开始证词，坚称独立中央银行的流行趋势本质上不过是一种噱头。他批评了英格兰银行的近期表现，认为其不但未能控制导致劳森繁荣与崩溃的“不负责任的借贷爆炸”，而且前一年 9 月在一次明显注定失败的拯救英镑努力中丢掉了“我们的大部分储备”。他最后强调了不被市场奴役的必要性，并以激烈的言语结束了证词。他指出：“我们谈论市场时就好像它们是天上的上帝，但实际上它们只是一群在交易室里穿着红色吊带裤、说着伦敦腔的男人。他们为一群穿着灰色西装、系着红色领结的男人工作。”

“我在这个问题上持中立态度。对于通常所说的英格兰银行独立性，我还没有形成一个明确且坚定的看法。”现任财政大臣在委员会中说道。克拉克的犹豫不决十分反常，但瓦茨却并不如此。听证会 5 个月后的 1993 年 12 月，瓦茨及其同事在报告中明确表态：第一，希望“维持价格稳定”成为“货币政策的首要目标”；第二，支持“制度变革”，涉及“将权力从财政部转移到英格兰银行”，从而在英格兰银行内部“建立一个强大而独立的货币政策委员会”；第三，“同意政府在议会批准的情况下，有权在特殊情况下暂时推翻英格兰银行的价格稳定目标。”报告坚持认为，独立性的关键在于“建立清晰的、对议会公开的问责和责任制度”。它还提供了两个有启发性的比较：“在德国的独立性安排中没有这样的制度。尽管在他们自己的环境中这可能是可以接受的，但我们认为在英国不可行。新西兰的独立性安排对行政机构负责，却在直接对议会负责方面存在缺失，这似乎是一个严重的缺陷。尽管在其他方面，新西兰模式对英国来说具有很强的吸引力。”[26]

不仅是在英国，各国中央银行整体发展方向都已变得相当清晰。财政部的伯恩斯在当年的出版物中尖锐地指出：“对中央银行更大独立性的需求已经成为解决通货膨胀问题最受欢迎的答案，但通货膨胀问题曾经只与 ERM 有关。”当时，比利时和法国先后解放了各自的中央银行，而西班牙和葡萄牙也准备效仿。利 – 彭伯顿在接受《金融时报》离任采访时指出，中央银行独立性这一理念正在“全球范围内越来越受到欢迎”。此外，还有两个特别有说服力的指标。第一个是工党内部的惊人变化。影子财政大臣戈登 · 布朗在 1993 年“工党的经济方针”中声明：“现在是彻底改革英格兰银行和货币政策的时刻。英格兰银行必须变得更加负责，其决策机构必须变得更加开放和具有代表性。”在这方面，关键的影响来自年轻的埃德·鲍尔斯（Ed Balls）。他在前一年写了一本费边主义[①]的小册子，名为“欧洲货币主义”。他在书中主张，一个独立且一定程度上对议会负责的英格兰银行，将会使未来的工党政府在金融市场上获得反通胀的信誉，从而为财政和供给侧政策提供机会。另一个显著的指标是，包括查尔斯·古德哈特（当时已不在英格兰银行任职）、彼得·米德尔顿爵士和大卫·沃克爵士在内的杰出团队，聚集在沃伯格银行总裁埃里克·罗尔勋爵麾下，组成了一个独立小组，撰写了一份报告《独立与问责：英格兰银行的新授权》。该报告略早于财政部委员会报告发布。这群金融城的精英们在结论段落中宣称：“我们需要一个拥有更强大基础的货币框架。建立这一体系的最佳时机就是现在。”但或许不可避免的是，鉴于这一议题的重要性，辩论尚未结束。“一个挥之不去的问题”“红鲱鱼的气味”“提供稳定的框架”“是时候对抗时髦的愚蠢了”“政府的职责是治理”——这些都是 1994 年初出现在议会自己的《议会杂志》上的一些文章标题，作者包括金斯敦勋爵（Lord Kingsdown，也就是以前的利 - 彭伯顿）、希利勋爵、议员阿兰·比斯（Alan Beith）、奥斯丁·米切尔（Austin Mitchell）以及 20 世纪 70 年代的工党财政部的首席秘书乔尔·巴尼特勋爵（Lord Joel Barnett）。巴尼特写道：“英格兰银行的新总裁埃迪·乔治是个非常好的人，比许多前任都更有能力和经验。但他应该控制大部分的英国经济吗？”他的结论是：“‘好人’埃迪·乔治绝不能被赋予控制权。这必须是政府的责任。”[27]

尽管辩论激烈，但政府特别是梅杰依然坚定不移。佩纳特 - 雷亚在 1993 年 11 月与伯恩斯交谈后向乔治汇报：“他对政府如何处理独立性问题非常直言不讳。他没有真正的兴趣，对财政与公务人员委员会（TCSC，预计在 12 月发布报告）没有太多回应计划。部长们希望并预期这个问题会逐渐消失。”两个月后，当财政特别委员会支持其成员戴安·阿博特提交独立性相关法案时，该法案因缺乏政府支持而毫无进展。有趣的是，戴安·阿博特曾对报告持异议，并且发表过一次激烈的反独立演讲。随后在 1994 年 2 月，伯恩斯再次成为传声筒。这次是通过电话联系乔治：

① 费边主义（Fabian Society）又称费边社，是 20 世纪初出现在英国的一个工人社会主义派别，其重视务实的社会建设，倡导建立互助互爱的社会服务。——译者注

> 特里·伯恩斯爵士表示，唐宁街10号现在的看法是总裁正在积极推动独立。银行家俱乐部的演讲和沃尔登的电视采访似乎证实了这一点。总裁解释说，沃尔登的采访是在他初任总裁时安排的，当时他确实非常努力地强调稳定作为最终目标的重要性，而非独立本身。他说自己对这一问题非常敏感。英格兰银行今后将私下处理这一问题。争取独立对英格兰银行或总裁都没有好处。特里爵士补充说，财政大臣比首相的态度更为轻松。

克拉克确实很轻松。他在这个阶段也乐于按照自己的策略行事。当时的情况是，公共部门借款需求（PSBR）仍然高得令人不安，如果要降低利率，就需要提高市场信誉。具体措施包括从1993年秋天开始，逐步增加英格兰银行的权威。1993年底，财政部不再有权提前查看英格兰银行的通货膨胀报告，而且英格兰银行还获得了在财政大臣决定利率变动后选择确切时机的权力。在1994年4月，经过数月的谈判和模拟演练，克拉克和乔治月度会议的纪要也终于开始发布。

纪要发布确实有其历史背景。早在1993年9月，财政大臣就曾告诉总裁："我倾向于认为，发布会议纪要将有助于强调货币政策决策过程中并无政治干预，同时也有助于化解有关英格兰银行独立性的争议。"1994年初，媒体上充斥着关于乔治被迫接受利率削减的负面报道，导致市场暴跌。在首份纪要发布前的一个月，克拉克向毫无疑问持怀疑态度、但最终同意发布的首相解释了他的理由：

> 会议纪要的发布在某些时候无疑会令我们感到不适。然而，随着时间的推移，市场和评论员应该会因我们在货币政策决策依据上的更大透明度而感到安心。在2月8日最近一次降息之前的（2月）月度会后，关于我和乔治不和的传闻在媒体上广泛传播。我相信，发布会议纪要将有助于安抚市场情绪，而不是刺激它。因为纪要可以向市场展示更全面的决策背景，并提供支持与反对降息的经济论据。我认为发布纪要将增加我们货币政策的信誉。

因此，他提议建立一个常规程序，即"每次会议的纪要将在会议举行大约两周后发布"。他还向梅杰保证，会公开表示"这对英格兰银行独立性问题没有任何影响"。4月的纪要公告获得了广泛而又积极的反响。乔治认为这是朝着更大透明度和问责性迈出的有益一步，同时也促使英格兰银行进一步提升其分析工作的水平，并最终走向独立。然而，这一改变是否真的增强了货币政策的信誉，或许是一个值得探讨的问题。在一开始就有一位市场参与者——山一国际（Yamaichi）的约翰·谢泼德（John Sheppard）警告说："这个程序的风险在于，如果我们真的到了英格兰银行推动加息而财政部抵制加息的时候，英镑会因为市场对政治干预的厌恶而变得脆弱。"[28] 在以往的闭门会议中，中央银行家往往能赢得辩论。如今虽然透明度提升，但权力并未最终转移。财政大臣在推动程序建立的过程中投入了相当大的个人资源。可以说这对双方都是最糟糕的局面。

1994 年 6 月 9 日，距离 300 周年纪念仅有 7 周，来自全球各地的 130 多位中央银行行长或前行长齐聚巴比肯中心，参加由英格兰银行主办的关于中央银行未来的研讨会。约翰·梅杰在开场致辞中提到："如果蒙塔古·诺曼作为嘉宾出现，我也不会感到惊讶。据我所知，这是中央银行行长首次在完全不受财政部长约束的情况下聚集在一起。"对于现场的每个人（尤其是每个英国人）心中都在思考的那个问题，他仅仅提到："中央银行与政府之间的关系必然会有一些紧张，无论英格兰银行在行使其职能时是否具备一定程度的独立性。"他几乎没有留任何反驳余地地补充说："中央银行的职责是为了稳定货币，为了一个健全的金融体系，无论他们处于何种法律和政治框架中。"会上发布了两篇论文，其中由即将成为国际货币基金组织副总裁的经济学家斯坦利·费舍尔（Stanley Fischer）所撰写的"现代中央银行"一文产生了更大的即时影响。这是一篇具有深厚知识分量的作品，它声称："证据几乎毫无疑问地表明，通常来说在拥有更独立中央银行的国家，经济表现更好。"这篇论文的结尾略有煽情，但首相已经提前离开了，没能听到这番话："在她 300 岁生日之际，应该允许这位'老妇人'承担起独立的责任。"在对研讨会的报道中，副总裁的老东家依然站在怀疑派一边。《经济学人》反思道："美联储和德国联邦银行等中央银行已经证明，可以通过建立共识（部分通过某种形式的政治问责）来为它们提供所需的自由，同时经济利益看起来也相当诱人。在这一切得以实现之前，一个在通胀问题上采取强硬新立场的独立英格兰银行，可能会被持反对态度的暴徒找上门闹事。这将是一个极具纪念意义的生日礼物。"

300 周年的庆典自然是盛大的。除了中央银行研讨会，还有关于英格兰银行自身历史的会议。会议在一个炎热的日子在橡木厅召开，发布了一版新的 50 英镑纸币，纸币上印有约翰·侯布伦爵士的肖像。在 7 月 27 日 300 周年当天，在圣保罗大教堂还举行了感恩仪式。当时，满座的会众

（包括女王）倾听了总裁朗读的马可福音第10章经文（“去卖掉你所拥有的，分给穷人”）。当天，媒体对英格兰银行也进行了全面报道，不可避免地主要关注独立性问题。菲利普·科根（Philip Coggan）在《金融时报》中预测：“很可能需要再经历一次经济政策的失败，例如，通货膨胀长时间超过目前1%至4%的目标，英格兰银行才有真正实现其愿望的机会。”本书作者在《每日电讯报》的一篇历史性文章末尾提出了另一个预测：“格莱斯顿的幽灵在不安地搅动。货币政策的实施必然会产生深刻的政治和社会影响。无论问责制的内在保障如何，未经选举的中央银行家们也不得不应对这些影响。”简而言之：“英格兰银行的第四个世纪可能是最具挑战性的世纪。”[29]

英格兰银行一直为其历史感到自豪，但多年来位于赫伯特·贝克尔设计的圆形大厅中的博物馆只能通过预约参观。1965年的一份备忘录中提到：“除了参加英格兰银行导览的访客，我们至今尚未对公众参观博物馆做出任何安排。我认为也不应该允许游客随意访问英格兰银行博物馆。”尽管如此，备忘录建议对于事先获得授权的参观，可以适度开放。备忘录上有一句手写批示：“这是一个好主意，只要能确保随意的游客不进入博物馆。”20年后，英格兰银行决定建设一个大为扩展的、现代化的（配有互动屏幕等）、完全无障碍的博物馆。拥有杰出建筑特色的圆形大厅得以保留，但会按照20世纪90年代索恩的股票办公室样式精心重建。到1988年8月初，在开馆前约3个月，人们的关注点已经从建筑转移到了其他方面。利－彭伯顿对布伦登表示：“我们必须让博物馆受到欢迎，同时必须不贬低英格兰银行的尊严，两者之间需要巧妙平衡。……我对提议在博物馆商店中出售的商品清单感到相当震惊。”布伦登在当月晚些时候回复说：“在你离开的这段时间里，我唯一批准的商品是一些非常精美的巧克力棒，上面印有传统的不列颠女神形象，由特里斯公司用金纸包装制作。我认为这并不失尊严。”总裁在这条回复上批示道：“好！”女王于11月主持了博物馆开幕仪式。之后在第二年夏天，《乡村生活》杂志对策展人约翰·基沃斯（John Keyworth）的工作给予了积极评价。吉尔斯·沃特菲尔德指出：“英格兰银行的历史以一种通俗易懂的方式进行了有教育意义的展示，使用了维多利亚时代的展示技巧（如战争期间英格兰银行燃烧的场景）和先进的技术。一系列巧妙的‘历史还原’室内场景将大量信息浓缩在有限的空间里。但必须说，看起来有点像电影布景。”考

虑到股票办公室原址局促的空间，他唯一的不满是："礼品店已经占据了房间的一个角落（可能是为了赚点小钱减少国家债务），但不应该再让它变大了。"[30]

博物馆的屏幕反映了 20 世纪 80 年代和 20 世纪 90 年代整个英格兰银行信息技术的稳步提升趋势。这段时间里进行了两个信息技术项目，都是对金融城其他地方问题的响应，见证了英格兰银行在高科技领域引人注目的行动。第一个项目是在伦敦清算公司（由市场代表组成的委员会管理）解散后，于 1990 年 10 月成立了中央货币市场办公室（CMO）。CMO 本质上是一个计算机化的英镑国库券、存单、钞票以及其他货币市场工具的结算系统。在那年早些时候，一名金融城的信使曾在大街上被抢走了价值 2.92 亿英镑的无记名证券，尽管那时实际上已经决定成立 CMO。在 20 世纪 90 年代初，每天在一平方公里范围内随身携带价值 300 亿英镑纸质货币市场工具的做法被逐渐淘汰了。另一个项目涉及证券交易所。早在 1981 年，交易所就开始研发一种名为 TAURUS 的计算机股份结算系统，但该系统到 1993 年 3 月仍未研发完成，导致交易所最终放弃。这使得英格兰银行得以介入，成功开发了一种被称为 CREST 的无纸化系统，并于 1996 年 8 月投入使用。1994 年，管理服务部负责人戈登·米奇利（Gordon Midgley）恰如其分地评论说："英格兰银行在这一过程中的作用是一种良性独裁。总得有人坐在那里说'不'，即使没有强有力的理由。"他还提到，更普遍地说，英格兰银行的 IT 理念在那时已经发生了根本性的转变，即从大型主机的规模经济转向分布式计算的节省成本。米奇利回忆道："传统上，信息技术部门总是需要为支出金额提供合理性证明。现在这些证明工作被转给业务经理。信息技术部门将承担运行成本，但仅此而已。"20 世纪 90 年代中期，人们同样迎来了互联网时代。《老妇人》在 1996 年 6 月提到英格兰银行首次尝试建立网站时解释道："现在，世界上任何地方的任何人，只要拥有一台连接到电话线的个人电脑和相应软件，就可以联系我们并了解有关英格兰银行的一切。但互联网不仅仅是一个百科全书，它也是一个通信渠道。你可以使用'网'，以本地电话费的价格向全球发送信息。我们上'网'还不到一天，第一封电子邮件就到来了。"凑巧的是，这封邮件来自加利福尼亚，也就是微型计算机革命的发源地。"邮件发送者对法定货币的概念感到困惑。公共咨询小组迅速通过电子邮件回复了他。该小组的工作人员如今正在越来越熟练地在网络空间回答各种问题"。[31]

在这几十年间，英国的货币也发生了变化。1984 年 11 月，在 1 英镑硬币首次发行一年半之后，德布顿印刷厂生产了最后一张 1 英镑纸币。这一时刻伴随着许多仪式（嘈杂的“敲打”声；印刷工人身着高顶帽、黑领带和臂章；展出一具棺材和花圈），但造成了大约 300 人的失业。4 年后，新印刷技术提供了更强的安全性和显著节约的成本。英格兰版宣布“D”系列纸币将逐步淘汰，替换为“E”系列。新纸币保留四种现有面值但尺寸减小，还将采用女王的新肖像。“尽管她感到很失望，但仍准备将其作为一种责任来接受。”1987 年末，在女王看到一张样币后，王宫传出这样的消息。在讨论中，利 – 彭伯顿和威廉·赫塞尔廷爵士（Sir William Heseltine）一致认为：“作为参考的照片本身并不难看，只是在转化为纸币肖像的每个处理阶段，无论是相似度还是魅力都有所下降。”换句话说，就是在复制和雕版的过程中处理不当。幸运的是，最终已退休的资深雕刻师哈里·埃克莱斯顿被请了回来，重新制作了雕版。人们普遍对这一版肖像感到满意。该系列纸币在随后几年稳步推出：1990 年 6 月的 5 英镑纸币［乔治·史蒂芬森（George Stephenson）替代了铁公爵（Iron Duke，即威灵顿公爵）］；1991 年 6 月的 20 英镑纸币［法拉第（Faraday）替代了莎士比亚］；1993 年 4 月的 10 英镑纸币（狄更斯替代了南丁格尔）；1 年后的 1994 年，在 7 月的 300 周年纪念日前，50 英镑纸币上的雷恩让位于英格兰银行的首任总裁侯布伦。所有这一切都比所谓的“德布顿四人组”故事要欢乐得多。4 名残钞焚毁厂的员工在 1988 年至 1992 年密谋窃取了价值超过 60 万英镑的本应销毁钞票，然后愚蠢地在信托互助保险公司伊尔福德分公司存入大额现金，不久便被逮捕。“钞票被塞进女士内衣”是随后的司法程序中出现的一则颇具画面感的标题。这个故事在 2008 年被改编为电影《我为钱狂》，由知名的埃塞克斯女孩戴安·基顿（Diane Keaton）主演。[32]

300 周年纪念并不是 1994 年的唯一周年纪念。当年也是英格兰银行首次招募女职员的 100 周年。在这个时候，一些明显的进步迹象已经出现。比如，1991 年梅林·洛瑟（Merlyn Lowther）被任命为副首席出纳；1993 年兼并与收购委员会总干事弗朗西斯·希顿（Frances Heaton）成为首位女性董事会成员；同年晚些时候，卡罗尔·萨金特（Carol Sergeant）被提升为高级官员，担任银行监管部的副主任。但总体来看，英格兰银行仍然是一个男性主导的组织。“仍然存在职场天花板”。安妮·斯金纳在 1992 年准备退休时告诉《老妇人》，彼时她已晋升为行政部负责人。当被采访者问到“为什么男性（上司）更倾向于选择男性（下属）”，她毫不犹豫地回答“仅仅因为他们感觉那样更舒服”。[33]

不论性别，20 世纪 80 年代和 20 世纪 90 年代的英格兰银行总体上开始缩减雇员规模。1979 年其雇佣的平均员工人数（包括银行业务员工、技术和服务员工以及印刷厂员工）为 7700 人。在 300 周年纪念年（1994 年）该数字为 4440 人。两年后的 1996 年 5 月，人事部分析师苏·科菲（Sue Coffey）提交的一份关于裁员的详细报告。该报告提供了雇员减少的背景情况：

> 与许多在动态商业环境中运作的组织一样，英格兰银行被迫精简其操作流程，升级技术从而减少人员数量。大体上，减员是通过自然流失和自愿离职计划得以实现的，尽管在多个场合不得不进行强制裁员。这样的场合包括：1979 年的放松外汇管制；1981 年的纽卡斯尔和格拉斯哥钞票中心关闭；1987 年利物浦和南安普顿分行的关闭；当然还有目前正在进行的剩余分行合理化改革。

这几十年里，分行确实一直在接受审查。布伦登在 1986 年对一位工会代表指出："清算银行处理钞票方式的变化，尤其是增加回笼钞清分机的使用，是英格兰银行无法控制的。目前英格兰银行工作职位增长的领域主要集中在监管和督查领域，并且主要集中在伦敦。"3 年后，他对高级同事表示："我们的分行业务量正在下降，部分原因是越来越多的政府工作被公开招标，这反过来导致了'人员过剩'。"而在 1996 年，即纽卡斯尔分行关闭的那一年，乔治向财政大臣解释了英格兰银行将如何"合理化"分行："它们正在退出银行业务，在纸币发行中的作用将大幅减少。然而，我希望它们增强在经济情报搜集方面的作用。最终结果是现有分行的员工数量和办公空间将显著减少，但分支数量可能会增加。"在伦敦总部，具有象征意义的一刻是 1992 年会计部的完全迁离。由于计算机化，它的员工数量多年来持续下降。它将前往格洛斯特的新家，仅在新改变大楼留下一两个办公室。从历史意义上说，这个"老掉牙"的传统组织在坚守实践经验和机构记忆的智慧多年后，终于在这一时期有所改变。"在过去几年中，英格兰银行的老员工数量显著减少。"一位高级官员在 1997 年 5 月指出。他给出了两点原因："第一，英格兰银行需要减少员工数量以应对某些领域（尤其是外汇管制和国债登记）工作量减少。第二，英格兰银行所需的技能组合正在迅速改变，许多在这里工作多年的员工并不具备目前机构内最需要的分析技能。"[34]

这些变化对员工士气没什么好的影响。1983 年 9 月，利－彭伯顿在刚成为总裁不久，就与英格兰银行员工组织（BESO）的雷·沙特尔沃斯（Ray Shuttleworth）进行了一次长时间的会谈。记录中提到："尽管他（指沙特尔沃斯）的举止十分和蔼，但难以避免地有点说教的腔调，还指手画脚。"至于实质问题：

> 沙特尔沃斯坦率地承认英格兰银行在现金限额（自1980年以来财政部对公共机构施加的限制）方面处境艰难。然而，许多英格兰银行员工感到在过去三四年里，薪水明显落后于传统上的对标单位。他认为，中层和高层管理人员受到的影响尤为显著。因此，相当大的不满情绪正在积累。另一方面，沙特尔沃斯承认，英格兰银行在当前情况下仍然是一个有吸引力的雇主。

值得注意的是，他补充说："我对英格兰银行越来越倾向于一大堆各自为政的部门而非一个整体机构而感到遗憾。"

更广泛地说，随着晋升受阻和薪酬差距（尤其是与财政部之间）缩小，就在整个金融城开始大肆炫耀财富之际，英格兰银行在20世纪80年代中期却开始进行很彻底的自我反思。值得称道的是，《老妇人》在这些年中发布了3份非常客观的评估报告。

马克·斯蒂芬森（Mark Stephenson）在1984年12月写道："如果英格兰银行里的人扪心自问的话，很少有人会抱怨薪水和工作条件。即使是在公共部门薪资受到限制的日子里，英格兰银行始终是一个好的雇主，努力为我们的工作支付公平的薪酬，并积极关注我们的福利。"尽管如此，他也承认"晋升的僵局"对英格兰银行里"有抱负的人"产生了不利影响："他们看不到自我实现的前景，因为几乎没有对成就的认可，也没有晋升的迹象。这产生了反向激励的效果，因为这些人不再创造性地对待工作。他们开始混日子，在工作中只想避免麻烦，而从不为工作注入新的想法。面对需要等待多年才能晋升的前景，几乎没有动力努力工作。因为无论你的报告写得多好，在达到与潜力相匹配的中位数年龄之前，晋升都不会到来。"1年后，杂志编辑大卫·波拉德（David Pollard）宣称，与20世纪60年代相比，"毫无疑问现在大部分员工对自己的处境更不满意"。文章的最后一段对他个人而言，有着特别的意义：

> 如果需要用一个词形容的话，也许我能看到的最大变化是员工失去了"自豪感"。在我父亲为英格兰银行工作时，它曾经被深

> 切感受过。我父亲为之工作的那个银行资源充裕、外界形象完美无瑕、员工们备受呵护，因而成为银行最好的代言人。我们今天所知道的精简而严厉的英格兰银行，似乎在某种程度上抛弃了员工对机构的善意和自豪感。昔日的幽默感被愤世嫉俗所取代。那些精简而严厉的商业企业受利润驱使，正不断向其员工灌输对企业的“忠诚感”（不仅仅是在日本）。这是可以做到的。“忠诚感”确实可以用专业的方式灌输给员工，并且很可能在经济上是划算的。但是，我们何时能再次看到“自豪感”的出现呢？

第三份客观的评估报告来自迈克尔·皮克林（Michael Pickering）。他于 1986 年 3 月从登记处的工作岗位给《老妇人》写了一封信。他否认“这一提供优厚工作的列车正以 50 英里的时速撞上缓冲器”，认为它只是“明显放慢了速度”。他还呼吁同事们在思考自己的处境时不要做过多的外部比较：

> 与大部分劳动人口不同，我们不必为住房贷款支付全额市场利率；与教师不同，我们不必因要求合理薪水而遭受敌对媒体和不理解公众的辱骂；与交通从业者和急救病房的护士不同，我们在工作中不必时常担心被殴打；与矿工（及其他人）不同，我们没有职业病的风险；与私营企业员工不同，我们不必担心因收购或仅仅没能做出最优业绩而被迫离职。

他以艾略特①的方式总结道：“是的，我们有时会想到外部世界，但并不经常，因为‘人类无法承受太多现实’。如果我们一直考虑这些，可能就无法正常运作。”[35]

在接下来的 7 年左右时间里，无论是总裁利－彭伯顿，还是副总裁布伦登和乔治，都没有进行重大内部改革。但在 1993 年，佩纳特－雷亚上任副总裁。他渴望以外部人士的冷静视角来审视，于是情况发生了变化。8 月，他刚上任不到一个月，就在一次执行委员会（EXCO）会议上分享了他的第一印象：“我想避免让英格兰银行员工觉得，执行委员会只关心缩小英格兰银行的规模。英格兰银行的后勤支持人员占总员工的比例

---

① 艾略特（Eliot）是 20 世纪现代主义诗歌运动的领军人物，其写作风格忧郁，喜欢现实题材，富有深刻的哲学思考。——译者注

似乎非常高。我本来预计这个数字是 15%，但实际上是 30%。我发现英格兰银行对多余后勤支持人员的处理方式难以理解。我们确实识别出了不再需要的员工，但随后并没有要求他们离开。”

当年秋天，佩纳特－雷亚在特意安排的“周末头脑风暴会议”之前，发布了两篇重要报告，讨论了英格兰银行的组织架构。其中一篇由佩纳特－雷亚本人参与撰写，开头就有引人注目的论断：

> 英格兰银行一直以来将自己视为一个卓越的中心。其比较优势部分在于市场专业知识，但也在于智力。这需要聪明且专业娴熟的员工。这样的人才供不应求、竞争激烈。此外，我们在招募毕业生时，主要集中在经济学专业，而不是全部大学学科。这也缩小了我们的选择范围。
>
> 除了我们的招聘范围缩小，最近发生了三件事。第一，我们的薪水与市中心最优秀的公司相比，竞争力越来越弱。第二，新的毕业生态度发生了变化，追求长期职业的人越来越少。跳槽数量的增加意味着英格兰银行提供的工作保障已不再具备从前那样的吸引力。第三，过去显著的人员过剩使得英格兰银行能够用少数高能力人才和大量一般员工应对挑战。如今，英格兰银行精简了员工。人数越少，员工就必须越优秀。

这篇报告还提供了经营文化分析。“许多决策实际上都是由并不必要的高层级管理者例行做出的”“个人在没有明确了解其基本目的，或在实际上从未清楚感受这些信息应该被如何使用的情况下，仍然‘想当然’地完成一些工作”“员工的表扬与责备之间的平衡处理不当。这部分归因于英格兰银行对卓越的传统概念。在这种概念中，员工不允许轻易犯错，而完美被视为普遍标准。”

另一篇报告是由完全的内部人士彭·肯特撰写的。他虽然是一位内部人士，但无疑非常善于思考：

> 在管理理论的行业术语中，英格兰银行几乎可以被视为经典官僚机构的完美示例。官僚制已经成为一个贬义词，但它本不应该如此。它所体现的价值观和行为模式，因其角色的特殊性，具有适合英格兰银行的理由。其中包括旨在确保产出一致性和问责制的等级结构。对于一个公共机构而言，在执行监管时武断行事似乎是不

合适的。如果这种担忧被推向极端，就可能导致权力向上集中，以至于只有高层才有权与外界沟通。你是否记得我们曾遇到过的，阻止所有 1（b）职级以下的人对外签发信件的禁令吗？另一个价值观是对所有员工的公平待遇，以保护每个人都不受偏袒或迫害，因此有了现在被称为考评的复杂考核机制。等级制度和公平导向的这种结合使我们的人员安排相对缺乏弹性。正如我们现在所体会到的，这是有代价的。文化变革可能比任何重组都能带来更大的效率提升。

“然而，”肯特总结道：“我们作为中央银行的国际地位远远超过英国实际的全球影响力。我们一定是在做正确的事情！”[36]

周末头脑风暴会议于 1993 年 12 月在赫特福德郡的阿什里奇管理学院举行。在接下来的几个月里，3 个工作小组向佩纳特 – 雷亚汇报，细化了实施流程。1994 年 4 月向员工宣布了相关工作。7 月 4 日，距 300 周年纪念仅 3 周多，英格兰银行正式实施了新的组织架构。这是自 1980 年以来最重要的内部改革。简而言之，英格兰银行的工作现在被划分为两个大的方向，辅之以一个中央服务区域。一个方向关注货币稳定；另一个方向关注包括监管在内的金融稳定。而国际部门成了牺牲品，其部分成员被分配到两个新的方向，剩余部分成员则经历了英格兰银行历史上前所未有的“裁员”。毫无疑问，佩纳特 – 雷亚推动了重组，但他很可能得到了总裁的全力支持。乔治在 1992 年写道：“多年来，说服国际部门的人认识到他们工作与英格兰银行其他工作的相关性，一直是一个挑战。在我看来，部分原因是历史上他们的工作几乎是为了研究海外经济而设立的。”佩纳特 – 雷亚在重组生效前不久告诉一位采访者，他有三方面的理由：

我刚来到这里时，我的印象之一是这里有相当多人看不到他们的工作与英格兰银行最终目标之间的联系。其他人对此也有同感。我认为英格兰银行的员工其实想知道自己在最终目标中究竟扮演着什么样的角色，所以这是一个重要的关注点。

其次，我们将操作性工作和分析性工作更加紧密地结合起来。通常情况下，你会发现有人在做一件事情时，远处会有一群人喊着“小心这个！”“小心那个！”这件事很可能涉及货币政策或银行监管。远处喊话的人往往是分析人员，正在做着经济背景等方面的研究；而操作人员与他们之间的距离意味着，他们的喊话可能会随风而逝，没有引起足够的注意。我们应该尽可能地让两者紧密合作，这样操作人员就可以向坐在身边的分析人员咨询意见。这些联系在我们的工作中是现实存在的，我们需要找到通过组织架构将两者尽可能紧密整合的方法。

最后，我们将确保员工在正确的位置上，且数量和质量都符合需求。一个成熟的多方向官僚机构往往会出现资源与需求之间的不匹配。这在现有架构内难以改变。但一旦你改变了架构，就会拥有一次十年难遇的机会来使不匹配得以纠正。

不幸的是，在这个已经步入第四个世纪的更精简、更专注的英格兰银行中，内部的外交办公室（国际部门）已经不再有一席之地了。《金融时报》的彼得·诺曼（Peter Norman）在 300 周年纪念日指出："阿什里奇重组的效果需要一段时间才能显现。但这并不标志着英格兰银行变革的结束。"[37]

两个方向会得到同等的尊重吗？采访者向佩纳特－雷亚提出："所有的光环都在货币政策方向的参与者身上，而所有的指责都落在监管方向的人身上。"副总裁坚决予以反对。他表示："在人员数量、智力含量和公众形象方面，这两个方向将被视为同等重要。执拗地想要讨论谁是灰姑娘没有任何意义。"新架构投入使用几周后，执行委员会（EXCO）进行了一次发人深省的讨论。乔治担忧新架构将创造出"两个几乎没有任何交流的英格兰银行"。他还担心被招聘为经济学家的毕业生可能不愿意从货币分析转向金融稳定，而非经济学毕业生（当时已不到每年毕业生招聘人数的一半）同样也不愿意反向流动。他说道："斯威尼先生［指时任管理发展经理的蒂姆·斯威尼（Tim Sweeney）］表示，这已是事实。许多经济学家，尤其是硕士经济学家，已经只想在经济分析领域工作。"对此，负责货币分析部门的执行董事默文·金反馈道："英格兰银行面临的挑战是激励他们（经济学毕业生），使他们在被分配的工作中对中央银行业务产生兴趣。当前，从经济学转向其他工作对许多初级员工来说是可怕的。"

尽管有这些圆场的话，金对于自己负责领域想要的东西依然毫不妥协。他在 1994 年稍晚时对佩纳特－雷亚说："优先事项是从外部招聘高质量人才。在新招聘毕业生的最初两年培训期间，我希望他们能够在我的领域多待一段时间，以便充分巩固他们在大学所学的知识。展望未来，我希望能够招聘到更多的博士生。"两年后，类似的谈话又再次出现：

> 金先生在与总裁和副总裁的会议中指出，他意识到人们觉得一些货币分析部门的人是傲慢的，且与英格兰银行的沟通不够充分。与之对应的是，有人认为货币分析是一个小圈子。他认为这种想法被夸大了……
>
> 金先生表示，他仍然对将大量非经济学家引入金融稳定方向（FSW）的计划感到担忧，因为这些人对英格兰银行来说没有实用性。他坚信经济学背景才是加入英格兰银行两个方向的合适门槛。

毫无疑问在20世纪90年代中期，经济学家们非常活跃。在1994年被招聘的员工中，有前《卫报》记者、未来的政府部长露丝·凯利（Ruth Kelly）。她曾在季度“通胀报告”的编制团队工作两年。她在2002年回忆道：“得到英格兰银行的工作是一个前所未有的机会。我对英格兰银行员工处理问题的严谨性深感震撼。这与记者处理问题的方式截然不同。”[38]

尽管拥有300周年庆典以及日益增长的影响力，这段时间英格兰银行整体上过得并不愉快。“电子数据处理（EDP）谈判破裂”是1994年3月首期员工报纸《英格兰银行双周刊》的头版故事。那一周银行、保险和金融工会（BIFU）就英格兰银行提出的新版薪酬方案进行投票，以决定是否采取罢工行动。英格兰银行管理层向每位EDP员工写信，“邀请他们单独表明是否愿意接受新版薪酬方案”，以及“是否希望将其反映在3月的工资中”。在此背景下，BIFU发布新闻稿，指责英格兰银行“仍然停留在17世纪”。1年后，英格兰银行董事会正式决定结束传统的人事管理方式。佩纳特·雷亚在关键性文件中指出：“从20世纪50年代的家长式（暗示工作是终身制的）转变为现有方式的过程中，在人事管理方面留下了真空地带。同时，员工的期望与20世纪90年代的经济现实不符。因此，员工对英格兰银行作为雇主的信任感有所下降。此外，阿什里奇重组使一系列人事问题浮现出来：第一,一些明显的员工与职位不匹配，高级岗位机会更加有限；第二，缺乏有效的人事管理发展计划；第三，员工流动率相对较低，但缺勤率高于平均水平，可能源于重组后的额外压力；第四，给员工传递的信息不一致。”因此，该文件总结道：“为了吸引、留住并激励高质量人才，在大多数员工无法也不应期望在30—40年内不断晋升的情况下，英格兰银行需要承诺帮助员工实现持续的个人发展，并提供再培训。”

不久之后，英格兰银行的高级监管官员大卫·斯瓦尼（David Swanney）

与他的上司布赖恩·奎因进行了一次坦诚的交流：

> 他（斯瓦尼）表示，英格兰银行重组的理念很好，但处理不当，特别是在对待员工方面。他提到一些长期服务的员工受到了非常残酷的对待。按照他的经验，人们虽然会抱怨，但仍然会努力工作。然而，人们今后再也不能指望英格兰银行的承诺……
>
> 他的意思是，英格兰银行从旧文化转向新文化的过程过于突兀。人们被迫接受了职业期望和前景的快速转变。他认为新文化本可以被更平缓地引入……
>
> 他非常清楚自己不是经济学家。他并不觉得这暴露了他工作能力的重大缺陷，但他认为这可能会成为他在英格兰银行内部调动的障碍。他询问是否有短期课程可以提供给像他这样的人，以便通过学习弥补这个差距。

新人事战略的核心是内部评估。总裁在 1995 年 6 月与 BIFU 达成协议后被告知："我们成功了。被工会'接受'的'绩效奖金'，将成为我们今后薪酬结构的主要部分。"但是在次年 2 月，新任副总裁霍华德·戴维斯（Howard Davies）却遗憾地表示："绩效评估过程中缺乏坦诚。最近评估表上的打分暗示一切都处于最佳状态，所有人都好得不能再好。整个英格兰银行的所有部门负责人（HoDs）表现几乎一致。"

在这种变化的环境中，另一个棘手的问题涉及自愿离职的微妙心态。苏·科菲在 1996 年 5 月写道："许多员工（特别是那些接近职业生涯中期的人）已经将预期中的离职奖金纳入他们的长期规划。那些令人满意的优秀员工被拒绝离职后反应激烈，甚至因此长期抑郁。另一些员工则有对裁员的病态恐惧。换句话说，离职对一些员工来说在文化上无法接受。即便有过渡中心的支持、离岗外派以及离职补偿金，他们仍然不愿意或无法接受离开英格兰银行。"达尔文主义者可能会认为，这些不幸之人的根本问题在于他们在一个非自然的、受庇护的、单一文化的环境中生存时间过长。戴维斯在 1996 年晚些时候访问即将关闭的伯明翰分行后写道："我发现令人失望的是，大多数员工，哪怕是长期服务的员工，都没有接受过任何外部培训，以提高他们后续的职业前景。"他反思道："这可能是英格兰银行过去向员工提出的'从摇篮到坟墓'承诺的副作用。"[39]

1995 年，英格兰银行首次委托第三方进行了全面的员工态度调查（虽然不包括印刷厂）。这表明英格兰银行对所有相关问题的重视。该调查由国际调查研究公司（ISR）进行，始于5月，对不同层级的员工开展了59次诊断式访谈。一些评论是积极的：

> 重组使人们对自己和英格兰银行的角色有了更清晰的认识。
>
> 英格兰银行拥有非常学院式的文化。工作氛围支持性强、合作性高，几乎没有暗中谋划或参与政治斗争。
>
> 英格兰银行依然是一个非常慷慨的雇主，因此我很高兴能在这里工作。
>
> 员工依然以非常高的标准交付成果。如果有什么事情需要完成，大家会齐心协力。
>
> 对英格兰银行来说，这是一个激动人心的时刻。我们在影响政策方面发挥着重要作用。似乎我们正在做正确的改变。

然而，绝大多数评论则是更负面的：

> 英格兰银行的真实架构其实是由一些“领地”组成。重组并没有改变这一点。
>
> 我们在英格兰银行的工作就是新造概念、分析和批评。而我们没有做的就是实际行动。我们是被动的，而不是主动的。我们既无法推动变化，也无法管理变化。
>
> 员工们现在非常愤世嫉俗。传统的英格兰银行文化正在被侵蚀，但没有被积极的东西取而代之。
>
> 问题不在于“反动的守旧派”。他们中的许多人是真心关心员工的。问题在于“无情的新一代领导”。他们大多数人对员工毫不在乎。
>
> 英格兰银行的等级结构非常森严。有时候员工会觉得对高层管理人员提出反馈是不尊重的行为。因此他们的行为会受到这种心理的抑制。
>
> 哪怕是最小的细节都会被逐层上报。责任完全掌握在高层手中。
>
> 如果你想在玛托桃红（Mateus Rosé，一种桃红葡萄酒，瓶子形状为大肚细口）瓶子形状般等级森严的架构中留住有能力的人，就必须放权。
>
> 英格兰银行所做的一切都是为了官员。工作人员是事后才考

> 虑的。[“官员（Official）和工作人员（Officer）”是一对短暂使用过的人事术语，用于替代之前的术语“主管（principal）和职员（clerk）”。]
>
> 员工不会因为做好工作而得到认可，也不会因为搞砸工作而受到惩罚。实际上，你做什么都无所谓。
>
> 金字塔结构已经变窄，但我们仍然有太多高级职位的人已经过了“最佳服役期”。
>
> 人们认为英格兰银行放弃“40年职业生涯”的承诺是背信弃义的行为。
>
> 到目前为止，我们通过工作兴趣、职位流动和同事情谊留住了员工。但现在我们正在与“撒切尔的孩子们”打交道（意思是撒切尔的下一代人，他们更注重物质回报和个人职业发展）。我们必须从某处弄到更多的钱（才能留住他们）。
>
> 我们给予员工慷慨的评估分数，却由于预算限制未能满足他们的期望。因此，我们面临的是完全由我们自己造成的士气（低落）问题。
>
> 没有人会受到赞扬。我们从不说“谢谢”。这与英格兰银行的精神格格不入。
>
> 我们在过去的15年中经历了千刀万剐。这深深浸入了英格兰银行的灵魂。士气已经一落千丈。

最后的评论，从某种方式来看可能比任何批评都要尖锐：“我不再像以前那样为在英格兰银行工作而感到骄傲。”

在那个夏天的晚些时候，从7月末到9月初，英格兰银行又进行了一次全面调查，发送了3010份问卷，回收了1911份。正如ISR总经理罗杰·梅特兰（Roger Maitland）在1995年10月总结的那样，调查结果呈现出一个复杂甚至矛盾的图景。有7个大致向好的结果，和9个明显会引发问题的结果：

> 员工为能与英格兰银行产生联系而感到自豪。
>
> 他们理解英格兰银行的核心宗旨，并相信英格兰银行在客户中享有很高的声誉。
>
> 向下沟通得到了相对较好的评价。
>
> 部门管理层在员工心中的形象相对正面。

员工参与到工作中，他们的贡献得到了认可。

员工理解自己的工作表现是被如何评估的，并相信评估是公平的。

薪酬和福利得到了好评。

英格兰银行被认为管理不善，缺乏领导力和方向。

英格兰银行内部的团队合作被认为很糟糕，员工对其他部门的工作了解不够。

英格兰银行的文化被认为是“封闭”的，抵触挑战和创新。

官僚主义被认为是盛行的，决策过程过于缓慢。

缺乏授权，员工感到不受尊重。

技术专长被重视，而人事管理专长却受到忽视。

绩效管理被认为较差，既没有对优秀表现给予充分的认可，也没有对专业知识给予应有的重视。

个人职业发展的机会被认为非常有限。

对未来的信心不足。管理层在应对变革方面被认为表现不佳。

值得注意的是，只有 1/6 的人认为英格兰银行会采取行动来解决调查中发现的问题。认为英格兰银行整体士气良好的受访者，只占令人震惊的 4%。

10 月稍晚些时候，高层中默文 · 金最早对这项调查做出反应。他在看到详细分析报告后写道：

> 官员与工作人员之间存在显著差异……令人惊讶的是，在两个方向（货币稳定和金融稳定）上，主要从事分析工作的人反应更为正面，尤其是在“英格兰银行变革”方面。反应最不正面的是 EDP 工作人员、物业服务人员和一般职员。这并不令人惊讶。自阿什里奇重组以来，我们对工作人员的薪酬结构和职业规划没有作出任何改变。自 1979 年废除外汇管制以来，英格兰银行的规模一直在不断缩减。英格兰银行内部确实存在管理问题……但我觉得报告给董事会留下的印象是，英格兰银行内部所有人的士气都很低落，这实际上是一种误导。

默文 · 金的最后一句话引起了人力资源高级经理苏 · 贝茨（Sue Betts）的强烈反对。她在自己的报告副本上潦草地写道：“这简直是胡说八道。只有 76 人对士气作出了积极评价。即使他们全是官员（默文·金唯一感兴趣的群体），结果仍然是非常糟糕的。”她的观点显然是正确的。在下一个月与戴维斯讨论调查结果的会议上，部门负责人“描述了他们遇到的员工反应——疲惫、抵抗、不信任等”。该怎么办？戴维斯在次年春季的《老妇人》中坦言：“没有简单的、现成的答案。”尽管他安慰自己“我们并不孤单”。他指出：“越来越多的证据表明英国员工满意度近年来明显下降。英格兰银行在大多数外部标准下仍然保持着相当稳定的文化，拥有大量的长期员工和相对较低的流动率。”但他并不否认“英格兰银行的管理者与被管理者之间出现了一个急需弥合的危险鸿沟”。

这将是未来需要面临的挑战。正如戴维斯简洁总结的那样：“基础的行政和执行岗位数量正在下降，而分析性岗位数量上升。”然而，无论这一挑战如何演变，英格兰银行依然是英格兰银行。1997 年 2 月出现了一个虽然很小却具有象征性的议题：老妇人对红鼻子节①的态度是什么？“总裁和副总裁一致认为，英格兰银行不能以官方身份参与其中。”[40]

回顾 20 世纪 90 年代初，1991 年 7 月的 BCCI 倒闭，以及 1992 年 10 月的“宾厄姆报告”，都必然给监管和监督②工作带来了影响。利 – 彭伯顿在“宾厄姆报告”发布后立即在市政厅演讲中承认：“警惕性是英格兰银行必须重视的问题。我们在追查欺诈线索时缺乏积极性已经广受批评。我相信我们能弥补不足。我们的回应包括：组建一个由行业资深专家领导的特别调查组和一个法律小组；增强我们的现场检查能力；加强监管人员培训；增加银行监督委员会的作用；参与财政大臣设立的新机制，以协调监管人员和其他检控机关对欺诈的处置。”

这些足够吗？1993 年 9 月，肯尼斯·克拉克向总裁明确阐释道：“监督，就是运用监管手段顺应开放金融中心的需求，同时制止罪犯或丑闻的发生。”3 个月后，乔治和奎因与财政部讨论了一项关于银行业监督的最新研究。乔治主动出击，“对英格兰银行被描绘为完全被动反应而感到惊讶”。他认为：“这项研究未能强调‘那些没有叫的狗’，例如，被合理

① 红鼻子节（Red Nose Day）是英国每两年举行一次的慈善活动。在这个活动中，人们会戴上红色的小丑鼻子，通过喜剧和娱乐表演来为贫困和弱势群体筹款。——译者注

② 监管、监督分别译自“regulation”“supervision”。前者通常指由政府或机构制定一系列法律和规则来指导操作，更为正式和强制；后者更多指日常操作中的持续观察和评估，更为灵活。——译者注

处置的欠发达国家（LDC）债务危机。”他不仅认为并非每一次银行倒闭都应被视为丑闻，还指出“人们的期望过高”“问题的关键在于如何合理地设定期望”。至于英格兰银行的监督风格，他指出保密要求和问责要求之间存在不可避免的冲突。随后，乔治与财政部的瑞切尔·洛马克斯进行了对话。洛马克斯表示：“英格兰银行由于历史渊源仍然存在一种观念，即自己是金融城俱乐部的领导者。”乔治“否认了英格兰银行在保护其他银行的观点”，并补充说“英格兰银行与商业银行的关系已与十年前截然不同”。对此，洛马克斯“表示同意”，并指出“现在施加影响的空间非常有限”。讨论转向了正式与非正式监督方式之间的平衡问题。

> 乔治先生表示，英格兰银行更倾向于监督方式，而非监管方式，这一点也得到了宾厄姆的认可。英格兰银行从 BCCI 事件中学到的是，在建立了信任基础的情况下，非正式系统能运转良好，但英格兰银行必须非常敏感地意识到何时这种关系已经破裂，并保持改变策略的能力。但是，趋势是朝向监管方向发展。
>
> 奎因先生表示，英格兰银行如今在区分其权力是否可行使、是否应行使方面更加系统。这意味着英格兰银行在考虑是否允许监管对象自觉自愿补救，或者强制行使监管权力方面非常谨慎。
>
> 洛马克斯女士也认为她看到了英格兰银行态度的明显变化。她认为在 20 世纪 80 年代中期，英格兰银行对使用监管权力有些反感。

会议最后讨论了英格兰银行的责任范围：

> 总裁表达了对越来越多立法保护消费者的担忧。在银行业，这导致人们期望所有银行都永不倒闭。金融是一项风险业务。然而，给予银行客户的高度保护是一种政治判断。英格兰银行的角色使其不得不指出，监管是一把双刃剑。洛马克斯女士表示赞同。她说，监管正日益主导英格兰银行与银行业之间的关系，但英格兰银行真正需要关心的是尽量降低系统性风险。洛马克斯女士问道，如果英格兰银行希望避免监管零售银行，那它是否只希望监督大银行。总裁表示，系统性问题很可能从小（零售）银行开始。关键在于监督的范围。

所有这些讨论显然都是明智且适度的。但在全球化的金融世界中，情况却在不断变化。奎因在 1994 年 7 月向纽约举行的“年度管理衍生品行业会议”保证：“我们在捕捉和限制衍生品操作带来的风险方面取得了良好进展。主要金融中心的监管者和监督者正在努力通过专业小组，寻找能够在不扼杀市场的前提下进行监管的解决方案。也许同样重要的是，市场也在形成自己的保护措施。通过更高的信息披露和透明度要求，以及改进会计、抵押品和保证金要求，来保护市场参与者和产品的最终客户。”他最后总结说：“最初对衍生品的担忧已经被系统性分析潜在风险所取代。”[41]

然而，英格兰银行是否仍应承担银行业监督职责？在 BCCI 事件和日益激烈的独立性辩论的双重背景下，这一问题在 1993 年愈加受到关注。当年，财政特别委员会听取了一些否定观点。彼得·米德尔顿爵士（前财政部常务秘书，现巴克莱银行副董事长）反思道：“英格兰银行进行监督的问题在于，这会削弱它作为反通胀机构的信誉。因为人们总会认为英格兰银行更关心维护银行体系，而不是追求自身的反通胀目标。”前财政大臣劳森勋爵表示：“类似 BCCI 的金融丑闻可能会削弱英格兰银行在金融市场和公众舆论眼中的声望和权威，而声望和权威对有效实施货币政策至关重要。”即便是奎因也承认，如果中央银行因为监督工作而受到持续的公众抨击，将无疑会损害它的权威。11 月，乔治清楚地意识到财政特别委员会正在审议报告。在利 - 彭伯顿关于价格稳定的重要演讲一年后，乔治利用在 LSE 举办的第二次总裁讲座，强调了金融稳定与货币稳定的紧密相互依赖，以及维护金融稳定必然是中央银行高度关注的问题。此外，他暗示，没有其他机构能比中央银行做得更好：

> 中央银行有责任维护金融系统的健全。我们清楚自己的目标：不是防止发生任何倒闭，而是确保当系统性威胁出现时，能够迅速高效地应对。我们有能力做到这一点，因为我们对所有可能出现威胁的机构和市场都有很深入的了解。我们获取信息的途径主要是通过监督——凭借我们自己的监督者身份、凭借我们参与市场的经验、凭借我们与国内外其他监督者的联系。我们作为中央银行，拥有完成这一任务所需的资源——不仅是资金，还有管理困难局面的技术能力，以及让我们能够协调出商业解决方案的公正声誉。

接下来的一个月，财政特别委员会基本同意英格兰银行不应走上类似德国联邦银行的道路。报告指出："总体而言，我们得出的结论是，没有压倒性的理由证明，应该将审慎监督职责剥离到一个独立机构。"报告补充道，即使英格兰银行在货币政策上获得更大的自主权，这一观点也可能保持不变。然而，这并没有结束辩论。"超级监督者？"是《经济学人》1994 年 5 月的标题。它注意到金融创新研究中心发表了一篇论文，提出了两点建议：第一，英格兰银行放弃监督职责，集中精力于货币政策；第二，创建一个名为"金融服务监督委员会"的超级监管机构。对于英格兰银行的 250 名监督人员来说，负责照看 488 家国内和外资银行运作所需的"警觉性"与日俱增。[42]

300 周年庆典当年的情况到此为止。与英格兰银行息息相关的下一起金融丑闻很快就到来了。[43] 1995 年初，副总裁办公室记录道："彼得·巴林、安德鲁·塔基（Andrew Tuckey）和彼得·诺里斯（Peter Norris）于 2 月 24 日（星期五）中午 12 点见到了副总裁、奎因、富特和雷德（Reid）。他们报告说巴林银行在远东业务中出现了重大问题。问题在过去 24 小时内已无法掩盖。"巴林表示，如果该集团能够幸存下来，将需要大量资本进行重组。塔基则指出，其他业务运转良好。实际上，巴林银行带来的坏消息有两个：首先，巴林银行的一名衍生品交易员在新加坡期货交易所（SIMEX）的操作造成了巨额欺诈性亏损，可能至少达到 4 亿英镑；其次，巴林银行本身遇到了大麻烦。此时巴林银行在上次危机（那还是利德代尔总裁时期的事）之后已经拥有 105 年完美无瑕的历史。乔治当时刚刚前往法国滑雪度假，但立刻就飞了回来。周六早上，他与德里克·万利斯（Derek Wanless）联系，"询问国民威斯敏斯特银行是否对收购巴林银行感兴趣"。但"万利斯的答案是否定的"。接着他又"询问国民威斯敏斯特银行是否愿意与其他机构一同出资认购股权"。万利斯回应"这将取决于交易条件"。然后，乔治和他的同事们花了大量时间安排清算银行和商人银行的代表于 26 日（星期日）在英格兰银行聚集，以试图共同拯救这家金融城中历史最悠久的商人银行，尽管它不再是最重要的银行。救助行动的最后期限定在那个星期天的晚上 10 点，也就是日本市场重新开始交易之前。巴林银行的大部分头寸都在日本市场。

一个史诗般的日子开始了。活动主要集中在针线街，但也包括总裁的偶尔外出。午餐时分，乔治与财政大臣会面。他认为如果巴林银行不被救助，将会对市场产生"巨大冲击"。但他同时认为，风险并不是系统性的。克拉克对此表示赞同。巴林银行会被救助吗？早在临近中午的时候，戴维·斯科利在与筹备中的支持银团进行漫长商议后，向总裁反映："由于头寸太大而且是开放式的，要想达成交易非常困难。"各方商议从早到晚都在持续。与此同时，人们还抱有一丝希望，认为文莱投资局可能会愿意承担一部分的巴林负债。但最终在晚上 8 点半，也就是距离最后期限仅一个半小时的时候，消息传来，文莱无法提供帮助。原因是可以理解的：文莱认为交易"太复杂、风险太大、时间太仓促"。晚上 9:45，总裁已到达唐宁街 11 号，并向克拉克说明在可用时间内尝试拯救巴林银行"太复杂"。大家都认为乔治应该在第二天 7 点的《今日》栏目上露面，而总裁则认为自己应该强调"巴林倒闭风险可控"。[44]

次日，乔治如约接受了一轮媒体采访，坚称问题仅限于巴林银行，该银行的倒闭对整个银行体系并不构成系统性威胁。英格兰银行是否应做得更多？《泰晤士报》的威廉·里斯－莫格（William Rees-Mogg）在周二猛烈抨击英格兰银行"可笑的怯懦"，认为英格兰银行"只不过逃避了最多几亿英镑的风险"，却已经使"伦敦的信誉处于危险之中"。他提出信誉虽然是一种无法量化的资产，但其价值应以数千亿英镑的英国未来盈利能力来衡量。他严肃地总结道："英格兰银行的存在就是为了保护英国的信用。但在这个事件中，它未能履行其首要职责。"同样，该报主编、格雷厄姆·西尔贾特（Graham Searjeant）和安东尼·哈里斯也持类似观点。但《金融时报》的约翰·普兰德则有力地反驳了英格兰银行的批评者：

> 这当然是一起身份误认事件。那个曾经拥有良好声誉却遭受严重诽谤的城市已经不复存在了。伦敦在国际金融中的竞争优势几乎与 19 世纪为世界贸易提供融资的老一代商人银行群体毫无关系了。在过去二十多年的大部分时间里，金融创新的动力主要来自外资银行和证券界……

此外，他补充道："在缺少俱乐部的情况下，救生艇不易成功下水。"到周末时，人们普遍认为乔治的做法是正确的。《独立报》在周六指出："危机的外部影响到目前为止已经被成功遏制住，证明不救助巴林银行的决定是正确的。"次日《星期日电讯报》的比尔·贾米森（Bill Jamieson）则认为："如果给人留下国内银行可以依赖中央银行救助的印象，那就暗示着竞争环境存在极大的倾斜和偏袒，以至于会把所有非本地银行都排挤出去。"他反问道："到那时，金融城会变成什么样子？"[45]

此时，“魔鬼交易员”尼克·李森（Nick Leeson）已被确定犯罪事实并逮捕。同时，巴林银行也以一个颇具吸引力的价格——1英镑找到了一个买家荷兰国际集团（ING）。在这一过程中，乔治坚决拒绝了ING顾问弗莱明提出的要求，即为了安抚ING的客户，英格兰银行要么直接承担来自SIMEX或日本的潜在索赔风险，要么以赔偿的方式承担与东京和新加坡潜在索赔相关的某种限额责任。但在私底下，英格兰银行确实承担了巴林银行的掉期头寸和一些托管责任，并为ING收购巴林银行提供了流动性。在主要剧情结束两周后，乔治在一个金融城康希尔俱乐部的年度晚宴上发表了长篇闭门讲话。他承认道：“这段时间非常艰难，情绪日趋激烈，不确定性大幅增加。”为什么英格兰银行无法成功协调银行同业的救助？乔治断言，答案并不是英格兰银行影响力的衰弱，而是因为商业银行“并不容易因为英格兰银行的要求而违背其商业利益”。他补充道：“商业银行可能一直都是这样。之前如此，之后我们也希望如此。”那么，为什么英格兰银行没有作为最后贷款人“自行出手相救”，或“劝说政府相救”？ 总裁声明道：“没有任何金融机构有权获得支持。我们刻意保持一种建设性的模糊，即在任何特定情况下，我们是否愿意支持某个特定机构是刻意不明确的。如果情况不是这样，如果所有机构都觉得自己获得了保证，那么大量的道德风险会被引入货币体系。”因此，鉴于巴林银行面临的“偿付能力问题”在英格兰银行看来“不太可能带来非常重大的系统性风险”，他和他的同事们认为没有理由向政府建议，由其开出一张空白支票弥补债务损失。乔治最后说道：“无论你在报纸上读到过什么，后续影响实际上是有限且短暂的。巴林银行倒闭的冲击需要时间来消散。但最终伦敦的声誉和繁荣，以及在伦敦运作的英国银行的声誉与繁荣，将更根本地依赖于它们提供的服务质量。”[46]

乔治的讲话发生在3月16日星期四。3天后，一家周日小报以耸人听闻、但抓人眼球的标题“英格兰淫行”爆料，声称一名记者玛丽·艾伦·西农（Mary Ellen Synon）曾化名潜入英格兰银行，和副总裁在总裁更衣室的地毯上发生了关系。一开始，佩纳特－雷亚看起来可能会逃过一劫，因为那些主流报纸暂时不愿报道这个故事。但《金融时报》最终还是为此做了长达七栏的头版报道。副总裁随后就开始写辞职信了。他写道：“蒙塔古·诺曼曾说过‘群狗狺狺，商旅自行’。”然而诺曼这位英格兰银行荣誉的伟大捍卫者如果泉下有知，实在难以想象会对这一切有怎样的反应。之后，布赖恩·奎因短暂担任代理副总裁，直到霍华德·戴维斯被任命。戴维斯当时是英国工业联合会（CBI）总干事，是个45岁左右的多面手，曾在外交部、财政部、麦肯锡公司和英国审计委员会任职。他是一位近乎可笑的典型精英分子，父亲是酒馆老板，毕业于曼彻斯特文法学校和牛津大学。他在1995年9月就任之前告诉露丝·凯利，自己“在过去20年里一直围绕着英格兰银行打转”。[47]

佩纳特－雷亚事件的时机尤为不当。尽管不救助巴林银行的决定可能是正确的，但仍然存在一个令人担忧且引人注目的问题，即英格兰银行在履行监督职责时是否存在疏忽。4月初，距离那场轰动性的崩溃事件仅过去一个月，乔治不得不面对财政委员会布莱恩·塞奇莫尔的激烈质询，关于巴林银行子公司如何将巴林银行本部的3.3亿英镑资金借给新加坡的巴林期货：

> 如果你将一个公司的全部股东资本转移，就必须通知英格兰银行，我说得没错吧？——如果一家公司希望将其资本的25%以上转给单一交易对手，根据法律英格兰银行必须被通知。
>
> 我的问题是，乔治先生，你们被通知了吗？——截至2月27日，我们并不知道这3.3亿英镑是以这种方式被借出的。
>
> 所以实际上你是在坦诚地告诉委员会，你们有一个监督系统，它无法告诉英格兰银行超过股东资本限额的款项已被转移出国。那这个监督系统是不是有问题？——我们并不会每天都去了解每个风险点的具体细节。
>
> 我们谈论的这笔钱，乔治先生，对于巴林银行的规模来说可是相当大的。——当然是的，但如果我们不是每天都在监控小额资金，我们又怎么能知道这笔大额资金呢？这可是刑事犯罪。除非得到了内部或外部审计师的报告。
>
> 这是刑事犯罪……？——在未通知我们的情况下借出这笔钱就是刑事犯罪。不告知我们就是刑事犯罪。

3个月后的1995年7月，银行监督委员会——其大多数成员都独立于英格兰银行——发布了一份报告，免除了英格兰银行未能意识到年初从伦敦向新加坡转移大额资金的责任，并断言英格兰银行“对于海外操作可以合理依赖当地监管机构”，并“有权依赖巴林银行管理层关于操作盈利能力的解释以及其他信息”。简而言之，英格兰银行无法阻止这次崩溃事件。该报告确实还提供了一些建设性的批评意见：建议英格兰银行“进一步加强作为综合监管者的角色”，并且“应该对集团内非银行业务有更全面的理解”。但总体上，该报告被视为某种程度的洗白。或者用《金融时报》的话来说，是对英格兰银行的“过度宽容”。

报告发布的第二天，乔治和奎因前往财政委员会做证。负责商人银行监管的高级经理克里斯·汤普森（Chris Thompson）在报告发布之前辞职，但两人坚决认为英格兰银行无论是作为还是不作为，都没有什么严重的过错。乔治毫不犹豫地展示了他的激情。他认为“英国媒体的干扰”如此之强，以至于他发现了一个“非常诱人”的观点：“如果你的货币政策声誉每次都因银行监督失误而受损，那么你还不如不拥有它”。随后，他转向监管的基本原则：

> 乔治：我确信之前对委员会说过，如果你想让我们保证没有银行破产，坦率地说我们可以做到这一点，并且可以给你们一个保证。这意味着每个人的存款都必须由政府精确匹配相同期限的债务。当然，银行在这种情况下是无法盈利的，这对经济也不会有什么好处。但你必须理解，我非常希望能让你们明白这一点，即我们必须在监管的程度与监管的成本之间达到平衡，这不仅要考量监管的直接意义，还要考量它对金融体系维持更广泛经济能力的影响。所以你不能对我说：“你根本不应该关心这一点。你唯一应该关心的就是如何防止银行倒闭。”如果你真的这么认为，你就不会在银行法案中提供存款保护。显然你们认识到必须要有某种平衡。我们没有任何明确的指导方针来判断每 20 年就有一家银行破产是否是可接受的，无论是 500 万英镑还是 50 亿英镑的银行。这些判断实际上是内生的。你可以对我们说必须做得更好；你可以对我们说必须花更多的钱；你可以对我们说必须引入更多的限制。我只是想对你们说，你们应该换个角度来看这个问题，并思考一下“这将带来什么后果？”我现在情绪激动，所以允许我再说一点，这一点对我们和你们都非常重要。那就是，实际上找到合适的人来做这项工作已经变得非常困难。尼古拉斯·布德根（Nicholas Budgen）先生问我们是否应该让新人进入英格兰银行做这种事情。我不知道你们的意见如何，但我不知道怎样才能让人们来承担这种无论怎么做都可能双输的工作，尤其是每当出现问题就要经历这样的程序！我对此并不感到怨恨。我完全理解这就是你们的方式……
>
> 拉迪斯：什么样的程序？
>
> 乔治：每当出现问题时，都会有一次大调查。你们想要追究

责任……

阿博特：你们要对议会负责。

乔治：我刚才说过我不反对这种程序。我想说的是，请理解……

塞奇莫尔：你是带着讽刺说的。

乔治：我并不是带着讽刺说的。我不是个讽刺的人。

塞奇莫尔：你刚才可不是这个意思。

乔治：我确实是这个意思。我接受这种程序，我也同意它必须被100%遵守。但我告诉你，如果你想要更好的监管，你必须考虑到，每次出问题时这种迫害行动将使找人从事这项工作变得非常困难。

接下来的一周，乔治在回到EC2（英格兰银行的街区邮编）平复情绪后对奎因说："对英格兰银行的真正批评在于它对证券业务的理解和监督。"而在9月初，乔治在与奎因和富特会面时指出："显然，英格兰银行在新金融产品方面应该具备专业知识，例如在交易市场和交易模型领域。"他表示自己"非常清楚"有一种批评，认为"英格兰银行了解银行业务却不了解证券市场"。在同一次会议上，富特提出："证券市场典型的专家背景来自会计、数学或经济学。难点在于招聘对于财政部或资本市场有直接了解的人。这些人通常太昂贵。"毫无疑问，英格兰银行面临着一定的压力。《机构投资者》九月刊中的一篇重要文章标题为"针线街的艰难时光"。该文章最后冷漠地得出结论："如果不对英格兰银行角色进行彻底重新定义，老妇人可能会继续以旧有方式混下去。"[48]

在接下来的1年半里，英格兰银行努力提高其监督水平，并试图平息批评的声音。1996年7月，在安达信会计事务所的建议下，英格兰银行宣布推出风险评估模型，使直线业务主管与更多的金融机构管理层得以直接接触。英格兰银行计划"发布一份清晰的评估模型使用摘要"，并且从9月起重组监督和监察相关部门。其目的包括"改善和统一对银行风险的评估""从市场招募更多专业人士和经验丰富的银行家"以及"进一步与国内外其他监管机构合作"。在那个秋天，戴维斯推出了英格兰银行自己的出版物《金融稳定评论》，试图在智力上占据制高点。其中克里斯托弗·哈恩（Christopher Huhne）有关主权风险评级的一篇文章尤为引人注目。11月中旬，总裁再次前往财政委员会做证。他继续坚持认为，尽管英格兰银行的监督能力仍在稳步提高，但对监督的期望需要更为现实。12

月初，副总裁在特许管理会计师协会发表演讲，详细阐述了英格兰银行的做法："尽可能采取温和的干预方式……一种基于此原则的方法是：市场参与者可以做他们想做的任何事情，除非我们明确告诉他们不能做，而不是只能做我们允许做的事情。"在圣诞节前两周，财政委员会姗姗来迟地发布了关于巴林银行灾难及其影响的报告，对英格兰银行多有批评。报告称，作为"金融城的啦啦队长"，英格兰银行仍然面临"监管捕获"①的危险；目前还没有"明显迹象表明银行业已获得英格兰银行提供的温和干预"；"减少对信任的依赖"这一 BCCI 事件后形成的监管文化，在巴林银行案例中"并不适用"。报告总结道："英格兰银行需要证明，它能够将其监管活动与其他职能分开，并避免因接触日常银行市场而削弱监管效力。否则，为了实现必要的文化变革，银行业监管可能将不得不从英格兰银行剥离出去。"[49]

1996 年早些时候，在 LSE 的最后一次的总裁讲座中，乔治谈到了英格兰银行的"三个核心目标"。第一个显然是"维护货币的完整性和价值"，也就是货币稳定；第二个确实是"维护国内和国际金融系统的稳定"；第三个是寻求确保英国金融服务的有效性，这在实践中主要意味着寻求保护和增强伦敦作为国际金融中心的竞争力。在最后这一目标中，乔治严酷无情的做法在前一年对待商人银行的政策中得到了体现，那就是几乎无条件地接受自由市场全球化的力量，而这些商人银行曾与英格兰银行保持紧密联系。他不仅任由巴林银行倒闭，不久后也没有干预沃伯格、史密斯新院（Smith New Court）和克莱恩沃特·本森等银行被外资完全控制。其中最关键的是沃伯格银行。该行长期以来一直都是商人银行的领先者甚至领头羊。他在 1995 年 4 月对沃伯格的戴维·斯科利说："最重要的因素是任何交易都必须具有商业上的现实性。"当时沃伯格已陷入困境，斯科利正在询问英格兰银行是否对两家领先的收购竞争者——国民威斯敏斯特和瑞士银行公司②有任何偏好。斯科利记录了乔治的表态："如果在双方同意且其他条件相同的情况下，他能够理解两家英国银行强强联合的道理。但他不希望出于情感原因进行交易。我问他，摩根·格伦费尔

① 监管捕获（regulatory capture）或译规制俘虏，是指政府制定出的某种不公平政策损害公共利益，使少数利益团体受益，将造成某些公司以"遵守政府规章制度"为名，持续开展损害公众利益的经营行为。相关概念还有"监管竞争"（regulatory competition）、"监管套利"（regulatory arbitrage）。——译者注

② 瑞士银行公司（Swiss Bank Corporation）在 1897 年之前由多家银行陆续合并而成。1998 年又与瑞士联合银行（Union Bank of Switzerland）合并为瑞银集团（UBS Group）。——译者注

［1989 年被德意志银行（Deutsche Bank）收购的商人银行］的经验是否表明，海外母公司会使事情更加复杂。总裁表示，他并没有这种印象……”

不仅如此，英格兰银行在货币市场改革中同样无情。这项改革使得英格兰银行能够通过更广泛的机构进行债务交易，同时增强国债市场的流动性和深度。普伦德莱思在 1996 年 12 月向总裁报告：“贴现行感到相当沮丧，因为我们的改革比他们预期的更为严厉。新改革将在过渡期后切断他们展期贷款的渠道，而且在选择 OMO（公开市场操作）对手方时采用公开渠道而不是俱乐部模式。他们认为，特权的减少威胁到了他们的信用状况……”乔治并未被触动。1997 年 3 月，英格兰银行正式结束了贴现行的特权地位，将每日公开市场操作转向对所有参与者开放的国债回购系统。联合银行（Union，前身为联合贴现银行）宣布缩减头寸并将自己挂牌出售。在接下来的一年，最后一家贴现行将其许可证归还给了英格兰银行。

那即将到来的欧元呢？早在 1996 年 9 月，也就是欧元最终推出的两年多前，乔治就坚称无论英国是否加入单一货币体系，金融城都会蓬勃发展。他宣称：“欧元不过是一个更大的德国马克。我们在处理马克方面似乎做得相当好，就像处理美元和日元一样。我相信金融城会应对自如。”很少有人认为乔治本人是英国加入“欧洲经济和货币联盟”的支持者。英格兰银行成为欧洲中央银行分支机构的前景并不会让针线街的人们感到兴奋。但显然，新货币即将到来。英格兰银行投入了相当多的时间和资源，以确保无论英国是否加入，金融城都能做好充分准备。普伦德莱思在 1996 年 11 月的伦敦金融城中央银行会议上向与会者保证：“我们的目标是确保所有需要中央银行牵头提供的系统性设施顺利运行，而我们已经着手准备了。将独立的实时全额清算（RTGS）支付系统与欧元支付系统（TARGET）连接起来就是其中的一个举措。同时，我们还与市场参与者讨论欧元的适用法律框架和债券市场交易惯例。为欧元进入货币批发市场所做的准备工作也在英国全面进行，我们对目前取得的实质性进展感到满意。我们将继续积极发挥催化剂作用……”[50]

到 20 世纪 90 年代中期，英格兰银行的首要目标已成为所有工作的重心。“通胀目标是否有效？”是金 1995 年 9 月在经济政策研究中心的演讲标题。他的结论是过去 3 年中，通胀目标使得“政府和公众对货币政策月度决策展开了更为系统和集中的讨论”。1997 年 3 月，金又对经济记者大卫·史密斯（David Smith）坚定地宣称“英国在 20 世纪 90 年代的通胀表现比过去 25 年都要好”，并认为通胀目标发挥了作用，因为它不仅为财政大臣与总裁之间的所有货币政策讨论奠定了基础，还有助于创造一种“将低通胀视为常态的氛围”。然而在这一过程中，英格兰银行并非完全没有痛苦。“你们已经详尽地讨论了英格兰银行对‘通胀报告’的预测准备和新闻发布会事宜”。1994 年 11 月，在金与乔治的一次会议后，总裁办公室发给金一份备忘录：

> 总裁表示，他没有意识到与您对近期前景看法不同。他认为通胀报告过于乐观。您认为尽管存在严重且不对称的上行风险，预测仍是可信的。如果发布预测时仔细的分析被忽视，而直觉被依赖，那么分析将变得毫无意义。总裁认为，预测者不应主导英格兰银行的政策立场，但他们的分析当然是整个决策过程中非常重要的参考因素。大家一致认为，总裁应在更早阶段参与预测的准备工作……

金本人对货币政策建议及其形成有明确的愿景。大约两年后，他在一次向高级同事的报告中重申了“英格兰银行在货币政策辩论中保持智力领导地位的决心”。在谈到正在进行的活动时，他提供了一些具体信息：“模型小组的工作已基本完成，货币政策问责和信誉框架也取得了重大进展。”至于预测，他强调：“英格兰银行的一个主要成就，是相对开放地描述了预测的不确定性和风险平衡。”

不久之后，在 1996 年 11 月的拉夫堡大学讲座上，乔治详细列出了后 ERM 时代货币政策框架中涉及的各种元素。在通胀报告方面，这些包括透明度（“英格兰银行的专业声誉从未像现在这样岌岌可危”）、对两年后的通胀预测（“我们现在通过将预测展示为类似开放扇形的概率分布来说明我们的不确定性程度”以及“不确定性通常在增加但并不一定对称”），以及预测前进行的激烈讨论（包括“基于过去关系和当前数据来讨论行为假设”）。在定期的财政大臣与总裁会议方面，他强调尽管会议相对简短，但会议之前会有一个持续、多元的准备过程。第一步，英格兰银行内部的“月度经济与金融报告”。第二步，由副总裁主持并有约五十名官员参加的“货币审查委员会”会议。第三步，货币政策委员会（MPC）会议。MPC 于不久前成立，旨在每月商定英格兰银行的货币政策方针，由总裁主持并有约十几人参加。需要注意的是，该 MPC 并不是英格兰银行获得独立地位后的 MPC，两者存在很大区别。第四步，英格兰银行的评估报告被送给财政部的伯恩斯；第五步，由副总裁领导的七人至八人团队与财政部相关团队会面；第六步，准备总裁的发言稿；第七步，再进行一次 MPC 会议，以审议和批准发言稿；第八步，大约每月一次的财政大臣与总裁会议，由总裁、副总裁和两位货币稳定部门的主任（金和普伦德莱思）共同出席。乔治曾说过：“这次会议有时被描述为一种相当随意的例行公事，持续时间不超过一个小时，最终结论几乎可以用抛硬币来决定。但实际情况并非如此。”[51]

事实上，“肯与埃迪秀”让埃迪·乔治感到颇为烦恼。而这个名词是肯尼斯·克拉克对他们定期新闻发布会的讽刺性称呼。乔治的烦恼一方面因为发布会的存在证实了英格兰银行尚未实现独立；另一方面因为，虽然两人表面上相处甚欢，但作为一名深度参与的技术专家，总裁对这位完全缺乏相应深度的政治家感到沮丧。“我不知道我为什么还要因此费心”。他曾在一次会后返回英格兰银行的途中说道。一般而言，这对搭档在他们想要的东西方面很少出现根本性对立。“埃迪和我之间的分歧最多也没有超过 25 个基点（0.25%）”。克拉克曾回忆道。但他们的直觉和处事方式始终存在着本质上的差异。

一个关键事件生动地揭示了英格兰银行距离真正的自主有多遥远。该事件发生在 1995 年 5 月。当时梅杰政府刚刚经历了糟糕的选举（包括国内和欧洲选举）。在投票日当天即 5 月 4 日（星期四）傍晚，乔治就即将召开的月度会议与财政部常务秘书通电话：

> 特里爵士告诉总裁，财政大臣在彻夜考虑后倾向于第二天不提高利率。他意识到这一决定的重要性，但感到无论如何都无法获胜。他内心深处并不相信现在加息（从 6.75% 提高到 7.25%）的理由……这虽然不是财政大臣的最终决定，但已经是“相当最终的”决定……
>
> 总裁询问财政大臣是否完全理解将要面对的风险程度。甚至在他出席新闻发布会（为了解释没有加息的原因）之前，汇率可能就已经急剧下跌。毫无疑问，当前的汇率已经将加息的预期考虑在内了。总裁表示，他当然不能确定会发生什么，但他有责任指出这样的可能性很高（至少有 1/3 的可能性）。总裁强调，这绝不是一个非黑即白的决定，但关键在于财政大臣正在无视几乎所有人的建议，而风险是非对称的。这可能会对政策制定框架造成严重损害。

乔治补充说：“在通胀方面冒这样的风险正是过去多次政策削弱英国经济的原因。”他最后请求伯恩斯转告克拉克，“他（乔治）对英镑汇率问题感到非常紧张”。第二天，“肯与埃迪”如期会面。财政大臣果断拒绝了加息。这一立场被广泛解读为（特别是在六周后会议记录被公布后）其对政策权威的宣示。乔治在公开场合会说一些缓和的话，例如在曼彻斯特的演讲中宣称他们对“通胀前景的分歧”完全在“合理的不确定性范围内”。然而阿纳托尔·卡列茨基（Anatole Kaletsky）的看法是：“乔治显然期待克拉克会让步，并且随后会感到困惑，因为市场对财政大臣的象征性耸肩毫无反应。”这种看法可能并没有偏离事实。

也许不可避免的是，在 1997 年 5 月大选临近之际，紧张局势再次出现。在连续四次月度会议上，克拉克凭借英镑的强势，拒绝了乔治提出的 0.25% 加息建议，并直言不讳地表示他没有看到任何通胀迹象。他甚至于 1997 年 1 月在《金融时报》上公开批评英格兰银行“对金融期货市场上有关利率上涨的预期过于关注”。他还声称：“人们通常假设市场了解实体经济，而财政部却缺乏了解。这种假设是错误的。”到最后的谢幕时刻，双方可能都不喜欢这场表演。[52]

英格兰银行成立 300 周年在时间上几乎与新工党的成立重合。对于新工党的筹划者来说，他们渴望获得经济领域的信誉，害怕对市场造成破坏（这一点从“黑色星期三”事件中可见一斑），并且认为（特别是戈登·布朗）以前的工党政府因为与金融城的紧张关系而经历了挫折。由于梅杰不可能改变对英格兰银行的立场态度，而且当时反对党在民调中大幅领先，乔治和他的同事们发现了机会。1995 年 2 月，在新交易巷举办的双方首次会面晚宴上，总裁选择了相对保守的菜单，用奶油鸡肉和甜玉米汤作为开胃菜，主菜是白葡萄酒酱烹比目鱼、明虾和龙虾钳，甜点则是柠檬蛋白派。晚宴的参与者包括托尼·布莱尔（Tony Blair）、约翰·普雷斯科特（John Prescott）、罗宾·库克（Robin Cook）、阿利斯泰尔·达林（Alistair Darling）和安德鲁·史密斯（Andrew Smith）以及影子财政大臣布朗。阿拉斯泰尔·坎贝尔（Alastair Campbell）在第二天根据布莱尔的叙述写道：“EG（乔治）对 TB（布莱尔）说，只要政府是 TB 领导而不是旧工党领导的，金融城就不担心工党政府。随后 JP（普雷斯科特）开始展现他的旧工党标签，比如在讨论房价时说‘为什么你们不谈无家可归而只谈房价’。TB 说罗宾·库克也不甘落后，他笑着说‘我确信听到埃迪在我们离开时让人联系 BA（英国航空）的紧急服务台’。”

尽管表面上看没有什么，但事情即将发生变化。坎贝尔在下一个月记录道："埃德·鲍尔斯（布朗的经济顾问）对英格兰银行独立性做了精彩的演讲。"鲍尔斯本质上是复述了自己 1992 年小册子的提高信誉主题。在 5 月初的欧战胜利日（VE Day）50 周年庆典活动期间，乔治与布莱尔进行了私下交流，促成了乔治、布朗和鲍尔斯在 15 日的"私密会谈"。布莱尔在 12 日对坎贝尔表示，他"确信"对于英格兰银行来说，"独立才是正确答案"。但三天后双方在英格兰银行的会谈上，情况就显得相当谨慎了：

> 布朗询问总裁英格兰银行独立性的目标，以及是否可以为此采取渐进性步骤。总裁认为，现在很难在不获得法定自主这一根本步骤的情况下采取渐进行动。他解释说，英格兰银行并不是为独立而斗争，而是为了稳定。他表示货币政策的抉择往往不那么明确，因为它涉及风险的平衡。但独立将有助于这一平衡的实现。

随后，在布朗询问英格兰银行是否能够获得"足够的建议"，以及总裁是否能够听到"足够的地方建议"。

> 布朗表示，他想在关于英格兰银行地位的辩论中主动发言，而不是试图揣测。他希望工党接受党内政策中已经做出的改革，并承认持续改革的必要性。但他不想走得太快，以至于无法带动整个党派前进。英格兰银行应从整体上考虑影响自己的提案，而不是关注具体的言辞。例如，有些提案可能会以"改革英格兰银行"的形式提出，但实质内容可能会被英格兰银行欣然接受。

这个时机相当重要，因为两天后布朗将向工党财政与工业小组发表一场关于"工党宏观经济框架"的演讲。在演讲中，他谈到了"审慎"的财政策略，声明他在政府中将遵循"借款黄金规则"，即"在经济周期内政府只会借款促进公共投资而不是资助公共消费"。他承诺在货币政策方面将设定通货膨胀目标并增强透明度，还声明他正在考虑"是否应将英格兰银行的单纯顾问角色增加一些操作角色"。然而，这一引人注目的暗示附带了两个限制性条件。首先，"我们并不想让利率决策去政治化，只是想让一位独立的总裁带来个性化"。其次，"英格兰银行必须展示其咨询各方建议的良好记录"。[53]

英格兰银行与新工党的定期接触继续进行。1996年11月，距离选举不到半年时间。乔治向总裁委员会（GOVCO，成员包括金、肯特、普伦德莱思、富特、戴维斯和他本人）做了态度积极的信息沟通：

> 他认为英格兰银行与工党的思路紧密相连。在货币政策方面，他解读工党显然致力于设定通货膨胀目标，并准备让英格兰银行进一步走向独立。工党曾提出设立货币政策委员会的想法，尽管到现在为止这个想法尚不明确。他认为，工党试图朝着以某种形式将货币政策委托给英格兰银行的方向发展，这将不需要立法，但需要英格兰银行创建一个货币政策委员会。他向戈登·布朗明确表示，让英格兰银行被迫接受一个由利益集团代表组成的委员会是不可行的。委员会必须包含专业人士，主要是学者，还可以是没有利益冲突的金融或工业背景人士。他认为工党理解这一点。显然，路途仍然漫长，但工党的基本提议并非不合理。它可能导致一个介于两个极端之间的结果：一个是仅仅对现行安排进行适度调整，另一个则是通过立法变更完全走向独立。

到1月时，这个提议中的咨询机构被正式命名为货币政策委员会（MPC）。金和他的高级同事们开始讨论可能的外部成员。金的标准是“声誉以及没有任何争议”。戴维斯希望至少有一名女性，金反驳说：“我们不应在品质上有所妥协，应该提名最优秀的人，而不应该先考虑性别。”富特提出：“是否能想到一些高品质的前政治家，包括那些将在选举中离开政治舞台的人。”但他承认自己想不出任何这样的人，GOVCO也同意了他的观点。

> 在2月初，他们重新讨论了设想中的MPC。他们的工作假设是，工党将在“英格兰银行拥有操作自主权之前先拥有一个咨询性质的初始阶段MPC”。但他们希望在过渡的咨询阶段，财政大臣（即大选后的布朗）应发表声明，明确英格兰银行和MPC最终将实现操作独立。并且，“还应传达一个信息，即这个过渡过程涉及英格兰银行与财政大臣之间权力平衡的改变。”GOVCO还有两个关于MPC的额外愿望：第一，“不投票”。因为投票会导致分歧而不是团结，而且投票结果可能被泄露；第二，组成人员应包括四名英格兰银行成员和三名外部成员。第二天即2月6日，乔治正式告诉

布朗和鲍尔斯，英格兰银行欢迎成立一个 MPC。布朗对此回应称："咨询阶段应成为实现操作独立性的敲门砖……避免利益集团代表很重要……双方应对被任命者的任命资格达成一致。"到当月底，布朗已经公开承诺成立一个咨询性质的 MPC。而在 3 月初，总裁在与金会面时进一步说明了他的想法：

> 总裁表示，他对首次在 MPC 会议上提升数据展示功能感到非常兴奋。事实上，他想建立一个 MPC 会议室，里面配备必要的技术设备。
>
> 总裁补充道，作为数据和分析展示的一部分，他希望市场分析能得到进一步重视。他对 WAA（比尔 · 艾伦，Bill Allen）关于收益率曲线形状的资料非常感兴趣……[54]

不久之后，大选日期被确定为 5 月 1 日。除了新内阁上台，没人会预期其他结果。

在这一切过程中，双方的主要关注点都在货币政策方面。但监督方面呢?《中央银行》在 1995 年初（可能在巴林事件之前）采访工党在金融城的发言人后报道："达林确认工党倾向于在合适时候，将监督权转移到一个独立机构。但强调不会完全毁掉现有监管体系。"布朗在当年 5 月（显然在巴林事件之后）告诉乔治："工党目前对金融服务监管结构问题持开放态度。"乔治认为："这是明智的。这个问题比较复杂。"随后他又解释了"中央银行在追求金融稳定目标时参与监督的好处"。这听起来足够令人放心。一年半后，乔治似乎仍然相当乐观。他在 1996 年 11 月在 GOVCO 表示："我们可以理解工党提出的证券监管整合理由，但我认为这已经足够了。我们将抵制将银行监管纳入证券监管……"3 个月后，在 1997 年 2 月上旬与布朗的会议中，这个问题暂时告一段落。总裁的私人秘书安德鲁 · 贝利（Andrew Bailey）记录道："最后，布朗提到了金融监管，强调工党并不支持重大变革。"[55] 显然，该问题在选举前被暂时搁置。

同年 2 月 20 日，布朗在纽约会见了早已声名远扬的美联储主席艾伦 · 格林斯潘。这并非双方首次见面。布朗的随从包括鲍尔斯和杰弗里 · 罗宾逊（Geoffrey Robinson）。根据后者的记录，三人都被格林斯潘的一句话所震惊："要求政治家，而不是中央银行家，来做出不受欢迎的利率决定是不公平的。"然而，官方政策立场并未改变。虽然布莱尔在 1 月曾对坎贝尔表示："我们在竞选期间宣布将促成英格兰银行独立，才是真正让保守党难堪的方法。"但工党的竞选宣言并没有进一步的承诺，只是重申："将改革英格兰银行，以确保货币政策决策更有效、透明、负责，且不受短期政治的操控。"4 月 23 日，距投票日仅一周，戴维斯向同事们报告了所罗门兄弟公司德里克·莫恩（Deryck Maughan）刚刚告诉他的情况："他（莫恩）最近与布朗交谈……他（莫恩）强烈主张布朗应尽快推动英格兰银行独立。布朗表示存在'公众舆论'的问题。"实际上，或许受到这次谈话的影响，局势即将发生变化。具体时间未被详细记录，但可能是 28 日，即"选举周"的周一。布朗实质上对身边的人说："让我们争取独立吧。"在接下来的几天里，鲍尔斯负责起草一封致总裁的信，阐明新政府不仅计划使英格兰银行独立，还会将银行监管职能转移到新的法定监管机构。[56] 与此同时，英格兰银行继续假设，至少在短期内 MPC 仍将是纯粹的咨询性质。

新工党如期在 5 月的大选中取得了压倒性胜利。5 月 2 日星期五的下午，布朗和他的团队接管了财政部。这位新任财政大臣更倾向于采取"大爆炸"式的策略，即同时宣布下周英格兰银行将在货币政策上获得独立，以及将失去银行监管权力。遗憾的是，财政部内部存在一些反对意见。布朗在常务秘书伯恩斯的劝说下，决定将草拟的信件分为两封，并将有关监管权力的公告推迟。财政部官员古斯·奥唐纳（Gus O'Donnell）也参与了劝说。他成功说服布朗在最初起草的信件中加入一项规定，将（国家）债务管理职能从英格兰银行移至财政部。这是财政部愿望清单中早已存在的一项职能诉求，同时也迎合布朗和鲍尔斯的担忧，即新的英格兰银行不应成为过于强大的主体。随后，总裁受邀在 5 月 5 日星期一的早晨前往财政部。这天正好是银行假日。布朗已经在星期日下午向新首相汇报。布莱尔对相关安排感到满意，认为无须咨询内阁意见。也就是说，两封信件（两个事项）均没有问题。

在那个具有历史意义的星期一早晨，布朗向非常惊讶的乔治递交了那两封信件（乔治原本期待讨论 MPC 的人员构成）。一封将于第二天公开发布，另一封则不会。第一封信标题为《新的货币政策框架》，声明"政府打算赋予英格兰银行设定利率的操作责任"，以"实现政府确定的通胀目标"。信中还提到：总裁将配有两位副总裁（新增一位）；利率政策的操作决策将由一个新的货币政策委员会（5 名内部成员和 4 名外部成员）每月召开会议作出；董事会将进行改革以扩大其代表性；英格兰银行的政府债务管理职能，包括国债销售、国债市场监管以及国库现金管理的职责将被转移到财政部。总裁显然对最后一点很难接受，但对其他方面的突然变化感到高兴。对他来说，控制货币政策并以其作为遏制通胀和提供稳定的最佳手段，一直是一个奖赏。

第二封信标题为《银行监管》，由布朗用红色圆珠笔签署，日期为5月6日（与第一封信一样）。它理所当然地提出了很多要求：

> 如你所知，我们的商业竞选宣言承诺要重组金融服务的监管。政府打算在不久的将来推出相关立法。我声明，政府的意图是将英格兰银行部分银行监管责任转移给另一个法定机构。
>
> 我很高兴你同意在此基础上开展对话。

随后总裁与财政大臣就第二封信的含义进行了一段简短交流。我们能确定的是，乔治离开会议时一方面因为获得了奖赏而感到无比兴奋；另一方面还相信政府会就监管角色问题充分征求英格兰银行的意见。后者可能与信件本身有些出入，但可能与布朗的口头保证并不冲突，除非布朗的保证实际上比乔治所理解的更加含糊（或者用一位更直白观察者的话来说——“更加狡猾”）。乔治的疏忽对于他这样一位现实主义者来说确实有些令人惊讶，但考虑到他当时情绪高涨的状态，这的确很可能就是实际情况。无论如何，英格兰银行在当天晚些时候召集高管通报这一伟大但仍然保密的消息。乔治向大家保证，英格兰银行在有关监管的最终决定出来之前，会有适当的机会陈述观点。[57]

值得注意的是，没有任何消息被提前泄露。“影响是极为震撼的”。《观察家》的威廉·基根（William Keegan）在回忆布朗星期二早晨于新闻发布会上宣布英格兰银行独立时写道。布朗在谈到英格兰银行的具体情况前声明：“我希望英国经济的成功，是建立在审慎和一致经济管理的坚实基础上，而不是建立在繁荣与萧条的流沙上。”在阐述完具体变化情况后，他将其描述为“英国解决方案——旨在满足英国国内长期稳定需求”。在随后的问答环节中，有人提问：“我们可以假设英格兰银行的监管角色将被转移到一个新机构吗？”布朗回答：“正如我们在竞选宣言中所说的，关于监管职责的问题将会有进一步的讨论。讨论结果将在适当时候公布。”这个问答引起的关注并不多，但货币政策独立性却受到广泛关注，大多数评论都是积极的。坎贝尔在第二天写道：“GB（布朗）在英格兰银行独立性的问题上获得了极高的媒体评价，这是他应得的。尽管周围有太多的说法是‘这是埃德·鲍尔斯的主意’。”《独立报》定下了评论基调——“欢迎来到现代世界”。来自相对中立阵营的《每日电讯报》和《卫报》发出了“悦耳的鼓噪”；前者“谨慎地表示了欢迎”，后者的威尔·赫顿（Will Hutton）则展望了未来："我看见一个与金融体系中'绅士资本主义'文化相对应的，迄今为止离我们最遥远的英格兰银行。"批评者包括《观察家》的基根和《泰晤士报》的阿纳托尔·卡列茨基。前者表示："我认为，尽管有所保留，但工党已经失去了理智。"后者声称："布朗将英镑锁在了金色箱子里，然后扔掉了钥匙。"或许最重要的早期评论来自《经济学人》："这一举措受人欢迎且期待已久。"这一评论反映了它对布朗所谓的"令人惊讶的大胆开局"的看法。但在具体实践中，它警告称："英格兰银行将面临一个高度政治化的任务，那就是决定为了快速而非缓慢地达到通胀目标，需要牺牲多少工作岗位。因此，独立带来的真实情况并不是没有民主损失，而是这种损失在经济收益面前显得微不足道。"[58]

在布朗的爆炸性消息发布后的1周半时间里，英格兰银行内部肯定弥漫着复杂的情绪。就在那个周二下午，乔治主持了一场高级官员会议，讨论未来的行动方向。一位与会者注意到在场的许多人，尤其是那些"通才型官员"，肢体语言显示他们相当沮丧。并且，总裁本人在心爱的英格兰银行面临根本性变化之际，心情可能也已从高点回落。他在下一周听说货币分析部门希望举办一场与开放和增长相关的学术会议（这项工作进展顺利），并且"作为活动的一部分希望在董事会议室举办晚宴"。或许值得注意的是，他的反应是"这不合适"。他甚至表示"并不确定晚宴是否真的必要"。不出所料，考虑到他在英格兰银行的业务经历，他对政府债务管理相关活动十分关注，所以他似乎很快就对布朗和财政部提出的计划不再像最初那样接受。在5月9日与伯恩斯的会议上，有人提到："伯恩斯曾向财政大臣提及改变英格兰银行名称的可能性。财政大臣的第一反应是英格兰银行是一个很好的品牌名称。"他略有些生气地说道："我想不出哪个中央银行不充当政府银行的角色。"而在一周后的GOVCO会议上，他采取了更强硬的立场："我们首先需要考虑哪些职能和活动对维持英格兰银行地位至关重要。一个关键因素是英格兰银行在市场中的存在感。而且，我们不应该忽视政府债务管理和货币政策之间的联系……"

当晚，戴维斯与伯恩斯进行了一场"长时间的讨论"，结果是一份仅供总裁查看的"关于政府债务管理相关活动的备忘录"：

> 目前的情况仍然相当不明朗，而且在很多方面都令人相当不满意，尽管一些最坏的可能性似乎不在议程之内……
>
> 特里试图与戈登·布朗讨论细节，但迄今为止还没有成功。

> 不过他（布朗）一直在重复自己的观点，即希望（政府债务管理的）战略、战术和操作都从英格兰银行转移到财政部。这也就是他在信中所说的（根据他的解释）。同时也是他认为将要发生的事情。特里试图让他关注这件事的影响，特别是涉及中央国债办公室（CGO）和国债登记处的转移。但迄今为止他并未有所改变。

副总裁继续写道："伯恩斯希望部长们能够同意将债务管理操作中的'思考'部分转移给财政部，但至少将 CGO 和国债登记处保留在英格兰银行手中，可能还要保留一级市场拍卖的管理权（大致按照法国模式）。"至于国库现金管理，伯恩斯得到的最新消息是，部长们"希望将政府现金管理与货币政策操作分开"。最后，部长们似乎"没有将政府账户移出英格兰银行的意愿"。[59]

那么监管呢？"政府正在就银行监管的未来进行咨询的事实将很快为人所知"。戴维斯在 5 月 6 日写给乔治的信中指出。这是乔治需要尽快解决的问题之一："我们需要决定，我们应在多大程度上主张保留英格兰银行的职能；是否有我们能接受的中间方案；以及我们应该在多大程度上动员其他意见来支持我们的事业。"除了布朗在 5 日当天似乎说过又似乎没说过的内容，总裁同样不知道在伦敦的另一端即将发生一件大事。大法官在起草女王演讲及截至 1999 年（两年后）秋季的法案清单时，只给英格兰银行预留了一个法案位置。财政部意识到这一问题为时已晚。因此，除非财政部迅速行动将独立性和监管问题合并立法，否则它将有可能错失改变监管和监督结构的立法机会。

因此，布朗要求乔治在 19 日星期一来见他。乔治还是期待讨论货币政策委员会（MPC）的组成。然而，他被通知英格兰银行将失去银行监管者角色，而这一职能将被转交给大幅扩张的证券和投资委员会（SIB）。如果霍华德·戴维斯同意的话，这个委员会将由他领导。总裁对此几乎没有回应，在回程车上沉默无语。当他回到英格兰银行时，情绪非常低落，偶尔冒出几句黑色幽默。他在某个时刻说道："连利－彭伯顿都没失去这个角色。"他多次威胁要立即辞职。英格兰银行的高级非执行董事戴维·斯科利费尽口舌才说服他不要辞职。乔治的愤怒并不是因为失去了监管职能本身，而是因为他认为布朗误导了他，让他向员工保证在最终决定之前会进行充分的咨询。至于戴维斯，他正在布宜诺斯艾利斯参加一个银行会议。当日稍晚，他收到了一条乍一看让人有些费解的信息："请拨打布劳恩（Braun）先生的电话。"随后，他在电话中得到了任命邀请。在与乔治长时间讨论后（副总裁累计产生了2000美元的电话费用），他接受了这一任命。第二天，即20日星期二，在布朗就拟议的新架构发表议会声明之前，乔治写信给他陈述英格兰银行的反应：

> 我已经与董事会成员讨论过此事。他们让我向您表达他们的失望。因为在您决定将银行监管职能剥离之前，英格兰银行实质性未被咨询。他们和我都清楚地理解，从我们5月的谈话和您5月6日发来的信件内容来看，英格兰银行本应该被咨询。

但是，总裁的语气开始软化："这不可避免地会被视为一个仓促决定。不过，现在重要的是我们要共同努力，使新安排取得成功。"布朗当天下午如期发表声明，指出他打算让英格兰银行充分参与制定详细提案，同时会广泛征求英格兰银行员工的专业意见。第二天，乔治对财政大臣的语气变得更加温和："我昨天与所有监管领域的员工进行了交谈（在布朗声明后不久召开的市政厅紧急会议上）。我相信我们会尽一切努力确保新安排顺利进行。"[60]

当然，所有人对"新安排"具体是什么，尤其是英格兰银行将扮演什么角色，都几乎一无所知。英格兰银行在20日布朗声明后的新闻公告中指出，中央银行仍需要"能够通过新监管机构监测各银行财务状况和系统全貌"。布朗在声明中提出："英格兰银行将继续负责金融系统的整体稳定。扩张版的证券和投资委员会（SIB）将负责审慎监管，并在适当的时候负责业务行为规则。"对于权力斗争的失败者，并没有多少人为之惋惜。《泰晤士报》的金融编辑宣称："英格兰银行应当被剥夺银行审慎监管职责。尽管英国银行倒闭的数量不多，却影响极大。公众对中央银行的监管能力早已失去信心，因为在《老妇人》的一大堆优先事项中，监管显然是不受待见的'穷亲戚'。"他补充道："英格兰银行的高层人员早已转向更光鲜的宏观经济政策和国际货币事务。"当然，英格兰银行内部的态度早已分化。乔治已经进入一个相对无所谓的阶段。金则感到如释重负。他一直认为，如果英格兰银行获得了货币政策的法定责任，那么持续的监管角色将是一个严重的阻碍。至于425名监管人员，《星期日泰晤士报》称他们的情绪"非常沮丧"。对于整个金融城来说，同一报纸引述的一位投资银行家观点很具代表性："这无疑会削弱英格兰银行作为整个伦敦金融界代言人的角色。它的领导地位将受到打击……"最后一则新闻界评论来自《经济学人》："在英格兰银行和SIB之间实现正确分离以及合作平衡将是困难的。”[61]

接下来的几个月时间都在建立新秩序。英格兰银行与财政部之间明显的不信任关系显然拖了后腿。早在5月27日，总裁就向布朗表达了他对“英格兰银行法准备工作”的“担忧”。他指出英格兰银行和财政部官员在“货币政策领域之外的角色范围”方面，存在“处理方式上的根本性分歧”。他试图让财政大臣从英格兰银行的角度看清全局：

> 从本质上讲，英格兰银行作为中央银行的信誉和权威取决于一定程度上的独立行事，以及对董事会负责。它具有一系列职能，使其具备必要的整体性关键影响力。对于任何单一问题，人们或许可以采用最简单的处理方式。但如果总是简单处理，累积效应将会削弱英格兰银行的地位和声誉。这不仅会影响他国中央银行的看法，以及全球金融市场的认知，还会影响英国公众的意见。最终将导致英格兰银行难以有效履行剩余职能。我相信这不是您的本意，因为这将大幅削弱英格兰银行作为一项重要国家资产的能力。

在政府债务管理等领域，英格兰银行输了。在乔治表态后不久，布朗明确表示财政部不会放弃获得债务管理更直接权力的愿望。尽管如此，英格兰银行仍然设法保持了自己在市场上的合理存在感。一位高级官员在新安排落实不久后告诉基根：“我们的货币市场操作如常进行。虽然我们在国债方面的作用减小了，但我们仍然拥有相当数量的国债组合，并继续在外汇市场上（以汇率平衡账户）进行操作。”关于英格兰银行与财政部的日常财务独立性，双方进行了激烈的争斗，最终英格兰银行赢得了胜利。双方还花费了大量时间，研究最后贷款人问题和英格兰银行作为整体金融稳定守护者的操作自由问题。

到1997年7月底，一份体现新监管三方合作的谅解备忘录（MoU）达成了。签字方包括财政部、英格兰银行和SIB［今后将被称为金融服务管理局（FSA）］。英格兰银行在签字时显得有些不快。随后总裁前往唐宁街10号，“以确保首相亲自了解相关问题及其严重性”。总裁向布莱尔概述了他设想的系统：“SIB作为单个机构的监管者，应首先发现可能引发系统性问题的线索，并将其提交给英格兰银行。英格兰银行将从系统性角度，决定如何行动、取舍并承担主要责任。”他补充说：“据我理解SIB对英格兰银行的设想没有异议。然而，财政部提出的安排……将以一种人为方式强制分割英格兰银行和SIB之间的责任，以至于会模糊最终责任人，危险地削弱英格兰银行作为中央银行的能力，从而降低其有效应对危机的能力。”此外，乔治进一步抱怨，财政部“能够接受”的英格兰银行风险处置自由度上限（大约 7000 万英镑）“太低了”“几乎在危机中没有任何用处”。财政部要求“超过这一上限后要强制引入三方咨询”“可能导致风险处置的延迟”。简而言之：“英格兰银行未来提供快速和谨慎支持的能力十分重要，现在选择对其施加新限制，似乎是一种有悖常理的做法。”布莱尔安抚总裁说：“我将确保财政大臣了解总裁对此事的深重关切。”实际上，当 MoU 最终公布时，它并没有具体限制英格兰银行在“特殊情况下”的操作自由度。[62]

同时在员工层面，英格兰银行的监管人员要么调往位于伦敦金丝雀码头的 FSA，要么留在针线街的金融稳定部门，无人被裁员。当然，MPC 作为所有这些动荡的重要起点，被迅速组建并很快开始工作。一个关键的先决问题是确定“通胀目标”的准确数值。乔治在 5 月底告诉布朗：“我担心成员们的意见不一……会让我们平衡风险（选择通胀目标）出现困难。”他还指出：“前财政大臣提出通胀通常处于 1% 至 4% 的区间。这混淆了我们需要处理的问题。”结果，布朗在 6 月的市政厅讲话中宣布将 2.5% 设定为通胀目标，并要求总裁在通胀偏离该目标超过 1% 时向其公开说明原因。MPC 的筹备工作是在金的协调下进行的。财政部任命的外部人员似乎并没有引发太多争议。乔治一度反对投票规则，但最终妥协了。他的副总裁离开英格兰银行，前往领导 FSA。7 月下旬，金（负责货币稳定）和大卫·克莱门蒂（David Clementi，负责金融稳定）被任命为新的副总裁。后者因在克莱沃特·本森①（Kleinwort Benson）操盘私有化而声名鹊起。乔治因为不熟悉他，曾在一开始有所质疑。

10 月 28 日星期二，英格兰银行法案在下议院被首次审阅，正式将利率的操作责任赋予新的 MPC。同时，MoU 被正式公布，新的超级监管机构 FSA 也由财政大臣宣布成立（实际上是被重新命名）。布朗宣称：“这些改革为长期的货币和金融稳定奠定了基础。”而在距离金丝雀码头几英里远的针线街，拥有 303 年历史的英格兰银行已经准备好在这个全新的世界中发挥作用。[63]

---

① 克莱沃特·本森是一家商人银行，1995 年被德累斯顿银行（Dresdner Bank）并购。——译者注

第十八章　受人欢迎且期待已久

1 Steven Solomon, The Confidence Game (New York, 1995), pp. 501-502; Spectator, 31 Oct 1992 (Stephen Fay); CB, Autumn 1990, pp. 77, 85; Philip Stephens, Politics and the Pound (1996), p. 169; 13A231/10, 4 Feb 1990; John Major, The Autobiography (1999), p. 153; Robert Elgie and Helen Thompson, The Politics of Central Banks (1998), p. 75.

2 13A231/10, S Feb 1990, 22 Feb 1990; 13A231/11, 19 April 1990; 13A231/12, 6 July 1990; CB, Summer 1990, p. 11; Elgie and Thompson, P 75; 13A231/17, 27 March 1992.

3 OL, March 1990, opp p. 1; 13A231/13, 6 Sept 1990; 13A231/19, 18 Aug 1992; Norman Lamont, In Office (1999), pp. 97-98.

4 Roger Lomax, 'The Bank of England and UK Business, 1930-2003', p. 97; BEQB, Nov 1990, p. 512; Lomax, p. 100; BEQB, Feb 1993, p. 114.

5 Lomax, pp. 105-116; 1A231/10, 16 Feb 1990.

6 ODNB, Forrest Capie, 'Eddie George, Baron George', BEQB, Feb 1994, pp. 64-65; John D. Turner, Banking in Crisis (Cambridge, 2014), p. 165. See also: Ian Hay Davison, 'How to rescue a bank', Spectator, 19 April 2008; Kushal Balluck, 'The small bank failures of the early 1990s', BEQB, 2016 Q1, pp. 41-51.

7 Times, 18 Dec 1990; Investors Chronicle, 21 Dec 1990; 13A231/14, 100 Jan 1991, 23 Jan 1991, 4 Feb 1991, 8 Feb 1991, 13 Feb 1991; 13A231/16, 27 Nov 1991; Richard Roberts and David Kynaston, The Lion Wakes (2015), p. 188; 13A231/17, 2 Jan 1992, 5 March 1992; Roberts and Kynaston, Lion, pp. 190-191, 200.

8 G3/375, 5 Dec 1979; Daily Telegraph, 3 March 1993; 13A231/15, 8 July 1991; 13A231/7, 26 May 1989.

9 13A231/15, 8 July 1991, 4 July 1991; Spectator, 27 July 1991; 13A231/15, 19 July 1991.

10 OL, Autumn 1991, p. 106; Treasury and Civil Service Committee, Banking Supervision and BCCI (1992), pp. 48, 50,113, 120-121, 125, 253, 292, paras 29, 32; CB, Autumn 1992, p. 3; 13A231/19, 25 Sept 1992, 14 Oct 1992; Sunday Times, 25 Oct 1992; Times, 23 Oct 1992; Daily Telegraph, 2 Jan 2004; CB, 2005/6 (2), p. 15; 13A231/19, 19 Oct 1992; 13A231/15, 8 July 1991.

11 Major, p. 162; C. A. E. Goodhart, 'The Bank of England 1970-2000', in Ranald Michie and Philip Williamson (eds), The British Government and the City of London in the Twentieth Century (Cambridge, 2004), pp. 355; Stephens, pp. 152-153; BEQB, Nov 1990, p. 486.

12 BEQB, Feb 1997, pp. 99-100, 2010 Q4, p. 260; 13A231/18, 7 Aug 1992, 24 Aug 1992,

27 Aug 1992; Major, pp. 326, 329; Daily Telegraph, 27 July 1994 (Neil Collins).

13 CB, 2004/5 (4), pp. 7-8; Lamont, p. 244; OHC, Ian Plenderleith, 26 Jan 2011; Black Wednesday, BBC 1, 16 Sept 1997; OHC, Michael Foot, 10 Jan 2011; Black Wednesday, BBC 1, 16 Sept 1997; Lamont, p. 255.

14 13A231/19, 16 Sept 1992; Lamont, p. 291; Guardian, 14 Sept 2012.

15 Lamont, pp. 247-248, 250-252; 13A231/19, 16 Sept 1992 (Butler note of 24 Sept 1992); Stephens, pp. 251-252.

16 13A231/19, 17 Sept 1992.

17 Spectator, 30 Oct 1992; Giles Radice, Diaries, 1980-2001 (2004), p. 285; 13A231/19, 17 Sept 1992; 16A118/7, 17 Sept 1992; 13A231/19, 17 Sept1992; 16A118/7, 24 Sept 1992.

18 Dow, p. 247; OL, March 1997, p. 27; 13A231/18, 5 June 1992.

19 OHC, Lord (Terry) Burns, 22 Nov 2011; 13A231/19, 6 Oct 1992; Stephens, p. 152; Elgie and Thompson, p. 77; 13A231/19, 19-20 Oct 1992; 10A143/1, 27 Oct 1992; Elgie and Thompson, p. 77; Times, 30 Oct 1992.

20 BEQB, Nov 1992, pp. 441-448; 10A143/1, 10 Dec 1992; Evening Standard, 14 Feb 2013 ('City Spy').

21 FT, 30 Oct 1992; 13A231/19, 24 Dec 1992; Lamont, pp. 322-325; Major, p. 675; Michael King, 'New Lady of Threadneedle Street', CB, 2000/1 (4), p. 85; Elgie and Thompson, pp. 79-80; 10A143/2, 3 Feb 1993.

22 Lamont, pp. 321-322; Sunday Times, 25 Oct 1992; Spectator, 30 Jan 1993; Banking World, March 1993, p. 11; CB, Winter 1992/3, pp. 7, 68; OL, Spring 1993, p. 24.

23 13A231/20, 10 March 1993; 13A183/5, 25 May 1993; 13A231/20, 3 June 1993; Elgie and Thompson, p. 80; 13A231/20, 17 June 1993.

24 CB, Summer 1993, p. 6; eulogy (Paul Tucker) at memorial service, 6 Feb 2014; 'Lord Kingsdown', Times, 26 Nov 2013.

25 ODNB, Capie, 'Eddie George'.

26 Securities & Investment Review, Sept 1993, p. 14; 13A183/5, 26 July 1993, 1 Aug 1993, 29 July 1993, 25 Oct 1993; Treasury and Civil Service Committee, The Role of the Bank of England: Volume II: Minutes of Evidence and Appendices (1993), pp. 114, 158, 503, 511, 381, 198, 200, 221, 242-243, 295, Volume I: Report (1993), pp. vi, xx-xxix.

27 CB, Autumn 1993, p. 7; Elgie and Thompson, p. 81; CB, Summer 1993, p. 6; King, 'New Lady', pp. 86-87; Centre for Economic Policy Research, Independent and Accountable (1993), pp. 73-74; House Magazine, 7 Feb1994.

28 13A231/20, 9 Nov 1993; New Financial Review, April 1995, p. 3; 13A231/21, 11 Feb 1994; Elgie and Thompson, pp. 84-86; 13A231/20, 8 Sept 1993; 10A143/6, 14 March 1994; CB,

2000/1 (3), p. 23; FT, 14 April 1994.

29 Forrest Capie et al, The Future of Central Banking (Cambridge, 1994), pp. 360-361, 300, 304; Economist, 11 June 1994; OL, Summer/Autumn 1994, pp. 66-67; FT, 27 July 1994; Daily Telegraph, 27 July 1994.

30 ADM10/1, fo 96, 15 July 1965; OL, Dec 1988, pp. 174-175, 178-179; 13A231/6, 5 Aug 1988, 25 Aug 1988; OL, Dec 1988, pp. 176-177; Country Life, 15 June 1989.

31 OL, Dec 1990, pp. 170-171 (Caroline Wright); FT, 2 Oct 1990; Peter Kirwin (ed), A Tribute to the Bank of England (1994), pp. 98-103; OL, June 1996, p. 47 (Chris Bailey).

32 Byatt, p. 203; Fay, p. 43; OL, Summer 1991, p. 58 (Shane Sullivan); 13A231/5, 1 Dec 1987; Byatt, pp. 219-228; Wikipedia, 'Loughton incinerator thefts'.

33 OL, Spring 1993, p. 13, Spring 1992, pp. 20-22.

34 Annual Report 1979, p. 27; Annual Report 1994, p. 22; 13A231/25, 24 May 1996; 13A231/4, 14 May 1986; 13A231/7, 22 June 1989; 7A148/12, 31 Jan 1996; OL, Dec 2004, p. 130; 4A18/12, 6 May 1997.

35 13A231/1, 19 Sept 1983; OL, Dec 1984, p. 192 (Mark Stephenson), Dec 1985, p. 145 (David Pollard), March 1986, p. 9 (Michael Pickering).

36 13A231/20, 4-5 Aug 1993, 7 Oct 1993, 8 Sept 1993.

37 Elizabeth Hennessy, 'The Governors, Directors and Management of the Bank of England', in Roberts and Kynaston, pp. 211-213; Elizabethd Hennessy, 'The Georgian era at the Bank of England', CB, 2002/3 (4), pp. 38-39; 13A231/18, 21 July 1992; CB, Spring 1994, pp. 30-31; FT, 27 July 1994.

38 CB, Spring 1994, p. 31; 13A231/21, 29 July 1994, 7 Sept 1994; 13A231/23, 25 June 1996; OL, March 2002, p. 11 (Ruth Kelly).

39 Bank Fortnight, 17 March 1994; 4A69/110, 17 March 1995; 13A231/22, 12 April 1995, 30 June 1995; 13A231/23, 12 Feb 1996; 13A231/25, 24 May 1996; 13A231/24, 18 Sept 1996.

40 ARM344957-8; 13A231/22, 7 Nov 1995; OL, March 1996, pp. 7-9 (Howard Davies); 13A231/26, 24 Feb 1997.

41 BEQB, Nov 1992, P 459; 13A231/20, 8 Sept 1993, 6 Dec 1993; BEQB, Aug 1994, p. 280.

42 Treasury Committee, The Role of the Bank of England: Volume I, pp. xxv-xxvi; BEQB, Feb 1994, pp. 60-66; Treasury Committee, The Role of the Bank of England: Volume I, p. xxviii; Economist, 7 May 1994; FT, 27 July 1994 (John Gapper).

43 The two key accounts are: Stephen Fay, The Collapse of Barings (1996); John Gapper and Nicholas Denton, All That Glitters (1996).

44 4A69/109, 24-25 Feb 1995; 4A69/110, 26 Feb 1995.

45 Times, 28 Feb 1995, 1 March 1995; FT, 1 March 1995; Independent, 4 March 1995;

Sunday Telegraph, 5 March 1995.

46　13A231/22, 1 March 1995; 4A69/110, 16 March 1995.

47　Sunday Mirror, 19 March 1995; CB, Spring 1995, p. 21; FT, 22 March1995; OL, Oct 1995, pp. 114-116.

48　Fay, Collapse, pp. 245-246; CB, Summer 1995, pp. 16-17; Fay, Collapse, p. 246; Treasury and Civil Service Committee, Board of Banking Supervision: The Report on the Collapse of Barings Bank (1995), pp. 96, 121-125; 4A69/114, 25 July 1995; 13A231/22, 8 Sept 1995; Clare Pearson, 'Trying times on Threadneedle Street', Institutional Investor, Sept 1995, p. 102.

49　Treasury Select Committee, Barings Banks and International Regulation (1996), Vol. I, pp. xiii-xv; BEQB, Nov 1996, p. 462; Treasury Committee, Barings, Vol. Ⅱ, pp. 1291-1412; BEQB, Feb 1997, pp. 111-112; Treasury Committee, Barings, Vol. I, pp. XXXV - XXXVI.

50　BEQB, Feb 1996, p. 92; Philip Augar, The Death of Gentlemanly Capitalism (2000), pp. 312, 321-322, 325; 13A231/22, 13 April 1995; CB, Spring 1997, p. 15; Ian Plenderleith, 'Developments in the Monetary Field at the Bank of England', in World Gold Council, Central Banking and the World's Financial System (1997), p. 14; 13A231/25, 16 Dec 1996; Independent, 26 Feb 1997; FT, 23 Dec 1998; Times, 17 Sept 1996; Plenderleith, 'Developments', p. 12.

51　BEQB, Nov 1995, p. 393; OL, March 1997, p. 26 (David Smith); 13A231/21, 10 Nov 1994; 13A231/25, 31 Oct 1996; BEQB, Feb 1997, pp. 100-101.

52　Conaghan, p. 15; 13A231/22, 4 May 1995; Elgie and Thompson, pp. 87-89; BEQB, Nov 1995, p. 389; International Economy, Sept/Oct 1995, p. 12 (Anatole Kaletsky); Elgie and Thompson, p. 90.

53　4A69/109, 7 Feb 1995; Alastair Campbell and Bill Hagerty (eds), The Alastair Campbell Diaries, Volume I (2010), pp. 152, 158; 4A69/112, 11 May 1995; Campbell (1), p. 200; 4A69/112, 15 May 1995; William Keegan, The Prudence of Mr Gordon Brown (Chichester, 2003), pp. 145, 161-164.

54　13A231/25, 26 Nov 1996; 8A388/36, 24 Jan 1997; 13A231/26, 5-6 Feb 1997; Elgie and Thompson, p. 92; 13A231/26, 7 March 1997.

55　CB, Spring 1995, p. 43; 4A69/112, 15 May 1995; 13A231/25, 26 Nov 1996; 13A231/26, 6 Feb 1997.

56　Keegan, p. 157; Campbell (1), p. 626; Elgie and Thompson, p. 92; 4A18/11, 23 April 1997; Ed Balls, Speaking Out (2016), pp. 138-139.

57　Keegan, p. 182; Andrew Rawnsley, Servants of the People (2000), pp. 31-33; BEQB, Aug 1997, pp. 244-245; 16A129/1, 6 May 1997; Hugh Pym and Nick Kochan, Gordon Brown (1998), pp. 72-73.

58　Keegan, p. 153; Wilf Stevenson (ed), Gordon Brown, Speeches 1997-2006 (2006), pp.

9, 12; 16A129/1, 6 May 1997; Alastair Campbell and Bill Hagerty (eds), The Alastair Campbell Diaries, Volume 2 (2011), p. 10; Independent, 7 May 1997; Daily Telegraph, 7 May 1997; Guardian, 7 May 1997; Tom Bower, Gordon Brown (2007 edn), pp. 208-209; Rawnsley, p. 37; Economist, 10 May 1997.

59 13A231/27, 12 May 1997, 9 May 1997; 8A388/37, 16 May 1997; 13A231/27, 16 May 1997.

60 16A129/1, 6 May 1997; Pym and Kochan, pp. 73-74; 16A129/1, 20-21 May 1997.

61 16A129/1, 20 May 1997; BEQB, Aug 1997, p. 246; Times, 21 May 1997; Sunday Times, 25 May 1997; Economist, 24 May 1997.

62 16A129/1, 27 May 1997; Keegan, pp. 187-188; 7A148/12, 29 July 1997; BEQB, May 1998, pp. 97-99.

63 CB, 2003/4 (1), p. 8; 7A148/12, 29 May 1997; BEQB, May 1998, p. 93; Brown, Speeches, p. 20.

后记

你只是不知道何时

如果把1997年至2013年看作一整段时间，有一个事件在其中占据主导地位，那就是始于2007年夏季并在2008年秋季达到顶峰的银行业危机。在这个埃迪·乔治任期最后6年和默文·金整个10年任期的时段里，危机的经济后果是深远的。危机约6年后，金的继任者指出，如果它没有发生，那么到2014年英国的产出可能会高15%。或者更具体地说，每个英国人的年均收入会多3750英镑。本书前几部分主要基于英格兰银行的档案材料，本部分后记则不同（除了已于2015年网上公开的2007至2009年部分档案），主要基于已经公开的资料和大约二十几次的访谈。金本人在2012年对《泰晤士报》表示："重要的是，所有的文件和档案都将在20年或30年后向历史学家开放，届时他们将形成自己的判断。历史必须由那些没有参与其中、保持冷静客观的人做出评价。"[1]本书作者相信自己是客观的。但由于缺乏关键档案，任何评价都只能是严格意义上的暂时结论。关于英格兰银行在此期间的权威论述尚待后人撰写。

从1997年起，独立后英格兰银行的公众焦点自然是货币政策委员会（MPC）。起初，尤其是在1998年，形势非常不利。当时，尽管强劲的英镑对英国经济的某些部门造成了明显伤害，抵抗通胀的MPC仍固执地维持高利率。结果，英格兰银行陷入尴尬境地，承受着猛烈的甚至是恶毒的攻击。这些攻击来自工业界管理层和劳动者、专栏作家和漫画家，甚至是在皇家交易所外威灵顿公爵雕像旁集会的工会示威者。然而，进入新世纪以后，形势几乎完全逆转。2001年2月英国民意调查（NOP）显示，55%的民众对英格兰银行的工作表示满意，只有10%的人表示不满意。此外，更愿意看到利率上升的人比更愿意看到物价上涨的人多4倍。对于英格兰银行来说，这是一个令人欣慰的现象，表明通胀预期终于得到控制。同年晚些时候，MPC成员苏希尔·瓦德瓦尼（Sushil Wadhwani）公

开指出，20 世纪 80 年代的平均通胀率约为 7%，1990 年至 1997 年约为 4.25%，而 1997 年 5 月至 2001 年 3 月仅为 2.4%。不久之后，影子财政大臣迈克尔·霍华德（Michael Howard）宣布，保守党将不再反对英格兰银行的独立性。2002 年，与美国和德国不同，英国避免了经济衰退。随后，财政大臣戈登·布朗向议员们保证："英格兰银行有能力在恰当的时间为英国经济的长远利益作出正确决定。"乔治在 2003 年即将卸任总裁职务时总结道："自 1992 年在'黑色星期三'之后开始制定通胀目标以来，我们已经连续 40 多个季度实现了经济正增长……你们真的不能要求更多了。"[2]

2003 年 10 月，金在莱斯特发表了作为总裁的首次演讲。当时是在英格兰银行与东米德兰经济发展署联合举办的晚宴上。他首先回顾了自 1992 年底以来的 10 年以及通胀目标，随后宣布英国经历了一个"非通胀的、持续扩张的"——或者说是"美好的"①10 年。他继续形容道："这个十年增长略高于趋势水平，失业率稳步下降，并且在贸易条件改善的支持下，实际税后收入在不增加雇主成本的情况下上升，从而允许消费增长高于趋势水平而不对通胀施加上行压力。"这确实是一幅乐观的景象。"接下来的十年会同样'美好'吗？"金自问自答道："不太可能。"原因包括贸易条件改善可能难以持续，以及闲置产能空间已经减少。尽管如此，他仍强调"本国的宏观经济框架是稳固且经过验证的"。大多数听众和评论员从演讲中记住的主要是那个引人注目的缩写（即"nice"）。

不可避免地，人们倾向于相信某种"魔力公式"已经被找到。MPC 成员保罗·塔克（Paul Tucker，自 2002 年起任职）在 2005 年 10 月对财政委员会表示："虽然我们完全承认无法阻止某些特定行业的繁荣与萧条，但是我们应该能够防止像过去那样在整个经济中出现的频繁繁荣与萧条。"MPC 的十周年纪念是在 2007 年。负责货币政策的副总裁瑞切尔·洛马克斯在 2 月的一次莱斯特演讲中回顾道："过去 10 年所谓的'大稳定'为 MPC 带来了巨大的声誉。这是 20 世纪大部分时间里英国货币政策制定者们无法企及的'金色光环'。"5 月，金在商业经济学家协会的讲话中同样提到了"我们新获得的稳定"。具体包括，10 年间平均增长率为 2.8%，高于战后平均水平；"没有一个季度出现负增长"；通胀偏离目标的平均值仅为"负 0.08 个百分点"。9 月，财政委员会在对 MPC10

① "非通胀的、持续扩张的"（non-inflationary, consistently expansionary）英文缩写就是"美好的"（nice）。——译者注

周年的正式评估中宣布:“过去 10 年的货币政策框架总体是成功的。虽然很难量化 MPC 在保持低通胀率方面的贡献,特别是很难将其贡献与全球经济更广泛变化的影响区分开来,但 MPC 在确保过去 10 年通胀率比之前几十年更低、更稳定方面,确实值得更高的赞誉。”[3]

在 2007 年 9 月的同一篇报告中,还提到了“最近资产价格的上涨”,指出议员们认为这“可能暗示未来 10 年经济环境不如过去 10 年那样好”。报告继续说道:

> 货币政策委员会可能的应对方式是,通过“逆向而行”来应对资产价格的上涨,即提高利率以抑制价格泡沫。然而,要采取这种举措必须先识别泡沫的存在。根据手中的证据,我们无法确定这一点。此外,MPC 唯一可用的工具是调整利率,而提高利率以对抗某些资产价格的上涨可能会抑制整个经济体的增长。因此,只有当资产价格快速下跌带来的风险超过对抗上涨、提高利率的实际成本时,这样的政策才值得实施。

此时,银行业危机实际上已经开始。在接下来的几年里,人们自然而然地提出了一个事后诸葛亮般的问题,即 MPC 在危机前是否应该提高利率以遏制信贷增长。对此进行反思的人包括凯特·巴克(Kate Barker,自 2001 年起为 MPC 外部成员)、英格兰银行的查尔斯(查理)· 比恩(Charles‘Charlie’Bean,2000 年起任首席经济学家,2008 年起任货币政策副总裁)和默文·金本人。在 2010 年即将卸任的一次告别演讲中,巴克总体上没有表现出后悔,但她承认自己“严重低估了潜在金融危机带来的下行风险规模”。不久之后,她指出 2005 年是一个关键年份。当时房价持续上涨,但利率只上调了 0.25 个百分点。她提出:“若当时通过提高利率发出某种信号,可能有助于向外界传递出‘事情并不全然乐观’的信息。”在同一访谈中,她还指出 MPC 对中期通胀的持续强调(这是其职责的核心),“使得过多精力集中在确保恰好两年准确达成目标上”“这可能让我们从更广泛的战略性问题上分心了”。比恩则表示,虽然他并不认为自己再经历一次危机会有不同的做法,但同样承认应该从危机前的经历中汲取教训。他在 2012 年 MPC 成立 15 周年时指出:“仅仅实现通胀目标不足以确保经济稳定。长期的稳定会导致家庭、公司和投资者将其视为理所当然,低估风险并增加杠杆,从而加大了系统的脆弱性。”至于默文·金,他曾在危机前作为少数派十多次投票支持提高利率。他强调了一国货币政策制定在面对全球局势时的无奈。他在2013年卸任6个月后向BBC电台听众表示："在英格兰银行内部，我们确实讨论过是否应该在危机前提高更多利率。如果我们那样做了，我们无疑会经历一次经济衰退，甚至可能会出现经济萧条、失业率上升和通胀远低于目标的情况。我们作为一个国家无法阻止金融危机的发生，所以我认为那样做是自找苦吃。当然，有人会辩称'如果每个国家都那样做了我们或许就不会陷入如此困难的境地'。"对此，他指出："真正的问题在于当时的全球政治以及全球金融市场中，存在着一种普遍认同的观念，即一切都向好发展。"

即便如此，金在其发人深省、文辞优美的2016年著作《炼金术的终结》中承认，危机前确实发生了一场重要辩论。这本书并非关于危机历史，但不可避免地经常触及这个话题。可以说，关键年份是在21世纪初，当时过于宽松的货币政策显然导致了21世纪初秩中期的资产价格泡沫。2002年2月的MPC会议记录中写道："在某些成员看来，债务水平不断上升可能会加大产出和通胀的波动。……但其他成员对此几乎或者完全不予重视。"根本问题在于英国经济的双速运行：国内消费需求旺盛，但英国出口的全球需求疲软。乔治在同年坦诚："事实上，我们认为在当前形势下，不平衡的增长总比没有增长要好。"2003年初，金在即将成为总裁时在《机构投资者》杂志中展望了未来：

> 挑战在于，为了维持接近趋势的平均增长率和接近目标的通胀水平，不平衡因素被我们不断积累。你知道我们迟早会出现一次调整，而且调整来临时可能会非常剧烈。问题在于，我们根本不知道调整会有多大，何时到来，有多剧烈，以及是否会难以恢复。

金补充道："使用货币政策来控制资产价格永远不可能成功，因为你永远不知道需要将利率提高多少才能降低资产价格。有什么理论能告诉你利率的小幅变动如何影响非理性行为吗？没有。"[4]

并非所有人都同意这一观点。前英格兰银行官员、时任国际清算银行总经理安德鲁·克罗凯特在2003年2月警告说，如果央行只专注于"通胀控制"，而未能"预先充分收紧货币政策以抵御过度的信贷扩张和资产价格上涨"，那么总体结果将是"对金融失衡的积累缺乏足够保护""这是我们观察到的造成金融不稳定的根本原因"。这一针对货币政策的看法几乎立刻就被比恩批判。他在巴塞尔的一次演讲中将其视为"异端"。同年，英格兰银行一位身份不明的"高级且有影响力的董事"也向记者罗伯特·佩斯顿（Robert Peston）阐述了一些观点。这番话直到2012年才公之于众：

> 我对资产价格的看法非常明确……我们关心资产价格变化的原因是它们会对未来的通胀和经济活动产生影响。如果现在积累了资产价格泡沫，当它破裂时通常会伴随着经济活动的急剧下降、金融困顿等问题。你可以将这些问题纳入通胀目标制度的范畴。有些人对通胀目标的理解比较狭隘，认为只需关注两年后的情况。但这并不是我所支持的观点。通常，对于资产价格泡沫可能导致未来金融失衡的担忧，需要你将视野延伸到两年时间范围之外。很多时候，你知道泡沫终将破裂。但你只是不知道何时……

最终，2003年11月，在房价因低利率持续快速上涨两年后，货币政策在一定程度上有所收紧。但那时马已脱缰，为时已晚。[5]

接下来的三年半里，这个问题不时地被曝光。2004年3月，接替大卫·克莱门蒂出任金融稳定副总裁的安德鲁·拉奇爵士（Sir Andrew Large）公开主张将目标时间范围延长至两年以上。他指出："每个月当我们在MPC做出政策决定时，我都会意识到债务状况尤其是较高债务杠杆带来的潜在脆弱性，可能在某个时刻显现，并触发需求的急剧放缓。"在2005年，主要是他和塔克投票支持加息，但没有成功。在同年8月，他们得到了洛马克斯和总裁本人的支持，反对一次0.25%的降息，不过也未能成功。年底，拉奇发表告别演讲。他再次主张："在某些情况下，可以通过提前收紧货币政策来应对潜在冲击。这可以看作是类似保险或风险管理的行为。"据人们所知，这在英格兰内部又基本被忽视了。2006年也是如此。5月的"通胀报告"指出"当前广义货币增长远高于均衡水平"，但基本上没有明确说明其影响。9月，9位经济学家，包括查尔斯·古德哈特、戈登·佩珀和蒂姆·康登（初稿撰写者），联名给《金融时报》写了一封信，强调高货币增长的危险。大约在同一时间，约翰·纽杰（John Nugée，前英格兰银行官员，当时任职于道富环球投资管理公司）在《中央银行》杂志中指出，经过十多年的低通胀，央行正处于声誉"巅峰"，但根据历史尤其是1929年华尔街崩盘的教训，"价格稳定不足以确保总体金融稳定"。12月，塔克在荣誉炮兵连花园发表了纪念罗伊·布里奇的演讲，指出了英国广义货币的快速增长（自2005年初以来增长超过25%），但也解释了政策制定并没有真正推动解决该问题。[6]

那么决定性的2007年呢？1月，在一次意外的0.25%加息后（至5.25%），《独立报》的杰里米·沃纳（Jeremy Warner）质疑这一举措是否“表明中央银行家们普遍采取了‘强硬’立场”“意图抑制过剩流动性和过度繁荣”。他对此表示怀疑：“即使在昨天加息后，按实际价值计算，英国的实际利率在国际标准下也不算特别高。”5月初，金在关于MPC“十周年”的演讲中，专门花了大量篇幅讨论所有中央银行面临的“如何区分货币需求冲击与供给冲击的实践问题”。但他只是承诺英格兰银行正在“努力开发模型”以帮助区分，他声称：“我们将为这一任务投入更多资源，包括我们的全新信用状况调查资源。”同月晚些时候，总裁在“通胀报告”新闻发布会上被问及，各国中央银行家是否普遍担心“过度宽松的货币政策助长了全球资产价格的过热”。总裁并没有否认这一担忧。他强调：“英国的资产价格很大程度上受到海外状况的影响，而与英国货币政策无关。”6月，他未能说服MPC投票支持0.25%的加息。不久后，他在市政厅的演讲中也仅仅略微提及了信贷增长的货币政策原因。7月初，MPC确实将利率上调了0.25%（至5.75%），使其终于在国际上处于相对较高水平。8月初，MPC投票一致决定不改变利率。8月8日，季度“通胀报告”新闻发布会如期举行。回头来看令人惊讶的是，当时只有彭博社的一位记者珍妮弗·瑞安（Jennifer Ryan）关注了信贷问题。金在回答瑞安的提问时坚持认为：“货币政策制定是为了实现通胀目标。它基于对通胀前景的宏观判断，因此信贷状况的变化只有在影响宏观经济前景时才值得重点关注。”当时的情况如何呢？美国次级抵押贷款市场已经出现了不良贷款的迹象。金在被提示这些迹象后表示：“我认为没有任何确凿证据表明信贷状况的变化对宏观经济前景构成了根本性挑战。”[7]第二天，信用坍塌开始了。

随着危机的发生，人们的关注点不可避免地转向了危机前英格兰银行另一部门的表现，即金融稳定部门是否失职。尽管自1997年三方协议以来，它已不再承担银行监管职责。一个大体上负面的共识很快形成，并逐渐成为主流观点。其潜在假设是，英格兰银行在危机前存在重大失职。经济评论员威尔·赫顿（Will Hutton）在2012年表示：“现在显而易见，英格兰银行本应该敦促银行限制借贷金额，限制可抵押房地产贷款的比例（贷款—价值比），甚至对鼓励冒险行为的疯狂薪酬和奖金制度进行管控。”这番话很少有观察者会不同意。同年，金在备受瞩目的《今日》栏

目中（次日早上他还在该节目中接受了一次长时间采访）发表了著名的公开忏悔："事后来看，我们当时本应该在屋顶高呼，在这个'银行过于重要而不能倒闭'的金融系统中，银行增长太快、借贷太多，而所谓的'温和监管'并没有阻止这一切。"

对英格兰银行危机前应对失当的外部解释主要有三方面。第一个解释是，人们认为1997年的三方协议本身存在缺陷。这一点首先从谅解备忘录（MoU）本身就可以体现出来，这份备忘录在目标和责任等关键问题上含混不清。此外，人们还认为英格兰银行与金融服务管理局（FSA）的沟通远远不够，其原因被上升到制度层面。总的来说，英格兰银行毫无必要过分担心侵犯FSA的权力范围。2016年埃德·鲍尔斯的爆料进一步揭示了这一无人负责的局面。这位工党前金融城官员回忆起2006年至2007年冬天的一场"危险且瞬息万变的金融战争模拟场景"，显示他和FSA负责人卡勒姆·麦卡锡爵士（Sir Callum McCarthy）与时任总裁之间存在根本分歧。根据鲍尔斯的说法，他和麦卡锡希望为一家假象中的大型英国清算银行提供存款担保以及紧急资源，因为这家银行对一家濒临破产的房屋互助协会的风险敞口过大，有可能在一夜之间就资金枯竭。然而金明确表示，救助该清算银行会带来经济学家所谓的"道德风险"。[8]不过需要注意的是，并非所有参与者都对这一事件有相同的记忆。至少有一人回忆说，总裁曾敦促财政部制定一项清算机制法规，以处理濒临倒闭的银行。以便像美国一样，在不影响银行日常业务能力的情况下，开展银行清算工作。但财政部直到2007年8月都未有进展。

第二个解释则源于2008年金融记者亚历克斯·布鲁默（Alex Brummer）的简洁总结。他认为英格兰银行"未能达标"的原因在于："在默文·金的领导下，英格兰银行对控制通胀的职责过于执着，导致确保金融稳定成为次要任务，人员配备不足且没有真正的决策权。"次年，詹姆斯·萨松爵士（Sir James Sassoon）对三方协议的审查也得出类似结论。他指出："21世纪初秩中期，英格兰银行大幅缩减了用于监控和分析金融系统结构变化，及其对稳定性、效率和有效性影响的资源。其高级管理团队失去了关键的金融市场专业知识，且未能进行补充。英格兰银行缩小了金融稳定报告的关注范围，这意味着它实际上在金融危机前错误地减少了与市场的接触。"2010年11月，FSA的赫克托·桑茨（Hector Sants）在财政委员会表示："所有人都承认，至少在2007年之前，英格兰银行对金融稳定问题的关注和沟通水平，可以说是非常低的。"2012年，《每日电讯报》记者菲利普·奥尔德里克（Philip Aldrick）对英格兰银行年度报告的详细审查显示，它在2003年至2004年的金融稳定预算为3060万英镑，两年后减少了150万英镑。相比之下，货币政策预算增加了240万英镑。即使在2006年至2007年金融稳定预算增加了600万英镑，也只有同期货币政策预算增幅的一半。

最后一种解释更加直接地聚焦在金的身上。本质上，他与金融城，尤其是与那些主要银行家们的关系逐渐疏远。而且无论这些银行在做什么或没做什么，他对它们的态度都在客观与无情之间摇摆。引人注目的是，随后高盛的分析表明，从2000年到2006年，金无论是作为副总裁还是总裁，在34次演讲中只提到了24次“银行”或“银行业”。[9]金作为总裁有意识地试图使英格兰银行摆脱其传统上作为金融城发言人兼特别辩护人的角色。无论这种做法是否合理，他20世纪大多数的前任都几乎无法理解这种做法。

金本人为自己的立场进行了辩护。早在2008年4月，他在接受财政委员会质询时（当时他刚刚接受工党政府的再次任命并开始第二个任期）解释道：“在去年8月导致谅解备忘录（2006年版）重新修订的事件发生之前，我最大的担忧是，人们会认为英格兰银行有责任去做一些事情。但实际上它无法完成，因为它没有相应的权力或工具来履行这些责任。”2006年版MoU仅提到，英格兰银行旨在“为金融稳定作出贡献”。他为自己在第一个任期内将金融稳定部门员工人数从180人减少到120人进行了辩护。他指出：“我们唯一真正拥有的权力就是发表演讲、撰写报告和提示风险。所以我们重新组织了工作，重点放在如何识别主要风险上。”他还表示：“我们在英格兰银行的工作是广泛地提出关于银行业整体状况的问题，以及我们认为的最具风险的问题特征。我们确实撰写了一些报告，并在金融稳定报告和演讲中明确表示，过度依赖批发融资（如依赖向市场出售可能变得缺乏流动性的金融工具）是一种风险策略。我们在很多场合都明确表达了这一点。”但同时他强调：“我们提出这些问题之后，还需要监管机构（FSA）深入银行内部，获取更多详细信息，以了解该银行的风险究竟有多大。”最后他指出：“在担任总裁的第一天，我就对保罗·塔克说，‘我希望你能创建一个新的市场情报部门’。塔克确实这样做了，创建了一个在市场上备受尊重的部门。该部门搜集了大量信息，并将这些信息用在我们的所有决策中。”

金未来还会在其他场合多次向财政委员会提出类似论点。他在2012年接受《泰晤士报》采访时也曾公开怀疑，即使英格兰银行在危机前拥有干预和减少风险的权力，它是否真的能够运用这些权力。他说道：“我猜测，如果我们真的这样做了，可能会引发来自银行、政客甚至媒体的一致抱怨，指责我们试图限制最成功行业的扩张。”即使在离开英格兰银行后，他仍在反思危机前的情况。“有没有人试图将担保债务凭证（CDO）领域发生的事情与宏观经济联系起来？事后看来，相关研究做得还不够。”金向吉莉安·泰特（Gillian Tett）表达了自己的观点，这些观点被她收录在2015年出版的书《谷仓效应》中。“但问题是，由此得出的结论是什么呢？并不是因为人们没有在研究CDO……而是有太多的人专注于细节，为此写了过多的研究报告，以至于我们只见树木，不见森林”。他继续说道：“大多数公共部门都存在这样的问题，即年轻才俊太多，而有能力和视野去辨别哪些细节重要、哪些不重要的有经验之人又太少。[①]我们在分析中最大的问题是，很难说服年轻人着眼大局，也很难说服他们的经理们勾勒全貌。”

另一个主要的内部辩护来自当时崭露头角的年轻官员安德鲁（安迪）·霍尔丹（Andrew “Andy” Haldane）。他在2010年担任负责金融稳定部门的执行董事。在那一年接受《中央银行》杂志罗伯特·普林尔采访时，霍尔丹声称，英格兰银行在危机前的报告（先是《金融稳定评论》后是《金融稳定报告》）“在识别关键的金融‘断层线’[②]方面做得相当合理”。他继续说道：

> 在英格兰银行，我们甚至尝试使用当时还相对未经检验的方法，即整体的、全系统的压力测试，来量化这些“断层线”的影响。估算出的损失足以消耗银行系统的大部分资本。但是，这些“断层线”单独来看并未显现出对全球金融系统的致命威胁。
>
> 那么，问题出在哪儿呢？
>
> 有两个问题。首先，当局可能过于轻视这些“断层线”一同暴

---

① 本处所指公共部门“年轻才俊”可能醉心于构建在“假设”和“置信区间”上的系统和模型，殊不知长期来看风险恰恰藏匿在“假设”和“置信区间”之中。致力于维持金融系统日常运转的从业人员当然要认真学习和运用经济学模型，但监管者及相关建议者就不能过多关注细节，以至于错把作为社会科学的经济学当作可以严丝合缝推导的自然科学。这样做的错误在于，一是忽略了长时间跨度数据的不足和系统、模型本身的失效；二是离开了人去空谈数字，缺乏了政策对普通人的关怀和理解。这段话并非完全是解释说明，更多是译者感慨。——译者注

② 断层线（fault lines）指能够引发金融危机的重大风险，源于经济学家拉古拉迈·拉詹（Raghuram G. Rajan）的同名著作。该著作记述了作为国际货币基金组织首席经济学家的拉詹，预言2008年金融危机的事情。——译者注

露的可能性。即使不是同时暴露，也至少是依次暴露。在金融系统中，每个人和每件事都是相互关联的。那些持有次级抵押贷款证券的人也持有各种金融工具的风险敞口，包括结构性投资工具、担保债务凭证、单一险种合约以及其他一些令人头疼的东西。这种跨资产、跨机构和跨国家的相互联系是雷曼兄弟倒闭后（2008 年）全球金融系统几乎瞬间崩溃的原因之一。

鉴于这种相互关联性，金融地震同时发生的概率远比简单将各自概率相乘要高得多。这些金融地震如果在危机前积聚，其总损失对全球银行系统来说将是致命的。英格兰银行《金融稳定报告》在 2006 年底对英国银行进行的压力测试估算总损失大约为 1000 亿英镑。我们进行了分析，甚至得出了大致正确的数字。但在危机前，这些数字被过于乐观地解读了。

其次，即使我们有了正确的解读，也可能不会改变危机的进程。从 2003 年起，英格兰银行和其他机构就开始愈发强烈地警告系统中的潜在压力。我们就像是对着飞驰的车辆吠叫的狗。随着车速越来越快，这些吠叫声越来越响。一些司机注意到了，但他们并没有减速。为什么？因为他们认为狗的吠叫通常是虚张声势（雷声大，雨点小）。

在这种情况下，需要有人来减缓所有行车的速度，因为这个游戏是一场集体狂热。这种狂热建立在比对手领先一步的愿望上，导致了向下竞争。虽然从个体角度来看是理性的，但从集体角度来看却是灾难性的。

他的深刻分析中还提到了金融系统中衍生品工具的庞大规模。它们似乎超出了监管当局的掌控范围，也使得评估银行的真实财务状况变得非常困难。无论如何，霍尔丹反问道："解决方案是什么？"对他来说答案显而易见："一只有牙齿的看门狗（指监管机构）。"[10]

在 2007 年夏天之前，英国央行中"吠叫声音最大"的三位人物是金融稳定副总裁安德鲁 · 拉奇、他的继任者约翰 · 吉夫爵士（Sir John Gieve，与瑞切尔 · 洛马克斯一样来自政府部门）以及保罗 · 塔克。2004 年 1 月，拉奇在 LSE 发表演讲时警告称，金融系统的"不透明性"日益危险，这一危险"结构极其复杂、风险转移快速、某些情况下通过特殊目的载体（SPV）或其他表外工具混淆视听"。他接着说："如果新风险的持有者对风险有充分的认知，那么新风险的集中可能并不重要。但这些新风险的持有者可能不像生成风险的人那样了解其本质。因此，当出现冲击时，他们可能会以意想不到的方式行事。”在接下来的两年里，拉奇继续发表类似的演讲和警告，直到他在 2006 年 1 月提前离开英格兰银行。在离职前不久，他打电话给《每日邮报》的亚历克斯·布鲁默（用布鲁默的话说）：“向他表达了对银行业的担忧，认为鉴于银行现在参与的交易量以及交易的复杂性，在信用市场情绪变化或突发灾难的情况下，它们没有足够的流动性。”他还在《中央银行》上撰文，表达他对当前“金融和经济环境”背后“看似良好但实际脆弱性增加”的日益担忧，认为这种脆弱性“某天可能会因为一个市场无法承受的冲击而浮现出来”，尤其是因为在全球金融系统中银行（及其风险）的集中程度日益加深。吉夫的主要警告出现在 2006 年 7 月于金融创新研究中心举行的一场圆桌会议上。他指出了几项可能构成系统性风险的脆弱性：第一，结构性信用衍生品等新产品。“我们根本没有经历过它们在各种市场条件下的表现”。第二，金融公司之间在新兴和快速增长市场上的激烈竞争。“目前商业风险不仅在于今年可能的利润损失，更在于长期可能被竞争对手甩在后面的威胁”。第三，不合理的奖金结构。“产生‘超额回报’的奖励远远超过了对业绩不佳的惩罚”“管理层越是积极地以股本回报率的形式追求短期股东价值，就越有动力增加杠杆以实现其目标”。

至于塔克，他在 2006 年 12 月于荣誉炮兵连花园发表的演讲中重点提到了广义货币增长，并透露当时几乎一半的增长都是由所谓的“其他金融公司”资金持有量推动的。4 个月后，他在美林证券的会议上进一步解释了“其他金融公司”的实际含义：

> 金融领域的主要中介不再只是银行、证券交易商、保险公司、共同基金和养老基金。当然，它还包括对冲基金，但也包括担保债务凭证（CDO）、单一险种金融担保人（Monoline Financial Guarantors）、信用衍生产品公司（Credit Derivative Product Companies）、结构性投资工具（Structured Investment Vehicles，SIVs）、商业票据通道（Commercial Paper conduits）、杠杆收购基金［Leverage Buyout（LBO）Funds］……SIVs 可能持有由单一险种金融担保人担保的 AAA 级 CDO，而这些 CDO 份额可能又持有其他 CDO 份额……它们还持有各种类型的 LBO 债务以及将家庭贷款捆绑在一起的资产支持型证券（ABS）……

所有这些高深莫测的术语和缩略词很快就会变得人尽皆知。但在2007年4月，这对绝大多数记者和经济学家来说几乎是未知领域，更不用说中央银行家们了。正如泰特在2015年回顾时所提到的，塔克的演讲报告还涉及了住房市场、通货膨胀趋势和利率等相对直接的问题，却几乎完全忽视了这一关键维度。[11]

那么金本人呢？总裁的年度正式演讲早已在伦敦金融城的商人和银行家市政厅晚宴上进行。传统上这个晚宴是在秋季举行的，但从1993年起改为6月。而这次危机前的最后演讲是在2007年6月20日。与此前的市政厅演讲不同，他在演讲中全方位探讨了金融体系的稳定性等问题。他解释说证券化是“一个积极的发展”，因为它“减少了与传统银行业相关的市场失灵”，换句话说就是“减少了非流动性资产与流动负债之间的错配”。随后，他的核心段落引起了部分听众的明显不满，并将在多年来被广泛引用：

> 但历史模型只是对今天银行业的部分描述。新型且越来越复杂的金融工具创造了不同的风险。如今新发行奇异工具的收益分配远比其基础贷款的收益要复杂。标准的担保债务凭证（CDO）将债券组合或信用违约互换（CDS）的风险和收益分为不同风险等级。而所谓的CDO组合工具（CDO-squared instrument）则投资于CDO的风险等级。它的收益分布对底层收益相关性的微小变化高度敏感，而我们对此并没有准确理解。其整体收益被完全抹去的风险可能远远大于简单工具的风险。更高的收益伴随着更高的风险。
>
> 无论是在银行、在保险还是投资组合管理中，风险评估既是判断问题，也是定量分析问题。几乎每天都有越来越复杂的金融工具被设计出来。某些可能影响所有工具的重要风险，例如，恐怖袭击、计算机系统入侵甚至流感大流行的后果，几乎都无法量化，而过去的经验也几乎无法提供指导。
>
> “谨慎借贷”对于今晚在座的每一个人来说，都是一个不错的格言……
>
> 复杂金融工具的发展以及一系列没有传统契约的贷款安排，则暗示了另一个格言：“谨慎放贷”。特别是在你对借款人的活动了解甚少时。虽然越来越多的结构性信贷工具的标签上可能写着“AAA级香槟”，但当投资者喝到瓶子里剩下的东西时，可能只会尝到相当平淡的味道。在一个不断变化的金融体系中，评估有效的

杠杆程度远非易事，尤其是在许多参与者试图同时降低其投资组合的杠杆时。复杂工具市场的流动性是不可预测的。

“杠杆过高是过去许多金融危机的共同主题。”金总结道：“我们真的比过去的金融家聪明得多吗？”

然而，无论是来自总裁还是他的同事们，警告声有时微弱，有时甚至消失。让我们回顾一下危机爆发前 1 年左右的六个时刻。时刻一，2006 年 7 月英格兰银行的金融稳定报告（FSR）指出“英国金融体系整体在近年来表现出相当强的韧性”。报告补充说：“若干结构性发展有助于逐步强化这一韧性，包括高额的利润和资本、风险管理的持续改善以及更复杂的风险分配方式。”时刻二，2 个月后塔克在接受《银行家》采访时，提到市场情报搜集占用了他多达 1/3 的时间（“MPC 显然比其他一切都重要”），并对新产品降低风险的潜力和新市场参与者的到来发表了积极看法：“毫无疑问，对冲基金和杠杆参与者可以提供积极的动力。”然后他强调自己并没有因信贷市场过度扩张而失眠：“有些人说在某个时刻，随着违约的发生‘鸡终究要归笼’。那很可能是事实，但现在有更多困境基金（distressed funds）可以帮助吸收违约项目……真相是，这是不可预测的。全球资本市场在过去 10 年里发生了很大变化。”时刻三，第 2 年春季即 2007 年 4 月的 FSR 以最令人安心的声明开头——“英国金融体系仍然具有很强的韧性”。尽管注意到自 2000 年以来大型金融机构的资产负债表已经翻番，但报告并未进一步敦促银行大幅缩减资产负债表，从而降低它们面对冲击的脆弱性，尤其是在银行间市场（用于批发借贷）流动性突然枯竭的情况下。时刻四，同月，塔克在美林会议上的演讲确实试图描绘他的“车辆狂热”（指前文中的比喻）世界，其中风险被转移到了银行之外。但他同时也承认自己“不是很确定各种工具及其风险转移工具的使用”是否一定“是一件坏事”。他留给听众们一个谨慎预测：“10 年后……我们可能会更好地了解金融市场结构的变化是否有助于或妨碍于维持稳定。”

倒数第二个时刻发生在 7 月 11 日，霍尔丹向非执行董事委员会（NedCo）介绍了一份关于英格兰银行“金融稳定工作重组方案”的文件。该方案“旨在提供更具分析性和严谨性的方法来进行风险评估”，并涉及一组经过精心设计的建模技术。会议记录中写道：“与商业银行的协作建模工作，是否揭示了双方对金融体系风险的不同见解？作为回应，会议强调该工作仍处于早期阶段，现有实践存在相当大的差异。它没有识别出任何迫在眉睫的漏洞。”最后一个时刻，是8月8日的“通胀报告”新闻发布会。在回答了珍妮弗·瑞安关于信贷的问题几分钟后，金接受了来自BBC记者斯蒂芬妮·弗兰德斯（Stephanie Flanders）的提问。她问道：“金融工具更大的复杂性和国际化，以及风险现在是如何在系统中转移的，是否使你更难评估国内的金融状况、流动性状况以及可能出现的系统性风险？”“是，也不是”总裁回答道：

> 是，因为我认为，正如我在市政厅演讲中所说，许多金融危机的一个共同主题是过度杠杆。当金融工具变得如此复杂时，要想确切地计算出金融系统中的杠杆程度并不十分容易。机构的脆弱性也变得更加难以判断。
>
> 但我认为，与此相比，有一个非常关键的观点，那就是我们的银行系统比过去更加有韧性。恰恰是因为许多风险不再出现在他们的资产负债表上，而是已被转嫁给愿意且可能更有能力承担这些风险的人。
>
> 现在，一些人始终想拥有一个所有风险都集中在银行系统中的体系。但我认为，那样就会形成风险极高的机构。他们拥有以家庭和中型企业贷款形式存在的流动性极低的资产，匹配着流动性极低的负债。这是一个高风险的系统……
>
> 现在我们并没有那样一个脆弱的系统。证券化的发展显著降低了这种脆弱性。因此，这是一个非常大的积极因素。尽管我们在尝试评估杠杆程度时面临复杂工具及其更广泛所有权带来的困难，但正如你所说，它已经变得更加国际化。
>
> 我认为，除非发生国际性重大金融危机，否则现在很难想象一场在系统层面上与我们相关的国内危机。这就是为什么在国际会议上，以及与驻外同事合作时，我们都努力共同思考如何管理这样的危机，就像国内的三方常务委员会（包括财政部、FSA和英格兰银行）定期演习一样，以确保我们能够合作良好，应对可能在国内出现的任何问题。

这场新闻发布会并不是辩论场所，甚至不允许追问，因此没有人步步紧逼。[12]

不可避免地，人们争论的焦点又回到了假设和心理参数上。关于危机前的时期，人们会说很多，写很多，但并非所有人都意识到，历史上实施行动和作出决定的都是现实生活中的人。或许有一个回顾性评论特别引人共鸣，来自约翰·吉夫。他在负责了三年多的金融稳定工作后，于2009年离开英格兰银行。4年后他写道："我们关注的重要宏观变量，尤其是通货膨胀，并没有发出危险信号。事实上我们认为问题已经解决。我们期待的是一场小雨，而不是一场飓风。"很少有人比英格兰银行的新"祭司"——经济学家们更坚信他们已经解决了问题。MPC的外部成员亚当·波森（Adam Posen）在2007年初夏接受《中央银行》杂志关于庆祝独立十周年的特别报道时表示："聚焦能带来清晰。无论在内部还是外部，英格兰银行专注其核心角色，赋予其更大权力以执行货币政策使命。"他进一步声称，英格兰银行在货币政策以外领域"高尚的自我克制"使"政府的其他部门提高了工作水平"。[13]没有人能完全摆脱这个一厢情愿的看法。但很快现实就会证明，几乎可以肯定他的绝大多数经济学家同行们，都在极度乐观地共享着这个一厢情愿的看法。

信用坍塌在2007年8月9日开始。当时风险厌恶情绪席卷了国际货币市场，对次贷资产交易对手方风险暴露的担忧，导致银行停止相互借贷。[14]欧洲中央银行（ECB）立刻做出了反应，很快美联储也跟进提供紧急流动性。但英格兰银行拒绝效仿，既不放松抵押品要求，也不免除惯例的比"英格兰银行利率"（这一术语在2006年基于金的倡议回归并被普遍使用）高1个百分点的罚息，而是依靠其最新引入的流动性工具系统。实际上，这是一种机制，通过它商业银行能够根据需要确定其在英格兰银行的储备规模，英格兰银行则可以在需要时定期向银行提供更多流动性。8月14日，FSA通知财政部和英格兰银行，它很担心北岩银行（Northern Rock）。这家总部位于纽卡斯尔的抵押贷款机构在如今已停滞的银行间市场上大量借贷并快速扩张，现在不仅资本不足，还面临着一个根本性破裂的商业模式。金一开始便告知北岩的董事长，英格兰银行愿意充当最后贷款人，但强调北岩如果想要长期生存，必须寻找新的资金来源。到9月初，出现了劳埃德银行收购北岩的可能性，虽然只有在（劳埃德银行）获得巨额备用贷款保证的情况下才会进行。新任财政大臣阿利斯泰尔·达林和金都认为，鉴于劳埃德的动机本质上是商业性的，且其提议不会向其他银行开放，所以这不是一个可以接受的公共资金使用方式。9月9日星期天，达林、金以及FSA的麦卡锡和桑茨进行了一次4人电话会议。劳埃

德的提议被驳回，同时总裁确认，英格兰银行准备在必要时以最后贷款人的身份为北岩提供紧急支持。

在接下来的几天里，随着北岩股价暴跌、资金流出，金向财政委员会提交了一份长篇备忘录，作为9月20日全体MPC成员会议的准备材料。备忘录标题为“金融市场的动荡：中央银行能做什么？”他写道：“问题的根源不在于世界经济状况，而在于金融系统中风险的错误定价。”他强调了维护“道德风险”概念的重要性，尖锐地指出：“提供大量流动性会惩罚那些没有参与的金融机构，鼓励羊群行为并增加未来危机的烈度。”他总结道：“尽管当前的动荡已经打破了近年来不同寻常的平静，但如果管理得当，动荡应该不会威胁到我们的长期经济稳定。”

9月12日星期三早晨，就在金的公开声明将于上午10点发布前，非执行董事委员会（NedCo）终于有机会与金以及其他执行董事讨论这一声明。“尽管几位董事对总裁表示祝贺，称他的立场阐述有着严谨的知识基础，但会议的基调并不十分轻松”。一位非执行董事提问道：“想知道是否有考虑过或者受到过压力，去接受低质量的抵押品。”另一位董事提到：“在当前的市场动荡平息之后，重要的是评估三方监管机构是否对非银行金融机构通过某些通道、SIVs以及对冲基金发展业务保持了足够的警觉。这些机构没有受到监管，但实际上却在提供类似银行的金融服务。”还有一位董事提问：“是否认为道德风险与金融系统受到潜在损害的风险是不对称的。”会议记录没有透露发言者的姓名，但对最后一个问题的回应无疑来自总裁：“执行委员会认为这是很难判断的，但在需要对风险进行仔细评估时，重要的是确保有人为道德风险问题发声。政策制定者不仅需要对当前危机的决策及其结果负责，还需要对长期后果负责。”

尽管如此，金在备忘录中还是留了一丝余地。他指出中央银行在其传统的最后贷款人角色中：“可以以良好的抵押品为基础，按惩罚性利率向面临暂时流动性问题，但偿债能力正常的个别银行提供贷款。”到9月13日星期四，随着北岩银行的情况每小时都在恶化，救助计划已经制定，并与财政部和FSA达成一致，将在9月14日星期五市场开盘前宣布。当晚，BBC的罗伯特·佩斯顿向全世界披露北岩已成功获得英格兰银行紧急援助。随后，董事会召开紧急会议，正式授权在英格兰银行利率上加收1.5个百分点的罚息，同时要求“适当程度”的抵押品以提供援助。董事会成员被告知：“英格兰银行和FSA完全一致地认为，如果任由北岩倒闭，将会造成严重的经济损害。”他们还被告知，第二天早上三方联合声明中的措辞将会表明：“作为最后贷款人，英格兰银行准备在类似情况即机构面临短期流动性困难时提供流动性便利。如果某些评论员认为总裁的态度正在 180 度大转弯，则需要对外明确区分对银行进行一般性救助的道德风险（例如，通过降低利率来试图影响银行间借贷利率）与现在考虑的有抵押的援助之间的区别。”总的来说，执行委员会在董事会批准声明前就告诉董事会：“这将是自 20 世纪 70 年代救生艇事件以来，最重要的最后贷款人援助。现在的情况与当时已大不相同。”

在那个难忘的 9 月 14 日星期五，电视上出现了北岩银行被挤兑的震撼画面。恐慌的储户排队取款。接下来是一个艰难的周末。金强力推动政府为所有的北岩存款提供全面担保。随着达林在 9 月 17 日（星期一）下午宣布担保，挤兑结束。两天后，《经济学人》立即将此称为“惊人大转弯”。英格兰银行不但宣布通过拍卖程序向货币市场注入 100 亿英镑，而且抵押品范围“比英格兰银行的每周公开市场操作更广泛”，甚至接受抵押贷款。[15] 至于北岩，它在 2008 年 2 月经历几个月的大规模流动性援助后，由英格兰银行代表财政部注入大量流动性，最终被迫收归国有。

2007 年 9 月，最具伤害性的时事评论来自《经济学人》。其 22 日的封面上刊登了一张精心挑选的金的照片。他看起来有些焦虑和困惑，旁边的文字写着“失败的英格兰银行：默文 · 金和政府如何失去掌控”。评论内容则非常严厉。它并不完全同意总裁批评者的观点。后者认为：“如果金及时采取行动，重启失灵的信贷市场，那么北岩或许能够渡过难关。”它对此指出：“没有人知道这是否属实。”同时它认为：“央行政策的摇摆不定使金先生看起来要么像是犯了错，要么像是没能坚持自己的观点。这两种特质都不是英格兰银行总裁所追求的。”它总结道：“没有人相信政治家。监管者总是不受欢迎。而中央银行家被要求遵循更高的标准。这就是为什么金先生成为上周的主要受害者。他失去了信誉。失去信誉的中央银行家就一无是处了。”4 个月后，财政委员会的报告“北岩银行挤兑”并没有进一步论证，如果英格兰银行提早一个月进行几家银行要求的公开市场流动性操作，那么北岩在 9 月是否就不需要专门的紧急支持了。尽管如此，报告写道：“我们怀疑英格兰银行在 8 月过于关注道德风险。在我们看来，货币市场缺乏信心是当时的实际问题，英格兰银行应该采取更为积极的应对。”2008 年晚些时候，亚历克斯 · 布鲁默在《坍塌》一书中并没有放过这位总裁：“金的早期做法很快被证明是错误的。它增加了紧张情绪，而不是平复它们……最终，金在 8 月 9 日之后拒绝向市场注入资金使已然糟糕的情况变得更糟……无论为金找什么借口，事实是这位抗击通货膨胀的英雄，在对抗市场动荡和现代史上英国银行最严重挤兑过程中表现得并不专业……”而在默文·金担任总裁的最后期间（2012 年至 2013 年），对这一事件的回顾性评论仍然普遍持有批评态度。《泰晤士报》称："默文爵士（金于 2011 年被授予爵士称号）对北岩挤兑的反应是迟缓且犹豫的。"《经济学人》称："他的最初反应是不明智的……在危机面前谈论抽象的经济学概念让他显得更加脱离实际。"《卫报》则称："当时的情形就像消防员在扑灭一个纵火犯所放之火时还在担忧道德问题。真是好样的，直到整条街道都被火焰吞噬。"[16]

毫不奇怪，金并不这样看问题。2007 年 9 月 20 日，仅在达林向北岩储户作出担保的 3 天后，他在财政委员会上进行了强有力的陈述。面对一些敌意质询，他辩称："英格兰银行在 8 月进行大规模流动性操作，无疑会发出当局对整个英国银行体系深感担忧的信号。然而，这会是一个完全没有依据的信号，因为当时整个英国银行体系资本充足，并且不存在银行体系的稳定性威胁。"在具体针对北岩时，他指出："2005 年欧盟的《市场滥用指令》意味着我们无法像在 20 世纪 90 年代那样进行秘密的最后贷款人操作。"他否认在过去一周受到了政府的压力："我可以向您保证，我们宣布的操作是由英格兰银行设计的。"他还否认道德风险只是"一些干巴巴的学术概念"，坚持认为"实际上正是道德风险导致了现在的境地"。他将"拒绝向银行体系提供事后承诺"与"我们的整个货币政策体系"联系起来。他强调说："选择简单方式并在短期妥协，而不考虑这些行动的长期后果，是非常有害的。"他将前一天宣布的 100 亿英镑流动性支持工具描述为"权衡"的结果：一方面，"以最小化道德风险的方式设计和创建"；另一方面，在市场"压力似乎稍微加大的情况下"为其"提供一些流动性"。

在接下来的一年中，总裁还在继续为他的立场辩护，直到危机毅然达到顶峰。他在 2007 年 10 月对北爱尔兰商会表示："对于英格兰银行来说毫无疑问，以非惩罚性利率的方式自由放贷是再简单不过的事。"这场戏剧中几乎每一位参与者都看到了廉价资金及充足流动性带来的好处。中央银行的角色是确保激励机制到位，以抑制过度承担风险和低估风险，从而避免今后播下更大危机的种子。对于《卫报》评论员将英格兰银行比作消防部门，他回应道："我不会纠结于扑灭由床上吸烟引发的火灾，但消防部门不会为那些在床上吸烟或纵火的人提供免费保险，从而鼓励他们采取危及他人的冒险行为。"11 月，金在接受 BBC 佩斯顿的《四号档案》节目特别采访时重申："英格兰银行的角色不是根据银行要求做事情，而是根据国家整体利益做事情。"12 月，当他再次出现在财政委员会时，他否认劳埃德曾对收购北岩报出过肯定的价格，并将北岩的危机前商业模式描述为“在借款方面有致命缺陷”，尽管它在贷款方面表现优异。2008年4月，他开始向财政委员会明确承认错误：“在去年8月金融市场事件出现时，我做出了一个错误的判断，我不想增加在我看来不会带来光明而只会带来纷扰的喧嚣。”随后他还遗憾地表示：“在实施针对北岩的最后贷款人操作时未能尽早促成担保。”但他在其他方面并未表达歉意，仍然强调英格兰银行“对个别机构没有责任”。而在当年7月，他再次出现在财政委员会，情绪激动地强调：“我们没有任何特别处置机制。如果当时有那样的机制，北岩问题就可以立即得到处理。”将近8年后的2016年3月，金仍在为自己辩护。他对《新政治家》的埃德·史密斯（Ed Smith）表示：“关于欧洲中央银行有一个非常奇怪的神话依然存在。他们宣布将提供超过1000亿欧元的贷款，而第二天又提供了950亿欧元。每个人都惊呼‘天哪，他们贷出了这么多款啊’。1个月后，他们对银行业的贷款金额却正好是零。他们一天放贷1000亿欧元，另一天放贷950亿欧元，但他们一个月后就全额回收，没有提供任何净流动性。而英格兰银行提供了净流动性。”[17]

尽管受到了广泛批评，金在公共媒体中也有支持者。《中央银行》在文章开头就声明：“北岩的高层试图将他们遭遇的灾难归咎于他人，比如英格兰银行。这是一种金融文盲的表现。”它补充说，他们没有理由期待英格兰降低贷款利率或削弱担保，仅仅是为了帮助这家陷入困境的贷款人。在同一杂志的下一期中，查尔斯·普罗克特［Charles Proctor，鸿鹄律所（Bird & Bird）专注于金融监管的合伙人］全面支持金的主张，他认为包括企业破产法、存款保护条例、收购法规以及市场滥用指令在内的各种现有立法或准立法，都对北岩问题的妥善解决带来了巨大阻碍。近年来，随着次贷危机历史研究的逐渐深入，《每日电讯报》发表了最同情金当时处境的评论。2011年，杰里米·沃纳宣称：“最终，导致北岩救助混乱局面与判断失误的主要问题，可能并不在于英格兰银行、FSA和财政部之间的三方责任制度，而是在于缺乏有效的处置机制，以及存款保险制度的缺失。”利亚姆·哈利根（Liam Halligan）也持相同观点，他在2012年评价金的表现时说道：“我认为，当次贷危机刚刚袭来时，他做出放任银行承压的决定，质疑无条件的完全救助是否正确。‘道德风险’不是一个学术沙龙的游戏。它是西方银行系统崩溃的原因。除非进行彻底改革，否则最终它将再次导致崩溃。”

毫无疑问，辩论将继续进行，特别是在21世纪20年代末完整的英格兰银行记录被公布之后。然而，正如许多人在危机时和危机之后所评论的，这场突然到来的意外危机，可能并不是金发挥长处的理想情景。金是一个极度严谨的人，一个智力上的精英。他的本能是仔细思考问题并确保自己准确无误，而不是采取仓促或即兴的行动。人们不禁将他与前任埃迪·乔治相比较。随着时间的推移人们普遍认为，如果乔治在2007年仍担任总裁，必然会无视三方限制，强行协调各方，以便快速解决北岩问题。这一假设颇具诱惑力，但肯定夸大了寻找北岩买家的行动自由。或许更站得住脚的是英格兰银行另一种传统智慧，即相比于金在当年9月对财政委员会声称“资本充足”和“非常强大”，如果乔治作为2007年的总裁，对银行系统真实状况会有更敏锐的“嗅觉”。[18]然而，与所有“假设”①历史一样，我们无法确定这一点。

“自8月以来，情况已经显著改善。”金在2007年11月初对佩斯顿说：“在许多重要金融市场，我们还没有恢复到正常状态，但情况正在改善。我认为，大多数人预计还需要几个月的时间才能看到银行公布的损失金额，并采取措施来为相关债务融资。但我们正在朝着正确的方向前进。”对于银行家们来说，这并不是一个轻松的秋季，他们常常因缺乏流动性而挣扎。他们有时直接指责金，其中一位半开玩笑地声称这是总裁对银行家未能阅读他演讲稿的报复。金本人否认英格兰银行的行动不力。他在圣诞节前一周向财政委员会保证，英格兰银行近几个月通过货币市场操作向银行系统提供的资金比8月初多60亿英镑，即增加了37%。尽管如此，流动性不足仍被认为是一个关键问题。事实上在12月初，包括英格兰银行在内的五家主要中央银行采取联合行动，试图通过紧急注入500亿英镑（其中英格兰银行提供100亿英镑）流动性来挽救全球信贷市场。但值得注意的是，此时人们的担忧已经不仅仅限于流动性了。英格兰银行高层在联合行动公告当天通知非执行董事委员会（NedCo）：“采取这项行动，是为了应对一个可能的情景，即全球经济严重衰退，及其必然导致的银行系统损失。这些损失，是在当前复杂金融工具重新定价导致的损失之后的又一次打击，将对银行的资本基础构成挑战。”此前几周，银行已经出现了巨额损失和减记（包括花旗、美林和瑞银）。金在圣诞节前的证词

① 此处“假设”直译为“反事实”（counter-factual）。该词也指一种验证因果关系的模型。——译者注

中两次提到了银行重建资产负债表的重要性。在圣诞节期间，他反复思考了这一问题并得出结论，即西方银行系统面临的并不仅仅是流动性问题，还有偿付能力问题。

然而，流动性问题在 2008 年初并没有消失。最终在 4 月 21 日，英格兰银行公告了特别流动性计划（Special Liquidity Scheme，SLS）。此前一个月，一群高级银行家曾恳求金进一步向市场注入流动性。其中一位银行家还向媒体抱怨，英格兰银行的“担保品定义比其他中央银行要严格得多”。而在公告前几天，美国投资银行贝尔斯登（Bear Stearns）倒闭。据《金融时报》报道，“英格兰银行将提议用国库券换取银行持有的资产支持证券”，预计在最初的几个月内将交换价值 500 亿英镑的资产。该报的评论文章以“英格兰银行聪明的互换商店”为标题，列举了金融业普遍积极的反应（尽管一些批评者希望它能早些出现），但也认为 SLS 并不一定是解决方案：

> 信用坍塌的关键时刻即将来临。一个实证测试即将开始，以判断这是银行流动性问题还是偿付能力问题。英格兰银行的特别流动性计划是一个精心设计且备受欢迎的举措，用以摆脱流动性困境。它应该会降低 3 个月的银行间借贷利率。但如果真正的问题是偿付能力，或者说银行以过低利率发放了过多的不良贷款，那么它并不能降低抵押贷款利率，也无法向银行释放大规模资金。

事实上，在宣布该计划的新闻发布会上，金自己也提出了类似的观点。他指出 SLS 的目的是“以决定性方式先行解决流动性问题”，但“对破产机构并无用处”，也不会解决银行的偿付能力问题。[19]

那偿付能力问题如何解决呢？3 月中旬，金对近乎丧失功能的七国集团会议越来越感到沮丧。他开始谈论美国、英国、瑞士，可能还有日本共同进行针对所有主要银行的资本重组。在那个春季的晚些时候，他给首相戈登·布朗手写了一封信，敦促对英国银行进行资本重组。此时，总裁毫无疑问已经走在了形势的前面，尽管他在危机初期的几个月里显得有些滞后。然而，贝尔斯登的倒闭并不是结束，一些真正令人恐惧的事件即将发生。在实际政治层面，外部强加的资本重组也只有再过一段时间才能真正成为一个严肃选择。况且，或许银行业没有资本重组也能安然无恙。英格兰银行在 2008 年 4 月（SLS 公告后不久后）发布的金融稳定报告中预测：“最可能的结果，是未来一段时间市场状况将会改善。尽管‘尾部风险’

对金融稳定的威胁依然存在。”4 年后，金在《今日》讲座的回顾中反思道：“我们尝试了，但本应该更努力地说服大家尽早并且加大力度进行银行资本重组。我们本应该高呼，历史的教训正在被遗忘，因为银行业危机之前就发生过。”

2008 年夏季，不利的消息不断传来。6 月 11 日的非执行董事委员会（NedCo）会议记录显示：“前一个月单一险种公司被降级对一些最大的金融公司产生了影响；在几天内，关于雷曼兄弟的传闻和猜测不断，但幸运的是到目前为止尚未失控；在英国，布拉德福德 – 宾利银行（Bradford and Bingley）的状况提醒我们，形势依然严峻。”会议认为：“总体而言，尽管仍然有迹象表明最糟糕的时刻已经过去，但这段旅程依然可能颠簸不平，且剧烈的颠簸可能改变旅程的目的地。”[20] 此后的进一步不利消息包括：6 月晚些时候，苏格兰皇家银行（RBS）的 5% 配股未能全部被承销商消化，以及雷曼兄弟报告了严重的第二季度亏损；7 月，美国财政部宣布了对房利美（Fannie Mae）和房地美（Freddie Mac）的救助计划；9 月初，这两家巨型抵押贷款机构获得了全面救助。

英国国内的主要问题是，面对经济和金融风暴的乌云密布，货币政策委员会（MPC）是否过于优先考虑对抗通货膨胀，而牺牲了对衰退的抵御。金在 4 月底告诉财政委员会：“我逐渐预计，过去几个月的事件将减少消费者支出的增长率。请记住，这正是我期待的事情。实际上，或许对于经济的再平衡，我已经期待一段时间了。我们预计在未来两年内，经济会进一步再平衡。但这也会伴随着增长的放缓，因此经济增长将在接下来的几年里低于长期平均水平。但这本身并不是灾难，我们在此前几年都是高于长期平均水平增长的……”6 月中旬，他在市政厅的演讲中，专门回应了希望大幅放宽货币政策的批评者们：

> 以增长而非通货膨胀为目标，这是民众的呼声。对此我完全不同意。正是在这种情况下，通胀目标制政策框架才显得尤为必要。没有它，短期且剧烈的通货膨胀可能变得一发不可收拾。没有明确的货币政策目标指引，以及对实现该目标的可信承诺，任何通货膨胀都可能变成自我实现的价格和工资普遍上涨。过去 50 年的教训无疑是，当通货膨胀根深蒂固时，重新降低通货膨胀的代价将会是一个漫长的低产出、高失业时期。价格稳定，即将通货膨胀恢复至目标水平，是持续增长的必然前提，而不是替代选项。

在外部批评者中，有《每日电讯报》的达米安·里斯（Damian Reece）。他在7月初因严峻的制造业数据而断言："我很清楚，我们正走向衰退。等到MPC意识到这一点时，应该立即降息。"然而，英格兰银行却丝毫不为所动。8月的通货膨胀报告中甚至都没有提到"衰退"一词。该报告辩称，尽管"需求明显放缓的风险"已经增大，但需要优先考虑的仍然是"高通胀对薪资压力和通胀预期的影响"。9月5日的MPC会议决定利率维持在5%不变。不久之后，金在财政委员会发表了一项引人注目的声明："我真的不知道失业率会怎样。至少，万能的上帝没有向我透露过未来一年失业数据的趋势。他可能向丹尼（Danny）透露过，但没有告诉我。"

"丹尼"指的是大卫·布兰克弗劳（David Blanchflower），一位与20世纪60年代英超热刺队传奇球星丹尼·布兰克弗劳同姓的经济学家。"丹尼"出生于英国、现居美国，于2006年6月成为MPC的外部成员。他在长时间徒劳地投票支持降息之后，公开预测英国将爆发大规模失业。2009年9月，"丹尼"在离开MPC4个月后，在《新政治家》上坦率地写道：

> 在我看来，正如我在过去两年中一直主张的那样，如果MPC没有将利率保持在如今的高水平，尤其是从2008年初开始，那么现在的经济状况会更好。在2007年底，房价已经见顶，商业和消费者信心数据已经崩溃。在2008年第二季度，从产出和就业两个方面看，英国经济都已经陷入衰退。但我在MPC的同事们直到2008年10月才与我一起投票支持降息。
>
> 那么，为什么MPC会错得如此离谱呢？在我看来，它受到了"群体性思维"的制约，或者说是"共识的暴政"。默文·金以他对利率的鹰派观点主导了MPC。像我这样的另类观点几乎从未被重视过。我关注的是表明英国正走向衰退的实证数据。而默文和其他MPC成员则专注于他们的理论模型和（看不见摸不着的）通胀威胁……[21]

金和其他MPC成员对此的辩护是，通胀威胁并不是"看不见摸不着的"的。当年秋季通货膨胀率曾接近5%，而且至关重要的油价正在急剧上升。总之，这仍然是一个存在争议的问题。

"目前，笼罩着雷曼兄弟的紧张气氛相当凝重。他们今天将公布业绩。”塔克在2008年9月10日告诉NedCo：“无论他们的业绩如何，人们都认为市场将保持紧绷。无论当局采取何种行动，市场参与者似乎认为总有一家更重要的机构值得担心。”确实如此，那个令人难忘的初秋头条事件构成了自20世纪30年代以来，甚至可能更早以来的最大一场金融危机。5天后的9月15日，雷曼兄弟申请破产，摩根大通收购了美林。次日，美联储宣布了一项计划，救助全球最大的保险公司AIG。18日，劳埃德银行收购了陷入困境中的苏格兰哈利法克斯银行（Halifax Bank of Scotland，HBOS）。同日，英格兰银行与美联储达成了一项互惠互换协议，使前者能够向苏格兰皇家银行（RBS）提供美元资金，而无须承担任何中央银行汇率风险。28日，富通银行（Fortis）获得了比利时、荷兰、卢森堡三国政府的救助。次日，抵押贷款机构布拉德福德·宾利银行被国有化。10月初，7000亿美元的美国金融系统救助法案获得通过。7日，冰岛政府救助了该国第二大银行。8日，英国政府宣布了针对英国银行系统的救助计划，涉及向英国银行注入高达500亿英镑的资本，将SLS的规模翻倍至2000亿英镑，以及高达2500亿英镑的新信用担保计划。与此同时，主要中央银行采取了协同降息措施。5天后的13日，英国政府宣布了总额为370亿英镑具体资本注入计划，受助方为RBS、劳埃德和HBOS。两天后的10月15日，英格兰银行的执行团队告诉NedCo：“银行系统的拐点已经出现，但存在跟随主要经济体进入衰退的重大宏观经济风险。”[22]

虽然并不是在详细回顾那紧张的几周发生的每个细节，但事后看来英格兰银行作出了两个极其重要的贡献：显然，一个与资本有关，另一个与流动性有关，而这两者在9月底都得到了金的强力推动。流动性方面的贡献在短期内极为重要。在资本重组安排谈判并生效的同时，英格兰银行不仅关键性地将SLS规模翻倍（在雷曼危机发生后的两天内就已延长提款期限），还在10月初完全秘密地实施了的紧急流动性援助（ELA）。实际上，RBS的贷款额度在10月17日达到约366亿英镑的顶峰，而HBOS的贷款额度在11月13日达到345亿英镑的顶峰。尽管一开始英格兰银行是以银行抵押品进行放贷，但考虑到过于庞大的贷款金额，它只能寻求政府的赔偿担保。至于资本方面的贡献，实际上是总裁在继续主导，他劝说政府（布朗或许比达林更易说服），并帮助劝说那些常常不服气，甚至心怀怨恨的商业银行家——他们坚持认为这本质上是一个流动性问题。金在9月底坦诚地说道：

> 我们一直都在应对自1914年以来最严重的金融危机。我们也一直处于悬崖边缘。当这场危机开始时，我们普遍认为银行资本充足。但现在我们意识到，问题在于资产负债表上原本应该无风险的资产，其实蕴含了很大的风险。人们对那些资产的价值和风险发生了根本性的认知变化。显而易见的是，仅仅向银行提供更多流动性无法解决这个问题。这只是头痛医头脚痛医脚……

重要的是，金关于银行系统必须进行资本重组的原则逐渐被人们接受。在英国10月8日声明的大约4天后，各国首脑、财政部长、中央银行总裁等举行了一场气氛紧张的国际会议。在15日的NedCo会议上，与会者冷静地表达了对这场国际会议成果的满意："在英国的推动下，会议上确实有一种真正的紧迫感。"

6天后，总裁在利兹发表了一次备受关注且非常具有代表性的演讲。他以有关利兹的美好回忆开场，提起半个世纪前，他在小时候随父亲在海丁利见证了英格兰队的旋转球投手以67分的分差击败了新西兰队。他向听众阐述了危机的原因，并解释了为何来自政府和中央银行的支持规模是"前所未有的"。金的演讲关键点集中在为何必须对银行系统进行重大资本重组，为何资本重组是英国计划的核心（辅以批发融资工具的临时担保和中央银行流动性），为何资本重组得到了其他欧洲国家和美国的效仿。

> 抵押贷款证券化，即将抵押贷款捆绑在一起并作为证券出售，包括如今臭名昭著的美国次级抵押贷款，都是在房价上涨和低利率的时期被推入市场的，这掩盖了底层贷款的风险。通过如此大规模的抵押贷款证券化，银行贷款端的流动性被改变。它们还通过短期批发借款来为此融资。但随着违约率上升和房价下跌——首先在美国然后蔓延到其他地方——投资者重新评估了这些证券的风险。由于被视为存在着更高风险，它们的价值下降，证券化需求相应减少。出于同样的原因，银行抵押贷款的账面价值也在下降。因此银行开始面对资产价值下降，而负债保持不变的局面。由于许多银行的杠杆相对于借款水平非常高，这一影响被放大，并且银行之间还相互购买了大量证券化和更复杂的金融工具。这些资产不但难以评估，而且金融系统内的损失分布也存在不确定性。之后，银行股价下跌。资本被挤干。
>
> 市场向全球银行发出了明确的信号：它们没有足够的资本。在

> 10 天前的国际货币基金组织和世界银行年会中，我们来自日本、瑞典和芬兰的同事们以雄辩而又激情的方式提醒与会者，他们在 20 世纪 90 年代处理系统性银行风险失败时的教训。他们得到的教训是：必须立即进行资产重组。资本重组需要财政配合，而这只能由政府牵头实现。
>
> 人们对银行体系的信心因脆弱的资本状况而逐渐减弱。但直到雷曼兄弟的倒闭引发了一场危机，政府才不得不联合制定计划以重组银行资本。然而，如果认为没有雷曼兄弟的倒闭，就能避免危机，则是错误的。资本不足这一根本性问题最终还是会在其他地方引发某种形式的危机。

这位热爱板球的总裁总结道："随着银行重组计划的推进，我们现在需要经历漫长而缓慢的过程，来恢复对实体经济的贷款，从而使我们的经济增长恢复到正常的状态。过去几周由于局势变化过于剧烈，大家的行动主要是为了保护经济的其他部分不受银行影响，而不是为了拯救银行本身。我希望银行能够像 1958 年在海丁利的新西兰队一样，欣赏'约克郡'（指英格兰银行）在面对棘手局面时展现出的耐心和坚固防守。"[23]

在 10 月的诸项措施中，英格兰银行因其发挥的作用获得了相当多赞誉。金本人在重组时被普遍认为是英雄，但他在日后还是表达了一些遗憾。在 2013 年 5 月他就经济问题举行的最后一次新闻发布会上，有人问他如果政府的重组规模更大，英国是否会处于更有利的地位。他回答道："答案是肯定的。我们当时确实这么说过。虽然并不是公开说的，但我们明确表示更激进的重组是必要的。"考虑到进一步向纳税人索要资金的政治难度，这只能算是少数派的观点。同样，经济学家蒂姆·康登对重组的持续批评也是少数派观点。2008 年 10 月 15 日，即具体资本注入措施宣布的两天后，他在《泰晤士报》上责问道："政府的救助计划对英国银行究竟是美女还是野兽（好事还是坏事）？股价的飙升对短期投资者而言是好事。但有充足的理由证明，政府对银行的做法是非常残酷的，将对我们的金融部门产生危险的长期后果。尽管存在诸多缺陷，但英国的银行并非濒临破产或无法盈利。"重组交易条款规定，英国银行只有向政府交出部分股权后才能获得资本，这意味着它们今后"将与政策更为宽松的其他国家的银行正面竞争"。他认为："如果英格兰银行遵循以往危机中出色有效的方式对当前的麻烦做出反应，那情况将会更好。也就是说，英格兰银行的支持应是预防性的、低调的，应该以传统的最后贷款人形式出现。总之，草率且判断有误的国有化，将导致英国在国际金融服务领域的领导地位处于极度危险之中。”康登至少在接下来的7年中仍然坚持自己的观点。他最终在2015年《立场》杂志上发表文章，指责2008年10月的重组“远未刺激银行对私营部门提供额外贷款”，反而“在经济周期中的错误时机给英国经济造成了严重的通缩冲击”。[24]

关于2008年秋季那场戏剧事件的另一个反思，是关于LIBOR（伦敦银行间同业拆借利率）的。LIBOR是由主要银行提报利率计算出的平均利率。很长一段时间以来，人们一直对LIBOR被操纵的可能性表示担忧。“LIBOR有些虚假”。一家大型英国银行的财务主管在2007年9月告诉《金融时报》。次年春天，财政委员会在质询金时，提到“英国银行家协会提出了对LIBOR准确性和可信度的批评”。当年5月，RBS的首席财务官向其他银行的财务主管以及英格兰银行的塔克发送电子邮件，建议改革LIBOR的形成机制，以防交易员和管理者人为地提报过低或过高的数字，来提高自身利润或误导他人，或者掩盖其银行的真实财务状况。塔克作为市场负责人几乎每天都与金融城的CEO们进行沟通。在2008年底他被宣布接替吉夫担任负责金融稳定部门的副总裁时，《金融时报》指出：“他在今年金融环境恶化时，一直处于英格兰银行努力缓解银行系统压力的最前线，并且不断地调整银行的货币市场操作。”

2012年夏天，他仍是副总裁。一场突如其来的风暴降临在了他的头上。这场风暴是由巴克莱银行与LIBOR相关的系统性不当行为被罚巨额款项所引发。据该银行披露，2008年10月29日其首席执行官鲍勃·戴蒙德（Bob Diamond）向该行其他高级官员发送过一封电子邮件。邮件的部分内容是：

> 在上次通话之后，塔克先生重申，他接到了一些白厅（英国政府）高层人物的电话，质疑为什么巴克莱的LIBOR报价总是最高。他给政府的回复是“你必须支付你要付的价格”（意思是巴克莱银行必须按照实际需要支付的利率来报价，即使这个利率可能比其他银行的报价要高）。我问他是否可以向政府说明实际情况，即并不是所有银行的报价都代表真实交易水平。他的回应是：“哦，那样情况会更糟。”……
>
> 塔克先生表示，他接到的来自白厅的电话都是“高级别”的。尽管他确信我们不需要额外建议，但我们的LIBOR报价也没必要总是这么高（即暗示巴克莱可以人为调整并降低报价）。

2012年7月，塔克接连两次面对财政委员会有关LIBOR丑闻的质询。他表示，这封邮件的最后一句话给人“错误的印象”，它本应该表达的意思是：“你是否确保，作为巴克莱银行的高级管理层，你们在密切关注货币市场部门和财务部门的日常运作？你是否确保他们不会发出需要为资金支付过多费用的信号，从而无意中让你面临危险？”他承认，他和他的英格兰银行同事们在10月时对巴克莱的实力感到焦虑，因为巴克莱当时颇具争议地拒绝接受来自政府的资本支持。但他坚决否认曾有任何部长或政府人员要求他让巴克莱降低LIBOR报价，或他个人曾发出过任何此类指令。他解释道：“实际上，在偿还拆借款方面，你不需要一直报出市场最高报价。重要的是不要显得非常渴望资金。”塔克的情况并没有因此得到改善，因为他第二次面对质询时，恰好有一封2008年12月戴蒙德发送给他的热情友好的电子邮件被曝光。这封邮件发送于他被任命为副总裁的第二天。邮件中热情友好的内容至少可以部分解释为，戴蒙德曾是他担任该职位的两位推荐人之一。这可能让人怀疑他和戴蒙德之间存在过于亲密的关系，从而影响了他作为副总裁的客观性。

财政委员会在2012年8月的报告中提到：“我们永远无法知道塔克先生和戴蒙德先生交流的细节。我们所知道的是，塔克先生否认曾向巴克莱发出指令，而戴蒙德先生也否认曾收到过塔克先生的指令。”报告认为，塔克“未能记录下当时的谈话”令人遗憾，但这个疏忽是“可以理解的”，因为那段时间英格兰银行高级人员面临着前所未有的压力。报告总结道：“如果塔克先生、戴蒙德先生和德尔·米西耶（Jerry del Missier，巴克莱资本时任总裁）的话可信，那么显然发生了一系列不同寻常，但似乎合理的误解和沟通不畅。他们各自提供的证据组成了一系列阴差阳错的巧合，这些巧合将使所有参与者都免于故意不当行为的指控。”[25]

回到2008年秋季。英国经济在10月显然已经进入了极其动荡的时期。11月6日，MPC一致投票决定将利率下调1.5%，这是自1981年以来最大的降幅，将利率直接降至3%。新任首席经济学家斯宾塞·戴尔（Spencer Dale）在第二周告诉NedCo：“一些MPC成员对他们之前的判断感到有些不安。当然，即使在夏季小幅下调英格兰银行利率也不会阻止金融危机及其对宏观经济的影响。”3%的利率是自20世纪50年代中期以来的最低水平。但在全球经济急剧恶化后，利率在12月初被再次降至2%。《泰晤士报》的大卫·怀顿（David Wighton）观察到：“一场严重的衰退似乎越来越不可避免。也许我们会将昨天的降息视为经济衰退开始结束。但更有可能的是，它只是经济衰退起步阶段的结束。”他是对的。

2009年第一季度，英国经济进入深度衰退，产出骤降。作为回应，MPC连续三次降息，至3月将利率压至历史最低的0.5%，并因其迅速果断的行动而受到普遍赞扬。然而，这个前所未有的时期，任何在英格兰银行工作的人员都未曾经历。它对非常规（或至少看似非常规）以及常规货币政策工具的需求是显而易见的。

《每日电讯报》在2008年12月的头条是“英格兰银行可以直接向经济注入现金”。该报道称英格兰银行正在考虑“实行所谓的量化宽松”。次月，政府通过“资产购买计划”（APF）为量化宽松铺平了道路。该计划不仅授权英格兰银行购买高达500亿英镑的私人部门资产，以试图打通企业信贷供应，还给了MPC一个选项，即在日后延长该计划，用新发行的货币而不是国库券来支付资产购买。总裁在随后的NedCo会议上解释道：“战后大部分时期我们都需要减少货币供应以降低通货膨胀。相比之下，现在的问题是需要增加货币供应和名义支出。APF为实现这一目标提供了的框架。”两周后，他向财政委员会表示，他已正式请求财政大臣“授权资产购买以增加经济中的货币数量”，同时也向议员们强调“我们不会允许出现大规模通货膨胀”。决策日是2009年3月5日。当天，MPC一致按下反通缩的量化宽松按钮，同时进行了历史性的降息。《经济学人》在当周晚些时候指出：“量化宽松是一个新领域。英格兰银行将购买高评级的政府证券和私人资产，金额达到750亿英镑。关键是，它将用自己的资金进行支付。这让许多人感到不安，他们担心这次跨越的可能是引发通货膨胀的卢比孔河①。因为虽然英格兰银行会通过贷记商业银行账户来支付购买费用，但这和印钞票一样，都是在创造货币。”

“新奇”是评论者们用来形容量化宽松（QE）的一个常用词，但或许他们有所夸大。金在2016年指出：“以资金购买政府证券的公开市场操作长期以来一直是中央银行的传统工具。在20世纪80年代，英国会定期开展这类操作，当时称之为‘超额融资’（overfunding）和‘缺额融资’（underfunding）。而此次危机的新情况在于证券购买的庞大规模……”那么这会有效吗？戴尔在3月下旬公开承认：“货币扩张对名义支出影响的时机存在相当大的不确定性。”文斯·希尼（Vince Heaney）则在《金融世界》中对创造新的电子货币的有效性提出了质疑。他认为，日本的先例

---

① 卢比孔河（rubicon）是意大利北部河流。公元前49年，恺撒违反不得越出所驻行省的罗马法律，率领军队跨越卢比孔河。这标志着他与罗马元老院的公开决裂，进而引发了罗马内战。后通常用于隐喻一个没有退路的、影响深远的决策。——译者注

远不足以作为这一“未经检验政策工具”的确凿证据。他指出：“一些人担心这一政策的逻辑，在极端情况下可能会释放出津巴布韦式的恶性通货膨胀。同时，没有人知道需要多大程度的量化宽松，因为只有当货币流通速度不下降时，增加货币供应以提振名义需求的尝试才能获得成功。此外，希望缩减资产负债表的银行可能会囤积大量新资金，从而使大部分潜在的刺激措施变得无效。对长期借款利率的影响也并不明确。”总之，希尼总结道：“QE 并不是灵丹妙药，不能确保经济以英格兰银行所希望的速度恢复增长。”在 QE 支持者中，康登作为一名资深的货币主义者，很高兴看到货币再次成为政策的核心。他认为 QE 早在前一个秋季就该开始，而不是进行资本重组。他在 QE 开始两个月后的乐观情绪中写道：“虽然英格兰银行 QE 所注入的现金在最初可能由养老基金、保险公司和其他金融机构持有，但它很快就会流向资产负债表强劲的盈利企业，然后再流向资产负债表较弱的边缘企业，以此类推。经济中的资金压力将被消除，资产价格恢复，需求、产出和就业都会复苏。”[26]

这场始于 2007 年 8 月至 9 月北岩银行事件的信用坍塌和金融兼银行业危机，终于在 2009 年春季结束。当时处境危险的苏格兰最大的邓弗姆林房屋互助协会（Dunfermline Building Society）被迫将其大部分业务出售给全国房屋互助协会（Nationwide）。在此过程中英格兰银行动用了其最近被赋予的“特别处理机制”权力。在接下来的几年中，事后追责问题变得越来越突出，尤其是来自财政委员会主席安德鲁·泰里（Andrew Tyrie）的施压。泰里询问，英格兰银行是否会进行一次全面调查，审查其在整个危机中尤其是在危机前期的表现。他还敦促英格兰银行向他和他的议员同僚们披露 2007 年至 2009 年的董事会会议记录。在这项提议都被英格兰银行拒绝了。但在 2012 年 5 月，财政委员会宣布正在开展三项银行业危机应对审查：由伊恩·普伦德莱思（十年前已退休）负责审查紧急流动性援助；由银行家比尔·温特斯（Bill Winters）审查英格兰银行货币市场操作情况；由前美联储首席经济学家大卫·斯托克顿（David Stockton）审查英格兰银行在通货膨胀和增长预测方面的记录。英格兰银行董事会主席大卫·李斯爵士（Sir David Lees）宣称：“英格兰银行董事会相信，对英格兰银行来说，从过去的经验中吸取教训，以改善未来的运作方式是非常重要的。”然而，这三项审查措施并未平息泰里的不满。他指出：“需要对英格兰银行在危机过程中的表现进行全面审查，以便我们都能从中吸取教训。这一审查早就应该完成……”曾在英格兰银行董事会任职的前金融城官员米纳斯勋爵（Lord Myners）对此表示赞同：“我觉得英格兰银行目前的情况像是被迫拔牙，而总裁有权选择哪些牙可以被拔掉。”[27] 这三项审查的结果在 2012 年 10 月如期发布。尽管它们都相当专业，但无疑并未对危机期间英格兰银行的表现做出 360 度全面评估。至于那段时间的董事会会议记录，英格兰银行最终在 2015 年 1 月对外公布（网上发布并有所删减）。但不可避免的是，由于缺少关键的高管间会议记录，以及日常观点和信息交流记录，它们对于我们理解针线街在危机期间的功过并无太大用处。目前，这些关键、细节的记录仍处在保密阶段。

金融危机必然会带来一系列后果，尤其是在监管方面。2009 年初，影子财政大臣乔治·奥斯本（George Osborne）委托了萨松（Sassoon）撰写了一份报告，以审查时任首相戈登·布朗在 1997 年建立的三方监管体系。萨松于 2009 年 3 月发布的审查结果如同奥斯本所期待的那样严厉：在采取预防性行动方面，权力和责任界定不清；缺乏适当的工具来降低风险；审慎监管的执行力度不足；明显缺乏协调。萨松的主要建议是，英格兰银行应“对评估金融稳定的系统性威胁负主要责任”。3 个月后，金融城资深人士马丁·雅科姆爵士（Sir Martin Jacomb）为“政策研究中心”撰写了一份报告，题为“重新赋权英格兰银行”，直言三方监管体系是“一场灾难”，并指出“体系的核心缺陷是剥夺了英格兰银行在监管个体银行方面的作用”。7 月，保守党发布了一份“白皮书”，声明该党的意图是废除金融服务管理局（FSA），并赋予英格兰银行更大的权力，包括在其内部设立一个金融政策委员会（FPC），作为现有 MPC 补充。在 2010 年 5 月的全国大选中，保守党作为主要联合执政党上台。接下来的 6 月，新任财政大臣奥斯本在他的市政厅演讲中确认了废除 FSA 的决定，审慎监管将重新回归英格兰银行（以附属机构形式），向新成立的 FPC 汇报，而 FPC 将因此获得阻止信贷危险积累或资产泡沫形成的手段。奥斯本宣称：“只有独立的中央银行，才具备当前和未来所需的，对宏观经济的理解、权威和知识，以做出正确的宏观审慎判断。”

对于所有关注英格兰银行的人来说，这是一个戏剧性的转折。“英格兰银行是否应该获得更多的权力？”理查德·诺萨奇（Richard Northedge）在 2009 年 6 月的《观察家》中提出了这个问题。他对这个问题持勉强肯定的态度。不久之后，《旗帜晚报》的安东尼·希尔顿（Anthony Hilton）则揭露了“白皮书”的虚假。他不仅列举了英格兰银行在 1997 年以前的“灾难”（次级银行危机、庄信万丰银行、BCCI、巴林银行），还提出了非常尖锐问题："如果英格兰银行认为提高利率会伤害它本应监管的一部分银行，它还会为了宏观经济的利益而提高利率吗？"对于奥斯本的市政厅演讲，评论界也表达了一定程度的质疑。这一点在克里斯·布莱克赫斯特（Chris Blackhurst）在同一报纸的撰文中表现得尤为明显。他推测，保守党废除 FSA 是"由政治动机驱动的""布朗创立的体系始终是他们敌视的对象"。他认为，英格兰银行在预见银行崩溃方面并不会比 FSA 做得更好，总裁"对事件的迅速发展似乎与其他人一样震惊"。总的来说，"奥斯本模式令人不安的问题在于，它不会对现状有很大的改变。"在奥斯本演讲一个月后，财政部发布了一份咨询文件。《独立报》的肖恩·奥格雷迪（Sean O'Grady）评论道："英格兰银行几乎将负责所有事务。事实上，这不仅仅是回到 1997 年之前（那时英格兰银行仅仅负责银行监管），现在它还监管保险公司、对冲基金以及其他未知的机构。这些机构在过去由一系列'自我监管'的组织管理。"随后，转任 LSE 教授的查尔斯·古德哈特也发表了意见。他在 2010 年 9 月告诉媒体："将如此多的权力集中在一个机构中是有危险的。"[28]

英格兰银行在 FSA 终结和监督权回归中扮演了什么角色？简单的回答是，除非所有记录都被公开，否则我们无法得知真相。关于地盘争夺、权力抢掠和党派政治操弄的假设可能远远不是事实的全部。实际上，我们手中的现有记录，主要是危机期间的 NedCo 会议纪要，显示出至少在某一阶段，英格兰银行内部存在严重的意见分歧。2008 年 4 月的会议纪要显示，非执行董事们一致认为，有充分的理由证明，英格兰银行在审慎监管方面应该扮演更大的角色，但"这并没有得到执行管理层的支持"。几乎肯定是由金领导的执行管理层详细阐述了他们的观点：

> 中央银行负责监督金融机构可能会对货币政策造成潜在的声誉损害，这是当前英国体制创设的主要动机之一。尽管货币稳定和金融稳定有相关之处，但二者之间存在重要区别。从根本上讲，前者是可以实现的，而后者却不太可能实现。没有任何监管体系能够确保不再发生金融危机或银行倒闭。虽然可以改善监管并限制影响，但金融危机是普遍存在的。此外，要找出一个机构组成方式，既让中央银行能够在日常基础上进行合理监管，还能让其高层团队保持对货币政策的关注，是相当困难的。而且很有可能，事后再看，当初那些方式被证明是错误的……

同月晚些时候，当总裁在财政委员会被问及对政府思路的理解时，他谨慎而坚定地回答：“我认为大家都会同意，如果英格兰银行被赋予了某些权力，那么它就需要相应的资源，并且要对如何行使这些权力负责。但我认为我们不能接受，让我们对根本无法实现的事情负责……”

当然，2008 年秋季的伤口还在隐隐作痛。英格兰银行在 2009 年初就已更加愿意扮演一个更加强有力的角色，尤其是在当年“银行法案”为其已有金融稳定职能提供了法律依据的背景下。NedCo 在 2 月连续表达了对“英格兰银行在有限权力和没有直接信息获取的情况下履行金融稳定职责”的担忧。它指出：“英格兰银行无法深入了解个别机构的账户和资产负债表，从而构建整个金融系统的全貌。这仍然是一个重大缺陷。”塔克在 3 月发表了一篇演讲，详细讨论了微观审慎监管中的各种关键问题，包括需要有勇气直面银行管理层的监管人员。塔克还在 4 月的 NedCo 会议上强调，英格兰银行目前处于危险境地，因为它必须推进讨论，不能让自己被看作或实际上成为“影子监管者”。随后在 2009 年 6 月，金的市政厅演讲引发了争议。媒体或对或错地将其解读成为英格兰银行争取更大监管权力的尝试。演讲中一段话特别引起关注：

> 为了实现金融稳定，英格兰银行的权力仅限于发言权和新的决策权。英格兰银行的处境有点像教堂牧师。信徒们在教堂中参加婚礼和葬礼，却往往忽视了中间的牧师。就像教堂牧师一样，我们不能保证信众不会遭遇不幸，预防一切金融危机既不在我们能力范围内，也不在其他任何人的能力范围内。对历史或人性的研究都证明了这一点。经验表明，试图通过发言权来促成更好的生活是不够的。当要求人们改变对其非常有利可图的行为时，警告的作用往往不大。因此，如果我们只能布道或主持葬礼，那么英格兰银行如何履行新的法定职责就无从得知了。

不久之后，总裁向财政委员会强调，重要的是权力和责任必须相匹配。他指出：“我并没有对英格兰银行应该拥有何种权力做出任何判断。”随后在 7 月，前文所述的保守党“白皮书”推出。当然，最终在 11 个月后，新任财政大臣的市政厅演讲也随之而来。

金在他的回应中对这些政府公告表示欢迎。他承诺英格兰银行将把自己的“中央银行文化”带入新的体系，力求“避免过于法律化的文化以及与之相关的合规驱动型监管风格”，他还指出，正如中央银行在货币政策中的角色是“在派对开始时收走酒杯”，其在金融稳定中的角色应是“当舞蹈变得过于狂野时调低音乐”。他是否有所顾虑？接下来的一个月，财政委员会的丘卡·乌穆纳（Chuka Umunna）要求他“直接表明是否希望承担金融监管权”。对此，总裁回答说：“在危机之后，我改变了主意。首先，尽管我们没有负责银行监管，但这似乎并没有减少危机中声誉受损的程度；更重要的是，当大型银行陷入麻烦时，作为最后贷款人的中央银行不可避免地被卷入处理银行流动性和资本的琐事中。”他对另一位质询者回应道：“我们故意没有将消费者保护或市场行为监管纳入职责范围。我们的职责仅限于审慎监管，因为这是中央银行能做的。所以我认为这是职责的清晰界定……它要求中央银行做力所能及的事情，而不是强人所难。”[29]

尽管临时的“金融政策委员会”（与货币政策委员会一样由内部和外部成员组成）在 2011 年 6 月就首次召开会议，但直到 2013 年 4 月新的机构才完全履职。新成立的审慎监管局（Prudential Regulation Authority，PRA）由安德鲁·贝利领导，在曾属于卡泽诺夫的伦敦沼泽门（Moorgate）20 号正式开始运作。贝利曾在 1997 年 5 月那些非比寻常的日子里（工党上台和三方监管体系建立）担任埃迪·乔治的私人秘书。英格兰银行负责金融稳定部门的副总裁塔克直接参与了新体系的建立过程。他在 2013 年 5 月底时向“政府研究所”介绍了新体系。英格兰银行发布的文本使用了要点展示形式。塔克围绕这些要点阐述了他的看法。首先是关于 PRA：

> 英格兰银行再次成为银行的审慎监管者。监管对象这一次还包括房屋互助协会和保险公司。
>
> 英格兰银行在公共辩论中强调，监管绝对不会采用“勾选框”式的生硬方法，而是采用“基于判断”的柔性方法。这一表态得到了广泛的赞誉。
>
> 实际上，市场从业者对“勾选框”往往表现出矛盾的态度。至少在过去的几十年里，他们在任何特定的、孤立的政策领域改革中都会呼吁“确定性”，即要有明确和完整的规则。但作为一项整体改革，为覆盖所有可能的风险点，制定出大量复杂的规则和条例，将产生内容极其庞杂的规则手册，将几乎不可避免地导致“勾选框”式监管。资深从业者正确地谴责了“勾选框”式监管。
>
> 公司的领导者们几乎无法阻止员工规避监管。在危机前夕，普

遍存在的监管套利正是所谓“影子银行”问题的核心原因。

回过头来考虑公共政策的目标。对比传统概念中的“审慎监管”与“证券监管”。后者的运作基础是：制定规则；检查是否遵守规则；惩罚违规行为。如果规则被证明存在缺陷，出于信誉考虑它们仍将被强制执行，但接下来应对规则进行修订。

“审慎监管”的指导思想则完全不同。不可能就一家银行的财务健康状况（或银行家的专业能力）写出一套完整的（甚至是足够的）约束性规则。相反，资本比率或流动性比率等指标实际上反映了财务健康状况。

这让人想起了有关货币政策的一场旧辩论。三十多年前，货币政策基本上是机械地追求广义或狭义货币总量目标。政策效果并不好，当时的经济并不稳定。自从我们采用通货膨胀目标以来，各国中央银行都不再将前述指标作为重点。我们受制于明确的中期目标（CPI 2%），但并不盯住一套所谓隔绝风险的核心中间指标。

我们再也不能针对银行资产负债表制定硬性规则。

此外，与议会的愿望一致，审慎监管局并不寻求实现“零倒闭”的制度。只要个别公司能够以有序的方式清算，它们的倒闭就是一个可以接受的结果。

因此，审慎监管局（PRA）对审慎监管的方式基于如下判断：

——你的银行并没有你想象得那么强大

——降低你账面上的风险敞口

——恐怕你不适合经营这家银行

——如果你的业务失败了，就无法以有序的方式进行清算

这种从“硬性规则”到“柔性判断”的转变改变了监管者与企业之间的关系。

挑战在于，当我们真正使用这种“基于判断”的监管方法时，我们如何让人们接受它。我们的社会是否真的准备好再次接受“老妇人”的评断？

塔克在之后的演讲中转向宏观审慎政策，以金融政策委员会（FPC，不再是临时的）为政策制定的核心：

……FPC的作用可以被视为，确保金融系统对稳定性的需求不会被忽视。展望未来，这意味着监管制度将随着金融系统的发展

而与时俱进。“在下一个派对变得像上一个派对那样危险失控之前，把酒杯拿走”。

在金融稳定监管方面，保持其操作独立性与保持货币政策独立性一样十分必要。“拿走酒杯”是一项中期导向的事务，不可过于短视。议会可以将我们绑在桅杆上，并相信我们不会寻求挣脱捆绑。

但与货币政策一样，监管独立性使得议会制定目标变得至关重要。而我们也必须足够透明，以便进行事前公共问责。

目标：有关 FPC 的立法明确表示，整个系统的弹性是首要目标。但我们不应追求“坟场般的稳定”（即表面上看似稳定但实际上缺乏活力）。然而，弹性并没有被量化。

透明性：在尊重各公司数据保密性的同时，FPC 在议会要求下必须尽可能透明。主要通过政策会议的公开记录和每年两次的金融稳定报告。

因此英格兰银行需要为 FPC 制定一套压力测试制度，以用于微观和宏观审慎监管。

一个可行方案是，FPC 利用压力测试来定义系统所需的弹性程度。也许这对于金融稳定来说，就像经济预测对货币政策的作用一样。在美国及其他地方，此类压力测试的结果已被公开。

这对受监管的公司来说意味着相当大的制度变化。但无论是市场还是公众过去都曾对此类事务的保密程度感到不安。

这一切加在一起构成了一个重要的时刻。塔克在那个春天的早些时候告诉《卫报》：“监管与中央银行在这个国家曾分道扬镳，而现在它们正在重新结合。鉴于这个国家的现状，这是一件非常好的事情。英格兰银行一直以来的历史使命就是维护稳定。”在 6 月，距离金的总裁任期结束不到两周时，PRA 发布的压力测试结果产生了重大影响。它显示 8 家主要英国银行和房屋互助协会中，有 5 家未达到 PRA 对资本的要求。[30]

危机后的头四年，即从 2009 年夏季到 2013 年夏季，也见证了人们对英格兰银行在支持和促进英国经济复苏方面作用的持续关注，因为这一复苏进展缓慢且不均衡。有三个领域可以说是关键的，它们都引发了外部重大批评：贷款、QE 以及宏观货币政策。

“这有时令人心痛。”金在 2010 年 7 月向财政委员会描述自己听到各地中小企业很难获得银行贷款的经历时表示，即使这些企业与银行建立了长期联系。他指出：“在各地经营一家公司要比留在伦敦做生意困难得多。看起来今天赚了几百万，但明天又亏了几百万。”金并没有单独指责银行。到 2011 年 10 月，他开始批评财政部未能要求其拥有的大型银行，即 RBS 和劳埃德银行集团，增加对中小企业（SMEs）的贷款。在 2013 年 3 月，他重申了之前（在 RBS 前次破产后不久）的呼吁，即 RBS 应该被拆分为一家进行正常业务的“好银行”和一家承担问题贷款的“坏银行”，以便“好银行”能够成为“英国经济的主要贷款者之一”，并迅速回归私有制。但拆分必然会让政府面临重大的账面损失。英格兰银行在 2012 年 6 月宣布了一项“融资换贷款计划”（funding for lending scheme，FLS）。该计划尽管与财政部有所合作，但主要是依靠英格兰银行自己的力量。它于 8 月开始实施，本质上是向银行提供低成本资金，以换取贷款机构承诺向普通企业和家庭提供廉价贷款。《金融时报》的马丁·沃尔夫（Martin Wolf）观察到：“问题在于，资金成本是否是银行贷款的限制性因素。更重要的是，我认为恐怕银行的风险厌恶情绪和潜在借款人的不利状况，才是真正的限制性因素。那些信用良好的人不愿意借款，而那些想要借款的人又在目前疲弱的经济状况下并不具备信用条件。”最终，这项总额为 800 亿英镑的计划，大部分资金在第一年就流向了购房者，而不是小企业。这并非英格兰银行的本意。英格兰银行还受到越来越多的批评，因为其坚持（无论是通过 FPC 还是 PRA）要求银行应拥有足够资本，这可能对银行放贷产生了显著的抑制作用。温斯·凯布尔（Vince Cable）在 2013 年 3 月表示：“在经济衰退期间，强迫银行筹集新资本的想法是错误的。”但金坚称：“脆弱的银行体系不会扩大放贷，只有资本充足的银行才是扩张信贷的银行。”几个月后，商务部长使用并支持其他人使用“资本塔利班”一词来形容英格兰银行官员（讽刺其在金融政策上极端保守和“原教旨主义”）。尽管，那时新总裁已上任。[31]

在政策领域的其他层面上，“新潮”的量化宽松（QE）在那几年已成为一种半固定的做法。QE 于 2009 年 3 月启动，当时英格兰银行承诺通过创造电子货币购买 750 亿英镑的资产（主要是国债）。这一计划在 2009 年晚些时候继续进行，分别于 5 月、8 月和 11 月再增加 500 亿、500 亿和 250 亿英镑，使得 QE 总额达到令人震惊的 2000 亿英镑，相当于英国名义 GDP 的 14%。专家普遍（尽管不能说完全一致）对这一旨在实现更高资产价格的尝试持积极态度，认为这将降低融资成本，增加资产持有者的财富，从而刺激消费和提高名义需求。金融城经济学家罗杰·布特尔（Roger Bootle）在2010年3月发表了一份典型的审慎评估报告。他得出的结论认为，英格兰银行启动QE是正确的（“这是唯一可行的办法”），并且这在很大程度上帮助巩固了资产价格，抵御了通货紧缩的威胁。英格兰银行自身也适时地提供了一些确凿的证据，声称其首轮全面QE使英国的GDP提升了高达2个百分点，通货膨胀率则上升了高达1.5个百分点。

《经济学人》在2011年10月初的呼声是“开启水龙头”，并把当时的状况称为“病态经济”。不到一周时间，MPC顺应呼声，又开启了新一轮的QE（后来被称为QE2），宣布购买750亿英镑的资产。随后它在2012年2月和7月又增加了两笔各500亿英镑的购买，使得自2009年3月以来的QE总额达到3750亿英镑。新一轮的QE引发了新的评论。经济学家理查德·巴威尔（Richard Barwell）在2012年2月的《泰晤士报》上专门撰文，驳斥了五个所谓的“QE谎言”：第一，“印钞必然会导致恶性通货膨胀”。第二，“QE是英格兰银行和财政部精心策划的一个阴谋，目的是偷偷地通过通货膨胀削减政府债务”。第三，“QE是无效的，因为资产购买对实体经济并没有影响”。第四，“QE是无效的，因为MPC创造的资金被囤积在银行的金库里”。第五，“资产购买边际效益递减，也就是说英格兰银行购买越多，每十亿英镑所产生的效益就越小”。当然，可以预见反对声音依然存在。不久之后，罗伯特·斯基德尔斯基（Robert Skidelsky）和费利克斯·马丁（Felix Martin）辩称：“尽管QE在阻止经济滑向另一场大萧条方面作了良好的初步工作，但作为一项复苏政策其致命的缺陷在于，其对总需求的影响是微弱且不确定的，其新创造的资金未能转化为增加的支出，并且其对长期增长前景没有任何帮助，因为它只是将现有的（不平衡的）经济结构捆绑在更高的产出水平上。”同年春天，QE长期以来最猛烈的批评者之一，《卫报》专栏作家西蒙·詹金斯（Simon Jenkins）明确表示：“该政策仅仅填满了银行金库，帮助银行恢复了盈利能力，但没有迹象表明其对企业信贷产生了影响，更不用说对国内货币供应。”他将QE称为“监管历史上代价最昂贵的一次失败”。[32]

无论如何，英格兰银行内部不久便出现了越来越多对QE丧失信心的迹象。塔克在2012年10月公开承认，QE“失去了效力”。到2013年6月，MPC连续11个月投票反对更大规模QE。同月，在展望金的继任者面临的政策选择时，著名金融城经济学家乔治·马格纳斯（George Magnus）直言不讳地表示：“QE无法解决投资匮乏、生产力低下、贸易疲弱和金融体系受损的问题。”那么金本人呢？马丁·沃尔夫（Martin Wolf）

在一次告别访谈中问他，QE是否如其所愿地发挥了作用？总裁回应道："我一直将其视为增加宏观货币供应的一种方式。而且最不同寻常的是，在过去几年中，以往负责创造95%广义货币的银行系统，却在一直缩减其货币供应的份额。由于英格兰银行只提供大约5%的货币供应（指现金或M0），因此我们供应的比例必须大幅增加（通过QE），以抵消其他部分的收缩。"沃尔夫随后质疑，英格兰银行是否应该更大胆地购买风险更高的资产。金表示："不，从一开始我就说，我本人并不对是否应该购买表态。如果要购买其他资产，那么应该由政府来决定购买哪些资产，我们则只负责提供资金支持。我认为这是中央银行和财政部之间的合理分工。"

在评价QE时，还必须考虑到其可能带来的意外后果。养老金专家、Saga集团总经理罗斯·阿尔特曼（Ros Altmann）在2010年11月宣称："QE对养老金来说是最糟糕的事情，它正在侵蚀和摧毁养老金领取者的收入。"在随后的秋季，塔克不得不回应称，如果英格兰银行不采取行动，养老金资产的潜在价值可能会变得更低。但他同时也对储户的抱怨进行了回应："放任经济螺旋式下滑或陷入旋涡，将对储户造成更大的伤害。"畅销书《黑天鹅》的作者纳西姆·塔勒布（Nassim Taleb）尤为直言不讳。他在2012年2月断言："QE将财富从穷人转移到富人手中。它向银行注入大量资金。银行用这些钱支付自己的奖金。富人既有钱也有资产，所以他们可以轻松借贷。但失业又借不到钱的穷人，则根本不会从中受益。国家在补贴富人。能从QE中获益的是那1%的富人，而不是剩下99%的人。"确实，同年英格兰银行估计，自2009年以来股票和债券价值增加的6000亿英镑中，有40%流入了最富有5%的家庭。或者如马格纳斯所指出的那样："QE被称为富人的福利。"[33]至少，这一令人不安的事实使QE成为一项前景不明的政策。

在金担任总裁的最后4年里，另一个令人不安的事实是英格兰银行不稳定的预测表现，通常是低估了通货膨胀并高估了经济增长。此外，通货膨胀和经济增长这两个关注点之间的短期关系，或许对金及其MPC同事来说最难判断。2011年头几个月特别考验人心。评论者普遍支持将利率维持在0.5%这一历史低位，即使当时通货膨胀率已接近4%。例如，安东尼·希尔顿争辩说："绝对灾难性的情况是，金和其他利率制定者屈服于那些应该进一步了解事实的人的压力，包括来自首相戴维·卡梅伦（David Cameron）的压力，被迫提升利率以试图阻止本轮价格上涨。这种行为更可能会扼杀经济。"即便如此，正如《泰晤士报》的山姆·弗莱明（Sam Fleming）指出："英格兰银行仍然活在危险之中。"

> 20 年来，各国政府和中央银行在制定抗通胀政策时，不再依赖于一个仅仅对已报告趋势做出反应的回顾性经济发展模型，而是通过前瞻性预测。他们的策略是塑造公众和市场的通货膨胀预期，以确保价格不会失控。因此，认为英格兰银行的信誉因持续的通货膨胀超调而受到质疑，并不具有学术辩论价值，但却是直插货币政策核心的一把利刃。简而言之，通货膨胀超过英格兰银行设定的 2% 目标（2003 年从 2.5% 下调）时间越久，默文 · 金及其委员会就越难以论证这一目标的可信性。这可能会导致通胀预期“脱锚”，从而破坏货币稳定。

在 MPC 内部，最鹰派的声音来自外部委员安德鲁 · 圣丹斯（Andrew Sentance）。自 2010 年夏季以来，他一直投票支持加息。他在 2011 年 2 月的公开声明，提到英镑汇率的不断下降和 1973 年创世纪乐队的一张专辑：“通过尽早而不是推迟的加息来帮助抵御全球通货膨胀压力，MPC 可以安抚金融市场和广大英国公众，表明我们始终忠于通货膨胀目标，而不是打算‘论磅出卖英格兰’[①]”。金则公开声明反对加息，并且也做了文化层面的隐喻，提及了“边缘之外”演绎的“不列颠之战”。他宣称过早加息是一种“徒劳姿态”[②]。或者正如他在 6 月的市政厅年终演讲中解释的那样：“我们本可以大幅提高银行利率，使今天的通货膨胀更接近目标。但这反而会带来生活的水平降低，因为石油和商品价格难以控制，同时降低双重赤字（贸易和财政）也会加重经济负担。而且，在我们的产出和支出经历了大萧条以来最严重的衰退之后，加息也意味着更弱的复苏，甚至产出的进一步下降。”两年后，《经济学人》在总裁离任前夕发表了一篇值得注意的致敬文章：

> 他熟练地应对了经济疲软和价格压力的糟糕组合。石油和受管制价格（如增值税和大学学费）将通货膨胀推高至 5%。提高利率将通货膨胀拉回到 2% 的目标水平将会扼杀英国微弱的复苏。一些

---

① 《论磅出卖英格兰》（Selling England by the Pound）是创世纪乐队（Genesis）1973 年专辑名，出自英国工党的一句口号，暗示英国文化的衰落以及美国文化影响的上升。——译者注

② “徒劳姿态”（futile gesture）引自《边缘之外》（Beyond the Fringe）中的“不列颠之战”。《边缘之外》是 20 世纪 60 年代英国的讽刺喜剧。在反映英国人二战期间态度的章节中，一位皇家空军军官宣称，尽管形势毫无希望，但他们必须“前进”并做出“徒劳姿态”。用以形容一种毫无意义的勇敢行为。——译者注

> 重要央行的货币政策，尤其是欧洲央行的货币政策过于鹰派。默文爵士的政策则更加巧妙。他始终允许通货膨胀在过去 4 年中保持在目标水平之上，同时频繁确认他对目标的承诺。不知何故，这样的做法奏效了。英格兰银行作为通货膨胀目标使命者的信誉依然完好，公司和工人们依然预计通货膨胀将接近 2%。

尽管如此，该文章完全承认，下一任总裁将发现“这是一条难走的路”。[34]

一些人开始怀疑，改变 MPC 的职责是否会有所帮助。大卫·怀顿在《泰晤士报》2012 年 12 月的评论中就持有这一观点：

> 当英格兰银行在 1997 年掌控货币政策时，它被赋予了一个简单的目标，那就是设定利率以实现 2% 的通货膨胀目标（实际上曾为 2.5%）。这一安排可以说在头十年内运作得相当好。但现在，经济面临的问题如此严重，以至于越来越多的人呼吁，从单纯关注通货膨胀的单一目标转变为包括经济增长在内的复合目标。
>
> 尽管默文爵士声明反对改变目标，但有人怀疑英格兰银行已经在未告知任何人的情况下改变了目标。在过去 3 年中，通货膨胀率高于 3% 的时间占到了 80%，但英格兰银行似乎更关心经济增长。在某些时候，英格兰银行的目标似乎不仅仅是通货膨胀，而是经济增长和通货膨胀。或者用金融术语来说，就是名义 GDP 增长。这正是一些顶尖经济学家认为英格兰银行应该做的事情。

总裁确实声明反对改变目标。他在 2013 年 1 月对贝尔法斯特的听众表示：“放弃低通货膨胀目标等于忘记我们战后历史的教训。20 世纪 70 年代的痛苦经历揭示了 20 世纪 60 年代政策制定者的一种‘梦想’，即试图为整体经济设定一个不现实的高增长率，同时假装这种高增长与稳定的通货膨胀并不矛盾。”他明确断言：“如果代价由梦想者自行承担，那么一厢情愿是可以接受的。但如果代价由其他人承担，那就是不可接受的。因此，2% 的通货膨胀长期目标应该是我们宏观经济框架的基本组成部分。”两个月后，即在 3 月预算（正式设立审慎监管局）公布之前不久，金仍在发表类似言论。他在接受 ITV 新闻的采访时表示：“我不确定是否有必要对职责范围进行重大变更。最重要的是对 2% 通货膨胀目标的承诺。”但财政大臣至少在某种程度上决定采取不同的立场。他的立场是否受到了即将上任的新总裁的影响，我们无从得知。奥斯本在预算演讲中指出："正如我们在过去 5 年中所见，低而稳定的通货膨胀是繁荣的必要条件，但不足以确保繁荣。MPC 的新职责明确要求其清晰阐明，在决定通胀率回归目标所需时间时所做的政策权衡。"这无疑是一次变化，但并不像有些人期待的那么重大。它仍然保留了 2% 的通货膨胀目标，并且没有采用名义 GDP 目标，以将增长置于通胀之上。[35] 简而言之，珍贵的 20 世纪 90 年代膨胀目标安排仍然存在，虽然它并不算是很好的安排。

总体而言，1997 年后的英格兰银行不仅成为一个更精简的组织（2006 年员工人数少于 2000 人），还变得不那么家长式，也不那么四平八稳。在 1997 年秋季，英格兰银行关闭了曼彻斯特、伯明翰、布里斯托尔和纽卡斯尔的分行，仅保留了利兹分行作为在英格兰北部的现金中心。与此同时，英格兰银行的十几名地区代表如今通过在英国各地约 8000 个商业联系人，集中精力评估各个地区的经济状况，并向 MPC 直接报告。6 年后，在 2003 年乔治任期结束之际，伊丽莎白 · 亨尼西记录了一些其他动态。当时，钞票的印制工作已外包给德拉鲁（De La Rue）。它租下了德布顿的印刷厂，并签订了为期 7 年的外包合同。国债登记部门在迁至格洛斯特后面临着关门的危险。2004 年其果然关门了，相关工作被外包给一家名为金培万国（Computershare）的普通登记公司。同时，日常工作环境也有了显著不同：

> 虽然英格兰银行的许多分支机构都已被关闭，或者像员工餐厅一样被从国王武器院迁回了针线街，但对于越来越少的员工来说，实际的工作环境得到了很大改善。许多曾经按照严格等级制度设计的复杂拥挤的小办公室，已经被改造成宽敞明亮的工作空间。考虑到必须拆除或用电缆穿透几英尺厚的墙壁，这无疑是一项不小的成就。

当然，家长式管理早已衰落了很长一段时间，但如今它几乎消失了。消失的标志包括：1998 年员工图书馆的关闭；世纪之交时住房贷款和学费资助等重要福利的终结；以及 2007 年 12 月的最后一期《老妇人》。尽管退休员工依然是这本杂志的忠实读者，但它对在职员工的吸引力相对较小。同时，家长式管理的消失也部分源于银行监管和政府债务管理职能的失去，一些人感觉货币分析几乎完全占据主导地位。2004 年，新任首席出纳安德鲁·贝利写道："我意识到银行监管部门存在士气问题。人们认为银行监管部门是一个处于衰退中的边缘部门。受到持续裁员的影响，工作不稳定性逐渐增加。"他还反映道："英格兰银行没有很好地为非大学毕业生员工服务。我们没有像本应该做的那样对他们进行投资。"两年后，一位外部顾问瓦莱丽·汉密尔顿（Valerie Hamilton）记录下了一个生动的插曲：

> 我曾为一群员工主持了一场关于管理变革的研讨会。他们面临着工作中技术使用量的大幅增加，以及与经济学家关系本质的大幅转变。他们抵触情绪强烈，甚至愤怒且持有敌意。当我最终设法让他们参与讨论时，一位女士砰地一声拍打桌子，反对我关于"英格兰银行"的某些言论。她宣称："我们就是英格兰银行！不是那些来来去去，在履历中加上'英格兰银行'后就消失的大学毕业生。我们就是英格兰银行！"她的话当然是有一定道理的。[36]

事实上，英格兰银行内部管理在金任期内还是出现了一些积极的现象。银行部门开始逐渐回归英格兰银行的中心；对非大学毕业生的职业发展开始给予更加系统的关注，包括为文秘们进行职业规划和全新的入职培训；甚至还有专门针对英格兰银行电力工程师的学徒计划。至于经济学家们，他们在危机后地位有所下降，但无疑也在危机中得到了许多有益的经验。

员工背景多元化这个棘手的问题又如何解决呢？梅林·洛瑟于 1998 年被任命为第 29 任首席出纳。她是第一位担任这个职位的女性，虽然这个久负盛名的职位如今权力已大不如前。而瑞切尔·洛马克斯在 2003 年出任副总裁，成为英格兰银行历史上级别最高的女性。然而在整体上，英格兰银行在多元化方面显然还有很长的路要走。人力资源总监路易丝·雷德蒙（Louise Redmond）在 2006 年告诉《老妇人》："我们的高层女性数量不足，在少数族裔中也没有招聘到很好的代表。"她表示一项员工调查反映了两个问题："长时间工作的文化"和"A-level 入职员工的职业机会和发展不足"。两年后，她向 NedCo 提交了最新的员工调查报告，从会议讨论结果来看是喜忧参半。令人担忧的是，少数族裔招聘表现不太好。可能的原因包括英国亚裔社区对于加入收入潜力较低的公共部门的抵触情绪，以及英国大学中非裔加勒比地区学生的比例较低。令人欣喜的是，在性别问题方面“新的灵活工作计划即将推出”。因此，变革似乎确实加速了。吉莉安·泰特在 2013 年指出：“我最近与 2012 年新招聘的英格兰银行员工会面，注意到房间里几乎一半的人是女性，许多人还是非白人。尤其值得注意的是，还有许多人并没有学过经济学。”尽管如此，截至 2012 年底货币政策委员会（MPC）的 9 名成员全是男性；金融政策委员会（FPC）的 11 名成员也是如此；在英格兰银行的 3 位总裁（即金和 2 位副总裁）以及其余的 10 位执行董事中，只有一位是女性，并且她不出所料地负责人力资源；在由 12 人组成的董事会中，唯一的女性是赖斯夫人（Lady Rice）。还有一个广为人知的问题，是关于谁将在 5 英镑纸币上取代伊丽莎白·弗莱①（Elizabeth Fry）。自 40 年前开始在纸币背面印制历史人物以来，伊丽莎白·弗莱是截至当时仅有的两位女性之一②。2013 年初夏，卡罗琳·克里亚多－佩雷斯（Caroline Criado-Perez）领导了一场非常有效的女权主义运动，抗议再选择一位男性即温斯顿·丘吉尔取代弗莱。最终，双方达成妥协。英格兰银行在同年 7 月宣布，丘吉尔被保留在 5 英镑纸币上，但简·奥斯汀将成为 10 英镑纸币上的新面孔。克里亚多－佩雷斯回应道：“如果没有这场运动，没有 3.5 万人签署我们的 Change.org 请愿书，英格兰银行会不假思索地将女性从历史中抹去。我们热烈欢迎英格兰银行的这一举动……”[37]

1997 年获得独立性的直接结果是，英格兰银行持续变得更加开放，尤其是通过 MPC 的成员。威廉·布伊特（Willem Buiter）在 1998 年告诉《老妇人》：“通过提高利率来降低需求是有成本的。人们会受到负面影响，不得不承担相关成本。他们有权抱怨，但我们必须能够回应他们的抱怨。你不能只是给出‘先管好你自己的事’‘我们正在为经济利益而努力’‘我们能感受到你的痛苦’这样的回答。你必须认真对待这件事情，并随时准备站出来解释和捍卫自己。”10 年后，即将离任的公共沟通主管彼得·罗杰斯（Peter Rodgers）向 NedCo 概述了自独立初期以来总体上令人鼓舞的局面：

---

① 伊丽莎白·弗莱是 19 世纪英国女性社会改革家，推动了监狱改良运动。2002 年版 5 英镑纸币背面使用了她的头像，取代的是 1990 年版 5 英镑的乔治·史蒂芬森。——译者注

② 另一位是 20 世纪 70 年代 D 系列英镑纸币中，10 英镑纸币背面的弗洛伦斯·南丁格尔。——译者注

> 值得注意的是，市场和媒体评论员对货币政策的理解显著提高。1998年，MPC因其对经济衰退威胁的迟缓反应而受到强烈批评。如今评论员虽然还是会有批评，但争论的焦点却集中在对MPC所面临困境的理解上。MPC在过去十多年中一直在全国各地访问，这帮助它确立了为整个国家制定政策，而不仅仅作为象牙塔或伦敦金融城代表的形象。

变革的方向基本上是单向的。“这是英格兰银行在对外沟通和透明度方面的一次转型”。安迪·霍尔丹在2012年的一次演讲中这样描述：

> 回想20年前。当时没有季度通货膨胀报告，没有半年度金融稳定报告，当然也没有与这两者相关的新闻发布会。20年前，没有英格兰银行政策委员会的会议记录。那时，新闻采访很少，而且仅有的采访也是经过严格的剧本安排。在过去的一年里，英格兰银行官员发表了大约65次演讲，接受了超过200次新闻采访。在蒙塔古·诺曼时代，这两者加起来只有一次……在今年早些时候，总裁发表了73年来英格兰银行第一次和平时期的全国现场广播讲话。幸运的是，英格兰银行发推特的频率远远低于普通英超足球运动员的推特频率。很快，我们将首次公布英格兰银行董事会的会议记录……2011年，“默文·金”在媒体字词搜索中的结果，比“凯莉·米洛”①（Kylie Minogue）出现的次数还要多……[38]

金本人非常重视“英格兰银行”名称中的第一个词——“英格兰”。他比以往任何一位总裁都更频繁地参加各郡（当然还有苏格兰、威尔士和北爱尔兰）的活动，更别提在英国劳工联合会（TUC）上发言，以及出现在国际板球特别锦标赛中了。几乎可以肯定的是，部分由于危机的影响，他比之前任何一位总裁都要更为公众熟知。可能只有诺曼和乔治因为各自不同的原因可以与他相提并论。

正如罗杰斯所提到的，英格兰银行重新定位的核心内容，便是与金融城保持一定距离。它拒绝继续被认定为可以始终保护，甚至是盲目保护金融机构的“母鸡”角色。关键性的声明是金在2004年6月的首次市政厅演讲，尽管金后来很遗憾当时没有清楚地说明英格兰银行是如何从

---

① 凯莉·米洛是澳大利亚女歌手、演员，2011年入选“澳大利亚音乐唱片名人堂”。——译者注

20 世纪 90 年代初确立的“第三个”核心目标（本质上是干预主义）[①]中脱身。他回顾了 1997 年失去银行监管职能如何“不可避免地改变了英格兰银行与金融城及金融机构的关系”。随后，他认为现在需要“重申”英格兰银行对这一关系的看法：

> 自 1986 年金融大爆炸以来，金融城发生了翻天覆地的变化。所谓的“温布尔登化”在金融城迅速推进。温布尔登网球公开赛非常成功、影响巨大，但大多数获胜者都来自海外。同样的，金融城的成功也越来越源自外资机构。有人指责英格兰银行等组织未能帮助更多英国金融机构跻身全球顶尖行列。但事实上，如今在世界前十名中确实有一些英国本土的参与者。而且，几乎没有证据表明公共部门应该去挑选国家级的冠军机构。相比之下，公共部门更应该去营造一个鼓励创新并提供一流基础设施的环境。
>
> 英格兰银行现在以及未来都将与金融城及在此工作的人们保持密切联系。我们每天都参与市场运作；我们处于支付系统的中心，甚至是在支撑着它；我们对结算系统保持密切关注。但我们参与其中是从公共利益出发，而不是为了维护特定的私人利益……

如果说这些言论表明英格兰银行与金融城之间关系的客观性达到了新高度，那么危机就将这种客观性推向了更高层次。关键性的声明是在 2009 年 10 月。时任总裁在爱丁堡对商人们表示：“在危机救助的过程中我们发现，在包括金融在内的所有领域，从未有过如此少的人欠下如此多的债务，而且债权方如此之多。如果银行‘大而不能倒’，那么我们别无选择，只能将其拆分。”这番言论更受反对派保守党的欢迎，而不被工党政府青睐，尽管保守党并未承诺英国将单独采用狭义银行（即传统商业银行）模式。金言论的最大反对者是银行家们，这种状况一直持续到他的总裁任期结束。2010 年 10 月，金表示：“在众多银行组织方式中，最糟糕的就是我们现在所拥有的这种方式。”次年春天，他在接受查尔斯 · 摩尔采访时指责银行实际上仍然受到奖金驱动，单向下注国家会对其进行救助，从而以冒险的方式行事。2012 年 7 月，金“扬起眉毛”的暗示似乎

---

① 此处提到的是前文乔治为英格兰银行确定的三个核心目标：第一，“维护货币的完整性和价值”也就是货币稳定；第二，“维护国内和国际金融系统的稳定”；第三，确保英国金融服务的有效性，即保护和增强伦敦作为国际金融中心的竞争力。——译者注

与巴克莱银行首席执行官鲍勃·戴蒙德的戏剧性离职有关。而在2013年6月，他在即将离任时对财政委员会发出强烈警告，指责银行利用其强大的游说力量对政治家施加“巨大压力”，以干预英格兰银行被重新授权的监管决策。[39]需要再次强调的是，对于一位英格兰银行总裁来说，这一切“反金融城”的行为几乎完全是异于以往的。

危机之后的银行监管职能回归，无疑使英格兰银行比历史上任何时候都更具权力。但也不可避免地引发了关于治理和问责的重大问题。主要的关注点集中在两个关键领域：总裁的角色，以及董事会的角色。

这两个领域自然成为财政委员会2011年11月“英格兰银行问责制”报告的一部分。就总裁的角色而言，该报告提出了3项建议：第一，未来的总裁应获得一个连续的8年任期，而不是最多两个的五年任期。这一建议基于这样一个论点，即现有连任流程容易让人觉得英格兰银行会受到政治干预的影响。第二，为了“保障其独立性”，财政委员会应获得对总裁任命和解雇的“法定否决权”。第三，危机情况下，“在英格兰银行正式通知公共资金面临重大风险后”，处置该危机的最终法定责任应由财政大臣承担。此后，2013年4月生效的新版“金融服务法案”（Financial Services Act）确实纳入了财政委员会建议中的第一项和第三项，但也许并不令人惊讶地未纳入第二项。

然而，根本问题仍然悬而未决。随着人们对金继任者身份的猜测越来越多，塞缪尔·布里坦在2012年4月表示：“提议中总裁职责扩大的危险在于，我们可能会最终得到一个官僚式的主席。这个主席将依赖下属提供的意见，而这些意见将反映当时的守旧智慧。另外一种可能是得到一个自称知晓一切的独裁式人物，那么情况可能更糟。”一些人认为金本人就是这样一个独裁者。《金融时报》的克里斯·贾尔斯（Chris Giles）在2012年5月试图就这一问题展开调查。他在采访了近20名现任和前任英格兰银行官员后，得出了以下结论：“尽管金显然不是一个暴跳如雷、大喊大叫的暴君，但现实是英格兰银行已经被他精心打磨，成为能够提供其想要东西的机构，与一个可以公开讨论的开放组织大不相同。”无论如何，在新的体制下，时任总裁毫无疑问将拥有强大的权力。他将主持货币政策委员会、金融政策委员会和审慎监管局的董事会。他还将扮演首席执行官的角色。尽管英格兰银行的员工人数突然翻了几乎一番（从2012年初的不足2000人增至约3500人），但在2013年6月却几乎无人对夏洛特·霍格（Charlotte Hogg）被任命为英格兰银行首位首席运营官提出疑问。霍格从7月起负责日常事务，如部门绩效和组织架构等，让总裁能够更自由地以首席执行官的角色专注于战略。那么副总裁呢？从2013年春天开始，英格兰银行将拥有三位副总裁。詹姆斯·巴尔蒂（James Barty）在前一年为“政策交流智库”所作的报告中呼吁：“下一任总裁应该更像一个主席，负责全面协调把握货币政策、金融稳定和审慎监管工作。而副总裁则应该成为各个具体部门的首席执行官，负责英格兰银行的日常运营，使总裁能够全面了解英格兰银行所做的一切工作。”[40]只有时间才能告诉我们，这是否会成为现实。

至于董事会的角色，正如《1946年英格兰银行法》所载，是负责“英格兰银行事务”。在20世纪下半叶，它显然变得越来越边缘化。大卫·李斯爵士回忆了20世纪90年代担任非执行董事的时光：“我们以前只开会大约一个小时。执行董事先作报告，然后我们这些‘待宰的羔羊’被给予5—10分钟的时间来谈论我们所代表的行业。我当时代表汽车工业。至于他们听了多少，我就不知道了。午餐倒是很好。”自1998年以来，董事会的主要监督职能（包括对MPC的监督）被赋予新成立的非执行董事委员会（NedCo）。它有自己的主席（由财政大臣任命），并增加了来自各地区的代表。在危机后的2009年，新立法（实际上是金推动的）使得一位非执行董事（李斯）取代总裁成为董事会主席。但外界的印象仍然是：“董事会要想从午餐俱乐部转变成正常运作、正常审查的上市公司风格董事会，还有很长的路要走。”

2011年11月，财政委员会的报告“强烈”建议废除“董事会”一词，并建议将其改名为“英格兰银行监督委员会”。这个委员会将更精简、更专业、人员配置更充足，能够充分赋权于英格兰银行执行层以便于问责。金在2012年初的回应是采取折中方案：董事会将下设一个监察委员会来审查执行层的决策流程，但并不会真正设立一个独立的监督委员会。他告诉财政委员会：“我认为让另一组未经选举的官员来说‘实际上我们想要重新考虑前一组（指执行层）作出的决策’没有任何意义。如果你真的相信他们更优秀，就应该先把他们放进前一组。”随着2012年新立法的形成，总裁在很大程度上实现了他的目的。董事会的名称没有被废除。它仍然是一个集权组织，换句话说仍然是执行层与非执行层的混合体。其中执行层包括总裁和副总裁。非执行层则占大多数，但不超过九人，其中一人仍将担任主席。NedCo被监察委员会（Oversight Committee）取代，由董事会主席兼任其主席并负有法定责任，负责监察英格兰银行在目标实现和战略选择方面的表现。李斯在2014年即将辞去他每周三天的职务（指董事会主席）时写道：“董事会主席不是第一小提琴手（主角），而是第二小提琴手（配角）。由于涉及众多政策问题，总裁才是第一小提琴手。下一位董事会主席必须接受这一点。它的实际地位比通常在企业界权力结构中的地位要低一些。”[41]

2011 年至 2012 年，对于权力结构变化带来的风险，财政委员会主席、果敢而热情的安德鲁·泰里与金一样都给予了充分估计。泰里在其报告时指出：“英格兰银行在预防未来危机方面将发挥更为重要的作用，但其在某些治理方面似乎显得陈旧。对英格兰银行的审查应该反映 21 世纪民主的需求。这意味着明确的问责机制，以及向议会公开更多信息。”当然，自 1997 年独立以来，英格兰银行向议会负责的程度显著增加。财政委员会对 MPC 以及后来的 FPC 人事任命进行了确认听证会（尽管没有否决权）。但泰里想要而金成功抵制的，实际上是将董事会从“英格兰银行的一部分”转变为“议会的连接渠道”，行使政策审查权力。不可避免地，英格兰银行即将显著增强的权力，还会带来另一个衍生问题：今后总裁有多大权力去冒险侵入财政领域。

金在 2009 年 6 月的市政厅演讲，使他在之后的一年半时光里颇具争议。他先是如前文所述的将英格兰银行金融稳定权力与教堂牧师进行类比。随后，他发表了一段同样可以成为头条新闻的言论：“随着我们走出衰退，财政政策必须发生变化。5 年后，国家债务与国民收入的比值预计将是危机前的两倍多。因此，有必要制定一个明确的计划，说明在下届议会期间如何削减预期赤字……”《每日电讯报》的反应是可以预见的：“金警告达林：尽快整理好你的账本。”而在随后的一个星期里，金在财政委员会面前则说得更多：“我们面临的赤字规模实在是非同寻常。这反映了全球经济衰退的规模，但也反映了一个事实，即我们的财政政策在这场危机之前，就已经走上了一条不可持续的、亟须纠正的道路。”接着他补充说：“虽然现在我们似乎很容易通过发行国债来为赤字融资，但未来可能会出现问题。我们需要一份可信的声明，来指导赤字削减。”当时，工党政府正计划在下一年的大选中主张增加公共服务投资，而保守党主张削减开支。因此并不奇怪，影子财政大臣奥斯本抓住了金的话。他声称：“这个声名狼藉的政府曾经声称拥有的任何复苏计划，都已经被保守党彻底证伪。”[42]

保守党在 2010 年 5 月的大选中成为第一大党，但没有获得绝对多数。后来有报道称，在随后谈判和磋商的日子里，削减开支的主张最终促成自由民主党与其组成联合政府。在希腊主权债务危机和市场震荡的背景下，总裁对促成这一政治结果发挥了积极作用。然而，这样的说法缺乏证据。尽管如此，无可争议的事实是，在联合政府成立之初，他成为倡导赤字削减，实行紧缩政策的最强音。金在6月16日的市政厅演讲中进行了清晰地阐释：

> 货币政策必须根据未来几年财政紧缩、金融市场持续脆弱和银行系统稳定情况来制定。我知道有些人担心过快的财政整顿会危及经济复苏。但在一届议会的任期内，稳步削减非常庞大的结构性赤字，不可能被没有理由地无限期推迟。如果增长趋势减弱，通胀前景可能会更低，那么货币政策就可以作出反应。因此，财政大臣先生，你承诺将英国的公共财政建立在稳固的基础上。我对此完全欣然接受。重要的是，从中期来看，国民债务与GDP的比值需要回到下降的轨道上。

随后的一个星期，奥斯本将他的"承诺"付诸行动。他出台了一份预算，列出了在一届议会任期内填补英国财政漏洞的计划。《金融时报》的乔治·帕克（George Parker）称这份预算十分"大胆"。根据帕克的说法："正是总裁说服了财政大臣，预算的优先事项必须是消除1550亿的英镑赤字。财政大臣的团队表示，奥斯本先生在做预算决策时最痛苦的部分，是过快过深削减赤字可能对经济造成的冲击。正是金坚持认为，必须彻底解决英国的信用问题。"当然，不管金是否真的有直接影响力，他在整个2010年都在强烈而坚持不懈地发出警告。他在9月告诉TUC，公共债务"显然不可持续"，任何政府都必须有一个"明确且可信"的赤字削减计划。他补充说，如果他不向有所怀疑的听众警示不解决赤字的风险——包括"长期利率的有害上升"——那他就是在"逃避"自己的责任。

暴风雨在11月来临。《金融时报》在10日的头条是"金模糊政策界限令人担忧"。报道称："英格兰银行的一些高级职员对默文·金支持政府削减公共开支的做法感到不安，认为他越过了货币政策与财政政策之间的界限。"6天后，金在"上议院经济事务特别委员会"上试图发言淡化这一话题：

> 如果人们觉得我或者英格兰银行的行动带有政治色彩，我会感到十分忧虑。但我不认为我们试图那样做。我们面临的是和平时期的史上最大财政赤字。我认为如果中央银行没有意识到这是一个令

> 人担忧的问题，那才是令人惊讶的事情。我们确实认为这是一个值得关注的问题。当然，就英格兰银行而言，我相信每个人对正确的路线都有自己的看法。在货币政策上，他们就有自己的看法。但如果他们对财政政策没有看法，那才是令人惊讶……我从未对财政赤字整体水平之外的任何事情进行评论。我没有支持审查支出，没有评论在应对财政赤字时，维持支出与税收间平衡的最佳方式，更不用说对具体措施的品头论足。除了对赤字规模的担忧，我从未对财政政策的其他任何方面进行过评论。我只是出于货币政策目的，提出制定一条真正可信的中期路线，以便在一个可信的时间跨度内减少赤字。这条路线不需要什么条条框框，但必须是可信的。这个时间跨度要在一个民选政府能够控制的范围内，即议会的任期长度。

就在两个星期后，MPC 的亚当·波森（Adam Posen）作为鸽派主要人物，对财政委员会提到："早在 5 月准备'通胀报告'时，MPC 的一部分成员就对报告中'适应财政政策的具体速度'这一段表述感到担忧。"波森解释道："我们很担心，这一表述可能在大选背景下被视为过于政治化。其措辞太过接近于政治声明。"第二天，《金融时报》引用了前 MPC 成员苏希尔·瓦德瓦尼（Sushil Wadhwani）的观点。他写道："我认为无论是对是错，人们都会认为默文与保守党的关系比工党更密切。无论哪个中央银行总裁都不应该让这种事情发生。在未来的几年中，我们需要一个被认为具有独立性的英格兰银行。但现在独立的形象受到了威胁，这真是太可惜了。"批评持续到了 2011 年。工党影子财政大臣埃德·鲍尔斯在 2 月对《金融时报》表示："你最不希望看到的就是英格兰银行被卷入政治旋涡。"随后，著名美国经济学家保罗·克鲁格曼（Paul Krugman）指责金充当联合政府的政策"拉拉队长"。他写道："金在经济学上是错误的，过早削减开支对仍然萎缩的经济而言是错误的政策。但关键点并不在此。相反，关键在于如果你拥有一个独立的中央银行，那么管理该银行的人必须小心翼翼地始终置身于政治斗争之外。"

争论逐渐平息，但争论背后的意见冲突并没有神奇地消失。罗德·普莱斯（Rod Price）在 2012 年 5 月致《金融时报》的信中指出："当财政政策和货币政策开始合为一体时，总裁就不再是非政治性的。"金本人或许比任何人都更能意识到 1997 年独立性的来之不易，以及不让独立性受到损害的至关重要。他在 2016 年的著作《炼金术的终结》中，提到了 2007 年一段显然充满真情实感的逸事："5 月 10 日星期四中午 12 点，托尼·布莱尔宣布辞去首相职务，结束了他在唐宁街10号的10年任期。与此同时，英格兰银行宣布将利率提高0.25个百分点。没有什么比那个时刻更能生动地象征英国货币制度的变化了。”因为，正如他以自己的历史判断所解释的那样：“在英格兰银行独立之前，在一个有重要政府声明的日子加息是不可想象的。”[43]

谁将接替金？帕迪鲍尔公司（Paddy Power）在2012年4月提供了一系列赔率：保罗·塔克和FSA主席阿戴尔·特纳勋爵（Lord Adair Turner）以5/2的赔率并列成为热门人选；前汇丰银行主席、现任贸易部长斯蒂芬·格林勋爵（Lord Stephen Green）紧随其后，赔率为11/4；前内阁秘书古斯·奥唐纳勋爵赔率为5/1；加拿大银行总裁马克·卡尼（Mark Carney）为10/1；而其他冷门人选则包括戈登·布朗（200/1）和弗雷德·古德温（Fred Goodwin，300/1）。6月，《旗帜晚报》的詹姆斯·阿什顿（James Ashton）接替人选就是特纳与塔克的“直接竞争”。7月，奥唐纳的赔率降至9/4，而格林的赔率则提高至6/1。8月，《观察家》呼吁奥斯本“在全球范围内寻找接替人选。”9月，这一职位被首次公开招聘。10月，财政部否认了接洽卡尼的报道，而奥唐纳已退出竞争。11月24日，《经济学人》推荐了塔克，并认为卡尼显然不是备选。但在26日星期一，奥斯本宣布了他的决定。

经过所有的捕风捉影和雾里看花，最终被选中的人是卡尼。“他简直是世界上最优秀、经验最丰富、最合适的人选。”财政大臣这样评价这位加拿大人。卡尼仅接受了5年的任期，成为第一位外籍总裁。媒体的反应近乎一致的积极。《金融时报》称：“这是一个掷地有声的决定，证明英国已经准备好为高级职位聘请最佳人才。”《泰晤士报》称：“他几乎满足所有标准。”《每日邮报》称：“作为一位拥有新想法的外部人士，他将非常适合激发公开辩论和创新思维。”大约7个月后的2013年6月30日星期天，金在英格兰银行的最后一天，恰好遇上了英格兰银行在罗汉普顿的年度运动会。在那天下午的板球比赛中，面对新任英格兰队队长安德鲁·斯特劳斯（Andrew Strauss），金还进行了一两次带有玩笑性质的缓慢投球。第二天早上，新任总裁乘地铁从西伦敦出发，在7点钟前不久到达英格兰银行站。与蒙塔古·诺曼不同，他没有戴帽子。在如今这个电子时代，早就没有像诺曼那样在帽子上插着车票的场景了。卡尼随后还出现了一些可以理解的地理困惑，弄不清该从哪个出口出站。但很快，第119位英格兰银行总裁就已经安坐在自己的办公桌后了。[44]

在本书所述的319年里，英格兰银行经历了不少批评，也获得了一些赞誉。关于英格兰银行的最伟大作家沃尔特·白芝浩通常给出的是批评，但偶尔也会给些赞誉。他在《伦巴第街》中写道："没有什么能说服英国人民废除英格兰银行。如果有某种灾难将其摧毁，那么仍将需要几代人的时间，才能让同等地位的机构获得同样的信任。"金在担任副总裁期间，在1999年8月的杰克逊霍尔中央银行家会议上引用了这句话。接下来，金说出了一段任何时代的总裁都会深思的话：

> 中央银行可能正处于权力的巅峰。未来可能会有更少的中央银行。不能排除中央银行消亡的可能性。社会在过去没有中央银行时也能运作，未来也可能再次回归。我最喜爱的足球队（阿斯顿维拉）的网站上有个横幅广告，上面写着"英雄与反派"。对于一些人来说，中央银行家是英雄，比政治家更强大、更负责任；而对于另一些人来说，中央银行家是反派，太过狂热，不值得将世界经济托付。为了我们所有人的利益，重要的是中央银行家既不应该被视为英雄，也不应该被视为反派。他们应当是谦逊的技术专家，努力改善他们使用行业工具的方式，并始终渴望学习。开放的思想和敏捷的行动将是避免消亡的最佳方式。[45]

后记：你只是不知道何时

（注：英格兰银行高层人士在1997年之后发表的文章和演讲可在该行网站上查阅）

1 Evening Standard, 27 Nov 2014 (Anthony Hilton); Times, 15 March2012.

2 Richard Roberts and David Kynaston, City State (2001), p. 130; BEQB, Summer 2001, pp. 164-168, Autumn 2001, p. 351; CB, 2001/2 (4), pp. 9-10; Institutional Investor, Feb 2003, p. 26.

3 BEQB, Winter 2003, p. 477; House of Commons Treasury Committee, The Monetary Policy Committee of the Bank of England: Appointment Hearing, Volume II (2005), p. 74; BEQB, 2007 (1), p. 110 (Lomax), 2007 (2), p. 273 (King); House of Commons Treasury Committee, The

Monetary Policy Committee of the Bank of England: ten years on (Sept 2007), paras 7, 14.

4 Treasury Committee, Monetary Policy Committee: ten years on, paras 18, 22; Kate Barker, 'Monetary Policy-From Stability to Financial Crisis and Back?', March 2010 speech, p. 4; Guardian, 25 May 2010; FT, 3 May 2012; Guardian, 30 Dec 2014; ODNB, Forrest Capie, 'Eddie George, Baron George'; Sir Andrew Large, 'Monetary Policy: Significant Issues of Today', December 2005 speech, p. 7; Mervyn King, The End of Alchemy (2016), p. 330; Institutional Investor, Feb 2003, pp. 30, 32.

5 Howard Davies and David Green, Banking on the Future (Princeton, 2010), p. 120; Robert Peston, How Do We Fix This Mess? (2012), pp. 192-193; Times, 23 Oct 2008 (Jamie Stevenson).

6 Sir Andrew Large, 'Puzzles in Today's Economy', March 2004 speech, p. 13, 'Monetary Policy', Dec 2005 speech, p. 7; Inflation Report, May 2006, P 7; James Barty, Reform of the Bank of England (Policy Exchange, 2012), p. 13; FT, 27 Sept 2006; Standpoint, June 2012, p. 24 (Tim Congdon); CB, 2006/7 (1), pp. 59, 61 (John Nugée); BEQB, 2007 (1), pp. 122-130 (Paul Tucker).

7 Independent, 12 Jan 2007; BEQB, 2007 (2), pp. 280-281 (Mervyn King); Inflation Report Press Conference, 16 May 2007, pp. 9-10, 8 Aug 2007, pp. 6-7.

8 Observer, 6 May 2012 (Will Hutton); Ian Fraser, Shredded (Edinburgh, 2014), p. 492; Sir Martin Jacomb, Re-empower the Bank of England (Centre for Policy Studies, June 2009), pp. 2-5; Ed Balls, Speaking Out (2016), pp. 296-297.

9 Alex Brummer, The Crunch (2008), p. 217; Barty, p. 36; House of Commons Treasury Committee, Financial Regulation (Feb 2011), p. 696; Daily Telegraph, 4 May 2012; Ivan Fallon, Black Horse Ride (2015), pp. 164-165.

10 House of Commons Treasury Committee, Re-appointment of Mervyn King as Governor of the Bank of England (June 2008), pp. 33-34, 51, 113; CB, 2006/7 (1), pp. 1-2; Times, 15 March 2012; Gillian Tett, The Silo Effect (2015), pp. 122-123; CB, 2010/11 (1), pp. 61-62.

11 Matthew Hancock and Nadhim Zahawi, Masters of Nothing (2011), pp. 18-19; New Statesman, 20 July 2009 (Alex Brummer); CB, 2005/6 (3), pp. 24-25 (Sir Andew Large); BEQB, 2006 (3), pp. 339-340 (Sir John Gieve), 2007 (1), p. 127 (Paul Tucker); Tett, Silo, p. 124-125.

12 BEQB, 2007 (3), p. 426 (Mervyn King); Barty, p. 14; Banker, Sept 2006, pp. 66-67; Guardian, 29 June 2013 (Nils Pratley); Gillian Tett, Fool's Gold (2009), p. 183; BEQB, 2007 (2), pp. 313-315 (Paul Tucker); Court minutes, 11 July 2007; Inflation Report Press Conference, 8 Aug 2007.

13 Fraser, Shredded, p. 492; CB, 2006/7 (4), pp. 1-2.

14 Helpful accounts of the 2007-2008 crisis include: Brummer, Crunch (2009 edn); Tett, Fool's Gold; Philip Augar, Chasing Alpha (2009); Howard Davies, The Financial Crisis (2010); Dan Conaghan, The Bank (2012);d Hugh Pym, Inside the Banking Crisis (2014); Fraser, Shredded;

Fallon, Black Horse Ride.

15 House of Commons Treasury Committee, The Run on the Rock, Volume II (Feb 2008), pp. 214, 217; Court minutes, 13 Sept 2007; Treasury Committee, Run, p. 217; Court minutes, 13 Sept 2007; Economist, 22 Sept 2007, Conaghan, p. 150.

16 Economist, 22 Sept 2007; CB, 2007/8 (3), pp. 12-13; Brummer, Crunch (2008), pp. 123, 125; Times, 12 March 2012; Economist, 15 June 2013; Guardian, 20 June 2013.

17 Treasury Committee, Run, pp. 4-5, 18, 51-52, 54, 111; BEQB, 2007 (4), p. 567 (Mervyn King); BBC Radio 4, File on Four, 6 Nov 2007; Treasury Committee, Run, pp. 1665, 1696, Re-appointment, pp. 55, 116, 65, Banking Reform (Sept 2008), p. 169; New Statesman, 4 March 2016.

18 CB, 2007/8 (2), p. 1, 2007/8 (3), pp. 44-47; Sunday Telegraph, 29 May 2011, 6 May 2012; OHC, Michael Foot, p. 31; Treasury Committee, Run, p. 114.

19 'File'; Treasury Committee, Run, p. 1608; Guardian, 13 Dec 2007; Court minutes, 12 Dec 2007; Treasury Committee, Run, pp. 1610, 1677; Fraser, Shredded, p. 329; FT, 22 April 2008.

20 Conaghan, pp. 163-164; Barty, p. 23; Guardian, 3 May 2012; Court minutes, 11 June 2008.

21 Treasury Committee, Re-appointment, p. 75; BEQB, 2008 (3), p. 314 (Mervyn King); Daily Telegraph, 8 July 2008; Barty, p. 24; Evening Standard, 5 May 2009; New Statesman, 14 Sept 2009.

22 Court minutes, 10 Sept 2008; CB, 2008/9 (2), pp. 18-20; Alistair Darling, Back from the Brink (2011), p. 165; Court minutes, 15 Oct 2008.

23 Barty, p. 26; Tett, Fool's Gold, pp. 282-283; Court minutes, 15 Oct 2008; Mervyn King, 'Speech', 21 Oct 2008.

24 Times, 16 May 2013, 15 Oct 2008; Standpoint, June 2009, pp. 40-45, Oct 2011, Dec 2015, pp. 42-45.

25 House of Commons Treasury Committee, Fixing LIBOR, Volume I (Aug 2012), p. 25; Treasury Committee, Re-appointment, p. 80; Times, 1 Sept 2015; FT, 11 Dec 2008; Treasury Committee, Fixing, pp. 44-45, 47-50; Times, 18 July 2012; Treasury Committee, Fixing, pp. 56-58.

26 Court minutes, 13 Nov 2008; Times, 5 Dec 2008; Daily Telegraph, 5 Dec 2008; Court minutes, 12 Feb 2009; FT, 27 Feb 2009; Economist, 7 March 2009; King, Alchemy, pp. 182-183; Financial World, May 2009, p. 10; Standpoint, June 2009, pp. 44-45 (Tim Congdon).

27 Pym, Inside, p. 187; Conaghan, pp. 288-289; Guardian, 22 May 2012; Times,22 May 2012.

28 Barty, pp. 36-37; Conaghan, pp. 245-247; Jacomb, p. 1; Guardian, 21 July 2009; FT, 17 June 2010; Times, 17 June 2010; Spectator, 27 June 2009; Evening Standard, 21 July 2009, 17 June 2010; Independent, 2 Aug 2010; Guardian, 15 Sept 2010.

29 Court minutes, 16 April 2008; Treasury Committee, Re-appointment, p. 44; Court

minutes, 12 Feb 1009; BEQB, 2009 (2), p. 139 (Paul Tucker); Court minutes, 30 April 2009; Mervyn King, 'Speech at the Lord Mayor's Banquet', 17 June 2009, pp. 7-8; House of Commons Treasury Committee, Banking Crisis: Regulation and Supervision (July 2009), pp. 117-118; Mervyn King 'Speech at the Lord Mayor's Banquet', 16 June 2010, pp. 5-7; House of Commons Treasury Committee, Financial Regulations (Feb 2011), pp. 20, 25.

30 Paul Tucker, 'A New Regulatory Relationship', May 2013 speech, pp. 3-6; Guardian, 30 March 2013; FT, 21 June 2013.

31 Times, 29 July 2010, 26 Oct 2011; Pym, Inside, pp. 176-177; Guardian, 7 March 2013; Independent, 15 June 2012; FT, 16 June 2012; Guardian, 1 Aug 2013, 28 March 2013, 25 July 2013.

32 Michael Joyce et al, 'The financial market impact of quantitative easing', BEQB, 2010 (3), p. 205; Daily Telegraph, 8 March 2010 (Roger Bootle); Economist, 11 Feb 2012, 1 Oct 2011; Times, 20 Feb 2012; New Statesman, 5 March 2012 (Robert Skidelsky and Felix Martin); Guardian, 25 May 2012.

33 Guardian, 28 Sept 2012; Prospect, June 2013, P 44 (George Magnus); FT, 15 June 2013; Prospect, Nov 2010, p. 36; Times, 29 Oct 2011; Spectator, 11 Feb 2012 (Nassim Taleb); Prospect, June 2013, p. 44.

34 Evening Standard, 18 Jan 2011 (Anthony Hilton); Times, 24 Jan 2011; Guardian, 18 Feb 2011; Daily Telegraph, 5 March 2011; Guardian, 16 June 2011; Economist, 15 June 2013.

35 Times, 12 Dec 2012 (David Wighton); Guardian, 23 Jan 2013, 16 March 2013; FT, 21 March 2013; Daily Telegraph, 21 March 2013 (Philip Aldrick).

36 Financial World, July 2007, p. 11; OL, Dec 1997, p. 145; Elizabethd Hennessy, 'The Georgian era at the Bank of England', CB, 2002/3 (4), p. 41; OL, Dec 2006, p. 126 (John Footman), March 2004, p. 11; Valerie Hamilton, 'Moll Flanders and the Old Lady of Threadneedle Street' (University of Warwick PhD, 2013), p. 50.

37 CB, Nov 1998, p. 8, 2002/3 (4), p3; OL, March 2006, p. 16; Court minutes, 16 Jan 2008; FT, 10 Aug 2013 (Gillian Tett); Guardian, 19 Nov 2012; Times, 22 June 2013; Guardian, 25 July 2013.

38 OL, March 1998, p. 12; Court minutes, 2008; Andrew G. Haldane, 'The Bank and the banks', 18 Oct 2012 speech, pp. 10-11.

39 BEQB, Autumn 2004, p. 350 (Mervyn King); Independent, 21 Oct 2009; Economist, 30 Oct 2010; Daily Telegraph, 5 March 2011; Peston, Fix, pp. 436-437; Guardian, 29 June 2013.

40 House of Commons Treasury Committee, Accountability of the Bank of England (Nov 2011), Vol. 1, pp. 52-53; Guardian, 8 Nov 2011; FT, 27 April 2012 (Samuel Brittan), 5 May 2012, 19 June 2013; Barty, p. 46.

41　Evening Standard, 7 Feb 2014 (James Ashton); Treasury Committee, Accountability, pp. 58-59; Times, 18 Jan 2012; Emma Murphy, 'Changes to the Bank of England', BEQB, 2013 (1), p. 27; Evening Standard, 7 Feb 2014.

42　Guardian, 8 Nov 2011; Financial World, Dec 2011, p. 10 (Alex Brummer); Mervyn King, 'Speech at the Lord Mayor's Banquet', 17 June 2009, p. 5; Neil Irwin, The Alchemists (2013), pp. 275-276; Guardian, 25 June 2009.

43　Times Literary Supplement, 21 Jan 2011 (Peter Riddell); Mervyn King, 'Speech at the Lord Mayor's Banquet', 16 June 2010, p. 4; FT, 26 June 2010, 16 Sept 2010, 10 Nov 2010; House of Lords Select Committee on Economic Affairs, Meeting with the Governor of the Bank of England (Dec 2010), p. 14; FT, 26 Nov 2010; Guardian, 19 Feb 2011; FT, 1 May 2012; King, Alchemy, p. 186.

44　Guardian, 19 April 2012; Evening Standard, 14 June 2012, 19 Jul 2012; Spectator, 18 Aug 2012; Economist, 15 Sept 2012; Guardian, 8 Oct 2012; Economist, 24 Nov 2012; FT, 27 Nov 2012; Times, 27 Nov 2012; Daily Telegraph, 27 Nov 2012; Times, 2 July 2013.

45　BEQB, Nov 1999, p. 411 (Mervyn King).

作者致谢

除了英格兰银行，我还要感谢以下机构，允许我使用他们的档案：巴克莱银行、巴林档案馆、纽约联邦储备银行、汇丰控股、罗斯柴尔德档案馆、苏格兰皇家银行和约翰·索恩爵士博物馆。

许多人对这本书的问世给予了帮助，如有任何遗漏，我在此表示歉意。

除英格兰银行之外，我还要感谢众多档案管理员和历史学者对我的帮助与鼓励：Melanie Aspey、Bernard Attard、Forrest Capie、Sally Cholewa、Chris Collins、Valerie Hamilton、Clara Harrow、Elizabeth Hennessy、Boyd Hilton、Pamela Hunter、Harold James、James Mortlock、Susan Palmer、Julie Sager、Hiroki Shin、Maria Sienkiewicz、Tina Staples、Alison Turton、Sophie Volker。特别是要感谢 Anne Murphy，她对 18 世纪的英格兰银行了解至深，并慷慨地将她的专业知识分享给我。

对于这样一家历史悠久的机构，可获得的个人直接见证必然有限。但以下人士仍慷慨地抽出时间与我讨论了他们亲历的英格兰银行近代历史：Andrew Bailey、Ed Balls、Sir Charles Bean、Sir David Clementi、Sir Howard Davies、Christopher Fildes、Paul Fisher、John Footman、Andy Haldane、William Keegan、Lord Lothbury King、Rachel Lomax、Ian Plenderleith、Brian Quinn、Sir David Scholey、Sir Paul Tucker。

除以上人士之外，我还对更多英格兰银行内部人士深表感激。自我开始研究并造访英格兰银行，时间已超过了 25 年。回忆起从前得到的帮助，我特别怀念 Kath Begley、Phil Davies、Henry Gillett、John Keyworth、Sarah Millard 和 Elizabeth Ogden。在本书的写作过程中，我尤其感谢信息中心的 Andrew Butterworth、Frances Cassidy、Shahid Nazir 和 Fiona Platten 的协助。由于我的研究主要基于档案，因此我要将最大的感激之情献给档案团队：Mike Anson、Lorna Williams、Ben White、Margherita Orlando（特别感谢她总能找到我仅有模糊印象的文件）、Rachael Muir、Holly Waughman（她在图片方面也提供了帮助）。图片方面提供帮助的还有英格兰银行的 Chris Peacock、Bryony Leventhall、Jenni

Adam 和 Eleanor Paton。我要特别感谢 Mike 及其同事。他们让档案室成为我理想中专业且充满愉悦的研究场所。

此外，John Footman 负责从合同到出版的管理工作。他展现了耐心、幽默、洞察力和客观性，这些品质让我深表感激。同时，还要感谢他的秘书 Sharon Hughes 的协助。

还要感谢 Amanda Howard（上标编辑服务公司）对我录音的转写、Peter James 的文字编辑、Catherine Best 的校对、Alan Rutter 的索引编制，以及 Rogers Coleridge & White 经纪公司的 Georgia Garrett 和 Madeleine Dunnigan（2014 年不幸辞世的 Deborah Rogers 也曾紧密参与）。还有 Bloomsbury 出版公司的 Bill Swainson（负责策划），以及 Michael Fishwick（我的编辑）、Marigold Atkey 和 Sarah Ruddick，他们三位使得出版过程愉快高效。

最后，最深切的感谢献给我的妻子 Lucy，她在研究和校对方面给予了我巨大帮助。她的曾曾曾祖父 John Horsley Palmer 是英格兰银行头两个世纪中最有影响力的总裁之一；她的曾曾祖父 Edward Howley Palmer 也被 Clapham 称为“有才干的”总裁。这段历史研究离不开她的支持。

缩写

Abramson	Daniel M. Abramson, Building the Bank of England: Money, Architecture, Society, 1694–1942 (New Haven, 2006)
Acres	W. Marston Acres, The Bank of England from Within (2 vols, 1933)
BEQB	Bank of England Quarterly Bulletin
Boyle	Andrew Boyle, Montagu Norman (1967)
Byatt	Derrick Byatt, Promises to Pay: The First Three Hundred Years of Bank of England Notes (1994)
Capie	Forrest Capie, The Bank of England: 1950s to 1979 (New York, 2010)
CB	Central Banking
Clapham	Sir John Clapham, The Bank of England: A History (2 vols, Cambridge, 1944)
Clay	Sir Henry Clay, Lord Norman (1957)
Conaghan	Dan Conaghan, The Bank: Inside the Bank of England (2012)
DBB	Dictionary of Business Biography
de Fraine	H. G. de Fraine, Servant of This House: Life in the old Bank of England (1960)
Dow	Graham Hacche and Christopher Taylor (eds), Inside the Bank of England: Memoirs of Christopher Dow, Chief Economist, 1973–84 (Basingstoke, 2013)
Fay	Stephen Fay, Portrait of an Old Lady: Turmoil at the Bank of England (1987)
Feavearyear	Sir Albert Feavearyear, The Pound Sterling (and edn, 1963)
Fed	Archives of Federal Reserve Bank of New York
Fforde	John Fforde, The Bank of England and Public Policy, 1941–1958 (Cambridge, 1992)
FT	Financial Times
Giuseppi	John Giuseppi, The Bank of England: A History from its Foundation in 1694 (1966)
Hennessy	Elizabeth Hennessy, A Domestic History of the Bank of England, 1930–1960 (Cambridge, 1992)
Hewitt and Keyworth	V. H. Hewitt and J. M. Keyworth, As Good as Gold: 300 Years of British Bank Note Design (1987)
King	W. T. C. King, History of the London Discount Market (1936)
King (1)	The Cecil King Diary, 1965–1970 (1972)
King (2)	The Cecil King Diary, 1970–1974 (1975)
Kynaston	David Kynaston, The City of London (4 vols, 1994–2001)
LMA	London Metropolitan Archives
Morgan	E. Victor Morgan, The Theory and Practice of Central Banking, 1797–1913 (Cambridge, 1943)
NA	National Archives
O'Brien	Leslie O'Brien, A Life Worth Living (privately published, 1995)
ODNB	Oxford Dictionary of National Biography
OHC	Oral History Collection (at Bank of England Archives)
OL	Old Lady
Roberts and Kynaston	Richard Roberts and David Kynaston (eds), The Bank of England: Money, Power and Influence, 1694–1994 (Oxford, 1995)
Sayers	R. S. Sayers, The Bank of England, 1891–1944 (2 vols, plus appendixes, Cambridge, 1976)

除非另有说明，所有档案类参考资料均为英格兰银行档案。除非另有说明，所有图书类参考资料都在伦敦出版。

译者附录

附录 1 中英文对照表

《拟建英格兰银行简述》（帕特森）	A Brief Account of the Intended Bank of England (Paterson)
《肮脏的十字路口》（特尼尔漫画）	"A Dirty Crossing" (Tenniel Cartoon)
《中风瘫痪的英格兰银行》（威尔逊）	"A Paralyic Bank of England" (Wilson)
《针线街旧布店一瞥》（版画）	A peep into the Old Rag Shop in Thread Needle Street (print)
《英格兰银行简述》（戈弗雷）	A Short Account of the Bank of England (Godfrey)
《货币改革论》（凯恩斯）	A Tract on Monetary Reform(Keynes)
戴安·阿博特	Abbott, Diane
阿迦·哈桑·阿贝迪	Abedi, Agna Hassan
乔治·阿贝尔爵士	Abell, Sir George
阿宾登老银行	Abingdon Old Bank
托马斯·阿布尼爵士	Abney, Sir Thomas
丹尼尔·阿布拉姆森	Abramson, Daniel
阿布扎比	Abu Dhabi
阿比西尼亚战争	Abyssinian War
承兑行委员会	Accepting Houses Committee
问责制	Accountability
“英格兰银行问责制”（财政委员会）	Accountability of the Bank of England (Treasury Committee)
会计部门	Accountant's Department
会计办公室	Accountant's Office
会计机	Accounting Machines
账户	Accounts
W. 马斯顿·阿克斯	Acres, W. Marston
《联合法令》，1707 年	Act of Union,1707
亨利·亚当斯	Adams, Henry
查尔斯·阿迪斯爵士	Addis, Sir Charles
约瑟夫·艾迪生	Addison, Joseph
ADR（美国存托凭证）股份	ADR (American Depository Receipt) Shares
董事和员工咨询委员会	Advisory Counci Lof Director Sand Staff
AIG（保险公司）	AIG
《亚琛和约》	Aix-La-Chapelle Treaty of
美国铝业公司	Alcoa
奥尔丁顿勋爵	Aldington, Lord
菲利普·奥尔德里克	Aldrick, Philip
沙皇亚历山大一世	AlexanderI, Tsar
罗杰·奥尔福德	Alford, Roger
阿尔及尔	Algiers
塔里克－阿里	Ali, Tariq
B.Z. 阿拉丁	Alladin, B. Z.

罗伯特·阿斯莱特	Aslett, Robert
H·阿斯奎斯	Asquith, H. H.
资产购买计划	Asset Purchase Facility
英国银行家协会	Association of British Bankers
商会协会	Association of Chambers of Commerce
阿斯顿·马丁	Aston Martin
伯纳德·阿塔德	Attard, Bernard
克莱门特·艾德礼	Attlee, Clement
审计委员会	Audit Committee
审计部门	Audit Department
简·奥斯汀	Austen, Jane
澳大利亚	Australia
奥地利	Austria
奥地利贷款担保法案	Austrian Loan Guarantee Bill
双层授权体系	Authorisation, Two-Tier System
"经济学家的可用性和配置"会议	Availability and Deployment of Economists'Meeting
艾尔银行	Ayr Bank
迈克尔·巴宾顿·史密斯	Babington Smith, Michael
沃尔特·白芝浩	Bagehot, Walter
《伦巴第街》	Lombard Street
安德鲁·贝利	Bailey, Andrew
D.J. 贝克	Baker, D. J.
赫伯特·贝克尔	Baker, Herbert
威廉·贝克爵士	Baker, Sir William
国际收支平衡	Balance of payments
余额部门	Balance Section
斯坦利·鲍德温	Baldwin, Stanley
巴尔戈尼勋爵	Balgonie, Lord
埃德·鲍尔斯	Balls, Ed
托马斯·巴洛赫	Balogh, Thomas
《1833 年英格兰银行法》	Bank Act, 1833
《1946 年英格兰银行法》	Bank Act, 1946
银行黑	Bank Black
英格兰银行建筑	Bank Buildings
银行特许法案	Bank Charter Act
第一次世界大战	First World War
特别委员会	Select Committee
暂停	suspension
"英格兰银行合同"股票	Bank Contract Stock
国际清算银行	Bank for International Settlements
国际复兴开发银行	Bank for Reconstruction and Development
英格兰银行双周刊	BankFortnight,The
英格兰银行账簿	Bank Ledgers
银行贷款，中小企业	Bank Loans, SMEs
英格兰银行票据办公室	Bank Note Office
纸币（或钞票）	Banknotes
1 英镑纸币	1 note
接受	acceptance

殖民地贷款	colonial loans
公章	Common Seal
沟通技巧	Communication skills
相互矛盾的政策	Conflicted policies
银行业危机的后果，2007—2008 年	Consequences of banking crisis, 2007–2008
巩固，1697 年	consolidation, 1697
与其他国家银行合作	co–operation with other national banks
核心宗旨	core purposes
信誉（或可信度）	credibility
保密文化	culture of secrecy
日常业务	day–to–day business
决定搬到针线街	Decision to move to Threadneedle Street
纪律	discipline
效率	efficiency
欧洲经济和货币联盟政策	EMU policy
平等机会	Equality of opportunity
对外沟通	external communications
火灾，1838 年	fire, 1838
成立	foundation
职能	functions
融资换贷款计划	Funding for lending scheme
治理	governance
政府贷款	government loans
帝国主义	imperialism
富有的印象	Impression of wealth
独立（或独立性）	independence
低效	inefficiency
内向的文化	Introverted culture
合资股份地位	joint–stock status
拉蒙特的机构改革	Lamont's institutional reforms
作为最后贷款人	As lender of last resort
流动性	liquidity
管理风格	management style
边缘化	marginalised
19 世纪中后期	mid–to late nineteenth century
国有化	nationalisation
需要稳定性	Need for consistency
发行纸币功能	note–issuing function
开始营业	opens for business
在操作层面（或在运营层面）	In operation
操作独立性（或运营独立性）	operational independence
操作职责（或运营职责）	operational responsibilities
组织结构（或组织架构）	organisational structure
所有权	ownership
家长式（或家长式作风）	paternalism
权力	power
危机前的失败	pre–crisis failings
声望	prestige

优先事项	priorities
繁荣	prosperity
以公众为导向	public-orientation
合理化，20 世纪 20 年代	rationalisation, 1920s
责任辩论	responsibilities debate
重组，1980 年	restructuring, 1980
重组，1993 —1994 年	restructuring, 1993-1994
角色（或作用）	role
例行事务	routine
桑普森的	Sampson's
第二次世界大战影响	Second World War impacts
现金短缺，1696 年	shortageofcash, 1696
短期贷款	short-termlending
认购者	subscribers
监督者角色（或监督角色）	Supervisory role
失去监督者角色	Supervisory role lost
泰勒的扩建计划	Taylor's expansion programme
三百周年庆典	Tercentenary celebrations
透明度	transparency
在新工党执政期间	under New Labour
弱点	weaknesses
工作条件	working conditions
工作	workings
英格兰银行法案	Bank of England Bill
"英格兰银行季度公报"	Bank of England Quarterly Bulletin
英格兰银行员工组织	Bank of England Staff Organisation
《英格兰银行手册：或明确指南》	Bank of England's Vade Mecum:or Sure Guide
法兰西银行	Bank of France
爱尔兰银行	Bank of Ireland
意大利银行	Bank of Italy
利物浦银行	Bank of Liverpool
伦敦和南美银行	Bank of London and South America
加拿大丰业银行	Bank of Nova Scotia
罗得西亚 - 尼亚萨兰银行	Bank of Rhodesia and Nyasaland
苏格兰银行	Bank of Scotland
西班牙银行	Bank of Spain
银行职员公会	Bank Officers'Guild
英格兰银行警卫队	Bank Picquet the
英格兰银行公积金协会	Bank Provident Society
英格兰银行利率	Bankrate
英格兰银行利率审查委员会	Bank Rate Tribunal
银行限制法案，1797 年	Bank Restriction Bill, 1797
银行挤兑，1737 年	Bank run, 1737
银行挤兑，1745 年	Bank run, 1745
英格兰银行股票办公室	Bank Stock Office
英格兰银行条约，1722 年	Bank Treaty, 1722
英格兰银行志愿军团	Bank Volunteer Corps
银行家	Banker

奥斯汀·比德威尔	Bidwell, Austin
乔治·比德威尔	Bidwell, George
大爆炸，1986 年	Big Bang, 1986
影响	impacts
准备	preparations
风险	risks
票据经纪人	bill brokers
票据办公室	Bill Office
金银复本位制会议，1887 年	Bimetallic Conference, 1887
金银复本位制同盟	Bimetallic League
金银复本位制	bimetallism
宾厄姆报告	Bingham Report
J.E.D. 宾尼	Binney, J. E. D.
多萝西·宾斯	Binns, Dorothy
J.W. 伯奇	Birch, J. W.
伯明翰	Birmingham
《伯明翰邮报》	Birmingham Post
奥托·冯·俾斯麦	Bismarck, Otto von
黑色星期四	Black Thursday
黑色星期三，1780 年	Black Wednesday, 1780
黑色星期五，1865 年	Black Friday, 1865
黑色星期三，1992 年	Black Wednesday, 1992
巴兹尔·布莱克特	Blackett, Basil
克里斯·布莱克赫斯特	Blackhurst, Chris
托尼·布莱尔	Blair, Tony
亨利·布莱克	Blake, Henry
大卫·布兰克弗劳	Blanchflower, David
蓝箭丑闻	Blue Arrow scanda
乔治·布伦登爵士	Blunden, Sir George
安东尼·布朗特	Blunt, Anthony
银行监督委员会	Board of Banking Supervision
贸易委员会	Board of Trade
博德曼勋爵	Boardman, Lord
布尔战争	Boer War
乔治·博尔顿	Bolton, George
安德鲁·博纳·劳	Bonar Law, Andrew
阿瑟·J.F. 邦德	Bond, Arthur J. F
伊恩·邦德	Bond, Ian
英格兰淫行丑闻	Bonk of England scandal
莱斯利·博奈特	Bonnet, Leslie
亨利·科斯莫·邦索尔	Bonsor, Henry Cosmo
账本	Books, the
繁荣，1818 年	Boom， 1818
H.M. 布特	Boot, H. M.
乔治·布斯	Booth, George
罗伯特·布斯比	Boothby, Robert
罗杰·布特尔	Bootle, Roger
利物浦市政银行	Borough Bank of Liverpool

市政厅演讲，1999 年	Mansion House speech, 1999
与格林斯潘会面	meeting with Greenspan
新的货币政策框架	'The New Monetary Policy Framework'
理查德·布朗	Brown, Richard
布朗·希普利公司	Brown, Shipley & Co
莱德·布朗	Browne, Lyde
伊丽莎白·巴雷特·布朗宁	Browning, Elizabeth Barrett
M.H. 布朗宁	Browning, M. H.
罗伯特·布朗宁	Browning, Robert
查尔斯·布鲁斯·加德纳乔	Bruce Gardner, Charles
克·布鲁斯 – 加迪恩	Bruce−Gardyne, Jock
亚历克斯·布鲁默	Brummer, Alex
《坍塌》	The Crunch
文莱投资局	Brunei Investment Agency
卡尔·布鲁纳	Brunner, Karl
威尔弗雷德·布莱恩特	Bryant, Wilfred
布克劳公爵	Buccleuch, Duke of
布加勒斯特	Bucharest
艾伦·巴德	Budd, Alan
预算控制	budgetary control
《建造英格兰银行》(亚伯拉姆森)	Building the Bank of England (Abramson)
威廉·布伊特	Buiter, Willem
科尼利厄斯·布勒	Buller, Cornelius
"公报"评论	"Bulletin" Commentary
金银委员会，调查和报告	Bullion Committee, investigation and report
黄金数据，1797 年	bullion figures, 1797
黄金办公室	Bullion Office
购买金银，1820 年	bullion purchase, 1820
金库	bullion room
金银主义者	Bullionist
"金银通货主义"立场	"bullionist" position
赫米奥妮·布尔沃 – 利顿	Bulwer−Lytton, Hermione
德国联邦银行	Bundesbank
伯马石油	Burmah Oil
特里·伯恩斯	Burns, Sir Terry
巴塞洛缪·伯顿	Burton, Bartholomew
商业周刊	Business Week
拉布·巴特勒	Butler, Rab
德里克·拜特	Byatt, Derrick
温斯·凯布尔	Cable, Vince
劳伦斯·卡德伯里	Cadbury, Laurence
亚历克·凯恩克罗斯	Cairncross, Alec
"通知放款"系统	"call loan" system
詹姆斯·卡拉汉	Callaghan, James
戴维·卡梅伦	Cameron, David
阿拉斯泰尔·坎贝尔	Campbell, Alastair,
米德尔顿·坎贝尔	Campbell, Middleton,
威廉·坎贝尔	Campbell, William

政策研究中心	Centre for Policy Studies
金融创新研究中心	Centre for the Study of Financial Innovation
乔治·查尔默斯	Chalmers, George
某些违规行为	certain irregularities
威廉·查利斯	Challis, William
罗伯特·查尔默斯爵士	Chalmers, Sir Robert
奥斯丁·张伯伦	Chamberlain, Austen
内维尔·张伯伦	Chamberlain, Neville
詹姆斯·布里奇斯，钱多斯公爵	Chandos, James Brydges,Duke of
大卫·巴克莱·查普曼	Chapman, David Barclay
斯坦利·查普曼	Chapman, Stanley
乔纳森·查克汉姆	Charkham, Jonathan
R.B. 查斯利	Charsley R. B.
特许	Charter
延长至 1711 年	extended to 1711
延长至 1733 年	extended to 1733
延长至 1812 年	extended to 1812
续期，1742 年	renewal, 1742
续期，1765 年	renewal, 1765
续期，1812 年	renewal, 1812
续期谈判，1832 年	renewal negotiations, 1832
续期，1833 年	renewal, 1833
续期，1844 年	renewal, 1844
续期，1892 年	renewal, 1892
特许管理会计师协会	Chartered Institute of Management Accountants
宪章派示威游行	Chartist movement
支票银行业务	cheque−book banking
支票	cheques
切尔韦尔勋爵	Cherwell, Lord
芝加哥商品交易所	Chicago Mercantile Exchange
首席会计	chief accountant
首席出纳（员）	chief cashier
第一位女性	first woman
首席出纳办公室	Chief Cashier's Office
中国	China
约翰·奇蒂	Chitty, John
哈蒙德·查布	Chubb, Hammond
查尔斯·丘吉尔	Churchill, Charles
伦道夫·丘吉尔勋爵	Churchill, Lord Randolph
温斯顿·丘吉尔	Churchill, Winston
流通账户	circulation accounts
花旗银行	Citi
金融城	City
英格兰银行与金融城的关系	Bank/City relationship
以及银行监督	and banking supervision
控制	control
外汇盈利能力	foreign exchange earning power
国际化	internationalisation

煤炭需求暴跌	coal, slump in foreign demand
联合政府	coalition government
威廉·科贝特	Cobbett, William
卡梅伦·科博尔德（“金”）	Cobbold, Cameron (“Kim”)
铝业战争	and the Aluminium War
总裁任期	governorship
目标	objectives
海外银行家俱乐部演讲	Overseas Bankers’ Club address
个性	personality
拉德克利夫调查证据	Radcliffe inquiry evidence
对拉德克利夫报告的反应	Radcliffe Report reaction
替代	replacement
钢铁行业私有化	steel industry privatisation
苏伊士危机	and the Suez crisis
《告诉人民》节目公开露面	Tell the People appearance
C.R. 科克雷尔	Cockerell, C. R.
科克菲尔德勋爵	Cockfield, Lord
苏·科菲	Coffey, Sue
菲利普·科根	Coggan, Philip
硬币，金币	coin, gold
替换	replacement
金币	sovereigns
硬币，银币	coin, silver
布莱恩·科卡恩	Cokayne, Brien
阿尔弗雷德·科尔	Cole, Alfred
G.D.H. 科尔	Cole, G. D. H.
安东尼·科尔比	Coleby, Anthony
科尔曼—梅股票经济公司	Coleman & May
担保债务凭证	collateralised debt obligations
多边贸易和支付的集体应对方案	Collective Approach to Multilateral Trade and Payments
马克·科莱特爵士	Collet, Sir Mark
迈克尔·柯林斯	Collins, Michael
殖民地与公司股票办公室	Colonial and Corporation Stock Office
殖民地贷款	colonial loans
殖民地公债法，1877 年	Colonial Stock Act,
大卫·科尔维尔	Colville, David
漫画年鉴	Comic Almanack
商业繁荣	commercial boom
审查公共账户委员会	Commission for Examining Public Accounts
分行委员会	Committee for Branch Banks
建筑委员会	Committee for Building
文书考试委员会	Committee for Examining Clerks for Election
代表委员会	Committee of Delegates
帝国防卫委员会	Committee of Imperial Defence
检查委员会	Committee of Inspection
检查委员会，1783 年	Committee of Inspection, 1783
提款办公室等检查委员会	Committee of Inspection for the Drawing Office &c
伦敦清算银行委员会	Committee of London Clearing Bankers

平均年龄	average age
背景	backgrounds
支持索恩	backing of Soane
比克罗夫特的日志	Beachcroft's diary
候选人	candidates
游说	canvassing
特征	characteristics
“封闭”的团体	as closed body
公司治理	corporate governance
无私的业余爱好者	as disinterested amateurs
选举	election
第一届选举	election of first
管理层（或执行层）	executive
家族关系和影响力	family connections and influence
首位犹太（董事）	first Jewish
首位女性（董事）	first woman
服务年限	length of service
通婚（或结婚）	Marriages
备忘录	memorial
下议院议员	MPs
培训需求	need for training
职业分类	occupational breakdown
职业	occupations
最初的	original
个人诚信	personal integrity
政治上的活跃度	political activity
政治倾向	political affiliation
政治经济学教条	political economy doctrines
追求	pursuits
第二个 1/4 世纪	second quarter of the century
奴隶贸易的参与	slave trade involvement
社会地位	social position
社会地位	social status
声音	voice
女性	women
纪律处分	disciplinary action
贴现账户	discount accounts
贴现业务	discount business
贴现行	discount houses
贴现市场	discount market
贴现办公室	Discount Office
贴现政策	discount policy
贴现率	discount rate
贴现限制政策	discount-restriction policy
贴现窗口贷款	discount-window lending
自由裁量的信任	discretionary trust
本杰明 - 迪斯雷利	Disraeli, Benjamin
不同信仰代表委员会	Dissenting Deputies Committee

《英格兰银行分红日》（希克斯）	Dividend Day at the Bank of England (Hicks)
股息办公室	Dividend Office
股息支付办公室	Dividend Pay Office
股息准备办公室	Dividend Preparation Office
分红室	Dividend Room
股息凭证和支付办公室	Dividend Warrant and Pay Office
股息凭证办公室	Dividend Warrant Office
股息（或分红）	dividends
支付	payment of
股息办公室	Dividends Office
波纳米·多布里	Dobree, Bonamy
纪录片，1960 年	documentary film, 1960
美元，可兑换性	dollar, the convertibility
主导地位	dominance
暂停美元与黄金的兑换	gold convertibility suspended
英镑的黄金平价	gold parity with sterling
英镑兑其他货币的汇率	sterling value against
乔治·多里安	Dorrien, George
道格拉斯·赫伦公司	Douglas, Heron & Co
亚历克·道格拉斯－霍姆爵士	Douglas–Home, Sir Alec
克里斯托弗·道	Dow, Christopher
托马斯·道德斯韦尔	Dowdeswell, Thomas
莫里斯·多伊尔	Doyle, Maurice
提款办公室	Drawing Office
提款办公室的厨房	Drawing Office kitchen
德累斯顿银行	Dresdner Bank
彼得·杜凯恩	Du Cane, Peter
爱德华·杜·坎恩	du Cann, Edward
伊恩·达菲	Duffy, Ian
维姆·德伊森贝赫	Duisenberg, Wim
邓弗姆林房屋互助协会	Dunfermline Building Society
威尔弗里德·伊迪爵士	Eady, Sir Wilfrid
东印度公司	East India Company
东米德兰经济发展署	East Midlands Development Agency
翰·埃布斯沃斯	Ebsworth, John
哈里·埃克莱斯顿	Eccleston, Harry
经济分析	economic analysis
经济增长	economic growth
经济情报部门	Economic Intelligence Department
经济部门	Economic Section
经济学和统计学	Economics and Statistics
经济部	Economics Division
经济部	Economics Section
经济学家	Economist
经济委员会	Economy Committee
安东尼·艾登爵士	Eden. Sir Anthony
彼得·埃德格利	Edgley, Peter
爱丁堡	Edinburgh

外汇管制机制	Exchange control mechanism
外汇管制条例	Exchange Control Regulations
外汇平衡账户	Exchange Equalisation Account
汇率担保	exchange rate guarantees
汇率机制	Exchange Rate Mechanism
汇率	exchange rates
国库券合同	Exchequer Bill contract, the
国库券	Exchequer bills
国库券	Exchequer bonds
执行委员会	Executive Committee
埃克塞特	Exeter
《埃克塞特飞行邮报》	Exeter Flying Post
专家的崛起	expert, the, rise of
出口	exports
约翰·埃克斯特	Exter, John
“将英格兰银行外向化”（麦克马洪）	“Externalising the Bank” (McMahon)
弗朗西斯·埃尔斯	Eyles, Francis
贝克特·法伯	Faber, Beckett
福克兰战争	Falklands War
房利美	Fannie Mae
约翰·法林顿	Farington, John
约瑟夫·法林顿	Farington, Joseph
加斯帕德·法勒	Farrer, Gaspard
埃里克·福克纳	Faulkner, Eric
亨利·福特勒罗伊	Fauntleroy, Henry
法官埃德加·费	Fay, Judge Edgar
斯蒂芬·费伊	Fay, Stephen
艾伦·费亚	Fea, Allan
逾越节盛宴	Feast of the Passover, The
阿尔伯特·费弗耶尔爵士	Feavearyear, Sir Albert
纽约联邦储备银行	Federal Reserve Bank of New
“联邦储备银行评论”	Federal Reserve Bank Review
英国工业联合会	Federation of British Industries
尼尔·弗格森	Ferguson, Niall
约翰·福德	Fforde, John
信用限额	fiduciary limit
野外日	field day
克里斯托弗·费尔德斯	Fildes, Christopher
《四号档案》	File on Four
L.J. 菲尔伍德	Filewood, L. J.
工业金融公司	Finance Corporation for Industry
工业金融	Finance for Industry
金融危机，1763 年	financial crisis, 1763
金融危机，1772 年	financial crisis, 1772
金融危机，1783 年	financial crisis, 1783
金融危机，1793 年	financial crisis, 1793
金融危机，1825 年	financial crisis, 1825
金融危机，1836—1837 年	financial crisis, 1836–1837

肯尼斯·弗利特	Fleet, Kenneth
山姆·弗莱明	Fleming, Sam
约翰·弗莱明	Flemming, John
飞页	flyleaves
马丁·丰尼罗	Fonnereau, Martyn
丰特努瓦之战	Fontenoy, Battle of
弗朗西斯·丰顿	Fonton, Francis
迈克尔·富特（政治家）	Foot, Michael (politician)
迈克尔·富特	Foot, Michael
约翰·富特曼	Footman, John
阿奇博尔德·福布斯爵士	Forbes, Sir Archibald
乔治·福布斯	Forbes, George
强制融资	forced funding
亚历山大·福特斯	Fordyce, Alexander
外资银行协会	Foreign Banks' Association
外债，第一次世界大战	foreign debt, First WorldWar
外汇和货币存款经纪人协会	Foreign Exchange and Currency Deposit Brokers' Association
外汇部	Foreign Exchange Division
外汇市场	foreign exchange market
外汇办公室	Foreign Exchange Office
外汇	foreign exchanges
外国贷款，解除禁令，1925 年	foreign loans, embargo lifted, 1925
伪造	forgery
考托普·福尔曼	Forman, W. Courthope
富通银行	Fortis
法国	France
黑色星期三，1990 年	Black Wednesday, 1990
宣战，1793 年	declaration of war, 1793
黄金储备	gold reserve
与……的战争	war with
佩雷格林·马德吉克·弗朗西斯上校	Francis, Colonel Pergrine Madgwick
普法战争	Franco-Prussian War
奥利弗·弗兰克斯爵士	Franks, Sir Oliver
坎贝尔·弗雷泽爵士	Fraser, Sir Campbell
诈骗	fraud
房地美	Freddie Mac
约翰·弗雷克	Freke, John
法国入侵引发的担忧，1714 年	French invasion threat, 1714
法国大革命	French Revolution
亨利·弗雷斯菲尔德	Freshfield, Henry
米尔顿·弗里德曼	Friedman, Milton
边缘银行常务委员会	Fringe Banks Standing Committee
附加福利	fringe benefits
法林·戈申商行	Frühling & Goschen
伊丽莎白·弗莱	Fry, Elizabeth
融资换贷款计划	funding for lending scheme
"股票交易所的未来"（绿皮书）	"The Future of the Stock Exchange"(Green Paper)

约翰·汉伯里－威廉姆斯	Hanbury–Williams, John
理查德·汉兹	Hands, Richard
约翰·哈格	Hanger, John
汤姆森·汉基	Hankey, Thomson
汉诺威峰会	Hanover summit
哈考特勋爵	Harcourt, Lord
威廉·哈考特爵士	Harcourt, Sir William
丹尼尔·哈德卡斯尔	Hardcastle, Daniel
约翰·哈雷	Hare, John
罗伯特·哈利	Harley, Robert
杰里迈亚·哈曼	Harman, Jeremiah
凯特·哈普利	Harpley, Kate
安东尼·哈里斯	Harris, Anthony
大卫·哈里斯	Harris, David
乔治·哈里森	Harrison, George
詹姆斯·哈里森	Harrison, James
塞缪尔·哈里森	Harrison, Samuel
罗伊·哈罗德	Harrod, Sir Roy
约瑟夫·哈特内尔	Hartnell, Joseph
欧内斯特·哈维爵士	Harvey, Sir Ernest
克拉伦斯·哈特里	Hatry, Clarence
罗伊·哈特斯利	Hattersley, Roy
本杰明·霍斯	Hawes, Benjamin
西里尔·霍克	Hawker, Cyril
迈克尔·霍克斯	Hawkes, Michael
R.G. 霍特雷	Hawtrey, R. G.
艾尔·海耶斯	Hayes, Al
总部计算机中心	Head Office Computer Centre
维克多·希尔	Heal, Victor
丹尼斯·希利	Healey, Denis
英镑危机，1976 年	sterling crises, 1976
瓦茨委员会证据	Watts Committee evidence
文斯·希尼	Heaney, Vince
本杰明·希思	Heath, Benjamin
爱德华·希思	Heath, Edward
德里克·希思科特·阿莫里	Heathcoat Amory, Derick
吉尔伯特·希思科特	Heathcote, Sir Gilbert
弗朗西斯·希顿	Heaton, Frances
伊丽莎白·亨尼西	Hennessy, Elizabeth
赫斯塔特	Herstatt
迈克尔·赫塞尔廷	Heseltine, Michael
威廉·赫塞尔廷爵士	Heseltine, Sir William
G.E. 希克斯	Hicks, G. E.
迈克尔·希克斯·比奇爵士	Hicks Beach, Sir Michael
约翰·希尔	Hill, John
希尔·塞缪尔	Hill Samuel
J.W. 希尔斯少校	Hills, Major J. W
安东尼·希尔顿	Hilton, Anthony

威廉·亨特	Hunt, William
道格拉斯·赫德	Hurd, Douglas
威廉·赫斯克森	Huskisson, William
弗雷德里克·赫思·杰克逊	Huth Jackson, Frederick
霍斯	Huths
威尔·赫顿	Hutton, Will
海德公园，示威，1867 年 5 月	Hyde Park, demonstration, May 1867
I&R 莫利	I & R Morley
IBM（国际商用机器公司）	IBM
冰岛	Iceland
《伦敦新闻画报》	Illustrated London News
帝国会议，1932 年	Imperial Conference, 1932
帝国会议，1936 年	Imperial Conference, 1936
帝国优先制度	imperial preference
帝国主义	imperialism
《不可儿戏》,（王尔德）	Importance of Being Earnest, The (Wilde)
《在这些岁月里》(厄格洛)	In These Times (Uglow)
约翰·英斯	Ince, John
所得税	income tax
收入政策	incomes policy
渐进主义	incrementalism
《独立报》	Independent
“独立与问责：英格兰银行的新授权”	Independent and Accountable: A New Mandate for the Bank of England
与指数挂钩的国债	index-linked gilts
印度	India
印度委员会	India Council
印度办公室	India Office
印度公债办公室	India Stock Office
工业咨询委员会	Industrial Advisory Committee
工业与商业金融公司	Industrial and Commercial Finance Corporation
工业金融部门	Industrial Finance Division
工业金融部门	Industrial Finance Unit
工业融资	industrial financing
工业革命	Industrial Revolution
工业化	industrialisation
工业（或产业、行业）	Industry
盈利能力	profitability
合理化，20 世纪 20 年代	rationalisation, 1920s
通货膨胀	inflation
通货膨胀报告	Inflation Report
通胀目标	inflation targeting
信息技术稳步上升	information technology, rise of
ING	ING
政府研究所	Institute for Government
银行家协会	Institute of Bankers
经济事务研究所	Institute of Economic Affairs
制度变革，20 世纪 70 年代	institutional change, 1970s

弗里茨·勒特维勒	Leutwiler, Fritz
F.R. 莱万德	Levander, F. R.
哈罗德·利弗	Lever, Harold
乔治·科恩沃尔·刘易斯爵士	Lewis, Sir George Cornewall
图书馆	Library
威廉·利德代尔	Lidderdale, William
尝试发行 1 英镑纸币	experiment of I
第一次巴林危机	first Baring Crisis
支持布尔战争	support for Boer War
救生艇	Lifeboat, the
伦敦国际金融期货和期权交易所	LIFFE (London International Financial Futures And Options Exchange)
有限责任	limited liability
H. 利普舒茨	Lipschutz, H.
流动性支持工具	Liquid Support Facility
流动性	liquidity
流动性比率	liquidity ratio
利物浦	Liverpool
利物浦伯爵	Liverpool, Lord
爱德华·劳埃德	Edward
莱斯利·劳埃德	Lloyd, Leslie
塞尔温·劳埃德	Lloyd, Selwyn
大卫·劳埃德·乔治	Lloyd George, David
罗伯特·劳埃德	Lloyde, Robert
劳埃德银行	Lloyds
劳埃德银行集团	Lloyds Banking Group
约翰·洛克	Locke, John
菲利普·洛奇	Lodgeing, Philip
安东尼·勒尼斯	Loehnis, Anthony
瑞切尔·洛马克斯	Lomax, Rachel
伦巴第街	Lombard Street
《伦巴第街》(白芝浩)	Lombard Street (Bagehot)
伦敦	London
重新崛起	re-emergence
崛起为国际金融中心	rise as international financial centre
伦敦和郡级证券公司	London and County Securities
伦敦和威斯敏斯特银行	London and Westminster Bank
伦敦方案	London Approach, the
伦敦商会	London Chamber ofCommerce
伦敦纪事报	London Chronicle
伦敦城—米德兰银行	London City and Midland Bank
伦敦通信协会	London Corresponding Society
伦敦郡议会	London County Council
伦敦外汇委员会	London Exchange Committee
《伦敦公报》	London Gazette
伦敦合资股份银行	London Joint Stock Bank
《伦敦杂志》	London Magazine
伦敦清算公司	LondonClear

罗杰 · 麦金斯爵士	Makins, Sir Roger
麦芽税	malt tax
托马斯 · 马尔萨斯	Malthus, Thomas
托马斯 · 马尔顿	Malton, Thomas
《管制通货》（希尔斯）	Managed Money (Hills)
管理发展部门	Management Development Division
管理服务部门	Management Services Department
管理服务部	Management Services Division
管理风格	management style
曼彻斯特	Manchester
曼彻斯特商会	Manchester Chamber of Commerce
曼彻斯特卫报	Manchester Guardian
威廉 · 曼宁	Manning, William
雷金纳德 · 曼宁汉 – 布勒爵士	Manningham–Buller, Sir Reginald
市场滥用指令（EU）	Market Abuse Directive (EU)
马什 · 斯特雷西公司	Marsh, Stracey & Co
阿尔弗雷德 · 马歇尔	Marshall, Alfred
马修 · 马歇尔	Marshall, Matthew
威廉 · 马歇尔	Marshall, William
比尔 · 马丁	Martin, Bill
费利克斯 · 马丁	Martin, Felix
约翰 · 比德尔夫 · 马丁	Martin, John Biddulph
理查德 · 比德尔夫 · 马丁	Martin, Richard Biddulph
威廉 · 麦克切斯尼 · 马丁	Martin, William McChesney
罗伯特 · 马丁 · 霍兰德	Martin Holland, Robert
马丁斯银行	Martins Bank
玛丽王后	Mary, Queen
约翰 · 马斯特曼	Masterman, John
矩阵	Matrix, the
帕特 · 马修斯	Matthews, Pat
雷金纳德 · 莫德林	Maudling, Reginald
德里克 · 莫恩	Maughan, Deryck
阿芙拉 · 蒙塞尔	Maunsell, Aphra
罗伯特 · 麦克斯韦	Maxwell, Robert
麦克斯韦通信	Maxwell Communications
弗兰克 · 梅	May, Frank
五月日，1831 年	May Days, 1831
威廉 · 梅尼	Maynee, William
机械化	mechanisation
医疗官	medical officer
中期金融策略	Medium–Term Financial Strategy
威廉 · 梅利什	Mellish, William
谅解备忘录	Memorandum of Understanding
“关于真实和虚假股票收购要约的备忘录”	“Memorandum on Real and Fictitious Share Bids”
里奥 · 梅拉梅德	Melamed, Leo
墨尔本子爵	Melbourne, Lord
董事会议室宴会菜单	Menus for Court Room Functions
托马斯 · 默瑟	Mercer, Thomas

亚伯拉罕·纽兰德	Newland, Abraham
艾萨克·牛顿爵士	Newton, Sir Isaac
乔治·尼科尔斯	Nicholls, George
奥托·内默耶爵士	Niemeyer, Sir Ott
九年战争	Nine Years' War
尼桑英国	Nissan UK
无息存款	non-interest-bearing deposits
乔治·沃德·诺曼	Norman, George Warde
蒙塔古·诺曼	Norman, Montagu
成就	achievement
反犹太主义	anti-Semitism
出席	appearance
以及 BIS	and the BIS
央行政策	central bank policy
与丘吉尔发生冲突	clash with Churchill
对战争努力的承诺	commitment to war effort
财政和工业委员会证词	Committee on Finance and Industry testimony
信件	correspondence
捷克黄金事件	Czech gold affair
死亡	death
金融危机，1931 年	financial crisis, 1931
总裁任期，1930 年	governorship, 1930s
在抱怨者会议	on the Grumblers Meeting
继续担任总裁	hold on governorship
工业倡议	industrial initiative
约翰的肖像	John portrait
和凯恩斯	and Keynes
和麦克唐纳政府	and the MacDonald government
市政厅演讲，1933 年	Mansion House speech, 1933
结婚	marriage
以及国有化	and nationalisation
和纳粹德国	and Nazi Germany
英格兰银行利率政治化	politicisation of Bank rate
广播讲话，1939 年	radio talk, 1939
退休	retirement
例行事务	routine
和沙赫特	and Schacht
继任	Succession
总裁任期	term as governor
彼得·诺曼	Norman, Peter
普莉西拉·诺曼（婚前姓沃斯索恩）	Norman, Priscilla (nee Worsthorne)
彼得·诺里斯	Norris, Peter
诺斯勋爵	North, Lord
英格兰北部的现金中心	North of England cash centre
斯塔福德·诺斯科特爵士	Northcote, Sir Stafford
理查德·诺萨奇	Northedge, Richard
北爱尔兰	Northern Ireland
北爱尔兰商会	Northern Ireland Chamber of Commerce

奥福伦·格尼	Overend Gurney
奥福伦·格尼危机	Overend Gurney crisis
海外与外汇部	Overseas and Foreign Department
海外银行家俱乐部	Overseas Bankers' Club
海外部门	Overseas Department
海外办公室	Overseas Office
监察委员会	Oversight Committee
奥弗斯通勋爵，即萨缪尔·琼斯·劳埃德	Overstone, Lord, see Loyd, Samuel Jones
奥弗顿	Overton
大卫·欧文	Owen, David
约翰·佩奇	Page, John
回笼纸币大楼	Paid Note Building
乔治·佩什爵士	Paish, Sir George
迪尔德丽·帕尔克	Palk, Deirdre
查尔斯·帕尔默	Palmer, Charles
爱德华·豪利·帕尔默	Palmer, Edward Howley
约翰·霍斯利·帕尔默	Palmer, John Horsley
帕尔默规则	Palmer Rule, the
兼并与收购小组委员会	Panel on Takeovers and Mergers
《全景》(电视剧)	Panorama (TV series)
莫莉·潘特·道恩斯	Panter-Downes, Mollie
纸币	paper money
发行	issuing of
纸币	paper
纸币时代	paper-money era
接受	acceptance
开始	beginning of
金银委员会的调查和报告	Bullion Committee investigation and report
伪造	counterfeiting
辩论	debate
结束	end of
……的利润	profits from
父母责任	parental responsibility
巴黎	Paris
《巴黎和约》	Paris, Peace of
乔治·帕克	Parker, George
帕克大法官	Parker, Lord Justice
塞西尔·帕金森	Parkinson, Cecil
帕金森、古迪森协议	Parkinson/Goodison agreement
莫里斯·帕森斯	Parsons, Maurice
银行的存折业务	pass-book banking
威廉·帕特森	Paterson, William
詹姆斯·帕特森	Pattison, James
支付大厅	Pay Hall
约翰·佩恩	Payne, John
斯坦利·佩顿	Payton, Stanley
爱德华·皮科克爵士	Peacock, Sir Edward
皮科克委员会	Peacock Committee

邮政储蓄银行	Post Office Savings Banks
邮政罢工，1971 年	postal strike, 1971
邮寄	postal transmission
大卫・鲍威尔	Powell, David
伊诺克・鲍威尔	Powell, Enoch
帕瓦斯・萨马斯实验	Powers–Samas experiment, the
前古典金本位制	Pre–classical Gold Standard
建筑场所	premises
扶壁雕像	buttress figures
决定搬到针线街	decision to move to Threadneedle Street
入口	entrance
扩建	expansion
杂货商公会大厅	Grocers' Hall
战间期重建	inter–war years rebuild
马赛克	mosaics
翻新，1818—1820 年	renovation, 1818–1820
安全	security
围墙中类似岛屿的场所	as walled island site
亨利・詹姆斯・普雷斯科特	Prescott, Henry James
约翰・普雷斯科特	Prescott, John
W.G. 普雷斯科特	Prescott, W. G.
乔治・普雷斯顿	Preston, George
普雷斯顿潘斯之战	Prestonpans, Battle of
奥古斯都・普雷沃斯特	Prevost, Augustus
波纳米・普莱斯	Price, Bonamy
罗德・普莱斯	Price, Rod
价格稳定	price stability
普华永道	Price Waterhouse
王子街	Princes Street
《银行业原则》(汉基)	Principles of Banking, The (Hankey)
罗伯特・普林尔	Pringle, Robert
印刷部门	Printing Department
印刷工作	Printing Works
私人账户部门	Private Accounts section
私人银行	private banks
私人贷款	private loans
私人与公共关系	private/public relationship
私有化	Privatisation
英国石油公司	BP
钢铁业，1953 年	steel industry, 1953
特权	privileges
枢密院	Privy Council
ProNed（非执行董事提升项目）	Pro Ned (Promotion of Non–Executive Directors)
查尔斯・普罗克特	Proctor, Charles
利润	profits
分支机构（或分行）	branches
美国与伊朗人质协议，1981 年	US/Iran hostage deal, 1981
禁止投机法案，1976 年	Prohibition of Speculation Bill, 1976

达米安·里斯	Reece, Damian
“重新赋权英格兰银行”（雅科姆）	“Re-empower the Bank of England” (Jacomb)
威廉·里斯·莫格	Rees−Mogg, William
克里斯托弗·里夫斯	Reeves, Christopher
档案图书馆	Reference Library
通货再膨胀措施	reflationary measures
《1832 年改革法》	Reform Act, 1832
《1831 年改革法案》	Reform Bill, 1831
摄政街大厦	Regent Arcade House
德国国家银行	Reichsbank
里德·欧文公司	Reid, Irving & Co
约翰·雷·雷德爵士	Reid, Sir John Rae
C.H. 赖利	Reilly, C. H.
信托互助保险公司	Reliance Mutual Insurance Society
《对英格兰银行的评论》	Remarks upon the Bank of England
印度储备银行	Reserve Bank of India
储备	reserves
固定数额	figures fixed
不足	inadequate
家属院	Residence Court
限制性做法	restrictive practices
限制性做法法庭	Restrictive Practices Court
紧缩	retrenchment
爱德华·巴林，里维斯托克勋爵	Revelstoke,Edward Baring,Lord
里维斯托克勋爵	Revelstoke,John Lord
里维斯托克报告	Revelstoke Report
革命威胁，1848 年	revolution threat,1848
雷诺兹金属公司	Reynolds Metals
罗得西亚货币委员会	Rhodesian Currency Board
大卫·李嘉图	Ricardo,David
约翰·赖斯	Rice,John
赖斯夫人	Rice,Lady
托马斯·斯普林·赖斯	Rice,Thomas Spring
约翰·理查兹	Richards,John
戈登·理查森	Richardson,Gordon
被任命为总裁	appointment as governor
评估	assessment
权力	authority
英格兰银行与金融城关系	Bank/City relationship
对 MTFS 的批评	critique of MTFS
关于 EMS	on EMS
任期的最后一天	final day in office
总裁任期	governorship
总裁未连任	governorship not renewed
制度变革，20 世纪 70 年代	institutional change,1970s
欠发达国家债务危机	LDC debt crisis
最长的一天	longest day
梅斯演讲	Mais lecture

皇家艺术学院	Royal Academy
皇家艺术学院展览，1859 年	Royal Academy Exhibition, 1859
利物浦皇家银行	Royal Bank of Liverpool
苏格兰皇家银行	Royal Bank of Scotland
皇家交易所	Royal Exchange
皇家交易所保险公司	Royal Exchange Assurance
皇家保险公司	Royal Insurance
约翰·鲁奇	Rudge, John
规则和命令	Rules and Orders
《英格兰银行职员须遵守的规则和命令》	Rules and Orders to be Observed by the Clerks of the Bank of England
弗雷德里克·拉姆齐	Rumsey, Frederick
约翰·罗素伯爵	Russell, Lord John
俄罗斯	Russia
俄罗斯公司	Russia Company
拉特兰公爵	Rutland, Duke of
珍妮弗·瑞安	Ryan, Jennifer
里斯维克条约	Ryswick, Treaty of
莫里斯·萨奇	Saatchi, Maurice
萨奇	Saatchi & Saatchi
亨利·萨切维尔博士	Sacheverell, Dr Henry
萨切维尔骚乱	Sacheverell Riots, the
圣克里斯托弗·雷·斯托克斯教堂	St Christopher−le−Stocks Church
汉弗莱·圣约翰·米尔德梅	St. John Mildmay, Humphrey
圣贾斯特勋爵，即泰迪·格伦费尔	St Just, Lord. see Grenfell, E.C. ("Teddy")
索尔兹伯里侯爵	Salisbury, Lord
所罗门兄弟公司	Salomon Brothers
安东尼·桑普森	Sampson, Anthony
乔治·桑普森	Sampson, George
塞缪尔·蒙塔古	Samuel Montagu
迈克尔·桑德伯格	Sandberg, Michael
A.G. 桑德曼	Sandeman, A. G.
桑德森公司	Sanderson & Co
乔治·桑塔亚那	Santayana, George
赫克托·桑茨	Sants, Hector
萨拉贝克斯事件	Sarabex affair
詹姆斯·萨松爵士	Sassoon, Sir James
萨松报告	Sassoon report
沙特阿拉伯	Saudi Arabia
查尔斯·萨维奇	Savage, Charles
乔治·萨维尔爵士	Savile, Sir George
萨伏伊酒店集团	Savoy group
R.S. 赛耶斯	Sayers, R. S
W.M. 斯卡梅尔	Scammell, W. M.
丑闻	Scandals
威廉·斯考恩爵士	Scawen, Sir William
希亚尔马·沙赫特	Schacht, Hjalmar
分类方案，1958 年	Scheme of Classification, 1958

英格兰银行雇员	Servants of this House
见票七天即付	seven days' sight
七年战争	Seven Years War
威廉·尚德	Shand, William
股东	shareholders
亚历山大·肖	Shaw, Alexander
沙德拉克·肖	Shaw, Shadrach
谢菲尔德和哈拉姆郡银行	Sheffield and Hallamshire Bank
罗伯特·谢尔登	Sheldon, Robert
约翰·谢泼德	Sheppard, John
理查德·布林斯利·谢里丹	Sheridan, Richard Brinsley
朱迪斯·雪莉	Shirley, Judith
安德鲁·肖菲尔德	Shonfield, Andrew
枪击事件，1903 年 11 月 24 日	shooting incident, 24 November, 1903
短期货币市场	short-term money market
关闭	Shutting, the
雷·沙特尔沃斯	Shuttleworth, Ray
哈里·西普曼	Siepmann, Harry
白银储备	silver reserves
约翰·西蒙爵士	Simon, Sir John
新加坡期货交易所	Singapore futures exchange
单一市场	Single Market
日本对华战争	Sino-Japanese War
六日战争	Six-Day Wa
罗伯特·斯基德尔斯基	Skidelsky, Robert
安妮·斯金纳	Skinner, Anne
丹尼斯·斯金纳	Skinner, Dennis
欧内斯特·斯金纳	Skinner, Ernest
吉姆·斯莱特	Slater, Jim
斯莱特·沃克公司	Slater Walker
奴隶贸易	slave trade
《奴隶制废除法》，1833 年	Slavery Abolition Act, 1833
小型银行危机	small-banks crisis
阿尔弗雷德·斯米	Smee, Alfred
弗雷德里克·斯米	Smee, Frederick
威廉·斯米	Smee, William
小威廉·斯米	Smee, William (junior)
中小企业银行贷款	SMEs, bank loans
亚当·斯密	Smith, Adam
安德鲁·史密斯	Smith, Andrew
海军中将奥布里·史密斯爵士	Smith, Vice-Admiral Sir Aubrey
大卫·史密斯	Smith, David
埃德·史密斯	Smith, Ed
休·科林·史密斯	Smith, Hugh Colin
约翰·史密斯	Smith, John
约翰·阿贝尔·史密斯	Smith, John Abel
W.H. 史密斯	Smith, W. H.
史密斯·佩恩·史密斯公司	Smith Payne & Smiths

雷蒙德·斯特里特	Streat, Raymond
本杰明·斯特朗	Strong, Benjamin
查尔斯·爱德华·斯图亚特	Stuart, Charles Edward
威廉·斯塔布斯	Stubbs, William
次级抵押贷款市场	sub-prime mortgage market, US
认购者	Subscribers
被国玺确认为	incorporated under the Great Seal
发行认购	Subscription for the Circulation
认购	Subscriptions
苏伊士运河公司	Suez Canal Company
苏伊士危机	Suez crisis
詹姆斯 .R. 舒格斯	Sugars, James R.
《星期日画报》	Sunday Pictorial
《星期日电讯报》	Sunday Telegraph
《星期日泰晤士报》	Sunday Times
桑德兰伯爵	Sunderland, Earl of
桑宁代尔会议，1979 年	Sunningdale meeting, 1979
暖阳半日假	Sunny Offs
养老金基金	Superannuation Fund
监督和监察部门	Supervision and Surveillance Divisions
英格兰银行监督委员会	Supervisory Board of the Bank of England
融资支持和并购重组案例，1992 年	support-cum-restructuring cases, 1992
大卫·斯瓦尼	Swanney, David
斯旺西	Swansea
瑞典	Sweden
蒂姆·斯威尼	Sweeney, Tim
乔纳森·斯威夫特	Swift, Jonathan
瑞士银行公司	Swiss Bank Corporation
瑞士	Switzerland
玛丽·艾伦·西农	Synon, Mary Ellen
收购法规	Takeover Code
收购小组	Takeover Panel
纳西姆·塔勒布	Taleb, Nassim
财政欠条	tallies
TAURUS	TAURUS
税收	taxation
弗拉特·泰勒	Taylor, Frater
约翰·泰勒	Taylor, John
罗伯特·泰勒	Taylor, Robert
茶票	Tea Tickets
电话	Telephones
《告诉人民》(电视系列节目)	Tell the People (TV series)
出纳员	Tellers
出纳办公室	Tellers' Office
保罗·坦佩斯特	Tempest, Paul
内森尼尔·坦奇	Tench, Nathaniel
招标销售	tender selling
约翰·特尼尔	Tenniel, John

维多利亚女王	Victoria, Queen
维多利亚时期的货币体系	Victorian monetary settlement
越南战争	Vietnam War
阿瑟·维利尔斯	Villiers, Arthur
弗雷德·温顿	Vinton, Fred
朱利叶斯·沃格尔爵士	Vogel, Sir Julius
保罗·沃尔克	Volcker, Paul
摩西·瓦格	Waag, Moses
苏希尔·瓦德瓦尼	Wadhwani, Sushil
工资	wages
瓦格霍恩咖啡馆	Waghorn's Coffee House
约翰·韦特	Waite, John
威尔士	Wales
大卫·沃克	Walker, David
彼得·沃克	Walker, Peter
约翰·沃尔爵士	Wall, Sir John
华尔街崩盘，1929 年	Wall Street Crash, 1929
霍雷斯·沃波尔	Walpole, Horace
罗伯特·沃波尔爵士	Walpole, Sir Robert
艾伦·沃尔特斯爵士	Walters, Sir Alan
彼得·沃尔特斯爵士	Walters, Sir Peter
德里克·万利斯	Wanless, Derek
乔治·万斯布鲁	Wansbrough, George
战争贷款	War Loans
利息	interest
“战争措施”备忘录，1937 年	War Measures memorandum, 1937
奥地利王位继承战争	War of the Austrian Succession
西班牙王位继承战争	Way of the Spanish Succession
战争公债办公室	War Stock Office
西格蒙德·沃伯格	Warburg, Siegmund
沃伯格危机	Warburgs crisis
约翰·沃德	Ward, John
威廉·沃德	Ward, William
杰里米·沃纳	Warner, Jeremy
乔治·华盛顿	Washington, George
华盛顿贷款	Washington Loan
道格拉斯·瓦斯	Wass, Sir Douglas
守卫	watchmen
吉尔斯·沃特菲尔德	Waterfield, Giles
滑铁卢战役	Waterloo, Battle of
威廉·沃特金斯	Watkins, William
布鲁克·沃森	Watson, Brook
约翰·瓦茨	Watts, John
瓦茨委员会	Watts Committee
短期融通贷款	Ways and Means advances
丹尼斯·威瑟斯通爵士	Weatherstone, Sir Dennis
乔赛亚·韦奇伍德五世	Wedgwood, Josiah, V
托马斯·韦格林	Weguelin, Thomas

第一位副总裁	first deputy governor
第一位董事	first director
职场天花板	glass ceiling
毕业生招聘	graduate recruitment
婚姻限制	marriage bar
抗拒在女性领导下工作	resistance to working for
角色（或作用）	roles
查尔斯·伍德爵士	Wood, Sir Charles
埃尔默·伍德	Wood, Elmer
吉尔伯特·伍德	Wood, Gilbert
金斯利·伍德爵士	Wood, Sir Kingsley
弗吉尼亚·伍尔夫	Woolf, Virginia
世界银行	World Bank
世界经济会议，1933 年	World Economic Conference, 1933
杰里米·沃梅尔	Wormell, Jeremy
斯坦尼斯拉斯·亚苏科维奇	Yassukovich, Stanislas
约克郡便士银行	Yorkshire Penny Bank
杨勋爵	Young, Lord
迪特尔·齐格勒	Ziegler, Dieter
津巴布韦	Zimbabwe

附录2　1694—2013年英格兰银行历任总裁及英国国王（女王）、首相、财政大臣对照表[①]

时期（年）	英格兰银行总裁	国王（女王）	首相（执政党）	财政大臣
1694—1697	约翰·侯布伦	威廉三世（1694—1702年）	无	查尔斯·蒙塔古（1694—1699年）
1697—1699	威廉·斯考恩			
1699—1701	纳撒尼尔·坦仕			约翰·史密斯（1699—1701年）
1701—1703	约翰·瓦尔德	威廉三世（1702年）		亨利·波义耳（1701—1708年）
1703—1705	亚伯拉罕·侯布伦	安妮女王（1702—1714年）		
1705—1707	詹姆斯·贝特曼			
1707—1709	弗朗西斯·埃尔斯			约翰·史密斯（1708—1710年）
1709—1711	吉尔伯特·希思科特			罗伯特·哈利（1710—1711年）
1711—1713	纳撒尼尔·古尔德			罗伯特·彭生（1711—1713年）
1713—1715	约翰·路兹	乔治一世（1714—1727年）		威廉·温丹爵士（1713—1714年） 理查·翁斯洛爵士（1714—1715年）
1715—1717	皮特·戴尔莫			罗伯特·沃波尔（1715—1717年）
1717—1719	杰拉德·康耶斯			斯坦厄普子爵（1717—1718年）
1719—1721	约翰·哈格			约翰·艾思拉比（1718—1721年）

① 此表为译者提供的示意表，方便读者对照理解人物关系，不具有严谨性，尤其是爵位和姓名仅仅做到了与正文统一，望读者注意。——译者注

续表

时期（年）	英格兰银行总裁	国王（女王）	首相（执政党）	财政大臣
1721—1723	托马斯·斯堪文	乔治二世（1727—1760年）)	罗伯特·沃波尔（事实上的第一位首相，1721—1742年，辉格党） 威尔明顿伯爵 斯潘塞·康普敦（1742—1743年，辉格党）	罗伯特·沃波尔（1721—1742年）
1723—1725	吉尔伯特·希思科特		罗伯特·沃波尔（事实上的第一位首相，(1721—1742年），辉格党） 威尔明顿伯爵 斯潘塞·康普敦（1742—1743年，辉格党）	罗伯特·沃波尔（1721—1742年）
1725—1727	威廉·汤姆森			
1727—1729	哈姆伏热·毛利斯			
1729—1731	塞缪尔·霍尔顿			
1731—1733	爱德华·柏拉米			
1733—1735	郝瑞斯·汤森德			
1735—1737	布冉·本森			
1737—1740	托马斯·库克			
1740—1741	得利勒斯·坎波内尔			
1741—1743	斯戴姆·布鲁克斯班克			山姆·桑兹（1742—1743年）
1743—1745	威廉·佛可那		亨利·佩尔汉姆(1743—1754年，辉格党）	亨利·佩尔汉姆（1743—1754年）
1745—1747	查尔斯·萨维奇			

续表

时期（年）	英格兰银行总裁	国王（女王）	首相（执政党）	财政大臣
1747—1749	本杰明·隆贵特	乔治二世（1727—1760年）	亨利·佩尔汉姆(1743—1754年，辉格党）	亨利·佩尔汉姆（1743—1754年）
1749—1752	威廉·亨特			
1752—1754	亚历山大·希夫			
1754—1756	查尔斯·帕尔默		纽卡斯尔公爵 托马斯·佩勒姆·霍利斯，1754—1756年），辉格党）	威廉·李爵士（1754年） 亨利·贝尔森·理雅各（1754—1755年） 乔治·利特尔顿爵士（1755—1756年）
1756—1758	马修斯·比奇克罗夫特		德文郡公爵 威廉·卡文迪许（1756—1757年） 纽卡斯尔公爵 托马斯·佩勒姆·霍利斯（1757—1762年，辉格党）	亨利·贝尔森·理雅各（1756—1767年） 曼斯菲尔勋爵（1757年） 亨利·贝尔森·理雅各（1757—1761年） 巴灵顿子爵）(1761-1762年）
1758—1760	迈锐克·布瑞尔	乔治三世（1760—1820年）		
1760—1762	巴斯罗姆·布特		布特伯爵 约翰·斯图尔特（1762—1763年，托利党） 乔治·格伦维尔（1763—1765年，辉格党） 罗金汉侯爵 查尔斯·沃森·文特沃斯（1765—1766年，辉格党）	法兰西斯·达什伍德爵士（1762—1763年） 乔治·格伦维尔（1763—1765年）
1762—1764	罗贝特·马什			威廉·邓德斯韦（1765—1766年）
1764—1766	约翰·威兰德			查理斯·汤森（1766—1767年）
1766—1769	马修·克莱蒙特			腓特烈·诺斯（1767—1782年）
1769—1771	威廉·库珀			
1771—1773	爱德华·潘恩			
1773—1775	杰姆斯·思伯苓			

续表

时期（年）	英格兰银行总裁	国王（女王）	首相（执政党）	财政大臣
1775—1777	塞缪尔·比奇克罗夫特	乔治三世 （1760—1820年）	查塔姆伯爵 老威廉·皮特 （1766—1768年，辉格党） 格拉夫顿公爵 奥古斯都·亨利·菲茨罗伊 （1768—1770年，辉格党） 吉尔福德伯爵 腓特烈·诺斯 （1770—1782年，托利党） 谢尔本伯爵 威廉·配第（1782—1783年，辉格党） 斯潘塞·帕西瓦尔 （1783年，托利党）	约翰·卡文迪许勋爵（1782年）
1777—1779	皮特·高森			
1779—1781	丹尼尔·布斯			
1781—1783	威廉·埃维尔			
1783—1785	理查德·尼夫			小威廉·皮特（1782—1783年） 约翰·卡文迪许勋爵（1783年） 小威廉·皮特（1783—1801年）
1785—1787	乔治·彼得斯			
1787—1789	爱德华·丹瑞尔			
1789—1791	马克·威兰德			
1791—1793	塞缪尔·博桑奎特			
1793—1795	戈弗雷·桑顿		小威廉·皮特（1783—1801年，托利党）	
1795—1797	丹尼尔·贾尔斯			
1797—1799	托马斯·瑞克斯			
1799—1801	塞缪尔·桑顿			

续表

<table>
<tr><th>时期（年）</th><th>英格兰银行总裁</th><th>国王（女王）</th><th>首相（执政党）</th><th>财政大臣</th></tr>
<tr><td>1801—1803</td><td>雷珀·马修</td><td rowspan="10">乔治三世
（1760—1820年）</td><td rowspan="2">亨利·阿丁顿（1801—1804年，托利党）</td><td rowspan="2">亨利·阿丁顿（1801—1804年）</td></tr>
<tr><td>1803—1804</td><td>杰斯弗·纳特</td></tr>
<tr><td>1804—1806</td><td>本杰明·温斯珀</td><td>小威廉·皮特（1804—1806年，托利党）</td><td>小威廉·皮特（1804-1806年）</td></tr>
<tr><td>1806—1808</td><td>比斯顿·朗</td><td rowspan="3">威廉·温德姆·格伦维尔
（1806—1807年，辉格党）
波特兰公爵
威廉·亨利·卡文迪许·本廷克（1807—1809年，托利党）
斯潘塞·帕西瓦尔（1809—1812年，托利党）</td><td rowspan="2">亨利·佩蒂勋爵（1806—1807年）</td></tr>
<tr><td>1808—1810</td><td>约翰·惠特莫尔</td></tr>
<tr><td>1810—1812</td><td>约翰·帕斯</td><td>斯潘塞·帕西瓦尔（1807—1812年）</td></tr>
<tr><td>1812—1814</td><td>威廉·曼宁</td><td rowspan="7">利物浦伯爵
罗伯特·班克斯·詹金逊（1812—1827年，托利党）</td><td rowspan="4">尼古拉斯·范西塔特（1812—1823年）</td></tr>
<tr><td>1814—1816</td><td>威廉·梅利什</td></tr>
<tr><td>1816—1818</td><td>杰里迈亚·哈曼</td></tr>
<tr><td>1818—1820</td><td>乔治·多里安</td></tr>
<tr><td>1820—1822</td><td>查尔斯·波尔</td><td rowspan="4">乔治四世
（1820—1830年）</td><td rowspan="3">弗雷德里克·约翰·罗宾逊
（1823—1827年）</td></tr>
<tr><td>1822—1824</td><td>约翰·博顿</td></tr>
<tr><td>1824—1826</td><td>科尼利厄斯·布勒</td></tr>
<tr><td>1826—1828</td><td>约翰·理查德</td><td>乔治·坎宁（1827年，托利党）
戈德里奇子爵
弗雷德里克·约翰·罗宾逊
（1827—1828年，托利党）</td><td>乔治·坎宁（1827年）
蒂特顿勋爵（1827年）
约翰·查尔斯·赫雷斯（1827—1828年）</td></tr>
</table>

续表

时期（年）	英格兰银行总裁	国王（女王）	首相（执政党）	财政大臣
1828—1830	塞缪尔·多维	乔治四世 （1820—1830年）	威灵顿公爵 阿瑟·韦尔斯利（1828—1830年，托利党）	乔治·坎宁（1827年） 蒂特顿勋爵（1827年） 约翰·查尔斯·赫雷斯（1827—1828年）
1830—1833	约翰·霍斯利·帕尔默		格雷伯爵 查尔斯·格雷（1830—1834年，辉格党） 阿瑟·韦尔斯利（1834年，保守党） 墨尔本子爵 威廉·兰姆（1834年，辉格党） 罗伯特·皮尔（1834—1835年，保守党） 墨尔本子爵 威廉·兰姆（1835—1841年，辉格党）	亨利·古尔本（1828—1830年）
1833—1834	理查德·瑞克	威廉四世 （1830—1837年）		奥尔索普子爵（1830—1834年）
1834—1837	詹姆斯·帕特森			登曼勋爵（1834年） 罗伯特·皮尔（1834—1835年） 托马斯·斯普林·赖斯（1935—1839年）
1837—1839	蒂莫西·柯蒂斯	维多利亚女王 （1837—1901年）	罗伯特·皮尔（1841—1846年，保守党） 罗素伯爵 约翰·罗素（1846—1852年，辉格党）	弗朗西斯·桑希尔·巴林爵士（1839—1841年）
1839—1841	约翰·雷·雷德			
1841—1842	约翰·派里			亨利·古尔本（1841—1846年）
1842—1845	威廉·科顿			查尔斯·伍德爵士（1846—1852年）
1845—1847	约翰·海耶斯			
1847	威廉·罗宾逊			
1847—1849	詹姆斯·莫里斯			
1849—1851	亨利·普雷斯科特			

续表

<table>
<tr><th>时期（年）</th><th>英格兰银行总裁</th><th>国王（女王）</th><th>首相（执政党）</th><th>财政大臣</th></tr>
<tr><td>1851—1853</td><td>汤姆森·汉基</td><td rowspan="11">维多利亚女王
（1837—1901年）</td><td rowspan="2">德比伯爵
爱德华·史密斯·斯坦利（1852年，保守党）
阿伯丁伯爵
乔治·汉密尔顿·戈登（1852—1855年，保守党）</td><td rowspan="2">本杰明·迪斯雷利（1852年）</td></tr>
<tr><td>1853—1855</td><td>约翰·哈伯德</td></tr>
<tr><td>1855—1857</td><td>托马斯·韦格林</td><td rowspan="2">帕麦斯顿子爵
亨利·约翰·坦普尔（1855—1858年，辉格党）
德比伯爵
爱德华·史密斯·斯坦利（1858—1859年，保守党）</td><td>威廉·尤尔特·格莱斯顿（1852—1855年）</td></tr>
<tr><td>1857—1859</td><td>谢菲尔德·尼夫</td><td>乔治·康沃尔·刘易斯爵士（1855—1858年）</td></tr>
<tr><td>1859—1861</td><td>波纳米·多布里</td><td rowspan="4">帕麦斯顿子爵
亨利·约翰·坦普尔（1859—1865年，自由党）</td><td rowspan="2">本杰明·迪斯雷利（1858—1859年）</td></tr>
<tr><td>1861—1863</td><td>阿尔法里的·拉萨姆</td></tr>
<tr><td>1863—1865</td><td>柯克曼·霍奇森</td><td rowspan="2">威廉·尤尔特·格莱斯顿（1859—1866年）</td></tr>
<tr><td>1865—1867</td><td>兰斯洛特·霍兰德</td></tr>
<tr><td>1867—1869</td><td>（小）汤姆森·汉基</td><td>罗素伯爵
约翰·罗素（1865—1866年，自由党）
德比伯爵
爱德华·史密斯·斯坦利（1866—1868年，保守党）</td><td>本杰明·迪斯雷利（1866—1868年）</td></tr>
<tr><td>1869—1871</td><td>罗伯特·克劳福德</td><td rowspan="2">比肯斯菲尔德伯爵
本杰明·迪斯雷利（1868年，保守党）
威廉·尤尔特·格莱斯顿（1868—1874年，自由党）</td><td rowspan="2">乔治·沃德·亨特（1868年）
罗伯特·洛（1868—1873年）</td></tr>
<tr><td>1871—1873</td><td>乔治·莱奥</td></tr>
</table>

续表

时期（年）	英格兰银行总裁	国王（女王）	首相（执政党）	财政大臣
1873—1875	本杰明·格林	维多利亚女王 （1837—1901年）	比肯斯菲尔德伯爵 本杰明·迪斯雷利（1874—1880年，保守党）	威廉·尤尔特·格莱斯顿（1873—1874年） 斯塔福德·诺斯科特爵士（1874—1880年）
1875—1877	亨利·吉布斯			
1877—1879	爱德华·帕尔默		比肯斯菲尔德伯爵 本杰明·迪斯雷利（1874—1880年，保守党）	威廉·尤尔特·格莱斯顿（1880—1882年）
1879—1881	J.W. 伯奇			休·柴尔德斯（1882—1885年）
1881—1883	亨利·格林菲尔		威廉·尤尔特·格莱斯顿（1880—1885年，自由党）	
1883—1885	约翰·吉莱特			
1885—1887	詹姆斯·柯里		索尔兹伯里侯爵 罗伯特·盖斯科因·塞西尔（1885—1886年，保守党） 威廉·尤尔特·格莱斯顿（1886年，自由党） 索尔兹伯里侯爵 罗伯特·盖斯科因·塞西尔（1886—1892年，保守党） 威廉·尤尔特·格莱斯顿（1892—1894年，自由党） 罗斯伯里伯爵 阿奇博尔德·普里姆罗斯（1894—1895年，自由党） 索尔兹伯里侯爵 罗伯特·盖斯科因·塞西尔（1895—1902年，保守党）	迈克尔·希克斯·比奇爵士（1885—1886年） 威廉·弗农·哈考特爵士（1886年） 伦道夫·丘吉尔勋爵（1886年）
1887—1889	马克·科莱特			
1889—1892	威廉·利德代尔			乔治·戈申（1887—1892年）
1892—1895	大卫·鲍威尔			威廉·弗农·哈考特爵士（1892—1895年）
1895—1897	A.G. 桑德曼			迈克尔·希克斯·比奇爵士（1895—1902年）

续表

时期（年）	英格兰银行总裁	国王（女王）	首相（执政党）	财政大臣
1897—1899	休·科林·史密斯	维多利亚女王 （1837—1901年）	贝尔福伯爵 阿瑟·詹姆斯·贝尔福（1902—1905年，保守党）	查尔斯·汤姆森·里奇（1902—1903年）
1899—1901	塞缪尔·格莱斯顿	爱德华七世 （1901—1910年）		
1901—1903	奥古斯都·普雷沃斯特			
1903—1905	塞缪尔·莫利			奥斯汀·张伯伦（1903—1905年）
1905—1907	亚历山大·华莱士		亨利·坎贝尔·班纳曼爵士（1905—1908年，自由党）	赫伯特·亨利·阿斯奎斯（1905—1908年）
1907—1909	威廉·坎贝尔			大卫·劳埃德·乔治（1908—1915年）
1909—1911	雷金纳德·约翰斯顿		赫伯特·亨利·阿斯奎斯 （1908—1916年，自由党） 大卫·劳埃德·乔治 （1916—1922年，自由党） 安德鲁·博纳·劳（1922—1923年，保守党）	
1911—1913	阿尔弗雷德·科尔	乔治五世 （1910—1936年）		
1913—1918	沃尔特·坎利夫			雷金纳德·麦肯纳（1915—1916年） 安德鲁·博纳·劳（1916—1919年）
1918—1920	布莱恩·科卡恩			奥斯丁·张伯伦（1919—1921年）
1920—1944	蒙塔古·诺曼	乔治五世 （1910—1936年） 爱德华八世 （1936年） 乔治六世 （1936—1952年）	斯坦利·鲍德温（1923—1924年，1924—1929年，1935—1937年，保守党） 拉姆齐·麦克唐纳（1924年，1929—1935年，工党） 尼维尔·张伯伦（1937—1940年，保守党） 温斯顿·丘吉尔（1940—1945年，保守党）	罗伯特·霍恩爵士（1921—1922年） 斯坦利·鲍德温（1922—1923年） 尼维尔·张伯伦（1923—1924年） 菲利浦·斯诺登（1924年） 丘吉尔（1924—1929年） 菲利浦·斯诺登（1929—1931年） 尼维尔·张伯伦（1931—1937年） 约翰·西蒙爵士（1937—1940年） 金斯利·伍德爵士（1940—1943年） 约翰·安德森爵士（1943—1945年）

续表

时期（年）	英格兰银行总裁	国王（女王）	首相（执政党）	财政大臣
1944—1949	托马斯·卡托	乔治六世（1936—1952年）	艾德礼伯爵 克莱门特·理查德·艾德礼（1945—1951年，工党） 温斯顿·丘吉尔（1951—1955年，保守党） 罗伯特·安东尼·艾登（1955—1957年，保守党）	休·道尔顿（1945—1947年） 斯塔福德·克里普斯爵士（1947—1950年）
1949—1961	卡梅伦·科博尔德			休·盖茨克（1950—1951年） 拉布·巴特勒（1951—1955年） 哈罗德·麦克米伦（1955—1957年） 彼得·索尼克罗夫特（1957—1958年） 德瑞克·希思科特·艾默里（1958—1960年） 塞尔温·劳埃德（1960—1962年）
1961—1966	克罗默伯爵（乔治·罗兰·斯坦利·巴林）	伊丽莎白二世（1952—）	哈罗德·麦克米伦（1957—1963年，保守党） 亚历克·道格拉斯·霍姆（1963—1964年，保守党）	雷金纳德·莫德林（1962—1964年） 詹姆斯·卡拉汉（1964—1967年）
1966—1973	莱斯利·奥布莱恩		哈罗德·威尔逊（1964—1970年，工党） 爱德华·希思（1970—1974年，保守党）	罗伊·詹金斯（1967—1970年） 安东尼·巴伯（1970—1974年）
1973—1983	戈登·理查森		哈罗德·威尔逊（1974—1976年，工党） 詹姆斯·卡拉汉（1976—1979年，工党） 玛格利特·撒切尔（1979—1990年，保守党）	丹尼斯·希利（1974—1979年） 杰弗里·豪（1979—1983年）

续表

时期（年）	英格兰银行总裁	国王（女王）	首相（执政党）	财政大臣
1983—1993	罗宾·利-彭伯顿	伊丽莎白二世（1952—）	约翰·梅杰（1990—1997年，保守党） 托尼·布莱尔（1997—2007年，工党） 戈登·布朗（2007—2010年，工党） 戴维·卡梅伦（2010—，保守党）	奈杰尔·劳森（1983—1989年） 约翰·梅杰（1989—1990年） 诺曼·拉蒙特（1990—1993年）
1993—2003	埃迪·乔治			肯尼斯·克拉克（1993—1997年） 戈登·布朗（1997—2007年）
2003—2013	默文·金			阿利斯泰尔·达林（2007—2010年）
2013—	马克·卡尼			乔治·奥斯本（2010—　）